Cercle Lefebvre Dalloz

OPA
Pratiques professionnelles et interdisciplinarité

Erratum

Dans l'article « L'action de concert » du Professeur Hervé Synvet, page 180, deuxième colonne, dans le texte et en exergue, le terme « ductilité », essentiel à la compréhension de l'argumentation développée par l'auteur, a été malencontreusement remplacé lors du processus éditorial par le terme « dualité ». La phrase concernée doit donc être lue comme suit : « La **ductilité** de la notion d'action de concert permet de faire une application orientée des textes qui l'utilisent, ... ».

ISBN 978-2-247-23317-5

Tour Lefebvre Dalloz
CS 90358
10, place des Vosges – Courbevoie
92072 Paris La Défense Cedex
service clientèle
+ 33 (0) 1 83 10 10 10
src-dalloz@lefebvre-dalloz.fr

Cercle Lefebvre Dalloz

Par **Caroline Delesalle Sordet**,
Directrice du Pôle Edition de Lefebvre Dalloz
Directrice générale des Éditions Dalloz, Éditions Francis Lefebvre et Éditions législatives
Directrice générale du Cercle Lefebvre Dalloz

Laurent Dargent,
Administrateur du Cercle Lefebvre Dalloz
Rédacteur en chef de Dalloz actualité

et **Krys Pagani**,
Directeur de la collection du Cercle Lefebvre Dalloz
Avocat associé, Alkyne avocats
Professeur associé, Université Paris-Saclay

Le Cercle Lefebvre Dalloz est un lieu d'échange pour les professionnels du droit et du chiffre. Il se décline par métier : avocats, notaires, experts-comptables, directeurs juridiques, DRH, etc. Chaque cercle réunit des professionnels aux profils variés, complémentaires, tous liés par le même désir de dépasser les lignes de rupture qui peuvent avoir été tracées d'un domaine à l'autre. Ce dialogue entre les spécialités et entre les professions répond aussi à une idée force du Groupe Lefebvre Dalloz : la connaissance est plurielle et ses différences sont autant de raisons de partage. En s'engageant dans cette démarche, le Cercle Lefebvre Dalloz se positionne à la pointe de la réflexion sur l'avenir des métiers du droit et du chiffre offrant ainsi un espace privilégié pour anticiper les évolutions du marché et mieux préparer ses acteurs à y répondre.

Au-delà, le Cercle Lefebvre Dalloz se propose de devenir un catalyseur de changement positif, en encourageant l'adoption de pratiques innovantes susceptibles d'être partagées et adoptées au-delà de ses membres, enrichissant ainsi les professions dans leur ensemble. Il entend contribuer activement aux échanges par l'organisation de conférences-débats, d'espaces de discussions informelles comme des cocktails, et d'autres événements rassemblant les acteurs qui appliquent et vivent le droit au quotidien, ce compris les acteurs économiques, soulignant ainsi l'importance d'un tiers lieu de confiance.

La connaissance est plurielle et ses différences sont autant de raisons de partage.

Enfin, le Cercle Lefebvre Dalloz lance une collection éditoriale pour la diffusion de connaissances à travers divers formats tels que des ouvrages, livres blancs, guides pratiques, articles, podcasts et vidéos, rendant les fruits de ces échanges accessibles à un public élargi, poursuivant ainsi, la relation intime et singulière qu'entretient depuis 200 ans le groupe Lefebvre Dalloz avec les acteurs du droit dans leur plus grande diversité. Nous espérons que chacun y puisera des sources d'inspiration et y trouvera une matière supplémentaire dans le traitement des responsabilités qui lui sont confiées.

Sous la direction de **Orphée Grosjean**,
Avocat, Darrois Villey Maillot Brochier

et **Catherine Maison-Blanche**,
Senior consultant, A&O Shearman

La partie digitale et vidéos du présent ouvrage a été réalisée par **Laurent Montant**, *Directeur du Studio Média Lefebvre Dalloz, Rédacteur en chef de La Quotidienne* ; sa partie graphique, par **Léa Zeitoun**, *Directrice artistique, Agence Pencil Park.*

Sommaire[1]

OPA : Pratiques professionnelles et interdisciplinarité

Cercle Lefebvre Dalloz 7

Principales abréviations utilisées 18

Préface - Une exception française ? 20
par Gérard Rameix

Préambule 24
par Orphée Grosjean et Catherine Maison-Blanche

Avant-propos 26
par Stéphane Torck

Schéma synoptique des professionnels impliqués dans une offre 30

INTRODUCTION 32

Dialogue sur la formation initiale 34
par Stéphane Torck et Matthieu Brochier

L'inflation législative et réglementaire : l'inexorable montée des eaux 40
par Marie-Noëlle Dompé

CHAPITRE 1 - PRÉPARER L'OPÉRATION 44

Stratégies de ramassage préalables à une offre publique : risques et contraintes 46
par Marc Castagnède et Frédéric Moreau

Ce que l'offre doit aux contrats 68
par Christophe Vinsonneau, Orphée Grosjean et Maxime Wach

Offres publiques et *management packages* 80
par François Vigne

1 - Une table des matières détaillée figure à la fin de l'ouvrage.

Réflexions sur le réinvestissement et les *management packages* dans les offres publiques 84
par Olivier Huyghues Despointes et Cécile de Narp

Approche non sollicitée : enjeux et modalités 92
par Hubert Zhang

Les accords préalables avec les organes d'administration et de direction de la cible 100
par Alexis Marraud des Grottes

La communication sur les offres publiques et les enjeux spécifiques en amont de l'annonce de l'opération 114
par Anne Méaux et Laurent Poinsot

CHAPITRE 2 - LE LANCEMENT DE L'OFFRE ET LES FACTEURS DE SON SUCCÈS .. 122

L'annonce faite au marché 124
par Hugues Schmitt

L'établissement présentateur d'une offre publique 136
par Jacques Deege et Alexandre Michel

La période de préoffre 148
par Marc Antao

L'impact de la directive européenne des droits des actionnaires lors d'une offre publique d'achat 156
par David Chase Lopes

Focus : identification des actionnaires et obligations de transparence 162
par Catherine Maison-Blanche

L'action de concert 164
par Hervé Synvet

Communication directe avec les actionnaires 182
par Matthieu Simon Blavier

Focus : la communication réglementée sur et autour de l'offre 186
par Arthur Jeay

CHAPITRE 3 - L'ENVIRONNEMENT RÉGLEMENTAIRE 192

La directive OPA et son articulation avec le droit français 194
par Katrin Deckert et Nicolas Rontchevsky

La pratique décisionnelle de l'AMF en matière d'offres publiques 208
par Eléonore Hannezo, Jean-Charles Jais et Julien Bourmaud-Danto

Les offres publiques obligatoires 226
par Catherine Maison-Blanche

Le régime dérogatoire à l'obligation de déposer une offre publique 278
par Catherine Maison-Blanche, Bernard Laurent-Bellue et Bruno Laffont

CHAPITRE 4 - LA CIBLE ENTRE EN SCÈNE 310

Le rôle des organes de gouvernance de la cible 312
par Fabrice Veverka et Victor Cann

L'appréhension du plan d'affaires par l'expert indépendant 332
par Agnès Piniot

Rôle spécifique de l'avocat du comité *ad hoc* : enjeux déontologiques et pratiques 342
par Hadrien Bourrellis et Laurent Gautier

La possibilité pour l'expert de constater l'inéquité de l'offre 348
par Sonia Bonnet-Bernard

CHAPITRE 5 - LE CONTENTIEUX DES OFFRES 360

Expertise indépendante et relation avec les actionnaires minoritaires en cas de contestation 362
par Olivier Péronnet

Le juge et le droit des offres publiques 366
par Olivier Douvreleur

Les enseignements tirés de 10 ans de jurisprudence 386
par Catherine Maison-Blanche et Sophie Robert

Le droit répressif des offres 452
par Nicolas Mennesson et Wenceslas Le Chevalier

CHAPITRE 6 - L'ARTICULATION AVEC LES AUTRES BRANCHES DU DROIT....... 460

Offres publiques, affaires publiques **462**
par Nicolas Bouvier et Claire Thomas-Daoulas

Les offres publiques sur les institutions financières **466**
par Pierre Casanova et Sophie Robert

L'information/consultation du CSE : impact sur le calendrier **478**
par Pascale Lagesse

Les offres publiques visant les sociétés en difficulté **492**
par Saam Golshani, Anne-Sophie Noury, Julien Faure et Simon Martin-Gousset

Les enjeux de droit de la concurrence dans le contexte des offres publiques **516**
par Guillaume Aubron, Constance Bocket et Amel Krideche

Autorisations liées à des activités réglementées en ne pouvant se fonder que sur des informations éparses **530**
par Tiphaine de Gaudusson et Juliette Neiman

INDEX ALPHABETIQUE **536**

INDEX DES TEXTES CITES **540**

INDEX DES OFFRES CITEES **544**

Avertissement

Les avis exprimés par les différents contributeurs au présent ouvrage n'engagent que leurs auteurs et ne sauraient être interprétés comme constituant une position ou opinion des entités dont ils font partie, ni *a fortiori* des autres contributeurs.

Remerciements[1]

Orphée Grosjean remercie Jean-Michel Darrois, Bertrand Cardi et Pierre Casanova pour leur aide et leur soutien précieux.

Catherine Maison Blanche remercie Julien Roux, Managing Partner - A&O Shearman Paris.

1 - Outre les remerciements individuels des auteurs et des contributeurs, les plus vifs remerciements sont adressés à Alexis de Mailly Nesle ainsi qu'à Sarah Limame, Olivia Righenzi de Villers, Alice Fabry, Emilio Dosso, Ibtissam Imani et Aurélien Di Salvo.

Principales abréviations utilisées

Abréviations	**Signification**
ACPR	Autorité de contrôle prudentiel et de résolution
Adde	Ajouter
AEMF	Autorité européenne des marchés financiers
Aff.	Affaire
Al.	Alinéa
AMF	Autorité des marchés financiers
Arr.	Arrêté
Art.	Article
Aut. conc.	Autorité de la concurrence
Banque	Revue Banque
Banque et Dr.	Revue Banque et Droit
BJB	Bulletin Joly Bourse et produits financiers
BJE	Bulletin Joly Entreprises en difficulté
BJS	Bulletin Joly Sociétés
BRDA	Bulletin rapide de droit des affaires
Bull. COB	Bulletin de la Commission des opérations de bourse
C.	Code
c/	Contre
Conf.	Confirmant
CA	Cour d'appel
C. Cass	Cour de cassation
C. civ.	Code civil Dalloz
ch.	Chambre
chap.	Chapitre
Circ.	Circulaire
CJUE	Cour de justice de l'Union européenne.
C. com	Code de commerce
Civ.	Chambre civile de la Cour de cassation
CMF	Conseil des marchés financiers
C. mon. fin.	Code monétaire et financier Dalloz
COB	Comité des opérations de bourse
Consid.	Considérant
Contra	Solution contraire
Com.	Chambre commerciale de la Cour de cassation
Comp.	Comparez
D.	Recueil Dalloz
Décis.	Décision
Décis. ACPR	Décision de la commission des sanctions de l'Autorité de contrôle prudentiel et de résolution
Décis. AMF	Décision de la commission des sanctions de l'Autorité des marchés financiers
Décr.	Décret
DG	Directeur général
Dir.	Directive

Gaz. Pal.	Gazette du Palais
Inst.	Instruction
JCP	Juris-Classeur périodique (Semaine juridique), édition générale
JCP E	Juris-Classeur périodique, édition Entreprise
L.	Loi
LBO	*Leveraged buy-out* (rachat avec effet de levier)
M&A	*Mergers & Acquisitions* (fusions & acquisitions)
obs.	Observations
OPA	Offre publique d'acquisition ou Offre publique d'achat, selon le contexte
OPCVM	Organisme de placement collectif en valeurs mobilières
OPE	Offre publique d'échange
OPO	Offre publique obligatoire
OPR	Offre publique de retrait
OPRA	Offre publique de rachat d'actions
Ord.	Ordonnance
p.	Page
PDG	Président directeur général
Pt	Point
rapp.	Rapport
Rappr.	Rapprocher
Recomm.	Recommandation
Réf.	Référé
Règl.	Règlement
Req.	Requête
Règl. gén. AMF	Règlement général de l'Autorité des marchés financiers
Rev. ACPR	Revue de l'Autorité de contrôle prudentiel et de résolution
Rev. AMF	Revue de l'Autorité des marchés financiers
RPC	Revue des procédures collectives
Rev. sociétés	Revue des sociétés (Dalloz)
RJ com.	Revue de jurisprudence commerciale
RTD com.	Revue trimestrielle de droit commercial (Dalloz)
RTDF	Revue trimestrielle de droit financier
RO	Retrait obligatoire
s.	Et suivants
ss	Sous
SEC	*Securities and Exchange Commission*
T. com.	Tribunal de commerce
T. corr.	Tribunal correctionnel
TUE	Tribunal de l'Union européenne
V.	Voir
VMDAC	Valeurs mobilières donnant accès au capital

par **Gérard Rameix**,
Président du Haut Comité Juridique de la Place de Paris, ancien Président de l'AMF

Préface
Une exception française ?

L'ouvrage collectif de plusieurs praticiens spécialisés sur le droit français des offres publiques est d'un grand intérêt. Il permettra au lecteur d'être éclairé sur les différentes règles et pratiques applicables aux offres publiques en même temps qu'aux décisions jurisprudentielles, en précisant et en contrôlant les conditions d'application.

Il en ressort d'une façon générale que la France a construit depuis la fin des années 80 un dispositif complet qui permet aux initiateurs d'une offre publique d'achat de connaître les procédures et règles applicables, et qui garantit dans un domaine particulièrement sensible et technique une sécurité juridique aux acteurs de telles offres. A cet édifice, ont contribué le législateur mais aussi et surtout les régulateurs – COB, CMF puis AMF – et les juridictions, au premier rang desquelles il faut citer la Cour d'appel de Paris[1].

Il est intéressant de comparer cet ensemble de règles à celles des autres pays de l'Union européenne et des États-Unis d'Amérique. Avant tout, il place la France dans une bonne situation de compétitivité internationale. Les règles et pratiques sont solides et claires, les praticiens, les régulateurs et les juges sont compétents, spécialisés et professionnels ; ils connaissent les contraintes de marché et les délais qui sont beaucoup plus courts que ceux de l'action administrative et judiciaire en général et savent s'y adapter. Ceci est extrêmement important à un moment où le gouvernement français et l'Union européenne souhaitent renforcer les bourses européennes et construire enfin un marché unique en matière financière.

Si l'on remonte à quelques années en arrière, on peut avancer que la France a rejoint la Grande-Bretagne, familière de longue date des offres publiques, où le comité des offres – *Takeover Panel* – a élaboré au fil des années un dispositif très fin visant à garantir la libre concurrence entre initiateurs concurrents et un processus, ordonné et transparent pour le marché, de réponse des entreprises cotées aux offres dont elles peuvent être l'objet. Le droit de l'Union a, pour partie, uniformisé ce cadre juridique et rien n'indique, à ma connaissance, que le Royaume-Uni souhaite s'en écarter *post* Brexit.

> **Il ne faut pas surévaluer la particularité de ce qu'on appellerait à tort une exception française.**

Quelles sont cependant les particularités françaises ?

De mon point de vue, la première concerne les réponses à l'offre. Pendant plusieurs années la COB, puis la loi de transposition de la directive OPA, ont exigé une neutralité des dirigeants de l'entreprise cible face à un ou plusieurs initiateurs. Cette approche avait l'avantage de permettre aux actionnaires de la cible de maximiser le prix proposé pour leurs titres de capital et donc de protéger les actionnaires minoritaires de choix contestables des dirigeants. La neutralité des organes de direction allait aussi dans le sens d'une concurrence favorisant une meilleure allocation du capital dans l'économie.

En sens inverse, deux considérations étaient avancées qui ont, pour partie, fait évoluer la situation.

1 - V. notamment la section du présent ouvrage consacrée au juge de l'offre publique (Chap. 5).

La première visait le risque que des acteurs financiers prédateurs cherchent à prendre le contrôle d'entreprises en vue de les scinder, voire de les dépecer, dans leur propre intérêt au détriment de la stratégie de moyen terme de ces entreprises. On notera cependant que l'offre publique n'est pas le seul moyen de ces acteurs, parfois qualifiés de vautours, pour conduire de telles démarches.

La seconde repose sur le souci de préserver les grandes entreprises françaises phares dans leur domaine, d'attaques de groupes étrangers. Plusieurs groupes français ont été ainsi démantelés ; on peut citer Usinor, Péchiney, Lafarge. D'autres ont échappé de justesse à ce dépeçage dont Danone, Eiffage... La loi dite Florange a donc mis fin à cette règle de neutralité et ouvert la voie à des stratégies de défense conduites par les dirigeants et plus généralement les organes de gouvernance de la cible, dans la seule limite de l'intérêt social de l'entreprise. Cette loi complète les dispositions préexistantes permettant à l'Etat d'intervenir dans des secteurs sensibles.

Cependant, il ne faut pas surévaluer la particularité de ce qu'on appellerait à tort une exception française ; le régime allemand par exemple rendant difficiles des offres hostiles. Surtout, les règles américaines apparemment opposées aux règles françaises jouent leur rôle dans un contexte juridique complètement différent. Certes, le régulateur de marché – la SEC – n'intervient pas dans la recevabilité et la conduite des offres, laissant la place aux organes sociaux de la cible et au juge, mais les devoirs des dirigeants sont strictement encadrés par l'intérêt social, c'est-à-dire, dans la pratique américaine, celui des actionnaires. En conséquence, les stratégies de défense sont possibles mais très contrôlées par le juge ; ce qui n'est pas si différent de la situation dans notre pays.

Au total, il est exact de dire, comme cela est fait dans l'ouvrage, qu'il y a peu d'offres réellement hostiles en France, comme d'ailleurs en Europe. Je ne crois cependant pas que le droit des offres puisse dissuader une entreprise étrangère de s'implanter en France.

Quelle compétitivité du droit français en matière financière ?

Puis-je me hasarder à élargir le propos et à m'interroger plus largement sur la compétitivité de notre droit en matière financière ?

Une première réponse positive repose sur les choix des investisseurs étrangers. La France occupe une place enviable comme terre d'accueil d'investissements extérieurs. En matière de banque, de bourse et de gestion d'actifs, notre pays – dans la situation créée par le Brexit qui ôtait certains atouts à la Place de Londres – a fait plus que tirer son épingle du jeu. Euronext notamment ayant retrouvé son autonomie après l'épisode américain s'est introduite sur la Bourse de Paris et a réussi une brillante stratégie d'expansion et d'acquisitions qui la place au premier rang des bourses de l'Europe continentale et, selon certains critères, légèrement en avance sur Londres. En matière de gestion d'actifs nous jouissons d'une position très forte, notamment grâce à Amundi issu du rapprochement entre la gestion de la Société Générale et celle déjà très puissante du Crédit Agricole. Il est vrai cependant que nous avons laissé, sans doute en raison d'une régulation trop peu compétitive, Luxembourg devenir le centre principal des immatriculations de fonds et autres OPCVM.

Une autre réponse provient de l'examen de notre droit des sociétés. Créé en 2015, à l'initiative de la Banque de France, de l'ACPR et de l'AMF, le Haut Comité Juridique de la Place de Paris travaille activement à promouvoir la compétitivité de nos règles en matière de sociétés, de banque et de marché comme aussi d'entreprises en difficulté. Sans entrer dans le détail, nos règles en matière de produits dérivés, d'actifs numériques sont au meilleur niveau. En droit des sociétés, plusieurs ajustements permettent le même optimisme ; surtout les particularités que nous conservons sont le résultat de choix politiques assumés, tels le dispositif de droits de vote double octroyés aux actionnaires fidèles ou les exigences en matière de lutte contre le changement climatique.

Bien sûr, beaucoup reste à faire pour donner une place plus grande au marché financier dans le financement des investissements.

Comme le souligne, à la suite de beaucoup d'autres, le rapport remis récemment pas Christian Noyer[2], ancien Gouverneur de la Banque de France, l'Union européenne qui bénéficie d'une épargne abondante offre peu de possibilités de financement de marché aux entreprises innovantes ou en croissance ; il y a là une différence fondamentale avec les marchés anglo-saxons qui explique en partie le décrochage européen dans le monde numérique. C'est pourquoi il faut porter une grande attention aux propositions que Christian Noyer formule au nom du Groupe de travail qu'il a présidé à la demande du l'Economie, des Finances et de la Souveraineté industrielle et numérique.

Pour revenir à l'ouvrage que j'ai le plaisir de préfacer, il représente une initiative modèle d'approfondissement de notre droit par des praticiens très spécialisés ; il est souhaitable que cette initiative soit imitée pour d'autres branches du droit économique.

Beaucoup reste à faire pour donner une place plus grande au marché financier dans le financement des investissements.

2 - *Développer les marchés de capitaux européens pour financer l'avenir - Propositions pour une Union de l'Épargne et de l'Investissement*, avr. 2024.

par **Orphée Grosjean**,
Avocat, Darrois Villey Maillot Brochier

Catherine Maison-Blanche,
Senior consultant, A&O Shearman

Préambule

Le présent ouvrage, conçu sous l'égide du Cercle Lefebvre Dalloz, est organisé comme l'est un dossier d'offre publique, chaque profession représentée ayant son mot à dire à un moment de l'opération. Les contributions et les interventions émanent ainsi d'avocats mais aussi d'acteurs extérieurs à la profession, qui en sont des interlocuteurs au quotidien (universitaires, magistrats, experts indépendants, juristes d'entreprise, banques d'affaires, agences de communication financière, etc.).

Au total, plus de cinquante contributeurs s'y relaient – femmes et hommes de chiffres, de droit ou de lettres – qui donnent à voir la diversité des compétences requises pour mener à bien un projet d'OPA et l'indispensable coordination entre ces experts.

Ce ne sont pas les textes applicables en matière d'OPA qui ont ici servi de trame, mais le cheminement des sociétés intéressées et en particulier de la société initiatrice, avec l'ambition de donner un autre point de vue sur ces opérations, plus pratique que celui habituellement développé par la littérature juridique.

La communauté d'auteurs qui a bien voulu contribuer à cet ouvrage est aux prises avec la pratique quotidienne du droit des OPA et permet de décrypter les rouages d'opérations qui font les manchettes de la presse économique.

Si les voix des banquiers d'affaires, des communicants, des experts indépendants, des *proxy advisors*, des conseils en affaires publiques... participent à l'atteinte de cet objectif, la matière juridique n'est pas oubliée, par l'intermédiaire d'avocats, bien sûr, mais aussi de professeurs, magistrats, directeurs juridiques... Le dessein est ici que le droit sous-tende plutôt qu'il ne surplombe le plan retenu et l'articulation des différents développements.

Sans prétendre donc livrer les clés du succès d'une offre publique, les contributions qui composent cet ouvrage permettent, nous l'espérons, d'en donner une vision dynamique et de faire partager l'enthousiasme des auteurs pour ces opérations.

par **Stéphane Torck**,
Professeur agrégé de droit privé et de sciences criminelles, Directeur du Master 2 Droit des Affaires et Fiscalité (Université Paris II Panthéon-Assas)

Avant-propos

Ce n'est pas la première fois qu'un ouvrage est spécialement dédié à l'étude des offres publiques -ici des seules offres publiques d'acquisition- et il serait incongru, au moment d'écrire ces lignes, de ne pas avoir à l'esprit deux de ses prédécesseurs, qui auront ouvert les non-initiés à la compréhension d'une pratique qui, depuis lors, est devenue une véritable discipline, et permis aux autres de nourrir leurs réflexions[1].

Probablement n'est-ce pas le moindre des mérites du présent volume que de tenter de renouveler le genre ; avec succès, disons-le d'emblée. L'originalité tient, sans paradoxe, *au momentum*, la matière présentant aujourd'hui suffisamment de maturité pour offrir au lecteur un panorama complet, jusque dans les méandres de sa complexité technique et de ses enjeux. L'originalité tient également à la méthode employée, celle du branle-bas de combat, saisissant de réalisme, où tous les intervenants à une offre publique d'acquisition sont mobilisés, chacun à leur tour, de la phase préparatoire de l'offre jusqu'à son épilogue, voire au-delà parfois. L'originalité tient, enfin, à l'approche intellectuelle retenue, une approche présentée comme pratique - ce qu'elle est incontestablement -, annonce dont la pudeur cache toutefois mal ce qui se révèle au fil des pages, à savoir la grande richesse des sources, l'acuité des raisonnements et le goût pour les discussions autour de concepts juridiques parmi les plus ardus en ce domaine.

Le lecteur s'apercevra que le contentieux dans les offres tient une place de premier choix. Le constat n'étonnera guère. Structurellement, les offres publiques mobilisent, outre la règlementation qui leur est propre, une part importante de la réglementation financière (transparence, abus de marché), le droit des sociétés, le droit social, le droit de la concurrence ... et il est ce faisant logique de voir poindre des difficultés juridiques portées, c'est selon, devant la commission des sanctions de l'AMF ou devant le juge. Si le constat n'étonne guère, c'est également parce que la bataille boursière récente ayant opposé Suez à Veolia aura fourni l'occasion de nombreux recours, de part et d'autre, et, à travers eux, permis à de nouvelles questions juridiques d'émerger.

Probablement n'est-ce pas le moindre des mérites du présent volume que de tenter de renouveler le genre ; avec succès, disons-le d'emblée.

Le lecteur s'apercevra aussi que la question des sources du droit des offres publiques revient de façon récurrente dans l'ouvrage, à la manière d'un fil rouge. De manière assez classique, lorsqu'il s'agit de confronter le droit français au droit européen. De manière plus singulière, lorsqu'il s'agit, cette fois, de contempler l'agencement de la pyramide normative de droit interne.

A l'étage du dessus, celui du droit européen, c'est de la conformité du droit français des offres publiques, voire de la manière dont les règles qu'il sous-tend sont appliquées, qu'il est question. Qu'il s'agisse de s'interroger sur la parfaite rectitude avec laquelle, en France, la notion d'action de concert est mise en œuvre par le régulateur ou par le juge lorsqu'on

1 - A. Viandier, *OPA OPE et autres offres publiques*, 5e éd., Francis Lefebvre, 2014 ; G. Canivet, D. Martin et N. Molfessis (ss. dir.), *Les offres publiques d'achat*, LexisNexis, 2009.

confronte celle-ci à l'interprétation que fait la CJUE de cette notion, au titre de la directive OPA, laquelle conclut que l'action de concert est celle qui tend exclusivement à la prise de contrôle[2]. Qu'il s'agisse, aussi, de s'interroger sur l'articulation du droit des offres publiques et, spécifiquement, de la dérogation au dépôt d'une offre obligatoire prévue à l'article 234-9, 2° du règlement général de l'AMF – « Souscription à l'augmentation de capital d'une société en situation avérée de difficulté financière, soumise à l'approbation de l'assemblée générale de ses actionnaires » -, au droit des procédures d'insolvabilité de droit français, certes, mais compris et interprété à l'aune de la directive « insolvabilité » n° 2019/1023. On relèvera ici simplement que l'arrêt de la Cour d'appel de Paris du 9 novembre 2023[3], frappé de pourvoi, s'est, en autres arguments, expressément référé à l'effet utile de la directive pour justifier l'octroi, par l'AMF, de la dérogation, laquelle avait fondé son raisonnement sur cette idée juste que le jugement prononçant l'application forcée interclasses vaut approbation de l'assemblée générale des actionnaires au sens de l'article 234-9, 2°. C'est dire que le droit européen, sans tenir en l'état le droit français des offres publiques, est -en principe- appelé à le façonner.

A l'étage du dessous, celui du droit interne, la bataille boursière qui a opposé Veolia à Suez est venue, indirectement, ébranler l'architecture, que l'on croyait intangible, de la pyramide normative. En cause, la place, au sein de celle-ci, des principes directeurs des offres publiques, visés à l'article 231-3 du règlement général de l'AMF - libre jeu des offres et des surenchères, égalité de traitement et d'information des actionnaires, transparence et d'intégrité du marché, loyauté dans les transactions et la compétition[4]. On se souviendra que, tandis que la loi Florange de 2014 a modifié l'article L. 233-32 du code de commerce pour, en parfaite conformité avec la directive OPA, activer les pouvoirs du conseil d'administration de prendre toutes mesures visant à faire échouer une offre, le conseil d'administration de Suez avait décidé de sanctuariser son activité eau en France, au sein d'une fondation de droit néerlandais -à l'effet de la rendre inaliénable jusque 2024. Sauf, dans le dernier état de ce dispositif, à ce que soit trouvé un accord avec le *consortium* Ardian-GIP sur une offre ferme couvrant une partie des actifs de la société ou sauf à ce que Veolia relève le prix de son offre. L'AMF, par un communiqué du 2 avril 2021, a toutefois considéré que ce dispositif portait atteinte aux principes directeurs qu'elle est en charge de faire respecter. Position que l'AMF aura ultérieurement explicitée à l'occasion de la publication de son rapport annuel pour 2021.

S'en sont suivis des débats tendus sur le pouvoir qu'auraient les principes directeurs à contrarier les termes clairs de la loi. L'auteur de ces lignes n'a jamais caché son opposition à voir des principes de nature simplement réglementaire gouverner les défenses anti-OPA, dont le régime est fixé par la loi. Pas plus qu'il n'a jamais caché sa perplexité vis-à-vis de l'argument consistant à expliquer que la mise en œuvre des principes directeurs ne conduit pas l'autorité à apprécier la validité de la défense mise en place mais uniquement à veiller au déroulement ordonné des offres. Dans la mesure, en effet, où la mobilisation de ces principes aboutit à neutraliser la défense en la privant de son caractère directionnel et donc de son utilité, indépendamment des débats autour de la hiérarchie des normes, c'est bien l'effet utile de l'article L. 233-32 du code de commerce qui en ressort affecté et, avec lui, la légitimité des principes directeurs à produire ce résultat qui se trouve inévitablement posée. La Cour de cassation a bien pu juger récemment que les dispositions du règlement général AMF relatives aux offres publiques relèvent de l'ordre public économique de direction[5], dans une affaire, il convient de le souligner, où ces dispositions avaient été proprement contournées, celles-ci n'en ont pas pour autant acquis force de loi et l'article L. 233-32 du code de commerce ne semble pas paré de moins de vertu. De sorte que, et il n'y a pas à le redouter, le débat demeure ouvert et il appartiendra certainement un jour au juge de trancher cette question éminente.

2 - CJUE, 9 sept. 2021, C-605/18.

3 - Paris, 9 nov. 2023, n° 23/09249.

4 - Sur ces principes, v. H. Nadjar, *Les principes du droit des offres publiques d'acquisition*, thèse Paris 2, 2024, à paraître.

5 - Comm., 8 nov. 2023, n° 21-18.318.

La question n'est d'ailleurs pas que de fond, elle est aussi de forme, car si l'emploi du communiqué n'était pas nouveau et si l'on comprend que ce support, souple et manœuvrable, sied bien à la mission du régulateur, il reste encore à en définir la nature juridique précise.

Par où l'on voit que le droit des offres publiques - et ce n'est là qu'un aperçu - soulève de très belles questions de droit et en soulèvera bien d'autres dans le futur.

Schéma synoptique des professionnels impliqués dans une offre

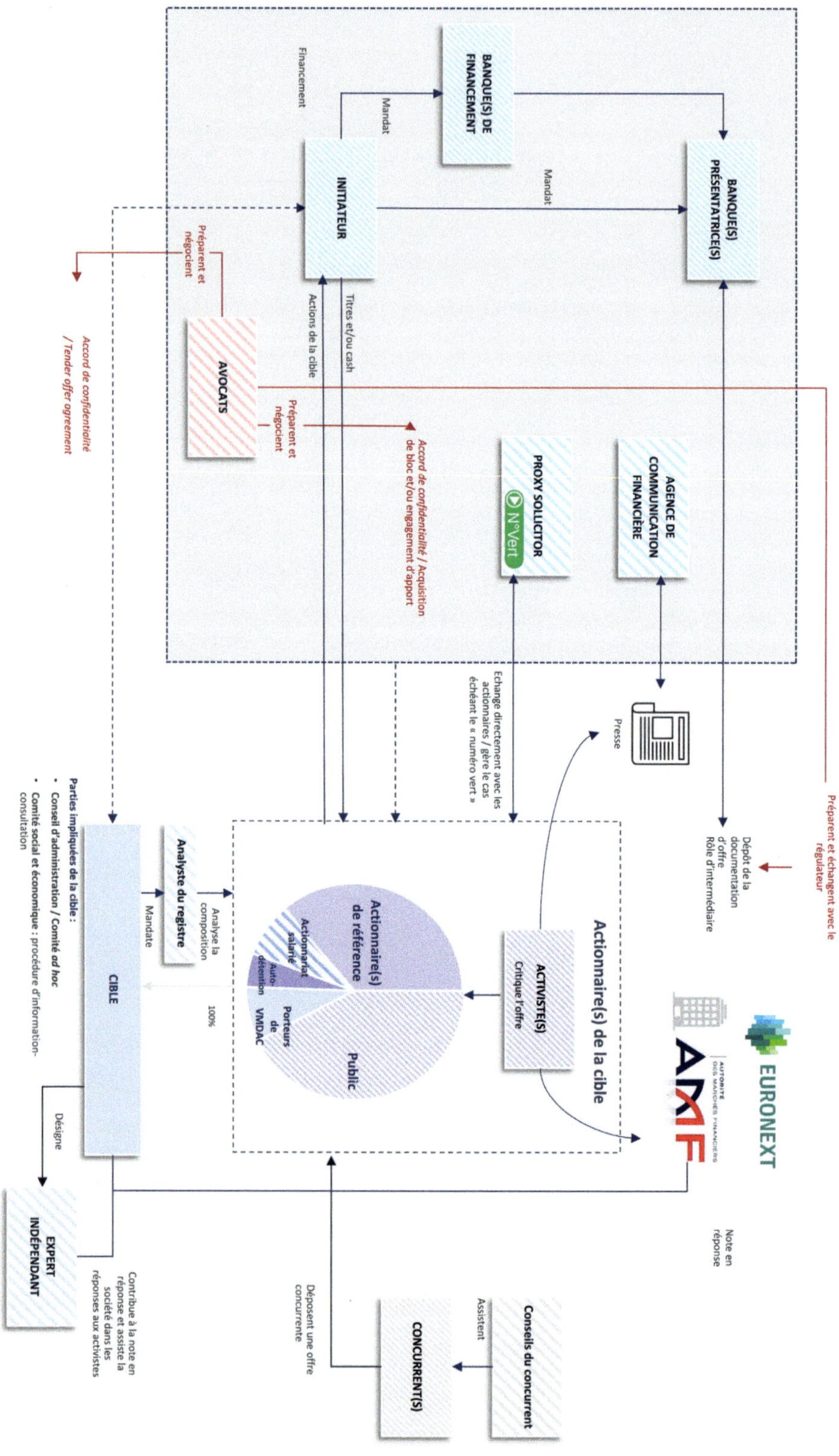

INTRODUCTION

OPA – PRATIQUES PROFESSIONNELLES ET INTERDISCIPLINARITÉ

Comme le titre de cet ouvrage l'annonce, la connaissance des OPA s'acquiert avant tout par la pratique de ces offres. Disposer d'une formation initiale solide est pour autant devenu d'autant plus indispensable que la réglementation des offres n'a fait que s'enrichir et se complexifier (s'obscurcir ?) avec les années.

Le recul et la hauteur de vue des auteurs qui contribuent à cette introduction apportent une lumière sur ces deux phénomènes : l'inflation réglementaire et l'émergence progressive de formations consacrées aux offres.

Deux tendances entre lesquelles il n'est pas interdit de voir un rapport de cause à effet.

par **Stéphane Torck**,
Professeur agrégé de droit privé et de sciences criminelles, Directeur du Master 2 Droit des Affaires et Fiscalité (Université Paris II Panthéon-Assas)

et **Matthieu Brochier**,
Avocat associé, Darrois Villey Maillot Brochier, Ancien secrétaire de la Conférence

Dialogue sur la formation initiale

Le droit boursier est une discipline exigeante et complexe qui demande de la maturité et une connaissance approfondie du droit. Il est défini comme une matière dynamique, pratique et récente qui s'inscrit au carrefour de nombreux domaines juridiques et extra-juridiques (notamment financier, stratégique et réputationnel). Le droit boursier laisse une place importante à la créativité des praticiens qui redoublent d'inventivité pour faire évoluer cette matière. Pour ces raisons, c'est une discipline essentiellement enseignée en Master 2 avec l'appui d'avocats spécialisés qui témoignent de leur expertise.

voir la vidéo

Céline Aubert-Couturier : *Lors de mon année de Master 2 sous votre direction, nous avons eu plusieurs enseignements en droit boursier, et notamment des enseignements dispensés par des avocats en cabinet. C'est une discipline nouvelle pour nous, étudiants, puisque notre cursus universitaire n'intègre pas cet enseignement. Pourquoi avoir choisi d'intégrer cette matière au sein de votre Master 2 et quels en sont les avantages ?*

Pr. Stéphane Torck : Je pense que l'on peut répondre à cette question sur deux plans : un plan scientifique ou académique, tout d'abord, et un plan qui concerne plutôt l'insertion professionnelle des étudiants.

Sur le plan scientifique ou académique, le droit boursier, et plus spécifiquement le droit des offres publiques, est le prolongement naturel d'un certain nombre de cours qui sont dispensés au profit d'étudiants en droit des affaires, en Licence 3 et Master 1. Je pense au cours de droit des sociétés, bien entendu, mais aussi au cours de droit des marchés financiers, pour ne citer que ceux-là.

Il y a donc une place, évidemment, pour un enseignement de droit boursier et de droit des offres publiques en Master 2. Cela me parait être un élément de perfection de la formation académique et intellectuelle des étudiants en droit des affaires.

La question que l'on peut se poser, à la suite, est pourquoi enseigner le droit boursier en Master 2 et pas en Master 1, voire avant ? Je vois deux raisons :

- La première est que cela suppose que les étudiants aient un parcours et un bagage académique suffisants, le droit boursier et le droit des offres publiques se situant en haut de la pyramide d'une certaine manière. Il faut donc une maturité et un bagage technique importants pour appréhender pleinement cette discipline.
- La deuxième raison tient à ce que les étudiants de droit des affaires ne se destinent pas tous au droit boursier – au *corporate M&A* et au public M&A. Il y a ceux qui feront du droit de la concurrence, peut-être du droit de la propriété

intellectuelle ou du *restructuring*.

C'est la raison pour laquelle, dans les universités qui enseignent le droit boursier et le droit des offres publiques, la matière n'est proposée qu'en Master 2. J'observe que l'on pourrait tout à fait imaginer un enseignement, peut-être même introductif, de droit boursier, dans les années précédentes, ce qui est en partie le cas à l'Université Paris 2 au travers du cours de droit des marchés financiers. La difficulté est que la place et le temps nous manquent pour pouvoir procéder de cette façon.

Hormis les aspects académiques ou scientifiques, il y a évidemment l'enjeu de l'insertion professionnelle de nos étudiants. Il ne fait pas de doute qu'il y a des débouchés en droit boursier, au sein de certains cabinets d'avocats d'affaires ou au sein de grandes entreprises. Il existe donc un marché et des perspectives pour les étudiants, en conservant toutefois à l'esprit qu'il s'agit d'un marché de niche.

Il est possible d'apprécier, sans trop entrer dans le détail des statistiques, la profondeur du marché français. Depuis 2015, tous types d'offres publiques confondus (offres d'acquisition mais aussi offres de fermeture ou offres de retrait), il y a eu entre une vingtaine et une quarantaine d'offres par an. En 2022, c'est 32 offres publiques à peu près, et plus de 40 offres en 2021, mais 2021 était une année faste. Ce que l'on peut noter, c'est une certaine forme de « tassement » du nombre d'offres publiques depuis 2015. Cela s'accompagne d'un autre constat, celui d'un « tassement » des introductions en bourse (IPO) depuis 2015.

Le droit boursier est un marché de niche également en raison des spécificités de la matière. C'est une discipline extrêmement exigeante, ce qui nous conduit – cela est vrai pour le diplôme que je dirige mais aussi pour les diplômes homologues que dirigent mes collègues – à devoir répondre aux besoins des entreprises ou des cabinets d'avocats d'affaires par la mise en place de formations ciblées de très haut niveau.

Quelques points, sans être trop long, sur la place du droit boursier à l'université. A l'Université Paris 2, nous avons affiché le cours de droit boursier dans un certain nombre de Master 2 de façon très officielle : entre 20 et 40 heures de séminaires. J'observe que dans certaines autres formations, la discipline n'est pas aussi visible. Il faut dire que le périmètre du droit boursier n'est pas parfaitement fixé : on y inclut parfois le gouvernement des entreprises, les abus de marché et la transparence du marché. De sorte qu'il est possible que l'enseignement soit parfois un peu éclaté.

Dernier point : il ne peut y avoir d'émergence et de développement d'une discipline comme celle-ci, qui doit dater d'une petite trentaine d'années comme discipline identifiée, sans que celle-ci puisse s'adosser à des travaux scientifiques. Et, c'est un motif de satisfaction que de constater que la doctrine s'intéresse au droit des offres publiques et au droit boursier de manière plus générale. La doctrine universitaire, mais pas uniquement puisque nombre d'auteurs sont issus de cabinets d'avocats d'affaires et prennent la plume pour commenter les décisions de cours d'appel et de la Cour de cassation ou pour écrire des articles de fond.

Probablement y a-t-il moins de thèses sur ces sujets ; encore que ces dernières années, en droit commercial, des sujets plus nombreux sont en lien avec le droit boursier. C'est toutefois un point qui mérite sans aucun doute d'être amélioré, ce qui suppose de convaincre les candidats à la thèse – certains seront candidats au concours d'agrégation de droit privé et de sciences criminelles – d'investir les sujets de droit boursier.

Céline Aubert-Couturier : *Matthieu Brochier, lors de mon année en Master 2, j'ai découvert le droit boursier, notamment par des cours dispensés par le Professeur Torck et par des avocats en cabinet. C'est un enseignement qui est nouveau pour nous puisqu'il n'est pas intégré au sein de notre cursus universitaire en droit. Pourquoi choisir d'enseigner cette discipline au sein d'un Master 2 et quels en sont les avantages ?*

Matthieu Brochier : Dans le sens de ce que dit le Professeur Torck, je pense que c'est une matière exigeante et complexe. Le droit boursier est un monde en soi, avec des questions relevant du conseil et d'autres questions relevant du contentieux, qui requièrent de la culture juridique et de la culture judiciaire. Je pense qu'il faut un peu de maturité pour s'y intéresser et pour le comprendre. Ça ne m'étonne donc pas que ce soit une matière qui soit enseignée plutôt en fin de cursus universitaire.

D'ailleurs, je connais peu de personnes qui ont la vocation à l'adolescence de devenir avocat en droit boursier. Des personnes qui veulent devenir avocat pour défendre la veuve, l'orphelin ou l'innocent oui, mais l'intérêt pour le droit boursier vient quand on a une connaissance plus particulière du monde, et en particulier du monde financier.

Quand on s'y intéresse, c'est une matière superbement intéressante dont on peut faire des romans autant que dans d'autres dossiers de nature différente, par exemple pénale. Il suffit de lire le roman de Zola *L'Argent* pour se rendre compte que l'on peut raconter et vivre des histoires boursières fondamentalement romanesques et passionnantes.

C'est une matière qui nécessite des bases pour la comprendre. Si on n'a pas fait de droit des sociétés, on ne peut pas comprendre le droit boursier. Il y a des questions de gouvernance qui sont essentielles. De même, si on n'a pas fait de droit des obligations, si on ne sait pas ce qu'est un contrat, on ne peut pas comprendre ce qu'est une action de concert et les engagements qui peuvent en découler. Du point de vue contentieux, c'est la même chose. A mon avis, cette expertise et cette exigence justifient que ça ne soit pas enseigné trop tôt.

J'ai commencé à travailler le droit boursier après avoir étudié et travaillé le droit pénal des affaires. C'était une chance d'avoir déjà des connaissances en droit pénal général, en procédure pénale, et en procédure civile pour comprendre comment fonctionne le droit du contentieux boursier, que ce soient les enquêtes et les poursuites devant la Commission des sanctions ou la contestation de décisions de l'Autorité des marchés financiers.

A mon avis, il faut de la maturité et une vocation qui viennent avec une certaine expérience.

Le droit boursier est un monde en soi, avec des questions relevant du conseil et d'autres relevant du contentieux, qui requièrent de la culture juridique et de la culture judiciaire.

Céline Aubert-Couturier : *Monsieur le Professeur, comment définiriez-vous le droit boursier et plus particulièrement le droit des offres publiques, et quelles sont les principales caractéristiques de cette matière ?*

Pr. Stéphane Torck : Le droit boursier est le droit des opérations de marché : le marché primaire, c'est ce qu'on appelle communément les opérations de *Capital Market*, et les opérations sur le marché secondaire, c'est l'achat-vente de titres et, évidemment, les offres publiques – c'est-à-dire l'offre de prise de contrôle pour les offres publiques d'acquisition – ou les offres de fermeture – c'est-à-dire la tentative pour l'actionnaire majoritaire d'aller vers la radiation de la cote. On peut probablement y ajouter les questions de transparence et d'abus de marché.

Pour répondre plus spécifiquement à la question qui est la vôtre sur les caractéristiques du droit des offres publiques, Maître Brochier en a déjà brossé quelques-unes.

Je dirais, tout d'abord, que c'est un droit qui se situe en haut de la pyramide du droit des affaires – en tout cas, pour ce qui est du *corporate M&A*. C'est la face publique du droit des sociétés. C'est une discipline qui est au carrefour, comme le *private M&A* mais de façon beaucoup plus accentuée, d'un certain nombre de disciplines : le droit des sociétés bien entendu, le droit des contrats, cela a été rappelé, le droit de la concurrence, la réglementation des investissements étrangers, le droit social évidemment, et le droit fiscal. En ce sens, c'est une matière au croisement de très nombreuses disciplines, ce qui la rend évidemment particulièrement riche.

La deuxième caractéristique, Maître Brochier sera plus qualifié que moi pour le dire, c'est que c'est une discipline qui, surtout s'agissant des offres publiques, ne dépend pas uniquement de la matière juridique. Il peut être difficile d'établir la proportion de ce qui relève du droit de ce qui n'en relève pas ou moins. Mais il est vrai que la réglementation du droit des offres publiques laisse la place à une marge d'appréciation qui en fait un droit qui, entre les mains du régulateur, à savoir l'Autorité des marchés financiers, et des praticiens, se renouvelle de façon assez régulière, pour ne pas dire perpétuellement. Sans être un cas unique – on pense notamment au droit de la concurrence – le phénomène est assez singulier pour que cela soit souligné.

Je pourrais aussi, et cela a été évoqué, dire que c'est un droit complexe, plus complexe qu'il n'y paraît. Je ne sais pas si l'expression est la bonne, mais le droit des offres publiques est un jeu de mécano, et il y a différentes façons de le monter.

Dernière caractéristique importante, c'est une discipline qui est régulée puisque, par définition, l'Autorité des marchés financiers a un pouvoir de régulation du marché et donc aussi des opérations d'offre public. Cela ajoute un élément de complexité supplémentaire puisqu'il faut que les opérations, telles qu'elles sont conçues, puissent obtenir l'aval de l'Autorité des marchés financiers. Sachant que, souvent, chaque opération présente des particularités qui ne la rendent pas forcément assimilable aux opérations de même nature réalisées par le passé. De sorte que la pratique du « précédent » est difficile à invoquer devant le régulateur ou devant le juge.

Céline Aubert-Couturier : *Donc on comprend que c'est une matière qui a été façonnée par la pratique. Comment alors enseigner cette discipline et saisir les évolutions récentes et pratiques du droit boursier ?*

Matthieu Brochier : Sans prétendre le définir académiquement ou scientifiquement parce que je laisse cette tâche savante au Professeur Torck, je pourrais dire de manière pragmatique que c'est d'abord un droit qui est récent, même jeune, puisqu'il faut comprendre que la régulation boursière française n'a que quelques dizaines d'années.

C'est intéressant parce que ceci la rend peut-être un peu plus facilement appréhensible au début. Il n'est pas obligatoire de se reporter à des livres des années 20 ou des années 50 pour le comprendre – quoi que cela fait toujours du bien de revenir aux fondements et au fondement des fondements. Mais le fait que ce soit un droit qui soit jeune et récent, et même contemporain, le rend vivant, intéressant et facile d'accès. Cela crée aussi un certain nombre de questions ou de zones d'incertitudes, dont on peut s'emparer et qui peuvent encourager la créativité des praticiens qui, dans le silence d'un texte qui n'est pas encore parfait – à supposer qu'il y en ait – peuvent ajouter à celui-ci tout en le respectant.

La réglementation du droit des offres publiques laisse la place à une marge d'appréciation qui en fait un droit qui, entre les mains du régulateur, et des praticiens, se renouvelle de façon assez régulière, pour ne pas dire perpétuellement.

Vous avez par exemple des avocats qui sont des spécialistes de la défense anti-offre publique, c'est-à-dire que la société s'organise pour ne pas se faire racheter sans son consentement par une autre société. Il y a des mécanismes qui ont été inventés par des avocats qui sont célèbres pour ça : par exemple, la *poison pill*, la pilule empoisonnée, qui a été inventée par le cabinet Wachtell, Lipton, Rosen & Katz à New York : *« si vous prenez la pilule, vous vous empoisonnez »*, c'est-à-dire que, si vous achetez la société, vous empoisonnez le deal et vous vous empoisonnez avec.

Il y a un certain nombre de mécanismes juridiques qui sont ingénieux, qui ont pu être inventés et qui sont très intéressants à étudier. Et il y a encore de la place pour en trouver d'autres. Donc le droit boursier est un droit contemporain qui laisse de la place à la créativité.

C'est un droit qui est aussi marqué, et ça m'intéresse personnellement, par le contentieux.

Vous avez un certain nombre d'opérations boursières qui sont des transactions financières, qui ont été gagnées avec des contentieux boursiers devant les tribunaux, très récemment, mais aussi de manière un peu plus ancienne.

Je finirai par dire que c'est un contentieux avec des enjeux qui ne sont pas que juridiques : vous avez des enjeux stratégiques, financiers évidemment importants et réputationnels, puisque les sociétés cotées doivent au marché une information – il y a une information développée qui est donnée au marché par les sociétés et qui est analysée par les actionnaires, par les journalistes ou par les analystes financiers. Cela crée toute une masse d'informations, d'actualités et d'articles de presse qui sont passionnants à suivre et à utiliser.

Céline Aubert-Couturier : *Quelles sont, selon vous, les perspectives d'évolution dans l'enseignement de cette discipline et faut-il améliorer son rayonnement ?*

Pr. Stéphane Torck : C'est une bonne question. Effectivement, on comprend, au regard de ce qui a été dit précédemment, qu'on ne peut pas avoir une approche statique du droit des offres publiques.

Si l'on se contente d'ouvrir son code monétaire et financier, son code de commerce et le règlement général de l'Autorité des marchés financiers, on ne comprend pas forcément, même en tentant d'approfondir les concepts qui y sont à l'œuvre, comment le droit boursier, et plus particulièrement le droit des offres publiques, fonctionne. Les opérations dont nous parlons sont trop complexes pour se laisser appréhender par le prisme unique de la règle de droit. L'enseignement du droit boursier et du droit des offres publiques passe alors nécessairement par une étude de cas concrets, certains d'entre eux offrant l'occasion, parce que passés au tamis du contentieux, de dégager des grands principes, absolument nécessaires pour le juriste : au-delà de la règle, le droit boursier s'est construit et continuera de se construire par le contentieux.

On comprend ce faisant que, s'agissant des universitaires, un bon enseignement du droit boursier suppose que ceux-là en aient une idée pratique, entendons qu'ils aient vu un certain nombre d'opérations se dérouler – même s'ils n'en ont aperçu que certains points en particulier. Ce qui explique, également et surtout, que l'enseignement du droit boursier ne puisse pas se passer de l'expertise des avocats spécialisés en ce domaine.

Au-delà de la règle, le droit boursier s'est construit et continuera de se construire par le contentieux.

Céline Aubert-Couturier : *Selon vous Matthieu, quelles sont les perspectives d'amélioration pour l'enseignement de cette discipline et quelles sont ses perspectives de rayonnement ?*

Matthieu Brochier : Le droit boursier est une somme d'expérience et de travail.

Nous avons la chance au cabinet de pouvoir nous appuyer sur une longue connaissance historique et sur une expérience des offres publiques puisque le cabinet a travaillé sur de nombreuses offres publiques et d'importants contentieux d'offres publiques. Cette expérience est fondamentale, comme dans tout domaine de la vie : elle permet d'anticiper et de se poser les bonnes questions.

Il y a aussi, en plus de cette expérience, un travail qui est nécessaire parce qu'à chaque nouveau dossier il faut se reposer toutes les questions, par exemple, s'il s'agit de présenter une offre publique, pour présenter la meilleure offre possible et, s'il s'agit d'un contentieux, pour présenter le meilleur argument possible.

C'est ça qui est intéressant : ce mélange d'expérience et de travail qui peut être fait ensemble, parce que c'est un travail d'équipe, avec des personnes de générations différentes. Tout le monde a sa place dans ce travail, et dans l'enseignement du droit boursier, les avocats qui ont de l'expérience ou les plus jeunes qui sont étudiants en stage ou aux jeunes collaborateurs.

Il y a encore beaucoup à faire à ce sujet-là. Par exemple, il y a quelques mois, nous avons travaillé avec une société qui est spécialisée dans l'analyse des risques en matière de contentieux, avec des outils d'intelligence artificielle. Nous avons décidé de travailler sur l'analyse du risque en matière de manquement d'initié. Nous sommes allés récupérer, avec un autre associé, un collaborateur et un stagiaire, toutes les décisions rendues par l'Autorité des marchés financiers en matière de manquement d'initié. Il y en a environ 150. Nous les avons téléchargées sur ce logiciel, nous avons défini ensemble un certain nombre de critères qui, selon nous, étaient ceux sur lesquels le juge (la Commission des sanctions, puis la Cour d'appel ou le Conseil d'État) prenait sa décision et nous avons développé à titre empirique un outil qui permet d'anticiper, en fonction de ces critères, une analyse des risques. Certes, cela ne remplacera jamais la science de l'universitaire ou l'expérience et l'intuition de l'avocat, mais cela peut aider à analyser le risque. Et là, un nouveau monde s'ouvre aux jeunes passionnés du droit boursier.

Le droit va évidemment évoluer. De nouveaux outils vont émerger, de nouveaux textes en droit interne et en droit européen vont arriver ; et tout cela va encore continuer à évoluer. Mais chacun a sa place dans ce sujet-là. Je pense que l'expérience et l'implication personnelle étaient déterminantes hier et le seront demain. Vous ne pouvez bien faire du droit boursier que si vous êtes, avec vos clients, en contact direct avec l'Autorité des marchés financiers, que ce soit quand vous sollicitez un visa ou une dérogation devant le collège ou quand vous êtes aux côtés d'un de vos clients, au cours d'une enquête ou d'une procédure de poursuite.

Implication, expérience et innovation. C'est comme ça que nous essayons de travailler et d'enseigner au cabinet le droit boursier.

par **Marie-Noëlle Dompé**,
Avocat honoraire du barreau de Paris

L'inflation législative et réglementaire : l'inexorable montée des eaux

Lorsqu'en décembre 1987 j'ai intégré la direction juridique de la Commission des opérations de bourse, ancêtre de l'Autorité des marchés financiers, les opérations financières – offres publiques d'achat et garanties de cours après l'acquisition du bloc de contrôle d'une société cotée – étaient organisées par deux Décisions générales présentées en la forme anglo-saxonne, soit une sorte d'exposé des motifs, suivi d'un bref *corpus* de règles qui en étaient la suite logique. À ces deux piliers, s'ajoutait le règlement de la Chambre syndicale des agents de change régissant la régularité des transactions boursières, de la taille d'un mince cahier d'écolier. La Chambre syndicale des agents de change bénéficiait d'une délégation de service public qui lui était conférée par la loi, mais il n'en allait pas de même des Décisions générales de la COB, dépourvues d'ancrage législatif. Les intervenants sur le marché boursier les respectaient cependant, sauf à être convoqués par le président de cette autorité administrative pas encore indépendante, pour se voir vertement tancés d'un ton sans réplique, ce qui suffisait à mettre fin au désordre. Ils pouvaient être attraits devant le tribunal de commerce par la partie qui s'estimait lésée ou devant le tribunal correctionnel par l'ordonnance de renvoi d'un juge d'instruction à la suite de la saisine du parquet auquel avait été transmise une enquête menée par le service de l'inspection de la COB. Si c'était de l'artisanat, c'était de l'artisanat efficace, même si, il faut l'admettre, on ne pouvait pas en rester là.

La loi du 2 août 1989 relative à la sécurité et à la transparence du marché financier[1] a donné à ce qui allait devenir le *corpus* réglementaire de la COB l'ancrage législatif qui lui faisait défaut. Elle conférait à celle-ci un pouvoir de sanction et instaurait l'offre publique obligatoire. C'est sur le fondement de cette délégation législative qu'ont été rédigés les règlements qui allaient être, à un an d'intervalle, la base juridique d'une part, de la discipline des offres publiques d'acquisition, et d'autre part, des poursuites administratives engagées par la COB pour manquement d'initié, mauvaise information du public, et manipulation de cours, pour ne citer que ces trois manquements. Ces règlements, celui de 1989 relatif aux opérations d'acquisition d'une société cotée et ceux de 1990 relatifs aux sanctions, ne comptaient chacun qu'une dizaine d'articles environ, simples et clairs. La brillante jurisprudence élaborée alors par la première chambre de la Cour d'appel de Paris sous la présidence de Mme Myriam Ezratty puis de M. Guy Canivet, conjuguée à une doctrine de haut vol, allait expliciter ce qui méritait de l'être. Autrement dit, il revenait à la loi de poser quelques règles de portée générale, à des règlements concis, la définition pratique des conduites à adopter et de celles à éviter, aux juges et à la doctrine la vérification de la juste application de ces textes et leur explicitation.

Jusque-là, tout allait bien, ou presque, si l'on oublie telle ou telle réforme législative opportuniste - c'est une manie ! - dont la plus emblématique consista, sur l'initiative d'un sénateur en mal de notoriété, à changer la place d'une virgule dans un article de loi, ce qui ne caractérisa pas, on s'en doute, une révolution copernicienne.

La loi du 1er août 2003[2] fusionnait, sous la dénomination d'Autorité des marchés financiers (AMF), la Commission des opérations de bourse et le Conseil des marchés financiers, lequel avait

1 - L. n° 89-531, 2 août 1989 relative à la sécurité et à la transparence du marché financier.

2 - L. n° 2003-706, 1er août 2003 de sécurité financière.

pris le relai du Conseil des bourses de valeurs, héritier de la Société des bourses françaises et de la précitée Chambre syndicale des agents de change. Les textes réglementaires émanant de chacune de ces deux autorités allaient donc être, de même, réunis en un règlement unique, pris dans le droit fil des directives et autres règlements européens qui n'ont cessé depuis lors de rendre obèse le règlement général de l'Autorité des marchés financiers.

Vingt ans après, ce règlement général compte sept livres regroupant largement plus d'un millier d'articles, auxquels il faut ajouter les règlements européens d'application directe, la doctrine de l'Autorité des marchés financiers, elle-même déclinée en instructions, positions, recommandations, pratiques de marché admises et rescrits. Bref, la réglementation boursière souffre des mêmes maux que les autres domaines du droit, en pire peut-être tant l'inlassable créativité financière et sa technicité sollicitent la fibre épistolaire du législateur national et du législateur européen.

Les causes de ce droit adipeux sont toujours identiques, quelle que soit l'époque à laquelle on se place pour considérer sa récurrente surcharge pondérale : « *En France, l'acte législatif est classiquement considéré comme un remède face aux difficultés ou un rempart contre de nouveaux maux. D'une part, celle de l'opinion publique, le Conseil d'État évoquant, à juste titre, une « demande sociale importante ». A cet égard, la matière économique et financière est très fréquemment visée (...). « une affaire = une loi (...) » D'autre part, la sphère des pouvoirs publics, pour qui* « la loi peut apparaître comme l'outil privilégié de communication et de démonstration de l'intérêt de leur action vis-à-vis des citoyens », notent Mmes Anne Outin-Adam et Anne-Marie Reita Tran, respectivement directeur des études juridiques et chargée d'études à la Chambre de commerce et de l'industrie de Paris. Dès 1991, le Conseil d'Etat avait relevé « *qu'un des éléments de la dégradation de la norme réside dans le développement des textes d'affichage, un droit mou, un droit flou, un droit à l'état gazeux* ».

À ces causes classiques, il faut ajouter le poids des normes européennes lorsqu'elles sont intégrées dans notre droit, d'autant qu'il apparaît quelquefois que des directives sont présentées comme nécessaires pour compléter et assurer la mise en œuvre efficace d'un règlement européen pourtant d'application directe. Ces textes, comme ceux du droit interne, sont devenus bavards et moralisateurs.

La réglementation boursière souffre des mêmes maux que les autres domaines du droit, en pire peut-être tant l'inlassable créativité financière et sa technicité sollicitent la fibre épistolaire du législateur national et du législateur européen.

Bavards, car ils intègrent les décisions des juridictions nationales et de la juridiction européenne qu'est la CJUE, dont les énoncés ne brillent guère par leur limpidité. On ne manquera pas notamment d'apprécier le paragraphe 2 de l'article 7 du règlement européen n° 596/2014[3] que l'on sait issu de l'arrêt Daimler rendu par la CJUE le 28 juin 2012[4] : « *À cet égard, dans le cas d'un processus se déroulant en plusieurs étapes, visant à donner lieu à, ou résultant, en certaines circonstances, ou un certain évènement, ces circonstances futures, ou cet évènement futur peuvent être considérés comme une information précise, tout comme les étapes intermédiaires de ce processus qui ont partie liée, au fait de donner à, ou de résulter en de telles circonstances ou un tel évènement* ».

Je ne suis pas certaine que la notion de précision de l'information privilégiée y gagne. En revanche, s'il ne s'était pas agi de mettre sur pied une répression accrue alourdissant les peines d'emprisonnement, l'aspect comique d'une telle formulation serait, lui, acquis si on l'imagine chanté a cappella par le fantôme de Raymond Devos. M. Philippe Martin, dans un article intitulé « *L'inflation législative et la qualité*

3 - Règl. (UE) n° 596/2014 du Parlement européen et du Conseil, 16 avr. 2014 sur les abus de marché et abrogeant la Dir. 2003/6/CE du Parlement européen et du Conseil et les Dir. 2003/124/CE, 2003/125/CE et 2004/72/CE de la Commission.

4 - CJUE, 28 juin 2012, C-19/11, *Markus Geltl c/ Daimler A.*

de la réglementation » fait remarquer, citant un des premiers rapports du Conseil d'État sur ce sujet - « *quand la loi est bavarde, le citoyen ne lui prête plus qu'une oreille distraite* » - que « *Jean-Louis Debré, ancien président du Conseil constitutionnel, a utilisé un calcul en nombre de caractères consacrés aux lois au Journal officiel pour comparer un chiffre de 1,87 millions de caractères en 2003 à celui de 3,2 millions de caractères en 2013. (...) La longueur des textes a nettement augmenté. Une étude publiée en 2011 calculait une moyenne de 41 articles par loi en 2009 contre 22 en 1990* ». Sans doute est-ce là une méthode un peu simpliste pour établir que la loi est devenue bavarde ; elle n'en est pas moins parlante.

Moralisateurs, et ce, bien avant que la déontologie, reprenant les règles de bonne conduite auparavant établies par les professionnels, ne fasse son entrée dans la loi du 2 juillet 1996[5]. Le droit boursier est un droit manichéen. Les places boursières européennes viennent du reste d'échapper - mais pour combien de temps ? - à l'article 25 du projet de directive « *vigilance* » prévoyant un devoir de sollicitude des administrateurs aux termes duquel il leur incombait de veiller « *à agir dans le meilleur intérêt de l'entreprise* » en tenant « *compte des conséquences de leurs décisions sur les questions de durabilité, y compris, le cas échéant, sur les droits de l'Homme, le changement climatique et l'environnement, à court, moyen et long terme* ». On imagine sans peine l'épée de Damoclès pesant sur la tête des administrateurs devant apprécier la portée, sans limite temporelle, de la notion de conséquence de leurs décisions sur les droits de l'Homme.

Bien sûr, il s'agit d'harmoniser le droit boursier de 27 États aussi divers culturellement et historiquement que la Lettonie et l'Allemagne, la Croatie et le Luxembourg, Malte et la France, Chypre et l'Italie, la Slovaquie et l'Autriche, la Slovénie et la Belgique, etc. J'ai souvent imaginé une banque de données européenne des opérations boursières, regroupant textes et décisions juridictionnelles, dans laquelle auraient pu être puisées des sources d'interprétation par l'ensemble des autorités boursières et des juridictions des États membres. Ce n'est pas par l'empilement et la complexité des textes, c'est par leur simplicité et un partage d'expérience que cette harmonie devrait être acquise. Dans une Europe fantasmée, il revient aux directives et aux lois de poser les principes généraux, aux autorités boursières de chaque État de les décliner, puis aux juridictions de veiller à leur juste application. L'harmonie recherchée n'aurait peut-être pas été atteinte - un tel but est par essence idéal - mais les États y auraient trouvé une faculté d'adaptation plus large.

Les champs de batailles des XIXe et XXe siècles sont devenus les espaces feutrés des discussions bruxelloises entre délégations, mais ce sont toujours les mêmes rivalités qui s'expriment, les canons en moins.

Ce n'est pas la voie qui a été choisie. La recherche de cette harmonie se caractérise dorénavant par un luxe de détails souvent contradictoires entre eux quand ils ne sont pas illisibles. Un tel patchwork s'éloigne d'autant du but d'harmonisation poursuivi. Et c'est assez compréhensible dès lors que les délégations de chaque État membre tentent avant tout d'imposer aux autres les solutions juridiques internes à l'État qui les mandate, les croyant ou feignant de les croire d'une qualité indépassable, plutôt que de réfléchir à ce que devrait être la règle commune acceptable, compréhensible par tous et qui garantirait le mieux l'harmonie recherchée. Les champs de batailles des XIXe et XXe siècles sont devenus les espaces feutrés des discussions bruxelloises entre délégations, mais ce sont toujours les mêmes rivalités qui s'expriment, les canons en moins. C'est ainsi que le manque de vision aboutit à une accumulation de normes européennes et internes absconses et finalement illisibles.

Cette accumulation donne le vertige. Pouvons-nous y échapper ? Non.

5 - L. n° 96-597, 2 juill. 1996 de modernisation des activités financières.

Mme Rachel Vanneuville[6], citant M. Bastien François, avance l'hypothèse que la montée en puissance de discours dénonçant l'inflation normative constitue, « pour les professionnels du droit, un registre de justification à l'extension de leur « territoire de juridiction, *c'est-à-dire des lieux où s'impose leur autorité de spécialistes* ». Peut-être, mais il est de bon ton de proposer des solutions en faisant semblant d'y croire. C'est ce que firent par exemple MM. Alain Lambert et Jean-Claude Boulard dans leur rapport sur la « *lutte contre l'inflation normative* » *en préconisant un retour à une « pratique respectueuse des articles 34 et 37 de la Constitution » par un « déclassement massif des normes de nature réglementaire contenues dans des dispositions législatives* », qui laisse M. Daniel Labetoulle plus qu'incrédule : « *En tout cas la politique de simplification préconisée par le rapport Lambert-Boulard et revendiquée par le Président de la République et le Premier ministre ne pourra guère faire l'économie d'une réflexion sur le dérèglement de notre appareil normatif* »[7].

Sauf à attendre l'émergence d'un improbable sauveur doué d'une véritable volonté politique, qui mènerait à bien une opération drastique de simplification du droit en général et du droit boursier en particulier, non, il n'y a rien à faire contre cette inexorable montée des eaux qui risque d'entrainer un jour la grande thrombose informatique, laquelle effacera ces excès en une sorte de *tabula rasa* Kantienne appliquée à la cybernétique.

Il n'y a rien à faire, donc, à part ouvrir une voie qui simplifie ce maquis, rappeler les points de repères, guider sur un chemin de crête, signaler les écueils.

Le présent ouvrage fait siens ces objectifs. Sur l'océan compliqué et dangereux des opérations boursières, il vogue avec des idées claires, puisque simples elles ne peuvent l'être dans ce paysage accidenté. Il a été conçu comme un fanal aidant le navigateur pris dans la tempête des normes, à arriver à bon port.

Bon vent !

---

6 - *Les enjeux politico-juridiques des discours sur l'inflation normative, in Parlement*[s], *Revue d'histoire politique* 2009/1 (n° 11), pp. 80 à 91.

7 - D. Labetoulle, *Constitution - Réflexions sur les outils juridiques de la lutte contre l'inflation normative, Revue juridique de l'économie publique* n° 711, août-sept. 2013, Repère 8.

PRÉPARER L'OPÉRATION

OPA – PRATIQUES PROFESSIONNELLES ET INTERDISCIPLINARITÉ

La diversité des intervenants contribuant à cet ouvrage, ainsi que la pluralité et le caractère inédit des perspectives dont ils sont porteurs, sont, en tant que tels, riches d'enseignements pour le lecteur et confirment une réalité que seul le praticien des offres publiques est à même techniquement d'expérimenter. Une des ambitions de ce livre est par conséquent d'apporter précisément cet éclairage, quelquefois méconnu, de praticien.

Ainsi, la diversité des intervenants dans le cadre du présent chapitre, démontre que tous les conseils sont à pied d'œuvre, et ceci dès avant le lancement de l'offre publique. Ses auteurs viennent ainsi de différents horizons professionnels : banquiers d'affaires, conseils financiers, avocats ou communicants.

La caractère inédit des perspectives exposées tient à la grande confidentialité qui entoure l'offre jusqu'à son annonce : avant de devenir publique, l'offre est privée, quasi-occulte. C'est justement une des ambitions de cet ouvrage que de donner à voir et à comprendre ce que la production doctrinale n'aborde pas toujours et de lever le voile sur cette phase de préparation habituellement sujette au secret (quand bien même certains des thèmes abordés ne se limitent pas chronologiquement à la phase préparatoire).

C'est le dénominateur commun de ces contributions qui diffèrent par leur approche et leur format. Nous espérons que cette polyphonie fera – dès le premier chapitre – entendre la diversité des voix qui doivent concourir au succès d'une offre publique d'acquisition, la fameuse OPA.

Parmi ces intervenants, l'avocat a le rôle, fondamental, de liant. Plus qu'un chef d'orchestre, il est un mastic qui doit faire en sorte que les actions des uns et des autres s'articulent convenablement sans contrevenir aux dispositions du droit des offres, domaine particulièrement règlementé du droit des affaires.

Dans l'ambiance de veillée d'armes qui précède le lancement d'une OPA, l'avocat doit permettre à l'initiateur d'anticiper les conséquences des démarches entreprises, car monter une équipe complète de conseils, cela peut être déjà rentrer dans le champ des dispositions sur la préparation d'une opération financière…

par **Marc Castagnède**,
Avocat Associé, A&O Shearman
et **Frédéric Moreau**,
Avocat Associé, A&O Shearman

Stratégies de ramassage préalables à une offre publique : risques et contraintes

Depuis un arrêt Zodiac *resté célèbre, la possibilté de procéder à un ramassage préalablement à une offre publique ne laisse pas d'interroger. L'initiateur putatif peut certes légitimement acheter des actions avant d'annoncer son offre en vue de favoriser la réussite de celle-ci (et le cas échéant ce rachat se fera en dessous du prix d'offre). Il doit veiller cependant à ne pas commettre d'infraction d'initié avant d'annoncer son offre. La notion mérite donc qu'on s'y attarde.*

La personne qui envisage de déposer un projet d'offre publique d'acquisition en vue de prendre le contrôle d'une société dont les actions sont cotées souhaite fréquemment, avant toute annonce ou dépôt, accroître sa détention par acquisitions sur le marché des titres bientôt visés afin d'optimiser les chances de parvenir à ses objectifs.

Il faut se souvenir en effet que la réussite d'une offre publique, qu'elle soit volontaire ou obligatoire, est conditionnée à l'atteinte, à l'issue de la première période de collecte des ordres d'apport, du seuil de 50 % +1 du capital ou des droits de vote sur une base non diluée. Par ailleurs, l'initiateur qui projette de retirer les titres visés de la cote pour ne plus avoir d'actionnaires minoritaires au capital de la société cible, doit atteindre à l'issue de l'offre (éventuellement réouverte lorsqu'il s'agit d'une offre déposée sans détention préalable de la majorité du capital et des droits de vote), un seuil tel que le nombre de titres et de droits de vote non détenus par lui ne représente pas plus de 10 % du capital et des droits de vote, sur une base diluée.

L'initiateur a donc un fort intérêt à détenir, avant le dépôt d'un projet d'offre publique, le nombre de titres le plus élevé possible, en particulier si l'offre n'est pas sollicitée.

Il se peut aussi que les acquisitions effectuées au prix du marché à un instant donné permettent à cet initiateur d'entrer dans le capital ou de se renforcer en les payant moins chères que le prix d'une offre publique ultérieure.

Même s'il envisage le dépôt d'une offre avec une prime par rapport aux cours de bourse récents et que le prix devra en outre très souvent être vérifié par des experts indépendants dans le cadre d'une attestation d'équité, le futur initiateur peut (sous certaines réserves) accroître sa détention avant le dépôt à des conditions financières inférieures à celles qui seront ensuite proposées dans le cadre de l'offre[1].

Ces stratégies de ramassage permettent aussi d'œuvrer, au moins dans un premier temps, à l'abri du jugement du marché, sans avoir à se déclarer publiquement candidat à la prise de contrôle, et d'éviter éventuellement plusieurs

1 - Il est d'ailleurs notable que conscients du fait que le principe d'égalité joue davantage en faveur des actionnaires destinataires d'une offre qu'en faveur des actionnaires sortants avant l'offre, les actionnaires qui négocient avec un candidat à la prise de contrôle la cession de leurs blocs d'actions avant le dépôt introduisent fréquemment dans le contrat de cession des clauses de complément de prix dites clauses de droit de suite ou de « *top-up* » leur assurant que si l'offre est déposée à des conditions financières supérieures à celles négociées pour leurs blocs, ou encore si l'offrant surenchérit pendant la période d'offre sur sa proposition initiale (à la suite, par exemple, de la survenance d'une offre concurrente), leurs intérêts financiers seront alignés sur ceux des actionnaires qui apporteront à l'offre dont le prix a été relevé.

écueils : risque d'une concurrence immédiate, réaction négative des organes sociaux de la société visée mais aussi des représentants du personnel, demandes d'entrée en négociations ou de clarification quant aux intentions poursuivies et aux modalités de financement à un stade prématuré, fébrilité du marché et stratégies d'empêchement par des tiers ou actionnaires souhaitant se positionner comme des « *interlopers* » – pour reprendre une terminologie anglo-saxonne – ou comme des activistes.

Ces stratégies sont d'ailleurs souvent qualifiées de prises de contrôle « rampantes ». L'image véhiculée n'est pas neutre. Elle évoque une montée discrète, progressive et lente, voire selon une acception plus péjorative, sournoise.

Les conseils juridiques ou financiers sont souvent interrogés sur la possibilité d'acquérir des titres sur le marché avant l'annonce ou le dépôt d'une offre publique d'acquisition, ainsi que sur les limites à respecter et les contraintes à intégrer dans ce cadre.

Les développements qui suivent font le point sur ces questions sous un angle pratique.

Nous poserons tout d'abord, à la lumière de la jurisprudence et des dispositions du règlement (UE) n° 596/2014 du Parlement européen et du Conseil du 16 avril 2014 sur les abus de marchés (règlement Abus de Marché), les bornes temporelles de ce ramassage au regard du risque d'infraction d'initié.

Nous verrons ensuite que la montée au capital et en droits de vote à bas bruit ne peut concerner qu'un *quantum* de titres relativement faible compte tenu du dispositif de transparence désormais très exigeant auquel sont soumis les porteurs d'instruments financiers des sociétés cotées et dont les mailles n'ont cessé de se resserrer depuis une trentaine d'années. Cette montée au capital se heurte au surplus, au-delà de certains seuils, à l'obligation de déposer une offre publique.

Nous examinerons par ailleurs les conséquences de ce ramassage sur les conditions financières de l'offre publique ultérieure et sur les précautions à prendre dans ce cadre.

Nous terminerons sur le risque que les rumeurs et les mouvements de marché engendrés par le ramassage contraignent l'initiateur à devoir communiquer plus tôt qu'il ne l'envisageait initialement, et selon un calendrier qu'il ne maîtrise plus.

Ces stratégies de ramassage permettent d'œuvrer, au moins dans un premier temps, à l'abri du jugement du marché, sans avoir à se déclarer publiquement candidat à la prise de contrôle.

1. Ramassage et infraction d'initié

1.1. Lorsque le ramassage peut constituer une infraction d'initié

1.1.1. La notion d'initié de soi-même

<u>Problématique</u>

La question qui se pose en pratique est la suivante : la personne qui a l'intention de déposer à court terme une offre publique d'acquisition peut-elle acquérir ou continuer à acquérir des titres de la société visée alors que par nature elle connaît l'intention (qui lui est propre) de déposer une offre publique ?

Cela revient à savoir si l'on peut être « initié de soi-même » – et à ce titre tenu à la stricte obligation de s'abstenir d'intervenir sur les titres de la société visée s'imposant à tout détenteur d'une information privilégiée. Cette information est certes précise, non encore publique et susceptible d'influencer de façon sensible le cours des titres concernés[2], mais ne provient pas d'un tiers, l'investisseur concerné en étant l'originaire et le détenteur exclusif. La dialectique tient de l'aporie :

- certes il y a une asymétrie d'information entre

2 - Pour reprendre la définition d'une information privilégiée issue du Règl. Abus de Marché, art. 7 (V. ci-dessous).

celui qui connaît ses propres desseins et, par définition, contracte avec cette information qu'il est le seul à connaître et sa contrepartie qui les ignore. Ceci crée sur le marché, au moment de la transaction, une inégalité d'information potentiellement dommageable pour l'une des parties ;

- mais il serait très excessif d'exiger de l'investisseur une transparence absolue allant jusqu'à l'obligation de dévoiler immédiatement ses intentions, et ceci quel que soit le stade de leur formation ou de leur formalisation, ou encore de neutraliser très tôt toute action ou capacité à contracter, en connaissance d'une simple intention ou d'un projet informel. Il en résulterait une paralysie disproportionnée, toute décision ou toute action étant nécessairement précédée d'une volonté de faire.

Il faut par conséquent trouver un équilibre. Le juge, mais aussi le régulateur en charge de mettre un frein aux comportements illégitimes au regard de l'ordre public boursier, s'y sont l'un et l'autre attelés.

Jurisprudence* Zodiac *: la finalité poursuivie et la nature de l'information sur l'offre projetée

La question de l'initié de soi-même a été en effet tranchée par la Cour d'appel de Paris dans un arrêt rendu le 15 novembre 1994[3] (arrêt *Zodiac*) à la suite d'un recours contre la décision de la Commission des opérations de bourse (COB) sanctionnant la société Zodiac pour avoir acquis des actions Sicma Aéro Seat (Sicma) sur le marché (directement au moyen d'un portage de la part d'une banque, et indirectement par l'intermédiaire d'une filiale) au motif qu'elle détenait une information privilégiée au moment de ces acquisitions[4].

A l'appui de sa décision, la cour a relevé qu'au moment de ces acquisitions, intervenues entre le 18 février et le 16 mars 1993, Zodiac envisageait de déposer un projet d'offre publique d'achat visant les titres de la société Sicma, dont elle détenait déjà plus du tiers du capital et des droits de vote, et qu'elle était à cette fin entrée en négociations avec l'actionnaire de contrôle de Sicma, la Financière Maréchal.

Pour déterminer si ces ramassages relevaient ou non de l'« exploitation »[5] d'une information privilégiée, et d'une infraction d'initié, la cour a tenu un raisonnement se décomposant en deux plans argumentatifs qu'il convient toutefois de lire de manière conjuguée pour en mesurer la portée : la détection de la finalité poursuivie d'une part, la nature de l'information détenue d'autre part.

La finalité poursuivie :

- *Finalité légitime* : le ramassage n'est pas prohibé s'il répond à la poursuite d'une finalité légitime. Ainsi des opérations de ramassage de titres préalablement au lancement d'une offre publique peuvent être licites si elles correspondent à l'objectif de prendre progressivement une participation significative dans le capital de la société concernée ou pour conforter une position face à une éventuelle offre concurrente. Le juge considère donc comme légitime de vouloir se renforcer avant le dépôt d'une offre si ce renforcement participe de l'objectif de prise de contrôle ou de meilleur positionnement dans une compétition. Tant que celui qui accroît sa participation n'est pas tenu de communiquer ses intentions, il peut au nom de ces objectifs dits légitimes acquérir des actions selon les conditions du marché alors même qu'il sait qu'il est susceptible de lancer une offre. L'auteur d'un projet doit avoir le droit de réaliser une opération qui concourt de manière légitime à la mise en œuvre dudit projet[6].

- *Finalité illégitime* : le ramassage est en revanche prohibé s'il obéit à une volonté de réaliser une économie sur les conditions de l'offre à venir. Encore faut-il être capable de démontrer que celui qui ramasse est mu par un tel objectif,

3 - CA Paris, 15 nov. 1994, *Bull. Joly Bourse* 1995, p. 9, note H. de Vauplane.

4 - COB, Décis., 1er mars 1994, *Bull. COB*, avr. 1994 n° 279, p. 25. - V. également et antérieurement : *Bull. COB* sept. 1991, n° 250, pp. 7 s.

5 - Aux termes du Règl. Abus de Marché, désormais applicable directement au sein des Etats membres sans nécessité de transposition dans leur ordre législatif interne, le manquement d'initié est constitué par l'utilisation d'une information privilégiée et non par son exploitation. L'utilisation s'apprécie selon une analyse objective. A la lumière du Règl. Abus de Marché, la cour d'appel, si les faits lui étaient soumis aujourd'hui, s'interrogerait plutôt sur l'utilisation indue de l'information, à la lumière de l'arrêt de la Cour de justice de l'Union européenne du 23 déc. 2009 (*Spector Photo Group NV et Chris Van Raemdonck contre Commissie voor het Bank-, Financie- en Assurantiewezen (CBFA)*).

6 - V. également : D. Bompoint, *L'initiateur initié, l'émetteur diffuseur et le concert non vérifié (commentaire de la décision de sanction de l'AMF du 17 déc. 2009, M. Rombi et Stés Les laboratoires Arkopharma et Imarko)*, *Bull. Joly Bourse* 2010-028.

ce qui peut comporter une part d'appréciation subjective.

Cette démonstration s'effectuera par la méthode du faisceau d'indices. Dans l'arrêt *Zodiac* la Cour d'appel a relevé les circonstances suivantes :

• la faible quantité de titres achetée sur le marché alors que la participation de Zodiac dans Sicma était déjà significative et qu'aucune offre concurrente ne se profilait, d'autant que Zodiac bénéficiait d'un droit de préemption au cas où Financière Maréchal aurait eu l'intention de céder sa participation dans Sicma ;

• le fait que Zodiac pouvait légitimement estimer que son projet avait des chances de réussite et déterminer le prix qui pourrait être celui de sa prochaine offre. Pour cette raison, Zodiac pouvait donc être considéré comme étant pleinement conscient de l'économie réalisée dans le cadre du ramassage de manière quantifiable, ses acquisitions ne répondant plus alors à un objectif légitime.

Cette dernière constatation ne se comprend que combinée à la nature de l'information que possède l'éventuel initiateur au moment où il réalise les acquisitions.

La nature de l'information détenue :

• Tant que l'information se limite à connaître son propre projet de prise de contrôle, cette information n'interdit pas une montée dans le capital de la société visée. Même s'il est probable que l'offre projetée s'effectuera au-dessus du cours de bourse, il résulte de l'incertitude qui entoure la proposition financière de l'offre à venir, voire sa réalisation, une impossibilité d'affirmer que l'unique objectif de celui qui conçoit alors le projet d'offre est de réaliser une économie.

• Ce n'est qu'à partir du moment où le projet initialement formé commence à se concrétiser dans le cadre d'étapes préparatoires, et tout particulièrement lorsqu'est étudié ou déterminé le prix de l'offre à venir même sous une forme préliminaire et provisoire (le juge dans l'arrêt Zodiac relève l'existence d'éléments rendant le projet suffisamment défini), qu'émerge un faisceau d'indices susceptible d'établir qu'en procédant à des ramassages, l'investisseur a eu en réalité la volonté de réaliser cette économie. Pour réfuter la présomption résultant de ce faisceau d'indices, l'on peut démontrer que ces ramassages procédaient de motifs impérieux (par exemple, monter au capital le plus tôt possible du fait d'une concurrence probable).

• Dans son analyse, la Cour s'est attachée à trouver le point de bascule à partir duquel naît la détention d'une information de nature privilégiée. Les attendus de l'arrêt sont depuis lors fidèlement réitérés[7] par les juges d'instance, d'appel ou de cassation dans de multiples contentieux, mais aussi par l'autorité de marché dans sa composition répressive (COB ou Commission de sanctions de l'AMF)[8], de sorte qu'elle fait référence de manière stabilisée. En l'espèce, le 10 février 1993, Zodiac et M. Maréchal, au cours d'une seconde réunion de

Ce n'est qu'à partir du moment où le projet initialement formé commence à se concrétiser dans le cadre d'étapes préparatoires, et tout particulièrement lorsqu'est étudié ou déterminé le prix de l'offre à venir même sous une forme préliminaire et provisoire, qu'émerge un faisceau d'indices.

négociations, avaient fixé une fourchette de prix et un horizon temporel de cession de sorte que Zodiac savait à ce moment que son projet d'offre allait très probablement aboutir et connaissait le futur niveau de son prix. Voici l'attendu clé de la Cour : « *le projet formé par Zodiac était suffisamment défini pour avoir des chances raisonnables d'aboutir, peu important en revanche l'existence d'aléas, inhérents à toute opération de cette nature, quant à la réalisation effective de ce projet ; que l'aléa était en l'occurrence, circonscrit (connaissance du prix en dessous duquel la prise de contrôle aurait échoué), que, partie prenante à la négociation, Zodiac disposait d'une infor-*

7 - Reprise d'une jurisprudence initiée en réalité par le tribunal correctionnel de Paris (T. corr. Paris, 18 avr. 1979).

8 - V. par ex. : Com., 1er mars 2017, n° 14-26.892, n° 15-12.362.

mation suffisamment précise sur les éléments de celle-ci et sur les chances de succès. » Ce double raisonnement repose, d'une part, sur la détection de la finalité poursuivie dans le cadre du ramassage, et d'autre part, sur la qualification de l'information détenue, laquelle dépend du stade d'avancement du projet (formalisation d'un projet suffisamment avancé rendant son aboutissement crédible). Il constitue le baromètre permettant de déterminer si le ramassage demeure possible et si oui, jusqu'à quelle date.

Nous verrons ci-dessous qu'au fil de ses décisions, la Commission des sanctions de l'AMF a fait remonter de plus en plus tôt dans le temps la date à laquelle le projet d'offre acquiert la qualité d'une information privilégiée, le ramassage éventuel ne pouvant alors plus être poursuivi.

1.1.2. Règlement Abus de Marché : le comportement légitime et l'information d'initié appliqués aux projets d'offres publiques

Le règlement Abus de Marché est directement applicable aux sociétés dont les instruments financiers sont admis sur un marché réglementé (Euronext Paris notamment) ou sur un système multilatéral de négociation – SMN (*Euronext Growth* notamment). Parmi ses apports les plus importants, il définit la notion d'information privilégiée (art. 7) et celle d'opérations d'initiés (art. 8), édicte le principe d'interdiction des opérations d'initiés et de divulgation illicite d'informations privilégiées (art. 14), et impose aux émetteurs cités de publier dès que possible les informations privilégiées qui les concernent, sous réserve de la possibilité de différer cette publication sous certaines conditions (art. 17).

Par nature, la préparation d'une offre publique est susceptible de constituer une information privilégiée telle que définie par l'article 7 du Règlement Abus de Marché, c'est-à-dire « *une information à caractère précis qui n'a pas été rendue publique, qui concerne, directement ou indirectement, un ou plusieurs émetteurs, ou un ou plusieurs instruments financiers, et qui, si elle était rendue publique, serait susceptible d'influencer de façon sensible le cours des instruments financiers concernés ou le cours d'instruments financiers dérivés qui leur sont liés* ».

<u>La situation de l'émetteur :</u>

Lorsqu'un émetteur coté est approché par un investisseur ayant l'intention de déposer un éventuel projet d'offre publique visant ses titres (cas d'une offre sollicitée ou amicale)[9], la connaissance qu'il acquiert de ce projet ainsi que sa participation à d'éventuelles discussions avec l'investisseur concerné sont susceptibles de constituer pour cet émetteur une information privilégiée qu'il devrait, en principe, rendre publique dès que possible.

Il peut néanmoins, sous sa responsabilité différer la publication immédiate lorsque celle-ci est susceptible de porter atteinte à ses intérêts légitimes[10]. Selon l'Autorité européenne des marchés financiers (*European Securities and Market Authority* – ESMA), le cas où l'émetteur mène encore des négociations dont le résultat est susceptible d'être compromis en cas de publication immédiate (notamment dans le cadre d'un projet de fusion ou d'acquisition), répond de façon satisfaisante à cette notion d'intérêt légitime[11].

Ce différé d'information n'est toutefois possible que si l'émetteur concerné est en mesure d'assurer la confidentialité de cette information (ce qui implique qu'il prenne toutes les mesures nécessaires afin d'assurer cette confidentialité, notamment en limitant sa diffusion au cercle restreint des personnes travaillant sur le projet d'opération et en prenant des mesures pratiques pour protéger cette confidentialité) et que ce différé d'information ne risque pas

9 - En général pour obtenir des informations sur la société visée grâce à l'accès à une « une data room » et un engagement de recommandation préliminaire (avant production de l'avis motivé du Conseil d'administration ou du Conseil de surveillance dans le cadre de la procédure elle-même).

10 - Règl. Abus de Marché, art. 17.4.

11 - ESMA, Orientations relatives au règlement sur les abus de marché (« MAR »), 13 avr. 2022. La position de l'ESMA reprend en fait ici la position exprimée dans le dans le consid. 30 du Règl. Abus de Marché qui indiquait déjà : « *Aux fins de l'application des exigences relatives à la publication d'informations privilégiées et au report d'une telle publication telles que prévues dans le présent règlement, les intérêts légitimes peuvent en particulier avoir trait aux situations suivantes, qui ne constituent pas une liste exhaustive : a) négociations en cours, ou éléments connexes, lorsque le fait de les rendre publics risquerait d'affecter l'issue ou le cours normal de ces négociations [...]* ».

d'induire le public en erreur.

Selon l'ESMA, les situations dans lesquelles le différé de publication peut induire le public en erreur incluent notamment le cas où les informations privilégiées dont l'émetteur compte différer la publication sont sensiblement différentes de l'annonce publique précédemment faite par l'émetteur relativement à l'objet auquel se rapporte les informations privilégiées. Dans la pratique, on peut imaginer le cas où un émetteur poursuit des discussions avec un investisseur potentiel alors qu'il a publiquement annoncé avoir cessé tout contact avec celui-ci[12].

Rappelons qu'en tout état de cause, même dans les cas où la publication immédiate d'informations privilégiées est susceptible de porter atteinte à ses intérêts légitimes, l'émetteur concerné doit publier ces informations privilégiées dès que possible si leur confidentialité n'est plus assurée, notamment dans le cas où l'opération envisagée ferait l'objet de rumeurs suffisamment précises[13].

La situation de l'investisseur :

Les obligations de communication qui viennent d'être décrites ne s'appliquent qu'aux émetteurs, le règlement Abus de Marché n'imposant pas d'obligation spécifique à ce titre aux personnes qui prépareraient un projet d'offre publique ou une autre opération financière portant sur une société cotée.

L'AMF a remédié à ce hiatus en intégrant dans son règlement général un article ainsi rédigé : « *toute personne qui prépare, pour son compte, une opération financière susceptible d'avoir une incidence significative sur le cours d'un instrument financier ou sur la situation et les droits des porteurs de cet instrument financier doit, dès que possible, porter à la connaissance du public les caractéristiques de cette opération. Si la confidentialité est momentanément nécessaire à la réalisation de l'opération et si elle est en mesure de préserver cette confidentialité, la personne mentionnée au premier alinéa peut prendre la responsabilité d'en différer la publication.* »[14]

Il ne fait aucun doute que la préparation d'une offre publique entre dans le cadre de cette disposition, étant précisé que l'obligation de communiquer suppose ici que les conditions financières de l'offre soient arrêtées puisque la personne concernée doit être en mesure d'en divulguer les caractéristiques.

Au même titre que la société visée peut différer la communication d'une information privilégiée la concernant (par exemple lorsqu'elle est approchée par un investisseur ayant l'intention de réaliser une offre et que des discussions s'ensuivent), l'initiateur peut reporter la communication de son projet à condition de pouvoir en préserver la confidentialité.

Le règlement Abus de Marché applicable à l'émetteur visé, et l'article 223-6 du règlement général de l'AMF applicable à l'initiateur, se répondent en dépit de quelques – regrettables – différences terminologiques.

Les deux corps de textes, règlement Abus de Marché applicable à l'émetteur visé, et article 223-6 du règlement général de l'AMF applicable à l'initiateur, se répondent en dépit de quelques – regrettables – différences terminologiques.

En principe, les deux protagonistes progressant de front dans une opération amicale se coordonneront pour remplir leurs obligations de communication, et se concerteront pour définir le moment où l'information acquiert la qualification d'information privilégiée (premier temps) et celui où la confidentialité n'étant plus nécessaire (second temps), il conviendra conjointement de publier les caractéristiques de l'offre.

En cas de fuites ou de rumeurs, l'un et l'autre devront s'interroger sur leurs obligations

12 - ESMA, v. *supra*.

13 - Règl. Abus de Marché, art. 17, § 7.

14 - Règl. gén. AMF, art. 223-6.

respectives au regard des textes[15] et coopérer pour décider, de manière cohérente et coordonnée, s'il convient de communiquer ou non, et si oui, selon quel contenu.

Le règlement Abus de Marché délivre enfin quelques enseignements additionnels dans ses considérants et son article 9.

La vocation des considérants est de faciliter la lecture des règles applicables en exposant leur motivation, et en y ajoutant des clés d'interprétation. Le considérant 31 traite en filigrane de la question de l'initié de soi-même, en termes prudents mais tout à fait en ligne avec les conclusions qui peuvent être tirées de la jurisprudence *Zodiac* résumée ci-dessus.

Il y est dit : « *Etant donné que l'acquisition ou la cession d'instruments financiers suppose nécessairement une décision préalable d'acquérir ou de céder de la part de la personne qui procède à l'une ou l'autre de ces opérations, le simple fait d'effectuer cette acquisition ou cette cession ne devrait pas être réputé constituer une utilisation d'une information privilégiée. Agir en se fondant sur ses propres plans et stratégies de négociation ne devrait pas être considéré comme une utilisation d'informations privilégiées. Cependant, aucune de ces personnes physiques ou morales ne devrait être protégée en vertu de ses fonctions ; elles ne devraient être protégées que si elles agissent de façon appropriée, dans le respect tant des normes de leur profession que de celles du présent règlement, à savoir dans le respect de l'intégrité du marché et de la protection des investisseurs. Une violation pourrait toujours être réputée avoir eu lieu si l'autorité compétente établit qu'il existait une raison illégitime derrière ces opérations, ces ordres ou ces comportements, ou si la personne a utilisé des informations privilégiées.* » (souligné par nos soins).

Est ainsi confirmée une assertion qui paraît de bon sens : une personne ne saurait être tenue à une obligation d'abstention et empêchée d'acquérir ou de céder des instruments financiers d'un émetteur coté en connaissance d'un plan qui lui est propre et qui n'est pas connu du marché.

Puis on retrouve les limites posées par la jurisprudence *Zodiac*, c'est-à-dire la double réserve d'une raison (finalité) légitime et de ne pas tomber sous le coup de l'utilisation d'une information privilégiée.

L'article 9 du règlement Abus de Marché reprend ces mêmes idées en indiquant dans son paragraphe 5 que pour la définition de l'opération d'initié et son interdiction, « *le simple fait qu'une personne utilise le fait de savoir qu'elle a décidé d'acquérir ou de céder des instruments financiers dans le cadre de l'acquisition ou de la cession de ces instruments financiers ne constitue pas en soi une utilisation d'informations privilégiées* ».

Mais il prend le soin d'ajouter en son paragraphe 6 : « *une violation de l'interdiction des opérations d'initiés peut toujours être réputée avoir lieu si l'autorité compétente établit qu'il existait une raison illégitime pour les ordres, transactions ou comportements concernés* », consacrant ainsi la jurisprudence *Zodiac*.

L'article 9 du règlement Abus de Marché précise également, dans son paragraphe 4, l'utilisation qui peut être faite par un investisseur des informations qui lui seraient fournies par la société cible dans le cadre de la phase préparatoire au dépôt d'une offre publique.

Dès lors que l'investisseur a obtenu une information privilégiée (on notera l'utilisation du terme « obtenu » – il s'agit bien de l'information donnée par un tiers cette fois et non de l'information qui porte sur ses propres intentions) dans le cadre de la réalisation d'une offre publique d'acquisition ou d'une fusion il ne faut pas considérer que « *l'utilisation d'une telle information dans le seul but de mener à bien cette offre publique d'acquisition ou cette fusion* » constitue une opération d'initié. En renversant la présomption de constitution du manquement, cette disposition consacre la pratique des due diligences préalablement aux opérations sur des sociétés cotées.

Ceci est toutefois « *sous réserve qu'au*

15 - V. à ce propos la Section 3.3 ci-dessous.

moment de l'approbation de l'offre [...] par les actionnaires, toutes les informations privilégiées aient été rendues publiques ou aient cessé d'une autre façon d'être des informations privilégiées ». La référence à l'approbation de l'offre doit être comprise dans le contexte d'une offre publique soumise à la réglementation française, comme la décision de conformité de l'AMF relative à l'offre, celle-ci ne donnant pas lieu « une approbation » de la part des actionnaires de la société visée.

Cet impératif de rétablissement de l'égalité à l'information est rappelé par l'AMF dans sa position-recommandation relative à l'ouverture de « *data rooms* » par les émetteurs dans le cadre de la préparation d'une opération (reprise dans son guide de l'information privilégiée et permanente)[16].

Concrètement, ce rétablissement pourra s'effectuer dans le cadre des communiqués de presse publiés par la société visée lors l'annonce de l'opération et des notes d'information relatives au projet d'offre publique, notamment par le biais de l'évaluation de la société visée effectuée par la banque présentatrice (publiée dans la note d'information de l'initiateur) et/ou par l'expert indépendant mandaté par le conseil d'administration de la société visée si une telle expertise s'impose (dont le rapport est publié dans la note en réponse de la société visée). Devront également être décrits dans la note d'information de l'initiateur les clauses d'accords conclus par les personnes concernées par l'offre, ou leurs actionnaires, susceptibles d'avoir une incidence sur l'appréciation de l'offre ou son issue.

Il faut souligner, et ceci est crucial pour le sujet qui nous occupe, que cette présomption de « non-utilisation » des informations détenues par un investisseur édictée par le règlement Abus de Marché ne s'applique que lorsque la communication est intervenue dans le cadre de la préparation d'une offre publique ou d'une fusion. Elle ne s'applique pas au cas du ramassage en bourse[17].

Il s'ensuit pour l'investisseur ayant accès à une « *data room* » (ou à tout le moins à des informations concernant l'émetteur) une interdiction absolue pour lui de procéder à tout ramassage dès lors que les informations qui lui sont communiquées constituent des informations privilégiées.

Il s'agit souvent principalement des données relatives au plan d'affaire de la société visée, celle-ci n'ayant en principe pas d'obligation de communiquer sur ses prévisions de rentabilité (même si en pratique un grand nombre de sociétés publient des « guidances » sur une base volontaire).

La plupart des autres informations, si elles sont sensibles, ont en principe déjà été divulguées par la société concernée compte tenu de ses obligations d'information périodique ou permanente[18].

Le conseil interrogé sur les possibilités de ramassage, recommandera au potentiel initiateur et aux personnes qui agissent de concert avec lui de s'abstenir très tôt d'intervenir sur le marché lors de la période de préparation d'une offre publique.

---

16 - Position-Recomm. de l'AMF : Guide de l'information permanente et de la gestion de l'information privilégiée DOC-2016-08, § 3.2 *Data room*, pp. 51 s. : « *Afin de rétablir le principe d'égalité d'accès des investisseurs à l'information, et dès lors que les conditions requises pour un différé de publication ne sont plus remplies, toute information privilégiée communiquée aux potentiels acquéreurs est publiée par l'émetteur, dès que possible après la clôture de la procédure de « data room » et de manière effective, selon les modalités exigées par MAR.* »

17 - Règl. Abus de Marché, art. 9, § 4, dernier al. : « *Le présent paragraphe ne s'applique pas au ramassage en bourse.* »

18 - Les sociétés cotées ayant l'obligation de publier dès que possible toute information privilégiée les concernant (Règl. Abus de Marché, art. 17, § 1er), les « *data rooms* » contiennent en pratique assez peu de d'informations significatives qui n'auraient pas déjà été divulguées au marché. La Recomm. de l'AMF concernant la mise en place de telles « *data rooms* » précise d'ailleurs : « *Certaines des informations délivrées dans le cadre de la « data room » peuvent devenir des informations privilégiées au moment de la tenue de celle-ci. L'émetteur devra alors être en mesure de justifier qu'il respecte l'ensemble des conditions fixées par MAR afin d'en différer la communication au public. Par ailleurs, avant même la clôture de la procédure de « data room », il est rappelé que si l'une ou plusieurs des conditions exigées par l'article 17.1 du règlement MAR et ayant justifié le différé de publication d'une information privilégiée vien(nen)t à ne plus être remplie(s), l'émetteur doit publier l'information dès que possible, sans attendre la clôture de ladite procédure, et selon les modalités prévues par MAR.* » *(p. 53).* En revanche, elles contiennent souvent des éléments plus granulaires que les informations publiées mais qui n'entrent pas nécessairement dans le champ de l'obligation de rétablissement de l'égalité d'accès à l'information visée par le Règl. Abus de Marché et la Recomm. de l'AMF sur la mise à disposition d'informations dans le cadre de l'ouverture d'une « *data room* ».

1.2. Conséquences pratiques

Sur le fondement de l'ensemble des règles rappelées ci-dessus et de la jurisprudence, le conseil juridique interrogé sur les possibilités de ramassage, recommandera au potentiel initiateur et aux personnes qui agissent de concert avec lui de s'abstenir très tôt d'intervenir sur le marché lors de la période de préparation d'une offre publique.

Au vu des décisions de la Commission des sanctions de l'AMF, cet initiateur ne pourra plus acquérir de titres sur le marché dès que, compte tenu des étapes de la préparation de son projet, celui-ci est suffisamment précis et défini pour avoir des chances raisonnables d'aboutir, même s'il subsiste encore des aléas.

A partir de ces décisions, voici une liste non exhaustive d'événements susceptibles, selon les circonstances, de caractériser une information privilégiée dans le cadre de la préparation d'une opération :

- il n'est pas besoin d'un accord définitif sur le prix pour que le caractère de précision d'une information (requis pour qualifier l'existence d'une information privilégiée) soit constitué. Une indication ou une articulation d'une fourchette de prix dans le cadre de la préparation d'une opération avec des conseils ou de négociations avec un actionnaire ou avec les dirigeants, est suffisante ;

- la tenue d'une réunion de lancement relative au projet d'offre et le fait pour la société visée et un initiateur de mener des discussions approfondies sur leur rapprochement et la finalisation des modalités de celui-ci constituent également un projet suffisamment précis et abouti, à condition que les discussions témoignent d'un intérêt stratégique des parties concernant l'opération et qu'il n'y ait pas d'écarts de vision rendant le succès de ces discussions peu probables. Il est toutefois possible de rencontrer des situations très spécifiques dans lesquelles l'ouverture de ces discussions n'empêcherait pas l'initiateur d'intervenir sur le titre ;

- de même le mandat donné à une banque d'affaires, ou la signature d'accords de confidentialité avec différents établissements financiers en vue de la mise en place du financement d'une offre publique d'achat ou d'une opération sur la base d'un prix, confèrent au projet d'offre le statut d'information privilégiée.

Dès que des échanges donnent lieu à l'articulation d'un prix (serait-ce un prix plancher) ou d'une fourchette de prix susceptible de donner lieu à un accord, ou d'être soumis à un organe décisionnaire de la société initiatrice ou de la société cible, tout ramassage au cours de bourse expose à des suspicions de finalité illégitime reposant sur des considérations d'économie de coûts. Il faut alors disposer d'arguments solides pour démontrer qu'il en est autrement.

Il est recommandé également de ne pas procéder à des ramassages dès lors que des informations relatives à la société visée ont été communiquées ou qu'une procédure de *due diligence* est ouverte. Le risque que des informations privilégiées soient communiquées dans ce cadre est en effet réel, ce qui déclencherait l'application du dernier alinéa de l'article 9, paragraphe 4, du règlement Abus de Marché. Comme indiqué ci-dessus, cette disposition écarte de plein droit, dans le cas d'un ramassage, la présomption de « non-utilisation » d'une information privilégiée qui bénéficie à la personne qui prépare un projet d'offre publique.

En définitive, un ramassage n'est véritablement sans risque qu'en amont de toute négociation avec la société visée ou ses actionnaires.

En définitive, même si la décision de procéder ou non à un ramassage doit être prise à chaque fois en fonction des circonstances de l'espèce, une telle opération n'est véritablement sans risque qu'en amont de toute négociation avec la société visée ou ses actionnaires, et, souvent, en l'absence de mandat confié à des banques d'affaires en vue de préparer un projet d'offre publique (la nomination de banques d'affaires pouvant conduire un investisseur à se déterminer sur la structure et les conditions financières d'une éventuelle opération).

On ajoutera qu'à partir du moment où des manifestations d'intérêts sont documentées ou des contrats de financement sont en voie de signature, et/ou où une « *data room* » est ouverte, il est conseillé d'être très prudent.

Pour être complet, on rappellera enfin que si les caractéristiques de l'offre sont annoncées, l'AMF fait paraître un avis dit de préoffre et qu'à partir de ce moment l'initiateur ne pourra plus intervenir sur le titre de la société visée jusqu'au dépôt de son offre.[19] Le ramassage est donc dès l'ouverture de la période de préoffre, réglementairement proscrit pour le futur initiateur, et ce jusqu'au dépôt de l'offre.

2. Ramassage et contrainte de transparence

2.1. Le cadre juridique

Les stratégies de ramassage préalables à une offre publique visent couramment à accroître une détention capitalistique ou une influence politique (du fait de l'exercice de droits de vote) dans le souci de constituer ou conforter une base de lancement à l'abri des projecteurs, autrement dit sans que les acteurs du marché en soient avisés, et d'autant plus s'il s'agit d'une opération non sollicitée ou hostile, aux fins de retarder une éventuelle réaction défensive de la cible. On le sait le secret, ou tout au moins l'absence de signal, même de courte durée, est souvent essentiel à la réussite d'une opération en préparation.

Cependant et comme souligné en introduction du rapport du groupe de travail confié à M. Bernard Field par l'AMF sur les franchissements de seuils de participation et les déclarations d'intention, cette volonté de discrétion affecte le respect du principe de transparence censé assurer un fonctionnement optimal du marché : « *La pertinence de l'information donnée aux acteurs économiques constitue une condition essentielle du bon fonctionnement du marché. La préservation des droits des actionnaires d'une société cotée ne peut s'accommoder de la dissimulation des intérêts économiques et des objectifs réels d'un investisseur dès lors que celui-ci détient directement ou indirectement une fraction significative du capital ou des droits de vote.*[20] »

Le législateur n'a eu de cesse de renforcer ledit dispositif de transparence au fil des ans, tirant souvent les conséquences de manœuvres ingénieuses destinées à progresser clandestinement, pour imposer une influence actionnariale par surprise, sans que la situation acquise ait pu être anticipée ou captée en amont par des obligations déclaratives.

Le législateur n'a eu de cesse de renforcer le dispositif de transparence au fil des ans, tirant souvent les conséquences de manœuvres ingénieuses destinées à progresser clandestinement, pour imposer une influence actionnariale par surprise, sans que la situation acquise ait pu être anticipée ou captée en amont par des obligations déclaratives.

Plusieurs réformes ont été majeures à cet égard :

- l'introduction de la notion d'action de concert. Cette notion trouve légalement sa source dans la première directive transparence, n° 88/627 du 12 décembre 1988 transposée en France par la loi n° 89-531 du 2 août 1989 relative à la sécurité et à la transparence du marché financier (aujourd'hui codifiée : C. com., art. L. 233-10[21] et L. 233-10-1[22]). La notion d'action de concert tend ainsi à ga-

---

19 - Règl. gén. AMF, art. 223-34.

20 - Rapp. sur les déclarations de franchissement de seuil de participation et les déclarations d'intention, p. 3 (Groupe de travail présidé par Bernard Field, membre du collège de l'AMF – Oct. 2008).

21 - C. com, art. L. 233-10, I : « Sont considérées comme *agissant de concert les personnes qui ont conclu un accord en vue d'acquérir, de céder ou d'exercer des droits de vote, pour mettre en œuvre une politique commune vis-à-vis de la société ou pour obtenir le contrôle de cette société. (...)* » La Cour de cassation dans son arrêt de principe du 27 octobre 2009 sur l'affaire *Gecina* a précisé que la politique commune était celle que les concertistes conduisent vis-à-vis de la société et non exclusivement celle qu'ils se proposent de conduire au sein de celle-ci en influant sur la gestion ou sa stratégie économique ou commerciale (Com. 27 oct. 2009, n°s 08-18.819, 08-18.779).

22 - C. com., art. L. 233-10-1 transposant la Dir. OPA : « *En cas d'offre publique d'acquisition, sont considérées comme agissant de concert*

rantir une plus grande transparence dans la répartition des actions des sociétés cotées. Elle permet de soumettre solidairement aux mêmes obligations que celles incombant à une personne agissant seule et détenant directement ou indirectement des droits de vote ou des actions, les personnes qui ont conclu un accord en vue de la mise en œuvre d'une politique commune vis-à-vis d'une société cotée, celles-ci devant calculer et déclarer leur participation en agrégeant au numérateur les instruments financiers détenus par chacune d'elles. Ce mode de computation rend visible les noyaux durs d'actionnariat, les empreintes de pouvoirs concertés ou encore les lignes de front ou de défense ;

- l'extension progressive du périmètre d'assimilation pour la détermination du numérateur utilisé pour le calcul des franchissements de seuils : aux fins de déterminer si oui ou non des seuils légaux ont été franchis, l'ordonnance du 30 janvier 2009 a d'abord imposé l'assimilation aux actions et droits de vote réellement détenus, des titres constituant le sous-jacent d'accords ou d'instruments financiers donnant droit d'acquérir immédiatement ou à terme ces actions (c'est-à-dire dénouables de façon physique)[23].

Puis, à la suite des affaires *LVMH/Hermès* et *Wendel/Saint Gobain*, qui avaient mis en évidence la possibilité d'acquérir par surprise une position significative dans le capital d'une société cotée, grâce à la conclusion de plusieurs contrats dérivés conférant une seule exposition économique, la loi du 22 mars 2012 dite « loi Warsmann » a imposé l'assimilation du sous-jacent de ces contrats (en retenant la méthode du delta pour la comptabilisation du sous-jacent pour les besoins du calcul des seuils franchis[24]).

En effet, les établissements financiers agissant comme contreparties d'investisseurs dans le cadre de ces opérations dérivées constituent systématiquement une couverture « titres » pour être en mesure de verser à l'échéance l'éventuel différentiel de cours positif (différence par rapport au cours constaté à la conclusion du dérivé) à leur co-contractant grâce au dénouement de la couverture.

La constitution de telles couvertures n'est pas assimilable à un acte de portage. Il s'agit d'un dispositif technique et non d'une acquisition pour compte de l'investisseur. Reste que l'établissement financier acquiert tout ou partie du sous-jacent sans que le marché puisse connaître les quantités d'actions acquises au titre de la couverture ni d'ailleurs faire le lien entre ces couvertures et la position des bénéficiaires des contrats dérivés dénouables en numéraire.

Ces actions, enregistrées dans des comptes de négociation pour compte propre des établissements concernés n'entrent pas, en vertu de l'exception prévue à l'article L. 233-7, IV, 3° du code de commerce, dans le périmètre du numérateur pour les calculs de franchissement de seuils de ces établissements tant qu'elles ne représentent pas plus de 5 % du capital ou des droits de vote de l'émetteur.

Avant la loi Warsmann, la personne qui projetait d'accroître sa détention le plus rapidement et discrètement possible n'avait pas besoin de procéder à des ramassages sur le marché s'il lui était loisible de conclure un contrat dérivé dénouable en numéraire avec un établissement financier puis de s'emparer de la couverture constituée par cet établissement, sans avoir dû se déclarer au préalable.

les personnes qui ont conclu un accord avec l'auteur d'une offre publique visant à obtenir le contrôle de la société qui fait l'objet de l'offre. Sont également considérées comme agissant de concert les personnes qui ont conclu un accord avec la société qui fait l'objet de l'offre afin de faire échouer cette offre. »

23 - Le règlement de la chambre syndicale des agents de change du 21 avr. 1983 y faisait déjà référence pour l'encadrement des OPA, avant même que cette notion soit consacrée légalement.

24 - C'est également cette méthode qui a été retenue par la « directive transparence révisée » du 22 oct. 2013 (Dir. 2004/109/CE du Parlement Européen et du Conseil du 15 déc. 2004 sur l'harmonisation des obligations de transparence concernant l'information sur les émetteurs dont les valeurs mobilières sont admises à la négociation sur un marché réglementé et modifiant la Dir. 2001/34/ CE).

Or dans plusieurs cas, dont ceux cités plus haut, il a pu être constaté qu'au dénouement de la couverture constituée par l'établissement financier, les actions ont finalement été livrées à l'acheteur de l'exposition économique (soit au moyen d'une modification du contrat initial pour le transformer en contrat à dénouement physique, ou par achat des actions qui constituaient la couverture).

Avant la loi Warsmann, la personne qui projetait d'accroître sa détention le plus rapidement et discrètement possible n'avait pas besoin de procéder à des ramassages sur le marché s'il lui était loisible de conclure un contrat dérivé dénouable en numéraire avec un établissement financier puis de s'emparer de la couverture constituée par cet établissement, sans avoir dû se déclarer au préalable[25].

Ce constat a conduit à la modification du calcul du numérateur devant être utilisé pour l'établissement des déclarations de franchissements de seuils. Désormais tout ou partie du sous-jacent des instruments financiers à dénouement monétaire procurant une exposition économique longue est assimilé aux participations détenues dans le capital de ce même émetteur. Sont visés les contrats d'échange d'actions (*equity swaps*), les contrats avec paiement d'un différentiel (*contract for difference* – CFD) et tout accord ayant un objet ou un effet équivalent.

Il a été ainsi mis un terme à la pratique permettant la constitution de positions importantes réparties éventuellement entre plusieurs établissements de crédit sans avoir à faire aucune des déclarations qu'une montée progressive par achats sur le marché aurait dû normalement déclencher.

2.2. Les déclarations de seuils

2.2.1. Les seuils légaux

On rappellera ici que les seuils légaux[26] sont ceux de 5 %, 10 %, 15 %, 20 %, 25 %, 30 %, 1/3, 50 %, 2/3, 90 % et 95 % du capital ou des droits de vote. Pour les sociétés de droit français dont les actions sont cotées sur Euronext Growth, les seuils légaux sont de 50 % et 90 % en capital ou en droits de vote.

Il convient de déclarer le franchissement d'un seuil en capital quand bien même le même seuil n'aurait pas été franchi en droits de vote et vice versa. La déclaration s'effectue selon un formulaire standard disponible sur le site internet de l'AMF et doit parvenir à l'AMF au plus tard avant la clôture des négociations du quatrième jour de négociation suivant le jour du franchissement de seuil. Elle doit être adressée à l'émetteur dans ce même délai.

L'AMF porte cette déclaration à la connaissance du public *via* sa base des décisions et informations financières (BDIF) dans un délai de trois jours de négociation à compter de la réception de la déclaration complète.

2.2.2. Les seuils statutaires

Les statuts d'une société de droit français dont les actions sont admises sur l'un des marchés visés par l'article L. 233-7, I du code de commerce (marché d'instruments financiers admettant aux négociations des actions pouvant être inscrites en compte chez un intermédiaire habilité, Euronext Paris et Euronext Growth notamment) peuvent également prévoir une obligation supplémentaire d'information portant sur la détention de fractions du capital ou des droits de votes. Ces fractions ne peuvent être inférieures à 0,5 % du capital ou des droits de vote[27]. Ces déclarations sont destinées au seul émetteur et ne sont pas portées à la connaissance du public.

De très nombreuses sociétés cotées, particulièrement celles dont le capital est relativement dispersé, se sont dotées de ces clauses statutaires. Elles bénéficient ainsi d'une connaissance plus fine de leur actionnariat que le marché, ce qui leur permet de détecter plus rapidement les stratégies de ramassage. Il est donc assez illusoire lorsque l'on se renforce

25 - C. com., art. L. 233-9-I, 4° *bis*.

26 - Applicables aux sociétés de droit français dont les actions sont admises sur un marché réglementé et aux sociétés dont le siège social est *sis* dans un Etat tiers à l'EEA et dont les actions sont admises sur Euronext Paris, l'AMF étant l'autorité compétente au sens de la Dir. Transparence en ce qui concerne les notifications de franchissement de seuils.

27 - C. com., art. L. 233-7, III.

d'espérer passer durablement inaperçu.

Les seuils statutaires appellent deux remarques :

- La première est que tous les cas d'assimilation prévus par l'article L. 233-9 du code de commerce (concert, sous-jacent des dérivés) ne s'appliquent pas automatiquement au calcul des seuils statutaires. En effet il est indiqué dans cet article que les assimilations visées sont les assimilations aux actions ou aux droits de vote mentionnés au I de l'article L. 233-7 du code de commerce, lequel concerne exclusivement les seuils légaux, les seuils statutaires étant quant à eux couverts par le paragraphe III de ce même article. Les sociétés qui souhaitent avoir une réelle visibilité sur toutes les tactiques de renforcement à leur capital auront intérêt à expressément viser l'agrégation de concert et à renvoyer aux cas d'assimilation de l'article précité[28] pour le calcul des seuils prévus par leurs statuts. Faute de ce renvoi express, les déclarants pourraient limiter l'assiette de leur déclaration aux titres qu'ils détiennent réellement et à eux seuls.

- La seconde est que les ramassages peuvent être calibrés pour passer sous les radars des seuils statutaires. On se souviendra que dans l'affaire *Sacyr Eiffage*, la réalisation concomitante de ramassages par plusieurs actionnaires juste en deçà des seuils statutaires dans un contexte où Sacyr, n'ayant pu convaincre le conseil d'Eiffage d'inscrire à l'ordre du jour de l'assemblée la nomination d'administrateurs le représentant, a été considérée par l'AMF, la cour d'appel confirmant l'analyse, comme l'un des indices majeurs (cumulé à d'autres) de l'existence d'une action de concert entre ces actionnaires : démarche collective organisée tendant à la poursuite d'une finalité commune consistant à se grouper pour apparaître en force, afin d'imposer, ensemble, par surprise, lors de l'assemblée générale d'Eiffage du 18 avril 2007, une recomposition du conseil d'administration leur permettant ensuite de réaliser le rapprochement entre Sacyr et Eiffage[29].

De nombreuses sociétés cotées bénéficient d'une connaissance plus fine de leur actionnariat que le marché, ce qui leur permet de détecter plus rapidement les stratégies de ramassage. Il est donc assez illusoire lorsque l'on se renforce d'espérer passer durablement inaperçu.

2.3. Déclaration d'intention

En application de l'article L. 233-7, VII du code de commerce, l'investisseur doit, dès lors qu'il franchit en hausse les seuils de 10 %, 15 %, 20 % et 25 % du capital ou des droits de vote d'une société cotée sur un marché réglementé, déclarer pour les six mois à venir les objectifs qu'il a l'intention de poursuivre et notamment indiquer :

- les modes de financement de l'acquisition ;
- s'il agit seul ou de concert ;
- s'il envisage d'arrêter ses achats ou de les poursuivre et d'acquérir ou non le contrôle de la société ;
- la stratégie qu'il envisage vis-à-vis de l'émetteur et les opérations pour la mettre en œuvre ;
- ses intentions quant au dénouement des contrats dérivés s'il est partie à ces contrats
- tout accord de cession temporaire ayant pour objet les actions et les droits de vote ;
- s'il envisage de demander sa nomination ou celle d'une ou plusieurs personnes comme administrateur, membre du directoire ou du conseil de surveillance.

L'AMF porte ces informations à la connaissance du public ainsi que leur mise à jour en cas de changement d'intention dans les six mois.

L'actionnaire qui a déjà une position significative dans une société cotée devra donc dès 10 % décliner de manière précise et claire ses objectifs en particulier au regard de la prise de

28 - Par ex., en visant les détentions directes, indirectes, de concert et calculées selon l'art. L. 233-9, I C. com.

29 - CA Paris, 2 avr. 2008, n° 07/11675, *Société Sacyr Vallehermoso, SA et autres c/ décision Autorité des marchés financiers, 26 juin 2007.*

contrôle. Il n'est donc plus possible, au-delà de ce seuil, de dissimuler ou de taire sa stratégie.

L'AMF veille au surplus à ce que les intentions précisées ne soient pas évasives ou ambiguës de sorte que le marché puisse tirer un véritable enseignement de ces déclarations. A cet égard, la pratique qui a longtemps consisté à répondre de façon ouverte aux questions posées n'a plus droit de cité : l'actionnaire envisage ou il n'envisage pas.

Si une offre publique est déposée ou annoncée (cette annonce déclenchant l'ouverture d'une période de préoffre), le dispositif de transparence est encore plus resserré et exigeant. Tout actionnaire qui seul ou de concert, depuis le début de la période d'offre ou, le cas échéant, de la période de préoffre, a accru sa détention d'au moins 1 % du capital de la société visée, ou d'au moins 1 % du total des titres visés autres que des actions, tant qu'il détient cette quantité de titres, doit procéder à une déclaration quotidienne des opérations effectuées sur les titres de la société visée.[30]

Enfin toute personne, à l'exception de l'initiateur de l'offre, qui vient à accroître, seule ou de concert, depuis le début de la période d'offre ou, le cas échéant, de la période de préoffre, le nombre d'actions qu'elle possède d'au moins 2 % du capital de la société visée, ou qui vient à accroître sa participation si elle détient plus de 5 % du capital ou des droits de vote, est tenue de déclarer immédiatement à l'AMF les objectifs qu'elle a l'intention de poursuivre au regard de l'offre en cours[31].

2.4. L'information sur la préparation d'une opération financière

Le dispositif de transparence quant aux seuils franchis se double, lorsqu'un actionnaire progresse dans le capital d'une société en vue de réaliser une opération significative d'entrée au capital ou de réaliser un projet déterminé (notamment le dépôt d'une offre publique), d'une obligation de communication édictée par l'article 223-6 du règlement général de l'AMF[32].

C'est d'ailleurs sur le fondement de cet article que par une décision du 25 juin 2013, la Commission des sanctions de l'AMF (dans un contexte où, aux termes de la législation alors en vigueur, les actions constituant le notionnel de contrats dérivés dénouables en numéraire n'étaient pas assimilées aux actions détenues pour le calcul des seuils légaux), a sanctionné LVMH pour avoir cherché à dissimuler au marché une opération financière qu'il préparait de longue date visant Hermès.

Pour mémoire, sans avoir à faire des déclarations de franchissements de seuils préalables, LVMH avait déclaré détenir 14,2 % puis 17,1 % du capital de la société Hermès les 23 et 26 octobre 2010 alors que la dernière participation connue du marché s'élevait à 4,9 % du capital.

Les déclarations d'octobre 2010 faisaient suite au dénouement de manière anticipée et en titres de contrats *d'equity linked swap* (ELS) conclus avec trois banques. A leur conclusion en 2008, ces ELS conféraient à LVMH une exposition économique sur 12,37 % du capital Hermès car dénouables en numéraire. Par amendements datés de juin 2010, LVMH avaient obtenu des banques une modification du mode

30 - Règl. gén. AMF, art. 231-46. Dans le cas d'une offre publique comportant une remise de titres de l'initiateur, doivent être déclarées, dans les mêmes conditions et selon les mêmes modalités, les opérations portant sur les titres de l'initiateur et ceux de la société visée. Il s'agit dans les deux cas des opérations effectuées ayant pour effet ou susceptibles d'avoir pour effet de transférer la propriété des titres ou des droits de vote, y compris les opérations sur les instruments financiers ou les accords ayant un effet économique similaire à la possession desdits titres.

31 - Dans une Décis. du 17 avr. 2020, la Commission des sanctions de l'AMF a notamment considéré que le calcul des 2 % et des 5 % déclenchant la déclaration d'intention vis-à vis de l'offre (en particulier d'apporter ou ne pas apporter les titres détenus à l'offre) devait s'effectuer comme pour les déclarations de franchissement de seuils légaux, c'est-à-dire en prenant en compte les sous-jacents d'instruments dérivés (AMF, Commission des sanctions, Décis., 17 avr. 2020 - *Sociétés Elliott Advisors UK Limited et Elliott Capital Advisors L.P.* – SAN-2020-04). Par arrêt du 24 mars 2022 (n° 20/08390), la Cour d'appel de Paris a (i) rejeté la demande d'annulation de la décision du 17 avr. 2020, tout en réformant cette décision en ce qu'elle a retenu que la déclaration réalisée le 15 mai 2015, par Elliott Advisors UK Limited et Elliott Capital Advisors L. P, en application de l'art. 231-47 du Règl. gén. AMF, était inexacte en ce qui concerne la nature des instruments dérivés acquis. Par arrêt du 4 avr. 2024 (n° 22-19.127), la Cour de cassation a rejeté le pourvoi formé par les sociétés Elliott Advisors UK Limited et Elliot Capital Advisors L.P contre l'arrêt de la Cour d'appel de Paris du 24 mars 2022.

32 - Cet article prévoit que : « *toute personne qui prépare, pour son compte, une opération financière susceptible d'avoir une incidence significative sur le cours d'un instrument financier ou sur la situation et les droits des porteurs de cet instrument financier doit, dès que possible, porter à la connaissance du public les caractéristiques de cette opération. Si la confidentialité est momentanément nécessaire à la réalisation de l'opération et si elle est en mesure de préserver cette confidentialité, la personne mentionnée au premier alinéa peut prendre la responsabilité d'en différer la publication.* »

de dénouement avec délivrance des actions en couverture acquises par les banques.

Selon l'AMF, « *à partir du 21 juin 2010, LVMH savait qu'elle pourrait obtenir le dénouement anticipé des ELS et acquérir hors bourse (...) les titres Hermès détenus par ces banques ; qu'elle était donc en mesure de décider, à tout moment, de monter au capital d'Hermès, d'autant qu'il est établi qu'elle disposait des fonds nécessaires à l'acquisition des titres* ». La possibilité obtenue par LVMH de pouvoir mettre en œuvre un projet de prise de participation constituait donc pour l'AMF la préparation d'une opération financière qu'il aurait dû porter à la connaissance du public sans tarder en application de l'article 223-6 précité.

2.5. Le cliquet du seuil d'offre publique obligatoire (société de droit français dont les actions sont admises sur un marché réglementé)

Outre le franchissement du seuil de 30 % en capital (sur la base des actions conférant un droit de vote) ou en droits de vote, l'obligation de déposer une offre publique d'acquisition s'applique en cas de ramassage en bourse (ou autre) par un investisseur qui détient seul ou de concert entre 30 % et la moitié (50 %) du capital ou des droits de vote de la société, lorsque cela le conduit à augmenter d'au moins 1 % le nombre de ses titres de capital ou droits de vote, en moins de 12 mois consécutifs.

Il existe donc une tolérance articulée sur la notion de vitesse d'acquisition entre ces deux seuils. La montée en puissance est admise sans déclenchement de l'obligation d'offre pourvu qu'elle soit lente, affichée et progressive.

On observera que dans certaines autres juridictions, et notamment en Grande-Bretagne, cette tolérance au-delà du seuil de 30 % n'est pas de mise. Le principe est que l'acquisition ne serait-ce que d'une seule action, entraîne l'obligation d'offre, sauf octroi d'une dérogation sur requête.

2.6. Conséquences pratiques

Au regard du dispositif de transparence décrit ci-dessus, les opérations de ramassage préalables à l'offre publique (ou de constitution de positions) apparaissent rapidement identifiables par l'émetteur coté sauf si ses statuts n'accroissent pas l'exigence légale, ce qui est rarement le cas, tout au moins pour les sociétés dont le capital est dispersé.

Le marché est moins vite avisé mais il convient de garder en mémoire l'article 223-6 précité dès que le ramassage participe véritablement de la préparation d'une offre. Dans ce dernier cas, on se reportera aussi aux développements du paragraphe 1er du présent article concluant à des recommandations de prudence dès que des discussions sur le prix de l'offre s'engagent.

Si le ramassage vise à préparer une offre dont on anticipe qu'elle ne sera pas recommandée par le conseil d'administration (ou de surveillance) de la société visée (offre inamicale), et quand bien même il s'effectuerait de manière à ne pas provoquer de mouvements sur le cours ou les volumes, le déclenchement d'une procédure de déclaration d'intention (« *put up or shut up* ») doit toujours être envisagé.

Si le ramassage vise à préparer une offre dont on anticipe qu'elle ne sera pas recommandée par le conseil d'administration (ou de surveillance) de la société visée (offre inamicale), et quand bien même il s'effectuerait de manière à ne pas provoquer de mouvements sur le cours ou les volumes, le déclenchement d'une procédure de déclaration d'intention (« *put up or shut up* ») doit toujours être envisagé. Cette procédure est décrite à la Section 3 ci-dessous.

Si la société visée est destinataire de notifications de franchissement de seuils statutaires, il ne faut pas exclure qu'elle réagisse en communiquant sur l'entrée ou le renforcement d'un de ses actionnaires, qu'une rumeur se créé alors et que l'AMF requiert en conséquence que cet actionnaire précise ses intentions dans le cadre d'une déclaration d'intention (« *put up or shut up* »).

La stratégie de ramassage devra être mesurée au regard de ce cadre de transparence.

3. Les risques résultant du ramassage

Le ramassage précédant l'annonce d'une offre publique peut avoir des conséquences sur les conditions financières de cette offre publique. Il fait également peser le risque pour l'initiateur potentiel d'être sommé de communiquer sur ses intentions, éventuellement plus tôt qu'il ne l'aurait souhaité alors que ses financements ne sont pas encore en place ou que les négociations préalables n'ont pas encore abouti. Une telle communication prématurée est susceptible de faire échouer les plans de tout candidat à une prise de contrôle.

Nous détaillerons ci-après ces contraintes ou risques et tenterons de donner quelques recommandations pour tenter de les maitriser.

3.1. Déclenchement des règles contraignantes sur les conditions financières de l'offre

L'initiateur, ou les initiateurs agissant de concert, d'une offre de prise de contrôle sont libres de leur proposition financière sous réserve toutefois de ne pas contrevenir au principe d'égalité de traitement entre les actionnaires dont les titres ont été ramassés préalablement au dépôt et les actionnaires ou porteurs de titres financiers destinataires de l'offre.

3.1.1. Les principes

Avant de rappeler les règles applicables en la matière, nous formulerons plusieurs remarques :

- La première est que cette égalité de traitement, principe gouvernant le déroulement ordonné des offres publiques aux termes mêmes de l'article 231-3 du règlement général de l'AMF, protège uniquement les actionnaires destinataires de l'offre. Il n'est en effet pas exigé que le ramassage s'effectue au prix de la future offre. Il est envisageable que le futur initiateur se porte acquéreur avant le lancement de son offre de titres de la société visée à un prix inférieur à celui de l'offre. Toutefois comme amplement développé dans le paragraphe 1er ci-dessus, dès lors que projet prend forme et a des chances raisonnables d'aboutir, il est recommandé de s'abstenir de tout ramassage.
- Pour garantir cette égalité à front renversé, les actionnaires qui dans le cadre d'un processus négocié acceptent de céder leurs titres à un futur initiateur en connaissance de son intention de faire suivre ces acquisitions d'une offre publique requièrent fréquemment l'inclusion dans le contrat de cession de clauses dites de « top up » ou encore « de droit de suite » leur assurant, si l'acquéreur vient à faire une offre publique à un prix supérieur à celui de la cession ou à céder le bloc acquis à un prix supérieur, de pouvoir bénéficier des mêmes conditions[33].

Le principe d'égalité de traitement au bénéfice des actionnaires destinataires de l'offre atteint son absolu lorsque l'offre est une offre obligatoire. Dans ce cas, aux termes de la directive 2004/25/CE du Parlement Européen et du Conseil du 21 avril 2004 concernant les offres publiques d'acquisition (directive OPA), le prix considéré comme équitable est le prix le plus élevé payé pour les mêmes titres par l'offrant, ou par des personnes agissant de concert avec lui, pendant une période, déterminée par les États membres, de six mois au minimum à douze mois au maximum précédant l'offre. Ainsi l'auteur de l'offre qui aura procédé à des acquisitions avant le lancement ne pourra offrir moins que le meilleur prix payé dans le cadre de son ramassage durant une période longue.

La personne qui souhaite se constituer une position avant le dépôt d'une offre doit être consciente de cette règle qui ne souffre que de rares exceptions. Elle doit en particulier veiller à fixer des limites claires à l'intermédiaire financier qu'elle charge de procéder à des acquisitions pour son compte, si elle ne veut pas

33 - V. par ex. : I&D 212C163, 16 oct. 2012 (décision de conformité du projet d'offre publique visant les actions CFAO) ou I&D AMF 219C1942, 14 oct. 2019 (décision de conformité du projet d'offre publique visant les actions Altran Technologies).

se laisser dicter le prix de sa prise de contrôle par les ordres de vente contenus dans le carnet d'ordres, lesquels peuvent être volatiles.

3.1.2. Les règles contraignantes quant aux conditions financières

Ces éléments rappelés, les conditions financières de l'offre sont règlementairement reliées aux achats précédant le dépôt de la manière suivante.

S'agissant des offres obligatoires, la règle est celle contenue dans l'article 234-6 du règlement général de l'AMF qui transpose en droit interne la disposition communautaire précitée : « *Le prix proposé doit être au moins égal au prix le plus élevé payé par l'initiateur, agissant seul ou de concert au sens de l'article L. 233-10 du code de commerce, sur une période de douze mois précédant le fait générateur de l'obligation de déposer le projet d'offre.*

L'AMF peut demander ou autoriser la modification du prix proposé lorsqu'un changement manifeste des caractéristiques de la société visée ou du marché de ses titres le justifie »[34].

S'agissant des offres volontaires, seul l'article 231-8 du règlement général de l'AMF s'applique. Celui-ci dispose en son troisième alinéa : « *Lorsque l'initiateur, agissant seul ou de concert, a acquis en numéraire, au cours des douze mois précédant le dépôt du projet d'offre, des titres conférant plus du vingtième du capital ou des droits de vote de la société visée, l'offre doit comporter une option en numéraire.* »

En comparaison avec le principe régissant les offres obligatoires, le principe d'égalité semble à première vue dégradé car il ne porte que sur la nature de la proposition faite dans l'offre, et non sur le niveau de cette proposition. Si le futur initiateur a acquis un nombre d'actions significatif par paiement en numéraire, il doit de manière homothétique proposer aux actionnaires destinataires de l'offre une même opportunité de sortie en numéraire.

Ce point appelle deux remarques :

- La première est que cette obligation s'inscrit dans le cadre plus général de l'article 231-8 du règlement général de l'AMF qui prévoit que l'offre peut consister en une offre unique proposant l'achat des titres visés ou l'échange de ces titres contre des titres émis ou à émettre ou bien encore un règlement en titres et en numéraire ou une offre alternative ou enfin une offre principale assortie d'une ou plusieurs options subsidiaires. L'articulation de ces règles oblige l'initiateur d'une offre volontaire ayant acquis en numéraire plus du vingtième du capital ou des droits de vote à proposer dans son offre publique une branche « achat » non réduite. Cette branche pourra être combinée, le cas échéant, avec une branche « échange » alternative ou subsidiaire, la contrainte étant que les actionnaires puissent s'ils le souhaitent apporter leurs titres contre du numéraire et ce sans limitation.

Même si en matière d'offre publique volontaire les textes n'imposent pas une parfaite égalité de prix entre les acquisitions préalables et l'offre publique, il sera en pratique difficile pour un initiateur de fixer le prix de son offre publique à un niveau qui est notablement en dessous du prix de ces acquisitions si des quantités significatives de titres ont été achetées.

- La deuxième est que la portée réelle de cette obligation « d'égalité dégradée » doit être appréciée au regard de l'article 231-18 du règlement général de l'AMF qui détermine les informations devant figurer dans le projet de note d'information de l'initiateur (disponible dès le dépôt du projet d'offre auprès de l'AMF). Cet article impose notamment à l'initiateur de mentionner dans ce projet « *le nombre et la nature des titres de la société visée qu'il détient déjà,*

34 - L'art. 234-6 du Règl. gén. AMF ajoute : « *Il en va notamment ainsi des cas suivants :*
- lorsque des événements susceptibles d'influer de manière significative sur la valeur des titres concernés sont intervenus au cours des douze derniers mois précédant le dépôt de l'offre ;
- lorsque la société visée est en situation de difficulté financière avérée ;
- lorsque le prix mentionné au premier alinéa résulte d'une transaction assortie d'éléments connexes entre l'initiateur, agissant seul ou de concert, et le vendeur des titres acquis par l'initiateur au cours des douze derniers mois. »

directement, indirectement ou de concert, ou qu'il peut détenir à sa seule initiative. Sont également précisées la date et les conditions auxquelles leur acquisition a été réalisée au cours des douze derniers mois ou peut être réalisée à l'avenir. »

Cette contrainte d'information n'est pas neutre. Même si en matière d'offre publique volontaire les textes n'imposent pas une parfaite égalité de prix entre les acquisitions préalables et l'offre publique, il sera en pratique difficile pour un initiateur de fixer le prix de son offre publique à un niveau qui est notablement en dessous du prix de ces acquisitions si des quantités significatives de titres ont été achetées. Les conditions financières de ces acquisitions constitueront en effet des références fortes pour l'appréciation du prix de l'offre. L'initiateur est implicitement tenu par ces achats préalables et devra, s'il décide de s'en écarter, le justifier. Si l'offre volontaire est précédée de négociations de blocs, le prix ou la parité d'apport pourra en pratique constituer un prix plancher pour l'offre publique.

Pour être tout à fait complet sur ces questions de ramassage, on relèvera que si l'offre est une offre d'achat émise par un actionnaire détenant déjà la moitié au moins du capital et des droits de vote de la société visée, le prix stipulé par l'initiateur de l'offre ne peut être inférieur, sauf accord de l'AMF, au prix déterminé par le calcul de la moyenne des cours de bourse, pondérée par les volumes de transactions, pendant les soixante jours de négociation précédant la publication de l'avis de dépôt ou, le cas échéant, de l'avis annonçant le projet d'offre et ouvrant une période de préoffre[35].

On ajoutera par ailleurs que dans le cas d'une offre publique d'achat de prise de contrôle, lorsque l'initiateur et les personnes agissant de concert avec lui sont autorisés à réaliser des interventions à l'achat sur les titres de la société visée pendant la période d'offre sur le marché, toute intervention réalisée au-dessus du prix de l'offre entraîne de manière automatique le relèvement de ce prix à 102 % au moins du prix stipulé et, au-delà, au niveau du prix effectivement payé, quelles que soient les quantités de titres achetées, et quel que soit le prix auquel elles l'ont été, sans que l'initiateur ait la faculté de modifier les autres conditions de l'offre[36]. Prudence donc également quant aux conditions d'acquisition durant l'offre, hors la procédure centralisée.

3.2. Rumeurs et déclaration d'intention en cas d'actes préparatoires au dépôt d'une offre publique (*put up or shut up*)

3.2.1. Fondement du dispositif de déclaration d'intention en cas d'actes préparatoires au dépôt d'une offre publique (*put up or shut up*)

Comme nous l'avons indiqué plus haut, avant la loi n° 2006-387 du 31 mars 2006 relative aux offres publiques, la réglementation de l'AMF prévoyait déjà (et encore aujourd'hui ss art. 223-6 Régl. gén. AMF) une obligation pour les personnes préparant une opération financière de porter à la connaissance du public dès que possible les caractéristiques de cette opération mais admettait cependant que l'impératif de transparence cède devant l'impératif de confidentialité nécessaire à l'achèvement de négociations en cours.

Plusieurs situations, notamment en 2005 les rumeurs d'offre publique de Pepsico sur Danone (s'accompagnant alors d'une hausse du cours de 28 %) et de Deutsche Bourse sur Euronext NV, ont montré que cette disposition ne dotait pas le régulateur d'un outil contraignant lui permettant d'exiger du ou des initiateurs présumés de clarifier leurs intentions dans un contexte de perturbation forte du marché due à des rumeurs persistantes et relativement précises d'offre publique.

C'est la raison pour laquelle, s'inspirant d'une règle du *City Code on Takeovers and Mergers*, la loi n° 2006-387 du 31 mars 2006 relative aux offres publiques[37] a introduit à l'article L. 433-1, V du code monétaire et financier, la possibilité pour l'AMF de demander « *à toute personne*

35 - Règl. gén. AMF, art. 233-3.

36 - Règl. gén. AMF, art. 231-39.

37 - Dont l'objet essentiel était de transposer les dispositions de la Dir. OPA.

dont il y a des motifs raisonnables de penser qu'elle prépare une offre publique » (critère subjectif), de révéler ses intentions à cet égard dans des conditions et selon des formes fixées par son règlement général. Il en est ainsi, en particulier, précise la loi, quand des instruments financiers admis aux négociations sur un marché réglementé français font l'objet « *d'un mouvement significatif* ». Il faut comprendre ici un mouvement sur le prix ou les volumes (critère objectif).

Les textes français sont plus généraux que ceux du City Code et laissent une marge d'appréciation assez grande à l'AMF pour décider de l'opportunité de demander à un initiateur putatif de se déclarer, pour fixer les délais dans lesquels l'investisseur concerné doit se prononcer, ou encore pour se prononcer sur le caractère satisfaisant ou non de la communication apportée en réponse et des suites à donner à cette communication.

3.2.2. Détail du dispositif

Au titre du renvoi législatif, l'article 223-32, alinéa 1er, du règlement général de l'AMF prévoit que l'AMF peut demander à toutes personnes dont il existe des motifs raisonnables de penser qu'elles préparent seules ou de concert une offre publique d'acquisition d'informer le public de leurs intentions. Parmi ces motifs, ce texte évoque de façon non limitative et non cumulative l'existence de variations significatives de volumes ou de prix inhabituelles ou de discussions, ou encore la désignation de conseils, en vue de la préparation d'une offre publique. On notera qu'à la lettre du texte, l'intervention de l'AMF n'est pas subordonnée au constat de variations inhabituelles du marché, l'existence de simples rumeurs sans variations significatives de volume ou de prix pouvant aussi motiver la mise en œuvre du dispositif. Il est toutefois est assez peu probable qu'une rumeur relativement étayée ne provoque pas corrélativement une telle variation.

Une fois la demande effectuée, la personne interrogée doit indiquer dans le délai fixé par l'AMF (généralement quelques jours) et par voie de communiqué soumis préalablement à l'appréciation de l'AMF, si elle envisage ou non de déposer une offre publique sur la société visée.

Si elle indique n'avoir pas l'intention de déposer une offre ou si elle ne communique pas les caractéristiques d'un projet d'offre (ou ne dépose pas un projet d'offre) dans le délai imparti par l'AMF, elle devra s'abstenir pendant un délai de six mois à compter de sa déclaration (ou, faute de déclaration, à compter du délai initialement imparti par l'AMF), de procéder au dépôt d'un projet d'offre, sauf à justifier de modifications importantes dans l'environnement, la situation ou l'actionnariat des personnes concernées, y compris l'émetteur lui-même. Pendant ces six mois, elle ne pourra pas non plus se placer dans une situation qui l'obligerait à déposer un projet d'offre publique (ce qui lui interdit, par exemple, le franchissement, seule ou de concert, du seuil de 30 % du capital votant ou des droits de vote ou, si elle détient déjà entre 30 % et la moitié du capital ou des droits de vote, d'accroître sa détention, seule ou de concert, d'au moins 1 % du capital votant ou des droits de vote en moins de douze mois consécutifs). Lorsque dans ce délai de six mois, elle accroît d'au moins 2 % le nombre de titres de capital et donnant accès au capital ou aux droits de vote de l'émetteur concerné qu'elle possède, elle doit en faire immédiatement la déclaration et indiquer les objectifs qu'elle a l'intention de poursuivre jusqu'à l'échéance de ce délai.

Si au contraire elle déclare avoir l'intention de déposer un projet d'offre publique :

- soit elle indique immédiatement les caractéristiques du projet d'offre à venir (accords pouvant avoir une incidence sur sa réalisation, conditions préalables au dépôt, conditions financières de l'offre et calendrier envisagé). S'ouvre alors une période de préoffre pendant laquelle la personne concernée ne peut plus acquérir de titres de la société visée jusqu'au dépôt ;
- soit, tout en annonçant son intention de déposer une offre, la personne interrogée ne dit rien encore sur les caractéristiques de l'offre. L'AMF fixe alors la date (discutée au cas par cas entre le déclarant et l'AMF suivant le cas d'espèce mais qui ne dépasse pas en principe trois à quatre semaines) à laquelle elle doit publier un communiqué portant sur les caractéristiques de l'offre ou, selon le cas, déposer un

projet d'offre.

Deux situations peuvent alors se présenter :

• Si le déclarant rend publiques les caractéristiques de son projet offre dans le délai fixé par l'AMF, s'ouvre une période de préoffre pendant laquelle le déclarant ne peut plus acquérir de titres de la société visée jusqu'au dépôt de l'offre publique. Le projet d'offre peut alternativement être déposé dans ce délai, auquel cas s'ouvre une période d'offre.

• Si dans le délai fixé par l'AMF, le déclarant est dans l'incapacité de préciser les caractéristiques de l'offre ou de déposer celle-ci, il est réputé ne pas avoir l'intention de déposer une offre. Il est alors soumis pendant une période de six mois aux règles applicables aux personnes ayant déclaré n'avoir pas l'intention de déposer une offre telles qu'évoquées ci-dessus.

3.2.3. Un usage peu fréquent mais susceptible de faire échouer un projet d'offre

Les cas répertoriés sont les suivants :

• en 2006, lors des rumeurs d'offre publique de ENI et SAIPEM sur les titres Technip (I&D 206C2166, 29 nov. 2006) ;

• en 2006, lors de rumeurs d'offre publique de Center-Tainment A.G sur les titres de la société Euro Disney (I&D 206C2188, 5 déc. 2006) ;

• fin 2006 et début 2007, lors des rumeurs d'offre publique du Groupe Pinault *via* son *holding* Artemis sur les titres Suez, pour faire suite à une demande de Suez datée de la fin d'année 2006 (I&D 207C0028, 3 janv. 2007, I&D 207C0058, 9 janv. 2007, (I&D 207C0159, 19 janv. 2007) ;

• fin 2010, lors des rumeurs d'offre publique de Safran visant les actions Zodiac Aerospace (I&D 17 nov. 2010)[38] ;

• en mai 2014, en suite des rumeurs d'offre publique concurrente à celle déposée par Fosun et Ardian visant les titres Club Méditerranée, par le fonds Investindustrial Développment SA (Investindustrial), contrôlé par la famille A. Bonomi allié au fonds Strategic Holdings[39] (I&D 214C0875, 23 mai 2014 et I&D 214C0916, 27 mai 2014).

On notera que la majorité des cas dans lesquels ce dispositif a été mis en œuvre se sont concentrés sur l'année 2006. Par la suite, il n'a pratiquement plus été appliqué, sans doute parce que les acteurs ont pris le soin de mieux prévenir les risques de rumeurs et de contrôler leur calendrier de communication, mais également parce que les offres non sollicitées sont très rares dans la pratique.

Ce dispositif est en effet le plus souvent actionné lorsqu'un projet de rapprochement est mal accueilli par les dirigeants et les organes de gouvernance de la société visée. Dans ce contexte, la communication peut devenir une arme importante tant pour le futur initiateur (qui peut chercher à faire pression sur la société visée et à rallier à lui des actionnaires minoritaires), que pour la société cible (pour manifester son refus).

En particulier, lorsque la société visée s'inquiète de la montée en puissance inopinée d'un investisseur ou d'un actionnaire dans son capital (qu'elle aura pu identifier notamment grâce aux déclarations de franchissement de seuils statutaires), elle pourra tenter de convaincre l'AMF de mettre en œuvre ce dispositif pour forcer cet investisseur à dévoiler ses intentions le plus rapidement possible, ce qui peut avoir pour lui un effet dissuasif s'il n'est pas encore en mesure d'annoncer ou de déposer un projet d'offre. Même dans le cas où la société visée aurait été approchée par cet investisseur, elle peut, si elle est hostile à tout rapprochement, souhaiter l'application de la procédure pour décourager les projets de celui qu'elle considère comme un agresseur.

A cet égard, la mise en œuvre de cette

38 - A la suite de quoi, le PDG de Safran qui avait médiatisé une offre formellement adressée par écrit à Zodiac Aerospace (rejetée par le Conseil de surveillance de la société visée le 6 juill. 2010) a annoncé dans un communiqué qu'il renonçait à tout projet d'acquérir le contrôle de Zodiac Aerospace et que les négociations ne se poursuivaient pas, tout en déclarant demeurer convaincu de l'évidence de l'intérêt industriel et de la pertinence stratégique d'un rapprochement entre les deux groupes.

39 - Investindustrial avait alors déclaré envisager le dépôt d'une telle offre concurrente qui ne pourrait être déposée selon un communiqué publié par ce dernier qu'à l'issue néanmoins d'une due diligence satisfaisante lui donnant accès aux mêmes informations que celles dont ont bénéficié Ardian et Fosun ainsi que les dirigeants associés à l'offre. Conformément à sa position sur les « *Data Rooms* » reprise dans son guide sur l'information permanente, l'AMF avait donc considéré au nom du libre jeu des offres et des surenchères et de l'égalité à l'information, qu'en effet Investindustrial devait avoir accès à la même information que le premier initiateur et le collège réuni le 27 mai 2014 avait fixé au 30 juin 2014, 18 heures la date ultime à laquelle après cet accès, il devrait déposer une offre concurrente. A défaut, Investindustrial ne pourra procéder au dépôt d'un projet d'offre avant l'expiration d'un délai de six mois précisait le communiqué AMF.

procédure à l'occasion de rumeurs concernant un éventuel projet d'offre d'Artemis sur Suez a été édifiant. Sollicitée par l'AMF, Artemis qui aurait été, selon certaines rumeurs, encore en pourparlers avec de possibles alliés pour financer une opération non sollicitée, sans être toutefois parfaitement déterminée à déposer une offre dont le coût était proche de 70 milliards d'euros, a exprimé une réponse d'attente, en indiquant que toutes les options demeuraient ouvertes.

L'AMF a considéré qu'elle ne pouvait se satisfaire d'un message d'une telle ambiguïté et de si peu d'utilité pour le marché. Exigeant une position binaire (déposer ou de ne pas déposer), l'AMF a considéré que cette déclaration équivalait à une intention de déposer et a fixé un délai de trois semaines pour qu'Artemis procède à ce dépôt.

N'étant pas en mesure de tenir cette échéance, Artemis a donc été contrainte de rendre publique une intention de ne pas déposer une offre, se trouvant en conséquence tenue de renoncer à tout projet d'offre pour une période de six mois puis définitivement, compte tenu de l'annonce de la fusion GDF Suez intervenue entre-temps.

La première leçon à tirer de cet épisode est que la personne qui prépare une opération financière doit tout faire pour assurer la confidentialité de son projet, sachant qu'un ramassage peut avoir pour effet mécaniquement d'accroître le risque de rumeurs. En effet, comme indiqué ci-dessus, le droit de différer toute communication sur la préparation d'une opération financière tel qu'instauré par l'article 223-6 du règlement général de l'AMF se trouve évincé si les protagonistes ne sont plus en mesure d'en préserver la confidentialité, et que des fuites (exactes ou non) surviennent.

Quand bien même il y aurait des fuites, il est recommandé de faire en sorte de rester dans le cadre de l'article 223-6 du règlement général de façon à garder la maîtrise des messages délivrés sans se laisser imposer une communication sous contrainte temporelle dans le cadre d'une procédure de « *put up or shut up* » déclenchée par l'AMF à la demande de la société visée, d'un actionnaire ou d'un potentiel concurrent (les uns et les autres pouvant avoir intérêt à une neutralisation et à une tactique d'instrumentalisation).

En cas de fuites, il est donc généralement de l'intérêt des personnes qui préparent une opération d'organiser leur communication de manière autonome sans attendre que l'AMF les contraigne à exprimer une intention dans le cadre de la procédure de « *put up or shut up* ». Cette procédure les place en effet sous contrôle, avec un calendrier exigeant et surtout les oblige en général à se positionner clairement par rapport au dépôt d'une offre.

La personne qui prépare une opération financière doit tout faire pour assurer la confidentialité de son projet, sachant qu'un ramassage peut avoir pour effet mécaniquement d'accroître le risque de rumeurs.

Le fait de prendre les devants en indiquant que des discussions sont en cours et n'ont pas encore abouti et de fixer un nouveau rendez-vous de communication dès qu'une information plus assurée sera disponible, ne soustrait certes pas à des demandes de l'AMF visant à plus de précision notamment en matière de fourchette de prix envisagée (le régulateur étant alors dans son rôle), mais confère une plus grande liberté quant au contenu et au calendrier de la communication.

Encore faut-il que cette communication soit bien conduite et qu'elle soit suffisamment informative pour être acceptée par l'AMF. Celle-ci peut à tout moment considérer, du fait de messages confus, qu'il faille basculer dans les exigences du *put up or shut up* de l'article 223-32 de son règlement général.

3.2.4. Conséquences pratiques

La première recommandation est d'évidence, lorsque le ramassage a lieu par voie d'achats sur le marché, il faut veiller à ce que les ordres d'achat ne pèsent pas sur les volumes moyens quotidiens ni sur le cours de bourse.

La seconde concerne la préparation en amont de l'opération d'une stratégie de communication (quelquefois appelée « *leak strategy* » par les praticiens), permettant de réfléchir à différentes approches de communication en fonction d'hypothèses tenant à la fois aux étapes de préparation du projet envisagé, au degré de précision d'éventuelles rumeurs, à l'implication de la société cible (dans le cadre d'une offre sollicitée). On rappellera que cette dernière est tenue par une obligation de communiquer toute information privilégiée la concernant sous réserve du droit d'en différer la publication si la négociation est nécessaire et légitime (droit corollaire au droit de celui prépare une opération financière mais qui se fragilise si la préservation de la confidentialité se fissure).

Disposer rapidement de quelques trames de communiqué correspondant aux différents *scenarii* qui peuvent se présenter permet de ne pas réagir à chaud et de délivrer une information raisonnée et appropriée[40].

---

40 - V. notamment la section du présent ouvrage consacrée à la communication sur les offres publiques et les enjeux spécifiques en amont de l'annonce de l'opération (Chap. 1).

par **Christophe Vinsonneau**,
Avocat associé, Darrois Villey Maillot Brochier
Orphée Grosjean,
Avocat associé, Darrois Villey Maillot Brochier
et **Maxime Wach**,
Avocat, Darrois Villey Maillot Brochier

Ce que l'offre doit aux contrats

Le succès d'une offre publique implique de convaincre le marché et plus spécifiquement les actionnaires de la cible des mérites de la proposition qui leur est faite. Comme toute entreprise de conviction, celle-ci suppose de comprendre son interlocuteur et de répondre à ses besoins spécifiques. En complément de l'offre « taille unique », la pratique a donc développé des contrats « sur mesure » avec les actionnaires, que le régulateur qualifie, lui, d'accords connexes, soumis à un régime spécifique.

Posons que l'offre *publique* est d'abord une offre de *contracter*.

C'est-à-dire une *pollicitation*, par laquelle le *pollicitant* offre de façon *irrévocable* au *public* de *contracter*, le cas échéant sous certaines *réserves non disqualifiantes* car indépendantes de la volonté de leur auteur (seuil de caducité, condition suspensive liée à l'obtention d'autorisations au titre du droit de la concurrence, etc.[1]). Comme pour toute pollicitation, la seule acceptation par le destinataire de l'offre de contracter entraîne la formation d'un contrat nommé, en l'occurrence une vente[2]. Cette offre peut être acceptée par toute personne qui possède – ou acquiert – un des titres qui en fait l'objet et répond favorablement à la proposition qui lui est faite de le vendre.

Pour ces raisons, le contenu de la pollicitation est corseté, laissant, sauf peut-être s'agissant des intentions de l'initiateur, peu de place à l'imagination de l'initiateur ou à la fantaisie du rédacteur. On se souvient ainsi souvent de sa première note d'information comme d'un exercice convenu[3]...

Fort heureusement pour l'imagination et la fantaisie, l'environnement contractuel de l'offre publique ne se limite pas aux modalités contenues dans la note d'information et son acceptation. Il comprend des contrats avec d'autres interlocuteurs[4] mais aussi – et c'est notre objet – des accords spécifiques avec certains des actionnaires.

Ces accords, le droit des offres les appréhende comme des accords et opérations « *connexes*[5] », une locution qui dit tout à la fois la place qu'il leur accorde et sa méfiance à leur endroit. Première preuve de cette méfiance :

---

1 - V. notamment la section du présent ouvrage consacrée aux conditions ayant trait au droit de la concurrence ou aux activités réglementées (Chap. 6).

2 - Une vente sous condition suspensive dans le cadre d'une offre soumise à la procédure normale, une vente immédiate dans le cadre d'une offre soumise à la procédure simplifiée et une vente à terme dans le cadre d'une semi-centralisation dans une offre simplifiée. L'initiateur peut également proposer de conclure un échange (c'est l'offre publique d'échange) ou de choisir entre un échange et une vente (deux pollicitations conciliables qualifiées d'offre alternative).

3 - Sans même ne plus avoir aujourd'hui le modeste frisson d'un dépôt physique à l'AMF.

4 - V. notamment les sections du présent ouvrage consacrées aux accords préalables avec la cible (Chap. 1) ou l'établissement présentateur (Chap. 5).

5 - Règl. gén. AMF, art. 261-1, I.

leur seule existence justifie l'intervention d'un expert indépendant[6], une intervention qui se justifie avant tout par la volonté « *d'assurer l'égalité des actionnaires et la transparence des marchés*[7] » face à des situations pouvant « *mettre en cause l'égalité des actionnaires ou des porteurs des instruments financiers qui font l'objet de l'offre*[8] », par exemple en créant un avantage favorisant un ou plusieurs actionnaires au détriment des autres. Cette mission, le législateur[9] la confie au règlement général de l'AMF, qui s'en acquitte en imposant, donc, la désignation d'un expert[10] en présence d' « *une ou plusieurs opérations connexes à l'offre susceptibles d'avoir un impact significatif sur le prix ou la parité de l'offre publique considérée*[11] ».

Dans le cadre de son intervention – qui doit aboutir à la production d'une attestation d'équité – l'expert doit effectuer une « *revue critique* » dans le dessein « *d'établir en quoi ces accords ou opérations ne sont pas de nature à remettre en cause l'équité du projet d'offre*[12] ».

Si en théorie un tel régime contraignant pourrait avoir un effet dissuasif, en pratique cela ne se ressent pas dans les chiffres : en dix ans, le nombre des offres concernées par de tels accords s'est considérablement renforcé[13].

Ces précisions apportées, entrons dans le vif du sujet : les accords eux-mêmes, dont il n'existe pas plus de définition légale ou réglementaire que de typologie bien établie. Avec ce que toute classification comporte d'imparfait[14], nous les étudierons en fonction du moment auquel ils commencent à produire leurs effets : avant (1), pendant (2) ou après (3) l'offre publique.

1. Avant l'offre publique

Préalablement à l'ouverture de son offre, un but principal – du reste parfaitement cohérent avec l'objet de l'offre qu'il s'apprête à déposer – anime l'initiateur : acheter des titres. Si l'achat n'est pas possible ou souhaitable, il s'alliera à d'autres actionnaires qui, sans lui vendre tout ou partie de leurs titres, feront front commun avec lui, renforçant ainsi sa position.

1.1. Acheter, déjà

Comme son nom l'indique, le contrat de cession de bloc opère, en amont de l'offre, le transfert hors marché (le distinguant notamment du ramassage en bourse préalable au dépôt d'une offre) des titres détenus par un actionnaire, que l'on appelle donc « le bloc », et dont la taille peut varier considérablement[15].

Que l'actionnaire cède hors marché 0,5 % ou 29,9 % du capital on parlera de cession de bloc. Mais il existe un saut qualitatif et non simplement quantitatif entre la négociation d'un petit et d'un gros bloc.

Que l'actionnaire cède hors marché 0,5 % ou 29,9 % du capital on parlera de cession de bloc mais il existe un saut qualitatif et non simplement quantitatif entre la négociation d'un petit et d'un gros bloc.

La taille du bloc a tout d'abord un impact sur

6 - Règl. gén. AMF, art. 261-1, I, 4°.

7 - C. mon. fin., art. L. 433-1, en cohérence avec la Dir. 2004/25/CE « OPA », art. 3.

8 - Règl. gén. AMF, art. 261-1, I.

9 - C. mon. fin., art. L. 433-1, en cohérence avec la Dir. 2004/25/CE « OPA », art. 3.

10 - Respectivement : Règl. gén. AMF, art. 231-7 et 261-1.

11 - Règl. gén. AMF, art. 261-1, I, 4°.

12 - Recomm. AMF, DOC-2006-15.

13 - Pour les raisons tenant au régime juridique applicable aux accords connexes, les experts indépendants sont en première ligne. On renverra donc le lecteur aux publications de l'Association Professionnelle des Experts Indépendants pour une vision particulièrement fine et sourcée des tendances en la matière. Voir en particulier le Recueil des publications de l'APEI relatives à l'expertise indépendante (mis à jour en mai 2023) qui rassemble les publications des différents groupes de travail de cette association. Notons également que, par prudence, les intervenants tendent de plus en plus à adopter une vision extensive des accords devant faire l'objet d'une description au titre des accords connexes.

14 - Il arrive naturellement que des accords produisent des effets avant, pendant et après l'offre et que des accords présentés comme distincts (un accord de concert et un pacte par ex.) pour les besoins du raisonnement soient en pratique réunis et ainsi consolidés dans un *instrumentum* unique (un accord d'investissement, de *consortium*, etc.).

15 - A titre purement illustratif, un panorama des acquisitions de blocs hors marchés réalisées préalablement au dépôt d'une offre publique entre 2018 et 2021 fait apparaître des cessions de blocs représentant entre 5 % à 94 % du capital de la cible

le calendrier des négociations et l'ordre dans lequel les différentes parties prenantes vont entrer en contact les unes avec les autres. Sans qu'il ne s'agisse d'une règle absolue, on observe tout de même que plus l'actionnaire détient une quote-part importante de la cible, plus il est incontournable et plus vite il sera impliqué dans les négociations.

Ainsi, l'actionnaire qui détient un bloc très significatif peut faire connaître publiquement son intention de le céder[16] ou se faire accompagner d'une banque conseil dans une procédure de recherches d'intérêts acheteurs. L'acheteur intéressé – qui sera le futur initiateur de l'offre – entre alors en discussions avec l'actionnaire avant même que la cible ne soit impliquée dans les négociations. La procédure de recherches d'intérêts impliquera cependant à un moment la société elle-même, notamment aux fins de mise en place d'une salle d'audit (virtuelle) contenant les informations nécessaires aux potentiels acquéreurs[17].

Dans l'hypothèse où les premières négociations auraient lieu entre la cible et l'initiateur dans un esprit de rapprochement et de synergie de leurs activités (à l'initiative de l'une ou de l'autre), l'initiateur voudra rapidement obtenir du confort sur l'intérêt des actionnaires existants pour son projet d'offre. L'identification des blocs disponibles s'appuiera alors sur l'information publique disponible (notamment les déclarations de franchissement de seuils) et, dans le cas d'une offre soutenue par la société, sur la connaissance qu'elle a de son actionnariat, dans la mesure où elle a été autorisée à communiquer les informations dont elle dispose[18].

Réaliser cette approche est délicate : le futur initiateur et la cible étant astreints à une stricte obligation de confidentialité concernant l'opération envisagée, l'approche des actionnaires doit se faire avec prudence, en particulier quand ils ne sont pas représentés au sein des organes de gouvernance. C'est une procédure inspirée du *wall crossing* qui consiste à approcher un actionnaire pour lui demander s'il accepte de recevoir une information susceptible de faire de lui un initié et donc de l'empêcher d'intervenir sur les titres de la société. Si l'actionnaire accepte, il est usuel, mais pas systématique, qu'il conclue un accord de confidentialité pour avoir accès aux informations concernant l'offre. La communication de ces informations justifie naturellement un traitement adapté aux règles applicables en matière d'information privilégiée.

Cette étape permet à l'initiateur de tester et d'affiner son projet d'offre, notamment sur les aspects de prix et de conditions préalables, mais également de réduire l'aléa lié à toute offre en déterminant en amont l'intérêt des actionnaires clés.

C'est le plus souvent la cible qui se charge d'approcher ses actionnaires, surtout parce qu'une approche par le futur initiateur pourrait permettre à l'actionnaire perspicace de deviner de quoi il retourne.

C'est le plus souvent la cible qui se charge d'approcher ses actionnaires et ce, pour deux raisons. Tout d'abord, car son département "Relations investisseurs" dispose déjà d'une ligne ouverte avec les actionnaires les plus significatifs. Surtout, une approche par le futur initiateur pourrait permettre à l'actionnaire perspicace de deviner de quoi il retourne. Là encore, la taille du bloc jouera sur le calendrier de l'approche : un actionnaire important pourra être impliqué très en amont dans le processus

---

16 - Ce fut le cas pour Evolem, détentrice d'un bloc majoritaire au capital d'April, qui avait annoncé une revue stratégique en octobre 2018, conduisant à la signature en janvier 2019 d'un contrat d'acquisition du bloc par Andromeda Investissements puis une offre publique sur April. Ce fut également Engie, qui avait communiqué en juillet 2020 sur le lancement d'une revue stratégique, laquelle aboutissait un mois plus tard sur l'annonce d'un accord pour céder le bloc d'actions Suez qu'elle détenait à Veolia. De même, cette revue stratégique avait également abouti à la cession du bloc majoritaire d'actions NHOA détenu par Engie à Taiwan Cement Europe Holdings B.V.

17 - L'ouverture d'une telle procédure, limitée à des blocs d'une taille suffisamment importante, est encadrée par l'AMF et doit faire l'objet d'une mention dans la note d'information. Il convient également d'assurer le rétablissement de l'égalité d'accès à l'information entre les acquéreurs potentiels ayant eu accès à cette information et les autres actionnaires (Guide de l'information permanente et de la gestion de l'information privilégiée – Partie 3).

18 - Sur l'amélioration du système d'identification des actionnaires permise par la directive SRD2 et la confidentialité entourant ces informations, v. notamment les sections du présent ouvrage qui y sont consacrées (Chap. 2).

alors que les petits actionnaires ne seront informés que peu de temps avant l'annonce, pour éviter les risques de fuite (pouvant contraindre, suivant les circonstances, l'initiateur à devoir déclarer plus tôt que prévu ses intentions). De façon générale, l'exercice restera limité à un nombre restreint d'actionnaires. Dans un calendrier idéal, l'approche des actionnaires les moins significatifs peut se faire le vendredi après bourse en vue d'une annonce le lundi, laissant ainsi deux jours de fermeture de bourse pour négocier sans que des fuites n'aient de conséquences.

Voilà pour le calendrier et les protagonistes.

Pour ce qui est du contenu du contrat de cession, celui-ci est assez balisé. La chose et le prix, naturellement, de même que les modalités techniques de transfert du bloc. Usuellement, un prestataire de services d'investissement sera ainsi désigné par les parties pour organiser l'échange du prix et des actions. Des garanties sont données par le vendeur mais, s'agissant d'un bloc non contrôlant, elles se limitent le plus souvent au strict nécessaire (pouvoir, capacité, propriété, autorisation de céder, etc.), tout comme celles données par l'acheteur, même s'il peut arriver que le cédant garantisse ne pas avoir connaissance de faits significatifs majeurs.

Reste alors à négocier un éventuel complément de prix[19] et d'éventuelles conditions suspensives.

Le complément de prix répond à une préoccupation légitime du vendeur : ne pas céder à un prix inférieur à celui qui sera proposé dans l'offre, éventuellement réhaussé. Selon le contexte et le rapport de force, son montant peut être plafonné et son application limitée dans le temps. À cet égard, il est fréquent, afin de s'assurer que le versement du complément de prix ne puisse contourner le principe d'égalité de traitement des actionnaires, de prévoir l'engagement par l'initiateur vis-à-vis du public de ne pas déposer une seconde offre publique aussi longtemps que le mécanisme de complément de prix s'appliquera, évitant ainsi au vendeur du bloc et aux actionnaires ayant apporté à l'offre de faire une mauvaise affaire[20]. Le complément de prix peut également être déclenché par d'autres hypothèses qu'une offre à un prix supérieur, comme l'atteinte de certains de ses objectifs par l'initiateur, notamment le seuil du retrait obligatoire[21].

La condition suspensive aura trait aux autorisations conditionnant la réalisation de la cession du bloc, étant précisé que les autorités de concurrence, notamment, peuvent considérer que la cession de bloc et l'offre publique sont interdépendantes, pouvant rendre nécessaire l'obtention d'une autorisation du contrôle des concentrations dès l'acquisition d'un bloc même minoritaire.[22] Dans d'autres situations, la réalisation de la vente du bloc pourra être conditionnée à la mise en œuvre d'opérations préalables de réorganisation pouvant impliquer les actionnaires de la cible[23].

Au-delà de ces clauses de style, le contrat de cession de bloc peut prévoir un engagement du vendeur de ne pas porter atteinte au bon déroulement du projet d'offre (notamment en déposant ou en soutenant une offre concurrente, en acquérant sur le marché des titres après la cession du bloc, etc.), de ne voter en faveur d'aucune décision qui sortirait du cours normal des affaires jusqu'à la réalisation de la vente si celle-ci est sujette à une condition suspensive, etc. Si l'actionnaire vendeur disposait d'une représentation au sein d'un organe de gouvernance, il pourra également s'engager à faire en sorte que son

19 - Parfois désigné droit de suite ou *top-up*.

20 - Même si l'on peut penser que la mise à l'index par l'AMF de certaines offres publiques rapprochées devrait aboutir à leur raréfaction ; on pense notamment à l'OPAS co-initiée par Vinci Concessions et Eiffage en 2021 sur les titres Société Marseillaise du Tunnel Prado Carénage, aboutissant à ce que la note d'information précise les intentions des initiateurs sur bien plus de 12 mois et qu'ils n'ont donc pas « *l'intention (i) dans les douze (12) mois suivant la décision de conformité de l'Offre, de déposer un projet d'offre publique sur les Actions ni (ii) dans les vingt-quatre (24) mois suivant l'expiration de cette première période de douze (12) mois, de déposer un projet d'offre publique sur les Actions à un prix par Action supérieur* » au prix de l'offre (AMF, I&D 222C0844, 13 avr. 2022, SMTPC ; Note d'information, visa AMF n° 22-101, 13 avr. 2022).

21 - V. notamment l'OPAS de New Gen Holding SAS sur Generix Group (2022) où les actionnaires minoritaires ayant conclu des contrats de cession de blocs (et les actionnaires ayant apporté leurs actions à la branche semi-centralisée de l'offre) bénéficiaient d'un complément de prix de 0,50 € en cas d'atteinte des seuils du retrait obligatoire par l'initiateur. L'initiateur cherchera aussi, en s'engageant à ne pas déposer une seconde offre, à s'éviter les lourdeurs inhérentes au paiement d'un complément de prix aux actionnaires ayant apporté à l'offre.

22 - V. notamment la section du présent ouvrage consacrée au contrôle des concentrations (Chap. 6).

23 - V. l'OPAS récente de Groupe SPIE Batignolles sur Compagnie Industrielle et Financière d'Entreprises (2024) ou l'OPAS d'Evergreen SAS sur Evergreen SA (2020).

ou ses représentants démissionnent une fois le bloc cédé[24].

1.2. Faire front commun

L'initiateur peut également chercher à se rapprocher d'autres actionnaires sans acquérir leur participation mais en leur proposant, au contraire, de déposer l'offre à ses côtés. Ces accords, dont les membres seront le plus souvent considérés comme agissant de concert, peuvent être désignés sous différents vocables : accord de *consortium*, protocole d'investissement, etc.

Nous délaisserons ici la question de la nature même de l'accord de concert[25] pour se concentrer sur l'objet et les caractéristiques de ces accords de *consortium*. Celui-ci consiste pour les membres du *consortium* à unir leur force et agréger leurs participations[26] en amont du dépôt de l'offre. Conséquence de cette union, les membres sont solidaires entre eux au moment de déposer l'offre, que celle-ci soit obligatoire[27] ou volontaire[28], pour la totalité des obligations y afférent.

L'objet de l'accord de *consortium* peut consister à aménager cette solidarité en confiant à l'un de ses membres le soin de déposer l'offre[29] ou en constituant une société, détenue par les parties à l'accord, qui sera chargée de procéder à ce dépôt[30]. Cet accord prévoit alors la quote-part qu'il revient à chaque partie de financer.

Si un véhicule d'acquisition commun a été constitué pour les besoins de l'offre, cette répartition sera réalisée par l'effet même de la structure retenue : chacun contribuera à hauteur des sommes qu'il apporte au véhicule commun. L'accord prévoira alors des apports de titres – destinés à regrouper les participations – et des apports en numéraire destinés, eux, à financer l'offre[31]. Certains accords de *consortium* peuvent également prévoir un financement provisoire par un ou plusieurs membres, le temps de permettre au *consortium* d'obtenir un refinancement externe[32] voire une convention de financement à plus long terme entre l'initiateur et un membre du *consortium*[33] ou un accord portant sur la rétrocession d'un actif.

Si le droit des offres publiques laisse toute sa place à la liberté et à l'inventivité contractuelle, encore faut-il que celles-ci se conforment au droit et principes directeurs des offres publiques.

Si, en revanche, les membres du *consortium* ne se réunissent pas au sein d'une entité commune, l'accord prévoira des règles d'allocation entre eux[34]. Il n'existe à notre connaissance pas de situation dans lesquelles le membre d'un *consortium* qui s'était engagé à acheter plus d'actions que les autres aurait finalement manqué à ses engagements[35]. En pareille situation, les règles d'allocation ne seraient toutefois pas opposables au principe de solidarité passive liant les concertistes. Tous

24 - L'engagement d'un des actionnaires de céder à un initiateur les parts de commandité d'une société en commandite par actions en cas de succès de l'offre a également pu être envisagée. Ce schéma fut toutefois rejeté par la cour d'appel qui considéra que le régulateur ne pouvait donner son visa à un projet d'offre « *assorti de conventions empêchant par avance le libre jeu des offres et surenchères* ».

25 - V. notamment la section du présent ouvrage qui y est consacrée (Chap. 2).

26 - C'est l'un des effets du concert (C. com., art. L. 233-9).

27 - V. notamment la section du présent ouvrage consacrée aux offres publiques obligatoires (Chap. 3).

28 - C. com., art. L. 233-10, III.

29 - V. notamment l'OPA sur Rothschild & Co initiée, pour le compte d'un concert, par Rothschild & Co Concordia (2023).

30 - V. notamment l'OPA sur Europcar Mobility Group initiée par Green Mobility Holding S.A. (2021) et l'OPAS sur Tarkett initiée par Tarkett Participation (2021).

31 - Dans le contexte du financement de l'offre initiée par Castillon sur Devoteam (2020), KKR a souscrit en numéraire des titres de Castillon pour financer l'opération. De même, dans l'offre de Tarkett Participations sur Tarkett (préc.), l'un des membres du *consortium* avait pris l'engagement d'octroyer au véhicule un prêt d'actionnaire dont le montant varierait suivant le nombre d'actions acquises durant l'offre.

32 - V. par ex., le cas de l'offre publique de BOE Smart Retail sur SES-Imagotag (2018).

33 - V. l'offre publique de retrait initiée par VLC Holding sur A2micile (2018).

34 - V. notamment l'offre de Rothschild & Co Concordia sur Rothschild (préc.) et l'offre de Baring et Sculptor sur Technicolor Creative Solutions (2023).

35 - Les actionnaires ayant en tout état de cause la faculté de se retourner contre la banque présentatrice, v. à ce sujet la section du présent ouvrage consacrée au régime de l'établissement présentateur (Chap. 2).

les concertistes sont réputés déposer l'offre et chacun est donc tenu d'acquérir l'intégralité des actions qui seront apportées à l'offre[36] : si la liberté et l'inventivité contractuelle ont toute leur place, encore faut-il que celles-ci se conforment au droit des offres publiques.

L'accord de *consortium* contiendra également des clauses de style par lesquelles chaque partie s'engage à faciliter la réussite de l'offre. Ce principe peut se traduire par des engagements plus précis en lien avec l'obtention d'autorisations au titre du contrôle des concentrations[37]. Enfin, un autre engagement, logique, est de prévoir que les membres du concert ne "trahiront" pas le *consortium* en s'engageant à ne pas apporter à la future offre[38].

2. Pendant l'offre

Certains accords, à ce point connexes qu'ils en deviennent indissociables, produisant leurs effets pendant l'offre publique elle-même : il s'agit des engagements d'apports (2.1) et des opérations de restructuration de la cible (2.2)[39].

2.1. Sécuriser les apports

Il arrive que l'initiateur ne souhaite pas acquérir des blocs de titres en amont de l'offre publique pour ne pas se retrouver propriétaire d'actions qui ne lui confèreraient pas le contrôle si son offre venait à échouer ou parce que les actionnaires refusent de céder par avance leurs blocs et préfèrent, pour une raison ou l'autre, repousser cette cession au temps de l'offre.

En pareilles circonstances, l'initiateur cherchera à sécuriser des engagements de la part des actionnaires existants d'apporter leurs titres à l'offre. L'acquisition des titres n'aura donc lieu qu'en cas de réussite de l'offre, si celle-ci est soumise à la procédure normale[40].

L'engagement d'apporter à l'offre est fragile et les moyens de le sécuriser, incertains. Relevons notamment que la question de leur validité a commencé à se poser il y a cinquante ans et que des ambiguïtés demeurent aujourd'hui.

L'engagement d'apporter à l'offre est toutefois fragile et les moyens de le sécuriser incertains. Pour donner un aperçu des incertitudes entourant ces accords, commençons par indiquer que la question de leur validité a commencé à se poser il y a cinquante ans[41] et que des ambiguïtés demeurent aujourd'hui.

Sans que les décisions de justice rendues en la matière aient permis d'arrêter une ligne directrice claire concernant ce qu'il est, ou non, permis de faire en matière d'engagements d'apport[42], il est néanmoins possible de retenir le principe suivant : l'engagement irrévocable est valable pour autant qu'il ne soit pas de nature à empêcher toute offre concurrente.

Un mot tout de même sur l'articulation entre la force obligatoire des contrats et l'ordre public

---

36 - C. civ., art. 1200. – V. notamment : Rép. sociétés Dalloz, v° *Action de concert*, n° 139.

37 - V. par ex., le cas de l'offre publique de Tarkett Participations sur Tarkett (préc.) où l'un des membres du *consortium*, agissant de concert avec l'actionnaire historique (ayant apporté l'intégralité de sa participation dans Tarkett au véhicule constitué pour le dépôt de l'offre), avait pris seul l'engagement de prendre les mesures utiles pour l'obtention des autorisations des autorités de la concurrence compétentes dans les meilleurs délais.

38 - V. notamment l'OPAS initiée par Tolomei Participations sur Le Tanneur (2017) ou l'OPA de Tikehau Capital sur Selectirente (2019).

39 - Précisons s'agissant de ces dernières que leurs effets peuvent également se produire avant ou après l'offre. Par commodité, elles sont néanmoins toutes examinées au sein de cette section.

40 - Ces engagements ne doivent pas être confondus avec les engagements de non-présentation à l'offre (par ex. dans le cadre de l'offre Jaccar Holdings/Bourbon (2014) qui ne font pas l'objet de cette étude.

41 - Dans le cadre de l'offre de Petrofina sur Ripolin, l'actionnariat familial Ripolin s'était engagé « *irrévocablement* » à livrer ses titres à l'offre de Petrofina. Une surenchère vint à être déposée par la Société chimique des Charbonnages, posant la question de la valeur de l'irrévocabilité de l'engagement précité. Petrofina se retira de la compétition, repoussant la question à des décisions ultérieures mais la COB, pressentait dans son rapp. annuel qu'« *une telle situation pourrait justifier, quant à la validité des engagements pris, les contestations les plus sérieuses, notamment de la part des actionnaires minoritaires* ». L'avenir lui donnera raison.

42 - Après les décisions *Radar* (T. com. Paris, 28 juill. 1986, *Rev. Sociétés* 1987, p. 57, note J-J Daigre) et *Office Central Pharmaceutique* (CA Paris, 27 avr. 1993, *JCP* (E) 1993, II, 457, note A. Viandier), l'arrêt *Sucrerie de Chalon* (CA Paris, 27 oct. 1993, *JCP* 1994, n° 9317254) est venu poser le principe selon lequel : « *portant sur 10,66 % du capital de [la cible], les promesses de cession, faites à titre irrévocable, ne sont pas, par elles-mêmes, de nature à rendre impossible une prise de contrôle de la société cible par l'auteur d'une surenchère qu'ainsi elles n'ont pu porter atteinte au libre jeu des offres et des surenchères* ».

financier. L'AMF, toute autorité administrative indépendante qu'elle soit, ne peut pas s'immiscer dans les relations contractuelles entre des parties privées. Pour "invalider" des engagements d'apport à l'offre, c'est sur l'offre elle-même qu'elle se penche. Le contentieux sur les engagements d'apport à l'offre consiste donc essentiellement en une remise en cause des décisions de recevabilité des offres par l'AMF (conformité aujourd'hui), ce qui fut le cas dans les arrêts *Office Central Pharmaceutique* et *Sucrerie de Chalon*, où le contentieux s'était engagé non sur le terrain de la validité des accords conclus mais sur celui de la recevabilité de l'offre.

Au gré des décisions et offres observées, on peut dégager les tendances suivantes :

- si le cumul de la participation détenue par l'initiateur et le bloc à apporter ne représente pas plus de 10 à 15 % du capital de la cible, l'engagement d'apport ne devrait pas être considéré comme de nature à faire échec au libre jeu des offres ;
- si l'engagement d'apport est assorti d'une indemnité de dédit, celle-ci ne devra pas être d'un montant tel qu'il dissuaderait l'actionnaire d'apporter à une offre concurrente ;
- quelle que soit la quantité de titres concernés par les engagements d'apport, le fait que ceux-ci soient potentiellement révocables en cas d'offre concurrente devrait suffire à les rendre valables[43], quand bien même il serait contractuellement prévu qu'une surenchère du premier offrant, bénéficiaire des engagements, "ranimerait" ces derniers[44].

2.2. Restructurer la cible

Il peut arriver que l'initiateur ne soit en fait pas intéressé par l'intégralité des actifs de la cible ou au contraire qu'il estime ceux-ci insuffisants et qu'un accord soit conclu en vue d'ajouter ou d'enlever à la cible. Ces accords peuvent modifier de façon substantielle la société qui fait l'objet de l'offre, rendant d'autant plus compliquée l'appréciation de la qualité de l'offre. L'intervention de l'expert indépendant est alors indispensable pour rassurer les actionnaires sur le fait que l'accord n'est pas de nature à transférer de la valeur vers les cocontractants.

Sous réserve donc de ne pas porter atteinte à l'égalité entre actionnaires, les possibilités de réorganisation sont nombreuses et peuvent notamment porter sur la cession par la société de certains actifs.

La cession par la société de certains actifs peut résulter d'une forme de paix des braves à l'issue d'une bataille boursière, être motivée par des impératifs liés au droit de la concurrence ou simplement viser à changer la physionomie de la cible.

Cette cession peut résulter d'une forme de paix des braves à l'issue d'une bataille boursière[45], être motivée par des impératifs liés au droit de la concurrence[46] ou simplement viser à changer la physionomie de la cible, par exemple en procédant à un détourage pour que la cible ne contienne pas des actifs (maisons de couture

43 - V. notamment : CA Paris, 12 janv. 2017, *Foncière de Paris*, n° 16/17607 : les actionnaires concertants avaient pris des engagements d'apport à l'offre initiée par Eurosic, représentant 52,5 % du capital de Foncière de Paris SIIC. Ces engagements étaient devenus révocables du fait du lancement d'une offre concurrente par Gecina mais avaient été réitérés. La cour d'appel – qui n'avait pas été saisie d'un recours contre la décision de recevabilité de l'AMF mais dans le cadre d'une action pour fraude – retient qu'il ne lui incombe en fait que de « *rechercher si les éléments du dossier démontrent qu'en réalité ces actionnaires s'étaient irrévocablement engagés à apporter leurs titres à la société Eurosic, nonobstant le dépôt d'une offre concurrente. Des constatations ci-dessus relevées, il ressort que tel n'est pas le cas.* ».

44 - V. l'offre sur Caméléon Software par PROS Holding (2013).

45 - V. notamment l'accord entre Generali et Allianz aux termes duquel Allianz déposait une offre sur les AGF (1997) qui rétrocédaient une partie de leurs actifs à Generali. Dans le même temps, Generali déposait une offre sur AMB (1997) dont certains actifs étaient cédés à Allianz.

46 - V. notamment l'accord relatif aux cessions d'actifs de Beghin Say (2002), par lequel le *consortium* mené par l'actionnaire de référence s'engageait à faire en sorte que des quotas de production et des actifs soient cédés à des tiers.

ou pizzeria[47]) qui ne sont pas l'objet de l'offre[48].

Ces détourages peuvent être motivés par la rentabilité insuffisante de certains actifs détenus par une société *in bonis*[49] à laquelle les recettes du droit des entreprises en difficulté n'ont pas vocation à s'appliquer[50]. Dans cette situation, l'actif – peu rentable ou déficitaire – est fort logiquement cédé à un prix symbolique et il est particulièrement important que l'expert indépendant puisse, dans son rapport, s'assurer que ce détourage n'est pas lésionnaire pour les actionnaires, en particulier quand l'acheteur de l'actif est déjà actionnaire de la cible [51].

Ces opérations sont, par nature, mises en œuvre dans le cadre de l'offre publique et n'ont pas à en être artificiellement séparée. Il est donc, par exemple, possible de conditionner la réalisation des opérations de réorganisation préalable à l'obtention de la décision de conformité de l'AMF : connexes à l'offre, ces accords en sont alors indissociables[52].

On ne saurait trop recommander en pareille situation de s'adjoindre les services d'un expert *ad hoc*, qui interviendra en complément de l'expert chargé de l'attestation d'équité. Loin de faire doublon, ce professionnel se concentrera sur l'opération en cause afin de s'assurer qu'elle a été conclue dans des conditions équitables et non lésionnaires pour la société[53]. Quand le degré de connexité entre l'accord et l'offre est tel qu'il les rend, en fait, inséparables l'une de l'autre, il peut être décidé de confier la mission d'apprécier les conséquences en termes d'équité de l'opération connexe à l'expert indépendant désigné dans le cadre de l'offre publique[54].

Rappelons à cette occasion que des opérations de réorganisation peuvent également intervenir, en période d'offre, comme un moyen de défense : il ne s'agit plus alors d'un détourage mais, au contraire, d'une sanctuarisation. On pensera naturellement à la création par Suez d'un dispositif impliquant une fondation néerlandaise à laquelle avaient été apportées des actions des principales filiales opérant son activité Eau France, soulevant des critiques de l'initiateur de l'offre et du régulateur. Si aucune décision de justice n'a pu trancher des débats auxquels le dénouement de la saga Veolia Suez a mis un terme, il a été relevé – non sans un certain mérite – que la faculté reconnue au conseil de mettre en œuvre des défenses anti-offres publiques ne saurait céder devant les principes directeurs des offres publiques, en ce que la première procédait de la loi (Florange) et la seconde du règlement (général[55]).

---

47 - Dans le cadre de l'offre de Semyrhamis sur Christian Dior (qui détenait alors 100 % des titres de la maison de couture Christian Dior et 41 % de LVMH) en 2017, les titres de la société portant l'activité de la maison de couture (Christian Dior Couture) étaient cédés à LVMH (de sorte que la cible ne détienne plus d'activité opérationnelle mais uniquement les titres LVMH). Voir également l'offre de Jacquet sur Brossard (2011), à l'occasion de laquelle l'actionnaire historique de Brossard conserva la Pizza de Manosque et d'autres actifs ne relevant pas *stricto sensu* de l'activité principale de Brossard (la pâtisserie industrielle).

48 - Le projet de détourage, s'il porte sur des actifs significatifs, pourra devoir être précédé d'une assemblée des actionnaires rendant un avis consultatif, en application de la Position - recommandation AMF relative aux cessions et acquisitions d'actifs significatifs.

49 - V. notamment l'accord entre Acropolis Telecom et la société détenue par d'anciens de ses cadres (Adaxia) aux termes duquel cette dernière rachetait, à la demande de l'initiateur de l'offre de Foliateam Group sur Acropolis Telecom (2016), un actif déficitaire (un centre de données) de cette société.

50 - V. notamment la section du présent ouvrage consacrée aux offres publiques sur les entreprises en difficulté (Chap. 6).

51 - V. l'offre de Foliateam Group sur Acropolis Telecom (2016) : « *Dès lors, le désinvestissement du site d'Aix-en-Provence s'avère être une opération à la fois stratégique et rentable pour Acropolis Telecom. De plus, sur la base des résultats 2015, la valorisation de cette activité ferait probablement ressortir une valeur nulle ou proche de zéro alors même qu'Acropolis Telecom l'a cédée pour un montant de 20 000 euros.* »

52 - V. notamment l'accord entre Predica et Société Foncière Lyonnaise conditionné à la conformité de l'offre publique de Inmobiliaria Colonial sur Société Foncière Lyonnaise (2021). Aux termes de cet accord, Predica recevait des actifs de Société Foncière Lyonnaise en contrepartie de l'apport à Société Foncière Lyonnaise d'actifs détenus par Predica et d'actions de Société Foncière Lyonnaise elle-même, facilitant ainsi la mise en œuvre de l'offre publique.

53 - Un tel expert s'était notamment prononcé sur la vente des actifs tissus pour l'habillement de Michel Thierry SA dans le cadre de l'offre initiée par PAI LBO FUND (2000). Un deuxième expert avait été missionné dans le cadre de l'offre de Semyrhamis sur Christian Dior, l'expert indépendant désigné en application de l'art. 261-1 du Règl. gén. AMF étant également chargé de se prononcer sur le prix de vente des actions Christian Dior Couture à LVMH.

54 - Ce fut notamment le cas s'agissant de l'offre (préc.) de Colonial sur Société Foncière Lyonnaise (« *Le Comité ad hoc a décidé de ne retenir qu'un seul expert comme expert indépendant au titre de l'Offre et des opérations conclues avec Predica par la Société et par Colonial, compte-tenu de la connexité des opérations d'Offre, d'Asset Swap et de Rachat.* ») et de l'offre (préc.) de Rothschild & Co Concordia sur Rothschild & Co (« *avec pour mission de se prononcer sur le caractère équitable des termes de l'Offre, y compris en cas de mise en œuvre d'un retrait obligatoire, conformément à la réglementation boursière, et sur la distribution exceptionnelle de réserves envisagée de 8 € par action* »).

55 - N. Mennesson, *Défenses anti-OPA : état des lieux après l'opération Veolia/Suez, Bull. Joly Bourse*, mai-juin 2022, p. 52. - V. aussi H. Synvet, *L'AMF, le juge et le communiqué, Bull. Joly Bourse*, mai-juin 2021, p. 1 ; N. Rontchevsky, *Observations sur les sources du droit des offres publiques à l'épreuve de l'affaire Veolia-Suez, RTD com.* 2021. 384 ; B. Laurent-Bellue et C. Maison-Blanche, *Le sort des actifs d'une société cible en cas d'offre publique de prise de contrôle non sollicitée, RTDF* 2021, n° 1/2, p. 94. - S'agissant d'un débat non encore tranché, les sections du présent ouvrage consacrées à l'articulation entre la Dir. OPA et le droit français (Chap. 3), au rôle des organes de direction (Chap. 4), au juge et à l'offre publique ainsi qu'au droit répressif des offres (Chap. 5).

3. Après l'offre

Après l'offre... c'est plus l'offre ! Les actionnaires non intéressés à un accord connexe dont les effets se produisent après la clôture, n'ont plus le choix entre conserver leurs titres ou les céder, ce qui rend d'autant plus crucial le contrôle de ces accords en amont[56]. Il est possible de distinguer entre ces accords, selon qu'ils sont conclus avec tiers ayant encore la qualité d'actionnaires (3.1) ou non (3.2).

3.1. Les accords avec des actionnaires

3.1.1. Le cas des salariés[57]

Il arrive que certains des actionnaires de la cible ayant apporté leurs titres à l'offre puissent souhaiter réinvestir le produit de la cession dans la société initiatrice de l'offre. On voit ce que cette situation a de gênant : pour ceux-ci l'offre est finalement alternative (en numéraire ou en actions) tandis que pour ceux-là, aucune option n'est possible (le prix est payé sans option de réinvestissement). Et si les juridictions européennes ont, de longue date, interprété avec souplesse la formule de la directive OPA en matière d'égalité de traitement[58], le droit positif français n'a en tant que tel jamais reconnu un principe de traitement différencié d'actionnaires ayant une situation différente[59].

En pratique, pourtant, un traitement différencié est, de fait, autorisé pour des actionnaires ayant également la qualité de salarié ou de cadres dirigeants. Dans des opérations d'acquisition avec effet de levier, la mise en place de schémas d'intéressement des cadres dirigeants est indispensable au succès de l'opération. Les initiateurs peuvent donc permettre aux cadres dirigeants ayant cédé leurs actions de souscrire à une augmentation de capital de l'initiateur quand il ne leur est pas tout simplement proposé de lui apporter en nature leurs actions de la cible. Dans ces hypothèses, l'expert vérifiera plusieurs paramètres[60] :

- la conformité du schéma d'intéressement à la pratique de marché (en particulier (i) le fait que s'il est permis aux cadres de souscrire des titres bénéficiant d'un droit économique plus favorable, la part de ces titres dans l'économie générale de l'opération reste modeste, (ii) l'identité des investisseurs autres que les cadres supportant le "coût" du *package* et (iii) le pourcentage maximum de la plus-value que les salariés ré-investisseurs pourront capter au moment de la sortie) ;
- l'absence de tout prix garanti, en s'assurant que les cadres dirigeants supportent bien une part du risque de non-réalisation des prévisions de la société cible ;
- le fait que le schéma soit structuré de telle façon que les cadres dirigeants ne soient exposés à la création de valeur qu'à compter de la date de leur réinvestissement (donc au lendemain de l'offre) ;
- le fait que le schéma d'intéressement récompense un travail effectif ou une expertise indispensable.

De tels accords ont pu, par le passé, donner lieu à des remises en cause par des actionnaires minoritaires dans le contexte d'offres publiques, comme ce fut le cas s'agissant de l'offre publique initiée en 2014 par Gaillon Invest sur Club Méditerranée. L'ADAM représentant, à son habitude, des minoritaires

56 - V. notamment l'offre de retrait de SAIP sur Buffalo Grill, à l'occasion de laquelle le Collège considère « *qu'il n'est pas possible, en l'état, d'établir que l'évaluation des actions Buffalo Grill intègre totalement en compte les perspectives d'activité de la société [...] compte tenu des réflexions menées par la société Buffalo Grill sur l'externalisation de ses actifs immobiliers, l'Autorité a déclaré irrecevable le projet d'offre publique [...]* » (Décis. 206C0546 du 22 mars 2006) ainsi que l'offre publique d'échange d'Altice sur SFR Group, à l'occasion de laquelle l'AMF releva que « les objectifs et intentions de l'initiateur [faisaient] état d'un projet de contrat de rémunération dont la mise en œuvre et les modalités demeurent imprécises, dont l'impact serait négatif » sans que « l'information destinée aux actionnaires minoritaires, notamment sur la justification de la parité d'échange retenue, soit complète, compréhensible et cohérente » (Décis. 216C2262 du 5 octobre 2016).

57 - V. notamment la section du présent ouvrage consacrée aux aspects de *management package* (Chap. 2), en particulier s'agissant des modalités applicables aux actions non encore cessibles au moment de l'offre publique.

58 - V. notamment : CJUE, 15 oct. 2009, C-101/08, *Audiolux SA c/ Groupe Bruxelles Lambert SA et Bertelsmann AG*, *Bull. Joly Bourse* 2010. 34, note Schmidt.

59 - V. A. Viandier, OPA, OPE et autres offres publiques, 5e éd., § 944 – 945, rappelant la vigilance de l'AMF à ce sujet. On notera que la Cour d'appel de Paris a logiquement admis que l'existence de titres différents peut justifier un traitement différencié (en l'espèce, actions ordinaires et actions à dividende prioritaire), mais précise qu'il ne peut être dérogé au principe d'égalité qui doit se refléter dans la parité offerte pour leurs titres respectifs (CA Paris, 1re ch., sect. H., 3 mai 2001, *ADAM et autres c/ Schneider Electric SA et Legrand SA*, *JCP E* 2001. 1046, note Viandier, *Bull. Joly* 2001. 796, note Schmidt).

60 - V. notamment l'offre de SKN Holding sur Latécoère (2019) ou de Castillon sur Devoteam, préc.

frondeurs, contestait la possibilité offerte aux dirigeants et cadres de réinvestir dans la structure d'acquisition, y voyant une « *inégalité de traitement* » forcément « *manifeste* ». L'association s'émouvait aussi que dirigeants et cadres reçoivent non seulement des actions mais encore des « *actions de préférence 3* », comme il est d'usage en la matière. La Cour d'appel confirma l'AMF dans son analyse, relevant que la proposition de réinvestissement était « *entièrement décorrélé de [la] qualité d'actionnaire actuel ou actionnaire potentiel* » mais liée à l'exercice de fonctions de dirigeants ou cadres[61]. S'agissant des contrats de liquidité avec les salariés, portant sur les actions non encore cessibles au moment de l'offre publique, l'on renverra avec profit à la section du présent ouvrage consacrée aux *management package* (Chap. 2).

3.1.2. Les pactes d'actionnaires

Au-delà de ces hypothèses de réinvestissement par des dirigeants, il arrive, comme développé précédemment, que l'offre soit initiée par un actionnaire agissant de concert avec d'autres. Quoique concertiste, cet initiateur n'a pas le même poids que les autres actionnaires au moment de l'offre et cette différence se retrouve le plus souvent à l'issue de l'offre dans les accords régissant les accords entre actionnaires.

Cette situation peut également se rencontrer quand l'initiateur offre à certains actionnaires historiques, du soutien desquels il souhaite s'assurer, de réinvestir les sommes reçues au capital de l'initiateur[62]. Dans cette hypothèse, l'expert désigné vérifiera que les conditions de ce réinvestissement ne viennent pas remettre en cause l'équité de l'offre en créant une asymétrie de traitement avec les autres actionnaires dont les titres sont visés par l'offre et en s'assurant qu'il existe un traitement analogue entre le ou les investisseurs et les réinvestisseurs[63].

Quelle qu'en soit la cause, la coexistence de ces actionnaires – au sein de l'initiateur ou de la cible – suppose la conclusion d'un pacte qui prévoira notamment les modalités d'organisation de liquidité des actionnaires minoritaires.

Ainsi peut-il être prévu qu'une partie ait vocation à rester durablement actionnaire quand d'autres quitteront la société à plus ou moins brève échéance. Une telle structure a beaucoup de sens au plan économique : elle permet à l'actionnaire « tête de file » de diminuer le coût initial de son offre et aux actionnaires « suiveurs » d'être exposés à la création de valeur résultant de la prise de contrôle de la cible et des premières synergies mises en œuvre. Un mécanisme courant est de prévoir des promesses croisées d'achat et de vente entre l'actionnaire « tête de file » et les actionnaires « suiveurs »[64].

Les questions que soulèvent les pactes d'actionnaires sont donc nombreuses : comment en effet justifier que la sortie de certains actionnaires puisse être décalée dans le temps, à des conditions prévues d'avance.

Les questions que soulèvent ces accords sont donc nombreuses : comment en effet justifier que la sortie de certains actionnaires puisse être décalée dans le temps, à des conditions prévues d'avance.

S'agissant des synergies tout d'abord, la difficulté n'est qu'apparente puisque le prix proposé dans le cadre de l'offre, et *a fortiori* du retrait obligatoire, doit justement en tenir

61 - La Cour relève que ni l'AMF ni l'expert n'avaient « *identifié de clauses assimilables à des compléments de prix ou susceptibles de remettre en cause la pertinence des conditions financières de l'offre et l'égalité de traitement des minoritaires* [...] *Considérant qu'il résulte de tout ce qui précède que c'est à bon droit que l'AMF a constaté que les accords conclus ne révélaient pas de clauses octroyant au management des avantages susceptibles de porter atteinte au principe d'égalité des actionnaires* » (CA Paris, 29 avr. 2014, n° 2013/15177).

62 - V. notamment l'offre de Novagerm sur Eurogerm (2022) lors de laquelle l'initiateur a proposé à un actionnaire de référence, partenaire commercial historique, de pouvoir réinvestir (par apport ou cession) au niveau de Novagerm sa participation dans la cible.

63 - V. notamment l'offre initiée par Easyvista Holding sur Easyvista (2020).

64 - Par ex. entre les anciens actionnaires de la cible, devenus ceux de l'initiateur, et l'actionnaire de référence de cet initiateur, souvent à l'origine du projet d'offre voir notamment la description du pacte d'actionnaires conclu entre les membres du *consortium* dans le cadre de l'OPA sur Europcar Mobility Group initiée par Green Mobility Holding S.A., préc.

compte comme le recommande l'AMF[65] et comme le font, en pratique, les experts indépendants dont l'association professionnelle estime : « *pertinent qu'un expert indépendant s'interroge si le prix d'offre est suffisant au regard de la perte d'opportunité que peut représenter l'impossibilité de rester au capital d'une société après son rapprochement avec l'initiateur*[66]. » Cette prise en compte ne signifie pas que l'intégralité de la valeur des synergies doit se retrouver dans le prix mais conduit usuellement l'expert à considérer « *qu'en matière de [retrait obligatoire], le prix proposé doit [en] intégrer une fraction raisonnable* »[67].

L'étude des différents accords contenant de telles stipulations permet, sans prétendre à l'exhaustivité, de dégager quelques grandes lignes directrices à respecter :

- les accords ne doivent pas garantir un prix minimum aux actionnaires « suiveurs »[68] ;
- s'ils bénéficient d'une promesse d'achat ou d'un mécanisme équivalent, la formule de prix doit reposer sur des méthodes analogues à celles ayant été appliquées dans le cadre de l'offre (sans qu'analogie ne signifie identité[69]) ;
- une période d'inaliénabilité imposée aux actionnaires « suiveurs » – en ce qu'elle les amène à prendre un véritable risque d'actionnaire – est de nature à améliorer l'analyse[70] ;
- l'expert indépendant replacera également cet accord connexe dans le contexte plus général de l'opération, au regard des autres engagements pris par ces actionnaires de la cible (notamment de financement de l'initiateur) et des conditions, en particulier financières (taux de rendement, etc.) de l'opération (pour apprécier si celles-ci s'écartent des conditions de marché actuelles).

Au résultat, c'est à une approche au cas par cas que doivent se livrer les différentes parties prenantes au moment de déterminer si les clauses de liquidité d'un pacte risquent ou non d'être considérées comme lésionnaires ou inéquitables en appréciant si l'espérance de gain apparaît raisonnable au regard du risque inhérent à la qualité d'actionnaire.

Au résultat, c'est à une approche au cas par cas que doivent se livrer les différentes parties prenantes au moment de déterminer si les clauses de liquidité d'un pacte risquent ou non d'être considérées comme lésionnaires en appréciant si l'espérance de gain apparaît raisonnable au regard du risque inhérent à la qualité d'actionnaire.

S'agissant des stipulations du pacte ayant trait à la gouvernance à l'issue de l'offre publique, la marge de manœuvre est plus importante et l'on observe une certaine diversité de clauses :

- le maintien, ou non, d'une gouvernance moniste ou dualiste au niveau de la cible[71] ;
- la possibilité, pour certains actionnaires détenant un pourcentage déterminé du capital, de désigner un ou plusieurs représentants dans les organes de gouvernance de la cible ou de l'initiateur[72] ;
- le maintien, ou non, de certains dirigeants de la cible[73] ;
- au niveau de la cible, un engagement futur

65 - Recomm. AMF, DOC-2006-15 : « *Lorsqu'il est fait état de synergies susceptibles de résulter du rapprochement avec la société visée, l'expert indépendant indique, le cas échéant, comment il a pris en compte ces synergies* ».

66 - Recueil des publications de l'Apei relative à l'expertise indépendante, mai 2023, p. 148.

67 - *Ibid*, p. 171.

68 - V. l'offre publique simplifiée de SII Goes On sur S.I.I. (2024).

69 - V. offre Rothschild & Co Concordia sur Rothschild & Co dans laquelle une valorisation annuelle de la société était mise en œuvre *post* retrait obligatoire selon les principes suivants « *Au-delà de cette période, il n'existe pas de valeur garantie de l'action dont le prix reposera sur la combinaison équipondérée : (i) d'une valeur fixée par un expert indépendant selon une approche cohérente avec celle que nous avons mise en œuvre et qui encadre le prix d'Offre ; (ii) de la transposition du multiple de capitaux propres tangibles induit par le prix d'Offre, c'est-à-dire une transposition du prix d'Offre.* ». L'expert relevait : « *Sur ces bases, nous n'identifions pas de disposition financière assimilable à un prix garanti ou qui offrirait des conditions financières améliorées par rapport au prix de l'Offre.* ».

70 - V. l'offre publique simplifiée de Cancer Buster Bidco SAS sur Oncodesign (2022).

71 - V. l'offre publique de Baring et Sculptor sur Technicolor Creative Solutions, préc.

72 - V. l'offre publique de Holding Tivoly sur Tivoly (2022).

73 - V. l'offre publique simplifiée de Cancer Buster Bidco SAS sur Oncodesign, préc.

de concertation entre les membres du *consortium* avant toute réunion des organes de gouvernance de la cible – couplé le cas échéant à un droit de *veto* réservé à certains actionnaires tant que la société reste cotée[74] ;

• l'évolution de la gouvernance de la cible en cas de mise en œuvre d'un retrait obligatoire (transformation en société par actions simplifiée pour simplifier la gouvernance, mise en place d'organes de gouvernance avec des décisions réservées nécessitant une majorité renforcée, etc.).

3.2. Les accords avec d'ex-actionnaires

A l'égard des ex-actionnaires – ayant apporté leurs titres à l'offre ou vendu un bloc – l'objet des accords se limite généralement à prévoir le paiement d'un complément de prix en vue de satisfaire le principe d'égalité de traitement.

Relevons tout d'abord qu'il est possible de faire bénéficier l'ensemble des actionnaires d'un tel dispositif, nonobstant un éventuel retrait obligatoire, l'AMF estimant même qu'il relève de sa « *mission de protection de l'épargne investie en instruments financiers* » d'en obtenir le paiement, comme ce fut le cas à l'occasion de l'offre de CSLI sur Systran[75].

Ces accords prennent le plus souvent la forme d'un droit de suite couvrant l'hypothèse d'une augmentation du prix d'offre, afin de rééquilibrer la situation de ces actionnaires cédants avec ceux apportant à l'offre et bénéficiant alors automatiquement d'un prix d'offre amélioré (en cas d'offre centralisée ou semi-centralisée)[76]. Certains accords de cession prévoient encore d'autres modalités, par exemple (i) si l'offre ne connait pas une issue positive et que l'initiateur vient à céder, au cours d'une période prédéterminée, les titres à un meilleur prix[77] ou (ii) si l'initiateur acquiert, dans un contexte autre qu'une offre publique et durant une période prédéterminée, un nombre minimal d'actions à un prix supérieur à celui d'acquisition du ou des blocs[78].

---

74 - V. l'offre publique simplifiée co-initiée par Vinci Concessions et Eiffage sur la Société Marseillaise du Tunnel Prado Carénage (2021).

75 - Communiqué de presse du 3 mars 2020 : « *L'AMF obtient le paiement du complément de prix dû aux anciens actionnaires de Systran SA* ». Les compléments de prix dus aux actionnaires (qui dépendaient notamment de l'issue de certains contentieux) avaient donné droit à l'émission de droits de créance non cessibles et non admis aux négociations.

76 - V. ci-dessus § 1.1 ; V. l'offre publique simplifiée initiée par New Go sur Groupe Open (2022).

77 - V. l'offre publique de Capgemini sur Altran (2019).

78 - V. l'offre publique de Pixel Holding sur Tessi (2021).

par **François Vigne**,
Managing Partner, Sycomore Corporate Finance

Offres publiques et *management packages*

Le lancement d'une offre publique s'accompagne le plus souvent de la mise en place, au sein de la société visée, d'un programme d'investissement du management, ou management package, dont l'objectif est d'assurer qu'investisseurs et dirigeants opérationnels de la société aient des intérêts alignés et qu'ils travaillent ensemble à réaliser les objectifs communs.

Le lancement d'une offre publique, surtout si elle est initiée par un fonds d'investissement, s'accompagne le plus souvent de la mise en place, au sein de la société visée, d'un programme d'investissement du *management*, ou *management package*, qui fait partie intégrante du *business model* du *private equity*.

L'objectif est d'assurer qu'investisseurs et dirigeants opérationnels de la société aient des intérêts alignés et qu'ils travaillent ensemble à réaliser les objectifs communs. Ces programmes d'investissement impliquent un nombre variable de collaborateurs en fonction des effectifs de l'entreprise, des souhaits des dirigeants et de la culture de la cible en matière d'actionnariat salarié.

1. Véhicule d'investissement

Les programmes d'investissement des principaux collaborateurs de la cible sont généralement mis en place au niveau de la *holding* de reprise (c'est-à-dire l'initiateur de l'offre), plutôt qu'au niveau de la cible, que celle-ci reste cotée ou non. L'objectif est double :

- éviter la dilution du contrôle de l'investisseur financer, en le renforçant même par l'investissement des membres de l'équipe de *management*. L'initiateur n'est ainsi pas dilué – au capital de la cible – par l'investissement des principaux collaborateurs et peut ainsi atteindre plus facilement le seuil de retrait obligatoire ou, au moins, renforcer son pouvoir politique en assemblée générale, si la cible reste cotée ;

- aligner leurs calendriers d'investissement, ainsi que leurs intérêts, avec par exemple, la mise en place d'un effet de levier additionnel au niveau de la *holding* de reprise. Si la thèse d'investissement de l'initiateur de l'offre se vérifie, la rentabilité de son investissement sera supérieure à la rentabilité intrinsèque de la société cible. Il est donc intéressant pour les collaborateurs de devenir actionnaire de la *holding* de reprise.

2. Instruments financiers utilisés

Les jurisprudences récentes de la Cour de cassation[1] et du Conseil d'Etat[2], même si elles ne sont pas totalement stabilisées, ont visé à requalifier en salaires les dispositifs d'intéressement reposant sur des bons de souscription d'actions ou équivalent, et à leur appliquer la fiscalité progressive correspondante. Elles ont eu pour conséquence de fortement réduire la créativité des opérateurs en matière de structuration des *managements packages* et de recours à différents types d'instruments financiers.

L'immense majorité des programmes d'investissement du *management* repose désormais sur les dispositifs légalement encadrés des actions gratuites, ainsi que, le

1 - Civ. 2e, 28 sept. 2023.

2 - CE, plén. fisc., 13 juill. 2021, n° 428506, 435452 et 437498 ; CE, 17 nov. 2021, n° 439609 ; CE, 28 janv. 2022, n° 433965.

cas échéant, des *stock-options* (options de souscription d'actions). L'augmentation, par la loi de Finances pour 2024, de 10 % à 15 % du plafond de la part que peuvent représenter les actions gratuites dans le capital social, devrait encore renforcer leur utilisation pour les *management packages*, en permettant d'élargir l'assiette disponible pour l'intéressement des membres de l'équipe du *management*.

En complément de ces instruments spécifiques, les participants au *management package* peuvent investir, en fonction de leur capacité financière, dans les mêmes instruments financiers que l'investisseur les accompagnant dans l'opération : c'est la part « *pari passu* » de leur investissement.

Il reste par ailleurs théoriquement possible de doubler les dispositifs d'actions gratuites ou de *stock-options* existant au niveau de la *holding* de reprise par la mise en place de systèmes équivalents au niveau de la société rachetée. Ce sont des cas extrêmement rares, sinon inexistants.

3. Négociation du *management package*

La mise en place d'un programme d'investissement du *management* fait habituellement l'objet d'une négociation entre les dirigeants de la société cible, épaulés par leurs propres conseils juridiques et financiers, et le fonds d'investissement désireux d'en prendre le contrôle.

L'intérêt du *management* de la société est généralement de mener les discussions sur le programme d'investissement du *management* dès que possible, en amont du processus. Le conseil d'administration peut toutefois souhaiter garder la main au moins un premier temps.

Les principaux points de négociation sont les suivants :

- montants et conditions d'investissement (instruments utilisés en particulier) des collaborateurs concernés, le cas échéant répartis en cercles, en fonction notamment de leur capacité d'investissement ;
- montant et conditions d'attribution de la réserve destinée aux membres de l'équipe de *management* qui rejoindraient l'entreprise pendant la durée du LBO ;
- modalités de gouvernance et contenu du pacte d'actionnaires, y compris concernant la définition des décisions importantes soumises à l'accord du président-directeur général ou du directeur général de la société ;
- modalités de participation aux éventuelles augmentations de capital qui pourraient, le cas échéant, accompagner des opérations de croissance externe et mécanismes de protection pour éviter une dilution excessive ;
- conditions de liquidité collective, en fonction de l'horizon d'investissement du partenaire financier et des options de sortie envisagées (cession à un nouveau partenaire financier, cession à un acquéreur industriel ou réintroduction en bourse) ;
- conditions de liquidité individuelle pour traiter les éventuels cas de départ anticipé, subis type décès et accidents ou volontaires, pendant la durée d'investissement. Les anciennes clauses dites de *vesting* à prix différencié disparaissent progressivement pour éviter tout risque de requalification fiscale de l'investissement en salaires.

L'intérêt du *management* de la société est de mener les discussions sur le programme d'investissement du *management* dès que possible, en amont du processus, afin de s'assurer du bon alignement des parties et d'éviter une négociation sous pression.

4. Mise en place et vie du *management package*

Une fois ce *management package* négocié avec l'investisseur et l'offre publique annoncée ou réalisée, il revient aux dirigeants de la société cible d'organiser une réunion avec l'ensemble des collaborateurs éligibles au programme d'investissement du *management* afin de leur en présenter les caractéristiques, ainsi que les modalités et le calendrier de réalisation. S'ouvre alors la période de souscription, permettant à chacun de confirmer sa décision, ainsi que le montant de son investissement. Il est habituel que l'investisseur, nouvel actionnaire de contrôle, porte l'investissement, s'agissant du « *pari passu* » et des autres titres déjà émis, pendant une durée initiale, le temps que les opérations de souscription se réalisent.

Les instruments d'investissement spécifiques du *management* font par ailleurs l'objet, lors de l'établissement du *management package* d'abord et annuellement ensuite pendant toute la période d'investissement, d'une valorisation par un évaluateur indépendant.

La mise en place d'un programme d'investissement du *management* pour une société cotée, objet d'une offre publique, s'avère donc très similaire à celle applicable à une entreprise non cotée. Les principales différences tiennent aux contraintes de confidentialité spécifiques aux sociétés cotées, pendant toute la période de négociation, ainsi qu'à la nécessité de d'assurer que le dispositif proposé ne porte pas atteinte au devoir fiduciaire des dirigeants pendant la période de négociation et au principe d'égalité de traitement des actionnaires.

par **Olivier Huyghues Despointes**,
Avocat associé, Darrois Villey Maillot Brochier
et **Cécile de Narp**,
Avocat associé, Darrois Villey Maillot Brochier

Réflexions sur le réinvestissement et les *management packages* dans les offres publiques

L'un des traits marquants de ces dernières années, pour l'observateur des offres publiques, est le développement des offres impliquant un fonds d'investissement (« sponsor ») de type LBO ou infrastructure, en qualité d'investisseur financier majoritaire ou minoritaire. Cette pratique, nettement plus développée outre-Manche ou outre-Atlantique (en raison notamment de mécanismes légaux qui permettent d'assurer au sponsor la détention de la totalité du capital à l'issue de l'offre) est désignée dans le vocable anglo-saxon sous les termes de « take private » *ou* « public-to-private - P2P ».

Sur le marché français, rares sans être inexistantes jusqu'au tournant des années 2020, ces offres prenaient souvent la forme d'une acquisition par une *holding* constituée par un sponsor d'un bloc de contrôle auprès du ou des actionnaires majoritaires, ou à leurs côtés, suivie d'une offre publique simplifiée visant à sortir la société de la cote[1]. Ces opérations s'écartent du schéma classique du LBO, en ce qu'elles ne permettent pas d'assurer à la *holding* de reprise la sortie de cote et la détention de la totalité du capital de la cible, le risque étant de ne pas atteindre immédiatement le seuil de retrait obligatoire de 90 % du capital et des droits de vote fixé par l'article L. 433-4 du code monétaire et financier. Elles requièrent donc du sponsor (et de ses financiers, qui doivent consentir des financements en fonds certains pour permettre la garantie de l'offre par la banque présentatrice[2]), une certaine flexibilité voire un esprit d'aventure que tous ne sont pas prêts à accepter.

A partir de 2020, le nombre d'opérations de *take private* s'est accéléré, visant des sociétés de plus en plus importantes et surtout en s'affranchissant de la certitude de réalisation conférée par l'acquisition d'un bloc de contrôle. On a ainsi vu des offres publiques sous forme de LBO, soit à l'initiative de fondateurs minoritaires associés à un sponsor, soit à l'initiative d'un sponsor seul, lancées que l'initiateur ait pu sécuriser l'acquisition d'un bloc de contrôle en amont de l'offre. Ces initiateurs assument

Les opérations de *take-private* requièrent donc du sponsor (et de ses financiers, qui doivent consentir des financements en fonds certains pour permettre la garantie de l'offre par la banque présentatrice), une certaine flexibilité voire un esprit d'aventure que tous ne sont pas prêts à accepter.

1 - Quelques exemples récents : OPAS déposée par CVC sur April le 14 juin 2019 après acquisition d'un bloc majoritaire de 65 % auprès du fondateur (AMF 219C0967) ; OPAS déposée par la famille *Deconinck* (actionnaire à 51 %) aux côtés de Wendel sur le solde du capital de Tarkett le 26 avr. 2021 (AMF 221C0878) ; OPAS annoncée par Brookfield sur Neoen le 30 mai 2024 (AMF 224C0777) ; OPA annoncée le 24 juill. 2024 par Clayton Dubilier & Rice sur Exclusive Networks (après acquisition d'un bloc de contrôle).

2 - V. notamment la section de cet ouvrage consacrée au régime de l'établissement présentateur (Chap. 2).

ainsi le risque d'un échec de l'offre total (non-atteinte du seuil de caducité de 50 % fixé par l'art. L. 433-1-2 C. mon. fin.), ou relatif si l'offre connait une suite positive mais que le flottant reste significatif, ce qui pose le problème de la taille du ticket d'investissement du sponsor et des prêteurs, et de divertissement des flux futurs de dividendes vers le flottant[3].

Cette tendance est la conséquence d'une conjonction de facteurs :

- une plus grande familiarisation des sponsors, notamment étrangers, avec le marché boursier et la règlementation boursière française ;
- l'opportunité que représente l'acquisition de sociétés cotées et à l'issue de processus souvent bilatéraux et non compétitifs ;
- une perte d'attractivité des marchés financiers pour un certain nombre d'émetteurs (notamment ceux dont le titre est peu liquide et peu suivi par les analystes), pour lesquels les contraintes de la cotation (transparence, obligations croissantes d'information et de *reporting*, risques juridiques...) l'emportent en pratique sur l'intérêt aux marchés financiers ;
- et enfin pour les fondateurs et dirigeants, qui peuvent désormais se comparer à des pairs qui ont évolué avec succès dans des sociétés sous LBO[4], et pèsent les avantages d'un *management package* avec les contraintes qui s'imposent à eux, notamment au regard des règles de *say on pay*.

Nous renvoyons le lecteur sur la littérature devenue assez abondante sur les aspects juridiques propres aux opérations de *take private*[5], et limiterons notre propos au dernier point relatif à l'intéressement du *management*.

Car, en dépit de toute la sophistication et de l'environnement réglementaire propre aux offres publiques, une opération de *take private* reste fondamentalement un LBO. Et le principe fondamental du LBO est l'alignement d'intérêts entre le *management* de la société et le sponsor, qui, même s'il est actif, n'a pas vocation à gérer les sociétés de son portefeuille. Le *management package* est l'outil principal utilisé pour aligner leurs intérêts. Les *take private* n'échappent pas à la règle, et la structuration et la mise en œuvre d'un *management package* dans le cadre d'un *take private* restent *a priori* similaires à celui d'un LBO classique[6]. Toutefois, l'intersection entre d'une part ces *management packages* devenus très sophistiqués (particulièrement

En dépit de toute la sophistication et de l'environnement réglementaire propre aux offres publiques, une opération de *take private* reste fondamentalement un LBO. Et le principe fondamental du LBO est l'alignement d'intérêts entre le *management* de la société et le sponsor, qui, même s'il est actif, n'a pas vocation à gérer les sociétés de son portefeuille.

en France, leader technologique mondial dans le domaine et exportateur de son savoir-faire) car conçus en tirant toute la mesure du possible du droit des sociétés non cotées (SAS, actions de préférence, pactes d'actionnaires...) dans les limites mouvantes de la fiscalité, et d'autre part les principes propres aux sociétés cotées et notamment aux OPA (égalité de traitement, devoir fiduciaire et gestion des conflits d'intérêts, information des actionnaires, action de concert...), impose une vigilance particulière au sponsor, à la société cible (tant à son conseil d'administration ou de surveillance qu'à ses dirigeants) et aux différents conseils intervenant sur une opération de *take private*.

---

3 - Quelques exemples récents : OPA déposée par plusieurs actionnaires de Mediawan et KKR *via* la société BidCo Breteuil sur Mediawan le 3 juill. 2020 (AMF 220C2324) ; OPA déposée par les frères Bentzmann et KKR *via* la société Castillon sur Devoteam le 11 sept. 2020 (AMF 220C4300 ; OPA déposée par KKR *via* la société Kyoto Bidco sur Albioma le 13 mai 2022 (AMF 222C1559).

4 - Une opération qui aura marqué les esprits fut la vente par Alstom de sa filiale Alstom Power Conversion (plus tard renommée Converteam) à Barclays Private Equity en 2005. A l'issue du premier LBO, les dirigeants purent se partager des gains d'environ 900m€ (Les Echos, 17 juin 2008), dont ils réinvestirent une grande partie dans un second LBO avant de concrétiser leur plus-value lors de la vente à General Electric en 2011. Il s'agit ici de montants inaccessibles aux dirigeants d'une société cotée française.

5 - V. notamment : N. Bombrun, G. Bastien-Thiry, J. Deege et S. Robert, *Les opérations de public to private en France, RTDF* 2020, n° 2 ; O. Huyghues Despointes et S. Robert, *L'initiateur d'une offre publique dispose-t-il d'un fusil à deux coups ? Revue Droit et Affaires*, déc. 2022, n 19.

6 - V. notamment la section du présent ouvrage consacrée aux aspects économiques des *management packages* dans les offres publiques (Chap. 1).

Sans chercher à faire un traité exhaustif sur le sujet, qui serait sans doute rapidement démodé, nous aborderons divers aspects qui, dossier par dossier, dans une approche au cas par cas, pourront inviter le praticien à approfondir l'analyse de l'opération de *take private* sur laquelle il intervient.

1. Rappel des instruments utilisés

On rappellera d'abord qu'un *management package* articule en général trois familles d'instruments :

1.1. L'investissement *pari passu*

Il s'agit de l'investissement par des *managers* dans la *holding* de reprise, en titres dits « *pari passu* » avec ceux souscrits par l'investisseur. Ces titres sont typiquement des actions ordinaires et/ou des actions de préférence de la *holding* de reprise, souvent un « mix » d'actions ordinaires et d'actions de préférence offrant un rendement fixe (ou d'obligations convertibles ayant un profil financier similaire) – dans ce cas les *managers* acquièrent ces titres dans des proportions identiques à celles du sponsor. Ces titres sont souscrits soit en numéraire, soit sous forme de réinvestissement au moyen de la vente ou de l'apport en nature d'actions de la cible. Dans le cas de fondateurs qui réinvestissent une fraction importante du capital de la société (par exemple 10 à 30 % du capital de la société), il s'agira de l'essentiel de la valeur du *management package*, et celle-ci est relativement sécurisée car elle n'a pas vocation à disparaître en cas de départ du dirigeant (elle sera rachetée à une valeur relativement proche de la valeur réelle ou conservée).

1.2. Le *management package* proprement dit, bénéficiant à l'équipe managériale

Il s'agit notamment de l'acquisition d'actions de préférence émises par la *holding* de reprise dites « *ratchet* » donnant droit, schématiquement, à la rétrocession à l'ensemble des porteurs de ces actions d'une fraction de la plus-value réalisée par les actionnaires « *pari passu* », et parfois de celle réalisée par le seul sponsor, au-dessus d'un rendement minimum. Le pourcentage de rétrocession augmente avec la rentabilité du projet. A titre d'exemple, il pourrait s'agir d'actions de préférence offrant une rétrocession de 10 à 20 % (par paliers) de la plus-value du projet au-delà d'un TRI de 12 % ou d'un multiple de 2,5x. Dans la pratique actuelle, ces instruments sont généralement émis sous la forme d'attribution gratuite par la société *holding* d'actions de préférence « *ratchet* » (soumises en France à un régime social et fiscal spécifique). Ces titres peuvent généralement être perdus, ou rachetés à une valeur faible, en cas de départ du *manager*. Pour un *manager* qui n'a pas eu l'occasion de réinvestir significativement en *pari passu*, ces titres représentent la principale espérance de gain.

L'effet des actions *ratchet* peut être renforcé par l'acquisition (par voie de souscription en numéraire ou d'apport en nature de titres de la cible) d'actions ordinaires supplémentaires (« surallocation » par rapport au mix « *pari passu* »), conférant un rendement accru à l'investissement global par rapport au *pari passu* si le rendement du projet excède celui des titres à taux fixe.

1.3. Les rémunérations et avantages

Il s'agit de la rémunération et des primes convenues avec le sponsor, et de leurs accessoires (indemnité conventionnelle de licenciement ou révocation, clause de non-concurrence rémunérée, etc.).

Bien entendu, de nombreuses sophistications sont possibles à partir de ces trois familles de solutions. Elles peuvent prendre la forme d'accords contractuels (typiquement pactes d'actionnaires) prévoyant les conditions de liquidité (sortie commune, options d'achat par le sponsor en cas de départ du *manager*, options de vente par les *managers* dans certaines circonstances et notamment en cas de liquidité anticipée[7]).

7 - Il est désormais rare qu'un *manager* bénéficie d'une option de vente de ses titres en cas de départ, mais pas impossible. En revanche

2. La grande diversité des situations

Si le sujet du traitement des *management packages* en cas d'OPA est encore peu défriché par la doctrine ou l'autorité de marché, c'est en partie car il recouvre une très grande diversité de situations qui impose une analyse au cas par cas. Ainsi, si des fondateurs sont présents au capital de la cible, certains peuvent réinvestir en *pari passu* et bénéficier d'actions *ratchet* car ils restent à la tête du groupe et doivent être incités par le sponsor. D'autres, en revanche, peuvent ne pas souhaiter poursuivre leur activité et simplement réinvestir tout ou partie de leurs actions en titres *pari passu* de la *holding*[8]. Le poids relatif du réinvestissement *pari passu* et des actions *ratchet* attribuées gratuitement peut varier fortement d'un *manager* à l'autre. Certains dirigeants historiques mais retirés peuvent également être invités à réinvestir en *pari passu*[9]. Le coût de la rétrocession bénéficiant aux actions *ratchet* peut être partagé par tous les actionnaires ou porté par le seul sponsor. Les clauses de liquidité et de *leavers* peuvent sécuriser plus ou moins la valeur future du *pari passu* et des actions ratchet, etc...

Toujours en présence de fondateurs, il faudrait également distinguer selon que ceux-ci sont fondamentalement vendeurs de leurs titres à un sponsor *via* la *holding* de reprise à laquelle ils apportent tout ou partie de leurs titres, ou si au contraire ils sont à l'initiative de l'opération et sont acquéreurs du contrôle de la cible avec le soutien d'un sponsor majoritaire ou minoritaire. Dans ce dernier cas la question peut se poser de l'application du principe d'égalité de traitement des actionnaires à leur égard.

Si le sujet du traitement des *management packages* en cas d'OPA est encore peu défriché par la doctrine ou l'autorité de marché, c'est en partie car il recouvre une très grande diversité de situations qui impose une analyse au cas par cas.

Enfin une multitude de situations individuelles se rencontre s'agissant du traitement des salariés actionnaires, qui pourront être invités à participer directement ou indirectement au projet. Tels les bénéficiaires de plans d'actions gratuites, dont certains auront des actions disponibles (qu'ils pourront apporter à l'offre) ou non encore disponibles et à qui des promesses d'achat et de vente pourront être proposés pour leur assurer une liquidité à terme[10]. La société peut aussi avoir déjà mis en place un actionnariat salarié significatif (typiquement *via* un FCPE dédié) qu'elle souhaite pouvoir conserver, ce qui peut justifier la mise en place d'un schéma similaire *via* la constitution d'un nouveau FCPE qui investira dans des titres à émettre par la *holding* de reprise[11].

3. Les gardiens du temple : l'AMF et l'expert indépendant

L'AMF ne s'est pas spécifiquement exprimée sur le traitement des *management packages* dans le cadre d'offre publiques. Dans le cadre de l'examen de la conformité d'une offre publique, elle ne s'en désintéresse toutefois pas, notamment au regard de l'égalité de traitement des actionnaires (V. ci-dessous). Les enjeux des *management packages* conclus avec des

des options de vente pour organiser une liquidité anticipée sont plus communes.

8 - V. l'offre de Talan Holding sur Micropole (projet de note d'information du 26 juin 2024 et projet de note en réponse du 7 juill. 2024) : l'un des fondateurs réinvestit dans la *holding* du groupe Talan et a accès au *management package* du groupe Talan, l'autre, qui souhaite se retirer, réinvestit sans accéder au *management package*.

9 - V. offre de Castillon sur Devoteam en 2020, au titre de laquelle un actionnaire historique, ancien dirigeant, a été admis à réinvestir sa participation dans la *holding*.

10 - On rappellera que ces promesses croisées, exerçables à un prix déterminé sur la base d'une formule après que les actions seront devenues cessibles, ont un double objet. Elles rassurent les salariés quant à la valeur et la liquidité de leurs actions gratuites dans l'hypothèse où l'action cesserait d'être cotée ou resterait cotée mais serait devenue illiquide, tout en préservant l'objet managérial de ces instruments qui restent soumis, jusqu'à l'attribution effective des actions, aux conditions de présence et de performance prévues. Également, la signature de promesse de vente par les bénéficiaires au bénéfice de l'initiateur permet à ce dernier d'assimiler ces actions (dans la mesure où elles ont déjà été émises et livrées) aux actions qu'il détient pour les besoins du calcul du seuil de retrait obligatoire de 90 %. Elles permettent aussi dans ce cadre d'exclure ces actions gratuites, existantes mais toujours en période d'incessibilité, du retrait obligatoire s'il y en a un et donc de préserver les avantages fiscaux et sociaux y afférents.

11 - Lors de l'offre de KKR sur Albioma, le FCPE actionnaire de la société a cédé ses actions dans l'offre mais un FCPE spécifique a été constitué pour permettre aux salariés qui le souhaitaient de réinvestir les sommes

fonds de *private equity* avaient toutefois été brièvement soulevés par l'AMF en 2019, mais sous l'angle des conventions (rares à notre connaissance) conclues entre des dirigeants de sociétés cotées et des fonds de *private equity* actionnaires intéressant les premiers à une vente, et invitait (en l'occurrence dans la foulée de l'affaire *Altran*) « *l'AFEP, le MEDEF et le HCGE à étudier les pratiques internationales sur le sujet et à réfléchir aux mesures à prendre dans de telles situations, afin que le conseil d'administration et l'ensemble des actionnaires en aient connaissance, et que les conflits d'intérêts éventuellement générés soient gérés de manière adéquate* »[12]. Ce plan de travail ambitieux ne portait pas spécifiquement sur les opérations de *take private*, dans lesquelles l'objectif est bien de sortir la société de la cote, mais reste d'actualité s'agissant de *management packages* « hybrides » mis en œuvre dans des cas d'opération non suivies d'un retrait de cote (que ce soit à dessein lors d'un investissement minoritaire ou par manque de réussite).

En réalité, l'AMF se repose essentiellement sur l'expert indépendant pour intégrer la revue du *management package* dans l'appréciation globale de l'équité de l'opération. Car l'existence d'un *management package* négocié avec le *management* est suffisant pour imposer la désignation par le conseil d'administration (sur recommandation du comité *ad hoc*) d'un expert indépendant sur les fondements exprès des articles 261-1[13] et 261-4[14] du règlement général de l'AMF. L'expert doit, conformément à la recommandation AMF DOC-2006-15, conduire une revue critique sur le *management package* (entre autres) « *afin d'établir en quoi ces accords ou opérations ne sont pas de nature à remettre en cause l'équité du projet d'offre* ». A cet égard, l'expert devra obtenir les éléments contractuels du *package* (en principe au stade du projet de note en réponse, et du *term sheet* signé avec les principaux dirigeants), questionner les conditions de réinvestissement (ce qui pourra le conduire à vérifier la valeur des actions de la *holding* remise en échange, surtout si celle-ci a déjà des actifs), les accords de liquidité (y compris avec les bénéficiaires d'actions gratuites indisponibles), les éventuels rapports d'autres experts (par exemple les dernières valorisations de *holdings* préexistantes ou les rapports d'experts sur la valeur des actions *ratchet* s'il en existe) et réaliser dans la mesure du possible une modélisation et des tests de sensibilité. Cet aspect de ses travaux et ses conclusions feront l'objet d'un chapitre de son attestation. On renverra le lecteur aux travaux de l'APEI qui inclut en outre une intéressante liste des offres présentant des accords de *management package* jusqu'en 2021[15].

On ne saurait trop conseiller, dans le cadre d'une opération de *take private* amicale, de tenir régulièrement informé l'expert indépendant des évolutions des négociations du *management package* pour prévenir le risque que ce dernier ne vienne à être perçu comme déplaçant indûment de la valeur vers les fondateurs ou *managers* au détriment des actionnaires.

Pour conclure, on ne saurait trop conseiller, dans le cadre d'une opération de *take private* amicale, de tenir régulièrement informé l'expert indépendant des évolutions des négociations du *management package* pour prévenir le risque que ce dernier ne vienne à être perçu comme déplaçant indûment de la valeur vers les fondateurs ou *managers* au détriment des actionnaires.

On notera pour finir que dans la pratique actuelle des *take private*, le *management package* est décrit de manière assez générique dans la note d'information, et en tout cas de

12 - AMF, *Rapp. 2019 sur le gouvernement d'entreprise et la rémunération des dirigeants des sociétés cotées*, p. 67.

13 - « *Lorsque les dirigeants de la société visée ou les personnes qui la contrôlent au sens de l'article L. 233-3 du code de commerce ont conclu un accord avec l'initiateur de l'offre susceptible d'affecter leur indépendance* ».

14 - « *Lorsqu'il existe une ou plusieurs opérations connexes à l'offre susceptibles d'avoir un impact significatif sur le prix ou la parité de l'offre publique considérée* ».

15 - Recueil des travaux de l'APEI relatives à l'expertise indépendante de 2023, Chapitre « *Réflexions sur les accords et opérations connexes* » (pp. 20 s.), sur le site Internet de l'APEI : www.apei-experts.org.

manière insuffisante pour en reconstituer les paramètres financiers. Sans qu'il aille dans un niveau de détail très supérieur, c'est encore dans le rapport de l'expert indépendant que l'on trouve le plus d'informations à ce sujet. Mais sur le fond, l'actionnaire devra souvent se contenter de la conclusion de l'expert pour se conforter quant à l'absence d'impact du *management package* sur le prix de l'offre.

4. L'exigence du respect de l'égalité de traitement et d'information des actionnaires

L'appréciation du *management package* par l'expert répond au principe directeur d'égalité de traitement et d'information des actionnaires (Règl. gén. AMF, art. 231-7). Celui-ci est plus naturellement remis en question par les *management packages* qui bénéficient à des fondateurs ou à des *managers* significativement actionnaires – autrement on considèrera plus aisément qu'il s'agit d'un simple outil de rémunération. Ainsi, un fondateur qui apporte ses titres à la *holding* de reprise doit-il recevoir des titres dont la valeur correspond au prix en numéraire proposé par ailleurs aux actionnaires. Si l'analyse est relativement simple quand la *holding* est une société nouvelle, elle doit être conduite de manière plus fine lorsque la *holding* a déjà des actifs. Tel est le cas de l'offre lancée par la *holding* de tête d'un groupe sous LBO qui mène une opération de croissance externe sous forme d'OPA[16]. Dans ce cas, la valorisation des titres remis en échange doit tenir compte du *management package* préexistant qui sera en outre étendu aux *managers* de la cible.

A noter que le fait que des fondateurs puissent bénéficier d'un sursis d'imposition dans le cadre de l'apport de leurs titres, alors que tel n'est pas le cas des autres actionnaires qui ne sont invités qu'à vendre leurs titres, n'est pas considéré comme créant une rupture d'égalité de traitement. En revanche, il arrive que l'AMF interroge des initiateurs sur les motifs ayant conduit à proposer à un actionnaire qui n'est ni un fondateur ni un *manager* de réinvestir dans la *holding*. Il est préférable pour cette raison que les actionnaires appelés à réinvestir soient annoncés dès le départ, qu'ils agissent de concert avec l'investisseur (ce qui est souvent le cas[17]) ou non.

L'exigence d'égalité de traitement contraindra également les mécanismes de liquidité portant sur les plans d'actions gratuites de la société cible, non encore définitivement acquises ou incessibles durant la période d'offre. Pour mémoire, ces mécanismes sont généralement structurés sous forme de promesses croisées d'achat et de vente exerçables à l'issue de la période d'incessibilité. Le prix d'exercice de ces actions doit être déterminé sur la base d'une formule de prix (généralement à base de multiple d'agrégat financier) qui sera cohérente avec le prix de l'offre (donc généralement iso-multiple), et son évolution future (notamment à la hausse) peut être plafonnée ou enserrée dans un « tunnel ».

5. La primauté du devoir fiduciaire lors des négociations

Dans la pratique française, le *management package* est généralement conclu, sous forme de *term sheet*, en même temps que les accords conclus avec la société (sous l'égide de son conseil d'administration) et/ou ses fondateurs ou actionnaires de référence sur le projet d'offre publique[18]. Ainsi, dans le même temps, certains dirigeants, qui parfois peuvent décider du succès ou de l'échec des discussions avec le sponsor, discutent d'une part du prix de l'offre et de l'intérêt de celle-ci pour les parties prenantes, et d'autre part de leurs propres intérêts (réinvestissement, *management package* et courbe de rétrocession). Il est donc essentiel que la seconde considération ne l'emporte pas sur la première, et au-delà que le marché ne puisse pas soupçonner que les considérations de *management package* ont primé sur les

16 - V. par ex. : offre de Talan Holding sur Micropole, susvisée.

17 - L'éventuelle mise en concert dans le cadre d'un *take private* d'actionnaires qui n'agissaient jusque- là pas de concert, ne pose en pratique pas de problème particulier sauf quand elle conduit à franchir un seuil d'offre publique obligatoire (notamment 30 % - voire 1/3 pour certains - des actions ou des droits de vote, ou 1 % du capital ou des droits de vote quand certains membres du concert ont une participation comprise entre 30 % et 50 %). En effet, dans ce dernier cas l'offre ne pourra pas être soumise à des conditions suspensives réglementaires ou à une condition de seuil de réussite excédant le seuil de caducité de l'art. L. 433-1-2 C. mon. fin.

18 - V. notamment la section du présent ouvrage consacrée aux accords avec la cible (Chap. 1).

intérêts des actionnaires. On notera à cet égard que dans les pays anglo-saxons, le conseil d'administration peut exiger des dirigeants que ceux-ci ne discutent du *management package* qu'après qu'un accord aura été atteint sur les principaux paramètres de l'offre. Telle n'est pas (encore) la pratique française en général mais celle-ci semble évoluer au cas par cas, le conseil d'administration des sociétés au capital ouvert pouvant légitimement souhaiter que les discussions ne soient pas polluées par les intérêts propres des dirigeants.

Le conseil d'administration et le comité *ad hoc* devront tenir compte du conflit d'intérêts en germe dans cette dualité des négociations menées par certains dirigeants. Par exemple, le comité *ad hoc* ou le conseil d'administration peuvent souhaiter évoquer le projet d'offre avec les conseils hors la présence des *managers*. Dans un dossier récent ou, en défense contre une offre hostile déjà déposée, la société cible a organisé un processus compétitif rapide pour trouver une offre mieux-disante (les candidats étant invités à soumettre en parallèle une offre sur la société et un *term sheet* de *management package*), le Président Directeur Général qui participait au comité *ad hoc* s'est volontairement déporté lors des réunions portant sur les offres concurrentes[19].

6. La gestion du *management package* si la société reste cotée

Dans l'hypothèse où l'initiateur n'est pas en mesure de demander, à l'issue de l'offre, le retrait obligatoire, la société cible demeurera cotée et restera soumise aux obligations d'information relatives aux rémunérations de ses dirigeants, et aux règles relatives au vote par les actionnaires des éléments de rémunération *ex ante* et *ex post* (*say-on-pay*) s'agissant des sociétés françaises cotées sur Euronext (non applicables sur Euronext Growth). La communication de l'AMF de 2019 à cet égard a été évoquée plus haut. Il conviendra donc d'articuler ces règles avec le *management package* (en ce compris les éléments contractuels pertinents), dans une analyse au cas par cas.

Il est précisé que le fait que la rémunération du dirigeant soit éventuellement portée par la *holding* de reprise ne fait pas obstacle au *say-on-pay* ou aux règles concernant les indemnités de départ. Toutefois, on retiendra que le *management package* consiste pour l'essentiel en des instruments de co-investissement (et non des éléments de rémunération) qui en cette qualité n'ont pas vocation à être inclus dans le *say-on-pay*. En fonction de la structure retenue, on prêtera en revanche attention aux actions gratuites attribuées par la *holding* de reprise et à leur traitement.

Le conseil d'administration et le comité *ad hoc* devront tenir compte du conflit d'intérêts en germe dans cette dualité des négociations menées par certains dirigeants. Par exemple, le comité *ad hoc* ou le conseil d'administration peuvent souhaiter évoquer le projet d'offre avec les conseils hors la présence des *managers*.

19 - Offre de Talan sur Micropole, susvisée.

par **Hubert Zhang**,
Directeur juridique adjoint, Gérant, Lazard Frères

Approche non sollicitée : enjeux et modalités

Si en France, les offres publiques visant à prendre le contrôle de la cible se présentent de manière quasi-systématique sous les atours de l'« amicalité », c'est que l'essentiel se joue avant l'annonce. Dès lors, réussir son approche initiale est fondamental et suppose une stratégie et un toucher particuliers pour que l'approche « non sollicitée » ne devienne pas synonyme d'approche « hostile » voire d'une approche... ratée.

Le premier pas est le plus difficile : l'adage se vérifie également en matière d'offre publique de prise de contrôle où l'initiateur qui convoite une cible cotée est souvent confronté à une multitude de questionnements tenant à la meilleure stratégie d'approche à adopter. En effet, si l'approche initiale est souvent « non sollicitée », rares sont les opérations annoncées qui soient réellement hostiles.

Force est de constater qu'en France, les projets d'offre publique de prise de contrôle annoncés sont quasiment tous amicaux[1], c'est-à-dire avec le soutien du conseil d'administration de la cible[2]. L'essentiel se joue donc avant l'annonce. L'initiateur qui se voit opposer d'emblée une fin de non-recevoir ou dont les discussions avec la cible patinent sera plus enclin à abandonner que de risquer une opération hostile dont l'issue sera imprévisible. L'explication est peut-être à chercher en partie dans l'intensité et la complexité des rares batailles boursières que le marché français a connu ces dernières années[3].

Notons à titre liminaire que nous nous plaçons ici principalement du point de vue de l'initiateur putatif qui prépare une offre d'acquisition d'une cible cotée sans qu'il y ait été invité, que ce soit par la cible ou par ses actionnaires. Nous évoquerons également le point de vue de la cible, objet de la sollicitation, afin d'éclairer la dynamique des premiers échanges et les enjeux pour l'initiateur.

En France, les projets d'offre publique de prise de contrôle annoncés sont quasiment tous amicaux. L'essentiel se joue donc avant l'annonce.

Afin d'être dans les meilleures dispositions pour entamer les discussions, il est essentiel pour l'initiateur de soigner la préparation et d'articuler une proposition suffisamment convaincante pour que la cible, et le cas échéant ses principaux actionnaires, ne puissent y rester indifférents. La conduite de cette phase que certains ont qualifiée de « pré préoffre »[4] est dépourvue de régime juridique spécifique[5] et obéit à des usages plus ou moins établis par les professionnels de « *public M&A* ». Heureusement pour ces derniers, les modalités d'approche et le cadre de ces discussions préliminaires n'ont pas été complètement standardisés et leur expérience et connaissance des protagonistes et des marchés restent précieuses pour aider

1 - Parmi les rares exceptions qui confirment la règle, l'on peut citer l'offre de Miramar Holding sur Micropole (Euronext Growth) déposée le 25 mars 2024 et qualifiée d'« hostile » par le Conseil d'administration de cette dernière.

2 - G. Bonhoure et P. Thomas, *Offre publique – Les discussions préalables aux offres publiques, RDBF* n° 1, janv. 2021.

3 - *Covéa/Scor* (2018-2021) ; *Veolia/Suez* (2020-2021).

4 - G. Bonhoure et P. Thomas, *op. cit.*

5 - Contrairement à la phase de préoffre ou d'offre.

l'initiateur à naviguer à travers cette phase critique.

1. Principales parties prenantes et enjeux clés

Au risque d'énoncer des évidences, il nous semble utile de présenter les principales parties prenantes, leurs atouts et handicaps dans un processus d'offre.

1.1. L'initiateur de l'offre : stratégique ou financier

S'agissant d'un initiateur dit stratégique, son projet industriel, sa connaissance du secteur et sa capacité à générer des synergies potentielles constituent indéniablement des atouts, lui permettant de démontrer son sérieux et sa motivation, et aussi potentiellement d'être plus généreux quant à la prime offerte. En revanche, sa structure de gouvernance et sa plus grande exposition aux pouvoirs publics, au marché (notamment s'il est lui-même coté), à la réaction des salariés ou à celle des clients et fournisseurs le rendront moins agile. Ainsi, il aura besoin de plus de temps de préparation pour mûrir le projet de rapprochement, et ce d'autant plus s'il y a des zones de chevauchement entre les activités des deux groupes susceptibles de soulever des sujets en matière de contrôle des concentrations. Ses besoins en matière de *due diligence* seront plus importants et, dans le cas d'un concurrent, plus délicats à satisfaire. Souvent, l'initiateur stratégique ne se lancera dans une opération de prise de contrôle qu'à l'issue d'une réflexion approfondie, avec l'assistance d'un conseil financier pour l'aider à établir un plan stratégique, à identifier une ou plusieurs cibles potentielles et, pour chacune, à analyser les éventuelles complémentarités et synergies. Enfin, le sujet de la place du *management* de la cible post-intégration sera également à anticiper, car il peut influer sur l'attitude de ce dernier face à l'approche non sollicitée.

> **La conduite de cette phase que certains ont qualifiée de « préoffre » est dépourvue de régime juridique spécifique et obéit à des usages plus ou moins établis par les professionnels de « *public M&A* ».**

Quant à l'initiateur financier, tel un fonds de *private equity* dont on observe l'intérêt croissant pour des cibles cotées qu'il cherchera à retirer de la cote *via* des opérations dites de *public to private* ou *take private*[6], il sera, à l'inverse de l'initiateur stratégique, plus rapide dans son processus décisionnel, plus expérimenté en matière d'opérations *M&A*, moins exposé aux considérations d'ordre opérationnel ainsi qu'aux risques réglementaires (que ce soit le contrôle des concentrations ou, dans une moindre mesure, le régime de contrôle des investissements étrangers). Le fait qu'il ait le plus souvent besoin du *management* de la cible et soit disposé à la mise en place d'un *management package* similaire à ceux utilisés dans des opérations dites de LBO peut aussi être un atout, de même que le fait qu'il puisse être ouvert au réinvestissement de certains actionnaires (ex : fondateurs, ou autres actionnaires historiques) dans le véhicule d'acquisition[7]. En revanche, l'initiateur financier pourra pâtir d'une perception d'investisseur plus court-termiste, liée notamment aux contraintes financières de retour sur investissement et à la durée de vie limitée des fonds. Il sera aussi plus hésitant à prendre le risque de ne pas atteindre le seuil du retrait obligatoire à court ou moyen terme[8].

1.2. La cible de l'offre

Du côté de la cible objet d'une approche non sollicitée, les protagonistes clés sont la direction de la société, son conseil d'administration et, le cas échéant, son ou ses actionnaires de référence.

---

6 - *CVC/April* (2018) ; *Ardian/Artefact* (nov. 2021) ; *KKR/Albioma* (mai 2022) ; *Bridgepoint/Cast* (sept. 2022) ; etc.

7 - Le « *rollover* » de certains actionnaires minoritaires hors fondateurs ou dirigeants devra être justifié au regard du principe d'égalité entre actionnaires, généralement par l'intérêt stratégique du maintien au capital de l'investisseur en question. V. notamment les sections du présent ouvrage consacrées aux *management packages* (Chap. 1).

8 - Contrairement à d'autres juridictions européennes (dont notamment les Pays-Bas), il n'est en effet pas possible en France de conditionner le succès de l'offre publique à l'atteinte du seuil de retrait obligatoire.

La direction de la cible sera, le plus souvent, l'interlocuteur privilégié de l'initiateur. Elle sera en première ligne pour amorcer les discussions et les mener au quotidien sous la supervision du conseil d'administration ou d'un de ses représentants[9]. Au-delà de son obligation d'agir dans l'intérêt de la société, le *management* devra s'assurer, à chaque étape importante des discussions, d'avoir l'aval de son conseil d'administration à qui appartient la décision ultime de recommander ou non l'offre. En pratique, l'on observe le plus souvent un alignement du conseil d'administration sur le positionnement du *management* face à l'approche non sollicitée, d'où l'importance d'avoir le soutien du *management* et les risques pris à vouloir le contourner en s'adressant directement au conseil d'administration.

Le conseil d'administration de la cible aura la responsabilité *in fine* de recommander ou non l'offre aux actionnaires, en rendant l'avis motivé « *sur l'intérêt de l'offre ou sur les conséquences de celle-ci pour la société visée, ses actionnaires et ses salariés* »[10]. Par conséquent, il est préférable que le conseil d'administration (ou plus généralement son président, son administrateur référent, et/ou le comité *ad hoc* lorsqu'il en est constitué un[11]) soit impliqué dans les étapes clés du processus, dont certaines peuvent requérir une décision formelle du conseil. Les principales étapes concernent notamment la suite à donner à une approche initiale non sollicitée, le fait de permettre ou non à l'initiateur d'accéder à une *data-room*, ainsi que l'étendue de cette dernière, ou encore l'autorisation éventuelle de la signature d'un protocole d'accord (*tender offer agreement*) relatif à l'offre ainsi que ses principaux termes (en particulier le prix, les conditions suspensives, le montant de l'indemnité de rupture payable à l'initiateur et/ou à la cible).

Lorsqu'il existe un ou plusieurs actionnaires détenant une participation significative[12], il sera clé pour l'initiateur de sécuriser leur accord en parallèle, voire en amont de celui de la cible. Quand l'initiateur a la possibilité d'acquérir un bloc de contrôle, l'opération sera souvent structurée en deux temps avec d'abord l'acquisition du bloc de contrôle hors marché, suivie ensuite du dépôt d'une offre publique obligatoire sur le solde du capital[13]. Ainsi, l'acquisition de bloc n'étant pas soumise au régime des offres, elle peut être ferme et irrévocable lors de l'annonce[14]. En revanche, en présence d'actionnaires avec des participations plus modestes, dont l'adhésion à l'opération n'est pas forcément déterminante dans la décision pour l'initiateur de lancer l'offre, l'usage est de les informer, le cas échéant, quelques jours seulement avant l'annonce de l'opération selon une procédure dite de *wall crossing* permettant de contrôler la diffusion de l'information privilégiée, afin de maximiser la taille du bloc acquis sans toutefois ouvrir la possibilité de négocier les termes de l'offre. Pour ces actionnaires de plus petite taille, l'opération peut être intéressante économiquement en ce qu'elle leur donne une liquidité à plus brève échéance, sans attendre la fin de la procédure d'offre publique.

Notons au passage qu'une attention particulière doit être accordée aux éventuels contacts des actionnaires de la cible cotée préalablement à l'annonce d'une opération. En effet, au-delà des problématiques de confidentialité et de gestion de l'information privilégiée, l'initiateur qui souhaite entreprendre de tels contacts peut se voir appliquer les contraintes liées au sondage de marché telles que prévues par le règlement abus de marché[15], dont notamment la mise en place d'une procédure spécifique avec un script, l'enregistrement téléphonique,

9 - V. ci-dessous.

10 - Règl. gén. AMF, art. 231-19.

11 - Lorsque la désignation d'un expert indépendant est nécessaire, notamment en raison d'un risque de conflits d'intérêts au sein du conseil ou lorsqu'un retrait obligatoire est envisagé, le conseil devra constituer un comité *ad hoc* comportant une majorité de membres indépendants et chargé de suivre les travaux de l'expert et préparer l'avis motivé. Quand un tel comité est constitué, il exercera naturellement un suivi plus rapproché du processus d'offre et de l'avancé des négociations menées par le *management*. En l'absence du comité *ad hoc*, ce rôle sera assuré généralement par le président du conseil ou l'administrateur référent.

12 - Ce qui sera le cas notamment d'un actionnaire de référence, défini dans le *Vernimmen* comme étant un « actionnaire qui, sans nécessairement détenir le contrôle d'une société, en contrôle une part suffisamment importante (de 20 à 40 %) pour que *de facto* les décisions les plus importantes ne puissent pas être prises sans son accord. »

13 - *CVC/April* (2018) ; *Ateme/Anevia* (2020) ; *Veolia/Suez* (2021) ; *Edmond de Rothschild/Oncodesign* (2022) ; *Novo Nordisk/Biocorp* (2023) ; etc.

14 - Sous réserve le cas échéant de la procédure d'information et de consultation du comité social et économique. Il est à noter que la sécurisation d'un bloc de contrôle avant l'offre publique ne constitue pas systématiquement une barrière infranchissable à d'éventuelles offres concurrentes.

15 - Règl. (UE) n° 596/2014 du Parlement Européen et du Conseil, 16 avr. 2014 sur les abus de marché.

la tenue d'un registre dédié, etc.

Enfin, l'initiateur voudra avoir une vue sur les différentes catégories d'actionnaires composant le flottant de la cible, avec l'aide de son conseil financier, afin d'essayer d'anticiper leur réaction éventuelle à l'offre et au prix proposé, en particulier si certains sont susceptibles d'adopter un comportement de type activiste. En ce qui concerne les investisseurs financiers institutionnels, selon leur nationalité, leurs stratégies d'investissement, leurs antécédents, leurs prix d'entrée et attentes en termes de retour sur investissement, etc., l'initiateur peut se former une première idée de ses chances de succès. La cartographie de l'actionnariat sera également un élément clé dans le calibrage par l'initiateur du niveau d'agressivité de l'offre : un conseil d'administration majoritairement composé d'indépendants dans une société cotée au capital dispersé, détenu principalement par des investisseurs institutionnels, sera *a priori* plus ouvert à la discussion et plus sensible à la pression que l'initiateur pourrait exercer.

1.3. Les pouvoirs publics

Sans être *stricto sensu* une partie prenante d'une opération d'offre publique, les pouvoirs publics, en ce compris les régulateurs, peuvent avoir un impact important sur la réussite d'une opération. Peut-être encore plus en France qu'ailleurs, « l'acceptabilité politique » d'une offre publique portant sur une cible considérée comme sensible, que ce soit en application du régime de contrôle des investissements étrangers ou de manière plus diffuse, sera déterminante dans les réflexions de l'initiateur[16]. De ce point de vue, à l'égard d'une cible dont l'activité serait susceptible de tomber dans le champ d'application du contrôle des investissements étrangers, l'initiateur devra tenir compte et anticiper ce paramètre qui peut être déterminant notamment pour départager plusieurs candidats au profil et surtout à la nationalité distincte. De même, le niveau de confiance dans l'obtention du feu vert de la Commission européenne ou, selon les cas, de l'Autorité française de la concurrence, sans devoir consentir à des remèdes trop onéreux, seront clés dans la décision de lancer ou non l'opération. A cela s'ajoute pour les initiateurs non Européens la nouvelle obligation de notification préalable et suspensive relative aux subventions étrangères[17] permettant à la Commission européenne de contrôler si les aides octroyées par des pays hors UE aux entreprises opérant sur le marché intérieur ne sont pas susceptibles de fausser la concurrence au sein de l'UE.

Pour optimiser ses chances de succès, la préparation est essentielle.

2. Préparation et modalités d'approche

2.1. La préparation

Pour optimiser ses chances de succès, la préparation est essentielle. Cette phase peut durer entre quelques semaines et plusieurs mois, et peut être accélérée ou retardée en fonction des circonstances (par exemple, l'annonce d'une revue stratégique par la cible ou son actionnaire de référence, changement de gouvernance, fuite ou rumeurs, etc.). Au-delà de la confirmation de l'intérêt stratégique ou financier de la cible pour l'initiateur, il est essentiel que ce dernier se forme une idée précise du prix, ou du moins de la fourchette de prix qu'il est prêt à offrir. En effet, mis à part si le projet industriel est rédhibitoire pour la cible, l'acceptabilité du prix proposé sera l'élément déterminant à ce stade des discussions. S'il est trop bas, l'initiateur risque le rejet pur et simple ; s'il est trop élevé, il pourra difficilement revenir dessus par la suite. L'offrant peut souhaiter, dès à présent, solliciter les services d'une banque conseil pour l'aider notamment à calibrer le prix, étant noté que l'intervention d'une banque évaluatrice sera nécessaire en tout état de cause dans le cadre de la procédure d'offre publique et, en particulier, pour l'exercice

16 - Opposition affichée par le ministre de l'Économie à l'éventuelle acquisition de Carrefour par le groupe canadien Couche-tard, en janv. 2021.

17 - Règl. (UE) 2022/2560, 14 déc. 2022 relatif aux subventions étrangères faussant le marché intérieur (entrée en vigueur : 12 juill. 2023).

de valorisation multicritères de la cible qui devra être décrite dans la section « Eléments d'appréciation du prix » de la note d'information. Le conseil financier pourra également conseiller son client sur les pratiques de marché en matière de prime offerte, tenant compte le cas échéant des spécificités du secteur considéré, des attentes de prix des principaux actionnaires (à partir d'une estimation de leur prix d'entrée et des plus-values réalisées par le passé), et d'autres facteurs d'intelligence de marché (dont par exemple l'existence de concurrents éventuels dans le projet d'acquisition) qui peuvent contribuer à la formulation du prix.

Au-delà du prix, l'initiateur doit aussi anticiper les sujets de structuration qui peuvent être déterminants en fonction de ses objectifs. Une problématique récurrente est celle qui résulte de l'impossibilité en France de conditionner le succès de l'offre à l'atteinte du seuil de retrait obligatoire. Ainsi, l'initiateur devra prendre le risque de détenir entre les deux tiers du capital[18] et 90 %, et de ne pouvoir retirer la cible de la cote à l'issue de l'offre publique. Ceci peut être difficile à appréhender pour certains initiateurs étrangers habitués à ce que le retrait de la cote puisse être une condition sine qua non de l'opération, avec souvent un seuil plus bas, comme aux Etats-Unis, au Royaume-Uni, ou aux Pays-Bas[19]. L'on pourrait penser que cela aurait pour effet d'inciter les initiateurs à être plus généreux dans leur offre initiale, mais la tendance observée des « offres en deux temps »[20] nous permet d'en douter. Un autre exemple est le dilemme que l'on observe parfois pour l'initiateur entre (i) acheter un bloc significatif entre 30 et 50 % du capital *via* une opération hors marché en amont d'une offre obligatoire, avec l'avantage d'être à l'abri d'une offre en surenchère, mais l'inconvénient de ne pas pouvoir conditionner la réussite de l'offre à l'atteinte d'un seuil de détention compris entre 50 % (seuil légal de caducité) et les deux tiers, voire de risquer, si le seuil de caducité légale n'est pas atteint de perdre les droits de vote au-delà des 30 %[21], ou (ii) rester en offre volontaire et se contenter d'engagement(s) d'apport, avec les avantages et inconvénients opposés de ceux susvisés : engagements révocables en cas d'offre concurrente, mais possibilité de prévoir un seuil de renonciation volontaire jusqu'à deux tiers du capital. Il arrive souvent également que l'initiateur putatif s'interroge sur l'opportunité de procéder à du ramassage en bourse des titres de la cible préalablement ou concomitamment à l'approche ou à l'annonce de l'opération. Une telle initiative devra néanmoins être entreprise avec prudence car elle est sujette à diverses contraintes qui peuvent en limiter l'intérêt[22] ou, dans certains cas, exposer la responsabilité de l'initiateur[23]. Enfin, s'il y a des enjeux réglementaires importants, ceux-ci devront être anticipés afin de présenter une opération réalisable dans un délai raisonnable et sans incertitudes majeures. S'agissant d'un initiateur industriel, il sera avisé de préempter autant que possible les sujets relatifs au contrôle des concentrations, potentiellement en trouvant lui-même un tiers qui pourrait reprendre les actifs problématiques de l'ensemble combiné. A cela s'ajoute depuis peu la nouvelle contrainte réglementaire liée aux subventions étrangères[24] pour laquelle nous n'avons pas encore suffisamment de recul pour en mesurer la portée. Quant aux acquéreurs non-français, et *a fortiori* non-européens, il peut être avisé de mener une première analyse sur l'application éventuelle du régime de contrôle des investissements étrangers, s'agissant en particulier de cibles opérant dans les secteurs de la santé, de la haute technologie, de l'énergie, etc.

---

18 - Ce qui correspond au seuil de renonciation volontaire maximal que l'AMF autorise pour une offre volontaire.

19 - La « *cash merger* » à la majorité simple aux Etats-Unis ; le « *scheme of arrangement* » à la majorité de 75 % au Royaume-Uni ; les « *pre-wired back-end measures* » aux Pays-Bas avec un taux d'apport fixé par le Conseil d'administration de la cible à 80 % dans la plupart des cas.

20 - O. Huyghues Despointes et S. Robert, *L'initiateur d'une offre publique dispose-t-il d'un fusil à deux coups ?, Revue Droit & Affaires*, 31 déc. 2022.

21 - C. mon. fin., art. L. 433-1-2, II.

22 - Dans le cas d'un titre peu liquide, risque de perturbation du cours et de surenchérissement du prix de l'offre à venir ; obligations de déclaration de franchissement de seuils (premier seuil légal à 5 % ; seuils statutaires le cas échéant pouvant être aussi bas que 0,5 % ou 1 %) ; risque de déclenchement du dispositif anti-rumeurs (« *put up or shut up* »).

23 - Situation de l'initiateur « auto-initié » jugée dans l'affaire *Zodiac* (CA, Paris, 1e ch., 15 nov. 1994) dont il ressort que les ramassages préalables à une offre publique ne sont licites que dans la mesure où ils sont nécessaires à la réussite de l'offre (ex : à l'atteinte du seuil de caducité, à limiter le risque d'une offre concurrente). Ainsi, en pratique, l'accumulation d'une participation en deçà de 10 % préalablement à une offre pourrait être critiquable au regard de la jurisprudence *Zodiac*.

24 - Règl. (UE) 2022/2560, 14 déc. 2022 relatif aux subventions étrangères faussant le marché intérieur.

2.2. L'approche

Une fois prêt, comment établir le premier contact ? Le tableau ci-dessous présente de manière schématique et illustrative, avec les limites d'un tel exercice, les différentes modalités d'approche possibles. Ce tableau peut aussi être lu, pour la phase confidentielle, comme étant les premières étapes d'une approche amicale dont l'avancement se fera de manière coordonnée avec la cible.

En amont d'un appel direct et non sollicité, l'initiateur peut vouloir « tester le terrain » *via* une approche informelle d'un dirigeant de la cible, lors d'une conférence ou autre événement professionnel. L'initiateur peut ainsi se former une première idée de l'état d'esprit de la cible, sans pour autant trop s'engager, et ajuster si besoin les termes de l'offre. L'inconvénient est que la cible sera ainsi avertie et pourra mieux préparer sa défense, ou du moins la négociation à venir. Alternativement, il pourra également passer par l'intermédiaire de son conseil financier, dont le rôle est notamment d'explorer de potentielles opérations de rapprochement entre des sociétés, sans que ces contacts engagent quiconque.

Si la direction de la cible n'est pas réceptive à l'approche, ou si les discussions patinent, l'initiateur peut décider de monter la pression d'un cran en adressant directement le conseil d'administration une lettre d'intention formelle afin de l'obliger à étudier les termes de l'offre et à prendre position : c'est ce que l'on appelle communément un *bear hug*. Pour ce faire, l'offre indicative devra comporter *a minima* les informations suivantes : *rationale* de l'opération, prix indicatif ou fourchette de prix, source de financement, structure et calendrier envisagés, conditions suspensives éventuelles, attentes en matière de *due diligence* et, le cas échéant, nom des conseils financiers et juridiques retenus. Plus l'offre indicative sera précise et détaillée, plus l'initiateur apparaitra déterminé et sérieux, et plus il sera difficile pour le conseil d'administration d'ignorer ou de rejeter l'offre. Cependant, la société cible n'a pas d'obligation de rendre publique la réception d'une offre indicative, ni son rejet par le conseil d'administration. Ainsi le *bear hug* confidentiel reste un *teddy-bear hug* si l'initiateur s'en tient là. En revanche, ce dernier peut décider de rendre public l'envoi de la lettre d'intention ou le rejet de celle-ci, basculant ainsi du côté hostile et l'on parle alors de *grizzly bear hug*.

	Approche non publique			**Approche publique**		
Tactique employée	Appel du PDG, DG ou un administrateur (directement ou via un intermédiaire)	Lettre au Conseil d'administration (teddy-bear hug)	Approche des actionnaires de référence	Ramassage avant l'approche	Lettre ouverte au Conseil d'administration (grizzly bear hug)	Offre hostile
Description	Expression d'intérêt verbale Peut-être une première étape pour tester l'intérêt de la société	Lettre d'intention formelle non-sollicitée / demande d'une réponse avec menace de rendre l'approche publique	Discussions avec les actionnaires afin d'obtenir la cession de leurs blocs ou un engagement d'apport	L'initiateur commence à ramasser des actions de la cible avant de l'approcher (sous réserve des contraintes réglementaires applicables)	Rendre public le fait que l'initiateur souhaite acquérir la cible, en espérant que les actionnaires de la cible mettent la pression sur cette dernière	Dépôt d'une offre où l'initiateur s'adresse directement aux actionnaires de la cible
Niveau d'agressivité perçu	Bas	Moyen	Élevé (en l'absence de coordination avec la cible)	Élevé	Élevé	Élevé
Implication de la cible dans les négociations	Elevé	Elevé / Moyen	Moyen / Bas	Bas / Moyen	Bas / Moyen	Bas

A partir du moment où la société cible est ouverte à la discussion, il est dans l'intérêt de l'initiateur de réduire ou éliminer tout risque d'offre alternative ou en surenchère. En présence d'un ou de plusieurs actionnaires de référence susceptibles de céder un bloc significatif, voire de contrôle, il aura intérêt à sécuriser ces blocs *via* des accords de cession hors marché. Si au contraire le capital est dispersé, la cible sera le principal interlocuteur de l'initiateur et ses moyens de sécurisation de l'opération seront plus limités : il pourra demander l'exclusivité pendant la phase de négociation et de *data-room*, la société cible en France n'ayant pas d'obligation de chercher activement une offre alternative (*go-shop*), ni de démontrer avoir testé le marché avant de conclure l'opération[25].

Lorsque l'existence de l'offre est rendue publique par l'initiateur sans en avoir averti la cible, la réaction de cette dernière peut être virulente et imprévisible, d'autant que son conseil d'administration n'est plus tenu, depuis la loi « Florange » du 29 mars 2014, par le « principe de neutralité » face à une offre publique[26]. Ceci peut être illustré notamment par la réaction de Suez à l'annonce par Veolia de l'acquisition d'un bloc de 29,9 % de son capital auprès d'Engie[27], ou celle de SCOR à l'annonce par Covéa de son renoncement à la proposition de rapprochement amical avec SCOR en raison du refus de cette dernière d'engager tout dialogue[28]. Une fois que la relation a basculé du côté de la confrontation ouverte, l'on se trouve alors en terre inconnue où chaque partie dispose d'une riche palette d'outils possibles, même s'ils sont rarement utilisés, pour tenter de l'emporter sur l'autre, dans des circonstances propres à chaque situation et dont l'issue sera incertaine et imprévisible.

A partir du moment où la société cible est ouverte à la discussion, il est dans l'intérêt de l'initiateur de réduire ou éliminer tout risque d'offre alternative ou en surenchère.

3. Réaction initiale et stratégies de négociation de la cible

La cible d'une approche non sollicitée, même informelle, doit avoir en place une stratégie de réponse qui puisse être mise en œuvre à brève échéance. Il y a sans doute moins d'urgence pour une société performante et en bonne santé financière car elle sera *a priori* moins susceptible de faire l'objet d'une approche opportuniste ou hostile. En revanche, une société en position de vulnérabilité, que ce soit pour des raisons endogènes (ex : crise de gouvernance, mauvais choix stratégiques, capital dispersé, etc.) ou exogènes (ex : crise sanitaire, crise financière, etc.), peut devenir rapidement une cible et doit se préparer à cette éventualité.

Pour le *management* et le conseil d'administration, cette préparation commence par un travail d'introspection sur les forces et faiblesses de la société. Quelle est la stratégie de la société à moyen et long terme ? Quelles sont ses options alternatives à une prise de contrôle (y compris le maintien du *statu quo*) ? Quel est le rôle et quelles sont les responsabilités des dirigeants face à une offre non sollicitée ? Ce sont notamment ces questions auxquelles la société doit répondre, si besoin avec l'assistance de conseils financiers et juridiques de confiance afin de l'aider à établir un « plan de défense », à l'instar de ce qui se fait en défense à une campagne activiste. L'objectif ici n'est pas de se défendre à tout prix et de faire échouer toute tentative d'acquisition, mais

25 - En pratique, la cible peut souhaiter néanmoins réaliser un tel test de manière informelle *via* son conseil financier, avant de consentir l'exclusivité.

26 - C. com., art. L. 233-32.

27 - Communiqué de presse de Suez du 31 août 2020 : « *Le conseil d'administration a réitéré à l'unanimité sa totale confiance dans le projet stratégique fortement créateur de valeur de Suez en tant que société indépendante* [...] *La démarche de Veolia est non sollicitée et Suez n'a entretenu aucune discussion avec Veolia au sujet d'un éventuel rapprochement.*

28 - Communiqué de presse de SCOR, 29 janv. 2019 à 13h48 intitulé : « *SCOR engage des actions pénales contre Monsieur Thierry Derez et Covéa pour abus de confiance et recel d'abus de confiance* », en réponse au communiqué de presse de Covéa du même jour à 12h15.

de placer la cible dans la meilleure position possible pour disposer, le cas échéant, du choix entre (i) se défendre si elle estime que la proposition n'est pas dans son intérêt ou que ses options alternatives sont meilleures, et (ii) négocier les termes de l'offre à son avantage. Cet exercice permet aussi d'identifier en interne l'équipe resserrée qui regroupera les interlocuteurs clés en cas d'approche et dans les différents domaines (à savoir finance, opérations, juridique, communication, relations investisseurs, etc.) et ainsi rendre les échanges plus fluides et efficaces si l'approche se matérialise. Enfin, cette phase de préparation permet d'aligner le *management* de la société avec son conseil d'administration, voire ses actionnaires de référence, ce qui permet de conserver un front uni face à une offre non sollicitée.

Parmi les conseils de bon sens donnés aux cibles potentielles d'une approche non sollicitée, il est recommandé que la cible désigne un seul interlocuteur la représentant vis-à-vis de l'initiateur, du moins pour les premiers échanges. Ce rôle est souvent confié au directeur général, au président du conseil d'administration, ou à l'administrateur référent le cas échéant. Lors de ces premiers échanges avec l'initiateur, il est conseillé que le représentant de la cible reste en mode d'écoute, essaie d'obtenir le maximum d'informations sur les termes de l'offre proposée sans dévoiler sa pensée ou la réaction potentielle du Conseil, essaie de gagner du temps pour analyser l'offre et préparer la réponse, sans s'engager dans une discussion ou négociation sur les termes de l'offre, et sans commenter les mérites d'un éventuel rapprochement.

Dans le cadre de cette phase préparatoire, la cible peut aussi entreprendre certaines actions. Elle peut en particulier renforcer ses relations avec ses principaux investisseurs afin de s'assurer de leur soutien, si besoin. Elle peut revoir son plan d'affaires et sa stratégie afin d'être en mesure de comparer les avantages et inconvénients d'une offre d'acquisition par rapport à sa stratégie *stand alone* et préparer une éventuelle négociation du prix. Elle peut établir son profil de défense et, le cas échéant, mettre en place des outils pour le renforcer (ex : notification en cas de franchissement de seuil statutaire à 0,5 % ou plus ; davantage de flexibilité donnée au Conseil d'administration dans les délégations financières ; clarifier si son activité est dans le champ ou non du régime de contrôle des investissements étrangers ; etc.).

> **Il est recommandé que la cible désigne un seul interlocuteur la représentant vis-à-vis de l'initiateur, du moins pour les premiers échanges.**

Dans un schéma négocié classique, les discussions préliminaires devraient conduire l'initiateur à soumettre formellement une lettre d'intention (*letter of interest* ou *LOI*) dont le contenu aura été, si possible, préalablement agréé avec la cible, et dont l'acceptation des termes permet à cette dernière de consentir une période de *due diligence* de quelques semaines, assortie ou non d'un engagement d'exclusivité, et devant *in fine* conduire à la signature des accords et l'annonce de l'opération.

Conclusion

Dans un marché où il n'existe quasiment pas d'offre hostile *stricto sensu* (à savoir déposée contre l'avis du conseil d'administration de la cible) et où le terme « non-sollicité » a une connotation négative qui ne se justifie pas forcément dans les faits, il peut sembler insurmontable pour un initiateur de se lancer dans une telle entreprise, encore plus s'il est étranger. Cet article a tenté de montrer qu'il existe des voies possibles et des outils permettant à l'initiateur de réussir son approche, de mettre un pied dans la porte et d'optimiser ses chances de succès. Comme souvent, la préparation et la qualité des conseils seront des facteurs déterminants d'un tel exercice.

par **Alexis Marraud des Grottes**,
Partner, Orrick, Herrington & Sutcliffe LLP

Les accords préalables avec les organes d'administration et de direction de la cible

Importation américaine relativement récente, les accords entre l'initiateur et la cible visent à assurer le soutien du premier par la seconde. L'imagination des praticiens et les inspirations venues des tender offer agreements *doivent toutefois composer avec les limites inhérentes aux principes directeurs – au premier rang desquels le libre jeu des offres – auxquels ces accords ne sauraient porter atteinte.*

La pratique des offres publiques d'acquisitions (OPA) alimente en permanence l'actualité du droit boursier, du droit des sociétés et de la gouvernance. Depuis plusieurs décennies, ces opérations, qui tournent parfois à la bataille boursière, ont été marquées et amplifiées par les phénomènes d'internationalisation, de financiarisation, de politisation ou encore de médiatisation[1]. La plus récente période a vu le contexte évoluer. Si la médiatisation, y compris dans ses formes les plus nouvelles par l'intermédiaire des réseaux sociaux, est toujours présente, on assiste à une tendance à la démondialisation, à la régionalisation et à un renforcement de la politisation des transactions, qui en accroissent la complexité. Dans ce contexte, l'initiateur tend à privilégier les opérations négociées plutôt que les opérations dites inamicales, car déclenchées sans l'accord des organes de direction et de surveillance des sociétés visées, pour s'éviter d'être exposé au risque de subir le feu de l'arsenal législatif et réglementaire « anti-OPA », à l'origine de nombreuses sagas judiciaires.

Les accords de soutien à l'offre conclus entre l'initiateur et la société visée ne font pas l'objet d'une terminologie particulièrement définie en droit français. Ce sont des accords généralement âprement négociés, qualifiables de « protocoles d'accord » et qui prévoient l'acquisition des titres d'une société cotée en bourse au moyen d'une offre publique.

Les offres publiques sont parfois associées à des démarches « hostiles » de la part d'un acquéreur potentiel qui s'adresse directement aux actionnaires d'une société visée, sans l'accord des représentants de cette dernière ou de son conseil d'administration. Les accords étant conclus entre le ou les acquéreurs et la société visée, ils ne se rencontrent que dans le cadre d'opérations « amicales »[2].

La particularité des accords préalables est qu'ils sont conclus avec la société visée par l'offre alors que l'offre s'adresse aux actionnaires de cette dernière.

Ces accords comprennent diverses stipulations qui concernent principalement la description et les engagements liés à une offre publique. Comme dans tout contrat d'acquisition, certaines clauses peuvent être favorables à l'acheteur et d'autres favorables à la société visée, mais la particularité de ces accords est qu'ils sont conclus avec la société visée par l'offre alors que l'offre s'adresse aux actionnaires de cette dernière. C'est donc une situation particulière dans laquelle les

---

1 - D. Cohen, *Vers la fin des offres publiques hostiles ?, in Mélanges P. Didier*, Economica 2008, p. 125.

2 - Rares sont les OPA hostiles. Les offres sont généralement négociées pour éviter toute incertitude quant à l'issue de l'offre. Néanmoins, parmi les OPA non-sollicitées par la société visée, l'on peut citer l'offre de Sanofi sur Aventis, l'offre de Lagardère sur Leguide.com, la surenchère de Bonomi sur le Club Méditerranée, l'offre de Jacquet Metals sur IMS, l'offre de Vivendi sur Gameloft, ou encore l'offre de Veolia sur Suez.

intérêts des détenteurs de titres de capital ou qui donnent accès au capital et les intérêts des organes de gestion et de surveillance ne sont pas nécessairement alignés. La science de gestion a d'ailleurs essayé depuis des décennies d'appréhender les jeux de pouvoirs à l'intérieur de l'entreprise[3].

Les termes et conditions de ces accords dépendent de multiples facteurs, comme le projet proposé, les conditions commerciales, les circonstances et le contexte qui entourent la société visée et le ou les acquéreurs, en ce compris les perspectives de la société visée et l'éventuelle mise en place d'un processus de vente. Chaque acquisition et chaque partie à une transaction ont leurs propres motivations, contraintes et perspectives, et il existe de nombreux moyens de négocier, de documenter et de réaliser ces opérations, dont les modalités peuvent être très différentes d'une opération à l'autre.

Ces accords font parfois partie d'un ensemble contractuel plus vaste et sont conclus en parallèle d'autres accords. Ils peuvent aussi contenir en annexe des accords accessoires qui ont vocation à être conclus avec les actionnaires et qui peuvent être utiles dans le cadre de l'acquisition d'une société cotée en bourse. En fonction de la géographie du capital et des engagements que sont prêts à accepter les actionnaires, sont éventuellement prévus des engagements d'apport, des contrats de cession de blocs ou lorsque les actionnaires sont hésitants à accorder des engagements, des déclarations concernant leurs intentions vis-à-vis de l'offre, étant entendu que certaines intentions, si elles sont particulièrement appuyées et précises, peuvent être considérées comme des actes unilatéraux ayant même un caractère irrévocable[4].

Pour tracer à grands traits ces accords, nous analyserons dans un premier temps, les aspects tenant à la formation de ces accords, pour ensuite décrire succinctement leur contenu.

1. Historique et principes généraux

1.1. A la recherche des origines

Ces accords ne sont pas conclus en vertu d'une obligation légale et ne sont pas nécessaires au dépôt d'une offre publique. Pendant des années, une communication croisée de dépôt d'une offre publique et un accueil favorable par la société cible jouaient ce rôle d'accord informel entre les parties. Parfois cette communication coordonnée s'appuyait sur une lettre de l'initiateur, éventuellement contresignée par la société cible.

Les accords de coopération entre l'initiateur et la société visée par une offre se sont surtout développés à partir des années 2000 dans les offres publiques lancées par des acquéreurs américains et sur le modèle des « *tender offer agreements* ».

Les accords de coopération entre l'initiateur et la société visée par une offre se sont surtout développés à partir des années 2000 dans les offres publiques lancées par des acquéreurs américains et sur le modèle des « tender offer agreements ». Par la suite, ces accords ont eu tendance à se généraliser dans le cadre d'offres amicales, y compris lorsque la société visée avait un actionnaire de contrôle.

Parmi des exemples de plus en plus nombreux[5], il peut être cité :

- Lettre accord du 12 septembre 2003 dans le cadre de l'OPA d'Alcan sur Pechiney ;
- Accord du 7 octobre 2007 dans le cadre de l'OPA de SAP sur Business Objects ;
- Accord du 19 février 2008 dans le cadre de l'OPA de West Corporation sur Genesys ;

3 - A. Marraud des Grottes, *Jeux de pouvoirs au sein et hors de la firme : vers l'intérêt des parties prenantes, in Mélanges I. Urbain-Parléani,* Dalloz 2023, p. 195.

4 - Les différentes nuances dans l'expression du soutien à l'offre publique peuvent faire naître des obligations qui vont au-delà de la simple information.

5 - Pour des exemples concernant le marché Euronext Paris marché réglementé.

• Accord du 27 juillet 2008 dans le cadre de l'OPA de l'International Business Machines Corporation sur Ilog ;

• Accord du 1er décembre 2008 dans le cadre de l'OPA de Sierra Wireless sur Wavecom ;

• Accord du 27 mai 2010 dans le cadre de l'OPA de Honeywell International sur Sperian Protection ;

• Accord du 15 juin 2010 dans le cadre de l'OPA de Grontmij Buitenland Holding B.V. sur Ginger ;

• Accord du 19 janvier 2011 dans le cadre de l'OPA de AS Oneline et SeLoger ;

• Accord du 3 avril 2011 dans le cadre de l'OPA de Solvay sur Rohdia ;

• Accord du 24 octobre 2013 dans le cadre de l'OPA de Pros Holding sur Cameleon Software ;

• Accord du 7 juillet 2014 dans le cadre de l'OPA de Lafarge sur Holcim ;

• Accord du 14 avril 2015 dans le cadre de l'OPA de Nokia sur Alcatel Lucent ;

• Accord du 28 avril 2015 dans le cadre de l'OPA de XPO sur Norbert Dentressangle ;

• Accord du 15 juillet 2016 dans le cadre de l'OPA de Zimmer Holdings France sur Medtech ;

• Accord du 25 aout 2016 dans le cadre de l'OPA de Pertamina sur Maurel & Prom ;

• Accord du 18 janvier 2017 dans le cadre de l'OPA de Safran sur Zodiac ;

• Accord du 10 mai 2017 dans le cadre d'EDF EN et EDF EN Belgium sur Futuren ;

• Accord du 26 mars 2018 dans le cadre de l'OPA de Givaudan sur Naturex ;

• Accord du 11 aout 2019 dans le cadre de l'OPA de Capgemini sur Altran ;

• Accord du 15 juillet 2020 dans le cadre de l'OPA de Covidien Group sur Medicrea ;

• Accord du 16 décembre 2020 dans le cadre de l'OPA de Alphatec Holding sur Eos Imaging ;

• Accord du 10 mars 2022 dans le cadre de l'OPA de CGI France sur Umanis ;

• Accord du 27 avril 2022 dans le cadre de l'OPA de KKR sur Albioma ;

• Accord du 19 mai 2022 dans le cadre de l'OPA de Bridgepoint sur Cast ;

• Accord du 14 juin 2023 dans le cadre de l'OPA de SoftBank Group sur Baylo.

1.2. Liberté surveillée dans la formation des accords

1.2.1. Négociation et conclusion

Dans le cadre d'offres amicales, il est devenu usuel que des discussions aient lieu afin d'organiser l'annonce de l'offre, son dépôt et son déroulement[6]. Ces discussions incluent généralement l'initiateur et la société visée ainsi que des actionnaires significatifs.

L'objectif de ces opérations préparatoires est, comme dans toute opération, de réaliser des diligences et de formaliser des accords, ayant pour objectif de maximiser les chances de succès de l'offre.

C'est dans ce cadre, généralement dans le plus grand secret, et avec toutes les protections nécessaires contre la diffusion d'informations confidentielles, que se préparent ces accords. Ces discussions peuvent être engagées soit par l'initiateur potentiel qui se rapproche de la société cotée ou d'actionnaires de celle-ci, soit par la société visée et/ou ses actionnaires à l'égard d'un ou plusieurs potentiels initiateurs.

La préparation de ces accords reste en principe confidentielle jusqu'à leur conclusion. Une fois conclus, ils font l'objet d'un communiqué public en vertu des dispositions du règlement (UE) n° 596/2014 du 16 avril 2014[7] (règlement Abus de Marché) et de l'article 223-6 du règlement général de l'AMF. Par ailleurs, l'article 231-5 dudit règlement impose expressément que dès le dépôt du projet d'offre, toute clause d'accord conclu par les personnes concernées par l'offre, ou leurs actionnaires, susceptible d'avoir une incidence sur l'appréciation de l'offre ou son issue, doit être portée à la connaissance des personnes concernées par l'offre, de

6 - G. Bonhoure et P. Thomas, *Les discussions préalables aux offres publiques, RDBF* janv. 2021.

7 - Règl. (UE) n ° 596/2014 du Parlement européen et du Conseil, 16 avr. 2014 sur les abus de marché (règlement relatif aux abus de marché) et abrogeant la Dir. 2003/6/CE du Parlement européen et du Conseil et les Dir. 2003/124/CE, 2003/125/CE et 2004/72/CE de la Commission.

l'Autorité des Marchés Financiers et du public. Si, à raison notamment de la date de conclusion de l'accord, il n'a pu être présenté dans la ou les notes d'information, les signataires publient, dès la conclusion de l'accord, un communiqué de presse précisant son contenu.

Concernant leur conclusion, c'est le principe de liberté contractuelle qui s'impose, comme dans de multiples juridictions à travers le monde qui autorisent la conclusion de ces accords. Les Etats-Unis, la Chine, Hong Kong, Singapour, l'Australie, l'Allemagne, la Belgique, l'Espagne, l'Italie et les Pays-Bas permettent que soient conclus ces accords même si certaines juridictions Européennes n'en ont pas une pratique courante.

En Grande-Bretagne, les accords entre l'initiateur et la société visée sont, depuis septembre 2011, prohibés par principe, sauf autorisation du régulateur (le *Panel*) ou s'ils sont limités à des stipulations simples comme la confidentialité, le non-débauchage, la coopération pour l'obtention des autorisations réglementaires, quelques intentions ou engagements de l'acquéreur et des accords pour les *incentives* des salariés ou relatifs à leurs pensions. Le paiement par la société visée de possibles sommes ou des engagements vis-à-vis de l'acquéreur sont écartés. Cette interdiction générale de protection des transactions par la conclusion d'accords de soutien à l'offre a été adoptée en réponse à l'OPA controversée de Kraft sur Cadbury. Le *Panel* considère que les *break up fees*, les accords de non-sollicitation et autres mesures de protection des transactions étaient devenus un ensemble tellement standard que les sociétés visées se sentaient obligées de les fournir dans toutes les situations ce qui décourageait les offres concurrentes ou la flexibilité que devait avoir le conseil d'administration de la société cible. L'interdiction avait pour objectif de rétablir un équilibre pour créer des conditions de concurrence équitables entre les offrants et offrants potentiels[8].

En France, la liberté contractuelle ne cède que devant le respect des dispositions impératives générales ou particulières, qui peuvent être issues de sources multiples (droit des contrats, droit des sociétés, droit social, droit boursier, droit des procédures collectives, droit de la concurrence, droit bancaire et financier etc.). Nous ne détaillerons pas ces réglementations, mais développerons deux points importants.

1.2.2. Aspects de droit social[9]

Il existe une obligation préalable d'information des représentants des salariés en cas de cession de contrôle de la société-employeur. L'information et la consultation du CSE doivent en principe être réalisées avant que la cession du contrôle ne soit actée, afin que les salariés aient la possibilité d'influer sur les termes de l'opération. S'agissant de sociétés contrôlées et en cas d'implication de l'actionnaire de contrôle, il conviendra alors de respecter ces dispositions. En pratique, il est souvent accordé par l'acquéreur au vendeur du contrôle une promesse d'achat avant la conclusion du contrat de cession, ce qui n'empêche pas la conclusion en parallèle d'un accord avec la société visée par l'offre publique sur le processus d'offre qui fera suite à l'acquisition du bloc.

En l'absence d'actionnaire de contrôle, seules les dispositions de droit social spécifiques aux OPA s'appliquent. Dans ce cadre, le processus d'information-consultation peut se dérouler après le dépôt de l'OPA. Là encore, rien ne semble empêcher la conclusion d'un accord entre l'initiateur et la société visée, sous réserve de précautions d'usage concernant certaines opérations de rapprochement dont l'offre n'est qu'une composante et qui peuvent parfois conduire à rédiger des protocoles au conditionnel et sans force obligatoire au-delà de certaines stipulations protectrices de l'opération. Lorsque cela s'impose, il peut être

8 - Pour une analyse des conséquences de la prohibition, v. : F. Restrepo et G Subramanian, *The effect of prohibiting deal protection in Mergers and Acquisitions : Evidence from the United Kingdom, Journal of Law and Economics*, vol. 60, févr. 2017 : « *Since 2011, the United Kingdom has prohibited all deal protections—including termination fees—in mergers and acquisitions (M&A) deals. We examine the effect of this regulatory change on deal volumes, the incidence of competing offers, deal-jumping rates, deal premiums, and completion rates in the United Kingdom relative to the other European Group of 10 (G-10) countries. We find that M&A deal volumes in the United Kingdom declined significantly in the aftermath of the 2011 reform (in absolute terms and relative to deal volumes in other European G-10 countries). We find no countervailing benefits to targets' shareholders in the form of higher deal premiums or more competing bids. Completion rates and deal-jumping rates also remained unchanged. Our results suggest that deal protections provide an important social welfare benefit by facilitating the initiation of M&A deals.* »

9 - V. notamment la section du présent ouvrage consacrée au rôle du CSE (Chap. 6).

conclu, dans un premier temps, un accord de négociations exclusives avec pour objectif l'organisation du processus d'information et de consultation des instances représentatives du personnel de l'initiateur et de la société visée sur le projet d'offre et, dans un deuxième temps, l'accord de rapprochement formel.

1.2.3. Convention réglementée

Les accords d'offres prennent généralement effet après accord du conseil d'administration de la société cible et, le cas échéant, de l'acquéreur[10]. L'intervention du conseil s'impose notamment lorsque l'accord porte sur des sujets qui relèvent de sa compétence en période d'offre, comme l'adoption de mesures de nature à faire échouer l'offre.

Ils peuvent aussi entrer dans le champ d'application des conventions réglementées. Les articles L. 225-38 et L. 225-86 du code de commerce visent, pour les sociétés anonymes, toute convention intervenant entre une société et l'une des personnes visées par la réglementation, dès lors que cette convention ne figure pas parmi celles dont la conclusion est considérée comme portant sur des opérations courantes et conclues à des conditions normales et *a fortiori* qu'elle n'est pas interdite. Cette réglementation de droit des sociétés a pour objectif de neutraliser les conflits d'intérêts potentiels.

À cet égard, la Cour d'appel de Paris a jugé, dans l'affaire *Altran*, que l'Autorité des marchés financiers, appelée à se prononcer sur la conformité d'une offre, n'a pas compétence pour apprécier la régularité de l'accord de rapprochement conclu entre l'initiateur de l'offre et la société cible, au regard des règles applicables aux conventions réglementées ou pour s'interroger sur un éventuel abus de pouvoir de la part des dirigeants signataires de cet accord. Les tribunaux restent pour leur part pleinement compétents et le régime de responsabilité spécifique prévu par le code de commerce s'applique[11]. Les praticiens ne manqueront pas d'attirer l'attention sur le respect de ces processus de neutralisation des conflits d'intérêts, qu'ils relèvent du droit des sociétés ou du droit boursier.

2. Contenu de l'accord

L'accord de soutien à l'offre conclu entre l'initiateur et la société visée doit refléter le contexte de la transaction et dépend notamment du ou des marchés de cotation des titres de la société visée, de l'existence de plusieurs catégories d'actions ou de valeurs mobilières donnant accès au capital, de la présence d'un actionnaire de contrôle ou d'un ou de plusieurs actionnaires significatifs, de la mise en place d'un processus compétitif pour vendre la société, des qualités de l'acquéreur, de la nécessité d'un financement de l'acquéreur et/ou d'un refinancement de la société visée, et des risques réglementaires qui vont conditionner le dépôt, la conformité ou la clôture de l'offre.

2.1. Les stipulations communes

Les stipulations communes de ces accords sont généralement les suivantes :

- Les raisons sous-tendant la transaction et la stratégie du nouveau groupe créé, en particulier pour la société visée par l'offre. Ces informations étant imposées par la réglementation pour éclairer de manière adéquate le marché, ces accords prévoient généralement l'exposition claire du projet industriel et/ou financier de l'initiateur de l'offre à l'égard de la société visée par l'offre.
- Les obligations de l'initiateur, de la société visée et du conseil d'administration de cette dernière, et notamment l'ensemble du processus de l'annonce jusqu'au règlement livraison de l'offre et, le cas échéant, au règlement livraison de l'offre réouverte.
- Les conditions de la nomination de l'expert indépendant ainsi que les délais dans lesquels devront être informées et consultées les institutions représentatives du personnel, remises l'attestation d'équité et la recommandation du conseil d'administration concernant l'offre.

10 - J. Deege, N. Bombrun, G. Bastien-Thiry et S.Robert, *Les opérations public to private en France – Principaux enjeux juridiques et pratiques et impacts de la crise financière de 2020, RTDF* n°52 du 25 juin 2020. p. 3.

11 - C. com., art. L. 225-42.

• Les termes et conditions de la transaction, en particulier le prix avec l'engagement de l'initiateur de lancer cette offre selon un calendrier prévu si les conditions retenues sont réunies.

• La manière dont les affaires de la société visée devront être conduites jusqu'à la date de la réalisation de l'opération, qui fera l'objet d'une attention particulière, sans oublier la future composition du conseil d'administration.

• Les déclarations et les garanties des parties les unes envers les autres et les engagements et conditions pour le dépôt et la clôture de l'offre.

• Les conséquences du succès ou de l'échec de l'offre et les opérations subséquentes, telles que des retraits obligatoires ou des fusions.

2.2. Objet de l'accord

L'objet principal de ces accords conclus en amont de l'annonce de l'offre est généralement de prévoir une coopération dans le cadre du processus de dépôt et d'obtention de la conformité de l'offre. Il y est donc parfois détaillé les étapes du processus conduisant à l'offre et les droits et obligations de moyens ou de résultat de chaque partie concernée par l'offre.

À ce titre, et dans l'objectif de montrer qu'un accord a été obtenu sur les termes et conditions de l'offre, ces accords ont généralement tendance à établir des éléments de communication pour la première annonce relative à l'offre, c'est-à-dire la publication de l'intention du dépôt d'une offre. Il est ainsi usuellement souligné le caractère amical de l'offre, ainsi que les avantages que celle-ci représente pour la société et éventuellement ses salariés et actionnaires.

Si le processus imposé par le droit boursier doit être respecté, le caractère amical de l'offre et les avantages que représente cette dernière pour l'ensemble des parties prenantes peuvent être présentés dès les premières communications. Par ailleurs, les accords peuvent permettre de sécuriser les décisions à prendre dans le cadre de l'offre, compte tenu des souplesses offertes par le règlement général de l'AMF, en particulier dans les cas où la société visée n'est pas contrôlée par l'initiateur de l'offre. C'est ce qui ressort d'une décision de la Cour d'appel de Paris du 13 mars 2020 à l'occasion de l'offre déposée par Capgemini sur Altran Technologies[12]. Lors de cette opération, des actionnaires minoritaires représentés par l'Association de défense des actionnaires minoritaires (ADAM) ont contesté à plusieurs égards l'offre et ont notamment invoqué une atteinte au processus d'offre, à la transparence du marché et au libre jeu des offres et surenchères, à raison du non-respect du calendrier. Pour les minoritaires, il résultait des articles 231-16 et 231-17 du règlement général de l'AMF que la société visée ne devait faire connaître l'avis de son conseil d'administration qu'une fois le projet d'offre déposé. Le conseil d'administration de la société Altran s'étant prononcé en faveur du projet d'offre lors de réunions s'étant tenues avant le dépôt dudit projet, les actionnaires minoritaires considéraient que le calendrier n'avait pas été respecté. La Cour d'appel de Paris a alors jugé que l'article 231-16, III du règlement général de l'AMF prévoit que le projet d'offre fait l'objet, au plus tard lors de son dépôt, d'un communiqué donnant les principaux éléments du projet de note d'information et ses modalités de mise à disposition, tandis que l'article 231-17 offre la faculté à la société visée de publier, dès la publication de ce communiqué, l'avis de son conseil d'administration sur l'intérêt de l'offre, ou sur ses conséquences pour elle, ses actionnaires et ses salariés. Pour la cour, ces dispositions n'imposent pas à la société visée de ne publier l'avis de son conseil d'administration qu'après le dépôt du projet d'offre et elle rappelle à cette occasion que l'OPA en l'espèce est une opération amicale, souhaitée par les deux parties, qui a fait l'objet d'un communiqué commun annonçant les

12 - Pour rappel des faits : le 24 juin 2019, la société Capgemini et la société Altran ont conclu un accord de négociations exclusives en vue de l'acquisition des actions de la société Altran par la société Capgemini dans le cadre d'une offre publique d'achat volontaire et amicale. Le même jour, les sociétés publiaient un communiqué commun sur leur site internet, annonçant « la création d'un leader mondial de la transformation digitale des entreprises industrielles et de technologie » *via* la signature d'un accord de négociations exclusives. Le 11 août 2019, les administrateurs d'Altran se sont prononcés sur l'intérêt de l'offre pour la société, ses actionnaires et ses salariés et les autres parties prenantes, et ont désigné l'expert indépendant. Et le même jour, les sociétés Capgemini et Altran ont conclu un accord de rapprochement qui avait été préalablement approuvé à l'unanimité par les conseils d'administration des sociétés concernées. Le 22 septembre 2019, le conseil d'administration de la société Altran a émis un avis favorable sur le projet, avis qu'il a maintenu le 10 octobre 2019 après avoir pris connaissance du complément du rapp. de l'expert indépendant. Le 23 septembre 2019 le projet d'offre a été déposé auprès de l'AMF et le même jour, la société Altran a déposé son projet de note en réponse.

principales caractéristiques de l'offre. Ainsi, il n'était pas interdit à la société Altran de publier un communiqué pour faire connaître le soutien du projet d'offre par son conseil d'administration au moyen d'un communiqué faisant part de l'accord de rapprochement et précisant que « *son conseil d'administration a considéré à l'unanimité des membres présents ou représentés que l'offre est conforme aux intérêts de la société, de ses actionnaires, de ses salariés, ainsi que des autres parties prenantes, a approuvé les termes de l'offre* », tout en ajoutant que « *l'avis motivé prévu par la réglementation boursière sera rendu après remise du rapport de l'expert indépendant.* »

Ainsi, sans se prononcer sur l'application des règles de bonne gouvernance et les devoirs applicables aux administrateurs et sous réserve de l'absence de communication trompeuse, il est possible de considérer avec cet arrêt que le conseil d'administration de la société visée peut faire connaître son avis sur le projet d'offre même avant le dépôt de celui-ci, ce qui n'exonère pas le conseil d'administration d'une décision formelle par la suite de son avis motivé au sens de la réglementation boursière. On comprend alors tout l'intérêt des accords conclus entre la société initiatrice et la société visée en vue de trouver en amont de l'offre le meilleur moyen de sécuriser l'opération. Il sera alors ménagé la preuve du respect d'un processus permettant de démontrer que les dirigeants et administrateurs ont respecté leur devoir de diligence, leur devoir de loyauté et l'intérêt social, tout en prenant en considération l'intérêt des parties prenantes.

Autre élément jugé dans le cadre du dossier Altran et utile dans le cadre de la préparation de l'annonce de l'offre, l'indépendance de l'expert n'est pas affectée par la circonstance que celui-ci a commencé ses travaux avant sa désignation effective par le conseil d'administration, dès lors qu'il a débuté ses travaux après avoir été choisi en qualité d'expert indépendant par le comité *ad hoc* composé d'indépendants ayant proposé son nom pour désignation au conseil d'administration et qu'il a commencé à travailler à la demande de ce comité[13]. Toutes ces possibilités peuvent, avec la conclusion d'accord de soutien à l'offre, venir sécuriser en amont la préparation du dépôt de l'offre.

Il est possible de considérer que le conseil d'administration de la société visée peut faire connaître son avis sur le projet d'offre même avant le dépôt de celui-ci, ce qui n'exonère pas le conseil d'administration d'une décision formelle par la suite de son avis motivé au sens de la réglementation boursière.

2.3. Conditions au dépôt ou à l'offre

Comme tout contrat d'acquisition de droits sociaux, les accords de soutien à l'offre peuvent aller plus loin que la simple coopération et prévoir des engagements relatifs aux autorisations réglementaires à obtenir, en particulier les autorisations relatives au droit de la concurrence qui peuvent être des conditions à l'offre conformément à l'article 231-11 du règlement général de l'AMF. D'autres conditions de l'offre peuvent être stipulées et sont prévues à l'article 231-10 dudit règlement, alors que l'article 231-12 prévoit des conditions à l'ouverture de l'offre. Les autres autorisations réglementaires, comme les autorisations au titre des investissements étrangers, ne sont pas formellement prévues pour être des conditions de l'offre.

Les stipulations relatives à la gestion de la période intermédiaire, c'est-à-dire le temps nécessaire à l'accomplissement des conditions ou compris entre l'annonce et les résultats de l'offre, ou, le cas échéant, de l'offre rouverte, constituent des points d'attention usuels en matière de contrat d'acquisition. Le droit de la concurrence veille particulièrement à ce que le contrôle de la société visée ne soit pas indirectement pris par des accords restrictifs

13 - La Cour d'appel de Paris dans un arrêt du 13 mars 2020 décide que l'expert indépendant ayant été recommandé par un comité *ad hoc* et désigné conformément à la Recomm. AMF, n° 2006-15, il est indépendant quelle que soit la date du début de ses travaux : le fait que « l'expert ait commencé ses travaux, à la demande du comité *ad hoc* après que ce dernier l'ait recommandé, et ce, sans attendre sa désignation officielle par le conseil d'administration, ne lui a pas fait perdre son indépendance » à l'égard de la société visée.

avant que les autorités concernées n'aient donné leurs autorisations. Ces problématiques bien connues des praticiens sont connues sous le vocable anglo-américain de « *gun jumping* ».

2.4. Déclarations et garanties

La plupart des accords contiennent des déclarations et garanties fondamentales relatives à l'initiateur et à la société visée par l'offre. Sauf le cas où elles seraient relatives à des déclarations essentielles aux parties et auraient été formulées en ce sens, il n'est généralement pas prévu de conséquences particulières d'un manquement à ces déclarations.

Certains se sont demandé si, en accordant à un initiateur une garantie de passif, la société visée ne porte pas atteinte à la règle posée par l'article L. 225-216, alinéa 1er, du code de commerce, aux termes duquel une société ne peut « *consentir une sûreté en vue de la souscription ou de l'achat de ses propres actions par un tiers* ». Les auteurs qui se sont exprimés sur ce point ne le pensent pas[14]. La garantie de passif accordée par la société visée n'a pas pour objet de garantir le paiement d'une dette en offrant au créancier une chance supplémentaire de paiement[15]. Il s'agit de déclarations stipulées au bénéfice de l'acquéreur, qui lui permettent de s'assurer de l'exactitude d'informations ou d'une couverture contre certains risques dans le cadre de l'opération.

Dans le cadre d'une offre et en cas de plein succès de l'offre, la garantie accordée par la société visée qui deviendra la propre filiale de l'initiateur éventuellement détenue à 100 % apparait limitée[16]. L'assurance des déclarations et garanties joue un rôle de plus en plus important dans le cadre d'une offre publique et ces mécanismes peuvent venir pallier certaines difficultés. Le recours à l'assurance est une pratique courante aux États-Unis et son adoption en Europe ou en France a rapidement pris de l'ampleur au cours des dernières années. Concrètement, l'assurance des déclarations et garanties est une police d'assurance généralement souscrite par un acheteur qui remplace la totalité ou la plupart des obligations traditionnelles du vendeur en matière d'indemnisation des préjudices résultant de la violation ou de l'inexactitude des déclarations et garanties. Dans une société cotée où le capital est diffus et où les vendeurs sont les actionnaires minoritaires apportant leurs titres à l'offre, l'assurance vient pallier l'impossibilité d'obtenir d'eux un d'engagement personnel de ce type. L'initiateur peut souscrire une assurance et, en fonction des situations, la direction de la société pourra jouer le rôle que joue habituellement le vendeur dans le cadre de la négociation des déclarations et garanties. Ainsi, un initiateur d'une OPA pourrait obtenir la protection par indemnisation qu'il cherche normalement dans une opération traditionnelle de fusion et d'acquisition.

Concrètement, l'assurance des déclarations et garanties est une police d'assurance généralement souscrite par un acheteur qui remplace la totalité ou la plupart des obligations traditionnelles du vendeur en matière d'indemnisation des préjudices résultant de la violation ou de l'inexactitude des déclarations et garanties.

2.5. Autres engagements

Un ensemble d'engagements peut être pris sur les activités opérationnelles de la société visée, particulièrement pour la période *post* acquisition, concernant notamment le financement et l'assistance de la société mère sur de multiples sujets qui tiennent compte des intentions déclarées et engagements pris par l'initiateur de l'offre sur les 12 mois à venir.

---

14 - A. Couret, L. Cesbron, B. Provost, Ph. Rosenpick et J.-Ch. Sauzey, *Les contestations portant sur la valeur des droits sociaux, Bull. Joly, 2001, § 242 ; F.-D. Poitrinal, Une garantie de passif peut-elle être accordée par la société émettrice lors d'une augmentation de capital ?, JCP E 1999, p. 1474 s. A. Couret, L. Cesbron, B. Provost, Ph. Rosenpick et J.-Ch. Sauzey, Les contestations portant sur la valeur des droits sociaux, Bull. Joly, 2001, § 242 ; F.-D. Poitrinal, Une garantie de passif peut-elle être accordée par la société émettrice lors d'une augmentation de capital ?, JCP E* 1999, pp. 1474 s.

15 - H. Le Nabasque, *À propos de l'article 217-9 de la loi du 24 juillet 1966, JCP E* 1992. I. 107.

16 - La mise en œuvre de la garantie pourrait consister en l'attribution d'actions nouvelles, qui seraient libérées par compensation avec la créance de garantie de l'initiateur, en application de l'art. L. 225-127, al. 2, C. com. Encore faudrait-il prévoir que la société s'engage dès l'origine à procéder à une augmentation de capital au profit du bénéficiaire de la garantie et s'assurer que les actionnaires ne s'y opposeront pas, ce qui, on en conviendra, tend à compliquer l'opération.

À notre connaissance, aucun accord n'a intégré une potentielle augmentation de capital réservée à l'initiateur de l'offre pour lui faire franchir le seuil permettant le déclenchement d'un retrait obligatoire, si à l'issue de l'offre publique il n'avait pas atteint le seuil requis. Ces clauses particulières qui sont prévues dans certains contrats conclus entre l'initiateur et la société visée aux États-Unis ne semblent pas avoir trouvé à ce jour d'écho en France[17]. Elles nécessiteraient en tout état de cause quelques réflexions pour être mises en place puisque les augmentations réservées conduisent à une abstention de vote du bénéficiaire de la suppression du droit préférentiel de souscription.

2.6. Protection de la transaction

Les clauses les plus importantes pour l'initiateur sont celles qui sont de nature à sécuriser l'opération engagée, étant entendu qu'un tiers peut venir déposer une offre concurrente sur les titres de la société, en particulier si la société visée n'est pas contrôlée. Néanmoins, ces clauses doivent se conformer aux dispositions de droit boursier et en particulier aux principes directeurs régissant les offres publiques.

De même que pour des engagements d'apport[18], les clauses qui limitent la recherche de concurrents par la société cible et qui pourraient aller jusqu'à empêcher un concurrent de déposer une offre peuvent être contraires aux principes du libre jeu des offres et des surenchères. Il est aussi possible de prévoir dans les accords avec la société visée des clauses de caducité en cas de dépôt d'une offre concurrente pour éviter toute contrariété aux principes de droit boursier.

2.6.1. Exclusivité, non concurrence et absence de recherches d'autres offres

La société visée peut s'engager à ne pas rechercher une autre offre ou une opération alternative, à ne pas négocier une autre opération concernant la cession de tout ou partie de son capital ou de ses actifs significatifs, ainsi qu'à ne pas émettre d'actions ou de valeurs mobilières permettant d'acquérir ou de souscrire des actions nouvelles. De manière générale, un acquéreur souhaitera que la société visée s'engage à ne pas adopter de mesures susceptibles de faire échouer l'offre de l'initiateur. Néanmoins, il ne pourra être exclu qu'un tiers vienne déposer une offre concurrente.

2.6.2. *Break-up fees*

La clause qui accorde des montants ou « frais de rupture » à l'initiateur, possiblement variables en fonction des cas de rupture, est généralement appelée par son vocable anglo-américain : clause de *break up fees*[19].

> **Si les frais engagés peuvent être une justification à la clause de *break up fees*, elle peut aussi être justifiée par des considérations plus stratégiques, l'objectif étant parfois de rendre plus difficile ou onéreuse une offre concurrente.**

Comme personne ne peut empêcher une offre concurrente d'être déposée, l'accord en charge de régir l'offre peut devoir être dénoué et les parties déliées de leurs engagements. Dans ce cadre, l'initiateur de la première offre peut souhaiter obtenir le versement d'un montant par la société visée parce qu'il a engagé des frais d'audit, des honoraires de conseil juridique, financier ou stratégique en vue du dépôt de l'offre. Il a aussi engagé sa réputation dans une opération qu'il a initiée, et qui à défaut d'être un succès sera possiblement qualifiée d'échec. Si les frais engagés peuvent être une justification à la clause de *break up fees*, elle peut aussi

17 - Les « *top-up options* » sont apparues dans les années 2000 aux Etats-Unis et ont été par la suite de plus en plus utilisées dans les « *two-step cash acquisitions* ». Ces opérations commencent avec une première étape par offre publique en numéraire. Une décision de la Cour du Delaware confirmait en 2011 (Olson c.EV3, Inc., et al., C.A. N° 5583-VCL - Del. Ch. 21 févr. 2011) que les « *top-up options* » correctement structurées résistent aux contestations judiciaires et facilitent efficacement la réalisation rapide d'une opération de fusion et acquisition ; v. S M. Davidoff, *Top-up Options : Mitigating Litigation Risks, Thomson Reuters n° 5-503-3719, 01-Oct-2010 ; M. Ganor, The Power to Issue Stock, SSRN* 30 mai 2011.

18 - V. notamment la section du présent ouvrage consacrée aux accords avec les actionnaires de la cible (Chap. 1).

19 - P. Mousseron, A. de La Cotardière, L. Victor-Michel, *Les clauses de break-up fee : essai d'analyse quantitative, BJS* mars 2015, n° 113d2, p. 160 ; E. Michel-Cordier et X. Vamparys, *Clause de break-up et pourparlers en vue de la cession de droits sociaux, BJS* sept. 2009, p. 820, n° 166. A. Pietrancosta, *Break-up fees et offres publiques : une pratique en voie de consécration ?, RTDF* 2008, n° 2, p. 22.

être justifiée par des considérations plus stratégiques, l'objectif étant parfois de rendre plus difficile ou onéreuse une offre concurrente.

Ces clauses peuvent être incluses dans des contrats de soutien à l'offre entre l'initiateur et la société visée par l'offre. Elles peuvent aussi se trouver, cumulativement ou non, dans des engagements d'apport à l'offre conclus entre l'initiateur et des actionnaires de la société visée. Historiquement, les premières clauses de *break-up fees* semblent d'ailleurs être apparues dans des engagements d'apport à des offres publiques. Nous nous concentrons néanmoins sur les clauses incluses dans les contrats de soutien à l'offre, même si les réflexions sont parfois identiques au regard des grands principes.

Ces clauses peuvent avoir différentes qualifications juridiques

La clause de *break-up fees* prévoit généralement le versement d'une « indemnité de rupture » calculée à partir d'un pourcentage du prix de l'opération envisagée[20] et offre la possibilité à la partie qui en bénéficie de retrouver sa liberté[21]. La nature juridique de la clause dépend largement de la volonté des parties.

Cette clause peut souvent être rapprochée d'une clause de dédit[22], en ce qu'elle met un terme à une situation contractuelle avant que l'objectif principal ne se soit réalisé. Dans une telle hypothèse, le bénéficiaire de la clause doit pouvoir bénéficier de la stipulation contractuelle et le montant stipulé ne doit pas aboutir à dissuader le bénéficiaire d'user de la prérogative qui lui est accordée.

Parfois, la clause de *break-up fees* se rapproche de l'indemnité d'immobilisation, utilisées habituellement dans les conventions d'acquisition de biens immobiliers.

Elle se distingue parfois difficilement des clauses stipulant qu'une partie pourra dénoncer un contrat si certaines conditions ou circonstances extérieures ne sont plus réunies (clauses qui jouent en cas d'évènement significatif défavorable appelées « *material adverse change* » ou « *MAC* »). Parfois, la clause est en réalité un croisement entre la clause de *break up fees* et la clause MAC[23]. Aux Etats-Unis ces clauses sont courantes dans les accords et autonomes des clauses de *break up fees*.

Enfin, la clause pourra dans certains cas être qualifiée de clause pénale si elle vient sanctionner une inexécution contractuelle. Il convient de noter qu'une telle qualification s'oppose à la clause de dédit puisque l'exercice du droit d'option contractuellement prévu ne peut en effet être perçu comme un manquement à une obligation. Néanmoins, cette hypothèse pourrait correspondre, selon certains, aux *reverse break up fees*, c'est-à-dire des clauses qui imposeraient le versement de montant par l'initiateur en cas de non-dépôt de l'offre ou de non-respect de certaines obligations pour obtenir certaines autorisations de tiers[24].

De manière générale et même si en la matière il est difficile de croire que ce type de clause ne sont pas âprement négociées, la clause de *break-up fees* ne doit pas être une arme permettant à une partie forte d'imposer ou d'exploiter un déséquilibre, au risque de déclencher l'application des textes de droit commun consacrés à sa correction.

Aucune interdiction de principe n'écarte ces clauses au regard du droit des sociétés et du droit boursier

Si avant de faire l'analyse pour la France, l'on fait un rapide tour de quelques pays dans le monde, il est possible de noter que, à l'exception de la Grande-Bretagne, les *break up fees*, sont, sans être expressément autorisés par les réglementations, utilisés dans de multiples juridictions avec néanmoins certaines limites. Aux Etats-Unis, les *break up fees* sont utilisés et prévoient des montants qui oscillent autour

20 - CA Paris, (5-7), 6 mai 2015, n° 14/16349 (clause de *break-up fees* d'un montant de 500 millions d'euros).

21 - J. Mestre., F. Buy, J.-C. Roda, M. Lamoureux, *Les principales clauses des contrats d'affaires*, Lextenso 2018.

22 - A. Pietrancosta, *préc.*.

23 - J. Granotier, *Le droit unilatéral de rompre le contrat : de la faculté de dédit à la clause de « break-up fee »*, D. 2014. 1960.

24 - J. Mestre., F. Buy, J.-C. Roda, M. Lamoureux, *préc.*

de 2 % et avoisinent parfois les 4 % de la valeur de la transaction. En Chine, ils sont rares et sont généralement simplement envisagés comme des dommages en cas de manquement à l'accord. A Hong Kong, ils doivent être de moins de 1 % de l'offre et le conseil d'administration doit les considérer dans l'intérêt social pour qu'ils puissent être accordés. A Singapour, ils ne doivent pas dépasser plus de 1 % de la valeur de la société visée calculé par rapport au prix de l'offre. En Australie, leur montant n'excède généralement pas plus de 1 % de la valeur totale de la transaction. Si l'on s'attache à quelques pays en Europe, il semble qu'ils soient utilisés avec des degrés variés. En Allemagne, s'il a été accordé des *break up fees* par des sociétés cibles, ce n'est pas une pratique qui peut être qualifiée de courante. En Belgique les sociétés visées apparaissent timorées et les *break up fees* sont rares. En Espagne, ils ne doivent pas dépasser 1 % du montant total de l'offre, doivent avoir reçu l'approbation du conseil d'administration avant leur conclusion et doivent avoir fait l'objet d'un rapport du conseil financier de la société visée. En Italie, ils semblent envisageables même si il y en a peu. Alors qu'aux Pays-Bas, les *break up fees* sont courants.

Au regard du droit des sociétés

D'aucuns ont avancé que les *break up fees* seraient contraires à la prohibition de l'assistance financière de l'article L. 225-216 du code de commerce. Néanmoins, de telles clauses ne sont ni comparables à un contrat de prêt, ni à une avance de fonds, ni à une sûreté accordée par la société en vue de l'achat de ses propres actions par un tiers. C'est en réalité une stipulation contractuelle propre qui est appelée à jouer non pas en vue de l'achat d'actions de la société, mais en cas d'échec de ladite acquisition. Par ailleurs, l'objectif de cet article est de conforter l'interdiction faite à une société d'acquérir ses propres actions, en dehors des exceptions légales prévues.

Ce sont donc les problématiques usuelles propres à la conclusion de toute convention qui s'appliquent et, en particulier, celles de la conformité à l'intérêt social. Si l'offre publique d'acquisition s'adresse principalement aux actionnaires, et que l'intérêt social apparaît plus large que le leur, une OPA peut avoir beaucoup d'intérêt pour la société visée dans le cadre d'un rapprochement stratégique. En tout état de cause, la société n'a-t-elle pas intérêt à participer à la recomposition de son capital, dans un cadre choisi et amical ?

D'ailleurs, la société visée par l'offre pourrait elle-même prévoir réciproquement une clause stipulant que l'initiateur lui verserait une somme d'argent dans l'hypothèse où l'offre négociée ne serait pas déposée par l'initiateur, déclarée conforme ou suivie d'effet en raison de la défaillance des conditions de l'offre (reverse break up fee). La Grande-Bretagne qui prohibe les *break up fees* ne trouve d'ailleurs rien à redire aux *reverse break up fees*.

> **Les *break up fees* sont en réalité une stipulation contractuelle propre qui est appelée à jouer non pas en vue de l'achat d'actions de la société, mais en cas d'échec de ladite acquisition.**

Si le montant du *break up fee* devait être payé sans qu'une offre concurrente ne soit proposée aux actionnaires, le montant versé viendrait directement amputer la valorisation de la société cible. L'on perçoit rapidement les risques de responsabilité auxquels pourraient s'exposer les dirigeants et les administrateurs ayant autorisé des accords contenant de telles clauses, à l'égard des actionnaires[25].

En cas d'offre concurrente et de possible activation de la clause de *break up fee*, plusieurs questions peuvent se poser en fonction de la rédaction de la clause et de la situation dont notamment :

- l'intérêt social de la société visée peut-il conduire à ne pas recommander l'offre concurrente à raison d'un intérêt supérieur apporté par l'initiateur de la première offre et à éviter ainsi le versement du *break up fee* ?

25 - En particulier s'il pouvait être dû à un non-apport par les actionnaires de leurs actions à l'offre. V. A. Pietrancosta, préc.

• l'intérêt social de la société visée peut-il conduire à recommander voire à privilégier l'offre concurrente à raison d'un intérêt supérieur apporté par l'initiateur de l'offre concurrente tout en versant le *break up fee* ?

La diversité des rédactions des clauses de *break up fee* ou *reverse break up fee* qui peuvent prévoir différents montants, avec différentes justifications, liés à la réalisation de certains évènements ou à l'absence d'exécution de certaines obligations, peut donner lieu à une ou plusieurs qualifications juridiques en fonction des stipulations de la clause. Elles devront en tout état de cause ne pas empêcher la société visée de répondre à une obligation qui lui est imposée par la loi.

Au regard du droit boursier

Les clauses de *break up fees* ne sont pas interdites par le droit français des offres publiques d'acquisition, sous réserve du respect du principe de libre jeu des offres et des surenchères[26]. Comme en matière d'engagements d'apport, le montant du *break up fee* ne doit pas être tel qu'il aboutisse à conférer un avantage excessif à son bénéficiaire et ruine par avance tout espoir d'offre concurrente.

Dans l'affaire *Altran*, la Cour d'appel de Paris a rappelé que l'Autorité des Marchés Financiers a compétence en la matière et apporté d'importantes précisions, même si elles peuvent être discutées. La Cour a ainsi considéré : « *131.Il [l'Autorité des Marchés Financiers] lui incombait également de vérifier, comme elle l'a fait, que le montant de l'indemnité de rupture stipulée dans ce contrat n'était pas de nature à entraver le libre jeu des offres et de leurs surenchères. Pour ce faire, elle a constaté que ce montant n'excédait pas 2 % de la valeur des fonds propres de la société Altran, et ce, conformément à sa pratique consistant à déterminer ce plafond par référence au seuil de 2 % d'accroissement de la valeur pour qu'une offre en surenchère ou concurrente en numéraire puisse être déclarée conforme en application de l'article 232-7 du règlement général.*

132. Sur ce dernier point, il convient d'ajouter, à titre surabondant, que l'ADAM, qui concentre ses critiques sur le montant de cette indemnité sans remettre en cause la pratique consistant, dans des opérations d'offre publique d'acquisition volontaire résultant d'un accord entre l'initiateur et la cible, à stipuler une telle indemnité, se borne à critiquer ce plafond au seul motif qu'elle ne comprend pas la référence à ce seuil de 2 % d'accroissement de la valeur, sans apporter aucun élément de nature à remettre en cause, en l'espèce, sa pertinence. »

Le montant apparaît ainsi devoir être en adéquation avec les capacités financières de la société visée. Le lancement d'une offre concurrente conduisant au paiement du montant opère en réalité un transfert de valeur au détriment de la société visée et au bénéfice des actionnaires de la société visée qui vont apporter leurs titres à l'offre concurrente. Ce mécanisme crée une relation multipartite entre la société visée, les acquéreurs, les actionnaires sortants et les actionnaires restants. Les actionnaires sortants sont bien les bénéficiaires de la surenchère, mais après opération, la société visée se retrouve avec une trésorerie

Il conviendrait de se poser la question de la validité d'une clause prévoyant le versement d'un montant tel qu'il empêcherait le conseil d'administration de revenir sur sa décision initiale au vu d'une offre concurrente. Son montant ne devrait pas en pratique dissuader son débiteur d'accepter une offre concurrente mieux-disante, sauf à remettre en cause le libre jeu des offres et des surenchères.

26 - V. CA Paris, 27 avr. 1993, *Mutuelles du Mans c/OCP, Rev. Sociétés* 1993. 605, obs. D. Martin et D. Bompoint ; CA Paris, 27 oct. 1993, *Sucrerie-raffinerie de Chalon sur Saône (ou Balland), RDBF* 1993, p. 261 ; CA Versailles, 21 déc. 2006, RG n° 04/03648, *Accord Casinos c/ Der Krikorian (ou Partouche), RTDF* 2007, n° 4, Chronique/*Public M&A*, p. 101, obs. D. Martin, B. Kanovitch, B.-O. Becker et autres : décision dans laquelle les juges avaient alors examiné, pour déterminer la conformité des engagements pris par les actionnaires fondateurs au regard du principe de libre jeu des offres et des surenchères, si les accords conclus entre Accor Casinos et les actionnaires fondateurs conféraient à Accor Casinos « *(...) un avantage déterminant par avance le succès de son offre publique en faussant le jeu des offres et des surenchères (...)* ».

diminuée du montant du *break up fees*, ce qui renvoie à des questions de droit des sociétés sur la proportionnalité et l'intérêt social.

Il conviendrait de se poser la question de la validité d'une clause prévoyant le versement d'un montant tel qu'il empêcherait le conseil d'administration de revenir sur sa décision initiale au vu d'une offre concurrente. Son montant ne devrait pas en pratique dissuader son débiteur d'accepter une offre concurrente mieux-disante, sauf à remettre en cause le libre jeu des offres et des surenchères. Comme l'observe justement un auteur, la charge financière pesant sur la société visée par l'offre et non sur ses actionnaires, « *l'offre concurrente demeure par hypothèse intéressante pour ses destinataires qui ne risquent pas de se trouver privés de la plus-value proposée par suite du paiement d'une indemnité dont ils seraient personnellement redevables* »[27].

Tout repose donc sur l'appréciation de l'avantage procuré à l'initiateur bénéficiaire du *break up fee* et de son aptitude à dissuader le lancement d'offres concurrentes.

Pour l'initiateur d'une offre d'achat concurrente, le montant du *break up fee* versé par la société cible au premier initiateur renchérit son coût d'acquisition. Au surprix d'au moins de 2 % imposé par la réglementation boursière, l'initiateur concurrent doit ajouter le paiement du *break up fee* puisqu'il doit en effet supporter l'amoindrissement de valeur de la cible en résultant.

Si en pratique les précédents montrent que le montant accordé au titre du *break up fee* reste aux environs des 2 % par rapport à la valeur de la société visée ressortant de l'offre, est-il possible d'envisager qu'il le dépasse, certains précédents semblant aller en ce sens[28] ?

Il doit être noté que la jurisprudence Altran fait référence à une pratique de l'Autorité des Marchés Financiers relative à un montant de 2 % par rapport aux fonds propres de la société visée et non par rapport à la valeur de l'offre, ce qui se rapproche plus d'une logique de droit des sociétés que de droit boursier. Tout va dépendre de ce qui déclenchera les montants de *break up fees* et la manière dont est rédigée la clause, mais, *in fine* n'est-ce pas l'auteur de la contre-offre qui devra supporter indirectement le montant si son offre est victorieuse ? On peut même s'interroger, au regard même du droit des sociétés, sur la question de la pertinence de cette référence aux fonds propres pour apprécier le respect de l'intérêt social et l'atteinte éventuelle à la capacité de développement de la société visée. La définition même de fonds propres d'un point de vue comptable n'est-elle pas discutable ? En fonction des sociétés, de leur activité ou de leur historique comptable, ce critère est-il le mieux à même d'appréhender la conformité ou l'atteinte à l'intérêt social de la société visée ?

27 - A. Pietrancosta, *préc.*

28 - H. Nadjar, *Les principes du droit des offres publiques acquisition*, thèse 2023, n° 566 : « *certaines clauses qui représentent 5,7 %, 12,7 %, ou 26 % des fonds propres des sociétés visées* ».

Quelques exemples de clauses de *break up fees* en France :

Date	Société visée	Initiateur	Mise en œuvre de la clause	Capitalisation K€	Montant K€	% du break up fee
Nov. 2021	Europcar Mobility Group	GreenMobility Holding	Le conseil d'administration donnerait un avis motivé favorable à une offre alternative supérieure	2.500.000	50.000	2,00 %

Date	Société visée	Initiateur	Mise en œuvre de la clause	Capitalisation K€	Montant K€	% du break up fee
Mars 2021	EOS Imaging	Alphatec Holdings Inc	Si le conseil d'administration de la Société n'émet pas l'avis motivé dans un certain délai convenu entre les parties ou le retire ou le modifie. Si le conseil, d'administration retire ou modifie sa recommandation initiale ou son avis motivé, et/ou approuve, recommande ou reste neutre face à une proposition concurrente, ou bien résilie l'accord afin de donner suite à une proposition concurrente	-	2.000	2% (26 %)[29]
Oct. 2019	Altran Technologies	Capgemini	Notamment si la cible donne un avis favorable sur une offre concurrente (existence d'une indemnité d'un montant égal pouvant être versée par l'initiateur à la cible dans certaines hypothèses)	3.220.672	75.000	2,32% (2,00 %)[30]
Nov. 2015	Montupet S.A.	Groupe Linamar	Notamment si le conseil d'administration de la cible modifie ou retire sa recommandation sur l'offre ou recommande une autre offre	771.291	15.000	1,94% (5,7 %)[31]
Juin 2015	Hubwoo	Perfect Commerce	Notamment si le conseil d'administration de la cible retire sa recommandation sur l'offre	25.715	350	1,36 %
Nov. 2013	Cameleon Software	PROS Holdings Inc.	La cible recommande une offre concurrente qui ne serait pas déclarée conforme par l'Autorité des Marchés Financiers	30 968	750[32]	1,61 % (12,7 %)[33]
Juill. 2013	Theolia	MEIF 4 AX Holdings SAS	La cible modifie, retire ou apporte sa recommandation à une autre offre	302 496	2 000	0,66 %
Juin 2010	Sperian Protection	Honeywell Holding France	La cible modifie, retire ou apporte sa recommandation à une autre offre. L'initiateur renonce suite à la modification de la consistance de la cible ou l'offre devient sans objet	685 173	10 000	1,46 % (1,10 %)[34]
Sept. 2008	ILOG	IBM	La cible modifie, retire ou apporte sa recommandation à une autre offre. L'initiateur renonce à son offre suite à la modification de la consistance de la cible ou l'offre devient sans objet.	231 098	4 000	1,73 % (1,70 %)[35]
Nov. 2007	Business Objects	SAP France SA	La cible apporte sa recommandation à une autre offre. L'initiateur renonce suite à la modification de la consistance de la cible ou l'offre devient sans objet (notamment)	4 762 000	86 000	1,81 % (2,00 %)[36]

29 - Montant du *break-up fee*/valeur des fonds propres, selon H. Nadjar, préc.
30 - Montant du *break-up fee*/valeur des fonds propres de la cible induite par le prix d'offre sur une base totalement diluée, selon l'AMF. 4
31 - Montant du *break-up fee*/valeur des fonds propres, selon H. Nadjar, préc.
32 - 500.000 euros dans l'hypothèse où une offre concurrente réussie.
33 - Montant du *break-up fee*/valeur des fonds propres, selon H. Nadjar, préc.
34 - Montant du *break-up fee*/valeur des fonds propres.
35 - Montant du *break-up fee*/valeur des fonds propres.
36 - Montant du *break-up fee*/valeur des fonds propres.

par **Anne Méaux**,
Présidente et fondatrice, Image 7
et **Laurent Poinsot**,
Consultant, Image 7

La communication sur les offres publiques et les enjeux spécifiques en amont de l'annonce de l'opération

Un des facteurs clés du succès d'une offre publique tient à la légitimité de l'initiateur, comme l'a particulièrement illustré le cas de l'offre de Mittal Steel sur Arcelor. Construire cette légitimité s'anticipe et oblige à une particulière vigilance durant la phase de préparation de l'offre, notamment pour gérer les fuites et préparer le terrain sans pour autant provoquer de telles fuites.

1. Objectifs et moyens de la communication sur les offres publiques

La cible d'une OPA étant, par nature, cotée en bourse, la communication sur celle-ci doit répondre au calendrier du régulateur avec des jalons très précis mais va également bien au-delà de ces contraintes réglementaires. Si la communication sur le prix proposé – et son éventuel rehaussement – est un des facteurs de succès, il est loin d'être suffisant. La réussite d'une OPA suppose de convaincre l'ensemble des parties prenantes à la fois du bien-fondé de l'opération mais aussi de la légitimité de l'initiateur à la mener.

Ce dernier point est crucial : une opération peut être perçue comme « logique », « faisant du sens » et « étant créatrice de valeur », elle aura pourtant de grandes chances de ne pas aboutir si l'initiateur n'est pas considéré comme légitime pour la mener, celui-ci courant même le risque de voir son opération être reprise à son compte par un initiateur « concurrent » qui pourra même se présenter comme un « chevalier blanc ».

Acquérir ce statut de « légitimité » passe par trois étapes :

- faire connaitre l'initiateur (si cela n'est pas déjà le cas) ;
- faire reconnaître l'initiateur comme étant légitime ;
- expliquer le projet d'OPA afin qu'il apparaisse comme faisant le plus de sens pour l'ensemble des parties prenantes (vision long terme, pérennité, création de valeur, etc.).

La réussite d'une OPA suppose de convaincre l'ensemble des parties prenantes à la fois du bien-fondé de l'opération mais aussi de la légitimité de l'initiateur à la mener.

Le but ultime des séquences de communication est qu'à terme l'initiateur apparaisse comme étant le plus légitime voire comme étant le seul à être légitime et que l'opération apparaisse comme évidente.

Pour y parvenir et pour que les opérations de communication atteignent leur objectif, il faut créer une équipe, soudée et réactive, qui se fait confiance et qui regroupe autour de l'initiateur, l'ensemble de ses conseils : financiers, juridiques, ressources humaines, affaires publiques, médias, investisseurs.

En termes de cibles, la communication visera tous les publics, en interne et en externe, afin de convaincre les actionnaires et les dirigeants de la cible, mais aussi de rassurer les salariés, les clients, les fournisseurs. L'influence auprès de la sphère publique et de l'*establishment* sera également un point crucial, afin de s'assurer de leur soutien ou, *a minima*, de leur neutralité.

Tous les moyens disponibles seront mis en œuvre : mise en place d'un mini site d'internet dédié à l'opération, conférences de presse, rencontre off, visites de sites avec les médias, communication digitale *via* les canaux de l'entreprise et de ses dirigeants (LinkedIn, X, Instagram), publications financières dans les journaux économiques et sur les sites boursiers, lettres aux actionnaires et aux parties prenantes (salariés, clients, fournisseurs).

Les enjeux de communication diffèrent suivant que l'initiateur est coté ou non et suivant que l'OPA est amicale ou non-sollicitée (dans ce cas, l'OPA sera généralement qualifiée d'inamicale ou d'hostile par la cible, ce dont l'initiateur se défendra).

Tous ces scénarios présentent un socle commun d'enjeux de communication, à savoir :

- convaincre les actionnaires de la cible de l'intérêt stratégique de l'offre et de l'équité de ses conditions. Bien sûr, cet enjeu sera moindre si l'OPA est amicale et d'emblée soutenue par la cible ;
- éviter une fronde d'actionnaires activistes, y compris dans le cas d'une offre amicale ;
- rassurer les salariés de la cible et parfois aussi ceux de l'initiateur sur des zones géographiques où la cible serait mieux positionnée que l'initiateur ;
- informer positivement sur l'opération les clients, les fournisseurs, la sphère publique (élus, administrations, ...).

Si l'initiateur est coté, un enjeu supplémentaire doit être pris en compte, que l'OPA soit amicale ou non sollicitée : convaincre les actionnaires de l'initiateur de la pertinence de l'opération. Ce point important est souvent négligé par l'initiateur, surtout quand l'opération ne nécessite pas d'approbation en assemblée générale.

Si l'opération n'est pas sollicitée, les enjeux de communication deviennent encore plus cruciaux et doivent permettre de :

- faire connaitre l'initiateur, en particulier si ce dernier n'est pas coté ou coté dans une géographie éloignée de celle de la cible ;
- convaincre le conseil d'administration et la direction générale de la cible de l'intérêt stratégique de l'offre et de l'équité de ses paramètres ;
- éviter l'émergence d'un « chevalier blanc » faisant une contre-offre sur la cible.

2. Les précautions à prendre en amont de l'annonce de l'opération

2.1. La gestion des fuites

Pendant toute la phase préparatoire, les scénarios de communication en cas de fuite doivent être préparés. Ceux-ci dépendant du caractère plus ou moins précis de la fuite, du stade des discussions et de leur dynamique :

Simple démenti, si la fuite est très vague et mentionne plusieurs initiateurs ou plusieurs cibles possibles : « *Le Groupe ne commente pas les rumeurs de marché* »

Démenti laissant ouverte la porte à une opération, si la fuite est vague mais qu'elle a un impact sur le cours : « *A la suite de récentes rumeurs relayées par la presse concernant un projet de rapprochement entre le Groupe et XXX, le Groupe souhaite clarifier sa position. Le Groupe étudie en permanence de potentielles options stratégiques, comme par exemple des rapprochements avec d'autres acteurs. A cette fin, le Groupe mène fréquemment des discussions avec divers acteurs du secteur. De telles discussions sont par nature préliminaires et pourront ou non aboutir à un accord.* »

Confirmation très préliminaire, si la fuite est précise : « *Le Groupe confirme avoir engagé des* *discussions avec XXX. Ces discussions sont très préliminaires et, à ce stade, il n'existe aucune certitude que cette approche débouchera sur un accord ou une transaction. La société communiquera ultérieurement en tant que de besoin.* »

Confirmation en réservant la possibilité que l'opération ne se fasse pas, si la fuite est très précise. La formulation variera selon que la cible est réceptive ou non :

- Si la cible est réceptive, le message sera articulé autour des éléments de langage suivants : « *A la suite de récentes rumeurs relayées par la presse, le Groupe confirme être en discussion avec XXX à propos d'une éventuelle opération qui pourrait conduire à un rapprochement entre le Groupe et XXX notamment au travers d'une offre publique d'acquisition sur XXX. Les discussions se poursuivent, mais aucun accord n'a, à ce jour, été conclu. A ce stade, il n'existe pas de certitude quant à la concrétisation des discussions en cours et la conclusion d'un accord. Le cas échéant, le Groupe tiendra le marché informé de toute évolution significative des discussions.* »

- A l'inverse en cas de réaction hostile, la communication en tiendra compte : « *A la suite de récentes rumeurs relayées par la presse, le Groupe confirme avoir [été approché par XXX et avoir] engagé des discussions avec XXX afin d'étudier un projet de rapprochement industriel des deux groupes. A ce stade, le Groupe prend note de la réaction [des dirigeants et actionnaires] de XXX tout en demeurant convaincu de l'évidence de l'intérêt industriel et de la pertinence stratégique pour toutes les parties prenantes d'un rapprochement. [Le Groupe précise qu'à ce stade, il n'est pas en phase de préparation d'une offre sur XXX.* »

2.2. Les enjeux de la communication en amont de l'annonce

La possibilité de commencer à mieux faire connaître l'initiateur avant l'annonce de l'offre peut être envisagée. Une telle approche doit cependant être utilisée avec beaucoup de prudence pour ne pas éveiller l'attention et ne pas provoquer, involontairement, un début de fuite. Cette approche peut prendre la forme d'une tribune ou d'une prise de position sur un sujet d'actualité sans rapport avec le projet étudié. L'objectif est d'inscrire l'initiateur dans le paysage médiatique pour que sa légitimité soit reconnue dès l'annonce de l'opération.

Dans le cas où l'initiateur est très peu connu dans le pays de la cible, construire la notoriété de l'initiateur est un facteur clé de succès, comme le montre la tentative d'approche avortée du groupe canadien Couche-Tard sur Carrefour : avant même d'avoir eu le temps d'essayer de se faire connaître, l'approche de Couche-Tard a été bloquée au motif du maintien de la souveraineté de la France en matière de sécurité alimentaire.

S'il est envisageable de mieux faire connaître l'initiateur avant l'annonce de l'offre, une telle approche doit cependant être utilisée avec beaucoup de prudence pour ne pas éveiller l'attention et ne pas provoquer, involontairement, un début de fuite.

Dans le cas où l'initiateur est une société cotée, la nécessité de convaincre ses propres actionnaires de la pertinence de l'opération, qu'elle soit amicale ou inamicale, ne doit pas être négligée. Un exemple récent est l'offre amicale annoncée par Airbus pour acheter 30 % de la structure Eviden, dans le cadre du projet de spin-off du groupe Atos. L'opération a été très rapidement critiquée par le fonds TCI, actionnaire d'Airbus, obligeant ce dernier à rapidement abandonner le projet.

3. L'exemple de l'OPA de Mittal Steel sur Arcelor

3.1. Retour sur un cas topique de la communication en période d'offre

L'exemple résume assez bien tous les enjeux de la communication en période d'OPA et les moyens à mettre en œuvre pour qu'une telle opération puisse être un succès.

Un contexte défavorable pour Mittal Steel

Au moment de l'annonce de l'opération, le secteur sidérurgique était sous pression et la plupart des experts reconnaissaient qu'une concentration était nécessaire compte tenu, en particulier, de l'hyper-concentration du secteur minier en amont. Pour autant, Mittal Steel n'était pas du tout perçu comme légitime pour mener cette opération :

- le Groupe et ses dirigeants étaient très peu connus en France, leur origine indienne allant même jusqu'à susciter une forme de méfiance ;
- et la classe politique et les leaders d'opinions étaient très mobilisés pour défendre Arcelor présenté comme un fleuron de la sidérurgie européenne, voire française.

Une stratégie de communication visant toutes les parties prenantes

Dès le départ, la stratégie de communication a visé simultanément tous les publics : les salariés, les actionnaires, les médias, mais aussi les politiques et le microcosme de l'*establishment* français.

Des messages pour mettre en valeur le projet et pour rendre légitime l'initiateur

- Une concentration inéluctable de l'industrie européenne.
- Une complémentarité géographique d'Arcelor et de Mittal Steel, acteur britannique et non pas indien, avec des synergies industrielles et commerciales.
- Un initiateur coté et transparent qui s'est développé avec succès.
- Un prix, relevé au cours de l'offre, attractif pour les actionnaires.

Des moyens mis en œuvre pour provoquer des rencontres à tous les niveaux

- Deux conférences de presse, à Londres et à Paris, organisées pour présenter le projet industriel : sa pertinence et son potentiel de création de valeur.
- De nombreuses rencontres organisées avec les médias pour présenter Mittal Steel et ses activités et pour combler le déficit de notoriété grâce à la publication de nombreux portraits.
- Organisation de visites de site, en Lorraine et aux Etats-Unis pour montrer le savoir-faire et l'agilité du Groupe.
- Mise en avant la vision du dirigeant du Groupe, Lakshmi Mittal, quant aux évolutions de son secteur d'activité.
- Des rendez-vous organisés avec la sphère politique et au niveau ministériel pour que Lakshmi Mittal puisse mieux se faire connaître et présenter son projet.
- Un soutien déterminant de François Pinault, entré au conseil d'administration de Mittal Steel et qui a publiquement soutenu le projet et organisé des rencontres avec le microcosme français.

Une agilité et une réactivité au quotidien

La qualité de la préparation en amont, avec les messages clés et le plan de communication, a été le premier facteur déterminant. Mais c'est surtout l'agilité des équipes et leur capacité de réaction en temps réel qui ont été déterminantes, avec une veille quotidienne de la presse, un suivi en temps réel de l'image du Groupe et des contacts quotidiens avec l'ensemble des journalistes sectoriels et les éditorialistes. Cette organisation a été particulièrement efficace pour contrer la tentative de recours à un « chevalier blanc », en l'occurrence un cosaque, puisqu'il s'agissait du russe Severstal.

Dès le lendemain de cette annonce, une conférence de presse a été organisée par Mittal Steel pour contrer tous les arguments du projet alternatif. En particulier, l'absence de transparence de Severstal a très rapidement discrédité le projet auprès des médias et de l'*establishment*. Cela a été d'autant plus efficace que le travail de transparence pour présenter Mittal Steel et son dirigeant avait porté ses fruits.

Conclusion

L'opération a été un succès à la fois sur le plan financier mais aussi sur le plan médiatique :

- Fusion effective de Mittal Steel et d'Arcelor

pour donner naissance au leader mondial ArcelorMittal.

• Reconnaissance de que ce projet était la meilleure option et que Mittal Steel était l'acteur le plus légitime pour la mener :

  • les capacités de *management* et de visionnaire de Lakshmi Mittal ont été mises en avant ;

  • la qualité des produits du Groupe et de son outil de production a été reconnue ;

  • la stratégie de consolidation du secteur a été saluée par les experts et spécialistes du secteur et les avantages de la fusion ont été largement commentés : complémentarité géographique et des gammes de produits, meilleure résilience face aux cycles, meilleure intégration sur l'ensemble de la filière amont-aval.

3.2. Entretien avec Anne Méaux, Présidente et fondatrice d'Image 7

L'OPA de Mittal sur Arcelor est une OPA mythique dont tout le monde se souvient.

voir la vidéo

Quelle a été la clé du succès ? A mon avis, et cela est valable pour toutes les OPA, une équipe soudée et qui se fait confiance, avec des banquiers, des communicants, des avocats et forcément l'entreprise à la manœuvre, qui se réunissent tous les jours et qui ont une réactivité immédiate sur tous les événements de l'actualité, car c'est un combat au long cours.

***Un contexte tendu* :**

Mittal était complètement inconnue. Personnellement, même lorsque Goldman Sachs m'a appelée, je croyais que c'était Mittal Europe et donc, je ne voulais pas travailler pour eux. Personne ne savait qui c'était. Il y avait une méfiance contre l'étranger indien qui pouvait aller jusqu'à une certaine forme de racisme chez certains.

La clé du succès ? Une équipe soudée et qui se fait confiance, avec des banquiers, des communicants, des avocats et forcément l'entreprise qui attaque, qui se réunissent tous les jours et qui ont une réactivité immédiate sur tous les événements de l'actualité, car c'est un combat au long cours.

Un ministre des Finances qui tout de suite a été violemment hostile et qui a pris la parole, soutenu par un *establishment* qui n'avait pas encore compris qu'Arcelor n'était déjà plus français, qu'il était surévalué et qu'il prenait encore pour le fleuron de la sidérurgie européenne.

Donc un contexte extrêmement difficile.

***La stratégie déployée* :**

Nous avons joué sur tous les leviers et nous nous sommes adressés à toutes les parties prenantes. Ceci est l'une des spécialités d'Image 7, c'est-à-dire que nous sommes capables d'élaborer, de faire passer des messages aussi bien en interne, qu'aux actionnaires, aussi bien à la classe politique, qu'au milieu économique – le petit microcosme français qui a eu un rôle clé dans cette affaire – et de toucher aussi le grand public, ce qui est souvent oublié. Parce que le grand public, c'est la seule façon de faire bouger les politiques, et il y a une interaction lorsqu'il y a une grande bataille ; nous, il y avait du Mittal dans les journaux télévisés, donc cela a été une saga pendant un an.

***Le message relayé* :**

Le message relayé était que la concentration était inéluctable dans l'intérêt même de l'Europe et que les Chinois et les Russes rôdaient ; donc il valait peut-être mieux se marier avec un groupe anglais coté – donc avec la transparence qu'entraîne la cotation – qui avait un projet industriel pertinent avec une complémentarité géographique, des synergies, un projet créateur de valeur et un groupe qui prenait des engagements sociaux, et ce qui a été aussi un élément clé de l'affaire, un très bon prix pour les actionnaires.

***Dédiaboliser Mittal* :**

Pour dédiaboliser Mittal, il fallait d'abord faire connaître les Mittal. Ces derniers pensaient annoncer leur projet de Londres, mais je leur ai conseillé de venir à Paris. Nous avons organisé une conférence à Paris avec toute la famille qui s'est présentée aux médias, qui a répondu à toutes les questions. Pour ma part, j'ai organisé de nombreux dîners avec des grands industriels, avec des politiques, pour que nous les connaissions et que nous voyions qui sont ces personnes. J'avais notamment fait rencontrer François Pinault à Lakshmi Mittal, ils se sont très bien entendus, je pense que cette rencontre a été déterminante pour dédiaboliser Mittal dans le microcosme.

Il fallait aussi faire connaître l'entreprise, car c'est une très belle entreprise et cela ne se savait pas. Nous avons emmené des journalistes en Lorraine, puis nous sommes partis faire un grand reportage pour une émission de TF1 à Chicago pour montrer que c'était une entreprise implantée sur tous les continents et une entreprise très moderne. Nous avons aussi essayé d'expliquer la vision de Lakshmi Mittal sur son secteur d'activité.

***Lever les obstacles* :**

A mon avis, l'entrée de François Pinault au conseil d'administration a été fondamentale.

Le prix très généreux a aussi été fondamental.

Nous avons fait un énorme travail avec les médias pour toucher le grand public et en réactivité permanente.

La clé est l'équipe soudée mais surtout, aussi, agile et réactive. Nous avions une réunion téléphonique tous les matins à 8 heures, nous avions un message par jour, nous répondions à toutes les questions. Notre mobilisation était quotidienne. C'est comme cela que nous avons appris, par exemple, qu'il y avait un chevalier blanc avec Severstal.

Dès le lendemain, nous étions prêts, nous avions travaillé toute la nuit avec Goldman Sachs, avec Yoël Zaoui, le banquier en charge de l'affaire. Nous étions prêts pour argumenter que Severstal était un Russe opaque, dont les tenants et les aboutissants n'étaient pas connus, alors que nous travaillions pour une société anglaise, cotée, beaucoup plus transparente, beaucoup plus européenne.

Nous avons monté une campagne de publicité. Nous avons joué sur tous les leviers de communication.

Une campagne de publicité grand public, diffusée dans les journaux où l'on pouvait voir des actionnaires avec les yeux bandés parce que c'est ce qui leur était demandé ; ils ne savaient pas qui était exactement Severstal alors que nous savions qui était Mittal.

Nous avons gagné parce qu'il a été reconnu qu'Arcelor ne pouvait pas vivre seul et que l'OPA avec Mittal était la meilleure solution pour l'industrie européenne. Mittal avait aussi pris des engagements, qu'il a globalement tenus.

***15 ans plus tard* :**

Aujourd'hui, personne ne se souvient vraiment de la bagarre. Le fils de Lakshmi Mittal, Aditya Mittal, est régulièrement reçu à l'Elysée et je crois que tout le monde reconnaît qu'il n'y avait pas de meilleures solutions pour sauver Arcelor qui, pour rappel, n'était pas français.

Pour finir, cela a été une campagne que nous avons menée avec les actionnaires, donc en France, en Angleterre, aux Etats-Unis mais aussi à Luxembourg, car Arcelor était installé au Luxembourg.

Quand les batailles durent aussi longtemps, cela crée des liens humains et c'est une aventure personnelle formidable, et tant d'années après, ArcelorMittal est toujours mon client.

Nous avons gagné car nous nous entendions à merveille – avocats, communicants, banquiers, entreprise – et grâce à notre réactivité – ce que n'avait pas Mittal qui était une société bureaucratique avec des conflits internes et une prise de décision difficile, alors que nous,

nous prenions une décision en T0.

Mittal m'avait donné son numéro de portable et, si cela traînait trop, et que je voyais que les banquiers n'étaient pas d'accord, je lui téléphonais et il tranchait le point. Donc une capacité à trancher extraordinaire du client, une réactivité de l'équipe. Et en plus, quand vous gagnez, ce ne sont que des bons souvenirs !

2

LE LANCEMENT DE L'OFFRE ET LES FACTEURS DE SON SUCCÈS

OPA – PRATIQUES PROFESSIONNELLES ET INTERDISCIPLINARITÉ

Enfin, l'annonce !

Après des semaines, voire des mois de préparation, l'initiateur sort du bois, accompagné d'un « *bataillon de conseils* ». La formule, journalistique, donne une image assez juste du dispositif dont celui-ci doit s'entourer.

Les contributions de ce chapitre font écho à ce que peut être la vie d'un dossier d'offre publique : établissement présentateur, *proxy sollicitor* ou *advisor*, communiquant... chacun vient avec ses outils et ses solutions. Mais aussi avec les préoccupations caractérisant son champ de compétences et donc ses attentes, ses contraintes et ses demandes. Les deux « focus » de ce chapitre sont comme les interventions de l'avocat auprès de ces professionnels, perçues on l'espère plus comme un garde-fou que comme la mouche du coche, pour rappeler à tous qu'à chaque étape de son déroulé, l'offre doit composer avec un sous-jacent réglementaire.

L'annonce de l'offre marque le début, de la période de préoffre mais souvent aussi, celui des tracas. L'offre ficelée avec tant de soins sera scrutée et quelquefois détricotée avec plus encore de vigueur par le marché et il est donc indispensable d'adopter une démarche pro-active pour crédibiliser l'OPA.

Accompagné de ses conseils, l'initiateur l'est parfois aussi par des partenaires qui formeront avec lui un concert. La contribution de ce chapitre consacrée au concert apporte un éclairage rare à cette notion fondamentale du droit boursier.

par **Hugues Schmitt**,[1]
Associé - cofondateur, Primatice Conseil

L'annonce faite au marché

L'auteur d'une OPA n'a pas deux fois l'occasion de faire une bonne première impression. En particulier dans le cas des offres dites inamicales, les premières heures sont en effet cruciales puisqu'elles offrent une occasion – qui ne se présentera plus – de faire passer ses messages sans être contredit ou attaqué. Ces premières heures écoulées, s'ensuit pour l'initiateur un long processus de communication durant lequel il craindra, comme dans toute entreprise de séduction, autant l'hostilité du marché que... son indifférence.

Une offre, qu'elle soit d'achat, d'échange ou de retrait, amicale ou non, est une offre, et il convient de prendre le mot très au sérieux si l'on veut qu'elle soit couronnée de succès.[1] Une offre est une offre : si elle peut, dans certains moments de son déroulement, être encadrée par la contrainte, elle reste essentiellement objet de conviction, c'est-à-dire d'un choix libre, dicté par la liberté de celui qui la reçoit, et susceptible d'assentiment comme de refus. Le cours d'une offre insatisfaisante s'achemine, en toute logique, vers des stratégies d'opposition, de rejet, voire de contre-offres, déployées en réponse par les destinataires insatisfaits. L'échec est ainsi promis à qui ne prend pas en compte, dès la formulation même de l'offre, la possibilité de cette divergence de vues, car l'amicalité professée par l'un sera tenue par l'autre pour de l'hostilité. Ecartons d'emblée la naïveté de croire qu'un actionnaire majoritaire a le pouvoir indiscuté de faire plier, même par voie judiciaire, les minoritaires à ses conditions de prix et de calendrier : l'excès de confiance est rarement bon conseiller et l'orgueil des majoritaires se voit parfois infliger de douloureuses entailles.

Car une offre est un processus temporel complexe, long de plusieurs mois, occupant toute une saison, sujette à de nombreuses influences et perturbations quasi météorologiques, où se mêlent le cours macroéconomique des événements du monde, le cours psychologique des personnes – morales et physiques – émettrices et réceptrices, le cours des anticipations de court, moyen et long termes, le cours des espérances de revenu de chacune des parties et, naturellement, le cours des évolutions de la doctrine des instances juridiques et des nominations à la tête des autorités de régulation. Une offre s'inscrit dans le temps des conjonctures, bonnes ou mauvaises, mais toujours changeantes[2]. Les acteurs et les observateurs de l'offre la vivent, selon qu'ils seront plus familiers du théâtre ou du concert, comme le déroulement d'une dramaturgie, traversée de passions excessives et de péripéties soudaines, scènes tour à tour furieuses, pathétiques ou heureuses, ou comme une symphonie en plusieurs mouvements, charriant, entre son début et sa fin, des couleurs, des intensités et des rythmes variables.

Enfin, une offre, quand elle est publiquement émise, fait irrévocablement date, et marque le début d'un enchaînement d'actions, dans le cadre d'un calendrier réglementairement contraint, qui ne s'arrête plus et qu'on ne peut plus effacer. Bref, lancer un processus d'offre, c'est avoir évalué chacun de ces paramètres et en avoir fait un moteur de succès. C'est donc le déploiement, rythmé dans le temps, d'une

1 - Tous mes remerciements vont à mes associés Olivier Labesse et Thomas Roborel de Climens, ainsi qu'à Elisabeth de Gaulle pour leur contribution à cet essai de synthèse et leur relecture attentive.

2 - Elles s'inscrivent aussi dans des cycles historiques de plus long terme. Il y a vingt ans, les offres hostiles étaient monnaie courante ; elles sont aujourd'hui l'exception.

conviction et de l'argumentaire qui l'étaie, et la recherche, en un temps ni trop court ni trop long, de l'assentiment général qui présidera à la conclusion de ce cheminement, au meilleur intérêt des parties.

Mais surtout, une offre se prépare de longue main, méthodiquement, discrètement - nous pourrions dire subliminalement - car le « prétendant » doit tout faire pour que son offre apparaisse légitime, naturellement née d'un discours stratégique minutieusement préparé et installé en amont. Plus l'offre semble stratégiquement « naturelle », plus elle augmente ses chances de succès ; plus elle est soigneusement élaborée, plus elle réduit la part de l'aléa.

Pour toutes ces raisons, chacun des professionnels des opérations publiques de marché sait que la communication y joue un rôle central, que nous décomposerons en trois aspects majeurs :

- *Une offre, en matière boursière, est publique*, ce qui entraîne des conséquences nombreuses. D'abord, l'émetteur de l'offre (ou le concert des émetteurs lorsqu'ils sont plusieurs) s'adresse à une multiplicité de récepteurs, épars et dissemblables, de langues et d'origines souvent différentes, de taille, de structure et de sophistication variables, et souvent difficiles à dénombrer, ce qui le place dans une situation « rhétorique », c'est-à-dire celle du discours public, par opposition au propos privé, seul à seul, dans le secret des affaires. Ensuite, l'émetteur est, dès le lancement de l'offre placé sous le contrôle vigilant des autorités publiques, l'Autorité des marchés financiers étant précisément chargée de veiller à l'égalité d'information entre les actionnaires, gros ou petits, et donc à la rigoureuse publicité des actes et des discours diffusés dans le cours du processus d'offre. Enfin, les termes de l'offre et les promesses qui sont faites dans ce processus sont examinés et commentés par bon nombre des « parties prenantes » affectées potentiellement par l'offre : pouvoirs publics nationaux ou locaux, organisations syndicales, salariés et cadres des différentes entités concernées[3], experts et analystes, groupements d'intérêts, associations et, en définitive, opinion publique générale. Les médias en sont les observateurs, commentateurs et relais, et donc, de ce fait, influenceurs. Une offre est enfin, dans sa réalité matérielle, un ensemble de « communications » : elle commence et s'achève par des communiqués, et chaque étape est synthétisée dans des déclarations publiques, écrites et orales.

- *Une offre est une affaire de crédit*. Entendons ici toute la polysémie du mot, qui s'étend, pour une offre, de la capacité à être crue, comprise, à la capacité à être financée. Chacun sait que c'est le crédit qui donne le poids aux arguments. En matière économique, un même argument peut peser lourd comme ne peser rien, en fonction de qui l'avance : combien a-t-on à l'actif de son bilan, que pèse sa capitalisation en bourse, a-t-on tenu ses engagements passés, a-t-on varié dans ses déclarations passées, a-t-on, dans la conduite passée de ses affaires été plus souvent hostile qu'amical, a-t-on une réputation de raider, a-t-on fait subir à son environnement – social, environnemental, fiscal – d'éventuels dommages... ? Tout cela pèse lourd dans la balance du crédit, plus lourd peut-être que la justesse des opinions émises dans la circonstance présente. Une offre suppose donc un capital de crédit financier et réputationnel, c'est-à-dire une antériorité positivement perçue sur la « place » et dans le moment où l'offre est émise. Crédit des actionnaires émetteurs, crédit de la gouvernance[4] de la société émet-

Une offre est une offre : si elle peut, dans certains moments de son déroulement, être encadrée par la contrainte, elle reste essentiellement objet de conviction, c'est-à-dire d'un choix libre, dicté par la liberté de celui qui la reçoit, et susceptible d'assentiment comme de refus.

3 - Les salariés actionnaires ou les cadres bénéficiant de plans d'incitation à long terme en action sont des publics qui, dans le cadre d'une opération boursière qui peut avoir des répercussions importantes sur les cours des actions qu'ils détiennent, requièrent une attention toute particulière et une communication dédiée

4 - C'est-à-dire du conseil d'administration et de son président, en cas de dissociation des fonctions, qui joue souvent, en pareil cas, un rôle important d'autorité morale et de garant des engagements.

trice, crédit du *management* de la société, et notamment de ses président, directeur général et directeur financier, qui seront les principaux porte-parole de l'émetteur durant la durée de l'offre. Dans un processus d'offre, le prix est central et le crédit en est la garantie.

- *Une offre est affaire d'attentes.* Emettre une offre, c'est formuler une promesse, c'est tenir un discours sur l'avenir, et plus précisément dire au public qu'un actif sera mieux valorisé dans l'avenir si l'on en change les conditions de sa détention actionnariale. Les attentes de l'émetteur sur la valorisation à terme de l'actif rencontrent donc les attentes des autres porteurs de parts (ainsi que de l'ensemble des parties prenantes que nous avons déjà citées). Toutes choses égales par ailleurs, de la confrontation des évaluations respectives (l'émetteur a de bonnes raisons de ne pas payer trop, les porteurs de parts ont de bonnes raisons de recevoir davantage) doit, en théorie, résulter un prix d'équilibre, issu des ajustements qui apparaissent au long du processus (relèvements de l'offre de l'émetteur, apports successifs à l'offre de la part des principaux blocs actionnariaux minoritaires). En pratique, le parcours n'est pas toujours aussi lisse et rectiligne et il importe de bien distinguer la valeur (ce que chacun pense, par des méthodes d'évaluation financière, retirer de l'actif dans l'avenir) et le prix (issu du processus de transaction). Une offre couronnée de succès combine les deux, et la communication autour de cette offre met en relief l'un et l'autre : une valeur solidement argumentée, une transaction habilement menée.

Ainsi, s'il est vrai que ce cadre théorique correspond, en quelque sorte, à la norme, et si le conseil en communication qui intervient dans le cadre d'une offre doit l'avoir à l'esprit, il est évident que, dans l'immense majorité des cas, l'exception et l'imprévu prévalent. A l'équipe qui conduit le projet de savoir donc s'adapter, à chaque étape.

1. Le déclenchement

Tous les débuts sont possibles. La communication y joue toujours un rôle central puisqu'il s'agit de mettre dans le public, par un communiqué, une interview, ou les deux à la fois, le changement d'état ou de statut que l'on se propose de faire subir à la société cible.

Dans l'immense majorité des cas, l'exception et l'imprévu prévalent. A l'équipe qui conduit le projet de savoir donc s'adapter, à chaque étape.

Il existe, pour parler la langue des salles d'armes, une multitude d'engagements potentiels ; aucun n'est simple :

- Un concurrent lance une offre d'achat, soutenue ou non par des blocs d'actionnaires, sur une société ;
- Un groupe étranger déclenche une offre d'achat sur un fleuron national[5] ;
- Un actionnaire acquiert, par blocs successifs, le poids nécessaire pour lancer une offre d'achat sur le capital restant ;
- Un actionnaire majoritaire offre au marché de retirer une société contrôlée de la cote[6] ;
- L'actionnaire d'une société présentant des complémentarités économiques avec la cible lance, avec l'appui de la cible, une opération d'échange ou d'apport en titres[7].

Il est loisible à chacun d'imaginer d'autres cas de figures, mais ceux-ci suffisent déjà à mettre en lumière les principaux arguments du dispositif de communication qui sera rassemblé autour de l'opération envisagée :

- *Une argumentation financière au sens strict* : la démonstration de la création de valeur, le plus souvent fondée sur la mise en évidence de la décote que constitue la différence entre capitalisation boursière de la cible et somme de la

5 - Par ex., l'offre publique d'achat lancée par Veolia sur Suez en juill. 2021, l'OPA/OPE lancée par Mittal sur Arcelor en 2006.

6 - Soit sous forme d'OPA suivie de retrait obligatoire (par exemple, Veolia sur Suez dont le retrait a été demandé en janv. 2022, Concordia sur Rothschild & Co lancée en juill. 2023), soit sous la forme moins fréquente d'une OPR lorsque l'actionnaire possède déjà 90 % des droits de votes.

7 - Par ex., l'offre publique d'échange notamment de Bolloré SA sur Havas en oct. 2014.

valeur de ses actifs. En bref, la valeur de la cible en bourse est inférieure à son potentiel. L'actionnaire étant, littéralement, le propriétaire de la cible et le premier destinataire de ce projet, il doit pouvoir entrevoir quelle sera sa rémunération, à l'issue du processus.

• *Une argumentation économique au sens large* : la sous-valorisation de la cible l'empêche de se développer à une plus large échelle (la cible n'a pas la taille critique pour se développer dans d'autres marchés, la cible n'a pas la taille critique pour innover, la cible n'a pas les ressources pour résister aux offensives des concurrents américains, chinois...)

• *Une argumentation politique* : l'opération n'est en rien dommageable aux intérêts de la souveraineté nationale, de l'actionnaire public (lorsque l'Etat est au capital), des territoires où l'entreprise est implantée, des consommateurs-clients du ou des pays où l'entreprise est implantée...

• *Une argumentation sociale* : l'opération proposée n'aurait pas d'impact négatif sur l'emploi, voire permettrait d'accélérer le développement, les embauches, les hausses de salaires, les perspectives de mobilité des cadres...

• *Désormais une argumentation environnementale* : l'opération envisagée permettrait une accélération des programmes d'impact climatique dans lesquels l'entreprise est engagée...

Pourquoi énumérer d'emblée l'ensemble de ces fronts argumentatifs ? Précisément parce qu'ils constituent le dossier argumentaire qui figure dans l'ensemble des documents publiés lors du déclenchement de l'opération : éléments destinés au conseil d'administration de la cible (lettre, présentation...), communiqué de presse (inévitable quand l'émetteur est lui-même coté), interview accordée par le porte-parole de l'émetteur à un ou plusieurs grands médias, communication interne aux *managers* et salariés. Que l'on module l'importance relative de ces arguments selon qu'on accordera une interview à une grande agence financière (Bloomberg, Reuters...) ou à un grand quotidien national est évident. Il n'en reste pas moins que l'ensemble de ces fronts possibles auront fait l'objet d'une argumentation étayée et parfaitement homogène quels que soient les canaux de communication envisagés.

Dans la pratique, l'initiative prime. L'équipe qui conçoit le projet d'offre sait qu'elle peut compter, dans un premier temps, sur l'effet de surprise, qui permet de présenter, dans les médias, pendant de longues heures, le projet au public avant que les forces « adverses » aient eu le temps de se rassoir, de s'équiper, de se fédérer, de battre en brèche le projet d'offre, voire de présenter une contre-offre.Le seul ennemi de l'« assaillant », c'est la fuite. Fuite dans la presse, s'entend ! Seule une fuite du projet d'offre dans la presse peut briser l'élan irrésistible de l'offensive. Structurer une offre requiert en effet la constitution d'une équipe, d'abord restreinte et soudée lorsqu'on en prépare les étapes préliminaires et les grands principes, puis de plus en plus nombreuse quand on en élabore les dispositions techniques[8], et il n'est pas rare que les accords de non-divulgation ne suffisent pas à maintenir la confidentialité autour d'une opération de grande envergure. Il suffit qu'un média (le plus souvent les médias anglo-saxons très liés au monde bancaire et financier) ait des sources suffisamment solides pour qu'une dépêche inopportune, diffusée sur un serveur d'agences ou sur le site internet d'un média vienne troubler l'offensive la plus discrètement échafaudée.

Dans la pratique, l'initiative prime. L'équipe qui conçoit le projet d'offre sait qu'elle peut compter, dans un premier temps, sur l'effet de surprise.

Attardons-nous sur l'hypothèse de la fuite prématurée, qui fait partie des scénarios inévitablement envisageables dans tout projet d'offre et qui entraîne des effets immédiats sur l'ensemble du projet :

• Du degré de précision, donc d'officialité, de l'information divulguée dépendent les suites à donner à cette fuite. Depuis la fuite vague « le groupe X étudierait une possible OPA sur Y » à la fuite très précise « le président du groupe X a fait

8 - D'où l'absolue nécessité de limiter au maximum le nombre de personnes informées.

expérience des médias ou mal équipée dans ses relations avec les journalistes part avec un désavantage compétitif.

Le second scénario n'est pas le moins fréquent : c'est celui de l'OPA sans histoire. Il n'est pas rare que des ETI ou de grosses PME, cotées sur Euronext Growth, se consolident par offres de marché. Si elles exercent sur des métiers peu couverts par les médias, peu connus du grand public, si leur histoire capitalistique n'a pas attiré l'attention des analystes financiers et des gérants d'actifs, voire même si leur siège social n'est pas à Paris, elles auront peine à donner à leur offre la notoriété qu'elle doit obtenir. Car cette notoriété est nécessaire pour faire savoir aux gérants, mais surtout aux actionnaires détenteurs directs d'actions qu'ils doivent apporter à l'offre dans un calendrier fixe. Si les sociétés au capital détenu par de nombreux petits porteurs dispersés sont de moins en moins nombreuses, il en demeure toutefois certaines, demeurées cotées par habitude, qui, en cas d'OPA ou d'offre publique de retrait, peuvent avoir bien du mal à atteindre le seuil des 90 % d'actions[12] apportées requis pour la finalisation du processus. En effet, si les premiers détenteurs d'actions à apporter à l'offre sont les mieux informés, il est bien plus laborieux d'aller exhumer du fond des portefeuilles, les derniers titres que les veuves de Carpentras y ont depuis longtemps oubliés. Qui n'a pas vu la crainte du dirigeant redoutant, au bout de plusieurs mois de processus, de ne pas franchir le seuil dans les délais et ne sachant quoi imaginer de plus ? Si donc l'excès de lumière nuit à l'OPA, une trop grande obscurité ne lui est parfois pas moins dommageable.

Ces deux scénarios posés, examinons à présent les outils et les ressources de communication qui constituent l'arsenal nécessaire pour mener à bien cette petite « campagne électorale » qu'est le processus d'offre.

2.1 La parole du dirigeant lui-même

Le dirigeant qui lance l'offre ayant accompagné ce déclenchement d'une ou plusieurs interviews dans de grands médias d'information, il a obtenu l'effet de sidération initiale voulu et doit maintenant s'inscrire dans le temps long et ménager la parcimonie de sa parole, du moins « *on the record* ». S'il est peu recommandable de donner des interviews à tort et à travers, au risque de paraître fébrile et bavard, il est en revanche hautement souhaitable de maintenir un rapport étroit avec les journalistes en les rencontrant en *off* afin de manifester sa détermination dans la durée et de rappeler sans relâche les bénéfices attendus de l'offre.

L'agenda du dirigeant n'étant pas extensible, le dirigeant déléguera ce travail « *off the record* », à son numéro 2 au sein du comité exécutif (souvent en charge des finances), à sa direction de la communication et ses conseils indépendants (banquier, avocat, conseil en communication), parfois à un membre du conseil d'administration, qui seront non seulement disponibles pour apporter des éclaircissements aux journalistes dans les délais qui leur sont utiles mais aussi pour, proactivement, être en rapport constant avec les rédactions.

Ce travail vis-à-vis des médias se manifestera dans les articles écrits par les journalistes sectoriels des grands médias économiques nationaux et internationaux, par les journalistes chargés des pages ou rubriques bourse (« *Lex column* » du *Financial Times*, « Crible » des *Echos*...), par les journalistes plus spécialisés (journalistes de presse patrimoniale, de médias boursiers en ligne, de médias financiers spécialisés, chroniqueurs bourse et éditorialistes micro-économie...) dont les appréciations et les recommandations (la presse patrimoniale formule en effet des avis très tranchés et influents : « conserver » ou « apporter »[13]) ne seront jamais négligées.

les médias qui sont, le plus souvent, immédiatement au courant. Il est essentiel que les équipes de communication soient formées à ces éventualités, à la fois pour qu'elles ne conservent pas dans leurs fichiers des documents qui potentiellement ne devraient pas s'y trouver (attention notamment à l'élaboration écrite de scénarios fictifs sensibles) et pour qu'elles gèrent rapidement les effets négatifs de ces incursions.

12 - Actions et droits de vote, ce qui, compte tenu des droits de vote double, élève le niveau du seuil.

13 - On observe une tendance de la presse patrimoniale consistant à recommander à ses lecteurs porteurs de titres d'attendre, au dernier

Quelque désagréable qu'elle soit, la fuite s'anticipe. Il est désormais rarissime que les dirigeants de grands groupes soient rétifs à mettre dans la confidence de leurs opérations de marché leurs directeurs et directrices de la communication et leurs conseillers dans ce domaine : lorsqu'on aura compris que la fuite dans la presse, pour toute direction de la communication normalement constituée, n'est rien d'autre qu'une épouvantable série de tracas, on saura qu'il n'est de secret boursier mieux gardé que par les communicants. D'ailleurs, le vieil adage politique se vérifie systématiquement : « *quand on cherche les fuites, il faut regarder en haut* ».

Lorsqu'on aura compris que la fuite dans la presse, pour toute direction de la communication normalement constituée, n'est rien d'autre qu'une épouvantable série de tracas, on saura qu'il n'est de secret boursier mieux gardé que par les communicants. D'ailleurs, le vieil adage politique se vérifie systématiquement : *« quand on cherche les fuites, il faut regarder en haut »*.

Cette phase initiale d'engagement prend fin par la déclaration du conseil d'administration de la cible qui, par un communiqué officiel, souvent soutenu par une interview de son président, exprime, de façon motivée, l'avis qu'il va recommander aux actionnaires de suivre : apporter ou ne pas apporter à l'offre. Par cette déclaration se noue le destin de l'offre : si la gouvernance de la cible acquiesce aux termes de l'offre et celle-ci franchit une étape cardinale[10], dans le cas contraire...

2. Guerre de tranchées ou sables mouvants

La fièvre des premières heures ou des premières journées retombe, l'information de l'offre est désormais dans le marché, les cours se sont stabilisés, les camps ont échangé les premières déclarations... Il convient donc d'examiner la situation au bas du chemin montant, sablonneux, malaisé, qui attend le projet d'offre et qui le mène jusqu'à la phase réglementairement chronométrée qui s'ouvre avec le dépôt officiel de l'offre auprès de l'autorité régulatrice des marchés. Disons-le tout de suite, l'idéal est que tout le travail de conviction soit achevé et entériné avant la date de dépôt, la période de validité officielle de l'offre ne devant plus être affectée d'aucune incertitude ou point en suspens. La réalité se charge parfois de troubler cette épure.

Distinguons deux hypothèses. Soit l'offre suscite l'intérêt de la presse, soit elle n'intéresse pas les médias. Dans les deux cas, la communication joue un rôle décisif.

Le scénario qui vient le plus spontanément à l'esprit est le cas polémique : l'OPA franchement hostile, l'OPA faussement amicale, l'offre publique de retrait qu'un activiste vient contester, l'offre publique d'échange dont les termes de l'échange sont baroques... bref, l'antagonisme. Les médias en raffolent autant que les entreprises s'en méfient ; la confrontation est le kérozène d'un beau feuilleton de presse, tandis qu'elle peut apparaître, aux yeux de la froide rigueur financière, comme de l'énergie économique inutilement dépensée. Dans un tel contexte, la communication se tiendra sur une ligne de crête aussi mince que périlleuse : faire prévaloir les arguments en faveur de l'offre (nous verrons bientôt comment) et, lorsque l'adversaire se montre agressif, livrer bataille, tout en s'efforçant de donner à l'extérieur une image de sérénité, les quelques remous conjoncturels n'entamant pas la certitude de lendemains harmonieux et prospères. Une OPA « confrontationnelle », nous y reviendrons, est une chronique mouvementée et une guerre des nerfs : chaque jour réserve des surprises, des déclarations, des actions en justice, des visites d'huissiers dans les sièges sociaux[11], des retournements d'alliance... et ce sont les médias qui sont le principal terrain des opérations. Il est évident que l'entreprise novice dans son

10 - Le conseil d'administration représentant la position des premiers actionnaires, il dispose d'un effet d'entraînement très fort que seul un activiste ou une surenchère peuvent venir interrompre.

11 - Les saisies d'huissiers effectuées après requête sur le fondement de l'art. 145 C. pr. civ ont un effet particulièrement violent sur le plan de la communication. La présence des huissiers au siège social d'une entreprise a un effet très démobilisateur sur l'interne et très impactant sur

expérience des médias ou mal équipée dans ses relations avec les journalistes part avec un désavantage compétitif.

Le second scénario n'est pas le moins fréquent : c'est celui de l'OPA sans histoire. Il n'est pas rare que des ETI ou de grosses PME, cotées sur Euronext Growth, se consolident par offres de marché. Si elles exercent sur des métiers peu couverts par les médias, peu connus du grand public, si leur histoire capitalistique n'a pas attiré l'attention des analystes financiers et des gérants d'actifs, voire même si leur siège social n'est pas à Paris, elles auront peine à donner à leur offre la notoriété qu'elle doit obtenir. Car cette notoriété est nécessaire pour faire savoir aux gérants, mais surtout aux actionnaires détenteurs directs d'actions qu'ils doivent apporter à l'offre dans un calendrier fixe. Si les sociétés au capital détenu par de nombreux petits porteurs dispersés sont de moins en moins nombreuses, il en demeure toutefois certaines, demeurées cotées par habitude, qui, en cas d'OPA ou d'offre publique de retrait, peuvent avoir bien du mal à atteindre le seuil des 90 % d'actions[12] apportées requis pour la finalisation du processus. En effet, si les premiers détenteurs d'actions à apporter à l'offre sont les mieux informés, il est bien plus laborieux d'aller exhumer du fond des portefeuilles, les derniers titres que les veuves de Carpentras y ont depuis longtemps oubliés. Qui n'a pas vu la crainte du dirigeant redoutant, au bout de plusieurs mois de processus, de ne pas franchir le seuil dans les délais et ne sachant quoi imaginer de plus ? Si donc l'excès de lumière nuit à l'OPA, une trop grande obscurité ne lui est parfois pas moins dommageable.

Ces deux scénarios posés, examinons à présent les outils et les ressources de communication qui constituent l'arsenal nécessaire pour mener à bien cette petite « campagne électorale » qu'est le processus d'offre.

2.1 La parole du dirigeant lui-même

Le dirigeant qui lance l'offre ayant accompagné ce déclenchement d'une ou plusieurs interviews dans de grands médias d'information, il a obtenu l'effet de sidération initiale voulu et doit maintenant s'inscrire dans le temps long et ménager la parcimonie de sa parole, du moins « *on the record* ». S'il est peu recommandable de donner des interviews à tort et à travers, au risque de paraître fébrile et bavard, il est en revanche hautement souhaitable de maintenir un rapport étroit avec les journalistes en les rencontrant en *off* afin de manifester sa détermination dans la durée et de rappeler sans relâche les bénéfices attendus de l'offre.

L'agenda du dirigeant n'étant pas extensible, le dirigeant déléguera ce travail « *off the record* », à son numéro 2 au sein du comité exécutif (souvent en charge des finances), à sa direction de la communication et ses conseils indépendants (banquier, avocat, conseil en communication), parfois à un membre du conseil d'administration, qui seront non seulement disponibles pour apporter des éclaircissements aux journalistes dans les délais qui leur sont utiles mais aussi pour, proactivement, être en rapport constant avec les rédactions.

Ce travail vis-à-vis des médias se manifestera dans les articles écrits par les journalistes sectoriels des grands médias économiques nationaux et internationaux, par les journalistes chargés des pages ou rubriques bourse (« *Lex column* » du *Financial Times*, « Crible » des *Echos*...), par les journalistes plus spécialisés (journalistes de presse patrimoniale, de médias boursiers en ligne, de médias financiers spécialisés, chroniqueurs bourse et éditorialistes micro-économie...) dont les appréciations et les recommandations (la presse patrimoniale formule en effet des avis très tranchés et influents : « conserver » ou « apporter »[13]) ne seront jamais négligées.

---

les médias qui sont, le plus souvent, immédiatement au courant. Il est essentiel que les équipes de communication soient formées à ces éventualités, à la fois pour qu'elles ne conservent pas dans leurs fichiers des documents qui potentiellement ne devraient pas s'y trouver (attention notamment à l'élaboration écrite de scénarios fictifs sensibles) et pour qu'elles gèrent rapidement les effets négatifs de ces incursions.

12 - Actions et droits de vote, ce qui, compte tenu des droits de vote double, élève le niveau du seuil.

13 - On observe une tendance de la presse patrimoniale consistant à recommander à ses lecteurs porteurs de titres d'attendre, au dernier

Les notes des analystes ont une influence déterminante. Publiées dès les premiers temps de l'offre, elles donnent un avis sur le prix proposé : est-il proportionné à la valeur attendue à terme de la cible, est-il tenable compte tenu de l'endettement présent et futur de l'émetteur, etc. ? Ces notes d'analystes, diffusées par les banques ou les bureaux de recherche indépendants à leurs clients, doivent leur permettre de chiffrer des perspectives d'évolution de valeur et de flux dividendaires futurs. Les journalistes les reçoivent plus ou moins officiellement et en font état dans leurs articles. Quoiqu'il soit interdit par les conditions d'utilisation de ces documents de les faire circuler sans en payer l'abonnement, il demeure aussi injuste que dommageable qu'une note négative, seule de cette tonalité, soit citée dans un article de presse lorsque la majorité des notes, qui émettent des avis favorables, sont passées sous silence. Chacun en tirera les conséquences et méthodes nécessaires afin que les notes d'analystes, notamment celles des analystes les plus reconnus, concourent au succès de l'opération.

Les *proxy advisors* : les proxy et autres dispensateurs d'évaluations sur la gouvernance interviennent systématiquement dans les grandes batailles de marché car c'est là que ces structures entretiennent ou augmentent leur notoriété. Chaque camp saura se ménager l'appui de Proxinvest, ISS, Glasslewis, etc. De même, certains fonds activistes jouent le rôle de satellites de l'émetteur ou de l'adversaire. Leur part de voix n'est pas nulle.

Lorsque l'OPA est menée dans le cadre d'un *consortium*, la parole et les engagements des membres minoritaires du concert, pourvu qu'ils soient strictement coordonnés et alignés avec les déclarations du majoritaire (toute divergence est catastrophique !), peuvent apporter de l'eau à la dynamique du moulin de l'OPA. De même, dans une structuration plus complexe, la prise de parole des investisseurs partenaires en cas d'opération à plusieurs étages et à enjeu concurrentiel fort[14].

2.2 Les experts sectoriels/juridiques

Les médias font constamment appel à de nombreux experts, censément indépendants, et plus ou moins légitimés par leurs diplômes et compétences à commenter l'actualité des entreprises. Ils ne s'exprimeront que sur l'un des aspects de l'opération : la consolidation économique induite par telle ou telle OPA est-elle bonne pour le consommateur ou pour l'Etat, l'opération est-elle permise ou non par le droit de la concurrence. S'être ménagé de semblables relais n'est pas sans influence.

D'autres voix : syndicats, membres du gouvernement[15], etc. : il n'est pas rare que des voix syndicales ou ministérielles s'expriment dans de tels contextes, souvent contre l'opération, plus rarement pour[16]. Une déclaration énergique et définitive du ministre, surtout lorsqu'il tient dans sa main une condition de réalisation de la transaction (par exemple, l'autorisation de la prise de contrôle au titre du contrôle sur les investissements étrangers), peut tuer un processus d'offre. Selon que l'on est émetteur ou adversaire de l'offre, on pourra informer

Un certain usage naïf et activiste des réseaux sociaux, imprudemment transposé dans le cadre d'opérations de marché, ayant pu donner lieu, de la part d'opérateurs imprudents, à des campagnes excédant quelque peu les bornes admises par l'éthique et la sincérité, leur contribution à un processus d'offre est aujourd'hui à réinventer.

---

moment un hypothétique relèvement final du prix de l'offre avant d'apporter. Cette tendance doit être anticipée dans la clarté des déclaration tenues sur le prix : si l'émetteur ne veut pas envisager de relèvement de prix, il doit le dire tout de suite, très fermement, et en justifier les raisons afin de fermer la porte à tout espoir résiduel.

14 - Par ex., la prise de parole de Meridiam dans l'OPA Veolia-Suez, Meridiam étant candidat à la reprise des actifs de Suez non cessibles à Veolia pour des raisons de trop grande concentration économique, a pesé fortement dans le succès de l'offre de Veolia.

15 - On se souvient que la prise de position énergique du ministre de l'Economie et des Finances avait mis un terme à l'offre du distributeur québécois Couche-Tard sur le groupe Carrefour.

16 - Par ex., le soutien affiché du ministre de l'Economie et des Finances à la création d'un « grand pôle financier public » et à l'offre publique de La Banque Postale sur CNP Assurances.

utilement ces personnalités influentes afin de compter sur leur acquiescement explicite (plus raisonnablement sur leur tacite assentiment) ou sur leur énergique réprobation.

Les réseaux sociaux : un certain usage naïf et activiste des réseaux sociaux, imprudemment transposé dans le cadre d'opérations de marché, ayant pu donner lieu, de la part d'opérateurs imprudents, à des campagnes excédant quelque peu les bornes admises par l'éthique et la sincérité, leur contribution à un processus d'offre est aujourd'hui à réinventer. Ils conservent toujours leur fonction de relai (LinkedIn, X) des grands jalons du processus. Dans leur fonction de réceptacle et d'incubateur des opinions mécontentes, ils seront plus utiles, en cas de confrontation, à l'adversaire qu'à l'émetteur. Il conviendra de disposer d'une veille au cas où s'agrège sur Facebook tel ou tel groupement hostile et d'avoir un œil sur Youtube. La plupart du temps, dans les OPA européennes, les réseaux sociaux sont à ranger dans la catégorie des signaux faibles. Il n'en est pas de même outre-Atlantique où ils peuvent être bien plus virulents et influents.

N'oublions enfin pas la publicité financière sous forme d'avis : le plus souvent dans la presse économique nationale ou dans les médias patrimoniaux et boursiers, sur papier comme en ligne. La publicité financière sur l'offre présente d'ailleurs l'avantage d'être aussi de la publicité tout court sur l'image vertueuse de l'entreprise. Lorsque l'entreprise cible a un ancrage régional fort, la presse quotidienne régionale pourra être sollicitée pour la parution de ce genre d'encarts payants. Ces avis financiers publiés dans les médias, sont souvent associés à des campagnes de mobilisation des actionnaires par courriers postaux ou dématérialisés que des prestataires spécialisés savent déployer.

Rappelons-le, toutes ces sphères de parole, toutes ces interventions se développent dans le temps, un temps qui est à la fois long et court. Long car entre l'annonce du projet et la clôture du processus s'écoulent plusieurs mois. Court car chacune des phases doit être ramassée comme autant de mouvements de symphonie : on lance le processus *allegro*, on passe à l'andante, avant le dépôt du prospectus, on jauge le bon moment où, dans le *scherzo*, il faut rehausser le prix ou procéder aux ajustements nécessaires, puis les jours de bourse qui constituent la durée de validité de l'offre nous mènent, dans un final rapide, jusqu'à la conclusion... Une offre est animée d'une dynamique propre, quasi orchestrale, où les interventions, singulières ou récurrentes, de chacun des pupitres que nous avons énumérés sont autant de concours à l'effet d'entraînement général que l'on cherche à produire sur l'auditoire actionnaire.

Dans cette partition, traversée de thèmes et de forces antagonistes, il y a des retournements et des péripéties. Certains sont restés célèbres : un objectif de cours ambitieux bien martelé par une cible malmenée mais prête à tout peut ternir d'un coup l'éclat d'une offre pourtant cossue[17]. Dans cette période, tout est sensible, tout est surinterprété : les départs de dirigeants, les à-coups sur le cours de bourse, les crises opérationnelles, les contestations sociales ou environnementales, une assemblée générale des actionnaires houleuse...

Les meilleurs défenseurs sont aussi ceux qui savent relancer une attaque et mobiliser, malgré la pression de l'initiateur, tout l'arsenal énuméré ci-dessus pour retrouver des marges de manœuvre et retourner la situation. Après tout, quand une offre est sur la table, une contre-offre peut la vaincre.

Un dernier mot pour changer de point de vue : si nous avons pris, majoritairement, le point de vue de l'émetteur de l'offre plutôt que celui de la cible récalcitrante, c'est en suivant la conviction que l'offensive emporte le succès. En effet, tant que l'on décide du calendrier et des actions, tant que l'on est mobile et inventif, tant que l'on fait donner les cohortes d'alliés dans un mouvement fluide, tant que l'on sait surprendre

17 - SCOR, qui, avant l'offre de 2018 cotait à 35€, a rejeté une offre de COVEA à 43€, avançant que le cours de SCOR pouvait monter jusqu'à 100€...

l'adversaire par une interview dans la presse du dimanche, une bonne chronique le lendemain, une invitation ministérielle le surlendemain... alors la résistance de l'adversaire n'a pas d'espace pour se donner carrière... Mais les meilleurs défenseurs sont aussi ceux qui savent relancer une attaque[18] et mobiliser, malgré la pression de l'initiateur, tout l'arsenal énuméré ci-dessus pour retrouver des marges de manœuvre et retourner la situation. Après tout, quand une offre est sur la table, une contre-offre peut la vaincre.

3. En finir

S'il faut, selon la formule consacrée, savoir terminer une grève, il en est de même d'une offre publique. Une fois engagé dans la seringue du calendrier légal – un minimum de 10 à 25 jours de bourse selon la nature de l'offre –, le processus suit un cours entièrement contraint, où les possibilités d'action sont extrêmement restreintes : valoriser dans les médias, de manière rédactionnelle ou en publicité financière, les seuils franchis afin de mettre en valeur la dynamique positive d'apport à l'offre et son intensification progressive. « Plus de 80 % des actionnaires ont choisi d'apporter à l'offre de X », « plus que 10 jours pour apporter... », voici, en termes résumés, les messages que l'on portera auprès des différents canaux (médias, gérants, conseillers en gestion de patrimoine, clubs d'actionnaires...) susceptibles d'amplifier la voix de l'émetteur et garantir d'atteindre les seuils envisagés, par exemple les 90 % en cas de retrait de la cote. Il pourra, nous l'avons déjà mentionné, y avoir des doutes de dernier moment qu'il conviendra d'expliquer auprès des médias avant que ceux-ci ne concluent trop hâtivement à l'échec de l'opération. Ainsi, par exemple, dans les périodes ou la gestion passive indicielle connaît une forte vogue parmi les gérants d'actifs, les fonds reproduisant la performance d'un indice (ETF) ainsi que certains fonds d'investissement socialement responsable (ISR) ont tendance à ne pas sortir la valeur du fonds tant qu'elle n'a pas effectivement quitté l'indice ; de gros blocs peuvent donc, pour de tels motifs, rester en suspens jusqu'au dernier moment. Admettons cependant que tout se passe bien : un communiqué annonce le résultat final de l'offre, donne les modalités du « *squeeze out* » éventuel (retrait obligatoire), et met un point final aux éventuelles contestations apparues sur le chemin. Fin de l'histoire.

Pas encore tout à fait. Quelques hypothèses défavorables méritent encore d'être soulevées.

La première réside dans le chantage au « *squeeze out* ». Il est arrivé que des fonds activistes se mettent en travers d'un *squeeze out* en mobilisant une part suffisamment importante du capital pour empêcher le franchissement du seuil des 90 %[19]. Ce chantage est somme toute assez peu opérant puisque l'émetteur de l'offre, ultra majoritaire en capital comme en droits de vote, ne subit d'autre préjudice que de devoir laisser cotée (avec toutes les contraintes de publicité et le formalisme juridique qui vont avec) une filiale qui n'a plus de raison de rester sur le marché. S'ensuit une bataille procédurale d'autant plus stérile qu'elle favorise, *in fine*, l'actionnaire ultra-majoritaire, que la jurisprudence a plutôt tendance à protéger. La communication doit toutefois accompagner, expliquer, banaliser, selon les moments judiciaires, les heurs et malheurs d'une telle guérilla judiciaire.

La seconde réside dans l'échec de l'offre, considérée comme insatisfaisante. Elle a vécu, Myrto... cas rare, certes, mais qui a pu arriver, où l'engouement n'est pas là, où le projet s'essouffle avant que d'être né, et les seuils requis ne sont pas atteints[20]. Quels qu'en soient les motifs, il convient, dans un premier temps, de l'expliquer, mais surtout, dans un deuxième temps, d'engager rapidement l'entreprise dans un nouvel élan et un autre projet. Une mauvaise nouvelle est, certes, dommageable, mais le ressassement de cette mauvaise nouvelle l'est bien davantage. Au dirigeant de comprendre vite qu'il doit relancer une stratégie ambitieuse de déploiement industriel et de communication

18 - Lancer une contre-attaque n'est pas dénigrer l'attaquant, mais, au contraire, élaborer un contre-projet attractif à part entière. En matière d'OPA, le simple dénigrement hautain est extrêmement dangereux. « Mittal a l'habitude d'acheter pas cher avec une monnaie de singe » avait-on fait fuiter, en 2006, dans l'entourage du PDG d'Arcelor. On a vu la suite...

19 - OPA de XPO Logistics sur Norbert Dentressangle, bloquée par le fonds Elliott Management.

20 - Par ex., l'OPA simplifiée Tarkett.

afin de faire passer sur les échecs du passé des courants d'air frais, car une entreprise qui rate son OPA est fragilisée et peut à son tour devenir une cible. Ce cas vaut, naturellement, aussi en cas d'échec d'une contre-offre.

Repassons une dernière fois du côté du succès afin d'aborder l'accord final qui signale la fin de la symphonie. L'offre aboutit, le projet industriel et capitalistique se réalise, le communiqué et la grande interview de fin de processus sont diffusés dans le vaste monde, les bouchons de champagne sautent et déjà la *deal team*, essorée par trois ou quatre mois de veille et de tension, a tôt fait de réserver les salons d'un restaurant étoilé pour célébrer la prouesse... halte-là ! N'oublions pas que le succès d'une offre, aussi écrasant soit-il, n'est pas synonyme de contentement universel... Tous ceux qui se sont fait tirer l'oreille, forcer la main, voire tordre le bras, pour apporter leurs titres et leur assentiment peuvent attendre au tournant les « tenants du titre » et leur réserver quelques lendemains amers : c'est dans la durée que s'apprécie – et au sein de l'entreprise, et en bourse, et dans l'opinion – le succès d'une offre. Et les vainqueurs trop glorieux peuvent connaître de difficiles victoires.

C'est dans la durée que s'apprécie le succès d'une offre. Et les vainqueurs trop glorieux peuvent connaître de difficiles victoires. Car, c'est après l'OPA que le vrai travail commence...

par **Jacques Deege**,
Directeur Juridique, Rothschild & Cie, Associé-Gérant
et **Alexandre Michel**,
Directeur Juridique Adjoint, Rothschild & Cie, Gérant[1]

L'établissement présentateur d'une offre publique

Seul conseil juridiquement indispensable au lancement d'une offre publique, l'établissement présentateur a un rôle qui va bien au-delà de celui que les textes lui attribuent. La fonction se double, le plus souvent, de celle de conseil financier, un cumul qui lui permet d'approfondir sa connaissance de la société visée par l'offre. La relation entre l'établissement présentateur et l'initiateur de l'offre – dont il peut être considéré comme le porte-parole et dont il garantit les engagements – est logiquement encadrée contractuellement. Sa mission est, quant à elle, précisément normée par les textes et la pratique.

L'initiateur d'une offre publique s'entoure de différents conseils pour les phases de préparation, de structuration et d'exécution de l'opération, mais seul l'établissement présentateur joue un rôle central d'un point de vue réglementaire. Bien qu'il soit l'unique mandataire de l'initiateur auquel les textes réglementaires fassent référence, ceux-ci ne s'étendent guère sur le statut de cet acteur dont l'intervention est pourtant obligatoire lors de la mise en œuvre d'une offre publique en France[2]. Il est chargé du dépôt du projet d'offre auprès de l'Autorité des marchés financiers (AMF) et sera son principal interlocuteur tout au long de la période d'offre. Le règlement général de l'AMF précise qu'il agit dans ce cadre « *pour le compte du ou des initiateurs* ». Sa relation avec l'initiateur s'analyse donc comme un contrat de mandat régi par les articles 1984 et suivants du code civil. Mais le rôle de l'établissement présentateur ne s'arrête pas à la simple représentation de l'initiateur vis-à-vis de l'AMF et du marché, il va aussi garantir les engagements pris par l'initiateur au titre de l'offre ainsi que l'exactitude de certaines informations publiées dans son cadre. Son double rôle de mandataire et de garant de l'initiateur permet à juste titre de qualifier l'établissement présentateur de « *parrain et porte-parole de la société initiatrice* »[3]. On précisera d'ores et déjà que plusieurs établissements présentateurs peuvent être co-mandatés par un initiateur. Dans ce cas, l'un d'entre eux au moins devra garantir les engagements de l'initiateur. On distinguera alors d'une part le ou les « établissements présentateurs et garants » et, d'autre part, le ou les « établissements présentateurs non garants ».

Après avoir présenté l'identité de l'établissement présentateur, cette contribution se penchera sur la relation contractuelle qui l'unit à l'initiateur. Elle s'attardera ensuite sur l'assistance fournie à l'initiateur lors des travaux d'évaluation de la cible qui permettront de déterminer le prix de l'offre. Finalement, seront détaillées les garanties données par l'établissement

---

1 - Les avis exprimés n'engagent que les auteurs et ne sauraient être considérés comme constituant une position ou opinion de Rothschild & Cie. Les auteurs remercient Thomas Hachette, Associé, Sorgem Evaluation, de les avoir autorisés à reproduire dans cette contribution des statistiques issues de l'*Observatoire de l'Expertise Indépendante* de Sorgem Evaluation.

2 - Dès lors que l'offre publique est soumise aux dispositions du Titre III du Livre II du Règl. gén. AMF, à savoir notamment dans le cadre de toute offre publique visant une société ayant son siège social en France et dont les titres sont uniquement admis sur un marché réglementé ou un système multilatéral de négociation français (tel que, respectivement, Euronext Paris ou Euronext Growth).

3 - A. Viandier, *OPA, OPE et autres offres publiques*, 5e éd., Francis Lefebvre, 2014.

présentateur et garant quant à la teneur de l'offre et son exécution.

1. L'identité de l'établissement présentateur

L'article 231-13, I du règlement général de l'AMF dispose que toute offre publique doit être déposée auprès de l'AMF « *par un ou plusieurs prestataires de services d'investissement, agréés pour exercer l'activité de prise ferme* ».

Un prestataire de services d'investissement. Un prestataire de services d'investissement est une entité réglementée ayant été autorisée par une autorité de tutelle à fournir de manière habituelle des services spécifiques, appelés services d'investissement.

Pour ce qui concerne la France, c'est l'Autorité de contrôle prudentiel et de résolution (ACPR) qui délivre l'agrément requis pour fournir un ou plusieurs des services d'investissement dont la liste est limitativement énumérée à l'article L. 321-1 du code monétaire et financier (hors sociétés de gestion de portefeuille qui sont agréées par l'AMF[4]). Seuls les entreprises d'investissement, les sociétés de gestion de portefeuille et les établissements de crédit peuvent en France être prestataires de services d'investissement (PSI)[5].

En pratique seuls les entreprises d'investissement et les établissements de crédit interviennent en tant qu'établissement présentateur dans la mesure où les sociétés de gestion ne peuvent pas être agréées pour exercer l'activité de prise ferme[6].

Le statut d'entité réglementée implique de respecter des exigences organisationnelles (notamment en matière de gouvernance ou de conformité) et prudentielles (notamment en ce qui concerne la structure bilancielle)[7].

Même si la plupart des offres sont présentées par des entités juridiques établies en France, le rôle d'établissement présentateur peut également être dévolu à une succursale établie en France et agréée par l'ACPR[8] d'un établissement étranger ou encore à un établissement étranger agréé au sein d'un autre Etat membre de l'Union Européenne et offrant ses services sur le territoire français au titre de la libre prestation de services[9].

Agréé pour exercer l'activité de prise ferme. On retrouve parmi les services d'investissement l'activité de prise ferme mentionnée à l'article 231-13 du Règl. gén. AMF et pour lequel l'établissement présentateur doit être agréé par l'ACPR.

Ce service d'investissement est défini comme « *le fait de souscrire ou d'acquérir directement auprès de l'émetteur ou du cédant des instruments financiers [...] en vue de procéder à leur vente* »[10]. Être agréé pour ce service est essentiel puisqu'en cas de défaillance de l'initiateur – et aux termes de la garantie détaillée ci-dessous – l'établissement présentateur sera tenu d'acquérir les titres apportés à l'offre[11] par les actionnaires de la cible. N'ayant pas vocation à rester au capital de la cible, l'établissement présentateur cédera en toute logique, dès que possible, les titres qu'il aurait acquis en application de la garantie légale attachée à son rôle.

Conseil financier et établissement présentateur. En pratique, l'établissement présentateur (ou une entité de son groupe lui étant affiliée) fournit fréquemment à l'initiateur, dans le cadre de l'offre, également des

---

4 - C. mon. fin., art. L. 532-9, II.

5 - C. mon. fin., art. L. 531-1.

6 - Les sociétés de gestion ne peuvent être agréées que pour les services de conseil en investissement, réception-transmission d'ordres pour compte de tiers et gestion de portefeuille pour compte de tiers (en ce sens : C. mon. fin., L. 532-9, VI et Règl. gén. AMF, art. 316-2, III)

7 - C. mon. fin., art. L. 531-1 pour les entreprises d'investissement et L. 511-51 s. pour les établissements de crédit.

8 - Par ex., la succursale française de JPMorgan Chase Bank, NA, établissement de crédit dont le siège social est établi aux Etats-Unis, est intervenue en qualité de banque présentatrice et garante de BPCE dans le cadre de son offre sur Natixis en 2021.

9 - Par ex., la succursale française de Mediobanca, établissement de crédit agréé en Italie est intervenue en qualité de banque présentatrice et garante de la société Fortune Legend Limited dans le cadre de son offre sur Baccarat en 2021.

10 - C. mon. fin., art. D. 321-1, 6, 1°.

11 - D. Martin, *Règlement général de l'AMF commenté*, LexisNexis, 2013.

services de conseil financier. De tels services, non réglementés[12], peuvent porter sur de nombreux aspects tels que la structuration financière de l'opération, l'approche et les négociations avec la cible, ses dirigeants et/ou ses actionnaires clés ou la coordination des travaux des autres conseils, comme les avocats, comptables, cabinets de conseils, agences de communication ou *proxy solicitors*.

Certains de ces services se recoupent avec les missions attendues au plan réglementaire de la part d'un établissement présentateur, voire constituent un préalable quasi-indispensable à la bonne compréhension de l'opération et donc à l'intervention pertinente de l'établissement présentateur. Ceci est notamment le cas des travaux d'évaluation qui constituent une prestation de services usuelle dans le cadre d'un contrat de conseil financier relatif à une acquisition (mandat *buy-side*).

Les phases de préparation et de structuration de l'opération permettent ainsi au conseil financier d'acquérir une connaissance approfondie de la cible et de son activité à l'occasion des travaux d'évaluation et des échanges s'y rattachant, notamment avec les équipes de l'initiateur, de la cible et/ou des actionnaires cédants et de leurs conseils respectifs ou lors des interactions avec l'expert indépendant. Ce conseil financier sera ainsi particulièrement bien paré pour assurer, dans la prolongation de ses travaux antérieurs, le chantier d'évaluation incombant à l'établissement présentateur[13].

Toutefois, si un établissement présentateur peut effectuer des prestations de conseil financier non règlementées, l'inverse n'est pas vrai, et il est interdit à un conseil financier non-règlementé d'intervenir en tant qu'établissement présentateur. On observe ainsi fréquemment des « attelages » dans lesquels interviennent *ab initio* un ou plusieurs conseils financiers rejoints ensuite, à l'occasion du dépôt de l'offre, par un ou plusieurs établissements présentateurs (le conseil financier et l'établissement présentateur appartenant possiblement au même groupe de services financiers)[14].

2. La relation contractuelle unissant l'établissement présentateur à l'initiateur

La lettre d'engagement : L'établissement présentateur est mandaté par son client, l'initiateur d'une offre publique, pour intervenir pour son compte dans le cadre de cette dernière. Ce mandat prend typiquement la forme d'une lettre d'engagement dans laquelle le mandant-initiateur instruit le mandataire-établissement présentateur de lui fournir divers services en contrepartie d'une rémunération. Celle-ci peut être fixe ou variable et sera le plus souvent payée lors de l'annonce par l'AMF du résultat de l'offre, lors de son règlement-livraison, voire lors de la mise en œuvre du retrait obligatoire.

On observe ainsi fréquemment des « attelages » dans lesquels interviennent *ab initio* un ou plusieurs conseils financiers rejoints ensuite, à l'occasion du dépôt de l'offre, par un ou plusieurs établissements présentateurs.

Les services : Les tâches effectuées par l'établissement présentateur se rattachant directement à son rôle d'acteur réglementé (indépendamment des services de conseil en haut de bilan que lui-même ou un de ses affiliés est susceptible de fournir à l'initiateur) incluent typiquement :

- La rédaction et la remise à l'AMF de la lettre de dépôt de l'offre détaillant ses principales caractéristiques et qui est accompagnée de divers documents listés par l'article 231-13 du Règl. gén. AMF – dont le projet de note d'information ;

12 - De telles activités sont désignées sous le terme générique de conseil en haut de bilan et relèvent du service connexe n°3 de l'art. L. 321-2 du C. mon. fin. Ils peuvent être exercés sans agrément, ni statut professionnel particulier.

13 - V. *infra*.

14 - Un initiateur est libre de nommer autant d'établissements présentateurs et de conseils financiers qu'il le souhaite dans le cadre d'une même opération. Pour son offre sur Suez en 2021, Veolia était assistée de neuf intervenants dont (i) deux établissements présentateurs et garants (CACIB et HSBC), (ii) deux établissements présentateurs non garants (Morgan Stanley et Bank of America), et (iii) cinq conseils financiers (Messier & Associés, Perella Weinberg, BNP Paribas, Deutsche Bank et Citi en tant que conseils financiers).

• L'assistance de l'initiateur, en coordination avec ses autres conseils, dans la rédaction de la note d'information sur la base des informations transmises par ce dernier et éventuellement par la cible – plus particulièrement de la section 3 sur les éléments d'appréciation du prix de l'offre ;

• Les interactions avec l'AMF dans la revue du projet de note d'information et plus généralement dans l'instruction de l'offre publique par les services de l'AMF[15] ;

• La rédaction et la remise à l'AMF d'une attestation assurant l'exactitude des informations relatives à la présentation de l'offre et aux éléments d'appréciation du prix ou de la parité proposés[16] ;

• La rédaction et la remise à l'AMF d'une attestation assurant du caractère complet (mais non de l'exactitude) des informations relatives aux caractéristiques, notamment juridiques, financières et comptables, de l'initiateur devant être publiées en application de la réglementation AMF[17] ;

• Les interactions avec l'expert indépendant désigné par la société cible[18] ;

• La mise à disposition du public du projet de note d'information ainsi que de sa version finale (sans toutefois avoir l'obligation de la publier sur son site internet)[19] ;

• L'information de l'AMF de toute modification des termes de l'offre[20], d'une surenchère[21] ou d'autres développements relatifs au déroulement d'une offre publique[22] ;

• Les interactions avec le membre de marché acheteur en charge de l'acquisition des actions sur le marché lorsqu'il en a été désigné un par l'initiateur (le membre de marché pouvant, dans certains cas, appartenir au même groupe que l'établissement présentateur)[23] ;

• Les interactions avec l'entreprise de marché (Euronext Paris), notamment en ce qui concerne la publication des « notices » d'information par l'entreprise de marché ou lorsque l'offre est centralisée par cette dernière ;

• La demande de mise en œuvre du retrait obligatoire auprès de l'AMF, au nom et pour le compte de l'initiateur, lorsque les conditions d'une telle procédure sont remplies et les interactions à cet effet avec l'entité désignée par l'initiateur en tant que centralisateur du retrait obligatoire ; et

• La garantie de la teneur et du caractère irrévocable des engagements pris par l'initiateur dans le cadre de son offre (garantie donnée par au moins un établissement présentateur garant aux côtés duquel peuvent intervenir un ou plusieurs établissements présentateurs non garants)[24].

Obligations de moyens. En raison de sa qualité de PSI, l'établissement présentateur devra dans l'accomplissement de sa mission, « *agir d'une manière honnête, loyale et professionnelle* »[25], ces règles de conduite se déclinant en obligations professionnelles qui doivent être

15 - En application de l'art. 231-20, III du Règl. gén. AMF, « l'AMF est habilitée à demander toutes justifications et garanties appropriées ainsi que toute information complémentaire nécessaire à son appréciation tant sur le projet d'offre que sur le projet de note d'information ou de note en réponse. ».

16 - Règl. gén. AMF, art. 231-18. La formulation standard de cette attestation est la suivante : « *Conformément à l'article 231-18 du règlement général de l'Autorité des marchés financiers, [-], établissement présentateur de l'Offre, atteste qu'à sa connaissance, la présentation de l'Offre qu'il a examinée sur la base des informations communiquées par l'Initiateur, et les éléments d'appréciation du prix de l'Offre, sont conformes à la réalité et ne comportent pas d'omission de nature à en altérer la portée.* »

17 - Conformément aux dispositions de l'art. 231-28, IV du Règl. gén. AMF et de l'Instr. AMF, n° 2006-07. La formulation standard de cette attestation est la suivante : « *[-], établissement présentateur de l'Offre, atteste que le document « Informations relatives aux caractéristiques, notamment juridiques, financières et comptables de l'Initiateur » qui a été déposé ce jour auprès de l'Autorité des marchés financiers et qui sera diffusé au plus tard la veille du jour de l'ouverture de l'Offre, comporte l'ensemble des informations concernant l'Initiateur requises par l'article 231-28 du règlement général de l'Autorité des marchés financiers et par son instruction 2006-07 du 25 juillet 2006 relative aux offres publiques (telle que modifiée), dans le cadre de l'Offre.* »

18 - Lorsqu'un tel expert a été désigné en application des dispositions de l'art. 261-1 du Règl. gén. AMF.

19 - Règl. gén. AMF, art. 231-16, I.

20 - Telle que l'acquisition d'actions à un prix supérieur conduisant à un relèvement automatique de l'offre (V. notamment : AMF, avis 220C0171 relatif à l'augmentation du prix de l'offre visant la société Altran Technologies).

21 - V. notamment : AMF, Avis 214C2544 relatif à la surenchère visant les titres Club Méditerranée.

22 - Telle que la réouverture d'une offre publique lorsque les conditions d'une telle réouverture sont remplies (V. notamment : AMF, avis 222C1996, relatif à la réouverture de l'offre publique d'achat visant la société Albioma).

23 - En cas d'offre publique simplifiée, sauf cas particuliers telle qu'une offre publique de rachat portant sur un nombre limité de titres (Règl. gén. AMF, art. 233-2).

24 - Règl. gén. AMF, art. 231-13, I.

25 - C. mon. fin., art. L. 533-1 et L. 533-11.

exécutées tant en phase précontractuelle que contractuelle. Une jurisprudence établie met en outre diverses obligations de moyens à la charge de l'établissement présentateur mandataire. Débiteur d'un devoir de conseil au bénéfice de son mandant, l'établissement présentateur devra ainsi agir de manière loyale, diligente et prudente lors de l'exécution de ses services. Conformément aux articles 1984 et suivants du code civil, l'établissement présentateur doit par ailleurs rendre compte de ses actions qui ne peuvent dépasser les termes de son mandat et il doit répondre à son client sur le fondement contractuel des fautes qu'il commet dans sa gestion.

Protections au bénéfice de l'établissement présentateur. Outre les services à fournir par l'établissement présentateur, la lettre d'engagement comprendra un certain nombre de protections essentielles en sa faveur. Au-delà des classiques clauses d'indemnisation par l'initiateur, en cas de mise en cause de la responsabilité de l'établissement présentateur par des tiers, et de limitation de responsabilité à l'égard de l'initiateur, la lettre d'engagement précisera que seul l'initiateur est responsable de l'évaluation commerciale, stratégique, juridique ou comptable de l'offre. L'initiateur s'engagera à mettre à disposition du public l'ensemble des informations requises par l'article 232-18 du règlement général de l'AMF dans le cadre du projet de note d'information et par l'article 231-28 du même règlement dans le cadre des informations relatives aux caractéristiques, notamment juridiques, financières et comptables de l'initiateur. L'initiateur déclarera que l'ensemble de ces informations ainsi que toutes celles figurant dans les communications publiques ou autres documents qu'il aura préparés (ou qui auront été préparés en son nom) dans le cadre de l'offre sont complètes et exactes et comprennent toute information dont l'omission rendrait ces documents trompeurs. L'établissement présentateur sera expressément autorisé à se fier à l'information fournie par l'initiateur et de présumer, sans vérification indépendante, que celle-ci est pertinente et complète sans pouvoir être tenu pour responsable à ce titre.

Afin de prémunir l'établissement présentateur contre tout accroissement non agréé de sa garantie, il sera interdit à l'initiateur de modifier les termes de son offre, de conclure tout contrat ou de prendre toute mesure susceptible de modifier ou d'accroître les obligations et/ou la responsabilité de l'établissement présentateur, sans son accord préalable et exprès. En particulier, pour protéger l'établissement présentateur d'un accroissement de sa garantie financière à la suite d'une augmentation du prix d'offre, l'initiateur ne pourra pas, sans le consentement préalable de l'établissement présentateur, acquérir, seul ou de concert, des actions à un prix supérieur au prix d'offre[26]. En présence d'une offre publique obligatoire, l'initiateur confirmera qu'il n'a pas acquis, seul ou de concert, au cours de la période des douze mois précédant le fait générateur de l'offre, des instruments financiers de la cible, à un prix supérieur à l'offre[27].

Le rapport d'évaluation correspond quasiment au mot près aux développements figurant à la section 3 de la note d'information.

3. Assistance dans les travaux d'évaluation de la cible et la détermination du prix de l'offre

Rapport d'évaluation. Dans le cadre de sa mission, l'établissement présentateur est chargé d'établir un rapport d'évaluation dont les conclusions sont reprises dans la section 3 de la note d'information relative aux éléments d'appréciation du prix de l'offre. Même si le rapport n'est pas public, l'AMF en demande la

26 - Règl. gén. AMF, art. 231-39 : « *[...], lorsque l'initiateur et les personnes agissant de concert avec lui procèdent à des interventions à l'achat sur les titres de la société visée, toute intervention réalisée au-dessus du prix de l'offre entraîne de manière automatique le relèvement de ce prix à 102 % au moins du prix stipulé et, au-delà, à un niveau du prix effectivement payé, quelles que soient les quantités de titres achetées, et quel que soit le prix auquel elles l'ont été [...]* ».

27 - Règl. gén. AMF, art. 234-6, al. 1er : « *[...] le prix [d'une offre publique obligatoire] proposé doit être au moins égal au prix le plus élevé payé par l'initiateur, agissant seul ou de concert [...], sur une période de douze mois précédant le fait générateur de l'obligation de déposer le projet d'offre* ».

transmission lorsqu'elle étudie le projet d'offre[28] et l'on notera que souvent, en pratique, ce rapport correspond quasiment au mot près aux développements figurant à la section 3 de la note d'information. Le rapport d'évaluation pourra toutefois comprendre dans certains cas des développements non repris dans la note d'information, notamment des informations financières plus granulaires dont les parties souhaitent maintenir la confidentialité. Le rôle de l'établissement présentateur est donc clé puisque, en l'absence d'un rapport d'évaluation convenablement établi, l'AMF pourrait déclarer une offre non conforme en raison d'une information incomplète et/ou incohérente figurant dans le projet de note d'information[29].

Ce rapport d'évaluation peut être établi par l'établissement présentateur exclusivement à partir de ses propres travaux lorsque celui-ci agit seul aux côtés de l'initiateur, ou s'appuyer sur les travaux d'un autre établissement présentateur (garant ou non garant) ou d'un autre conseil financier de l'initiateur. Dans ce dernier cas, le rapport d'évaluation transmis à l'AMF et synthétisé dans la section 3 de la note d'information n'en est pas moins présenté au marché sous la signature et donc sous la responsabilité du ou des établissement(s) présentateur(s). Compte tenu de son caractère public (à travers les éléments figurant dans la note d'information) et des enjeux liés à son examen par l'Autorité des marchés financiers, l'expert indépendant mais surtout par les actionnaires de la cible, le rapport d'évaluation fait généralement l'objet de revues et validations par des comités internes au sein du ou des établissements présentateurs, selon les procédures mises en place au sein de chaque établissement.

L'approche multicritères[30]. Le règlement général de l'AMF[31] requiert que la note d'information mentionne le prix proposé « *en fonction des critères d'évaluation objectifs usuellement retenus, des caractéristiques de la société visée et du marché de ses titres* ». L'instruction AMF relative aux offres publiques d'acquisition[32] ajoute que la note doit présenter « *plusieurs éléments d'appréciation [du prix], ainsi que le cas échéant des hypothèses sous-jacentes, représentant chacun une approche différente*[33] ». De plus, « *les choix effectués par l'initiateur ou ses conseils pour sélectionner les éléments présentés ou pour écarter l'une des méthodes ou références d'évaluation listées* [doivent être] *dûment justifiés* ». Une évaluation multicritères repose à la fois sur la mise en œuvre de méthodes d'évaluation (approches analogiques ou approches intrinsèques) et sur l'examen de références d'évaluation.

Il existe deux familles de méthodes d'évaluation comprenant les approches analogiques et intrinsèques[34].

Les approches analogiques consistent à évaluer une entreprise par référence à des entreprises comparables dont on connaît la valeur de marché, soit parce qu'elles sont cotées (on parle alors de « multiples boursiers »), soit parce qu'elles ont fait l'objet d'une opération récente dont les caractéristiques ont été publiquement révélées (on parle alors de « multiples de transactions comparables »). L'approche par référence aux multiples boursiers consiste à évaluer une société en appliquant aux agrégats financiers pertinents les multiples observés sur un échantillon de sociétés cotées comparables. Cette approche repose ainsi sur le principe d'efficience des marchés financiers, concurrentiels et transparents, ayant pour conséquence que des actifs cotés

28 - Bien que le rapp. d'évaluation ne figure pas explicitement parmi les documents devant être remis lors du dépôt de l'offre en application des art. 231-13 du Règl. gén. AMF et de l'Instr. AMF 2006-07, le rapp. d'évaluation est attendu par l'AMF pour l'analyse de l'offre et joint de manière habituelle au dossier de dépôt. Cette pratique est en outre cohérente avec le paragraphe 5 de l'article 1er de l'Instr. 2006-07 précisant que doivent être également transmises lors du dépôt « *toute autre information que l'AMF estimera utile pour la protection des investisseurs et le bon fonctionnement du marché* ».

29 - En application de l'art. 231-21, 4° du Règl. gén. AMF, l'AMF examine l'information figurant dans le projet de note d'information pour apprécier la conformité du projet d'offre aux dispositions législatives et réglementaires qui lui sont applicables.

30 - G. Bastien-Thiry, N. Bombrun, J. Deege, et S. Robert, *Les opérations public to private en France, RTDF* n° 2, sept. 2020, V, e).

31 - Règl. gén. AMF, art. 231-18, 2°, a).

32 - Instr. AMF, DOC-2006-07, 29 avr. 2021, v. art. 2, 2°, a).

33 - L'Instr. AMF, DOC-2006-07, évoque les référentiels suivants : moyennes de cours de bourse, ratios de rentabilité ou de rendement, flux de trésorerie actualisés, comparaisons boursières, évaluations financières antérieures, actif net comptable et actif net réévalué ; étonnamment, l'instruction ne fait pas référence aux transactions comparables.

34 - Recomm. AMF, DOC-2006-15.

comparables doivent avoir des multiples proches. Une difficulté dans cette approche consiste à identifier un échantillon de sociétés présentant des caractéristiques similaires en termes d'activité, de taille, d'implantation géographique, de rentabilité, de perspectives de croissance et de contexte global afin de déterminer leurs multiples et, par comparaison, la valeur de la société cible. Si l'approche par les multiples boursiers est généralement fondée sur des données publiques (par exemple les états financiers publiés par les sociétés constituant l'échantillon retenu) ou communément disponibles aux évaluateurs (par exemple les projections financières basées sur un consensus d'analystes financiers), l'approche par référence à des multiples observés dans des transactions comparables présente elle des écueils supplémentaires : l'information disponible peut s'avérer parfois parcellaire, voire indisponible, et les transactions, portant généralement sur l'acquisition du contrôle des sociétés visées, s'inscrivent dans des contextes spécifiques (nature de l'acquéreur, valeur stratégique de la cible, cadre du processus de vente, date de l'opération, etc.).

Les approches intrinsèques visent à déterminer la valeur de l'entreprise à partir des éléments financiers et de risque propres à celle-ci (méthodes des flux de trésorerie disponibles, des flux de dividendes, et dans certains cas l'ANR – actif net réévalué, plus particulièrement applicable aux *holdings* d'investissement). La méthode des flux de trésorerie actualisés (« *discounted cash flows* » - « DCF ») est utilisée dans la très grande majorité des cas et consiste à établir la valeur d'une entreprise par la capacité de son actif économique à générer des flux de trésorerie disponibles futurs, sur la base d'un plan d'affaires donné. Ces méthodes sont sensibles aux paramètres utilisés, en premier lieu desquels les projections du plan d'affaires lui-même dont le statut peut être très différent d'une société à une autre (existence ou non du plan d'affaires préalablement au projet d'offre, plan d'affaires du *management* de la cible ou présenté voire validé par le Conseil d'administration de cette dernière, projections en ligne ou non avec le consensus d'analystes).[35] D'autres paramètres auront une influence sensible et reposent, tout au moins partiellement, sur l'appréciation de celui qui évalue (comme par exemple le taux d'actualisation ou le taux de croissance perpétuelle). En outre, la mise en œuvre même de ces exercices d'évaluation implique des choix méthodologiques à la main de l'évaluateur, comme par exemples la normalisation ou l'extrapolation des paramètres financiers issus du plan d'affaires de référence, pour lesquelles il existe des pratiques usuelles mais pas de règles formelles.

Le graphique ci-dessous illustre les principales méthodes retenues à titre principal (par opposition à une méthode mise en œuvre à titre indicatif) par les banques présentatrices au cours des trois dernières années[36] :

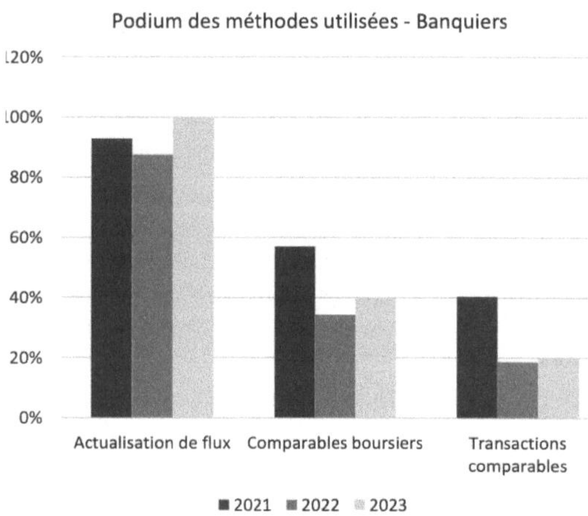

Au-delà de ces méthodes d'évaluation, l'approche multicritères pourra prendre en compte, selon les circonstances, des références d'évaluation telles que la valeur comptable des actifs (actif net comptable, ou ANC), le cours de bourse de l'entreprise (cours spot et moyennes de cours pondérées par les volumes), les opérations significatives réalisées sur les titres de la société visée ou les cours cibles des analystes. Selon les spécificités de la société, on accordera une importance particulière à une ou plusieurs références. Dans le cas contraire, les raisons pour lesquelles de telles références sont écartées devront être dûment justifiées. Constituera une référence significative le

35 - V. notamment la section du présent ouvrage consacrée à l'appréhension du plan d'affaires par l'expert indépendant (Chap. 4).

36 - Source : Observatoire de l'Expertise Indépendante.

cours de bourse en présence d'un large flottant, d'une liquidité du titre suffisante et d'un historique de cotation pertinent. Les objectifs de cours des analystes financiers seront également retenus si la société est suivie par des analystes financiers, cette référence étant plus ou moins pertinente selon que le titre fait ou non l'objet d'une couverture active. Une récente acquisition d'un bloc significatif (voire de contrôle) sera également une référence d'évaluation importante, d'autant plus si celle-ci résulte d'un processus de cession compétitif et ouvert : le prix d'une telle opération résulte d'une négociation avec un actionnaire significatif de la société cible, à même d'apprécier la valeur fondamentale de la société, et représente donc un indicateur très fort dans l'appréciation du prix de l'offre proposé au public. L'actif net comptable constituera également souvent une référence importante, en particulier lors d'une offre assortie d'une demande de retrait obligatoire. Dans un tel cas, l'actif net comptable pourrait même dans de nombreux cas être considéré comme un prix plancher implicite. On notera d'ailleurs à ce titre que la réglementation de l'AMF impose à un initiateur détenant déjà le contrôle de la cible de justifier, selon un principe de « *comply or explain* », un prix d'offre qui ferait ressortir une valeur inférieure à l'actif net comptable. A titre d'exemple de justification d'un prix d'offre inférieur à l'actif net comptable, on peut notamment relever celui d'une offre publique visant une banque au motif que, depuis plusieurs années, la valorisation des banques extériorise une décote par rapport à leur ANC[37].

Le graphique ci-après illustre les principales références retenues à titre principal (par opposition à une méthode mise en œuvre à titre indicatif) par les banques présentatrices au cours des trois dernières années[38] :

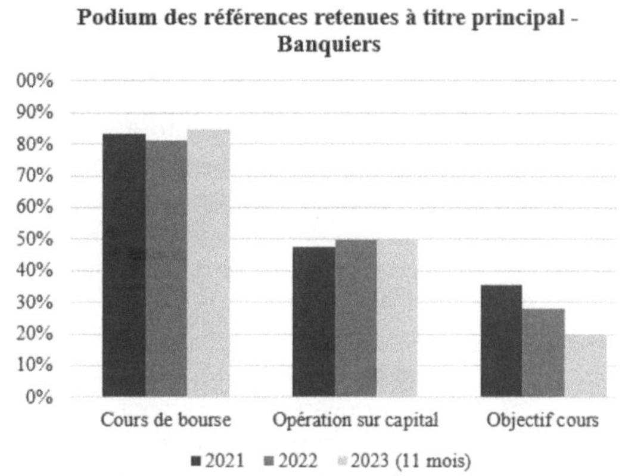

La recommandation AMF DOC-2006-15 précise en outre les modalités de mise en œuvre par l'expert indépendant des approches analogique et intrinsèque au titre des principes de transparence, de cohérence et de pertinence. Ainsi, pour illustration, au titre des principes de cohérence et de pertinence dans le cadre des approches analogiques « *la méthode des transactions comparables est utilisée avec un échantillon de transactions récentes, d'autant plus récentes que la valorisation du marché boursier aura pu évoluer fortement au cours des deux dernières années* ». Il est à noter également que l'établissement présentateur (comme l'expert indépendant) distingue souvent dans ses travaux d'évaluation les méthodes « retenues à titre principal » et considérées comme les plus pertinentes dans la détermination de la valeur de la société, des méthodes « présentées à titre indicatif », réalisées car usuelles dans l'exercice d'évaluation multicritères, mais considérées au cas d'espèce comme insuffisamment pertinentes ou non applicables.

Lien avec l'expert indépendant. Dans la majorité des cas[39], le conseil d'administration ou le conseil de surveillance de la société visée par une offre publique est tenue de nommer un expert indépendant. Ce dernier aura notamment pour mission d'établir un nouveau rapport d'évaluation – indépendant cette fois-ci – sur lequel l'organe compétent de la société cible se fondera pour rendre son avis motivé. En pratique, le travail de l'expert indépendant en matière d'évaluation est comparable à celui réalisé par l'établissement présentateur.

37 - V. notamment l'offre publique initiée par BPCE visant la société Natixis (2021).

38 - Source : Observatoire de l'Expertise Indépendante.

39 - Lorsque l'opération est susceptible de générer des conflits d'intérêts au sein de son conseil d'administration, de son conseil de surveillance ou de l'organe compétent, notamment lorsque la société visée est contrôlée par l'initiateur ou lorsque la mise en œuvre d'un retrait obligatoire est demandée ; v. Règl. gén. AMF, art. 261-1.

La doctrine de l'AMF précisant que l'expert « *a également accès aux travaux d'évaluation réalisés par les banques présentatrices de l'offre* »[40], l'établissement présentateur va donc échanger avec l'expert indépendant pour lui fournir dans un premier temps un ensemble d'informations utiles à la réalisation de sa mission[41], informations qui auront été collectées par l'établissement présentateur (ou, le cas échéant, par le conseil financier) en amont pour la réalisation de ses propres travaux[42]. Ces échanges réguliers permettront ensuite d'assurer la cohérence entre les éléments financiers figurant dans la note d'information (établis sous la responsabilité de l'établissement présentateur) et ceux figurant dans la note en réponse (à savoir le rapport de l'expert indépendant). Cette cohérence - nécessaire à la bonne appréciation de l'offre par le marché - ne signifie pas pour autant que l'établissement présentateur et l'expert indépendant doivent être d'accord en tous points. Il ressort d'ailleurs que pour établir son rapport, la démarche de l'expert indépendant doit « *au minimum* » comprendre « *une discussion avec les banques conseils de l'opération et* [une] *analyse critique des hypothèses présentées* »[43]. L'expert indépendant relèvera ainsi dans une section spécifique de son rapport les points éventuels de divergence qu'il peut avoir par rapport aux éléments d'appréciation du prix figurant dans la note d'information et préparés par l'initiateur et l'établissement présentateur[44].

Afin d'assurer le caractère indépendant de l'expert, l'expert indépendant ne doit pas être en situation de conflit d'intérêts avec les personnes concernées par l'offre publique ou leurs conseils. S'agissant plus précisément des risques de conflits d'intérêts entre un expert indépendant et un établissement présentateur, le règlement général de l'AMF précise que « *l'expert indépendant ne doit pas intervenir de manière répétée avec le ou les mêmes établissements présentateurs [...] lorsque la fréquence de ces interventions est susceptible d'affecter son indépendance.* »[45] La Cour d'appel de Paris a eu l'occasion de préciser la doctrine de l'AMF à ce sujet dans le cadre de la sortie de cote d'EDF[46]. Tout d'abord, la notion de « sociétés concernées par l'offre » vise uniquement l'initiateur et la société visée – et non l'établissement présentateur ou tout autre conseil. De plus, une mission réalisée par un expert indépendant aux côtés d'un établissement présentateur au cours des dix-huit mois précédant sa nomination n'est pas de nature à elle seule à remettre en cause l'indépendance de l'expert. La coopération éprouvée – mais ponctuelle – entre établissement présentateur et expert indépendant, utile à la bonne information du public, n'occasionne donc pas de conflit d'intérêts.

L'établissement présentateur va échanger avec l'expert indépendant pour lui fournir dans un premier temps un ensemble d'informations utiles à la réalisation de sa mission.

4. Les garanties de l'établissement présentateur quant à la teneur et l'exécution de l'offre

L'étendue de la garantie sur la teneur de l'offre. L'établissement présentateur est tenu de garantir « *la teneur de l'offre* » et doit par ailleurs attester de « *l'exactitude des informations relatives à la présentation de l'offre et aux éléments d'appréciation du prix ou de la parité proposés* »[47]. La portée de la responsabilité de

40 - Recomm. AMF, 2006-15 relative à l'expertise indépendante dans le cadre d'opérations financières, art. 1er.

41 - Notamment des informations relatives à la société cible, à son marché, aux entreprises ou transactions comparables, etc.

42 - La fourniture rapide de ces informations est d'autant plus importante que les parties souhaiteront généralement, pour le bon déroulement de l'opération, que le rapp. de l'expert indépendant puisse être remis dans les meilleurs délais (ce délai ne pouvant réglementairement être inférieur à vingt jours de négociation). La coopération et la fluidité des échanges entre l'établissement présentateur et l'expert indépendant seront ainsi essentiels pour viser un calendrier optimal de remise du rapp. de l'expert indépendant.

43 - Instr. AMF, 2006-08, art. 3, 2°.

44 - Instr. AMF, 2006-08, art. 3, 3°.

45 - Règl. gén. AMF, art. 261-4, I.

46 - CA Paris, 2 mai 2023, n° 22/19729.

47 - Cette obligation se traduit par l'émission de l'attestation assurant l'exactitude des informations relatives à la présentation de l'offre et

l'établissement présentateur à ce titre interroge et partage, tout particulièrement s'agissant de ce qu'il faut entendre par les termes de « *présentation de l'offre* ». Si la formulation semble large et équivoque, on ne peut légitimement faire peser sur l'établissement présentateur la responsabilité de garantir des informations hors de son contrôle ou de sa sphère de compétence technique. On pensera notamment aux intentions de l'initiateur pour les douze mois à venir (en matière de politique industrielle, commerciale et financière, en matière d'emploi, etc.)[48] ou encore au régime fiscal de l'offre, pour ne citer que deux exemples. On ne saurait en outre faire peser sur l'établissement présentateur l'obligation de réaliser un véritable audit de chacune des informations sur la base desquelles ses travaux ont été établis, de telles diligences n'étant ni compatibles avec le calendrier d'une offre publique, ni cohérentes avec le domaine de compétence d'un établissement présentateur qui devrait autrement regrouper à lui seul les rôles de nombreux autres conseils (auditeurs, conseils juridiques, fiscaux, comptables, etc.). On relèvera d'ailleurs que, selon la formule reprise usuellement dans les notes d'information, l'attestation des établissements présentateurs est donnée « *à la connaissance* » de ces derniers et « *sur la base des informations communiquées* » par l'initiateur.

La responsabilité de l'établissement présentateur s'agissant des « *éléments d'appréciation du prix ou de la parité proposée* » paraît en revanche plus évidente dès lors que ceux-ci entrent pleinement dans le champ de ses compétences et des missions dont l'établissement présentateur est investi. Aussi, les éléments d'appréciation du prix devront être établis selon des hypothèses raisonnables et pertinentes et ne sauraient autrement se fonder sur des éléments objectivement non fiables et justifiables. Une inexactitude des informations figurant dans la note d'information pourrait ainsi être source de responsabilité délictuelle de l'établissement présentateur[49].

La garantie d'exécution. Outre la teneur de l'offre, l'établissement présentateur est également tenu de garantir « *le caractère irrévocable des engagements de l'initiateur* ». La majorité de la doctrine s'accorde pour qualifier cette obligation de l'établissement présentateur de garantie autonome trouvant sa source dans la loi. La qualité autonome de la garantie interdit à l'établissement présentateur d'invoquer toute exception trouvant son origine dans la relation contractuelle avec l'initiateur[50].

En cas de défaillance de l'initiateur dans le cadre d'une offre publique d'achat, l'établissement présentateur sera tout bonnement tenu d'acquérir, aux conditions de l'offre, les actions de la cible. La garantie de l'établissement présentateur constitue ainsi une garantie de solvabilité prémunissant les actionnaires de la cible contre un défaut de paiement de l'initiateur. A cet égard, l'on comprend que la notoriété, la réputation et la qualité de la signature de l'établissement présentateur crédibilisent le projet d'offre et participent à son succès en rassurant les actionnaires de la cible sur la mise en œuvre du règlement-livraison de l'offre.

La garantie de l'établissement présentateur implique, pour ce dernier, de s'assurer de la conformité de l'offre à la réglementation.

S'agissant du cas particulier d'une offre publique d'échange, il est généralement admis que l'établissement présentateur est redevable d'une obligation de moyens consistant à s'assurer que les conditions juridiques nécessaires à la création des titres destinés à être remis en échange sont remplies

aux éléments d'appréciation du prix ou de la parité proposés. Bien que cette attestation doive être en théorie remise dès le dépôt du projet d'offre aux termes de l'article 1, 1° de l'instruction 2006-07 de l'AMF relative aux offres publiques, on observe en pratique que celle-ci n'est demandée par l'AMF qu'au stade de la version finale de la note d'information.

48 - Dans le même sens, v. : X. Vamparys, *Quelques observations sur les attestations des établissements présentateurs dans le cadre des offres publiques, Bulletin Joly Bourse* 2007 n° 1, p. 114.

49 - L. Faugérolas et A. Dupont-Jubien, Le rôle et les obligations des établissements présentateurs, in Les offres publiques d'achat, ss dir. de G. Canivet, D. Martin et N. Molfessis, LexisNexis 2009.

50 - *Ibid.*, p. 504, n° 1099.

et ainsi, par exemple, contrôler l'obligation faite à l'initiateur de présenter à l'assemblée générale extraordinaire de ses actionnaires un projet de résolution visant à émettre les titres à remettre en échange[51]. Ainsi la Cour d'appel de Paris a notamment affirmé que la garantie de l'établissement présentateur implique, pour ce dernier, de s'assurer de la conformité de l'offre à la réglementation. Ladite garantie ne saurait en revanche trouver à s'appliquer du seul fait d'un processus d'offre tumultueux et de la survenance d'évènements hors du contrôle de l'établissement présentateur[52]. A supposer que la banque présentatrice ait manqué à cette obligation de moyens et que ce manquement soit à l'origine du défaut d'émission des titres, une juridiction pourrait, selon les circonstances, la reconnaître redevable d'une indemnisation en numéraire.

Il semble raisonnable d'admettre que la garantie de l'établissement présentateur s'éteint lors du règlement-livraison de l'offre ou en cas de caducité de celle-ci ou de décision de non-conformité de l'AMF ou encore lorsqu'une des conditions suspensives (auxquelles seules les offres volontaires peuvent être soumises[53]) ne se réalise pas.

Pluralité de présentateurs garants. Lorsque l'offre est déposée par plusieurs établissements présentateurs, le règlement général de l'AMF requiert qu'au moins l'un d'eux se porte garant[54]. Il n'est toutefois pas rare de voir plusieurs établissements présentateurs garantir une offre ; dans ce cas, les présentateurs garants seront solidairement tenus de leur obligation. En pratique, le nombre de présentateurs garants dépendra de plusieurs facteurs, notamment l'identité des conseils intervenant aux côtés de l'initiateur ou encore le financement de l'offre par certaines banques qui pourront également endosser un rôle de présentateur garant[55].

Contre-garantie. L'établissement présentateur garant demandera le plus souvent une contre-garantie à l'initiateur, celle-ci devant être en place au plus tard au moment du dépôt de l'offre compte tenu de son caractère irrévocable à compter de cette date. Cette garantie pourra notamment prendre la forme d'un gage-espèces au bénéfice de l'établissement présentateur, ou encore d'une garantie bancaire à première demande.

Les raisons d'être de la garantie de l'établissement présentateur. La garantie de l'établissement présentateur accroît la sécurité juridique du processus d'offre. En effet, l'actionnaire de la cible ayant apporté ses titres sera certain d'obtenir le prix en retour, quand bien même le résultat ne serait pas celui attendu par l'initiateur (*i.e.*, l'initiateur espérait sortir la cible de la cote mais n'a pas atteint le seuil de retrait obligatoire) – hors cas de caducité de l'offre. De même, les éventuelles difficultés financières rencontrées par l'initiateur ne seront pas un frein pour l'offre puisque celle-ci est garantie par une institution financière ayant une surface financière importante. La garantie de l'établissement présentateur permet ainsi de sécuriser le bon fonctionnement des marchés, de protéger les petits porteurs tout en représentant un argument *marketing* pour l'initiateur. Il convient néanmoins de noter que d'autres juridictions – comme les Etats-Unis ou le Royaume-Uni – ne connaissent pas de tel système de garantie sans que cela n'affecte pour autant le bon déroulement des offres

> **D'autres juridictions – comme les Etats-Unis ou le Royaume-Uni – ne connaissent pas de système de garantie de l'établissement présentateur sans que cela n'affecte pour autant le bon déroulement des offres publiques dans ces pays.**

51 - V. : CA Paris, 10 mars 2006, n° 04/17714, *Bulletin Joly Bourse* 2006, p. 320, note L. Faugérolas.

52 - V. : CA Paris, 10 mars 2006, n° 04/17714, confirmé par Com., 23 oct. 2007, n° 06-15.023, *Bulletin Joly Bourse* 2008, p. 60, note L. Faugérolas.

53 - Règl. gén. AMF, art. 231-9 à 231-12.

54 - Règl. gén. AMF, art. 231-9 à 231-12.

55 - Par exemple, l'OPA lancée par l'Etat français sur EDF en 2022, d'une valeur d'environ dix milliards d'euros, n'était garantie que par un seul établissement présentateur (Société Générale) ; tandis que l'OPAS de la famille *Despature* sur Somfy était garantie par quatre établissements présentateurs sur cinq (CACIB, Natixis, Portzamparc et Société Générale), alors même que la valeur de l'opération était bien inférieure (plus d'un milliard d'euros) ; en revanche, l'offre d'IRD Associés sur Groupe IRD (l'offre la plus faible déposée sur Euronext Paris en 2022, environ quatre millions d'euros) n'était garantie que par un seul établissement présentateur (Degroof Petercam).

publiques dans ces pays.

Une spécificité française. La garantie de l'établissement présentateur est en effet une spécificité du droit français. La directive n° 2004/25/CE du Parlement et du Conseil du 21 avril 2004 concernant les offres publiques d'acquisition (Directive OPA), posant les principes généraux des offres publiques[56], laisse aux Etats membres la responsabilité de fixer les règles régissant l'irrévocabilité des offres[57]. La France a choisi la solution qui peut apparaître comme la plus sécurisante pour le marché. D'autres Etats membres ont en revanche opté pour une solution plus souple.

Sans aller jusqu'à prévoir une véritable garantie juridique, les dispositions allemandes du *Wertpapiererwerbs und Übernahmengesetz* (WpÜG) aboutissent en pratique à un résultat similaire à celui résultant des dispositions françaises.

Ainsi, la règlementation allemande oblige un initiateur de s'assurer qu'il dispose des fonds nécessaires pour acquérir l'ensemble des actions émises par la cible qu'il ne détient pas lors du dépôt de son offre (principe du *certain funds*). L'initiateur devra en outre fournir une confirmation écrite émise par un établissement bancaire ou une autre institution financière indépendante attestant du fait qu'il a pris toutes les mesures nécessaires pour assurer le financement de l'acquisition des titres visés. Cette confirmation doit être fournie à l'autorité de marché, la BaFin, lors du dépôt de l'offre et figure en annexe au document d'offre.

Sans constituer une garantie juridique en faveur des actionnaires de la cible, l'établissement émettant une confirmation incorrecte pourrait être tenu responsable à l'égard des actionnaires ayant apporté leurs titres à l'offre sans percevoir en contrepartie le prix d'offre. Avant l'émission de la confirmation, les institutions financières effectuent ainsi des vérifications et diligences d'usages pour s'assurer que l'initiateur a pris les mesures garantissant le paiement du prix de l'offre à sa clôture.

Au Royaume-Uni, le recours à un intermédiaire financier autorisé par la UK Financial Services Authority est obligatoire. Sans que celui-ci ne garantisse l'offre comme le ferait l'établissement présentateur en France, il devra cependant confirmer publiquement que l'initiateur dispose bien des fonds nécessaires pour remplir ses obligations au terme de l'offre (*cash confirmation requirement*). Contrairement au dispositif de la garantie à la française, cette confirmation ne constitue pas une garantie, de telle sorte que l'intermédiaire financier n'est pas tenu de payer le prix d'offre en cas de défaut de l'initiateur si, en donnant la confirmation, il a agi de manière responsable et a pris toutes les mesures raisonnables pour s'assurer que les fonds seraient bien disponibles lors du règlement-livraison de l'offre. Cette déclaration soumet ainsi l'intermédiaire financier britannique à un devoir de vigilance quant à la qualité des diligences effectuées afin d'éviter que sa responsabilité soit recherchée ultérieurement s'il apparaît que ses diligences comportaient des lacunes préjudiciables aux actionnaires de la cible [58].

Enfin, en dehors de l'Union Européenne et du Royaume-Uni, certains Etats – comme les Etats-Unis – ne font peser aucune obligation de garantie sur les prestataires accompagnant l'initiateur dans son projet d'offre. Aux Etats-Unis, la *Securities and Exchange Commission* (SEC) n'opère ainsi pas de contrôle de recevabilité et l'offre peut être soumise à de multiples conditions suspensives et résolutoires, alors même que les modalités de financement de l'offre doivent être définies et communiquées préalablement à son lancement.

---

56 - Dont l'obligation pour l'initiateur de s'assurer « *qu'il peut fournir entièrement la contrepartie en espèces, si une telle contrepartie a été offerte, et après avoir pris toutes les mesures raisonnables pour assurer la fourniture de tout autre type de contrepartie* » (Dir. OPA, art. 3(1)(e)).

57 - Dir. OPA, art. 13(e).

58 - L. Faugérolas et A. Dupont-Jubien, préc., p. 498, n° 1077.

par **Marc Antao**,
Managing Director, ODDO BHF

La période de préoffre

La période de préoffre n'a pas connu d'évolution majeure depuis sa création en 2009. Avec maintenant 15 années de recul sur sa pratique, la question de sa modernisation méritait d'être soulevée, alors que plusieurs réformes significatives de la procédure d'offre publique d'achat se sont succédées.

Depuis l'offre publique d'achat des actions de la Franco Wyoming Oil Company en 1964, qui incita la Chambre syndicale des agents de change à poser en 1966 la première pierre d'une procédure d'offre publique d'achat en France, celle-ci n'a cessé de se réinventer au fil des années. Ainsi, du règlement général de la Chambre syndicale des agents de change originel au règlement général de l'AMF, en passant par le code de bonne conduite de la Commission des opérations de bourse, la matière des offres publiques s'est enrichie par un effet bénéfique de sédimentation. Ce fut encore le cas en 2014 avec la loi nº 2014-384 du 29 mars 2014 visant à reconquérir l'économie réelle, dite « loi Florange », qui introduisit dans le droit des offres le seuil de caducité et mit fin au principe de neutralité du conseil d'administration. Puis en 2019, avec la loi nº 2019-486 du 22 mai 2019 relative à la croissance et la transformation des entreprises, dite « loi PACTE », qui abaissa le seuil nécessaire à la mise en œuvre d'un retrait obligatoire de 95 % à 90 % du capital et des droits de vote. Il en fut de même avec les modifications réglementaires issues du groupe de travail sur les conditions de mise en œuvre du retrait obligatoire et de l'expertise indépendante, présidé par Messieurs Thierry Philipponnat et Patrick Suet, alors membres du Collège de l'AMF. Le panorama de cet édifice ne serait pas complet sans évoquer une période spéciale : celle de la préoffre, concept qui fête cette année ses 15 ans.

1. Une période de préoffre à la frontière de la période d'offre

La période qui précède le dépôt d'une offre publique d'achat est cruciale. De cette dernière, dépend bien souvent le succès d'une offre, que celle-ci soit amicale ou hostile. Cette importance capitale se reflète en partie dans le cadre réglementaire actuel.

> **Le concept de période de préoffre et les restrictions qui y sont attachées existaient déjà, en filigrane, dans le règlement général dès lors qu'une personne portait spontanément à la connaissance du public son intention d'offre et en cas de déclenchement par l'AMF du dispositif anti-rumeurs.**

1.1. L'institution d'une période de préoffre

La période de préoffre fut introduite dans le règlement général de l'AMF par un arrêté du 10 juillet 2009, applicable à compter du 1er octobre 2009. Cette évolution trouve en partie son origine dans les réflexions menées lors des travaux du groupe de travail sur le marché obligataire secondaire présidé par Messieurs Dominique Hoenn et Jean-Pierre Pinatton, alors membres du Collège de l'AMF. Elle permit, d'une part, de préciser et actualiser les dispositions applicables aux interventions sur les titres concernés par une offre publique et le contrôle de celles-ci lors de l'annonce des principales caractéristiques de l'offre et, d'autre part, de tirer les conséquences de la fin de la règle de concentration des ordres sur le marché réglementé français. Pour autant, le concept de période de préoffre et les restrictions qui y sont attachées existaient déjà, en filigrane, dans le règlement général dès lors qu'une personne portait spontanément à la connaissance du public son intention d'offre et en cas de déclenchement par l'AMF du dispositif anti-rumeurs. Il est vrai que ces dispositions suscitaient des interrogations, relatives notamment, à une imbrication complexe des textes et une insécurité juridique forte s'agissant de la question du point de départ effectif de l'application du régime de restriction des interventions. La fin de la règle de concentration des ordres imposée par le droit européen ayant par ailleurs fait voler en éclats la pratique de la suspension de cours appliquée jusqu'alors par l'AMF, une réforme s'imposait et celle-ci trouva sa concrétisation dans l'introduction d'une nouvelle phase préalable à celle de la période d'offre : la période de préoffre.

La période de préoffre est actuellement définie au Chapitre premier du Titre III du Livre II du règlement général de l'AMF, consacré aux règles générales et dispositions communes aux offres publiques d'acquisition. L'article 231-2, 5° du règlement général définit la période de préoffre comme le temps qui s'écoule entre, d'une part, la publication par l'AMF sur son site Internet de l'avis de préoffre prévu à l'article 223-34 du règlement général (cas où une personne, en application des articles 223-6 ou 233-33 du règlement général, porte à la connaissance du public les caractéristiques d'un projet d'offre, notamment la nature de l'offre et le prix ou la parité envisagée) et, d'autre part, le début de la période d'offre ou, à défaut de dépôt d'un projet d'offre, la publication faite par l'AMF en application du dernier alinéa de l'article 223-34 du règlement général (cas de renonciation par l'initiateur au dépôt du projet d'offre préalablement envisagé ou d'absence de dépôt par l'initiateur de son projet d'offre dans le délai imposé par l'AMF).

La période de préoffre débute ainsi à l'occasion de la publication par l'AMF d'un avis sur son site Internet reprenant les principales caractéristiques d'un projet d'offre publique, préalablement portées à la connaissance du public par une personne souhaitant initier une offre, et s'achève à l'occasion de la publication par l'AMF sur son site Internet d'un avis de fin de préoffre résultant d'un abandon du projet par son initiateur ou d'un avis de dépôt d'offre publique marquant la bascule de la période de préoffre vers la période d'offre. L'entrée effective en période d'offre revêt une importance particulière pour tout initiateur et pour le marché. Au-delà du fait que celle-ci constitue le point de départ du calcul du prix plancher pour les offres publiques d'achat simplifiées, résultant de l'application de l'article 233-1, 1° du règlement général, elle enclenche surtout les obligations afférentes aux restrictions d'intervention et au contrôle de celles-ci par le régulateur, qui peuvent avoir un impact direct sur les chances de succès d'une offre.

1.2. Les obligations en période de préoffre

Pendant la période de préoffre, l'initiateur d'une offre en numéraire ne peut acquérir aucun titre de la société visée, à l'exception des acquisitions résultant d'un accord de volonté antérieur au début de la période de préoffre et dont l'AMF doit être tenue informée. En outre, s'agissant des offres publiques comportant la remise de titres, les personnes concernées ne peuvent intervenir sur les titres de capital ou donnant accès au capital de la société visée. Ces restrictions importantes trouvent à s'appliquer tant que l'irrévocabilité des engagements de l'initiateur n'est pas scellée par la procédure de dépôt (le dépôt devant être effectué par lettre adressée à l'AMF garantissant, sous la signature d'au moins un des établissements présentateurs, la teneur et le caractère irrévocable des engagements pris par l'initiateur) et que l'intégralité du contrat d'offre n'est pas portée à la connaissance du public (au moins sous forme de projet lors du dépôt de l'offre). L'objectif poursuivi est double. Il consiste tout d'abord à empêcher qu'une offre publique, qui doit se conformer à une procédure spécifique prévue et encadrée par l'AMF, ne soit « consommée » avant son ouverture officielle.

Il vise ensuite à inciter l'initiateur à rejoindre le plus rapidement possible la procédure d'offre afin de retrouver une « fenêtre d'intervention » et ne pas se retrouver trop désavantagé par rapport à un concurrent souhaitant préparer une contre-offre ou un investisseur poursuivant une logique de barrage au retrait obligatoire, qu'il s'agisse pour ce dernier de voir perdurer la cotation de la société visée ou de négocier avec l'initiateur de l'offre le prix de la « paix » dans une optique de maximisation de son rendement.

Les interventions pour compte propre des prestataires de services d'investissement (PSI) au sens de l'article L. 531-1 du code monétaire et financier, qui sont concernés par l'offre, sont libres sous réserve de respecter une série de critères prévus à l'article 231-43 du règlement général de l'AMF : une « muraille de Chine » entre équipes intervenant sur l'offre et celles agissant pour compte propre du PSI, des interventions qui s'inscrivent dans la continuité des pratiques habituelles, des prises de position qui ne s'écartent pas sensiblement de celles constatées habituellement, des dispositions prises pour ne pas influer sur le résultat de l'offre ou le cours des titres concernés, et des interventions respectant les principes généraux des offres publiques (c'est-à-dire de libre jeu des offres et de leurs surenchères, d'égalité de traitement et d'information des détenteurs des titres des personnes concernées par l'offre, de transparence et d'intégrité du marché, et de loyauté dans les transactions et la compétition). S'agissant des « autres PSI », c'est-à-dire ceux qui ne sont pas concernés par l'offre, ceux-ci ne sont soumis à aucune restriction d'intervention sur les titres.

La création de la période de préoffre a également permis de fixer le point de départ du dispositif de transparence renforcée à la date de publication par l'AMF de l'avis de préoffre. En effet, au-delà de l'obligation de vigilance particulière qui s'impose aux personnes concernées par l'offre, à leurs dirigeants et à leurs conseils s'agissant de leur communication, notamment auprès de la presse (Règl. gén. AMF, art. 231-36), le contrôle des opérations sur les titres concernés par une offre publique repose depuis la réforme de 2009 sur un dispositif de transparence renforcée scindé en deux régimes déclaratifs distincts. Le régime général de déclaration des opérations sur les titres visés par une offre et le régime allégé pour les PSI renvoient à une instruction de l'AMF définissant un modèle type de déclaration des opérations réalisées sur les titres concernés par une offre pendant les périodes de préoffre et d'offre. Ce modèle de déclaration prend la forme de formulaires, dits « type I » et « type II », disponibles sur le site Internet de l'AMF.

L'objectif de l'institution d'une période de préoffre est double. Il consiste tout d'abord à empêcher qu'une offre publique, qui doit se conformer à une procédure spécifique prévue et encadrée par l'AMF, ne soit « consommée » avant son ouverture officielle. Il vise ensuite à inciter l'initiateur à rejoindre le plus rapidement possible la procédure d'offre afin de retrouver une fenêtre d'intervention.

Le régime général est le prolongement de celui qui était en vigueur avant la réforme de 2009 et qui s'applique à toute personne physique ou morale, à l'exception des PSI concernés (Règl. gén. AMF, art. 231-2, 4°) et des PSI autres que concernés intervenant dans le respect de certains critères (Règl. gén. AMF, art. 231-52). Les déclarations transmises à l'AMF dans ce cadre consistent en un *reporting* quotidien des transactions et des positions de clôture du déclarant ainsi que, le cas échéant, en une déclaration d'intention (dans les cas visés par l'art. 231-47 Règl. gén. AMF). L'obligation déclarative s'effectue par l'intermédiaire d'un formulaire « type I », disponible sur le site internet de l'AMF, et concerne les personnes qui acquièrent plus de 1 % du capital de la cible depuis le début de la période de préoffre. Sont également concernés les détenteurs de plus de 5 % du capital qui acquièrent des titres. Une déclaration d'intention est requise en cas de franchissement du seuil de 2 % depuis le début de la période de préoffre. Le contenu de ladite déclaration d'intention prévoit que soient précisées au marché l'existence de

il est crucial de parachever cette mosaïque byzantine en assurant la clarté, la simplicité et l'équité dans les restrictions d'interventions et les obligations de transparence renforcée, afin de garantir la transparence et l'intégrité du marché.

par **David Chase Lopes**,
Managing Director, EMEA, D.F. King Ltd

L'impact de la directive européenne des droits des actionnaires lors d'une offre publique d'achat

La directive SRD2 a considérablement simplifié la procédure d'identification de leurs actionnaires par les sociétés cotées. Amélioration par rapport à la procédure du TPI, l'analyse du registre offre une vision plus fine et plus à jour de son actionnariat, permettant non seulement d'identifier les populations susceptibles de faire réussir (institutionnels) ou échouer une offre (investisseurs passifs, arbitragistes) mais également de suivre leur activité et d'anticiper leurs réactions.

1. La directive européenne concernant les droits des actionnaires : les nouveautés

La directive (UE) 2017/828 du Parlement européen et du Conseil du 17 mai 2017 qui modifie la directive 2007/36/CE en vue de promouvoir l'engagement à long terme des actionnaires, dite également « SRD 2 » (la directive) permet à toute société cotée de parvenir à une compréhension claire de la composition de son capital en remontant la « chaîne de conservation des titres », au niveau des investisseurs institutionnels, des banques dépositaires de chaque investisseur et des détenteurs finaux. Pour l'émetteur, bénéficier d'une visibilité sur l'ensemble de cette chaîne est particulièrement important dans le contexte d'une offre publique, à l'occasion de laquelle l'action va transiter de l'investisseur institutionnel (qui peut recevoir des instructions du détenteur final pour qui il détient les actions) à Euronext qui joue le rôle de la banque centralisatrice lors d'une offre sur un émetteur français.

La directive libère l'émetteur des imprécisions et de la lenteur relative des systèmes d'identification des titres au porteur qui existaient traditionnellement en droit interne (également dits « *shareholder identifications* » ou « *SHID* »). Elle impose en effet aux investisseurs concernés de divulguer le nombre d'actions détenues à une date précise. Cette obligation s'impose à tous les maillons de la chaîne de conservation des titres de l'émetteur, permettant à ce dernier d'acquérir une couche d'informations supplémentaire à chaque niveau de détention. Ce régime de divulgation permet aux émetteurs français de disposer d'une vision complète et fiable de leur base actionnariale tant au niveau des investisseurs institutionnels qu'en amont (au niveau des banques dépositaires) ou en aval (au niveau des détenteurs finaux). La transparence apportée par la directive constitue une innovation majeure qui permet aux émetteurs français de disposer d'un niveau de transparence équivalent à ce que connaissent depuis des années les émetteurs notamment britanniques et irlandais. Elle donne une vraie compréhension de la structure capitalistique du groupe et éclaire les zones d'ombres qui existaient auparavant.

La transparence apportée par la directive concernant les droits des actionnaires donne une vraie compréhension de la structure capitalistique du groupe et éclaire les zones d'ombres qui existaient auparavant.

La directive tourne la page de l'ère du TPI (titre au porteur identifiable) produit uniquement par Euroclear et à un coût historiquement élevé. Cette évolution doit donc permettre aux émetteurs d'effectuer des analyses de leur registre plus fréquemment et plus rapidement. En pratique, les délais de mise en œuvre de l'analyse de registre sont de l'ordre de trois semaines lors de l'analyse et sont réduits à environ deux semaines par la suite. Par ailleurs, pour les émetteurs dont la base actionnariale aux États-Unis est significative, la directive permet de diminuer les délais de préparation d'une analyse *US-Lookthrough* en les ramenant à deux semaines. De plus, notre expérience en France démontre que le coût de l'analyse diminue avec l'augmentation de la fréquence de ces analyses.

La directive apporte donc des améliorations en matière de précision des données actionnariales ainsi qu'en termes de durée de mise en œuvre, tournant la page des SHID, initialement issus des marchés américains, qui ne sont pas encadrées par des lois fortes en matière de divulgation de la détention actionnariale. Le principal défaut de ces mécanismes était connu : compte tenu des délais de préparation, les informations qui en sont issues sont potentiellement obsolètes à la livraison de l'analyse. En procédant par « sondage » les systèmes de *SHID* donnaient une visibilité limitée à 80 % environ des investisseurs institutionnels quatre semaines après le démarrage de l'identification. La directive permet une divulgation quasi complète (supérieure à 98 %) de l'ensemble du capital de l'émetteur en deux à trois semaines. La directive permet ainsi de s'approcher du système en vigueur au Royaume-Uni où la section 793 du *Companies' Act* permet un niveau de divulgation semblable.

Au-delà des investisseurs institutionnels, la directive innove fortement en permettant à l'émetteur d'obtenir une compréhension claire de ses actionnaires individuels. Le texte ne fixant aucun seuil de détention, il permet à l'émetteur d'identifier la quasi-totalité de ses actionnaires individuels en regardant « à travers » les banques privées. Ainsi l'émetteur n'a pas à se contenter d'une catégorie d'« actionnaires individuels » agrégeant l'ensemble des « petits porteurs », mais dispose au contraire d'autant de lignes qu'il existe d'actionnaires individuels détenteurs finaux. Chaque ligne précise l'identité de la banque qui détient les actions, le nombre d'actions détenues et souvent l'adresse postale voire électronique de l'investisseur. Cet apport de la directive ouvre des opportunités de développement des relations avec les actionnaires inimaginables jusqu'alors.

En dehors même des périodes d'offre, l'émetteur peut mettre à profit la transparence accrue offerte par la directive pour développer ses relations avec ses investisseurs et développer son *buy side story* dans la durée.

L'émetteur dispose facilement d'une vision de la composition de son actionnariat par catégorie d'investisseurs, par géographie, etc. qui l'aide dans ses relations avec ses investisseurs.

L'augmentation de la fréquence des analyses couplée à la baisse de leur coût permet à l'émetteur d'utiliser les données obtenues par l'analyse de son registre pour déterminer comment ses interactions avec les investisseurs influent sur les achats et les ventes de ses titres. L'émetteur dispose facilement d'une vision de la composition de son actionnariat par catégorie d'investisseurs, par géographie, etc. qui l'aide dans ses relations avec ses investisseurs.

Demeurent néanmoins certaines limites à la profondeur de l'analyse. Si la directive permet la divulgation des positions des *prime brokers*, elle ne peut pas les obliger à divulguer les identités des investisseurs alternatifs qui investissent *via* des produits dérivés dans l'action d'un émetteur coté. Toutefois, l'évolution à la hausse ou à la baisse des positions des *prime brokers* permet d'apprécier le poids général des investisseurs arbitragistes au sein du capital de l'émetteur.

2. Comment appliquer les renseignements de cette analyse du registre lors d'une offre ?

Disposer de données fiables sur la composition de l'actionnariat de la société faisant l'objet d'une offre publique est un facteur essentiel de la réussite de celle-ci. À l'occasion d'une offre publique, si la cible procède régulièrement à l'analyse du registre permise par la directive, son conseil d'administration peut évaluer la réaction de son actionnariat aux conditions et aux modalités de l'offre publique. Connaître l'identité des investisseurs aidera l'émetteur à apprécier les chances de succès, notamment en tenant compte de la ventilation entre les diverses catégories d'investisseurs, dont chacune possède une stratégie propre.

Lors d'une offre publique ou d'une offre publique simplifiée, la cible, l'initiateur et leurs conseils ont besoin de connaître l'actionnariat de la société visée de la façon la plus détaillée possible et ne peuvent pas se contenter de connaître la répartition entre les investisseurs institutionnels et les actionnaires individuels.

La réaction des investisseurs aux conditions d'une offre publique dépend de plusieurs critères :

- La répartition entre institutionnels et actionnaires individuels :
  - la prédominance des investisseurs institutionnels facilite le succès de l'offre ;
  - plus les actionnaires individuels sont établis en France plus le retrait sera facile.
- La nature des investisseurs institutionnels, il convient notamment de comprendre les parts respectives :
  - des investisseurs *long-only* ;
  - des fonds souverains ;
  - des fonds passifs et leur trajectoire.

La détention de 15 % à 20 % du capital par des fonds indiciels ou souverains complique l'obtention d'un taux de réponse à l'offre positif.

- La part détenue par les *prime brokers* et leur trajectoire. En effet, les objectifs financiers des fonds alternatifs cachés derrière des *prime brokers* ne sont pas nécessairement alignés avec ceux de la transaction ;
- Le délai entre l'annonce de l'offre et son dénouement. Un délai resserré entre l'annonce et la clôture facilite le succès de l'offre.

La géographie idéale du capital pour réussir une offre publique est donc une population stable d'institutionnels *long-only*. À l'inverse, il est fréquent que 15 à 20 % du capital soit entre les mains d'actionnaires passifs (BlackRock, Vanguard, State Street...) ou de fonds souverains (Norges...) rendant plus difficile l'atteinte d'un pourcentage important d'apport à l'offre. Dès lors, connaître le poids des investisseurs passifs et des fonds souverains qui souvent se comportent de manière similaire aide à déterminer le niveau minimal de soutien pour atteindre le seuil de caducité de l'offre.

Plus la durée entre l'annonce et la clôture est longue plus le risque est important que les investisseurs *long-only* vendent avant la clôture, le plus souvent à des arbitragistes. La présence d'arbitragistes et l'accroissement de leur poids dans le capital peuvent être détectés en suivant l'évolution des positions des *prime brokers*.

Une connaissance fine de la population des investisseurs institutionnels *long-only* permet d'anticiper leur comportement par rapport à l'offre en question en analysant leur comportement à l'occasion d'offres semblables.

Les arbitragistes ciblent spécifiquement des sociétés dans lesquelles le poids des investisseurs passifs et des actionnaires individuels est important et montent au capital de ces sociétés pour tenter de forcer une augmentation du prix de l'offre, scenario dit de *bumpitrage*.

La directive et l'analyse du registre permettent à l'émetteur de déterminer son chemin vers :

- le dépassement du seuil initial de caducité, et surtout,
- le retrait obligatoire des actionnaires minoritaires.

Une connaissance fine de la population des investisseurs institutionnels *long-only* permet d'anticiper leur comportement par rapport à l'offre en question en analysant leur comportement à l'occasion d'offres semblables. Cette connaissance permet d'extrapoler également le comportement des fonds indiciels ou des investisseurs alternatifs. Connaître les grandes masses des types d'investisseurs institutionnels aide à calibrer l'offre pour atteindre le seuil de caducité ou de retrait obligatoire. Par ailleurs, ces renseignements aident l'émetteur et ses conseils à évaluer la probabilité d'un scenario de *bumpitrage* tout en évaluant les chances de réussite des arbitragistes. Ceux-ci peuvent permettre d'éviter d'avoir à augmenter artificiellement le prix de l'offre à l'occasion d'une offre publique amicale.

3. La directive permet une analyse fiable et dynamique de la base actionnariale en période d'offre

L'un des avantages les plus notables de l'analyse du registre permise par la directive tient à la possibilité de faire des analyses de tout le registre à des fréquences rapprochées (toutes les trois semaines environ). Si la composition du capital d'une société est par principe évolutive, l'annonce d'une offre publique et les différents événements jusqu'à son dénouement rendent les changements dans l'actionnariat plus fréquents et parfois spectaculaires. Avant la directive, les délais inhérents à la mise en œuvre puis à l'analyse du TPI obligeaient l'émetteur à se contenter d'une vision de son actionnariat relativement figée (sauf déclarations de franchissements de seuils à l'AMF). L'offre et la communication risquaient ainsi de s'adresser à un public qui ne détenait, en fait, plus de titres de la cible.

Depuis l'entrée en vigueur de la directive, l'analyse du registre a pu être mise en œuvre sur un nombre important de transactions qui ont montré que la directive améliore la compréhension par l'émetteur de la composition de son capital et de son évolution au cours de l'offre. Ces renseignements permettent à l'émetteur de dialoguer de manière plus précise avec ses actionnaires tout au long de l'offre.

> **La directive concernant les droits des actionnaires permet à l'émetteur de dialoguer de manière plus précise avec ses actionnaires tout au long de l'offre.**

Il est maintenant possible de s'appuyer sur la directive pour effectuer :

- une analyse du registre au moment de l'annonce de l'offre,
- et ensuite une deuxième analyse juste après le règlement-livraison de la première période d'offre.

Grâce à ces analyses comparatives, l'émetteur peut déterminer l'identité des investisseurs qui auraient apporté leurs actions à l'offre pendant la première période d'offre. Par ailleurs, il peut déterminer l'identité des investisseurs et actionnaires qui restent, la catégorie d'investisseurs à laquelle ils appartiennent et ceux qui seraient entrés au capital entre l'annonce et le règlement-livraison. Ces renseignements à jour permettent à l'émetteur de peaufiner sa stratégie par rapport à la transaction pendant la période de réouverture et de confirmer ou écarter un risque de *bumpitrage*. L'émetteur dispose ainsi d'une vision beaucoup plus claire de la population des arbitragistes et peut, pendant la période de réouverture, concentrer ses efforts sur les investisseurs qui détiennent toujours les actions au lieu de continuer à solliciter l'ensemble des investisseurs qui n'auraient pas confirmé leurs intentions pendant la première période d'offre.

Cette connaissance par l'émetteur de son actionnariat lui permet d'adapter sa campagne auprès de ses actionnaires individuels et de faire des économies en termes de communication directement dirigée vers les actionnaires individuels, si ceux-ci ont déjà largement cédé leurs titres ou les ont apportés à l'offre.

Conclusion

La directive permet donc aux émetteurs français d'avoir une visibilité complète de leur actionnariat en remontant la chaîne de conservation des titres. Ce texte est une innovation importante qui améliore la fiabilité de l'analyse du registre et rend obsolète les procédures de *shareholder identification*. Grâce à ces innovations, l'émetteur devrait pouvoir plus facilement présenter son *buy-side story* aux investisseurs existants ou potentiels. Dans des situations d'offres publiques, la directive permet au conseil d'administration d'apprécier la façon dont le prix d'offre sera perçu par sa base actionnariale.

Focus : identification des actionnaires et obligations de transparence

par **Catherine Maison-Blanche**,
Senior Consultant, A&O Shearman

L'identification des propriétaires de titres comporte des enjeux opérationnels dans de multiples situations, et tout particulièrement en cas de mise en œuvre d'une offre publique d'acquisition sollicitée ou amicale comme le démontre et le développe l'article qui suit. Une bonne connaissance de la base actionnariale permet de structurer avec pertinence les conditions financières de l'offre (OPA ou OPE ou offre mixte) et le seuil de caducité d'une offre volontaire. Il permet d'anticiper le succès de l'opération et d'engager un dialogue actionnarial.

1. Le régime légal : avant et après la transposition de la directive SRD 2

Avant la transposition de la directive SRD 2 en France, le processus d'identification des détenteurs inconnus de la société passait par une requête auprès du dépositaire central, Euroclear France (connu sous le nom de procédure TPI).

Une fois saisi, Euroclear France interrogeait selon une procédure itérative, les teneurs de compte conservateurs, intermédiaires affiliés à Euroclear France, lesquels délivraient une information sur les détenteurs enregistrés dans leurs livres. Cette première phase se poursuivait par une seconde collecte d'informations organisée par lesdits affiliés auprès de différents intermédiaires financiers inscrits pour compte de tiers dans leurs livres sur l'identité et le nombre de titres détenus par les actionnaires réels.

Cette collecte dont le résultat était transmis à Euroclear France était suivie d'une restitution par Euroclear France à l'émetteur.

Ainsi l'émetteur pouvait lever tous les « écrans » successifs d'intermédiaires jusqu'à la révélation de l'identité des propriétaires réels des titres émis.

Parallèlement, l'émetteur pouvait également *via* la procédure TPI demander à toute personne morale propriétaire de ses actions et possédant des participations dépassant certains seuils de lui faire connaître l'identité des personnes détenant directement ou indirectement plus du tiers de leur capital.

Il conserve cette possibilité selon les nouvelles procédures issues de la transposition de la directive SRD 2 mais selon des procédures plus flexibles, moins lentes et complexes que l'actif net comptable en TPI.

Les textes européens sont désormais complètement reflétés dans l'ordre législatif français et codifiés, pour ce qui concerne l'identification des actionnaires, dans le code de commerce au sein des articles L. 228-2 à L. 228-3-7 (partie législative) et au sein des articles R. 228-3 à R. 228-5 (partie réglementaire), avec quelques renvois s'agissant des délais de transmission et des informations à transmettre au règlement d'exécution (UE) 2018/1212 de la Commission du 3 septembre 2018.

2. Portée de la réforme : ce qui a changé avec la transposition de la directive SRD 2 et son règlement d'exécution

Les textes de transposition français de la directive SRD2 rationnalisent, accélèrent et rendent beaucoup plus flexible le processus d'identification (désormais au surplus harmonisé sur les marchés européens) notamment en permettant que les personnes interrogées à titre direct soient :

- Le dépositaire central ;
- Les intermédiaires assurant la tenue de compte-conservation des titres ;
- Les intermédiaires inscrits ; et
- Toute autre personne établie hors de France qui fournit des services d'administration ou de conservation d'actions ou de tenue de compte titres au nom des propriétaires de titres ou d'autres intermédiaires.

Cet accès direct met un terme au système lent et complexe de remontée et de redescente des informations *via* Euroclear France, au travers de la chaine d'intermédiaires.

Les délais de transmission calqués sur ceux prévus par l'article 9 du règlement d'exécution sont spectaculairement raccourcis, l'un des objectifs majeurs de la réforme étant d'accélérer le circuit de transmission des informations. Les réponses doivent être données en majorité sans délai compte tenu de la possibilité de les traiter de manière automatisée (courant du jour ouvrable suivant la date de réception de la demande ou la date indiquée par l'émetteur, désignée date d'enregistrement). Cette immédiateté est à comparer au régime ancien où les délais de collecte par Euroclear France pouvaient atteindre 10 jours ouvrables et ceux de restitution à l'émetteur par la même Euroclear France, 5 jours ouvrables, de sorte que l'information parvenant à l'émetteur était bien souvent obsolète, ne correspondant plus à une photographie à l'instant T de la demande.

La confidentialité des informations se trouve enfin renforcée, la violation de cette interdiction étant sanctionnée pénalement (emprisonnement d'un an ou 15 000 euros d'amende). L'article L. 228-2, VI du code de commerce interdit de céder, même à titre gratuit, les informations obtenues – cette interdiction de cession est désormais générale et ne pèse plus uniquement sur la seule société, comme le prévoyait, formellement du moins, le droit antérieur. Toutefois rien n'interdit à notre sens l'émetteur qui dans le cadre d'une OPA amicale ou sollicitée voudrait partager la connaissance de son actionnariat avec l'offrant ou la banque présentatrice, de donner des indications générales sur par exemple des pourcentages de détention selon le profil d'investisseur pourvu que le détail de l'identification ne soit pas divulgué.

Cette information doit permettre aussi pendant l'offre, sans franchir la frontière de la sollicitation ou du démarchage, de dialoguer avec les principaux actionnaires dans un objectif informatif, pourvu là encore de ne pas provoquer d'asymétrie d'information entre la communication publiée et celle explicitée dans le cadre d'un échange oral.

par **Hervé Synvet**,
Professeur émérite de l'université Paris-Panthéon-Assas

L'action de concert

L'action de concert est une notion centrale du droit des offres publiques. C'est également une notion dont les contours manquent de netteté. Certains s'en réjouissent ; ils font valoir que le flou de la définition de l'action de concert permet de déjouer les manœuvres de ceux qui sont trop habiles – et il n'en manquerait pas dans la sphère financière. On peut, au contraire, regretter que la sécurité juridique ne soit pas au rendez-vous : cette valeur est universelle, et l'on voit mal pourquoi quelques-uns seraient moins dignes que d'autres d'en revendiquer le bénéfice.

La présente étude se place résolument du côté des usagers du droit. Ceux-ci ont besoin de savoir quand il convient d'être attentif à l'éventualité de la caractérisation d'une action de concert ; ils sont également à la recherche de méthodes fiables pour appréhender les difficultés liées à l'omniprésence de la notion dans le droit des offres publiques. C'est pourquoi on décrira les enjeux de la caractérisation d'une action de concert avant d'envisager les différentes approches possibles de la notion.

1. Les enjeux de la caractérisation d'une action de concert

Pour qui entreprend l'examen des articles L. 433-1 et suivants du code monétaire et financier ainsi que du titre III du livre II du règlement général de l'Autorité des marchés financiers (ci-après : règlement général de l'AMF), l'offre publique est une procédure qui commence avant le dépôt d'un projet d'offre et s'achève à la publication de son résultat, voire après mise en œuvre de ses suites possibles que sont l'offre publique de retrait et le retrait obligatoire. Le lecteur perçoit alors assez vite que l'action de concert est présente à chaque étape de cette procédure.

Mais, comme souvent, l'analyse des textes ne suffit pas à rendre compte de la réalité juridique. Avant que d'être une procédure, l'offre publique constitue une opération, conçue d'une certaine façon par l'initiateur et ceux qui l'animent. L'action de concert est alors un élément dont ils doivent tenir compte dans leur stratégie, soit pour s'y appuyer, soit pour l'éviter.

C'est pourquoi on s'intéressera successivement aux enjeux procéduraux et aux enjeux stratégiques de la caractérisation d'une action de concert.

1. 1 Les enjeux procéduraux

Il existe une disposition chapeau à l'article 231-2 du règlement général de l'AMF qui, à son 3°, définit les « *personnes concernées par l'offre* » comme « *l'initiateur et la société visée ainsi que les personnes ou entités agissant de concert avec l'un ou l'autre* ». Cette définition doit être lue en contemplation de l'article 231-4 du même règlement, aux termes duquel « *Les personnes concernées par l'offre sont soumises au respect des règles définies par le présent titre pendant la période d'offre* », combiné avec l'article L. 233-10, III, du code de commerce (« *Les personnes agissant de concert sont tenues solidairement aux obligations qui leur sont faites par les lois et règlements* »), ces dispositions impliquant que toute infraction à une règle quelconque figurant dans le titre III du livre II du règlement général de l'AMF est potentiellement imputable à ceux qui sont considérés comme agissant de concert soit avec l'initiateur, soit avec la société cible. C'est dire si le règlement général a le bras long en la matière.

De manière plus ponctuelle, l'action de concert apparaît dès le dispositif anti-rumeurs. Si la disposition légale d'habilitation (C. mon. fin., art. L. 433-1, V) ne l'utilise pas, l'AMF a choisi de l'introduire à l'article 223-32 de son règlement général, où on lit que « *l'AMF peut demander aux personnes dont il y a des motifs raisonnables de penser qu'elles préparent, seules ou de concert au sens de l'article L. 233-10 du code de commerce, une offre publique d'acquisition, d'informer, dans un délai qu'elle fixe, le public de leurs intentions* ». Cela permet d'étendre aux personnes agissant de concert les conséquences négatives attachées à une déclaration d'absence d'intention de déposer un projet d'offre (Règl. gén. AMF, art. 223-35).

Vient ensuite, le cas échéant, la période de préoffre. Ce sont alors les interventions sur les titres concernés par l'offre qui font l'objet d'un encadrement. Selon l'article 231-38, II du règlement général de l'AMF, « *Durant la période de préoffre, l'initiateur et les personnes agissant de concert avec lui ne peuvent acquérir aucun titre de la société visée* ». C'est de cette disposition que la société Suez avait tenté, sans succès[1], de faire une arme pour provoquer l'échec de la cession à Veolia par Engie de la majeure partie de sa participation dans la future cible.

L'acquisition préalable de titres est également de nature à influer sur les caractéristiques de l'offre publique susceptible d'être lancée : « *Lorsque l'initiateur, agissant seul ou de concert, a acquis en numéraire, au cours des douze mois précédant le dépôt du projet d'offre, des titres conférant plus du vingtième du capital ou des droits de vote de la société visée, l'offre doit comporter une option en numéraire* » (Règl. gén. AMF, art. 231-8, al. 3).

C'est ensuite au stade du dépôt du projet d'offre que la notion d'action de concert déploie ses effets. Aux termes de l'article 231-5 du règlement général de l'AMF, « *Dès le dépôt du projet d'offre, toute clause d'accord conclu par les personnes concernées* [ce qui, on l'a vu, englobe les personnes agissant de concert avec l'initiateur ou la société cible] *par l'offre ou leurs actionnaires, susceptibles d'avoir une incidence sur l'appréciation de l'offre ou son issue, sous réserve de l'appréciation de sa validité par les tribunaux doit être portée à la connaissance des personnes concernées par l'offre, de l'AMF et du public* ». L'obligation d'information sur les accords relatifs à l'offre, intégrant l'hypothèse de l'intervention de concertistes, trouve un prolongement dans la réglementation du contenu du projet de note d'information établi par l'initiateur (Règl. gén. AMF, art. 231-18, 6°) et de la note en réponse de la société visée (Règl. gén. AMF, art. 231-1, 1°). L'initiateur doit également mentionner « *le nombre et la nature des titres de la société visée qu'il détient déjà, directement ou indirectement ou de concert, ou qu'il peut détenir à sa seule initiative* » (Règl. gén. AMF, art. 231-18, 1°, c). L'établissement présentateur est appelé en renfort puisque la lettre qu'il est appelé à adresser à l'AMF précise « *le nombre et la nature des titres de la société visée qu'il* [l'initiateur] *détient déjà seul ou de concert ou peut détenir à sa seule initiative ainsi que la date et les conditions auxquelles leur acquisition a été réalisée au cours des douze derniers mois ou peut être réalisée à l'avenir* » (Règl. gén. AMF, art. 231-13, II, 2°)[2].

De son côté, l'AMF, compétente pour apprécier la conformité du projet d'offre aux dispositions législatives et réglementaires qui lui sont applicables, est tenue d'examiner « *l'information figurant dans le projet de note d'information* » (Règl. gén. AMF, art. 231-21, 4°). Cette information intégrant, comme il vient d'être dit, des éléments relatifs à d'éventuelles actions de concert, l'Autorité est ainsi conduite à vérifier que l'initiateur et les personnes agissant de concert avec lui ont satisfait à leurs obligations en la matière.

Parvenu à ce point se présente un aiguillage, fondamental sur le terrain procédural : l'offre publique suivra-t-elle la procédure normale ou la procédure simplifiée ? L'article 231-1 du règlement général de l'AMF répond que « *Lorsque l'initiateur agissant seul ou de concert détient moins de la moitié du capital ou des droits de vote de la société visée, seule*

1 - CA Paris, 11 févr. 2021, n° 20/13807, *Rev. sociétés* 2021. 318, note A. Viandier. - V. également : D. Schmidt, *Les défenses de Suez contre l'OPA de Veolia*, *RTDF* 2021, n° 1-2, p. 3.

2 - V. notamment la section du présent ouvrage consacrée au régime de l'établissement présentateur (Chap. 2).

la procédure normale d'offre est applicable ». Réciproquement, l'emploi de la procédure simplifiée est possible en cas d'« *offre émise par un actionnaire détenant déjà directement ou indirectement, seul ou de concert, au sens de l'article L. 233-10 du code de commerce, la moitié au moins du capital et des droits de vote de la société visée* » (Règl. gén. AMF, art. 233-1, 1°).

Pendant la période d'offre, le point névralgique est celui des interventions sur le marché. Qu'il s'agisse d'interdictions (Règl. gén. AMF, art. 231-38, III et VI) ou d'encadrement (Règl. gén. AMF, art. 231-38, IV et V) des opérations de l'initiateur, ou des interventions de la société visée (Règl. gén. AMF, art. 231-40), ou bien du cas particulier des offres publiques d'échange (Règl. gén. AMF, art. 231-41), à chaque fois les concertistes sont soumis au dispositif. Il en va de même lorsqu'est prescrite la déclaration des opérations effectuées (Règl. gén. AMF, art. 231-46) ou l'établissement d'une déclaration d'intention par l'acquéreur de titres (Règl. gén. AMF, art. 231-47).

Les opérations réalisées sur le marché sont susceptibles d'avoir une incidence sur le prix de l'offre. Et, à nouveau, l'existence d'une action de concert est prise en compte. Selon l'article 231-39, I du règlement général de l'AMF, « *lorsque l'initiateur et les personnes agissant de concert avec lui procèdent à des interventions à l'achat sur les titres de la société visée, toute intervention réalisée au-dessus du prix de l'offre entraîne de manière automatique le relèvement de ce prix à 102 % au moins du prix stipulé et, au-delà, au niveau du prix effectivement payé, quelles que soient les quantités de titres achetées, et quel que soit le prix auquel elles l'ont été, sans que l'initiateur ait la faculté de modifier les autres conditions de l'offre* ».

A la clôture de l'offre, le point sensible est, depuis la réforme opérée en 2014, celui du seuil de caducité. L'article 231-9, I, 1°, dispose que « *Toute offre publique réalisée selon la procédure normale visée au chapitre II du présent titre, à la clôture de laquelle l'initiateur, agissant seul ou de concert au sens de l'article L. 233-10 du code de commerce, ne détient pas un nombre d'actions représentant une fraction du capital ou des droits de vote supérieure à 50 % est caduque. La détermination de ce seuil suit les règles fixées à l'article 234-1* ». L'action de concert est ici susceptible de jouer un rôle salvateur : les titres des concertistes seront ajoutés à ceux de l'initiateur pour déterminer si le seuil de caducité est atteint et donc le cas échéant, assurer une issue positive à l'offre.

L'action de concert est ici susceptible de jouer un rôle salvateur : les titres des concertistes seront ajoutés à ceux de l'initiateur pour déterminer si le seuil de caducité est atteint et donc le cas échéant, assurer une issue positive à l'offre.

D'une façon générale, l'action de concert est volontiers prise en compte lorsqu'il s'agit d'établir si un seuil, en capital ou en droits de vote, est atteint :

- les seuils au-delà desquels les restrictions statutaires à l'exercice des droits de vote ou les droits extraordinaires de nomination et de révocation de certains mandataires sociaux sont désactivés à la première assemblée générale de la société visée qui suit la clôture de l'offre (Règl. gén. AMF, art. 231-54 s.) ;
- le seuil de différentes offres publiques de retrait (Règl. gén. AMF, art. 236-1 à 236-4).

Il n'est guère que le retrait obligatoire qui échappe à cette méthodologie. L'article 237-1 du règlement général de l'AMF permet à l'initiateur d'exiger le transfert à son profit des « *titres non présentés par les actionnaires minoritaires dès lors qu'ils ne représentent pas plus de 10 % du capital et des droits de vote moyennant indemnisation de ces derniers* ». Rien n'est dit sur les titres qui appartiendraient à des personnes agissant de concert avec l'initiateur. Il paraît difficile d'assimiler ces concertistes aux actionnaires minoritaires visés par le texte. Mais la précision eût été souhaitable.

Pour être complet, on ajoutera que le règlement général de l'AMF recourt de temps à autre, dans son titre consacré aux offres publiques d'acquisition, à la notion de contrôle. Dans la mesure où ce contrôle doit être apprécié à la lumière de l'article L. 233-3 du code de commerce, y compris son paragraphe III, cela inclut le contrôle conjoint et donc l'un de ses éléments constitutifs qu'est l'action de concert. Ce sont de nouvelles occasions de prendre en compte l'action de concert dans l'application du droit des offres publiques. Par exemple, l'article 236-6 du règlement général de l'AMF qui prévoit un cas d'offre de retrait obligatoire à la main de l'AMF, vise « *La ou les personnes physiques ou morales qui contrôlent une société au sens de l'article L. 233-3 du code de commerce* ».

Ainsi, quiconque s'engage dans une procédure d'offre publique est tenu, à chaque étape de l'opération, d'être attentif aux conséquences attachées à son éventuelle action de concert. Mais le plus important est sans doute ailleurs : c'est dans la conception du projet lui-même que ceux qui sont à son origine devront se confronter à l'éventualité d'une action de concert ; et il peut en aller de même pour ceux qui le combattent ou essaient d'en tirer profit.

1.2. Les enjeux stratégiques

Le pivot de toute réflexion stratégique est l'offre publique obligatoire[3]. On sait qu'elle est prévue, dans la ligne tracée par la directive 2004/25/CE, par l'article L. 433-3 du code monétaire et financier. Les deux principales hypothèses sont le franchissement, direct ou indirect, du seuil de 30 % du capital ou des droits de vote dans une société dont les actions sont admises aux négociations sur un marché réglementé[4], ainsi que ce qu'il est convenu d'appeler l'« *excès de vitesse d'acquisition* »[5]. Le règlement général de l'AMF fait également mention spéciale du cas où le franchissement de 30 % résulte d'une opération de fusion ou d'apport (Règl. gén. AMF, art. 234-2, al. 3). Il y a enfin l'article L. 433-1-2, III, du code monétaire et financier qui, dans certains cas de caducité, fait obligation à l'initiateur de lancer une nouvelle offre si celui-ci augmente sa détention dans la société visée, ne serait-ce que d'une seule action.

> **Le mécanisme agrégatif, inhérent à l'action de concert joue donc à plein lorsqu'il s'agit de déclencher l'obligation de déposer un projet d'offre. A dire vrai, c'est même sa fonction première.**

Or, à chaque fois, les textes visent des personnes qui, agissant seules ou de concert, viennent à accroître leur participation dans une société cotée. Le mécanisme agrégatif, inhérent à l'action de concert joue donc à plein lorsqu'il s'agit de déclencher l'obligation de déposer un projet d'offre. A dire vrai, c'est même sa fonction première.

Il est complété, comme une sorte de bastion avancé, par le régime des franchissements de seuils. L'obligation d'information pèse sur « *toute personne physique ou morale agissant seule ou de concert qui vient à posséder, directement ou indirectement* », le nombre d'actions prévu pour différents seuils définis à l'article L. 233-7, al. 1er, du code de commerce.

Au soutien du même objectif de transparence, l'article L. 22-10-48 du code de commerce, qui met une obligation d'informer la société cotée concernée et l'AMF à la charge du cessionnaire d'actions à titre temporaire, vise les personnes qui détiennent, seules ou de concert, une certaine quantité de titres.

La notion d'action de concert est là pour éviter les prises de contrôle rampantes. Il s'agit de démasquer ceux qui montent dans le capital d'une société cotée de façon dissimulée. On songe à cet égard à une affaire emblématique, l'affaire *Sacyr-Eiffage*[6].

Mais, pour significative qu'elle soit, elle n'est

---

3 - V. notamment la section du présent ouvrage consacrée aux offres publiques obligatoires (Chap. 3).

4 - Le seuil est fixé aux cinq dixièmes pour les sociétés cotées sur Euronext Growth (C. mon. fin., art. L. 433-3, II ; Règl. gén. AMF, art. 235-1 s.).

5 - Hypothèse du détenteur d'une participation en capital ou en droits de vote comprise entre 30 % et la moitié dans une société cotée, qui l'augmente d'au moins un centième.

6 - CA Paris, 2 avr. 2008, *Rev. sociétés.* 2008.394, note P. Le Cannu, *Bull. Joly Sociétés* 2008.411, note H. Le Nabasque ; CA Paris, 2 déc. 2010, n° 2010/08970 ; Com. 15 mai 2012, n° 11-11633. Sur l'ensemble de l'affaire, v. : H. Synvet, *Propos désenchantés sur le traitement judiciaire de l'affaire Sacyr-Eiffage, in* Mélanges Ph. Merle, pp. 669 s.

pas représentative de la masse des opérations impliquant une analyse sous l'angle de l'action de concert. L'offre publique obligatoire joue, par certains côtés, un rôle d'épouvantail. Pour y échapper, on structurera l'opération projetée d'une certaine manière. Et c'est dans ce contexte que la réflexion sur l'action de concert sera menée par les opérateurs : faire en sorte d'atteindre leurs objectifs sans passer sous les fourches caudines de l'offre publique obligatoire.

A cet égard, deux voies peuvent être distinguées.

La première est celle de la dérogation (*lato sensu*) susceptible d'être accordée par l'Autorité des marchés financiers. Les cas d'offre publique obligatoire déterminés à l'article L. 433-3 du code monétaire et financier ne le sont en effet que *prima facie*. Ils reposent en quelque sorte sur une présomption de changement ou de renforcement de contrôle qui tolère la preuve contraire. Le cadre juridique du renversement de la présomption est soit le constat qu'il n'y a pas matière à déposer un projet d'offre publique (Règl. gén. AMF, art. 234-7), soit les dérogations *stricto sensu* dont la liste est dressée à l'article 234-9 du règlement général de l'AMF[7].

Or, il est remarquable que la notion d'action de concert soit très présente dans ces dispositions. Presqu'à chaque ligne de l'article 234-7 du règlement général de l'AMF (qui s'ouvre sur la phase suivante : « *L'AMF peut constater qu'il n'y a pas matière à déposer un projet d'offre publique lorsque les seuils mentionnés aux articles 234-2 et 234-5 sont franchis par une ou plusieurs personnes qui viennent à déclarer agir de concert* : *(…)* »). Également aux points 4° (« *Cumul d'une opération de fusion ou d'apport soumis à l'approbation de l'assemblée générale des actionnaires et de la conclusion entre actionnaires des sociétés concernées par l'opération, d'un accord constitutif d'une action de concert* »), 6° (« *Détention de la majorité des droits de vote de la société par le demandeur ou par un tiers, agissant seul ou de concert* ») et 6° bis (« *Détention de la majorité du capital de la société par le demandeur ou par un tiers, agissant seul ou de concert à la suite d'une offre réalisée selon la procédure normale visée au chapitre II du présent titre* ») de l'article 234-9 du règlement général de l'AMF.

Vues du côté des intervenants, ces dispositions impliquent qu'ils seront portés à se prévaloir d'une action de concert et à structurer leur opération de telle sorte que celle-ci puisse bénéficier d'une décision d'exemption ou de dérogation de l'AMF.

La seconde situation à considérer est celle de l'offre publique amicale. Une telle offre s'accompagnera fréquemment de la conclusion d'accords : avec le cédant d'une participation dans la société cotée, avant toute offre[8] ; avec un minoritaire pour organiser sa sortie[9] ; avec des actionnaires pour obtenir un engagement d'apporter ses titres à l'offre, ou, alternativement, d'apporter en nature ses titres à la société initiatrice[10]. Des accords pourront être envisagés en vue d'organiser le pouvoir au sein de la société initiatrice post-offre publique (hypothèse de la *holding* de reprise[11]). Il y a également le cas particulier des sociétés d'investissement immobilier cotées (SIIC) qui bénéficient d'un régime fiscal dérogatoire sous condition de ne pas être contrôlées à plus de soixante pour cent par un actionnaire agissant seul ou de concert (CGI, art. 208C, I). En cas d'offre publique réussie sur une SIIC, celle-ci dispose d'un délai d'un an pour que la société initiatrice repasse sous le seuil de 60 %. Il est donc courant que l'initiateur organise à l'avance le reclassement d'une partie de la participation acquise à l'issue de l'offre.

A chaque fois, le risque est que les accords conclus ou envisagés soient considérés comme donnant naissance à un concert. L'enjeu est le changement de régime applicable : de l'offre volontaire, on basculerait vers l'offre obligatoire.

---

7 - V. notamment la section du présent ouvrage consacrée aux dérogations (Chap. 3).

8 - Ex. : dans l'affaire *Veolia-Suez*, l'accord de cession entre Engie et Veolia, qui avait pu être compris comme écartant la possibilité d'une offre publique inamicale sur Suez.

9 - Ex. : sortie de la société Predica du capital de la Société Foncière Lyonnaise (SFL), à l'occasion de l'offre publique lancée par Immobiliaria Colonial sur SFL.

10 - Ex. : offre publique de Sopra Group sur Steria SCA (I&D 214C1174, 24 juin 2014).

11 - Ex. : offre publique *Devoteam* (I&D 220C4300, 13 oct. 2020).

Il s'agit alors de conjurer ce risque. Cela passe par une analyse fine des accords au regard de la notion d'action de concert, et une structuration du projet qui l'éloigne de la qualification redoutée. Cela implique aussi le passage au confessionnal de la direction des émetteurs de l'AMF : sa bienveillance, exprimée moins formellement que dans le cas des dérogations, n'en sera pas moins précieuse.

On notera que cette nécessaire prise en compte de l'action de concert lors de la structuration d'une opération ne vaut pas seulement pour les offres publiques d'acquisition volontaires.

Il y a également les fusions de sociétés cotées, qui impliquent fréquemment une organisation conventionnelle du pouvoir post-fusion. Il y a aussi la constitution d'une société *holding* au-dessus de la société cotée voire d'une sur-*holding*, par apport de titres sans offre publique[12]. Il y a eu enfin l'exemple d'une offre publique de rachat initiée dans le cadre d'un processus de séparation des activités au sein d'un groupe, qui, faute d'une réflexion suffisante sur la caractérisation d'une action de concert, s'est heurtée au *veto* de l'AMF[13].

La nécessité d'intégrer l'action de concert dans la planification d'une intervention sur société cotée n'est pas réservée à l'initiateur d'une offre publique. Le spectre de l'offre publique obligatoire s'éloigne. Mais le risque de sanction demeure.

Ainsi, en cas d'offre inamicale, la défense de la cible est de nature à prendre la forme d'une alliance avec un tiers. La qualification d'action de concert n'est pas très éloignée et, avec elle, l'hostilité de l'AMF comme l'a montré l'affaire *Veolia-Suez*[14].

Dans un autre contexte, la mise en échec d'une offre publique de retrait et, derrière elle, d'un retrait obligatoire, peut passer par des interventions sur le marché pour atteindre le seuil de 10 % de la société visée, en capital ou en droits de vote. Si ces interventions sont coordonnées, une action de concert risque d'être caractérisée, qui, on l'a vu, oblige à certaines déclarations. Leur défaut expose à des sanctions[15], de sorte que tout projet de ramassage doit faire une place à une réflexion en termes d'action de concert.

> **La très forte occurrence de l'action de concert, à chaque pas de la préparation et du déroulement d'une offre publique, rend particulièrement nécessaire sa définition. Mais elle en fait également toute la difficulté.**

La très forte occurrence de l'action de concert, à chaque pas de la préparation et du déroulement d'une offre publique, rend particulièrement nécessaire sa définition. Mais elle en fait également toute la difficulté.

2. Les approches de la notion d'action de concert

Il convient de prendre la mesure de la complexité des sources du droit en la matière, avant de rendre compte de la manière dont la notion d'action de concert s'est fixée en droit positif.

2.1 Les sources du droit

L'action de concert est présente dans deux directives, la directive 2004/109/CE du 15 décembre 2004 (directive *Transparence*) et la directive 2004/25/CE du 21 avril 2004 (directive *Offres publiques d'acquisition*). Elle fait également l'objet de deux dispositions légales, qui figurent aux articles L. 233-10 et L. 233-10-1 du code de commerce. Les textes français devaient transposer les règles communautaires. Mais la transposition a été défectueuse, ce qui est une première source de complication. En outre, le

12 - Ex. : affaire *Tharreau Industries*.

13 - C'est l'affaire *Gecina*.

14 - Communiqué publié par l'AMF, 2 avr. 2021.

15 - Commission des sanctions de l'AMF, 11 juill. 2022, SAN-2022-08. Le recours formé contre cette décision a été rejeté par CE, 29 mai 2024, n° 465740, *Rev.soc.* 2024.509, note Th. Bonneau.

règlement général de l'AMF, dans les multiples occurrences de l'action de concert, ne prend pas toujours la peine de renvoyer à l'une des définitions légales de la notion. C'est une source secondaire de difficultés.

Développons.

L'article 10, sous a), de la directive *Transparence*, qui précise les obligations en matière de franchissement de seuils, indique que le déclarant doit inclure au numérateur « *les droits de vote (...) détenus par un tiers avec qui cette personne a conclu un accord qui les oblige à adopter, par un exercice concerté des droits de vote qu'ils détiennent, une politique commune durable en ce qui concerne la gestion de la société en question* ». La directive OPA, pour sa part, définit à son article 2, sous d), les « *personnes agissant de concert* » comme « *les personnes physiques ou morales qui coopèrent avec l'offrant ou la société visée sur la base d'un accord formel ou tacite, oral ou écrit, visant à obtenir le contrôle de la société visée ou à faire échouer l'offre* ».

La dualité de définitions n'est pas fortuite. Chacune répond aux finalités de la directive qui la porte. La directive 2004/109 entend assurer la transparence quant aux personnes qui ont le pouvoir, par l'exercice du droit de vote, d'influencer la gestion de la société. Pour sa part la directive 2004/25 s'attache à discipliner le processus de prise de contrôle d'une société cotée ; sa disposition centrale est d'ailleurs l'article 5, qui pose le principe de l'offre publique obligatoire. C'est pourquoi elle met l'accent, dans sa définition de l'action de concert, sur la coopération susceptible de s'établir entre acteurs de l'offre publique, soit pour la promouvoir, soit pour la faire échouer.

Cette différence a été parfaitement perçue par une doctrine britannique. Il y aurait, expliquent deux auteurs[16], un *market for coporate influence* et un *market for corporate control*. Les deux directives se répartiraient la tâche d'encadrer chacun de ces marchés.

Ces instruments ont fait l'objet d'une transposition fidèle par les législateurs de certains Etats membres de l'Union européenne. Pour rester sur l'exemple britannique (les textes anglais sont antérieurs au Brexit), le *City Code on Takeovers and Mergers* indique, dans sa partie *Definitions* : « *Persons acting in concert comprise persons who, pursuant to an agreement or understanding (whether formal or informal), co-operate to obtain or consolidate control (as defined below) of a company or to frustrate the successful outcome of an offer for a company* ».

La transposition a été défectueuse, ce qui est une première source de complication. En outre, le règlement général de l'AMF, dans les multiples occurrences de l'action de concert, ne prend pas toujours la peine de renvoyer à l'une des définitions légales de la notion. C'est une source secondaire de difficultés.

On retrouve ainsi, en matière d'offre publique et spécialement d'offre publique obligatoire, les contours de l'action de concert tels que dessinés par la directive OPA. Quant à la *Financial Conduct Authority*, compétente en matière d'obligations déclaratives, elle considère qu'« *A person is an indirect holder of shares for the purpose of the applicable definition of shareholder to the extent that he is entitled to acquire, to dispose of, or to exercise voting rights in any of the following cases or a combination of them : a) voting rights held by a third party with whom that person has concluded an agreement, which obliges them to adopt, by concerted exercise of the voting rights they hold, a casting common policy towards the management of the issuer in question* »[17].

Par contraste, les chemins empruntés par la transposition française apparaissent fort différents.

16 - J. Armour et B.R. Chaffins, *The Past, Present and Future of Shareholder Activism by Hedge Funds, Journal of Corporation Law*, 2012.

17 - *Disclosure Guidance and Transparency Rules*, Section 5.2.

L'article L. 233-10 du code de commerce a été rédigé sur le modèle d'une ancienne version de la directive Transparence. Il dispose à son paragraphe I : « *Sont considérées comme agissant de concert les personnes qui ont conclu un accord en vue d'acquérir, de céder ou d'exercer des droits de vote, pour mettre en œuvre une politique commune vis-à-vis de la société ou pour obtenir le contrôle de cette société* ». Le paragraphe II énumère des présomptions de l'existence d'un tel accord. Quant au paragraphe III, il crée un lien de solidarité entre les personnes agissant de concert.

On retrouve ainsi à l'article L. 233-10 l'accord mentionné dans la directive 2004/109. Mais la référence à l'obtention du contrôle de la société concernée apparaît comme une excroissance ; elle a d'ailleurs été ajoutée ultérieurement par la loi n° 2010-1249 du 22 octobre 2010.

L'article L 233-10-1, introduit dans le code de commerce par la loi n° 2006-387 du 31 mars 2006 à l'occasion de la transposition de la directive OPA, prévoit : « *En cas d'offre publique d'acquisition, sont considérées comme agissant de concert les personnes qui ont conclu un accord avec l'auteur d'une offre publique visant à obtenir le contrôle de la société qui fait l'objet de l'offre. Sont également considérées comme agissant de concert les personnes qui ont conclu un accord avec la société qui fait l'objet de l'offre afin de faire échouer cette offre* ».

Cet ajout de l'article L. 233-10-1 a été jugé nécessaire pour mettre le droit français en conformité avec la directive OPA, spécialement en ce qui concerne le concert dit « défensif » (l'accord conclu avec la société visée en vue de faire échouer l'offre). Mais il s'agit en réalité d'un faux-semblant. L'applicabilité du texte est en effet subordonnée à ce que l'on se trouve dans un « *cas d'offre publique d'acquisition* », et cette formule est comprise comme supposant qu'un projet d'offre ait été déposé et jugé conforme par l'AMF. L'offre publique obligatoire est par conséquent considérée comme hors champ de l'article L. 233-10-1 du code de commerce, alors qu'elle est au cœur de la directive OPA. A cela s'ajoute que l'article L. 433-3, I, du code monétaire et financier, qui constitue en droit français la base légale de l'offre publique obligatoire, vise une personne « *agissant seule ou de concert au sens de l'article L. 233-10 du code de commerce* ».

Au résultat, l'article L. 233-10-1 du code de commerce n'est en pratique jamais appliqué. Il n'a même pas été mis dans les débats à l'occasion de l'affaire la plus emblématique d'offre publique obligatoire, à savoir l'affaire *Sacyr-Eiffage*[18]. Le seul contentieux dans lequel il apparaisse est une affaire *Foncière de Paris*, dans laquelle l'ADAM l'invoquait au soutien d'un grief de fraude, mais sans succès devant la Cour d'appel de Paris[19].

La réalité des choses est que la dualité des textes français ne répond pas à la dualité des directives. En matière d'action de concert, le droit français se concentre dans l'article L. 233-10 du code de commerce.

La réalité des choses est donc que la dualité des textes français ne répond pas à la dualité des directives. En matière d'action de concert, le droit français se concentre dans l'article L. 233-10 du code de commerce. Ce dernier rassemble le régime applicable aux déclarations de franchissement de seuil et celui propre aux offres obligatoires. Cet état des sources nuit à la lisibilité des règles.

On a pu imaginer qu'un arrêt récent de la Cour de justice de l'Union européenne serait de nature à faire reconsidérer le partage entre les articles L. 233-10 et L. 233-10-1 du code de commerce[20]. Le contentieux en cause trouvait son origine dans une particularité du droit autrichien qui juxtapose une Commission des offres publiques d'acquisition, autorité de contrôle désignée en

18 - V. nos observations dans les Mélanges Philippe Merle, art. préc., p. 676.

19 - Paris, 12 janv. 2017, n° 2016/17607, RTDF 2018, n° 1, p. 48 et s., obs. D. Martin, B. Kanovitch et M. Epelbaum. V. également : N. Cuntz, *L'affaire Foncière de Paris et ses enseignements sur le retrait des décisions de l'AMF devenues définitives, Bull. Joly Bourse*, 2017, pp. 221 s.

20 - CJUE, 9 sept. 2021, C-605/18, concl. Av. gén. M. Bobek, *Bull. Joly Bourse*, janv.-févr. 2022, pp. 48 s., note S. Torck.

application de l'article 4 de la directive OPA, et l'Autorité des marchés financiers, autorité centrale au sens de l'article 24 de la directive *Transparence*. Une difficulté étant née quant à la frontière exacte des compétences de ces deux autorités, la Cour de justice a dit pour droit que l'autorité compétente pour constater et sanctionner le défaut de dépôt d'une offre publique au résultat du franchissement, de concert, du seuil de l'offre publique obligatoire est l'autorité désignée en vertu de l'article 4 de la directive OPA et non pas l'autorité centrale désignée en vertu de l'article 24 de la directive *Transparence*. En soi, la solution n'intéresse guère le droit français, dans la mesure où l'Autorité des marchés financiers est l'autorité unique compétente en France dans le secteur financier. Mais elle est éclairée par des motifs de portée plus générale. On lit aux points 34 et 35 de l'arrêt : « *A cet égard, il importe de relever que les dispositions de la directive 2004/25 régissent le calcul du seuil de participation significative dans une société, détenue par une personne physique ou morale, au-delà duquel cette personne est tenue de lancer une offre publique d'acquisition en vue de protéger les actionnaires minoritaires de cette société. Ces dispositions prévoient, en ce qui concerne l'agrégation des participations indirectes, des exigences plus strictes que celles qui régissent le calcul des seuils de participations importantes qui déclenchent l'obligation de notification de l'acquisition ou de la cession de participations importantes en vertu de la directive 2004/109 (...).*

En revanche, la directive 2004/109 n'emploie pas la notion de 'personne agissant de concert' et prend en compte, à son article 10, sous a), aux fins du calcul des seuils de participations déclenchant l'obligation de notification des participations importantes, les accords conclus entre les personnes concernées qui obligent celles-ci 'à adopter, par un exercice concerté des droits de vote qu'[elles] détiennent, une politique commune durable'. Ainsi que M. l'avocat général l'a précisé au point 57 de ses conclusions, cette disposition requiert un niveau d'engagement élevé sur une certaine période, qui ne peut être ni éphémère ni intermittent et qui doit être uniforme et viser la direction de la société en question ».

La Cour de justice distingue ainsi on ne peut plus clairement deux conceptions du concert, qu'elle relie à chacune des directives. On est à l'opposé de l'approche législative française, qui privilégie la définition de l'action de concert figurant à l'article L. 233-10 du code de commerce.

Certains auteurs en ont déduit que, sauf à méconnaître la jurisprudence de la Cour, l'AMF et les juridictions de recours devraient adapter la caractérisation d'une action de concert à la dualité des fonctions qu'elle remplit[21]. On n'en prend toutefois pas le chemin. Dans une affaire où était en cause le rachat concerté d'actions d'une société visée par une offre publique, afin de rendre impossible un retrait obligatoire, la Commission des sanctions de l'AMF a considéré[22] : « *Ainsi, dans le cadre d'une OPA, si l'article L. 233-10-1 du code de commerce précité prévoit un cas particulier d'action de concert dans le cas d'accords conclus par un investisseur avec l'initiateur d'une offre ou la société cible, il n'exclut pas que d'autres situations ou accords puissent caractériser une action de concert au sens de l'article L. 233-10 du même code. Tel est notamment le cas d'un accord entre plusieurs personnes prévoyant une stratégie destinée à faire obstacle au retrait obligatoire envisagé par l'initiateur d'une offre, dont l'objectif vise la gestion des participations des parties à l'accord et la gestion de la société cible, chacun de ces objectifs caractérisant une politique commune vis-à-vis de cette dernière. A cet égard, en l'espèce, est sans incidence l'arrêt du 9 septembre 2021 de la Cour de justice de l'Union européenne, qui ne remet pas en cause le fait qu'une action de concert puisse être caractérisée, dans le cadre de l'application des dispositions issues de la directive 2004/109/CE du Parlement européen et du Conseil du 15 décembre 2004 (dite 'directive transparence') par la mise en œuvre d'une politique commune vis-à-vis de la société* ».

La Commission des sanctions maintient ainsi le cap d'une application générale de

21 - V. notamment : S. Torck, préc.

22 - Décis., 11 juill. 2022, SAN-2022-09, AFI ESCA.

l'article L. 233-10 du code de commerce, y compris dans un contexte d'offre publique, et d'un contournement (pour ne pas dire d'une oblitération) de l'article L. 233-10-1 du code de commerce.

Nul ne peut évidemment prédire l'avenir. Il n'est pas impossible que la pression européenne s'accentue et que le droit français soit un jour contraint d'évoluer. Mais, en l'état actuel des choses, le pragmatisme invite à concentrer l'attention sur la définition de l'action de concert figurant à l'article L. 233-10 du code de commerce et sur l'interprétation qu'en retiennent tant les tribunaux que l'AMF[23].

Une dernière observation, qui conduit à apporter une nuance à ce qui vient d'être dit : d'assez nombreuses dispositions du règlement général de l'AMF utilisent la notion de concert sans faire référence à l'article L. 233-10 du code de commerce. A cet égard, c'est une impression du désordre qui domine. Tantôt on vise une action de concert « *au sens de l'article L. 233-10 du code de commerce* » (par exemple à l'article L. 234-2 : « *Lorsqu'une personne physique ou morale, agissant seule ou de concert au sens de l'article L. 233-10 du code de commerce, vient à détenir, directement ou indirectement, plus de 30 % des titres de capital ou des droits de vote d'une société (...)* »). ; tantôt le texte mentionne l'hypothèse d'un concert, sans autre précision (ex., à l'article 231-2, 3° : « *Les personnes concernées par l'offre sont l'initiateur et la société visée ainsi que les personnes ou entités agissant de concert avec l'un ou l'autre* »).

Selon une pente naturelle, on est porté à suppléer l'absence de renvoi par une application de l'article L. 233-10 du code de commerce, qui n'enferme pas le champ de sa définition de l'action de concert dans des limites précises. Mais il n'est pas exclu que l'autorité de marché se sente plus libre de caractériser une action de concert lorsque la disposition pertinente ne comporte pas de renvoi (par exemple pour les dérogations à une offre publique obligatoire[24]).

2.2 Le droit positif

On s'attachera à cerner la notion d'action de concert avant d'explorer la façon dont elle s'applique à certaines situations particulières.

2.2.1 La notion d'action de concert

L'article L. 233-10 du code de commerce commence, dans un premier paragraphe, par énumérer les éléments constitutifs de l'action de concert, avant de poser, dans un deuxième paragraphe, des présomptions d'existence d'un accord constitutif d'action de concert.

a) Les éléments constitutifs de l'action de concert

La lecture de l'article L. 233-10 du code de commerce renseigne sur les trois éléments constitutifs de l'action de concert. Pour caractériser une telle action, il faut établir :

- l'existence d'un accord, conclu entre deux ou plusieurs personnes ;
- que cet accord ait pour objet soit l'acquisition, soit la cession, soit l'exercice de droits de vote ;
- que la finalité de l'accord soit, ou bien la mise en œuvre d'une politique commune vis-à-vis de la société, ou bien l'obtention du contrôle de cette société.

Le premier élément a soulevé de nombreuses interrogations[25]. On s'est demandé si l'accord de l'article L. 233-10 du code de commerce n'était pas simplement un contrat au sens du droit civil. On a discuté le caractère contraignant ou non d'un tel accord. On s'est également interrogé sur les modes de preuve de l'accord.

Ces questions n'ont pas toutes reçu une réponse indiscutable en jurisprudence. Mais, si l'on considère les choses de façon réaliste, les quelques doutes qui peuvent subsister pèsent

---

23 - Rappr. Ch. Goyet, *Le critère de l'action de concert selon D. Schmidt : éléments de discussion, in Mélanges D. Schmidt*, pp. 293 s. ; Joly Bourse, v° *Action de concert* ». Cet auteur reconstruit la notion sur la base du droit de l'Union et à partir d'une critique serrée de la législation française. Il nous semble préférable, pour rendre compte du droit positif, de partir de la jurisprudence des tribunaux et de la pratique décisionnelle de l'AMF.

24 - Illustration : la dérogation qui a donné lieu à un arrêt rendu par la Chambre commerciale de la Cour de cassation le 22 nov. 2016 (n° 15-11.063, *Rev. sociétés* 2017. 230, note O. Dexant-de Bailliencourt, *Bull. Joly Bourse* 2017.12, note D. Schmidt, *Bull. Joly Sociétés* 2017. 173, note A. Gaudemet).

25 - C'est un passage obligé de toutes les grandes études de l'action de concert : D. Schmidt, *Joly Sociétés*, v° « *Action de concert* » ; Ch. Goyet, *op. et loc. cit.* ; F. Martin Laprade, *Jurisclasseur Droit bancaire et financier*, fasc. 2135 ; A.-C. Muller, *Droit financier*, pp. 526 s., O. Dexant-de Bailliencourt, *Les pactes d'actionnaires dans les sociétés cotées*, pp. 231 s. ; A. Viandier, *OPA OPE et autres offres publiques*, 5e éd., nos 1410 s.

peu face à la fermeté des solutions retenues sur le terrain de la preuve de l'action de concert.

Ce qui paraît certain, tout d'abord, est que pour conclure à l'existence d'une action de concert, il ne suffit pas d'établir que deux ou plusieurs personnes ont développé une politique commune vis-à-vis de la société concernée ; il faut, aussi, caractériser la conclusion d'un accord. La solution a été posée avec netteté par la Chambre commerciale de la Cour de cassation dans un arrêt du 22 novembre 2016[26].

Dans cette affaire, la dérogation à l'obligation de déposer un projet d'offre publique accordée par l'AMF sur le fondement de l'article 234-9 6° du règlement général de l'AMF (qui vise la détention de la majorité du capital de la société par le demandeur ou par un tiers, agissant seul ou de concert), avait fait l'objet d'un recours contentieux. La Cour de cassation censure l'arrêt de Cour d'appel qui avait rejeté ce recours :

« *Qu'en se déterminant ainsi, par des motifs desquels il ne résulte pas que MM. Guy et Vincent B. avaient conclu un accord en vue d'exercer des droits de vote pour mettre en œuvre une politique commune vis-à-vis de la société SIB ou pour obtenir le contrôle de cette société, la Cour d'appel a privé sa décision de base légale* ».

Les juges du fond, et derrière eux l'AMF, sont ainsi invités à la rigueur : on ne saurait faire l'économie de la caractérisation d'un accord avant de retenir l'existence d'une action de concert.

Que l'accord ainsi requis présente un caractère contraignant est en revanche moins certain. Dans l'affaire *Sacyr-Eiffage*, la Cour d'appel de Paris a, à deux reprises[27], jugé que « *l'article L. 233-10 du code de commerce n'exige pas que l'accord résulte d'un écrit, ni qu'il revête un caractère contraignant* ». Mais elle a écrit le contraire quelques années plus tard[28] : l'accord « *implique nécessairement une rencontre de volontés des participants revêtant un caractère contraignant* ». Et, saisie d'un pourvoi contre l'arrêt du 2 décembre 2010, la Cour de cassation a estimé surabondant le moyen qui faisait valoir la contrariété du motif excluant que le caractère contraignant de l'accord soit requis avec une interprétation de l'article L. 233-10 du code de commerce dictée par la directive Transparence (qui parle « *d'accord qui oblige* »)[29]. La question demeure donc ouverte.

Les juges du fond, et derrière eux l'AMF, sont invités à la rigueur : on ne saurait faire l'économie de la caractérisation d'un accord avant de retenir l'existence d'une action de concert.

Cet élément d'incertitude est toutefois d'une importance relative au regard des solutions retenues en matière de preuve de l'action de concert. Dans le volet « sanctions » de l'affaire *Sacyr-Eiffage*, la Cour de cassation a jugé qu'« *en l'absence d'accord écrit, l'existence d'une action de concert peut être démontrée par un faisceau d'indices graves, précis et concordants* »[30]. C'est dire deux choses, qui sont liées :

- premièrement, l'accord visé à l'article L. 233-10 du code de commerce n'est soumis à aucune exigence de forme ; il peut être verbal, il peut être tacite (ce qui correspond d'ailleurs à ce que prévoit la directive *OPA*) ;
- secondement, du point de vue de la preuve, l'accord est traité comme un fait ; la preuve par tous moyens est recevable, y compris par indices, pour autant que ceux-ci soient graves, précis et concordants.

C'est cette administration de la preuve par faisceau d'indices qui permet de déplacer le regard de l'acte juridique vers le comportement. Lorsque la Cour d'appel de Paris, toujours dans l'affaire *Sacyr-Eiffage*, évoque une « *démarche*

26 - *Supra*, note 24.

27 - CA Paris, 2 avr. 2008, n° 07/11675 ; 2 déc. 2010, n° 2010/08970.

28 - CA Paris, 31 mars 2016, n° 2015.12351.

29 - Com. 15 mai 2012, n° 11-11.633, *Rev. sociétés*, 2012. 509, note H. Le Nabasque, *Bull. Joly Sociétés* 2012. 805, note St. Torck.

30 - Com. 15 mai 2012, préc.

collective organisée », elle demeure formellement en ligne avec les prescriptions de l'article L. 233-10 du code de commerce : les éléments comportementaux qu'elle retient sont considérés comme des indices de l'existence d'un accord, non constaté par écrit, entre les protagonistes. Mais, en réalité, la référence à un accord devient verbale, et c'est la coopération de fait entre les acteurs d'une tentative de prise de contrôle qui soutient la qualification action de concert.

C'est également le recours à la méthode du faisceau d'indices qui permet au régulateur d'être en position de force et instille une certaine dose d'insécurité juridique. Il s'agit d'inférer de certains comportements l'existence préalable d'un accord. Cela passe par des appréciations de fait. Qui dit appréciation dit marge d'appréciation. Et, assez souvent, on ne connaîtra le résultat de son exercice qu'après coup.

Le deuxième élément constitutif de l'action de concert touche à l'objet de l'accord : acquérir, céder ou exercer des droits de vote. Ici on ne rencontre pas de difficulté particulière d'interprétation, et quelques observations suffisent.

Tout d'abord, il est notable que c'est la mention de l'acquisition de droits de vote – au-delà de ce que prévoit la directive *Transparence* (laquelle ne vise que l'exercice des droits de vote) – qui permet, dans le système français, d'appréhender les offres publiques et ainsi de faire de l'article L. 233-10 du code de commerce un instrument de transposition des deux directives. On songe, en particulier, au ramassage concerté en bourse. L'enjeu est l'agrégation des participations pour l'application de la réglementation des franchissements de seuils et le déclenchement de l'offre publique obligatoire. Ainsi, récemment, la constatation d'une coordination entre plusieurs sociétés liées dans leurs achats d'actions d'une société visée par une offre publique, afin de faire obstacle à un retrait obligatoire, a pu conduire à la caractérisation d'une action de concert et, corrélativement, à la mise en évidence d'infractions aux obligations déclaratives imposées par le règlement général de l'AMF en période d'offre[31].

Ensuite, derrière le tryptique acquisition-cession-exercice des droits de vote, apparaissent en filigrane les pactes d'actionnaires dans toute leur diversité. Promesses d'achat ou de vente, clauses de préemption, clauses de plafonnement, clauses de sortie, conventions de vote, clauses de répartition des mandats sociaux..., toutes entrent incontestablement dans le champ de l'article L. 233-10 du code de commerce. Le point décisif, pour la qualification d'action de concert, sera alors de savoir si les parties au pacte entendent ou non mettre en œuvre une politique commune vis-à-vis de la société.

Qui dit appréciation dit marge d'appréciation. Et, assez souvent, on ne connaîtra le résultat de son exercice qu'après coup.

Précisément, le troisième élément constitutif de l'action de concert tient à la finalité de l'accord : soit la mise en œuvre d'une politique commune vis-à-vis de la société ; soit l'obtention du contrôle de cette société.

S'agissant de la politique commune vis-à-vis de la société, le droit français en adopte une conception large, qui va sensiblement au-delà de ce qu'envisage la directive *Transparence*. La directive vise « *une politique commune durable en ce qui concerne la gestion de la société* ». C'est ce qu'on appelle le concert de gestion. Les parties à l'accord s'allient pour accroître leur influence sur la gestion sociale. La politique commune intéresse alors la conduite des affaires sociales.

Naturellement, l'article L. 233-10 du code de commerce inclut ce type d'action de concert. La Cour de cassation lui a donné le maximum d'extension en approuvant une cour d'appel d'avoir qualifié d'action de concert le comportement d'actionnaires minoritaires qui s'étaient entendus pour susciter des

31 - Commission des sanctions de l'AMF, Décis. préc., 11 juill. 2022.

candidatures au conseil de surveillance d'une société, favoriser ensuite leur élection et enfin s'informer mutuellement sur la gestion de la société : il y avait là, selon les motifs de l'arrêt de Cour d'appel (statuant dans le cadre d'une procédure de sanction AMF) repris par la Cour de cassation « *une démarche commune et cohérente de la part de MM. X., Z. et Y. entre le 26 mai 2011 et le 12 mars 2012, démarche concernant la gestion de la société et qui s'est effectuée de manière confidentielle* »[32]. C'est d'ailleurs pour rassurer les investisseurs que de telles décisions pourraient inquiéter que l'ESMA a publié un *public statement* dressant une liste d'accords entre actionnaires qui, en principe, ne devraient pas être considérés comme constitutifs d'action de concert[33].

D'autre part, en jurisprudence, politique commune n'est pas toujours synonyme de politique sociale. Dans l'affaire *Gecina*, où était en cause un accord entre actionnaires tendant à la séparation de plusieurs sociétés initialement membres d'un groupe unique, la Cour de cassation a approuvé la Cour d'appel de Paris d'avoir retenu l'existence d'une action de concert, en énonçant les motifs suivants[34] : « *Mais attendu, en premier lieu, qu'après avoir retenu que l'accord de séparation constitue un accord aux termes duquel MM. Rivero et Soler sont convenus d'acquérir et d'exercer des droits de vote de la société Gecina pour mettre en œuvre une politique commune vis-à-vis de cette société, et précisé que celle-ci consiste à faire procéder à une suite d'opérations, incluant le projet d'offre publique de rachat, dans le dessein de réaliser la séparation de l'ensemble constitué par les sociétés Metrovacesa et Gecina par la répartition du patrimoine de ces deux sociétés au profit de deux groupes d'actionnaires distincts, MM. Rivero et Soler ayant vocation à concentrer l'essentiel de leur investissement dans la société Gecina, l'arrêt relève encore que cette politique commune, par elle-même exclusive d'un accord ponctuel, s'inscrit dans la stratégie explicitement annoncée par le préambule de cet accord et retient qu'il importe peu qu'elle ne soit mise en œuvre que de manière temporaire ; que de ces constatations et énonciations, la Cour d'appel a exactement déduit que MM. Rivero et Soler devaient être considérés comme agissant de concert* ».

Il est ainsi acquis que la politique commune de l'article L. 233-10 du code de commerce n'est pas nécessairement la politique adoptée par les concertistes quant à la gestion des affaires sociales, mais peut être aussi la stratégie mise en place par les concertistes pour la réalisation de leurs objectifs à l'égard de la société. On retient également des arrêts *Gecina* qu'il n'y a pas lieu d'être exigeant quant à la durée de l'accord : un accord ponctuel ne suffit pas ; mais la politique commune déployée de manière temporaire peut être constitutive d'une action de concert.

Ces solutions ont été reprises ultérieurement.

Dans un arrêt du 30 juin 2016[35], la Cour d'appel de Paris a jugé qu'« il n'est pas nécessaire que la politique commune ait trait à la gestion de la société, il suffit que les concertistes aient la volonté commune de gérer au mieux leurs participations ».

Quant à la Commission des sanctions de l'AMF, elle a considéré, dans sa décision précitée du 11 juillet 2022[36], que peut être caractérisée une action de concert dans le « *cas d'un accord entre plusieurs personnes prévoyant une stratégie destinée à faire obstacle au retrait obligatoire envisagé par l'initiateur d'une offre, dont l'objectif vise la gestion des participations des parties à l'accord et la gestion de la société cible,* ***chacun de ces objectifs caractérisant une politique commune vis-à-vis de cette dernière*** ».

La seconde finalité assignée à l'action de concert, de façon alternative, est l'obtention

32 - Com, 9 janv. 2019, n° 16-14.727, *Bull. Joly Bourse* 2019, n° 3, p. 39, note F. Martin Laprade, *Bull. Joly Sociétés* 2019, n° 4, p. 16, note D. Bompoint et V. Ramoneda.

33 - ESMA, *Information on shareholder cooperation and acting in concert under the Takeover Bid Directive, Public Statement*, 20 juin 2014 (ESMA/2014/677).

34 - Com, 27 oct. 2009, n°s 08-18.819, 08-18.779, 08-17.782, *Rev. sociétés* 2010, note F. Martin Laprade, D. 2009.2836, note D. Schmidt, *Bull. Joly Sociétés* 2010.158, note H. Le Nabasque.

35 - N° 2015/12351.

36 - SAN 2022-08.

du contrôle de la société concernée. On s'accorde à considérer que son ajout par une loi du 22 octobre 2010 n'apporte rien, la notion de politique commune vis-à-vis de la société, telle qu'interprétée par la jurisprudence, étant suffisamment large pour englober la prise de contrôle concertée. Du moins la dernière modification de l'article L. 233-10 du code de commerce a-t-elle eu l'intérêt – nous ne disons pas le mérite – de consacrer la concentration de l'ensemble de la matière dans cette disposition.

b) Les présomptions d'action de concert

L'article L. 233-10, II du code de commerce énumère cinq cas dans lesquels l'accord défini au paragraphe I est présumé exister :

- entre une société, le président de son conseil d'administration et ses directeurs généraux ou les membres de son directoire ou ses gérants ;
- entre des sociétés contrôlées par la même ou les mêmes personnes ;
- entre les associés d'une société par actions simplifiée à l'égard des sociétés que celle-ci contrôle ;
- entre le fiduciaire et le bénéficiaire d'un contrat de fiducie, si ce bénéficiaire est le constituant[37].

Malgré la lettre de l'article L. 233-10, II, du code de commerce, il est préférable d'y voir des présomptions d'action de concert plutôt que des présomptions d'accord. En effet, quand le texte vise des hypothèses de contrôle, l'alignement des comportements ne repose pas sur un accord, qui est alors parfaitement inutile, mais sur le pouvoir que le « contrôlaire » exerce relativement au contrôlé[38].

Il convient de noter que les différentes présomptions énumérées au texte peuvent se combiner. Le dirigeant est présumé agir de concert avec la société au sein de laquelle il détient un mandat social (1°). S'il est en même temps « contrôlaire", les sociétés contrôlées sont elles-mêmes réputées agir de concert (3°). Si ces sociétés ont des filiales, un concert supplémentaire est présumé (2°). L'action de concert devient tentaculaire[39].

Pourtant, l'importance des présomptions d'action de concert ne doit pas être surestimée. Cela tient au fait qu'il s'agit de présomptions simples. Dans sa décision précitée du 11 juillet 2022, la Commission des sanctions de l'AMF a considéré que « *les présomptions simples d'action de concert caractérisées en l'espèce pourraient toutefois être renversées par la démonstration par les mis en cause de l'absence d'accord relatif à la mise en œuvre d'une politique commune vis-à-vis de la société April* »[40]. Et la suite de la décision montre que la Commission des sanctions procède à une analyse soigneuse des comportements des mis en cause pour vérifier, à chaque fois qu'une présomption d'action de concert existe, qu'il y a bien eu mise en œuvre d'une politique commune vis-à-vis de la société. Les présomptions d'action de concert sont ainsi loin d'avoir un effet couperet.

2.2.2 Illustrations

On fera deux observations préalables, avant d'envisager un certain nombre de situations dans lesquelles la qualification d'action de concert constitue un enjeu.

On a vu que, tel qu'il est interprété, l'article L. 233-10 du code de commerce recouvre aussi bien des accords formels que des comportements, dès lors que ceux-ci ressortissent à une « démarche collective organisée ». Mais, en pratique, la distinction (qui est à la base de la coexistence de deux conceptions de l'action de concert en droit de l'Union) réapparaît : il est difficile de faire abstraction des réalités. L'article L. 233-11 du code de commerce exige la publication de toute clause d'une convention prévoyant

37 - Ce dernier cas a été ajouté par la L. n° 2007-211 du 19 févr. 2007. Son application a été discutée à l'occasion des accords négociés par Renault et Nissan en 2023 pour reconfigurer leurs participations réciproques.

38 - Dans le cas visé au 2° de l'art. L. 233-10, II, les actions de concert sont susceptibles de s'enchevêtrer. Le texte mentionne un contrôle « au sens de l'article L. 233-3 ». Ce peut être un contrôle conjoint (art. L. 233-3, par III). L'action de concert étant un des deux éléments constitutifs du contrôle conjoint, il faudra établir celle-ci avant d'en inférer, par voie de présomption, l'existence d'un concert entre la société contrôlée conjointement et chacun de ses « contrôlaires ».

39 - Cet aspect des présomptions d'action de concert est bien mis en lumière par Ch. Goyet, *La commission des sanctions aux prises avec la présomption d'action de concert*, *RTDF* 2022, n° 3, pp. 13 s.

40 - V. *supra*.

des conditions préférentielles de cession ou d'acquisition d'actions cotées portant sur au moins 0,5 % du capital ou droits de vote de la société. Ce sont les pactes d'actionnaires qui sont ainsi visés. L'AMF est en conséquence conduite à en connaître et, le cas échéant, à donner son avis sur le point de savoir s'ils sont ou non porteurs d'une action de concert. Il en va de même de pactes qui lui sont communiqués dans le cadre d'une demande de dérogation ou à l'occasion de la préparation d'une opération de marché. L'examen porte alors sur les clauses d'un pacte, et non sur des comportements[41].

En second lieu, on doit repousser la tentation d'établir une typologie des accords qui seraient constitutifs d'une action de concert et de ceux qui échapperaient à la qualification. Certes, certaines figures contractuelles paraissent éloignées de l'action de concert : par exemple la promesse de vente d'actions. Mais il n'y a pas de règle absolue. La qualification passe par un examen au cas par cas, en fonction du contexte, et les mêmes clauses (par exemple de répartition des mandats sociaux entre actionnaires) pourront être vues comme un indice d'une action de concert dans tel dossier, et être considérées comme neutres dans tel autre. Dans les faits, l'AMF est en première ligne pour procéder à ces appréciations, et ses décisions publiées fournissent des informations précieuses[42].

Ceci posé, un premier cas de figure est celui des engagements de concertation entre actionnaires dans l'hypothèse où leur société ferait l'objet d'une offre publique. L'AMF est encline à y voir une action de concert[43]. La solution se comprend aisément : il y a là une politique commune vis-à-vis de la société, qui tend au maintien du *statu quo* quant à son contrôle (c'est l'inverse de l'accord conclu en vue de l'obtention du contrôle).

S'agissant des accords préparatoires à une offre publique, destinés à en faciliter le succès, la variante la plus simple est l'engagement d'apport à l'offre. Elle ne semble pas poser de problème, pour autant que l'engagement est stipulé révocable en cas de dépôt d'une offre concurrente. Ainsi, l'AMF n'a pas caractérisé une action de concert devant donner lieu à une offre publique obligatoire dans le cas d'une offre publique volontaire dont l'initiateur était déjà actionnaire de la cible (en dessous du seuil de l'offre publique obligatoire) et avait obtenu un engagement d'apport d'un autre actionnaire dont la participation avait fait franchir à un hypothétique concert le seuil de l'offre publique obligatoire[44]. L'autorité de régulation ne s'est pas davantage opposée à la conjonction d'une offre publique volontaire et d'un apport en nature consécutif, portant sur des actions de la société cible, à l'initiatrice[45].

La qualification d'action de concert passe par un examen au cas par cas, en fonction du contexte, et les mêmes clauses (par ex. de répartition des mandats sociaux entre actionnaires) pourront être vues comme un indice d'une action de concert dans tel dossier, et être considérées comme neutres dans tel autre.

Les choses deviennent plus complexes lorsque l'apporteur se voit reconnaître certaines prérogatives au sein de la société initiatrice. Dans une affaire *Tharreau Industries*, l'entrée d'un fonds dans la *holding* de contrôle d'une société cotée n'a pas été considérée par la

41 - Même si l'évolution des relations entre les parties au pacte est parfois réservée. V. par ex. le dernier alinéa de l'article 234-7 Règl. gén. AMF : « *Dans tous les cas susvisés, tant que l'équilibre des participations respectives au sein d'un concert n'est pas significativement modifié par référence à la situation constatée lors de la déclaration initiale, il n'y a pas lieu de déposer un projet d'offre publique* ».

42 - On rappelle que le bureau de l'assemblée générale est sans pouvoir pour priver de leur droit de vote les actionnaires qui n'auraient pas déclaré un franchissement de seuil, dès lors que l'existence de l'action de concert d'où résulterait l'obligation de déclaration est contestée (Com., 15 mai 2012, n° 10-23.389 et n° 10-28.151, *Bull. civ.* IV, n° 104, *Bull. Joly Sociétés* 2012. 557, note H. Le Nabasque, *Rev. sociétés* 2012. 514, note Y. Paclot. Dans l'affaire Madag, la solution a d'abord été réitérée (Com., 10 févr. 2015, n° 13-14.778, *Bull. Joly Bourse*, 2015. 234, note Y. Paclot), puis complétée (Com., 27 juin 2018, n° 15-29.366, *Bull. Joly Sociétés* 2018. 562, note D. Schmidt, *Rev. sociétés*. 2019. 191, note F. Barrière : le bureau de l'assemblée retrouve sa compétence lorsque l'existence du concert n'est pas contestée par l'actionnaire concerné par la privation du droit de vote). Au résultat, c'est l'AMF qui joue un rôle central en matière de constatation d'une action de concert, les tribunaux interviennent en cas de recours contre ses décisions.

43 - I&D 208C1688, 17 sept. 2008, *Eurofins Scientific* ; I&D 211C1640, 6 sept. 2011, *Axway Software* ; I&D 213C1771, 20 nov. 2013, *Numericable Group*.

44 - I&D 212C1363, 16 oct. 2012, *CFAO*.

45 - I&D 214C1174, 24 juin 2014, *Steria SCA*.

Cour d'appel de Paris comme constitutive d'une action de concert, au motif que les différentes stipulations du pacte d'actionnaires conclu à cette occasion visaient « *non à la mise en œuvre par les cocontractants d'une politique commune vis-à-vis de la société (...), mais la préservation des intérêts financiers d'investisseurs détenteurs d'une participation minoritaire dans une société non cotée, et qui voulaient se donner les moyens de veiller à la rentabilité et la liquidité de leur investissement, sans que la nature de celui-ci ne soit modifié* »[46]. Dans une affaire *Sperian Protection*, un fonds d'investissement britannique avait proposé à un actionnaire de la société visée par l'offre publique de participer à la reprise de la société en apportant ses titres à la *holding* d'acquisition. L'opération fut contestée par l'ADAM, qui y voyait une action de concert. L'AMF n'eut pas à prendre position, en raison du succès d'une offre concurrente. Mais certains auteurs exprimèrent l'idée que « *l'opération d'apport de titres à une holding n'est pas, en elle-même, susceptible de caractériser un concert si l'apporteur ne bénéficie pas d'un droit de cogestion, mais seulement d'une liquidité interne et d'un ensemble de droits de vote lui permettant de protéger son investissement* »[47]. Plus récemment, l'AMF a accordé son *nihil obstat* à une opération où des titres de la cible étaient transmis, par voie d'apport et de fusion, au véhicule d'acquisition[48].

Un autre facteur de complication est la présence d'actionnaires communs à la cible et à la société initiatrice. Ce type de situation se rencontrera par exemple dans le secteur des sociétés immobilières cotées, dans le capital desquelles on tend à retrouver les mêmes compagnies d'assurance. Cette consanguinité est de nature à susciter des soupçons quant à l'existence d'une action de concert, quand les actionnaires de la cible participent à la recomposition du capital de la société initiatrice, voire concourent à son financement. L'affaire *Gecina-Eurosic*, même si elle a permis à certains actionnaires d'apporter leurs titres à une offre publique moins-disante sans être censurés, ni par l'AMF, ni par la Cour d'appel de Paris[49], illustre les dangers de ce type d'opération.

Les choses deviennent plus complexes lorsque l'apporteur se voit reconnaître certaines prérogatives au sein de la société initiatrice.

C'est enfin l'organisation du pouvoir post-opération qui peut conduire à s'interroger sur l'existence d'une action de concert. L'article 234-9 du règlement général de l'AMF envisage la question dans l'hypothèse d'une fusion, en ouvrant la possibilité d'une dérogation quand l'opération s'accompagne de la conclusion entre actionnaires des sociétés concernées d'un accord constitutif d'une action de concert (point 4°). La justification de la règle est que la fusion est soumise à l'assemblée générale extraordinaire, de sorte que les actionnaires sont appelés à se prononcer en connaissance de cause sur l'organisation du pouvoir dans la société absorbante[50]. Cette condition fera défaut en cas d'offre publique d'échange, opération pourtant comparable, économiquement, à la fusion. Ce peut être un élément à considérer au moment de la structuration de l'opération.

Plus généralement, on retrouvera, à ce stade, la distinction entre les accords qui visent à la mise en œuvre d'une politique commune vis-à-vis de la cible et ceux qui se bornent à organiser la protection des investisseurs dans une société non cotée (la *holding*). Et, si déclaration de mise en concert il y a, il sera prudent de la soumettre à une condition suspensive de succès de l'offre publique, comme l'AMF a pu l'admettre[51], afin de mettre à l'abri de toute critique l'offre publique volontaire.

---

46 - CA Paris, 19 mars 2002, 2001/17786, *D.* 2002.1678, note M. Boizard, *JCP E* 2002. 998, note A Viandier.

47 - D. Martin, B. Kanovitch et G. Giulani, *Chronique Private M&A – Offre publique, RTDF* 2011, n° 112, p. 113.

48 - I&D 220C4300, 13 oct. 2020, *Devoteam*.

49 - CA Paris, 12 janv. 2017, n° 2016/17607.

50 - L'AMF exige parfois que les parties au pacte s'abstiennent de voter aux assemblées générales appelées à se prononcer sur la fusion. V. D. Martin et B. Courteault, *Les dérogations à l'obligation de déposer une offre publique sur une société cotée, RTDF* 2008, n° 4, p. 78.

51 - I&D 216C2489, 3 nov. 2016, *Epcos* ; I&D 219C1521, 3 sept. 2019, *Chaps Holding*.

Une dernière situation problématique est celle de la société cotée à actionnariat familial. Elle est illustrée par l'affaire *Hermès*, qui a donné lieu à un contentieux de la dérogation à offre publique obligatoire. On sait qu'échaudés par la montée de la société LVMH dans le capital de leur société, certains membres de la famille et actionnaires d'Hermès constituèrent une société *holding*, à laquelle ont été apportées des participations individuelles représentant un peu plus de la moitié du capital d'Hermès. La *holding* ayant franchi le seuil de 30 %, un projet d'offre publique devait être déposé, sauf dérogation. Celle-ci fut accordée par l'AMF, sur le fondement de l'article 234-9, 7° de son règlement général (reclassement entre sociétés ou personnes appartenant à un même groupe). La difficulté tenait à la nécessité de caractériser une action de concert entre membres de la famille Hermès, pour pouvoir affirmer qu'ils contrôlaient la société avant la constitution de la *holding*. Aucun accord formel ne les liait. La Cour de cassation a maintenu l'arrêt de la Cour d'appel de Paris qui avait rejeté le recours formé contre la décision accordant la dérogation[52].

Après avoir longuement rappelé les constatations de l'arrêt attaqué, elle conclut que : « *de ces constatations et appréciations (...) la Cour d'appel (...) a pu déduire que les demandeurs formaient un groupe au sens de l'article 234-9, 7°, du règlement général de l'AMF, qu'ils agissaient de concert pour contrôler la société Hermès et que ce contrôle, préexistant à la conclusion de la convention du 3 décembre 2010* [l'accord prévoyant l'apport des actions à la *holding*], *serait maintenu à l'issue des opérations qu'elle prévoit, peu important que celles-ci entraînent une modification de ses modalités d'exercice, de sorte que l'opération soumise à l'AMF s'analysait comme un reclassement entre personnes appartenant à un même groupe* ».

Un commentateur a écrit que « *la présente décision ne figurera pas dans les annales des grands arrêts de la Cour de cassation* », ajoutant qu'« *elle obscurcit les contours de l'action de concert* »[53]. L'appréciation est sévère. Mais, de fait, la multiplicité des références aux constatations de l'arrêt attaqué interdit d'y voir une décision de principe. Et un arrêt postérieur, déjà cité[54], témoigne de ce que l'indulgence à l'égard des prétendus concerts familiaux n'est pas systématique. C'est une preuve supplémentaire de ce que la dualité de la notion d'action de concert permet de faire une application orientée des textes qui l'utilisent, ce dont les destinataires de la règle de droit se réjouiront ou se désoleront selon les cas.

La dualité de la notion d'action de concert permet de faire une application orientée des textes qui l'utilisent, ce dont les destinataires de la règle de droit se réjouiront ou se désoleront selon les cas.

52 - Com., 28 mai 2013, n° 11-26.423, *Bull. civ.* IV, n° 89, *Bull. Joly Sociétés* 2013. 559, note A. Gaudemet, *Rev. sociétés*. 2013. 500, note H. Le Nabasque.

53 - H. Le Nabasque, note préc., *in Rev. sociétés* 2013. 506.

54 - Com., 22 nov. 2016, préc. note 24.

par **Matthieu Simon Blavier**,
Managing Director, Georgeson

Communication directe avec les actionnaires

Le cadre réglementaire qui régit les offres publiques peut laisser penser qu'il serait illusoire d'espérer créer un échange direct entre l'initiateur de l'offre et les actionnaires de la société cible. Une sollicitation active des investisseurs institutionnels et la mise en place d'un numéro vert pour les actionnaires individuels sont pourtant possibles et peuvent même s'avérer indispensables. Chaque profil d'actionnaire sera en effet d'autant plus convaincu de l'opportunité d'apporter ses titres à l'offre que le message qui lui est adressé et le canal utilisé pour ce faire auront été pensés pour lui.

La règlementation stricte qui encadre la communication des sociétés dans le cadre des offres publiques limite l'information transmise au marché et les modalités de cette transmission. Dans cet environnement réglementaire contraint, les cinq piliers de la communication avec les actionnaires sont :

- **La documentation juridique** : le projet de note d'information, la note en réponse... Le régulateur (Autorités des Marchés Financiers) veille à ce que cette documentation soit transparente et juste[1].
- **Les communiqués de presse** : annonce des intentions d'offre[2], annonce officielle de l'offre publique[3], tout changement affectant l'offre (changement de prix par exemple)[4].
- **Les réunions d'information des actionnaires** (*investors' day*) : celles-ci ne sont pas systématiquement organisées. Elles peuvent néanmoins l'être dans le but d'expliquer les détails de l'offre aux actionnaires, qui y sont invités. Une retransmission en ligne est également possible.
- **Correspondance/lettre aux actionnaires/ presse-médias** : les entreprises peuvent continuer d'informer le marché de manière régulière tout en respectant le cadre défini par le régulateur[5].
- **Communication directe avec les actionnaires** : sollicitation active des investisseurs institutionnels, mise en place d'un numéro vert pour les actionnaires individuels et possibilité de sollicitation active (*outbound calls*) des principaux actionnaires non professionnels, sous réserve de soumettre un script précis à l'Autorité des marchés financiers pour avis.
- Parfois, un vote des actionnaires en assemblée est nécessaire, pour valider le financement de l'offre par exemple. Dans ce cas, une assemblée générale extraordinaire est organisée et une communication habituelle de convocation est mise en œuvre.

Cette communication spécifique à l'hypothèse d'une offre publique se superpose aux exigences d'information périodique et permanente applicables à toute société cotée.

1 - Leur contenu est en effet strictement encadré par le Règl. gén. AMF (art. 231-18 et 231-19) et par l'instruction AMF DOC2006-07.

2 - Règl. gén. AMF, art. 223-33.

3 - Règl. gén. AMF, art. 231-16, III.

4 - Règl. gén. AMF, art. 231-37

5 - Il s'agira même d'une obligation pour la société cible lorsque l'organe compétent décide de mettre en œuvre une mesure susceptible de faire échouer l'offre (Règl. gén. AMF, art. 231-19, 4°).

1. Approcher les actionnaires pour les inciter à apporter à l'offre : que peut-on dire dans le respect des règles du droit boursier et financier (démarchage – égalité d'information) ?

Dans le cas des offres dites « amicales », il est fréquent que la société initiatrice de l'offre et sa cible travaillent ensemble et partagent non seulement les informations mais également coordonnent la communication. Dans le cas des situations hostiles, chaque partie communique de manière distincte et non coordonnée afin de défendre ses propres intérêts.

Dans l'objectif de susciter l'intérêt des actionnaires, les sociétés (initiatrice et/ou cible) doivent expliquer au marché l'intérêt de l'offre sur un plan financier, industriel, économique et parfois social. Il est clair que, pour la majorité des actionnaires notamment individuels, l'intérêt financier, c'est-à-dire le prix offert par l'acquéreur, reste l'argument principal. Néanmoins, dans des situations hostiles, il est possible que d'autres arguments (souveraineté, emploi, stratégie...) puissent prendre le pas et dominer la communication des sociétés concernées.

Il est également important de rappeler que tous les actionnaires doivent être traités équitablement et avoir par conséquent accès aux mêmes informations, ce que le développement, ces vingt dernières années, de la communication numérique a facilité en permettant la mise en ligne pour tous des informations requises. Les sociétés, dans leur approche directe des actionnaires, doivent également naviguer avec les contraintes encadrant le démarchage. C'est pourquoi, les informations transmises et la communication en période d'offre sont encadrées et le plus souvent soumises pour validation ou pour avis à l'Autorité des marchés financiers.

Les points clés d'une communication efficace pour inciter les actionnaires à apporter leurs

Il est clair que, pour la majorité des actionnaires notamment individuels, l'intérêt financier, c'est-à-dire le prix offert par l'acquéreur, reste l'argument principal. Néanmoins, dans des situations hostiles, il est possible que d'autres arguments (souveraineté, emploi, stratégie...) puissent prendre le pas et dominer la communication des sociétés concernées.

titres à l'offre peuvent être classés en quatre grandes catégories :

- Une communication claire et transparente qui présente les détails de l'offre, les raisons qui la motivent, les avantages et opportunités de celle-ci.
- Une démonstration de la valeur ajoutée pour les actionnaires de l'offre proposée. Cela se traduit notamment par un prix d'offre présentant une prime significative, une augmentation potentielle du prix des actions à terme, des dividendes plus élevés, ou une stratégie d'entreprise améliorée qui pourrait conduire à une croissance future...
- L'engagement des dirigeants et plus généralement des instances de gouvernance de la cible (conseil d'administration ou de surveillance) et des actionnaires de référence le cas échéant.
- L'utilisation des médias à travers des communiqués de presse, des interviews, d'articles de presse et l'exploitation active des réseaux sociaux.

Chaque actionnaire a des objectifs, des attentes ou des avis différents. Il est crucial d'essayer de répondre à chacun dans le respect de l'égalité d'accès à l'information. A titre d'exemple, en fonction du prix auquel un actionnaire a acheté ses titres, son avis sur le prix de l'offre proposé peut varier significativement.

2. Quel interlocuteur : agence de conseil en relations investisseurs (*proxy solicitor*), courtier, équipe relations investisseurs des entreprises...

La communication s'adresse à des univers d'investisseurs différents, c'est pourquoi plusieurs intervenants peuvent être nécessaires.

Pour ce qui concerne les investisseurs institutionnels, la société cible (*via* son équipe Relations Investisseurs) peut être accompagnée par un « *proxy solicitor* » spécialiste de la communication directe avec les investisseurs. De la même manière, les offres publiques attirent fréquemment l'attention et l'intérêt d'actionnaires spécialisés (arbitragistes et *hedge funds*) dont la gestion peut être confiée à un *proxy solicitor* qui connait et sait traiter cet univers efficacement. Il est utile de rappeler ici que ce dernier univers d'investisseurs n'est généralement pas bien identifié et n'apparait habituellement pas dans les analyses d'identification actionnariales commandées par les émetteurs[6].

Les courtiers peuvent avoir un impact important pour identifier les flux d'échanges et confirmer l'intérêt de certains actionnaires, mais également pour aider l'initiateur à acheter des titres pendant la période d'offre lorsque cela lui est possible.

Concernant les actionnaires individuels, les intervenants sont spécialisés en fonction des actionnaires à contacter (*proxy solicitor*, agence de communication financière, équipe interne aux entreprises de gestion des actionnaires individuels...). Leur mission consiste à communiquer en direct avec cette catégorie d'actionnaires, répondre à leurs questions (très souvent liées au processus d'apport ou au prix proposé), les accompagner dans leurs démarches d'apport s'ils le souhaitent, leur fournir toute information qui pourrait être demandée sans remettre en cause l'égalité d'accès.

3. Les canaux de communication

De nombreux canaux – obligatoires ou facultatifs, réglementés ou non – peuvent être utilement mobilisés pour faire la promotion de l'offre et engager directement avec les actionnaires individuels, parmi lesquels :

- **La communication financière obligatoire** : diffusion des communiqués de presse normés, de la note d'information, de la note en réponse et toute autre document devant être publié en application de la réglementation.

> **Les offres publiques attirent fréquemment l'attention et l'intérêt d'actionnaires spécialisés (arbitragistes et *hedge funds*) dont la gestion peut être confiée à un *proxy solicitor* qui connait et sait traiter cet univers efficacement.**

- **Rédaction d'une lettre aux actionnaires** : cette lettre explique brièvement les conditions, le calendrier et les raisons de l'offre. Le numéro vert est également indiqué et diffusé sur ce support. Cette lettre sera envoyée par courrier à un univers cible d'actionnaires individuels (quand les procédures d'indentification des actionnaires ont permis de disposer de leurs adresses)[7], mais sera également mise à disposition sur le site internet de la société et envoyée par email à tous les actionnaires qui auront fourni leur adresse personnelle.

- **Organisation d'une campagne d'appels (*outbound calls*)** : sous réserve de soumettre au préalable un script à l'Autorité des marchés financiers pour avis, il est possible d'organiser une campagne d'appels sortants à destination des actionnaires individuels les plus significatifs. Dans cette hypothèse, il sera nécessaire d'effectuer (par l'intermédiaire de sociétés spécialisées ou par l'intervention d'un *proxy solicitor* habitué de ce type de missions) des recherches de numéros de téléphone. Les opérateurs du numéro vert (qui reçoit les appels entrants/*in*-

6 - V. notamment les sections du présent ouvrage consacrées à l'identification des actionnaires (Chap. 2).

7 - V. notamment les sections du présent ouvrage consacrées à l'identification des actionnaires (Chap. 2).

bound calls) déjà formés au script et aux conditions spécifiques de l'offre pourront alors appeler spontanément certains actionnaires pour les informer, sans qu'une telle démarche ne soit en tant que telle assimilable à un démarchage.

- **Mise à disposition de la société d'une liste de questions/réponses** : ce script précis s'appuie sur la note d'information, la note en réponse et tout document réglementaire lié à l'offre, qu'il vise à expliciter. Les questions/réponses sont utilisées par les opérateurs du numéro vert pour répondre à toutes les questions des actionnaires. Le numéro vert, communiqué sur les différents supports (site internet, lettre aux actionnaires, réseaux sociaux...), devra être ouvert aux heures de travail en semaine pendant toute la durée de l'offre, y compris pendant la réouverture le cas échéant.

- ***Emailing* aux actionnaires individuels dont le courriel est connu** : l'email contiendra la lettre aux actionnaires en version PDF.

- **Organisation d'une campagne de presse** : selon la situation, la taille et la nature de l'offre publique, il peut devenir indispensable de mettre en œuvre une campagne de presse. Elle peut s'effectuer à travers la publication d'articles, d'interviews des dirigeants et des actionnaires de référence, la diffusion des communiqués de presse. Dans le cadre d'une offre hostile, l'utilisation du champ médiatique devient indispensable et intensive pour faire valoir les arguments de chaque partie prenante.

- **Réseaux sociaux** : l'utilisation des réseaux sociaux prend chaque année davantage de place. Ce canal de communication reste soumis à l'ensemble des règles de droit commun, la diffusion de l'information par ce biais ne doit pas remettre en cause le principe d'égalité d'accès à l'information et, plus généralement, respecter la règlementation applicable en période d'offre. A titre d'exemple, la surveillance et la gestion des réponses aux forums des sites boursiers sont devenues nécessaires pour la connaissance, la compréhension et la réactivité aux avis (parfois négatifs) de certains actionnaires individuels et/ou de leaders d'opinion (associations d'actionnaires minoritaires qui peuvent jouer un rôle central, notamment lorsqu'ils ont accès aux médias financiers et/ou généralistes).

- **Réunions d'information** : en complément, selon les cas, il est possible d'organiser une ou plusieurs réunions d'information, diffusées en direct sur le site de la société.

Dans le cadre d'une offre hostile, l'utilisation du champ médiatique devient indispensable et intensive pour faire valoir les arguments de chaque partie prenante.

- De plus, si une assemblée générale et le vote des actionnaires sont une condition au lancement d'une offre, il sera nécessaire de préparer une communication équitable lors de ces événements, dans le respect de l'égalité d'information des actionnaires.

Focus : la communication réglementée sur et autour de l'offre

par **Arthur Jeay**,

Elève-avocat, Diplômé du Master 2 de Droit bancaire et financier de l'Université Paris II-Panthéon Assas

L'article L. 433-1, I du code monétaire et financier laisse le soin au règlement général de l'AMF d'organiser les règles relatives aux offres publiques, et notamment celles relatives à la communication financière autour et pendant l'offre.

La communication financière au lancement de l'offre

Le lancement d'une offre publique est matérialisé par le dépôt d'un projet d'offre auprès de l'AMF.

L'article 231-13 du règlement général de l'AMF précise que ce dépôt est réalisé, non pas par l'initiateur, mais par un ou plusieurs établissements présentateurs, prestataires de services d'investissement agréés pour exercer l'activité de prise ferme, mandataires de l'initiateur. Cette interposition repose sur deux fondements essentiels. D'une part, au moins l'un des établissements présentateurs garantit sous sa signature, dans la lettre de dépôt adressée à l'AMF, la teneur et le caractère irrévocable des engagements pris par l'initiateur. D'autre part les établissements présentateurs établissent les éléments d'appréciation du prix ou de la parité proposés inclus dans le projet de note d'information.

Ce dépôt sera suivi d'un communiqué de presse de la société visée prenant acte du dépôt[1], ainsi que d'un communiqué de presse normé de l'initiateur diffusant les principaux éléments du projet de note d'information[2]. Par ailleurs, l'AMF, reprenant les informations contenues dans la lettre de dépôt, publie les principales caractéristiques du projet d'offre dans un avis de dépôt publié sur sa base des décisions et informations financières[3], qui est corrélativement diffusée *via* les agences de presse.

Le dépôt auprès de l'AMF est accompagné :

- des déclarations préalables effectuées auprès d'instances habilitées à autoriser l'opération envisagée (autorités de la concurrence et/ou en charge des investissements étrangers, ou encore autorités de régulation en cas d'exercice par la société visée d'activités régulées) ; et
- du projet de note d'information[4] – publié sur le site de l'initiateur[5] et celui l'AMF[6] – qui présente les termes et conditions de l'offre et renseigne le public sur le contexte de celle-ci, ses motifs ainsi que ses conséquences pour la société visée[7]. L'instruction 2006-07 de l'AMF détaille précisé-

1 - Règl. gén. AMF, art. 231-17 ; le Règl. gén. AMF dispose qu'il s'agit d'une simple faculté pour la cible et qu'il permet de faire connaître l'avis de son organe dirigeant ainsi que, le cas échéant, les conclusions de l'expert indépendant et du comité social et économique ; lorsque ces informations ne sont pas encore disponibles, un nouveau communiqué sera ultérieurement publié ; en pratique, sauf dépôt inattendu d'une offre hostile, la cible communique systématiquement dès le dépôt d'un projet d'offre. Elle indique notamment si l'offre est sollicitée ou non. Dans le cadre d'une offre requérant une attestation d'équité sur les conditions financières par un expert indépendant désigné par le conseil d'administration de la société visée : « lorsqu'au jour du dépôt du projet de note d'information établi par l'initiateur, l'expert indépendant n'a pas achevé sa mission ou n'a pas été désigné, la société *visée informe le public par voie de communiqué de l'identité de l'expert indépendant dès la publication du projet de note de l'initiateur ou dès la désignation de l'expert.* »

2 - Règl. gén. AMF, art. 231-16, III.

3 - Règl. gén. AMF, art. 231-14.

4 - Règl. gén. AMF, art. 231-13, III., 1° ; le projet ne deviendra la note d'information définitive qu'une fois reçu le visa de l'AMF à la suite de la déclaration de conformité de l'offre (Règl. gén. AMF, art. 231-23).

5 - Règl. gén. AMF, art. 231-16, I.

6 - Règl. gén. AMF, art. 231-13, V.

7 - Règl. gén. AMF, art. 231-18.

ment le contenu de la note d'information[8].

L'initiateur doit notamment y présenter :

- les caractéristiques de l'offre (*i.e.*, le prix ou les caractéristiques, les cotations ou le marché des titres proposés en échange en cas d'offre publique d'échange, les titres visés, les éventuelles conditions auxquelles l'offre est soumise, le calendrier prévisionnel, le seuil de caducité lorsqu'il s'agit d'offres de prise de contrôle ou l'éventuel seuil de renonciation pour les offres volontaires, les conditions de financement de l'opération et leurs incidences sur les actifs, l'activité et les résultats des sociétés concernées (informations spécifiquement significatives en cas d'offre publique d'échange)) ;

- ses objectifs et ses intentions concernant la cible pour les douze mois à venir (*i.e.*, les conséquences de l'offre sur la poursuite de l'activité, l'organisation juridique du nouveau groupe et les projets stratégiques futurs, l'orientation en matière d'emploi et de localisation des sites, les politiques de dividendes, tant de la cible que de l'initiateur, le maintien ou non de la cotation, l'intention ou non de réaliser un retrait obligatoire si les conditions le permettant sont réunies) ;

- les accords conclus par les sociétés concernées par l'offre ou par leurs actionnaires, directement ou par personne interposée, susceptibles d'avoir une incidence sur l'appréciation de l'opération ou sur son issue (notamment les engagements d'apport et les clauses des accords de cession, d'échange ou de réinvestissement dans le capital de la société initiatrice ayant précédé le dépôt de l'offre).

Les établissements présentateurs quant à eux incluent dans le projet de note d'information de l'initiateur les éléments d'appréciation du prix ou de la parité proposés assumant à cet égard une responsabilité de signature. Ils attestent enfin de la complétude de la note d'information au regard des informations que leur a communiquées l'initiateur.

La société visée répondra par un projet de note en réponse[9]. La date de dépôt de ce projet variera selon le type d'offre, la nomination ou non d'un expert indépendant (qui est presque systématique en pratique) et le moment de cette nomination, ou encore la mise en œuvre ou non d'une procédure d'information-consultation du comité social et économique (présence ou non d'un tel comité, organisation de la procédure avant l'offre ou dans le cadre de la période d'offre). Lorsqu'un expert indépendant est désigné en application de l'article 261-1 règlement général de l'AMF, la société visée dépose le projet de note en réponse au plus tard le vingtième jour de négociation suivant le début de la période d'offre[10].

Le lancement d'une offre publique est matérialisé par le dépôt d'un projet d'offre auprès de l'AMF par un ou plusieurs établissements présentateurs.

Le projet de note en réponse est lui-aussi publié sur le site de l'AMF et de la société cible et doit être accompagné d'un communiqué de presse normé de cette dernière reprenant ses principaux éléments.

L'instruction de l'AMF précitée liste les informations devant être présentées dans le corps de la note en réponse[11]. Il s'agira notamment :

- de l'avis motivé du conseil d'administration ou du conseil de surveillance quant à l'intérêt que présente l'offre pour la société, ses actionnaires et ses salariés, et précisant les conditions dans lesquelles l'avis a été rendu (*quorum*, vote, abstention en cas de conflit d'intérêts, position de tel ou tel administrateur) ;

- de l'avis consultatif du comité social et économique lorsqu'un tel comité existe et, le cas échéant, du rapport de l'expert-comptable désigné par le comité social et économique en application des dispositions de l'article L. 2312-45 du code du travail ;

8 - Instr. AMF, DOC-2006-07, Offres publiques d'acquisition, art. 2.

9 - Règl. gén. AMF, art. 231-19 ; là-encore, la note devient définitive lorsque l'AMF aura apposé son visa (Règl. gén. AMF, art. 231-26, III).

10 - Règl. gén. AMF, art. 231-26, I. ; pour les délais de publication du projet de note en réponse, v. Règl. gén. AMF, art. 231-26, I.

11 - Instr. AMF, DOC-2006-07, Offres publiques d'acquisition, art. 3.

- des mesures mises en œuvre – ou qui seront mises en œuvre – par la cible et qui sont susceptibles de faire échouer l'offre ;

- de tout accord conclu par les personnes concernées ou leurs actionnaires susceptibles d'avoir une incidence sur l'appréciation de l'offre ou sur son issue ;

- des caractéristiques juridiques de la cible ou de tout accord conclue par celle-ci susceptibles d'avoir une incidence en cas d'offre publique – il s'agit ici d'une reprise des informations figurant au sein du rapport sur le gouvernement d'entreprise prévu par l'article L. 225-37 du code de commerce.

Enfin, la note en réponse doit contenir en annexe le rapport de l'expert indépendant éventuellement nommé sur le fondement des articles 261-1 et suivants du règlement général de l'AMF.

Le conseil d'administration ou conseil de surveillance rend son avis motivé sur l'intérêt de l'offre au regard notamment des conclusions de l'expert indépendant (lorsqu'un tel expert est désigné) et connaissance prise de l'avis du comité social et économique.

L'initiateur et la société cible doivent enfin publier après que l'AMF a rendu sa décision de conformité, et au plus tard la veille de l'ouverture de l'offre, un document relatif à leurs caractéristiques, notamment juridiques, financières et comptables dont les détails sont là-encore précisés par une instruction de l'AMF[12]. C'est ce que les praticiens désignent sous le vocable de documents « Autres Informations ». En pratique, les projets sont adressés à l'AMF avant leur publication de sorte que l'AMF puisse faire connaitre en amont de cette publication ses observations et ne requièrent pas des amendements postérieurement à cette publication.

Ces documents « Autres Informations » ne font pas l'objet d'une approbation expresse par l'AMF au contraire du projet de note d'information de l'initiateur et du projet de note en réponse de la société visée lesquels sont visés par l'AMF.

La société visée répondra par un projet de note en réponse.

L'insuffisance de l'information dans le projet de note d'information de l'initiateur peut être un motif de décision de non-conformité de l'offre de l'AMF, par exemple s'agissant des éléments d'appréciation du prix ou de la parité proposés, y compris des conventions qui auraient un impact sur ceux-ci[13].

La communication pendant l'offre relative aux opérations sur titres

Le marché du titre d'une société visée par une offre publique peut être mouvementé dès l'annonce. Dès lors, et afin d'accroître la transparence des acquisitions et des cessions lors de cette période atypique, ainsi que de toutes opérations effectuées ayant pour effet ou susceptible d'avoir pour effet de transférer la propriété des titres ou des droits de vote visés par l'offre (en ce compris les opérations sur les instruments financiers ou les accords ayant un effet économique similaire à la possession desdits titre), l'article 231-46 du règlement général de l'AMF prévoit un dispositif *ad hoc* de déclaration des opérations réalisées sur les titres visés de la société cible.

En vertu du III de cet article, dans le cas d'une offre publique comportant une remise de titres de l'initiateur, doivent être déclarées, dans les mêmes conditions et selon les mêmes modalités, les opérations portant sur les titres de l'initiateur et ceux de la société visée.

---

12 - Instr. AMF, DOC-2006-07, Offres publiques d'acquisition, art. 5 et 6.

13 - I&D 216C2262, 5 sept. 2016. Dans sa décision l'AMF, confirmée par la Cour d'appel de Paris (CA Paris, 14 mars 2017, n° 16/20478) précisait « *Ainsi, les objectifs et intentions de l'initiateur font état d'un projet de contrat de rémunération dont la mise en œuvre et les modalités demeurent imprécises, dont l'impact serait négatif et potentiellement significatif sur la détermination des fourchettes de parité et devrait être pris en compte par les actionnaires dans leur analyse de l'offre. Dans le même temps, la parité de 1,60x proposée dans le présent projet d'offre publique se situe au point le plus bas des fourchettes de parité retenues par l'expert, qui n'a pu intégrer l'effet de ce contrat de rémunération dans ses travaux et dans sa conclusion sur l'équité du projet d'offre. Ces circonstances ne permettent pas, dès lors, de considérer que l'information destinée aux actionnaires minoritaires, notamment sur la justification de la parité d'échange retenue, soit complète, compréhensible et cohérente au sens des dispositions de l'article L. 621-8-1 du code monétaire et financier.* »

Les déclarations doivent comporter non seulement le nombre de titres concernés mais également le prix auquel l'opération a été réalisée. Peuvent être ainsi détectées les stratégies de concurrence ou d'opposition aux offres en cours.

Ce dispositif vise uniquement (i) les personnes concernées par l'offre[14] ainsi que les membres de leurs organes de gouvernance, (ii) les actionnaires de la cible détenant, seuls ou de concert, au moins 5 % du capital ou des droits de vote, (iii) les détenteurs d'au moins 5 % des titres visés par l'offre autres que des actions et enfin (iv) les personnes qui ont augmenté leur participation au capital de la cible pour au moins 1 % depuis le début de la période d'offre – ou de préoffre le cas échéant – ou bien 1 % des titres visés autres que des actions[15]. En pratique, ces personnes sont tenues de déclarer au plus tard un jour de bourse après la réalisation de l'opération :

(i) l'achat, la vente, la souscription, le prêt et l'emprunt des titres visés par l'offre ;

(ii) l'achat, la vente de tout instrument financier ou la conclusion de tout accord ayant un effet économique similaire à la possession des titres visés par l'offre, quel que soit son mode de dénouement ; ou bien

(iii) l'exercice du droit à l'attribution d'actions attaché auxdits instruments financiers ou l'exécution desdits accords.

Ce dispositif de déclaration des opérations est complété par une obligation de déclaration d'intentions prévue par l'article 231-47 du règlement général de l'AMF. Ainsi, toute personne, à l'exception de l'initiateur, qui, depuis le début de la période d'offre – ou de préoffre le cas échéant – (i) augmente sa participation au capital de la cible pour au moins 2 %, ou bien (ii) augmente sa participation au capital de la cible alors qu'elle détenait déjà 5 % du capital ou des droits de vote est tenue de déclarer ses intentions au regard de l'offre en cours. La déclaration doit informer le public sur les objectifs poursuivis dans le cadre de l'offre, notamment quant à l'intention du déclarant d'apporter, ou non, ses titres à l'offre. L'AMF peut mettre en œuvre dans ce cadre la procédure dite de *put up or shut up* prévue par l'article 223-32 du règlement général de l'AMF[16] (« *l'AMF peut demander aux personnes dont il y a des motifs raisonnables de penser qu'elles préparent, seules ou de concert au sens de l'article L. 233-10 du code de commerce, une offre publique d'acquisition, d'informer, dans un délai qu'elle fixe, le public de leurs intentions. Il en est ainsi, notamment, en cas de discussions entre les émetteurs concernés ou de désignation de conseils, en vue de la préparation d'une offre publique.* »). Tant les déclarations des opérations que les déclarations d'intentions sont réalisées auprès de l'AMF qui les publie sur son site internet.

Par une décision du 4 avril 2024[17], la Cour de cassation a confirmé l'arrêt de la Cour d'appel de Paris[18] dans le litige opposant les sociétés Elliott Advisors UK Limited et Elliott Capital Advisors LP agissant pour le compte des fonds d'investissement du groupe Elliott à l'AMF relatif à une sanction infligée par cette dernière auxdites sociétés[19], pour notamment ne pas avoir respecté les obligations déclaratives prévues aux articles 231-46 et 231-47 du règlement général de l'AMF pendant la période d'offre déposée par XPO Logistics France visant les titres Norbert Dentressangle[20].

Il ressort de cette décision que les personnes tenues à déclaration à l'AMF pendant la période d'offre ou de préoffre :

• doivent déclarer dans le cadre de l'article 231-46 du règlement général de l'AMF, l'achat

14 - Les personnes concernées par l'offre sont l'initiateur et la société visée ainsi que les personnes ou entités agissant de concert avec l'un ou l'autre (Règl. gén. AMF, art. 231-2).

15 - Par titres autres que des actions, il convient d'entendre essentiellement les titres visés par l'offre donnant accès au capital, tels des obligations convertibles ou remboursables ou des BSA.

16 - Ce qu'elle a fait dans le cadre de l'offre visant les actions Club Méditerranée à l'encontre des fonds gérés par les sociétés contrôlées par M. A. Bonomi (Communiqué du 26 mai 2014).

17 - Com. 4 avr. 2024, n° 22-19.127.

18 - CA Paris, 24 mars 2022, n° 20/08390.

19 - Décis. de la Commission des sanctions de l'AMF n° 3, 17 avr. 2020.

20 - I&D 215C0799, 11 juin 2015. &D 215C0799, 11 juin 2015.

de tout instrument financier ou la conclusion de tout accord ayant un effet économique similaire à la possession des titres visés par l'offre, quel que soit leur mode de dénouement (aussi bien les contrats « *futures* » ou « *forward* », « que les « *equity swaps* » ou les « *contracts-for-difference (CFD)* ») ; et

- doivent préciser dans le cadre de l'article 231-47 du règlement général de l'AMF, si elles ont l'intention d'apporter à l'offre préalablement déposée non seulement les actions qu'elles ont déjà acquises, mais aussi, les actions qu'elles sont susceptibles d'acquérir pendant la période d'offre à la suite du dénouement de ses instruments dérivés ou par le rachat éventuel des actions préalablement acquises en couverture par la banque contrepartie (si un tel achat est envisagé).

Le règlement général de l'AMF prévoit également que :

- dès le dépôt d'un projet d'offre, toute clause d'un accord conclu par les personnes concernées par l'offre, ou leurs actionnaires, susceptible d'avoir une incidence sur l'appréciation de l'offre ou son issue, sous réserve de l'appréciation de sa validité par les tribunaux, doit être portée à la connaissance des personnes concernées par l'offre, de l'AMF et du public. Si à raison notamment de la date de conclusion de l'accord, la clause n'a pu être mentionnée dans la ou les notes d'information, les signataires publient, dès la conclusion de l'accord et selon les modalités prévues à l'article 221-3, un communiqué précisant la teneur de ladite clause[21] ;

- les sociétés concernées informent l'AMF dès lors que leur conseil d'administration ou de surveillance prennent une décision dont la mise en œuvre est susceptible de faire échouer l'offre[22]. De même, en complément de ce qui a été évoqué ci-dessus au sujet du contenu de la note en réponse, lorsque la cible prend une nouvelle mesure susceptible de faire échouer l'offre, elle en informe le marché par voie de communiqué de presse[23].

21 - Règl. gén. AMF, art. 231-5.

22 - Règl. gén. AMF, art. 231-7.

23 - Règl. gén. AMF, art. 231-19, 4°.

3

L'ENVIRONNEMENT RÉGLEMENTAIRE

OPA – PRATIQUES PROFESSIONNELLES ET INTERDISCIPLINARITÉ

Le droit des offres publiques est confronté à un enchevêtrement de sources de droit qui en fait la complexité. Si le régime en vigueur est issu de la directive offre publique, celle-ci ne vise en effet qu'une harmonisation *a minima* entre les différents États-Membres sans faire table rase des législations internes.

Il y a en réalité peu d'offres chaque année. En outre peu d'entre elles aboutissent à des évolutions textuelles majeures.

Pour l'essentiel, les praticiens vont donc souvent chercher dans la pratique décisionnelle de l'AMF ce que la loi et la réglementation ne permettent pas toujours de trancher avec suffisamment de sécurité. Une contribution du présent chapitre apporte un éclairage critique et constructif sur la nature même de cette pratique.

Toutes les contributions de ce chapitre présentent l'environnement réglementaire des offres publiques dans une perspective dynamique en se posant la question de l'articulation de la directive OPA avec le droit des offres tel qu'il existe, mais aussi en se référant aux décisions de l'AMF.

En ligne avec l'approche pratique qui préside à cet ouvrage sont également examinées deux questions très encadrées par la réglementation et la pratique : celle de l'offre obligatoire et, revers de la même pièce, celle de la dérogation.

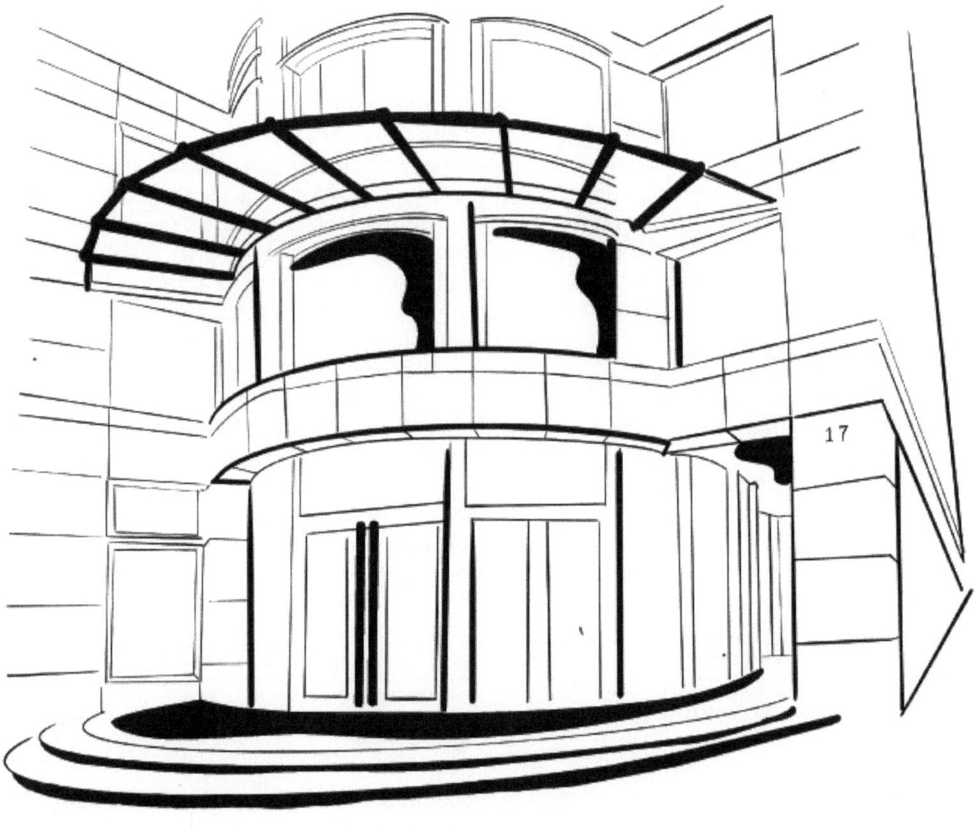

par **Katrin Deckert**,
Maître de conférences à l'Université Paris Nanterre, Rédactrice en chef de la Revue internationale des services financiers
et **Nicolas Rontchevsky**,
Agrégé des Facultés de droit, Professeur à l'Université de Strasbourg,
Co-directeur de la Revue trimestrielle de droit commercial et de droit économique

La directive OPA et son articulation avec le droit français

Directive âprement discutée, qui cherchait à faire la synthèse entre des règlementations très différentes d'un pays à l'autre, la Directive « OPA » a sans surprise fait l'objet de transpositions diverses. Preuve s'il en est de sa plasticité, le droit français a d'ailleurs connu deux lois de transposition, la loi de transposition de la directive OPA en 2006 et, moins de 10 ans plus tard, la loi Florange qui a pu être qualifiée de loi « anti-OPA » moins de 10 ans plus tard. Deux lois qui retiennent parfois des orientations diamétralement opposées tout en étant, l'une et l'autre, conformes à la directive.

La directive n° 2004/25/CE du Parlement européen et du Conseil du 21 avril 2004 concernant les offres publiques d'acquisition (directive OPA) avait pour objectif de mettre fin à la disparité des réglementations nationales et d'harmoniser le droit des offres publiques d'acquisition au sein de l'Union européenne[1]. Elle a été transposée en droit français par la loi n° 2006-387 du 31 mars 2006 relative aux offres publiques d'acquisition dont les dispositions ont été modifiées substantiellement par la loi n° 2014-384 du 29 mars 2014 visant à reconquérir l'économie réelle (dite loi Florange).

S'agissant d'un sujet sensible pour les intérêts des États-membres, cette directive est l'aboutissement d'un long processus de discussion. La directive OPA se veut certes équilibrée et pragmatique, au prix sans doute d'une certaine complexité, mais elle est surtout un texte à géométrie variable résultant d'un compromis « à la carte », l'objectif d'harmonisation n'étant ainsi pas vraiment atteint. Vingt ans après l'adoption de la directive OPA et dix-huit ans après sa transposition en droit français, la mise en œuvre de cette directive soulève encore plusieurs questions et suscite un certain nombre de difficultés d'application en France, mais aussi dans d'autres États-membres. Le rappel de la genèse de la directive OPA (1) précédera sa présentation et les options offertes aux États (2) ainsi que les précisions données par la Cour de justice de l'Union européenne quant à son interprétation (3). Il conviendra ensuite d'exposer la manière selon laquelle elle a été transposée initialement en droit français par la loi du 31 mars 2006 (4) avant que les dispositions issues de celle-ci soient substantiellement modifiées par la loi Florange (5). Il conviendra enfin d'examiner la question de la conformité du dispositif français à la directive OPA (6)

1 - V. notamment : B. Lecourt, *Rev. sociétés* 2005. 237 ; P. Servan-Schreiber et A. W. Grumberg, *Défenses anti-OPA, Adoption de la directive européenne sur les OPA et enjeux pour les entreprises françaises, JCP E* 2004. 1598 ; F. Peltier et F. Martin Laprade, *Directive 2004/25/CE du 21 avr. 2004 relative aux OPA ou l'encadrement par le droit communautaire du changement de contrôle d'une société cotée, BJB* 2004, p. 610 ; N. Rontchevsky, *Publication de la treizième directive communautaire relative aux offres publiques d'acquisition, RTD com.*2005.130 ; A. Couret, *La fin d'une trop longue saga : l'adoption de la 13e directive en matière de droit des sociétés concernant les offres publiques d'acquisition, in Études offertes à Jacques Béguin*, 2005, Litec, p. 195.

qui a été débattue par la doctrine française à l'occasion de l'offre publique de Veolia sur Suez en 2021.

1. Genèse de la directive OPA du 21 avril 2004

Alors que l'offre publique d'acquisition (d'achat ou d'échange) était déjà une pratique courante dans les pays anglo-saxons, elle n'est véritablement apparue en France qu'en 1968, lorsque la société BSN lança une offre publique d'échange hostile visant les actions de la société Saint-Gobain[2] (opération qui fût au demeurant un échec). Mais, depuis 1985, et surtout depuis le krach boursier de 1987, les OPA se sont multipliées en France pour devenir progressivement des opérations boursières habituelles. En revanche, dans d'autres pays de l'Union européenne, comme en Allemagne, le marché pour le contrôle des grandes sociétés était plus récent et moins ouvert. Par exemple, ce n'est que depuis la bataille pour l'acquisition de Mannesmann par Vodafone en 1999/2000 que les sociétés allemandes y sont confrontées. Il existait ainsi une grande différence d'approche en la matière dans les différents États membres de l'Union européenne, qui pouvait notamment s'expliquer par des appréciations divergentes des avantages et inconvénients des OPA. C'est ainsi qu'en Allemagne et aux Pays-Bas, la réglementation était hostile aux offres publiques (comme l'avait bien montré l'affaire *Gucci* aux Pays-Bas en 1999) alors que dans d'autres pays comme la France, la réglementation s'efforçait de parvenir à un équilibre entre la protection des intérêts de la société cible et la protection des intérêts de l'initiateur de l'offre publique. En raison de cette diversité des législations et des pratiques, une harmonisation au niveau européen apparaissait nécessaire dans la perspective de la libération totale du marché des capitaux de manière à ce que toutes les sociétés cotées soient soumises aux mêmes règles.

Après d'autres directives en matière de droit des sociétés cotées en bourse[3] et après plus de dix ans de négociations ayant débuté en 1989[4], le Conseil des ministres de l'Union européenne avait adopté le 19 juin 2000 la 13e directive relative aux offres publiques d'acquisition, qui devait encore être examinée par le Parlement européen[5]. Il s'agissait d'un texte de compromis réalisant une harmonisation inachevée, mais qui avait le mérite de poser les grands principes applicables à toutes les offres publiques. Cette directive a cependant été rejetée par le Parlement européen le 4 juillet 2001. Aussi la Commission européenne a-t-elle proposé un nouveau projet de directive ayant abouti à l'adoption de la directive n° 2004/25/CE relative aux OPA du 21 avril 2004 qui devait être transposée par les États de l'Union européenne au plus tard le 20 mai 2006.

2. Présentation de la directive OPA : une application à géométrie variable

La directive du 21 avril 2004 a tenté, mais sans grand succès, d'établir une « *égalité des conditions de jeu* » *(level playing field)* en matière d'OPA dans les pays de l'Union européenne. Il s'agit d'une *directive d'harmonisation minimale*, prévoyant notamment les règles suivantes[6] : les administrateurs de la société cible peuvent mettre en place des mesures défensives en cours d'offre publique, à condition toutefois d'obtenir l'assentiment préalable de l'assemblée générale des actionnaires, une fois les conditions de l'offre rendues publiques ; les salariés ou leurs représentants doivent être informés en détail en cas d'offre publique ; les décisions de l'autorité de surveillance des offres publiques doivent être susceptibles d'un recours judiciaire ou administratif devant une juridiction indépendante ; les offres publiques

2 - V. M. Trochu, *Le triomphe du capitalisme sauvage ou BSN contre Saint-Gobain*, *D.* 1969, Chron., p. 221.

3 - V. notamment : Dir. 88/627/CEE, 12 déc. 1988 concernant les informations à publier lors de l'acquisition et de la cession d'une participation importante dans une société cotée en bourse et Dir. 89/298/CEE, 17 avr. 1989 portant coordination des conditions d'établissement, de contrôle et de diffusion du prospectus à publier en cas d'offre publique de valeurs mobilières coordonnait les conditions d'établissement, de contrôle et de diffusion du prospectus à publier en cas d'offre publique de valeurs mobilières (lorsque celles-ci étaient pour la première fois offertes au public dans un État membre de l'Union européenne autrement que par voie d'admission à la cote officielle).

4 - Commission européenne, proposition de treizième directive du Conseil en matière de droit des sociétés concernant les offres publiques d'achat ou d'échange, COM (88)823 final : *JOCE* C 64, 14 mars 1989.

5 - V. L. Faugérolas et C. Malrieu, *La treizième directive européenne sur les offres publiques d'acquisition*, *BJB* 2000, p. 431.

6 - V. les commentaires préc. de la Dir. OPA, note 1 ; *adde* OPA, OPE et autres offres publiques, 5e éd., Francis Lefebvre, 2014, nos 79 s.

transfrontières font l'objet de dispositions spécifiques. La directive contient aussi des dispositions sur la mise en place de dispositifs de retrait obligatoire (*squeeze-out*) et de rachat obligatoire des actionnaires minoritaires restants (*sell-out*) et elle définit le prix équitable à payer en cas d'offre obligatoire.

En dépit de cette tentative d'harmonisation visant non seulement à protéger les investisseurs et la transparence des marchés financiers mais aussi à instaurer une égalité entre les sociétés cibles, des divergences majeures subsistent dans le régime des OPA au sein des États de l'Union européenne, comme l'ont relevé des rapports de la Commission européenne sur l'application de la directive OPA en 2007 et 2012[7]. A titre d'illustration, ces divergences concernent des questions aussi sensibles que le champ d'application de la réglementation des OPA, les compétences des autorités de contrôle, les mesures de défense anti-OPA, ou encore le prix équitable de l'offre obligatoire, le retrait obligatoire et le droit de rachat obligatoire.

Plus précisément, selon la directive OPA, la réglementation sur les OPA s'applique uniquement aux valeurs mobilières qui sont admises aux négociations sur un *marché réglementé* (comme le marché Euronext Paris en France). Mais dans la mesure où il s'agit d'une harmonisation minimale, la réglementation des offres publiques peut être étendue par les États membres aux marchés non réglementés, comme en France (C. mon. fin., art. L. 433-1, IV) ; les États peuvent même prévoir une application seulement partielle de la réglementation des OPA sur un marché non réglementé, et donc en exclure, par exemple, l'offre obligatoire.

S'agissant des autorités de contrôle et du droit applicable, l'article 4 de la directive OPA, résultant d'un compromis, contient une règle très complexe : il répartit, sous certaines conditions, les compétences des autorités de contrôle en fonction de la nature des questions : celles relatives au droit boursier, par exemple le prix offert, et celles relevant du droit du travail et du droit des sociétés. Or, pour les premières, l'autorité compétente est celle dont la compétence a été retenue pour l'offre publique. Pour les autres questions, c'est le droit de l'État membre dans lequel la société visée a son siège social qui s'applique et l'autorité de contrôle compétente est celle de ce même État. Les États membres s'assurent

Par le jeu complexe de la répartition des compétences des autorités de contrôle, les États membres s'assurent ainsi qu'ils ne perdent pas la maîtrise des mesures de défense et des seuils de contrôle à partir desquels le dépôt d'une offre publique devient obligatoire.

ainsi qu'ils ne perdent pas la maîtrise des *mesures de défense* et des *seuils de contrôle* à partir desquels le dépôt d'une offre publique devient obligatoire. Cette répartition complexe peut donner lieu, dans les différents États membres, à des difficultés pratiques quant à la détermination de la nature d'une règle (droit boursier ou droit des sociétés) qui ne peut pas être opérée au seul regard de l'emplacement formel de la règle, mais nécessite une approche fonctionnelle.

Les difficultés liées à la *notion de contrôle* constituent une autre illustration des insuffisances de la directive OPA. Celle-ci impose en effet de déposer une offre publique en cas de prise de *contrôle* d'une autre société cotée et elle prévoit une procédure d'offre d'achat obligatoire : celui qui prend le contrôle d'une société cotée doit proposer aux autres détenteurs de titres d'acquérir leur participation. C'est ici qu'apparaît la première difficulté tenant à la notion de contrôle que la 13e directive ne définit pas. Selon la logique du texte européen, le contrôle s'entend en

---

7 - Rapp. de la Commission européenne sur l'application de la directive 2004/25 CE concernant les offres publiques d'acquisition, 21 févr. 2007 et Rapp. de la Commission européenne sur l'application de la directive 2004/25 CE concernant les offres publiques d'acquisition, 28 juin 2012 (V. B. Lecourt, *Rev. sociétés* 2012. 663). La Commission relève notamment de nombreuses dérogations nationales à la règle de l'offre obligatoire, que la plupart des États membres ont choisi de ne pas prévoir dans leur droit positif le principe de caducité des défenses en cas en cas d'offre publique, sauf intervention de l'assemblé générale des actionnaires, et que la directive n'a eu qu'un faible impact sur le nombre des offres publiques dans l'Union européenne.

termes de *droits de vote* et non pas en termes de capital de la société, contrairement à la définition classique d'un certain nombre de droits nationaux, et notamment du droit français (C. com., art. L. 233-3). Ainsi, l'obligation de lancer une OPA ne s'applique qu'en cas d'acquisition de la majorité des titres assortis du droit de vote, à l'exclusion des titres qui en sont dépourvus ; l'acquisition des actions des minoritaires vise toutefois l'intégralité des titres, qu'ils soient assortis ou non du droit de vote. De même, la directive OPA vise les seules « *acquisitions* » de titres (art. 5, § 1er). L'obligation de lancer une OPA ne joue donc pas en cas de franchissement *passif* du seuil des droits de vote, ni en cas de *mise en concert entre actionnaires en dehors de toute acquisition de titres*[8]. Cette interprétation est confirmée par le mode de détermination du prix de l'OPA obligatoire (art. 5, § 4), puisqu'est considéré comme « *le prix équitable le prix le plus élevé payé pour les mêmes titres par l'offrant, ou par des personnes agissant de concert avec lui, pendant une période, déterminée par les États membres, de six mois au minimum à douze mois au maximum précédant l'offre* ». Il en résulte globalement un risque de divergences dans l'application de la directive OPA par les États membres ainsi qu'une sérieuse insécurité juridique appelant une clarification[9].

Enfin, la directive OPA encadre les pouvoirs des dirigeants de la société cible en période d'offre, ce qui est une question particulièrement sensible, et instaure un *principe de neutralisation des mesures anti-OPA*. Cependant, cette neutralisation étant très controversée, les États membres sont autorisés à déroger à ce dispositif. En effet, l'une des principales pierres d'achoppement ayant conduit à un blocage dans l'élaboration de la directive pendant une dizaine d'années concernait la question de la neutralité de la société cible face à une offre publique, comme le prévoyaient en particulier les droits anglais et français. L'accord pourtant déjà trouvé sur ce point au Conseil européen fit l'objet d'une contestation de la dernière heure par le gouvernement allemand[10], obligeant à un compromis. La directive OPA pose ainsi les principes de la passivité de l'organe d'administration ou de direction (art. 9), de la neutralisation des restrictions statutaires et extrastatutaires au transfert de titres ou de droits de vote et des conditions statutaires spécifiques de nomination ou de révocation de membres des organes de direction (la « règle de la percée ») (art. 11). Toutefois, les modalités définies par les arrangements facultatifs prévoient que les États membres peuvent se réserver le droit de ne pas imposer l'application de ce dispositif (règle d'*opt-out*) (art. 12, § 1er). Il est cependant donné aux sociétés le choix (réversible) de pouvoir les appliquer en vertu d'une clause de leurs statuts (règle d'*opt-in*) (art. 12, § 2). En outre, la directive prévoit une sorte d'« *exception de réciprocité* » : les États membres peuvent décider que les sociétés soumises aux règles de l'article 9, § 2 et 3, et/ou de l'article 11 peuvent être exemptées de leur application lorsqu'elles font l'objet d'une offre émanant d'une société qui elle-même n'applique pas ces mêmes dispositions (art. 12, § 3). L'objectif de la règle de réciprocité de l'article 12, § 3, est clairement de créer une « *égalité des conditions de jeu* », donc des conditions de concurrence équilibrées, entre l'offrant et la société cible, et ce en particulier lorsque l'offrant est une entité soumise au droit des États-Unis.

Si la marge de manœuvre laissée par l'article 12 était indispensable pour parvenir à un accord entre les États membres, elle soulève au moins une difficulté. Alors que l'objectif de la directive OPA était d'harmoniser les législations nationales, son texte final en est assez éloigné car il permet aux États de poser des principes différents sur des sujets aussi sensibles en pratique que les défenses anti-OPA. Ces différences de législation peuvent alors aboutir à une grave inégalité entre les sociétés de différents États membres, qui, selon leur

8 - V. notamment Ch. Goyet, Dictionnaire Joly Bourse, *Action de concert*, n° 66, soulignant que la directive OPA ne prévoit l'offre obligatoire qu'en cas de franchissement d'un seuil critique à la suite d'une acquisition et non en dehors de toute acquisition (comme en cas d'évolution d'un pacte d'actionnaires). Le même auteur (*Etude préc.*, n° 98) souligne que les États membres peuvent se montrer plus exigeants que la directive OPA et imposer l'offre obligatoire en cas de franchissement d'un seuil critique résultant d'une mise en concert (comme c'est le cas en droit français : *V. infra* n° 20).

9 - La CJUE a ainsi été saisie d'une question préjudicielle sur ce point : V. *infra*.

10 - V. notamment : K. Hopt, *La treizième directive sur les OPA-OPE et le droit allemand*, *Mélanges en l'honneur de Yves Guyon*, Dalloz 2003, p. 529.

législation nationale, sont soumises ou non aux articles 9 et/ou 11[11]. La transposition en droits français et allemand de la « *règle de la percée* » et du principe de neutralité en témoignent. D'une part, la loi française, à la différence de la loi allemande[12], a repris les dispositions de l'article 11 tout en utilisant la faculté qui lui était ouverte par l'article 12, § 1er au titre des arrangements facultatifs de n'adopter qu'un système non contraignant, laissant à chaque société le choix (réversible) d'adopter ces dispositions en vertu d'une clause de leurs statuts. D'autre part, la France, en transposant l'article 9 de la directive, avait réaffirmé initialement le principe de la passivité des dirigeants de la société cible, à l'inverse de l'Allemagne[13]. De son côté, la Cour de justice de l'Union européenne a précisé l'interprétation de points sensibles de la directive OPA.

3. Jurisprudence de la CJUE relative à la directive OPA

La directive 2004/25/CE a soulevé des difficultés quant à son application dans les différents États membres, qui ont conduit à ce que des questions préjudicielles soient posées à la Cour de justice. Celle-ci a ainsi eu l'occasion de se prononcer sur la méthode de fixation du *prix équitable* puis sur la question de la répartition des pouvoirs entre les autorités de surveillance et l'action de concert.

Dans une affaire ayant donné lieu à un arrêt du 10 décembre 2020[14], la Cour de justice a été saisie de différentes questions préjudicielles posées par la Cour de cassation lettone auxquelles elle a répondu en retenant une interprétation souple et plutôt libérale de la directive OPA, conforme à l'esprit du texte et à son objectif essentiel qui est la protection des actionnaires minoritaires de la société visée par une offre publique. La première de ces questions portait sur la méthode de fixation du « prix équitable » d'une offre d'achat obligatoire. Plus précisément, la question était de savoir si l'article 5, § 4, de la directive s'opposait à une réglementation nationale prévoyant trois méthodes de détermination du prix et l'obligation de toujours retenir le prix le plus élevé[15]. En effet selon l'article 5, § 4, de la directive OPA, les titres de la cible doivent être rachetés à un prix équitable, correspondant au prix le plus élevé payé pour les mêmes titres par l'offrant pendant une période déterminée. Après avoir rappelé les deux principes gouvernant l'article 5, § 4, de la directive OPA, à savoir l'obligation de déposer une offre sur tous les titres de la société cible au prix équitable, celui-ci devant correspondre au prix le plus élevé payé pour les mêmes titres par l'offrant pendant une période déterminée, la Cour de justice précise (pt. 46) que la méthode de fixation du prix fait l'objet d'une « *définition commune au sein de l'Union européenne* » et qu'elle est en conséquence la seule méthode permise. Ce n'est donc que dans le cadre du pouvoir de modification du prix équitable par les autorités nationales de contrôle – dont les États membres bénéficient « *dans des circonstances et selon des critères clairement déterminés* » – que le *prix équitable* peut être déterminé selon des méthodes différentes de celles prévues à l'article 5, § 4. La Cour de justice ajoute (pt. 48) que, dans ce cadre, la disposition nationale peut conduire à la fixation d'un prix modifié plus élevé que le « prix équitable » sans méconnaître la directive.

---

11 - V. M. Menjucq, *Droit international et européen des sociétés*, 6e éd., LGDJ, 2021.

12 - Une société peut, à titre volontaire, prévoir dans ses statuts le principe de la neutralisation des restrictions selon le § 33 de la loi allemande sur les OPA (*Wertpapiererwerbs- und Übernahmegesetz - WpÜG*), en application de la règle d'*opt-in* au lieu de la règle d'*opt-out*, qui est pourtant plus favorable sous l'angle de la réalisation du marché intérieur européen. La société allemande peut aussi adopter l'exception de réciprocité permettant de faire échec à la règle de la percée, si l'auteur de l'offre ou une autre société le contrôlant n'est pas soumis à une disposition équivalente ; la validité maximale de la décision de l'assemblée générale en ce sens est de 18 mois (§ 33 c, al. 2, de la *WpÜG*).

13 - Selon le § 33, al. 1er, de la WpÜG, après la publication de la décision de lancer une OPA et jusqu'à la publication du résultat, le directoire d'une société anonyme peut accomplir tous les actes de gestion qu'un dirigeant d'une société « ordonné et consciencieux » aurait entrepris, abstraction faite de l'existence de l'OPA, en particulier, la recherche d'une offre concurrente. De plus, il peut prendre toutes les mesures de défense après autorisation du conseil de surveillance. En règle générale, il n'est pas difficile d'obtenir cette autorisation, car dans toutes les grandes sociétés en Allemagne, les salariés sont représentés de manière quasi-paritaire au sein conseil de surveillance, en application de la loi sur la cogestion. Or, les représentants des salariés sont généralement favorables aux mesures de défense, en raison de la crainte de la suppression massive d'emplois en cas de succès de l'offre publique. Les autorisations à engager des mesures de défenses préventives anti-OPA au profit du directoire et données par l'assemblée générale, valables pendant 18 mois, restent également possibles (§ 33, al. 2, de la *WpÜG*). Toutefois, une société allemande peut, à titre volontaire, prévoir dans ses statuts le principe de passivité (§ 33 a de la *WpÜG*) (*opt-in*). Elle est d'ailleurs également autorisée à adopter l'exception de réciprocité qui permet de faire échec au principe de la passivité des dirigeants, si l'auteur de l'offre ou un autre le contrôlant n'est pas soumis à une disposition équivalente (§ 33 c, al. 1er, de la *WpÜG*).

14 - CJUE, 10 déc. 2020, C-735/19, *Euromin Holdings (Cyprus) Limited c/ Finansu un kapitia tirgus komisij, RDBF* 2021, n° 2, p. 64, note Th. Bonneau ; *Dr. sociétés* 2021, n° 2, p. 13, note E. Schlumberger ; *Europe* 2021, n° 2, p. 20, note V. Bassani.

15 - V. M. Menjucq, *Directive OPA : précisions sur la fixation du prix de l'action dans le cadre d'une offre obligatoire, BJS* févr. 2021, p. 27.

Elle en conclut qu'une réglementation nationale (comme la loi lettone en l'espèce) permettant à l'autorité de contrôle de modifier le prix d'une offre obligatoire de rachat selon des méthodes différentes de celles prévues par l'article 5, § 4, de la directive et d'imposer de toujours retenir la méthode aboutissant au prix le plus élevé n'est pas contraire à la directive dès lors qu'elle respecte les principes généraux et s'inscrit bien dans des « *circonstances et selon des critères déterminés par un cadre légal, clair, précis et transparent* ». Cette solution est à l'abri de la critique dans la mesure où elle est conforme à la protection des intérêts des actionnaires minoritaires et à l'exigence de sécurité juridique.

Dans cette même affaire, la deuxième question préjudicielle portait sur le point de savoir s'il était possible de prendre en considération des participations d'actionnaires minoritaires dans les filiales de la société cible pour la détermination du prix de l'action de celle-ci. Autrement dit, les titres détenus dans des filiales du groupe par les actionnaires minoritaires (entendus comme extérieurs au groupe) doivent-ils être intégrés dans la détermination de l'actif net de la société mère, cible de l'offre publique ? En l'espèce, l'initiateur de l'offre publique avait dépassé le seuil de 93 % des droits de vote dans la société cible et était soumis à l'obligation de déposer une OPA. L'initiateur avait proposé un prix de 3,12 € par action, que la commission des marchés financiers lettone a rejeté en n'autorisant une offre qu'au prix minimal de 4,56 €. Cette autorité considérait en effet que la participation des minoritaires dans les filiales de la cible devait être prise en compte pour la valorisation des titres de celle-ci. La Cour de justice n'adhère pas à cette analyse et estime que si « *l'identification et le niveau des parts détenues par des actionnaires minoritaires dans le capital des sociétés filiales d'une société mère d'un groupe de sociétés sont susceptibles d'être des éléments d'information utiles en matière d'analyse financière* », *il revient à la juridiction nationale de* « *déterminer si cette méthode d'évaluation constitue un critère objectif généralement utilisé en analyse financière* », *tout en tenant compte du fait* « *qu'une telle méthode oblige à prendre en compte [...] des participations dans les sociétés filiales d'une société mère qui ne sont pas la propriété de celle-ci* ». Elle en conclut (pt. 77) que l'article 5, § 4, de la directive OPA « *doit être interprété en ce sens qu'il s'oppose à une réglementation nationale qui prévoit que, aux fins d'une OPA, la valeur de l'action est obtenue en divisant les actifs nets de la société cible, y compris la participation d'un actionnaire minoritaire, laquelle, par conséquent, ne donne pas le contrôle, par le nombre d'actions émises, à moins qu'il ne s'agisse d'une méthode de fixation du prix de l'action fondée sur un critère objectif d'évaluation généralement utilisé en analyse financière et pouvant être considéré comme étant* « clairement déterminé », *au sens de cette disposition, ce qu'il appartient à la juridiction de renvoi de vérifier* ». En résumé, la Cour de justice impose à la juridiction nationale de procéder à une interprétation téléologique de son droit interne, au regard de la finalité de la directive OPA.

Enfin, la Cour de justice s'est prononcée sur le point de savoir si, dans le cadre d'une procédure d'offre publique, la directive OPA confère à l'offrant le droit d'intenter une action en responsabilité à l'encontre de l'État dont l'autorité de contrôle lui aurait causé un préjudice en méconnaissant le droit de l'Union européenne. La Cour répond sur ce point que la directive OPA a bien pour objet de conférer à l'offrant des droits susceptibles d'être exercés dans le cadre d'une action en responsabilité contre l'État (pt. 91) et qu'en application du principe d'effectivité du droit européen, les conditions prévues par la loi nationale pour une telle action ne doivent pas méconnaître « *l'exigence d'une réparation adéquate* » du préjudice subi, de manière à assurer une protection effective des droits des justiciables (pt. 98).

Dans un autre arrêt remarqué du 9 septembre 2021[16], la CJUE a été invitée à répondre à des questions préjudicielles posées par le Tribunal administratif fédéral autrichien concernant notamment la question délicate de la répartition des pouvoirs de surveillance des autorités désignées en vertu de l'article 4 de la directive OPA, et de l'article 24 de la directive 2004/109/

16 - CJUE, 9 sept. 2021, C-605/18, *Adler Real Estate AG e.a. contre Finanzmarktaufsichtsbehörde (FMA)*, *BJB* janv. 2022, p. 48, note S. Torck ; Ch. Goyet, *La CJUE et la pseudo-définition française de l'action de concert (C. com., art. L. 233-10, I)*, *RTDF* n° 1/2022, p. 9.

CE du 15 décembre 2004 sur l'harmonisation des obligations de transparence concernant l'information sur les émetteurs dont les valeurs mobilières sont admises à la négociation sur un marché réglementé (directive Transparence). A cette occasion, la Cour a aussi consacré la distinction, concernant la notion clé d'action de concert, entre concert de contrôle, propre à la directive OPA, et concert de gestion, propre à la directive Transparence.

S'agissant, en premier lieu, de la désignation de l'autorité compétente pour constater et sanctionner le défaut de dépôt d'une offre publique en raison d'un franchissement de concert du seuil de l'offre publique obligatoire, la Cour de justice a dit pour droit (pt. 38) que l'autorité compétente est celle désignée en vertu de l'article 4 de la directive OPA et non pas l'autorité centrale désignée en application de l'article 24 de la directive Transparence (et donc en l'espèce la Commission des offres publiques d'acquisition autrichienne et non l'Autorité des marchés financiers autrichienne). La compétence des autorités est ainsi logiquement déterminée par les règles de fond dont elles surveillent l'application.

En deuxième lieu, la Cour de justice a consacré la distinction entre concert de contrôle et concert de gestion tels qu'ils résultent respectivement des deux directives OPA et Transparence. En effet, selon la Cour européenne (pt. 34), la directive OPA pose « *en ce qui concerne l'agrégation des participations indirectes, des exigences plus strictes que celles qui régissent le calcul des seuils de participations* importantes *qui déclenchent l'obligation de notification de l'acquisition ou de la cession de participations importantes en vertu de la directive 2004/109* ». Aux fins de ce calcul, dans le cadre de la directive OPA, sont prises en compte les participations détenues par des personnes « *agissant de concert* » (pt. 34) : « *Cette notion couvre « les personnes physiques ou morales qui coopèrent avec l'offrant ou la société visée sur la base d'un accord, formel ou tacite, oral ou écrit, visant à obtenir le contrôle de la société visée ou à faire échouer l'offre* ». En revanche, ajoute la Cour (pt. 35), la directive Transparence « *n'emploie pas la notion de* « personnes agissant de concert » *et prend en compte, à son article 10, sous a), aux fins du calcul des seuils de participations déclenchant l'obligation de notification des participations importantes, les accords conclus entre les personnes concernées qui obligent celles-ci* « à adopter, par un exercice concerté des droits de vote qu'[elles] détiennent, une politique commune durable ». Et elle souligne encore que, comme l'a relevé l'avocat général Bobek dans ses conclusions, « *cette disposition requiert un niveau d'engagement élevé sur une certaine période, qui ne peut être ni éphémère ni intermittent et qui doit être uniforme et viser la direction de la société en question* ».

L'offre publique obligatoire au résultat du franchissement de concert du seuil de 30 % impliquerait de caractériser un concert de contrôle, ce qui ne ressort pas pourtant clairement de la transposition de la directive.

La Cour distingue ainsi la notion de concert de gestion (relevant de la directive Transparence) de celle de *concert de contrôle* (relevant de la directive OPA), ce qui n'est pas sans incidence sous l'angle du droit français[17]. Comme le

17 - Il convient cependant de relever à cet égard que, dans une décision remarquée du 11 juill. 2022 (AMF, Comm. sanctions, 11 juill. 2022, SAN-2022-09, *Dr. Sociétés* 2022, n° 109, note O. de Bailliencourt ; *BJB* 200w, sept./oct. 2022, note D. Schmidt ; *RTD com.* 2022. 622, obs. N. R.), la Commission des sanctions de l'AMF a considéré, au sujet d'obligations déclaratives, que pour la caractérisation d'une action de concert, en application de l'art. L. 233-10 C. com., s'agissant d'un accord entre actionnaires tendant à faire échec au retrait obligatoire envisagé par l'initiateur d'une offre publique, qu'« *est sans incidence l'arrêt du 9 septembre 2021 de la Cour de justice de l'Union européenne, qui ne remet pas en cause le fait qu'une action de concert puisse être caractérisée, dans le cadre de l'application des dispositions issues de la directive 2004/109/CE du Parlement européen et du Conseil du 15 décembre 2004 (dite « directive Transparence »), par la mise en œuvre d'une politique commune vis-à-vis de la société ». Le recours formé contre cette décision a été rejeté par un arrêt du Conseil d'Etat du 29 mai 2024 (n° 465740) qui a jugé (pt. 11) les Etats membres de l'Union européenne peuvent prévoir des conditions supplémentaires et des dispositions plus strictes que celles de la directive Transparence en ce qui concerne les offres publiques d'acquisition et que (pt. 12) la qualification d'action de concert pouvait être retenue dès lors que « les intéressés ont manifesté la volonté commune de gérer au mieux leurs participation et de renforcer leur valorisation en faisant obstacle au retrait obligatoire, avec une incidence certaine sur la gestion de la société April, qui est restée cotée, sans que les circonstances que leur accord soit conclu temporairement, ou intègre un projet de cession ultérieur des titres détenus, ne fassent par elles-mêmes obstacle à la qualification d'action de concert ». Cet arrêt admet ainsi que lorsque la qualification d'action de concert est en jeu pour appliquer des règles concernant les offres publiques d'acquisition (comme les obligations déclaratives des articles 231-46 et 231-47 du règlement général de l'AMF), il est possible de retenir une notion française d'action de concert plus large que celle des directives européennes Transparence et OPA, cette dernière n'ayant procédé qu'à une harmonisation a minima.*

relève un auteur[18], « *s'il s'agit de sanctionner des personnes pour n'avoir pas déclaré, de concert, le franchissement de certains seuils, sans considération pour l'offre publique obligatoire, la caractérisation de l'action de concert suppose que soit mise à jour l'existence d'une politique commune durable en ce qui concerne la gestion de la société* », alors que « *s'il s'agit de sanctionner des personnes pour n'avoir pas déposé une offre publique, au résultat du franchissement, de concert, du seuil de 30 % du capital ou des droits de vote, la caractérisation de l'action de concert suppose que soit mise à jour l'existence d'une politique commune visant à obtenir le contrôle de la société* ». Ainsi, l'offre publique obligatoire au résultat du franchissement de concert du seuil de 30 % impliquerait de caractériser un concert de contrôle, ce qui ne ressort pas pourtant clairement de la transposition de la directive OPA en droit français[19].

4. Transposition initiale de la directive OPA par la loi française du 31 mars 2006

La transposition de la directive OPA a été préparée par un groupe de travail[20] et réalisée par la loi n° 2006-387 du 31 mars 2006 relative aux offres publiques d'acquisition[21], et ce dans l'esprit du texte européen, favorable aux offres publiques d'acquisition, comme le montrera la présentation de ses dispositions les plus remarquables. D'abord, la loi de 2006 a redéfini et élargi le champ d'application de la réglementation française des offres publiques (C. mon. fin., art. L. 433-1, I et II). Celle-ci s'applique aux offres publiques portant sur des instruments financiers émis par une société dont le siège social est établi en France[22] et qui sont admis aux négociations sur un marché réglementé français, mais également aux offres publiques visant des instruments financiers émis par une société dont le siège statutaire est établi sur le territoire d'un État membre (ou d'un autre État partie à l'accord sur l'Espace économique européen) autre que la France lorsque les titres de capital de cette société auxquels sont attachés des droits de vote ne sont pas admis sur un marché réglementé de cet État, et lorsque ses titres, cotés sur plusieurs marchés réglementés, l'ont été pour la première fois en France. Il convient de relever qu'aux termes de l'article L. 433-3 du code monétaire et financier, l'offre publique obligatoire peut résulter, en dehors de toute acquisition de titres, de la seule mise en concert et de l'évolution d'un pacte d'actionnaires[23]. La loi du 31 mars 2006 instaure aussi une déclaration d'intention au V de l'article L. 433-1 du code monétaire et financier, encore en vigueur aujourd'hui. Une déclaration d'intention doit être adressée à l'AMF dans plusieurs cas, déterminés selon des éléments objectifs (un « *mouvement significatif de titres* ») et/ou subjectifs (des « *motifs raisonnables de penser qu'une personne prépare une offre publique* »).

S'agissant de la question des défenses anti-OPA, la France, en transposant l'article 9 de la directive OPA, avait réaffirmé initialement le principe traditionnel de la passivité des dirigeants de la société cible. Pendant la période de l'offre, les organes d'administration, de direction et de surveillance de la société cible devaient obtenir l'autorisation préalable de l'assemblée générale des actionnaires sur toute mesure de défense, c'est-à-dire susceptible de faire échouer l'offre, à l'exception de la recherche d'autres offres (recours à un « chevalier blanc » (C. com., art. L. 233-32, I, ancienne version). Le

---

18 - S. Torck, *note préc.*, *BJB* janv. 2022, n° 24.

19 - V. aussi O. de Bailliencourt, note préc. ss AMF, Comm. sanctions 11 juill. 2022, spéc. 2, *Conformité au droit de l'Union européenne ?*, estimant que la portée de l'arrêt de la CJUE du 9 sept. 2021 en droit français est « *très incertaine* ».

20 - *Rapport du groupe de travail sur la transposition de la directive concernant les offres publiques d'acquisition* présidé par J.-F. Lepetit, 1er juin 2005, formulant diverses recommandations pour la transposition de la directive OPA (en particulier s'agissant des défenses de la société cible et des pouvoirs de ses dirigeants en période d'offre), qui ont été suivies pour l'essentiel par le législateur français en 2006.

21 - Th. Bonneau, *La réforme 2006 des offres publiques d'acquisition*, *JCP* 2006. I. 134 ; N. Rontchevsky, *La loi n° 2006-387 du 31 mars 2006 transposant en droit français la directive du 21 avril 2004 relative aux offres publiques d'acquisition*, *RTD com.* 2006. 437.

22 - V. sur ce point, Com. 30 août 2023, n° 21-21850, *BRDA* 19/23, n° 6 ; *BJB* janv. 2024, p. 38, note A. Gridel, jugeant que l'AMF n'est pas compétente pour enjoindre aux actionnaires d'une société étrangère ayant franchi à la hausse le seuil de 30 % du capital ou des droits de vote de déposer une OPA, peu important que les titres de la société soient admis aux négociations sur un marché réglementé français (société ayant son siège au Luxembourg et dont les titres sont admis aux négociations sur Euronext Paris). V. sur ce point, Com. 30 août 2023, n° 21-21850 FS-B, BRDA 19/23, n° 6 ; *BJB* janv. 2024, p. 38, note A. Gridel, jugeant que l'AMF n'est pas compétente pour enjoindre aux actionnaires d'une société étrangère ayant franchi à la hausse le seuil de 30 % du capital ou des droits de vote de déposer une OPA, peu important que les titres de la société soient admis aux négociations sur un marché réglementé français (société ayant son siège au Luxembourg et dont les titres sont admis aux négociations sur Euronext Paris).

23 - V. notamment : Ch. Goyet, Action de concert, *Etude préc.*, n° 98.

même objectif avait conduit également à soumettre à l'approbation ou la confirmation de l'assemblée générale des actionnaires toutes les décisions analogues prises avant la période de l'offre et qui n'étaient pas totalement, ni même partiellement, mises en œuvre ainsi qu'à suspendre toute délégation antérieure à l'offre permettant aux organes d'administration ou de direction de prendre des mesures défensives (sauf, là encore, la recherche d'autres offres) (C. com., art. L. 233-32, III, ancienne version). Par ailleurs, et cela est toujours possible aujourd'hui, l'assemblée générale extraordinaire (mais statuant aux conditions de l'assemblée générale ordinaire), peut décider ou autoriser l'attribution gratuite, en période d'offre, à tous les actionnaires de la société cible, de bons permettant la souscription d'actions à des conditions préférentielles (C. com., art. L. 233-32, II). Cette mesure de défense, qui peut alourdir considérablement la charge financière de l'opération pour l'auteur de l'offre, est assez répandue au niveau international (et en particulier aux États-Unis) et une technique de défense d'une efficacité certaine. Elle n'était cependant pas prévue avant 2006 par la réglementation française des OPA et s'était heurtée à une opposition de l'AMF en 2003 dans le cadre de l'offre publique de Sanofi-Synthélabo sur Aventis[24].

La loi française de 2006 donnait ainsi aux actionnaires le *pouvoir de décider du succès de l'offre publique*, tout en réservant la possibilité aux sociétés d'appliquer la clause de réciprocité. En effet, la transposition en droit français de l'article 9 de la directive était assortie d'une clause de réciprocité : selon l'article L. 233-33, alinéa 1er du code de commerce (ancienne version), la société cible, durant la période d'offre, cessait d'être tenue de respecter le principe de passivité si l'auteur de l'offre (ou l'un d'eux agissant de concert ou le contrôlant) n'y était pas lui-même soumis. L'obligation de neutralité était assimilée à toute « *mesure équivalente* », dont l'appréciation revenait à l'Autorité des marchés financiers en cas de litige. A cet égard, la loi française retenait une conception large de la réciprocité, puisque la clause de réciprocité pouvait être mise en œuvre par la société cible confrontée à une offre initiée par un concert, lorsqu'un seul des membres du concert n'était pas soumis aux dispositions de l'article 9 dans son État d'origine. Autrement dit, il n'était pas exigé que la totalité des entités formant le concert ne soient pas « vertueuses ».

La portée de la clause de réciprocité devait cependant être nuancée dans la mesure où le deuxième alinéa de l'ancien article L. 233-33 du code de commerce précisait que lors de l'application de cette clause, les instances dirigeantes ne pouvaient prendre des mesures de défense qu'à la condition que celles-ci aient été expressément autorisées en amont par l'assemblée générale des actionnaires dans les dix-huit mois précédant l'offre. En cas de mise en œuvre de la clause de réciprocité, les dirigeants devaient donc s'appuyer sur une autorisation « à froid » de l'assemblée générale.

S'agissant de la notion d'action de concert, la loi du 31 mars 2006 en a donné une définition spécifique en cas d'offre publique à l'article L. 233-10-1 du code de commerce (resté inchangé)[25] : « *En cas d'offre publique d'acquisition, sont considérées comme agissant de concert les personnes qui ont conclu un accord avec l'auteur d'une offre publique visant à obtenir le contrôle de la société qui fait l'objet de l'offre* »[26]. Ce même texte introduit également la notion de *concert défensif*, puisqu'il ajoute que « *sont également*

24 - V. le communiqué de l'AMF du 23 avr. 2004 considérant l'émission de « *bons Plavix* » (nom d'un médicament) par Aventis n'était pas conforme aux principes régissant le déroulement des offres publiques (*RTD com.* 2004. 562, obs. N. R.). Lors des débats parlementaires précédant l'adoption de la loi du 31 mars 2006, Le ministre de l'Économie a cependant affirmé que cette défense devait permettre davantage d'inciter les parties à la négociation que d'empêcher le succès d'une offre hostile.

25 - Sur ce texte, v. notamment : D. Schmidt et N. Rontchevsky, *Dictionnaire Joly Sociétés*, v° Action de concert, spéc. nos 198 s.

26 - Il convient de relever que dans une décision remarquée du 11 juill. 2022 (SAN-2022-09 ; *JCP E* 2023, n° 17-18, p. 1135 ; *Bulletin Joly Bourse* sept. 2022, p. 39, note D. Schmidt ; *Dr. sociétés* 2022, n° 109, note O. de Bailliencourt ; *RTD com.* 2022. 622, obs. N. Rontchevsky ; *RTDF* n° 3/2022, p. 13, étude Ch. Goyet ; *RTDF* n° 1/ 2023, note D. Martin, B. Kanovitch, F. Haas et M. Epelbaum), la Commission des sanctions de l'AMF a semblé retenir une interprétation large du champ d'application de l'art. L. 233-10-1 C. com. Ce texte prévoit en effet qu'il s'applique « *en cas d'offre publique d'acquisition* ». Mais en raisonnant dans sa décision en se plaçant « *dans le cadre d'une OPA* », la Commission des sanctions écarte l'interprétation selon laquelle le texte ne s'appliquerait qu'en période d'offre telle que définie par le règlement général de l'AMF, à savoir « *le temps s'écoulant entre la publication par l'AMF, en application de l'article 231-14, des principales dispositions du projet d'offre déposé à l'AMF et la publication des résultats de l'offre* » (Règl. gén. AMF, art. 231-2, 6°) (V. O. de Bailliencourt, *note préc.*, qui estime que l'expression « *dans le cadre d'une OPA* » est préférable à celle retenue par le législateur car elle permet d'appréhender des comportements situés en amont de la période d' offre publique et que, pour fixer le champ d'application de l'article L. 233-10-1, il ne s'agit pas de déterminer à partir de quel moment on se situe dans le cadre d'une offre publique d'acquisition, mais si la qualification d'action de concert est recherchée en vue de l'application d'une règle

considérées comme agissant de concert les personnes qui ont conclu un accord avec la société qui fait l'objet de l'offre afin de faire échouer cette offre ».

Enfin, la loi du 31 mars 2006 a transposé l'article 11 de la directive OPA dans l'article L. 233-34 du code de commerce, toujours en vigueur aujourd'hui. Ce texte prévoit que « *sauf lorsqu'elles résultent d'une obligation législative, les clauses des statuts d'une société dont des actions sont admises à la négociation sur un marché réglementé prévoyant des restrictions statutaires au transfert d'actions de la société sont inopposables à l'auteur d'une offre publique pour les titres qui lui seraient apportés dans le cadre de son offre.* ». Les articles suivants, L. 233-35 à L. 233-39 du code de commerce, offrent la possibilité aux statuts de neutraliser également les restrictions extra-statutaires au transfert d'actions et à l'exercice du droit de vote.

Mais après cette première transposition de la 13e directive par la loi de 2006, plutôt favorable aux offres publiques d'acquisition et à leurs initiateurs, est intervenue la loi Florange, qui marque une rupture avec le dispositif initial sur certains points essentiels, dans le but de faire échec aux prises de contrôle « rampantes » et de protéger les sociétés cibles françaises.

5. Évolution substantielle du droit français réalisée par la loi Florange du 29 avril 2014

La réglementation française des OPA a été très sensiblement modifiée par la loi n° 2014-384 du 29 mars 2014 visant à reconquérir l'économie réelle (dite loi Florange)[27], qui a introduit plusieurs évolutions hostiles aux prises de contrôle des sociétés cotées et a ainsi pu être qualifiée de « *loi anti-OPA* » par des auteurs[28]. D'abord, la loi Florange prévoit des mesures préventives à la prise de contrôle en instaurant un droit de vote double au profit des actionnaires détenant de manière continue depuis deux ans leurs actions au nominatif, ce qui permet d'abandonner le contrôle de la cible à un groupe d'actionnaires éventuellement minoritaires en capital. Ce dispositif est applicable à toutes les sociétés dont les actions sont admises aux négociations sur un marché réglementé, et ne peut être écarté que par une décision de l'assemblée générale extraordinaire à la majorité des deux-tiers des voix. Le contrôle étant aussi apprécié en termes de droits de vote, l'attribution du droit de vote double peut entraîner le franchissement du seuil de « contrôle » pour les actionnaires détenant une participation proche de 30 %, et déclencher ainsi une OPA obligatoire. C'est pourquoi la loi a créé dans son article 7, V), un nouveau cas de dérogation à l'obligation de lancer une OPA « *pour tout actionnaire qui détenait, à la date d'entrée en vigueur de la loi, plus de 30 % du capital ou des droits de vote, qui successivement réduirait sa participation en capital et en droits de vote en-dessous du seuil de 30 % puis refranchirait à la hausse le seuil de 30 % des droits de vote en raison de l'octroi automatique des droits de vote double, à condition que le pourcentage de droits de vote détenu par cet actionnaire après le franchissement de seuil du 30 % à la hausse soit inférieur au pourcentage de droits de vote qu'il détenait à la date d'entrée en vigueur de la loi* »[29].

Ensuite, la loi Florange, conformément au souhait de l'Autorité des marchés financiers, a abaissé le seuil de l'excès de vitesse d'acquisition de l'article L. 433-3, I du code monétaire et financier (cas d'offre publique obligatoire) de 2 % à 1 %. Il en résulte que toute personne qui, seule ou de concert, augmente sa détention en capital ou droits de vote de plus de 1 % au moins en douze mois consécutifs doit déposer une offre publique d'acquisition.

concernant les offres publiques d'acquisition).

27 - *Loi visant à reconquérir l'économie réelle : dispositions relatives au droit de vote double, aux OPA et aux AGA*, ANSA, mars 2014, n° 14-007 ; F. Barrière et Ch. de Reals, *La loi Florange : une loi anti-OPA ?, Rev. sociétés* 2014. 279 ; Q. Durand, *Loi visant à reconquérir l'économie réelle : présentation des aspects relatifs aux offres publiques, BJB* 2014, n° 111 j7, p. 274 ; E. Mouial-Bassilana et I. Parachkévova, *BJS* 2014, n° 111 w9, p. 314 ; J. Brosset et N. Cuntz, *Aspects boursiers de la loi Florange : le législateur forge un nouvel arsenal défensif face aux opérations hostiles, RDBF* mars-avr. 2014. Étude 7 ; N. Rontchevsky et M. Storck, *L'impact de la loi Florange sur le droit des offres publiques d'acquisition et les sociétés cotées françaises, RTD com.* 2014. 363 ; D. Fornoni, *Le rôle toujours essentiel des actionnaires dans le processus de défense anti-OPA, même à la suite de la loi Florange, RTD com.* 2015. 31.

28 - F. Barrière et Ch. de Reals, *La loi Florange : une loi anti-OPA ?, art. préc.*

29 - N. Rontchevsky et M. Storck, *L'impact de la loi Florange sur le droit des offres publiques d'acquisition et les sociétés cotées françaises, RTD com.* 2014. 363.

L'objectif de cette disposition est d'éviter le « ramassage » en bourse. Il convient de relever que cette disposition n'est pas prévue dans la directive 2004/25/CE et est inconnue dans d'autres États. Là encore, l'octroi du droit de vote double peut mener au franchissement du seuil d'excès de vitesse d'acquisition. Si la loi Florange n'avait originellement pas prévu de dérogation à l'obligation de déposer une OPA obligatoire dans ce cas, celle-ci a été ajoutée par la loi n° 2015-990 du 6 août 2015 pour la croissance, l'activité et l'égalité des chances économiques (dite loi Macron) modifiant l'article 7, V), de la loi Florange[30].

Mais la plus grande innovation de la loi Florange réside assurément dans la suppression de la transposition de l'article 9 de la directive qu'avait effectuée la loi du 31 mars 2006 : la loi française abandonne en effet le principe de la limitation des pouvoirs (ou principe de neutralité) des dirigeants de la société cible en période d'offre. Désormais, *les organes de direction peuvent prendre toute mesure susceptible de faire échouer l'offre sans autorisation de l'assemblée générale des actionnaires* (et ce, même si l'initiateur est soumis à l'article 9 selon la législation de son État d'origine) (article L. 233-32, I modifié du code de commerce). Il ne revient donc plus uniquement aux actionnaires de décider du succès ou de l'échec de l'OPA, et les dirigeants retrouvent ainsi d'importants pouvoirs pour combattre une offre publique hostile.

Si le texte semble vouloir donner une grande liberté aux dirigeants, ceux-ci doivent toutefois être guidés par *l'intérêt social* de la société et peut être, cette question étant controversée et non résolue, respecter aussi le principe du libre jeu des offres et des surenchères posé par l'article 231-3 du Règlement général de l'AMF, principe directeur des offres publiques d'acquisition (que la Cour de cassation a globalement rattaché récemment à l'ordre public économique de direction)[31]. En outre, le principe de neutralité peut être rétabli statutairement, en application de l'article L. 233-33 du code de commerce. Ce nouveau dispositif conduit toutefois à un paradoxe puisque les statuts peuvent désormais s'opposer à ce que les organes de direction utilisent les délégations votées « à froid » par l'assemblée générale, même face à un initiateur n'appliquant pas le principe de neutralité, alors qu'une telle possibilité n'existait pas sous l'empire de la loi de 2006[32].

Enfin, la loi Florange introduit un *seuil de caducité* pour les offres de prise de contrôle, dans l'optique de dissuader les prédateurs de procéder à des prises de contrôle « rampantes ». Ce seuil, fixé à l'article L. 433-1-2 du code monétaire et financier, est de 50 %. Ainsi, si à l'issue de l'OPA, son auteur n'a pas obtenu plus de 50 % des droits de vote ou du capital de la société cible, celle-ci est caduque. La même disposition précise cependant que l'AMF fixe les conditions et les cas d'application du seuil, c'est-à-dire qu'elle peut écarter ou abaisser celui-ci. De même, il est possible pour l'initiateur d'une offre de stipuler lui-même un seuil (plus élevé) de renonciation, et il peut y renoncer pour la partie supérieure à 50 % à tout moment au cours de l'offre. La caducité de l'offre entraîne le cas échéant la restitution des titres aux actionnaires, en plus des neutralisations prévues pour l'initiateur à l'article L. 433-1-2 du code monétaire et financier lors de toute assemblée générale se tenant jusqu'à ce qu'il détienne plus de 50 % du capital ou des droits de vote[33].

Si la conformité à la directive OPA de sa transposition en droit français réalisée par la loi du 31 mars 2006 n'avait pas été contestée, il n'en va pas de même du nouveau dispositif instauré par la loi Florange.

6. Appréciation de la conformité du droit français à la directive OPA

Comme on pouvait le prévoir, la loi Florange a soulevé en pratique plusieurs questions

30 - C. Cardon, *Franchissement de seuil par acquisition de droits de vote double et OPA obligatoire : état des lieux après les lois Florange et Macron, BJB* 2015, p. 452.

31 - V. Com. 8 nov. 2023, n° 21-18318, *Sté Prologue* c/ AMF, *BRDA* 1/2023, n° 10; *BJB* janv. 2024, p. 38, note N. Rontchevsky, K. Haeri et R. Hassid, maintenant CA Paris, 22 avr. 2021, *BJB* sept. 2021, p. 34, note N. Rontchevsky.

32 - N. Rontchevsky et M. Storck, art. préc. N. Rontchevsky et M. Storck, *art. préc.*

33 - N. Rontchevsky et M. Storck, *art. préc.*

délicates, pour lesquelles l'affaire *Veolia-Suez* a joué le rôle de révélateur. Celle-ci a opposé entre le mois de septembre 2020 et le mois d'avril 2021 l'initiateur de l'offre publique (déposée le 8 février 2021), la société Veolia (et son allié la société Meridiam, disposée par avance à reprendre l'activité Eau France de la société Suez, de façon à ce que le projet de Veolia satisfasse aux exigences du droit européen de la concurrence) à la cible, la société Suez, dont la direction et le conseil d'administration considéraient que l'opération projetée par l'initiateur (devant aboutir à son regroupement avec la société cible après cession de nombreux actifs de celle-ci) était inamicale et contraire à l'intérêt de la société cible et de ses parties prenantes. La société Suez a développé une stratégie de défense qui a consisté, notamment, à « sanctuariser » son activité Eau France (« *dispositif de préservation de l'activité Eau France au sein du Groupe* ») - en subordonnant toute cession future à l'accord d'une fondation néerlandaise créée spécialement aux fins de l'empêcher (fondation *SEF stichting*)[34] et à soutenir une solution alternative, portée par un *consortium* constitué par les sociétés Ardian et GIP, visant à créer un « *nouveau Suez* », au profit duquel serait modifiée l'inaliénabilité de la fondation néerlandaise dont la licéité était contestée par la société Veolia.

Dans ce contexte, l'AMF a publié, le 2 avril 2021[35], un communiqué faisant suite à ceux publiés le 21 mars 2021 par la société Suez, d'une part, et par la société Ardian, d'autre part, invitant la société Veolia à trouver rapidement une solution négociée, annonçant une offre ferme du *consortium* Ardian-GIP pour l'acquisition, en cas d'accord avec Veolia, d'une partie des activités de Suez, précisant les conditions de désactivation de la fondation néerlandaise (dont les droits étaient rendus définitifs), notamment dans le cas où la société Veolia adhérerait au schéma alternatif promu conjointement par la société Suez et par le *consortium* Ardian-GIP, et enfin, réservant l'hypothèse, dans le cas où Veolia viendrait à retirer son offre, d'un éventuel dépôt par le *consortium* Ardian-GIP d'une offre publique sur le capital de Suez. Aux termes de ce communiqué, l'AMF « *considère que la combinaison entre les modifications que la société Suez annonce avoir apporté au dispositif de la fondation de droit néerlandais et la proposition du consortium Ardian-GIP négociée et soutenue par le conseil d'administration de Suez porte atteinte aux règles et principes directeurs applicables aux offres publiques* ». Après avoir rappelé ses missions, en particulier dans le cadre des offres publiques d'acquisition, et le contenu des dispositions de l'article L. 233-32 du code de commerce, issues de la loi Florange, l'AMF a affirmé : « *Les mesures prises doivent s'inscrire dans le cadre des règles et principes régissant les offres publiques fixés notamment par la directive européenne du 21 avril 2004, le code monétaire et financier et le règlement général de l'AMF. Ces textes, précisés par la jurisprudence, imposent un déroulement ordonné des offres publiques et définissent notamment les principes du libre jeu des offres et de leurs surenchères, d'égalité de traitement et d'information des détenteurs des titres concernés, de transparence et d'intégrité du marché, et de loyauté dans les transactions et la compétition* ». Après avoir examiné la « *solution négociée avec le consortium Ardian-GIP* », l'autorité de marché conclut : « *La recherche d'une solution négociée entre les parties est tout à fait légitime mais elle doit respecter les principes de transparence et d'intégrité du marché, de loyauté dans les transactions et la compétition, ainsi que du libre jeu des offres et de leurs surenchères. L'AMF considère au regard de ce qui précède que les modifications que la société Suez a apportées au dispositif de la fondation de droit néerlandais, combinées au soutien à la proposition du consortium Ardian-GIP négociée par le conseil d'administration, portent atteinte à ces règles et principes directeurs que l'AMF a pour mission de faire respecter* ». L'AMF semblait considérer ainsi que les dirigeants de la société cible devaient respecter, outre l'intérêt social de

34 - Sur la sanctuarisation d'un actif, en organisant son inaliénabilité, et le recours à cet effet à une fondation néerlandaise comme défense anti-OPA, V. déjà A. Viandier, *OPA, OPE et autres offres publiques*, *op. cit.*, n°s 656 et 2154.

35 - V. Suez-Veolia : communication de l'AMF, 2 avr. 2021 ; H. Synvet, *L'AMF, le juge et le communiqué*, *BJB* mai-juin 2021, p. 1 ; M. Menjucq, *La conformité du dispositif anti-OPA issu de la loi Florange à la directive n° 2004/25/CE*, *BJS* juin 2021, p. 56 ; J. Winter, *Directive et gouvernance d'entreprise durable*, *BJB*, mai-juin 2021, p. 37 ; N. Rontchevsky, *Observations sur les sources du droit des offres publiques à l'épreuve de l'affaire Veolia-Suez*, *RTD com.* 2021. 384.

la société, les règles fixées directement dans la directive OPA[36].

C'est ainsi qu'était posée la question de la compatibilité de la législation française, et en particulier de l'article L. 233-32 du code de commerce, avec la directive OPA. Son article 3, § 1er, c, dispose en effet que « *L'organe d'administration ou de direction de la société visée doit agir dans l'intérêt de la société dans son ensemble et ne peut pas refuser aux détenteurs de titres la possibilité de décider des mérites de l'offre* ». Selon un auteur[37], l'AMF aurait laissé entendre que la faculté laissée aux dirigeants de prendre des mesures anti-OPA en droit français était contraire à cette disposition. En outre, l'AMF semblait suggérer que les justiciables pouvaient être soumis directement aux dispositions de la directive OPA, ce qui soulevait la question de l'effet direct de celle-ci.

A cet égard, il convient de rappeler qu'une directive européenne n'a en principe pas d'effet direct, ce qui signifie qu'elle n'est opposable aux justiciables qu'après sa transposition en droit interne. Depuis un célèbre arrêt rendu le 4 décembre 1974[38], la CJUE considère toutefois que les directives peuvent avoir un effet direct, à deux conditions (cumulatives) : l'État membre ne doit pas l'avoir transposée la directive dans les délais, et la directive doit être précise et inconditionnelle. Or, selon un auteur[39], l'article 3 § 1er, c, de la directive OPA, en faisant référence à « *l'intérêt de la société dans son ensemble* », n'est pas suffisamment précis, en utilisant une notion non définie, et renvoie ainsi pour son appréciation au droit des États membres. Cette même disposition prévoit en outre que l'organe d'administration ou de direction de la société « *ne peut pas refuser [aux associés] la possibilité de décider des mérites de l'offre* », sans déterminer les modalités d'un tel refus, ni celles permettant aux associés d'exercer la faculté que leur accorde la directive de décider des mérites de l'offre. La directive serait donc trop imprécise pour produire un effet direct. Ce même auteur rappelle d'ailleurs que même en admettant que l'article 3, § 1er, c, aurait un tel effet direct, celui-ci ne serait qu'un effet direct vertical et non horizontal. Ainsi, même si l'article 3, § 1er, c, de la directive 2004/25/CE était doté d'un effet direct, il ne pourrait être invoqué que par un justiciable à l'encontre d'un État membre, de sorte que l'AMF ne pourrait pas opposer cet article à une société pour lui refuser le droit de se prévaloir de l'article L. 233-32, I, du code de commerce face à l'initiateur de l'offre.

Mais si l'argument tenant au potentiel effet direct de la directive peut être écarté, il faut encore se demander si le *principe d'interprétation conforme du droit interne à la directive* ne pourrait pas conduire à la neutralisation du dispositif français issu de la loi Florange. La CJUE a en effet jugé, dès 1984[40], que les juridictions internes doivent interpréter le droit national conformément aux exigences du droit de l'Union européenne. Elle a ensuite étendu cette exigence d'interprétation conforme au droit national préexistant dans son arrêt *Marleasing* de 1990[41]. Plus précisément, la question est de savoir si le conseil d'administration d'une société visée par une OPA peut effectivement appliquer les dispositions françaises et prendre une mesure anti-OPA sans méconnaître l'article 3, § 1er, c, de la directive OPA au regard du principe d'interprétation conforme. La faculté laissée aux dirigeants de la cible de prendre des mesures anti-OPA découle cependant de l'article L. 233-32 du code de commerce, qui transpose l'article 12 de la directive. Cela revient alors à s'interroger sur la cohérence interne de la directive, et notamment de ses articles 3, § 1er, c, et 12.

L'article 3, § 1er, c, dispose, rappelons-le, que « *l'organe d'administration ou de direction de la société visée doit agir dans l'intérêt de la société dans son ensemble et ne peut pas refuser aux détenteurs de titres la possibilité de décider des mérites de l'offre* ». Il semble donc donner aux actionnaires les pleins pouvoirs pour se défendre - ou non - face à une OPA, puisqu'on ne peut pas leur refuser la « possibilité de décider des mérites de l'offre ». A l'inverse, l'article 12 permet aux États d'offrir

36 - En ce sens : M. Menjucq, *La conformité du dispositif anti-OPA issu de la loi Florange à la directive n° 2004/25/CE, préc.*

37 - M. Menjucq *art. préc.*

38 - CJCE, 4 déc. 1974, aff. 41-74, *Yvonne van Duyn contre Home Office.*

39 - M. Menjucq *art. préc.*

40 - CJCE, 10 avr. 1984, aff. 14/83, *Sabine von Colson et Elisabeth Kamann c/ Land Nordrhein-Westfalen.*

41 - CJCE, 13 nov. 1990, C-106/89, *Marleasing SA c/ La Comercial Internacional de Alimentacion SA.*

la possibilité aux dirigeants eux-mêmes de prendre des mesures anti-OPA. L'article 12 paraît alors contrevenir au principe posé à l'article 3, § 1er, c, puisque les actionnaires ne peuvent alors décider eux-mêmes des mérites et du succès de l'offre publique. Toutefois, la formulation de l'article 3, § 1er, c (« *ne peut pas refuser* ») implique une demande de la part des actionnaires. Or, l'article 12 impose aux États membres de permettre aux actionnaires d'écarter statutairement le pouvoir laissé aux dirigeants pour prendre des mesures anti-OPA. Et une telle stipulation statutaire correspondrait à la « *demande* » des actionnaires de « *décider des mérites de l'offre* », à laquelle les dirigeants ne peuvent s'opposer[42]. L'article 12 est donc conforme à l'article 3, § 1er, c. En conséquence, la législation française transposant l'article 12 de la directive est également conforme à cette dernière disposition. Il convient de rappeler ici que l'article 12 a été introduit dans la directive OPA in extremis pour permettre aux États membres qui le souhaitent de déroger partiellement à l'article 3, § 1er, c. Enfin, pour confirmer cette analyse, selon l'adage *specialia generalibus derogant*, la disposition spéciale doit l'emporter sur la disposition générale ; or, l'article 12 peut être interprété comme une disposition spéciale, dérogeant à l'article 3, § 1er, c[43].

La conformité à la directive OPA du dispositif du code de commerce français issu de la loi Florange ne parait donc guère contestable[44], de sorte que les dispositions de ladite directive ne sauraient être utilement invoquées pour neutraliser des moyens de défense anti-OPA adoptés conformément aux dispositions de l'article L. 233-32 du code de commerce. Il est du reste douteux que l'AMF ait entendu exprimer une telle position dans son communiqué du 2 avril 2021, dont les termes, s'agissant de l'appréciation des défenses anti-OPA sous l'angle de la directive OPA[45], doivent être situés dans leur contexte et au regard de leur objet.

Les États de l'Union européenne ne sont pas encore prêts à supprimer les barrières protectionnistes et à mettre en place un véritable marché européen du contrôle des sociétés cotées susceptible d'accroître le nombre des opérations. Ce constat pose la question de savoir si une plus forte harmonisation des droits nationaux ne serait pas souhaitable dans le contexte de la compétition économique internationale.

En conclusion, le texte final de la directive OPA laissait une grande marge de manœuvre aux États membres. Sa transposition en droit français en 2006 a été réalisée dans un sens favorable aux offres publiques d'acquisition et à leurs initiateurs. Cependant, en 2014, la loi Florange a voulu, au contraire, renforcer la protection de la société cible et restaurer à cet effet la liberté de ses dirigeants pour mettre en place des mesures défensives, ce qui a suscité un débat sur la conformité de la réglementation du droit français des offres publiques d'acquisition à la directive OPA. Celle-ci n'est guère douteuse mais sera peut-être soumise un jour à la Cour de justice de l'Union européenne. D'un point de vue plus général, il apparaît que les États de l'Union européenne ne sont pas encore prêts à supprimer les barrières protectionnistes et à mettre en place un véritable marché européen du contrôle des sociétés cotées susceptible d'accroître le nombre des opérations[46]. Ce constat pose la question de savoir si une plus forte harmonisation des droits nationaux ne serait pas souhaitable dans le contexte de la compétition économique internationale.

42 - V. M. Menjucq *art. préc.*

43 - J. Winter, *Directive OPA et gouvernance d'entreprise durable, BJB* mai-juin 2021, p. 37.

44 - V. aussi en ce sens J. Winter, *art. préc.*, I ; M. Menjucq, *art. préc.*, II, B. Ce dernier auteur relève aussi à juste titre que le droit allemand comporte un dispositif comparable à celui du droit français (V. R. Dammann et U. Volk, *Le patriotisme économique, une réalité des deux côtés du Rhin, D.* 2006. 1674) qui n'a pas été considéré comme non conforme à la Dir. OPA.

45 - Il est vrai que dans la consultation publique de l'AMF sur son projet de règlement général concernant les offres publiques d'acquisition du 13 mai 2014 (spéc. p. 6, note 7), l'autorité de marché avait relevé que la « *directive OPA est en effet paradoxale puisqu'elle permet aux États membres de ne pas appliquer la neutralité (art. 12), mais énonce aussi au titre des principes généraux gouvernant les offres, que l'organe de direction de la société "ne peut pas refuser aux détenteurs de titres la possibilité de décider des mérites de l'offre" ce qui illustre le difficile compromis qui a présidé à la rédaction du texte européen* ».

46 - V. aussi : A. Viandier, *op. cit*, n° 81 relevant déjà en 2014 un « *constat pessimiste en termes de croissance des offres publiques et de suppression des barrières protectionnistes* ».

par **Eléonore Hannezo**,
Avocate associée, Linklaters
Jean-Charles Jais,
Avocat associé, Linklaters
et **Julien Bourmaud-Danto**,
Avocat associé, Linklaters

La pratique décisionnelle de l'AMF en matière d'offres publiques

Difficile à appréhender dans ses contours comme dans sa portée, la pratique décisionnelle de l'AMF n'en demeure pas moins fondamentale pour les praticiens, au moment de l'offre comme de sa contestation.

L'Autorité des marchés financiers (AMF) veille à la protection de l'épargne investie dans les instruments financiers, à l'information des investisseurs et au bon fonctionnement des marchés d'instruments financiers[1]. Dès lors que les règles relatives aux offres publiques poursuivent une finalité d'intérêt général[2] et relèvent de « *l'ordre public économique de direction* »[3], le régulateur français en est naturellement le garant[4], aux côtés du juge[5]. L'AMF détient ainsi le pouvoir de réguler l'offre publique aussi bien à travers l'élaboration de la norme et de la doctrine – le règlement général de l'AMF, les instructions et recommandations l'interprétant[6] ou encore les consultations – que par l'intermédiaire de ses « *initiatives ou décisions* »[7].

Si l'AMF est « *bien sûr en première ligne* »[8] dans l'offre publique, dont elle peut décider de l'existence même et en modifier le cours, rares sont les études consacrées à sa « pratique décisionnelle », et ce encore moins dans une perspective contentieuse.

La notion de « *pratique décisionnelle* » ne manque pas, à elle seule, d'interroger. Elle est bien comprise lorsqu'elle désigne les décisions rendues par la Commission des sanctions de l'AMF, autorité disciplinaire susceptible d'infliger des sanctions à l'encontre des acteurs du marché. L'expression désigne la « *jurisprudence* » de la Commission des sanctions, « *quasi-juridiction* », et fait référence aux principes directeurs dégagés par l'autorité disciplinaire au gré des affaires qu'elle a eu à connaître et des recours subséquents. La pratique décisionnelle se manifesterait ainsi quand des positions de principe auraient été énoncées par le régulateur ou répétées au

1 - C. mon. fin., art. L. 621-1.

2 - Elles mettent en jeu des principes fondamentaux de la régulation financière, tels que l'égalité de traitement et d'information des actionnaires et la transparence des marchés (C. mon. fin., art. L. 433-1).

3 - CA Paris, 22 avr. 2021, n° 20/039157 ; partiellement confirmé par : Com. 8 nov. 2023, n° 21-18.318.

4 - Pour présenter son rôle en matière d'offres publiques, le régulateur rappelle ainsi qu'il « *contrôle l'information délivrée aux actionnaires et la conformité de l'offre aux règles applicables. L'AMF veille en particulier au respect des droits des actionnaires minoritaires et au bon déroulement de l'offre* » (AMF, Comprendre les offres publiques, 2020, p. 1).

5 - On pense bien sûr aux juridictions civiles et commerciales, comme cela a récemment été illustré par l'affaire *Suez/Veolia*, mais aussi possiblement les juges communautaires ou constitutionnels (V. en ce sens la section du présent ouvrage consacrée au juge de l'offre publique (Chap. 5)).

6 - C. mon. fin., art. L. 621-6 et L. 621-7, II.

7 - Le Professeur Bonneau rappelle ainsi que « *l'AMF est également amenée à prendre un certain nombre d'initiatives ou de décisions qui influencent directement le déroulement des offres publiques* » (T. Bonneau et autres, Droit financier, LGDJ 2023, § 132).

8 - M.-N. Dompé, J.-M. Darrois, *Le contentieux en matière d'offres publiques*, Les offres publiques d'achat, ss. G. Canivet, D. Martin, N. Molfessis, *Litec*, 2009, pp. 49 s.

gré de ses dossiers, contribuant ainsi à former une cohérence d'ensemble de ses décisions. En l'occurrence, la pratique décisionnelle de la Commission des sanctions fait l'objet d'une étude publiée par l'AMF elle-même, qui y intègre les solutions dégagées par les juridictions de recours, afin d'assurer la relative lisibilité de son action répressive dans un objectif de plus grande sécurité juridique[9].

Il est moins aisé de définir ce qu'est la « *pratique décisionnelle* » de l'AMF en matière d'offres publiques. Contrairement à la matière disciplinaire, la « *pratique décisionnelle* » n'est pas mise en avant publiquement par le régulateur en tant que telle. Et si elle est étudiée dans une relative solitude par les praticiens, c'est tout l'intérêt de l'ensemble des contributions de cet ouvrage que d'en rechercher, à plusieurs voix, les principes directeurs et la cohérence d'ensemble.

La tâche n'est pas aisée : en matière d'offres publiques, il n'existe pas une forme unique de décision par laquelle l'AMF régule l'offre publique. L'AMF peut prendre une multitude d'initiatives et décisions, par lesquelles l'« *autorité prend parti après examen* »[10]. Ses décisions peuvent être explicites ou implicites, spontanées ou provoquées, revêtir la forme d'une autorisation, d'un refus, d'une injonction, d'une demande en justice tendant à une injonction ou une mesure conservatoire[11], ou encore être une décision qui n'en porte pas le nom. Ses décisions et initiatives peuvent être vocales, mais aussi consister, pour l'AMF, à garder le silence. Enfin, les décisions et initiatives peuvent être prises dans le temps de l'opération ou ne se manifester publiquement que postérieurement à la clôture de l'offre. L'AMF a ainsi pu récemment ouvrir une enquête, quelques jours seulement après l'ouverture d'une période de préoffre[12]. En matière d'offre publique, le pouvoir de régulation s'exerce aussi bien *ex ante* qu'*ex post*, puisque la Commission des sanctions de l'AMF peut sanctionner les comportements des acteurs du marché, soit parce qu'ils seraient passées outre la décision de non-conformité de l'offre rendue par le Collège, soit parce qu'ils auraient commis des manquements dans le cadre de l'offre publique, qu'il s'agisse de manquements d'initiés, de manquements aux obligations déclaratives ou de déclarations inexactes ou tardives[13].

Si l'AMF est « *bien sûr en première ligne* » dans l'offre publique, dont elle peut décider de l'existence même et en modifier le cours, rares sont les études consacrées à sa « pratique décisionnelle », et ce encore moins dans une perspective contentieuse.

L'ensemble de ces initiatives et décisions forme la source potentielle d'une pratique décisionnelle et offre autant de moyens d'actions à l'AMF pour réguler l'offre publique.

La multiplicité des formes possibles de cette pratique décisionnelle lui autorise-t-elle un interventionnisme tout puissant ? Ne permet-elle pas plutôt à une grande variété de plaideurs – initiateurs déçus, cibles émues, actionnaires ou créanciers prétendument lésés – de réguler le régulateur, en contraignant aussi bien son processus que son pouvoir décisionnel[14] ?

Les décisions de l'AMF en matière d'offres publiques ont donné lieu à un contentieux dont les contours sont aujourd'hui bien délimités,

---

9 - Recueil de décisions publiés par l'AMF sur les Principes directeurs issus de la jurisprudence 2003-2021 – Commission des sanctions et juridictions de recours : https ://www.amf-france.org/sites/institutionnel/files/private/2023-02/Recueil_Jurisprudence_2021.pdf

10 - C'est une des définitions du terme « *décision* » données par le dictionnaire Larousse.

11 - C. mon. fin., art. L. 621-13 et L. 621-14, III. Au terme d'une Ord. du 17 avr. 2019, le Président de l'AMF a ainsi obtenu, sur le fondement de l'art. L. 621-13 C. mon. fin., la mise sous séquestre des actions Systran SAS détenues par la société Llsolu (anciennement Systran International puis CLSI) Ce paiement a pu ensuite être proposé en 2020 aux actionnaires éligibles (Publication de l'AMF sur son site Internet, *L'AMF obtient le paiement du complément de prix dû aux anciens actionnaires de Systran SA, 3 mars 2020, CSLI/Systran.*

12 - SAN-2022-09 – Décis. de la Commission des sanctions,11 juill. 2022, faisant l'objet d'un recours devant la Cour d'appel de Paris. (*CVC/April*)

13 - V. en ce sens : Com. 8 nov. 2023, n° 21-18.318 ; annulant partiellement : CA Paris, 22 avr. 2021, n° 20/039157) ; SAN-2024-04 – Décis. de la Commission des sanctions, 15 mai 2024, *Bidco Breteuil/Mediawan* (le délai de recours est encore ouvert à l'heure où ces lignes sont écrites) ; SAN-2022-09 – Décis. de la Commission des sanctions, 11 juill. 2022, *CVC/April*, faisant actuellement l'objet d'un recours devant la Cour d'appel de Paris ; SAN-2020-04 – Décis. de la Commission des sanctions, 17 avr. 2020, *XPO/Norbert Dentressangle*, ; confirmé par : CA Paris, 24 mars 2022, n° 20/08390, puis : Com. 10 mai 2024, n° 22-21.085.

14 - La question de l'éventuel recours à l'encontre des décisions de la Commission des sanctions de l'AMF étant exclue du champ de cette étude.

qu'il s'agisse des recours à l'encontre des décisions statuant sur la conformité d'une offre ou portant dérogation à une obligation de la déposer. Ces recours ont eu, par leur rare succès, l'effet paradoxal d'asseoir le pouvoir de l'AMF, en même temps qu'ils ont confirmé ce qui lui échappe. Un contentieux inédit ou isolé s'est développé à l'ombre du contentieux de la conformité et de la dérogation. Il pourrait encore se renouveler à l'égard d'autres actes et initiatives de l'AMF, dont le statut juridique demeure incertain.

1. Le contentieux bien connu de la conformité et de la dérogation

Le contentieux lié aux décisions du Collège de l'AMF[15] portant sur la conformité d'une offre ou accordant une dérogation à l'obligation de la déposer est aujourd'hui bien connu. En tant que « *décisions individuelles* » rendues par l'AMF, ces décisions sont susceptibles de recours[16]. Une des spécificités du contentieux tient au fait que, bien que les décisions de l'AMF s'analysent en « *un acte administratif unilatéral* », le recours s'exerce devant le juge judiciaire et plus exactement, devant la 7e Chambre, Pôle 5 dite « *Economique et commerciale* » de la Cour d'appel de Paris et familièrement appelée la « *sept cinq* », spécialisée en matière de régulation économique et financière[17].

Une grande variété de plaideurs a été jugée recevable à exercer ce recours à titre principal ou par voie d'intervention, dès lors qu'ils justifiaient d'un intérêt à agir au sens de l'article 31 du code de procédure civile, et ce à la date de la décision contestée[18] ; qu'il s'agisse par exemple de sociétés ayant sollicité la décision de conformité de l'AMF, d'actionnaires minoritaires ou de la société cible, les interventions volontaires accessoires étant également admises[19].

Outre ces plaideurs, l'AMF participe à la procédure, aux côtés du ministère public. Elle reçoit ainsi une copie de la déclaration de recours dès l'enregistrement de celui-ci[20] et a la possibilité de communiquer ses observations écrites et prendre des observations orales lors de l'audience de plaidoiries[21].

Les recours contre les décisions du Collège de l'AMF ont eu, par leur rare succès, l'effet paradoxal d'asseoir le pouvoir de l'AMF, en même temps qu'ils ont confirmé ce qui lui échappe.

L'AMF est donc appelée à justifier de sa pratique décisionnelle auprès de son juge de recours, en défendant aussi bien sa régularité que son bien-fondé. Les perspectives de ce contentieux, doublement contraint, sont en réalité limitées. Pour autant, le contentieux a permis de délimiter les pouvoirs de l'AMF et de dire ce qui échappe à son contrôle.

1.1. Un contentieux doublement contraint dont les perspectives sont limitées

1.1.1. Un recours doublement contraint

Le contentieux de la conformité et de la dérogation est doublement contraint : soumis à des brefs délais, compte tenu de l'exigence de célérité de la procédure, il fait l'objet d'un contrôle juridictionnel restreint.

i. Les contraintes liées à la célérité de la procédure

Obéissant à des règles procédurales dérogatoires de la procédure civile, le recours à l'encontre de la décision de l'AMF statuant

15 - C. mon. fin., art. L. 621-3 et R. 621-1.

16 - Ce recours étant régi par les art. L. 621-30 et R. 621-44 à R. 621-46 du C. mon. fin.

17 - Cette chambre instruit et juge en particulier les recours contre les décisions et mesures conservatoires des autorités administratives indépendantes de régulation, telles que l'AMF mais aussi l'Autorité de la concurrence, la Commission de régulation de l'énergie, l'Autorité de régulation des communications électroniques, des postes et de la distribution de la presse et l'Autorité de régulation des transports.

18 - CA Paris, 24 mars 2022 : n° 21/21745, § 28 (non frappée de pourvoi à notre connaissance).

19 - CA Paris, 12 janv. 2017, n° 2016/17607, *Eurosic/Foncière de Paris*.

20 - C. mon. fin., art. R. 621-46, III.

21 - C. mon. fin., art. R. 621-46, V et VII.

sur la conformité ou la dérogation contraint le praticien à une particulière réactivité. Le délai de recours est en effet de dix jours calendaires à compter de la publication de la décision[22] et s'applique également aux demandeurs situés en dehors du territoire français[23]. Son inobservation est sanctionnée par une fin de non-recevoir, devant être relevée d'office[24]. Cela a conduit certains plaideurs à confronter ce recours aux exigences du procès équitable. Le Conseil d'Etat s'est prononcé sur la question, en jugeant que le délai, malgré sa brièveté, ne portait pas atteinte au droit au recours effectif, compte tenu de « *la nécessité que ces litiges, qui concernent la régulation des marchés, soient jugés rapidement* »[25].

Au-delà du bref délai de dix jours, le requérant doit rapidement se mettre en état d'en justifier le bien-fondé. D'abord, parce qu'un exposé détaillé des moyens doit, soit être joint à la déclaration de recours, soit déposé de façon séparée dans les quinze jours de la déclaration de recours. Ensuite, parce que les textes prévoient que la Cour d'appel de Paris doit statuer dans les cinq mois de la déclaration de recours. S'il n'existe aucune sanction en cas de dépassement, ce délai est observé en pratique[26]. Il en résulte un calendrier procédural, fixé par le premier président de la Cour d'appel ou son délégué, particulièrement contraint[27].

Si ces délais sont porteurs d'une insécurité juridique[28] – qu'une proposition de loi en cours de discussion pourrait réduire, à travers l'abaissement du délai de cinq à trois mois[29] – ils n'en restent pas moins particulièrement brefs au regard de l'engorgement actuel des juridictions françaises.

La problématique du délai n'est pas limitée à celui dans lequel la Cour d'appel de Paris doit statuer, et dans lequel la Cour de cassation peut elle-même être appelée à se prononcer, relativement rapidement[30], mais aussi à l'absence d'effet suspensif du recours, sauf à ce qu'il en soit décidé autrement.

Un recours peut être ainsi intenté aux fins de sursis à exécution de la décision ; recours qui présente, lui aussi, des spécificités.

Une spécificité tient au délai. Environ un à deux mois s'écoulent entre ce recours et l'ordonnance du Premier Président sur celui-ci[31]. Le délai pourrait faire prochainement l'objet d'un encadrement législatif pour en assurer la brièveté (un mois)[32].

Une autre spécificité tient à l'objet restreint

22 - C. mon. fin., art. R. 621-44.

23 - Com. 29 janv. 200, n° 06-19.124.

24 - C. pr. civ., art. 125.

25 - CE 3 mars 2005, n° 267811.

26 - Ce délai de cinq mois est observé aujourd'hui par la Cour d'appel de Paris à quelques jours près : voir, par exemple, CA Paris, 2 mai 2023, n° 22/19729, *EDF* (décision de conformité publiée le 23 nov. 2022) ; 12 mai 2022 : n° 21/22517, *Bel* (décision de conformité publiée le 22 déc. 2021).

27 - On a pu ainsi observer, dans le cas d'une décision de conformité ayant fait l'objet d'un recours par des actionnaires minoritaires, l'octroi : d'un premier délai d'un mois donné à l'initiateur de l'offre et à l'AMF pour répondre aux moyens du recours : d'un délai subséquent d'un mois pour la réplique du demandeur au recours ; l'octroi de quelques jours additionnels pour que l'initiateur de l'offre (et l'AMF le cas échéant) puissent y répondre ; avec l'organisation d'une audience de plaidoiries dans les quatre mois maximum de l'enregistrement de la déclaration de recours et un délai d'environ un mois entre l'audience de plaidoiries et la décision de la Cour d'appel de Paris.

28 - Quelle que soit l'issue de cet amendement, le contentieux du recours sur la conformité d'une offre publique est, par essence, porteur d'une insécurité juridique. Premièrement, l'AMF a le pouvoir de décider d'accorder, ou non, une prorogation de la clôture de l'offre dans l'attente de l'issue du recours au fond de la décision de conformité (pouvoir qui n'a cependant pas été récemment exercé). Ensuite, les délais d'examen du recours au fond pourraient être allongés par des questions préjudicielles posées à la Cour de justice de l'Union européenne ou des questions prioritaires de constitutionnalité, comme le relève Olivier Douvreleur dans cet ouvrage (« *Le juge et le droit des offres publiques* »).

29 - Un amendement présenté au Sénat le 14 mai 2024 par le Sénateur Montgolfier, dans le cadre de la proposition de loi Financement des entreprises et attractivité de la France, en cours de discussion à l'heure où ces lignes sont écrites, propose d'abaisser le délai à trois mois, l'auteur de l'amendement indiquant qu'« *une offre ouverte trop longtemps [pouvant] fragiliser l'entreprise* » (amendement n° 67 présenté par le Sénateur Montgolfier le 14 mai 2024). L'article 10 sexies du texte de la Commission mixte paritaire déposé le 28 mai 2024 propose qu'« *un décret en Conseil d'État fixe la liste des cas dans lesquels ce délai est réduit à trois mois* ».

30 - En cas de mise en œuvre de la procédure accélérée devant la Cour de cassation (C. pr. civ., art. 1009), la Haute juridiction a pu très récemment rendre son arrêt, dans un délai de moins d'un an à compter de la déclaration de pourvoi ; v. par ex. : Com. 15 mars 2023, n° 22-18.869, conf. CA Paris, 12 mai 2022, Bel préc.

31 - Aucun délai n'est prévu aujourd'hui pour encadrer le délai dans lequel le Premier Président de la Cour d'appel de Paris doit se prononcer sur le sursis à exécution dans l'attente de l'issue du recours au fond contre une décision de l'AMF statuant sur la conformité d'une offre publique. Les décisions les plus récentes permettent cependant de constater que le délai entre la saisine du premier président de la Cour d'appel de Paris et la décision sur le sursis à exécution a été de deux mois (V. par ex., la saisine du Premier Président le 2 déc. 2022 pour une décision rendue le 25 janv. 2023 : CA Paris, 25 janv. 2023, n° 22/19752, EDF, préc.). Un délai inférieur à un mois avait même pu être observé en 2019 (saisine du Premier Président le 14 déc. 2018 pour une décision rendue le 3 janv. 2019 : CA Paris, 3 janv. 2019, n° 18/27940). Le Premier Président peut toujours rendre son ordonnance sur le siège.

32 - La proposition de loi « Financement des entreprises et attractivité de la France », en cours de discussion, pourrait introduire un délai d'une durée d'un mois pour le prononcé de la décision sur le sursis à exécution.

du recours. Son succès nécessite en effet qu'il soit démontré que la décision de l'AMF est « *susceptible d'entraîner des conséquences manifestement excessives* »[33], condition qui apparaît souvent insurmontable en pratique. En effet, la Cour d'appel de Paris considère que (i) les conséquences manifestement excessives s'apprécient en la personne du requérant, et non au nom de l'ensemble du marché ou des actionnaires[34], (ii) qu'un risque théorique ne peut constituer une conséquence manifestement excessive[35] et que (iii) les chances sérieuses de prospérer au fond ne sont pas à examiner[36]. Aussi, il n'existe aucun précédent récent où une telle demande de sursis à exécution aurait prospéré devant la Cour d'appel de Paris[37].

Une dernière spécificité du recours tient à ses effets. Le recours peut devenir sans objet en cours de procédure. D'une part, l'AMF peut décider de proroger la clôture de l'offre dans l'attente de l'issue de la contestation au fond sur la conformité, bien qu'il ne s'agisse plus de sa pratique depuis 2015. D'autre part, un engagement pris par l'initiateur de l'offre de restituer les titres, contre remboursement du prix reçu au titre de l'offre, en cas de succès du recours au fond[38] ou encore un engagement de l'AMF de rouvrir l'offre[39] pourrait suffire à emporter la conviction du Premier Président que l'absence de recours ne présentait pas de risque de conséquences manifestement irréversibles. En pratique, dans de nombreux cas (sans que cela soit toutefois systématique), de tels engagements sont ainsi pris[40].

ii. La contrainte liée au contrôle juridictionnel restreint

Contraint par les délais, le contentieux de la conformité ou de la dérogation est contraint également par le contrôle juridictionnel restreint exercé par la Cour d'appel de Paris. Selon la Cour de cassation, cette dernière ne dispose en effet, en matière de conformité, que d'un pouvoir d'annulation (ou de confirmation) et non de réformation[41], contrairement aux recours à l'encontre de sanctions disciplinaires prises par la Commission des sanctions de l'AMF. Selon la Cour de cassation, le fait que ce contrôle juridictionnel en soit ainsi limité n'en fait pas moins un recours « *effectif et de plein contentieux* » présentant toutes les garanties du procès équitable[42].

Par ailleurs, la juridiction de recours ne peut exercer son contrôle juridictionnel que dans la limite des compétences de l'AMF. L'étendue de son contrôle est donc limitée aux pouvoirs dont dispose l'AMF dans le cadre de son appréciation de la conformité de l'opération. Cette solution a été consacrée de longue date par la Cour d'appel de Paris, cette dernière jugeant que « *même dans l'hypothèse où n'est pas tranché un différend, il reste que la juridiction de la cour ne peut s'exercer que dans la seule limite des compétences relevant de l'autorité qui s'est prononcée en première instance* »[43]. Ce principe a depuis été constamment réaffirmé, rappelant que le recours ouvert devant la Cour d'appel de Paris ne peut être exercé que « *dans la limite des compétences et des pouvoirs confiés à l'autorité contrôlée par le juge* »[44].

---

33 - C. mon. fin., art. L. 621-30.

34 - CA Paris, 10 avr. 2014, n° 14/05670, *SMA BTP/Tour Eiffel* ; CA Paris, 18 déc. 2019, n° 19/18938. Dans cette affaire, la Cour d'appel de Paris a examiné les critères du sursis à exécution au regard de la situation du requérant, tout en notant notamment qu'il « *ne détient qu'une action* ».

35 - CA Paris, 18 déc. 2019, n° 19/18938.

36 - CA Paris, 10 avr. 2014, n° 14/05670, *Tour Eiffel, préc.*

37 - Un tel sursis avait été ordonné en 2010, dans le dossier Autoroutes Paris Rhin Rhône, alors que l'AMF avait pourtant pris l'engagement de proroger la date de clôture de l'offre huit jours au moins après le prononcé de l'arrêt statuant sur le recours en annulation (CA Paris, 7 oct. 2010, n° 2010/18689). Dans ce dossier, la Cour d'appel de Paris a considéré que « *la mise en œuvre du retrait obligatoire rend définitif le transfert des titres objets de l'offre. Il s'ensuit qu'une fois exécutée la décision litigieuse, ses effets seront irréversibles, nonobstant son annulation ultérieure par la cour, privant, de surcroît, le [requérant] de tout recours effectif contre cette décision* ».

38 - CA Paris, 18 déc. 2019, n° 19/18938, *Altran*, préc.

39 - CA Paris, 8 févr. 2017, n° 2016/26035, Radial, préc.

40 - *Gameloft* (2016) ; *Alcatel Lucent* (2016) ; *Radiall* (2017) ; *Altran* (2019) ; *Bel* (2021) ; *EDF* (2022).

41 - Com. 5 juill. 2017, n° 15-25121, *Euro Disney*, préc.

42 - Com. 5 juill. 2017, préc.

43 - CA Paris, 13 juill. 1988, *Bull. Joly Sociétés*, 1988, p. 682, *Holophane*.

44 - CA Paris, 16 sept. 2003, n° 2003/6255, *Legrand*. V. aussi : CA Paris, 10 mars 1992, n° 91/24720, *Au Printemps* ; CA Paris, 13 nov. 1996, n° 96/20710, *Crédit foncier de France*.

1.1.2. Un recours dont les chances de succès sont ainsi faibles en pratique

En pratique, le recours à l'encontre de la décision statuant sur la conformité de l'offre publique ou les dérogations, dont il a été vu qu'il était aussi contraint par ses délais que par son objet, est aussi limité par ses perspectives de succès.

On peine à identifier des précédents de censure, par le juge du recours, de décisions de l'AMF. Les exemples d'annulation sont extrêmement rares et, en tout état de cause, anciens[45]. Au cours des dix dernières années, il n'y a eu aucun précédent au terme duquel la Cour d'appel de Paris aurait remis en cause une décision du Collège de l'AMF statuant sur la conformité d'une offre publique ou des dérogations ; la Cour d'appel de Paris ayant toujours, sur cette période, suivi la décision du Collège de l'AMF[46].

Est-ce la raison pour laquelle peu de recours frappent ces décisions ? A notre connaissance, il n'y a eu que dix recours à l'encontre de décisions de conformité intentés au cours des dix dernières années, certains ayant fait l'objet d'un désistement en cours de procédure[47]. Des recours ont en revanche été interjetés à l'encontre des deux décisions de non-conformité rendues sur la période, sans succès[48]. Seuls quatre recours en matière d'octroi de dérogation ont été intentés dans cette même période, eux aussi infructueux[49]. Systématiquement rejetés au cours des dix dernières années, les recours pourraient même donner lieu à d'importantes condamnations au titre de l'article 700 du code de procédure civile. La Cour d'appel de Paris a récemment prononcé à l'encontre d'un contestataire d'une décision de conformité une condamnation de 100.000 € sur ce fondement, au nom de l'équité[50].

On peine à identifier des précédents de censure, par le juge du recours, de décisions de l'AMF. Les exemples d'annulation sont extrêmement rares et, en tout état de cause, anciens.

Le faible nombre de recours pourrait s'expliquer aussi par le fait que la décision de l'AMF est, en pratique, prise au terme d'un long processus préparatoire. Si elle est formalisée par le Collège, la pratique de l'AMF se construit bien en amont, avec les services de l'AMF. En effet, les services de l'AMF ont nécessairement été sollicités en amont de la présentation du projet d'offre au Collège. Il ne peut en être autrement : la décision sur la conformité, qui emporte visa de la note d'information[51], n'intervient en effet qu'après que plusieurs étapes ont déjà été franchies par l'initiateur de l'offre[52], c'est-à-dire après que l'initiateur du projet d'offre a investi du temps et des ressources significatives, notamment auprès de conseils financiers et juridiques, pour préparer son projet. Tout au long de ces premières étapes, outre l'incertitude liée au succès de l'offre auprès du marché, l'initiateur ne peut que vouloir réduire l'incertitude liée à la décision du Collège, en sollicitant la Direction des émetteurs, division Offres Publiques, sur le projet d'offre. Ainsi que l'indique Monsieur Guillaume Jan dans le

45 - Il existe toutefois de rares précédents, en matière de conformité (V. CA Paris, 3 mai 2001, *Association des actionnaires minoritaires et autres c/ SA Schneider et SA Legrand*, 4 arrêts : n° 02156 ou CA Paris, 27 avr. 1993, n° 93/5842, *Office Central Pharmaceutique*) ou de dérogation (V. 13 sept. 2005, *JurisData* n° 2005/04058 ; CA Paris, 11 juin 1997, *JurisData* n° 1997-021370, *Lagardère SCA*) ou d'injonction (V. CA Paris, 2 avr. 2008, n° 2007/11675 (*Sacyr Vallehermoso/Eiffage*). Un auteur a récemment ainsi indiqué qu'« *aucune décision de conformité d'une offre publique rendue par l'AMF n'ayant été annulée par la juridiction d'appel au cours des vingt dernières années* » (F. Chevalier, *Illustration de la force juridique des décisions de conformité d'offre publique de l'AMF dans l'ordre judiciaire, Bulletin Joly Bourse*, n° 4, p. 49).

46 - Lorsque le requérant au recours ne s'est pas lui-même désisté.

47 - En l'occurrence, dans les offres ciblant les titres des sociétés *EDF, Bel, Altran Technologies, Baccarat, Radiall, Alcatel-Lucent, Foncière de Paris SIIC, Gameloft, Euro Disney et Société de la Tour Eiffel* (2014-2024).

48 - En l'occurrence, dans le cadre des projets d'offres visant SFR Group et O2i (2014-2024).

49 - En l'occurrence, dans le cadre des décisions rendues dans les dossiers *Orpea, PCAS, Etablissements Maurel et Prom*, et *Bastide Le Confort Médical* (2014-2024).,

50 - CA Paris, 12 mai 2022, n° 21/22517 ; confirmé par : Com. 15 mars 2023, n° 22-18869, Bel, préc.

51 - Règl. gén. AMF, art. 231-23.

52 - Notamment (i) le dépôt, auprès de l'AMF, par la banque présentatrice agissant pour le compte de l'initiateur du projet de note d'information relative à l'offre et présentant l'ensemble de ses caractéristiques (Règl. gén. AMF, art. 231-13, 236-3 et 237-1) et (ii) le dépôt, également auprès de l'AMF, par la société cible de son projet de note en réponse, incluant notamment l'avis motivé du Conseil d'administration de la société cible ainsi qu'une attestation d'équité de l'expert indépendant dans l'hypothèse où il aurait été nommé (Règl. gén. AMF, art. 231-19 et 231-26, I, 3°).

rapport annuel de l'AMF de 2022, publié en juin 2023, en pratique, « *l'action de l'AMF est multiple. L'AMF peut faire préciser des points particuliers de la documentation de l'offre, voire demander une modification du prix de l'offre en cas d'incohérence de valorisation (...)* »[53].

Ces discussions avec les services de l'AMF permettent ainsi que le dossier soit présenté au Collège (plusieurs séances du Collège pouvant être rendues nécessaires, ce qui est cependant rare) lorsque les échanges entre toutes les parties prenantes sont bien avancés et que les services de l'AMF sont satisfaits de la documentation relative à l'offre telle que préparée par les parties. Il en résulte d'ailleurs que les décisions de non-conformité de l'AMF sont très rares : à notre connaissance, seules deux décisions de ce type ont été rendues au cours des dix dernières années[54]. Tout l'enjeu pour les contestataires d'une offre demeure donc, avant d'envisager un recours, d'intervenir en amont du processus décisionnel, directement auprès de la Direction des émetteurs, pour faire valoir leur position et que celle-ci soit prise en compte par le régulateur et l'initiateur de l'offre.

En matière d'octroi de dérogations, les discussions préalables avec les services de l'AMF sont également de mise.

1.2. Un contrôle juridictionnel qui a permis de limiter les pouvoirs de l'AMF

Limités par leurs perspectives de succès, les quelques recours portés à l'encontre des décisions du Collège ont, de fait, pour effet d'asseoir le pouvoir du régulateur financier, tout en permettant aussi de préciser ce qu'il peut réguler et ce qui échappe à son contrôle ou encore ce qu'il doit justifier et ce qu'il peut écarter.

1.2.1. Ce que l'AMF doit contrôler, ce qu'elle est libre de décider et ce qui lui échappe

i. En matière de conformité

Le contrôle de conformité de l'offre publique consiste, pour le Collège de l'AMF, à vérifier la conformité du projet d'offre avec la législation et la règlementation applicables. A ce titre, le contrôle de la conformité s'apprécie notamment au regard des articles L. 433-1 et suivants du code monétaire et financier et des articles 231-1 et suivants du règlement général de l'AMF[55]. Ainsi que le rappelle l'AMF, le régulateur « *s'assure du respect des grands principes (le libre jeu des offres et des surenchères, l'égalité de traitement et d'information, la transparence et l'intégrité du marché, ainsi que la loyauté) et des règles applicables aux offres, notamment en ce qui concerne leur prix* »[56].

Limités par leurs perspectives de succès, les quelques recours portés à l'encontre des décisions du Collège ont, de fait, pour effet d'asseoir le pouvoir du régulateur financier, tout en permettant aussi de préciser ce qu'il peut réguler et ce qui échappe à son contrôle ou encore ce qu'il doit justifier et ce qu'il peut écarter.

Plus précisément, le régulateur doit examiner : les objectifs et intentions de l'initiateur du projet d'offre ; le cas échéant, la nature, les caractéristiques, les cotations, ou le marché des titres proposés en échange ; les conditions éventuelles de l'offre au regard des seuils de caducité[57], l'AMF pouvant contrôler le seuil en deçà duquel l'initiateur de l'offre se donne la possibilité d'y renoncer[58] ; les conditions d'application du seuil de caducité ; l'information figurant dans le projet de note

53 - AMF, Rapp. annuel 2022, p. 80.

54 - Décis. AMF n° 215C0390 du 2 avr. 2015 (O2i) ; Décis. AMF n° 216C2262 du 5 oct. 2016, *SFR Group*.

55 - CA Paris, 8 sept. 2015, n° 2015/07257 ; confirmé par : Com. 5 juill. 2017, n° 15-25121, *Euro Disney*, préc.

56 - AMF, Rapp. annuel 2022, p. 80.

57 - Règl. gén. AMF, art. 231-9 et 231-10.

58 - L'initiateur ayant la possibilité d'abaisser le seuil de renonciation de 50 % (Règl. gén. AMF, art. 232-7).

d'information (l'AMF devant notamment vérifier que les notes d'information sont complètes et compréhensibles et que les informations sont cohérentes[59]) ; en cas de nomination d'un expert indépendant[60], les conditions financières de l'offre, au regard notamment du rapport de l'expert indépendant et de l'avis motivé du conseil d'administration. Il vérifie également l'application de dispositions particulières relatives au prix ou à la parité d'échange, en cas d'offre obligatoire, d'offre de fermeture ou de retrait obligatoire[61]. Il peut accepter d'accorder une dérogation au seuil de caducité[62]. Le Collège peut également solliciter une modification du projet d'offre, s'il considère qu'il peut porter atteinte aux principes généraux des offres que sont l'égalité, la transparence et la loyauté[63]. Dans le cadre de cet examen, l'AMF est habilitée à demander toutes justifications et garanties appropriées, de même que toute information complémentaire[64] nécessaire à son appréciation tant sur le projet d'offre que sur le projet de note d'information ou de note en réponse.

Le délai de dix jours de négociation courant à compter du dépôt de la note d'information[65] et dont bénéfice l'AMF pour se prononcer sur la conformité de l'offre est alors suspendu. Il recommence à courir à réception des éléments requis.

C'est tant le processus décisionnel de l'AMF que son pouvoir décisionnel qui sont possiblement contrôlés par le juge de recours. En effet, dans le cadre de l'examen du recours à l'encontre d'une décision du Collège statuant sur la conformité d'une offre, la Cour d'appel de Paris vérifie tant le bien-fondé (légalité interne) que la régularité formelle de la décision (légalité externe)[66].

Il a été jugé que le Collège, lorsqu'il instruisait une procédure de conformité d'un projet d'offre, n'était pas tenu d'observer le principe de la contradiction, autrement que par l'examen des documents lui étant transmis ou qu'il pouvait demander[67]. L'AMF indique publiquement que le Collège examine en pratique de nombreuses pièces, incluant notamment la lettre de dépôt de l'offre, les notes d'informations, le cas échéant l'attestation d'équité de l'expert indépendant, les accords connexes à l'offre publique, sans préjudice d'autres pièces pertinentes telles que les procès-verbaux du conseil d'administration de la cible et les éventuelles lettres reçues d'actionnaires minoritaires[68].

S'agissant du pouvoir décisionnel de l'AMF dans le cadre de la décision sur la conformité, la jurisprudence l'a doublement contraint.

Il est constant que le domaine de compétence de l'AMF en matière d'offre publique s'exerce à l'aune de la règlementation boursière seule, à l'exclusion de tout autre *corpus* de règles de droit privé.

D'abord, parce que dans l'esprit du droit de la régulation des offres publiques, le seul juge de l'opportunité de l'offre est le marché. Le Collège ne peut nullement tenir compte de « *toute considération d'opportunité sur le bien ou le mal fondé de l'opération qui lui est soumise* »[69]. En particulier, il n'a pas à porter « *de jugement sur la finalité de l'offre publique* »[70], notamment

59 - C. mon. fin, art. L. 621-8 et L. 621-8-1.

60 - Règl. gén. AMF, art. 261-1.

61 - Règl. gén. AMF, art. 231-22.

62 - Règl. gén. AMF, art. 231-9.

63 - Règl. gén. AMF, art. 231-21.

64 - Règl. gén. AMF, art. 231-20.

65 - Ce délai pouvant être prolongé (Règl. gén. AMF, art. 231-20).

66 - CA Paris, 13 mars 2020, n° 19/18934 et 19/189347, *Altran*, préc.

67 - CA Paris, 2 avr. 2008, n° 2007/11675, *Eiffage*, préc. ; CA Paris, 24 juin 2008, n° 2007/21048 (confirmé par :Com. 27 oct. 2009, n° 08-18819, *Gecina*, préc.).

68 - AMF, *Point presse pédagogique sur les offres publiques* », avr. 2017, p. 18.

69 - D. Carreau, Répertoire de droit commercial, *Offres publiques* : OPA, OPE, OPR – Offres, § 212.

70 - AMF, Point presse pédagogique sur les offres publiques, avr. 2017, p 21. L'AMF précise néanmoins qu'elle « *doit apprécier l'information donnée puisque celle-ci concourt à la détermination du choix des actionnaires* ».

la « *finalité industrielle, commerciale et sociale de l'opération* »[71].

Contraint ensuite, parce que l'AMF n'est pas le régulateur de l'opération d'offre publique dans son ensemble. Il est constant que le domaine de compétence de l'AMF en matière d'offre publique s'exerce à l'aune de la règlementation boursière seule, à l'exclusion de tout autre *corpus* de règles de droit privé. Le contrôle de la conformité d'une offre « *ne peut s'étendre à des questions extérieures* [à la conformité de l'offre], *relevant du droit des sociétés ou du droit privé des obligations, comme la responsabilité civile ou les sanctions d'éventuelles violations du droit des contrats* »[72].

A titre d'exemple, dans un arrêt du 5 juillet 2017, la Cour de cassation a jugé qu'« *il n'entre pas dans la mission de l'AMF, ni ne relève de la compétence de la Cour d'appel statuant sur les recours formés contre ses décisions, de se prononcer sur les violations éventuelles d'obligations dont les sanctions de droit privé n'entrent pas dans les mesures que l'autorité de marché est habilitée à prendre* »[73]. Dans un arrêt du 13 mars 2020, la Cour d'appel de Paris a ajouté que l'AMF n'avait pas davantage compétence pour se prononcer sur la régularité d'un accord, à l'aune des règles applicables aux conventions règlementées[74]. Plus récemment, la Cour d'appel de Paris a jugé que l'AMF n'avait pas le pouvoir d'apprécier la régularité d'une délibération d'un conseil d'administration au regard d'une situation de conflits d'intérêts en son sein, ou de contrôler le respect des règles de droit des sociétés en matière de conflit d'intérêts ou celles édictées par le code AFEP-MEDEF, ou encore par le règlement intérieur de la société cible[75].

Le contentieux de la conformité a donc montré que, si le processus décisionnel du Collège de l'AMF était encadré, son pouvoir décisionnel était également limité. Cela contraint ainsi les plaideurs à rechercher un autre régulateur de l'offre publique, en portant leur contestation devant le juge de droit commun, comme l'ont récemment montré les dossiers *Suez*[76] ou *EDF*[77].

ii. En matière de dérogation[78]

L'AMF dispose par ailleurs de la faculté d'accorder des dérogations à l'obligation de déposer une offre publique à la suite du franchissement de certains seuils prévus par la règlementation[79]. La dérogation est possible à titre temporaire pour six mois[80] ou dans les cas visés par le règlement général de l'AMF[81].

Le recours à l'encontre de la décision de dérogation portera tant sur des moyens de légalité interne qu'externe[82]. Son objet inclut notamment le fait « *de vérifier que celui-ci s'est prononcé conformément aux textes applicables en la matière* »[83].

Si le respect par le Collège des dispositions de son règlement intérieur dans le cadre du processus de décision est contrôlé par la Cour d'appel de Paris, cette dernière a récemment confirmé, dans un arrêt faisant aujourd'hui l'objet d'un pourvoi en cassation, sa liberté dans le processus aboutissant à la décision sur la dérogation. En effet, le Collège n'est « pas tenu de respecter le principe du contradictoire, ni celui de l'égalité des armes » et n'est pas « *tenu de prendre sa décision autrement*

71 - CA Paris, 27 oct. 1993, *JurisData* n° 1993-024218.

72 - N. Rontchevsky, *Contentieux des offres publiques d'acquisition : précisions sur la portée du contrôle juridictionnel exercé sur les décisions de l'autorité de marché, RTD com.* 2017. 662.

73 - Com. 5 juill. 2017, n° 15-2512, *Euro Disney*, préc.

74 - CA Paris, 13 mars 2020, n° 19/18934 et 19/189347, § 129, *Altran*, préc.

75 - CA Paris, 2 mai 2023, n° 22/19729, *EDF*, préc.

76 - D. Schmidt, *Les moyens d'action des minoritaires mécontents des défenses anti-OPA mises en place par la société cible, RDBF* n° 5, sept.-oct. 2021, dossier 23 ; J. Icard, *OPA, le droit commun de la consultation au secours des CSE, RDBF* n° 5, sept.-oct. 2021, dossier 24.

77 - S. Schiller, *Le tribunal de commerce de Paris n'invalide pas la décision du conseil d'administration d'EDF sur l'offre publique - T. com. Paris, 16 déc. 2022, n° 2022057083, JCP E* n° 15, 13 avr. 2023.

78 - V. notamment la section de cet ouvrage consacré aux dérogations (Chap. 3).

79 - C. mon. fin., art. L. 433-3, I.

80 - Règl. gén. AMF, art. 234-4.

81 - Règl. gén. AMF, art. 234-7, 234-8, 234-9, 234-10 et 235-3.

82 - CA Paris, 27 juin 2013, n° 2012/08248 et 2012/08324, conf. par Com. 25 nov. 2014, n° 13-21715, *Icade/SILIC* ; CA 25 janv. 2018, n° 2017/00810.

83 - Com. 28 mai 2013, n° 11-26.423.

que par l'examen des demandes, pièces et mémoires qui lui sont adressés ou dont elle peut demander la production »[84]. Cette solution s'inscrit dans la droite ligne de celle précédemment dégagée[85]. S'il peut convier toute personne à être entendue, il n'aurait ainsi aucune « *obligation d'entendre en séance toute personne intéressée par l'opération examinée qui en fait la demande* »[86].

1.2.2. Ce que l'AMF doit justifier, ce qu'elle peut écarter

La jurisprudence a eu également l'occasion de se prononcer sur la manière dont la décision de l'AMF devait s'exprimer : ce dont elle doit pouvoir justifier et ce qu'elle peut écarter.

i. En matière de conformité

La décision du Collège statuant sur la conformité obéit, comme tout acte administratif, à une exigence de motivation[87], qui permet non seulement à l'AMF d'assurer la bonne information du marché et de permettre le contrôle de sa décision par la Cour d'appel de Paris, mais aussi de servir de référence aux praticiens pour appréhender la pratique du régulateur en matière d'offres publiques.

Encore faut-il déterminer ce que cette exigence de motivation implique. La Cour d'appel de Paris a récemment rappelé qu'il appartenait au Collège « *d'énoncer les considérations de fait et de droit servant de fondement à sa décision, permettant aux personnes intéressées d'en comprendre la logique, le sens et la portée et à la juridiction de recours d'exercer son contrôle* »[88]. L'exigence de motivation est satisfaite dès lors que « *la décision de conformité énonce les éléments déterminants ayant conduit l'AMF à considérer que la note d'information et la note en réponse comportent les éléments exigés par son règlement général et précisés dans ses instructions, et en particulier, s'agissant des conditions financières de l'offre, que le rapport de l'expert indépendant sur le caractère équitable du prix de l'offre repose sur une analyse multicritères fondée sur des éléments pertinents, cohérents et adaptés à la situation de la société, comme le prévoit la recommandation AMF DOC-2006-15* »[89]. Ainsi, il suffit que les motifs de la décision permettent de comprendre « *les raisons pour lesquelles l'AMF a considéré que les travaux de l'expert étaient pertinents et cohérents* »[90].

La Cour d'appel de Paris vérifie si le régulateur a « *procédé* in concreto, *au contrôle approfondi des intérêts en présence dans l'opération projetée* »[91].

La décision du Collège statuant sur la conformité obéit, comme tout acte administratif, à une exigence de motivation, qui permet non seulement à l'AMF d'assurer la bonne information du marché et de permettre le contrôle de sa décision par la Cour d'appel de Paris, mais aussi de servir de référence aux praticiens pour appréhender la pratique du régulateur en matière d'offres publiques.

Cependant, l'exigence de motivation reste limitée par la jurisprudence. En effet, la Cour d'appel de Paris a rappelé que l'AMF n'a pas l'obligation de répondre à l'intégralité des critiques qui sont susceptibles d'avoir été formulées par les actionnaires à l'occasion de son examen du projet d'offre[92]. L'exigence de motivation ne saurait par ailleurs servir au plaideur à remettre en cause l'opportunité du

---

84 - CA Paris, 9 nov. 2023, n° 23/09249, § 173, § 174, § 209 et § 210 (décision faisant actuellement l'objet d'un pourvoi en cassation).

85 - Com. 28 mai 2013, n° 11-26423.

86 - CA Paris, 9 nov. 2023, n° 23/09249, § 175 (décision faisant actuellement l'objet d'un pourvoi en cassation).

87 - Règl. gén. AMF, art. 231-23, al. 2 ; CRPA, art. L. 211-2.

88 - CA Paris, 2 mai 2023, n° 22/19729, *EDF*, préc.

89 - CA Paris, 2 mai 2023, préc.

90 - CA Paris, 2 mai 2023, préc.

91 - CA Paris, 8 janv. 2015, n° 2013/23300, préc.

92 - CA Paris, 2 mai 2023, préc.

raisonnement du régulateur.

L'AMF n'a pas non plus à justifier de l'ensemble des documents qui ont pu conduire son Collège à prendre une décision. Si le régulateur peut faire l'objet, dans le cadre du recours, d'une demande tendant à la communication de l'entier dossier soumis au Collège dans le cadre de l'examen de la conformité, qu'aucun texte spécial ne prévoit pourtant[93], cette demande est en pratique rarement accueillie. Une demande tendant à la communication (notamment) des engagements des banques présentatrices, les évaluations auxquelles ces banques avaient procédé et la lettre de mission de l'expert indépendant a ainsi récemment été rejetée par les juges du recours. Ici encore, le rejet de la demande n'a pas été considéré comme portant atteinte au droit au recours effectif[94].

ii. En matière de dérogation

La dérogation donnée par l'AMF doit également être motivée ; exigence qui est satisfaite selon la Cour d'appel de Paris lorsqu'elle comporte « *l'énoncé des considérations de droit et de fait qui en constituent le fondement* », ce « *pour en comprendre la logique, le sens et la portée et, le cas échéant, en permettre son contrôle* »[95].

2. Le contentieux à l'ombre du contentieux de la conformité et de la dérogation

Si le contentieux de la conformité et de la dérogation, aujourd'hui bien connu, a permis de délimiter les contours du processus et du pouvoir décisionnel de l'AMF, il est limité aux seules décisions sur la conformité et la dérogation.

Au titre de ses missions, l'AMF est susceptible d'intervenir à toutes les étapes des offres publiques pour les réguler, à travers de multiples décisions et initiatives, qui peuvent se manifester sous différentes formes. L'enjeu pour les plaideurs est de pouvoir déterminer si elles valent décisions pouvant être déférées à la juridiction de recours. Tel est le cas si l'initiative de l'AMF fait grief en raison des effets qu'elle est susceptible d'entraîner.

Au cours des dernières années, un contentieux, plus inédit ou isolé, s'est développé dans l'ombre du contentieux de la conformité ou de la dérogation. D'autres possibles décisions et initiatives au statut plus ou moins incertain interrogent également sur les perspectives du contentieux des offres publiques.

2.1. Le contentieux inédit ou isolé

De façon plus inédite ou isolée, la Cour d'appel de Paris a eu l'occasion, au cours des dix dernières années, de connaître de plusieurs recours à l'égard de décisions du régulateur, autres que relatifs à la conformité et à la dérogation et portant tant sur (2.1.1) la nécessité de déposer, ou non, une offre publique, (2.1.2) le début de la période de préoffre que (2.1.3) sur la période postérieure à la décision de conformité. Ces décisions ont valu décisions individuelles susceptibles de recours, pouvant être déférées devant la Cour d'appel de Paris.

2.1.1. Les décisions sur la nécessité de déposer une offre publique

i. Le dossier* Bourrelier *(CA Paris, 26 nov. 2020, n° 20/050137) : la décision d'enjoindre un opérateur à déposer une offre publique de retrait

Dans un arrêt du 26 novembre 2020, la Cour d'appel de Paris a confirmé une décision de l'AMF faisant droit à la demande d'un actionnaire minoritaire de la société Bourrelier Group (anciennement Bricorama), requérant la mise en œuvre d'une offre publique de retrait sur le fondement de l'article 236-1 du règlement général de l'AMF. Sur ce fondement, l'AMF peut en effet imposer le dépôt d'un projet d'offre publique de retrait, sur demande d'un actionnaire minoritaire, lorsque certaines conditions sont remplies[96]. Le fait que cette

93 - Com. 28 mai 2013, n° 11-26.423, préc.

94 - CA Paris, 13 mars 2020, n° 19/18934 et 19/189347, *Altran*, préc

95 - CA Paris, 25 sept. 2014, n° 2013/16164 et 2013/15900.

96 - C'est le cas lorsque le ou les actionnaires majoritaires détiennent de concert, au moins 90 % des droits de vote d'une société dont les

décision soit susceptible de recours, reconnu de longue date[97], n'a pas fait l'objet d'un débat devant la Cour d'appel de Paris.

ii. Le dossier Financière Taulane *(Com. 30 août 2023, n° 21-21850) : la décision de refuser d'enjoindre un opérateur à déposer une offre publique d'acquisition obligatoire*

Dans un arrêt du 30 août 2023, la Cour de cassation s'est penchée sur le recours intenté, devant la Cour d'appel de Paris, par un plaideur à l'encontre d'une décision de l'AMF, aux termes de laquelle le régulateur s'était déclaré incompétent pour exercer son pouvoir d'injonction fondé sur l'article L. 621-14, II, du code monétaire et financier. Sur ce fondement, le Collège de l'AMF dispose en effet d'un pouvoir d'injonction lui permettant d'ordonner qu'il soit mis fin à tout manquement de nature à porter atteinte à la protection des investisseurs, au bon fonctionnement des marchés ; pouvoir non assorti d'une astreinte, et prenant la forme d'une décision publiée par l'AMF[98]. En l'occurrence, l'AMF s'était estimée incompétente au profit de son homologue luxembourgeoise, seule compétente, selon elle, pour apprécier la nécessité de déposer une offre publique obligatoire sur les titres d'une société dont le siège social était situé au Luxembourg (les titres étant admis aux négociations sur un marché réglementé français).

Dans ce dossier, c'est le refus d'exercice du pouvoir d'injonction qui a été attaqué. Initialement, le plaideur avait porté son contentieux devant les juridictions administratives, l'AMF opposant qu'il n'y avait pas eu « *décision* » susceptible de recours, en l'absence de grief. Le Conseil d'Etat a jugé qu'il y avait bien eu décision, le recours à l'encontre du refus relevant cependant des juridictions judiciaires[99].

De façon intéressante, le demandeur avait porté, sans succès, une demande additionnelle tendant à voir mettre en cause la responsabilité civile du régulateur pour ne pas avoir fait usage de ses prérogatives (aussi bien pour ne pas avoir exercé son pouvoir d'injonction que pour ne pas avoir ouvert une enquête pour sanctionner l'absence de dépôt d'une telle offre) et tendant à lui allouer une indemnisation. Cette demande, recevable, a été rejetée par la Cour d'appel de Paris dans un arrêt confirmé par la Cour de cassation[100].

2.1.2. Les décisions sur l'ouverture de la période de préoffre : le dossier *Suez/Veolia* (CA Paris, 11 févr. 2021, n° 20/138077)

Dans un arrêt du 11 février 2021, la Cour d'appel de Paris a déclaré recevable le recours de Suez à l'encontre du refus de l'AMF de constater l'ouverture d'une période de préoffre sur les titres Suez ; « *décision* » qui revêtait la forme d'une lettre exprimant la délibération du Collège. En l'espèce, l'AMF comme Veolia plaidaient pour l'irrecevabilité de ce recours dès lors que le refus d'ouverture n'aurait pas procédé d'une décision ; l'AMF indiquant quant à elle qu'il s'agissait en réalité d'une « *mesure administrative d'exécution* ». Selon l'AMF et Veolia, l'ouverture de la période de préoffre valait simple « *publication* » et « *mesure d'instruction* ». Suez rétorquait quant à elle que « *la notion de mesure administrative d'exécution du règlement général de l'AMF invoquée par l'AMF dans ses observations devant la Cour ne correspond à aucune catégorie juridique* ».

Pour déclarer recevable le recours de Suez, la Cour d'appel de Paris a jugé que le refus de constater l'ouverture d'une période de préoffre constituait bien une décision faisant « *directement grief à Suez* » compte tenu des effets produits[101], à savoir le déclenchement d'une part, d'une interdiction pour l'initiateur du

---

actions sont admises aux négociations sur un marché réglementé d'un État membre de l'Union européenne ou partie à l'accord sur l'Espace économique européen, y compris la France, ou ont cessé de l'être. L'AMF doit alors procéder aux vérifications nécessaires et décide de faire usage de ses prérogatives, « *au vu notamment des conditions prévalant sur le marché des titres concernés et des éléments d'information apportés par le demandeur* » (Règl. gén. AMF, art. 236-1).

97 - V., par ex. : Com. 6 mai 1996, n° 94-13708 (décision de l'AMF de refus de requérir).

98 - Sur la question du pouvoir d'injonction de l'AMF, v. notamment la section du présent ouvrage consacré au droit répressif des offres (Chap. 5).

99 - CE 3 avr. 2020, n° 422178 et conclusions de M. Stéphane Hoynck, rapporteur public, notant également que dans ce dossier, le refus avait été formalisé par un courrier du secrétaire général de l'AMF, et non par le Collège. La Cour d'appel de Paris n'est donc pas revenue sur la qualification de la décision par la suite.

100 - CA Paris, 1er juill. 2021, n° 20/08364, conf. Com. 30 août 2023, n° 21-21850.

101 - J. Granotier, *Offre publique de Veolia sur Suez : précisions sur les conditions d'ouverture d'une préoffre publique d'acquisition, Droit des sociétés n° 4*, avr. 2021, comm. 50.

projet d'offre d'intervenir sur les titres pendant cette période et d'autre part, d'obligations renforcées de déclaration des opérations sur ces titres.

L'arrêt du 11 février 2021 a été par ailleurs l'occasion de rappeler les contours du pouvoir de l'AMF en matière de début de la période de préoffre. Pour la Cour d'appel de Paris, la publication par l'AMF du projet d'offre n'est « *pas une simple faculté pour l'AMF, mais bien une obligation lorsqu'elle estime que l'information donnée au public entre dans les prévisions de l'article 223-34 et doit, en conséquence, donner lieu à une publication de sa part* »[102]. A cette occasion, l'AMF doit vérifier « *que ce communiqué mentionne les deux éléments nécessaires à l'ouverture d'une période de préoffre, que sont l'intention de déposer un projet d'offre et les caractéristiques de l'offre quant à sa nature et son prix ou sa parité* »[103].

2.1.3. Les décisions postérieures à la décision de conformité

i. La décision de retirer la décision de conformité, pour fraude alléguée : l'arrêt* Foncière de Paris *(CA Paris, 12 janv. 2017, n° 2016/17607)

Dans un arrêt du 12 janvier 2017, la Cour d'appel de Paris a jugé que le refus de retirer une décision de conformité pour fraude alléguée fait « *par nature, grief à toute personne ayant intérêt au retrait de cette déclaration de conformité* », si bien qu'elle est susceptible de recours. On sait que l'AMF dispose du droit de retirer sa décision de conformité d'une offre aux motifs qu'elle aurait été obtenue par fraude, sur le fondement du droit administratif[104]. Les défendeurs au recours et l'AMF, qui soutenaient respectivement que les lettres de refus (aussi appelés « avis ») ne consistaient qu'en une « *simple information* » et ne revêtaient pas « *un caractère décisoire* », ont vu ainsi débouter leur fin de non-recevoir opposée.

La Cour d'appel de Paris en a profité pour délimiter les contours du pouvoir de l'AMF en matière de retrait de la décision de conformité, en jugeant que l'AMF pourrait « *légitimement juger impossible de retirer une telle décision, bien qu'elle ait été obtenue par fraude, alors que l'offre déclarée conforme a abouti, compte tenu des répercussions d'un retrait non seulement pour les personnes qui ont font l'objet de la décision, mais pour toutes celles qui sont actives sur les marchés* »[105].

ii. La décision de mettre en œuvre le retrait obligatoire à la suite de la décision de conformité d'une offre publique de retrait : l'arrêt* Bel[106] *(Com. 15 mars 2023, n° 22-18869)

Par arrêt du 15 mars 2023, la Cour de cassation a eu à connaître d'un recours à l'encontre de la décision de conformité d'une offre publique de retrait. A cette occasion, la Haute juridiction a jugé que la décision se prononçant sur la conformité du retrait obligatoire était une décision distincte de celle visant à déclarer la conformité de l'offre publique de retrait[107].

Ces affaires récentes illustrent ainsi que l'intervention de l'AMF dans l'offre publique, qui ne serait exprimée que sous forme d'« avis » ou de simple « lettre », pourrait être qualifiée de décision sans pour autant en porter le nom. Elles montrent également que les plaideurs cherchent à censurer aussi bien l'action que l'inaction de l'AMF, par le biais d'un contentieux tant de l'annulation que de l'indemnisation, comme le dossier Financière de Taulane l'a illustré.

102 - CA Paris, 11 févr. 2021, n° 20/138077.

103 - CA Paris, 11 févr. 2021, préc.

104 - CRPA, art. L. 241-2.

105 - CA Paris, 12 janv. 2017, n° 2016/17607, *Foncière de Paris*, préc.

106 - Le cabinet Linklaters est le conseil de Bel et Unibel dans ce dossier.

107 - Com. 15 mars 2023, n° 22-18869, § 15, Bel, préc.

Dans l'hypothèse d'une offre publique suivie d'un retrait obligatoire, l'avis de l'AMF de mise en œuvre du retrait obligatoire, après qu'elle a constaté que la condition de seuil dudit retrait obligatoire est remplie au regard des résultats de l'offre, est ainsi une authentique « *décision* » de l'AMF.

2.2. Le contentieux inexistant ou incertain

Ces affaires récentes illustrent ainsi que l'intervention de l'AMF dans l'offre publique, qui serait exprimée sous forme d'« *avis* » ou de simple « *lettre* », pourrait être qualifiée de décision sans pour autant en porter le nom. Elles montrent également que les plaideurs cherchent à censurer aussi bien l'action que l'inaction de l'AMF, par le biais d'un contentieux tant de l'annulation[108] que de l'indemnisation, comme le dossier Financière de Taulane l'a illustré.

De fait, les textes donnent à l'AMF une multiplicité de moyens d'actions pour réguler l'offre, dont elle ne s'empare pas toujours (2.2.1). En outre, l'AMF peut aussi procéder par voie de communiqué (2.2.2). Cela amène à s'interroger sur les perspectives du contentieux de l'offre publique.

2.2.1. La multiplicité des possibles moyens d'actions de l'AMF, dont elle ne fait pas toujours usage

Les interventions, positives ou non, de l'AMF en matière d'offres publiques ne se réduisent pas aux seules interventions qui ont été évoquées ici plus haut. On sait que l'AMF peut, au titre de la règlementation, intervenir sous plusieurs formes dans l'offre publique.

Outre les pouvoirs qui ont d'ores et déjà été visés dans cette étude, l'AMF peut intervenir sur l'existence même, ou l'absence, de l'offre à travers d'autres moyens d'actions tels que la décision de faire usage du dispositif anti-rumeurs[109] ou encore l'autorisation temporaire de franchissement de seuils[110].

En vertu du code monétaire et financier et du règlement général de l'AMF, l'AMF peut également – outre ce qui a déjà été énoncé – influer sur le cours de la préoffre et l'offre, à travers de très nombreux mécanismes dont elle ne s'empare d'ailleurs pas toujours (sans que la liste n'ait une vocation exhaustive, l'AMF procédant par ailleurs à des publications, par exemple sur le résultat des offres[111] ou les déclarations qui lui sont transmises[112]) :

- la demande à l'entreprise de marché assurant le fonctionnement du marché règlementé de suspendre la négociation des titres visés par le projet d'offre ou d'autres titres concernés par le projet d'offre[113] ;
- la fixation du calendrier de l'offre publique, comprenant les dates d'ouverture, de clôture et de publication[114] ou encore de réouverture[115] ;
- la prorogation de la date de clôture de l'offre pendant toute sa durée[116], par exemple en cas de recours ou de surenchère (avec dans un tel cas, la possibilité de rendre nuls et non avenus les ordres de présentation des titres en réponse à l'offre ou aux offres)[117] ;
- la fixation d'un calendrier pour le dépôt de surenchères successives[118] ou le recours à un dispositif de dernière surenchère[119] ;
- l'information donnée à l'initiateur ou la société visée sur une omission ou inexactitude significative, emportant obligation d'y apporter les rectifications nécessaires[120] ;

108 - Certains recours étant assortis d'une demande subsidiaire de réformation (V. : CA Paris, 11 févr. 2021, n° 20/138077, préc.).

109 - C. mon. fin., art. L. 433-1, V ; Règl. gén. AMF, art. 223-32.

110 - Règl. gén. AMF, art. 234-4.

111 - Règl. gén. AMF, art. 231-35.

112 - Règl. gén. AMF, art. 231-48.

113 - Règl. gén. AMF, art. 231-15.

114 - Règl. gén. AMF, art. 231-32.

115 - Règl. gén. AMF, art. 232-4.

116 - Règl. gén. AMF, art. 231-34. – V. aussi : Règl. gén. AMF, art. 231-30.

117 - Règl. gén. AMF, art. 232-8.

118 - Règl. gén. AMF, art. 232-12.

119 - Règl. gén. AMF, art. 232-13.

120 - Règl. gén. AMF, art. 231-29.

• l'opposition à la désignation d'un expert indépendant dans certains cas ou la demande de désignation d'un expert différent (l'AMF se voyant soumettre l'identité de l'expert envisagé, lorsque la société visée n'est pas en mesure de constituer le comité *ad hoc*, avant de se prononcer)[121] ;

• l'autorisation de la renonciation à l'offre[122] ;

• la décision d'exiger de toute personne qu'elle prenne des mesures pour réduire le volume de sa position ou de son exposition sur un instrument financier[123] ; ou encore

• la déclaration publique mentionnant toute personne responsable d'un manquement aux règles applicables[124].

De manière générale, l'AMF vérifie également la communication envisagée autour de l'offre, l'AMF se voyant, en pratique, soumettre l'intégralité des communiqués avant publication. Elle peut, par exemple, demander d'y inclure un avertissement sur certaines caractéristiques exceptionnelles qu'elle présenterait[125]. Elle peut aussi solliciter des informations complémentaires sur les déclarations qui lui sont faites[126].

La multiplicité des moyens d'actions dont dispose en réalité l'AMF pour réguler l'offre, dont elle ne s'empare pas toujours, ou peu (le dispositif anti-rumeurs n'a, par exemple, à notre connaissance, été utilisé qu'une seule fois au cours des dix dernières années[127]), sont autant de manifestations du pouvoir de régulation de l'AMF. Elles interrogent de fait sur les virtualités du contentieux de l'offre publique.

A notre connaissance, l'usage qui aurait été fait des moyens d'actions décrits plus haut n'a pas été déféré devant la Cour d'appel de Paris, à tout le moins dans les dix dernières années ; à l'exception de décisions sur le calendrier. En 2014, a été confirmé un arrêt de la Cour d'appel de Paris jugeant que la « décision », intitulée telle quelle, déclarant ouverte l'offre publique et en fixant le calendrier n'était pas indissociable de la déclaration de conformité et n'était donc pas une décision susceptible de recours[128].

2.2.2. Les communiqués de l'AMF

Une autre forme d'interventionnisme de l'AMF a été récemment observée, même si elle avait déjà pu se manifester par le passé.

Ainsi, dans l'affaire *Suez/Veolia*, l'AMF a exprimé, par communiqué du 2 avril 2021, sa position sur les mesures défensives mises en œuvre, en rappelant l'« *importance du respect de plusieurs principes fondamentaux dans le déroulement de l'offre* ». L'AMF a souhaité, quelques mois plus tard, publier des précisions sur son rôle dans cette affaire, à l'occasion desquelles elle a rappelé qu'« *à plusieurs reprises au cours de son histoire, le régulateur boursier est intervenu, dans le cadre d'offres publiques, pour rappeler certains principes fondamentaux* ». Selon elle, une telle intervention ne serait donc pas inédite[129].

Commentant le communiqué de l'AMF dans le dossier *Suez/Veolia*, un auteur relevait le statut incertain de ces prises de position publiques du régulateur[130].

---

121 - Règl. gén. AMF, art. 261-1-1.

122 - Règl. gén. AMF, art. 232-11.

123 - C. mon. fin., art. L. 621-13-6, I.

124 - C. mon. fin., art. L. 621-13-9.

125 - Règl. gén. AMF, art. 231-36.

126 - Règl. gén. AMF, art. 231-46, 231-47 et 231-51.

127 - Ce dispositif a été mobilisé à plusieurs reprises par l'AMF depuis 2006. C'est notamment dans le cadre des offres sur *Technip* (2006), *Euro Disney* (2006), *Suez* (2007), *Zodiac* (2010) et *Club Méditerranée* (2014), dernier dossier dans lequel il a été utilisé à notre connaissance.

128 - CA Paris, 27 juin 2013, n° 2012/08248 et 2012/08324 ; confirmé par : Com. 25 nov. 2014, n° 13-21715, SILIC, préc.). Par ailleurs, la Cour d'appel de Paris a accepté de se prononcer sur la demande de sursis à exécution de la décision de l'AMF relative au visa d'une note d'information complémentaire rectifiant le calendrier d'une opération d'augmentation de capital avec maintien du droit préférentiel de souscription (CA Paris, 27 sept. 2017, n° 2017/17361).

129 - AMF, Précisions sur le rôle de l'Autorité des marchés financiers dans le cadre de l'offre publique initiée par Veolia sur Suez, 18 mai 2022, p. 10.

130 - « *On sait d'expérience l'influence de telles prises de position publiques, même empruntant des formes non directement contraignantes, au statut juridique indéterminé, qui résulte d'un choix délibéré de l'Autorité, lequel se veut adapté à l'objectif recherché* » (A. Pietrancosta, *Affaire Veolia c/ Suez : de la contestation des principes généraux du droit des OPA comme limites aux moyens défensifs des sociétés cibles, RDBF* n° 5, sept.-oct. 2021, dossier 25) ; L. Richer, *L'autorité de régulation et la hiérarchie des normes, Une étude de cas (Veolia/Suez), JCPE* 2022. 134 ; D. Martin, *L'incessibilité ou la cession d'actifs d'une société cible d'une offre publique est-elle possible et dans quelles conditions, RDBF* n° 5, sept. 2021, dossier 21.

Ces initiatives ne manquent pas d'interroger : dans quelle mesure les communiqués et prises de position du régulateur sont-ils susceptibles de recours, par et devant qui ?

A l'occasion d'un contentieux qui s'était noué, non pas autour d'une offre publique mais de la publication par l'AMF d'un communiqué de mise en garde sur la distribution d'un produit d'investissement immobilier, le Conseil d'Etat a rendu, en 2016, en Assemblée, un arrêt Fairvesta, aux termes duquel il a jugé que le droit souple produit par le régulateur était attaquable par recours en excès de pouvoir. Ainsi, les « *avis, recommandations, mises en garde et prises de position adoptés par les autorités de régulation dans l'exercice des missions dont elles sont investies, peuvent être déférés au juge de l'excès de pouvoir lorsqu'ils revêtent le caractère de dispositions générales et impératives ou lorsqu'ils énoncent des prescriptions individuelles dont ces autorités pourraient ultérieurement censurer la méconnaissance* »[131]. Un an plus tôt, le tribunal des conflits avait jugé dans ce dossier que seules les juridictions administratives étaient compétentes pour connaître des recours contre les communiqués publiés par l'AMF à l'intention des investisseurs et épargnants, dans le cadre de sa mission de service public, et non la Cour d'appel de Paris, sur le fondement de l'article L. 621-30 du code monétaire et financier[132].

Un auteur montre aussi la potentialité du contentieux administratif à l'égard des « *actes des autorités de régulation qui, sans être formellement juridiquement contraignants, ont en réalité une force prescriptive très grande pour les acteurs concernés, de par la volonté même de leurs auteurs* »[133]. Une thèse sur les principes directeurs des offres publiques, très récemment soutenue à l'université Panthéon-Assas, observe également que le recours à l'instrument du droit souple, par le régulateur financier, « *pourrait aboutir à créer de nouveaux contentieux* »[134].

**

Perspectives

Ce qui forme la source de la pratique décisionnelle de l'AMF interroge les praticiens, mais aussi les juridictions judiciaires.

> **Le praticien du droit des offres publiques est donc invité à reconnaître l'existence d'une « décision » de l'AMF dès qu'elle se manifeste, s'il souhaite pouvoir la contester dans les délais idoines.**

On l'a vu tout au long de cette contribution : la définition même de ce qu'est une décision de l'AMF en matière d'offres publiques fait l'objet de contentieux, la Cour d'appel de Paris jugeant que des « *lettres* » ou « *avis* » peuvent valoir d'authentiques décisions sans en porter le nom. Le praticien du droit des offres publiques est donc invité à reconnaître l'existence d'une « *décision* » de l'AMF dès qu'elle se manifeste, s'il souhaite pouvoir la contester dans les délais idoines. D'autres initiatives récentes du régulateur (qui ne sont pas pour autant inédites) continuent encore à interroger les praticiens, ce qui pourraient offrir de nouvelles perspectives au contentieux de l'offre publique.

On l'a vu aussi : le contentieux des offres publiques délimite les contours du processus et du pouvoir décisionnels de l'AMF, en même temps qu'il façonne le droit des offres publiques. La jurisprudence a ainsi pu décider que l'AMF n'était pas compétente pour se prononcer sur des questions extérieures aux offres publiques notamment celles relevant du droit privé des

---

131 - CE 21 mars 2016, n° 368082, § 4. Dans un contentieux autre que l'offre publique, le Conseil d'Etat a par ailleurs jugé, le 2 avr. 2021, que « *l'AMF et l'ACPR disposent, s'agissant de l'usage des prérogatives qui leur ont été conférées pour l'accomplissement de leurs missions, d'un large pouvoir d'appréciation* » et qu'il « *leur est loisible, dans ce domaine comme dans tout autre domaine relevant de leurs attributions, de rendre publiques les orientations qu'elles ont arrêtées pour l'exercice de leurs pouvoirs* ». (CE 2 avr. 2021, n° 448415).

132 - TC, 16 nov. 2015, n° C4026, Fairvesta. Le tribunal des conflits a en effet jugé que de tels communiqués ne constituaient pas des décisions individuelles au sens de l'art. L. 621-30 C. mon. fin., et qu'il appartenait à la juridiction administrative (plutôt que la Cour d'appel de Paris) de connaître de la demande tendant à l'annulation des communiqués litigieux et du refus de les rectifier.

133 - F. Raynaud., Le juge administratif et la compliance, Régulations et Compliance, *La juridictionnalisation de la compliance*, Dalloz 2023.

134 - H. Nadjar, *Les principes du droit des offres publiques d'acquisition*, thèse présentée et soutenue publiquement le 6 déc. 2023. En l'occurrence, est visée la recommandation.

sociétés, des contrats ou des obligations[135].

D'un point de vue très pratique, ce contentieux reste pourtant décevant pour ceux qui se veulent être les censeurs du régulateur : comme il a été dit, on peine en effet à identifier des précédents de censure, par le juge du recours, de décisions de l'AMF. Et puisqu'il paraît presque toujours voué à l'échec, le contentieux de l'offre publique a-t-il véritablement pour effet utile de réguler le régulateur, ou ce contentieux est-il lui-même régulé par le juge de recours, dans un souci de sécurité juridique ?

La régulation de l'AMF par le contentieux, ou par la menace du contentieux, pourrait ne se manifester que discrètement, par le simple effet de ses potentialités. Le simple risque de voir son pouvoir de régulation décrédibilisé auprès du marché impose à l'évidence au régulateur de respecter scrupuleusement la règlementation et les limites de ses pouvoirs. L'AMF sait qu'au procès de son action et de son inaction, elle peut être appelée à justifier tantôt de son interventionnisme tantôt de sa passivité. De fait, l'AMF ne peut que vouloir éviter ce contentieux, dont la simple existence est porteuse d'insécurité juridique pour le marché. Pour éviter son existence même, l'AMF joue aussi un rôle de « *médiateur* » de l'offre publique contentieuse, en tentant de concilier les intérêts en présence, dans la mesure du possible, en amont de son processus décisionnel. C'est l'objet, par exemple, de l'organisation d'une phase de contradictoire dans le processus d'expertise indépendante[136].

Une question n'a pas été abordée dans le cadre de cette étude sur la pratique décisionnelle de l'AMF : celle de son opposabilité.

En réalité, le contentieux de l'offre publique amène les parties à débattre de la source de la pratique décisionnelle de l'AMF (y'a-t-il eu une décision du régulateur susceptible de recours et devant qui ?) et de ses limites (la décision du régulateur a-t-elle été prise au terme d'un processus régulier et entrait-elle dans ses pouvoirs ?), mais aussi de sa constance (la décision du régulateur est-elle en ligne avec ce qu'il avait précédemment décidé ?).

L'AMF sait qu'au procès de son action et de son inaction, elle peut être appelée à justifier tantôt de son interventionnisme tantôt de sa passivité. De fait, l'AMF ne peut que vouloir éviter ce contentieux, dont la simple existence est porteuse d'insécurité juridique pour le marché.

En amont de l'offre publique, la pratique décisionnelle de l'AMF est mise en avant par les praticiens auprès des services de l'AMF. En aval, elle est également invoquée devant les juridictions judiciaires à l'appui ou en défense d'un recours à l'encontre des décisions de l'AMF[137], y compris par le ministère public[138]. C'est la « *pratique décisionnelle constante* » du régulateur que la Cour d'appel de Paris a examinée dans sa dernière décision rendue en matière d'offre publique, faisant actuellement l'objet d'un pourvoi[139]. Son existence même reste complexe à démontrer dans le « *paysage accidenté* »[140] du droit des offres publiques : la matière est casuistique, déterminée par des faits d'espèce propres et en proie à une constante évolution règlementaire. La Cour d'appel de Paris a d'ailleurs jugé, dans l'affaire qui vient d'être citée, que des requérants opposaient en vain une précédente décision du Collège de l'AMF, « *dans la mesure où les circonstances factuelles différaient* »[141].

135 - V. CA Paris, 16 sept. 2003, n° 2003/6260 et n° 2003/625, *ADAM et autres c/ S.A. Legrand et S.A.S. FIMAF* ; CA Paris 27 juin 2013, n° 2012/08324, *ADAM et SMA Vie BTP c/ AMF, SILIC, et Icade* ; CA Paris, 13 mars 2020, n° 19/189347, *ADAM c/ Altran Technologies et Capgemini*.

136 - V. notamment la section du présent ouvrage consacrée à la contestation en amont de la décision (Chap. 5).

137 - CA Paris, 24 mars 2022, n° 21/21745.

138 - CA Paris, 2 mai 2023, n° 22/19729, *EDF*, préc.

139 - CA Paris, 9 nov. 2023, n° 23/09249, § 279 (décision faisant l'objet d'un pourvoi en cassation) ; V. aussi, pour l'emploi de l'expression « *pratique décisionnelle* » : CA Paris, 29 avr. 2014, n° 2013/15177.

140 - Il est renvoyé sur ce point à la contribution de Marie-Noëlle Dompé, *L'inflation législative et réglementaire* : *l'inexorable montée des eaux*, dans cet ouvrage.

141 - CA Paris, 9 nov. 2023, n° 23/09249, § 299 (décision faisant l'objet d'un pourvoi en cassation).

Il y a pourtant un enjeu évident pour les praticiens à pouvoir opposer au régulateur sa pratique décisionnelle, dans l'hypothèse où ce dernier voudrait s'en départir. C'est donc vers les praticiens publicistes qu'on voudrait pouvoir se tourner pour finir : alors que l'AMF n'est pas, en matière d'offres publiques, un juge[142] mais une autorité habilitée à prendre des décisions administratives individuelles[143], dont la cohérence et la constance sont recherchées par le marché, le droit public lui permettrait-il de procéder par voie de revirement ou de se contredire au détriment d'autrui ?

---

142 - Dans un arrêt du 2 avr. 2021, la Cour de cassation a jugé en Assemblée plénière que « *l'exigence de sécurité juridique ne consacre (...) pas un droit acquis à une jurisprudence figée, et un revirement de jurisprudence, dès lors qu'il donne lieu à une motivation renforcée, satisfait à l'impératif de prévisibilité de la norme* » (Ass. Plén., 2 avr. 2021, n° 19-18814, § 9).

143 - CA Paris, 16 sept. 2003, *JurisData* n° 2003-221173.

par **Catherine Maison-Blanche**,
Senior Consultant, A&O Shearman

Les offres publiques obligatoires

Le régime des offres publiques obligatoires a été introduit en droit français par la loi nº 89-531 du 2 août 1989 relative à la sécurité et à la transparence du marché financier. Le principe de l'obligation a été renforcé par les dispositions de la directive nº 2004/25/CE du Parlement européen et du Conseil du 21 avril 2004 concernant les offres publiques d'acquisition (directive OPA) qui imposent aux États membres de prendre les mesures nécessaires pour assurer la protection des détenteurs de titres d'une société dont les actions sont admises sur un marché réglementé en cas de prise de contrôle, par la mise en œuvre d'une offre publique comportant un prix « équitable ». La présente section vise à décrire dans le détail les règles applicables, aussi bien en matière de champ d'application de l'obligation, de seuils générateurs, en ce compris la manière dont se calculent ces seuils, la notion d'action de concert étant clé dans le cadre des agrégations de participations. Il traite également des dérogations en cas de franchissement indirect reposant sur la qualification d'actif essentiel de la participation cotée. Il fait enfin le point sur les particularités attachées à ce type d'offres comparées aux offres volontaires (conditions financières et procédure de mise en œuvre).

Il existe une multiplicité de cas pouvant engendrer une obligation de déposer un projet d'offre. Nous nous concentrerons ici sur les offres publiques obligatoires entrant dans le cadre de stratégies de prises de contrôle. Nous ne traiterons pas par conséquent des situations d'offres obligatoires susceptibles de s'imposer aux actionnaires déjà contrôlants en suite (i) d'une décision prise par les organes d'administration ou de direction de la société cotée, susceptible d'affecter les droits et intérêts des minoritaires[1] ou (ii) d'une situation d'illiquidité engendrant des difficultés pour sortir du capital dans des conditions normales de marché, le ou les minoritaires pouvant alors requérir auprès de l'AMF le dépôt par le contrôlant d'une offre publique de retrait[2].

L'obligation de déposer une offre publique entrave la liberté contractuelle et porte atteinte au droit de propriété ce qui explique que son fondement ne puisse résulter que de la loi[3]. Le législateur a cependant renvoyé à l'Autorité des marchés financiers – AMF, le soin de fixer les règles permettant de mettre en œuvre

L'obligation de déposer une offre publique entrave la liberté contractuelle et porte atteinte au droit de propriété ce qui explique que son fondement ne puisse résulter que de la loi.

1 - Règl. gén. AMF, art. 236-5 et 236-6 (offres de retrait exigées par l'AMF en suite d'un examen des conséquences de ces décisions sur les droits et intérêts des minoritaires).

2 - Règl. gén. AMF, art. 236-1

3 - *RTD com.* 1998. 890, obs. Rontchevsky - lequel juge que les procédures d'offres publiques obligatoires créent des « *obligations dérogatoires aux dispositions du code civil [notamment C. civ., art. 1128] et ne peuvent résulter que de prescriptions légales expresses et impératives* ». En effet, nous noterons que l'offre publique s'analyse au regard du droit des obligations comme une offre de contracter, une pollicitation, qui en droit commun suppose une volonté librement consentie de l'offrant de contracter si son offre rencontre l'acceptation. En l'occurrence à des fins de protection des actionnaires (possibilité de sortie si modification du contrôle de la société), il est imposé légalement à une personne de formuler l'offre de contrat, la liberté de consentement se trouvant alors affectée. De même, le droit de propriété constitutionnellement protégé est basé sur la liberté d'acquérir et de conserver, liberté disparaissant quand on se voit contraint du fait d'un accroissement de détention de titres de capital ou de droits de vote de désintéresser l'ensemble de la communauté actionnariale.

les principes légalement définis. Les agents économiques doivent avoir à l'esprit cet ordonnancement normatif lorsqu'ils analysent les dispositions ayant trait à l'offre obligatoire. Le pouvoir de l'AMF est borné par la loi. L'AMF agit dans le cadre des compétences déléguées par le législateur, aussi bien en tant que régulateur (édiction de la norme de niveau inférieur), qu'en tant que responsable de l'application des textes. L'AMF est tenue de demeurer dans son domaine de compétence sous le contrôle du juge.

L'obligation n'est pas absolue et peut faire l'objet de dérogations accordées par l'AMF sous réserve que les demandes présentées correspondent à un des cas visés par le règlement général de l'AMF. Ce règlement a fixé précisément et limitativement les cas de dérogation ; l'AMF garde cependant une marge d'appréciation pour consentir ou non l'exemption sollicitée, sous réserve de motiver soigneusement sa décision.

Les situations dans lesquelles un actionnaire peut se voir imposer de proposer aux autres bailleurs de fonds, la faculté de sortir du capital contre versement d'un prix, ou remise d'un titre liquide (ou selon une proposition combinant ces deux modes de paiement) sont les suivantes :

1) **franchissement direct** seul ou de concert d'un seuil d'offre publique obligatoire dans le capital ou les droits de vote de la société cotée ;

2) **franchissement indirect**, seul ou conjointement, d'un seuil d'offre publique obligatoire dans le capital ou les droits de vote de la société cotée.

La notion de franchissement indirect recouvre la prise de contrôle seul ou conjointement d'une entité (de droit français ou de droit étranger, cotée ou non), disposant elle-même à titre direct ou indirect d'une participation dans une société cotée. Celui qui prend ainsi le contrôle (le Preneur de Contrôle) de cette entité peut être amené à dépasser indirectement un seuil d'offre obligatoire dans une société cotée.

Le franchissement indirect du seuil d'offre obligatoire présente de nombreuses particularités :

• (i) en premier lieu parce que l'obligation est applicable selon la qualification de la participation cotée détenue par l'entité dont le contrôle est pris. Il convient, pour que l'obligation soit constituée, que la participation dans la société cotée de l'entité ou des entités (si la chaîne de contrôle est composée de plusieurs maillons) représente un actif essentiel entrant dans le périmètre des entités dont le contrôle est pris. Cette qualification s'est précisée au fil des décisions de l'AMF et des arrêts des juges compétents à la suite de recours ;

• (ii) en second lieu, un franchissement indirect d'un seuil d'offre publique obligatoire (au sens des dispositions légales françaises) dans le capital et les droits de vote d'une société cotée sur un marché reconnu, qu'elle soit de droit français ou de droit étranger, consécutivement à une prise de contrôle résultant d'une offre déposée sur une société de droit français cotée sur un marché réglementé (la Société Visée), peut contraindre l'initiateur à un engagement de s'acquitter d'une proposition de sortie en direction des actionnaires de la société dans laquelle la Société Visée détient une participation supérieure à 30 %. Cette contrainte à l'instar du cas i) s'applique pour autant que cette participation constitue un actif essentiel de la Société Visée de droit français. Nous verrons plus loin selon quels raisonnements ;

• (iii) en plus de ces situations de franchissement direct ou indirect du seuil d'offre obligatoire, le dépôt d'offres dites de retrait peut également être imposé mais à des actionnaires disposant d'ores et déjà du contrôle d'une société dont les actions sont admises sur un marché réglementé. Nous évoquons ces cas d'offres de retrait imposées au contrôlant dans certaines occurrences par souci d'exhaustivité (v. ci-dessus) ; elles ne feront plus l'objet par la suite de développements particuliers.

1. L'Obligation

1.1. Sources et champ de l'obligation

1.1.1. Les sources

La loi et le règlement général de l'AMF

L'instauration d'un régime d'offre obligatoire ne s'est pas imposée d'emblée dans l'édifice normatif.

On sait qu'à partir du moment où une société fait offre au public de ses titres financiers[4], son capital se trouve dispersé entre une multitude d'actionnaires ayant l'opportunité en cas d'admission de ces titres sur un marché de librement les échanger. Il convient pour que ledit marché fonctionne correctement qu'il n'y ait pas d'asymétrie d'information entre investisseurs et qu'un *corpus* de règles leur garantisse des droits de sortie ou de liquidité dans certaines occurrences. Ces garanties conditionnent la protection des actionnaires, et par conséquent leur confiance dans les marchés ; et de là, la capacité de ces derniers à drainer l'investissement dans le capital des sociétés qui y font admettre leurs titres.

Longtemps, la réglementation des offres publiques sous la supervision de la Commission des opérations de bourse et du Conseil des bourses de valeurs, s'est cantonnée en cas de prise de contrôle d'une société cotée par voie d'offre d'acquisition à l'organisation d'une procédure visant à assurer une loyauté entre acteurs, une égalité d'information et un équilibre des intérêts en présence.

Il était un seul cas où un désintéressement de la totalité des minoritaires était exigé, ceci au travers d'une procédure dénommée « garantie de cours ». La garantie de cours était l'unique cas d'offre obligatoire. Cette procédure était applicable en cas de franchissement du seuil de la majorité en capital ou en droits de vote, au résultat d'une stratégie d'acquisition spécifique, c'est-à-dire à la suite de l'acquisition d'un ou de bloc(s) de titres (auprès d'un ou de plusieurs cédants).

Toute acquisition ou projet d'acquisition d'un bloc de titres conférant la majorité du capital ou des droits de vote obligeait l'acquéreur à se porter acheteur des titres des minoritaires au prix auquel la cession du bloc était ou devait être réalisée (prévalence de la notion d'égalité entre actionnaires par rapport à toute autre considération).

L'objectif poursuivi visait donc à assurer une identité de traitement des actionnaires sans nécessité d'entrer dans l'exercice d'appréciation du prix offert sur la base de l'évaluation multicritères de la société visée. En effet, la négociation entre l'acquéreur et le cédant du prix du bloc de contrôle majoritaire présumait aux yeux du régulateur un prix de sortie équitable. Cette présomption reposait sur la confiance en la capacité des cédants d'obtenir de leur acquéreur le paiement « d'un juste prix » reflétant la valeur de la société cédée, majoré d'une prime, en considération de la majorité obtenue (prime de contrôle).

Longtemps, la réglementation des offres publiques sous la supervision de la Commission des opérations de bourse et du Conseil des bourses de valeurs, s'est cantonnée en cas de prise de contrôle d'une société cotée par voie d'offre d'acquisition à l'organisation d'une procédure visant à assurer une loyauté entre acteurs, une égalité d'information et un équilibre des intérêts en présence.

On le verra lorsque l'on abordera les règles qui régissent les conditions financières de l'offre obligatoire, c'est toujours aujourd'hui le principe d'égalité de traitement que ces règles tendent à sécuriser, mais selon un prisme désormais élargi et plus exigeant.

Par la suite, le régime des offres publiques obligatoires a été véritablement introduit en droit français par la loi n° 89-531 du 2 août 1989 relative à la sécurité et à la transparence du marché financier. Cette introduction était destinée à éviter les prises de contrôle rampantes, par ramassage en bourse et donc à mieux protéger les intérêts des actionnaires minoritaires. En effet, le législateur avait pu constater des stratégies de contournement de la procédure de garantie de cours, consistant

4 - Faire appel public à l'épargne disait-on avant que l'ordonnance du 22 janv. 2009 ne substitue à cette notion d'appel public à l'épargne, les notions ressortant du règlement européen Prospectus, d'« offre au public de titres financiers » d'une part, d'« admission aux négociations sur un marché réglementé » d'autre part.

à s'approcher du seuil de la majorité (parfois au résultat de la négociation de blocs avec des tiers cédants), et à continuer une fois ce seuil approché, à n'acquérir que de petites quantités en bourse en évitant ainsi que l'acquisition de la majorité découle exclusivement de l'appropriation de tels bloc auprès d'actionnaires identifiés qui seule était génératrice de cette procédure obligatoire.

On voyait donc des acteurs habiles acquérir le contrôle sans possibilité pour la cible de se défendre, et des actionnaires minoritaires être confrontés à une modification de ce contrôle avec les changements potentiels de stratégie qui l'accompagnent, sans que leur soit offerte une opportunité de désinvestir de la société à des conditions dont l'équité était contrôlée par le régulateur.

La voie de l'offre obligatoire étant tracée de longue date par le Royaume Uni au travers du City Code lequel imposait le lancement d'une offre, une fois franchi le seuil de 30 % des droits de vote, la réglementation britannique considérée en Europe comme la plus aboutie car apte à discipliner efficacement le fonctionnement de marchés matures, a alors inspiré le législateur français.

Comme indiqué d'emblée en introduction, l'obligation d'offre ne peut être inscrite que dans un texte de loi, celle-ci affectant en effet des droits garantis par la Constitution : liberté contractuelle et droit de propriété.

Les changements de propriété du capital guidés au regard du droit commun par la seule rencontre des volontés, celles du vendeur et de l'acheteur, sont susceptibles pour les sociétés cotées d'engendrer pour l'acquéreur une obligation exorbitante de droit commun : financer, en raison d'une offre publique imposée, le coût potentiel de l'acquisition de la totalité du capital et des titres donnant accès à ce capital qu'il ne détient pas, en ce compris la partie dont il n'a pas particulièrement revendiqué la propriété, et au surplus à des conditions telles que la proposition puisse être déclarée conforme par l'AMF.

L'instauration d'une telle exigence ne peut être que du ressort du législateur, en sa qualité de garant d'un ordre public économique. C'est le code monétaire et financier (applicable à toute personne physique ou morale, de droit français ou non) qui accueille aujourd'hui les dispositions pertinentes.

L'obligation d'offre ne peut être inscrite que dans un texte de loi, celle-ci affectant en effet des droits garantis par la Constitution : liberté contractuelle et droit de propriété.

L'article L. 433-3 du code monétaire et financier introduit non seulement le principe de l'obligation, mais aussi fixe : (i) le champ de l'obligation (quelles sociétés cotées ?), (ii) les seuils déclenchants (quels seuils[5] ?), (iii) les modalités de calcul (règles d'agrégation, prise en compte du sous-jacent de certains instruments dérivés) et (iv) la sanction en cas de non-respect de l'obligation.

A l'intérieur de ce cadre, le législateur délègue au régulateur (l'AMF[6]) le pouvoir de déterminer certaines dispositions d'application.

Les règles déléguées comprenant le régime dérogatoire, même cantonnées, recouvrent un vaste champ d'intervention de l'AMF en vue d'assurer le respect de l'obligation.

Ainsi l'article L. 433-4 du code monétaire et financier renvoie au règlement général de l'AMF (chapitre IV du Titre 3 du Livre II du Règl. gén. AMF) le soin de fixer :

- les modalités de calcul des seuils d'offre publique obligatoire et notamment la liste précise des accords ou instruments financiers mentionnés au 4° du I de l'article L. 233-9 du code de commerce qui doivent être pris en compte pour la détermination de ces seuils (énumération en particulier des contrats dérivés dénouables en

5 - Avant les modifications apportées au dispositif par la loi de régulation bancaire et financière du 22 oct. 2010, c'était le Règl. gén. AMF qui fixait le seuil de déclenchement de l'offre obligatoire en application de l'art. L. 433-3 C. mon. fin.

6 - Autorité publique indépendante dotée de prérogatives de puissance publique comme dit antérieurement.

physique - c'est-à-dire en actions -, et dont le sous-jacent sera pris en compte pour déterminer le numérateur aux fins du calcul des seuils déclenchants) (Règl. gén. AMF, art. 234-1) ;

- les critères et les circonstances dans lesquels l'initiateur peut s'exonérer en cas d'obligation d'offre, de la règle du prix « plancher » fixé par la loi (c'est-à-dire le plus haut prix payé par l'initiateur dans les douze mois précédant le fait générateur de l'obligation) (Règl. gén. AMF, art. 234-6) ;

- les conditions dans lesquelles l'AMF peut accorder une dérogation à l'obligation de déposer un projet d'offre publique portant sur des instruments financiers émis par une société dont le siège social est établi en France et dont les instruments financiers sont admis aux négociations sur un marché réglementé (Règl. gén. AMF, art. 234-4 et 234-7 à 243-10) ; et

- les conditions dans lesquelles tout projet d'offre publique déposé (offre initiale) doit, lorsque l'offre porte sur une société qui détient plus des trois dixièmes du capital ou des droits de vote d'une société française ou étrangère dont des titres de capital sont admis aux négociations sur un marché réglementé d'un Etat partie à l'accord sur l'Espace économique européen ou sur un marché équivalent régi par un droit étranger et qui constitue un actif essentiel de la société détentrice, être accompagné des documents permettant de prouver qu'un projet d'offre publique irrévocable et loyale (l'offre dérivée) est, ou sera déposé, sur l'ensemble du capital de ladite société française ou étrangère, au plus tard à la date d'ouverture de l'offre initiale (Règl. gén. AMF, art. 231-13 IV, 2°).

A noter que ce dispositif consiste à étendre l'application de l'obligation d'offre (l'offre par ricochet), à des sociétés non exclusivement régies par le droit français mais simplement cotées y compris sur des marchés étrangers, selon les règles de déclenchement prévues par le droit français (sociétés dans lesquelles l'émetteur de droit français visé par un projet d'offre publique d'acquisition détient une participation représentant un actif essentiel).

Cette exigence pèse aussi bien sur l'initiateur d'une offre publique volontaire que sur l'initiateur d'une offre obligatoire visant une société de droit français dont les actions sont admises sur un marché réglementé (dans le cadre du dépôt d'une offre dite initiale). Nous y reviendrons.

L'article L. 433-3, II du code monétaire et financier fixe enfin le seuil d'offre publique obligatoire s'agissant d'une société dont le siège social est établi en France et dont les actions sont admises aux négociations sur un marché d'instruments financiers ne constituant pas un marché réglementé d'un Etat membre de l'Union européenne ou d'un autre Etat partie à l'accord sur l'Espace économique européen. Ce seuil est égal à cinq-dixièmes du capital ou des droits de vote (50 %) et concerne actuellement les sociétés admises sur la plateforme multilatérale de négociation dénommée Euronext Growth. L'effectivité de cette obligation découlant du franchissement du seuil de 50 % ainsi que définie par l'article L. 433-3, II du code monétaire et financier n'est pas directe. Elle est en effet conditionnée aux termes mêmes de la loi à ce que l'entreprise qui gère le marché non réglementé en fasse la demande à l'AMF.

A ce jour, et comme déjà indiqué, Euronext Paris a requis de l'AMF son application uniquement pour les sociétés cotées sur le système multilatéral de négociation organisé dénommé Euronext Growth (Règl. gén. AMF, art. 235-2). L'article 235-2 du règlement général de l'AMF prévoit donc le champ des dispositions applicables à une société cotée sur Euronext Growth, en ce compris par renvoi à la liste des dérogations possibles à l'obligation d'offre publique.

Une même demande n'a pas été formulée pour Euronext Access.

La directive OPA[7]

Le principe de l'obligation d'offre a été renforcé par les dispositions de la directive n° 2004/25/CE du Parlement européen et du Conseil du 21 avril 2004 concernant les offres publiques d'acquisition (directive OPA) qui imposent aux États membres de prendre les mesures

7 - V. notamment section du présent ouvrage consacrée à la Dir. OPA (section 1 du présent Chap. 3).

nécessaires pour assurer la protection des détenteurs de titres d'une société cotée, en cas de prise de contrôle, par la mise en œuvre d'une offre publique comportant un prix « équitable » (V. Dir. OPA, consid. 9 et art. 5).

Quelques éléments sont à souligner s'agissant du texte européen :

- Tout d'abord la directive OPA n'harmonise pas le seuil d'offre obligatoire au niveau européen. En revanche sur le fondement de la protection des actionnaires devant être destinataires d'une proposition de sortie du capital en cas de changement de contrôle de la société cotée dans laquelle ils ont investi, le texte renvoie aux Etats membres le soin de fixer le seuil de « droits de vote conférant le contrôle ». On peut comprendre qu'il ait été opté pour une telle latitude, la notion de contrôle (et par conséquent le seuil marquant la prise de contrôle ou le basculement du contrôle) n'étant pas identique quel que soit le lieu du siège social des sociétés immatriculées en Europe, car articulée sur le droit sociétaire interne de chaque Etat membre. Il ne faisait pas grand sens dès lors de fixer dans la directive OPA, indifféremment pour toutes ces sociétés, un même seuil d'offre obligatoire indépendamment de la *lex societatis*. Aussi bien, la pratique des Etats membres peut être variable en la matière, les seuils constatés aujourd'hui s'étageant entre 25 % et 50 %. Le seuil d'offre publique obligatoire fixé à 30 % a toutefois été adopté par les législations de la majorité des Etats membres.

- La directive OPA fait référence aux droits de vote conférant le contrôle. Compte tenu du mécanisme d'attribution de droit de vote double voulu par le législateur français s'agissant des actions ordinaires de sociétés admises sur un marché réglementé (pourvu qu'elles soient détenues au nominatif sans interruption depuis au moins deux ans[8]), nous verrons que le calcul du seuil d'offre obligatoire s'effectue, selon ce droit français, alternativement en capital ou en droits de vote, le premier seuil franchi au regard de l'une de ces deux assiettes, générant l'obligation. La possibilité d'admission sur un marché réglementé ou organisé de sociétés ayant inscrit dans leur statut un principe de droit de vote multiple conféré à des actions de préférence détenues par des personnes dénommées (ajout d'un nouvel article L. 22-10-46-1 au sein du code de commerce, par l'article premier de la Loi visant à accroître le financement des entreprises et l'attractivité de la France du 5 juin 2024), rend l'application de ce double critère pour le calcul du seuil d'offre obligatoire d'autant plus important. A la date où cette contribution est écrite, nous n'avons pas assez de visibilité et de recul pour apprécier la manière dont l'offre obligatoire et l'existence éventuelle de ces actions à droit de vote multiple s'agissant de sociétés cotées vont s'articuler. Ce point devra être suivi attentivement[9].

Enfin la transposition de la directive OPA en droit français a introduit des règles spécifiques relatives au prix des offres obligatoires, distinctes des règles et principes s'appliquant en cas d'offres volontaires de prise de contrôle ou de renforcement de majorité. Le prix offert doit être en effet équitable, comme visé au paragraphe 4 de l'article 5 de la directive OPA[10]. Nous exposerons plus loin la manière dont cette disposition a été transposée en droit français.

---

8 - Sauf inclusion dans leurs statuts d'une clause instaurant le principe « d'une action, une voix », ou encore d'une durée plus longue que le minimum de deux ans (C. com., art. L. 22-10-46 renvoyant à l'art. L. 225-123 du même code).

9 - L'art. L. 22-10-46-1 prévoit dans ses §IV et V que « *IV - Par dérogation, les statuts de la société peuvent prévoir que, en cas d'offre publique, une action de préférence ne donne droit qu'à une voix : 1° Lors de l'assemblée générale des actionnaires qui arrête toute mesure prévue par les statuts de la société dont la mise en œuvre est susceptible de faire échouer l'offre publique ; 2° Lors de la première assemblée générale des actionnaires suivant la clôture de l'offre publique lorsque, à l'issue de celle-ci, son auteur détient au moins les trois quarts du capital social assorti de droits de vote. Lorsqu'il est fait application des 1° et 2° du présent IV, les statuts de la société prévoient une indemnisation équitable des pertes enregistrées par les titulaires d'actions de préférence, dans des conditions et selon des modalités déterminées par décret en Conseil d'État.* »
« *V. - Par dérogation au deuxième alinéa du I du présent article, pour les situations prévues au IV, les actions de préférence confèrent un droit de vote double à celui conféré aux autres actions dès lors qu'elles respectent les conditions prévues aux articles L. 225-123 et L. 22-10-46.* »

10 - Le § 4 de l'art. 5 de la Dir. OPA dispose « *est considéré comme le prix équitable le prix le plus élevé payé pour les mêmes titres par l'offrant, ou par des personnes agissant de concert avec lui, pendant une période, déterminée par les États membres, de six mois au minimum à douze mois au maximum précédant l'offre obligatoire. Si, après publication de l'offre et avant expiration de la période d'acceptation de celle-ci, l'offrant ou toute personne agissant de concert avec lui acquiert des titres à un prix supérieur au prix de l'offre, l'offrant porte son offre à un prix au moins égal au prix le plus élevé payé pour les titres ainsi acquis. (...) les États membres peuvent autoriser leurs autorités de contrôle à modifier le prix prévu au premier alinéa dans des circonstances et selon des critères clairement déterminés. À cette fin, ils peuvent dresser une liste de circonstances dans lesquelles le prix le plus élevé peut être modifié, vers le haut ou vers le bas, par exemple si le prix le plus élevé a été fixé par accord entre l'acheteur et un vendeur, si les prix de marché des titres en cause ont été manipulés, si les prix de marché en général ou certains prix de marché en particulier ont été affectés par des événements exceptionnels, ou pour permettre le sauvetage d'une entreprise en détresse. Ils peuvent également définir les critères à utiliser dans ces cas, par exemple la valeur moyenne de marché sur une certaine période, la valeur de liquidation de la société ou d'autres critères objectifs d'évaluation généralement utilisés en analyse financière. Toute décision des autorités de contrôle qui modifie le prix équitable doit être motivée et rendue publique.* »

1.1.2. Quelles sociétés ?

<u>La répartition de compétences instaurée par la directive OPA : les sociétés immatriculées dans l'Union européenne et dont les actions sont cotées sur un marché réglementé</u>

Aux fins de résoudre les questions d'une multiplicité de règles applicables potentiellement en conflit, ou au contraire de vide juridique, la directive OPA pose le principe d'une autorité unique (s'agissant des sociétés immatriculées dans l'Union européenne) pour le contrôle de la conduite de l'offre publique (l'« Autorité compétente pour le contrôle de l'offre »).

Par contrôle de l'offre, nous entendons principalement la supervision des sujets relatifs à la contrepartie financière offerte, à la procédure d'offre (termes et conditions de l'offre, procédures, calendrier), et à l'information dispensée.

Selon la directive OPA,

- en cas de concordance entre le lieu du siège social et le lieu de cotation sur un marché réglementé, c'est l'autorité du lieu du siège social qui aura pleine compétence pour faire appliquer la législation interne (législation de l'Etat membre où se trouve le siège social) et pour contrôler l'offre ;
- si la société est exclusivement cotée sur le marché d'un Etat membre différent de l'Etat dans lequel est situé son siège social, c'est l'autorité du lieu de cotation qui sera compétente pour le contrôle de l'offre, sous l'empire des règles applicables sur ce marché ;
- en cas de multi-cotation sur des marchés localisés dans des Etats membres différents du lieu du siège social, des règles spécifiques existent :
    - Si les admissions ont été séquencées, compétence pour le contrôle de l'offre de l'Autorité du lieu de première cotation, sous l'empire des règles du marché de première cotation ;
    - Si les admissions sont simultanées, compétence pour le contrôle de l'offre de l'Autorité d'un des marchés réglementés sur lequel est coté l'émetteur, sous l'empire des règles du lieu du marché que régit cette autorité, ceci sur choix de cet émetteur.

La directive OPA procède par ailleurs à une distinction entre (i) l'Autorité du marché compétente pour le contrôle de l'offre, et (ii) l'Autorité du siège social, compétente celle-ci, cette fois, pour les questions relevant du droit des sociétés et du droit social (seuil d'offre obligatoire, seuil et procédure de retrait obligatoire, rôle des organes dirigeants et des organes représentant les salariés).

Cette double branche de rattachement selon les sujets soulevés par l'opération (Autorité de l'Etat du siège social de la société visée par l'offre ou Autorité de l'Etat du lieu du marché) s'explique par le fait que dans une opération de prise de contrôle ou de renforcement du contrôle, nombre de sujets sont à traiter et arbitrer en considération du seul droit interne régissant la vie sociétaire et la protection des employés de la société cible.

> **Si la société est exclusivement cotée sur le marché d'un Etat membre différent de l'Etat dans lequel est situé son siège social, c'est l'autorité du lieu de cotation qui sera compétente pour le contrôle de l'offre, sous l'empire des règles applicables sur ce marché.**

Comme déjà expliqué plus haut, l'obligation d'offre en particulier s'arrime à la définition du contrôle au sens de la *lex societatis* applicable à la société visée ce que consacre la directive OPA.

Pour exemple, le seuil de 30 % n'aura peut-être pas la même signification au regard de la notion de contrôle pour une société cotée immatriculée en Allemagne et par conséquent soumise au droit allemand que pour une société de droit français.

Il en résulte que l'Autorité compétente pour le contrôle de l'offre ne disposera pas des attributions lui permettant d'imposer le dépôt d'une offre selon les règles de l'Etat du lieu de cotation (ni d'ailleurs selon les règles d'un autre Etat de l'Union européenne), à une société cotée dont le lieu du siège social ne coïncide pas avec le lieu de cotation. Elle abandonnera cette compétence à l'Autorité de l'Etat du siège social laquelle veillera alors à la bonne application des règles internes de cet Etat en matière d'offre obligatoire.

Cette délimitation de compétences, effective en France depuis mai 2006, a été réaffirmée par l'arrêt n° 21-21.850 de la Cour de cassation du 30 août 2023, y compris en ce qui concerne le pouvoir d'injonction de l'AMF[11].

Les faits étaient les suivants : la société Financière Taulane avait demandé à l'AMF d'enjoindre aux actionnaires ayant franchi en hausse le seuil de 30 % de détention dans le capital et les droits de vote de la société Orco Property Group (société de droit luxembourgeois dont les actions étaient cotées sur Euronext Paris) de déposer une offre publique obligatoire visant les titres émis par cette société.

Par une lettre du 14 avril 2016, le Secrétaire général de l'AMF avait indiqué à la société Financière Taulane que cette dernière pouvait saisir la Commission de surveillance du secteur financier (la « CSSF »), autorité de marché luxembourgeoise, dont il a précisé qu'elle était seule compétente pour apprécier s'il y avait lieu de déposer une offre obligatoire visant les titres Orco Property Group.

La société Financière Taulane a alors assigné l'AMF aux fins notamment de voir annuler la décision du 14 avril 2016, déclinant sa compétence.

Pour mémoire, selon l'article L. 621-14, II, du code monétaire et financier, le collège de l'AMF peut, après avoir mis la personne concernée en mesure de présenter ses explications, ordonner qu'il soit mis fin, en France et à l'étranger, aux manquements aux obligations résultant des règlements européens, des dispositions législatives ou réglementaires ou des règles professionnelles visant à protéger les investisseurs contre les opérations d'initiés, les manipulations de marché et la divulgation illicite d'informations privilégiées mentionnées par l'article L. 621-15 du même code, ou à tout autre manquement de nature à porter atteinte à la protection des investisseurs, au bon fonctionnement des marchés ou à tout autre manquement aux obligations relatives à la lutte contre le blanchiment des capitaux et le financement du terrorisme prévues dans ce code.

Le juge suprême, donnant ainsi raison à la Cour d'appel de Paris, a jugé qu'il résulte du texte précité que le collège de l'AMF dispose d'un pouvoir d'injonction à la condition que cette dernière soit compétente pour sanctionner les manquements qu'il énonce et qu'il ne peut s'agir, par suite, que de manquements aux dispositions législatives et réglementaires françaises qui entrent dans son champ de contrôle[12].

Et les sociétés immatriculées dans un Etat tiers dont les actions sont admises sur Euronext Paris ?

L'article L. 433-1 du code monétaire et financier renvoie au règlement général de l'AMF le soin de fixer les conditions dans lesquelles les dispositions relatives aux OPA qu'il contient, s'appliquent aux offres visant des instruments financiers émis par des sociétés dont le siège statutaire est établi hors d'un Etat membre de l'Union européenne ou d'un autre Etat partie à l'accord sur l'Espace économique européen et qui sont admis aux négociations sur un marché réglementé français.

L'AMF peut appliquer ses règles, à l'exception de celles régissant l'offre publique obligatoire et le

11 - V. CA Paris, 1er juill. 2021 - RG n° 20/08364.

12 - Et la Cour de cassation de préciser : « *il résulte de l'article L. 433-3, I, du code monétaire et financier qu'en l'absence de toute disposition légale ou réglementaire imposant, hors le cas prévu au III du même article, le dépôt d'une OPA obligatoire sur des titres d'une société n'ayant pas son siège en France, fussent-ils admis aux négociations sur un marché réglementé français, que les conditions de dépôt d'une OPA obligatoire ne relèvent de la loi française, en particulier de l'article 234-2 du règlement général de l'AMF, et, par suite, de la compétence de cette autorité, que si la société concernée par cette OPA obligatoire a son siège social en France, quand bien même ses titres sont admis aux négociations sur un marché réglementé d'un autre Etat membre de l'Union européenne ou d'un autre Etat partie à l'accord sur l'Espace économique européen. Il s'ensuit que, hors le cas prévu au III de l'article L. 433-3 du code monétaire et financier, lorsqu'une société n'a pas son siège social en France, les conditions de dépôt d'une OPA obligatoire la concernant ne relèvent pas de la loi française et, par conséquent, de la compétence de l'AMF, peu importent que ses titres soient admis aux négociations sur un marché réglementé français..* »

retrait obligatoire, aux offres publiques visant les instruments financiers émis par de telles sociétés (Règl. gén. AMF art. 231-1, 2e al.).

En pratique, l'AMF fait application desdites règles sur demande, et exclusivement s'agissant de sociétés qui ne sont pas cotées sur leur marché domestique (lieu du marché de leur siège statutaire), dont les actions sont admises seulement sur Euronext Paris ou Euronext Growth, ou tout au moins pour lesquelles le marché français est le marché directeur si elles sont multi-cotées.

Cette opportunité de requérir l'application des règles AMF permet de combler des situations de friche juridique.

S'agissant de sociétés pour lesquelles il n'existe aucun cadre juridique, un candidat désireux d'utiliser la pollicitation publique (autrement dit de recourir à l'offre publique) pour obtenir le contrôle aura à pâtir de l'absence de normes.

En effet, la réglementation ne représente pas uniquement une contrainte, elle propose aussi à ceux qui la sollicitent sur une base volontaire, à la fois une procédure ordonnée pour mener à bien l'objectif du contrôle et une garantie de l'équilibre de l'ensemble des intérêts en présence qui en définitive profitent à l'offrant en ce qu'elles assurent la transparence et la prévisibilité de l'opération.

Les actionnaires destinataires de l'offre du fait de ce cadre normé pourront y répondre en confiance.

C'est ce qui explique l'emploi du « peut », ledit terme ne recouvrant pas fondamentalement une revendication discrétionnaire de compétence de la part de l'AMF quant à l'application des règles sur les offres mais bien plutôt une application de cette compétence s'effectuant sur requête du candidat à la prise de contrôle.

On citera à titre d'exemples, l'offre publique d'échange déposée par Axalto Holding N.V visant les actions de la société de droit luxembourgeois Gemplus International cotée sur l'Eurolist (I&D 206C0315, 2 juin 2006), l'offre publique d'achat simplifiée déposée par la société SiegCo visant les actions de la société de droit luxembourgeois (puis transférée au Royaume Uni) Valtech cotée sur Euronext Paris, (I&D 2017C0312, 31 janv. 2017), ou encore l'offre publique d'achat simplifiée déposée par Alantra Capital Markets visant les actions de la Société Anonyme de Brasseries du Cameroun, également cotée sur Euronext Paris (I&D 220C0281, 21 janv. 2020).

C'est ce qui explique l'emploi du « peut », ledit terme ne recouvrant pas fondamentalement une revendication discrétionnaire de compétence de la part de l'AMF quant à l'application des règles sur les offres mais bien plutôt une application de cette compétence s'effectuant sur requête du candidat à la prise de contrôle.

Dans ces cas, l'AMF applique alors ses règles (i) de procédure et (ii) de contrôle de la contrepartie offerte, mais non le régime français d'offre publique obligatoire.

Une exception existe cependant lorsque le régime d'obligation selon les règles françaises est instauré par la voie statutaire.

Il se peut en effet qu'une société étrangère cotée en France dont le droit de l'Etat au sein duquel est situé son siège social ne prévoit aucun déclenchement d'offre obligatoire, inscrive volontairement dans ses statuts cette obligation selon les seuils prévus par la législation française (ou d'une autre législation si la société est multi-cotée), afin d'offrir aux minoritaires des garanties en cas de changement de contrôle.

Il s'en suit que les investisseurs adhérant au contrat de société du fait de leur entrée au capital seront tenus de respecter la clause ainsi introduite.

Cela a été le cas de la société de droit néerlandais EADS NV admise aux négociations de la Bourse de Paris.

EADS NV, société de droit néerlandais cotée notamment sur le marché réglementé français était issue de l'apport intervenu en 2000 des titres d'une filiale de la société de droit français Aérospatiale Matra - ASM (précédé de l'apport à ladite filiale des activités de Aerospatiale Matra, de ceux de la société de droit allemand Daimler Chrysler Aerospace AG – DASA, et de la société de droit espagnol Construcciones Aeronauticas[13]).

Le droit néerlandais ne prévoyant pas à l'époque de régime d'offre obligatoire, EADS NV a en effet souhaité, en incluant dans ses statuts l'obligation telle que prévue par les règles françaises, maintenir de ce fait pour les actionnaires français de l'ex ASM (cotée en France), remontés dans son capital dans le cadre de la fusion, un niveau de protection équivalent au dispositif applicable avant ce rapprochement.

Il convient donc s'agissant d'une société de droit non français cotée à Paris et pour laquelle aucune règle d'offre publique obligatoire ne serait applicable aux termes de la loi de son pays d'immatriculation (il ne peut s'agir désormais que d'un Etat tiers à l'UE, toutes les sociétés immatriculées dans l'UE étant en vertu de la directive OPA soumises à un régime d'offre obligatoire) de vérifier si une clause statutaire n'instaure pas une telle obligation, en particulier si cette société est issue d'un rapprochement à caractère international de plusieurs autres sociétés immatriculées dans différents pays (par exemple par voie de fusion transfrontière).

Pour autant, l'application des statuts (et du seuil d'offre obligatoire) sera alors sous le contrôle du juge compétent (juridiction de l'Etat d'immatriculation) mais non de l'AMF.

Dans le même état d'esprit, la société Constellium, société de droit français cotée sur un marché situé en dehors de l'Union Européenne[14], a inclus dans ses statuts une clause imposant de déposer l'offre obligatoire déclenchée selon la loi française à des conditions telles qu'elle soit conforme au droit américain applicable aux titres financiers ainsi qu'aux règles de la U.S. Securities and Exchange Commission et du NYSE[15].

Le cas des sociétés immatriculées en France dont les actions sont admises sur Euronext Growth

Comme l'article L. 433-1, III du code monétaire et financier le lui permet sur demande de l'entreprise gérant ce marché (Euronext Paris), l'AMF applique pour les sociétés de droit français dont les actions sont admises sur Euronext Growth les dispositions du chapitre IV du Titre 3 de son règlement général, en substituant au seuil de 30 % celui de 50 %.

Il est précisé incidemment que le régime dérogatoire diffère de celui édictée pour les sociétés de droit français dont les actions sont admises sur un marché réglementé. Ce dernier est en effet moins limitatif s'agissant du dépassement du seuil de 50 % du capital ou des droits de vote résultant de la participation à une augmentation de capital soumise à approbation des actionnaires, la dérogation n'étant pas alors conditionnée à la constatation d'une situation avérée de difficultés financières (contrairement aux sociétés de droit français dont les actions sont admises sur Euronext Paris)[16].

En effet, pour ce qui est de la seule souscription à des émissions réservées faisant franchir le seuil de 50 %[17], la dérogation peut être accordée par l'AMF pourvu uniquement qu'il y ait eu approbation de l'émission réservée lors d'une assemblée générale d'actionnaires statuant à titre extraordinaire (Règl. gén. AMF, art. 235-3).

Par ailleurs les raisonnements ayant trait au

13 - Après une opération de filialisation des activités d'ASM, les titres de cette nouvelle *holding* avaient été apportés à la société néerlandaise EADS nouvellement créée, et ASM avait été liquidée ; une procédure identique avait été suivie pour DASA. Les actions d'ASM et de DASA avaient alors été « distribuées » à EADS, les deux actionnaires de référence, l'Etat et le groupe Lagardère, conservant une participation conjointe, directe et indirecte, de l'ordre de 30 % dans le capital de la nouvelle entité, ouvert aux investisseurs à hauteur de 34 %, *via* une double cotation sur le premier marché de la Bourse de Paris et à la Bourse de Francfort.

14 - Non soumise par conséquent à la répartition des compétences prévue par la Dir. OPA.

15 - A. Attar-Rezvani et A. Souin, *BJB* n°03 du 1 mai 2021.

16 - V. notamment la section du présent ouvrage consacrée au régime dérogatoire à l'offre publique obligatoire (Chap. 3).

17 - Soit immédiatement, soit dans un second temps par exercice de droits attachés aux actions hybrides souscrites par l'investisseur réservataire (par exemple des ABSA).

changement d'équilibre au sein des concerts majoritaires ou applicables, lorsqu'un membre de ce concert dépasse le seuil de 30 % ou qu'un nouveau membre vient s'agréger à un concert détenant initialement entre 30 % et 50 % n'ont aucune pertinence pour déterminer le champ de l'obligation (compte tenu d'un seuil d'offre obligatoire fixé à 50 %).

L'article 234-7 du règlement général de l'AMF trouve donc à s'appliquer très partiellement pour les sociétés admises sur Euronext Growth.

Enfin on soulignera que les règles en matière d'offres publiques obligatoires applicables aux sociétés de droit français cotées sur un marché réglementée continuent à s'appliquer aux actionnaires des sociétés transférées d'Euronext Paris sur Euronext Growth pendant trois ans à compter du transfert (par conséquent pour ces sociétés, le déclenchement reste transitoirement lié au franchissement du seuil de 30 % du capital ou des droits de vote, ou à la constatation d'un excès de vitesse d'acquisition entre 30 % et 50 %).

1.2. Le fait générateur

1.2.1. Franchissements directs de certains seuils

Le recours à un seuil de déclenchement s'appréciant objectivement, corrélé le plus étroitement possible à la notion de contrôle

Nous l'avons dit plus haut, la directive OPA commande aux Etats membres de définir dans leurs règles internes le seuil déclenchant l'obligation d'offre publique.

L'Article 5 du texte communautaire ne fixe donc pas un seuil harmonisé. Il encadre toutefois la liberté laissée aux Etats membres par un double principe :

- le seuil choisi doit correspondre à un pourcentage déterminé de droits de vote d'une part,
- le franchissement de ce pourcentage doit conférer à celui qui l'excède le contrôle de la société cotée d'autre part.

Le respect de ces deux principes est en réalité difficile à concilier.

Le curseur du fait générateur doit être invariable et quantitatif, à des fins de lisibilité et de sécurité juridiques.

On comprend en effet que les investisseurs des sociétés cotées aient besoin d'identifier de manière objectivement vérifiable et en amont du franchissement, le seuil de déclenchement sans qu'il y ait lieu à interprétation, compte tenu du caractère exorbitant de l'obligation.

Dans le cadre d'une stratégie de montée en puissance dans le capital et les droits de vote des sociétés cotées, ces investisseurs doivent avec prévisibilité connaître la détention au-delà de laquelle ils se trouveraient contraints à déposer une offre publique.

Pour autant, une parfaite cohérence entre l'obligation et l'acquisition du contrôle nécessiterait en réalité que ce seuil fluctue selon des situations de fait, notamment le degré de dispersion du capital des sociétés cotées dans le public et le taux de participation des actionnaires lors des assemblées générales.

Pour prendre l'exemple français, aux termes de l'article L. 233-3 du code de commerce, le contrôle se définit comme la faculté de déterminer en fait, par les droits de vote dont dispose une personne physique ou morale les décisions des assemblées ordinaires.

La détention de droits de vote nécessaire pour emporter cette majorité varie selon le taux de participation des actionnaires aux assemblées générales. Plus le capital est réparti dans le public, plus la participation aux assemblées risque d'être faible.

Effectivement, celui qui seul ou de concert dispose de la majorité des voix présentes et représentées se trouve en mesure de nommer et révoquer les administrateurs ou les membres du conseil de surveillance et donc de maîtriser la composition majoritaire des membres des organes d'administration de la société.

Il en résulte que la détention de droits de vote nécessaire pour emporter cette majorité varie selon le taux de participation des actionnaires aux assemblées générales. Plus le capital est réparti dans le public, plus la participation aux assemblées risque d'être faible.

Si le taux de participation est de 56 %, celui qui détiendra plus de 28 % des droits de vote aura la capacité d'exprimer plus de 50 % des voix présentes et représentées. Si ce taux de participation est de 70 %, il faudrait détenir 35 % ou plus des droits de vote pour disposer de cette majorité.

Au surplus, d'un exercice financier à l'autre, en fonction des enjeux attachés aux résolutions soumises à l'assemblée et de l'état de la relation entre les actionnaires et les dirigeants (campagne activiste, débat sur la stratégie, sur la compétence des administrateurs, sur la politique climat...), ce taux peut évoluer.

Il faudrait donc pour faire coïncider le seuil déclenchant l'offre obligatoire avec le pouvoir de contrôle, admettre la détermination d'un seuil taillé « sur mesure » et qui pourrait ne pas être le même d'un exercice à l'autre.

Pour se conformer à la loi, il conviendrait en outre de tenir compte des clauses des pactes entre actionnaires, s'il en existe. Ces pactes peuvent en effet prévoir des mécanismes de majorité renforcée pour l'adoption de certaines décisions notamment au sein des conseils.

On le voit, le curseur de basculement du contrôle n'est pas homogène d'une société à l'autre.

Pour autant, le marché accepterait mal que le seuil de l'obligation d'offre puisse être modulé en fonction d'éléments de fait, voire se constate rétrospectivement. Il ne serait guère admis en effet qu'un investisseur encourt le risque de tomber sous le coup de l'obligation de déposer une offre, sans avoir pu l'anticiper suffisamment de temps à l'avance. D'où le choix d'un seuil déterminé, constant, objectif et prévisible.

En 2008, le groupe de travail présidé par B. Field[18] en charge de mener une réflexion sur les modifications utiles du dispositif législatif français pour à la fois assurer une meilleure transparence des prises de participation dans le capital des sociétés cotées et prévenir les risques de contrôle rampant, avait envisagé d'abaisser le seuil d'offre publique obligatoire d'un tiers à 25 %, les statistiques de l'époque montrant que le taux de participation des actionnaires aux assemblées générales dans les sociétés à capital fragmenté était souvent assez proche de 50 %.

A nouveau en 2013, en suite d'un rapport au Premier Ministre intitulé « Pacte pour la compétitivité de l'industrie française », une proposition de loi a été déposée au Parlement visant pour les mêmes raisons à abaisser le seuil à 25 % du capital ou des droits de vote. Cette proposition issue du Rapport au Gouvernement n'a pas davantage prospéré.

Il ne serait guère admis qu'un investisseur encourt le risque de tomber sous le coup de l'obligation de déposer une offre, sans avoir pu l'anticiper suffisamment de temps à l'avance. D'où le choix d'un seuil déterminé, constant, objectif et prévisible.

Une autre des options évoquées consistait à recourir à un dispositif de plafonnement des droits de vote en introduisant dans la loi, dans le silence des statuts, un plafonnement de leur exercice à 20 % ou 25 % quel que soit le *quorum* effectif, sauf pour l'actionnaire à déposer un projet d'offre sur la totalité du capital. Un tel dispositif présentait l'avantage d'empêcher des actionnaires présents de prendre dans les assemblées une influence hors de proportion avec leur participation réelle en profitant de la faiblesse du *quorum*, et de s'emparer, par surprise, du contrôle de la société sans payer le prix du contrôle ainsi acquis.

Pour astucieuse qu'elle fût, cette solution n'a

18 - Rapp. du groupe de travail présidé par M. Bernard Field sur les déclarations de franchissement de seuil de participation et les déclarations d'intention du 23 oct. 2008.

pas eu les faveurs de la place. Elle portait atteinte implicitement à la libre disposition des votes attachés aux actions détenues (prérogative essentielle de l'actionnaire) et au principe contenu dans le code civil selon lequel tout associé a le droit de participer aux décisions collectives. Une atteinte à ce principe aurait pu être contestée à tout moment devant le Conseil constitutionnel pour disproportion aux objectifs d'ordre public poursuivis.

En définitive, les données contextuelles s'agissant de la participation aux assemblées ont significativement changé depuis 2008.

Sous l'effet conjugué :

- des exigences de transparence auxquelles se trouvent désormais soumises les sociétés de gestion de portefeuille et les institutionnels en matière de politique de vote et d'exercice de ces votes en conformité avec la politique affichée (transposition de la Dir. (UE) 2017/828 du 17 mai 2017 sur le droit des actionnaires) ; mais aussi

- de la généralisation des dispositifs de vote à distance avant l'assemblée tels « Vote Access », et des progrès techniques telle l'émergence (encore bien timide, certes) de plateformes offrant des modalités de participation hybride (physique et à distance), cela pendant l'assemblée elle-même (perspectives de votes à distance mais « en direct » avec des interactions possibles grâce à des fonctions « Chat »)[19], le taux de participation aux assemblées s'accroît année après année.

Ainsi la saison des assemblées annuelles 2023 en France a été marquée par un taux de participation des actionnaires aux votes des résolutions, de 75 % en moyenne, contre environ 65 % il y a dix ans, selon le décompte de l'Institut du capitalisme responsable[20].

Au fil du temps, l'intérêt qu'il y aurait à fixer un seuil très bas a perdu de sa pertinence, un *statu quo* semblant s'établir sur le bien-fondé du seuil de 30 %.

Au fil du temps, l'intérêt qu'il y aurait à fixer un seuil très bas a perdu de sa pertinence, un *statu quo* semblant s'établir sur le bien-fondé du seuil de 30 %.

Quels seuils précisément ?

Pour tout actionnaire d'une société dont le siège social est établi en France, et dont les actions sont admises aux négociations sur un marché réglementé d'un Etat membre de l'Union européenne ou d'un autre Etat partie à l'accord sur l'Espace économique européen, agissant seul ou de concert au sens de l'article L. 233-10 du code de commerce, l'article L. 433-3 I, alinéa 1 du code monétaire et financier prévoit le déclenchement de l'offre publique obligatoire dans les cas suivants :

- personne qui vient à détenir, directement ou indirectement, plus des trois dixièmes (30 %) du capital ou des droits de vote, seuil qui comme on l'a vu ci-avant est considéré pour toutes les sociétés, comme le plus à même d'alerter sur l'obtention du contrôle de fait ;

- personne qui vient à détenir directement ou indirectement, un nombre compris entre les trois dixièmes et la moitié du capital ou des droits de vote et qui, en moins de douze mois consécutifs, augmente sa détention en capital ou en droits de vote d'au moins un centième (1 %) du capital ou des droits de vote de la société (excès de vitesse)[21]. Ce second cas couvre les situations de certains actionnaires de référence

19 - Lors de la publication de son rapp. 2023 sur le gouvernement d'entreprise, l'AMF a une nouvelle fois milité pour la généralisation du vote électronique en direct pour les assemblées générales des sociétés, appelant de ses vœux une progression plus rapide de la dématérialisation.

20 - Institut du capitalisme responsable, Bilan des AG 2023, 27 juin 2023.

21 - La manière dont se calcule la vitesse d'acquisition sur douze mois consécutifs n'est pas d'évidence. Si durant une période de douze mois, un actionnaire diminue puis réaugmente sa participation, la question se pose de savoir (i) si le décompte des 1 % s'apprécie en fin de période par rapport à la détention de début de période (par exemple comparaison entre la détention en février 2023 et celle de février 2024, avec une neutralisation des variations dans la période) ou (ii) si toute diminution fait systématiquement repartir une nouvelle période de douze mois consécutifs. Pour reprendre notre exemple si un actionnaire en juillet 2023 diminue sa détention, il faudrait selon le (ii) comptabiliser la vitesse d'acquisition de juillet 2023 à juillet 2024 à partir de la détention de juillet 2023. Il nous semble que la seconde interprétation (ii) est la bonne. Le terme « consécutifs » qui introduit la notion de périodes glissantes (terminologie souvent employée par la doctrine) le laisse supposer. Considérer autrement voudrait dire que pendant la période en cas de dilution par exemple, il serait loisible d'acquérir des blocs significatifs supérieurs à 1 % sans désintéressement des autres actionnaires ou encore de s'accroitre significativement à l'approche des assemblées pour diminuer ensuite. L'octroi de dérogation pour accroissement temporaire au-delà des 1 % en vue de compenser une dilution milite en faveur du fait que l'on ne raisonne pas de borne à borne sur intervalle de 12 mois mais bien en effet sur des périodes glissantes.

qui au moment de l'admission des actions de la société sur le marché réglementé, disposaient de plus de 30 %, voire de plus de 50 % et qui ont perdu ultérieurement leur niveau de participation initiale, soit parce qu'ils ont vendu une partie de leurs actions, ou ont mis fin à des actions de concert auxquelles ils étaient parties, ou encore ont été dilués dans le cadre d'opérations d'augmentation de capital ou d'accroissement du nombre total de droits de vote.

Il est ainsi toléré que les actionnaires se trouvant entre les deux bornes, puissent sécuriser un contrôle de fait ou déjà obtenu ou sur le point de l'être, en montant très progressivement dans le capital et les droits de vote dans une certaine durée (sans surprise du marché).

En revanche l'acquisition en une seule fois d'un bloc significatif d'actions les expose à l'offre obligatoire, car verrouille ce contrôle brusquement, d'une part sans que les minoritaires disposent d'un temps suffisant pour sortir du capital s'ils le souhaitent (sortie qu'ils peuvent au contraire organiser s'ils constatent une montée en puissance progressive), d'autre part introduit une inégalité entre le ou les cédants de ce bloc ayant bénéficié d'une fenêtre de liquidité pour vendre leurs titres, en général à des conditions négociées, et le reste de la communauté actionnariale.

Ce verrouillage modifie en outre le profil de la société qui devient moins opéable.

Aux fins de transparence et de contrôle de l'excès de vitesse, l'article 234-5 du règlement général de l'AMF que : « *les personnes qui, agissant seules ou de concert, détiennent directement ou indirectement un nombre compris entre 30 % et la moitié du capital ou des droits de vote d'une société tiennent l'AMF informée des variations du nombre de titres de capital ou des droits de vote qu'elles détiennent. L'AMF rend ces informations publiques.* » (V. pour ex. : I&D 216C0165, 15 janv. 2016, *Altarea*).

Il nous apparaît que cette contrainte de transparence n'est pas appliquée à la lettre par les actionnaires et se trouve respectée plutôt pour informer le marché d'un accroissement supérieur à 1 %, avec demande concomitante de dérogation ou prochain dépôt d'un projet d'offre.

Il est à noter que dans certaines juridictions, et notamment la Grande-Bretagne, toute augmentation entre 30 % et 50 % serait-ce d'une seule action, engendre l'obligation d'offre. La France n'a pas pour l'heure opté pour une approche aussi stricte.

Il est à noter que dans certaines juridictions, et notamment la Grande-Bretagne, toute augmentation entre 30 % et 50 % serait-ce d'une seule action, engendre l'obligation d'offre. La France n'a pas pour l'heure opté pour une approche aussi stricte.

On remarquera enfin qu'une fois atteint ou franchi le seuil de 49 % du capital et des droits de vote, l'actionnaire, ou les actionnaires de concert (sauf changement d'équilibre provoquant l'obligation en application de l'article 234-7 du Règl. gén. AMF) se trouvent affranchis de l'offre obligatoire du fait de la tolérance relative à un accroissement limité à 1 %.

La dernière modification des seuils déclencheurs s'inscrit *post* crise financière de 2008, datant de la loi de régulation bancaire et financière du 22 octobre 2010 (LRBF), effective à compter du 1er février 2011.

Avec la LRBF :

- les seuils déclenchant l'obligation de déposer un projet d'offre publique sont expressément fixés dans la loi, et non plus seulement dans le règlement général de l'AMF ;
- le premier seuil a été abaissé d'un tiers à 30 % du capital ou des droits de vote ;
- l'obligation de déposer une offre pour « excès de vitesse » a été durcie, toute augmentation par période de douze mois glissants, étant limitée à 1 % du capital ou des droits de vote, contre 2 % antérieurement ;
- une clause de grand père a été introduite : les actionnaires détenant au 1er janvier 2010 une

participation comprise entre 30 % et le tiers du capital ou des droits de vote se sont vu appliquer sans limitation de durée le régime de l'offre obligatoire antérieur à celui fixé par la LRBF, à savoir celui prévoyant le dépôt obligatoire d'un projet d'offre en cas de franchissement du seuil du tiers du capital ou des droits de vote, et ce tant que cette participation demeure entre ces deux seuils. Les personnes qui ont porté leur participation entre 30 % et le tiers entre le 1er janvier 2010 et le 1er février 2011, en exécution d'un engagement ferme conclu avant le 1er janvier 2010, ont bénéficié du maintien du seuil d'offre obligatoire du tiers mais dans les autres cas (acquisition ou souscription d'actions ; attribution de droits de vote double ou relution), les personnes ont dû alors ramener leur participation en deçà de 30 % avant le 1er février 2012, sauf à déposer un projet d'offre publique.

Le calcul

Comment se calculent ces seuils ?

Au numérateur

S'agissant du numérateur et du calcul du pourcentage du capital détenu, les titres de capital ne conférant pas des droits de vote au sens de l'article 234-1 du règlement général de l'AMF[22], tels les actions de préférence sans droit de vote ou encore les certificats d'investissement, ne doivent pas être pris en compte.

On comprend cette mise à l'écart puisque l'offre obligatoire est liée aux changements de contrôle, lesquels interviennent en fonction du pouvoir d'influence dans les organes sociétaires et donc du *quantum* de votes exerçables.

En revanche, une personne détenant plus de 30 % du capital votant mais moins de 30 % du total des droits de vote ou inversement moins de 30 % du capital votant, mais plus de 30 % du total des droits de vote, sera tenue à l'offre publique obligatoire.

Le caractère alternatif du pourcentage détenu selon que l'on raisonne par rapport au capital votant ou aux droits de vote tient à une dichotomie observée fréquemment chez les émetteurs immatriculés en France entre nombre d'actions et nombre de droits de vote attaché à ces actions.

Une personne détenant plus de 30 % du capital (votant) mais moins de 30 % du total des droits de vote ou inversement moins de 30 % du capital (votant), mais plus de 30 % du total des droits de vote, sera tenue à l'offre publique obligatoire.

Cela tient essentiellement à l'attribution légale d'un vote double aux actions des sociétés admises sur un marché réglementé, dès lors que ces actions sont inscrites en compte sous la forme nominative depuis au moins deux ans, sans interruption.

Ce doublement récompensant la fidélité actionnariale a résulté, jusqu'à la loi n° 2014-384 du 29 mars 2014, dite loi Florange, des clauses statutaires.

Avec la loi Florange, à front renversé, ce doublement est devenu de droit (C. com., art. L. 22-10-46), sauf clause contraire des statuts (C. com., art. L. 225-123, al. 3).

Pour illustration d'un franchissement du seuil de 30 % des droits de vote, avec une participation inférieure à ce seuil en proportion du capital, on pourra se reporter au dépôt par la société Holding NINA contrôlée elle-même par la Famille Tramier, d'une offre publique obligatoire visant les titres de la société Euromedis Groupe, en suite de l'attribution de droits de vote double aux actions détenues par la Holding Nina (I&D 216C2808, 14 décembre 2016).

Au surplus, la possibilité introduite par l'article premier de la Loi visant à accroître le financement des entreprises et l'attractivité de la France en date du 5 juin 2024 (« Loi du 5 Juin 2024 »), d'inscrire dans les statuts d'une société requérant son admission sur un

22 - Selon l'art. 234-1 du Règl. gén. AMF qui précise : « *Dans le présent chapitre, par titres de capital, il faut entendre titres de capital conférant des droits de vote si le capital de la société visée est constitué pour partie par des titres sans droit de vote.* »

marché réglementé ou organisé, un principe de droit de vote multiple conféré à des actions de préférence détenues par des personnes dénommées (ajout d'un art. L 22-10-46-1 au sein du code de commerce), justifie d'autant plus un double calcul en capital ou en droits de vote pour le seuil d'offre obligatoire.

Comme déjà dit plus haut, il est trop tôt à la date de parution du présent ouvrage pour mesurer toutes les conséquences de la souplesse ainsi introduite par la loi du 13 Juin 2024 sur le régime de l'offre obligatoire. Les évolutions induites devront être néanmoins suivies avec attention.

L'article L. 433-3, I, alinéa 2 du code monétaire et financier prévoit pour le calcul que : « *les fractions du capital ou des droits de vote sont appréciées au regard des articles L. 233-7 et L. 233-9 du code de commerce. Le règlement général de l'AMF fixe la liste précise des accords ou instruments financiers mentionnés au 4° du I de l'article L. 233-9 qui doivent être pris en compte pour la détermination de cette détention. Les accords et instruments mentionnés au 4° bis du I de l'article L. 233-9 du code de commerce ne sont pas pris en compte pour la détermination de cette détention.* »

Au contraire du calcul des franchissements de seuils légaux, ne doivent pas être incluses dans le numérateur les actions déjà émises constituant le sous-jacent d'instruments donnant droit à règlement monétaire (versement d'un différentiel de cours selon l'évolution de ce cours entre la conclusion de l'instrument et sa date d'exercice).

Cette exclusion introduite par la loi n° 2012-387 du 22 mars 2012 s'explique, à l'instar de celle des actions ne conférant pas de droits de vote, par la corrélation de principe entre la détermination des seuils et le contrôle. Les dérivés dénouables uniquement en espèces confèrent une exposition économique sur le sous-jacent mais ne permettront pas à leurs détenteurs d'accéder au contrôle de la société cotée dans la mesure où ils ne donnent pas droit à acquisition du sous-jacent et donc aux droits de vote qui y sont attachés. Nulle raison dès lors de les prendre en compte dans le calcul.

Les dérivés dénouables uniquement en espèces confèrent une exposition économique sur le sous-jacent mais ne permettront pas à leurs détenteurs d'accéder au contrôle de la société cotée dans la mesure où ils ne donnent pas droit à acquisition du sous-jacent et donc aux droits de vote qui y sont attachés. Nulle raison dès lors de les prendre en compte dans le calcul.

En revanche sont pris(es) en compte :

1. les actions ou les droits de vote possédés par d'autres personnes pour le compte de cette personne (par exemple, portage ou fiducie selon la nature du mandat régissant la relation entre les parties au contrat) ;

2. les actions ou les droits de vote possédés par les sociétés que contrôle cette personne au sens de l'article L. 233-3 du code de commerce (les participations indirectes par conséquent - V. également ci-après) ;

3. les actions ou les droits de vote possédés par un tiers avec qui cette personne agit de concert ;

4. les actions déjà émises que cette personne, ou l'une des personnes mentionnées aux 1. à 3. ci-dessus est en droit d'acquérir à sa seule initiative, immédiatement ou à terme, en vertu d'un accord ou d'un instrument financier mentionné à l'article L. 211-1 du code monétaire et financier. Il en va de même pour les droits de vote que cette personne peut acquérir dans les mêmes conditions ;

5. les actions dont cette personne a l'usufruit ;

6. les actions ou les droits de vote possédés par un tiers avec lequel cette personne a conclu un accord de cession temporaire portant sur ces actions ou droits de vote (les participations prêtées dans le cadre d'un prêt-emprunt notamment lorsque le prêteur a la main sur la restitution) ;

7. les actions déposées auprès de cette personne, à condition que celle-ci puisse exercer les droits de vote qui leur sont attachés comme elle l'entend en l'absence d'instructions spécifiques des actionnaires (actions détenues par des intermédiaires inscrits sous réserve que ces derniers disposent de la part des propriétaires réels d'un mandat discrétionnaire de vote) ;

8. les droits de vote que cette personne peut exercer librement en vertu d'une procuration en l'absence d'instructions spécifiques des actionnaires concernés.

S'agissant des instruments et accords visés au 4. ci-dessus, l'AMF a précisé qu'il s'agissait :

- des obligations échangeables en actions (il faut entendre échangeables en actions existantes, les actions à émettre auxquelles donnent accès des obligations ne devant jamais être portées au numérateur) ;
- des contrats à terme (*futures ou forwards*) ;
- des options, qu'elles soient exerçables immédiatement ou à terme, et quel que soit le niveau du cours de l'action par rapport au prix d'exercice de l'option, lorsque l'option ne peut être exercée que sous condition que le cours de l'action atteigne un seuil précisé au contrat, les actions sous-jacentes sont assimilées seulement lorsque ce seuil est atteint[23].

L'actionnaire qui n'aurait pas franchi « en dur » le seuil de 30 % se trouvera soumis à l'obligation d'offre s'il bénéficie d'une promesse de vente (*call option*) sur des actions qui ajoutées à sa détention « réelle » le positionne au-dessus de ce seuil, pourvu que la promesse soit exerçable à sa seule initiative.

S'il a accordé une promesse d'achat (*put option*) exerçable par un ou des bénéficiaires, la prise en compte des titres objet de la promesse au sein du numérateur ne sera pas requise tant que la promesse n'est pas exercée. On rappellera que ces put options sont usuellement conclus dans le cadre d'entrées en négociations exclusives en vue de l'acquisition d'un bloc de titres conférant le contrôle à celui qui a accordé cette promesse, l'exercice par le ou les bénéficiaires étant souvent conditionné à l'achèvement du processus d'information-consultation du Comité Social et Economique de la société qui sera visée par l'offre obligatoire, une fois la promesse exercée[24].

A cet instant de nos développements, nous soulignerons plusieurs points :

Engagements d'apport : tout d'abord les engagements d'apport à l'offre de prise de contrôle n'entrent pas dans les cas d'assimilation. Il s'agit bien d'une vente promise mais qui prend effet une fois l'offre déposée et sous conditions de la conformité de l'offre, et de sa suite positive s'il s'agit d'une offre de prise de contrôle. Dans le cadre d'offres autres que simplifiées, ces engagements sont révocables en cas d'offre concurrente ou de surenchère (à moins que le bénéficiaire surenchérisse à son tour). Ils ne doivent pas être comptabilisés antérieurement à l'offre par conséquent.

Dérivés et contrats de prêts emprunts : la conclusion de dérivés ou de contrats de prêt-emprunts de titres peuvent être purement techniques (stratégie de couverture par exemple) et ne procéder d'aucune intention de prendre ou accroître un contrôle. Le règlement général prévoit opportunément que l'AMF « *peut [alors] autoriser, dans des conditions qui sont rendues publiques, le franchissement temporaire des seuils générateurs de l'offre si le dépassement résulte d'une opération n'ayant pas pour finalité l'obtention ou l'accroissement du contrôle de la société au sens de l'article L. 233-3 du code de commerce et si sa durée n'excède pas six mois. La ou les personnes concernées s'engagent à ne pas exercer, pendant la période de reclassement des titres, les droits de vote correspondants.* »

Le Rapport Field précité observait à cet égard : « *pour autant, s'il convient par principe de retenir des modalités de calcul uniformes, le lancement d'une offre obligatoire peut parfois s'avérer inadapté lorsque le franchissement du seuil ne témoigne d'aucune prise de position stratégique dans le capital de la société, mais*

23 - Règl. gén. AMF, art. 231-4.

24 - Et ou des approbations des autorités de la concurrence, si cela est pertinent.

est purement technique. Ainsi, par exemple, une cession temporaire d'actions, dont il est certain que les actions seront restituées à brève échéance au prêteur, ne devrait pas contraindre l'emprunteur à déposer une offre. »

Si celui qui franchit un seuil d'offre obligatoire, notamment par la voie des assimilations, est en mesure d'attester d'un objectif autre que celui qui fonde l'obligation, l'AMF aura à vérifier la crédibilité de ses déclarations et sous réserve d'un double engagement :

- (i) de garantir sous brefs délais (six mois) une redescente en dessous du seuil franchi ; et

- (ii) de ne pas profiter de l'accroissement temporaire pour renforcer un pouvoir politique (ne pas exercer les droits de vote attachés aux actions détenues au-delà seuil de 30 % ou de l'accroissement permis en vertu de la vitesse d'acquisition), aura toute latitude pour accorder une dérogation sur le fondement de l'article 234-4 du règlement général de l'AMF.

En réalité, ce contexte dérogatoire est peu souvent sollicité.

Il a été plutôt invoqué ces dernières années :

- dans le cas d'actionnaires qui montaient dans le capital pour limiter un impact dilutif (sous l'effet en général d'une augmentation de capital), ceci afin de maintenir un niveau de participation équivalent *post* opération à celui qui était le leur avant opération (I&D 215C1748, 20 nov. 2015, *Parrot*[25]) ; ou encore

- dans le cadre de l'exercice d'une option pour le paiement d'un dividende par actions sans possibilité de calibrer le taux de dilution de sorte à ne pas dépasser la vitesse d'acquisition autorisée faute de visibilité sur le choix des autres actionnaires, et compte tenu de la volonté de l'actionnaire sollicitant le droit de franchir temporairement le seuil d'offre obligatoire, de maintenir son niveau de participation, au résultat de la distribution à venir et des nouvelles actions ainsi émises (I&D 217C0869, 25 avr. 2017, *Altarea*).

Evénements déclenchants : sous l'empire du droit français, le franchissement du seuil d'offre obligatoire peut résulter d'autres événements qu'une acquisition d'actions.

La formule « vient à détenir » suggère l'idée d'une indifférence des circonstances de ce franchissement. Le franchissement peut se concrétiser en l'absence de toute acquisition s'il y a (i) attribution d'un vote double, (ii) accroissement passif de pourcentage du fait de la diminution du nombre total d'actions ou de droits de vote composant le dénominateur (réduction de capital mais aussi perte de vote double (ou bientôt multiple) attaché à certaines actions, en raison par exemple du transfert de celles-ci à un tiers par leur propriétaire ou encore de leur inscription au porteur), ou encore (iii) distribution d'un dividende par actions, (iv) exercice de titres retard, ou (v) fusion absorption par la société cotée d'une société mère[26].

Mais surtout la conclusion d'un accord constitutif d'une action de concert entraînant, aux fins du calcul, l'agrégation des participations détenues par les parties en vertu des cas d'assimilation de l'article L. 233-9 du code de commerce applicables (agrégation de la détention des concertistes) qui est susceptible d'engendrer l'obligation d'offre, et ceci en dehors de tout accroissement de participations des parties au concert, à titre individuel.

Le concept d'action de concert a été introduit dans notre droit par la loi n° 89-531 du 2 août 1989 relative à la sécurité et à la transparence du marché financier, qui a notamment modifié, s'agissant des franchissements de seuils, la loi du 24 juillet 1966 sur les sociétés commerciales.

La loi du 2 août 1989 précitée a transposé les dispositions de la directive 88/627/CEE du Conseil du 12 décembre 1988 relatives aux informations à publier lors de l'acquisition et de la cession d'une participation importante dans une société cotée en bourse. Selon M.

25 - Apport à Horizon d'une participation de 2,87 % du capital de la société Parrot en prévision d'une augmentation de capital dilutive pour l'actionnaire bénéficiaire de l'apport et lui permettant de limiter ladite dilution. L'apport entrainant le dépassement de la vitesse d'acquisition n'avait pas pour finalité l'accroissement du contrôle du bénéficiaire. L'apporteur s'est engagé à ne pas voter lors des assemblées générales qui se tiendraient avant le règlement-livraison de l'augmentation de capital dilutive, et le bénéficiaire de l'apport à ne pas utiliser les droits de vote attachés aux actions qui lui seraient apportés tant que sa participation ne sera pas redescendue en dessous du seuil déclencheur d'offre publique obligatoire.

26 - Par ex. un actionnaire d'une société *holding* (ne disposant du contrôle de cette *holding*) et disposant d'une détention directe supérieure à 30 % dans le cadre de l'absorption de cette société *holding* par la société cotée.

Pierre Bérégovoy, alors Ministre des finances, il s'agissait de « *rétablir pour l'application des obligations déclaratives de franchissement de seuil et de la réglementation des offres publiques la réalité des actions concertées derrière la dissimulation des actions dispersées* ».

Depuis cette loi, les personnes qui agissent de concert au sens de l'article L. 233-10 du code de commerce, c'est-à-dire qui « *ont conclu un accord [écrit, oral ou tacite] en vue d'acquérir, de céder ou d'exercer des droits de vote, pour mettre en œuvre une politique commune vis-à-vis de la société ou pour obtenir le contrôle de cette société* », doivent donc agréger leurs participations respectives et cela également pour calculer le seuil d'offre publique obligatoire[27]. Si l'obligation est constituée, les parties agissant de concert y sont tenues de manière cosolidaire.

Elles peuvent néanmoins aménager contractuellement cette solidarité.

Pour exemple, le communiqué publié par plusieurs actionnaires de Technicolor Creative Studios au sein d'un groupe de concert, annonçant le dépôt prochain d'une offre publique obligatoire visant la société (sous la forme d'une offre simplifiée ultérieurement suivie d'un retrait obligatoire). Dans ce communiqué est précisé que l'accord d'investissement constitutif de l'action de concert prévoit notamment, qu'au sein des parties signataires les « *Initiateurs (sous-groupe au sein des concertistes) ont accepté d'être seuls tenus des obligations découlant du concert en application du règlement général de l'AMF et de l'offre qui serait déposée et qu'ainsi eux seuls se porteront acquéreurs des actions qui seraient apportées à l'offre ou transférées dans le cadre de la procédure de retrait obligatoire (et des frais et coûts y afférents) et ont accepté que les autres membres du concert ne supportent aucune obligation à ces différents titres* ».

Un tel aménagement contractuel n'est cependant ni opposable à l'AMF, ni aux tiers, les membres du concert demeurant tous vis-à-vis de ces derniers tenus solidairement (i) de l'obligation et (ii) dès le dépôt de l'offre, par un engagement irrévocable d'acquérir les actions apportées à l'offre.

On notera enfin que, quand bien même le périmètre détenu par les actionnaires de concert ne serait pas modifié ou ce périmètre représenterait plus de 50 % du capital et des droits de vote (c'est-à-dire un niveau au-delà duquel il n'y a plus de déclenchement d'offre obligatoire), le fait qu'une des parties au concert franchisse individuellement un seuil d'offre publique obligatoire engendre ladite obligation pour l'ensemble des parties au concert, sous réserve du régime dérogatoire (Règl. gén. AMF, art. 234-7).

L' aménagement contractuel de la solidarité n'est ni opposable à l'AMF, ni aux tiers, les membres du concert demeurant tous vis-à-vis de ces derniers tenus solidairement de l'obligation et dès le dépôt de l'offre, par un engagement irrévocable d'acquérir les actions apportées à l'offre.

Pour illustration si A détient 25 % du capital et des droits de vote de la société cotée C et B 34 %, le réaménagement des participations entre A et B agissant de concert peut entraîner le déclenchement de l'obligation :

- B cède 6 % à A, A franchit le seuil de 30 % en hausse avec un périmètre inchangé du concert, l'obligation est constituée. Une dérogation est néanmoins possible ; mais aussi
- B demeure à 34 % et A acquiert auprès d'un tiers 6 %. A franchit à titre individuel le seuil de 30 %, l'obligation est constituée même si le concert est au-dessus de 50 % des droits de vote avant cette acquisition. Là encore une dérogation est néanmoins possible[28].
- **Prise en compte de l'auto-détention de la**

27 - V. notamment la section du présent ouvrage consacrée à la notion de concert (Chap. 2) ainsi que la section consacrée à la Dir. OPA du présent chap. (la Dir. OPA vise les seules « acquisitions » de titres (art. 5, § 1er) et non au contraire du droit français la mise en concert).

28 - V. notamment la section du présent chap. relatif au régime dérogatoire aux offres publiques.

société cotée par l'actionnaire : pour déterminer si un seuil d'offre obligatoire a été franchi, il conviendrait selon une application à la lettre des cas d'assimilation, d'inclure les actions détenues par les sociétés que contrôle l'actionnaire au sens de l'article L. 233-3 du code de commerce. Au surplus, il existe une présomption d'action de concert entre une société contrôlante et une société contrôlée en application de l'article L. 233-10 II du code de commerce. L'actionnaire détenant le contrôle de fait ou de droit d'une société cotée serait donc présumé détenir par assimilation les actions acquises par la société visée par exemple dans le cadre d'un programme de rachat d'actions. Ces points ont été rappelés par une position du Comité Juridique de l'ANSA du 8 novembre 2023[29].

Il faudrait donc que les sociétés visées, si elles ne veulent pas exposer leurs actionnaires agissant seuls ou de concert disposant d'un contrôle au sens de l'article L. 233-3 du code de commerce (par exemple du fait d'une détention de 40 % ou plus du capital et des droits de vote), limitent leurs acquisitions dans le cadre de leur programme d'achat d'actions de sorte à ne pas accroître sur douze mois glissants, l'enveloppe de détention de leur(s) actionnaire(s) de contrôle de plus de 1 %. Il est probable qu'assez peu d'actionnaires de sociétés cotées aient conscience de cette limite et nous n'avons pas trouvé de cas d'obligation d'offre déclenchée par un accroissement de l'auto-détention par la société cotée dans le cadre d'un programme de rachat.

Nous noterons toutefois que quand il s'agit dans le cadre d'une offre publique de dépasser le seuil de caducité ou encore celui de retrait obligatoire, beaucoup d'initiateurs se prévalent de l'agrégation de l'auto-détention. On ne peut donc prétendre agréger dans certaines hypothèses et non dans d'autres.

Pour autant, il nous semble que celui qui viendrait à excéder la vitesse d'acquisition du fait de l'accroissement de l'auto-détention pourrait se prévaloir de plusieurs voies pour échapper à l'offre obligatoire : tout d'abord la présomption de concert est réfragable et il pourrait être argué que la société cotée conduit la réalisation de son programme de rachat en toute indépendance et selon des objectifs qui ne visent absolument pas à renforcer la détention de son actionnaire de contrôle. Pour ce faire, les administrateurs désignés/représentant l'actionnaire de contrôle pourraient veiller à s'abstenir pour toutes décisions ayant trait à l'initiation ou l'accomplissement de ce programme. En outre, des cas de dérogations à l'offre obligatoire pourraient en toutes hypothèses être revendiqués : franchissement passif, ou reclassement à brève échéance si les achats visent par exemple à servir des plans d'actions de performance ou encore la conversion de titres donnant accès au capital.

Le dénominateur

Pour rapprocher les modalités de calcul des seuils d'offre publique et celles des seuils légaux de déclaration au sens de l'article L. 233-7 du code de commerce, l'assiette du dénominateur est déterminée de la même manière dans les deux cas c'est-à-dire selon ce qui est prescrit par l'article 223-11, I du règlement général de l'AMF.

Le nombre total de droits de vote est établi sur la base de l'ensemble des actions auxquelles sont attachés des droits de vote, y compris les actions privées de droit de vote. C'est ce qui est désigné comme le « Total de droits de vote théoriques ».

Des actions peuvent être privées du droit de vote, soit parce que ce sont des actions auto-détenues par la société cotée (dans le cadre de la mise en œuvre d'un programme de rachat d'actions) ou plus généralement des actions d'autocontrôle, soit parce que leurs détenteurs n'ont pas déclaré dans les délais des seuils légaux ou statutaires (ou ont commis des irrégularités de déclarations) et que le bureau de l'assemblée des actionnaires, ou le juge, a décidé de les dessaisir d'une partie de leurs vote pour une certaine durée.

En application de l'article L. 233-8 du code de commerce, les sociétés dont des actions sont admises aux négociations sur un marché réglementé d'un Etat partie à l'accord sur

29 - ANSA, 8 nov. 2023, n° 23-040.

l'Espace économique européen ou dont les actions sont admises aux négociations sur Euronext Growth publient chaque mois le nombre d'actions composant le capital, le nombre de droits de vote théoriques et le nombre de droits de vote exerçables, s'ils ont varié par rapport à ceux dernièrement publiés.

Il en résulte que celui qui franchi le seuil de 30 % des droits de vote théoriques, dispose usuellement d'un pourcentage plus élevé en proportion des droits de vote exerçables et que par conséquent les possibilités d'une détention du contrôle de fait avant même le dépassement de ce seuil existent (même si cela est rare est pratique).

Eclairage sur l'action de concert : quels accords pour le seuil d'offre publique obligatoire ?

Ce qui suit n'a pas pour ambition de constituer un développement exhaustif sur la notion de concert, présentée souvent comme une notion floue et fluctuante car fondamentalement dépendante des circonstances dans lesquels les accords qui lui servent de support produisent leurs effets (on parle du caractère fonctionnel de la notion ou du concert comme un fait juridique produisant des effets de droit).

Une autre contribution de cet ouvrage reviendra de manière plus approfondie sur l'état du sujet[30].

Nous voudrions toutefois rappeler quelques lignes générales dans le cadre de la présente étude, avant de faire état d'un débat intéressant soulevé par la doctrine[31] en suite d'un arrêt de la Cour de justice de l'Union européenne (CJUE) du 9 septembre 2021 répondant à une demande de décision préjudicielle introduite par le Bundesverwaltungsgericht (tribunal administratif fédéral, Autriche).

Rappelons tout d'abord que l'accord de concert est aux termes de l'article L. 233-10 du code de commerce « *l'accord conclu en vue d'acquérir, de céder ou d'exercer des droits de vote, pour mettre en œuvre une politique commune vis-à-vis de la société ou pour obtenir le contrôle de cette société* ».

L'accord peut donc avoir deux objets distincts (qui peuvent aussi être cumulés au sein d'un même accord) :

- un dispositif selon lequel les parties s'obligent à se concerter pour leur stratégie d'acquisition ou de cession de leurs titres. C'est ce que l'on appelle l'accord capitalistique qui peut consister, par exemple, en un plafonnement collectif de la participation cumulée des parties (engagement de ne pas acquérir) ou au contraire en la volonté de maintenir globalement un niveau d'influence par le biais de la détermination d'un seuil de participation plancher (obligation de ne pas céder[32] - maintien d'une minorité de blocage par exemple), ou bien encore à s'accorder en cas de cessions par l'une des parties sur l'identité du cessionnaire (reclassement entre des mains amies ne remettant pas en cause ou confortant la position acquise par l'autre partie[33]) ; ou

- un dispositif organisant la manière dont les parties vont exercer leurs droits de vote en assemblée générale ou en Conseil d'administration ou de surveillance. C'est ce que l'on appelle l'accord politique qui peut prévoir, entre autres, une concertation en vue de voter dans un même sens, ou des droits de *veto* ou des majorités qualifiées aboutissant à ce que des décisions déterminées ne puissent être prises sans l'agrément de toutes ou de certaines des parties, contraignant alors à un consensus (recherche d'une position commune avant vote).

---

30 - V. notamment la section du présent ouvrage consacrée à la notion de concert (Chap. 2). On pourra au surplus se reporter aux études figurant dans les études *Joly Société* et *Joly Bourse* rédigées pour la première par D. Schmidt et N. Rontchevsky (S_EA020) et pour la seconde par C. Goyet (B_EA025).

31 - C. Goyet, *La CJUE et la pseudo définition française de l'action de concert (C. com., art. L. 233-10, I)*, *RTDF*, sept. 2021 ; S. Torck, *Désignation de l'Autorité compétente pour sanctionner le défaut de dépôt d'une offre publique – la CJUE consacre la distinction entre concert de gestion et concert de contrôle*, *BJB* n° 1 janv. 2022, p. 48.

32 - Les engagements d'inaliénabilité en particulier s'ils sont de courte durée (inférieur à trois ans) ne sont pas systématiquement qualifiés d'action de concert. Ils peuvent avoir pour finalité après une opération de ne pas déstabiliser le marché par des cessions massives (engagement en fait vis-à-vis du marché).

33 - CA Paris, 1re ch. sect. CBV, 24 juin 1991, *Devanlay SA c/ Société des Galeries Lafayette et autres* (« *l'objet de l'accord était de permettre à la société des Galeries Lafayette d'acheter à la société Proventus un bloc d'actions lui transférant 10,32 % des droits de vote de la société FNGR, tout en lui offrant la possibilité de contrôler la destination d'une autre fraction de 5,83 % (acquis par CCF) des mêmes droits ou de les acquérir elle-même. La commune intention des deux sociétés concernées d'acquérir des droits de vote afin de les transmettre à l'une d'elles ou à des porteurs choisis par elle selon un accord qui les oblige, caractérise une action de concert.* »)

Dans les deux cas, il convient, pour qualifier le concert, que soit perceptible une finalité partagée des contractants (la notion est téléologique), que ces derniers visent, selon les termes exacts de la loi, une politique commune ou l'obtention du contrôle de la société [34].

Dans les deux cas, il convient, pour qualifier le concert, que soit perceptible une finalité partagée des contractants (la notion est téléologique), que ces derniers visent, selon les termes exacts de la loi, une politique commune.

La sémantique est protéiforme en ce qu'elle ne désigne pas limitativement une stratégie définie en commun relative à la gestion de la société mais plus largement une communauté d'objectif(s) détectable(s) que le respect de l'accord va concourir à atteindre d'ailleurs souvent explicitée dans le préambule du contrat si celui-ci est écrit. (A cet égard on ne saurait qu'encourager les parties à l'accord à rédiger soigneusement ces préambules et à préciser clairement les objectifs poursuivis).

La qualification en droit français ne repose pas sur un but exclusif qui serait la prise de contrôle par les parties. Le dessein peut aussi être de conforter le contrôle d'une tierce partie ou tout simplement concourir à une stabilité actionnariale dans l'intérêt de la société.

Nous reviendrons plus loin sur cette diversité d'objectifs qui est un des sujets de l'arrêt de la CJUE et son nœud conceptuel.

Précisons enfin que l'action de concert exige un accord (on ne saurait être concertistes malgré soi[35]), mais non nécessairement un accord écrit. Celui-ci peut être verbal ou même tacite[36].

S'agissant des sociétés de droit français, les conventions conclues entre parties font usuellement l'objet d'une publicité en application de l'article L. 233-11 du code de commerce[37]. Elles portent en effet très souvent sur plus de 0,5 % du capital ou des droits de vote.

Même si la convention dont la publicité est exigée par cette disposition légale ne recouvre pas parfaitement les accords écrits pouvant être qualifiés de concert (l'accord qui serait conclu uniquement en vue d'exercer des droits de vote aux fins d'une politique ne correspond pas à la définition de la convention visée par l'article L. 233-11 précité), il est un fait que les pactes entre actionnaires contiennent presque tous des clauses contenant des conditions préférentielles d'acquisition ou de cession et entrent de ce fait dans le champ de cet article[38] - ce qui permet en pratique une transparence des accords écrits susceptibles de constituer un concert.

Quand bien même ils ne contiendraient pas ce type de clauses, les déclarations de franchissement de seuil permettent alternativement de faire état des accords conclus entre les parties et de les décrire succinctement

S'agissant des accords conclus au niveau de sociétés non cotées, la publicité est liée, selon nous, à la question du contrôle abordée plus loin. Si un pacte entre associés est formalisé à cet étage non coté, il faudra tout particulièrement s'interroger sur sa qualification à l'égard de l'action de concert et du contrôle conjoint. Dans le cas d'un contrôle conjoint déclenchant

---

34 - C. com., art. L. 233-10, I.

35 - CA Paris, (1re ch., sect. CBV), 10 mars 1992, *Anastassiades et autres c/ Sté Pinault SA et autres, BJS* avr. 1992, n° 137, p. 425, note A. Viandier (« *en ce qui concerne les établissements financiers CIP, Généval et Lazard Frères, les seules circonstances alléguées qu'ils sont actionnaires, voire membres de conseils d'administration et éventuellement conseils financiers d'une ou plusieurs des sociétés impliquées ne suffit pas à établir qu'existe, entre eux et avec la société Pinault, un accord au sens de l'article 356-1-3 de la loi du 24 juillet 1966* », devenu C. com., art. L. 233-10).

36 - Dir. 2004/25/CE du Parlement Européen et du Conseil du 21 avr. 2004 concernant les offres publiques d'acquisition, art. 2(1)(d).

37 - « *Toute clause d'une convention prévoyant des conditions préférentielles de cession ou d'acquisition d'actions admises aux négociations sur un marché réglementé et portant sur au moins 0,5 % du capital ou des droits de vote de la société qui a émis ces actions doit être transmise dans un délai de cinq jours de bourse à compter de la signature de la convention ou de l'avenant introduisant la clause concernée, à la société et à l'Autorité des marchés financiers. A défaut de transmission, les effets de cette clause sont suspendus, et les parties déliées de leurs engagements, en période d'offre publique. (...) Les informations mentionnées aux alinéas précédents sont portées à la connaissance du public dans les conditions fixées par le règlement général de l'Autorité des marchés financiers.* » (C. com., art. L. 233-1).

38 - S'agissant des obligations déclaratives au titre de l'art. L. 233-11 C. com., v. : H. Blanc-Jouvan, M.-Fl. Rautou, *Instruments financiers à terme et obligations déclaratives au titre de l'article L. 233-11 du code de commerce, RTDF* n° 1/2 2009.

des déclarations de franchissements de seuil indirects dans les participations cotées, une information du marché sur les clauses du pacte de la société cristallisant ce contrôle conjoint, en cas franchissement indirect du seuil d'offre obligatoire parait nécessaire.

Enfin, ainsi que l'a rappelé la Cour de cassation dans le cadre de l'affaire *Sacyr Eiffage*[39], en l'absence d'accord écrit, l'existence d'une action de concert non révélée spontanément par les parties peut être démontrée par un faisceau d'indices graves, précis et concordants.

En l'espèce, la société Sacyr et plusieurs sociétés espagnoles avaient procédé à des acquisitions d'actions Eiffage en vue d'exercer une influence en assemblée. Ces acquisitions, souvent réalisées dans les mêmes conditions (notamment non-déclaration des seuils statutaires ou encore investissement non proportionné à la surface financière des sociétés), traduisaient non un simple parallélisme des comportements, mais une démarche collective organisée tendant à la poursuite d'une finalité commune - consistant à permettre à la société Sacyr d'obtenir une recomposition, à son profit, du conseil d'administration de la société Eiffage. L'accumulation sur une certaine durée[40] d'une série de faits prenant place dans un contexte particulier, ne pouvait pas être fortuite et démontrait une action convergente en vue d'atteindre un résultat convenu entre les parties.

S'est ensuite posée en jurisprudence la question de savoir si le bureau de l'assemblée générale peut qualifier une action de concert dissimulée et décider la privation des droits de vote attachés aux actions des concertistes allégués pour le *quantum* au-dessus du premier seuil non déclaré.

Selon la Cour de cassation, « *aucun texte n'attribue au bureau de l'assemblée le pouvoir de priver des actionnaires de leurs droits de vote au motif qu'ils n'auraient pas satisfait à l'obligation de notifier le franchissement d'un seuil de participation dès lors que l'action de concert d'où résulterait cette obligation est contestée* »[41].

> **S'agissant des accords conclus au niveau de sociétés non cotées, la publicité est liée, selon nous, à la question du contrôle abordée plus loin. Si un pacte entre associés est formalisé à cet étage non coté, il faudra tout particulièrement s'interroger sur sa qualification à l'égard de l'action de concert et du contrôle conjoint. Un contrôle conjoint déclenchant des déclarations de franchissements de seuil indirects dans les participations cotées, une information du marché sur les clauses du pacte, en cas de franchissement indirect du seuil d'offre obligatoire parait nécessaire.**

Le pouvoir du bureau de l'assemblée se limite donc à la constatation de l'évidence. Il n'a pas le pouvoir de qualifier un concert en dehors d'un accord qui ne serait pas avéré[42]. En cas de suspicion d'un concert, il convient donc d'éventuellement ajourner l'assemblée générale et de se tourner vers le juge des référés

39 - Com., 15 mai 2012, n° 11-11.633.

40 - Le juge a eu l'occasion de trancher le fait que l'action de concert suppose un accord susceptible de générer des droits et obligations sur la durée, sans indication précise de l'étendue de cette durée toutefois. La mise en œuvre d'une politique commune implique un ensemble d'opérations sous-jacentes s'effectuant dans un laps de temps significatif. Une clause d'accord en vue d'un but pouvant être réalisé par une opération ponctuelle tels une augmentation de capital un placement, un dispositif de liquidité dont la mise en œuvre se déploie rapidement, n'est pas constitutive d'une action de concert. Toutefois il a été aussi jugé que si la politique commune est en soit exclusive d'un accord ponctuel, sa mise en œuvre peut n'être que temporaire (V. Ansa – Avis du Comité juridique, 3 avr. 2019 n° 19-025, renvoyant à l'arrêt CA Paris, 24 juin 2008, *Gecina*).

41 - Com. 15 mai 2012, n°s 10-23.389 et 10-28.151 ; Com. 10 févr. 2015, n° 13.14778.

42 - Il est admis par la jurisprudence que le bureau puisse exercer un pouvoir de police de l'assemblée, notamment, contrôler l'exercice du droit de vote, d'arrêter le *quorum* et vérifier qu'il est atteint pour chaque résolution, vérifier l'application des règles de majorité et résoudre certaines difficultés qui peuvent intervenir en séance. Toutefois, le tribunal ajoute que faute d'avoir reçu du législateur une délégation précise en ce sens, le bureau ne peut procéder à une privation des droits de vote en cas de concert contestée. Seul le juge peut trancher la contestation. V. également : H. Le Nabasque, *La discipline de l'exercice des droits de vote. Les pouvoirs du bureau, RTDF* 2011/4, pp. 62 s. ; Rapp. du groupe de travail de l'AMF sur les assemblées générales d'actionnaires de sociétés cotées, févr. 2012, p. 32, qui affirme qu'il n'appartient pas au bureau « de juger de l'existence d'une éventuelle action de concert qui n'aurait pas été déclarée ou qui serait contestée ».

pour ordonner des mesures conservatoires, dans l'attente d'une décision judiciaire au fond.

Dernier point, en 2006, une loi transposant la directive OPA a créé au sein du code de commerce l'article L. 233-10-1. En cas d'offre publique d'acquisition, sont considérées comme agissant de concert « *les personnes qui ont conclu un accord avec l'auteur d'une offre publique visant à obtenir le contrôle de la société qui fait l'objet de l'offre* » (concert offensif).

La doctrine a noté que la définition générale de l'article L. 233-10 du code de commerce aurait sans doute suffi à couvrir cette situation, sans nécessité de « sur-légiférer » à ce propos dans le cadre de l'article L. 233-10-1 du même code.

L'article L. 233-10-1 du code de commerce prévoit en outre que « *sont également considérées comme agissant de concert les personnes qui ont conclu un accord avec la société qui fait l'objet de l'offre afin de faire échouer cette offre* » (concert défensif).

Ces points étant précisés, nous voudrions à cet instant de notre propos mettre en lumière certains des enseignements de l'arrêt de la CJUE précité (9 sept. 2021, n° C-605/18, *Adler Real Estate AG, Petrus Advisers LLP, GM c/ Finanzmarktaufsichtsbehörde (FMA)*) quant au type d'accords de concert devant être pris en compte pour calculer les seuils d'offre publique obligatoire.

Parmi les questions posées par le tribunal administratif fédéral figurait celle de savoir si l'Autorité des marchés autrichienne, autorité désignée en application de l'article 24 de la directive Transparence[43] pour veiller au respect des obligations de déclaration de franchissements de seuils (selon la loi autrichienne de transposition) avait compétence pour sanctionner Adler, Petrus et GM aux motifs d'une contravention aux obligations de (i) notifier le franchissement du seuil de 30 % des droits de vote de la société écotée *Conwert Immobilien SE* et ce faisant (ii) déposer une offre publique (30 % des droits de

Le pouvoir du bureau de l'assemblée se limite à la constatation de l'évidence. Il n'a pas le pouvoir de qualifier un concert en dehors d'un accord qui ne serait pas avéré.

vote étant le seuil générateur en Autriche).

Pour comprendre la problématique, il convient de préciser qu'en Autriche, l'Autorité des marchés financiers surveille la bonne application des déclarations de franchissement de seuils (selon la loi interne de transposition de la directive Transparence), tandis que la Commission des OPA s'assure du respect des dispositions ayant trait aux offres publiques (selon la loi interne de transposition de la directive OPA, l'« ÜbG »). En France, l'AMF est en charge des deux missions, une telle dichotomie n'existe pas.

Aux fins de déterminer si Adler, Petrus et GM relevaient de la notion de « personnes agissant de concert », au sens de l'article 1er, paragraphe 6, de l'ÜbG, l'autorité des marchés financiers a considéré qu'elle était liée par une décision rendue, le 22 novembre 2016, par la Commission des OPA, autorité désignée conformément à l'article 4 en tant qu'autorité pour le contrôle d'une offre.

Par cette décision, entre-temps devenue définitive, la Commission des OPA a constaté qu'Adler, Petrus et GM avaient omis, à tort, de soumettre une offre obligatoire, alors même qu'elles avaient atteint le seuil de 30 % des droits de vote de *Conwert Immobilien*, déclenchant l'obligation de soumettre une offre en tant qu'« entités juridiques agissant de concert ».

La directive Transparence, dans son article 3, paragraphe 1 *bis*, 4e alinéa, iii), prévoit que « *l'État membre d'origine ne peut pas soumettre un détenteur d'actions, ou une personne physique morale visée à l'article 10 ou 13 (obligation de déclaration de seuils), à des exigences plus*

43 - Dir. Transparence : Dir. 2004/109/CE du Parlement européen et du Conseil, 15 déc. 2004, sur l'harmonisation des obligations de transparence concernant l'information sur les émetteurs dont les valeurs mobilières sont admises à la négociation sur un marché réglementé et modifiant la Dir. 2001/34/CE, telle que modifiée par la Dir. 2013/50/UE du Parlement européen et du Conseil, 22 oct. 2013.

strictes que celles énoncées dans la présente directive ».

Selon cette directive toutefois, ce principe d'harmonisation maximale (en ce qui concerne les articles 10 ou 13) souffre cependant plusieurs exceptions dont la possibilité « *d'appliquer les dispositions législatives, réglementaires ou administratives adoptées en ce qui concerne les offres publiques d'acquisition, les opérations de fusion et d'autres opérations ayant des incidences sur la propriété et le contrôle des entreprises, qui sont surveillées par les autorités désignées par les États membres conformément à l'article 4 de la Directive OPA* ».

Autrement dit, pour le calcul des seuils d'offre publique obligatoire, les Etats membres sont fondés à appliquer pour ce qui a trait à l'agrégation de concert, non pas les dispositions de la directive Transparence mais celles exclusivement de la directive OPA.

S'agissant de la définition de l'accord de concert, il convient de souligner que la législation française a procédé depuis 1989 par empilement de strates successives :

- en la remaniant au fil du temps (ajout en particulier d'une virgule après énumération des deux objets de l'accord),
- en consacrant des décisions judiciaires (distinction de la finalité de politique commune et de celle de prise de contrôle),
- puis enfin en transposant en 2006 la directive OPA afin de reprendre les termes caractérisant l'accord de concert contenus dans le texte communautaire dans un article spécifique du code de commerce (art. L. 233-10-1 – v. *supra*).

Il en ressort un régime complexe, amendé à de multiples reprises, couvrant un large spectre, et applicable sans distinction au (i) calcul des seuils légaux et statutaires à déclarer à l'émetteur et à l'AMF, ainsi qu'au (ii) calcul des seuils d'offre obligatoire.

La définition de l'action de concert pour les seuils d'offre publique contenue dans l'ÜbG semble avoir été moins sujette à réformes successives qu'en France, et surtout être définie *ratione materiae*.

Reflétant la directive OPA, l'ÜbG indique en miroir que sont de concert « *les personnes physiques ou morales qui coopèrent avec l'offrant sur la base d'un accord afin d'obtenir le contrôle de la société visée ou d'exercer ce contrôle, notamment en coordonnant les droits de vote, ou qui coopèrent sur la base d'un accord avec la société visée afin de faire échouer l'offre d'acquisition.* » (Reprise de l'art. 2 1. d) de la directive OPA).

La CJUE a donc considéré que la compétence de l'Autorité désignée en vertu de l'une et de l'autre de ces directives, lorsque ces autorités sont différentes, est circonscrite pour chacune d'elles aux règles de fond dont ces autorités surveillent la bonne application, ce qui implique le pouvoir d'en garantir le respect et donc également celui d'infliger des sanctions pour toute contravention.

La Cour en déduit que les exigences dont l'autorité en charge du contrôle des OPA assure le respect « *doivent être prévues par des dispositions législatives, réglementaires ou administratives qui concernent, spécifiquement, les offres publiques d'acquisition et ne peuvent relever que du champ d'application de la directive* OPA *et non de celui de la directive* Transparence. »

Pour les déclarations de franchissements de seuils, le rapport de l'avocat général avait fait observer que l'agrégation de concert doit s'effectuer sur le fondement de l'article 10, a) de la directive Transparence, c'est-à-dire en visant la situation dans laquelle une personne physique ou morale acquiert, cède ou exerce des droits de vote « *détenus par un tiers avec qui cette personne a conclu un accord qui les oblige à adopter, par un exercice concerté des droits de vote qu'ils détiennent, une politique commune durable en ce qui concerne la gestion de la société en question* ».

Pour l'offre publique, et selon la directive OPA, comme exposé ci-avant, l'agrégation repose sur l'existence d'un accord conclu afin d'obtenir ou exercer le contrôle.

Cette décision du juge européen, très claire sur la partition des définitions (à laquelle le législateur autrichien s'est conformé), conduit à s'interroger sur les amalgames français.

Dans le cadre de l'affaire *Gecina*, la Cour de cassation[44], confirmant l'approche de la Cour d'appel de Paris, a tout d'abord retenu que pour la qualification du concert, peu importait l'objet de la politique commune des parties, celle-ci désignant aussi bien la détermination de la politique sociale de la société que la politique des parties s'agissant de l'organisation ou la gestion de leurs participations dans la société concernée.

Compte tenu d'une définition valant aussi bien pour le calcul des seuils devant être déclarés en vertu de l'article L. 233-7 du code de commerce que pour l'appréciation des seuils d'offre obligatoire définis dans l'article L. 433-3, I du code monétaire et financier, le dessein des actionnaires de Gecina de réaliser la séparation de l'ensemble constitué par les sociétés Metrovacesa et Gecina par la répartition du patrimoine de ces deux sociétés au profit de deux groupes d'actionnaires distincts, les a en conséquence exposés à l'obligation d'offre, bien qu'ils aient précisé qu'ils n'avaient pas l'intention de prendre le contrôle de Gecina, n'y d'augmenter leurs participations après réalisation de la séparation.

Au résultat de ces jurisprudences, est-il vraiment d'évidence au regard de la directive OPA que les actionnaires qui se sont accordés :

- pour exercer dans un même sens leurs droits de vote en vue de répartir leurs participations au sein de deux entités et de réaliser des opérations visant à une restructuration capitalistique sans intention de contrôle ou d'incidences sur le contrôle ; ou encore
- pour prendre un exemple tout à fait différent et autre, s'obligent contractuellement aux fins de respecter dans la durée un plafond collectif de participations (« *standstill* »)[45],

doivent se trouver systématiquement exposés à l'obligation d'offre publique alors que rien dans leurs accords ne permet de déceler une intention au regard du contrôle de l'émetteur coté ou une volonté partagée d'influer sur la gouvernance, la gestion ou la stratégie économique, commerciale ou industrielle de cet émetteur ?

Les conclusions du juge français dans l'affaire *Gecina* seraient-elles les mêmes aujourd'hui à la lumière de celles du juge européen concernant le concert Adler, Petrus et GM et ses conséquences ?

Les conclusions du juge français dans l'affaire *Gecina* seraient-elles les mêmes aujourd'hui à la lumière de celles du juge européen concernant le concert Adler, Petrus et GM et ses conséquences ?

Ne serait-il pas sensible à l'invitation de son homologue européen de circonscrire la notion d'action de concert à la finalité de prise de contrôle ?

Les mêmes interrogations peuvent d'ailleurs surgir concernant des accords visant à consolider une influence non pas en termes de contrôle mais en termes d'opposition à la gestion poursuivie par une société sans prétendre pour autant prendre le pouvoir.

Si l'on peut comprendre une acception large du concept de politique commune au service de l'information des actionnaires et de la transparence du marché (notification de participations), il est permis d'être plus réservé sur le caractère proportionné d'une approche indistincte des finalités pour le respect de l'obligation d'offre.

Le droit français n'opère pas de distinction entre types de concert alors qu'une conformité à l'esprit de la directive OPA[46] aurait supposé

44 - Com., 27 oct. 2009, n° 08-18779, *SA Gecina c/ Pt AMF et a.*

45 - L'engagement individuel de ne pas dépasser un *quantum* de participation n'est pas constitutif d'une action de concert. L'engagement collectif de ne pas dépasser un plafond (et de s'informer à cette fin mutuellement des cessions et des acquisitions individuelles effectuées) ne devrait pas forcément être constitutif d'une action de concert si aucune finalité par rapport à la détention du contrôle n'est affirmée ou perceptible (par exemple aucun objectif de maintenir un contrôle ensemble ou une participation de blocage impactant le contrôle).

46 - L'ESMA dans un « *public statement* » a rendu disponible sa propre appréciation sur l'accord de concert au sens de la Dir. OPA. L'Autorité ne

d'introduire une différentiation dans l'appréciation des accords selon la nature des dispositions que l'Autorité a la charge de faire respecter, comme exposé par la décision récente du juge européen.

Il nous semble qu'il y aurait matière désormais à argumenter auprès de l'AMF à la lumière des enseignements de la décision de la CJUE.

1.2.2. Franchissements indirects des seuils déclenchants l'obligation de déposer une offre publique

Selon les termes de l'article L. 433-3, I du code monétaire et financier, l'obligation de déposer une offre publique est déclenchée en cas de franchissement des seuils à titre direct, mais aussi à titre indirect.

Notion de prise de contrôle d'une *holding* détenant une participation cotée

Le franchissement est indirect lorsqu'il y a prise de contrôle d'une société qui détient une participation dans une société cotée.

Il existe ainsi de multiples hypothèses de franchissements indirects. Donnons deux exemples principaux :

- A ne détient pas d'actions dans une société cotée, et prend le contrôle d'une société B détenant à titre direct une participation supérieure à 30 % du capital et des droits de vote (par ex. 40 %). À la suite de la prise de contrôle, A détiendra à titre indirect 40 % du capital et des droits de vote de la société cotée, franchissant ainsi en hausse le seuil de 30 % (à titre uniquement indirect) ; ou encore

- A détient 20 % du capital et des droits de vote d'une société cotée à titre direct ; en prenant le contrôle de B qui détient également 20 %, A accroitra sa détention à titre direct et indirect et totalisera 40 %, franchissant ainsi en hausse le seuil d'offre publique obligatoire (cette fois-ci à titre direct et indirect).

Précision : l'obligation d'offre est une disposition d'ordre publique économique et s'impose à tout opérateur qui intervient sur un marché réglementé français, quel que soit le lieu de son siège social[47]. En revanche, pour apprécier la prise de contrôle, il convient de faire application du droit applicable à la société dont le contrôle est pris. Si la société est étrangère, il faudra donc se référer à la notion de contrôle au sens du droit local. Ceci ressort explicitement du règlement général de l'AMF qui fait référence à l'acquisition du contrôle au sens des textes applicables (Règl. gén. AMF, art. 234-9, 8°).

À s'en tenir au droit français, la prise de contrôle devra être considérée au regard de l'article L. 233-3 du code de commerce c'est-à-dire :

- détention seul ou de concert de la majorité des droits de vote dans les assemblées générales de cette société ;

- disposition seul de la majorité des droits de vote dans cette société en vertu d'un accord conclu avec d'autres associés ou actionnaires et qui n'est pas contraire à l'intérêt de la société ;

- détermination en fait, par les droits détenus des décisions dans les assemblées générales de cette société ;

- disposition du pouvoir de nommer ou de révoquer la majorité des membres des organes d'administration, de direction ou de surveillance de cette société.

Les sociétés dans le capital desquelles entre un nouvel associé sont fréquemment des sociétés par actions simplifiée. Un examen des statuts et de l'éventuel pacte conclu entre ce nouvel entrant et les associés historiques s'imposera pour décider s'il y a ou non prise de contrôle.

S'agissant des pactes d'actionnaires conclus, il conviendra de déterminer si les clauses confèrent au nouvel entrant un contrôle exclusif ou un contrôle conjoint. Selon l'article L. 233-3 du code de commerce, deux ou plusieurs personnes agissant de concert sont considérées comme en contrôlant conjointement une autre lorsqu'elles déterminent, en fait, les décisions prises en assemblée générale.

---

se réfère qu'à une coopération en vue de la gouvernance et de mise en œuvre d'opérations stratégiques de la société (pourvu qu'il ne s'agisse d'une coopération ponctuelle (*on more than one occasion*). Elle se cantonne donc à une finalité relative à la politique sociale de la société.

47 - CA Paris, 19 nov. 1997, n° 1390/97, *Sté INTEK International c/ CMF*.

Le passage d'un contrôle exclusif à un contrôle conjoint constitue une modification de la nature dudit contrôle de sorte qu'en cas de détention de plus de 30 % du capital ou des droits de vote d'une société cotée sur un marché réglementé par l'entité dans laquelle cette modification du contrôle s'opère, ledit passage engendrera l'obligation de dépôt d'une offre pour les détenteurs du contrôle conjoint, au titre de leur co-solidarité.

Une prise de participation, même minoritaire, dans une société *holding*, avec mise en concert entre associés peut donc provoquer l'obligation de dépôt d'une offre. Il convient d'analyser avec acuité la convention constituant le support du concert, afin de mesurer les implications de cette dernière sur la manière dont s'organisera le contrôle de la société *holding* (maintien d'un contrôle historique ou non, contrôle exclusif inchangé, apparition d'un contrôle conjoint...).

Les conséquences de la conclusion ou de la modification, à la suite de l'entrée d'un nouvel associé, d'un pacte conclu entre actionnaires de la société contrôlant une société cotée sont les suivantes :

- si le pacte est qualifié de concert entre les associés anciens et nouveaux réunissant entre ses mains plus de la majorité des droits de vote, l'article 234-7 du règlement général de l'AMF, deuxième alinéa, trouvera à s'appliquer. Il n'y aura pas matière à déposer un projet d'offre publique à condition que l'un ou plusieurs des anciens associés disposai(en)t déjà du contrôle et demeure(nt) prédominant(s)[48] ;
- la notion de prédominance se dégagera essentiellement des clauses du pacte. Si le nouvel associé n'a que des droits visant à protéger son investissement mais n'altérant pas la prédominance des associés historiques disposant du contrôle initial, le dépôt d'une offre ne s'imposera pas. Le nouveau périmètre du concert ne modifiera pas la nature du contrôle demeurant, avant et après, entre les mêmes mains.

Dans son rapport annuel 2009, chapitre 3, l'AMF a apporté un éclairage utile pour juger de la prédominance à un niveau direct. Il nous semple que le raisonnement de l'AMF peut être dupliqué au niveau indirect - étant précisé qu'il convient de se demander si le concert constitue ou non le contrôle conjoint[49].

A la lumière de cette prise de position de l'AMF, nous comprenons que l'interférence dans le plan d'affaires préservera la prédominance pour autant qu'il s'agisse d'une interférence ponctuelle, relative à des opérations de montants significatifs ou de portée significative (niveau de dépenses, niveau de dettes ou de financements en *equity*, ou encore arbitrage d'actifs i.e. cession ou acquisition).

> **L'interférence dans le plan d'affaires préservera la prédominance pour autant qu'il s'agisse d'une interférence ponctuelle, relative à des opérations de montants significatifs ou de portée significative.**

Le contrôle conjoint ressortira *a contrario* d'un pouvoir de codécision pour la conduite de la gestion sur une base récurrente ou encore pour la nomination des dirigeants opérationnels.

Cette analyse est attestée par la jurisprudence

48 - Cet alinéa indique : « *Lorsque plus de 30 % du capital ou des droits de vote d'une société dont les titres de capital sont admis aux négociations sur un marché réglementé d'un État membre de l'Union européenne ou d'un autre État partie à l'accord sur l'Espace économique européen, y compris la France, est détenu par une autre société et en constitue un actif essentiel, l'AMF peut constater qu'il n'y a pas matière à déposer un projet d'offre publique lorsqu'un groupe de personnes agissant de concert vient à prendre le contrôle de la société détentrice au sens des textes applicables à cette dernière, à condition que l'une ou plusieurs d'entre elles disposaient déjà de ce contrôle et demeurent prédominantes.* »

49 - « *La situation de prédominance est caractérisée tant par le niveau de participation des concertistes que par les dispositions statutaires, extra-statutaires ou autres qui ne doivent pas remettre en cause cette prédominance arithmétique. (...). Par conséquent, les clauses des accords conclus dans le cadre de la mise en concert sont examinées afin de déterminer si elles entraînent ou non des changements significatifs dans l'exercice de la gestion ou de la gouvernance de la société remettant en cause la position dominante de l'actionnaire de contrôle initial dans le cadre du concert nouvellement noué. Les clauses s'analysant comme des dispositifs destinés à protéger l'investissement du nouvel entrant n'ont pas vocation à être considérées comme altérant la prédominance de l'actionnaire historique. Il en va ainsi notamment des clauses fixant une représentation minimale (et minoritaire) au sein des organes sociaux, organisant une majorité qualifiée au sein desdits organes pour certaines décisions importantes (et donnant de fait un pouvoir de veto au concertiste entrant), octroyant à l'investisseur entrant un droit de consultation renforcé lui permettant d'interférer dans l'établissement du plan d'affaires ou encore organisant une concertation sur des projets significatifs, des investissements supérieurs à certains montants, ou l'émission de titres nouveaux, pour autant que de telles clauses ne reviennent pas à instaurer dans les faits un pouvoir de gestion conjoint.* »

et par l'examen des décisions de l'AMF.

Pour ce qui est de la jurisprudence, l'arrêt Tharreau Industries est un arrêt de référence[50]. La Cour a considéré qu'un pacte conclu entre un fondateur et un nouvel investisseur dans la *holding* familiale, le fonds d'investissement du groupe BNP Paribas (à la suite de la cession de participation du co-fondateur auprès de cet investisseur et de son frère), *holding* dénommée Finta détenant la majorité du capital et des droits de vote de la société cotée Tharreau Industries, ne visait pas à la mise en œuvre entre les cocontractants d'une politique commune vis-à-vis de Finta et de sa filiale. Le pacte n'était donc même pas considéré comme concertant[51].

Si ces droits de *veto* (codécision ponctuelle sur des opérations très significatives) n'ont pas été considérés comme qualificatif de concert entre le fondateur et les fonds entrants, encore moins sont-ils à considérer comme constituant un contrôle conjoint déclenchant, par franchissement de seuil indirect, l'obligation de déposer une offre.

Les décisions de l'AMF sont dans cette ligne. On citera à titre illustratif la dérogation Voyageurs du Monde[52] ainsi que la dérogation Malteries Franco-Belges[53].

On ne peut terminer sans se reporter à l'arrêt Hyparlo[54].

L'enseignement pour la pratique est que le maintien d'un contrôle exclusif au résultat de la lecture des clauses d'un pacte au sein d'une *holding* de participation (la Société Hofidis II ayant la forme d'une société par actions simplifiée - SAS) dans une société cotée, doit dépasser la première apparence (en l'espèce, la direction de la SAS confiée à un représentant de la famille Arlaud).

Les mécaniques de décision induites par l'application des pactes et des statuts de la société détenant plus de 30 % doivent faire l'objet d'une analyse approfondie au regard de la notion de contrôle.

En l'espèce, quand bien même aux termes du pacte entre Carrefour et la famille Arlaud, disposant d'intérêts économiques dans Hyparlo principalement au travers de Hofidis II, le pouvoir de voter au sein des assemblées de Hyparlo était dévolu aux représentants de la famille Arlaud (auxquels le pacte garantissait en effet les fonctions de Président et de Directeur général de Hofidis II), la Cour a relevé que les statuts d'Hofidis II imposaient désormais à ces dirigeants de recueillir l'avis positif du conseil de surveillance préalablement à divers actes et opérations au sein d'Hyparlo. Or le conseil de surveillance était composé à parité des représentants de la Famille Arlaud et de ceux de Carrefour[55].

Un remaniement du contrôle d'Hyparlo,

---

50 - CA de Paris (1re ch., section H), 19 mars 2002 (Décis. attaquée : CMF, Décis. nº 201C1190, 19 sept. 2001).

51 - Ses stipulations, ajoute la Cour, « *visent à la préservation des intérêts financiers d'investisseurs détenteurs d'une participation minoritaire dans une société non cotée, et qui veulent se donner les moyens de veiller à la rentabilité de leur investissement, sans que la nature de celui-ci soit modifiée. Que participent de cette unique préoccupation (...) les clauses prévoyant un droit d'information renforcé et un droit de consultation sur les décisions importantes, celle subordonnant à un vote favorable de l'administrateur désigné par les investisseurs l'engagement d'opérations sur le capital de la société (Finta) ou ses filiales, la modification des statuts de celles-ci et toute décision de la société susceptible d'entrainer une obligation de déposer une offre publique de retrait (selon les dispositions applicables, c'est-à-dire la cession d'actifs significatifs ou des opérations pouvant être considérées comme une réorientation d'activité), de celles organisant au profit des Investisseurs un droit de sortie conjointe, (..) et un droit de retrait en cas de survenance de certains événements, de celle prévoyant que les parties s'engagent à se rapprocher et à faire leurs meilleurs efforts pour trouver une solution permettant la liquidité des titres des investisseurs à un certain horizon (...)* ».

52 - I&D 218C1576, 21 sept. 2018 (le contrôle par les fondateurs n'est pas remis en cause par des droits de *veto* accordés à de nouveaux entrants dans des sociétés *holdings* interposées, les clauses des pactes et des statuts visant exclusivement à protéger l'investissement réalisé par les nouveaux entrants, sans possibilité d'intervenir dans la gestion de la société Voyageurs du Monde).

53 - I&D 221C2330, 8 sept. 2021 (l'entrée de partenaires minoritaires dans Malteries Soufflet, InVivo Group s'étant porté acquéreur de 100 % d'Etablissements J Soufflet auprès de la Famille Soufflet, Etablissements Soufflet détenant 100 % de Malteries Soufflet SAS, elle-même disposant de 92,33 % de la cotée Malteries Franco-Belges, s'est accompagnée d'un pacte d'associés dont l'objet est de protéger l'investissement réalisé et par conséquent ne constituant pas une action de concert de concert et un contrôle conjoint).

54 - CA Paris (1re ch, sect. H), 13 sept. 2005, nº 2005/04058, *ADAM c/Hyparlo*. - V. également : *Bull. Joly Bourse* 2005, nº 6, note F. Bucher ; *RTD com.* 2005, p. 797, nº 4 obs. N. Rontchevsky ; *Bull. Joly* 2005, p. 180, note D. Schmidt et Delespaul ; D. Bompoint, *L'action de concert à l'âge de la majorité*, *RTDF* 2008, nº 2, p. 29.

55 - Elle a relevé en conséquence que « l'*article 10.3 (b) desdits statuts énonce que le conseil de surveillance doit donner son avis, préalablement à toute assemblée d'actionnaires de la société Hyparlo, sur le sens du vote que devra exprimer Hofidis II avec les actions qu'elle détient au capital et qu'aux termes de l'article 13.2, les actions B détenues par la société Carrefour bénéficieront d'un droit de vote double dès lors que la direction générale aurait pris une décision relevant de l'article 10.3 (b) des présents statuts, sur laquelle le conseil de surveillance n'aurait pas donné un avis positif.* » *La famille Arlaud ne pouvait en effet s'affranchir de l'accord de Carrefour lors du vote dans Hyparlo sauf à occasionner immédiatement une prise de contrôle majoritaire par Carrefour d'Hofidis II via l'attribution des droits de vote double à une partie des actions détenues par Carrefour.* » Au vu de ces clauses, la Cour a considéré que : « *les limitations ainsi apportées par les statuts aux pouvoirs des dirigeants de la société Hofidis II quant à la gestion de la participation détenue dans Hyparlo, objet même de la société, conjuguées avec les dispositions*

devenu conjoint entre Carrefour et la Famille Arlaud, au lieu d'exclusif au profit de la famille Arlaud, engendrait l'obligation conséquente de dépôt d'un projet d'offre publique du fait du franchissement indirect par le nouveau groupe de contrôle (dont les membres étaient alors cosolidaires) du seuil générateur au sein d'Hyparlo, seul actif d'Hofidis II. Le juge a par conséquent enjoint Carrefour et la famille Arlaud à déposer une telle offre à des conditions qui puissent être considérées comme recevables par l'AMF dans un délai de trois mois à compter du jour où l'arrêt devenait exécutoire.

Notion d'actif essentiel : les critères d'appréciation

L'article 234-9, 8° du règlement général de l'AMF prévoit une dérogation à l'obligation d'offre publique du fait du franchissement indirect du seuil lorsque l'actif coté détenu par la société dont le contrôle est acquis ne représente pas un actif essentiel de cette dernière.

L'idée sous-jacente est de ne pas entraver inconsidérément des opérations de transfert du contrôle lorsque la société dont le contrôle est acquis comprend dans son périmètre consolidé de multiples actifs, et en particulier si plusieurs de ces actifs sont des participations cotées excédant 30 %[56]. En effet surajouter au prix des actifs compris dans le prix global de cession, le désintéressement de tous les actionnaires des sociétés détenues à plus de 30 % une fois le contrôle pris, pourrait s'avérer une contrainte exorbitante et décourager toute acquisition de *holding*.

Toutefois, si effectivement la part d'actifs constituée par la société cotée détenue indirectement à plus de 30 % *post* prise de contrôle est essentielle dans l'ensemble consolidé, le régime dérogatoire n'a pas lieu d'être.

La détention de plus de 30 % en passant par l'étage ou les étages au-dessus de la société cotée s'assimile alors à une obtention de contrôle direct et l'obligation d'offre s'impose.

On notera que le raisonnement est le même s'agissant d'une fusion absorption d'une société qui détient plus de 30 % dans des actifs cotés. Aux termes de l'article 234-9, 9° du règlement général de l'AMF, le franchissement des seuils d'offre publique obligatoire dans les sociétés cotées dans laquelle ou lesquelles la société absorbée détient une participation pourra ne pas donner lieu à l'obligation pour la société absorbante sur la base de cette même notion d'actif essentiel[57].

Le règlement général ne définit pas ce qu'il convient d'entendre par actif essentiel, ni ne précise les éléments permettant d'en dessiner les contours, laissant ainsi une grande marge d'appréciation à l'AMF.

L'AMF est habilitée à déterminer, au cas par cas, les critères pertinents permettant d'apprécier les parts contributives d'une société cotée détenue à plus de 30 % aux éléments d'actifs du groupe auquel elle appartient.

L'examen des décisions de cette dernière et des arrêts de la Cour d'appel de Paris permettent néanmoins de déterminer avec une bonne précision la notion.

De cet examen ressort que l'appréciation de l'AMF s'établit sur la base de critères quantitatifs au travers de l'étude des parts contributives

desdits statuts relatives à la composition, nécessairement paritaire, et aux délibérations du conseil de surveillance, ont pour objet et pour effet de donner à la société Carrefour un pouvoir de codécision pour toutes les décisions prises dans toutes les assemblées générales de la société Hyparlo. »

56 - A la lecture stricte de l'article, la dérogation liée au franchissement d'offre publique obligatoire du fait de la prise de contrôle d'une entité contrôlée disposant d'une participation cotée semble être possible uniquement si l'entité dont le contrôle est pris dispose directement ou indirectement, plus de 30 % du capital ou des droits de vote d'une société dont les titres de capital sont admis aux négociations sur un marché réglementé (pour mémoire, la rédaction de cet article est la suivante : « *Sans préjudice du III de l'article L. 433-3 du code monétaire et financier, acquisition du contrôle, au sens des textes qui lui sont applicables, d'une société détenant, directement ou indirectement, plus de 30 % du capital ou des droits de vote d'une société dont les titres de capital sont admis aux négociations sur un marché réglementé d'un État membre de l'Union européenne ou d'un autre État partie à l'accord sur l'Espace économique européen, y compris la France, et qui ne constitue pas un actif essentiel de la société dont le contrôle est acquis* »). Une dérogation ne pourrait donc pas être sollicitée si l'entité dont le contrôle est pris détient moins de 30 % de la société cotée et qu'il y a franchissement à titre direct et indirect du seuil de 30 % générateur de l'obligation à raison d'une détention préalable de celui qui acquiert le contrôle de l'entité (V. les hypothèses de franchissements indirects en haut de la p. 27 du présent chapitre). Cette différence se comprend assez mal. Il conviendrait de se rapprocher de l'AMF pour clarifier ce point. Nous n'avons pas retrouvé de précédents permettant de lever cette interrogation.

57 - V. I&D 220C5146, 25 nov. 2020 (fusion absorption de Peugeot SA par Fiat Chrysler Automobiles NV – Peugeot SA détenant 39,34 % du capital et 56,02 % des droits de vote de Faurecia).

d'agrégats pertinents, appréciation complétée par des critères qualitatifs.

Les critères quantitatifs : éclairage

L'Autorité compétente dans l'une de ses décisions fondatrices (décision Sediver[58]) s'est livrée à l'analyse suivante : « *Au vu des informations reçues sur la Société Santavaleria, dont le contrôle a été cédé à Teknecomp, le Conseil a analysé si la participation majoritaire de 63,64 % de Santavaleria dans SEDIVER pouvait être considérée comme une part essentielle de ses actifs*[59] *et s'il y avait lieu en conséquence à mise en œuvre d'une offre publique. Sur la base des éléments dont il a disposé, afférents aux comptes 1996, le Conseil a estimé que, au cas d'espèce, SEDIVER constitue une part essentielle des actifs de Santavaleria même si elle n'en représente pas la majorité sur tous les critères de comparaison appliqués. Il a en particulier constaté que, en termes de chiffre d'affaires - retenu à 100 % comme le veut la règle de consolidation -, de situation nette et de valeur dans les comptes de Santavaleria, SEDIVER représente une quote-part supérieure à celle de l'ensemble des autres filiales et participations.* »

La Cour d'appel[60], approuvant l'appréciation du régulateur a précisé que « *Sediver représentait 49,27 % de la valeur nette comptable de la totalité des participations de Santavaleria mais que compte tenu de la consolidation de Sediver par intégration globale et non proportionnelle, en termes de chiffre d'affaires, la part de Sediver dans les actifs de Santavaleria était de 55,44 % et qu'en termes de situation nette, cette part s'élevait à 51,83 %* ».

Il ressort de cette décision de référence que :

- La contribution de l'actif aux agrégats pertinents de la société dont le contrôle est acquis doit se calculer sur la base des comptes consolidés et selon la méthode d'intégration de l'actif dans lesdits comptes, ce qui est parfaitement logique. Ce point n'a jamais été remis en question par la suite et confirmé par l'arrêt rendu dans le cadre de la contestation de la dérogation PCAS (V. ci-après).

- Les soldes financiers à prendre en compte sont les indicateurs financiers historiquement les plus pertinents au regard de l'activité de la société cotée dans laquelle le ou les seuils sont franchis. Les mêmes agrégats reviennent fréquemment dans l'analyse : la valeur d'actif net, le total bilan, les fonds propres, le chiffre d'affaires, le résultat d'exploitation, le résultat courant, le résultat net, la marge brute, et les effectifs[61].

Les soldes financiers à prendre en compte sont les indicateurs financiers historiquement les plus pertinents au regard de l'activité de la société cotée dans laquelle le ou les seuils sont franchis.

Certains sont plus étroitement rattachés aux spécificités du secteur opérationnel de la société cotée. Ainsi pour des groupes incluant dans leur périmètre des activités industrielles nécessitant des dépenses d'investissements importantes en R&D, ce critère est pris en compte[62].

S'agissant d'une banque spécialisée dans le conseil en gestion de patrimoine et intégrée dans un groupe d'assurance, la part d'actifs gérés par la banque et la collecte commerciale (produits financiers) a été examinée[63]. S'agissant de la prise de contrôle d'une *holding* s'étant engagée dans une stratégie de croissance externe par acquisition d'actifs, la proportion de l'actif coté par rapport à la valeur nette comptable des participations acquises sur les deux derniers exercices a

58 - V. I&D 197C0241, 4 juill. 1997.

59 - La notion d'actif essentiel a remplacé désormais celle de part essentielle des actifs. Ce changement n'a pas entraîné de modification majeure quant aux méthodes d'appréciation.

60 - CA Paris, 13 janv. 1998, n° 1390/97, *Sediver*.

61 - V. I&D 221C3422, 10 déc. 2021, *Proactis* ; I&D 221C2330, 8 sept. 2021, *Malteries Franco - Belges*.

62 - V. I&D 221C3420, 10 déc. 2021, *PCAS*.

63 - V. I&D 221C2325, 8 sept. 2021, *Union Financière de France Banque - UFF*.

été étudiée pour la qualification (stratégie de rapprochement avec un SPAC)[64]. Les critères retenus dépendent donc véritablement des cas d'espèces, même si quelques-uns sont récurrents.

- Ces contributions sont considérées sur au moins deux exercices, en vue d'éliminer dans la mesure du possible les phénomènes de cyclicité, s'ils existent, ou en vue de dégager une tendance (l'analyse différera suivant que l'on est sur une tendance d'accroissement ou de diminution de cette contribution). Les soldes consolidés doivent être calculés bien entendu sur la base des comptes consolidés les plus récemment publiés, y compris les comptes semestriels.

- Pendant quelque temps, c'est le dépassement d'un pourcentage de 50 % (majorité) sur plusieurs indicateurs qui semblait conduire à la qualification d'actif essentiel (même si ce pourcentage n'était pas atteint sur tous les critères) (V. Décis. *Sediver* préc.). Il ressort de l'examen des décisions plus récentes que ce pourcentage a été révisé au profit de celui plus bas de 40 %.

A deux reprises en 2021, dans le cadre des décisions de dérogation Adux et Proactis, l'AMF a estimé que lorsque sur plusieurs critères, le pourcentage de contribution dépasse 30 %, la qualification d'actif essentiel peut trouver à s'appliquer.

Néanmoins, il semble que cette qualification puisse véritablement se cristalliser si plusieurs contributions principales se situent au-delà de 40 %. C'est ce qu'indique explicitement la décision AMF I&D 216C167 du 23 septembre 2016 concernant la prise de contrôle par Dedalus S.p.A de NoemaLife (détenant 58,05 % du capital de la société cotée sur Euronext Paris, dénommée Medasys) suivie un mois plus tard de la prise de contrôle de Dedalus Holding S.P.A par une entité du groupe Ardian : « *les contributions principales de MEDASYS au niveau de NoemaLife se situent en deçà de 40 %.* ».

Il faut donc que ce seuil soit dépassé sur plusieurs critères et relativement à des critères

A deux reprises en 2021, dans le cadre des décisions de dérogation Adux et Proactis, l'AMF a estimé que lorsque sur plusieurs critères, le pourcentage de contribution dépasse 30 %, la qualification d'actif essentiel peut trouver à s'appliquer. Néanmoins, il semble que cette qualification puisse véritablement se cristalliser si plusieurs contributions principales se situent au-delà de 40 %.

particulièrement pertinents. Cette grille de lecture est confirmée par la décision AMF d'exemption PCAS (prise de contrôle de Seqens par SK Capital, fonds d'investissement privé[65]), validée par la Cour d'appel de Paris.

La Cour a relevé, suivant le raisonnement des requérants, lequel avait été accueilli favorablement par l'AMF, que si le ratio des dépenses d'investissement excède 40 % (pourcentage considéré comme décisif lorsqu'il est atteint ou dépassé sur plusieurs critères pertinents) pour s'établir entre 42 % et 43 %, ce niveau de contribution ne saurait à lui seul, eu égard à la faiblesse des autres ratios, faire de la société PCAS un actif essentiel de la société Seqens, et ce d'autant qu'il découle, pour une large part, du sous-investissement de la période antérieure.

La proportion des salariés de PCAS représentant 40 % des effectifs du Groupe Seqens n'a pas non plus été considérée comme particulièrement pertinente pour apprécier le caractère essentiel de l'actif, sauf à démontrer une homogénéité des besoins en effectifs entre les unités de production du groupe Seqens. En effet, la faible automatisation des chaînes de production de PCAS expliquait cette forte pondération des ressources humaines, sans démontrer pour autant un poids élevé de l'activité dans le groupe.

64 - V. I&D 221C3568, 22 déc. 2021, *Adux*.

65 - V. I&D 221C3420, 10 déc. 2021, *PCAS*.

Il résulte de ce cas tranché par le juge, au regard des arguments des parties, qu'effectivement le pourcentage de 40 % apparait clé dans le faisceau d'indices mais sous réserve d'être excédé sur plusieurs critères signifiants d'une part, en les corrigeant des phénomènes exceptionnels d'autre part.

Le critère qualitatif : éclairage

Dans une décision n° 93-357 du 4 février 1993 (Avis SBF), lors de la prise de contrôle de Sogerba par Forte Autoroutes Services (Sogerba détenant 56,09 % du capital et 64,14 % de la société cotée Corela), le Conseil des bourses de valeurs, autorité de marché de l'époque, avait estimé que l'existence d'un intérêt stratégique de l'actif coté pour l'acquéreur de la *holding* ne devait pas être privilégiée pour décider de l'obligation de déposer une offre.

Au demeurant, le poids quantitatif de l'actif suffisait pour conclure à son caractère essentiel.

Dans cette affaire, les méthodes de détermination du prix de l'offre publique obligatoire ayant été contestées devant la Cour d'appel dans le cadre d'un recours contre la décision de recevabilité de cette offre prise par l'Autorité de marché de l'époque[66], la Cour n'avait pas pris parti sur les critères de qualification.

Pour autant, et dès 1997, l'analyse qualitative a été couramment intégrée dans l'arbre de décision du Conseil des bourses de valeurs, complétant l'étude des critères quantitatifs. Il semble à ce propos que cette analyse qualitative puisse emporter à elle seule la qualification bien qu'il n'existe pas de précédents en ce sens, celle-ci ayant jusqu'alors plutôt corroboré les conclusions issues de l'appréciation quantitative.

Dans la décision PCAS, la Cour a relevé en effet que « *l'AMF avait complété son analyse par des critères qualitatifs (...) afin de déterminer s'ils étaient de nature* ***à remettre en cause*** *ou au contraire conforter les données quantitatives* ».

Existe donc bel et bien une possibilité que les critères qualitatifs priment sur l'analyse quantitative et qu'ils puissent faire pencher la balance d'un côté ou de l'autre.

L'analyse qualitative a été couramment intégrée dans l'arbre de décision du Conseil des bourses de valeurs, complétant l'étude des critères quantitatifs.

Les critères qualitatifs s'apprécient par rapport au caractère stratégique de l'actif coté pour la société dont le contrôle est pris (la « Société Bientôt Contrôlée ») mais aussi par rapport à l'aspect structurant de l'actif coté pour le Preneur de Contrôle. On comprend bien qu'à travers une société *holding*, un investisseur vise tout particulièrement l'entrée au capital d'un actif si celui présente des synergies importantes ou une tendance de profitabilité particulièrement prometteur.

Du point de vue de la Société Bientôt Contrôlée, les éléments suivants sont soulignés :

- **Analyse des droits de gouvernance** de la Société Bientôt Contrôlée dans les organes d'administration de l'actif coté et rôle dans la gestion (I&D 220C5146, 25 nov. 2020, *Faurecia*)
- **Analyse de la dépendance de la Société Bientôt Contrôlée par rapport à l'actif coté sur le plan stratégique** :
    - en faveur d'une faible dépendance (i) de nombreux autres actifs dans le périmètre exercent le cœur de l'activité de la Société Bientôt Contrôlée (I&D 221C3568, 22 déc. 2021, *Adux*) et (ii) les actifs sont majoritairement sur le marché porteur alors que l'actif coté n'est pas présent sur ledit marché (I&D 216C2176, 23 déc. 2016, *Medasys*) ;
    - au contraire en faveur d'une dépendance élevée (i) l'actif coté représente pour la Société Bientôt Contrôlée - un actif stratégiquement structurant dont l'acquisition dans le passé a représenté un enjeu

66 - CA Paris (1re ch.), 16 juin 1993. La Cour a approuvé le fait que le prix devait être apprécié « *en fonction des critères d'évaluation objectifs usuellement retenus et des caractéristiques de la société visée* » (méthode d'évaluation multicritère) et non exclusivement sur la base d'un prix par transparence calculé sur la base du prix d'acquisition de la *holding*. - V. également : L. Faugerolas, *Des vertus récurrentes de l'approche « multicritères », Bull. Joly Bourse,* 1er sept. 1993.

majeur pour la stratégie de développement industriel de la Société Contrôlée (I&D 207C1202, 26 juin 2007, *APRR*).

Du point du Preneur de Contrôle, on notera les éléments ci-après :

- **Analyse de l'intérêt stratégique de l'actif coté pour le Preneur de Contrôle : s'agit-il pour ce dernier, en prenant le contrôle de la société au-dessus, d'avoir accès à l'actif coté, structurant par rapport à l'activité de ce Preneur de Contrôle ou de sa stratégie ?**

- Dans le cadre d'une argumentation tendant à démontrer que l'actif n'est pas structurant, voici quelques exemples :

  - la prise de contrôle vise l'acquisition de l'ensemble du groupe équilibré dans ses composantes et non un actif particulier (I&D 1987C0531, 21 oct. 1997, *ISM*), ou

  - les actions de développement, d'optimisation et/ou de restructuration qui suivront la réalisation de l'acquisition porteront sur quatre piliers (l'agriculture, la meunerie, la boulangerie/viennoiserie/pâtisserie et la malterie) de façon concomitante et en raison de la spécialisation sectorielle de l'actif coté dans la production de malt, il n'a pas, pour le [Preneur de Contrôle], la qualité d'actif stratégiquement structurant, bien que la société constitue l'une des « briques » de l'un de ces quatre piliers (I&D 221C2330, 8 sept. 2021, *Malteries Franco-Belges*), ou

  - l'acquisition répond à l'objectif d'acquérir un groupe industriel équilibré dans ses différentes composantes, sans être motivée spécifiquement par la seule acquisition de l'actif coté dont les caractéristiques de profitabilité et les besoins en investissements ne sauraient lui donner un caractère plus attractif que les autres actifs (I&D 221C3420, 10 déc. 2021, *PCAS*).

En conclusion, l'examen des précédents met en évidence que l'appréciation pour la qualification d'actif essentiel est toujours menée au cas d'espèce. Une grille de lecture se dégage mais la matière n'est pas figée pour autant dans la mesure où l'argumentation qui accompagne la demande de dérogation sera toujours circonstanciée et devra s'appuyer sur de multiples facteurs économiques et stratégiques propres à la Société Bientôt Contrôlée et au Preneur de Contrôle.

Les motivations passées figurant dans ces précédents constituent aujourd'hui de précieux jalons.

Application extraterritoriale de l'obligation en cas de prise de contrôle par offre publique ?

La loi n° 2005-842 du 26 juillet 2005 pour la confiance et la modernisation de l'économie a introduit dans le code monétaire et financier une disposition selon laquelle l'initiateur d'un projet d'offre publique visant les titres d'une société de droit français et dont les actions sont admises sur un marché réglementé (l'« Offre Initiale ») doit s'engager,

- lorsque ladite Offre Initiale porte sur une société qui détient plus des trois dixièmes du capital ou des droits de vote d'une société française ou étrangère dont des titres de capital sont admis aux négociations sur un marché réglementé d'un Etat partie à l'accord sur l'Espace économique européen ou sur un marché équivalent régi par un droit étranger, et

- que cette participation constitue un actif essentiel de la société visée,

à accompagner cette Offre Initiale de documents permettant de prouver qu'un projet d'offre publique irrévocable et loyale est ou sera également déposé sur l'ensemble du capital de ladite société française ou étrangère, au plus tard à la date d'ouverture de l'Offre Initiale (l'« Offre Dérivée »).

Cette disposition figure aujourd'hui au paragraphe III de l'article L. 433-3 du code monétaire et financier.

Elle s'inscrit dans la logique de l'obligation de déposer une offre publique sur les participations égales ou supérieures à 30 % de sociétés dont le contrôle est pris lorsque ces participations représentent un actif essentiel de la société en cause, décrite ci-dessus, puisque si le dépôt d'une offre ne fait pas toujours suite à une prise de contrôle, il manifeste de fait et systématiquement une volonté de s'emparer du contrôle.

L'appréciation du caractère essentiel de l'actif s'effectuera donc selon les mêmes critères et raisonnements que ceux que nous avons précédemment décrits.

Pour autant, elle comprend de nombreuses particularités et difficultés de lecture :

• L'obligation d'Offre Dérivée portant sur les actifs détenus directement ou indirectement[67] à plus de 30 % par la société de droit français visée par l'Offre Initiale n'est pas d'effet immédiat contrairement à l'obligation née du franchissement indirect du seuil de 30 %. Elle prend la forme d'un engagement de l'Initiateur de l'Offre Initiale (ne relevant pas de la pure volonté contractuelle par conséquent). L'existence de cet engagement conditionne la validité du dépôt de l'Offre Initiale et subséquemment sa conformité. Le levier légal et règlementaire repose par conséquent sur la possibilité pour l'AMF de faire barrage à l'offre si son dépôt n'est pas accompagné de l'engagement requis.

• Au moment de l'introduction de cette disposition dans le code, la finalité invoquée par le législateur était d'assurer la protection des actionnaires minoritaires des participations cotées de la société objet de l'Offre Initiale, que ces participations soient détenues dans des sociétés étrangères ou non et qu'elles soient cotées sur un marché réglementé de l'Union européenne ou un marché étranger qualifié d'équivalent. La motivation du législateur était aussi de protéger certains fleurons nationaux et notamment la Société Renault disposant à l'époque du contrôle de la société Nissan de droit japonais et cotée au Japon, de toute prise de contrôle inamicale. Cette disposition avait pour conséquence de surenchérir le dépôt d'une offre sur Renault, obligeant l'offrant à viser également les titres Nissan non détenus par Renault. Elle a d'ailleurs été qualifiée par le marché d' « amendement Renault Nissan ». Elle était inspirée d'une pilule empoisonnée statutaire adoptée par l'assemblée générale des actionnaires de la société Lafarge dans les années 90 prévoyant qu'en cas d'offre publique sur les actions de Lafarge, cette dernière ferait en sorte que l'initiateur *via* le pacte sociétaire étende son offre aux actionnaires minoritaires d'un certain nombre de filiales notamment américaines, ou à défaut que la société Lafarge elle-même se substituerait à cet initiateur pour déposer de telles offres.

> **L'existence de l'engagement de l'Initiateur de l'Offre Initiale conditionne la validité du dépôt de l'Offre Initiale et subséquemment sa conformité. Le levier légal et règlementaire repose par conséquent sur la possibilité pour l'AMF de faire barrage à l'offre si son dépôt n'est pas accompagné de l'engagement requis.**

• Le terme « *marché étranger qualifié d'équivalent* » n'est pas défini par l'article L. 433-3 du code monétaire et financier, ni par le règlement général de l'AMF. L'article D. 423-1 de ce même code indique « *Un marché étranger de valeurs mobilières, de contrats à terme ou de tous produits financiers ne peut être reconnu que lorsque les règles de protection des investisseurs, de sécurité, de surveillance et de contrôle de ce marché sont équivalentes à celles qui existent sur les marchés placés sous l'autorité de l'Autorité des marchés financiers et à condition que les personnes autorisées à intervenir sur ces marchés et les produits qui peuvent y faire l'objet de transactions bénéficient d'un traitement équivalent dans le pays concerné.* »

• L'article D. 423-2 du code monétaire et financier précise que la liste des marchés reconnus est arrêtée par le ministre chargé de l'économie, après avis de l'AMF. Cette liste publiée sur le site internet de l'AMF demeure très restrictive. N'y figurent pas certains marchés majeurs tels le London Stock Exchange, le Tokyo Stock Exchange ou le New York Stock Exchange. L'exposé des motifs de la loi n° 2005-842 du 26 juillet 2005 faisant ressortir une volonté d'inclure les marchés présentant des caractéristiques semblables à celles d'un marché réglementé, nous ne pensons pas qu'il faille se limiter à la liste des marchés reconnus figurant dans l'arrêté minis-

67 - L'AMF a considéré dans la Décis. 207C1202 du 26 juin 2007 (Eiffage) que : « *les dispositions de l'article L. 433-3 IV relatives à la détention d'une société tierce à plus du [tiers – seuil d'OPO à l'époque] par la société faisant l'objet d'une offre publique doivent s'entendre d'une détention directe et/ou indirecte, dans la mesure où la détention doit être appréhendée globalement en matière d'offre publique comme de franchissements de seuils (articles L. 233-7 et L. 233-9, 2° du code de commerce), sauf à vider lesdites dispositions de leur substance.* »

tériel. Ce critère sera donc à interpréter au cas d'espèce et sous le contrôle de l'AMF.

- Il nous semble que la disposition légale trouve à s'appliquer si l'initiateur au moment du dépôt de son Offre Initiale ne dispose pas déjà du contrôle de la société visée de droit français cotée sur un marché réglementé. Cela semblerait cohérent dans la mesure où en vertu du I de l'article L. 433-4 du code monétaire et financier, s'agissant d'un actif coté de droit français, le dépôt d'une offre obligatoire n'est engendré que s'il y a franchissement indirect du seuil de 30 %, c'est-à-dire prise de contrôle et non simplement renforcement de contrôle de la société à l'étage supérieur. S'il n'en était pas ainsi, il y aurait conflit entre le I et le III de l'article de loi. Cependant l'ajout en début d'article 234-9, 8° du règlement général de l'AMF[68] du « *sans préjudice du III de l'article L. 433-4 du code monétaire et financier* » n'aide guère à cet égard et ne facilite pas l'interprétation. Gageons que l'AMF ferait une application raisonnée et cohérente des textes.

- Dans le même esprit, l'engagement de lancer l'Offre Dérivée ne prend effet qu'au moment de l'ouverture de l'Offre Initiale (c'est-à-dire implicitement sous condition que l'AMF l'ait déclarée conforme). Le texte de loi l'affirme clairement puisque l'engagement visé se concrétise au plus tard à l'ouverture de l'Offre Initiale, laquelle ne peut intervenir dans le calendrier qu'après publication de l'avis de conformité.

En revanche, il est étrange d'avoir fait référence au dépôt d'une Offre Dérivée de nature irrévocable à cette date butoir pour plusieurs raisons :

- Première raison : la réalisation de l'Offre Dérivée doit pouvoir être assujettie à la suite positive de l'Offre Initiale (elle-même assujettie à l'atteinte du seuil de caducité ou à l'obtention des autorisations anti-trust). Cette condition nous paraît de bon sens mais vient en contradiction avec le caractère exigé d'irrévocabilité de l'Offre Dérivée. Il aurait été plus judicieux d'exiger le dépôt de l'Offre Dérivée, une fois l'Offre Initiale clôturée et son résultat connu. Il est probable que l'AMF admettrait une telle interprétation. Dans la décision Eiffage évoquée en fin de ce paragraphe, l'AMF a indiqué que l'ouverture de l'offre initiale était la date où l'offrant était tenu de déposer ou de s'engager à déposer une offre publique irrévocable sur l'actif (admettant se contenter d'un engagement de dépôt à la date d'ouverture). L'article 231-13 du règlement général de l'AMF ne comporte pas de référence à une limite temporelle pour le dépôt de l'Offre Dérivée est en faveur de la souplesse espérée.

- Seconde raison : si une Offre Dérivée est déposée sur une société de droit étranger cotée sur un marché étranger, l'autorité compétente pour le contrôle de cette offre ne sera pas l'AMF et la réglementation pour la procédure sera celle appliquée par le régulateur étranger selon la réglementation locale. Il se pourrait que cette réglementation autorise certains tempéraments à l'irrévocabilité, notamment des conditions *antitrust*. Sous l'angle de la sécurité de la disposition, l'irrévocabilité devrait concerner principalement l'engagement lui-même et le financement de l'opération.

- Il est souvent souligné que le fait de contraindre celui qui lance une offre de prise de contrôle sur une société cotée de droit français à déposer en rebond une offre sur une société de droit étranger, dans le cas où les seuils d'offres publiques obligatoires tels que prévus par la loi française sont potentiellement franchis (sous réserve de la qualification d'actif essentiel), constitue une forme d'application extraterritoriale du droit français.

Ceci est vrai en un sens puisque la disposition revient à obliger un initiateur à lancer une offre sur un actif coté non soumis à la loi française selon la loi française. Il se peut tout à fait que le droit interne de l'actif coté étranger ne comporte tout simplement pas de régime d'offre obligatoire ou si c'est le cas, selon des seuils qui diffèrent des seuils en France. Toutefois on pourra objecter que la contrainte s'effectue *via* une condition afférente au dépôt de l'Offre Initiale visant les titres de la société de droit français et qu'en quelque sorte, le mécanisme consiste à obtenir un engagement

68 - Règl. gén. AMF, art. 234, 8° : « *Sans préjudice du III de l'article L. 433-3 du code monétaire et financier, acquisition du contrôle, au sens des textes qui lui sont applicables, d'une société détenant, directement ou indirectement, plus de 30 % du capital ou des droits de vote d'une société dont les titres de capital sont admis aux négociations sur un marché réglementé d'un État membre de l'Union européenne ou d'un autre État partie à l'accord sur l'Espace économique européen, y compris la France, et qui ne constitue pas un actif essentiel de la société dont le contrôle est acquis.* »

de déposer une Offre Dérivée qui pourra, sous l'empire du droit étranger applicable, être qualifiée d'offre volontaire. En tout état de cause et comme déjà observé, l'Autorité compétente pour superviser l'Offre Dérivée déposée (certes en vertu d'un engagement pris auprès de l'AMF) sera le régulateur étranger.

Au-delà de la genèse d'un texte qui mériterait une écriture plus claire, qu'en est-il de la réalité ? Il est assez peu d'exemples à notre connaissance où l'article L. 433-4, III du code monétaire et financier a trouvé application. Lorsqu'Holcim a déposé une offre publique amicale sur Lafarge sous forme d'un échange, Lafarge disposant de plusieurs participations cotées, une analyse a été faite au regard de la notion d'actif essentiel pour conclure qu'il y avait lieu à application de cette disposition. Lorsque Bolloré a augmenté sa participation dans Vivendi, l'opération avait été précédée de la vente de certains actifs cotés éliminant la question de l'Offre Dérivée.

L'offre publique d'échange déposée puis retirée de Sacyr Vallehermoso visant les actions Eiffage n'était pas accompagnée d'un engagement de dépôt d'offre sur l'actif coté APRR (I&D 207C0693, 17 avr. 2017). L'AMF a alors décidé que Sacyr était « *tenue de déposer ou de s'engager à déposer un projet d'offre publique irrévocable et loyale visant les titres APRR au plus tard à la date d'ouverture de l'offre publique visant EIFFAGE déclarée conforme par l'Autorité, conformément aux articles L. 433-3, IV du code monétaire et financier* ». Le cas était relativement simple puisque APRR était une société de droit français cotée sur Euronext Paris.

On manque de précédents sur le sujet. La disposition continue cependant son office de repoussoir pour les potentiels raiders sur des sociétés de droit français opéables et disposant d'un périmètre d'actifs large incluant des participations cotées sur différents marchés. A l'inverse, elle complique les rapprochements entre égaux, même si elle trouve finalement peu d'application en raison du critère d'actif essentiel commandant l'exigence d'un engagement au moment du dépôt de l'offre primaire, cette nature d'actif essentiel étant rare.

2. Le Régime de l'offre obligatoire

2.1. Régime commun à l'offre volontaire et l'offre obligatoire

S'agissant de l'organisation de la procédure telle que prévue par le Titre III « Offres publiques d'acquisition » du Livre II du règlement général de l'AMF, c'est-à-dire :

- les modalités et le contenu du dépôt de l'offre,
- le contenu de l'information à produire dans les notes de l'initiateur et de la société visée,
- le calendrier,
- les règles d'intervention pendant la période d'offre publique,
- l'exigence ou non de l'intervention d'un expert indépendant,

Les règles applicables sont similaires, qu'il s'agisse d'une offre obligatoire ou d'une offre déposée volontairement.

Lorsque les assujettis à l'offre publique obligatoire, à la suite du franchissement générateur, se situent entre le seuil de 30 % et celui de 50 %, l'offre est conduite selon la procédure normale (durée de l'offre d'au moins vingt-cinq jours de bourse avec centralisation des ordres d'apport à l'offre par Euronext Paris, réouverture de l'offre en cas de suite positive). En effet dans ce cas, l'offre peut ne pas avoir de suite positive (V. ci-après la règle de caducité obligatoire) ou faire l'objet d'une proposition concurrente (possible tant que l'initiateur ne dispose pas lors du dépôt de l'offre de la majorité). Il importe donc que les

L'article L. 433-4, III du code monétaire et financier continue son office de repoussoir pour les potentiels raiders sur des sociétés de droit français opéables et disposant d'un périmètre d'actifs large incluant des participations cotées sur différents marchés.

ordres d'apport à l'offre pendant la période d'acceptation ne soient exécutés qu'une fois actée la suite positive de l'offre (*post* clôture), ce que seule une procédure de centralisation de ces ordres permet.

La majorité des offres publiques obligatoires sont toutefois déposées par un actionnaire (ou des actionnaires agissant de concert) à la suite de l'acquisition d'un ou de plusieurs blocs d'actions de la société cotée auprès de détenteurs identifiés (après une phase de négociation et signature de contrats d'acquisition) leur conférant la majorité du capital et des droits de vote. En effet, celui qui cherche à s'accroître en capital ou en droits de vote à un niveau le soumettant au dépôt d'une offre publique obligatoire cherchera fréquemment à approcher auparavant le tour de table actionnarial, de sorte à déposer le projet avec une majorité déjà obtenue, en raison comme nous l'expliquerons ci-après du risque de ne pas obtenir cette majorité au résultat de l'offre et de se trouver privé des droits de vote au-delà du seuil d'offre obligatoire franchi.

Cela n'est bien entendu possible que si le capital de la société visée n'est pas trop dispersé.

Dans le cas où il n'est pas possible avant l'offre d'obtenir cette majorité, celui qui souhaite prendre le contrôle préfèrera souvent déposer une offre volontaire et bénéficier éventuellement d'engagements d'apport.

Lorsque le déposant d'une offre obligatoire dispose déjà de la majorité du capital et des droits de vote de la société visée, la procédure sera dite simplifiée. Cette simplification se traduit par une durée d'ouverture plus courte, soit une durée de dix jours de bourse au minimum (sans réouverture) d'une part, et si l'offre comporte uniquement une proposition d'achat (pas de branche d'échange de titres), une réalisation (une fois déclarée conforme par l'AMF) par achats sur le marché au prix de l'offre de l'ouverture à la clôture, d'autre part. Il n'y a en effet plus d'aléas sur sa suite positive, ni de compétition possible pour la prise de contrôle.

2.2. Les règles particulières à l'offre publique obligatoire en matière de proposition financière

Si beaucoup de règles sont communes aux offres obligatoires et aux offres volontaires, les offres obligatoires présentent toutefois des particularités quant aux contraintes relatives à la proposition financière et à celles relatives à l'irrévocabilité de la proposition (limitation des conditions autorisées).

2.2.1. Règles particulières en matière de proposition financière

Le prix le plus haut payé

S'agissant de l'offre publique obligatoire, l'article 5.1 de la directive OPA prévoit que celle-ci doit être adressée dans les plus brefs délais à tous les détenteurs de titres non détenus par l'auteur de l'offre au prix équitable défini au paragraphe 4[69].

La loi française transposant la directive OPA[70] a prévu une période de référence de douze mois.

Elle a renvoyé au règlement général de l'AMF le soin de déterminer les circonstances justifiant que l'AMF puisse requérir un prix de l'offrant différent du plus haut prix payé par l'auteur de l'offre durant cette période (sous-entendu un prix au-dessus de ce plus haut prix payé), au travers de la décision de conformité. Elle a également renvoyé à ce règlement les conditions dans lesquelles l'AMF peut accéder à la demande dudit offrant de se départir de ce plus haut prix payé (sous-entendu un prix moins élevé que ce plus haut prix payé), et les critères activés alors pour fixer le prix offert.

69 - Ce § 4 indique « *est considéré comme le prix équitable le prix le plus élevé payé pour les mêmes titres par l'offrant, ou par des personnes agissant de concert avec lui, pendant une période, déterminée par les États membres, de six mois au minimum à douze mois au maximum précédant l'offre visée au paragraphe 1. (....) Les États membres peuvent autoriser leurs autorités de contrôle à modifier le prix prévu au premier alinéa dans des circonstances et selon des critères clairement déterminés. À cette fin, ils peuvent dresser une liste de circonstances dans lesquelles le prix le plus élevé peut être modifié, vers le haut ou vers le bas, par exemple si le prix le plus élevé a été fixé par accord entre l'acheteur et un vendeur, si les prix de marché des titres en cause ont été manipulés, si les prix de marché en général ou certains prix de marché en particulier ont été affectés par des événements exceptionnels, ou pour permettre le sauvetage d'une entreprise en détresse. Ils peuvent également définir les critères à utiliser dans ces cas, par exemple la valeur moyenne de marché sur une certaine période, la valeur de liquidation de la société ou d'autres critères objectifs d'évaluation généralement utilisés en analyse financière. Toute décision des autorités de contrôle qui modifie le prix équitable doit être motivée et rendue publique.* »

70 - L. n° 2006-387, 31 mars 2006 relative aux offres publiques d'acquisition.

La transposition a été codifiée au troisième alinéa du I de l'article L. 433-3 du code monétaire et financier ainsi libellé : « *le prix proposé doit être au moins égal au prix le plus élevé payé par l'auteur de l'offre, agissant seul ou de concert au sens de l'article L. 233-10 du code de commerce, sur une période de douze mois précédant le fait générateur de l'obligation de dépôt du projet d'offre publique. L'Autorité des marchés financiers peut demander ou autoriser la modification du prix proposé dans les circonstances et selon les critères fixés dans son règlement général* ».

Les précisions confiées à l'AMF figurent à l'article 234-6, alinéa 2 du règlement général de l'AMF. Aux termes de cet article, la prétention à un prix différent, qu'elle émane de l'assujetti à l'obligation (l'auteur de l'offre), ou qu'elle résulte d'une réclamation venant de l'AMF, est possible[71].

Les dispositions légales et réglementaires étant rappelées, plusieurs remarques peuvent être utilement formulées.

Tout d'abord la règle du prix équitable, empruntée à la logique britannique, présente deux avantages mais requiert aussi quelques précautions notamment dans la stratégie de ramassage sur le marché[72].

Avantages

(i) Elle assure le respect de l'égalité de traitement des actionnaires. Les destinataires de l'offre ne peuvent être moins bien traités que les actionnaires ayant eu l'opportunité de céder leurs actions à l'offrant ou aux personnes agissant de concert avec ce dernier, dans un passé relativement récent, quel que soit le nombre des actions cédées sur la période. Dans la majorité des cas, l'offre publique obligatoire est précédée d'une négociation avec des actionnaires identifiés et avisés, l'acquéreur bientôt soumis à une offre obligatoire cherchant dans la mesure du possible à obtenir la majorité avant le dépôt du projet d'offre publique obligatoire (ou à s'approcher le plus possible de cette majorité) pour éliminer le risque d'exécution et la possibilité d'une offre concurrente ;

L'offrant peut aussi acquérir ces blocs à l'issue d'un processus d'enchères avec la mise en concurrence de plusieurs acheteurs potentiels dans le cadre d'une volonté de sortie des actionnaires de référence ou de recherches d'un partenaire[73]. Le prix des blocs qui servira d'étalon est donc fréquemment un prix discuté, voire un prix issu d'un processus compétitif, les cédants cherchant à obtenir les meilleures conditions financières possibles et à sortir proche de la valeur fondamentale de la société cotée. Par conséquent, la satisfaction du principe d'égalité de traitement recoupe souvent l'obtention d'un prix d'offre fixé « *en fonction des critères d'évaluation objectifs usuellement retenus, des caractéristiques de la société visée et du marché de ses titres* » pour reprendre les termes de l'article 234-6 du règlement général de l'AMF.

(ii) Pour l'offrant, cette référence objective lui confère sécurité juridique et prévisibilité, en lui donnant la certitude de ne pas avoir à débourser plus, dans le cadre de l'offre publique, que ce qu'il était disposé à payer antérieurement, tout en lui permettant de participer directement à la détermination du prix de l'offre obligatoire.

Précautions

(i) Le ramassage par achats sur le marché devra toujours être conduit avec prudence par le candidat à la prise de contrôle, en particulier lorsque le titre n'est pas liquide pour ne pas se trouver contraint de lancer une offre à un prix

71 - « *L'AMF peut demander ou autoriser la modification du prix proposé lorsqu'un changement manifeste des caractéristiques de la société visée ou du marché de ses titres le justifie. Il en va notamment ainsi dans les cas suivants : (i) Lorsque des événements susceptibles d'influer de manière significative sur la valeur des titres concernés sont intervenus au cours des douze derniers mois précédant le dépôt de l'offre ; (ii) Lorsque la société visée est en situation de difficulté financière avérée ; (iii) Lorsque le prix mentionné au premier alinéa résulte d'une transaction assortie d'éléments connexes entre l'initiateur, agissant seul ou de concert, et le vendeur des titres acquis par l'initiateur au cours des douze derniers mois. Dans ces cas ou en l'absence de transaction de l'initiateur, agissant seul ou de concert, sur les titres de la société visée au cours de la période de douze mois mentionnés au premier alinéa, le prix est déterminé en fonction des critères d'évaluation objectifs usuellement retenus, des caractéristiques de la société visée et du marché de ses titres.* »

72 - V. notamment section du présent ouvrage consacré au ramassage (Chap. 1).

73 - Il se peut aussi que des actionnaires sortants initient avec l'aide d'une banque un process compétitif de recherche du meilleur acquéreur sur la base d'un document décrivant les fondamentaux de la société cotée (processus d'enchères). C'est ce qu'on appelle une « *vendor due diligence* ». Cette occurrence se rencontre souvent lorsque des fondateurs cherchent un partenaire financier (un fonds) candidat à la prise de contrôle de la société, ces fondateurs réinvestissant d'ailleurs usuellement une partie du produit de cession dans le fonds.

anormalement élevé et qui serait le simple reflet d'une volatilité du cours, le principe d'égalité prévalant alors.

Si le prix le plus haut payé résulte d'une transaction assortie d'éléments connexes entre l'initiateur, agissant seul ou de concert, et le vendeur des titres acquis par l'initiateur au cours des douze derniers mois, l'AMF n'aura pas en réalité à intervenir pour car cette situation entraîne aux termes de l'article 261-1, 4° du règlement général de l'AMF, l'obligation pour la société visée de désigner un expert indépendant qui devra produire un rapport sur les conditions financières de l'offre et se prononcera sur l'équité de la référence à ce prix.

Dans le cas d'une offre publique obligatoire, l'offrant doit se référer, pour déterminer sa proposition, au plus haut prix payé. La question se pose néanmoins du statut de cette référence de prix plancher. Exonère-t-elle l'initiateur de devoir offrir un prix reflétant la valeur fondamentale de la société sur la base d'une approche multicritères (prise en compte de ses fondamentaux économiques venant confirmer ou infirmer la pertinence du plus haut prix payé) ? Il se peut en effet que des actions aient été acquises à un moment favorable (les marchés ne sont pas en permanence efficients) sans qu'aucune des trois exceptions visées par l'article 234-6 du règlement général de l'AMF ne soit constituée. En cas d'acquisition de blocs, la négociation du prix de vente constitue généralement une garantie sur le caractère équitable de la référence mais cette garantie n'est pas absolue. Un expert indépendant par exemple apprécierait le caractère ouvert et organisé d'un processus compétitif de vente.

Si la question est bien légitime, l'application de règles transposant des principes fixés par la directive OPA ne peut pour autant être contournée ou interprétée autrement que strictement.

L'initiateur de l'offre se trouvera toutefois discipliné par deux considérations, lesquelles la plupart du temps élimineront une utilisation purement opportuniste de la règle. Tout d'abord, si son objectif est véritablement de prendre le contrôle majoritaire de la société, le seuil de caducité à 50 % plus une action l'encouragera à proposer un prix susceptible d'emporter la faveur d'un maximum d'actionnaires (plébiscite du marché). En second lieu, il y a très peu de cas où les conditions offertes par l'initiateur d'une offre obligatoire ne se trouvent pas corroborées par une attestation d'équité, la désignation d'un expert indépendant étant exigée selon l'article 261-1, 1° du règlement général de l'AMF dès lors que cet initiateur détient le contrôle au dépôt du projet d'offre publique obligatoire, ce qui est très souvent le cas. En effet, le franchissement du seuil de l'offre publique obligatoire aboutit à ce que l'actionnaire approxime par nature le contrôle de fait ou de droit.

L'application de règles transposant des principes fixés par la directive OPA ne peut être contournée ou interprétée autrement que strictement.

Selon la recommandation AMF DOC-2006-15, le rapport de l'expert indépendant contient une évaluation de la société visée par l'offre reposant « *sur une approche multicritères qui comprend la mise en œuvre de méthodes d'évaluation et l'examen de références de valorisation* ».

En outre, lorsque l'initiateur annonce son intention de faire suivre son offre d'un retrait obligatoire en cas d'atteinte du seuil de 90 % du capital et des droits de vote à l'issue de l'offre, l'expert devra attester également que le prix offert lui parait équitable compte tenu de cette intention d'éviction[74]. En effet, l'appréciation du caractère équitable du prix offert dans le cadre d'un retrait obligatoire intègre la situation particulière dans laquelle se trouvent les

74 - S'agissant de l'offre publique obligatoire déposée le 7 juin 2011 par Tridimension Holding sur Metrologic Group, l'expert indépendant avait considéré que le prix proposé était équitable dans le cadre d'une offre d'achat non suivie d'un retrait obligatoire mais insuffisant, même augmenté d'un complément de 2 euros dans le cadre d'un retrait obligatoire. Au vu de cette conclusion, l'initiateur (i) avait renoncé à l'intention exprimée initialement de mettre en œuvre un retrait obligatoire sur les actions Metrologic Group non présentées à l'offre, en application des art. 237-14 s. du Règl. gén. AMF, dans un délai de trois mois à l'issue de la clôture de l'offre, et (ii) avait indiqué qu'il ne procédera pas au dépôt d'un projet d'offre publique de retrait suivie d'un retrait obligatoire visant les actions Metrologic Group jusqu'au 31 décembre 2011 (I&D 211C0899, 9 juin 2011).

actionnaires minoritaires, ces derniers perdant la possibilité de céder leurs titres au moment qui leur apparaîtra le plus opportun.

Au résultat de l'ensemble des dispositions réglementaires applicables, l'initiateur de l'offre publique obligatoire est soumis dans la plupart des cas à l'analyse de l'expert indépendant sur sa proposition financière, et est de la sorte bien souvent conduit à ne pas tenir compte exclusivement du plus haut prix payé mais à vérifier qu'il se rapproche de la valeur telle que ressortant de l'approche multicritères lorsqu'il dépose son offre.

• A titre d'illustration, lors du dépôt le 5 mars 2019 de l'offre publique d'achat obligatoire visant les titres Parrot, déposée par la société Horizon détentrice de 45,69 % du capital et des droits de vote de Parrot et d'environ 77 % des BSA existants, après acquisition le 29 novembre 2023 d'un bloc de titres auprès d'Amiral Gestion au prix unitaire de 3,20 €, des actionnaires minoritaires avaient fait notamment valoir que le contexte dans lequel l'initiateur a acquis un bloc d'actions Parrot au prix unitaire de 3,20 €, après une très forte baisse du cours de l'action suite au communiqué diffusé le 23 novembre 2018, fragilise cette référence au plus haut prix payé. Ils ajoutaient « *que l'évaluation des actions Parrot aurait dû aussi intégrer les références à l'actif net comptable par action et une approche liquidative qui feraient ressortir une valeur par action supérieure au prix d'offre d'autant que la société demeurait en situation de trésorerie nette positive après l'augmentation de capital réalisée en novembre 2015* ».

• L'AMF s'était alors appuyée sur l'attestation d'équité de l'expert indépendant résultant d'une évaluation pour déclarer l'offre conforme et n'avait pas estimé nécessaire dans ces conditions d'activer une des exceptions de l'article 234-6 de son règlement général (I&D 219C0397, 5 mars 2019).

• Pour finir sur l'exigence du respect de prix minimum, on notera que lorsque l'offre obligatoire peut naître du franchissement du seuil de 30 % ou de l'excès de la vitesse d'acquisition entre 30 % et 50 % du fait de l'acquisition d'un bloc qui confère à l'acquéreur plus de 50 % du capital et des droits de vote. Le dépôt de l'offre obligatoire s'effectue alors selon la procédure de l'offre simplifiée. La règle du VWAP (V. ci-après pour la définition) posée par l'article 233-3 du règlement général ne semble pas applicable. Selon cette règle, une offre émise par un actionnaire détenant déjà directement ou indirectement, seul ou de concert au sens de l'article L. 233-10 du code de commerce, la moitié au moins du capital et des droits de vote de la société visée au moment du dépôt de son projet, doit l'être à un prix stipulé qui ne peut être inférieur, sauf accord de l'AMF, au prix déterminé par le calcul de la moyenne des cours de bourse, pondérée par les volumes de transactions (« VWAP »), pendant les soixante jours de négociation précédant l'annonce ou le dépôt de l'offre.

• Une lecture à la lettre du règlement général pourrait laisser penser qu'il y a dans ce cas de figure, deux prix planchers concomitamment applicables : celui du plus haut prix payé dans les douze mois précédant le dépôt de l'offre ou son annonce, et celui du VWAP calculé sur la période visée, le prix le plus élevé de ces deux références prévalant alors.

• Toutefois, l'AMF a pris des décisions de conformité desquelles il ressort que le VWAP était applicable uniquement aux initiateurs qui au moment du dépôt disposant historiquement de la majorité du capital et des droits de vote de la société visée et non pas venait d'acquérir cette majorité. On citera pour exemple, la conformité de l'AMF de l'offre publique visant les actions Manutan International. Dans la motivation de sa décision, l'AMF lie la règle du prix plancher de l'offre égal à la moyenne des cours pondérés par les volumes pendant les soixante jours de négociation précédant l'annonce de l'offre au fait que « *la restructuration du capital intervenu dans le cadre de l'offre avait pour conséquence que le contrôle ultime de la société Manutan International demeurait inchangé et détenu par le groupe familial Guichard* ». On peut en inférer que cette règle est effective parce que la détention de la majorité par la Famille Guichard est historique (I&D 223C0157, 24 janv. 2023, *OPAS Manutan International*).

• Dans la même ligne, on se reportera également à la page 6 du rapport du groupe de travail de l'AMF sur les conditions de mise en œuvre du retrait obligatoire et l'expertise indépendante dans le cadre des offres publiques[75]. Le rapport précise qu'en cas d'offre simplifiée volontaire[76], le prix devra être au moins égal à la moyenne pondérée par les cours de bourse des soixante jours de négociation précédant l'annonce ou le dépôt de l'offre et qu'en cas d'offre simplifiée obligatoire le prix d'offre doit au moins être égal au prix le plus cher payé par l'initiateur au cours des 12 mois précédant le dépôt de l'offre, distinguant donc les règles ayant vocation à s'appliquer dans des situations différentes.

Les exceptions à la règle du plus haut prix payé dans les douze mois

Les exceptions à la règle du prix le plus haut payé prévues par le régulateur sont assez rarement appliquées.

Telles qu'exprimées dans l'article 234-6 du règlement général de l'AMF, elles peuvent être revendiquées en cas de changement de caractéristiques du marché ou des caractéristiques de la société visée. L'article cite ensuite une liste d'exemples répondant à ce fondement. Cette liste n'est pas limitative.

Les cas cités dans la disposition sont les suivants :

- un événement de marché rendant la référence à un prix précédant cet événement inopportune (par exemple un krach boursier, un marché notoirement manipulé) ;
- une situation financière de la société visée dégradée depuis l'acquisition au prix le plus élevé ; ou alors
- un prix de transaction comportant des éléments connexes de sorte que ce prix ne peut s'apprécier de manière autonome en dehors du contexte transactionnel. Pourrait aussi tomber dans le champ de cette exception, un contrat d'acquisition de blocs avec garantie de passif identifié, justifiant possiblement un prix d'offre inférieur au prix d'achat du bloc.

Lorsque l'AMF considère que l'application de l'exemption est justifiée, le prix de l'offre doit alors être acceptable au regard de ladite approche multicritères comme pour une offre volontaire.

Trois exemples de telles exceptions et les enseignements à tirer de l'arrêt de la CJUE du 10 décembre 2020 sont détaillés en Annexe.

2.2.2. Détermination du prix en l'absence de référence à tout prix d'acquisition lors des douze mois précédant le fait générateur

L'article 234-6 du règlement général de l'AMF prévoit que :

« *En l'absence de transaction de l'initiateur, agissant seul ou de concert, sur les titres de la société visée au cours de la période de douze mois mentionnés au premier alinéa, le prix est déterminé en fonction des critères d'évaluation objectifs usuellement retenus, des caractéristiques de la société visée et du marché de ses titres* ».

La question s'est posée de savoir si dans cette situation, les débiteurs de l'offre publique obligatoire agissant seuls ou de concert pouvaient s'acquitter de leur obligation sous forme d'une offre publique d'échange.

Le point a été tranché par une décision du 27 juin 2013 de la Cour d'appel de Paris qui a rejeté la demande de l'Association de Défense des Actionnaires Minoritaires (l'ADAM) tendant à la stipulation d'une contrepartie exclusivement en numéraire à l'occasion de l'offre d'Icade sur SILIC[77].

Dans cette affaire, la Caisse des dépôts et consignations (CDC) et Groupama avaient fin 2011 entrepris des pourparlers, en vue de la reprise de la participation de Groupama dans la société SILIC dans le cadre d'une structure d'échange avec des actions Icade. Il était

75 - AMF, Rapp. sur les conditions de mise en œuvre du retrait obligatoire et l'expertise indépendante dans le cadre des offres publiques du 16 sept. 2019.

76 - Par construction si l'offre est volontaire, c'est que celui qui dépose l'offre avec plus de 50 % détient cette majorité de manière historique. Ce rapp. évoque l'extension de la règle du VWAP 60 jours à toutes les offres de fermeture certes mais semble viser les offres publiques de retrait plutôt que les offres obligatoires.

77 - CA Paris, 27 juin 2013, n° 12/08248.

convenu que la CDC et Groupama apportent leurs participations respectives dans la société SILIC[78] et dans la société Icade à la société Holdco SIIC, société *ad hoc* créée par la CDC qui en détenait la totalité du capital, sur la base d'une parité de 5 actions Icade pour 4 actions SILIC.

A l'issue de ces opérations, il était prévu que la société Icade agissant de concert avec la CDC et Holdco SIIC dépose une offre publique d'échange sur le solde des actions de la société SILIC et que la parité proposée soit identique à celle retenue pour l'apport à la société Holdco SIIC par Groupama de sa participation dans la société SILIC, soit 5 actions Icade pour 4 actions SILIC.

L'ADAM déposait alors un recours contre la décision de conformité de l'AMF, invoquant plusieurs moyens d'annulation[79].

On notera que parmi eux, l'ADAM demandait à la Cour d'annuler la décision de l'AMF au motif que l'offre n'était pas conforme aux exigences des articles L. 433-1, I du code monétaire et financier et 234-2 du règlement général de l'AMF, et que Holdco SIIC ayant franchi le seuil de 30 % du capital, l'offre aurait dû prendre la forme d'une offre publique d'achat, ou à tout le moins, en application de l'article 231-8 du règlement général de l'AMF, d'une offre avec une option en numéraire. La Cour n'a pas suivi l'ADAM sur ce terrain.

2.3. Règles particulières en matière de seuils de renonciation

2.3.1. Maintien du seuil de caducité obligatoire mais interdiction de formuler un seuil plus élevé

Avant l'entrée en vigueur de la loi Florange, le règlement général de l'AMF, par exception au principe d'irrévocabilité des offres publiques, prévoyait la faculté pour tout initiateur d'une offre publique de prise de contrôle de stipuler, de manière discrétionnaire, une condition d'obtention à la clôture de l'opération d'un certain nombre de titres de la société visée exprimée en pourcentage du capital (éventuellement sur une base diluée) ou des droits de vote.

Si la condition n'était pas satisfaite, l'offre n'avait pas de suite positive et les ordres d'apport à l'offre collectés par les banques dépositaires durant la période d'acceptation devenaient nuls et sans objet. L'initiateur ne pouvait renoncer à cette condition, une fois la période d'acceptation clôturée[80].

Les termes de cette condition font d'ailleurs partie des éléments que prend en compte l'AMF pour apprécier la conformité du projet d'offre publique (Règl. gén. AMF, art. 231-21, 3°).

Au vu des précédents, l'AMF se réserve en effet la possibilité de rendre une décision négative si la condition d'obtention exprimée apparaît irréaliste compte tenu de la détention de l'initiateur au dépôt ou encore motivée par la volonté unique d'atteindre le seuil de retrait obligatoire (90 % du capital et des droits de vote) aux fins de fermer le capital de la société visée et d'exproprier les actionnaires minoritaires[81].

La conditionnalité ne pouvant se conjuguer avec l'obligation dans la mesure où la non-atteinte du seuil visé permet de fait de s'exonérer de l'offre légalement exigée, l'expression d'un tel seuil de renonciation n'était cependant pas autorisée en cas d'offre obligatoire.

Le législateur dans le cadre des modifications apportées en 2014 par la Loi Florange a entendu exiger que la suite positive de toute offre de prise

78 - De manière concomitante, la CDC faisait apport en fonds propres de 300 millions d'euros à GEC, filiale de Groupama.

79 - V. notamment la section du présent ouvrage consacrée aux enseignements de 10 années de jurisprudence (Chap. 4).

80 - Désormais s'agissant des seuils de renonciation facultatifs, la souplesse est la règle : l'initiateur peut y renoncer à tout moment pendant l'offre, y compris au moment de la communication des résultats (comme c'était le cas avant la réforme de 2001). En effet, avec l'instauration du seuil de caducité obligatoire, les conséquences d'une suppression du seuil de renonciation facultatif en cours d'offre sont moindres car elles ne concerneront qu'une part du capital au-delà de 50 %.

81 - L'atteinte du seuil de 90 % doit être le résultat d'un plébiscite fondé sur les seules conditions offertes par l'initiateur, sans que la décision des actionnaires destinataires de la proposition puisse être influencée par la crainte d'un abandon de l'offre s'il n'y a pas une réponse massive à la proposition de l'initiateur.

de contrôle soit conditionnée au dépassement d'un seuil fixé à 50 % du capital ou des droits de vote (l'un ou l'autre alternativement[82])[83].

C'est ce que l'on appelle le seuil de caducité obligatoire.

Cette exigence implique une caducité de l'offre de plein droit (dite automatique) si ces seuils de détention, calculés sur la base du capital émis et des droits de vote existants à la date de clôture, ne sont pas atteints. Il existe des cas de dérogations à l'exigence d'une stipulation du seuil de caducité, leur invocation étant soumise à l'appréciation de l'AMF (Règl. gén. AMF, art. 231-9)[84].

La question s'est posée d'étendre ou non cette exigence aux offres déposées à titre obligatoire, certains considérant que, dans ce cas de figure, les actionnaires de la société visée devaient pouvoir bénéficier d'une liquidité indépendamment du taux d'apport à l'offre, sans possible abandon de la proposition.

Le législateur a finalement pris l'option de soumettre indifféremment au seuil de caducité obligatoire les offres de prise de contrôle qu'elle soit volontaire ou obligatoire, les considérations qui ont conduit à introduire cette disposition valant pour les deux types.

Pour autant, l'efficacité du principe d'obligation ne souffrant pas que les personnes puissent purement et simplement s'en dédouaner du fait de la caducité automatique, le législateur a assorti cette règle d'un mécanisme de privation des droits de vote dans l'hypothèse où il serait constaté au résultat d'une offre de nature obligatoire que l'initiateur, seul ou de concert, n'aurait pas réussi à obtenir la majorité du capital ou des droits de la société visée.

En revanche, l'assujetti à l'offre obligatoire ne peut assortir sa proposition d'un seuil de renonciation plus élevé que le seuil de caducité obligatoire.

2.3.2. Privation des droits de vote attaché aux actions excédant le seuil d'offre publique obligatoire en cas de mise en jeu de la caducité

Aux termes de l'article L. 433-1-2, II du code monétaire et financier, le mécanisme de privation des droits de vote n'est pas le même selon que l'obligation naisse du franchissement du seuil de 30 % du capital ou des droits de vote, ou d'une augmentation de plus de 1 % du capital ou des droits de vote (excès de vitesse d'acquisition) entre les seuils de 30 % et 50 %.

Dans le premier cas, le législateur a prévu que la privation de droits de vote s'effectue de telle manière que la participation de l'initiateur soit plafonnée à 30 % (C. mon. fin., art. L. 433-1-2, 1°).

Dans le second cas, elle s'effectue pour le nombre d'actions excédant la détention actée préalablement au dépôt du projet d'offre augmentée de 1 % du capital et/ou des droits de vote, c'est-à-dire de la vitesse d'acquisition autorisée (C. mon. fin., art. L. 433-1-2, 2°). Pour prendre un exemple celui qui détient 32 % du capital et des droits de vote et qui sera soumis à l'offre obligatoire de l'acquisition en moins de douze mois consécutifs de 3 % supplémentaire (passage à 35 % par ramassage ou acquisition d'un bloc de 3 %), s'il ne venait pas à détenir 50 % +1 en capital ou en droits de vote à l'issue de la période d'offre, serait privée du droit de vote attaché aux actions excédant 33 % (32 % +

82 - Le seuil de caducité étant alternatif et non cumulatif, on notera que l'AMF a introduit en conséquence dans un nouvel alinéa de l'art. 234-9 de son règlement général (al. 6 *bis*) un cas additionnel de dérogation à l'offre publique obligatoire, de sorte à pouvoir dispenser de cette obligation l'initiateur dont l'offre aurait été positive du fait de la seule obtention de plus de 50 % du capital et non des droits de vote et qui souhaiterait par la suite excéder la vitesse d'acquisition autorisée en droits de vote, notamment dans le cadre d'une attribution de droit de vote double aux actions détenues au nominatif depuis plus de deux ans (ou plus si les statuts prévoient une période plus longue).

83 - Mesure incitant l'initiateur à offrir une prime de contrôle aux actionnaires destinataires de l'offre et propre à contrarier les offres de ramassage, c'est-à-dire ne visant qu'à accroître à bas prix une détention initiale sans forcément une situation claire d'acquisition de la majorité, sans ambiguïté pour le marché, pour la société visée et pour ses actionnaires.

84 - Le règlement général confère à l'AMF une liberté d'appréciation pour déterminer si, à la demande de l'initiateur, il peut être fait exception au seuil légal de caducité. L'art. 231-9 modifié de ce Règlement contient une liste non limitative de cas où l'AMF pourrait autoriser que le seuil soit écarté ou abaissé en deçà du seuil de 50 % + 1 du capital ou des droits de vote dans le cas où l'atteinte de la majorité parait impossible ou improbable pour des raisons ne tenant pas aux caractéristiques de l'offre (emploi du terme « notamment »). Il s'agit notamment du cas où la société est déjà contrôlée, du cas où des engagements de non-apport à l'offre ont été exprimés ou conclus par des actionnaires de la société visée (obligeant l'initiateur à devoir acquérir au moins deux tiers des titres susceptibles d'être apportés à l'offre). Cette exemption a été accordée par l'AMF en particulier dans le cadre d'offre visant des SIIC cotées. L'exemption peut être également accordée en cas d'offres concurrentes ou en cas d'existence de dispositions législatives, réglementaires ou statutaires de nature à empêcher une prise de contrôle majoritaire (secteur de l'audiovisuel par exemple, l'obligation d'offre pouvant être dépourvue d'application – V. I&D 222C1986 ? 2 août 2022, *Télévision Française 1 – Métropole Télévision*).

tolérance de 1 %).

Cette privation de droits de vote s'applique donc en cas de caducité de plein droit, et pour toute assemblée générale qui se tiendrait jusqu'à ce que l'initiateur ayant échoué détienne le nombre d'actions lui permettant d'obtenir plus de 50 % du capital ou des droits de vote de la cible.

Cette potentielle privation a pour conséquence de rendre épineuses les structurations consistant à faire précéder l'offre de prise de contrôle, de l'acquisition ferme d'un ou plusieurs blocs d'actions (*via* des cessions ou des apports en nature à une société initiatrice) faisant franchir à l'initiateur le seuil de 30 %, tout en restant à moins de 50 %.

Ce type de structuration comporte en effet des risques d'exécution qu'il convient d'apprécier. Les acquéreurs qui auront versé la totalité de la contrepartie financière pour la détention d'un bloc les situant à plus de 30 % seront réticents à ce qu'en dépit de l'effort financier consenti, le risque de ne pouvoir bénéficier de la jouissance des droits de vote sur une partie des actions pourtant acquises en pleine propriété soit potentiellement encouru.

Pour cette raison, les engagements d'apport, même s'ils présentent l'inconvénient de la révocabilité lorsqu'ils sont susceptibles de porter atteinte au libre jeu des offres et de leur surenchère, pourront être préférés à des acquisitions préalables, une alternative pouvant être de conjuguer l'acquisition de blocs conférant à l'initiateur moins de 30 % et des engagements d'apport à l'offre ou des mécanismes de cessions différées ou d'apport en nature dont la réalisation serait suspendue à la réussite de l'offre (V. en ce sens, I&D 212C1181, 14 sept. 2012 – dépôt de l'offre publique d'achat visant les actions de la société CFAO[85]).

La contrainte liée à l'atteinte de la majorité en capital ou en droits de vote commande aussi le contenu des accords préoffre articulés en considération de cette nécessité (V. à cet égard, I&D 214C0676, 30 avr. 2014, offre publique d'achat visant les actions Bourbon selon laquelle l'initiateur envisageait la constitution d'un concert avec une des branches de son groupe familial dans l'hypothèse où il ne parviendrait pas à atteindre le seuil de 50 % des droits de vote au seul résultat de l'offre ; ou encore I&D 217C2156, 18 sept. 2017, offre publique d'achat simplifiée visant les actions Paref, selon laquelle société Fosun Property Europe Holdings (Lux) bénéficiait d'une promesse de vente du groupe familial Levy-Lambert, soit 9,10 % de son capital, que Fosun s'était engagée à exercer irrévocablement à hauteur du nombre d'actions manquantes, pour détenir *in fine* 50.01 % du capital social et des droits de vote, et cela au plus tard après la publication par l'AMF des résultats de l'offre)[86].

> **La potentielle privation des droits de vote attaché aux actions excédant le seuil d'offre publique obligatoire en cas de mise en jeu de la caducité a pour conséquence de rendre épineuses les structurations consistant à faire précéder l'offre de prise de contrôle, de l'acquisition ferme d'un ou plusieurs blocs d'actions (*via* des cessions ou des apports en nature à une société initiatrice) faisant franchir à l'initiateur le seuil de 30 %, tout en restant à moins de 50 %.**

En outre, de la lecture du II et du III de l'article L. 433-1-2 du code monétaire et financier, il ressort qu'aussi bien s'agissant d'une offre

---

85 - Offre publique d'achat visant les actions de CFAO déposée par Toyota Tsusho Corporation détenant 29,80 % du capital et des droits de vote à la suite de l'acquisition d'une partie de la participation de PPR dans la société cotée, cette dernière s'étant engagée à apporter à l'Offre la totalité de sa participation résiduelle au capital de CFAO, soit 12,19 % du capital et des droits de vote de cette société.

86 - On citera également l'offre publique d'achat déposée par Vivendi sur les actions Lagardère, les deux branches de l'offre étant conçues pour permettre l'atteinte du seuil de caducité (Offre Principale d'acquérir immédiatement les actions Lagardère au prix de 25,50 euros par action et Offre Subsidiaire proposant d'attribuer en contrepartie de la renonciation au droit de participer à la branche de l'Offre Principale, pour chaque action Lagardère présentée à l'Offre Subsidiaire, un droit de la céder au prix de 24,10 euros (prix de l'offre une fois le dividende détaché) jusqu'à une certaine date. Cet agencement sophistiqué permettait ainsi la réussite de l'offre tout en réduisant potentiellement son coût au cas où le cours *post* offre se situerait au-dessus du prix d'offre, tout en permettant aux actionnaires de bénéficier de cette hausse possible (I&D 222C0835, 12 avr. 2022).

obligatoire que d'une offre volontaire déposée par un actionnaire détenant entre 30 % et 50 % de la société visée, la caducité entraîne l'interdiction ultérieure pour l'initiateur de monter dans le capital ou les droits de vote de la société visée (plafonnement de la participation). En pratique, cela signifie que l'initiateur ne bénéficiera plus alors de la vitesse d'acquisition autorisée, sauf à déposer une nouvelle offre.

Ce plafonnement n'empêche cependant pas l'initiateur recalé d'acquérir ultérieurement des blocs d'actions ou de conclure un accord de concert avec un ou plusieurs actionnaires tiers, sous réserve de faire suivre cet accroissement (par acquisition ou agrégation de participations de concert) d'une nouvelle offre (éventuellement simplifiée).

2.3.3. Les conditions liées au contrôle des concentrations

En principe, la condition liée à l'obtention de l'approbation des autorités compétentes au titre du contrôle des concentrations autorisant l'initiateur à renoncer à son offre en cas de décision d'une Autorité de la Concurrence d'ouvrir une phase d'examen approfondi[87], ne devrait pas trouver à s'appliquer dans le cadre d'une offre obligatoire. Le franchissement du seuil générateur marque dans la très grande majorité des cas le basculement de contrôle et l'approbation de l'Autorité antitrust doit alors être obtenue avant le dépôt de l'offre publique obligatoire. Alternativement l'initiateur peut acquérir des actions au stade de la prise de participation minoritaire engendrant l'obligation de l'offre puis dans le cadre de l'offre, avant l'obtention des autorisations requises, en s'abstenant d'exercer les droits de vote qui leur sont attachés[88 et 89].

87 - Condition suspensive possible si la durée de la première phase d'examen est compatible avec la durée usuelle de l'offre elle-même, évaluée à dix semaines. L'art. 233-11 du Règl. gén. AMF stipule « *L 'offre est caduque dès lors que l'opération projetée fait l'objet de l'engagement de la procédure prévue à l'article 6-1 c du règlement (CE) n° 139/2004, de la procédure prévue à l'article L. 430-5 (III), troisième tiret, du code de commerce ou de l'engagement d'une procédure de même nature par l'autorité compétente de l'État étranger. L'initiateur fait connaître s'il poursuit l'examen de l'opération projetée avec les autorités ainsi saisies. Les dispositions des alinéas précédents s'appliquent également à un projet d'offre devant faire l'objet d'une notification au titre du contrôle des concentrations auprès d'une autorité compétente étrangère autre que celles précédemment citées, si la procédure suivie aux fins d'obtention de ladite autorisation est encadrée par des délais compatibles avec une durée de dix semaines à compter de l'ouverture de l'offre publique, sauf accord de l'AMF pour proroger le calendrier de l'offre. L'AMF statue alors au regard des principes définis à l'article 231-3, après avoir recueilli l'avis de l'organe compétent de la société visée.* »

88 - V. notamment : Autorité de la concurrence, Lignes directrices relatives au contrôle des concentrations, 2020, pt 158.

89 - Dans le cadre de l'acquisition de la majeure partie du bloc d'actions Lagardère détenues par Amber lui faisant franchir le seuil de 30 % dans Lagardère, en p. 13 de sa note d'information Vivendi SE a indiqué : « *Le 9 décembre 2021, l'Initiateur a annoncé que les analyses qu'il avait menées l'avaient conduit à considérer que l'acquisition du Reliquat du Bloc pouvait intervenir sans délai, dès lors que, conformément aux règles applicables au contrôle des concentrations, Vivendi n'exercerait pas les droits de vote attachés à l'ensemble des 25.305.448 actions Lagardère acquises auprès d'Amber Capital ainsi qu'aux actions acquises dans le cadre de l'Offre jusqu'à autorisation de la prise de contrôle de Lagardère par les autorités de concurrence, de sorte que la participation de Vivendi dans Lagardère s'établirait, durant cette période, à 22,55 % des droits de vote théoriques.* » Pour une analyse plus approfondie et experte de l'interdépendance entre achat de bloc et offre publique subséquente au regard des autorisations Antitrust, on se reportera à la section du présent ouvrage intitulée « *Les enjeux de droit de la concurrence dans le contexte des offres publiques* » - Guillaume Aubron et Constance Bocket (Chap. 6).

Annexe

Exception à la règle du prix le plus haut payé

1. Offre publique obligatoire d'achat et d'échange déposée en 2009 par Gécina visant Gecimed :

Gecina était l'un des actionnaires de référence de Gecimed aux côtés d'ISM (« GE Real Estate France »), RBS-CBFM Netherlands BV (« RBS ») et Scor Global P&C SE (« Scor »).

ISM (détenteur d'environ 20 %) souhaitait se désengager du capital de Gecimed alors qu'une augmentation de capital était envisagée afin de permettre à la société cotée de faire face aux investissements décidés et engagés depuis deux ans et d'assainir sa situation financière. Le financement des investissements avait été jusque-là principalement assuré par une avance en compte courant de Gecina représentant 71 millions d'euros.

Dans ce contexte, Gecina, RBS et Scor étaient convenues en fin d'année 2008 de racheter chacune une partie du bloc d'actions détenues par ISM à un prix unitaire de 0,70 €. La participation de Gecina passait alors de 38,6 % à 48 %, la soumettant à une offre obligatoire.

La proposition de Gecina dans le cadre de l'offre obligatoire était de racheter les actions apportées à un prix de 1,48 euros (Branche Achat) ou alternativement d'échanger les actions Gecimed selon une parité de 1 action Gecina contre 20 actions Gecimed (Branche Alternative d'Echange). La réalisation de l'augmentation de capital était prévue postérieurement à l'offre à un prix de souscription de 1 euro par action pour un montant total de 100 millions d'euros, Gecina ayant exprimé l'intention d'en garantir le succès et d'y souscrire par compensation de sa créance.

Il se trouve que Gecina avait procédé à des acquisitions d'actions Gecimed au cours des douze mois qui précédaient le fait générateur de l'offre obligatoire, le prix le plus élevé payé sur cette période s'élevant à 2,08 €.

Gecina demandait à s'affranchir de cette référence en mettant en avant les faits suivants :

- le prix moyen de ses acquisitions était égal à 0,76 €, celles réalisées à 2,08 € portant sur un très faible pourcentage (0,01 % du capital) ;
- les actions acquises par Gecina l'avaient été avec le souci de ne pas peser sur le cours de bourse de Gecimed, hors de toute stratégie de ramassage visant une prise de contrôle rampante, avec la seule intention d'assurer une liquidité au marché du titre ;
- sur la période des achats effectués, le marché n'avait pas encore intégré dans la valeur de Gecimed l'impact de son endettement élevé et l'évolution du contexte économique et financier de la société (finalement reflétée par une forte baisse du cours, sensiblement plus importante que la baisse générale des marchés et de celle du secteur des sociétés foncières cotées).

L'AMF a accueilli favorablement cette argumentation et a donc autorisé Gecina à déterminer le prix de son offre sur la base d'une approche multicritères[90].

2. Offre publique obligatoire sous la forme d'une offre publique d'achat simplifiée visant les actions Lafuma déposée fin 2013 par la société Calida Holding AG détenant 15,27 % du capital, à un prix par action de 14 €.

La société Calida Holding AG (« Calida ») avait pris l'engagement irrévocable de souscrire à une augmentation de capital avec suppression du droit préférentiel de souscription (« DPS ») à son profit pour un montant total de souscription de 35 millions d'euros au prix de 14 € par action, par émission de 2 500 000 actions nouvelles sous conditions (i) d'autorisation de l'opération par l'Autorité de la concurrence, (ii) d'approbation de l'augmentation de capital avec suppression du DPS par l'assemblée générale extraordinaire des actionnaires et (iii) de la délivrance par l'AMF d'un avis de conformité de l'offre devenu définitif (i.e. ne faisant pas l'objet d'un recours devant la Cour d'appel de Paris).

La situation d'offre obligatoire devait résulter du franchissement en hausse des seuils de 30 %

90 - I&D 09C0559, 22 avr. 2009. L'AMF a considéré que le prix de l'offre publique d'achat libellé à 1,48 € par action Gecimed soit le montant de l'actif net réévalué de la société après réalisation de l'augmentation de capital rendue nécessaire compte tenu de la structure financière de la société et été déterminé sur la base de critères d'évaluation objectifs usuellement retenus et qu'il tient compte des caractéristiques de la société visée.

du capital et des droits de vote de Lafuma au résultat de l'augmentation de capital.

Calida avait acquis des actions Lafuma au cours des douze mois précédant le fait générateur de l'obligation, le prix le plus élevé payé s'élevant à 26 €.

Les éléments présentés par Calida afin d'être autorisée à modifier le prix de 26 € précité étaient les suivants :

Lafuma a clôturé son exercice au 30 septembre 2013 avec de fortes pertes après avoir constaté un recul significatif de son activité ;

Lafuma a brisé ses covenants bancaires et se trouve de la sorte exposée à l'exigibilité immédiate de sa dette financière à moyen et long terme de 16,4 M€ ;

Lafuma doit refinancer sa dette au plus tard au 30 septembre 2013, ainsi qu'une avance en compte courant.

L'AMF a décidé de faire droit à l'exonération sollicitée par Calida en relevant que :

la société Lafuma a été exposée à une contraction de son activité au cours de l'exercice 2013, lequel s'est traduit par un recul significatif de son chiffre d'affaires, des pertes opérationnelles et nettes significatives et un montant des capitaux propres en recul ;

au titre d'un protocole de conciliation du 10 mai 2012 elle devait refinancer l'ensemble de son endettement court terme ; et

suite aux pertes constatées au 30 septembre 2013, un bris de covenants bancaires avait été constaté à la même date, rendant exigible une partie de la dette bancaire, les commissaires aux comptes ayant en outre assorti leur certification des comptes d'une observation sur la continuité d'exploitation.

L'Autorité a considéré que ces faits matérialisaient des événements susceptibles d'influer de manière significative sur la valeur des actions Lafuma depuis douze mois et caractérisaient une situation de difficulté financière avérée, cas visé par l'article 234-6 du règlement général de l'AMF. Par conséquent, elle autorisait Calida à modifier le prix de son offre par rapport au prix le plus élevé payé et à déterminer ce prix sur la base d'une approche multicritères (I&D 213C1914, 10 déc. 2013).

3. Offre publique obligatoire déposée par les principaux actionnaires institutionnels de la société Technicolor Creative Studios (TCS)

Il s'agissait d'une offre déposée à la suite de la mise en concert des initiateurs (détention agrégée de 95,39 % du capital et des droits de vote) visant les actions de la société. Les initiateurs s'engagent irrévocablement à acquérir, au prix unitaire de 1,63 €, la totalité des actions non détenues[91].

L'un des membres du concert avait acquis au cours des douze mois précédant le fait générateur de l'offre obligatoire un bloc d'actions au prix unitaire de 194,88 euros.

Les arguments présentés par les initiateurs, afin d'être autorisés à modifier le prix de 194,88 €, en application des dispositions de l'article 234-6 du règlement général de l'AMF, faisaient notamment valoir que les transactions réalisées étaient intégralement intervenues avant (i) la publication le 15 novembre 2022 par TCS d'un communiqué d'avertissement sur l'atterrissage attendu pour 2022 et sur les estimations préliminaires pour 2023, (ii) l'ouverture d'une procédure de conciliation, et (iii) la mise en place d'un accord de refinancement comprenant un nouveau financement de 170 millions d'euros ainsi que l'écrasement d'une partie des dettes de prêt et leur conversion en fonds propres.

L'AMF, dans sa décision de conformité du 12 décembre 2023, a accueilli favorablement ces arguments. Elle a considéré que les faits relevés matérialisaient des événements susceptibles d'influer de manière significative sur la valeur des actions TCS depuis douze mois et caractérisaient une situation de difficulté

91 - Les membres du concert détenaient par ailleurs tous les titres émis par TCS donnant accès au capital.

financière avérée[92], selon les dispositions de l'article 234-6 du règlement général[93]. Par conséquent, l'Autorité a autorisé les initiateurs à modifier le prix de leur offre par rapport au prix le plus élevé payé par l'un de ses membres concertistes à déterminer ce prix sur la base d'une approche multicritères (I&D 223C2035, 12 déc. 2023).

4. Enseignements de l'arrêt de la CJUE du 10 décembre 2020 sur l'interprétation des règles posées par la directive OPA sur les conditions financières des offres obligatoires

L'arrêt rendu par la CJUE, fin 2020[94] sur la portée de la directive OPA en ce qui concerne les méthodes de détermination du prix des offres obligatoires livre enfin des enseignements précieux sur la conformité de la règlementation française des OPA aux dispositions communautaires sur les conditions financières des offres obligatoires. Comme nous allons le voir ci-après cet arrêt rassure plutôt sur le bien-fondé des approches retenues par l'AMF.

Dans le cadre d'une question préjudicielle introduite par la Cour Suprême de Lettonie, à raison d'un litige opposant Euromin Holdings (Cyprus) Limited à la Commission des marchés financiers locale (la « Commission »), le juge letton a interrogé le juge européen sur l'interprétation de l'article 5, paragraphe 4 de la directive OPA.

Pour mémoire, ce paragraphe dispose « *est considéré comme le prix équitable le prix le plus élevé payé pour les mêmes titres par l'offrant, ou par des personnes agissant de concert avec lui, pendant une période, déterminée par les États membres, de six mois au minimum à douze mois au maximum précédant l'offre (...). (...) les États membres peuvent autoriser leurs autorités de contrôle à modifier le prix prévu au premier alinéa dans des circonstances et selon des critères clairement déterminés. À cette fin, ils peuvent dresser une liste de circonstances dans lesquelles le prix le plus élevé peut être modifié, vers le haut ou vers le bas (...)* ».

Dans le cas soumis à la Cour européenne, Euromin Holdings avait acquis 93,23 % de Vetspils Nafta AS, société cotée et était soumise à l'obligation de présenter une offre de rachat des actions de cette dernière.

Le prix offert ayant été considéré comme insuffisant par la Commission, cette dernière avait alors imposé un rehaussement.

La règlementation nationale prévoit en effet trois méthodes, dont le plus haut prix payé, pour déterminer le prix équitable, la méthode à privilégier étant celle aboutissant à la meilleure proposition[95]. L'Initiateur a alors contesté la légalité de cette décision devant le juge compétent.

L'une des questions posées était de savoir s'il était conforme à la directive OPA de prévoir ces trois méthodes concurrentes pour déterminer le prix équitable d'une offre obligatoire, en ne se cantonnant pas à la règle du plus haut prix payé.

La Cour relève :

- tout d'abord que la directive OPA prévoit dans son article 5 la mise en place d'une méthode unique de détermination du prix équitable qui est le plus haut prix payé dans les six ou douze mois précédant le fait générateur (pts 44 à 46) ;
- qu'ensuite ce même article ouvre toutefois la faculté aux États membres de prévoir que le prix équitable, tel qu'il est déterminé par cette méthode unique, peut être modifié dans certaines circonstances (pt 46) ;
- que les États membres peuvent donc recourir à d'autres méthodes pour déterminer le prix équitable. La Cour exige cependant qu'ils prévoient alors très précisément les circonstances dans lesquelles ces méthodes de détermination du prix sont amenées à s'appliquer pour garantir une sécurité juridique. Le cadre légal

92 - Due notamment aux grèves affectant l'industrie cinématographique aux Etats Unis.

93 - L'AMF a aussi relevé que le cours de l'action avait perdu 99 % de sa valeur depuis l'avertissement de la société publié en septembre 2022 et que les CAC dans leur rapp. d'audit sur les comptes semestriels 2023 avaient noté des incertitudes sur la continuité d'exploitation.

94 - CJUE, 10 déc. 2020, n° C-735/19.

95 - Ces méthodes sont les suivantes : la valeur d'actif net, le cours moyen pondéré et le prix le plus élevé payé lors de la période précédant le fait générateur.

doit être clair, précis et transparent observe le juge (pt 52)[96] ; et

- que la référence objective au plus haut prix payé peut être par exception écartée au profit d'une méthode de détermination du prix équitable devant se déduire d'une façon suffisamment claire, précise et prévisible du cadre légal qui la prévoit (pt 72).

Ainsi expose la Cour, soit la loi fournit une définition précise des critères, soit la méthode de fixation du prix de l'action repose sur des critères objectifs d'évaluation généralement utilisés en analyse financière et pouvant être considérés comme étant clairement déterminés (pts 75 à 77).

Le renvoi dans l'article 234-6 du Règl. gén. AMF aux critères d'évaluation objectifs usuellement retenus, des caractéristiques de la société visée et du marché de ses titres répond-il à cette exigence de critères clairement déterminés ?

Il nous semble que oui. Les praticiens aguerris l'estiment également dans la mesure où comme l'a indiqué la Cour d'appel de Paris dans l'affaire Icade-SILIC, ce qui est ainsi recherché par le Régulateur est l'emploi de l'approche multicritères, laquelle est désormais bien encadré par la pratique professionnelle[97] et les recommandations de l'AMF[98 et 99].

On soulignera à cet instant et pour être tout à fait complet une règle additive posée par l'AMF dans l'article 2 de l'instruction AMF 2006-07 (DOC-2006-07) pour les offres qualifiées d'offres de fermeture, c'est-à-dire aussi bien des offres déposées par un actionnaire détenant déjà seul ou de concert la moitié au moins du capital et des droits de vote de la société visée que par un actionnaire venant à détenir directement ou indirectement, seul ou de concert cette majorité.

Sont incluses semble-t-il les offres publiques obligatoires résultant de l'acquisition par l'initiateur d'un ou plusieurs blocs lui conférant la majorité puisque la disposition vise aussi bien le majoritaire historique que celui qui « vient à détenir » cette majorité. Il n'est pas précisé que cela concerne uniquement un franchissement du seuil de 50 % du capital et des droits de vote à raison d'un accord de concert. Les termes « venant à détenir » peuvent en effet englober la majorité détenue à la suite de l'acquisition de blocs.

Dans ces derniers cas, l'AMF n'introduit pas *stricto sensu* une règle de prix minimum différente de celle prescrite par la directive OPA mais prévoit que :

L'initiateur doit également justifier, le cas échéant, des raisons pour lesquelles le prix ou la parité proposés font ressortir une valeur inférieure :

- *à l'actif net comptable ;*

- *à la moyenne des cours de bourse pondérée par les volumes de transactions, pendant les 60 jours, 120 jours et 180 jours de négociation précédant l'annonce ou le fait générateur de l'offre. Pour les besoins de ce calcul, les cours et volumes utilisés sont ceux constatés sur le marché sur lequel les actions de la société visée bénéficient de la liquidité la plus importante ;*

- *au prix extériorisé par toute opération significative intervenue sur le capital de la société visée lors des 18 mois précédant l'annonce ou le fait générateur de l'offre.*

L'initiateur doit également justifier des raisons pour lesquelles ces références ne sont pas retenues. »

Il ne s'agit pas d'imposer une valeur qui s'écarterait de la référence au plus haut prix payé dans des circonstances limitées, mais de requérir un « comply or explain » lorsque la proposition de l'initiateur s'affranchit de références additives déterminées par le seul Régulateur dans son instruction (notamment

96 - Sur le fondement de ce considérant, on pourrait s'interroger sur la conformité du droit français au texte communautaire dans la mesure où la liste de l'art. 234-6 précité n'est pas limitative. D'aucuns pourraient considérer que le principe d'une liste ouverte, quand bien même toutes les circonstances susceptibles de figurer dans cette liste doivent répondre à un constat de changements significatifs du marché ou de la situation de la société, ne satisfait pas *stricto sensu* l'exigence de sécurité voulue par la Cour.

97 - APEI, Rapp. du groupe de travail, *Réflexions sur le prix équitable dans le contexte des offres publiques*, 24 oct. 2019.

98 - Recomm. AMF, DOC-2006-15, *L'expertise indépendante dans le cadre d'opérations financières*.

99 - J.-F. Rérolle, OPA obligatoire : le prix peut-il être encore fixé par une approche multicritère ?, *Bull. Joly Bourse* mars/avr. 2021, p. 18.

une valeur correspondant à la valeur liquidative des actifs), en plus de la règle de la directive OPA.

Certains pourront remarquer que le trait est fin entre l'obligation de respecter ces références additives et la simple obligation de justifier qu'elles ont été écartées, et se demander, à la lumière des conclusions de la CJUE, si cette exigence additionnelle est conforme à la norme communautaire lorsqu'elle concerne des offres obligatoires.

On pourrait alors avancer qu'il ne s'agit pas, à la lecture de l'instruction AMF, de modifier la règle du plus haut prix payé mais bien de se référer de manière surabondante à d'autres valeurs minimales ressortant de méthodes spécifiques, ceci dans certains types d'offres obligatoires, afin de tester l'opportunité de prise en compte de ces méthodes pour apprécier la conformité du prix d'offre.

On citera pour l'application de cette exigence surabondante, l'I&D 223C937, 28 nov. 2023 (OPAS visant les actions OBER)[100].

100 - L'offre est considérée à la fois comme une offre obligatoire et une offre de fermeture, ce qui conduit l'AMF à constater que « *le prix de l'offre est supérieur au prix déterminé par le calcul de la moyenne des cours de bourse, pondérée par les volumes de transactions, pendant les soixante jours de négociation précédant l'annonce de l'offre, dans la mesure où l'offre peut être considérée comme une « offre de fermeture » ressortissant des dispositions de l'article 233-1, 1° du règlement général, car initiée par un actionnaire qui détenait plus de 50 % du capital et des droits de vote de la société.* »

par **Catherine Maison-Blanche**,
Senior Consultant, A&O Shearman
Bernard Laurent-Bellue,
Of counsel, Racine
et **Bruno Laffont**,
Associé, Racine

Le régime dérogatoire à l'obligation de déposer une offre publique

Après avoir rappelé les principes qui gouvernent les cas de dérogation tels qu'énumérés par le règlement général de l'AMF, la présente section décrira les aspects procéduraux de ce régime. Puis à partir des quatre grandes familles de dérogations répertoriées et de précédents tirés des décisions prises par l'Autorité des marchés financiers ces dix dernières années, elle dégagera des lignes de jurisprudence mais aussi entrera dans le détail de quelques décisions invitant à la réflexion ou à la prospection.

1. Les fondements du régime dérogatoire

L'article L. 433-3 du code monétaire et financier prévoit dans son quatrième alinéa « *Le règlement général de l'Autorité des marchés financiers fixe également les conditions dans lesquelles l'autorité peut accorder une dérogation à l'obligation de déposer un projet d'offre publique portant sur des instruments financiers émis par une société dont le siège social est établi en France et dont les instruments financiers sont admis aux négociations sur un marché réglementé d'un Etat membre de l'Union européenne ou d'un autre Etat partie à l'accord sur l'Espace économique européen.* ».

Ainsi celui qui franchit seul ou de concert les seuils d'offre obligatoire, peut prétendre à l'octroi d'une dérogation à condition toutefois de se trouver dans un des cas prévus par la réglementation de l'Autorité des marchés financiers, lesquels sont fixés de manière limitative au sein de l'article 234-9 du règlement général de l'AMF.

Par ailleurs, l'article 234-7 de ce même règlement traite de ces franchissements dans le cadre d'une mise en concert et des situations dans lesquelles il n'y a pas matière alors à obligation.

Le dispositif dérogatoire français s'inscrit dans la ligne de la directive OPA laquelle dispose dans son considérant 6 : « *Il convient que, pour être efficaces, les règles relatives aux offres publiques d'acquisition soient souples et permettent de faire face aux nouvelles réalités lorsque celles-ci se présentent, et que, par conséquent, elles prévoient la possibilité d'exceptions et de dérogations. Toutefois, en appliquant toute règle ou exception établie ou en accordant toute dérogation, il convient que les autorités de contrôle se conforment à certains principes généraux.* »

1.1. Principes gouvernant l'article 234-9 du règlement général de l'AMF

Les cas visés par l'article 234-9 du règlement général de l'AMF sont inspirés par cet impératif de souplesse et de réalisme, et comme le prescrit la directive, se rattachent néanmoins à des principes généraux qui justifient qu'une dérogation soit accordée et dont on peut tenter d'établir la typologie suivante[1] :

1.1.1. L'existence d'un contrôle majoritaire préalable

Le contrôle majoritaire s'entend comme :

- La détention préalable de la majorité des droits de vote par le requérant : dans la mesure où l'obligation est mue par l'accroissement de détention ou d'influence marquant une prise de contrôle, il n'est pas de raison qu'elle soit constituée, lorsque celui qui seul ou de concert franchit un seuil déclenchant, dispose avant franchissement, de la majorité des droits de vote, cette majorité lui conférant bien un contrôle préalable au sens de l'article L. 233-3, I, 1° et 2° du code de commerce, autrement dit un contrôle assuré, non soumis à variabilité et donc non contestable. L'Autorité compétente avait prévu, par le passé, (jusqu'à la réforme de 1998) que la notion de contrôle déjà détenu englobe le contrôle de fait (au sens du 3° de l'art. L. 233-3 préc.), c'est-à-dire la possibilité d'emporter la majorité des voix présentes et représentées en assemblées générales avec les droits de vote détenus. La notion de contrôle préalable s'est resserrée pour ne désormais viser que la détention de la majorité absolue, laquelle n'est pas dépendante du taux de participation en assemblées et est de ce fait mieux assise dans le temps et plus objectivable car non sujette à aléas conjoncturels ; ou

- La détention préalable de la majorité des droits de vote par un tiers : dans le même esprit, si le contrôle majoritaire est préalablement détenu par un ou des tiers de concert, sans qu'il y ait de raison de suspecter une collusion frauduleuse, il n'y a pas davantage de raisons d'imposer à celui qui franchit un seuil d'offre obligatoire de déposer une offre, à condition bien entendu qu'il n'y ait pas changement du contrôle préalablement détenu, c'est-à-dire que le franchissement du seuil ne s'accompagne pas d'une perte de ce contrôle majoritaire par le ou les tiers de concert ; si ultérieurement ce tiers perd la majorité, la position de celui qui a obtenu au préalable une dérogation et se trouve désormais entre 30 % et 49 % sans avoir eu à déposer une offre ne pourra plus alors évoluer (sous réserve de la latitude d'accroissement de 1 % sur douze mois glissants, dite vitesse d'acquisition), sans dépôt d'une offre publique[2].

Il n'est pas de raison que l'obligation de déposer une offre soit constituée, lorsque celui qui seul ou de concert franchit un seuil déclenchant, dispose avant franchissement, de la majorité des droits de vote, cette majorité lui conférant bien un contrôle préalable.

- Cas particulier de la majorité préalable en capital en suite d'une offre publique : il est un cas où c'est la majorité en capital qui fonde la dérogation : il s'agit du cas d'une offre de prise de contrôle réussie c'est-à-dire non sujette à caducité dans la mesure où l'initiateur est détenteur à l'issue de son offre de plus de 50 % du capital. Quand bien même n'aurait-il pas alors obtenu la majorité en droits de vote (hypothèse dans laquelle les actionnaires n'ayant pas répondu positivement à cette offre disposeraient de plus de 50 % des droits de vote car attributaires de vote double), cet initiateur ne sera pas tenu à une nouvelle offre si ultérieurement il augmente sa participation de plus de 1 % en moins de douze mois ou franchit la barre des 50 % en pourcentage de droits de vote. Il s'agit là d'une considération d'équilibre règlementaire. Dans la mesure où un investisseur s'est déjà acquitté de l'obligation d'offre ou s'est plié à la procédure d'offre de manière volontaire, on ne saurait l'obliger à déposer une nouvelle offre si celle déposée précédemment est réputée réussie (ou à tout le moins positive)[3].

1.1.2. La passivité

Ce cas est gouverné par l'idée que celui qui n'est pour rien dans le franchissement de seuil d'offre obligatoire ne saurait se voir soumis à la contrainte rédhibitoire qui en découle, c'est-à-

1 - V. C. Maison-Blanche, *Revue CMF* n° 2, oct 2017, p. 11.

2 - Règl. gén. AMF, art. 234-9, 6°.

3 - Règl. gén. AMF, art. 234-9, 6° *bis*.

dire désintéresser tous les autres actionnaires, le fait générateur échappant entièrement à sa volonté. Il s'agit en particulier des cas de relution par réduction de capital de la société cotée pourvu que le requérant n'ait pas pris part à la décision de réduction de capital[4] ou encore par diminution du nombre total de droits de vote composant le dénominateur[5].

En revanche, l'attribution de vote double n'est pas considérée comme étant passive, l'attributaire ayant la faculté d'enregistrer en compte-titres tout ou partie de ses actions sous la forme au porteur pour éviter qu'un doublement de droits de vote lui fasse franchir le seuil de 30 % (ou excéder la vitesse d'acquisition). Ayant un moyen d'empêcher l'accroissement, la passivité ne peut être alléguée.

On notera pour être tout à fait complet sur ce thème, que dans un précédent, le concert formé d'Eurazeo et de Colony Capital LLC ayant franchi passivement le seuil de 30 % des droits de vote de la société ACCOR (« ACCOR ») du fait de la réduction massive du nombre de droits de vote résultant de la perte de droits de vote double de tierce parties, a obtenu une dérogation à l'offre publique. Le passage du premier obstacle barrant la route de la prise de contrôle (sans que ne soit offerte aux actionnaires une porte de sortie), a conduit l'AMF à certes accorder la dérogation demandée, mais à exiger corrélativement que le concert s'engage à ne pas ensuite augmenter activement sa participation dans ACCOR. Il s'agissait d'empêcher que Eurazeo et Colony fondés à obtenir cette dérogation car non responsables du franchissement des 30 %, ne bénéficient pour autant d'un effet d'aubaine. Une fois franchi le premier rempart, la tolérance des 1 % sur douze mois entre 30 % et 50 % permet en effet d'asseoir progressivement un contrôle, sans offre. Le cliquet du premier seuil est donc primordial. Il importait ici que le concert se bride volontairement et ne procède pas à des acquisitions de titres visant à sécuriser un contrôle de fait, objectif qui leur aurait été autrement interdit sans offre s'ils n'avaient pu se prévaloir du cas de dérogation du fait de la passivité.

Le concert a obtenu de l'AMF toutefois que cet engagement de « non-augmentation active » ne capte pas l'attribution de vote double liée à la fidélité actionnariale, droit auquel les demandeurs ont estimé ne pas devoir renoncer en toutes hypothèses (I&D 213C0061, 16 janv. 2013, *Accor*) (Règl. gén. AMF, art. 234-9, 5°).

1.1.3. La recapitalisation de sociétés en difficulté

Ce cas est sous-tendu par la volonté du régulateur de faciliter la recapitalisation d'entreprises se heurtant à de graves difficultés financières. Le règlement général de l'AMF se réfère en effet à une situation avérée de difficultés financières.[6]

Il faut par conséquent pour le requérant apporter les éléments attestant d'une telle

4 - V. par ex. : la dérogation accordée à la famille Bettencourt Meyers en prévision du franchissement du premier seuil d'offre obligatoire à la suite du rachat prévue par la société L'OREAL de la participation de Nestlé (4 % du capital) de L'OREAL dans le cadre du programme de rachat d'actions suivi d'une annulation de ces actions est particulièrement significative. A l'appui de sa demande de dérogation, la famille Bettencourt Meyers a fait notamment valoir que (i) les résolutions pertinentes de l'assemblée générale de L'OREAL ayant investi le conseil d'administration des autorisations lui permettant de décider, le cas échéant, une telle opération, ont été adoptées à une très forte majorité et auraient donc été adoptées même dans l'hypothèse où la famille Bettencourt Meyers n'aurait pas pris part au vote ; (ii) l'opération relève d'une initiative de Nestlé, afin de réduire sa participation dans L'OREAL en considération de ses intérêts propres, entamée plusieurs mois après l'assemblée générale annuelle de 2021 et rien ne justifiait auparavant que la famille Bettencourt Meyers ne vote pas ces résolutions ; (iii) les administrateurs issus de la famille Bettencourt Meyers n'ont pas participé aux décisions du conseil d'administration de L'OREAL préalables à la mise en œuvre de l'opération de rachat-annulation et ne participeront pas aux délibérations et décisions – et particulièrement à la réunion du conseil d'administration de L'OREAL du 7 déc. 2021 – ayant pour objet de décider du rachat des actions auprès de Nestlé et de l'annulation des actions rachetées ; (iv) le montant de la capitalisation boursière de L'OREAL exclut le risque d'une prise de contrôle progressive à bon compte, que ce soit par des acquisitions ou par relution passive.
En outre, la famille Bettencourt Meyers s'était engagée, à compter de la décision de dérogation octroyée par l'AMF, et pour une durée expirant à l'issue de l'assemblée générale de L'OREAL appelée à statuer en 2025 sur les comptes de l'exercice clos le 31 déc. 2024 : (a) à ne pas se porter acquéreur d'actions de la société L'OREAL au-delà de celles qu'elle détient aujourd'hui ; (b) à s'abstenir de participer aux décisions des organes de gouvernance de L'OREAL qui pourraient la conduire à une relution passive dans le capital et les droits de vote de cette société ; et (d) à s'abstenir d'exercer la quote-part de ses droits de vote excédant le seuil d'offre obligatoire appelé à être franchi en pourcentage des droits de vote de L'OREAL (I&D 221C3388, 8 déc. 2021, *L'Oréal*).

5 - V. par ex. la dérogation accordée au concert familial SEB du fait de la relution en droits de vote de ce concert familial en suite de la cession par Peugeot Invest Assets de ces actions dans le cadre d'un placement privé et de la perte des droits de vote double attachés aux actions cédées. L'AMF a considéré que « *l'accroissement de la participation du concert familial en droits de vote est la résultante exclusive et mécanique de la réduction du nombre total de droits de vote de SEB, dont il n'est pas à l'origine. Considérant que l'accroissement de la participation relative en droits de vote du concert familial précité sera passif, puisque résultant d'une cession par un tiers pour laquelle ledit concert n'est pas à l'origine, l'Autorité a octroyé audit concert la dérogation sollicitée sur le fondement réglementaire invoqué.* » (I&D 224C0310, 27 févr. 2024, *SEB*).

6 - V. notamment la section du présent ouvrage consacrée aux offres publiques visant les sociétés en difficulté (Chap. 6).

situation. A partir des décisions de dérogation accordées par l'AMF, les critères susceptibles de rapporter la réalité des difficultés rencontrées sont en particulier les suivants : observations des commissaires aux comptes sur l'existence de faits de nature à compromettre la continuité d'exploitation ou procédure d'alerte déclenchée sur cette continuité, trésorerie insuffisante au regard des besoins en fonds de roulement sur douze mois, « bris de covenants », exigibilité anticipée de la dette, accumulation des suretés, capitaux propres négatifs ou en forte diminution, cessation de paiements, et ouverture de procédures de conciliation, de sauvegarde ou de redressement judiciaire.

Il apparaît légitime de la part de celui qui injecte des fonds propres immédiatement ou à terme (dans le cadre d'une augmentation de capital qui lui est réservée, ou d'engagements de souscription dans le cadre d'augmentation de capital avec DPS ou BSA ou encore dans le cadre de souscription à des instruments de dettes donnant accès différé au capital) aux fins de permettre à la société cotée d'assurer sa continuité d'exploitation, de prétendre être exonéré du coût d'une offre publique visant l'intégralité du capital. L'apporteur de fonds supporte en effet un risque de perte partielle ou totale de son investissement en cas d'absence de retour à meilleure fortune ou de niveau ultérieur de profitabilité faible ou restant dégradé. Cette prise de risque supérieure à celle de l'ensemble des autres actionnaires est en effet au bénéfice de ces derniers qui peuvent ainsi espérer le sauvetage de la société dans laquelle ils ont investi et la restauration à terme de sa situation financière. Dans ces conditions, on peut comprendre que l'obligation d'offre s'efface devant l'effort financier de celui qui recapitalise seul ou davantage que la communauté des autres investisseurs.

Il était considéré jusqu'à une date récente que la soumission de l'augmentation de capital à l'approbation des actionnaires au titre d'une résolution *ad hoc*, sans possibilité d'utiliser une délégation, cumulée à l'approbation dans ce cadre par les actionnaires de l'opération à venir, étaient des conditions *sine qua non* pour obtenir la dérogation. Ce vote positif conférait au régime dérogatoire le sceau de l'adhésion des actionnaires, en mesure de s'opposer par leur vote à l'opération.

Les opérations ORPEA et Casino comme on le verra plus loin dans le cadre des illustrations, ont infléchi la jurisprudence sur cet aspect. L'AMF approuvée par la Cour d'appel de Paris s'est attachée à articuler ses textes au régime de procédure de sauvegarde accélérée. Cette articulation a nécessité une motivation minutieuse, aboutissant à une interprétation inédite des dispositions du règlement général[7].

Il apparaît légitime de la part de celui qui injecte des fonds propres immédiatement ou à terme aux fins de permettre à la société cotée d'assurer sa continuité d'exploitation, de prétendre être exonéré du coût d'une offre publique visant l'intégralité du capital.

1.1.4. Les opérations de restructuration du capital en vue de rapprochement d'entreprises ou de stratégies de croissance externe dans le cadre de fusion ou d'apport d'actifs

S'agissant de ces cas, le régime dérogatoire s'appuie sur la volonté de ne pas empêcher ou contrarier à l'excès des opérations de développement dont les bénéfices économiques profiteront à tous les actionnaires.

Le fait que ces opérations soient soumises à l'approbation de l'assemblée des actionnaires statuant à titre extraordinaire, avec communément des engagements pris par ceux qui franchissent des seuils d'offre obligatoire à raison de la restructuration envisagée, suffisent à conforter l'AMF dans la conviction que les intérêts des actionnaires sont préservés, ces derniers étant les meilleurs juges du profit qu'ils pourront retirer des opérations prévues.

Si ceux-ci, dûment informés, des conditions de la fusion ou de l'apport à venir *via* les

7 - Règl. gén. AMF, art. 234-9, 2°.

documents préalables à l'assemblée (prospectus ou document d'exemption au prospectus décrivant très précisément le projet, son impact dilutif, les valorisations et les bénéfices attendus) approuvent par leur vote la restructuration prévue (sans que l'approbation soit le fait des requérants ou de ceux qui agissent de concert avec eux ou vont agir de concert avec eux du fait d'un accord conclu dans le cadre de l'opération à venir), c'est en effet qu'ils sont convaincus des avantages qu'ils pourront en retirer.

L'AMF s'appuie sur cette approbation, pourvu (i) qu'elle soit donnée en connaissance de cause, c'est-à-dire en possession de toute l'information utile (sous son contrôle), information garantissant un vote éclairé et (ii) que la faculté des actionnaires autres que le prétendant ou les prétendants agissant de concert à la dérogation, de rejeter le schéma exposé, soit préservée.

A cet égard, des engagements d'abstention de vote (totale ou partielle) conditionnent quelquefois l'octroi de la dérogation sollicitée, de sorte à asseoir le vote favorable des actionnaires non parties à la transaction (dispositif assimilable aux résolutions de *waiver* telles que prévues par la Rule 9 du City Code).

Le fondement de ces cas de dérogations est ainsi principalement économique.

La décision d'exemption repose toutefois sur le contrôle par l'AMF de la possibilité pour les actionnaires autres que le ou les requérants d'exprimer par leurs votes une opposition[8]. Des illustrations des engagements pris par les requérants ou les actionnaires ayant conclu un accord avec ces requérants sont développés ci-après.

1.2. Mise en concert : les exemptions de l'article 234-7 du règlement général de l'AMF

L'obligation de déposer une offre peut naître d'une mise en concert, d'un franchissement de seuil d'offre obligatoire par l'une des parties au sein d'un concert déjà constitué ou encore d'un changement d'équilibre au sein du concert. Ces obligations et la possibilité laissée à l'AMF d'y déroger font l'objet de l'article 234-7 du règlement général de l'AMF.

La rédaction elliptique et ramassée de cet article le rend quelque peu sibyllin. Ce laconisme présente pourtant l'avantage de couvrir de nombreuses situations.

1.2.1. Détention préalable majoritaire en droits de vote

Le premier paragraphe se rapporte à l'existence d'une détention préalable majoritaire en droits de vote. Lorsque qu'un actionnaire disposant du contrôle majoritaire en droits de vote conclut un accord de concert avec une ou plusieurs autres parties (qui de ce fait franchisse(nt) le seuil d'offre obligatoire), la dérogation est possible dans le sillage du cas visé par l'article 234-9, 6° du règlement général de l'AMF plus haut cité.

A une différence près toutefois, posée par l'article 234-7, 1° de ce même règlement général, le majoritaire doit rester prédominant au sein du concert constitué, cette prédominance s'appréciant au regard de son poids dans le capital et les droits de vote de la société cotée comparé à celui des autres concertistes mais aussi au regard des droits qui sont les siens au résultat de l'accord concertant.

Un exemple sera plus explicite. Si A détient plus de 50 % des droits de vote (disons 60 %) et conclut un accord de concert avec B, la dérogation sera motivée par cette majorité préalable de A, pourvu que sa prédominance au sein du concert soit actée : cela peut recouvrir une situation ou A constitue un concert avec B détenant une détention moins importante que A mais cela recouvre aussi la situation dans laquelle A cède une partie de sa participation à B (disons 10 %) ou encore se trouve diminuée dans le cadre d'une entrée au capital de B avec mise en concert avec B. Si A reste prédominant selon des critères capitalistiques et exerce une influence dans la gouvernance en cohérence avec cette prépondérance arithmétique (c'est-à-dire non affectée par les clauses de l'accord de concert conclu entre les parties),

8 - Règl. gén. AMF, art. 234-9, 3° et 4°.

l'AMF pourra constater sur le fondement de cet article qu'il « n'y a pas matière » à déposer une offre.

D'autres combinaisons sont encore possibles : concert préexistant disposant de la majorité des droits de vote qui s'élargit ou se réorganise par l'adjonction de nouveaux entrants : la condition sera alors que les parties au concert initial demeurent prédominantes.

L'édifice repose donc sur deux briques : une majorité préalable et un concert (ou réorganisation d'un concert initial) qui n'aboutit pas selon la nouvelle répartition capitalistique des parties et les pouvoirs qu'elles s'accordent contractuellement à un basculement du contrôle au profit d'une partie par rapport à la situation antérieure. Un des enjeux est d'éviter qu'au bénéfice de cette dérogation, une ou plusieurs des parties à un concert majoritaire ne vienne(nt) à prendre le contrôle sans offre (soit par montée de participation au sein d'un concert majoritaire ou de renforcement d'influence politique telle des droits de *veto* ou d'immixtion dans la gestion) ou que s'il est mis fin à un concert, l'une des parties agissant individuellement ait eu l'opportunité de prendre le contrôle sans offre.

Pour illustration A détient 31 % et conclut un concert avec B qui dispose de 51 %. Si B vient à céder des actions à A, la participation de A va s'accroître et celle de B décroître. Si A vient par la suite à être prédominant, il y a un changement d'équilibre et obligation d'offre publique potentielle quand bien même le concert serait majoritaire. Le changement d'équilibre peut résulter aussi du désengagement de la partie prédominante dans un concert, si ce désengagement aboutit à ce qu'une autre partie, devienne à son tour prédominante sans même que sa détention ait été modifiée. Le dernier alinéa de l'article 234-7 du règlement général forme un rempart au changement de contrôle que les modifications d'équilibre au sein d'un concert peuvent induire[9].

Ainsi, une dérogation peut être octroyée puis remise en cause du fait de la modification des équilibres au sein du concert. La dérogation subsiste en revanche « *tant que l'équilibre des participations au sein du concert n'est pas significativement modifié par référence à la situation constatée lors de la déclaration initiale.* ».

L'édifice repose sur deux briques : une majorité préalable et un concert (ou réorganisation d'un concert initial) qui n'aboutit pas selon la nouvelle répartition capitalistique des parties et les pouvoirs qu'elles s'accordent contractuellement à un basculement du contrôle au profit d'une partie par rapport à la situation antérieure.

On pressent les multiples configurations possibles et une grande latitude d'appréciation de l'AMF au regard de l'examen des faits, des circonstances, des accords et relations des parties.

Reste, comme nous le verrons à partir des précédents exposés ci-après, qu'existe une matrice de raisonnement que l'Autorité réitère sans cesse lors de l'examen des dossiers de requête et au sein des motivations de ses décisions.

1.2.2. Détention préalable entre 30 % et la moitié du capital ou des droits de vote

Le second paragraphe de l'article précité se rapporte à une détention comprise entre 30 %

9 - V. I&D 220C5557, 28 déc. 2020, *Gérard Perrier Industrie* : « *que la participation de la famille Cacciapuoti est historiquement inférieure à celle de la famille Perrier, que le renforcement de M. François Perrier au sein du concert global s'inscrit dans la continuité du contrôle familial de la société GERARD PERRIER INDUSTRIE, et qu'ainsi le désengagement capitalistique de M. Cacciapuoti, qui organise son retrait du groupe avant son départ en retraite, ne font que renforcer le contrôle familial du groupe familial Perrier, au sein duquel M. François Perrier acquiert une prédominance manifeste.* » - I&D 220C4926, 10 nov. 2020, *Vilmorin & Cie* – L'AMF a été informée de la modification de divers accords d'actionnaires de concert conclus en 2010 entre les sociétés Groupe Limagrain Holding (GLH) et le Fonds Stratégique d'Investissement (devenu Bpifrance Participations SA – Bpifrance) dans le cadre de la sortie de Bpifrance du capital de GLH et de son réinvestissement dans Vilmorin & Cie. L'AMF a été amenée à constater que les modifications de ces accords ne remettaient pas en cause l'équilibre préexistant au sein du concert « (L'aménagement du pacte d'actionnaire est par conséquent sans incidence sur (i) la prédominance du groupe Limagrain, formé de Coopérative Limagrain, GLH et Selia (le « groupe Limagrain »), au sein du concert formé avec Bpifrance au sein de Vilmorin & Cie et sur (ii) la détention par ledit concert de la majorité qualifiée des droits de vote au sein de Vilmorin & Cie, étant précisé que la détention de Bpifrance dans Vilmorin & Cie demeure inférieure à 30 % du capital et des droits de vote de la société.).

et la moitié du capital ou des droits de vote, ce cas est plus complexe à décrypter et se conçoit mieux au travers d'exemples théoriques simples.

• La mise en concert avec un actionnaire disposant d'une participation comprise entre 30 % et la moitié du capital ou des droits de vote (nous désignerons par commodité cet actionnaire ou ce concert préexistant comme étant le « Socle Initial ») peut donner lieu à une obligation de déposer une offre, de même que la modification d'un concert préexistant disposant d'une participation comprise entre 30 % et la moitié du capital ou des droits de vote. Une dérogation est alors possible à condition que ledit Socle Initial conserve une participation plus élevée que les nouveaux concertistes, et qu'à l'occasion de cette mise en concert ou cette adjonction à un concert préalable, le Socle Initial ne franchisse pas l'un des seuils visés aux articles 234-2 et 234-5 du règlement général de l'AMF.

• Là encore l'exemple permet de mieux comprendre la portée de ce deuxième cas : A détient 42 % du capital et des droits de vote d'une société de droit français dont les actions sont admises sur un marché réglementé et conclut un accord de concert avec B. Une dérogation à l'offre est possible mais à condition que le concert A+B ne franchisse pas un seuil engendrant l'obligation. Cela suppose par conséquent que le périmètre A+B n'excède pas le seuil de 43 % du capital et des droits de vote (compte tenu de la tolérance d'accroissement entre 1 % entre 30 % et 50 % dite vitesse d'acquisition) d'une part, que A conserve une participation considérée comme prédominante, d'autre part.

La marge de manœuvre est donc faible. Il s'agira le plus souvent d'une cession d'une partie de la participation détenue par A à B (mettons 5 % du capital à B lequel de son côté ne pourra pas détenir avant cette cession plus de 1 % du capital ou des droits de vote) ou d'une mise en concert avec B ne détenant pas plus de 1 % du capital ou des droits de vote.

Ainsi le périmètre de détention globale de A+B ne pourra, si une dérogation est souhaitée, s'accroître de plus de 1 %, comparé à la détention initiale de A. Dans notre exemple, A détiendra 38 % du capital et des droits de vote, et B, 6 % du capital et des droits de vote (le total s'établissant à 44 % par rapport aux 43 % de A initialement, soit une augmentation inférieure ou égale à 1 % correspondant à la vitesse d'acquisition tolérée sur période glissante de douze mois).

L'idée est qu'entre 30 % et la moitié, l'on ne puisse en créant un concert ou en rejoignant un concert existant, prétendre excéder des seuils d'offre obligatoire sans s'acquitter de l'obligation, dépassement qui n'aurait pas été possible autrement.

L'idée est qu'entre 30 % et la moitié, l'on ne puisse en créant un concert ou en rejoignant un concert existant, prétendre excéder des seuils d'offre obligatoire sans s'acquitter de l'obligation, dépassement qui n'aurait pas été possible autrement.

Dans la pratique, ce cas de dérogation a été très peu invoqué. Une exonération a été accordée une fois par le passé dans le cadre de la cession par IFIL détenant 48,7 % du capital et des droits de vote de la société Sequana Capital d'une partie de sa participation à DLMD suivie de la conclusion d'un pacte de concert entre les deux actionnaires. L'AMF a considéré que le concert ayant une participation équivalente à celle d'IFIL préalablement à l'opération prévue, la dérogation pouvait être accordée[10].

Pour finir, le principe d'exonération concerne également les actionnaires de sociétés dont les actions sont admises aux négociations sur le marché Euronext Growth, (soumises à l'obligation d'offre lors du franchissement du seuil de 50 %).

Les articles 235-2 et 235-3 du règlement général de l'AMF prévoient ainsi le champ des dispositions applicables à une société

---

10 - I&D 207C1330, 6 juill. 2007, *Sequana Capital*. V. D. Martin et B. Courteault, *Les dérogations à l'obligation de déposer une offre publique sur une société cotée*, *RTDF* 2008, n° 4.

cotée sur ce marché avec renvoi à la liste des dérogations possibles à l'obligation d'offre publique contenues dans l'article 234-9 de ce même règlement.

De surcroit, l'article 235-3 prévoit : « *Outre les cas visés à l'article 234-9, l'AMF peut également accorder une dérogation à l'obligation de déposer un projet d'offre publique dans les cas suivants :*

1. Souscription à une augmentation de capital réservée, soumise à l'approbation de l'assemblée générale des actionnaires ;

2. Exercice du droit à l'attribution d'actions attaché à des titres donnant accès au capital lorsque l'émission réservée de ces titres a été préalablement soumise à l'approbation de l'assemblée générale des actionnaires. »

2. Les aspects procéduraux

2.1. La liste limitative des cas de dérogations contenue dans le règlement général

L'impératif de lisibilité et de sécurité juridique a conduit de longue date les autorités boursières en charge de veiller au respect de l'obligation (le CMF puis l'AMF) à privilégier une liste limitative des cas susceptibles de justifier l'octroi d'une exemption.

L'alternative aurait été de conférer à l'AMF une faculté de dérogation générale avec une liste indicative. C'est l'option adoptée par le *Takeover Panel* britannique, le *Takeover Code* prévoyant une faculté de dispenser un actionnaire de déposer une offre publique en dehors des cas énumérés, lorsque le dépôt s'avèrerait disproportionné ou inapproprié. Cependant, cette approche souple et pragmatique caractérise plutôt les traditions juridiques de *Common Law*.

La France demeure attachée à l'existence d'un cadre juridique stable et prévisible. Au surplus, les décisions individuelles de l'AMF sont soumises au contrôle du juge et il arrive qu'elles fassent l'objet de recours devant la Cour d'appel de Paris. Le rattachement à un tel cadre est donc aussi un facteur de sécurité et de confort notamment pour l'Autorité, même si cela ne la dispense pas de motiver avec soin ses décisions. On notera que les procédures judiciaires visant à contester les décisions du Panel semblent beaucoup plus rares au Royaume Uni.

L'impératif de lisibilité et de sécurité juridique a conduit de longue date les autorités boursières en charge de veiller au respect de l'obligation (le CMF puis l'AMF) à privilégier une liste limitative des cas susceptibles de justifier l'octroi d'une exemption.

Jusqu'à maintenant les cas visés, au demeurant nombreux (plus de dix), ont permis de traiter de nombreuses situations dans lesquelles l'obligation pouvait apparaître précisément inappropriée ou venir entraver des schémas de développement ou de sortie de crise. Rien n'empêche d'ailleurs l'AMF, à la lumière de l'expérience de modifier ou compléter cette liste, comme elle l'a fait par le passé à plusieurs reprises, la procédure de révision du règlement général étant rapide et ne nécessitant que l'homologation ministérielle.

On a pu voir, ponctuellement, l'AMF interpréter avec une certaine liberté ses normes pour traiter de situations qui n'étaient pas préemptées par la lettre de la règlementation mais de manière tout à fait exceptionnelle[11].

2.2. La dérogation n'est pas de droit

Le fait de se trouver dans un des cas visés par le régime dérogatoire ne garantit nullement au requérant qu'il obtiendra de l'AMF la dérogation requise. Le règlement général indique que

11 - L'AMF a pu par exemple invoquer un principe d'indissociabilité lorsque le fait générateur résultait d'une opération (non susceptible prise isolément d'un cas de dérogation) mais formant un tout avec une autre transaction entrant dans le champ de la dérogation (I&D 205C2148, 13 déc. 2005 et AMF, Rapp. 2005, p. 115.) - V. également l'article RTDF cité dans la note *supra*. L'AMF peut avec prudence être l'interprète de sa propre règle, en se référant par exemple à l'objectif poursuivi en posant ladite règle.

l'AMF « peut » accorder une dérogation ce qui implique une marge d'appréciation de la part de l'Autorité au regard des faits de l'espèce.

L'article 234-8 du règlement général de l'AMF prévoit que « *L'AMF se prononce après avoir examiné les circonstances dans lesquelles le ou les seuils seront franchis, la répartition du capital et des droits de vote et les conditions dans lesquelles le cas échéant, l'opération a fait ou fera l'objet d'une approbation par l'assemblée générale des actionnaires de la société visée.* »

Cet article donne quelques repères relatifs aux points que l'AMF doit examiner pour rendre sa décision.

Tout particulièrement en ce qui concerne les opérations donnant lieu à approbation par les actionnaires en assemblées générales (recapitalisation dans le cadre d'augmentation de capital, réduction de capital, opérations d'apport et de fusion), les précédents montrent que l'AMF est attentive aux engagements de vote pris :

- par les requérants (s'ils sont déjà actionnaires de la société visée) ; et/ou
- lorsqu'il existe des personnes déjà actionnaires et qui projettent dans le cadre de la transaction envisagée de conclure un accord de concert avec la personne concernée par le franchissement de seuil, par les futurs concertistes.

Lorsque les transactions sont des opérations d'augmentation de capital réservée ou des apports, la loi dispose que les bénéficiaires de l'augmentation réservée ou l'apporteur, s'il est déjà actionnaire de la société cotée, ne peuvent voter dans la société bénéficiaire (C. com., art. L. 225-138 et L. 225-10).

La question de la neutralité de l'impétrant est donc réglée par la loi.

Toutefois d'une part, ces interdictions n'existent pas pour la fusion, d'autre part ne s'étendent pas aux actionnaires agissant de concert avec les impétrants neutralisés. L'examen des précédents montrent alors que des engagements spontanés relatifs à une limitation totale ou partielle de l'exercice du vote en assemblées appelées à statuer sur l'opération concernée sont souvent déterminants pour obtenir la dérogation sollicitée. Ces engagements visent à ouvrir la faculté aux autres actionnaires de s'opposer à la transaction projetée s'ils l'estiment contraires à leurs droits et intérêts.

D'autres engagements peuvent être pris, comme celui de ne pas augmenter ultérieurement sa participation.

Les engagements souscrits sont reproduits dans la décision de dérogation de l'AMF selon le dernier alinéa de l'article 234-10 de son règlement général.

Enfin si l'AMF dispose bien d'un pouvoir discrétionnaire d'appréciation pour accorder ou non une dérogation, précisons de nouveau que ce pouvoir demeure encadré par le juge en cas de recours contre la décision prise par l'AMF. La Cour d'appel opère un contrôle juridictionnel de la décision sur la base des motivations avancées et d'un débat contradictoire. Le délai de recours est de dix jours calendaires à compter de la publication de la dérogation.

Ce contrôle est, au premier chef, un contrôle de légalité, en fait et en droit, et consiste à vérifier qu'il n'y a pas eu erreur manifeste d'appréciation.

2.3. Requête sur base d'un projet

L'article 234-10 du règlement général de l'AMF indique : « *Dans le cas d'opérations soumises à l'approbation des actionnaires de la société visée, l'AMF peut statuer sur une demande de dérogation avant la tenue de cette assemblée sous réserve de disposer d'informations précises sur l'opération projetée. Dans les autres cas prévus à l'article 234-9 de ce règlement, ainsi que dans les situations mentionnées aux articles 234-4 et 234-7, l'AMF peut statuer préalablement à la réalisation d'une opération en fonction de la nature, des circonstances et du délai de mise en œuvre du projet et au vu des éléments justificatifs apportés par la ou les personnes concernées.* »

Dans les faits, la pratique constante est de

requérir la dérogation sur la base d'un projet, l'AMF ne s'y opposant jamais pourvu que les éléments de l'opération projetée soient arrêtés avec un bon niveau de certitude et de précision (conditions financières de l'opération, conséquences possibles sur l'actionnariat, conditions des décisions à prendre par les organes de gouvernance, calendrier indicatif).

Il convient en effet que lors de la publication de la décision, l'AMF puisse en exposer les caractéristiques détaillées.

Ainsi, cette procédure répond correctement à la nécessité pour les acteurs économiques d'avoir toute prévisibilité sur les conséquences de l'opération envisagée, l'absence de dérogation compte tenu des conséquences financières attachées à l'obligation d'offre pouvant remettre en cause l'opération elle-même.

Dans les conventions ou décisions préalables à la réalisation de l'opération, l'octroi d'une dérogation purgée de tout recours constitue communément une condition suspensive. Cette condition est aussi couramment exprimée dans les projets de résolutions soumises aux assemblées d'actionnaires.

Une fois l'opération réalisée, l'AMF, dans le cadre de la déclaration de participation ou de franchissement des seuils légaux y afférant (effectuée par les demandeurs), publie sur sa base internet d'information et décisions un second avis dénommé « information consécutive à la dérogation accordée », rappelant sa décision précédente.

Dans ce cadre, l'AMF effectue un contrôle formel consistant à s'assurer que l'opération réalisée s'est bien déroulée selon la description qui lui en a été faite dans le cadre de la requête (alors simple projet) et qu'aucun élément nouveau, ou de différenciation, n'est de nature à remettre en cause cette dérogation.

L'article 234-10 précité précise : « *L'AMF est informée du déroulement de l'opération et, dans l'hypothèse où celle-ci n'est pas mise en œuvre selon les conditions initialement prévues, peut constater la caducité de la décision précédemment rendue.* »

2.4. Formalisme

Aucun formalisme précis n'est requis par la règlementation s'agissant du dépôt de la demande de dérogation. Ce dépôt est effectué par une lettre adressée au Président du collège de l'AMF exposant avec précision l'opération projetée et donnant tous les détails permettant à l'Autorité d'apprécier le contexte et le processus décisionnel envisagés, ainsi que la situation actionnariale avant et après l'opération. Il importe de ne saisir l'AMF que lorsque toutes ces données sont suffisamment certaines, une réalisation différente du projet présentée pouvant entrainer l'annulation de la dérogation.

Les engagements souscrits par les requérants doivent également être précis et formels.

Les services de l'AMF instruisent cette demande et peuvent requérir tout complément qu'ils jugent utiles pour la présentation du dossier au collège de l'AMF. Dans ce cadre une discussion peut s'instaurer entre les services et les conseils du ou des requérants sur les conditions de l'opération projetée, les éléments d'information à délivrer aux actionnaires ou tout sujet concourant à une protection adéquate du marché et des investisseurs.

L'AMF n'est pas tenue par des délais réglementés pour rendre sa décision mais tient compte des contraintes des requérants pourvu que ceux-ci l'aient saisi suffisamment en amont et lui aient fourni des éléments sérieux et une argumentation solide.

3. Classification en quatre familles – Illustration

Les cas dans lesquels l'AMF peut accorder une dérogation à l'obligation de déposer une offre publique sont, comme nous l'avons vu, limitativement énumérés par l'article 234-9 du règlement général de l'AMF[12].

12 - « *Les cas dans lesquels l'AMF peut accorder une dérogation sont les suivants :*
1° Transmission à titre gratuit entre personnes physiques, distribution d'actifs réalisée par une personne morale au prorata des droits des associés ;

Ces cas de dérogations sont ci-dessous regroupés en quatre grandes familles que nous illustrerons par divers précédents tirés des décisions de l'AMF prises sur les dix dernières années.

3.1. Transmission à titre gratuit

Les transmissions à titre gratuit sont visées par le 1° de l'article 234-9 du règlement général de l'AMF. Ce cas de dérogation vise tant les donations entre vifs que, de manière constante, les successions pour cause de mort avec les transmissions dans le cadre de la dévolution successorale (I&D 221C0467, 3 mars 2021, *Gevelot* S.A.).

Dans les donations entre vifs, ce cas dérogation peut être invoqué pour tous les types de donation :

- donation simple qui permet de transmettre son patrimoine à la personne de son choix, héritier ou nouvel exploitant (I&D 218C0455, 20 févr. 2018, *Les Nouveaux Constructeurs*),
- donation-partage qui permet à une personne, de son vivant, de donner et répartir entre ses héritiers présomptifs tout ou partie des biens de son patrimoine (I&D 218C1687, 17 oct. 2018, *Trigano*),
- donation portant sur la nue-propriété des titres d'une société (I&D 215C2153, 23 déc. 2015, *Groupe Pizzorno Environnement*),
- donation portant sur l'usufruit des titres d'une société, au résultat duquel le donataire franchi les seuils en termes de seul droit de vote dans les assemblées générales ordinaires (I&D 222C1053, 10 mai 2022, *Gevelot S.A.*),
- donation transgénérationnelle qui permet, depuis la loi du 23 juin 2006, aux grands-parents de faire une donation-partage qui associe leurs enfants et leurs petits-enfants et ce, même si tous les enfants des donateurs sont vivants (I&D 218C1906, 20 nov. 2018, *Installux* S.A.).

Ce cas de dérogation a été invoqué à de nombreuses reprises ces dernières années. Les transmissions à titre gratuit constituent en effet un moyen de garantir la pérennité de l'entreprise puisque le dirigeant ou contrôlant effectue la passation de son vivant et peut, par conséquent, accompagner la transition et la dévolution de son patrimoine à ses ayants-droits. Ces motivations légitiment l'exonération. Il s'agit également d'une solution pour maintenir le fruit du travail d'une vie au sein d'une famille en anticipant le passage de relais. Dans la plupart des cas, ces mécanismes de donation s'accompagnent de la conclusion d'un pacte Dutreil et de la souscription d'engagements de conservation (individuel et collectif) des titres objet de la donation. Le ou les bénéficiaires de la donation s'agrègent communément à un concert familial existant déjà détenteur du contrôle de la société cotée.

3.2. Existence d'un contrôle préalable

3.2.1. Contrôle préalable

La détention de la majorité des droits de vote peut être le fait du demandeur à la dérogation ou d'un tiers. Ce contrôle préalable peut connaître différentes évolutions examinées ci-dessous.

2° Souscription à l'augmentation de capital d'une société en situation avérée de difficulté financière, soumise à l'approbation de l'assemblée générale de ses actionnaires ;
3° Opération de fusion ou d'apport d'actifs soumise à l'approbation de l'assemblée générale des actionnaires ;
4° Cumul d'une opération de fusion ou d'apport soumis à l'approbation de l'assemblée générale des actionnaires et de la conclusion entre actionnaires des sociétés concernées par l'opération, d'un accord constitutif d'une action de concert ;
5° Réduction du nombre total de titres de capital ou du nombre total de droits de vote existant dans la société visée ;
6° Détention de la majorité des droits de vote de la société par le demandeur ou par un tiers, agissant seul ou de concert ;
6° bis Détention de la majorité du capital de la société par le demandeur ou par un tiers, agissant seul ou de concert à la suite d'une offre réalisée selon la procédure normale visée au chapitre II du présent titre.
7° Opération de reclassement, ou s'analysant comme un reclassement, entre sociétés ou personnes appartenant à un même groupe.
8° Sans préjudice du III de l'article L. 433-3 du code monétaire et financier, acquisition du contrôle, au sens des textes qui lui sont applicables, d'une société détenant, directement ou indirectement, plus de 30 % du capital ou des droits de vote d'une société dont les titres de capital sont admis aux négociations sur un marché réglementé d'un Etat membre de l'Union européenne ou d'un autre Etat partie à l'accord sur l'Espace économique européen, y compris la France, et qui ne constitue pas un actif essentiel de la société dont le contrôle est acquis.
9° Fusion ou apport d'une société détenant directement ou indirectement plus de 30 % du capital ou des droits de vote d'une société de droit français dont les titres de capital sont admis aux négociations sur un marché réglementé d'un Etat membre de l'Union européenne ou d'un autre Etat partie à l'accord sur l'Espace économique européen, y compris la France, et qui ne constitue pas un actif essentiel de la société apportée ou absorbée.
10° Attribution de droits de vote double entre le 3 avril 2014 et le 31 décembre 2018 dans les conditions prévues au V de l'article 7 de la loi n° 2014-384 du 29 mars 2014, tel que modifié par l'article 194 de la loi n° 2015-990 du 6 août 2015. »

i. « Quelques évolutions certes, mais fondamentalement rien ne change »

Dans la plupart des cas, la mise en œuvre de cette dérogation intervient lorsqu'il est procédé à une réorganisation de l'actionnariat d'un émetteur soit par modification du pourcentage respectif de détention entre les actionnaires membres d'un concert majoritaire existant, soit par l'entrée de nouveaux actionnaires qui peuvent investir au sein de l'émetteur coté par souscription à une augmentation de capital ou par apport de titres ou dans une société *holding* de contrôle, en adhérant ou non au concert existant.

Dans les hypothèses où une dérogation est demandée sur le fondement de l'article 234-9, 6° de son règlement général, l'AMF s'assurera que le contrôle de la société n'est pas modifié. Ainsi le contrôle qu'exerçaient certains actionnaires doit-il être maintenu de façon directe ou indirecte *via* une société *holding* sans affectation substantielle de l'équilibre antérieur y compris au sein de la *holding* en cas de détention indirecte. Si le concert est modifié, cette modification ne doit pas emporter de remise en cause de la prédominance de certains actionnaires ; en cas d'adjonction de nouveaux actionnaires, il importe alors que la nature du contrôle de l'émetteur ne soit pas modifiée, aussi bien en termes quantitatifs qu'en termes qualitatifs. Cette appréciation qualitative consiste à vérifier que la gouvernance de l'émetteur ne confèrera pas aux nouveaux venus ou aux concertistes qui se renforceraient, de droits susceptibles de remettre en cause la prédominance ou l'équilibre antérieur au sein du concert majoritaire.

L'AMF s'assurera que le contrôle de la société n'est pas modifié. Ainsi le contrôle qu'exerçaient certains actionnaires doit-il être maintenu de façon directe ou indirecte *via* une société *holding* sans affectation substantielle de l'équilibre antérieur y compris au sein de la *holding* en cas de détention indirecte. Cette appréciation qualitative consiste à vérifier que la gouvernance de l'émetteur ne confèrera pas aux nouveaux venus ou aux concertistes qui se renforceraient, de droits susceptibles de remettre en cause la prédominance ou l'équilibre antérieur au sein du concert majoritaire.

La mobilisation du cas de dérogation prévu par l'article 234-9, 6° du règlement général de l'AMF se conjugue souvent avec l'invocation de la règle introduite à l'article 234-7, 1° de ce même règlement qui dispose que l'AMF a la faculté de constater qu'il n'y a pas matière à déposer un projet d'offre publique lorsque le seuil de 30 % est franchi ou qu'un « *excès de vitesse d'acquisition* » est commis par une ou plusieurs personnes qui viennent à déclarer agir de concert avec un ou plusieurs actionnaires qui détenaient déjà, seul ou de concert, la majorité du capital ou des droits de vote de la société à condition que ceux-ci demeurent prédominants.

Quelques exemples permettent d'illustrer les conditions d'octroi de cette dérogation et les vérifications auxquelles procède l'AMF en distinguant différentes hypothèses :

Illustration : un concert majoritaire qui accroît sa participation

La société Direct Energie était contrôlée par un concert majoritaire qui détenait 71,13 % du capital et des droits de vote. Dans ce concert, l'actionnaire le plus important détenait 35,22 % du capital et des droits de vote. Au résultat de l'attribution de droits de vote double, cet actionnaire voyait sa participation en droits de vote s'accroitre à hauteur de 38,61 % représentant une augmentation de plus de 1 % en moins de douze mois consécutifs, le plaçant ainsi à titre individuel dans l'obligation de déposer un projet d'offre publique obligatoire.

L'AMF s'est contentée de relever que le concert continuerait de détenir la majorité des droits de vote de Direct Energie, et que le premier actionnaire resterait le même dans le cadre d'un pacte d'actionnaires qui ne serait pas modifié du fait des modifications à intervenir dans la participation des concertistes, de telle sorte que ni le contrôle, ni la gouvernance de la société ne seraient affectés et a donné droit à l'application de la dérogation sollicitée (I&D 215C1570, 2 nov. 2015, *Direct Energie*).

On peut relever une décision similaire de l'AMF (I&D 222C0638, 17 mars 2022, *Foncière Atland*) lorsqu'à la suite de l'attribution de droits de vote double à deux reprises, l'actionnaire prédominant du concert en place, M. Georges Rocchietta, a augmenté, *via* une société qu'il contrôlait, la société Atland SAS, sa participation de plus de 1 % sur une période de moins de 12 mois.

L'AMF constatait que le concert conservait après comme avant l'attribution des droits de vote double la majorité des droits de vote de l'émetteur de sorte que l'excès de vitesse constaté ne modifiait ni le contrôle préalable du concert ni la prédominance de M. Georges Rocchietta au sein de ce concert. L'AMF a vérifié également que le contrôle de M. Georges Rocchietta au sein de Atland SAS n'était pas remis en cause.

ii. Un concert majoritaire avec modification des participations au sein d'une* holding *de contrôle, membre du concert

La même société Foncière Atland, quelques années auparavant, avait connu une évolution actionnariale au sein du concert qui détenait majoritairement son capital et ses droits de vote.

Ce concert possédait 57,82 % du capital et 59,25 % des droits de vote de l'émetteur coté et était réparti entre deux groupes de fondateurs (le groupe de M. Georges Rocchietta, et le groupe de M. Lionel Vedie de La Heslière) qui pour l'essentiel détenaient leur participation *via* Atland SAS (plus de 50 % *via* cette *holding*).

Alors que les deux groupes de fondateurs étaient à égalité dans l'actionnariat de la *holding* Atland SAS avec chacun 34,45 %, l'un des deux devait (comme d'autres actionnaires) se désengager partiellement de cette *holding* alors que l'autre envisageait de renforcer sa participation (par acquisition et souscription au capital) de telle sorte que la participation de l'un des deux groupes (M. Lionel Vedie de La Heslière) devait baisser à 24,93 % du capital et des droits de vote, alors que l'autre (M. Georges Rocchietta) devait atteindre 50,14 % du capital et des droits de vote (soit quantitativement la majorité) de cette même *holding* de contrôle.

Au résultat de ces opérations, M. Georges Rocchietta (*via* une société qu'il contrôlait) devait franchir indirectement en hausse le seuil de 30 % du capital et des droits de vote de la société Foncière Atland générant l'obligation pour ce groupe de déposer une offre publique sur le capital de cette société.

Peu importa, en l'occurrence, pour l'AMF que les deux groupes de fondateurs aient été au départ à égalité au sein de la *holding* SAS et qu'à l'issue des opérations projetées l'un des deux groupes dispose d'une participation représentant le double de l'autre tant en capital qu'en droits de vote. Pour l'Autorité de marché, seul compte le contrôle majoritaire du concert maintenu et organisé par un pacte d'actionnaires demeuré identique et maintenant la possibilité de *veto*.

L'AMF dans sa décision d'octroi de la dérogation sollicitée (I&D 217C2909, 13 déc. 2017, *Foncière Atland*), a fait le constat que l'opération s'inscrivait dans un contexte de désengagement de l'un des groupes de fondateurs mais que le concert qui détenait préalablement à la réorganisation du capital la majorité des droits de vote de la société Foncière Atland continuerait à détenir cette majorité *via* Atland SAS sans changement de contrôle. En effet les stipulations du pacte d'associés de Atland SAS qui organisaient les pouvoirs respectifs des deux groupes de fondateurs prévoyaient que les décisions extraordinaires prises en assemblée générale d'Atland SAS nécessiteraient, comme par le passé, sur première convocation un vote favorable des deux concertistes, conférant *de facto* à M. Lionel Vedie de La Heslière un droit de *veto* sur les décisions importantes.

Peu importa, en l'occurrence, pour l'AMF que les deux groupes de fondateurs aient été au départ à égalité au sein de la *holding* SAS et qu'à l'issue des opérations projetées l'un des deux groupes dispose d'une participation représentant le double de l'autre tant en capital qu'en droits de vote. Pour l'Autorité de marché, seul compte le contrôle majoritaire du concert maintenu et organisé par un pacte d'actionnaires demeuré identique et maintenant la possibilité de *veto* de M. Lionel Vedie de La Heslière.

iii. Maintien du contrôle en dépit de l'interposition d'une nouvelle holding

Les membres de la famille Bastide détenaient directement et indirectement par l'intermédiaire d'une société *holding* dénommée la société d'Investissement Bastide (« SIB ») 56,20 % du capital et 70,97 % des droits de vote de la société Bastide le Confort Médical (« BLCM »). L'actionnariat de SIB était constitué de membres de la famille Bastide, Guy et Vincent Bastide détenant respectivement 26,83 % et 26,01 % du capital et des droits de vote de SIB.

Il était envisagé pour des raisons patrimoniales que Guy et Vincent Bastide apportent la totalité des actions SIB qu'ils détenaient (à l'exception d'une action pour chacun) à une nouvelle société dénommée Financière Bastide laquelle devait détenir après apport 52,85 % du capital et des droits de vote de SIB et ainsi franchir indirectement en hausse les seuils de 30 % du capital et des droits de vote de BLCM.

La société Financière Bastide a fait valoir qu'il existait au moment de la demande de dérogation, au sein du concert familial, un sous concert composé de Guy et Vincent Bastide qui détenait déjà par l'intermédiaire de SIB, la majorité des droits de vote de BLCM alors que d'autres actionnaires considéraient que le contrôle était jusqu'à présent exercé de manière « équilibrée » et conjointe par l'ensemble du concert familial sans qu'aucune prédominance de Guy et Vincent Bastide n'ait fait l'objet d'une quelconque formalisation.

Face à ces différentes positions, l'AMF a constaté dans sa décision (I&D 214C0208, 6 févr. 2014, *Bastide Le Confort Médical*) que Guy et Vincent Bastide contrôlaient auparavant la majorité du capital et des droits de vote de SIB, qu'ils étaient les seuls membres du groupe familial à exercer des fonctions opérationnelles au sein du groupe et que dans les faits, il existait ainsi une prédominance au sein du concert familial au bénéfice de ces derniers. L'AMF a noté par conséquent que cette prédominance n'était pas remise en cause par l'opération projetée.

A la suite d'un recours, la Cour d'appel de Paris devait confirmer la décision de dérogation accordée par l'AMF.[13]

iv. Adjonction de nouveaux actionnaires à un concert existant par acquisition de titres

Les trois décisions suivantes de l'AMF font référence à des réorganisations actionnariales au cours desquelles des actionnaires nouveaux ont fait leur entrée en ne modifiant pas le contrôle numérique existant, et en ne bouleversant pas la gouvernance antérieure de l'émetteur :

- La société dénommée Le Noble Age, était contrôlée par un concert qui détenait 43,91 % de son capital et 58,25 % de ses droits de vote. Les membres du concert envisageaient de mettre en œuvre une série d'opérations ayant pour objectif l'entrée de nouveaux investisseurs financiers, la réorganisation de l'actionnariat au sein du concert et le maintien du contrôle actuel de la société par les dirigeants et la famille Siret. Au résultat de différentes opérations successives (cessions et acquisitions de titres, souscriptions à une augmentation de capital notamment), le nouveau concert devait détenir 48,30 % du capital et 56,23 % des droits de vote de la société, et les nouveaux investisseurs financiers devaient adhérer au pacte d'actionnaires et agir de concert avec les membres du concert existant. En conséquence les nouveaux investisseurs financiers allaient franchir de concert en hausse les seuils de 30 % du capital et des droits de vote de la société Le Noble Age. En outre, le concert dans sa globalité devait ac-

13 - V. notamment la section du présent ouvrage consacrée aux enseignements de dix ans de jurisprudence (Chap. 5).

croître sa détention en capital de plus de 1 % du capital en moins de 12 mois consécutifs. L'AMF a considéré dans sa décision (I&D 216C2586, 17 nov. 2016, *Le Noble Age*) qu'il n'y avait pas matière au dépôt obligatoire d'un projet d'offre et a octroyé une dérogation pour les deux franchissements de seuils précités. L'Autorité a tout d'abord constaté sur le plan quantitatif, que le concert détenait préalablement à l'opération la majorité des droits de vote de l'émetteur et qu'à l'issue de la réorganisation, les nouveaux investisseurs financiers détenaient 8,17 % du capital et 6,16 % des droits de vote de la société Le Noble Age au sein d'un concert élargi qui détenait 48,30 % du capital et 56,23 % des droits de vote, soit une participation très inférieure à celle des concertistes historiques qui restaient prédominants. Sur le plan qualitatif, l'AMF constatait en second lieu que les dispositions statutaires et extrastatutaires de deux sociétés membres du concert permettaient aux dirigeants actionnaires historiques de prendre toute décision de gestion concernant ces sociétés en particulier celles relatives aux droits de vote attachés aux actions de Le Noble Age sur un schéma contractuel « quasi identique » à celui qui était mis en place lorsque les actions étaient détenues par le concert initial. L'AMF relevait enfin que les droits de *veto* octroyés aux investisseurs financiers sur certaines décisions avaient pour seul objet de protéger l'investissement réalisé par lesdits investisseurs sans permettre à ceux-ci de pouvoir s'immiscer dans la gestion de la société Le Noble Age si bien que le contrôle de cette société demeurera acquis aux actionnaires dirigeants.

• De manière assez semblable, la société dénommée LNA Santé était contrôlée par un concert qui détenait 47,98 % du capital et 63,08 % des droits de vote. Les membres du concert ont envisagé de mettre en place une série d'opérations ayant pour objectif notamment l'entrée de nouveaux investisseurs financiers, la réorganisation de l'actionnariat et le maintien du contrôle de la société LNA Santé par les dirigeants fondateurs et la famille Siret. Au résultat des opérations envisagées, le nouveau concert devait détenir 50,19 % du capital et 59,82 % des droits de vote de la société, et les nouveaux investisseurs financiers devaient signer le pacte d'actionnaires et agir de concert avec les membres du concert existant. En conséquence les nouveaux investisseurs financiers allaient franchir de concert en hausse les seuils de 30 % du capital et des droits de vote de la société LNA Santé. De plus, le concert devait accroitre sa détention en capital de plus de 1 % en moins de 12 mois.

L'AMF relevait enfin que les droits de *veto* octroyés aux investisseurs financiers sur certaines décisions avaient pour seul objet de protéger l'investissement réalisé par lesdits investisseurs sans permettre à ceux-ci de s'immiscer dans la gestion de la société si bien que le contrôle en demeurera acquis aux actionnaires dirigeants.

En conséquence tant les nouveaux investisseurs financiers que le concert ont sollicité de l'AMF l'octroi d'une dérogation à l'obligation de déposer un projet d'offre publique visant la totalité du capital de l'émetteur. L'AMF a considéré dans sa décision (I&D 222C0278, 2 févr. 2022, *LNA Santé*) qu'il n'y avait pas matière au dépôt obligatoire d'un projet d'offre et a octroyé une dérogation pour les deux franchissements de seuils précités. Sur le plan du contrôle numérique, l'Autorité a constaté que le concert détenait avant les opérations, la majorité des droits de vote de la société LNA Santé et qu'à l'issue de la réorganisation, les nouveaux investisseurs financiers appartenaient à un concert qui contrôlait 50,19 % du capital et 59,82 % des droits de vote de cette société, chacun de ces nouveaux entrants détenant une participation inférieure à celle des autres concertistes initiaux (actionnaires dirigeants et famille Siret) qui demeuraient prédominants quantitativement. Sur le plan du contrôle qualitatif, l'AMF a relevé comme dans le cas précédent que les dispositions statutaires et extrastatutaires de deux sociétés membres du concert permettaient aux dirigeants actionnaires de prendre toute décision de gestion concernant ces sociétés en particulier celles relatives aux droits de vote attachés aux actions de LNA Santé – et comme dans le cas précédent, sur un schéma contractuel « quasi identique » à celui qui était mis en place lorsque les actions étaient détenues préalablement par les autres investisseurs financiers cédants.

• De retour avec la société Foncière Atland en 2022 cette fois, où les membres du concert existant se proposaient d'élargir le concert directement au sein de l'émetteur, à des actionnaires historiques et à leurs *holdings* patrimoniales respectives. Cette mise en concert devait se matérialiser par la conclusion d'un nouveau pacte d'actionnaires. L'AMF faisait observer (I&D 222C0638, 17 mars 2022, *Foncière Atland*) que M. Georges Rocchietta demeurait prédominant, le nouveau pacte d'actionnaires ne conférant aucun droit susceptible de remettre en cause la prédominance ou l'équilibre au sein du concert. Elle concluait que l'adjonction de ces actionnaires historiques au concert existant ne devait pas donner lieu au dépôt d'un projet d'offre publique obligatoire.

v. Entrée de nouveaux actionnaires dans un concert par apport de titres

• La société ALD (« ALD ») était contrôlée par la Société Générale à hauteur de 79,82 % du capital et des droits de vote. ALD envisageait de se rapprocher de Lease Plan. Pour ce faire, le financement de l'acquisition de Lease Plan par ALD auprès de Lincoln devait intervenir à la fois en titres et en numéraire. L'apport en nature effectué par Lincoln était ainsi rémunéré en titres ALD émis au profit de l'apporteur. Il était décidé de conclure un nouveau pacte d'actionnaires constitutif d'une action de concert entre la Société Générale, Lincoln et certains des actionnaires de Lincoln (« TDR et ATP » (le « Groupe Lincoln »). Au résultat des opérations, le concert composé de Société Générale, TDR, Lincoln et ATP détenait 69,65 % du capital et 80,10 % des droits de vote d'ALD, et le Groupe Lincoln allait franchir par conséquent en hausse le seuil de 30 % du capital et des droits de vote d'ALD. Saisie d'une demande de dérogation à l'obligation de déposer un projet d'offre publique, l'AMF a estimé (I&D 222C2474, 10 nov. 2022, *ALD*) à titre principal que le franchissement des seuils de 30 % du capital et des droits de vote interviendrait au cumul d'une opération d'apport soumise à l'approbation de l'assemblée générale des actionnaires d'ADL et de la conclusion d'un pacte d'actionnaires aux termes duquel les parties prenantes indiquaient agir de concert. L'AMF observait à titre subsidiaire que la Société Générale détenait en tout état de cause la majorité des droits de vote d'ADL avant et après la mise en œuvre de l'opération Lease Plan sans que cette prédominance numérique ne soit remise en cause par les stipulations du nouveau pacte d'actionnaires qui n'octroyaient aux nouveaux membres que des droits limités destinés seulement à protéger leur investissement, étant précisé toutefois que des droits de *veto* étaient reconnus à l'administrateur désigné par TDR mais qu'ils étaient limités aux opérations « structurantes » assorties de seuils significatifs. Il ne s'agissait donc pas d'un droit de *veto* visant à interférer dans la gestion quotidienne de la société mais à s'assurer que des projets d'opérations d'envergure (augmentation de capital, endettement etc.) n'affectaient pas leurs intérêts financiers. L'AMF a considéré ainsi que sauf dispositions statutaires ou extrastatutaires conférant des droits à des nouveaux actionnaires allant au-delà de la simple protection de leur investissement, le fait que l'assemblée générale des actionnaires ait à se prononcer sur les aspects essentiels d'une opération aboutissant à une redistribution du capital d'un émetteur suffisait à justifier l'octroi d'une dérogation au dépôt obligatoire d'un projet d'offre publique.

• La société Umanis était contrôlée *ab initio* par le concert formé par Laurent Piepszownik et Olivier Pouligny qui détenait 70,59 % du capital et 70,79 % des droits de vote d'Umanis. Une réorganisation actionnariale était alors envisagée avec regroupement au sein d'une nouvelle société *holding* dénommée Mura par voie d'apport en nature, d'apport en numéraire et d'acquisition de participations détenues par les concertistes initiaux et par de nouveaux actionnaires appelés ensemble LFPI au sein de Mura. Aux termes d'un accord, LFPI devait se joindre au concert existant par la conclusion d'un pacte d'associés relatif à Mura et constitutif d'une action de concert vis-à-vis d'Umanis. A l'issue de ces opérations, le concert élargi à LFPI devait détenir 70,59 % du capital et 68,56 % des droits de vote d'Umanis, la société Mura et le concert élargi à LFPI franchissant chacun pour ce qui le concernait les seuils de 50 % du capital et des droits de vote d'Umanis. Dans sa décision (I&D 218C1046, 12 juin 2018,

Umanis), l'AMF faisait le constat que le concert historique liant Laurent Piepszownik et Olivier Pouligny détenait avant et après les opérations plus de 70 % du capital et des droits de vote d'Umanis et qu'il demeurerait prédominant au sein du concert élargi tant numériquement qu'en termes de gouvernance. A ce titre, L'AMF soulignait que le concert historique détenait 55,17 % du capital et des droits de vote de la société Mura qui elle-même détenait 60,71 % du capital et 58,96 % des droits de vote d'Umanis. L'AMF notait de surcroit que le conseil de surveillance de Mura était composé de 4 membres (deux désignés par le concert historique avec voix prépondérante en cas de partage des voix et deux désignés par LFPI). L'AMF faisait enfin le constat que le concert historique ne conférait à LFPI qu'un droit de *veto* pour un nombre limité de décisions à caractère exceptionnel ne donnant aucun droit de regard dans la gestion d'Umanis de sorte que le concert historique demeurait prédominant au sein du nouveau concert élargi. Sur la base de ce constat, l'AMF accordait logiquement à la société Mura une dérogation au dépôt d'une offre obligatoire et considérait qu'il n'y avait pas lieu au dépôt par le concert élargi d'une offre publique obligatoire sur les fondements respectifs des articles 234-9, 6° et 234-7, 1° du règlement général.

vi. Entrée de nouveaux actionnaires dans une holding *de contrôle existante et création d'une sur-*holding *de contrôle*

De retour cette fois avec la société Bastide Le Confort Médical (« BLCM »), où de nouveaux actionnaires financiers étaient convenus de rejoindre le concert existant non pas en investissant aux côtés de la *holding* familiale de contrôle mais en prenant une participation directement dans ladite *holding* familiale tout en permettant à certains membres de la famille de céder leurs participations.

Au moment de la réorganisation actionnariale, les membres de la famille Bastide détenaient directement ou *via* la société SIB dont ils détenaient la quasi-totalité du capital, 55,14 % du capital et 70,27 % des droits de vote de BLCM.

Pour des questions patrimoniales, l'actionnariat de la famille Bastide était réorganisé de telle sorte que certains membres de la famille aient la faculté de sortir du groupe, que de nouveaux investisseurs puissent rentrer dans le capital de SIB et que BLCM reste sous le contrôle de la famille Bastide.

Pour l'essentiel, les opérations envisagées consistaient pour des membres de la famille Bastide à céder des titres SIB à de nouveaux investisseurs et à une société Financière BGV *holding* nouvellement créée.

Des dirigeants opérationnels du groupe devaient souscrire à une augmentation de capital de SIB. Des membres de la famille Bastide devaient enfin faire apport de leurs participations dans BLCM et dans SIB à Financière BGV qui devenait une sur-*holding* de contrôle de BLCM.

Au résultat des opérations, SIB détenait 53,09 % du capital et 68 % des droits de vote de BLCM et Financière BGV détenait 71,75 % du capital et des droits de vote de SIB.

A l'occasion de cette réorganisation, les nouveaux investisseurs étaient censés agir de concert avec des membres de la famille Bastide et la Financière BGV vis-à-vis de BLCM *via* SIB.

Un pacte d'actionnaires devait être conclu par les associés au niveau de SIB.

Il était demandé à l'AMF d'octroyer une dérogation au dépôt obligatoire d'un projet d'offre publique compte tenu d'une part du franchissement indirect de Financière BGV en hausse des seuils de 30 % du capital et des droits de vote dans BLCM et d'autre part de la mise en concert des investisseurs financiers aux côtés de la famille Bastide par l'intermédiaire de SIB vis-à-vis de BLCM.

Dans le cadre de son examen (I&D 219C0155, 23 janv. 2019, *Bastide Le Confort Médical*), l'AMF octroyait la dérogation sollicitée et relevait qu'au résultat de la sortie du capital de SIB de deux des cinq membres de la famille Bastide, les participations des trois membres restants qui continuaient à détenir la majorité des droits de vote de SIB, étaient regroupées au sein de Financière BGV qui de ce fait détiendrait la majorité du capital et des droits de vote de SIB et par conséquent indirectement la majorité des droits de vote de BLCM.

L'AMF observait ensuite que les stipulations du pacte d'associés qui devait être conclu entre les associés de SIB, ne conféraient pas aux nouveaux investisseurs un pouvoir dans la gestion de SIB et donc de BLCM et que la famille Bastide, par l'intermédiaire de Financière BGV demeurait prédominante au sein des organes sociaux de BLCM.

Enfin l'AMF soulignait que Financière BGV regrouperait la totalité de la participation au capital de SIB des trois membres de la famille Bastide demeurant au capital et que Vincent Bastide son président serait prédominant au regard de sa minorité de blocage rendant sa révocation impossible sans son approbation.

Il convient de remarquer que deux ans plus tard, la famille Bastide pour des raisons encore patrimoniales procédait à nouveau à une réorganisation de son capital et regroupait sa participation dans une nouvelle société *holding* dénommée « Newco » à laquelle devaient être apportées les actions de Financière BGV, détenues par Guy, Brigitte et Vincent Bastide.

Au résultat de cette opération, la détention des membres du concert Bastide dans BLCM demeurait inchangée, SIB était contrôlée par Financière BGV à hauteur de 95,98 % du capital et droits de vote au lieu de 94,65 % précédemment et Financière BGV était contrôlée par Newco, *holding* supplémentaire à hauteur de 100 % du capital et des droits de vote.

En conséquence de cette restructuration actionnariale, la société Newco allait franchir indirectement en hausse, par l'intermédiaire des sociétés Financière BGV et SIB, les seuils de 30 % du capital et des droits de vote de BLCM générateur d'une obligation de dépôt d'un projet d'offre publique sur le capital de BLCM.

L'AMF (I&D 221C1852, 22 juill. 2021, *La Bastide Confort Médical*) relevait sans surprise que le regroupement dans Newco des participations des membres de la famille Bastide serait sans incidence sur l'exercice du contrôle de la famille Bastide dans BLCM et octroyait de ce fait la dérogation sollicitée.

vii. Entrée de nouveaux actionnaires dans une société holding ad hoc *superposée à la* holding *existante*

La société Voyageurs du Monde était contrôlée indirectement par ses fondateurs *via* une société *holding* dénommée Avantage dont ils détenaient la majorité des droits de vote aux côtés d'investisseurs historiques. Avantage détenait 69,25 % du capital et 80,34 % des droits de vote de Voyageurs du Monde.

Les fondateurs envisageaient de faire entrer un nouvel investisseur en sus de ceux qui avaient une participation minoritaire dans Avantage tout en permettant à cette occasion à certains actionnaires d'Avantage de bénéficier d'une liquidité partielle de leur investissement.

A cette fin, une nouvelle société dénommée Avantage 2 devait être créée pour détenir 100 % du capital et des droits de vote d'Avantage par le biais d'un apport en nature par les actionnaires de leurs titres Avantage et de l'acquisition d'actions auprès de certains actionnaires d'Avantage. Ces opérations devaient être financées par la souscription par le nouvel entrant à une augmentation de capital en numéraire d'Avantage 2 et par la mise en place d'une dette bancaire.

Les fondateurs et les investisseurs, anciens et nouveaux, avaient prévu de conclure un pacte relatif à la société Avantage 2 en remplacement du pacte de la société Avantage précédemment conclu.

A l'issue de ces opérations, Avantage 2 détenait 100 % du capital et des droits de vote d'Avantage laquelle continuait à détenir 69,25 % du capital et 80,34 % des droits de vote de Voyageurs du Monde. De ce fait, Avantage 2, *holding* interposée dans la chaine de contrôle, allait franchir indirectement en hausse les seuils de 50 % du capital et des droits de vote de Voyageurs du Monde ce qui était générateur d'une obligation d'offre publique.

L'AMF a octroyé une dérogation à l'obligation de déposer un projet d'offre publique (I&D 218C1576, 21 sept. 2018, *Voyageurs du Monde*) en considérant que l'opération était sans incidence sur le contrôle majoritaire de Voyageurs du Monde exercé d'ores et déjà par les fondateurs *via* Avantage.

Le nouveau pacte d'associés ne remettait nullement en question le contrôle des fondateurs : les parties étaient convenues de prendre toutes les mesures nécessaires afin que la majorité des postes d'administrateur de la nouvelle *holding* interposée soit réservée aux candidats proposés par les fondateurs, les droits de *veto* accordés aux investisseurs financiers au sein du conseil d'administration d'Avantage 2 n'étaient destinés qu'à protéger leur investissement, sans possibilité pour ces derniers d'intervenir dans la gestion de Voyageurs du Monde. En effet au sein de la société cotée, les investisseurs disposant d'un seul poste d'administrateur avaient l'unique possibilité de s'opposer aux décisions susceptibles de contraindre les *holdings* de contrôle à lancer une offre publique de retrait (cession d'un actif principal, modification statutaire par exemple), une telle offre ayant pour eux la conséquence d'un cofinancement d'une telle offre. Il ne s'agissait donc là et à nouveau de préserver leurs intérêts financiers, sans objectif de cogestion.

3.2.2. Reclassement

Cette dérogation a pour justification que l'opération prise en compte a un effet limité sur le contrôle de la société.

Il peut s'agir soit d'un reclassement *stricto sensu*, soit d'une opération s'analysant comme une opération de reclassement au sein d'un groupe de sociétés contrôlé ultimement par le ou les mêmes associés agissant de concert, soit enfin d'une opération réalisée au sein d'un groupe dont il apparaît, au regard de l'organisation sociétaire et d'un certain nombre d'indices qu'il était *de facto* sous contrôle d'une même entité, cela même s'agissant d'un cas exposé ci-après, si aucune action de concert n'avait été préalablement déclarée.

Dans la *première catégorie*, figurent les transferts de participations entre des sociétés appartenant au même groupe c'est-à-dire entre des entités dont le contrôle ultime est détenu par le ou les mêmes personnes. Le changement d'attributaire d'une participation serait sans effet sur le contrôle de celle-ci et si les conditions sont réunies pour effectuer ce constat, l'AMF peut octroyer une dérogation sur ce fondement. La dérogation accordée par l'AMF au groupe familial Arnault qui contrôle LVMH à hauteur de 41,25 % du capital et de 56,45 % des droits de vote illustre cette première catégorie de reclassement (I&D 220C3362, 2 sept. 2020, *LVMH*). Au sein du groupe familial Arnault figurait la société Financière Jean Gougeon, contrôlée à 100 % par la société Christian Dior (la société Christian Dior était elle-même contrôlée par le groupe familial Arnault c'est-à-dire ultimement par Bernard Arnault). Il était envisagé une fusion absorption de la société Financière Jean Gougeon par la société Christian Dior. Au résultat de cette fusion, le groupe familial Arnault détenait toujours la même quote-part du capital et des droits de vote de LVMH, étant précisé toutefois que par l'effet de la fusion la société Christian Dior allait franchir directement en hausse les seuils de 30 % du capital et des droits de vote dans LVMH, générateur de l'obligation d'offre publique visant la totalité des titres de LVMH. L'AMF a estimé que la fusion absorption de la société Financière Jean Gougeon par la société Christian Dior pouvait s'analyser comme le reclassement d'une partie de la participation du groupe familial Arnault au capital de la société LVMH, lequel était sans incidence sur le contrôle majoritaire de la société LVMH antérieurement détenu au plus haut niveau par le groupe familial Arnault.

Dans la seconde catégorie, s'inscrivent les opérations de réorganisation ou de restructuration de l'actionnariat d'un groupe, notamment familial, dont le contrôle ultime demeure inchangé et qui s'analysent de ce fait comme des opérations de reclassement.

Dans la *seconde catégorie*, s'inscrivent

les opérations qui ne correspondent pas simplement à un changement d'attributaire direct de participations entre entités contrôlées par la ou les mêmes personnes mais à des opérations de réorganisation ou de restructuration de l'actionnariat d'un groupe, notamment familial, dont le contrôle ultime demeure inchangé et qui s'analysent de ce fait comme des opérations de reclassement. Ces opérations peuvent prendre la forme de substitution d'actionnaires (I&D 209C0687,18 mai 2009, *Natixis*) ou d'interposition d'entités entre l'actionnaire de contrôle et la société cotée et ce même dans l'hypothèse où celle-ci est immatriculée sous forme de Société en commandite par actions, sans altération du contrôle. Dans le dossier Euro Disney SCA (I&D 214C1815, 2 sept. 2014, *Euro Disney SCA*), la société TWDC - The Walt Disney Company - détenait indirectement par l'intermédiaire de la société EDL Holding, associé commanditaire d'Euro Disney SCA, qu'elle contrôlait, 39,78 % du capital et des droits de vote de cette société. Il était envisagé un projet de réorganisation interne aux termes duquel, seraient interposées dans la chaîne de contrôle d'Euro Disney SCA de nouvelles sociétés, toutes filiales de TWDC, lesquelles franchiraient indirectement en hausse les seuils de 30 % du capital et des droits de vote de la société Euro Disney SCA se plaçant ainsi dans l'obligation de déposer un projet d'offre publique sur les actions de cette société. L'AMF a considéré que le projet de réorganisation du groupe Walt Disney, était sans effet sur la détention ultime d'Euro Disney SCA, non plus que sur l'exercice du contrôle de cette société. S'agissant de la détention, le projet sera sans effet sur la participation en capital et en droits de vote de EDL Holding dans Euro Disney SCA qui resterait de 39,78 % du capital et des droits de vote. S'agissant du contrôle, les modalités de fonctionnement et de prise de décision de la direction d'Euro Disney SAS en tant que gérant d'Euro Disney SCA resteront inchangées. De même la rémunération de la gérance, l'accord de licence d'exploiter des droits de propriété intellectuelle et les accords de gestion ou de centralisation de trésorerie ne seront pas modifiés. Fort de ce constat, l'AMF a estimé que le projet de réorganisation correspondait à une opération de reclassement au sein d'un même groupe et a octroyé la dérogation sur le fondement de l'article 234-9, 7° de son règlement général. Le changement actionnarial affectant le capital de la société SRP Groupe offre un autre exemple d'opération de restructuration capitalistique que l'AMF qualifie d'opération de reclassement au sens de son règlement général (I&D 222C1966, 1er août 2022, *SRP Groupe*). La société SRP Groupe était contrôlée par un concert majoritaire composé d'un certain nombre d'entités appartenant à différentes personnes physiques appelées les Fondateurs, et de la société CRFP 20. Ensemble, ce concert global détenait 55,51 % du capital et 60,61 % des droits de vote de SRP Groupe dont 46,77 % du capital et 53 % des droits de vote pour le sous-concert des Fondateurs. Du fait de différentes opérations en projet, l'AMF constatait que celles-ci ne modifiaient pas de manière significative l'équilibre du concert global ainsi que celui du sous-concert des Fondateurs. L'AMF observait que l'opération consistait en un « resserrement » du sous-concert des Fondateurs au bénéfice de l'un d'eux et que ce renforcement était cohérent avec l'historique et les dispositions du pacte d'actionnaires conclu entre lesdits Fondateurs. De surcroît le concert global demeurait majoritaire. Sans modification de l'équilibre général du contrôle entre les mains du concert majoritaire ainsi que de celui au sein d'un sous-concert, l'AMF a donc la faculté de reconnaitre l'existence d'une opération pouvant s'analyser comme un reclassement entre deux actionnaires uniquement liés par des engagements extra-statutaires.

Une *troisième catégorie* d'opérations de reclassement correspond à celles reconnues par l'AMF alors même que l'existence d'aucun groupe n'avait été revendiquée, qu'aucune action de concert entre actionnaires n'avait été préalablement déclarée au marché et qu'aucun pacte n'avait été conclu. Le dossier Hermès International constitue, à notre connaissance, la seule illustration de cette catégorie.

3.2.3. Le cas Hermès International

Il convient d'observer, et ce point est important dans l'appréciation du contrôle, qu'Hermès International était une société immatriculée sous la forme d'une société en commandite par actions (« SCA ») et que dès lors les règles de fonctionnement et d'organisation des pouvoirs différaient largement de celles applicables à une société anonyme. Par application de ses statuts, la nomination du ou des gérants était de la compétence exclusive de l'associé commandité, à savoir la société Emile Hermès SARL, qui avait les pouvoirs d'arrêter les décisions stratégiques et de prendre les décisions politiques essentielles à la bonne marche du groupe. Dès lors à raison de la forme particulière de la société en commandite par actions, le franchissement de seuils d'offre obligatoire n'avait pas la même portée en termes de contrôle de la société que celui franchi au sein du capital et des droits de vote d'une société anonyme, certains auteurs n'hésitant pas à dire que le franchissement de seuil au sein d'une commandite par actions était sans réelle incidence sur le contrôle.

Analyse de l'AMF

Au cas particulier, l'AMF a considéré qu'il existait un contrôle exercé par un groupe familial et qu'il pouvait en être fait la démonstration au regard d'un certain nombre d'indices tirés du particularisme de la structure sociale de la société en commandite par actions et de certains comportements dont le rapprochement caractériserait l'établissement d'un contrôle familial. Une fois ce contrôle établi, l'AMF a considéré que la restructuration de l'actionnariat qui était proposée par les requérants s'analysait comme une opération de reclassement pouvant bénéficier de la dérogation prévue à l'article 234-9, 7° du règlement général de l'AMF.

Quelle était la nature de l'opération de restructuration du capital proposée par les requérants ? A la suite d'une incursion importante dans le capital d'Hermès International (franchissement non sollicité du seuil de 20 % du capital), les demandeurs qui regroupaient nombre de personnes physiques, descendants toutes d'Emile Hermès et détenant environ 62,8 % du capital d'Hermès International se sont inquiétés d'une prise de contrôle éventuelle d'Hermès International par Bernard Arnault *via* LVMH en dépit de la structure de commandite par actions de cette société. Comme Bernard Arnault avait réussi à identifier et saisir des blocs d'actions, les requérants considéraient que rien ne pouvait exclure qu'à l'avenir Bernard Arnault puisse acquérir d'autres titres Hermès International.

Pour parer ce risque, les demandeurs ont imaginé la création d'une *holding* de contrôle, constituée sous la forme d'une société par actions simplifiée à capital variable à laquelle les actionnaires familiaux auraient la possibilité d'apporter leurs actions Hermès International. Cette *holding* de contrôle avait vocation à détenir dès le départ plus de 50 % du capital et des droits de vote d'Hermès International ; elle disposait, en outre, d'un droit prioritaire d'acquisition portant sur les actions qui seraient détenues par les membres du groupe familial mais qui ne lui auraient pas été transférées au moment de sa création.

Au cas particulier, l'AMF a considéré qu'il existait un contrôle exercé par un groupe familial et qu'il pouvait en être fait la démonstration au regard d'un certain nombre d'indices tirés du particularisme de la structure sociale de la société en commandite par actions et de certains comportements dont le rapprochement caractériserait l'établissement d'un contrôle familial.

En détenant dès le départ plus de 50 % du capital et des droits de vote d'Hermès International, la *holding* de contrôle allait franchir à la hausse le seuil du tiers en capital et en droits de vote de cette société et se plaçait donc dans l'obligation de déposer un projet d'offre publique visant les actions Hermès International en application des dispositions de l'article 234-2 du règlement général.

Les demandeurs ont alors sollicité l'AMF pour bénéficier d'une dérogation à cette obligation de dépôt sur le fondement de l'article 234-9, 7°du règlement général au motif que l'opération proposée était une opération de reclassement ou s'analysait comme un reclassement entre sociétés ou personnes appartenant à un même groupe.

Les requérants faisaient remarquer que les deux conditions posées pour l'obtention d'une dérogation étaient réunies à savoir que l'existence d'un groupe familial était incontestable et avait toujours été de notoriété publique et que l'opération proposée ne modifiait pas le contrôle d'Hermès International puisque les demandeurs contrôlaient l'associé commandité et avaient donc le pouvoir de nommer et révoquer les gérants de la société.

La question délicate qui était posée par la demande de dérogation était de savoir si Hermès International était contrôlée préalablement à cette restructuration et si l'interposition de la nouvelle *holding* pouvait s'analyser comme une opération de reclassement en raison d'une situation de contrôle préexistante.

Différents actionnaires commanditaires n'avaient pas manqué de faire observer à l'AMF que les dirigeants d'Hermès International avaient indiqué au marché à plusieurs reprises qu'il n'existait pas d'actionnaire contrôlant seul ou de concert le capital d'Hermès International et qu'aucun membre du groupe familial n'avait jamais déclaré avoir agi de concert ou être lié par une convention d'actionnaires. Ils faisaient remarquer de surcroît que le contrôle de l'associé commandité ne donnait pas la plénitude des pouvoirs au sein d'une société en commandite par actions, les associés commanditaires disposant de pouvoirs propres.

L'AMF n'avait d'autre choix que de prendre acte de ces éléments mais relevait toutefois que la démonstration de l'existence d'un groupe familial pouvait résulter d'autres éléments que les seules déclarations émanant des actionnaires ou des dirigeants de la société.

A cet égard, l'AMF constatait que :

- le groupe familial constitué des associés d'Emile Hermès SARL, associé commandité d'Hermès International, de leurs conjoints, enfants et petits-enfants, de leurs *holdings* patrimoniales, actionnaires directs et indirects d'Hermès International et d'Emile Hermès SARL, détenait 62,85 % du capital et 71,86 % des droits de vote d'Hermès International ;
- les requérants, personnes physiques, tous associés d'Emile Hermès SARL exerçaient ensemble les pouvoirs qui étaient dévolus à cette entité en qualité d'unique associé commandité, et avaient déposé leurs actions Hermès International dans les caisses sociales d'Emile Hermès SARL, indiquant par là leur volonté de diriger ensemble la société ;
- les membres du conseil de surveillance d'Hermès International qui représentaient les associés commanditaires, étaient majoritairement issus de la famille Hermès ;
- les membres de la famille requérants monopolisaient les fonctions de direction et de gestion opérationnelle du groupe Hermès ;
- les membres de la famille requérants votaient de manière convergente à l'assemblée générale des associés commanditaires d'Hermès, les représentants du groupe familial totalisant plus de deux tiers des voix exprimées ;
- le projet de regroupement des participations du groupe familial au sein d'une *holding* de contrôle ne modifiait aucunement la composition des organes sociaux d'Hermès international ; et
- les conditions dans lesquelles les membres du groupe familial exerçaient leurs pouvoirs au sein d'Hermès International étaient demeurées stables dans le temps.

En d'autres termes, le groupe familial avait, selon l'AMF, toujours contrôlé *de facto* Hermès International, peu important qu'aucune déclaration d'action de concert entre les ou certains membres du groupe familial n'ait été révélée. L'AMF considérait que par application de la méthode du faisceau d'indices, les circonstances de l'espèce traduisaient « *effectivement la mise en œuvre d'une politique commune, continue et réitérée, vis-à-vis d'Hermès notamment par l'exercice des droits de vote des demandeurs et leur présence majoritaire au sein des organes sociaux* ».

L'AMF poursuivait en constatant que les demandeurs agissaient « *ensemble comme un groupe familial de concert au sens des dispositions de l'article L. 233-10 du code de commerce pour la mise en œuvre de la même politique et contrôlaient ensemble la société Hermès* ». La démonstration étant faite que les demandeurs de la dérogation faisaient bien partie d'un groupe familial, le projet de regrouper une participation majoritaire issue de ce groupe au profit d'une *holding* pouvait, selon l'AMF, s'analyser comme une opération de reclassement interne au sens de l'article 234-9, 7° du règlement général sans incidence sur le contrôle d'Hermès International. L'analyse de l'AMF a été confirmée en tout point par la Cour d'appel de Paris.

Ainsi l'existence d'un groupe familial pouvait se constater indépendamment du fait qu'Hermès International était constituée sous forme de SCA. Tout au plus, les caractéristiques de la SCA et notamment la présence massive de membres de la famille au sein de la société Emile Hermès SARL en sa qualité d'associé commandité ne faisait que renforcer la conviction de l'AMF qu'Hermès International était bien contrôlée *de facto* par un groupe familial. En d'autres termes, ce n'était pas l'existence d'une société immatriculée sous forme de SCA qui garantissait en tant que tel, le contrôle d'une société par un groupe familial mais la réunion d'indices nombreux qui, ainsi accumulés et pris ensemble, démontrait l'existence d'un tel groupe.

Il n'en demeure pas moins qu'avant l'opération de regroupement de leurs titres par les membres de la famille au sein de la société *holding*, la société Hermès International était susceptible de faire l'objet d'une offre publique, laquelle, si elle était couronnée de succès, pouvait conférer la maitrise de l'assemblée des associés commanditaires à un tiers, voire constituer la première étape d'une stratégie de remise en cause de la gestion des commandités ou d'actions visant à requérir l'abandon de cette forme sociétaire.

Cette opération de regroupement des titres mettait fin à tout projet ou toute velléité en ce sens ou encore d'organisation possible de contre-pouvoir alors même que rien dans cette circonstance n'aurait pu empêcher les membres de la famille de continuer à diriger Hermès International en s'assurant du contrôle de la société Emile Hermès SARL, associé commandité.

Ce n'était pas l'existence d'une société immatriculée sous forme de SCA qui garantissait en tant que tel, le contrôle d'une société par un groupe familial mais la réunion d'indices nombreux qui, ainsi accumulés et pris ensemble, démontrait l'existence d'un tel groupe.

Le fait que Bernard Arnault puisse s'emparer d'une participation de plus de 20 % du capital d'Hermès International en identifiant les membres d'un groupe familial qui pouvaient être sensibles aux conditions financières offertes, prêts à reléguer les considérations d'unicité et de loyauté (toujours délicates à maintenir au gré des générations successives et de l'élargissement et de la diversification du noyau familial) pouvait légitimer la mise en place d'un montage de consolidation, susceptible de contrer les fragilités existantes et de colmater les fissures, de sorte à sécuriser la pérennité des valeurs familiales, objectifs auxquels l'AMF puis le juge n'ont sans doute pas été indifférents s'agissant d'un fleuron national.

Position de la Cour d'appel de Paris et de la Cour de cassation

La Cour d'appel de Paris puis la Cour de cassation ont confirmé l'analyse de l'AMF. Elles ont considéré qu'il existait bien et de longue date un groupe familial rassemblant des membres agissant de concert (concert tacite et notoire) et que l'opération projetée n'entraînait pas de changement de contrôle. A l'appui de ces affirmations, elles ont repris à leur compte pèle mêle deux séries d'indices déjà relevés par l'AMF ; la première relative aux rapports qu'entretenaient les demandeurs avec l'associé commandité la SARL Emile Hermès, rouage essentiel pour le contrôle d'une société en commandite par actions ; la seconde plus en lien avec la démonstration de l'existence d'un contrôle du capital et des droits de vote d'Hermès International, (pourcentage de détention, dépôt d'actions, volonté des actionnaires commanditaires de diriger ensemble la société, vote convergent des demandeurs dans les assemblées d'Hermès International notamment).

Compte tenu de la spécificité de la forme sociale de la société en commandite par actions, il aurait été possible pour le juge de considérer que l'opération de regroupement des titres d'associés commanditaires au sein d'une *holding* de contrôle d'une société en commandite par actions était en réalité sans incidence sur le contrôle d'Emile Hermès et donc par ricochet sur le contrôle d'Hermès International. Les statuts d'Emile Hermès, unique associé commandité, réservaient la qualité d'associé aux descendants d'Emile Hermès.

Ainsi, la qualité des associés d'Emile Hermès et les pouvoirs dévolus à cet associé commandité auraient permis d'octroyer, de ce seul point de vue, la dérogation recherchée par les demandeurs.

Il pouvait être argué en effet que le contrôle d'Hermès ne pouvait pas être véritablement affecté (l'obligation d'offre est bien articulée sur cette notion de contrôle) tant qu'il n'était pas accompagné d'une modification de l'organisation des pouvoirs entre associés commandités et commanditaires.

En d'autres termes, il aurait pu être retenu que s'agissant d'une société en commandite par actions, l'obligation de déposer une offre ne s'imposait en réalité que dans le cas où une opération aurait provoqué un changement de contrôle de l'associé commandité.

Toutefois, les dispositions légales et règlementaires applicables ne font pas la différence s'agissant des événements déclencheurs de l'obligation, selon la forme sociétaire de la société cotée. Cette analyse ne pouvait donc pas être frontalement retenue et extériorisée par la Cour de cassation. Pour celle-ci, le fait que « *[les opérations de reclassement] aient entraîné une modification [des] modalités d'exercice [du contrôle]* » est « *peu important* ». *L'élément déterminant était ainsi que ce contrôle préexistait à ces opérations et qu'il avait vocation à être maintenu à leur issue ; était ainsi relevé* « *qu'à l'issue de l'opération envisagée, la société* holding *détiendra 50,2 % du capital [...], que le capital de cette dernière sera détenu, directement ou indirectement, par les demandeurs et que le projet [...] ne donnera lieu à aucune modification de la composition des organes de la société Hermès International* ».

Il est assez probable que le statut de commandite par actions d'Hermès International ait pesé dans l'analyse du juge suprême. S'il n'y avait pas eu un contrôle statutairement garanti par le groupe familial de l'associé commandité, lui aurait-il été possible de reconnaître un contrôle préexistant sans action de concert révélée ? On peut s'interroger sur ce point.

Il est assez probable que le statut de commandite par actions d'Hermès International ait pesé dans l'analyse du juge suprême. S'il n'y avait pas eu un contrôle statutairement garanti par le groupe familial de l'associé commandité, lui aurait-il été possible de reconnaître un contrôle préexistant sans action de concert révélée ? On peut s'interroger sur ce point.

Prospective

La spécificité du statut de la société en commandite par actions rend difficile la transposition des règles de déclenchement de l'offre publique obligatoire conçues pour les sociétés anonymes.

Le lieu du contrôle se situant du côté de l'associé commandité, La Cour de cassation a pu observer expressément que « *le contrôle de la gestion et de la direction de la société Hermès ne sera pas modifié* » et que « *les actionnaires familiaux demandeurs à la dérogation exercent (préalablement) ensemble les pouvoirs dévolus à Emile Hermès SARL en sa qualité d'associé commandité* ».

Ne serait-il pas opportun dans ce contexte, de s'interroger sur les règles applicables au dépôt des offres obligatoires en les adaptant au cas des sociétés en commandite par actions ? Il semble toutefois que le faible nombre des émetteurs cotés sous cette forme n'ait pas encouragé le législateur et l'AMF à une telle adaptation.

Reste que la prise de contrôle des sociétés en commandite par actions relève toujours de la mise en place d'une stratégie longue et complexe, la majorité au sein de l'assemblée des commanditaires n'étant au mieux qu'une étape vers l'objectif de déverrouillage des sociétés portant les parts de commandités ou de transformation de la forme sociale de la société.

3.3. Augmentation de capital en numéraire

3.3.1. Les difficultés soulevées par ce texte

La première difficulté tient à la définition de la notion de « *situation avérée de difficulté financière* ». En réalité, l'AMF comme la Cour d'appel de Paris s'appuient comme il a été précisé ci-dessus sur des éléments factuels incontestables. Nous ne reviendrons pas sur cet aspect.

La seconde difficulté tient au fait que la dérogation ne peut être octroyée que si l'augmentation de capital qui devra être mise en œuvre pour sauver l'entreprise est « *soumise à l'approbation de l'assemblée générale de ses actionnaires* ».

A priori, cette formulation ne devrait pas créer de complexité.

Pourtant, il n'a été nullement tenu compte de l'entrée dans le droit positif de l'ordonnance du 15 septembre 2021 prise en application de la directive restructuration et insolvabilité n° 2019/1023 du 20 juin 2019 qui est venue modifier les dispositions ayant trait aux procédures collectives en refondant notamment les dispositions relatives à la procédure de sauvegarde accélérée.[14]

Désormais, lorsqu'une procédure de sauvegarde accélérée est ouverte, il est constitué des classes de *parties affectées* pour le vote des plans de sauvegarde et de redressement.

La notion de « parties affectées » s'entend (i) des créanciers dont les droits sont directement affectés par le projet de plan et (ii) des détenteurs de capital si leur participation au capital du débiteur, les statuts ou leurs droits sont modifiés par le projet de plan.

Dans l'hypothèse où le projet de plan serait rejeté par certaines classes, le débiteur ou l'administrateur judiciaire ont la faculté de demander au tribunal d'arrêter le plan et de l'imposer aux classes dissidentes. Il s'agit de ce qui est appelé « *l'application forcée interclasse* ».

Cette nouvelle réglementation qui n'existait pas au moment de la rédaction de l'article 234-9, 2° du règlement général de l'AMF conduit à s'interroger, à deux points de vue, sur la mise en œuvre de la locution « *soumise à l'approbation de l'assemblée générale de ses actionnaires* » telle qu'elle est prévue dans ledit article 234-9, 2° lorsqu'une procédure de sauvegarde accélérée a été ouverte.

En premier lieu, la classe des détenteurs de capital constituée dans le cadre de la procédure de sauvegarde accélérée est-elle assimilable à *l'assemblée générale des actionnaires* telle qu'elle existe dans le droit des sociétés et telle qu'elle est visée à l'article 234-9, 2° du règlement général de l'AMF ? Dit autrement, le vote de la classe des détenteurs de capital approuvant le plan de sauvegarde équivaut-il au vote de l'assemblée générale des actionnaires qui doit approuver l'augmentation de capital visée à l'article 234-9, 2° du règlement général de l'AMF ?

En deuxième lieu, dans le cas où la classe des détenteurs de capital ne voterait pas en faveur du plan de sauvegarde et qu'il s'en suivrait la mise en œuvre du mécanisme de l'application forcée interclasse, la condition de l'approbation de l'assemblée générale des actionnaires prévue à l'article 234-9, 2° précité serait-elle

14 - V. notamment la section du présent ouvrage consacrée aux offres publiques visant les sociétés en difficulté (Chap. 6).

toutefois réputée remplie ?

3.3.2. La réponse de la Cour d'appel de Paris

A ces deux interrogations, la Cour d'appel de Paris a apporté des réponses claires (CA Paris, 9 nov. 2023, n° 23/09249). Sur le premier sujet, la Cour d'appel de Paris a considéré que le vote requis de la classe des détenteurs de capital équivalait à celui d'une assemblée générale d'actionnaires au sens où l'entendait l'article 234-9, 2° précité, la locution « *assemblée générale* » renvoyant à la classe des détenteurs de capital constitués des seuls actionnaires de la société, peu importe que les conditions de convocation ou que les règles de *quorum* diffèrent entre les deux assemblées.

Sur le second sujet, la question était plus sensible. En effet quand bien même, le tribunal arrêterait le plan et l'imposerait aux classes dissidentes en ce compris, la classe des détenteurs de capital qui pourrait ne pas l'avoir préalablement approuvé, il n'en resterait pas moins qu'à la lettre ce ne serait pas « l'assemblée générale des actionnaires » au sens de l'article 234-9, 2° du règlement général de l'AMF qui aurait approuvé l'augmentation de capital contenue dans le plan mais le tribunal.

A cet égard, toujours dans la même décision, la Cour d'appel de Paris confirme la position qu'avait adoptée l'AMF dans le dossier ORPEA à savoir qu'à défaut d'approbation du projet par la classe des détenteurs de capital, le jugement ordonnant l'application forcée interclasse peut s'y substituer et ainsi valoir une telle approbation (V. ci-après).

Pour arriver à cette conclusion, la Cour d'appel a fait appel à certaines dispositions contenues dans la directive restructuration et insolvabilité n° 2019/1023 du 20 juin 2019, dans le code civil et dans le code de commerce.

Pour ce qui concerne la directive européenne, la Cour d'appel a fait référence notamment au considérant n° 96 dans lequel il est dit que « *l'efficacité de la procédure d'adoption et de mise en œuvre du plan de restructuration ne devrait pas être mise en péril par le droit des sociétés* ». En d'autres termes, le mécanisme de l'application forcée interclasse ne saurait être remis en cause par une disposition du droit des sociétés même contenue dans le règlement général de l'AMF.

La Cour d'appel de Paris a considéré que le vote requis de la classe des détenteurs de capital équivalait à celui d'une assemblée générale d'actionnaires au sens où l'entendait l'article 234-9, 2° du règlement général de l'AMF, la locution « assemblée générale » renvoyant à la classe des détenteurs de capital constitués des seuls actionnaires de la société.

Pour ce qui concerne le code civil, la Cour d'appel renvoie à son article 1833 qui dispose que « *La société est gérée dans son intérêt social, en prenant en considération les enjeux sociaux et environnementaux de son activité* ».

L'idée de la Cour d'appel semble être ainsi que l'intérêt social qui englobe celui des parties prenantes de la société en ce compris celui de ses créanciers, transcende l'intérêt des actionnaires.

Plus nettement encore, la Cour d'appel de Paris fait observer que l'article L. 626-32 du code de commerce prévoit que lorsque le mécanisme de l'application forcée interclasse est mis en œuvre, la décision du tribunal vaut approbation des modifications de la participation au capital ou des droits des détenteurs de capital ou des statuts prévues par le plan.

La Cour poursuit en indiquant que « *dès lors, en cas de difficulté d'application ou d'interprétation d'une norme relevant du droit boursier en rapport avec la mise en œuvre des dispositions régissant la procédure de sauvegarde accélérée, il convient, afin de préserver l'effet utile de la directive, d'interpréter la première à la lumière des secondes* ».

En l'absence d'une modification par l'AMF de l'article 234-9, 2° de son règlement général qui clarifierait la question, la Cour d'appel a considéré que la décision du tribunal d'arrêter le plan valait approbation des augmentations de capital par la classe des détenteurs de capital.

Autrement dit, la Cour d'appel a validé l'idée que le jugement du tribunal venait se substituer purement et simplement au vote de la classe des détenteurs du capital si celui-ci était négatif.

A défaut de cette position justifiée tant bien que mal sur le plan juridique, il y aurait eu un risque important que des entreprises majeures et en difficulté ne puissent être reprises par de nouveaux actionnaires susceptibles d'assurer la pérennité de leur exploitation. Deux exemples récents viennent illustrer ce point de vue.

3.3.3. Eléments illustratifs additionnels

ORPEA

Dans l'affaire *ORPEA*, l'AMF a constaté dans sa décision (I&D 223C0792, 26 mai 2023, *ORPEA*), que les faits qui lui avaient été soumis, matérialisaient une situation avérée de difficulté financière (notamment deux procédures de conciliation, prise en compte des observations des commissaires aux comptes, des besoins de liquidité à couvrir, du montant total des dettes et de la situation de trésorerie qui ne permettaient pas au groupe de faire face aux échéances de remboursement) et que de ce fait il y avait lieu d'augmenter les fonds propres de la société par augmentation de capital.

ORPEA avait demandé l'ouverture d'une procédure de sauvegarde accélérée et le plan de sauvegarde devait être approuvé par les différentes classes de parties affectées.

Pour ce qui concerne la soumission des augmentations de capital à l'origine des situations d'offre obligatoire à l'approbation des actionnaires, l'AMF s'est prononcée sur la survenance de deux hypothèses.

Soit les actionnaires d'ORPEA, réunis en classe de parties affectées, décidaient d'approuver le projet de plan de sauvegarde et dans ce cas, ils approuveraient *de facto* les augmentations de capital prévues dans le cadre dudit plan.

Soit les actionnaires d'ORPEA, réunis en classe de parties affectées, décidaient de rejeter le projet de plan de sauvegarde et dans ce cas, après avoir vérifié que les conditions posées par le code de commerce étaient remplies, ledit projet de plan de sauvegarde pourrait alors être arrêté par le tribunal de commerce. S'il en était ainsi, l'approbation des actionnaires serait, selon l'AMF, réputée acquise, le tribunal se voyant attribuer par la loi les prérogatives de l'assemblée générale extraordinaire des actionnaires, aux fins de décider les augmentations de capital et les modifications statutaires prévues par le plan.

Sur le fondement de cette analyse, l'AMF a considéré que les conditions étaient réunies pour octroyer les dérogations au dépôt obligatoire d'un projet d'offre publique visant les titres de la société ORPEA, telles que sollicitées par les personnes agissant de concert qui se proposaient de souscrire aux augmentations de capital.

Cette décision de l'AMF a été l'objet d'un recours en justice et comme exposé plus haut, la Cour d'appel de Paris a confirmé l'analyse effectuée par l'AMF.

Dans ce dossier, les actionnaires d'ORPEA réunis en classe de parties affectées ont finalement décidé de rejeter le projet de plan de sauvegarde et pour la première fois, le tribunal a arrêté le plan de sauvegarde et par la mise en œuvre du mécanisme de l'application forcée interclasse, l'a imposé aux classes dissidentes.

Casino

Dans l'affaire *Casino*, l'AMF a également constaté dans sa décision (I&D 224C0062, 10 janv. 2024, *Casino*), que les faits qui lui avaient été soumis, matérialisaient une situation avérée de difficulté financière (existence d'une procédure de conciliation, forte dégradation des résultats semestriels, dette nette supérieure à six milliards d'euros, non-respect des covenants financiers, et observation des commissaires aux comptes relative à l'incertitude de la continuation d'exploitation) et qu'il fallait en conséquence procéder à une reconstitution des fonds propres par augmentations de capital de la société Casino

Guichard-Perrachon (« Casino »).

Casino comme ORPEA avait demandé l'ouverture d'une procédure de sauvegarde accélérée et le plan de sauvegarde devait être approuvé par les différentes classes de parties affectées.

Concernant l'approbation par l'assemblée générale des actionnaires de Casino des augmentations de capital prévues dans le cadre du plan de sauvegarde, l'AMF a adopté la même position que celle qu'elle avait développée dans l'affaire *ORPEA*.

Elle a relevé en premier lieu qu'en application des dispositions applicables à la sauvegarde accélérée, le projet de plan de sauvegarde comprenant les augmentations de capital à l'origine de l'obligation d'offre publique pour le demandeur à la dérogation, devait être soumis au vote des actionnaires réunis en classes de parties affectées.

L'AMF a rappelé ensuite que si les actionnaires réunis en classe de parties affectées approuvaient le plan de sauvegarde, cela revenait pour eux à approuver *de facto* les augmentations de capital prévues dans le cadre dudit plan. Elle constatait enfin que les principaux actionnaires actuels (c'est-à-dire Jean-Charles Naouri *via* la société Rallye) avaient décidé de soutenir le plan ce qui expliquait selon elle que l'application des dispositions relatives à l'application forcée interclasse opposable aux actionnaires n'était pas prévue dans le plan de sauvegarde.

Sur le fondement de cette analyse, l'AMF a considéré que les conditions étaient réunies pour octroyer les dérogations au dépôt obligatoire d'un projet d'offre publique visant les titres de Casino, sollicitées par les personnes agissant de concert qui se proposaient de souscrire aux augmentations de capital.

Pourtant et même si lors du vote du plan de sauvegarde, la classe n° 7 des actionnaires a voté à 98,87 % des voix en faveur du plan de sauvegarde, la classe chirographaire n°5 constitué d'un seul membre a décidé de s'abstenir sur le vote du plan. A la suite de cette abstention, il a été décidé pour sécuriser le processus d'adoption, de mettre en œuvre le mécanisme d'application forcée interclasse.

L'AMF a exprimé dans le dossier Casino, sa position dans un contexte plus favorable que celui existant au moment de la recapitalisation d'ORPEA. La Cour d'appel de Paris s'était manifestée entre temps et permettait ainsi à l'AMF de s'arrimer à la décision du juge et de se référer ainsi à une approche préalablement validée par l'autorité judiciaire.

L'AMF a exprimé dans le dossier Casino, sa position dans un contexte plus favorable que celui existant au moment de la recapitalisation d'ORPEA. La Cour d'appel de Paris s'était manifestée entre temps et permettait ainsi à l'AMF de s'arrimer à la décision du juge et de se référer ainsi à une approche préalablement validée par l'autorité judiciaire.

3.4. Opérations sur le capital

3.4.1. Champ d'application

Les opérations sur le capital sont visées par les 3°, 4° et 5° de l'article 234-9 du règlement général de l'AMF. Nous nous attarderons plus spécifiquement sur les cas de dérogations prévues aux 3° et 4° de l'article 234-9 du règlement général de l'AMF, c'est-à-dire sur les opérations de fusions et d'apports d'actifs soumises à l'approbation de l'assemblée générale des actionnaires accompagnées, ou non, d'une mise en concert.

Si le libellé de la dérogation aurait pu laisser planer une hésitation quant à son champ d'application aux seules opérations d'apport partiel d'actifs soumis au régime des scissions ou, également aux opérations d'apport en nature d'actifs, la pratique est claire sur le fait que ce cas de dérogation s'applique sans aucune difficulté aux apports en nature et plus particulièrement aux apports en nature de titres de sociétés dont les actions sont admises aux négociations sur un marché règlementé.

Encore faut-il que l'opération en question, qu'il s'agisse d'une fusion ou d'un apport, fasse l'objet d'une approbation par l'assemblée générale de la société au sein de laquelle le seuil est franchi.

Le respect de cette condition est essentiel pour que l'AMF octroie la dérogation. Comme exposé plus haut, le fait que ces opérations soient soumises à l'approbation de l'assemblée générale est primordiale aux yeux de l'AMF car ce vote concourt à la préservation des intérêts des actionnaires dans la mesure où ces derniers ont la faculté de faire valoir une opposition *via* l'expression d'une minorité de blocage.

3.4.2. Mécanismes de neutralisation

Cette faculté pour les actionnaires de faire valoir une opposition résulte parfois d'une disposition légale, tel est le cas dans une opération d'apport en nature. Ainsi, l'apporteur, lorsqu'il est déjà actionnaire de la société bénéficiaire de l'apport, ne peut pas participer au vote sur l'évaluation de l'apport, ses actions ne sont alors pas prises en compte pour le calcul de la majorité et, par voie de conséquence, pour le calcul du *quorum* (I&D 211C1817, 20 juill. 2021, *Compagnie des Alpes* ; I&D 219C0394, 5 mars 2019, *Covivio Hôtels*).

Lorsqu'aucun mécanisme de neutralisation n'est prévu légalement, comme c'est le cas par exemple lors d'une fusion, il arrive souvent en pratique que les auteurs du franchissement des seuils d'offre obligatoire prennent des engagements de sorte à ne pas influer sur le résultat du vote de l'assemblée générale de la société dont les seuils sont franchis.

Tel a été le cas par exemple pour :

- la fusion-absorption par Videlio (dont les titres sont admis aux négociations sur Euronext Paris) de sa société mère, la société Fin Cap. Au résultat de cette fusion et de l'annulation des titres Videlio qui étaient détenus par Fin Cap, la société Crozaloc déjà détentrice d'une participation directe dans Videlio, a franchi à la hausse les seuils de 30 % du capital et des droits de vote dans la société cotée. Cet accroissement de participation devait résulter de l'absorption d'une *holding* ayant la forme d'une société par actions simplifiée dans lequel Crozaloc détenait une participation significative mais sans la contrôler seule (I&D 215C1815, 26 nov. 2015, *Videlio*). A l'appui de sa demande de dérogation, Crozaloc a notamment pris l'engagement de neutraliser son influence sur le vote des résolutions de l'assemblée générale de Videlio concernant l'opération de fusion et, en conséquence, à ne pas exercer les droits de vote qu'elle détenait à titre direct.

Lorsqu'aucun mécanisme de neutralisation n'est prévu légalement, comme c'est le cas par exemple lors d'une fusion, il arrive en pratique souvent que les auteurs du franchissement des seuils d'offre obligatoire prennent des engagements pour ne pas influer sur le résultat du vote de l'assemblée générale de la société dont les seuils sont franchis.

- l'apport en nature à la société Quantel (dont les titres sont admis aux négociations sur Euronext Paris) par Esira de l'intégralité des actions de son groupe. L'actionnaire principal de Quantel est la société Eurodyne (qui est contrôlée à 100 % par la société Esira). Au résultat de cette opération d'apport, Esira devait franchir, individuellement en hausse (mais aussi indirectement par l'intermédiaire de la société Eurodyne) les seuils de 30 % du capital et des droits de vote de Quantel. Eurodyne n'étant pas l'apporteur, elle n'était pas privée de son droit de vote à l'assemblée générale des actionnaires de Quantel appelée à statuer sur l'évaluation de l'apport. Cependant, à l'appui de sa demande de dérogation, Eurodyne s'est engagée volontairement à ne pas influer sur les décisions de l'assemblée générale de Quantel relatives à l'approbation de l'apport en votant en faveur de ces résolutions à hauteur des deux-tiers des voix dont elle dispose et en votant contre ces mêmes résolutions à hauteur d'un-tiers des voix dont elle dispose (I&D 217C2144, 18 sept. 2017, *Quantel*)
- Alstom (I&D 218C0954, 29 mai 2018, *Alstom*) : Siemens s'est engagée à procéder à l'ap-

port-scission de ses actifs mobilités, comprenant notamment son activité de traction ferroviaire, au profit d'Alstom. Au résultat de cette opération d'apport-scission, Siemens devait franchir en hausse les seuils de 30 % du capital et des droits de vote d'Alstom. A l'appui de sa demande de dérogation, Siemens a précisé qu'aucun accord particulier n'avait été conclu avec Bouygues (actionnaire principal d'Alstom avant l'opération d'apport-scission) visant à garantir à cette dernière des conditions particulières sur une éventuelle cession de sa participation d'Alstom de sorte que cette opération d'apport-scission n'était pas une manière masquée de racheter la participation de Bouygues. Siemens a précisé aussi que cette opération d'apport-scission serait soumise à l'approbation de l'assemblée générale d'Alstom avec des actionnaires qui pourront voter de manière indépendante (compte tenu notamment de l'absence d'accord entre Siemens et Bouygues).

Ces engagements éventuels de neutralisation sont également pris dans les demandes de dérogation par ceux qui franchissent des seuils d'offre obligatoire au résultat d'opérations de réduction du nombre total de titres de capital ou du nombre total de droits de vote existant, opérations qui font l'objet du 5° de l'article 234-9 du règlement général de l'AMF.

Ainsi, les engagements suivants ont été pris :

- Société Fermière du Casino Municipal de Cannes (I&D 223C1124, 18 juill. 2023, *Société Fermière du Casino Municipal de Cannes*) : aux termes d'une opération de rachat de ses propres actions par la Société Fermière du Casino Municipal de Cannes, la société Casinvest a franchi à la hausse les seuils de 30 % des droits de vote. A l'appui de sa demande de dérogation, Casinvest a pris l'engagement de ne pas prendre part à l'adoption de la décision de rachat d'actions en s'abstenant de voter au niveau du conseil d'administration et de l'assemblée générale des actionnaires.

- Highco (I&D 222C1555, 7 juill. 2022, *Highco*) : la société Highco envisageait de procéder à une réduction du nombre total de ses actions par voie d'annulation d'une partie de ses titres qui seraient acquis dans le cadre d'un programme de rachat. L'annulation des actions ainsi rachetées conduirait à une hausse pour WPP de plus de 1 % en 12 mois consécutifs de sa participation (en capital et en droits de vote). A l'appui de sa demande de dérogation, WPP a pris l'engagement de ne pas voter en assemblée générale la résolution autorisant l'annulation des actions auto-détenues et de faire en sorte que ses représentants au conseil de surveillance s'abstiennent également de voter sur l'inscription de cette résolution à l'ordre du jour par le directoire.

Ces engagements de neutralisation sont également pris dans les demandes de dérogation par ceux qui franchissent des seuils d'offre obligatoire au résultat d'opérations de réduction du nombre total de titres de capital ou du nombre total de droits de vote existant, opérations qui font l'objet du 5° de l'article 234-9 du règlement général de l'AMF.

- Société Centrale des Bois et Scierie de la Manche (I&D 219C2191, 6 nov. 2019, *Société Centrale des Bois et Scierie de la Manche*) : la Société Centrale des Bois et Scierie de la Manche a envisagé de procéder au rachat-annulation de ses propres actions représentant 6,26 % de son capital. Au résultat de cette opération, M. Jacques Lecroix devait accroître sa participation, initialement comprise entre 30 % et 50 % de plus de 1 % sur moins de 12 mois consécutifs. A l'appui de sa demande de dérogation, Monsieur Jacques Lecroix a fait valoir qu'il s'était engagé à ne pas influer sur la décision qui serait prise lors de l'assemblée générale en répartissant ses droits de vote dans les conditions suivantes : deux-tiers des voix pour l'adoption et un-tiers des voix contre l'adoption. Par ailleurs, il a pris l'engagement de ne pas prendre part au vote des décisions du conseil d'administration appelées à mettre en œuvre la réduction de capital.

Il est intéressant de noter que ces engagements de neutralisation ne constituent cependant pas une condition indispensable pour l'AMF pour accorder une dérogation. Prenons par exemple la fusion-absorption par I2PO S.A., une *special purpose acquisition company* ou SPAC dont une partie des actions était admise aux négociations sur le compartiment professionnel d'Euronext Paris, de la société Deezer S.A. Au résultat de cette fusion, deux actionnaires historiques de Deezer, agissant de concert entre eux, devaient franchir en hausse les seuils de 30 % du capital et des droits de vote d'I2PO S.A. Aucun engagement de neutralisation n'avait été pris par les actionnaires à l'initiative de la demande de dérogation. Il aurait pu être demandé par l'AMF que, par analogie avec les autres opérations dans lesquelles des engagements avaient été pris, les actionnaires à l'origine de la demande de dérogation prennent des engagements de ne pas influer sur le vote de l'assemblée générale de Deezer (société absorbée) ou sur les décisions du conseil d'administration de Deezer devant se prononcer sur la fusion. L'AMF a, selon toute vraisemblance, estimé que ces engagements n'étaient pas nécessaires au cas d'espèce dans la mesure où ils ne pouvaient être souscrits par les personnes concernées qu'au niveau de la société absorbée et non pas au niveau de la société absorbante, alors que c'est dans cette dernière que les seuils auraient été franchis au résultat de la fusion (I&F 222C1272, 30 mai 2022 et 222C2048, 11 août 2022, *I2PO*).

On se reportera enfin sur cette question à la position claire et utile prise par l'ANSA. Le Comité Juridique de juin 2016 (n° 16-025) a considéré que cette renonciation à un droit était valide sur le plan juridique. Elle a d'abord rappelé que le droit de vote constitue évidemment un droit essentiel de l'actionnaire (ou un droit propre)[15], que les statuts ne peuvent supprimer que dans les cas prévus par la loi[16]. Même s'il est reconnu comme fondamental, cela ne semble pas exclure *a priori* selon cette position la faculté de renonciation par l'actionnaire, mais à titre ponctuel. La renonciation à un droit constitue un acte unilatéral par lequel le titulaire abdique une prérogative. La renonciation suppose donc, conformément au droit commun, une manifestation non équivoque de volonté libre et une pleine connaissance de la prérogative à laquelle une personne capable renonce. L'objet de la renonciation doit être déterminé ou déterminable.

Cependant le comité juridique tempère en observant : « *Le principe du droit de vote de l'actionnaire constitue un élément essentiel du contrat de société et, dès lors, il ne peut en disposer librement. L'existence de ce droit ne peut dépendre d'une décision individuelle. Le droit de vote aux assemblées générales s'inscrit en effet dans un cadre collectif. Seules l'abstention ponctuelle ainsi que d'éventuelles conventions sur l'exercice du vote peuvent résulter d'une décision de chaque actionnaire.* ». La renonciation ou la neutralisation ne saurait être par conséquent que très temporaire.

Ces opérations complexes peuvent s'accompagner d'une mise en concert entre actionnaires historiques de la société cotée et nouveaux actionnaires du fait de l'apport ou de la fusion, ou encore de la conclusion d'un accord de concert entre les actionnaires « remontés » dans le capital de la société cotée. C'est alors l'agrégation des participations des concertistes post opération qui entraîne l'obligation de dépôt d'une offre.

3.4.3. Opérations cumulées à la conclusion d'un accord de mise en concert

Dans certaines hypothèses, la réalisation de l'opération d'apport ou de fusion n'entraine pas, à elle seule, l'obligation de déposer une offre obligatoire. Tel est le cas notamment lorsqu'au résultat de l'opération d'apport ou de fusion, l'apporteur ou les actionnaires de la société absorbée ne franchissent par les seuils concernés dans la société cotée. Le fait générateur de l'obligation peut en effet se trouver dans la réalisation d'autres opérations qui ont lieu concomitamment aux opérations d'apport ou de fusion. En pratique, il n'est pas rare que ces opérations complexes s'accompagnent en effet d'une mise en concert notamment avec les actionnaires historiques de la société bénéficiaire de l'apport

15 - C. civ., art. 1844 : « *Tout associé a le droit de participer aux décisions collectives* ».

16 - Com. 9 févr. 1999, n° 96-17.661 P, *Château Yquem* ; Com. 23 oct. 2007, n° 06-16.537 P.

ou de la société absorbante ou encore qu'il y ait conclusion d'un accord de concert entre les différents actionnaires « remontés » dans le capital de la société cotée. C'est l'agrégation des participations des concertistes *post* opération qui entraine le franchissement de seuils déclenchant l'obligation de dépôt d'une offre.

Tel a été le cas pour :

- ALD (I&D 222C2474, 10 nov. 2022, *ALD*) : développée ci-dessus.

- Icade (I&D 216C0765, 30 mars 2016, *Icade*) : Icade était contrôlée majoritairement par la société HoldCo SIIC qui était elle-même contrôlée par la Caisse des dépôts et des consignations à hauteur de 75,07 % du capital, le solde étant détenu par Groupama. Icade envisageait de procéder à la fusion-absorption de la société HoldCo SIIC. A la suite de cette fusion, il était prévu que la Caisse des dépôts et des consignations et Groupama deviendraient actionnaires directs d'Icade, la première à hauteur de 38,99 % du capital et des droits de vote et la seconde à hauteur de 12,95 %. Ils concluraient entre eux un pacte concertant. Au résultat de ces opérations, la Caisse des dépôts et des consignations franchirait à titre direct et individuel le seuil de 30 % du capital et des droits de vote d'Icade, et Groupama franchirait de concert en hausse les mêmes seuils. L'AMF a octroyé la demande de dérogation faisant valoir que la Caisse des dépôts et des consignations détenait, préalablement à la fusion, de manière indirecte, la majorité des droits de vote d'Icade, que l'opération consistait en un cumul d'une fusion soumise à l'approbation des actionnaires d'Icade et de la conclusion d'un accord constitutif d'une action de concert au sein duquel la Caisse des dépôts et desconsignations serait prédominante. La dérogation était donc également accordée sur le fondement de l'article 234-7, 1° du règlement général de l'AMF.

Dans le cadre du cumul de la conclusion d'un pacte et d'opérations d'apport ou de fusion (pacte entre les principaux actionnaires historiques de l'absorbante ou de la société bénéficiaire de l'apport et les nouveaux entrants du fait de la réalisation de la fusion ou de l'apport), les engagements de neutralisation de votes peuvent être pris par les actionnaires historiques en voie de perdre la majorité dans la société absorbante ou la société bénéficiaire de l'apport en raison de la dilution de leurs participations, mais qui se sont accordés avec ces nouveaux entrants pour organiser leurs relations futures d'associés. Cette neutralisation est tout particulièrement importante lorsque les anciens contrôlants vont perdre ce contrôle du fait de l'opération, ou si l'accord conclu est constitutif d'une action de concert, ne seront pas prédominants au sein du concert ainsi constitué. Cette possibilité de négocier les relations futures avec le ou les nouveaux entrants confère au majoritaire capable d'emporter à lui seul les décisions en assemblée générale de la société cotée une position particulière.

Ayant un intérêt à l'opération, et l'opération ayant pour conséquence de modifier le contrôle de la société cotée, il est assez courant alors que ce majoritaire neutralise une partie de ses votes pour permettre aux minoritaires de la société cotée de s'opposer s'ils ne sont pas favorables au projet qui leur est soumis.

Ce fut par exemple le cas de la société Verneuil Participations détentrice de 74,21 % des droits de vote de Société Française de Casinos (« SFC ») qui s'engagea à ne pas influer sur les décisions de l'assemblée générale extraordinaire de SFC appelée à approuver l'opération d'apport par Framerilis SNC de 44,5 % de Société *Holding* de Casino au profit de SFC. Framerilis SNC devait détenir *post* apport 60,6 % du capital de CFC, Verneuil Participation se trouvant diluée et perdant la majorité. Framerilis SNC et Verneuil Participations étaient en outre convenues de signer dans le cadre de l'apport, un accord d'actionnaires de SFC incluant un droit de préemption et une clause de sortie conjointe[17] (I&D 207C2299, 16 oct. 2007, *SFC*).

17 - La société Verneuil Participations s'est engagée à ne pas influer sur les décisions de l'assemblée générale extraordinaire du 25 oct. 2007 de SRC, relative à l'approbation de l'apport des 44,44 % de SHC à SFC. A cet égard, Verneuil Participations a indiqué qu'à l'occasion du vote des résolutions concernant lesdits apports :
- elle limitera sa participation à hauteur de 25 % du capital social de SFC afin que, en application de l'art. L. 225-96 C. com., le *quorum* sur première convocation de cette assemblée soit réuni ; et
- elle votera en faveur des résolutions qui seront soumises avec deux tiers des voix dont elle disposera pour cette assemblée et contre ces mêmes résolutions pour un tiers.

4

LA CIBLE ENTRE EN SCÈNE

OPA – PRATIQUES PROFESSIONNELLES ET INTERDISCIPLINARITÉ

Pas de deux, dans le meilleur des cas, bataille rangée dans le pire… l'offre publique suppose toujours un partenaire ou un adversaire.

Le terme de « cible » est particulièrement bien choisi pour désigner la société visée par l'offre puisqu'elle est à la fois l'« objet » d'un processus lancé par l'initiateur et au centre de toutes les attentions. S'il arrive souvent que la cible finisse par être absorbée ou renommée à l'issue de l'offre, elle conservera la postérité d'une épitaphe : on désigne les offres qui ont marqué les esprits par le nom de leur cible plutôt que par celui de leur initiateur.

Les contributions de ce chapitre mettent en avant les différentes parties impliquées au niveau de la cible. Ses organes de gouvernance d'abord, qui vont la représenter dans l'offre, qu'elle l'accueille ou qu'elle y résiste. Les intervenants spécifiques à l'offre ensuite, au premier rang desquels le comité *ad hoc*. Institutionnalisé depuis 2020, celui-ci est devenu l'interlocuteur privilégié de l'expert indépendant, professionnel incontournable de l'offre par la maïeutique qu'il instaure avec la cible et par la garantie qu'il apporte au marché.

par **Fabrice Veverka**,[1]
Avocat associé, Willkie Farr & Gallagher LLP
et **Victor Cann**,
Avocat, Willkie Farr & Gallagher LLP

Le rôle des organes de gouvernance de la cible

Sommés d'apprécier les mérites d'une offre au regard de l'intérêt social de la société aux destinées de laquelle ils président, les organes de gouvernance doivent se faire les gardiens d'une pluralité d'intérêts, au risque de voir leur responsabilité mise en cause. Il revient également aux organes de direction de mettre en œuvre – le cas échéant – des mesures de défense si l'offre est jugée hostile.

La règlementation des offres publiques ayant pour objectif principal de sauvegarder les intérêts des investisseurs et du marché, elle assigne aux personnes concernées par l'offre l'obligation de respecter des principes directeurs[2]. La société cible et ses organes de gouvernance, en tant que personnes concernées par l'offre, sont ainsi soumis à des obligations dans ses décisions et déclarations, avec pour « *boussole* » l'intérêt social et l'égalité de traitement des actionnaires ou porteurs de titres financiers[3]. Le rôle des organes de gouvernance de la société cible pose principalement la question de l'accueil par cette société d'une offre publique qui n'aurait pas été préalablement sollicitée par elle.

En effet, si la grande majorité des offres publiques sont en pratique « *amicales* »[4], une offre publique peut également être, sinon « *hostile* », du moins non-sollicitée par la société visée[5]. Dans ce cas, il appartient aux organes de gouvernance de cette société d'apprécier l'offre et, le cas échéant, de tirer les conséquences des termes de cette offre au regard de l'intérêt de la société cible.

Or, l'appréciation de l'intérêt social par les organes de gouvernance de la société visée est d'autant plus difficile que ces derniers doivent prendre en considération les intérêts de l'ensemble des parties prenantes (« *stakeholders* »), qui peuvent être très différents selon les personnes concernées, voire contradictoires.

Cette situation est d'autant plus complexe que l'offre a également un effet sur la situation des organes de gouvernance eux-mêmes ; des conflits d'intérêts peuvent naître, notamment lorsque les dirigeants tirent des avantages particuliers de la réalisation de l'opération (par exemple, par des promesses de maintien en fonction ou par des intéressements financiers) ou, au contraire, lorsqu'elle les menace directement et qu'ils souhaitent donc qu'elle échoue (par exemple, en cas de menace de révocation ou de suppression de poste).

Le positionnement des organes de gouvernance de la société cible sur une offre non-sollicitée est en pratique déterminant puisque ceux-ci peuvent prendre toute une série de mesures pour faire échouer l'offre, et peuvent donc avoir

1 - Les auteurs remercient Mademoiselle Laure Chemama

2 - Règl. gén. AMF, art. 231-3.

3 - Règl. gén. AMF, art. 231-7.

4 - Guide épargnant, *Comprendre les offres publiques d'acquisition : OPA, OPE, etc.*, AMF, 27 oct. 2020 : une offre publique est dite « *amicale* » lorsqu'elle est effectuée avec l'accord du conseil d'administration ou du conseil de surveillance de la société cible.

5 - L. Boisseau, *Suez-Veolia : pourquoi les OPA hostiles finissent presque toujours par aboutir, Les Echos*, 3 sept. 2020 : depuis 2010, seules sept offres étaient hostiles sur un total de 350 offres publiques. V. notamment la section du présent ouvrage consacrée à l'approche non sollicitée (Chap. 1).

une incidence directe sur son issue[6].

Ce danger a d'ailleurs été exprimé dans le rapport du Groupe d'experts de haut niveau en droit des sociétés sur des questions liées aux offres publiques d'acquisition, qui a précédé l'élaboration de la directive OPA du 21 avril 2004[7] : « *Les mécanismes défensifs sont souvent coûteux en soi et ils privent l'offrant de la possibilité de créer de la richesse en exploitant les éventuelles synergies si son offre aboutit. Surtout, les dirigeants d'une société font face à un sérieux conflit d'intérêts en cas d'OPA. Souvent la qualité de leur travail et leurs projets sont remis en question, et leur emploi menacé. Leur intérêt consiste donc davantage à conserver leur poste et à préserver leur réputation qu'à maximiser la valeur de la société au profit des actionnaires. Cet intérêt personnel risque de primer sur leur volonté de présenter les actionnaires ou les autres parties intéressées. Il convient donc que les actionnaires puissent décider par eux-mêmes et que les autres parties intéressées soient protégées par des règles spécifiques (relevant par exemple, du droit du travail ou de l'environnement)* »[8].

La loi n° 2006-387 du 31 mars 2006 de transposition de la directive OPA avait choisi[9] de limiter l'implication des dirigeants de la société cible dans l'appréciation de l'offre publique afin de préserver la liberté des actionnaires de choisir d'apporter ou non à l'offre. Ce principe a cependant été renversé par la loi n° 2014-384 du 29 mars 2014 dite « Florange » qui a redonné la liberté d'action aux dirigeants de la cible en leur permettant de prendre des mesures de défense sans avoir besoin de l'accord systématique des actionnaires.

Le rôle des organes de gouvernance de la société cible dans le cadre d'une offre publique consiste ainsi tout d'abord à apprécier les termes du projet d'offre reçu de l'initiateur et à faire connaître sa position. Selon leur positionnement face à cette offre, les organes dirigeants de la société peuvent mettre en œuvre, le cas échéant, des mesures destinées à en contrecarrer l'issue.

1. L'appréciation du projet d'offre par les organes de gouvernance de la société visée par l'offre

Une offre publique a par essence un impact sur le cours des titres financiers qu'elle vise. Aussi les dirigeants de la société cible doivent ils veiller à respecter les principes généraux de la communication financière durant la période d'offre. Le positionnement particulier du conseil d'administration ou de surveillance est alors formalisé dans un avis sur les mérites de l'offre, dont la motivation doit être exposée notamment au travers d'une note d'information en réponse.

1.1. La communication par les organes de gouvernance de la société cible dans le contexte d'une offre publique

Outre le devoir continu des organes de gouvernance de la potentielle société cible d'assurer une bonne information du marché, ces derniers peuvent également décider de publier un communiqué dès l'annonce du projet d'offre par l'initiateur.

1.1.1. La gestion de l'information en amont de l'offre

En amont de l'annonce d'une offre publique, en présence de mouvements significatifs sur des instruments financiers[10] ou de variations de prix ou de volumes inhabituelles, l'AMF peut demander aux personnes dont il existe des motifs raisonnables de penser qu'elles préparent, seules ou de concert, une offre publique d'acquisition, d'informer, dans un

6 - Règl. gén. AMF, art. 231-7, al. 2.

7 - Dir. 2004/25/CE du Parlement européen et du Conseil, 21 avr. 2004 concernant les offres publiques d'acquisition.

8 - Rapp. du Groupe d'experts de haut niveau en droit des sociétés sur des questions liées aux offres publiques d'acquisition, Bruxelles, 10 janv. 2002.

9 - La Dir. OPA avait en effet laissé le choix aux Etats membres de transposer ou non le principe de neutralité dans leur droit interne.

10 - C. mon. fin., art. L. 433-1, V.

délai qu'elle fixe, le marché de leurs intentions[11]. Ce dispositif « anti-rumeur » offre donc une faculté à l'AMF d'interroger le potentiel initiateur sur ses intentions quant à une éventuelle cible[12]. Si les dirigeants ne disposent pas du pouvoir d'enjoindre directement le potentiel initiateur de dévoiler ses intentions, ils pourront néanmoins solliciter l'AMF afin qu'elle exerce ce pouvoir en cas de rumeurs de lancement d'une offre publique sur leur société[13].

Parallèlement, un émetteur n'a pas l'obligation de communiquer sur toutes les rumeurs le concernant. Toutefois, si la publication d'une information a été différée, à l'instar de discussions abouties avec un initiateur sur un projet d'offre publique, et que la confidentialité de cette information privilégiée n'est plus assurée, l'émetteur doit publier cette information privilégiée dès que possible. Cette obligation couvre notamment les situations dans lesquelles une rumeur fait explicitement référence à une information privilégiée dont la publication a été différée lorsque cette rumeur est suffisamment précise pour que la confidentialité de cette information ne soit plus assurée[14].

Les organes de gouvernance de la société cible ainsi que leurs conseils doivent faire preuve d'une vigilance particulière dans leurs déclarations au cours de la période précédant l'offre, le règlement Abus de Marché prohibant, en tant que manipulation de marché, la diffusion d'informations, par quelque moyen que ce soit, donnant ou étant susceptibles de donner des indications fausses ou trompeuses en ce qui concerne l'offre, la demande ou le cours d'un instrument financier (ou étant susceptibles de fixer ce cours à un niveau anormal ou artificiel)[15]. Ceci n'empêche pas les dirigeants de la société cible de se positionner de façon informelle en amont de l'offre. Ainsi, alors qu'Atos avait transmis aux dirigeants de Gemalto une offre d'achat des actions de la société, sans qu'un projet d'offre publique n'ait été formellement déposé, le président-directeur général de Gemalto prenait déjà position pour rejeter l'offre[16].

Plus généralement, les discussions préparatoires entre les dirigeants d'un potentiel initiateur et de la société cible[17] pourront, en fonction de leur stade d'avancement, constituer une information privilégiée emportant consubstantiellement l'interdiction pour les dirigeants de la cible d'intervenir sur les titres de celle-ci[18]. Il conviendra dès lors que les parties prenantes concluent des accords de confidentialité prenant la mesure du caractère privilégié des informations qu'elles échangent ou faisant l'objet de leurs discussions, en particulier lorsque ces discussions s'accompagnent de la mise en place d'une « *data room* »[19].

1.1.2. La faculté de communiquer sur l'offre

Dès la publication par l'initiateur du communiqué contenant les principaux éléments de son projet de note d'information, la société cible peut elle-même publier un communiqué « *aux fins de faire connaître l'avis de son conseil d'administration ou de son conseil de surveillance ou, dans le cas d'une société étrangère, de l'organe compétent, sur l'intérêt de l'offre ou sur les conséquences de celle-ci pour la société visée, ses actionnaires et ses salariés* »[20].

Ce communiqué contient certaines des informations qui seront reprises dans la note

11 - Règl. gén. AMF, art. 223-32.

12 - Y Schmidt, M Sallé, *Artémis/Suez, première application du dispositif de gestion des rumeurs d'OPA : l'AMF devra clarifier ses intentions, LPA*, 4 juin 2007, n° 111, p. 3.

13 - Ainsi la société Suez a sollicité en 2006 l'AMF afin qu'elle enjoigne le Groupe Pinault et Enel de déclarer leurs intentions au marché. V. Thibault Madelin, *Suez appelle l'AMF en renfort face à la rumeur François Pinault, Les Echos*, 2 janv. 2007.

14 - Règl. (UE) n° 596/2014, 16 avr. 2014 sur les abus de marché, art. 17.7.

15 - Règl. (UE) n° 596/2014, 16 avr. 2014 sur les abus de marché, art. 12(c) et 15.

16 - Ph. Vallée, *L'offre d'Atos n'est pas la bonne pour Gemalto, Les Echos*, 14 déc. 2017.

17 - O. Diaz, *L'attitude de la société cible lors des différentes phases d'une manifestation d'intérêt pour une société cotée, RDBF*, n° 6, nov. 2007, étude 28.

18 - Règl. (UE) n° 596/2014, 16 avr. 2014 sur les abus de marché, art. 12(c) et 15.

19 - *Guide de l'information permanente et de la gestion de l'information privilégiée*, AMF DOC-2016-08, art. 3.2.

20 - Règl. gén. AMF, art. 231-17, al. 1er.

d'information en réponse[21].

Ainsi, le conseil d'administration de Gameloft a fait connaître dès le 29 février 2016 son avis sur l'offre publique déposée sur ses titres le 18 février 2016 par Vivendi. Cet avis a ensuite été repris dans la note d'information en réponse publiée par Gameloft le 29 mars.

En tout état de cause, outre le devoir général de vigilance applicable à tout mandataire social, les organes de gouvernance de la société cible, en tant que personne concernée par l'offre, ainsi que leurs conseils doivent faire preuve d'une vigilance particulière dans leurs déclarations[22], celles-ci pouvant avoir une influence significative sur l'appréciation de l'offre par le marché et donc sur l'issue de l'opération projetée.

Faisant écho au principe général de la communication financière aux termes duquel « *l'information donnée au public par l'émetteur doit être exacte, précise et sincère* »[23], le règlement général de l'AMF dispose ainsi : « *Les personnes concernées par l'offre, leurs dirigeants et leurs conseils doivent faire preuve d'une vigilance particulière dans leurs déclarations* » et que leurs communications ne doivent notamment pas « *comporter d'indications de nature à induire le public en erreur ou susceptibles de jeter le discrédit sur l'initiateur de l'offre (…)* », ces dispositions étant également applicables en période de préoffre[24].

A titre d'exemple, dans le cadre de l'offre publique initiée par Veolia sur les titres de Suez, l'AMF a considéré que le communiqué publié par Suez le 21 mars 2021 intitulé « *Suez propose une solution négociée à Veolia soutenue par une offre ferme Ardian-GIP* » ne contribuait pas à la bonne information des investisseurs car il faisait référence à une « offre ferme » du *consortium* Ardian-GIP et mettait en avant, sans réelles précisions sur le périmètre des actifs concernés, une valorisation de 20 euros par action qui ne correspondait pas, en réalité, à un prix ou à une valeur que les actionnaires de Suez étaient en mesure de recevoir[25] ce que Suez contestait[26].

Par ailleurs, tout élément d'information complémentaire à la note en réponse visée par l'AMF doit être porté à la connaissance du public sous forme de communiqué dont l'auteur s'assure de la diffusion selon les modalités fixées à l'article 221-3 du règlement général de l'AMF[27].

1.2. L'avis motivé du conseil

Il appartient aux organes de gouvernance de la société cible d'émettre un avis motivé sur l'offre. Cependant, lorsque l'opération risque de générer un conflit d'intérêts au sein du conseil d'administration ou de surveillance de la société cible, susceptible d'avoir une influence sur cet avis motivé, un comité *ad hoc* et un expert indépendant doivent être nommés. Cet avis motivé peut conduire les organes de gouvernance de la cible à voir leur responsabilité recherchée s'il n'est pas conforme à l'intérêt social.

1.2.1. L'élaboration de l'avis motivé

L'avis motivé est établi par le conseil d'administration ou le conseil de surveillance de la société visée par l'offre ou, dans le cas d'une société étrangère, par l'organe compétent.

L'appréciation de l'offre par les organes de direction de la cible doit s'effectuer à l'aune de son intérêt pour la société visée, ses actionnaires et ses salariés[28]. A ces éléments classiques s'ajoute désormais la prise en considération des enjeux sociaux et

21 - Règl. gén. AMF, art. 231-17, al. 2.

22 - Règl. gén. AMF, art. 231-36, al. 1er.

23 - Règl. gén. AMF, art. 223-1.

24 - Règl. gén. AMF, art. 231-36.

25 - Communiqué de l'AMF, Suez-Veolia, 2 avr. 2021.

26 - Suez relevant ne pas connaître « *les conditions négociées par Veolia avec Meridiam, ni le prix, ni le financement* », « *l'AMF est injuste avec les actionnaires de Suez affirme Philippe Varin* », *Les Echos*, 6 avr. 2021.

27 - Règl. gén. AMF, art. 231-37.

28 - Règl. gén. AMF, art. 231-17 et 231-19, 4°.

environnementaux de l'activité de la société[29]. Il appartient donc aux organes de gouvernance de prendre en compte l'intérêt social de la société cible au sens large du terme[30], entendu comme englobant l'ensemble des intérêts en présence, au moment d'exprimer leur avis sur l'offre[31]. Antérieurement à la loi « Florange », les actionnaires disposaient de la compétence de principe pour apprécier les mérites de l'offre. Par conséquent, l'avis motivé du conseil leur était premièrement destiné et la prise en considération de ceux-ci en constituait le centre de gravité. En abandonnant le principe de neutralité des organes de gouvernance de la société cible, la loi Florange impose au conseil d'administration ou de surveillance de prendre en considération des intérêts plus larges que ceux des seuls actionnaires et donc de considérer l'offre au-delà de ses seuls aspects financiers. Si les éléments principaux qui seront appréciés sont le prix de l'offre et le projet économique proposé par l'initiateur, la difficulté résidera pour le conseil dans la nécessité de prendre en considération l'ensemble des intérêts en présence, qui peuvent s'avérer contradictoires : une offre financièrement attractive pour les actionnaires peut ainsi impliquer des réductions d'effectifs importantes ou la cession de branches ou d'actifs significatifs.

Le conseil doit expliquer sa position et exposer les éléments sur lesquels il a basé celle-ci. Un simple jugement sur l'offre dénué de motivation ne saurait tenir lieu d'avis. A cet effet, l'avis motivé doit préciser[32] :

- les diligences effectuées par le conseil d'administration ou de surveillance aux fins de la préparation de l'avis motivé ; l'intérêt de l'offre et les conséquences de celle-ci pour la société visée, ses actionnaires et ses salariés, et, le cas échéant, les mesures susceptibles de faire échouer l'offre qu'elle a mises en œuvre ou décide de mettre en œuvre. En cas de mesure nouvelle susceptible de faire échouer l'offre, la société publie un communiqué pour en informer le marché ;

- les conditions de vote dans lesquelles cet avis motivé a été obtenu en précisant le nombre de membres présents ou absents, le résultat du vote et, le cas échéant, les opinions divergentes, tout membre du conseil pouvant demander qu'il soit fait état de son identité et de sa position.

En abandonnant le principe de neutralité des organes de gouvernance de la société cible, la loi Florange impose au conseil d'administration ou de surveillance de prendre en considération des intérêts plus larges que ceux des seuls actionnaires et donc de considérer l'offre au-delà de ses seuls aspects financiers.

L'instruction de l'AMF relative aux offres publiques[33] ajoute que l'avis motivé doit également préciser :

- le processus et le fondement de la désignation de l'expert et les éléments qui ont concouru à sa désignation, en ce compris l'expérience, la composition et les qualifications des personnels dédiés à la mission, ainsi que les moyens matériels de l'expert ;

- la liste des réunions concernant l'offre publique auxquelles les membres de l'organe social compétent ont assisté. Cette liste comprend notamment les thèmes et les problématiques abordés ;

- dans l'hypothèse où un plan d'affaires a été transmis à l'expert, si celui-ci a été revu ou approuvé par l'organe social compétent de la société visée selon les procédures habituelles, s'il traduit, au moment de l'offre publique, la

29 - C. civ. art. 1833 et C. com., art. L. 225-35, al. 1er.

30 - V. déjà AFEP-CNPF, *Le conseil d'administration des sociétés cotées*, juill. 1995, dit rapp. Viénot I p. 9 : « *L'intérêt social peut se définir comme l'intérêt supérieur de la personne morale elle-même, c'est-à-dire de l'entreprise considérée comme un agent économique autonome, poursuivant des fins propres, distinctes notamment de celles de ses actionnaires, de ses salariés, de ses créanciers, dont le fisc, de ses fournisseurs et de ses clients, mais qui correspondent à leur intérêt général commun, qui est d'assurer la prospérité et la continuité de l'entreprise* ». Cette définition n'a pas été reprise dans les versions ultérieures du rapport, devenu le code de gouvernement d'entreprise des sociétés cotées de l'AFEP et du Medef.

31 - A. Viandier, *OPA, OPE et autres offres publiques*, 5e éd., Francis Lefebvre, 2014, n° 2025.

32 - Règl. gén. AMF, art. 231-19, 4°.

33 - Instr. AMF DOC-2006-07, art. 3.

meilleure estimation possible des prévisions de la société visée, et s'il n'existe pas d'autres données prévisionnelles pertinentes[34] ;

• dans l'hypothèse où un plan d'affaires a été transmis à l'expert, une explication des éventuelles différences significatives entre ce plan et la communication financière antérieure de la société visée ;

• le cas échéant, les raisons pour lesquelles aucun plan d'affaires ou aucune donnée prévisionnelle pertinente n'ont été transmis à l'expert ; et

• les principales observations écrites d'actionnaires et les éléments de réponse apportés, le cas échéant, en lien avec le rapport de l'expert indépendant.

Cet avis motivé doit être inclus, le cas échéant, dans le communiqué de presse publié par la société en application de l'article 231-17 du règlement général de l'AMF et dans le projet de note en réponse.

1.2.2. La gestion des conflits d'intérêts

Les enjeux liés à une offre publique pouvant donner lieu à des conflits d'intérêts, le processus de restitution de l'avis motivé doit tenir compte de cette réalité.

Le règlement général de l'AMF prévoit expressément l'hypothèse d'un risque de conflit d'intérêts au sein du conseil d'administration ou de surveillance « *de nature à nuire à l'objectivité de l'avis motivé [...] ou de mettre en cause l'égalité des actionnaires ou des porteurs des instruments financiers qui font l'objet de l'offre* »[35], et liste à cette fin, de manière non limitative, différentes circonstances caractérisant l'existence d'un tel risque au sein de l'organe de gouvernance de la société.

Parmi ces différentes hypothèses, le règlement général de l'AMF vise notamment le cas dans lequel « *les dirigeants de la société visée ou les personnes qui la contrôlent au sens de l'article L. 233-3 du code de commerce ont conclu un accord avec l'initiateur de l'offre susceptible d'affecter leur indépendance* »[36]. Cela peut, par exemple, consister en un accord conclu entre les dirigeants et l'initiateur de l'offre aux termes duquel l'initiateur s'engagerait à maintenir les dirigeants concernés dans leurs fonctions et/ou à leur verser une compensation financière.

Si l'AMF avait déjà recommandé, dès 2006[37], que soit désigné, le cas échéant, un comité d'administrateurs indépendants ou de membres du conseil de surveillance indépendants (un « comité *ad hoc* ») pour assurer la supervision de la mission de l'expert, en pratique cette recommandation n'était pas toujours suivie d'effet. A la suite d'une consultation publique lancée par l'AMF en septembre 2019, un groupe de travail a été constitué afin, notamment, de réfléchir à une amélioration de la réglementation et des pratiques relatives à l'expertise indépendante. Ce groupe de travail avait conclu que « *l'existence d'un comité ad hoc de l'organe social compétent de la société visée composé d'administrateurs indépendants en nombre suffisant chargés de superviser, lors de toutes ses phases, la mission de l'expert indépendant restait nécessaire pour permettre à la société visée d'émettre un avis motivé pertinent* »[38]. Le groupe de travail avait également proposé d'étendre le rôle de ce comité *ad hoc* à la nomination de l'expert sur la base d'une lettre de mission.

Dans la lignée de ce rapport, l'article 261-1 du règlement général de l'AMF a été modifié pour prévoir désormais en son III que « *L'expert indépendant est désigné, dans les conditions fixées par une instruction de l'AMF, par l'organe social compétent de la société visée sur proposition d'un comité ad hoc composé d'au moins trois membres et comportant une majorité de membres indépendants. Ce comité assure le suivi des travaux de l'expert et prépare un projet d'avis motivé* ».

34 - V. notamment la section du présent ouvrage consacrée à l'appréhension du plan d'affaires par l'expert indépendant (Chap. 4).

35 - Règl. gén. AMF, art. 261-1, I.

36 - Règl. gén. AMF, art. 261-1, I, 2°.

37 - Recomm. AMF, DOC-2006-15.

38 - Rapp. du groupe de travail de l'AMF, Les conditions de mise en œuvre du retrait obligatoire et l'expertise indépendante dans le cadre des offres publiques, sept. 2019.

Dès lors, en cas de conflits d'intérêts identifiés ou supposés et afin de limiter les risques de contestation de l'avis, le conseil d'administration ou de surveillance de la société cible doit mettre en place un comité *ad hoc* composé d'au moins trois membres et comportant une majorité de membres indépendants[39]. Si le règlement général de l'AMF ne précise pas les critères à l'aune desquels l'indépendance des administrateurs membres de ce comité doit être appréciée, on observe en pratique que celle-ci est jugée au regard des critères des codes Afep-Medef[40] ou Middlenext[41].

Le comité *ad hoc* ainsi constitué est chargé de formuler une proposition au conseil d'administration ou de surveillance sur l'identité de l'expert indépendant devant être nommé et de suivre l'exécution de ses travaux. La société cible doit adresser à l'expert une lettre de mission indiquant les termes et modalités de sa mission, le fondement règlementaire de celle-ci ainsi que les situations de conflits d'intérêts identifiées[42].

Si la société cible n'est pas en mesure de constituer un comité *ad hoc*[43], elle doit alors soumettre à l'AMF l'identité de l'expert qu'elle entend désigner en précisant les termes et modalités de sa mission, le fondement règlementaire de celle-ci et les situations de conflits d'intérêts identifiées, les moyens humains mis à la disposition de l'expert, le programme de travail prévisionnel détaillé, le nombre d'heures de travail anticipé ainsi que la rémunération prévue[44]. L'AMF dispose alors d'un délai de dix jours de négociation pour s'opposer à la nomination de cet expert lorsqu'elle estime que l'expert proposé ne présente pas les compétences ou les garanties suffisantes pour assurer sa mission.

Le comité *ad hoc* est chargé de piloter le travail de l'expert indépendant et de préparer le projet d'avis motivé qui devra être adopté par le conseil d'administration ou de surveillance. Dans le cas où l'organe social adopte un avis motivé qui s'écarte du projet proposé par le comité *ad hoc*, il doit en faire connaître les raisons dans son avis[45].

Si un expert indépendant a été désigné, le communiqué publié par la société cible doit mentionner les conclusions de son rapport[46]. Si, au jour du dépôt du projet de note d'information établi par l'initiateur, l'expert indépendant n'a pas achevé sa mission ou n'a pas été désigné, la société visée informe le public par voie de communiqué de l'identité de l'expert indépendant dès la publication du projet de note de l'initiateur ou dès la désignation de l'expert[47]. Les organes de gouvernance de la cible peuvent, en dehors même de tout risque de conflit d'intérêts, choisir de nommer de façon facultative un expert indépendant[48]. Une telle nomination pourra notamment s'avérer protectrice pour eux en cas d'action en responsabilité.

L'expert indépendant doit établir un rapport sur les conditions financières de l'offre ayant pour objectif de permettre au conseil d'administration ou de surveillance de la société visée de précisément les appréhender afin de rendre son avis motivé. Le rôle de l'expert n'est pas de fixer le prix des titres mais seulement d'apprécier si le prix proposé par l'initiateur est équitable pour les actionnaires. Son rapport est donc essentiellement destiné à ceux-ci afin qu'ils puissent décider en toute connaissance de cause d'apporter ou non leurs titres à l'offre[49]. Le contenu du rapport de l'expert doit notamment mentionner les diligences

---

39 - Règl. gén. AMF, art. 261-1, III.

40 - Code de gouvernement d'entreprise des sociétés cotées de l'Afep-Medef, déc. 2022, art. 10.

41 - Code de gouvernement d'entreprise Middlenext, art. R 3, sept. 2021.

42 - Instr. AMF DOC-2006-08, art. 1er.

43 - C'est le cas si la société cible ne dispose pas d'administrateurs indépendants.

44 - Instr. AMF DOC-2006-08, art 2.

45 - Règl. gén. AMF, art. 231-19, 4°.

46 - Règl. gén. AMF, art. 231-17, al. 2.

47 - Règl. gén. AMF, art. 231-17, al. 3.

48 - Règl. gén. AMF, art. 261-3.

49 - J-J Daigre, *Offre de l'Etat sur EDF : du sens de l'expertise indépendante, BJS*, janv. 2023, p. 1.

effectuées et les méthodes retenues[50].

L'AMF dispose de la faculté d'apprécier le rapport de l'expert indépendant. En effet, s'il apparaît au régulateur que le rapport d'expertise contient des insuffisances significatives ou que l'expert est lui-même en situation de conflit d'intérêts, il peut demander à la société cible de désigner à ses frais un nouvel expert indépendant aux fins d'émettre une nouvelle attestation d'équité[51]. Le choix de l'expert par les organes sociaux n'est donc pas une question à prendre à la légère.

1.2.3. La portée de l'avis motivé

L'avis émis par le conseil d'administration peut avoir une grande importance dans le choix des actionnaires de la cible d'apporter ou non leurs titres à l'offre (c'est d'ailleurs sa « raison d'être » d'un point de vue réglementaire). Dans le cas d'une offre inamicale, les termes utilisés par le conseil d'administration de la société cible peuvent être sans équivoque : à la suite du dépôt par Vivendi de son projet d'offre publique visant la société Gameloft, le conseil d'administration de cette dernière a, par exemple, vivement réagi dans son avis motivé en considérant « *à l'unanimité [...] (i) que l'Offre n'est pas conforme aux intérêts de la Société, de ses actionnaires et de ses salariés et (ii) recommande aux actionnaires de la Société de ne pas apporter leurs titres à l'Offre* »[52].

Dès lors, un grand pouvoir impliquant une grande responsabilité, les actionnaires mécontents de l'issue d'une offre publique pourraient être tentés de rechercher celle des administrateurs devant les tribunaux compétents. Sans qu'il n'ait donné lieu à un recours, l'avis motivé du conseil d'administration de la Ruche Picarde fut ainsi analysé par la COB comme « *une décision de gestion contestable éventuellement devant les tribunaux de majorité* » tout en estimant au cas d'espèce que « *le conseil d'administration pouvait légitimement estimer, dans une perspective à long terme, qu'il était dans l'intérêt de la société de refuser l'offre de la SFPIC* »[53].

La responsabilité des dirigeants peut également être engagée si les informations qu'ils communiquent sont trompeuses. Ainsi, fut retenue la responsabilité d'administrateurs représentant les actionnaires majoritaires d'une société pour avoir recommandé aux minoritaires de vendre leurs titres dans le cadre d'une réduction de capital sans les informer de la valeur réelle de ceux-ci[54]. Par ailleurs, dans un arrêt du 17 janvier 2002[55], la Cour d'appel de Versailles a estimé qu'une recommandation émanant du conseil d'administration destinée

S'il apparait au régulateur que le rapport d'expertise contient des insuffisances significatives ou que l'expert est lui-même en situation de conflit d'intérêts, il peut demander à la société cible de désigner à ses frais un nouvel expert indépendant aux fins d'émettre une nouvelle attestation d'équité.

aux actionnaires d'apporter leurs actions à une offre de rachat constituait une décision engageant la société et était de nature à engager la responsabilité de ses dirigeants. Au cas d'espèce, il était reproché une faute de négligence aux dirigeants pour n'avoir pas vérifié au préalable que le prix proposé était justifié. La Cour d'appel débouta les demandeurs faute d'avoir prouvé l'existence d'un préjudice personnel distinct de celui de la société.

Le préjudice indemnisable d'un actionnaire ayant fondé sa décision d'investissement sur de fausses informations est limité à la perte de chance d'avoir investi ses capitaux dans un autre placement pour autant qu'il démontre un préjudice personnel distinct

50 - Instr. AMF DOC-2006-08, art. 3.
51 - Règl. gén. AMF, art. 261-1-1, II.
52 - Note d'information en réponse de la société Gameloft, 29 mars 2016, n° 216C0751.
53 - COB, Rapp. pour 1980, p. 89.
54 - Com., 8 nov. 2005, n° 03-19.679.
55 - CA Versailles (13e ch.), 17 janv. 2002, Juris-data n° 2002-179289.

de celui de la société. Cette solution a été dégagée clairement par l'arrêt « Gaudriot »[56] dont l'attendu énonce que « *celui qui acquiert ou conserve des titres émis par voie d'offre au public au vu d'information inexactes, imprécises ou trompeuses sur la situation de la société émettrice perd seulement une chance d'investir ses capitaux dans un autre placement ou de renoncer à celui déjà réalisé* ». Si cette appréciation du préjudice a été rendue dans une affaire de présentation trompeuse des comptes, elle peut être aisément transposée à un cas d'avis motivé rendu par le conseil d'administration ou de surveillance d'une société. En effet, que l'avis soit positif alors même que l'offre est sous-évaluée, ou au contraire que l'avis soit négatif bien que l'offre soit attractive financièrement, il pourra être reproché par les actionnaires s'étant fondés sur cet avis une perte de chance soit d'avoir pu percevoir un meilleur prix, soit d'avoir conservé leurs titres alors même que l'offre leur aurait permis de bénéficier d'une valorisation plus attractive que la valeur de marché[57].

Afin de limiter ce risque de responsabilité, il peut être utile d'avoir recours à des tiers (banques conseils, cabinets d'avocats, experts indépendants, etc.) : l'intervention de conseils extérieurs est de nature à assurer la qualité de l'avis motivé du conseil – dont il peut être précisé que l'AMF peut refuser de le voir inséré dans une note d'information en réponse s'il n'est pas dûment motivé – et, au-delà, à attester de la réalité des diligences mises en œuvre.

1.3. Les obligations documentaires à la charge de la société cible

1.3.1. La publication d'une note en réponse

En réponse à la note d'information déposée par l'initiateur, les dirigeants de la cible doivent préparer et déposer une note d'information en réponse[58] dont le contenu est précisé par l'article 231-19 du règlement général de l'AMF[59].

Si cette appréciation du préjudice a été rendue dans une affaire de présentation trompeuse des comptes, elle peut être aisément transposée à un cas d'avis motivé rendu par le conseil d'administration ou de surveillance d'une société.

Cette note doit mentionner :

- toute clause d'accord conclue par les personnes concernées par l'offre ou leurs actionnaires susceptible d'avoir une incidence sur l'appréciation de l'offre ou son issue[60] ;
- les éléments liés à la structure du capital tels que mentionnés à l'article L. 22-10-11 du code de commerce, le cas échéant actualisés à la date de l'offre ;
- le rapport de l'expert indépendant dans les cas prévus à l'article 261-1 du règlement général de l'AMF : il est précisé que la société visée peut, sous sa responsabilité, décider de ne pas mentionner certaines informations figurant dans le rapport de l'expert indépendant afin de ne pas porter atteinte à ses intérêts légitimes, sous réserve que cette omission ne risque pas d'induire le public en erreur ;
- dans les cas prévus aux articles L. 2312-42 à L. 2312-51 du code du travail, l'avis du CSE de la société visée et, le cas échéant, le rapport de l'expert-comptable réalisé pour le compte du comité d'entreprise en application des dispositions de l'article L. 2312-45 du code du travail ;
- l'avis motivé du conseil d'administration ou du conseil de surveillance ou, dans le cas d'une société étrangère, de l'organe compétent ;
- lorsqu'elles sont disponibles et diffèrent de l'avis motivé mentionné ci-dessus, les observations du CSE ou, à défaut, des membres du personnel ;

---

56 - Com., 9 mars 2010, n° 08-21.457.

57 - D.R. Martin, *De la causalité dans la responsabilité civile du prêteur, Banque et Droit* nov.-déc. 1993. 3, spec. II, B. p. 7, col 2 : « *La perte de chance représente le dommage consistant en l'aggravation d'une probabilité funeste ou la diminution d'une probabilité heureuse. Elle ne désigne donc qu'un préjudice de substitution auquel on recourt lorsque, convaincu de l'implication de la faute dans le dommage, on ne peut raisonnablement lui prêter, comme prolongement causal qu'une incidence sur la probabilité qu'avait la victime de subir la frustration dont elle se plaint* ».

58 - Sauf dans le cas de l'établissement d'une note d'information conjointe avec l'initiateur.

59 - Le contenu de la note d'information en réponse est également précisé par Instr. AMF DOC-2006-01, art. 3.

60 - Règl. gén. AMF, art. 231-5.

- les intentions des membres des organes sociaux d'apporter ou non leurs titres à l'offre, précisant en particulier, si l'offre comporte plusieurs branches, celle à laquelle ils ont l'intention d'apporter leurs titres, le cas échéant ; et
- les modalités de mise à disposition des informations mentionnées à l'article 231-28 du règlement général de l'AMF.

La note en réponse comporte la signature du représentant légal de la société visée attestant l'exactitude des informations y figurant ; à ce titre, le dirigeant qui signe la note en réponse publiée par la société engage sa responsabilité sur les informations qu'elle contient. La première page de la note en réponse indique d'ailleurs systématiquement que la note « *engage la responsabilité de son signataire* ». Il doit cependant être précisé que la reprise, dans la note en réponse, d'informations inexactes figurant dans la note d'information de l'initiateur n'est pas de nature à engager la responsabilité des dirigeants de la cible s'ils ignoraient que ces informations étaient inexactes[61].

Le projet de note en réponse doit être déposé par la société cible auprès de l'AMF au plus tard le cinquième jour de négociation suivant la publication de la déclaration de conformité de l'AMF[62].

Par exception, lorsqu'un expert indépendant est désigné en application de l'article 261-1, la société cible dépose le projet de note en réponse au plus tard le vingtième jour de négociation suivant le début de la période d'offre[63].

Lorsque l'offre est déposée par un actionnaire détenant déjà, directement ou indirectement, seul ou de concert au sens de l'article L. 233-10 du code de commerce, la moitié au moins du capital et des droits de vote de la société visée, cette dernière ne peut déposer son projet de note en réponse avant l'expiration du délai de quinze jours de négociation suivant le dépôt du projet de la note d'information par l'initiateur[64].

Pour les offres à l'occasion desquelles le comité social et économique doit être informé et consulté en application des dispositions des articles L. 2312-42 à L. 2312-51 du code du travail, la société visée dépose le projet de note en réponse à la date la plus tardive des deux événements suivants[65] :

lorsqu'un expert indépendant est désigné en application de l'article 261-1 du règlement général de l'AMF, au plus tard le vingtième jour de négociation suivant le début de la période d'offre ;

dans les autres cas, au plus tard le quinzième jour de négociation suivant le début de la période d'offre.

En tout état de cause, le dépôt de la note en réponse ne peut intervenir avant l'avis du comité d'entreprise de la société visée ou la date à laquelle le comité d'entreprise est réputé avoir été consulté tel que prévu à l'article L. 2312-46 du code du travail[66].

Dès son dépôt, le projet de note en réponse est mis à la disposition du public[67]. Il fait l'objet d'un communiqué dont la société visée s'assure de la diffusion selon les modalités fixées à l'article 221-3 du règlement général de l'AMF. Ce communiqué donne les principaux éléments du projet de note en réponse, en précise les modalités de mise à disposition et comporte la mention « *L'offre et le présent Projet de Note en Réponse restent soumis à l'examen de l'AMF* »[68].

À l'exception des cas prévus au II de l'article 231-20, l'autorité de marché dispose d'un délai de cinq jours de négociation suivant le dépôt du projet de note en réponse pour délivrer son visa dans les conditions prévues à l'article 231-20. Pendant ce délai, elle est habilitée à

61 - AMF, Comm. sanction 17 déc. 2009, *Bull. Joly Bourse* 2010, p. 223, note D. Bompoint.

62 - Règl. gén. AMF, art. 231-26, I, 1°.

63 - Règl. gén. AMF, art. 231-26, I, 2°.

64 - Règl. gén. AMF, art. 231-26, I, 3°.

65 - Règl. gén. AMF, art. 231-26, I, 4°.

66 - Règl. gén. AMF, art. 231-26, I, 4°.

67 - Règl. gén. AMF, art. 231-16.

68 - Règl. gén. AMF, art. 231-26, II.

requérir toute information complémentaire nécessaire à son appréciation. Le délai est alors suspendu ; il recommence à courir à réception des éléments requis[69].

1.3.2. Le document « autres informations »

La société cible doit également déposer à l'AMF et mettre à la disposition du public, au plus tard la veille du jour de l'ouverture de l'offre, les informations relatives à ses caractéristiques, notamment juridiques, financières et comptables[70]. L'instruction de l'AMF relative aux offres publiques[71] précise que la société cible dépose auprès de l'AMF et publie une mise à jour des éléments significatifs de l'information périodique et permanente publiée au cours de l'exercice, et que ces informations sont signées par le représentant légal de la société.

La société cible doit également déposer, au plus tard la veille du jour de l'ouverture de l'offre, une attestation garantissant que l'ensemble des informations requises a été déposé et a été ou sera diffusé ; la société visée atteste également que ces informations sont conformes à la réalité et ne comportent pas d'omission de nature à en altérer la portée[72].

2. Les mesures pouvant être mises en œuvre par les organes de gouvernance de la cible

Dans le cas où les organes de gouvernance de la société cible auraient été amenés à rejeter le projet d'offre, ils sont habilités par principe pour adopter des mesures destinées à faire échouer une offre publique. Certaines de ces techniques ont pu être employées dans des offres récentes. Néanmoins, ces mesures constituent des actes lourds de conséquences susceptibles d'engager la responsabilité de leurs auteurs.

2.1. Le positionnement du conseil par rapport à l'offre

Si, sous l'empire du droit antérieur, les organes de gouvernance de la société cible étaient soumis à un principe de neutralité, leur rôle dans l'accueil de l'offre a été sensiblement renforcé depuis la loi « Florange » de 2014, qui a renversé ce principe.

2.1.1. Le principe de neutralité des organes de gouvernance de la société cible sous l'empire du droit antérieur

La loi française de transposition de la directive OPA[73] limitait, en application de la faculté offerte par la directive, les pouvoirs des organes de gouvernance de la société cible face à une offre publique non-sollicitée et réservait aux actionnaires le choix du positionnement sur cette offre[74].

A cette fin, cette loi avait consacré un principe de neutralité des organes de gouvernance, selon lequel toute mesure susceptible de faire échouer l'offre devait être approuvée (si elle était nouvelle) ou confirmée (si elle était en cours) par les actionnaires de la cible. Les pouvoirs des dirigeants sociaux se trouvaient, en période d'offre, essentiellement cantonnés à gérer les affaires courantes. En pratique, le conseil d'administration ne pouvait donc pas prendre de nouvelle mesure, et toute mesure en cours (décidée préalablement à l'offre) était automatiquement suspendue, sauf accord des actionnaires en cours d'offre. Les délégations de compétence ou de pouvoirs des actionnaires au conseil d'administration étaient automatiquement suspendues. Seules les mesures destinées à la recherche d'autres offres étaient admises.

Ce principe ne trouvait toutefois à s'appliquer qu'en cas de réciprocité : ainsi, si l'initiateur de l'offre n'était pas soumis légalement à des règles de neutralité équivalentes, les organes sociaux de la société cible disposaient

69 - Règl. gén. AMF, art. 231-26, III.

70 - Règl. gén. AMF, art. 231-28, I.

71 - Instr. AMF DOC-2006-07 relative aux offres publiques d'acquisition, art. 6.

72 - Règl. gén. AMF, art. 231-28, IV et Instr. AMF DOC-2006-07 relative aux offres publiques d'acquisition, art. 6.

73 - L. n° 2006-387, 31 mars 2006.

74 - Dossier ANSA n° 06-061.

alors d'une liberté d'action dans la mise en œuvre de mesures de défense, à la condition toutefois que les mesures appliquées aient été approuvées par les actionnaires dans les dix-huit mois précédents.

2.1.2. L'abandon du principe de neutralité des organes de gouvernance

La loi « Florange » du 29 mars 2014[75], afin de renforcer la protection des sociétés face à des offres publiques non-sollicitées, a renversé le principe en permettant désormais aux organes de gouvernance de la société cible de prendre des mesures de défense sans devoir recueillir l'accord systématique des actionnaires.

L'article L. 233-32, I du code de commerce dispose ainsi dorénavant que : « *Pendant la période d'offre publique visant une société dont des actions sont admises aux négociations sur un marché réglementé, le conseil d'administration ou le directoire, après autorisation du conseil de surveillance de la société visée, peut prendre toute décision dont la mise en œuvre est susceptible de faire échouer l'offre, sous réserve des pouvoirs expressément attribués aux assemblées générales dans la limite de l'intérêt social de la société* »[76].

En outre, la loi « Florange » a maintenu le dispositif de bons d'offre (dits « bons Breton »), institué par la loi de transposition de la directive OPA[77], permettant à l'assemblée de décider ou de déléguer au conseil d'administration ou au directoire le pouvoir d'émettre à tous les actionnaires des bons permettant de souscrire des actions à des conditions préférentielles. L'utilisation de ces bons permet alors de renchérir le coût de l'offre publique ou de diluer la participation d'un initiateur non désiré si la prise de contrôle a déjà eu lieu[78].

Les actionnaires restent cependant libres de choisir de limiter l'ampleur des pouvoirs des organes de gouvernance dans les statuts, qui peuvent stipuler[79] que les mesures prévues à l'article L. 233-32, I du code de commerce doivent être autorisées préalablement par l'assemblée générale ou que celles-ci ne peuvent être mises en œuvre que pour autant que les dirigeants de l'initiateur, ou l'entité le contrôlant, ne soient pas soumis, légalement ou statutairement, au principe de neutralité[80].

La pratique montre qu'aucune des mesures de défense pouvant être mises en oeuvre n'est totalement efficace. Elles produisent cependant un effet non négligeable sur le prix de l'offre : en pratique, elles permettent souvent aux dirigeants d'obtenir un relèvement du prix offert par l'initiateur.

2.2. Les mesures de défense pouvant être mises en œuvre

Fruits de la pratique et de l'inventivité des conseils des sociétés cibles, les moyens de défense anti-OPA ont connu un renouveau avec l'abandon du principe de neutralité. Dans le cadre d'un calendrier restreint, les organes de gouvernance des sociétés cibles sont placés aux avant-postes dans l'adoption rapide de mesures destinées à contrecarrer l'offre, mais le plus souvent aboutissant uniquement à en améliorer les termes[81]. La pratique montre cependant qu'aucune de ces mesures n'est totalement efficace. Le plus souvent, la mise en œuvre de ces mesures anti-OPA n'empêche pas l'offre d'aboutir.

Elles produisent cependant un effet non négligeable sur le prix de l'offre : en pratique, elles

75 - L. n° 2014-384, 29 mars 2014.

76 - Il peut être souligné que cet article vise précisément « *le conseil d'administration ou le directoire* » : pendant la période d'offre, il y a dessaisissement partiel des pouvoirs du dirigeant exécutif au profit de l'organe collégial.

77 - Le Nabasque, *RDBF* 2006, n°86.

78 - C. com., art. L. 233-32, II.

79 - A notre connaissance, aucune société du CAC 40 n'a fait usage de cette faculté dans ses statuts.

80 - C. com., art. L. 233-33.

81 - L. Boisseau, *préc.*

permettent souvent aux dirigeants d'obtenir un relèvement du prix offert par l'initiateur[82] et de gagner du temps pour rechercher des alternatives[83].

Si le conseil d'administration (ou le directoire après autorisation du conseil de surveillance), décide de prendre une décision dont la mise en œuvre est susceptible de faire échouer l'offre, il en informe l'AMF[84].

Cette section n'a pas pour vocation de dresser un inventaire exhaustif des mesures pouvant être adoptées par les organes de gouvernance de la société cible mais permettra de revenir sur plusieurs offres récentes où de telles défenses ont été mises en œuvre.

2.2.1. Suez/Veolia

L'offre formulée par Veolia sur Suez au cours des années 2020/2021 est particulièrement emblématique des tensions qui peuvent se faire jour durant les batailles boursières. Cette opération a débuté par un communiqué du 30 août 2020 par lequel Veolia annonçait qu'une offre ferme avait été remise à Engie pour l'acquisition d'un bloc de 29,9 % du capital de Suez pour un prix de 15,50 euros par action et « *si [cette offre] est acceptée par Engie, Veolia a l'intention, à la suite de l'acquisition des 29,9 % des actions de Suez, de déposer une offre publique d'acquisition volontaire du solde des actions de Suez* » et « *les caractéristiques de l'offre publique et notamment son prix seront fixées lors de son dépôt. La fixation du prix tiendra compte du prix payé à Engie pour son bloc de 29,9 %, qui est une référence importante, et, le cas échéant, d'événements ultérieurs significatifs ayant affecté Suez* »[85].

Dans un contexte tendu faisant intervenir politiques, banquiers d'affaires et cabinets d'avocats, Suez a tenté par plusieurs moyens de contrecarrer les ambitions du frère ennemi, de la recherche de chevalier blanc avec le *consortium* Ardian-GIP au dépôt de multiples recours.

La défense qui mérite l'attention est basée sur la sanctuarisation des actifs par le biais d'une fondation, en l'occurrence une « *stichting* » néerlandaise. Cette défense permet ainsi de sanctuariser des actifs stratégiques d'une société cible, et opportunément de jouer sur les règles de droit de la concurrence et l'interdiction des abus de position dominante pour prévenir la réalisation d'une opération de rapprochement qui aurait normalement nécessité la cession de branches d'activité. Ce mode de défense n'est pas nouveau puisqu'il avait déjà fait l'objet d'une illustration lors de l'offre publique lancée par Mittal sur Arcelor au cours de l'année 2006. Le conseil d'administration d'Arcelor décida de transférer sa filiale canadienne Dofasco à une « *stichting* » pour une durée de 3 ans au cours desquels aucune cession ne pouvait intervenir. Cette redoutable mesure emportait un double effet puisque la société Dofasco restant dans le périmètre visé par l'offre, le coût de celle-ci se trouvait renchéri et impliquait l'accord des autorités de la concurrence canadienne et américaine pour la réussite de l'offre[86].

Le rapprochement de Veolia et de Suez étant de nature à engendrer d'importantes difficultés au regard du droit de la concurrence, Veolia prévoyait en cas de réussite de son offre de céder l'activité Eau France de Suez. Ayant identifié la situation, le conseil d'administration de Suez annonça par des communiqués des 23 septembre et 28 octobre 2020[87] la mise en place d'un dispositif assurant que la cession de l'activité Eau France n'aurait, pendant une durée de 4 ans, été possible qu'avec l'accord d'une fondation néerlandaise ou du conseil d'administration de Suez. Cette technique contraignait donc théoriquement Veolia à trouver un accord avec Suez, car si elle persistait dans sa démarche hostile et prenait le contrôle

82 - Veolia a proposé 20,50 euros par action Suez contre 18 euros, voire 15 euros dans un premier temps ; en 2006, Mittal Steel s'est finalement emparé d'Arcelor malgré la forte opposition du conseil, en valorisant dans sa dernière offre Arcelor 25,4 milliards d'euros contre 18,6 milliards d'euros dans sa première offre. Pour Leguide.com, Lagardère a relevé son offre de 24 à 28 euros par action. Axel Springer a proposé 38,50 euros contre 34 euros précédemment pour SeLoger.com. Vivendi a relevé son offre à deux reprises sur Gameloft (passée de 7 à 8 euros par action). Jacquet Metals a amélioré la parité proposée pour son OPE sur IMS en 2010 de 2,86 à 3,5.

83 - F. Barrière, *La loi Florange : une loi anti-OPA ?*, *Rev. sociétés* 2014. 279.

84 - Règl. gén. AMF, art. 231-7, al. 2.

85 - Veolia, communiqué de presse, 30 août 2020 et 28 oct. 2020.

86 - *La fondation, botte secrète d'Arcelor pour empêcher la revente de Dofasco*, *Les Echos*, 5 avr. 2006.

87 - Suez, communiqué de presse, 23 sept. 2020.

de sa cible, elle aurait été empêchée de disposer d'un actif qu'elle se devait pourtant de céder ou contrainte de céder un de ses propres actifs, comme le recommandent les autorités de concurrence en cas d'offre hostile[88].

La sanctuarisation d'un actif n'est pas sans conséquences pour la société qui en est à l'origine. La conformité à l'intérêt social constitue là encore le mètre-étalon de l'admissibilité d'une telle mesure, mais comme le note le Professeur Viandier : « *la vérification est facilitée si l'actif considéré est un élément clef de la prospérité future de l'entreprise et si l'offrant a annoncé son intention de le céder à un tiers* »[89]. L'offre sur Suez permet également de s'interroger sur l'organe détenant réellement la compétence pour organiser un tel transfert. A l'occasion d'une ordonnance contre la décision de transférer les actifs Eau France à la fondation de droit néerlandais, le tribunal de commerce de Nanterre décida sur requête de suspendre les effets de cette mesure « *jusqu'à l'issue d'une prochaine assemblée générale de Suez SA, appelée à statuer sur ledit montage juridique et ses conséquences* »[90], ordonnance qui fut quelques jours après rétractée en référé[91]. Le tribunal ne s'étant pas prononcé au fond à la suite de l'arrêt de la procédure, on pourra s'interroger sur la conformité d'une telle décision au regard des pouvoirs de principe accordés au conseil d'administration ou de surveillance depuis la loi Florange. Le recours à l'avis, voire l'accord de l'assemblée générale, se justifierait alors en cas de transferts d'actifs ayant pour effet d'empêcher la réalisation de l'objet social ; en dehors de ces cas, toute latitude devrait revenir aux organes de gouvernance.

La fondation Suez s'est surtout trouvée sous les feux des critiques lorsqu'à l'occasion d'un communiqué de presse en date du 21 mars 2021, le conseil d'administration de Suez en annonçait l'activation. Cette manœuvre s'accompagnait de la proposition faite à Veolia de trouver une solution négociée impliquant un relèvement du prix d'offre et un partage des

La sanctuarisation d'un actif n'est pas sans conséquences pour la société qui en est à l'origine. La conformité à l'intérêt social constitue là encore le mètre-étalon de l'admissibilité d'une telle mesure, mais comme le note le Professeur Viandier : « *la vérification est facilitée si l'actif considéré est un élément clef de la prospérité future de l'entreprise et si l'offrant a annoncé son intention de le céder à un tiers* ».

actifs de Suez entre Veolia et notamment le *consortium* formé par Ardian et GIP. A cet effet, le conseil d'administration modifia le dispositif de sa fondation puisque celle-ci ne pourrait être dissoute avant son terme que «*(i) si les principaux termes d'un accord prévoyant une possible offre publique sur SUEZ sont trouvés au plus tard le 20 avril 2021 ou (ii) automatiquement, si une offre publique en numéraire au moins égale à 22,5 euros par action fait l'objet d'un engagement public d'un offrant au plus tard le 5 mai 2021, avec ou sans recommandation du Conseil d'administration de SUEZ* »[92]. Cette initiative attira l'ire de l'AMF qui y vit une atteinte au libre jeu des offres et de leurs surenchères puisque le *consortium* se trouvait dans une situation de compétiteur avec Veolia sans pour autant avoir déposé d'offre[93]. Suez estimant au contraire que : « *le* consortium *Adian GIP n'est pas dans une situation de compétition avec la société Veolia car les solutions proposées*

88 - V. notamment la section du présent ouvrage consacrée au droit de la concurrence (Chap. 6) relevant que dans un scénario d'offre hostile, la communication de la Commission sur les remèdes invite ainsi l'acquéreur à privilégier les engagements de cession portant sur ses propres actifs : « *Dans le cas d'une OPA hostile, un engagement prévoyant la cession d'activités de la société cible peut, lorsque les parties notifiantes disposent d'informations limitées sur l'activité à céder, accroître le risque que cette activité ne débouche pas, à l'issue de la cession, sur un concurrent viable à même d'exercer durablement une concurrence sur le marché. Dans ce type de scénario, il peut donc s'avérer plus approprié pour les parties de proposer de céder des activités appartenant à l'acquéreur* » (Communication de la Commission concernant les mesures correctives recevables conformément au Règl. (CE) n° 139/2004 du Conseil et au Règl. (CE) n° 802/2004 de la Commission (2008/C 267 /01), pt 34.

89 - A. Viandier, OPA, OPE et autres offres publiques, préc., n° 2154.

90 - T. com Nanterre (Ord.), n° 2020/07285, 19 nov. 2020.

91 - T. com Nanterre (Ord.), n° 2021R00167, 23 fev. 2021

92 - Suez, communiqué de presse, 21 mars 2021.

93 - Communiqué de l'AMF, Suez-Veolia, 2 avr. 2021.

par le consortium *dépendent de la position de Veolia* »[94].

Malgré l'inventivité et la combativité déployée par Suez, l'offre de Veolia a néanmoins abouti dans le cadre d'un accord négocié entre les deux sociétés permettant un relèvement final du prix d'offre à 20,50 euros par action.

2.2.2. Gemalto/Atos

Dans un contexte de baisse de ses performances, les dirigeants de Gemalto ont reçu d'Atos le 28 novembre 2017 une proposition de rachat. L'offre rendue publique le 11 décembre suivant valorisait Gemalto à un montant de 4,3 milliards d'euros, soit un prix de 46 euros par action. Cette offre était présentée comme étant amicale : le communiqué de presse publié par Atos le 11 décembre 2017 souligne en effet expressément qu'« *Atos a remis au Conseil d'Administration de Gemalto le 28 novembre 2017 une offre amicale, attractive et qui prend en compte les intérêts de l'ensemble des parties prenantes. Depuis lors, Atos a réitéré ses intentions amicales* »[95]. Bien que la proposition d'Atos offrît une prime de 3,4 % par rapport au cours de bourse, le conseil d'administration de Gemalto rejeta la proposition[96]. Aucune bataille n'aura eu lieu, puisque Thalès proposa une offre le 17 décembre 2017 pour un prix de 51 euros par action entrainant l'abandon presque immédiat d'Atos[97]. Le reproche adressé sur le prix de l'offre d'Atos conduisit donc le conseil d'administration de Gemalto à approuver à l'unanimité l'offre de Thalès[98].

Cette affaire constitue un parfait exemple de « recherche d'un chevalier blanc », autrement dit, un tiers initiateur qui viendrait déposer, avec l'aval du conseil d'administration ou de surveillance de la société cible, une offre concurrente à celle de l'« initiateur initial ». Gemalto s'engageait par ailleurs à considérer comme hostile toute surenchère inférieure à 109 % du prix proposé par Thales. Cette position était assurée par l'émission de bons, ironie de l'histoire, analogues aux bons Bretons, renchérissant le coût d'une contre-offre formulée en dessous de ce seuil. Les organes de direction de la société cible pouvaient recourir à ces mesures dès avant la loi Florange puisque la prohibition d'adopter des mesures pouvant faire échouer l'offre trouvait une exception dans la recherche d'autres offres. La recherche d'une offre concurrente présente en effet l'avantage d'une augmentation du prix proposé aux actionnaires, puisque son prix doit être supérieur d'au moins 2 % au prix stipulé dans l'offre initiale[99].

2.2.3. Gameloft/Vivendi

L'acquisition du contrôle de Gameloft par Vivendi a pu être qualifiée d'implacable[100]. Entré au capital de la société, le 14 octobre 2015, Vivendi n'aura de cesse d'augmenter sa participation par un ramassage en bourse d'actions atteignant ainsi le 7 décembre 2015, une participation de 25,04 % du capital et 22,20 % des droits de vote. Face à cette prise de participation, la famille Guillemot, fondatrice de la société, a tenté de renforcer sa participation en acquérant des actions sur le marché jusqu'à 20 % environ du capital social.

Ce renforcement ne fut pas suffisant pour arrêter la dynamique mise en place par Vivendi, puisque le 18 février 2016, celle-ci déposait une offre publique d'acquisition au prix de 6 euros par action. Par un communiqué de presse du 18 février 2016, Vivendi, premier actionnaire en capital de Gameloft, annonçait son intention de déposer un projet d'offre publique d'acquisition sur la totalité des titres de Gameloft au prix de 6 euros par action. Cette offre fut rejetée à l'unanimité par le conseil d'administration de Gameloft qui a considéré, lors d'une réunion du 26 février 2016, que l'offre était contraire aux intérêts de la société[101].

Outre cette opposition marquée par le biais

94 - « Des erreurs graves factuelles » : la lettre de protestation envoyée par Suez à l'AMF, *Les Echos*, 6 avril 2021

95 - Communiqué de presse d'Atos, 11 déc. 2017 annonçant l'intention d'Atos de lancer une offre publique sur Gemalto.

96 - Communiqué de presse de Gemalto, 13 déc. 2017 intitulé « *Gemalto rejects unsolicited and conditional proposal by Atos* ».

97 - Communiqué de presse d'Atos, 17 déc. 2017 par lequel Atos abandonne son projet d'acquisition de Gemalto.

98 - Communiqué de presse conjoint de Thales et Gemalto, 17 déc. 2017 annonçant la signature d'un accord de rapprochement.

99 - Règl. gén. AMF, art. 232-17.

100 - J. Dupont-Calbo, *Six grandes OPA hostiles qui ont secoué la France avant celle de Veolia/Suez*, *Les Echos*, 8 févr. 2021.

101 - V. *supra*.

de l'avis motivé, le conseil d'administration de Gameloft a initié un recours contre la décision de conformité de l'offre publique rendue par l'AMF, en mettant en avant que l'offre n'était pas en cohérence avec les intentions annoncées par Vivendi lors de sa prise de participation initiale. La Cour d'appel de Paris n'a toutefois pas pu se prononcer sur ce recours. En effet, une fois la prise de contrôle par Vivendi achevée, Gameloft s'est désistée de la procédure.

Si cette offre a finalement abouti puisqu'elle a permis à Vivendi de prendre le contrôle de Gameloft à hauteur de 61,7 % du capital, l'opposition du conseil d'administration du fait de son caractère hostile a permis aux actionnaires d'obtenir un meilleur prix : alors que l'offre visait à l'origine un prix de 6 euros par action, elle a ensuite été augmentée à 7,20 euros par action fin février 2016, pour être finalement acceptée au prix de 8 euros par action en mai 2016. Cette dernière offre valorisait Gameloft près de 700 millions d'euros, soit le double de la valeur de Gameloft en bourse avant l'entrée au capital de Vivendi en octobre[102].

2.3. Les limites

De manière classique en droit des sociétés, le pouvoir des organes de gouvernance en matière de défense anti-OPA est cantonné par le champ de compétence réservé aux actionnaires, et par le nécessaire respect de l'intérêt social. A ces deux limites s'ajoute également celle, dans le cadre d'une offre publique[103], relative au respect des principes directeurs du droit boursier, dont le respect s'impose dès l'ouverture de la période d'offre[104].

2.3.1. Le nécessaire respect de la compétence réservée des actionnaires

Les pouvoirs de tout organe de gouvernance sont limités par la compétence réservée des actionnaires et, en particulier, s'agissant de la mise en œuvre de mesures de défense anti-OPA par ces organes.

Cette limite est d'ailleurs expressément rappelée par l'article L. 233-32 du code de commerce disposant que « *le conseil d'administration ou le directoire, après autorisation du conseil de surveillance de la société visée, peut prendre toute décision dont la mise en œuvre est susceptible de faire échouer l'offre, sous réserve des pouvoirs expressément attribués aux assemblées générales (...)* ».

Si cette offre a finalement abouti, l'opposition du conseil d'administration du fait de son offre hostile a permis aux actionnaires d'obtenir un meilleur prix.

Cependant, comme mentionné ci-avant, cette limitation tenant à la compétence réservée aux actionnaires de la cible ne restreint pas la faculté de l'assemblée des actionnaires de déléguer au conseil d'administration ou au directoire pouvoir ou compétence d'émettre des valeurs mobilières, selon les conditions de droit commun. Rien n'empêche d'ailleurs les actionnaires de limiter le champ de ces délégations aux seules périodes hors offres publiques, c'est-à-dire de forcer le conseil d'administration ou le directoire à revenir devant eux en période d'offre : « *Aux actionnaires de décider, « à froid », hors période d'offre, l'étendue des délégations qu'ils souhaitent que le conseil d'administration puisse utiliser « à chaud », en période d'offre* »[105].

En d'autres termes, toute mesure de défense qui se traduit par une modification statutaire (augmentation de capital, réduction de capital, fusion, etc.) ou qui relève de la compétence ordinaire des actionnaires devra être mise en œuvre avec l'autorisation des actionnaires directement ou en vertu d'une délégation

102 - *Une semaine avant la fin de l'OPA, Vivendi relève son offre sur Gameloft, Les Echos*, 20 mai 2016.

103 - L'AMF ayant cependant reconnu que tout en maintenant inchangée la rédaction de l'article 231-3 du Règl. gén. AMF à l'issue de la loi Florange, elle en ferait « *désormais une application pratique (...) qui tienne compte des dispositions modifiées de l'article L. 233-32 du code de commerce en ce qui concerne les mesures de défense mises en œuvre par la société cible* » (Consultation publique de l'AMF, 13 mai 2014, sur son projet de règlement général concernant les offres publiques d'acquisition).

104 - V. notamment la section du présent ouvrage consacrée à la période de préoffre (Chap. 2).

105 - F. Barrière, *La loi Florange : une loi anti-OPA ?, préc.*

accordée préalablement[106] ou pendant l'offre, ce qui n'est évidemment pas surprenant.

2.3.2. Le nécessaire respect de l'intérêt social

Là encore, l'article L. 233-32 du code de commerce rappelle la limite classique du droit des sociétés à l'action des dirigeants sociaux, tenant au respect de l'intérêt social : « *le conseil d'administration ou le directoire, après autorisation du conseil de surveillance de la société visée, peut prendre toute décision dont la mise en œuvre est susceptible de faire échouer l'offre, (...) dans la limite de l'intérêt social de la société* ».

L'article 231-7 du règlement général de l'AMF ajoute que « *Pendant la période d'offre publique, l'initiateur et la société visée s'assurent que leurs actes, décisions et déclarations n'ont pas pour effet de compromettre l'intérêt social (...)* ».

Il peut être simplement rappelé que l'intérêt social n'étant pas défini légalement, son champ reste largement débattu en doctrine. Cette notion fait l'objet de diverses définitions répondant à des conceptions différentes :

• pour certains, l'intérêt social se confond avec l'intérêt des actionnaires conformément à la conception traditionnelle du contrat de société. Or, dans le contexte d'une offre publique, l'intérêt des actionnaires consiste dans la liberté de choisir d'apporter ou non leurs titres à l'offre. Dans ce cas, tous les actes de défense mis en œuvre par les organes de gouvernance qui se traduiraient par un retrait de l'offre de l'initiateur pourraient être considérés comme contraires à l'intérêt social ;

• pour d'autres, l'intérêt social renvoie à l'intérêt de l'entreprise prise dans son ensemble, c'est-à-dire comme la synthèse des intérêts des différents acteurs de la vie de l'entreprise (actionnaires, salariés, créanciers, cocontractants, etc.). Cette deuxième conception semble prévaloir et a d'ailleurs été consacrée par le rapport Viénot[107] et d'après certains auteurs par le Tribunal de commerce dans l'affaire Scor/Covea, ce dernier faisant du conseil le gardien de cet intérêt social élargi[108].

Toute mesure de défense qui se traduit par une modification statutaire (augmentation de capital, réduction de capital, fusion, etc.) ou qui relève de la compétence ordinaire des actionnaires devra être mise en œuvre avec l'autorisation des actionnaires directement ou en vertu d'une délégation accordée préalablement ou pendant l'offre, ce qui n'est évidemment pas surprenant.

Dans le contexte d'une défense contre une offre publique, cette conception de l'intérêt social justifie plus facilement la mise en œuvre de mesures de défense, les dirigeants étant fondés à tout mettre en œuvre pour combattre une offre qui, par exemple, valoriserait correctement la société pour les actionnaires mais qui ferait peser des risques importants en termes d'emplois ou de stratégie industrielle[109].

En cas de manquement à l'intérêt social dans la mise en œuvre de mesures de défense anti-OPA, la responsabilité des membres des organes de gouvernance de la cible pourra être recherchée sur le fondement du droit commun. L'article L. 225-251 du code de commerce prévoit à ce titre que la responsabilité des administrateurs peut être engagée en cas d'infraction aux dispositions législatives ou réglementaires, de violation des statuts ou de faute de gestion, cette dernière se caractérisant en pratique par une violation de l'intérêt social.

Par exemple, on peut imaginer qu'un actionnaire puisse exercer l'action ut singuli en réparation du préjudice subi par la société en raison de

106 - Pour rappel, la loi Florange a supprimé la suspension en période d'offre publique des délégations préalablement octroyées par les actionnaires au conseil d'administration.

107 - Le conseil d'administration des sociétés cotées, Rapp. du Groupe de travail présidé par Marc Viénot, juin 1995, p. 5.

108 - V. F. Barrière, *Vers une évolution du droit des OPA après les affaires Veolia/Suez et Scor/Covéa*, *RDBF* n° 5, sept.-oct. 2021, dossier 26.

109 - D. Fornoni, *Le rôle toujours essentiel des actionnaires dans le processus de défense anti-OPA, même à la suite de la loi Florange*, *RTD com.* 2015. 31 : « *Une chose semble toutefois certaine, l'intérêt social qui doit guider les organes sociaux qui entendent s'opposer à une offre non sollicitée est une notion qui dépasse largement les seuls intérêts des actionnaires* ».

l'insertion, par les dirigeants, de clauses de changement de contrôle exorbitantes dans les contrats conclus par elle[110].

Même si l'action en responsabilité dirigée contre les membres des organes de gouvernance de la cible n'aboutit pas, elle pourrait néanmoins avoir l'effet, en pratique, de faire pression sur ces derniers, ce qui pourrait par exemple permettre à un fonds actionnaire de pousser les dirigeants à mettre en œuvre des mesures permettant de relever le prix de l'offre.

L'action en responsabilité ayant vocation à être le plus souvent fondée sur la faute de gestion et donc sur la violation de l'intérêt social, le risque pour les organes de gouvernance de la cible de voir leur responsabilité engagée dépendra largement de la définition donnée à la notion d'intérêt social. Ce dernier étant désormais généralement considéré comme l'intérêt global de l'entreprise dépassant le seul intérêt des actionnaires, il sera en pratique plus difficile pour un actionnaire d'établir la violation de l'intérêt social par les organes de gouvernance. En effet, la seule implication de ces derniers dans l'échec de l'offre publique ne pourra en principe pas être suffisante pour démontrer la violation de l'intérêt social et donc la faute de gestion : l'actionnaire souhaitant engager la responsabilité des dirigeants devra établir que leur prise de position ou les mesures de défense qu'ils ont mises en œuvre ont violé l'intérêt de l'entreprise prise dans son ensemble.

Comme mentionné s'agissant de la responsabilité des organes de gouvernance de la cible au titre de l'avis motivé, la difficulté d'une telle action en responsabilité résidera, pour l'actionnaire, dans la démonstration du préjudice, qu'il s'agisse de son préjudice personnel ou de celui de la société (par le biais de l'action *ut singuli*). En effet, dans les deux cas, il ne pourra s'agir que d'un préjudice de perte de chance (perte de chance pour l'actionnaire de céder ses titres à l'initiateur, ou perte de chance pour la société, par exemple, de mettre en œuvre un projet industriel structurant). Or, les préjudices de perte de chance sont, en pratique, difficiles à établir.

Afin de se protéger contre le risque de voir leur responsabilité recherchée, il pourra être recommandé aux organes de gouvernance de la cible de s'entourer de conseils et experts indépendants, même lorsque cela n'est pas requis par le règlement général de l'AMF. En effet, le recours à des comités et/ou des experts indépendants pourra permettre de démontrer que le conseil d'administration a agi de manière éclairée, ce qui réduira le risque de voir sa responsabilité engagée[111].

L'actionnaire souhaitant engager la responsabilité des dirigeants devra établir que leur prise de position ou les mesures de défense qu'ils ont mises en œuvre ont violé l'intérêt de l'entreprise prise dans son ensemble.

2.3.3. Le nécessaire respect des principes directeurs du droit boursier

Une offre publique est soumise à une réglementation visant à assurer l'équilibre entre les intérêts des parties (initiateur et société cible en cas d'offre hostile), l'information du marché et la protection des actionnaires.

A ce titre, l'article 231-3 du règlement général de l'AMF énonce qu' « *En vue d'un déroulement ordonné des opérations au mieux des intérêts des investisseurs et du marché, toutes les personnes concernées par une offre doivent respecter le libre jeu des offres et de leurs surenchères, d'égalité de traitement et d'information des détenteurs des titres des personnes concernées par l'offre, de transparence et d'intégrité du marché et de loyauté dans les transactions et la compétition* ».

L'article 231-7 du règlement général de l'AMF ajoute que « *Pendant la période d'offre publique, l'initiateur et la société visée s'assurent que leurs actes, décisions et déclarations n'ont pas pour effet de compromettre l'intérêt social et*

110 - T. Feat, *Les entreprises ont l'embarras du choix* », *Option Finance*, 27 nov. 2020.

111 - La COB avait à ce titre dès 1995 recommandé aux sociétés cotées de recourir à l'attestation d'équité, *Bull. COB*, n° 296, nov. 1995, p. 27 s.

l'égalité de traitement ou d'information des détenteurs de titres des sociétés concernées ».

Les principes directeurs du droit boursier, dont le caractère d'ordre public a été affirmé par la Cour d'appel de Paris[112], sont notamment le déroulement ordonné des opérations, le libre jeu des offres et des surenchères, l'égalité de traitement et d'information des personnes concernées par l'offre, la transparence et l'intégrité du marché, la loyauté dans les transactions et dans la compétition.

L'articulation de ces principes directeurs et de la mise en œuvre de mesures de défense anti-OPA par les organes de gouvernance de la société cible est débattue et n'a pas été tranchée par une décision de justice[113]. Un certain nombre d'auteurs relèvent en effet que si la loi autorise un émetteur à se défendre, c'est nécessairement contre un tiers et que le règlement général ne peut remettre en cause ce droit, qui procède de la loi.

A titre d'exemple et avant l'entrée en vigueur de la Loi Florange, dans le cadre de l'offre hostile lancée par Sanofi-Synthélabo sur les titres Aventis en 2004, la société Aventis avait envisagé une émission de bons de souscription d'actions (BSA) destinée à protéger ses actionnaires « *d'une réduction de valeur importante entraînée par la perte éventuelle par Sanofi-Synthélabo du brevet de Plavix* ». L'AMF a cependant rejeté ce projet, considérant que l'émission de BSA était en réalité un moyen détourné de relèvement unilatéral du prix offert par l'initiateur de l'offre. L'AMF a en effet relevé que les BSA en question pouvaient soit être activés alors que le risque Plavix n'était pas réalisé, soit être désactivés alors que le risque subsistait. Selon l'AMF, une telle émission aurait créé une incertitude quant au déroulement de la procédure d'offre en mettant l'initiateur dans une situation ambigüe quant à sa liberté d'enchérir[114].

L'articulation entre les pouvoirs des organes de gouvernance de la cible pour se défendre contre une offre publique et les principes directeurs du droit boursier a également été illustrée plus récemment, dans le cadre de l'OPA lancée par Veolia sur Suez déjà évoquée. Devant la modification du dispositif de la fondation par le conseil d'administration[115], le Collège de l'AMF a alors considéré que « *la conjonction de ces différentes mesures prises et annoncées par Suez et le consortium Ardian-GIP, eu égard notamment à l'entrave majeure qui en résultait pour la libre et égale compétition sur le marché et à l'information déficiente donnée aux investisseurs, avait eu pour effet de porter atteinte au libre jeu des offres et de leurs surenchères, ainsi qu'aux principes de transparence et d'intégrité du marché, et de loyauté dans les transactions et la compétition* »[116].

112 - CA Paris, ch. 5-7, 22 avr. 2021, n° 20/03915. - CA Paris, ch. 5-7, 22 avr. 2021, n° 20/03915.

113 - V. notamment sur ce sujet la section du présent ouvrage consacrée à la Directive OPA (Chap. 3).

114 - Communiqué de presse AMF, 23 avr. 2004.

115 - V. *supra* 2.2.1.

116 - Précisions sur le rôle de l'Autorité des marchés financiers dans le cadre de l'offre publique initiée par Veolia sur Suez, 18 mai 2022.

par **Agnès Piniot**,
Présidente et Associée, Ledouble

L'appréhension du plan d'affaires par l'expert indépendant

Fondamental pour l'expert indépendant, le plan d'affaires doit faire l'objet d'une revue critique. Encore faut-il qu'un plan d'affaires existe, qu'il soit à jour, fasse consensus entre organes de direction et d'administration au sein de la société et n'apparaisse pas totalement déconnecté d'autres prévisions établies dans le contexte de l'offre. La tâche n'est pas aisée et ne semble pas avoir vocation à se simplifier avec la prise en compte des facteurs environnementaux, sociaux et de gouvernance.

Le plan d'affaires occupe une place essentielle dans les informations mises à la disposition de l'expert indépendant désigné dans le cadre d'une offre publique pour attester le caractère équitable du prix proposé aux actionnaires de la société dont les titres sont visés par l'opération, en contrepartie de leur désengagement du capital. La refonte réglementaire de l'Autorité des marchés financiers (AMF) intervenue en 2020-2021[1] réaffirme le lien entre les travaux d'évaluation de l'expert indépendant et le plan d'affaires, en particulier pour la recherche d'une valorisation « intrinsèque » par l'actualisation des flux prévisionnels de trésorerie, généralement positionnée en haut de la hiérarchie des méthodes requises dans le cadre d'une évaluation multicritère, et généralement considérée comme plus précise qu'une valorisation « analogique » par des multiples boursiers ou transactionnels.

Au travers du rappel des principaux textes applicables à l'examen du plan d'affaires, puis des règles présidant à son établissement et à sa validation, cet article vise en définitive à illustrer la nature des diligences attendues de la part de l'expert indépendant sur l'un des aspects essentiels de sa mission consistant à se forger une opinion sur les conditions financières de l'offre publique qui lui sont soumises au regard de la méthode d'évaluation réputée la plus pertinente.

1. Rappel des textes applicables à l'examen du plan d'affaires

1.1. Le caractère quasi incontournable de la méthode DCF

L'évaluation « intrinsèque » par l'actualisation des flux prévisionnels de trésorerie (*Discounted Cash Flow* ou DCF) s'inscrit au premier plan des méthodes répertoriées pour la mise en œuvre d'une évaluation multicritère, en particulier dans le cadre d'une offre publique ; son éventuelle exclusion, qui ne peut relever que de situations spécifiques, doit être dûment justifiée par les caractéristiques de la société dont les titres sont visés par l'opération (ci-après la « cible » ou la « société »).

Cette évaluation se fonde sur les perspectives d'avenir de la cible, exprimées schématiquement en termes d'activité, de rentabilité et, après prise en compte des besoins de financement de l'exploitation[2] et des investissements, de génération des flux de trésorerie issus du plan d'affaires.

En termes techniques, la méthode DCF repose

1 - Au retour de consultation publique sur un projet de modification de la réglementation à la suite du rapp. du groupe de travail sur le retrait obligatoire et l'expertise indépendante dans le cadre des offres publiques.

2 - Variation du besoin en fonds de roulement.

en effet sur l'estimation de la valeur de l'actif économique d'une entreprise sur la base des flux de trésorerie d'exploitation disponibles générés par son activité, lesquels sont actualisés à un taux correspondant à l'exigence de rendement attendu par les apporteurs de ressources ; le calcul de la valeur terminale, estimée au-delà de la période explicite de prévisions, repose sur l'estimation d'un *cash-flow* libre durable et tient ainsi compte d'une hypothèse de continuité de l'exploitation et d'une estimation de croissance à long terme (croissance perpétuelle). Afin d'obtenir la valeur de marché des fonds propres, la valeur des activités opérationnelles (valeur d'entreprise) est majorée de la trésorerie financière nette ou minorée de l'endettement financier net à la date de l'évaluation.

1.2. Les implications pour l'expert indépendant

L'expert indépendant désigné par l'organe compétent[3] de la cible doit examiner et apprécier, de manière critique, la construction du plan d'affaires pour s'assurer de l'exhaustivité et de la cohérence des encaissements et décaissements qui y en sont la résultante ; à défaut, il lui appartient de faire procéder, ou de procéder lui-même, aux corrections sur les flux prévisionnels de trésorerie qui s'avèrent nécessaires pour lui permettre d'exploiter le plan d'affaires.

La détermination des paramètres d'évaluation, tels que le taux d'actualisation des flux prévisionnels de trésorerie et, au-delà de la période explicite de prévisions, le taux de croissance perpétuelle dans le calcul de la valeur terminale, est également à mettre en regard des hypothèses structurantes et du caractère plus ou moins « prudent » du plan d'affaires.

La recommandation AMF n° 2006-15[4], au titre du principe de transparence (§ 3.2.2), indique à ce titre que « *Pour l'approche intrinsèque, l'expert indépendant* :

- *présente les éléments clés du plan d'affaires sous une forme globale (croissance moyenne sur la période, rentabilité moyenne des capitaux investis, etc.)* ;
- *indique la façon dont les risques spécifiques (généralement inclus dans le plan d'affaires) et systématiques (par la détermination du taux d'actualisation) ont été traités* ;
- *présente de manière détaillée les hypothèses utilisées pour le calcul de la valeur terminale* ;
- *présente et commente systématiquement des tests de sensibilité portant sur les principaux paramètres de valorisation (taux d'actualisation, taux de croissance du flux terminal, hypothèses opérationnelles structurantes du plan d'affaires...) autour des hypothèses centrales* ».

La détermination des paramètres d'évaluation, tels que le taux d'actualisation des flux prévisionnels de trésorerie et, au-delà de la période explicite de prévisions, le taux de croissance perpétuelle dans le calcul de la valeur terminale, est également à mettre en regard des hypothèses structurantes et du caractère plus ou moins « prudent » du plan d'affaires.

Par ailleurs, la même recommandation AMF définit comme suit le principe d'examen critique du plan d'affaires (§ 3.2.1) : « *Ce principe conduit l'expert indépendant à examiner de façon objective la pertinence de l'ensemble des données fournies par la direction ou les sources externes.*

L'expert indépendant apprécie le caractère pertinent du plan d'affaires, qui a été établi et validé par la direction de la société. Il lui appartient de demander à la direction de modifier ses prévisions lorsqu'elles apparaissent irréalistes compte tenu des informations qu'il détient, de sa connaissance du secteur d'activité de la société et de son appréciation des forces et faiblesses de la société et des opportunités et menaces auxquelles elle est confrontée. Si ces demandes sont acceptées par la direction,

3 - Conseil d'administration, conseil de surveillance...

4 - Recomm. AMF, DOC-2006-15, Expertise dans le cadre d'opérations financières.

les modifications correspondantes sont mentionnées dans le rapport. A défaut, l'expert indépendant peut choisir de retenir un plan d'affaires modifié par ses soins à l'appui de ses travaux d'évaluation. Dans ce cas, il confronte les résultats ainsi obtenus à ceux auxquels conduirait une évaluation basée sur le plan d'affaires de la direction.

Le cas échéant, l'expert indépendant expose dans son rapport les échanges qu'il a pu avoir avec la direction de la société au sujet des hypothèses du plan d'affaires.

L'expert indépendant s'assure en outre que toute modification apportée de manière récente par la direction au plan d'affaires lui a été communiquée avec les raisons qui ont justifié cette modification ».

L'ensemble de ces considérations confirme, d'une part, que si l'expert indépendant n'a pas à établir lui-même le plan d'affaires, il lui appartient cependant d'exercer son regard critique sur son contenu et, d'autre part, il incombe à la direction de la cible, du fait de la parfaite connaissance qu'elle a du marché, de l'activité et de l'organisation de la société, de retranscrire sa vision stratégique dans le plan d'affaires.

Dès lors, la question qui se pose est de déterminer si seule la direction de la société doit assumer la responsabilité du plan d'affaires, ou si les organes de gouvernance, en charge d'émettre un avis motivé[5] sur le projet d'offre publique, ont à le valider avant qu'il soit mis à la disposition de l'expert indépendant pour les besoins de ses travaux.

Sur ce sujet, la recommandation AMF n° 2006-15, en ce qui concerne les diligences du conseil d'administration ou de surveillance ou de l'organe compétent chargé de rendre un avis motivé en cas d'offre publique (§ 1), stipule : « *Le rapport de l'expert indépendant permet au conseil d'administration, de surveillance ou à l'organe compétent de la société visée d'apprécier les conditions financières de l'offre afin de rendre un avis motivé.*

Si l'expert indépendant n'a pas à établir lui-même le plan d'affaires, il lui appartient cependant d'exercer son regard critique sur son contenu et, d'autre part, il incombe à la direction de la cible, du fait de la parfaite connaissance qu'elle a du marché, de l'activité et de l'organisation de la société, de retranscrire sa vision stratégique dans le plan d'affaires.

Compte tenu de la responsabilité de cet organe dans le choix et le suivi des travaux de l'expert indépendant, l'AMF recommande que les principes suivants soient mis en œuvre par le conseil d'administration, le conseil de surveillance ou l'organe compétent :

- *[...] mettre en oeuvre les diligences nécessaires en soutien à la mission d'expertise indépendante, sous la responsabilité, le cas échéant, du comité ad hoc mentionné au III de l'article 261-1 du règlement général[6]. Ces diligences doivent être adaptées à la taille et à la complexité de l'opération, et comprennent notamment les étapes suivantes :*

- *valider, selon les procédures habituelles, le plan d'affaires de l'entreprise puis le remettre à l'expert indépendant ;*

- *définir en liaison avec l'expert indépendant le temps nécessaire à l'étude du dossier ; [...]*

- *s'assurer que la qualité des informations données par l'entreprise est satisfaisante ; [...]* ».

En outre, l'instruction AMF n° 2006-07[7] précise, à l'article 3 relatif au contenu de la note en réponse de la société dont les titres sont visés par l'offre publique : « *[...] L'avis motivé de l'organe social compétent, qu'il s'agisse du conseil d'administration ou du conseil*

5 - Avis motivé sur l'intérêt et les conséquences du projet d'offre pour la société, ses actionnaires et ses salariés.

6 - Aux termes de l'art. 261-1, III Règl. gén. AMF, l'expert indépendant est désigné par l'organe social compétent de la cible sur proposition d'un comité *ad hoc* composé d'au moins trois membres et comportant une majorité de membres indépendants ; ce comité assure le suivi des travaux de l'expert indépendant et prépare le projet d'avis motivé sur l'offre publique qui sera rendu par l'organe social compétent précité.

7 - Instr. AMF, DOC-2006-07, Offres publiques d'acquisition.

de surveillance ou, dans le cas d'une société étrangère, de la formation appelée à se prononcer précise :

- *[...] dans l'hypothèse où un plan d'affaires a été transmis à l'expert, si celui-ci a été revu ou approuvé par l'organe social compétent de la société visée selon les procédures habituelles, s'il traduit, au moment de l'offre publique, la meilleure estimation possible des prévisions de la société visée, et s'il n'existe pas d'autres données prévisionnelles pertinentes ;*
- *dans l'hypothèse où un plan d'affaires a été transmis à l'expert, une explication des éventuelles différences significatives entre ce plan et la communication financière antérieure de la société visée ;*
- *le cas échéant, les raisons pour lesquelles aucun plan d'affaires ou aucune donnée prévisionnelle pertinente n'ont été transmis à l'expert ; [...]* ».

Revenons de manière concrète sur l'établissement et la validation du plan d'affaires, avant de détailler les diligences à mener par l'expert indépendant sur ce dernier.

2. Établissement et validation du plan d'affaires

2.1. De la nécessité d'un plan d'affaires

Comme indiqué ci-avant, le plan d'affaires d'une société formalise les perspectives financières résultant de la mise en œuvre d'une stratégie à moyen terme définie par sa direction, laquelle dispose de connaissances approfondies[8] permettant d'en fiabiliser la construction.

Afin de pouvoir s'assurer de la pertinence de la stratégie à moyen terme définie par la direction et de son adéquation avec les ressources financières de la société, il est important que le plan d'affaires s'étale sur une période dite « explicite » d'au moins trois ans à cinq ans, et soit régulièrement mis à jour en fonction des évolutions, internes ou externes, susceptibles d'avoir une incidence sur cette modélisation pluriannuelle. En présence d'incertitudes sur ces évolutions, la direction peut envisager plusieurs scénarios de prévisions.

Les cas de figure où un plan d'affaires n'est pas utile sont exceptionnels ; ils peuvent concerner des sociétés non opérationnelles, détenant par exemple des actifs dont elles n'assurent pas la gestion, ou dont la cession du patrimoine, voire la liquidation pure et simple, est envisagée.

Les cas de figure où un plan d'affaires n'est pas utile sont exceptionnels ; ils peuvent concerner des sociétés non opérationnelles, détenant par exemple des actifs dont elles n'assurent pas la gestion, ou dont la cession du patrimoine, voire la liquidation pure et simple, est envisagée.

Compte tenu du caractère par nature aléatoire des prévisions, les réalisations pourront certes rétrospectivement différer des anticipations reflétées dans le plan d'affaires, qui contient les données de gestion interne sous-tendant la stratégie de la société. Pour autant, la direction, qui a la maîtrise des rouages de la société et la connaissance de son environnement, est la mieux placée pour établir un plan d'affaires en fonction de la stratégie qu'elle a définie ; à défaut de ressources en interne suffisantes, elle peut d'ailleurs se faire assister par des conseils pour modéliser, voire probabiliser ses propres prévisions.

Le caractère confidentiel du plan d'affaires est également une question sensible ; dans le contexte d'une offre publique, la direction de la cible pourrait en effet craindre que l'expert indépendant fasse état d'informations confidentielles dans son rapport et, pour écarter ce risque, être tentée de ne pas lui

8 - Connaissances notamment du marché et de ses attentes dans le ou les secteur(s) d'activité considéré(s), de l'environnement concurrentiel, des dépenses de recherche et développement, du calendrier de mise à disposition des innovations, du mode de fonctionnement de la société et de sa structure de coûts, de ses besoins d'investissement et de financement du cycle d'exploitation, et plus généralement de sa situation financière, actuelle et future.

transmettre son plan d'affaires, étant rappelé que les sociétés cotées n'ont pas l'obligation de communiquer leur plan d'affaires au marché ni à leurs actionnaires. En tout état de cause, cette position ne serait pas justifiée, dans la mesure où l'expert indépendant, d'ailleurs généralement lié par une charte ou un accord de confidentialité avec la cible, veille à ne pas enfreindre le secret professionnel, et à cette fin soumet son rapport à l'état de projet à la direction de la cible afin d'éviter tout risque de divulgation d'informations privilégiées[9].

2.2. Qui est responsable de l'établissement puis de l'approbation du plan d'affaires ?

Il n'existe pas de pratique imposée ni homogène pour l'établissement du plan d'affaires.

Envisageons différents cas :

1 - La première situation est celle dans laquelle la société dispose d'une procédure annuelle d'établissement du plan d'affaires comprenant le budget en « année N+1 », prolongé par des prévisions sur les années suivantes. Le suivi budgétaire entraîne généralement l'actualisation en cours d'année des trajectoires, le cas échéant au-delà de N+1, au regard des réalisations. Les procédures d'approbation du plan d'affaires, telles qu'observées au fil des missions d'expertise indépendante, peuvent être catégorisées comme suit :

- Cas 1 : le plan d'affaires est établi sous la seule responsabilité de la direction sans être présenté à l'organe de gouvernance[10] ;
- Cas 2 : le plan d'affaires est remis par la direction pour information au comité exécutif qui, bien qu'en charge de la vision stratégique de la société, n'est pas un organe de gouvernance ;
- Cas 3 : seul le budget est présenté par la direction à l'organe de gouvernance, et approuvé par ce dernier ;
- Cas 4 : le plan d'affaires est soumis dans sa globalité par la direction à l'approbation de l'organe de gouvernance ; cette configuration, qui est idéale, permet de disposer à tout moment, et ainsi pour la préparation d'une offre publique quel qu'en soit le calendrier de mise en œuvre, d'un plan d'affaires établi par la direction et soumis à l'organe de gouvernance qui, avant de l'approuver, peut demander qu'y soient apportées des modifications, ou formuler des observations sur les hypothèses sous-jacentes.

Dans les trois premiers cas, l'expert indépendant requerra que le plan d'affaires qui lui est remis par la direction soit également soumis à l'approbation de l'organe de gouvernance.

2 - D'autres sociétés se limitent habituellement à l'établissement d'un budget annuel sans en extrapoler les données sur les années suivantes. En cas d'offre publique, il incombera à la direction d'établir un plan d'affaires à partir du budget déjà disponible. À cet effet, l'assistance d'un conseil externe peut également être envisagée.

Ce cas de figure appelle les observations suivantes :

- s'agissant d'une procédure peu courante pour une société cotée, dotée généralement d'un minimum de moyens pour anticiper les événements et son avenir à moyen terme, il convient en pareilles circonstances que la direction formalise de façon précise et documentée la méthodologie qu'elle a suivie pour établir le plan d'affaires en prenant comme point d'entrée les données budgétaires, de sorte que l'organe de gouvernance et l'expert indépendant puissent être en mesure d'apprécier la fiabilité des chiffres qui leur sont présentés ;
- l'établissement de plusieurs scénarios de prévisions est de nature à permettre de résoudre les difficultés qui peuvent se poser dans la détermination des hypothèses sous-jacentes au plan d'affaires ainsi élaboré pour les besoins de l'offre publique ;
- en amont de l'établissement de son rapport, l'expert indépendant vérifiera que le plan d'affaires, établi par la direction et exploité pour ses

9 - La retranscription du plan d'affaires dans le rapp. de l'expert indépendant peut intervenir exceptionnellement, pour la bonne information des actionnaires appelés à apporter leurs titres à l'offre publique, dans le cas d'une opération assurant de façon certaine un retrait de cote et sous réserve que les prévisions de la cible ne puissent *a posteriori*, sous une forme ou sous une autre, réapparaître dans la communication financière de la société consolidante lorsqu'elle est cotée.

10 - Conseil d'administration, conseil de surveillance...

travaux d'évaluation, a été soumis à l'organe de gouvernance, qui l'aura soit approuvé (quand bien même la recommandation AMF n° 2006-15 ne l'impose pas si cette approbation déroge aux procédures habituelles), soit *a minima* examiné (pour confirmer qu'il n'appelle pas de commentaire de sa part, ou pour formuler des remarques sur les hypothèses structurantes, dont l'expert indépendant tiendra alors compte).

Dans tous les cas, l'expert indépendant sollicitera auprès de la direction la signature d'une lettre d'affirmation confirmant, entre autres, que le plan d'affaires qui lui a été remis correspond à la vision la plus récente des perspectives à moyen terme de la société.

2.3. Durée de la période explicite de prévisions

L'une des questions régulièrement évoquées concerne la durée de la période que doit couvrir explicitement le plan d'affaires. Dans les faits, une durée inférieure à trois ans s'avère trop courte pour apprécier les perspectives d'évolution. Une période triennale peut être considérée comme un horizon prévisionnel minimum, l'idéal étant, pour apprécier avec fiabilité des projections à moyen terme, de pouvoir disposer de prévisions sur cinq ans.

Cet horizon quinquennal ne relève toutefois d'aucune norme en matière d'expertise indépendante. La période explicite couverte par le plan d'affaires doit être adaptée, par exemple, dans les situations suivantes :

- le démarrage, la restructuration ou l'arrêt d'activité, nécessite que le plan d'affaires soit prolongé autant que nécessaire jusqu'à en traduire le plein impact ;
- la réalisation d'investissements, visant à développer l'activité ou à modifier le fonctionnement de la société, implique que le plan d'affaires couvre toute la période sur laquelle ils porteront effet pour aboutir à une exploitation optimale et à une rentabilité normative ;
- en ce qui concerne les activités cycliques, le plan d'affaires doit couvrir *a minima* un cycle complet, dont la durée peut être évaluée au regard de l'historique de la société et de ses performances pluriannuelles.

En fonction du degré de fiabilité des informations dont il dispose, l'expert indépendant peut être fondé à extrapoler les prévisions de la période explicite sur quelques années supplémentaires, afin de mieux appréhender le flux de trésorerie normatif sur lequel est calculée la valeur terminale.

Une période triennale peut être considérée comme un horizon prévisionnel minimum, l'idéal étant, pour apprécier avec fiabilité des projections à moyen terme, de pouvoir disposer de prévisions sur cinq ans.

2.4. Recours aux plans d'affaires « alternatifs »

Comme nous l'avons indiqué, le plan d'affaires à privilégier pour évaluer une société dans le cadre d'une offre publique est celui établi par sa direction, puis approuvé, ou à défaut examiné, par l'organe de gouvernance.

L'expert indépendant ne peut cependant écarter de son analyse d'autres jeux de prévisions qui, dès lors qu'ils existent, doivent être rapprochés du plan d'affaires de la direction, afin non seulement de comprendre et d'analyser les écarts, mais également de s'assurer que ce plan d'affaires n'a pas été « adapté » aux besoins de l'opération, pour refléter une vision du futur dont la modélisation financière en DCF serait alignée sur le prix de l'offre publique.

À titre indicatif, les plans d'affaires alternatifs suivants peuvent être utilement examinés par l'expert indépendant pour se forger une opinion sur la pertinence et la sincérité des prévisions qui lui sont présentées :

- les plans d'affaires antérieurs lui permettent notamment de vérifier la fiabilité du processus d'établissement des prévisions en les comparant aux réalisations de la société et, par des contrôles de cohérence, de valider les hypothèses sous-jacentes au plan d'affaires qui lui est soumis pour l'offre publique ;

• les sociétés procèdent, à intervalle au moins annuel, à des tests de dépréciation sur leurs actifs[11] (tests d'*impairment*), *via* une modélisation DCF des sources d'avantages économiques futurs procurés par ces actifs, faisant l'objet d'une revue par les commissaires aux comptes. Sauf évolution notable ou événement particulier sur la période subséquente, la vision de la direction sur les perspectives à moyen terme pour l'établissement des comptes, arrêtés par l'organe de gouvernance, ne saurait différer significativement de celle retranscrite dans le plan d'affaires remis à l'expert indépendant dans le cadre d'une offre publique, étant toutefois précisé que les prévisions sous-tendant les tests de dépréciation des actifs sont par nature conservatrices, puisqu'elles ont vocation à justifier d'éventuelles dépréciations. Toute dérive du plan d'affaires par rapport au support des derniers tests de dépréciation fera ainsi l'objet d'une analyse détaillée par l'expert indépendant ;

• lorsqu'une offre publique nécessite un financement, l'initiateur de cette opération étaye sa demande de crédit par la production de son propre plan d'affaires (traduisant les perspectives de la cible en situation *stand alone* et/ou après intégration dans son périmètre), qu'il convient de comparer au plan d'affaires de la direction de la société afin de s'assurer que la vision du futur présentée par l'initiateur aux financeurs n'est pas plus favorable que celle traduite par la direction dans le plan d'affaires. Si tel est le cas, il incombe à l'expert indépendant, dont il est rappelé qu'agissant dans l'intérêt des actionnaires de la cible il optimise la valeur de la société, d'en rechercher la raison et d'évaluer l'impact des écarts recensés sur cette valeur ;

• le plan d'affaires élaboré par l'initiateur est généralement pris en compte par la banque présentatrice de l'offre, agissant pour le compte de ce dernier, pour valoriser la cible. Sans que cela puisse constituer un élément de référence unique, l'expert indépendant ne peut ignorer ces projections, tout en prenant le soin de valoriser distinctement la société en tant que telle, et les synergies attendues de l'offre lorsqu'elles sont chiffrées[12] et dès lors susceptibles d'entrer en ligne de compte dans l'appréciation de la prime ressortant de la comparaison entre le prix de l'offre et la valorisation multicritère de la société ;

• lorsqu'une société est suivie par des analystes financiers, ces derniers établissent des prévisions, en fonction de leur connaissance du marché et de l'entité concernée au regard de ses informations publiques (communiqués de presse, documents d'enregistrement universel, rapports financiers annuels et semestriels,...) et de ses actions de communication (en particulier à l'occasion des réunions d'analystes). Le plan d'affaires issu du consensus de *brokers* constitue également une base d'analyse du plan d'affaires de la direction, étant entendu que le consensus des analystes est, par définition, fondé sur des informations exclusivement publiques. Dans l'hypothèse où les prévisions ressortant dudit consensus seraient plus optimistes que celles du plan d'affaires de la direction, l'expert indépendant invitera cette dernière à communiquer au marché les informations pertinentes permettant aux analystes de mieux appréhender la stratégie de la société et/ou ses risques ; il pourra ainsi compléter sinon son éva-

La vision de la direction sur les perspectives à moyen terme pour l'établissement des comptes, arrêtés par l'organe de gouvernance, ne saurait différer significativement de celle retranscrite dans le plan d'affaires remis à l'expert indépendant dans le cadre d'une offre publique.

11 - Actifs incorporels dans les comptes consolidés, actifs incorporels et titres de participation dans les comptes annuels ; pour mémoire, la mise en œuvre des tests d'*impairment* ressort explicitement des dispositions de la norme IAS 36 « Dépréciation d'actifs » dans le référentiel IFRS auquel sont soumises la plupart des sociétés cotées pour l'établissement de leurs comptes consolidés.

12 - Par référence à l'Instr. AMF n° 2006-07 qui, à l'art. 2 consacré au contenu de la note d'information de l'initiateur, au paragraphe 3, stipule entre autres que dans ce projet de note l'initiateur précise notamment « *ses intentions pour une durée couvrant au moins les douze mois à venir* », en décrivant « *les motifs de l'offre, dans la limite des données dont l'initiateur a connaissance et en cohérence avec ses intentions en matière de politique industrielle, sociale et financières, à travers [...] f) les synergies éventuellement envisagées, ainsi que le montant et la date approximatifs des gains économiques attendus de l'opération ; [...]* ». La Recomm. AMF, n° 2006-15 indique par ailleurs, dans les principes de cohérence et de pertinence (§ 3.2.3), que « *Lorsqu'il est fait état de synergies susceptibles de résulter du rapprochement avec la société visée, l'expert indépendant indique, le cas échéant, comment il a pris en compte ces synergies.* », en écho à l'art. 3, 7° de l'Instr. AMF n° 2006-08 mentionnée ci-après.

luation, au moins son appréciation de la valeur de la cible par le marché, en intégrant les données du consensus ;

• conformément à l'instruction AMF n° 2006-08[13], l'expert indépendant répond dans son rapport aux questions de nature financière qui peuvent lui être posées par des actionnaires. Dans le cas où, par exemple, un actionnaire minoritaire lui remettrait un plan d'affaires qu'il aurait lui-même établi, l'expert indépendant formulera, le cas échéant, ses observations sur ces prévisions ; s'il estime que les observations ou les hypothèses de l'actionnaire retranscrites dans son propre plan d'affaires sont pertinentes, il y a lieu pour l'expert indépendant d'en tirer les conséquences dans sa valorisation.

3. Diligences de l'expert indépendant sur le plan d'affaires

3.1. Rôle de l'expert indépendant sur le plan d'affaires

La recommandation AMF n° 2006-15 ajoute, aux principes généraux d'examen critique et de transparence déjà évoqués, les principes plus techniques de cohérence et de pertinence (§ 3.2.3) censés guider l'expert indépendant dans l'analyse du plan d'affaires : « *Pour la méthode intrinsèque, l'expert indépendant s'assure* :

• *que le plan d'affaires couvre une période suffisante pour assurer la convergence des agrégats opérationnels de la société vers leur niveau normatif, ou pour couvrir un cycle d'investissement complet, afin de réduire le poids de la valeur terminale dans la valeur totale ;*

• *que le taux d'actualisation sans risque retenu est cohérent avec celui qui a été retenu pour le plan d'affaires et les projections financières ;*

• *que le traitement de la valeur terminale est fait en fonction de la situation concurrentielle de l'entreprise ;*

• *que le même risque n'est pris en compte qu'une seule fois, soit dans le plan d'affaires, soit dans le taux d'actualisation ;*

• *que le taux de croissance à l'infini est cohérent avec le taux de croissance à long terme retenu pour l'économie des pays dans lesquels la société exerce son activité ;*

• *que les flux de trésorerie disponibles pour le calcul de la valeur terminale reflètent une situation normative.* »

3.2. Lignes directrices de l'APEI

Dans le même registre technique, et de façon plus détaillée, l'Association professionnelle des experts indépendants (APEI)[14], parmi ses publications, a élaboré une note sur les diligences à mettre en œuvre par l'expert indépendant dans le cadre de sa mission en ce qui concerne le plan d'affaires ou *Business Plan* (BP)[15], autour des orientations et thématiques suivantes, faisant écho aux développements précédents en lien avec la réglementation et les recommandations de l'AMF.

Revue critique du plan d'affaires :

• Prise de connaissance du plan d'affaires (à l'appui de la documentation sectorielle et des informations publiques de la société) ;

• Processus d'élaboration des prévisions (niveau hiérarchique de la revue et de l'approbation des prévisions ; structuration et mise à jour des prévisions ; niveau de documentation des hypothèses ; identification des choix comptables et fiscaux structurants ; analyse des écarts sur le passé ; articulation du BP avec les prévisions retenues pour les tests d'impairment) ;

• Hypothèses de construction (analyse du niveau d'activité et de la rentabilité de la société ; incidence des effets exogènes susceptibles de remettre en cause les provisions) ;

• Analyse de cohérence (compréhension du positionnement de la société sur son marché et de sa capacité à dégager une rentabilité

13 - Instr. AMF, DOC-2006-08, Expertise indépendante, art. 3, II, 10 : « *Lorsque l'expert indépendant reçoit des observations écrites d'actionnaires concernant sa mission dans les conditions précisées par l'article 1er de l'instruction AMF DOC-2006-07 sur les offres publiques d'acquisition, il présente, dans un chapitre dédié de son rapport, les principaux arguments développés dans ces observations, ainsi que son analyse et son appréciation. Il indique, le cas échéant, les raisons pour lesquelles il a, ou non, tenu compte de ces observations dans ses travaux* ».

14 - L'APEI est une association professionnelle reconnue par l'AMF.

15 - APEI, « Le Business Plan », mise à jour mai 2023.

opérationnelle conforme ou supérieure à celle du secteur, analyse SWOT[16] ou recours à la méthode des cinq forces de Porter[17], analyse du retour sur les capitaux employés) ;

- Investissements (*distinguo* entre les investissements de maintenance permettant de maintenir la capacité de production et les investissements de développement de la capacité et de la productivité) ;
- Besoin en fonds de roulement (BFR du bilan de référence ; BFR normatif ; impact de la saisonnalité ; modalités de financement du BFR) ;
- Financement des investissements (autofinancement ; augmentation de capital ; recours à l'endettement).

Conséquences pour l'expert indépendant :

- Examen de la durée de la période explicite (séquences successives jusqu'à l'atteinte du flux de trésorerie sous-tendant la valeur terminale ; rentabilité des capitaux investis) ;
- Prise en compte des risques (risques spécifiques inhérents à la société et risques systématiques liés à la conjoncture économique) ;
- Détermination du flux normatif (sous-tendant la valeur terminale) ;
- Calcul de la valeur terminale (selon différentes méthodologies) ;
- Tests de sensibilité (principes généraux ; construction du modèle financier ; hypothèses opérationnelles et paramètres financiers ; présentation des résultats et commentaires).

4. Conclusion

La réglementation et les recommandations de l'AMF militent en faveur de l'exploitation par l'expert indépendant d'un plan d'affaires élaboré par la direction de la société visée par l'offre publique, puis validé par l'organe compétent en charge de l'émission de l'avis motivé sur le projet d'offre. Elles donnent toute latitude à l'expert indépendant pour apprécier, par divers moyens de recoupement, la pertinence du plan d'affaires, et l'exploiter, à l'appui des outils techniques dont il dispose, dans ses travaux d'évaluation intrinsèque de la cible.

L'attention portée actuellement par les instances de régulation telles que l'AMF et les professions comptables et financières sur les facteurs environnementaux, sociaux et de gouvernance, amorce un élargissement du champ d'investigation de l'expert indépendant pour l'analyse des composantes et l'appréciation de la pertinence du plan d'affaires conditionnant son évaluation.

L'attention portée actuellement par les instances de régulation telles que l'AMF et les professions comptables et financières sur les facteurs environnementaux, sociaux et de gouvernance, dans le contexte de la transposition en France de la directive européenne sur le développement durable des entreprises ou *Corporate Sustainability Reporting Directive* (CSRD)[18], applicable depuis le 1er janvier 2024, amorce d'ores et déjà un élargissement du champ d'investigation de l'expert indépendant dans ces domaines pour l'analyse des composantes et l'appréciation de la pertinence du plan d'affaires conditionnant son évaluation.

Dans cette phase de transition, les sociétés, parallèlement au déploiement du *reporting* encadré par les normes et indicateurs européens d'information en matière de durabilité (*European Sustainability Reporting Standards* ou ESRS), sont incitées à reformuler leur stratégie dans leurs perspectives financières à moyen terme, et à en favoriser ainsi la connectivité avec les aspects jusqu'alors considérés comme extra-financiers.

---

16 - *Strengths* (Forces), *Weaknesses* (Faiblesses), *Opportunities* (Opportunités), *Threats* (Menaces).

17 - Concurrence intra sectorielle, menace de nouveaux entrants, produits de substitution, pouvoir de négociation des fournisseurs, pouvoir de négociation des clients.

18 - Dir. (UE) 2022/2464 du Parlement européen et du Conseil, 14 déc. 2022 modifiant le Règl. (UE) n° 537/2014 et les Dir. 2004/109/CE, 2006/43/CE et 2013/34/UE en ce qui concerne la publication d'informations en matière de durabilité par les entreprises (dite CSRD).

par **Hadrien Bourrellis**,
Avocat associé, Reinhart Marville Torre
et **Laurent Gautier**,
Avocat associé, Darrois Villey Maillot Brochier

Rôle spécifique de l'avocat du comité *ad hoc* : enjeux déontologiques et pratiques

Afin d'accomplir leur devoir de diligence, qui est reconnu comme une obligation de moyens[1], encore faut-il que les membres du conseil d'administration[2] en reçoivent ou s'en donnent les moyens. Un des premiers points à traiter, lorsqu'un comité ad hoc est désigné par le conseil d'administration de la société visée par un projet d'offre publique, consiste en effet à identifier les moyens spécifiques dont ce comité bénéficiera pour mener ses travaux.

C'est dans ce cadre que se pose la question de l'accompagnement juridique du conseil d'administration et du comité *ad hoc* qui en est l'émanation, en sus de l'expert indépendant qui apporte son avis sur les termes financiers de l'offre et des conventions connexes.

Cet accompagnement juridique est généralement apporté par l'avocat qui conseille la société cible dans son ensemble en tant que personne morale (y compris ses organes sociaux, direction et conseil d'administration ou de surveillance). Toutefois, dans certains cas exceptionnels, un avocat distinct pourra être mandaté par la société pour conseiller de manière indépendante le conseil d'administration voire les seuls membres du comité *ad hoc*, notamment en présence de situations de conflit d'intérêts avéré (non susceptible d'être réglé autrement en bonne gouvernance) ou en cas de situation conflictuelle ou particulièrement sensible pour d'autres raisons.

Seront ainsi abordés, au regard de l'expérience de ses auteurs, les principaux enjeux déontologiques (pour l'avocat concerné) et pratiques (pour toutes les parties concernées) que peuvent soulever la désignation (**1.**) et la définition de la mission (**2.**) de l'avocat accompagnant le comité *ad hoc.*

1. Désignation

1.1. Opportunité

Dans certaines situations, il peut s'avérer utile que le comité *ad hoc* soit accompagné d'un conseil juridique pour mener sa mission (principalement, superviser les travaux de l'éventuel expert indépendant et préparer l'avis motivé) et éclairer ses membres sur les questions juridiques complexes – et souvent inédites pour la société et ses dirigeants – qui se posent dans le cadre du projet d'offre considéré. Faire bénéficier les membres du comité *ad hoc* de l'assistance d'un avocat est en tous cas devenu courant dans les opérations récentes. Au demeurant, la même question se pose s'agissant d'autres experts extérieurs au bénéfice des membres du comité *ad hoc*, notamment en matière financière, stratégique

1 - V. not. P. Le Tourneau (dir.), Droit de la responsabilité et des contrats 2023/2024, 13e éd., Dalloz, coll. Dalloz Action, 2023, 3328.21.

2 - Les développements qui suivent s'appliquent également, en majeure partie, au comité ad hoc désigné par le conseil de surveillance d'une société à gouvernance duale.

et de communication de marché[3].

Le code Afep-Medef envisage le recours à des conseils externes spécifiquement dans le cadre des travaux des comités spécialisés, en prévoyant que « *les comités du conseil peuvent solliciter des études techniques externes sur des sujets relevant de leur compétence, aux frais de la société, après en avoir informé le président du Conseil d'administration lui-même et à charge d'en rendre compte au conseil* » (§ 16.3). Il a été précisé dans la version de ce code de 2013 que « *les comités doivent veiller à l'objectivité du conseil concerné* »[4].

Le besoin d'indépendance garantissant l'objectivité du point de vue de l'avocat du comité peut s'exprimer tant à l'égard de la direction générale de la société, y compris lorsque le secrétaire du conseil ou les services juridiques de la société disposent de l'expertise requise, que des autres administrateurs, y compris dans le cas où le conseil (d'administration ou de surveillance) dispose lui-même, dans son ensemble, d'un conseil juridique dédié.

En pratique, l'avocat de la société dans son ensemble accompagne généralement également le comité ad hoc dans le cadre de sa mission. Cependant, lorsque les intérêts ne sont pas suffisamment alignés ou risquent de diverger, le choix d'un avocat distinct peut être envisagé[5]. Dans ces situations exceptionnelles de désalignement d'intérêts, selon les circonstances, les membres de la direction peuvent aussi, afin de régler le sujet en bonne gouvernance, choisir de désigner leur propre conseil juridique (à titre personnel), notamment pour les questions concernant leur statut, leur responsabilité et leur rémunération.

Aussi, le besoin d'être accompagné sur les aspects juridiques de l'offre et le choix de l'identité du conseil juridique chargé d'une telle mission (que ce soit l'avocat de la société cible ou du conseil ou un avocat distinct) relèvent-ils en principe de l'appréciation du comité ad hoc lui-même, en concertation avec le reste du conseil d'administration et la direction générale dans toute la mesure du possible, le président du conseil ou le directeur général pouvant émettre des suggestions à cet égard.

La désignation d'un avocat du comité *ad hoc* est devenue courante dans les opérations significatives récentes. Au demeurant, la même question de l'opportunité se pose s'agissant de la désignation d'autres experts extérieurs au bénéfice des membres du comité *ad hoc*, notamment en matière financière, stratégique et de communication de marché.

L'avocat retenu devra démontrer une expertise, *a minima* en droit boursier, en droit des sociétés et en matière de responsabilité des administrateurs, s'appuyant sur son expérience dans des opérations comparables.

1.2. Modalités

L'engagement de l'avocat chargé d'accompagner le comité *ad hoc* peut être décidé soit par le conseil d'administration dans son ensemble (à travers une délibération qu'il reviendra au directeur général de mettre en œuvre[6]), soit directement par

3 - À ce propos, v. notamment D. Martin et M. Françon, *Responsabilité des administrateurs : les juges français appliquent-ils les principes du* duty of care *(sans le savoir) ?*, *Actes Pratiques et Ingénierie Sociétaire* n° 135, mai-juin 2014, dossier 3, soulignant que, dans un arrêt du 17 janv. 2002, la Cour d'appel de Versailles (CA Versailles, 17 janv. 2002, *LPA* 26 juin 2003, p. 8, note V. Mercier) a jugé que le fait pour des administrateurs, appelés à fournir un avis sur le prix proposé par l'initiateur d'une offre publique, de se contenter d'un examen du cours moyen des actions au cours des semaines précédentes et d'une comparaison avec les ratios habituels dans des opérations de même type, bien qu'il s'agisse de données « exactes et pertinentes », pouvait relever d'une négligence fautive dès lors que « des études plus approfondies » n'avaient pas été menées.

4 - De même selon l'IFA, « *[l]es Comités peuvent solliciter l'audit interne pour toute mission de contrôle qui leur paraît nécessaire. Ils peuvent également demander des études techniques externes sur des sujets relevant de leur compétence, aux frais de la société, après en avoir informé le Président du Conseil, ou le Conseil lui-même, et à charge d'en rendre compte au Conseil* » (*IFA, « La gouvernance des sociétés cotées : synthèse des recommandations sur le rôle et les modes d'action des conseils », mai 2007), étant précisé que ces conseils « doivent être choisis de préférence parmi les cabinets ne travaillant pas déjà pour la direction de l'entreprise* » (IFA, « L'administrateur indépendant : Définitions et grille d'analyse », déc. 2006, p. 8).

5 - Ces situations se rencontrent notamment quand le conseil de l'initiateur est aussi celui de la société cible (v. par ex., OPAS de Concordia sur Rothschild & Co).

6 - À titre d'illustration, un directeur général a été condamné sous astreinte, en référé, à exécuter la décision du conseil d'administration de nommer un cabinet déterminé pour la réalisation d'un audit comptable et financier en vue de statuer sur la souscription par la société d'un

le directeur général – ou par une autre personne compétente au titre des délégations données par le directeur général – suivant la recommandation du comité *ad hoc* et avec, au besoin, l'accord du conseil d'administration. L'absence d'intercession du conseil peut néanmoins parfois apparaître comme la solution la plus appropriée, notamment lorsque les autres administrateurs se trouvent en situation de conflit d'intérêts et qu'il s'agit de désigner un avocat distinct dédié au comité *ad hoc*.

Un tel engagement pourra utilement intervenir suffisamment en amont de la recommandation du comité *ad hoc* portant sur l'avis motivé du conseil d'administration sur l'intérêt de l'offre. Elle s'avérera le plus souvent bénéfique dès les premières étapes des travaux, une partie essentielle du rôle de l'avocat du comité consistant à informer ses membres sur le déroulement du processus d'offre, en commençant – idéalement – dès son début.

Un comité spécialisé du conseil d'administration ne disposant, tout comme le conseil dans son ensemble, d'aucune personnalité juridique propre[7] ni d'un quelconque pouvoir de représentation de la société (qu'il soit collectif, au titre de ses délibérations, ou attribué au président[8] ou à un quelconque autre administrateur agissant seul[9]), le client qui mandate l'avocat accompagnant le comité *ad hoc* ne peut-être que la société cible elle-même, même quand il s'agit d'un avocat distinct de celui de la société ou du conseil.

Il conviendra pour l'avocat retenu de conclure par écrit avec son client – la société cible, donc – une convention d'honoraires précisant non seulement « *le montant ou le mode de détermination des honoraires couvrant les diligences prévisibles, ainsi que les divers frais et débours envisagés* » (comme l'exige le code de déontologie)[10], mais aussi l'objet et les modalités de conduite de sa mission au bénéfice du comité *ad hoc*, compte-tenu de ses spécificités.

La désignation d'un avocat s'avérera le plus souvent bénéfique dès les premières étapes des travaux, une partie essentielle du rôle de l'avocat du comité consistant à informer ses membres sur le déroulement du processus d'offre, en commençant – idéalement – dès son début.

2. Mission

2.1. Objet

La mission principale de l'avocat accompagnant le comité *ad hoc* sera d'éclairer les membres du comité sur le processus d'offre publique, les rôles respectifs des différentes parties prenantes (notamment l'éventuel expert indépendant) et les options qui s'offrent à elle, ainsi que sur la déclinaison de leurs devoirs et de leur responsabilité d'administrateurs dans ce contexte.

De manière plus spécifique, le conseil juridique du comité *ad hoc* pourra préparer ses membres à auditionner l'initiateur et les autres parties prenantes pertinentes dans le cadre de leurs diligences. Il pourra ensuite les assister dans la validation du contenu de la note en réponse de la société cible et la rédaction du projet d'avis motivé de son conseil d'administration. Enfin,

important concours bancaire ; ce directeur général n'avait pas valablement exécuté la décision du conseil, en nommant un autre cabinet pour réaliser l'audit (T. com., Bordeaux, 2 janv. 2000, *Marchiani c/ Dubernard, RJDA* 11/03, n° 1084 ; note J.-Ph. Dom, *Bulletin Joly Sociétés* n° 8-9 p. 940, 1er août 2023).

7 - D. Gallois-Cochet, *Sociétés anonymes – Conseil d'administration – Pouvoirs du président. Fonctionnement et pouvoirs du conseil, JCl Commercial*, LexisNexis Fasc. n° 1379, 2 sept. 2021 (mise à jour : 20 avr. 2022).

8 - L'art. 117, 3°, de la L. n° 2003-706 du 1er août 2003 de sécurité financière a écarté la faculté pour le président du conseil d'administration de représenter légalement cet organe. En cas de dissociation des fonctions entre le président et le directeur général, seul ce dernier est donc investi d'un pouvoir de représentation légale de la société.

9 - M. Cozian, A. Viandier, F. Deboissy, *Droit des sociétés*, coll. Manuel, 36e éd., LexisNexis, 2023 : « *Le conseil d'administration est un organe collégial : l'administrateur tire son pouvoir de sa seule participation au conseil ; en dehors du conseil, il n'est rien, et ne peut pas, par exemple, représenter la société en justice* » ; Com., 3 oct. 2006, *RJDA* janv. 2007 n° 63 ; irrégularité de la déclaration des créances effectuée par un administrateur à l'occasion d'une procédure collective.

10 - Décr. n° 2023-552, 30 juin 2023 portant code de déontologie des avocats, art. 10.

l'avocat pourra aider le comité à analyser et apprécier les différents documents annexes d'un point de vue juridique, y compris les accords connexes à l'offre et la communication financière de la société s'y rapportant.

En ce qui concerne la substance et l'orientation de l'avis motivé, l'avocat se concentrera sur l'explication des différentes dimensions de l'intérêt social et des tensions qui peuvent surgir entre celles-ci dans le cadre d'une offre publique, où les intérêts à court terme des actionnaires sont directement confrontés (sans être forcément opposés) aux intérêts à long terme de la société et de ses employés. En faisant preuve de la prudence qu'exige sa déontologie[11], il devra en priorité inviter les membres du comité à examiner et à se prononcer sur les aspects pertinents de l'offre publique. L'avis motivé du conseil d'administration doit notamment préciser « *l'intérêt de l'offre et les conséquences de celle-ci pour la société visée, ses actionnaires et ses salariés [...]* »[12], ce qui implique de procéder à un véritable séquencement de l'intérêt social à cette occasion.

En pratique, l'avocat du comité *ad hoc* a vocation à assister comme invité aux réunions du comité (sauf avis contraire de ses membres) et titre exceptionnel, à en préparer les comptes-rendus ou procès-verbaux, dans le cas où il serait estimé que le secrétaire du conseil, du fait de son placement sous l'autorité hiérarchique de la direction générale, n'est pas le mieux placé pour être mis dans le secret des délibérations du comité et en conservant, dans cette hypothèse, les notes ou enregistrements (si ces derniers ont été autorisés).

Enfin, si la responsabilité d'un ou plusieurs membres du comité *ad hoc* était mise cause, il sera souvent problématique pour l'avocat du comité *ad hoc* d'accepter de prendre leur défense à titre personnel, ne serait-ce que pour des questions de ségrégation d'informations confidentielles ou en anticipation de l'évolution des relations entre la société et l'administrateur concerné (qui pourrait quitter ses fonctions par la suite). Si toutefois cette hypothèse est envisagée au regard de circonstances exceptionnelles, l'avocat devra examiner avec soin les questions de déontologie que cela soulève, notamment en termes de conflits d'intérêts immédiats ou à venir[13].

2.2. Conduite

La conduite de la mission de l'avocat accompagnant le comité *ad hoc* pose tout d'abord la question de l'articulation entre la confidentialité de ses échanges avec son client (c'est-à-dire, la société cible) et celle des délibérations du comité *ad hoc* et du conseil d'administration, surtout quand cet avocat agit pour la personne morale dans son ensemble. De qui cet avocat est-il le confident[14], entre la société qui le mandate, le conseil d'administration qui acte sa désignation et les membres du comité dans l'intérêt desquels il agit ?

De qui l'avocat est-il le confident, entre la société qui le mandate, le conseil d'administration qui acte sa désignation et les membres du comité qui le choisissent et dans l'intérêt desquels il agit ?

Afin de naviguer sans heurt dans les canaux d'information de la gouvernance de la société, accompagnant le comité *ad hoc* sera avisé d'avant tout suivre les prescriptions de son client et de son mandat. À cet égard, il sera sans doute utile que le mandat donné par la société cible l'autorise expressément (en particulier lorsqu'il intervient également

11 - Décr. n° 2023-552 préc., art. 3.

12 - Règl. gén. AMF, art. 231-19, 4°.

13 - Décr. 30 juin 2023 préc., art. 7. : « *L'avocat ne peut être ni le conseil ni le représentant ou le défenseur de plus d'un client dans une même affaire s'il y a conflit entre les intérêts de ses clients ou, sauf accord des parties, s'il existe un risque sérieux d'un tel conflit. Sauf accord écrit des parties, il s'abstient de s'occuper des affaires de tous les clients concernés lorsque surgit un conflit d'intérêt, lorsque le secret professionnel risque d'être violé ou lorsque son indépendance risque de ne plus être entière. Il ne peut accepter l'affaire d'un nouveau client si le secret des informations données par un ancien client risque d'être violé ou lorsque la connaissance par l'avocat des affaires de l'ancien client favoriserait le nouveau client. [...]*.

14 - Décr. 30 juin 2023 préc., art. 4. (« *L'avocat est le confident nécessaire de son client. [...]* »).

comme conseil de la société cible ou du conseil d'administration ou de surveillance) à garder certaines informations secrètes à l'égard du conseil d'administration et de la société, du moins jusqu'à que le comité *ad hoc* en fasse rapport, conformément à sa mission.

Un autre point délicat à gérer en pratique pour les membres du comité *ad hoc* et leur avocat sera leur position vis-à-vis des tiers, et leur éventuelle implication dans la communication de la société.

Le comité *ad hoc* n'étant qu'un organe consultatif interne du conseil d'administration, sans rôle de décision ou de représentation (comme déjà vu au § 1.2), ses membres n'ont pas vocation à agir vis-à-vis de l'extérieur – que ce soit auprès de l'Autorité des marchés financiers, des actionnaires, de l'initiateur de l'offre ou même de la direction générale de la société cible, ce rôle revenant au conseil dans son ensemble.

La fonction du comité en matière de communication se limitera donc normalement à la revue de la communication de la société relative à l'offre publique et aux questions qui lui sont liées, aux fins d'en rapporter au président et aux autres administrateurs. Il pourrait toutefois en être autrement – avec toutes les précautions qui s'imposent – lorsque les membres du comité ont reçu du conseil d'administration un mandat ou une mission spéciale impliquant d'interagir avec certains tiers[15]. Par conséquent, l'avocat du comité *ad hoc* devra, au regard de ses devoirs déontologiques, faire preuve de la plus grande prudence avant d'assumer un quelconque rôle de porte-parole (au-delà d'un simple rôle de conseil), en tenant compte des limitations qui s'appliquent aux prérogatives du comité qu'il a reçu la mission d'assister[16].

Cependant, sa mission impliquera souvent d'échanger avec le secrétaire du conseil et les autres membres pertinents de la direction générale de la société cible, ainsi qu'avec les éventuels autres conseils de cette dernière et l'expert indépendant, voire avec l'initiateur ou ses conseils, toujours dans le respect de la confidentialité qui s'impose et le souci de faciliter l'action du comité *ad hoc*.

S'agissant de la publicité de l'intervention de l'avocat du comité *ad hoc* et de son identité, ces éléments pourront être mentionnés dans la note en réponse de la société cible (le règlement général de l'AMF imposant que le conseil d'administration expose dans son avis motivé « *les diligences que celui-ci a effectuées aux fins de la préparation de cet avis* »[17]) ou le rapport de l'éventuel expert indépendant[18] désigné dans le cadre du projet d'offre (ce dernier devant inclure « *la liste des personnes rencontrées par l'expert au cours de sa mission (membres des organes de direction, banquiers conseils, ...)* »[19]. Rien n'empêchera enfin l'avocat de faire état de son rôle si sa mission le nécessite, au besoin avec l'assentiment de son client.

En fin de compte, la diversité et l'originalité des enjeux et des situations découlant d'une offre publique doivent inciter le comité *ad hoc* et son avocat à faire constamment preuve de vigilance et d'agilité face aux questions susceptibles de surgir au cours de leurs missions respectives.

En fin de compte, la diversité et l'originalité des enjeux et des situations découlant d'une offre publique doivent inciter le comité *ad hoc* et son avocat à faire constamment preuve de vigilance et d'agilité face aux questions

15 - Le conseil d'administration peut allouer « *des rémunérations exceptionnelles pour les missions ou mandats confiés à des administrateurs* » (C. com., art. L. 225-46, II).

16 - Par ex., l'avocat du comité *ad hoc* devra garder à l'esprit qu'il ne revient en principe pas au comité *ad hoc* de rechercher des offres mieux-disantes. Tout au plus peut-il inviter le conseil d'administration et la société à le faire, ou *a minima* leur poser la question de l'existence d'alternatives ou de l'opportunité d'en rechercher.

17 - Règl. gén. AMF, art. 231-19, 4°.

18 - V. notamment les sections du présent ouvrage consacrées à l'appréhension du plan d'affaires par l'expert indépendant (Chap. 4), à la possibilité pour l'expert de constater l'inéquité de l'offre (Chap. 4) et à l'expertise indépendante et sa relation avec les actionnaires minoritaires en cas de contestation (Chap. 5).

19 - Instr. AMF, DOC-2006-08, Expertise indépendante, art. 3., section II. 7.

susceptibles de surgir au cours de leurs missions respectives.

par **Sonia Bonnet-Bernard**,
Associée fondatrice, A2EF

La possibilité pour l'expert de constater l'inéquité de l'offre

Chargé d'établir une attestation d'équité, l'expert indépendant peut ne pas y parvenir et conclure, au contraire, au caractère inéquitable du prix proposé. Si la situation est rare, elle ne relève pas du cas d'école. L'expert – qui ne peut jamais faire totalement abstraction du contexte – peut notamment s'y résoudre s'agissant d'offres obligatoires ou inamicales.

Dans le cadre d'une offre publique d'acquisition, aux termes de l'article 262-1 du règlement général de l'AMF, l'expert indépendant[1] désigné par le conseil d'administration de la société visée par l'offre (ou le conseil de surveillance en cas d'organisation duale) établit un rapport sur les conditions financières de l'offre ou de l'opération, dont la conclusion est présentée sous la forme d'une attestation d'équité.

L'expert indépendant doit ainsi se prononcer en particulier sur l'équité de la proposition formulée par l'initiateur, et de manière générale, sur le caractère équitable « des conditions financières de l'offre ». Dans quelles conditions pourrait-il, dès lors, être amené à constater l'inéquité de l'offre ?

Il convient dans un premier temps de définir ce que recouvre la notion d'équité et notamment de prix équitable pour, dans un deuxième temps, comprendre les cas dans lesquels une inéquité a pu être prononcée.

1. Sur le prix équitable

1.1. La notion d'équité dans les textes réglementaires

La notion de prix équitable n'est pas véritablement définie par les textes réglementaires.

L'Association professionnelle des experts indépendants (APEI) a publié un document de travail sur le prix équitable (repris dans le recueil des publications de l'APEI de mai 2023) dans lequel il est rappelé que la directive OPA[2] et sa transposition en France[3] se contentent de définir des planchers ou des références de valeurs qui, s'ils n'étaient pas respectés, présumeraient le caractère inéquitable du prix, lorsque l'offre de nature obligatoire a été précédée d'acquisitions auprès d'actionnaires soit dans un cadre contractuel s'agissant du prix d'acquisition, soit dans le cadre de ramassage aux conditions du marché[4].

---

1 - Rappelons que la désignation d'un expert indépendant est prévue dans les situations énumérées à l'art. 261-1 du Règ. gén. AMF, lorsque « *l'opération est susceptible de générer des conflits d'intérêts au sein de son conseil d'administration, de son conseil de surveillance ou de l'organe compétent, de nature à nuire à l'avis motivé mentionné à l'art. 231-19 ou de mettre en cause l'égalité des actionnaires ou des porteurs des instruments financiers qui font l'objet de l'offre* ».

2 - Dir. 2004/25/CE du Parlement Européen et du Conseil, 21 avr. 2004 concernant les offres publiques d'acquisition.

3 - L. n° 2006-387, 31 mars 2006 relative aux offres publiques d'acquisition, qui a conduit à la révision du règlement général de l'AMF le 18 sept. 2006.

4 - La directive définit le prix équitable s'agissant de l'offre publique obligatoire comme le prix le plus élevé payé pour les mêmes titres par l'initiateur de l'offre publique, pendant une période à déterminer par les États membres comprise entre six et douze mois (art. 5). La loi française de transposition de la directive indique que le prix équitable doit au moins être égal au prix le plus élevé payé par l'initiateur sur une période de douze mois précédant le fait générateur de l'obligation d'offre (cas des offres obligatoires pour l'initiateur, Règl. gén. AMF, art. 234-6) ou à la moyenne pondérée (par les volumes) des cours sur les 60 jours de bourse précédant le dépôt (cas des offres déposées par un actionnaire agissant seul ou de concert disposant historiquement de la majorité du capital et des droits de la société visée (Règl. gén. AMF, art. 233-3). Concernant les offres de fermeture, c'est-à-dire les offres publiques dont l'initiateur dispose au moment du dépôt directement ou indirectement plus de la majorité du capital et des droits de vote, au résultat de l'acquisition ou de l'apport de blocs d'actions de la société visée à son

Dans ce contexte, peu d'opérations sont proposées à un prix qui serait inférieur aux prix minimaux prévus par le règlement général de l'AMF. Dans les cas exceptionnels où un prix inférieur serait proposé, l'Autorité des marchés financiers est amenée à intervenir pour assurer le respect de ses textes.

Les dispositions du règlement général de l'AMF traitant du prix de l'offre sont les suivantes :

- L'article 233-33 du règlement général de l'AMF prévoit que « *le prix stipulé par l'initiateur de l'offre ne peut être inférieur,* ***sauf accord de l'Autorité des marchés financiers****, au prix déterminé par le calcul de la moyenne des cours de bourse, pondérée par les volumes de transactions, pendant les soixante jours de négociation (...).* » Cet article vise les offres publiques simplifiées déposées par l'actionnaire majoritaire (majorité directe, indirecte ou de concert), les offres obligatoires déposées par un initiateur (y compris l'initiateur majoritaire au dépôt) en suite du franchissement d'un seuil générateur de cette obligation étant régies par l'article 234-6 ci-dessous en référence ;

- L'article 234-6 du règlement général de l'AMF prévoit, en cas d'offres obligatoires, que le prix soit au moins égal au prix le plus élevé payé par l'initiateur au cours des 12 mois précédents, et précise : « ***L'Autorité des marchés financiers peut demander ou autoriser*** *la modification du prix proposé lorsqu'un changement manifeste des caractéristiques de la société visée ou du marché de ses titres le justifie. Il en va notamment ainsi dans les cas suivants (...)* ». Sont ensuite énumérés trois cas de dérogation possible.

Dans les faits, aucune offre n'a été jamais considérée inéquitable par un expert, sur le fondement d'une simple constatation du non-respect des règles prévues par le règlement général de l'AMF.

1.2. La mission de l'expert indépendant et la recommandation AMF n° 2006-15

La mission de l'expert indépendant est plus précisément décrite dans la recommandation AMF n° 2006-15 relative à l'expertise indépendante dans le cadre d'opérations financières. Sans définir ce que sont des conditions financières équitables, la recommandation précise que le rapport doit contenir :

- Une évaluation multicritères : « *Le rapport de l'expert indépendant contient une évaluation de la société visée par l'offre ou qui réalise l'augmentation de capital. Cette évaluation repose sur une approche multicritères qui comprend la mise en œuvre de méthodes d'évaluation et l'examen de références de valorisation.* »

- Une analyse des situations de conflits d'intérêts, si l'expert a été nommé à ce titre : « *(...) l'expert examine, sur la base de la documentation y afférente, si les situations de conflits d'intérêts identifiées peuvent avoir des conséquences économiques et financières défavorables pour les porteurs de titres visés par l'offre.* »

Aucune offre n'a été jamais considérée inéquitable par un expert, sur le fondement d'une simple constatation du non-respect des règles prévues par le règlement général de l'AMF.

Ainsi, dans son appréciation de l'équité, l'expert doit examiner le prix au regard d'une analyse de la valeur fondamentale de la société visée[5].

Doit-on conclure pour autant que dès lors que le prix est supérieur à la valeur fondamentale, l'opération est équitable ? La réponse peut être négative, s'il existe des conflits d'intérêts

profit (dépôt d'une offre obligatoire en suite de l'acquisition de cette majorité) ou parce qu'il est l'actionnaire majoritaire de longue date, l'Instr. AMF, DOC-2006-07 relative aux offres publiques d'acquisition (28 sept. 2006, modifié le 29 avr. 2021) précise que l'initiateur doit également justifier, le cas échéant, des raisons pour lesquelles le prix ou la parité proposés font ressortir une valeur inférieure :
- à l'actif net comptable ;
- à la moyenne des cours de bourse pondérée par les volumes de transactions, pendant les 60 jours, 120 jours et 180 jours de négociation précédant l'annonce ou le fait générateur de l'offre ;
- au prix extériorisé par toute opération significative intervenue sur le capital de la société visée lors des 18 mois précédant l'annonce ou le fait générateur de l'offre.

5 - L'APEI dans le document précité sur le prix équitable précise que : « *Quelles que soient les définitions de valeur considérées pour apprécier*

susceptibles de remettre en cause l'équité de l'opération, et notamment sur le terrain de l'égalité de traitement et des éléments contextuels.

A l'inverse, doit-on conclure que dès lors que le prix est inférieur à la valeur fondamentale, l'opération est inéquitable ? Là encore, la réponse peut être négative, car l'expert indépendant ne peut faire abstraction du contexte de l'opération.

Comme l'indique l'APEI dans le document précité sur le prix équitable : « *le fondement de l'avis de l'expert ne doit pas être limité à la seule mise en œuvre de l'approche multicritère[s] telle que décrite ci-avant. L'étude doit être complétée par une analyse des éléments contextuels de l'offre publique concernée, et le cadre de cette analyse doit être clairement exposé dans le rapport d'expertise.*

- *l'estimation de la valeur fondamentale de la société dont les titres sont visés par une offre publique par application de l'approche multicritère[s] énoncée par la Recommandation AMF est une étape nécessaire mais non suffisante de l'expertise ;*
- *l'expert s'assure de la pertinence des valeurs issues des différentes méthodes mises en œuvre au travers de l'approche multicritère[s] compte tenu de leurs hypothèses respectives ;*
- *l'analyse de la valeur fondamentale doit ensuite être complétée par l'étude qualitative des éléments contextuels qui sont susceptibles de rationaliser une différence entre la valeur fondamentale et un prix jugé équitable.* »

1.3. La prise en compte du contexte de l'offre

Bien que les textes ne prévoient pas explicitement la coexistence de différentes notions d'équité selon le contexte dans lequel s'inscrit une offre publique, il n'en demeure pas moins que le contexte est déterminant pour apprécier le caractère équitable d'une offre.

Bien que les textes ne prévoient pas explicitement la coexistence de différentes notions d'équité selon le contexte dans lequel s'inscrit une offre publique, il n'en demeure pas moins que le contexte est déterminant pour apprécier le caractère équitable d'une offre.

On a déjà cité le cas des offres obligatoires, dans lesquelles le prix offert doit être au moins égal au prix le plus élevé payé par l'initiateur au cours des 12 mois précédant le fait générateur de l'obligation de déposer le projet d'offre (sauf changement manifeste des caractéristiques de la société visée ou du marché de ses titres[6]).

De même, concernant les offres de fermeture (offres volontaires lancées par un initiateur ayant déjà le contrôle de la cible) qui peuvent bénéficier de la procédure simplifiée lorsque l'initiateur détient déjà au moins la moitié du capital et des droits de vote, elles doivent être libellées à un prix au moins égal à la moyenne pondérée sur 60 jours des cours de bourse de la cible.

Signalons enfin, le cas du plébiscite d'une offre par le marché (V. *infra*), lorsque l'initiateur, qui détient moins de 50 % de la cible quand il lance son offre atteint le seuil de retrait obligatoire de 90 %, situation qui dispense l'AMF de se prononcer sur le prix du retrait obligatoire. Le succès remplace en quelque sorte le contrôle[7].

Sans définir plus précisément la notion

le caractère équitable d'un prix proposé dans le cadre d'une offre publique, celles-ci se réfèrent, de façon implicite ou explicite, à la notion de valeur fondamentale (...) (qui) vise à établir une vision objective de la valeur d'un actif, indépendamment des éléments contextuels susceptibles de l'affecter (tels que la prime de contrôle, la liquidité, la position majoritaire ou minoritaire de ses propriétaires, les considérations stratégiques spécifiques considérées par un acheteur ou un vendeur, les synergies attendues d'un regroupement avec un autre actif). » « *Sans s'y référer spécifiquement, la Recommandation AMF pose un cadre méthodologique analogue à celui communément considéré par les évaluateurs professionnels pour estimer la valeur fondamentale d'une société, indépendamment du contexte dans lequel s'inscrit l'exercice d'évaluation (offre publique, transaction de gré à gré, litige, ...).* »

6 - Règl. gén. AMF, art. 234-6.

7 - Règl. gén. AMF, art. 237-16 et Dir. OPA, art. 15 : « *À la suite d'une offre volontaire, dans les deux cas prévus au paragraphe 2, points a) et b), la contrepartie de l'offre est présumée juste si l'offrant a acquis, par acceptation de l'offre, des titres représentant au moins 90 % du capital assorti de droits de vote faisant l'objet de l'offre* ».

d'équité, l'Autorité des marchés financiers a introduit l'idée que le caractère équitable doit s'apprécier au regard du contexte de l'opération. L'instruction de l'Autorité des marchés financiers sur les offres publiques prévoit ainsi que le rapport d'expertise indépendante comporte en conclusion une attestation d'équité « *établie au regard du contexte et du fondement réglementaire de la mission de l'expert* »[8].

Pour illustrer le propos, prenons deux cas extrêmes : le rachat par une entreprise de ses propres actions (OPRA) et le retrait obligatoire (RO). Nous continuerons l'analyse en citant d'autres éléments de contexte devant être pris en compte : les processus préalables d'enchères, les synergies, ainsi que les accords connexes.

1.3.1 Le cas des offres publiques de rachat par une société de ses propres actions (OPRA)

Ce cas est très particulier car c'est la société visée par l'offre qui acquiert les actions apportées à l'offre. Ainsi, alors que dans le cas d'offres lancées par un initiateur autre que la société, plus le prix est élevé plus celui-ci est équitable, dans le cas de l'OPRA, un prix élevé pourra être équitable pour les actionnaires qui apportent leurs titres et s'avérer inéquitable pour ceux, qui, restant actionnaires, subiront les effets de ce prix élevé.

Comme l'indique l'APEI dans son document sur le prix équitable : « *L'expertise indépendante n'est requise que lorsque l'actionnaire de contrôle n'apporte pas ses titres à l'offre, ce qui semble limiter le cas d'offres trop généreuses qui seraient susceptibles de léser l'actionnaire minoritaire qui ne participerait pas à l'offre. En alignant les intérêts de l'actionnaire ne participant pas à l'offre avec ceux du majoritaire, c'est donc bien les intérêts de l'actionnaire qui participe à l'offre que l'Autorité des marchés financiers entend protéger. C'est pourquoi les travaux de l'expert indépendant consistent, comme pour les autres offres, à déterminer la valeur fondamentale de la société et à indiquer si le prix s'en écarte de manière significative. Dans l'appréciation du caractère équitable, il semble cependant important que l'expert considère également la position de l'actionnaire qui, ne participant pas à l'offre, restera actionnaire d'une société qui aura consacré des liquidités à racheter ses propres titres.* »

L'OPRA constitue de fait une simple offre de liquidité qui doit préserver les intérêts des actionnaires minoritaires, qu'ils apportent ou non leurs titres à l'offre. Le prix équitable doit refléter la « *fair value* ». C'est le seul cas où le prix le plus élevé n'est pas forcément le plus équitable.

1.3.2 Les cas de retrait obligatoire

Les textes ne prévoient pas de règle spécifique d'appréciation de l'équité dans le cadre des retraits obligatoires. Notons que le code monétaire et financier introduit la notion « d'indemnisation », que l'Autorité des marchés financiers n'a pas retenue (elle retient plutôt la notion d'évaluation selon une démarche multicritères « renforcée »). Le législateur prévoit une indemnité fixée selon une évaluation se référant à différentes méthodes d'évaluation objectives, la pertinence de chacune d'entre elles devant être examinée aux fins d'une pondération appropriée, voire en vue d'une mise à l'écart pure et simple[9].

L'expert, dont la nomination est obligatoire dans ce contexte, doit s'assurer de l'équité du prix au regard de la valeur obtenue au terme d'une analyse multicritères, sans que la loi ou le règlement général de l'AMF n'impose toutefois la prise en compte d'une prime spécifique visant à indemniser l'actionnaire de la perte de son opportunité de bénéficier d'une éventuelle hausse future de la valeur de ses titres. La jurisprudence a même précisé que les actionnaires minoritaires ne peuvent invoquer le droit à l'application exclusive du critère qu'ils estiment le plus favorable[10] et a rappelé que la loi

8 - Instr. AMF, DOC-2006-08, Expertise indépendante, art. 3. II, 11.

9 - L'art. L. 433-4 C. mon. fin. précise que dans le cadre d'une offre publique de retrait obligatoire « *l'indemnisation est égale, par titre, au prix proposé lors de la dernière offre ou, le cas échéant, au résultat de l'évaluation effectuée selon les méthodes objectives pratiquées en cas de cession d'actifs et tient compte, selon une pondération appropriée à chaque cas, de la valeur des actifs, des bénéfices réalisés, de la valeur boursière, de l'existence de filiales et des perspectives d'activité.* »

10 - CA Paris, 16 mai 1995, n° 95/2112 *Sogenal* : « *Les actionnaires minoritaires ne sauraient, sous couvert du principe d'une indemnité équitable*

ne prévoyait pas de « *composante particulière qui rendrait l'indemnité nécessairement supérieure à l'évaluation équitable des titres visés par l'offre de retrait* »[11].

Rappelons que dans la pratique, l'Autorité des marchés financiers a introduit deux références plancher dans les contextes de retrait obligatoire : l'actif net comptable[12] et le cours de bourse, sauf cas exceptionnels[13].

Comme indiqué en note 3 ci-dessus, l'instruction AMF-DOC-2006-07 exige également que soit justifiée la raison pour laquelle le prix d'offre serait inférieur au prix extériorisé par toute opération significative intervenue sur le capital de la société visée lors des 18 mois précédant l'annonce ou le fait générateur de l'offre.

De fait, les experts indépendants n'apprécient généralement pas le caractère équitable du prix de l'offre de la même façon selon qu'elle sera ou non suivie d'un retrait obligatoire :

- Certains rapports d'experts indépendants précisent que leur opinion est émise dans le cadre d'une offre à laquelle les actionnaires ont la faculté ou non d'apporter leurs titres (par exemple en considération de la Garantie de cours[14] sur les actions PagesJaunes Groupe initiée par Mediannuaire) ou qu'il « *est insuffisant pour en justifier le caractère équitable dans le cas d'un retrait obligatoire* » alors qu'il serait équitable dans le cadre d'une OPAS (OPAS sur les actions de Metrologic Group initiée par Tridimension Holding). Ces deux offres sont étudiées en section 2 ci-après.

- Il convient par ailleurs de noter que certains experts font référence explicitement à un « *prix d'indemnisation* » (offre publique suivie d'un retrait obligatoire portant sur les actions de la société Havas Group initiée par Vivendi[15]), introduisant ainsi une différence dans les conditions à respecter pour que le prix puisse être considéré comme équitable en fonction de l'intention de procéder ou non à un retrait obligatoire.

Ainsi, l'approche d'évaluation reste la même quel que soit le type d'offre (y compris dans les cas de retrait obligatoire) mais l'appréciation du caractère équitable du prix offert dans le cadre d'un retrait obligatoire intègre une vigilance renforcée. Le groupe de travail de l'APEI qui a réfléchi au prix équitable a conclu que dans le cas des retraits obligatoire :

- « *le rejet de certaines méthodes ou références doit être spécifiquement justifié ;*

- *le prix ne doit pas nécessairement correspondre à la valeur la plus élevée ressortant de l'évaluation. Cependant, dans le cadre d'un retrait obligatoire, les raisons qui conduisent à ne pas retenir une valeur située dans la fourchette haute de l'analyse multicritère[s] devraient selon le Groupe de Travail être systématiquement expliquées dans le rapport de l'expert indépendant.* »

1.3.3 Les processus d'enchères préalables

Si le prix offert par l'initiateur fait suite à l'acquisition d'un bloc majoritaire de titres et/ou qu'il ressort d'un processus d'enchères mené selon un *due process* ayant permis à l'ensemble des acteurs pouvant être intéressés

---

et de l'égalité entre actionnaires, invoquer un droit à l'application du critère qu'ils estiment leur être le plus favorable. C'est dès lors à bon droit que la décision attaquée a approuvé la valeur économique et globale de la société cible résultant d'une égale pondération des quatre critères retenus, à savoir : cours de bourse, actualisation des dividendes futurs, multiples boursiers et actif net réévalué. »

11 - CA Paris, 5 mai 1998, *Tissot & Poli c/ décision AMF OPR Genefim, D. 1999. 257.*

12 - Depuis la jurisprudence née des offres sur Louis Dreyfus Citrus, les offres formulées en-dessous de l'actif net comptable ne sont généralement pas jugées conformes dans un contexte de retrait obligatoire. Dans un tel contexte, l'appréciation de la valeur de l'action impose de considérer également des *scenarii* de cession voire de liquidation avec valorisation individuelle des actifs à leur valeur de marché en complément du scénario de continuité d'exploitation. Au contraire, dans le cas d'une offre pour laquelle le RO n'est pas envisagé, l'AMF peut accepter que l'actif net comptable ne soit pas retenu comme valeur plancher (V. OPA sur Parrot, Décis. n° 219C0397 du 5 mars 2019 : la non prise en compte de la référence à l'actif net comptable ou d'une approche liquidative a paru adaptée au contexte de l'opération (poursuite de l'activité, absence de RO).

13 - Par ex., dans la Décis. de conformité n° 221 CO 2021,15 avr. 2021 relative à l'OPAS visant les actions de Natixis, devant être suivie en cas de succès d'un RO, l'AMF observe que la référence à l'actif net doit être relativisée en raison de contraintes réglementaires et du fait que la rentabilité des capitaux propres est inférieure au rendement attendu par les investisseurs, ce qui explique les décotes observées historiquement sur la valeur des fonds propres par rapport aux actifs nets des banques françaises et européennes.

14 - Procédure à laquelle se sont désormais substituées l'OPA ou l'OPAS

15 - Extrait du rapport de l'expert indépendant : « Dans le contexte spécifique du retrait obligatoire, nous avons indiqué plus haut les deux conditions à respecter pour que le Prix d'Indemnisation puisse être considéré comme équitable.
Le Prix d'Indemnisation doit intégrer de façon satisfaisante la valeur du portefeuille d'activités de Havas à la date de l'Offre, avant prise en compte des effets attendus du regroupement (« la Valeur Intrinsèque »).
Le Prix d'Indemnisation doit intégrer une fraction raisonnable des synergies escomptées du regroupement (« les Synergies »). »

de se manifester (avec mise en concurrence de plusieurs acheteurs potentiels), le contexte est *a priori* plus favorable à la reconnaissance du caractère équitable des conditions financières.

L'expert considérera généralement que le prix ressortant de l'acquisition préalable d'un bloc de contrôle constitue une référence pertinente de valeur. Il conclura à l'équité du prix, au moins dans un contexte d'offre facultative pour l'actionnaire minoritaire (offre de liquidité au même prix que le majoritaire). La conclusion en cas de retrait obligatoire sera, elle, dépendante de l'analyse multicritère de valeur.

1.3.4 Les synergies

Le cas des opérations faisant émerger des synergies est également intéressant. Il est d'usage de payer une prime aux actionnaires minoritaires, en particulier lorsque des synergies sont identifiées. Dans les opérations dans lesquelles des synergies sont identifiées et chiffrées, la part des synergies devant être attribuée aux actionnaires de la cible ne fait pas l'objet de norme (il s'agit avant tout d'une négociation entre les parties), mais si cette part est trop faible, les actionnaires de la cible pourraient ne pas apporter leurs titres à l'offre (pour bénéficier de l'effet des synergies *post* opération).

Le prix pourrait-il ne pas être considéré équitable s'il correspond à la valeur fondamentale mais n'inclut aucune prime (donc aucun partage de synergies) ? La réponse peut être différente là encore selon que l'on est dans un cas de retrait potentiel de la cote ou dans un cas d'offre purement facultative pour les actionnaires minoritaires. Ainsi dans l'offre publique suivie d'un retrait obligatoire portant sur les actions de la société Havas Group initiée par Vivendi, déjà citée plus haut, l'expert avait considéré que pour que le prix d'indemnisation puisse être considéré comme équitable, il devait intégrer une fraction raisonnable des synergies escomptées du regroupement.

Comme l'indique l'APEI : « *Dès lors que le prix d'offre correspond à la valeur fondamentale standalone, le prix ne pourra pas être considéré comme non équitable eu égard à ce critère.* » *Mais lorsqu'un retrait obligatoire est envisagé « certains experts, considèrent qu'en matière de RO, le prix proposé doit intégrer une fraction raisonnable des synergies escomptées (...). Dès lors que le prix proposé fait ressortir une prime par rapport à la valeur intrinsèque, en l'absence d'une connaissance précise de celles-ci, ils se prononcent en la comparant au niveau de prime observé dans des opérations similaires ou une création de valeur pour les actionnaires des deux sociétés a été observée, tout en tenant compte de l'incertitude de la matérialisation des synergies.* »

L'expert conclura à l'équité du prix, au moins dans un contexte d'offre facultative pour l'actionnaire minoritaire (offre de liquidité au même prix que le majoritaire). La conclusion en cas de retrait obligatoire sera, elle, dépendante de l'analyse multicritère de valeur.

L'existence d'une prime conduit à conclure qu'une partie des synergies est attribuée aux actionnaires minoritaires. En l'absence de prime, l'expert exerce son esprit critique sur les synergies communiquées ou l'absence de synergies envisagées et intègre ces éléments dans son appréciation globale de l'opération.

1.3.5 Les accords connexes

Le prix équitable n'est pas nécessairement identique à la valeur qui ressort de l'évaluation multicritères, car l'expert indépendant doit analyser tout élément contextuel qui pourrait avoir un impact sur l'équité de l'offre et notamment les accords connexes à l'offre (contrat de cession, pacte d'actionnaires, accords de liquidité, accords d'intéressement et de réinvestissement des dirigeants, etc.).

Les accords les plus souvent rencontrés et qui nécessitent une vigilance particulière de l'expert dans l'appréciation de l'équité concernent plus particulièrement les accords conclus entre l'initiateur et les dirigeants et actionnaires historiques de la société cible.

L'expert indépendant doit s'assurer que ces mécanismes n'induisent pas de traitement inéquitable, manifestement avantageux pour une catégorie d'actionnaires ou de complément de prix sous une forme ou une autre.

Ainsi, un prix, même justifié par l'application d'une approche multicritères, peut ne pas être équitable si les termes de l'offre ne préservent pas l'égalité des actionnaires ou des porteurs des instruments financiers qui font l'objet de l'offre. Le prix ne doit pas générer de rupture de l'égalité entre actionnaires (à travers les accords connexes).

2. Cas dans lesquels une inéquité (ou une restriction à l'équité) a été prononcée

2.1. Offres amicales

Dans la pratique, on rencontre peu de cas dans lesquels l'expert conclut au caractère non équitable de l'offre, dans les contextes d'offres amicales.

2.1.1. Il doit être rappelé que l'expert intervient généralement en amont du dépôt de l'offre

Hormis les cas d'offre hostile où par définition l'expert indépendant, au sens AMF du terme (nommé par la cible), n'est pas encore nommé à la date du dépôt, l'expert intervient généralement en amont du dépôt de l'offre.

Cette situation limite de fait les offres qui pourraient être considérées inéquitables : elles sont relevées avant dépôt ou ne sont pas lancées.

Dans certaines situations, les offres sont relevées après la première annonce de l'offre :

- Par exemple dans le cadre de l'offre publique de retrait suivie d'un retrait obligatoire initiée par Unibel SA sur les titres Bel (offre de fermeture), une première offre avait été annoncée en mars 2021 à un prix de 440 euros (concomitamment à l'annonce d'une OPRA par la société Bel, au même prix), finalement relevé à 550 euros (Bel renonçant à son OPRA). Ce relèvement avait permis à l'expert indépendant de conclure au caractère équitable du « *prix retenu pour l'Offre publique de retrait et l'indemnité prévue dans le cadre du Retrait Obligatoire* » ;
- Autre exemple, celle de l'offre publique d'achat simplifiée initiée par Italcementi sur les titres Ciments Français (offre de fermeture) qui avait été annoncée en mars 2014 à 76,50 euros (coupon de 1,50 euro détaché). Le prix de l'offre (intervenue en juin 2014) avait finalement été relevé de 3 euros, à 79,50 euros, « *à la suite des travaux du comité des administrateurs indépendants de Ciments Français et de l'expert indépendant* » selon les termes de la note en réponse ;
- Également, dans l'offre publique d'achat simplifiée déposée par Seagate sur les titres Lacie (offre de fermeture après acquisition d'un bloc de contrôle), le prix de l'offre en septembre 2012 avait été relevé de 0,45 euro, à 4,50 euros, par rapport au prix payé pour le bloc quelques semaines auparavant (prix de 4,05 euros pouvant être porté à 4,17 euros en cas de retrait obligatoire), relèvement qui avait permis à l'expert de conclure à l'équité du prix d'offre y compris en cas de retrait obligatoire.

2.1.2. En pratique, on observe que les conclusions des experts indépendants sont très différentes selon le contexte, et notamment dans les cas de retraits obligatoires :

On note de nombreuses offres dans lesquelles l'expert ne se prononce que dans le cadre d'une offre facultative pour les actionnaires minoritaires (OPAS sur Sasa Industries en janvier 2007 en raison d'une valeur DCF supérieure au prix d'offre malgré un bloc au prix d'offre, OPAS sur Ginger en juillet 2010 pour les mêmes raisons). Implicitement, dans le cadre d'un retrait obligatoire le prix aurait été inéquitable.

Nous avons étudié plus précisément deux cas d'offres au titre desquelles l'expert a restreint son attestation d'équité.

Dans la garantie de cours[16] initiée par

16 - La garantie de cours (qui n'existe plus depuis 2011) était une procédure employée automatiquement après une cession d'un bloc de contrôle, qui offrait aux actionnaires minoritaires la possibilité de vendre leurs titres à l'acquéreur du bloc au même prix que celui de la cession du bloc.

Mediannuaire sur les actions de PagesJaunes Groupe en 2006 : l'expert a conclu à l'équité du prix[17], alors que celui-ci était inférieur à plusieurs valeurs ressortant de l'analyse multicritères (et notamment le cours de bourse spot et l'analyse DCF sur la base d'un plan d'affaires prenant en compte à l'infini le modèle économique actuel, « *hypothèse qui ne paraît pas corroborée par la transaction majoritaire* » :

parce que l'offre était facultative pour les minoritaires (absence de retrait obligatoire)

et parce que le prix était le même que celui payé pour la cession d'un bloc de contrôle à l'issue d'un processus compétitif d'appel d'offres (la garantie de cours résulte « *de la transaction majoritaire réalisée à l'issue d'un processus compétitif d'appel d'offres* »)

De manière encore plus précise, dans l'offre publique d'achat simplifiée sur les actions de Metrologic Group déposée en 2011 par Tridimension Holding après acquisition d'un bloc, cette opération pouvant conduire à un retrait obligatoire si les conditions requises se trouvaient réunies, le RO se faisait alors à un prix supérieur d'environ 5 % au prix de l'OPAS. L'expert a conclu :

- à l'équité du prix dans le contexte d'offre facultative, considérant qu'il s'agissait d'une offre de liquidité au même prix que celui payé aux cédants du bloc,
- mais au caractère non équitable du prix offert en cas de retrait obligatoire (malgré le relèvement de prix envisagé), ce prix n'étant pas suffisant dans un contexte de retrait obligatoire qui devrait « *tenir compte du caractère indemnitaire du prix offert aux minoritaires, privés de leur liberté de choix d'apporter ou non à l'Offre, en contrepartie de leur désengagement du capital.* »

2.2. Contexte d'opérations inamicales

Aux termes du règlement général de l'AMF, une offre hostile, qui par définition est peu susceptible de générer des conflits d'intérêts au sein du conseil d'administration ou de mettre en cause l'égalité des actionnaires, ne requiert pas l'intervention d'un expert indépendant. La loi du marché est supposée opérer de manière satisfaisante.

Toutefois, un expert indépendant peut être désigné par la cible sur une base volontaire[18]. L'APEI recommande dans ce contexte, que l'expert soit vigilant « *au regard d'éventuels biais de surévaluation de la part des dirigeants et actionnaires de la cible qui seraient opposés à l'offre et qui bénéficient, de par leur position, d'une information de première main sur la société cible* ».

Nous avons relevé quatre cas d'offres inamicales qui méritent d'être commentés :

- L'offre sur les actions SeLoger.com (2010)
- L'offre sur les titres Foncière Paris France (2011)
- L'offre sur les titres O2i (2015)
- Les offres sur les titres Filae (2021)

2.2.1. Offre sur les actions Seloger.com (octobre 2010)

Axel Springer avait déposé une offre sur les actions « Seloger.com », malgré l'opposition de certains actionnaires, mais après avoir acquis un bloc minoritaire auprès de dirigeants de la société.

Le conseil avait rappelé dans son avis motivé : « *l'Offre ne s'inscrit pas dans le cadre d'un rapprochement amical. (...) Le prix de l'Offre ne reflète d'ailleurs ni la valeur intrinsèque du groupe SeLoger.com ni ses perspectives de croissance.* »

Sans conclure sur l'équité des conditions offertes, l'expert avait formulé dans sa

17 - Extrait de la conclusion de l'expert : « *Le prix de la garantie de cours se situe dans la moyenne basse de notre analyse multicritères et résulte de la transaction majoritaire réalisée à l'issue d'un processus compétitif d'appel d'offres, ce qui le rend équitable d'un point de vue financier dans le cadre d'une offre facultative pour les actionnaires minoritaires. Ceux-ci ont toutefois la possibilité de sortir en bourse à un prix qui, dans les conditions actuelles de marché et sous réserve des éventuelles contraintes de liquidité, est supérieur au prix d'offre.* »

18 - Règl. gén. AMF, art. 261-3.

conclusion des observations sur le caractère équitable du prix, dont le fait que ce dernier s'inscrivait dans la continuité du prix payé pour le bloc minoritaire mais présentait des décotes par rapport aux valeurs ressortant des méthodes DCF et comparables boursiers.

L'Autorité des marchés financiers a déclaré conforme le projet d'offre publique d'achat considérant que « *s'agissant d'une offre volontaire ressortissant de la procédure normale, le prix d'une telle offre est librement fixé par l'initiateur (...) il n'apparaît pas qu'une telle offre publique porte atteinte aux principes définis par l'article 231-3 du règlement général, notamment en ce qu'elle ne comporte aucun obstacle pouvant entraver le libre jeu des offres et des surenchères et que l'ensemble de l'information relative à l'offre, incluant les différentes valorisations retenues par l'initiateur, la société visée et l'expert indépendant, est disponible par le biais des notes d'information relatives à l'offre ;*

- qu'en définitive, il appartiendra aux actionnaires, ainsi informés, d'apporter ou non leurs actions à l'offre. »

S'agissant d'une offre non obligatoire et soumise à la procédure normale, l'éventuel retrait obligatoire ne pouvait intervenir que si l'OPA était « plébiscitée » par le marché. L'Autorité des marchés financiers a ainsi de fait considéré que c'était l'affaire des actionnaires minoritaires, parfaitement informés par les publications liées à l'offre, de choisir entre une liquidité immédiate à un prix supérieur aux cours historiques ou une opportunité de rester dans la société pour bénéficier d'une valeur susceptible de s'améliorer.

2.2.2. Offre publique d'achat déposée par PHRV sur les titres de la société Foncière Paris France (FPF) (novembre 2011)

PHRV avait déposé un premier projet d'offre publique d'achat en octobre 2011 au prix de 100 euros, jugé :

- « *opportuniste, initiée dans un contexte boursier déprimé et dont le prix ne reflète pas la valeur que les actionnaires peuvent légitimement attendre* », par le conseil d'administration de FPF, et
- « *sensiblement inférieur aux résultats obtenus par la mise en œuvre d'une approche multicritères sur la Société.* » par l'expert indépendant. Ce dernier estimait par ailleurs que « *les conditions de l'Offre sont susceptibles de porter atteinte à l'égalité de traitement entre les détenteurs des différents titres visés par l'Offre* »

L'Autorité des marchés financiers a de fait considéré que c'était l'affaire des actionnaires minoritaires, parfaitement informés par les publications liées à l'offre, de choisir entre une liquidité immédiate à un prix supérieur aux cours historiques ou une opportunité de rester dans la société pour bénéficier d'une valeur susceptible de s'améliorer.

Un projet de surenchère à 110 euros avait alors été déposé par PHRV fin novembre 2011, également jugé insuffisant :

- « *Le Conseil d'administration considère unanimement, à l'exception du représentant de Cofitem-Cofimur, que l'opération proposée reste encore sous-évaluée et ne traduit toujours pas un juste prix pour les intérêts financiers des actionnaires et autres porteurs de titres donnant accès au capital de Foncière Paris France.* »
- L'expert indépendant avait lui aussi conclu : « *Il ressort de la mise à jour des travaux d'évaluation que nous avons réalisée à la suite du dépôt du projet d'offre publique d'achat en surenchère le 29 novembre 2011 que le prix d'Offre Révisée de 110 € par action Foncière Paris France proposé par la société PHRV Paris Hôtels Roissy Vaugirard est inférieur aux résultats obtenus par la mise en œuvre d'une approche multicritères sur la Société.* »

Il est intéressant d'observer que l'Autorité des marchés financiers a conclu à la conformité du projet d'OPA en surenchère, au motif principal que l'offre étant volontaire, le prix était librement fixé par l'initiateur, et que l'égalité de traitement entre porteurs de titres était préservée : « *s'agissant des actions, le prix auquel est libellée l'offre publique volontaire, qui ressortit des dispositions des articles 232-1 et suivants du règlement général, est librement fixé par l'initiateur et, s'agissant des différentes catégories de titres donnant accès au capital, les prix auxquels ces titres sont visés sont cohérents avec le prix de 110 € par action et ne sont pas de nature à porter atteinte à l'égalité de traitement entre leurs porteurs* ».

2.2.3. Offre publique d'échange sur les titres O2i initiée par Prologue (février 2015)

Prologue avait initié début 2015 une offre publique sur les titres de la société O2i en échange de ses propres titres. O2i avait considéré que cette offre, non sollicitée, n'était pas conforme aux intérêts de la Société, de ses actionnaires et de ses salariés et recommandait aux actionnaires de la Société de ne pas apporter leurs titres à l'Offre.

L'expert avait conclu au caractère non équitable de l'offre publique d'échange au regard des valeurs relatives de Prologue et de O2i en privilégiant une approche équilibrée dans l'appréciation des plans d'affaires et des profils de risque des activités des 2 sociétés, au contraire de la banque présentatrice qui avait utilisé des hypothèses beaucoup plus volontaristes pour Prologue que pour O2i : « *Dans ces conditions, à la lumière des commentaires ci-dessus, étant rappelé le caractère stratégique majeur de l'opération proposée, et au regard* :

- *d'une part, des incertitudes pesant (i) sur la structure de l'actionnariat de Prologue, (ii) sur la composition des organes de gouvernance de Prologue et d'O2i à l'issue de l'Offre, et (iii) sur le projet stratégique d'ensemble ;*
- *d'autre part, des divergences majeures constatées dans le calcul de la valeur d'entreprise de Prologue et d'O2i par nous-même et par la banque présentatrice ;*
- *nous sommes d'avis que l'offre publique d'échange portant sur les titres de la société O2i initiée par la société Prologue, telle qu'elle ressort de son projet de note d'information en date du 9 décembre 2014, ne peut en l'état être considérée comme conforme à l'intérêt social d'O2i et, n'est pas équitable d'un point de vue financier pour les actionnaires de la société O2i.* »

L'Autorité des marchés financiers a déclaré non conforme le projet d'offre publique d'échange sur plusieurs fondements :

- les dispositions de l'article 231-21, 5° du règlement général, selon lesquelles l'Autorité des marchés financiers examine « *les conditions financières de l'offre, au regard notamment du rapport de l'expert indépendant et de l'avis motivé du conseil d'administration* » ;
- le projet d'offre ne préserve pas les intérêts des porteurs de BSAAR et d'OC ;
- les différentes méthodes issues des travaux de l'établissement présentateur et de l'expert indépendant font apparaître une différence significative sur les valorisations issues de la méthode d'actualisation des flux de trésorerie ;
- l'information dans le cadre du projet d'offre publique d'échange n'est ni complète ni cohérente au sens de l'article L. 621-8-1 du code monétaire et financier, l'expert indépendant et le commissaire aux apports n'ayant pas conclu en ce que la parité d'échange était équitable à raison d'incertitudes pour le premier sur le projet stratégique d'ensemble et pour le second sur les synergies éventuelles ; et le conseil d'administration de la société O2I ayant aussi rendu un avis négatif sur ce point.

2.2.4. Offres publiques d'achat sur Filae (avril 2021 puis septembre 2021)

Février - Avril 2021 : projet d'OPA déposé par Trudaine Participations sur les titres Filae

Geneanet (qui détenait 100 % de l'initiateur - Trudaine Participations), entré de façon non-sollicitée au capital de Filae en 2018, avait déposé un projet d'offre publique en février 2021 au prix de 14 euros par action (l'« Offre »), après que Filae avait rendu publiques des négociations avec MyHeritage, cette dernière souhaitant acquérir le contrôle de Filae (avec une première offre ferme en janvier 2021, améliorée en avril 2021).

L'offre ferme de MyHeritage contenait 2 branches : l'une par voie d'offre publique, nécessitant la réunion d'au moins 90 % du capital et des droits de vote (au prix de 16,24 euros, amélioré à 20 euros par action en avril), l'autre consistant en un rachat de l'ensemble des actifs constituant l'activité filae.com de Filae. Selon le projet de note en réponse, Geneanet, consulté, n'avait pas donné suite à la proposition de MyHeritage, avant de lancer son offre publique.

Le conseil d'administration de Filae avait estimé que l'Offre était contraire à l'intérêt social et avait émis un avis défavorable sur le projet d'offre de Trudaine (filiale de Geneanet), au regard de l'offre améliorée de MyHeritage, prenant acte de la conclusion de l'expert indépendant sur le caractère non équitable de l'Offre, et compte tenu des nombreuses contradictions, faiblesses et incohérences du projet de Geneanet pour Filae.

L'expert indépendant avait considéré que bien que proposant une fenêtre de liquidité, l'Offre ne proposait pas la pleine valeur de Filae, au regard de la valeur DCF et au regard de l'offre ferme formulée par un acteur du secteur tiers (MyHeritage) : « *L'Offre propose une fenêtre de liquidité pour ceux des actionnaires de Filae qui souhaiteraient bénéficier d'une sortie à un prix supérieur aux cours observés depuis l'introduction en bourse jusqu'à l'annonce de l'Opération sur un marché du titre très étroit. Il n'existe par ailleurs pas de transaction connexe remettant en cause le prix formulé par l'Initiateur et il n'y a pas de rupture d'égalité entre actionnaires et obligataires.*

Elle ne propose cependant pas la pleine valeur de la Société, telle qu'elle ressort de son plan d'affaires et d'un prix formulé par un tiers indépendant le 17 janvier 2021 (que l'Initiateur a refusé) et de celui figurant dans l'offre améliorée le 19 avril 2021 par ce tiers indépendant, que ce soit par voie de cession d'actifs (qui permettrait la distribution d'un montant de 16,45 euros aux actionnaires après approbation par l'assemblée générale ordinaire et échec de toute offre publique à la date de l'assemblée) ou par voie d'offre publique au prix de 20 euros par action dans les conditions précitées.

L'Offre n'intègre par ailleurs aucune synergie significative, alors qu'elle donnerait le contrôle de droit à l'Initiateur.

Dans ce contexte, nous sommes d'avis que le prix de 14 euros par action proposé aux actionnaires minoritaires de la Société dans le cadre de la présente Offre n'est pas équitable d'un point de vue financier. »

Juillet-septembre 2021 : projet d'OPAS déposé par Treehouse Ltd (MyHeritage) sur les titres Filae

Après négociations, TreeHouse Junior Limited (qui contrôle indirectement MyHeritage) a acquis, le 30 juillet 2021 (i) au prix unitaire de 20,75 €, la totalité des actions Filae détenues directement et indirectement par la société Geneanet (par l'intermédiaire de la société Trudaine Participations qu'elle contrôle) et (ii) au prix unitaire de 20 € la totalité des actions Filae détenues par les fondateurs et actionnaires historiques de cette dernière, aux termes d'accords prévoyant notamment le retrait de l'offre publique d'achat de février 2021.

Treehouse Junior Limited a alors lancé une OPAS suivie d'un retrait obligatoire (l'initiateur détenant plus de 90 %) au prix de 20,75 euros (l'« Offre »).

Le conseil d'administration de Filae a considéré que le projet d'Offre, était conforme aux intérêts de la Société et de ses salariés, a émis un avis favorable sur le projet d'Offre et recommandé aux actionnaires de la Société d'apporter leurs actions à l'OPAS (étant rappelé qu'en tout état de cause les actions non présentées à l'OPAS seraient transférées à l'Initiateur dans le cadre du retrait obligatoire).

L'expert indépendant a conclu que le prix de 20,75 euros par action proposé aux actionnaires minoritaires était équitable, y compris dans la perspective du retrait obligatoire, « *l'Offre proposant aux actionnaires de sortir au même prix que Geneanet (et sa filiale Trudaine Participations) qui, avec plus de 40 % du capital et des droits de vote de la Société, était le premier actionnaire de Filae, et à un prix plus élevé que celui obtenu par le dirigeant fondateur et les actionnaires historiques de la Société (prime offerte de 3,75 %) aux termes d'accords qui constituent une référence incontournable* », le prix étant par ailleurs supérieur à toutes les autres références de valeur.

L'Autorité des marchés financiers a déclaré

cette deuxième offre conforme (elle ne s'était pas prononcée sur la première).

5

LE CONTENTIEUX DES OFFRES

OPA – PRATIQUES PROFESSIONNELLES ET INTERDISCIPLINARITÉ

Des marches de la Bourse à celles du Palais de Justice, il y a parfois moins loin que du Capitole à la Roche Tarpéienne et un contentieux non négligeable s'est développé à l'occasion des offres publiques, sans que « l'amicalité » d'une offre n'écarte d'ailleurs ce risque.

Il peut notamment arriver qu'un minoritaire ou un activiste vienne chercher querelle à l'initiateur ou à la cible avant même l'obtention du visa de l'AMF. La contribution de ce chapitre consacrée à la contestation « en amont » permet sous la plume d'un expert indépendant de comprendre son rôle en pareille situation.

Passée cette étape du visa, la contestation prendra un tour judiciaire et la contribution du présent chapitre dédiée au contentieux offre une perspective inégalée sur l'office du juge, son auteur ayant officié au sein de la juridiction connaissant du contentieux des offres (la « 5-7 » de la Cour d'appel).

Au-delà du contentieux en rapport avec les offres publiques mais mettant aux prises des personnes privées, il existe un droit répressif des offres, dont l'étude est d'autant plus indispensable que la réglementation des offres publiques relève désormais de l'ordre public économique de direction.

par **Olivier Péronnet**,
Président, FINEXSI

Expertise indépendante et relation avec les actionnaires minoritaires en cas de contestation

La réforme de l'expertise indépendante, en modifiant le calendrier d'intervention de l'expert, a encore renforcé son importance dans l'analyse et le traitement des objections qui peuvent être articulées à l'endroit de l'offre, avant même que l'AMF ait pu se prononcer sur celle-ci. Loin d'être une pure formalité, les échanges entre l'expert indépendant et les minoritaires sont suivis par le régulateur et contrôlés par le juge judiciaire.

Les modalités d'échange entre l'expert indépendant et les actionnaires minoritaires sont précisées dans le règlement général de l'AMF, l'instruction 2006-07 modifiée le 27 avril 2021, ainsi que dans la recommandation 2006-15 sur l'expertise dans le cadre d'opérations financières et l'instruction AMF 2006-08 (toutes deux modifiées le 10 février 2020).

Dans le processus de l'offre, le nom de l'expert indépendant qui a été désigné par le comité *ad hoc*, organe de gouvernance compétent, est communiqué en amont de la remise de son rapport[1]. Cette anticipation doit permettre aux actionnaires minoritaires qui le souhaitent de contacter l'expert le plus tôt possible.

A la suite de la réforme ayant fait suite au rapport du groupe de travail co-présidé par Thierry Philipponnat et Patrick Suet sur le retrait obligatoire et l'expertise indépendante[2], le calendrier de l'expertise indépendante a été modifié dans tous les cas d'offres dites de fermeture (l'initiateur détenant plus de 50 % du capital et des droits de vote). La note d'information – comportant les éléments d'appréciation du prix – doit être communiquée dans un premier temps, tandis que la note en réponse comportant un rapport d'expertise est déposée dans un second temps au plus tard le vingtième jour de négociation suivant le début de la période d'offre.

L'obligation de mettre à la disposition des actionnaires minoritaires des éléments d'appréciation – et plus le seul prix d'offre – nous semble un réel progrès dans l'instruction des dossiers. Elle permet aux actionnaires minoritaires de travailler sur des éléments substantiels, pour nourrir de vrais échanges contradictoires utiles pour les travaux de l'expert pendant la réalisation de sa mission, de sorte qu'il puisse intégrer les remarques, les analyser et leur donner la portée qui résulte de son appréciation.

A cet égard, une organisation du contradictoire s'est mise en place[3] en pratique pour intégrer efficacement et utilement les éléments que les minoritaires veulent faire valoir. Durant cette première phase d'échange, qui a lieu en parallèle de la mise en œuvre de ses travaux par l'expert, il n'est pas attendu de ce dernier qu'il réponde aux objections mais qu'il les instruise auprès de la cible et de l'initiateur, qu'il échange avec l'AMF, qui aura pu être

---

1 - Règl. gén. AMF, art. 231-17 : « *Dans tous les cas, lorsqu'au jour du dépôt du projet de note d'information établi par l'initiateur, l'expert indépendant n'a pas achevé sa mission ou n'a pas été désigné, la société visée informe le public par voie de communiqué de l'identité de l'expert indépendant dès la publication du projet de note de l'initiateur ou dès la désignation de l'expert.* »

2 - Rapp. du groupe de travail de l'AMF sur les conditions de mise en œuvre du retrait obligatoire et l'expertise indépendante dans le cadre des offres publiques

3 - V. Recueil des publications APEI, 2023, pp. 16 et 17 disponible sur le site *APEI.fr*.

sollicitée directement, et ainsi qu'il analyse en profondeur les arguments avancés pour en apprécier la portée. C'est en cela que cette phase est particulièrement importante.

L'actionnaire minoritaire a pu écrire à la cible, à l'initiateur, au comité *ad hoc* ou au conseil, aux dirigeants, à l'AMF... La bonne pratique est que le destinataire d'une telle correspondance en envoie immédiatement une copie à l'expert indépendant. A charge ensuite pour lui de partager ces informations avec ceux de ses interlocuteurs qui peuvent lui fournir une réponse (initiateur ou cible en général), que l'expert intégrera également dans son analyse.

L'expert tient généralement une ou plusieurs réunions avec les actionnaires minoritaires et leurs conseils (avocat, conseil financier...), la mission qui lui est confiée impliquant d'écouter et de recevoir leurs remarques. Celles-ci devront *in fine* revêtir une forme écrite pour définir et cerner les sujets, afin de permettre à l'expert indépendant de procéder à leur analyse et d'en faire une restitution spécifique dans son rapport. Cette restitution pourra prendre différentes formes selon les circonstances. Si les minoritaires n'ont pas rendu publiques leurs remarques, l'expert les synthétisera de façon anonymisée pour y répondre.

Dans le cadre des échanges en personne entre les actionnaires minoritaires et l'expert indépendant, ce dernier devra être attentif à ne leur communiquer aucune information confidentielle afin de ne pas rompre l'égalité de traitement en donnant des informations que les autres actionnaires n'auraient pas.

Dans de nombreux rapports d'expertise (v. notamment les offres sur Société Marseillaise du Tunnel Prado Carénage[4], Electricité de France[5], BEL[6]) une section spécifique du rapport est consacrée à des développements synthétisant les remarques formulées, donnant l'appréciation de l'expert sur celles-ci et la portée qu'elles ont eue dans ses travaux de valorisation.

Une section spécifique du rapport est consacrée à des développements synthétisant les remarques formulées, donnant l'appréciation de l'expert sur celles-ci et la portée qu'elles ont eue dans ses travaux de valorisation.

Il est de nombreux cas où les points soulevés étant traités dans le rapport, les minoritaires ne soulèvent plus d'objection à l'issue de la publication de la note en réponse et apportent (ou non) leurs titres à l'offre publique.

Il peut néanmoins arriver, qu'après la publication de la note en réponse contenant le rapport d'expertise indépendante, les minoritaires continuent à soulever des objections. Elles peuvent être sans rapport avec les travaux de l'expert (sur la structuration de l'offre, son opportunité ou sa durée par exemple) mais, aussi, exprimer une insatisfaction quant au prix proposé au travers de remarques sur le rapport qui a été mis à la disposition de l'ensemble des actionnaires. L'expert indépendant examine alors les arguments que les minoritaires avancent pour contester le prix, il peut rédiger – en cas d'éléments complémentaires ou nouveaux – un *addendum* « en réponse ». De nouveaux échanges en personne peuvent, le cas échéant, être organisés pour expliquer le contenu du rapport et la façon dont les points soulevés ont été traités.

L'AMF laisse à ces échanges le temps nécessaire pour permettre aux différents interlocuteurs d'aller au bout de leur analyse et au collège d'examiner un dossier complet. Il est ainsi possible que plusieurs réunions du collège de l'AMF[7] se déroulent sans que le dossier ne soit examiné, le temps pour celui-ci d'être en état d'être présenté. Pendant cette période, les services de l'AMF échangent avec l'expert pour comprendre les points de difficulté et s'assurer

4 - V. sections 6.1 du rapp. de l'expert indépendant « Documents et éléments d'évaluation transmis par les actionnaires minoritaires » et 6.2 « Eléments de réponse issus de nos travaux »

5 - V. section 12 du rapp. de l'expert indépendant : « Analyse et appréciation des observations reçues d'actionnaires minoritaires »

6 - V. section 7 du rapp. de l'expert indépendant : « Analyse et appréciation des observations reçues d'actionnaires minoritaires »

7 - A raison d'une réunion toutes les deux semaines

de la façon dont l'expert les a traités.

Ces précautions et ces efforts de pédagogie n'empêchent pas qu'un recours contre l'avis de conformité puisse être déposé[8]. L'examen des arrêts de la Cour d'appel[9] révèle que le juge examine en détail la façon dont le rapport de l'expert a analysé et donné une appréciation, ou répondu dans un éventuel *addendum*, aux points soulevés par les actionnaires minoritaires. Il ne s'agit pas d'un pur contrôle formel par le juge mais d'un contrôle de fond, qui rentre dans le détail des hypothèses et paramètres de l'évaluation pour s'assurer que les objections des minoritaires ont été analysées et traitées.

La pratique française d'un rapport d'expertise *long form* est un atout pour assurer une information complète des actionnaires, un réel contradictoire et une restitution précise et détaillée qui permet à l'AMF puis au juge judiciaire de suivre et contrôler la qualité de ces échanges.

La pratique française d'un rapport d'expertise *long form* est un atout pour assurer une information complète des actionnaires, un réel contradictoire et une restitution précise et détaillée qui permet à l'AMF puis au juge judiciaire de suivre et contrôler la qualité de ces échanges.

8 - V. notamment la section du présent ouvrage consacrée au juge et à l'offre publique (Chap. 5).

9 - Ex. : CA Paris, (ch. 5-7) 2 mai 2003, n° 22/19729, *EDF c/ Adam et autres* ; CA de Paris (ch. 5-7) 12 mai 2022, n° 21/22517, *BBDE c/ BEL.*

par **Olivier Douvreleur**,
Avocat général à la Cour de cassation

Le juge et le droit des offres publiques

La décision de concentrer entre les mains d'une chambre de la Cour d'appel de Paris (la 5-7) tout le contentieux des décisions du régulateur relatives à des offres publiques peut donner l'illusion de la simplicité. Pourtant, la définition du rôle de ce juge unique est une histoire faite de rebondissements, qui ont notamment permis d'articuler le calendrier procédural et celui d'une offre publique, de préciser l'office du juge selon qu'il se prononce sur des décisions ex post *ou* ex ante *et de faire coexister ce juge unique… et tous les autres.*

On a de longue date observé que le juge jouait dans le contentieux des offres publiques un rôle à beaucoup d'égards particulier : qu'il tranche des litiges opposant, par exemple, l'initiateur et la cible dans le cadre de la mise en œuvre de défenses anti-OPA, ou qu'il contrôle les décisions du régulateur. Ainsi quand les actionnaires minoritaires contestent les conditions de l'offre qui leur est faite, le juge est vu comme « *gardien de la cohérence et de l'harmonie* »[1], occupant une « *place à la fois singulière et primordiale* »[2], jouant un « *rôle central et particulier* »[3], au point d'être qualifié d'autorité de marché « *par la portée régulatrice et la valeur de précédents* » de ses décisions[4]. Les raisons en sont multiples, la principale d'entre elles procédant de la nécessité d'interpréter, préciser et quelquefois clarifier un droit particulièrement volatile, fait de réformes successives qui sont autant de « *nouvelles sources de contentieux* », créant un contexte de « *judiciarisation* »[5] marqué par un passage « *de l'état de droit à l'état de contentieux* » observé dès la première annulation par la Cour d'appel de Paris, dans le cadre du recours direct instauré devant elle par la loi du 22 janvier 1988 sur les bourses de valeurs d'une décision de recevabilité d'une offre publique[6].

C'est dans ce contexte que la Cour d'appel de Paris fut invitée, dès la mise en place du cadre législatif des offres publiques posé par la loi du 2 août 1989, à préciser les nouvelles notions d'offre obligatoire et d'action de concert qui en étaient issues[7], puis dans les années 1990 à traiter la question du prix de l'offre obligatoire, en adoptant la méthode multicritères, et de la même façon à contribuer à l'émergence des « principes directeurs » des offres publiques[8]. Cette tâche s'est poursuivie ces dernières années au gré des réformes successives du droit des offres, que celles-ci soient issues de la loi ou du règlement général de l'AMF, la jurisprudence statuant par exemple sur la période de préoffre[9], la notion d'actif essentiel ou l'examen des « *conditions financières de l'offre* » au regard du rapport de l'expert

---

1 - A. Viandier, *Le droit des sociétés à l'épreuve des offres publiques, Rev. jur. com.* 2000. 243 ; *Le modèle français de relation entre le juge et les autorités de marchés, in Actes du colloque, Le juge et le marché boursier, LPA* 15 juin 1994, n° 71, p. 17.

2 - D. Martin et S. Amiel-Morabia, *L'extension du contrôle juridictionnel des marchés, RTD com.* 1996. 31.

3 - H. de Vauplane, *Droit des offres publiques, Le cadre réglementaire et institutionnel, in Les offres publiques d'achat*, Lexis 2009, spéc. § 11.

4 - D. Martin et S. Amiel-Morabia, *op. cit.*

5 - N. Rontchevsky, A. Gaudemet, F. Bucher, *OPA-OPE : contentieux*, LaBaseLextenso.

6 - CA Paris, 27 avr. 1993, *Mutuelles du Mans Assurance-Vie c/ OCP, JCP E* 1993. 457, obs. A. Viandier.

7 - V. également J.-M. Darrois et M.-N. Dompé, *Le contentieux en matière d'offres publiques, in Les offres publiques d'achat*, Litec, 2009, p. 49 ; v. également L. Faugérolas, *Vingt ans (et un peu plus !) de droit des OPA, Bull. Joly Bourse*, déc. 2012, p. 538.

8 - D. Schmidt, *L'office du juge en droit des OPA et des abus de marché, Bull. Joly Bourse*, mars-avr. 2017, p. 117.

9 - CA Paris, 11 févr. 2021, RG n° 20/13807, *Dr. sociétés* 2021, n° 4, comm. 50, note J. Granotier.

indépendant[10].

Tel est le cadre dans lequel on se propose d'évoquer, succinctement et sans recherche d'exhaustivité, les évolutions, récentes ou en cours, qui affectent l'application du droit des offres publiques par le juge, que celui-ci intervienne dans le cadre particulier du *recours devant la Cour d'appel de Paris* ou dans le cadre des *recours de droit commun*.

1. Le recours devant la Cour d'appel de Paris

Né du « *big bang* » de la Place de Paris opéré par la loi du 22 janvier 1988 sur les bourses de valeurs, directement inspiré du recours institué l'année précédente contre les décisions du nouveau Conseil de la concurrence[11], régi par les dispositions spéciales du code monétaire et financier et supplétivement par celles régissant la procédure civile de droit commun, le recours devant la Cour d'appel de Paris concentre tout le contentieux des décisions prises par le régulateur relativement à des offres publiques, cette matière, contrairement à d'autres, n'étant pas partagée avec le Conseil d'Etat. De ce recours, on ne présentera ici que certains de ses aspects seulement, en ce qui concerne la *procédure et l'office du juge*.

1.1. La procédure

On évoquera ci-dessous certaines évolutions procédurales relatives aux délais de jugement et au dossier.

1.1.1. Les délais de jugement

Les délais de jugement ont, dans le contentieux des offres publiques, une importance particulière car le temps y remplit, sans doute plus qu'ailleurs, une fonction « *tactique* »[12], au point qu'on a pu considérer que le recours contre les décisions du régulateur donne lieu à une « *guérilla judiciaire (...) devenue une défense anti-O.P.A.* »[13], garantissant à son auteur « *l'écoulement de plusieurs semaines, généralement plusieurs mois, durant lesquels l'offre ne pourra avancer, contrairement aux défenseurs qui, eux, mettront cette période à profit pour tenter activement d'améliorer leur position* »[14]. Ce risque a, dès l'origine, été pris en compte par les textes fondateurs d'abord, lesquels, sauf en matière de sanctions, ont enfermé ce recours dans le bref délai de dix jours à compter de la notification ou de la publication de la décision attaquée[15] ; par la Cour d'appel ensuite qui s'est attachée à rendre ses arrêts dans des délais compatibles avec le rythme des marchés, la décision sur le fond étant « *rendue, en règle générale, dans un délai de l'ordre de trois à cinq mois à compter du dépôt du recours* »[16].

On a cependant constaté dans les années 2010 un allongement de la durée des procédures, dont on n'abordera pas ici les causes, et qu'ont illustré certaines affaires ayant défrayé la chronique. C'est ainsi, s'agissant des offres lancées en 2013 sur Club Méditerranée, que les recours formés les 24 et 26 juillet 2013 contre la décision de conformité de l'offre déposée par la société Gaillon Invest ont été rejetés par un arrêt du 29 avril 2014. La clôture de l'offre s'en est trouvée repoussée puisque, conformément à l'usage qu'elle suivait jusqu'alors[17], l'AMF en avait prorogé la date de façon à ce qu'elle n'intervienne que huit jours au moins après le prononcé de l'arrêt à intervenir, de sorte que les demandes de sursis à exécution de la décision de conformité, qui accompagnaient les recours au fond, avaient été rejetées. Au final, compte tenu des surenchères, la période d'offre s'est étendue sur plus de vingt et un mois, ce qui selon l'AMF, « *constitue un record* »

10 - CA Paris, 10 sept. 2015, RG n° 2015/07617, *Prologue c. O2i*, *v.* V. *Ramoneda, Le rôle de l'expert indépendant dans les offres publiques hostiles, Bull. Joly Bourse*, mai 2016, p. 212. On signalera par ailleurs que la Cour d'appel, statuant sur un recours contre une décision de sanction, a jugé que le droit des offres publiques relevait d'un « *ordre public de direction* » (CA Paris, 22 avr. 2021, *Prologue et QPC c/ AMF*, *Rev. sociétés* 2021. 454, note A. Viandier ; *ibid*, p. 614, note A.-C. Muller ; *Bull. Joly Bourse* 2021, n° 5, p. 34, note N. Rontchevsky).

11 - L. n° 87-499, 6 juill. 1987 transférant le contentieux des décisions du Conseil de la concurrence à la juridiction judiciaire.

12 - G. Canivet, Le juge et l'autorité de marché, *Rev. jur. com.*, 1992, p. 185.

13 - A. Viandier, *Le modèle français de relation entre le juge et les autorités de marchés, préc.*

14 - G. Carcassonne, *L'Etat et les offres publiques, in Les offres publiques d'achat*, Litec, 2009, p. 655.

15 - C. mon. fin., art. R. 621-44.

16 - Y. Djehane, *Le calendrier des offres publiques, in Les offres publiques d'achat*, Litec, 2009, § 983.

17 - V. *infra*.

et « *s'explique notamment par la durée de l'instance devant la Cour d'appel de Paris* »[18]. On citera également l'OPE d'Icade sur SILIC, qui vit le recours formé le 4 mai 2012 rejeté le 27 juin 2013 et dans le cadre de laquelle la clôture de l'offre avait, comme dans la précédente affaire, été prorogée pour n'intervenir que huit jours après l'arrêt au fond.

De tels délais de jugement, il résulte une « *incertitude pénalisante pour la place financière* »[19] et pour les parties prenantes un « *risque de marché* »[20] dont les conséquences néfastes ont été ainsi recensées : augmentation du risque d'échec de l'opération ; exposition à des changements économiques et financiers ; risque d'augmentation du prix de l'offre ; perte de temps pour l'initiateur ; possible réaction prudente voire négative des cocontractants financiers[21]. Le risque contentieux s'en trouve dès lors accru et susceptible de déboucher sur des situations dont le dénouement pourrait s'avérer délicat puisque l'annulation judiciaire de la décision de conformité d'une offre close avec succès imposerait de restituer aux actionnaires d'origine les titres qu'ils ont apportés et, corrélativement, à l'offrant le prix payé ou, en cas d'offre publique d'échange, les titres remis[22].

Cette situation a fait naître le besoin d'y remédier et donné lieu à deux types de réaction : une réaction législative consistant à réduire les délais de jugement du recours par une disposition impérative et une réaction jurisprudentielle relative au sursis à exécution de la décision attaquée.

1.1.2. La réduction des délais de jugement

Le législateur a pris le parti d'adopter un remède direct et frappant par sa simplicité : enfermer, au moyen d'une disposition légale impérative, le jugement des recours contre les décisions de l'AMF relatives aux offres publiques dans un délai préfix qu'il a fixé à cinq mois[23]. C'est ainsi que fut adopté, sur amendement parlementaire déposé dans le cours de la discussion au Sénat du projet devenu la loi n° 2014-1662 du 30 décembre 2014 portant diverses dispositions d'adaptation de la législation au droit de l'Union européenne en matière économique et financière, un article L. 621-30, alinéa 2 ainsi rédigé : « *Lorsque les recours mentionnés au premier alinéa du présent article [recours contre une décision individuelle relevant de la Cour d'appel de Paris] visent une décision individuelle de l'Autorité des marchés financiers relative à une offre publique mentionnée aux sections 1 à 3 du chapitre III du titre III du livre IV, la juridiction saisie se prononce dans un délai de cinq mois à compter de la déclaration de recours* ».

Le législateur a pris le parti d'adopter un remède direct et frappant par sa simplicité : enfermer, au moyen d'une disposition légale impérative, le jugement des recours contre les décisions de l'AMF relative aux offres publiques dans un délai préfix qu'il a fixé à cinq mois.

Cette initiative parlementaire trouve son inspiration directe dans les contentieux qu'on a rappelés plus haut : son auteur, évoquant l'allongement des délais de jugement en matière d'OPA, a illustré son propos en évoquant explicitement « *l'exemple du rapprochement entre Icade et SILIC* » et en concluant que « *pour renforcer la compétitivité de la place de Paris concernant les OPA, y compris les OPA amicales, l'amendement tend à fixer à la Cour d'appel de Paris, qui est compétente*

18 - AMF, Rapp. annuel 2014, p. 90.

19 - P. Thomas et L. Gurly, *Apports et limites de la loi du 30 décembre 2014 relative au sursis à exécution dans les offres publiques, RTDF* 2016, n° 1, p. 3.

20 - A. Poncelet, La fin de la prorogation systématique des offres publiques en cas de recours après l'ordonnance du premier président de la Cour d'appel de Paris du 10 avril 2014 ? *RDBF* mai 2014, Etude 11.

21 - P. Thomas et L. Gurly, *op. cit.*

22 - *Ibid.*

23 - Courante hors du droit financier, en matière par exemple d'hospitalisation d'office, de procédure pénale, de droit des étrangers, etc., la fixation par le législateur d'un délai maximal de jugement n'est pas sans précédent en matière de régulation ; c'est ainsi que la Cour d'appel de Paris doit statuer dans le délai d'un mois quand elle est saisie d'un recours contre une mesure conservatoire prise par l'Autorité de la concurrence (C. com., art. L. 464-7).

en la matière, un délai pour se prononcer »[24]. Ces arguments ont porté puisque le texte fut adopté par les deux chambres sans difficulté, et à la vérité sans débat ni sur le principe même de la solution contraignante proposée ni sur ses modalités de mise en œuvre, s'agissant par exemple de la durée du délai de jugement imposé à la Cour d'appel.

On notera que si le texte fixe un délai impératif, il ne prévoit pas de sanction dans le cas où celui-ci serait dépassé, étant néanmoins observé qu'on voit mal quel type de sanction pourrait être envisagé[25]. La question en toute hypothèse n'est pas à l'ordre du jour puisqu'à notre connaissance, le délai est toujours respecté, quelquefois au jour près. La pratique judiciaire dément donc les craintes qui, lors de l'entrée en vigueur du texte, s'étaient exprimées quant à la capacité de la Cour d'appel de Paris à se conformer au délai qui lui était désormais imparti, en constatant que « *la question de fond de l'engorgement des tribunaux demeure* » et se demandant si « *la Cour d'appel de Paris parviendra[it] à traiter dans ce délai l'ensemble des affaires relatives aux offres publiques qui lui seront soumises* »[26].

Il restera à la jurisprudence et à la pratique à préciser certains points non traités par les textes, ainsi des hypothèses de suspension du délai. On songe bien sûr aux questions préjudicielles posées à la Cour de justice de l'Union européenne ou aux questions prioritaires de constitutionnalité qui conduisent inéluctablement à un dépassement du délai légal qui pourra s'avérer conséquent[27]. Le contentieux de l'offre publique de retrait d'Eiffarie sur APRR en fournit un exemple parlant : deux ans ont séparé la décision de conformité (8 sept. 2010) de l'arrêt de rejet des recours qui avait été formés (29 nov. 2012), délai dans le cours duquel ont été déposées deux questions prioritaires de constitutionnalité, l'une et l'autre rejetées, et ordonnée une saisine préjudicielle du juge administratif sur la question de la domanialité publique des actions APRR détenues par le département de Saône-et-Loire[28].

1.1.3. Le sursis à exécution

Comme on l'a signalé plus haut, les difficultés nées de l'allongement des délais de jugement étaient accrues par la pratique consistant pour l'AMF, lorsqu'était formée une demande de sursis à exécution de la décision de conformité au motif qu'elle serait « *susceptible d'entraîner des conséquences manifestement excessives* »[29], à s'engager à proroger la durée de l'offre en sorte que sa clôture n'intervienne que passé un certain délai – le plus souvent huit jours – après le prononcé de la décision au fond et, pour le juge, à prendre acte de cet engagement et, en conséquence, à rejeter la demande devenue sans objet.

Cette méthode a été adoptée dès la première application du dispositif – issu de la loi du 22 janvier 1988 sur les bourses de valeurs et de son décret d'application[30] – donnant compétence à la Cour d'appel de Paris à l'égard des décisions prises par le Conseil des bourses de valeurs en matière d'offre publique : dans le cadre du contentieux des offres concurrentes de deux sociétés anglaises sur la société Holophane, le Premier président de la Cour d'appel a rejeté la demande de sursis à exécution dont il était saisi en constatant que les conditions n'en étaient pas réunies, mais en parant aux inconvénients susceptibles d'en résulter en ratifiant l'engagement pris par l'autorité de marché de reporter la date de clôture de l'offre contestée à une date postérieure à celle du prononcé de

---

24 - Séance publique Sénat, 1re lecture, 16 oct. 2014.

25 - Dans l'hypothèse, évoquée plus haut, des recours contre les mesures conservatoires prises par l'Autorité de la concurrence, le délai d'un mois imparti à la Cour d'appel pour statuer n'est assorti d'aucune sanction (V. par ex. : CA Paris, ordonn. 8 oct. 2014, *Suez/Direct Energie*, n° 14/19405, BOCC 19 déc. 2014).

26 - P. Thomas et L. Gurly, *op. cit.*

27 - Le dépassement est certain en cas de saisine de la CJUE ; il l'est aussi en cas de transmission d'une QPC par la Cour d'appel puisque, même si la Cour d'appel statuait sans délai sur la demande, le cumul des délais imposés à la Cour de cassation et au Conseil constitutionnel s'élève à six mois (trois mois pour la Cour de cassation et trois mois pour le Conseil constitutionnel).

28 - D. Martin, B. Kanovitch, G. Giuliani, *RTDF* 2013, n° 2, p. 94.

29 - C. mon. fin., art. L. 621-30, al. 1er.

30 - L. n° 88-70, 22 janv. 1988 sur les bourses de valeurs et Décr. n° 88-601, 7 mai 1988 relatif aux recours exercés devant la Cour d'appel de Paris contre les décisions du Conseil des Bourses de valeurs et du Conseil du marché à terme.

l'arrêt à intervenir sur le fond[31]. Cette manière de faire s'est longtemps perpétuée, sans interruption[32], et a survécu à la transformation du Conseil des bourses de valeurs en Conseil des marchés financiers[33] puis à la création de l'AMF[34]. Le débat devant le Premier président ou son délégué sur un éventuel sursis à exécution de la décision attaquée devint, dans ces conditions, « *sans enjeu* »[35] et la notion de « *conséquences manifestement excessives* », faute d'être judiciairement appliquée, se trouva reléguée « *au rang de terra incognita* »[36].

Cependant, la pratique de l'autorité de marché comme celle du juge ont évolué ces dernières années. En effet, à l'occasion du recours contre la décision de conformité de l'offre de la SMABTP sur la société de la Tour Eiffel, l'AMF a rompu avec sa pratique antérieure en s'abstenant de s'engager à proroger l'offre jusqu'au prononcé de l'arrêt à venir. Le magistrat saisi par l'auteur du recours s'est donc trouvé en situation de devoir statuer sur la question de savoir si les conditions du sursis à exécution étaient réunies. Il a, par ordonnance du 10 avril 2014, répondu par la négative en jugeant, alors que le demandeur soutenait que le déroulement de l'offre rendrait « *irréversible le transfert des titres objet de l'offre, portant ainsi gravement atteinte au droit de propriété et aux prérogatives des actionnaires* », que « *les restitutions d'actions et de prix qu'entraînerait l'annulation sollicitée seraient facilitées par la centralisation des ordres (...), résultant de l'existence d'un seuil de renonciation et de l'enregistrement des offres d'apport qui en résulte, lequel permet de garder une trace nominative des actionnaires ayant apporté à l'offre* ». Le juge a, en conséquence, rejeté la demande, sans que l'AMF n'ait pris aucun engagement de prorogation[37].

Cette jurisprudence a été peu de temps après confirmée dans le cadre de la même affaire, à propos d'une offre en surenchère, le magistrat considérant que la preuve de conséquences manifestement excessives qui résulteraient d'une annulation de la décision de conformité n'était pas rapportée puisque, d'une part, « *le dénouement de l'offre 'en sens inverse' [était] parfaitement possible, grâce à la traçabilité informatique des opérations qui garantit techniquement et juridiquement la réversibilité* » et que, d'autre part, le fait que l'offrant conserve, en cas d'annulation de la conformité, une part du capital de la cible « *ne saurait causer aux actionnaires un préjudice personnel irréparable et irréversible* » dans la mesure où l'entrée d'un nouvel actionnaire était un « *aléa inhérent* » aux sociétés cotées[38].

Les demandes de sursis à exécution donnent donc lieu désormais à un débat judiciaire, autrefois éludé, sur l'application du texte et, en conséquence, à la formation d'une jurisprudence qui en précise les conditions. C'est ainsi que les « *conséquences manifestement excessives* », dont le risque est le seul motif de sursis à l'exclusion de tout autre, s'entendent de conséquences « *irréversibles ou irréparables* »[39], lesquelles s'apprécient seulement dans la personne du requérant, lequel ne saurait « *plaider au nom du marché ni des actionnaires, en vertu de l'adage nul ne plaide par procureur* »[40]. A l'inverse, ne caractérisent pas de telles conséquences, et conduisent donc au rejet de la demande de

---

31 - CA Paris (Ord. Prem. prés.), 29 juin 1988, *Emess PLC c/ Thorn Emi PLC, JCP E*, II, 15337, obs. T. Forschbach - V. également CA Paris, 21 mai 1991, *sté Devanley c/ Galeries Lafayette, JCP E* 1991. 660.

32 - A, semble-t-il, une exception près signalée par le Premier président Guy Canivet qui a relevé une ordonnance, inédite, du 27 janv. 2003 prononçant le sursis à exécution d'une décision du Conseil des marchés financiers autorisant une garantie de cours, en raison de ce que la note d'information visée par la COB n'était devenue accessible aux épargnants que postérieurement à la date d'ouverture de la garantie (G. Canivet, *Principes et modalités du contrôle juridictionnel sur les décisions individuelles de l'autorité chargée de la régulation des marchés financiers, in Mélanges en l'honneur de Dominique Schmidt, Joly Editions, 2005*, p. 131, note 37.

33 - V. par ex. CA Paris, ord. 13 janv. 1998, *Intek International c/ CMF* et CA Paris, ord. 6 nov. 1997, *Rallye c/ Promodes, Bull. Joly Bourse* 1998, n° 3, p. 256 et 262, note N. Rontchevsky. On précisera que la loi du 2 juill. 1996 de modernisation des activités financières ayant institué le Conseil des marchés financiers s'est bornée à prévoir que la juridiction saisie pouvait « *ordonner qu'il soit sursis à l'exécution de la décision contestée* » sans en poser de conditions (L. n° 96-597, 2 juill. 1996., art. 39).

34 - La L. du 1er août 2003 a réintroduit à l'art. L. 621-30 C. mon. fin. la condition du prononcé d'un sursis tenant à ce que l'exécution de la décision soit susceptible d'entraîner des conséquences manifestement excessives.

35 - A. Poncelet, *La fin de la prorogation systématique des offres publiques en cas de recours après l'ordonnance du premier président de la Cour d'appel de Paris du 10 avril 2014 ?, RDBF*, mai 2014, Etude 11.

36 - D. Bompoint, *Quand l'engorgement des tribunaux accélère le rythme des affaires boursières..., Bull. Joly Bourse*, sept. 2014, p. 403.

37 - CA Paris (Ord. Prem. Prés.), 10 avr. 2014, RG n° 14/05670, v. A. Poncelet, *op. cit.* et D. Bompoint, *op. cit.*

38 - CA Paris (Ord. Prem. prés.), 11 juin 2014, RG n° 2014/09716, *Maison d'Investissement et autres c/ sté de la Tour Eiffel* et autres.

39 - CA Paris (Ord.), 10 avr. 2014 ; v. également : ord. 18 déc. 2019, RG n° 19/18938, *Adam c/ Altran Technologies et CapGemini.*

40 - CA Paris (Ord.), 10 avr. 2014, préc.

sursis, « *le simple doute sur l'issue d'un recours contre une décision de conformité au moment où l'actionnaire doit faire le choix d'apporter ou ses actions à une offre publique* »[41], pas plus que les « *chances sérieuses de prospérer en appel* »[42] ou « *la pertinence des moyens de fond soulevés à son encontre [à l'encontre de la décision de conformité] par le requérant* »[43]. Cette jurisprudence est conforme à l'orthodoxie procédurale, telle que l'exprime l'article 524 du code de procédure civile sur l'arrêt de l'exécution provisoire des jugements, en ce que « *comme dans le droit commun de la procédure civile, les conséquences manifestement excessives ne peuvent être déduites que de la situation de la partie condamnée, et non de l'irrégularité prétendue de la décision critiquée* »[44].

Si elle « *inverse vingt ans de pratique systématique de l'AMF* »[45], cette nouvelle jurisprudence ne ferme cependant pas la porte à toute coordination entre le déroulement de l'offre publique et le contentieux dont elle est l'objet. C'est ainsi que le juge peut prendre acte, par exemple, de l'engagement de l'initiateur, pris « *sous le contrôle de l'AMF* », d'immobiliser les titres apportés et, en cas d'annulation de la décision de conformité, de les restituer aux anciens actionnaires qui le demanderaient et de placer sur le marché les titres non réclamés[46], ou encore de l'engagement de l'AMF, l'offre étant en réalité terminée, de « *rouvrir l'offre (...) dans l'hypothèse où la Cour d'appel de Paris confirmerait le bien-fondé* » de la décision de conformité[47].

1.1.4. Le dossier

On ne saurait terminer ce tour d'horizon procédural sans évoquer le terme mis à la pratique longtemps suivie de la communication du « dossier collège », autrement dit du dossier préparé par les services de l'Autorité et remis aux membres du Collège pour les besoins de leur délibération. Cette pratique consistait pour l'AMF, avertie d'un recours, à « *communiquer spontanément l'entier dossier de l'Autorité de marché ayant contribué à sa prise de décision* »[48] au greffe de la Cour d'appel, ce dossier se trouvant dès lors accessible aux parties. Elle semblait répondre aux exigences de la Cour d'appel qui avait jugé, à l'occasion d'un des recours auxquels avait donné lieu l'OPA de Schneider sur Legrand, que « *la régularité de la décision du Conseil s'apprécie au vu des documents examinés par ce dernier lors de sa séance ainsi qu'au vu de la décision elle-même, telle que publiée* »[49].

La communication du dossier permettait donc d'ouvrir un second front dans l'attaque menée contre la décision frappée de recours : la critique développée devant la Cour d'appel pouvait porter non seulement sur la décision elle-même, mais aussi sur la teneur du dossier remis aux membres du collège en vue de la délibération critiquée. Ainsi, dans le cadre du contentieux déjà cité de l'offre publique de Schneider sur Legrand[50], la Cour d'appel a-t-elle vérifié avec minutie le contenu du dossier dont elle a énuméré les éléments (« *une note rédigée par un membre des services du Conseil (...), une première note complémentaire (...), une seconde note complémentaire...* »). Constatant que le dossier ne comportait pas le projet de note d'information soumis à la COB, et qu'elle n'était dès lors « pas en mesure de vérifier que le Conseil des marchés financiers (« CMF ») a exercé le contrôle prévu à l'article 5-1-9 de son règlement général sur la base des éléments du projet d'offre tels que formulés par l'initiateur de celle-ci ni même que ledit projet répondait

41 - CA Paris (Ord.), 18 déc. 2019, préc.

42 - CA Paris (Ord.), 10 avr. 2014, préc.

43 - Ord. 3 janv. 2019, RG 18/27940, *Sté Consellior c/ sté Baccarat et Fortune Legend Ltd.*

44 - A. Lacabarats, *Droit boursier et procédure civile*, *in Les offres publiques*, Litec, 2009, § 374.

45 - A. Poncelet, *op. cit.*, § 23.

46 - CA Paris (Ord.), 4 mai 2016, RG n° 16/07146, Gameloft c/ Vivendi – V. également : CA Paris (Ord.), 18 déc. 2019, RG n° 19/189387 préc. (en complément de l'engagement de restitution des titres, CagGeminil a pris des engagements « *afin d'assurer au marché qu'elle ne prendra pas le contrôle d'ALTRAN sans passer par une offre publique d'ac-quisition déclarée conforme jusqu'à l'arrêt de la Cour d'appel sur le recours au fond » (...) et à ne pas mettre en œuvre de retrait obligatoire.* »).

47 - CA Paris (Ord.), 8 févr. 2017, RG 2016/26035.

48 - B. Descours, *Bull. Joly Bourse* 2011, n° 6, p. 375, note sous CA Paris, 17 févr. 2011, *AMF c/ Adam.*

49 - CA Paris, 3 mai 2001, RG n° 2001/02156, *Legrand*, *JCP* 2001, II, 10456, note J.-J. Daigre ; *JCP E* 2001, n° 25, p. 1046, note A. Viandier ; v. également : CA Paris, 3 juill. 1998, RG n° 98/10487, *Geniteau c. Sté Elyo et autres*, *Bull. Joly Bourse* 1998, n° 5, p. 636, note A. Couret.

50 - CA Paris, 3 mai 2001, *préc.*

à toutes les prescriptions de l'article 5-1-4 du même règlement général », la Cour d'appel a, en conséquence, annulé la décision. Par un autre arrêt relatif également à la prise de contrôle de Legrand, mais s'agissant d'un recours contre la recevabilité du projet d'offre publique de retrait suivie d'un retrait obligatoire présenté par l'actionnaire majoritaire, le requérant soutenait que la décision qu'il attaquait avait été prise « *au vu de dossiers incomplets, les documents de référence mentionnés dans le projet de note d'information étant absents de ces dossiers* ». Examinant le contenu du dossier « déposé par le CMF au greffe de la Cour », la Cour d'appel constata que tel n'était pas le cas et qu'il comprenait bien « *le projet de note d'information, le document de référence (...) et son complément d'information (...)* ». Elle ne s'arrêta d'ailleurs pas à ce recensement et ajouta que le Conseil « *avait en outre [eu] connaissance des contestations soulevées par les requérants (...) ainsi que des observations en réponses formulées (...) par les banques présentatrices ainsi que par l'expert indépendant* »[51].

La pratique de cette communication du dossier, dont il est permis de penser qu'elle conduisait à détourner le recours de son objet – la décision attaquée –, fut abandonnée en 2011 dans le cadre du contentieux de la dérogation à l'obligation de déposer une offre publique accordée par l'AMF au « *groupe familial de concert Hermès* ». En effet, l'AMF s'abstint de communiquer « *spontanément* », comme elle le faisait traditionnellement, le dossier au vu duquel le collège avait statué sur la dérogation sollicitée. Le requérant saisit alors la Cour d'appel, en lui demandant d'ordonner la production par l'AMF de l'« *entier dossier à l'examen duquel son collège a statué lors de sa séance du 6 janvier 2011 ainsi que d'un extrait du procès-verbal de cette séance [...] afin que la cour puisse apprécier la régularité formelle* » de la décision attaquée. Cette requête fut rejetée au motif que la communication demandée n'était prévue ni par la loi ni par le règlement, qu'elle n'était « *pas davantage un effet nécessaire de la raison, ou de textes supranationaux* », qu'elle n'était « *dictée ni par les exigences de l'exercice des droits de la défense, ni, plus généralement, par celles du procès équitable telles que consacrées par la CESDH* » et qu'au demeurant les moyens du recours devaient porter non sur le dossier remis aux membres du collège, qui est « à usage purement interne et dénué de toute valeur juridique », mais sur la décision attaquée. La Cour d'appel ajouta qu'il n'en irait autrement que si le requérant démontrait « une atteinte concrète aux droits de sa défense », tel n'étant pas le cas puisqu'il disposait en l'espèce « *de tous éléments utiles à l'examen du recours par la Cour d'appel* »[52]. Cette jurisprudence, qu'on approuvera en ce qu'elle met fin à un détournement de l'objet du recours contre les décisions du régulateur, perdure comme en témoigne, par exemple, dans le cadre du contentieux de l'OPA de Veolia sur Suez, le rejet par la Cour d'appel, saisie d'un recours contre le refus de l'AMF de constater que le communiqué du 30 août 2020 avait ouvert une période de préoffre, de la demande tendant à ordonner au régulateur de communiquer « *l'entier dossier soumis à son collège en vue de [sa] délibération* »[53].

La pratique de cette communication du dossier, dont il est permis de penser qu'elle conduisait à détourner le recours de son objet – la décision attaquée –, fut abandonnée en 2011 dans le cadre du contentieux de la dérogation à l'obligation de déposer une offre publique accordée par l'AMF au « *groupe familial de concert Hermès* ».

1.2. L'office du juge

La mission incombant à la Cour d'appel de Paris, saisie d'un recours contre une décision prise par le régulateur en matière d'offres publiques, soulève de façon récurrente deux séries de questions relatives au contrôle de conformité et à l'étendue de ses pouvoirs, sur lesquelles on

51 - CA Paris, 16 sept. 2003, n° 03/6255, *Adam c/ SA Legrand*, *JCP E* 2003. 1711, obs. A. Viandier.

52 - CA Paris (Ord. Prem. prés.), 17 févr. 2011, RG n° 2011/00690, *AMF c/ Adam*, *Bull. Joly Bourse* 2011, n° 6, obs. B. Descours.

53 - CA Paris, 11 févr. 2021, RG n° 20/13807, n° 80.

fera le point eu égard aux évolutions récentes de la jurisprudence.

1.2.1. Une constante : le périmètre de conformité

Chargée de contrôler la conformité – autrefois la recevabilité – des projets d'offre publique, telle qu'appréciée par l'autorité de marché, la Cour d'appel de Paris affirme traditionnellement que pour l'exercice de cette mission, son contrôle porte sur la bonne application des seuls textes relevant de la législation et de la réglementation boursières. Refusant de s'aventurer au-delà de ce « *périmètre de conformité* », elle laisse à leur juge naturel les griefs et critiques qui pourraient être formés sur d'autres fondements. C'est dans l'affaire *Holophane*, déjà citée, que la Cour d'appel, statuant pour la première fois dans le cadre de la compétence nouvelle que lui avait donnée la loi du 22 janvier 1988, consacra ce principe en jugeant, alors qu'était mise en cause devant elle la validité de promesses d'apport de titres à l'initiateur faites par certains actionnaires de la cible, que « *la juridiction de la cour (…) ne saurait s'étendre (…) aux problèmes relevant exclusivement du droit privé des contrats et obligations* »[54].

Ce principe a, depuis, été réaffirmé avec régularité : ainsi, le régulateur pas plus que la Cour d'appel ne sauraient statuer sur la validité du rachat d'actions[55] ou d'actions à dividende prioritaire[56], sur des contrats internes à un groupe et la gestion d'une filiale par la mère[57], sur le respect d'un pacte d'actionnaires et les conséquences de sa violation[58], sur l'interprétation d'un contrat de droit privé[59], sur la régularité de la consultation des institutions représentatives du personnel pas plus que sur la régularité des délibérations du conseil d'administration au regard d'une prétendue situation de conflits d'intérêts en son sein ou d'un accord de rapprochement[60].

En dépit de son ancienneté, cette jurisprudence n'a été validée que tardivement par la Cour de cassation, faute que l'occasion lui ait été donnée de prendre parti sur le sujet. C'est en effet en 2014, dans le cadre du contentieux de l'offre publique de retrait suivie d'un retrait obligatoire visant les actions de la société APRR, alors qu'était contestée la régularité de l'avis rendu par son conseil d'administration, que la Cour de cassation a approuvé la Cour d'appel d'avoir « *exactement retenu que l'AMF n'était investie par aucun texte du pouvoir de se prononcer sur la régularité des délibérations à l'issue desquelles le conseil d'administration avait donné un avis motivé* »[61]. Plus clairement encore, dans l'OPA Euro Disney, la chambre commerciale a rejeté le pourvoi formé contre l'arrêt de la Cour d'appel en jugeant « *qu'il n'entre pas dans la mission de l'AMF, ni ne relève de la compétence de la Cour d'appel statuant sur les recours formés contre ses décisions, de se prononcer sur les violations éventuelles d'obligations dont les sanctions de droit privé n'entrent pas dans les mesures que l'autorité de marché est habilitée à prendre (…)* »[62].

La doctrine porte une appréciation plus que nuancée sur cette jurisprudence, en faisant observer que le juge ne peut ni se « *désintéresser* » de l'environnement légal du projet d'offre lorsque celui-ci viole prétendument des dispositions impératives[63], ni « *s'enfermer dans la contemplation de sa seule réglementation* »[64], ou en considérant que ce même juge exprime, ce faisant, une conception restrictive de sa mission de contrôle, inspirée

54 - CA Paris, 13 juill. 1988, *Emess, jur., PLC c/ Thorn EMI PLC, D.* 1989, p. 160, note P. Le Cannu ; *JCP E*, II, 15337, obs. T. Forschbach.

55 - CA Paris, 12 mai 2022, *BBDE c. Bel, préc.*

56 - CA Paris, 16 sept. 2003, préc.

57 - CA Paris, 8 sept. 2015, *CIAM c. Euro Disney.*

58 - CA Paris, 13 nov. 2001, *RJDA* 4/2002, n° 396.

59 - CA Paris, 23 oct. 2001, RG 2001/06034, *Banque et Droit* 2001, n° 80, p. 24, note H. de Vauplane et J.-J. Daigre.

60 - CA Paris, 19 mars 2020, RG n° 19/18934, *Altran-CapGemini*, v. N. Rontchevsky, J.-C. Devouge et Y. Driouic, *CapGemini/Altran : enseignements quant au contrôle de la conformité d'un projet d'offre publique, Bull. Joly Bourse*, mars-avr. 2021, p. 20.

61 - Com. 21 janv. 2014, *Dpt Saône-et-Loire*, n° 12-29.475 ; *Rev. Dr. banc. et fin.*, mars-avr. 2014, p. 74, obs. D. Martin et G. Giuliani.

62 - Com. 15 juill. 2017, n° 15-25121, *Euro Disney, RTD com.* 2017. 662, note N. Rontchevsky, A. Gaudemet, *La Cour d'appel de Paris n'a pas le pouvoir de réformer les décisions prises par l'AMF en matière de conformité des projets d'offre publique, Bull. Joly Bourse*, sept.-oct. 2017, p. 339, *RDBF* n° 1, p. 1, S. Koihaiz, *Précisions sur le contrôle dans les offres publiques, ibid.*, n° 5, comm. A. Soilleux et Y. Piette.

63 - A. Viandier, *JCP E* 2003, 1711 note ss CA Paris, 16 sept. 2003, *Schneider-Legrand.*

64 - CA Paris, 20 nov. 1991, *Sté Quadral c. Sté Finmecanica* : *RD bancaire et bourse* 1992, p. 78, obs. A. Viandier ; CA Paris, 27 avr. 1993, *Mutuelles du Mans Assurance-Vie c/ OCP, JCP E* 1993. 457, obs. A. Viandier.

du souci de « *limiter le contentieux* »[65] et donne ainsi « *le sentiment que l'office du juge n'est plus ici de trancher un différend mais de rejeter un recours* »[66]. Sont en outre évoqués des inconvénients d'ordre pratique résultant, par exemple, de la nécessité pour l'actionnaire minoritaire qui entend contester la conformité de l'offre aux règles du droit des sociétés de saisir le juge du fond ou le juge des référés, en prouvant l'imminence d'un dommage ou l'existence d'un trouble manifestement illicite, au risque d'un allongement des délais contentieux[67] alors même que, comme on l'a vu, le législateur a clairement exprimé sa volonté de les contenir dans des limites jugées raisonnables.

Certaines critiques ont pu se référer à des arrêts rendus au début des années 1990 dans lesquels la Cour d'appel de Paris considérait que le Conseil des bourses de valeurs puis le Conseil des marchés financiers étaient tenus, pour l'exécution de leur mission, « *au respect de l'ensemble des règles qui s'y rattachent* »[68]. On ne saurait cependant y voir, sans commettre un contresens, une invitation faite au régulateur de pousser son examen de recevabilité des projets d'offre au-delà des limites de la seule réglementation boursière. Dans ces affaires, en effet, la question était de savoir si le Conseil des bourses de valeurs devait prendre sa décision au vu non seulement de son règlement général, mais aussi des règlements de la Commission des opérations de bourse. Les autorités étant aujourd'hui fusionnées – et les normes regroupées au sein d'un même règlement général –, la question ne se pose plus.

On terminera ce rappel en soulignant que si le régulateur reste dans les limites de la réglementation boursière lorsqu'il statue, par la voie de décision faisant grief et susceptible de recours, sur des projets d'offre ou des demandes de dérogation, il lui arrive de prendre parti sur la mise en œuvre, à titre de défense anti-OPA, de mécanismes de pur droit des sociétés et d'en apprécier la conformité aux « *principes directeurs du droit des offres* », en recourant à des « *communiqués* » dépourvus de force juridique et relevant de la *soft law*. On songe, bien sûr, dans le cadre des OPA bancaires, au communiqué de la COB du 4 mai 1999 déclarant inefficace un contrat non publié par l'un des protagonistes[69]. On évoquera également le communiqué de l'AMF publié en 2004 dans le cadre de l'offre hostile de Sanofi-Synthélabo sur Aventis : Aventis ayant envisagé l'attribution gratuite à ses actionnaires de bons de souscription d'actions, exerçables dans le cas où l'initiateur perdrait ses droits exclusifs sur son médicament Plavix, objet d'un contentieux alors en cours aux Etats-Unis et représentant 17 % de son chiffre d'affaires[70], l'AMF a publié un communiqué critiquant et condamnant ce projet comme contraire aux principes régissant les offres publiques, au respect desquels elle est chargée de veiller[71]. Enfin, et plus récemment, l'AMF est à nouveau intervenue sous la forme d'un communiqué, dans le cadre de l'offre de Veolia sur Suez : Suez

Si le régulateur reste dans les limites de la réglementation boursière lorsqu'il statue, il lui arrive de prendre parti sur la mise en œuvre, à titre de défense anti-OPA, de mécanismes de pur droit des sociétés et d'en apprécier la conformité aux « principes directeurs du droit des offres », en recourant à des « communiqués » dépourvus de force juridique et relevant de la *soft law*.

65 - N. Rontchevsky, commentant CA Paris, 2 mai 2023, *EDF*, *Bull. Joly Bourse*, nov.-déc. 2023, p. 35 ; v. également : N. Rontchevsky, J.-C. Devouge et Y. Driouic, obs. ss CA Paris, 19 mars 2020, *CapGemini/Altran*. (V. *supra* note 60).

66 - Du même auteur, commentant Com. 5 juill. 2017, *in fine*.

67 - F. Chevalier et A. Harroch, *Illustration de la force juridique des décisions de conformité d'offre publique de l'AMF dans l'ordre judiciaire*, *Bull. Joly Bourse*, juill. 2022, p. 49.

68 - CA Paris, 27 avr. 1993, *Mutuelles du Mans Assurance-Vie c/ OCP*, *JCP E* 1993. 457, obs. A. Viandier, v. également : CA Paris, 20 nov. 1991, *Sté Quadral c. Sté Finmecanica*, *RD banc. et bourse 1992*, p. 78, obs. A. Viandier.

69 - J.-J. Daigre, *Une nouvelle source de droit, le communiqué ? A propos d'un communiqué de la COB du 4 mai 1999*, *JCP E* 1999. 1261.

70 - V. notamment : D. Martin, F. Bouaziz et B. Kanovitch, *RTDF* 2006, n° 1, p. 79 ; J.-M. Moulin, *Retour sur les bons dits « Plavix » émis dans le cadre de l'offre publique d'achat de Sanofi-Synthélabo sur Aventis*, *Bull. Joly Bourse*, sept. 2004, p. 673.

71 - Communiqué, 23 avr. 2004, *Revue mensuelle AMF*, mai 2004, p. 99.

avait mis en place un dispositif permettant à une fondation néerlandaise de s'opposer à toute cession de Suez Eau France pendant quatre ans, puis elle annonça avoir reçu du *consortium* Ardian-GIP une offre portant notamment sur ses activités eau et recyclage en France et modifié le dispositif pour le rendre irrévocable dans certaines circonstances. Par un communiqué 2 avril 2021, l'AMF considéra que « *les modifications que la société Suez a apportées au dispositif de la fondation de droit néerlandais, combinées au soutien à la proposition du consortium Ardian-GIP négocié par le conseil d'administration, portent atteinte [aux] règles et principes directeurs que l'AMF a pour mission de faire respecter* »[72].

S'agissant de l'offre de Sanofi sur Aventis comme de celle de Veolia sur Suez, les projets que l'AMF a critiqués par voie de communiqué n'ont pas abouti, les protagonistes ayant tous conclu des accords mettant fin au conflit les opposant. On ignore donc comment se seraient dénouées ces situations, éventuellement sur le plan judiciaire dans le cas où l'AMF aurait maintenu son opposition aux projets de la cible et recouru à une injonction administrative[73], susceptible d'un recours devant la Cour d'appel de Paris[74], ou à une injonction judiciaire devant le juge des référés du tribunal de Paris[75].

1.2.2. Une question tranchée : les pouvoirs de la Cour d'appel de Paris

Dès l'origine, observateurs et praticiens n'ont pas manqué de s'interroger sur l'étendue des pouvoirs de la Cour d'appel en se demandant si celle-ci pouvait non seulement annuler, mais aussi réformer les décisions qui lui étaient déférées en matière d'offre publique, par exemple, tout en validant dans son principe une décision de conformité, en en modifiant les termes et conditions[76]. En instituant un recours *ad hoc* devant la Cour d'appel de Paris, le législateur s'est abstenu de le qualifier et d'en énoncer l'objet – annulation seulement ou annulation et réformation ? – et s'est borné à prévoir que relevait de la compétence du juge judiciaire – la Cour d'appel de Paris selon les textes réglementaires d'application – « *l'examen des recours* » contre les décisions[77] du Conseil des bourses de valeurs[78] et de la Commission des opérations de bourse[79]. Ce laconisme législatif est d'autant plus frappant que ce même législateur, quand il donna compétence à la Cour d'appel de Paris pour connaître des recours contre les décisions d'autres autorités de régulation, a institué explicitement un « *recours en annulation ou en réformation* » : c'est le cas de la première d'entre elles historiquement, le Conseil de la concurrence, puis, en matière de règlement des différends, de la Commission de régulation de l'énergie, de l'Autorité de régulation des communications électroniques, des postes et de la distribution de la presse et de l'Autorité de régulation des transports[80].

En vérité, la capacité de la Cour d'appel de Paris à annuler mais aussi à réformer la décision qui lui était déférée n'a jamais été discutée en matière de sanctions et la doctrine comme la jurisprudence y ont vu une exigence constitutionnelle tout autant que conventionnelle. Elle fut d'ailleurs ratifiée – mais tardivement – par les textes à l'occasion de l'attribution d'un droit de recours au président de l'AMF : désormais, le code monétaire et

---

72 - AMF, communication, 2 avr. 2021 : https ://lest.so/kiNXOf ; v. notamment : N. Rontchevsky, *Observations sur les sources du droit des offres publiques à l'épreuve de l'affaire Veolia-Suez, RTD com.* 2021. 384 ; H. Synvet, *L'AMF, le juge et le communiqué, Bull. Joly Bourse*, mai-juin 2021, p. 1 ; N. Mennesson, *Défenses anti-OPA : état des lieux après l'opération Veolia/Suez, Bull. Joly Bourse*, mai-juin 2022, p. 52 ; B. Laurent-Bellue et C. Maison-Blanche, *Le sort des actifs d'une société cible en cas d'offre publique de prise de contrôle non sollicitée, RTDF* 2021, n° 1/2, p. 94 ; C. Goyet, *Remarques sur la communication de l'AMF du 2 avril 2021 et certaines des critiques dont elle a fait l'objet, ibid.* p. 98 ; M. Menjucq, *La conformité du dispositif anti-OPA issu de la loi Florange à la directive 200425CE, Bull. Joly Société* n° 6, p. 56 ; juin 2021 ; J. Winter, *Directive OPA et gouvernance d'entreprise durable, Bull. Joly Bourse* n° 3 p. 37, 1er mai 2021.

73 - C. mon. fin., art. L. 621-14-1.

74 - Comme dans l'affaire des dépositaires de titres dont la gestion avait été déléguée à Lehman Brothers (V. M. Storck, *La Cour d'appel de Paris confirme les injonctions prononcées par l'AMF à l'encontre des dépositaires RBC Dexia et Société générale, RTD com.* 2009. 411).

75 - Aujourd'hui C. mon. fin., art. L. 621-14, III.

76 - V. par ex. P. Delvolvé, *La nature des recours devant la Cour d'appel de Paris contre les actes des autorités boursières, Bull. Joly Bourse* 1990, p. 499 et le Premier président Guy Canivet, *Le juge et l'autorité de marché, Rev. jur. com.* 1992, p. 186.

77 - Autres que les décisions réglementaires, celles prises en matière réglementaire ou relatives à l'agrément des OPCVM et des gérants de portefeuille.

78 - L. n° 88-70 du 22 janv. 1988 sur les bourses de valeurs, art. 5.

79 - Ord. n° 67-833 du 28 sept. 1967 instituant une commission une commission des opérations de bourse et relative à l'information des porteurs de valeurs mobilières et à la publicité de certaines opérations de bourse, art. 12, issu de la loi du 2 août 1989.

80 - C. énergie, art. L. 134-21 et L. 134-24 ; C. post. et comm. électr., art. L. 5-6 ; C. transp., art. L. 1263-1.

financier prévoit expressément, dans son article R. 621-46, VI, que la Cour d'appel peut *annuler ou réformer* les décisions de la commission des sanctions[81].

S'agissant en revanche des recours contre les décisions prises en matière d'offre publique, le mutisme du législateur n'a cessé d'intriguer et d'alimenter les réflexions de la doctrine et des praticiens. Prenant en compte le fait que la décision attaquée devant la Cour d'appel de Paris est un acte administratif unilatéral – certains allant même jusqu'à considérer que la Cour d'appel de Paris était dès lors une « *juridiction administrative* »[82] –, on se tourna vers les catégories classiques du contentieux administratif, à savoir le recours pour excès de pouvoir ou le recours de pleine juridiction, le juge disposant dans le premier cas du pouvoir d'annuler la décision et dans le second pouvant, en outre, la réformer. C'est ainsi qu'on a pu relever des « *indices* » de recours de pleine juridiction donnant au juge un pouvoir de réformation[83], mais à l'inverse, on a souligné la difficulté à insérer le recours devant la Cour d'appel de Paris dans l'une de ces catégories[84].

De son côté, la jurisprudence ne donna longtemps, sur la nature et l'étendue des pouvoirs de la Cour d'appel, que des éléments parcellaires se prêtant mal à une théorie d'ensemble. Ainsi, la Cour d'appel de Paris a-t-elle de longue date affirmé qu'elle n'avait pas plus de pouvoirs que le régulateur, mais laissé sans réponse la question de savoir si sans excéder ses pouvoirs, elle pouvait réformer la décision déférée. Elle aborda ensuite directement la question en jugeant, après voir annulé une décision ayant accordé une dérogation à l'obligation de déposer une offre, qu'elle n'avait pas le pouvoir d'ordonner, comme cela lui était demandé, « *une offre publique d'achat relevant des attributions du seul Conseil des marchés financiers* »[85]. Dans des décisions ultérieures, cependant, la Cour d'appel de Paris marqua, par des formules quelquefois incidentes, qu'elle disposait du pouvoir de réformer les décisions qui lui étaient déférées, en jugeant qu'elle exerçait « *un contrôle effectif, en fait et en droit, sur les décisions de cette autorité professionnelle [le Conseil des marchés financiers], qu'elle a le pouvoir d'annuler ou de réformer* »[86], que « *le recours ouvert devant la Cour de Paris est un recours de pleine juridiction* »[87] ou encore qu'il lui incombait « *d'exercer son contrôle, sous la sanction d'une éventuelle annulation ou réformation (...)* »[88]. Enfin, l'arrêt rendu dans l'affaire *Hyparlo* ayant annulé la dérogation accordée et fait injonction de déposer un projet d'offre publique, a été vu comme la manifestation d'un pouvoir de réformation de la Cour d'appel de Paris intervenant comme « *juge de plein contentieux* »[89], voire étendant « *sa latitude d'appréciation au-delà des principes traditionnels qui gouvernent les recours de pleine juridiction* »[90].

Cette préférence jurisprudentielle en faveur d'un pouvoir de réformation a cependant été clairement désavouée par la Cour de cassation. En effet, par un arrêt rendu dans l'affaire *Euro Disney*, la Cour a approuvé la Cour d'appel de Paris d'avoir jugé que « *quoique ne disposant que d'un pouvoir d'annulation et non de réformation de la décision déférée, elle avait été saisie dans le cadre d'un recours effectif et de plein contentieux* »[91]. Cette formulation, inédite en ce qu'elle consacre un recours de plein contentieux ne conférant pas au juge un pouvoir de réformation, doit être replacée dans son contexte : la Cour d'appel

81 - L'art. R. 621-45, I, al. 2 comporte des dispositions équivalentes pour le Conseil d'Etat.

82 - P. Delvolvé, *La Cour d'appel de Paris, juridiction administrative, in Etudes offertes à* J.-M. Auby, Dalloz, 1992, p. 47.

83 - P. Delvolvé, *La nature des recours devant la Cour d'appel de Paris contre les actes des autorités boursières, Bull. Joly Bourse* 1990, p. 499.

84 - N. Molfessis, D. de Béchillon, D. Martin, *A propos de l'étendue des pouvoirs de la Cour d'appel de Paris dans le contentieux des décisions prises par l'AMF au sujet de la recevabilité d'une offre publique, in Les offres publiques d'achat*, Litec, 2009, p. 33.

85 - CA Paris, 11 juin 1997, n° 9316 P, *Géniteau c/ Lagardère SCA et autres, Bull. Joly Bourse* 1997, p. 750, note N. Rontchevsky.

86 - CA Paris, 26 févr. 2002.

87 - CA Paris, 16 sept. 2003, préc.

88 - CA Paris, 14 mars 2017, *Altice*.

89 - A. Pietrancosta, *Lexbase Hebdo* n° 196, 5 janv. 2006 ; v. : également D. Schmidt et M. Delespaul, *Contrôle conjoint et injonction de dépôt d'une offre publique, Bull. Joly sociétés*, 2005, n° 12, p. 1380.

90 - N. Molfessis, D. de Béchillon, D. Martin, op. cit., § 95 *in fine*.

91 - Com., 5 juill. 2017, *Euro Disney*, n° 15-25.121, *RDBF* n° 1, p. 1, S. Koihaiz, *Précisions sur le contrôle dans les offres publiques* ; *ibid.*, n° 5, comm. A. Soilleux et Y. Piette ; *Bull. Joly Bourse* sept. 2017, n° 117a2, p. 339, note A. Gaudemet ; *RTD com.* 2017. 662, note N. Rontchevsky.

aborde la question sur le terrain de l'article 6 de la Convention européenne de sauvegarde des droits de l'homme, qui impose que le requérant dispose d'un « recours effectif », et rappelle que la Cour européenne, si elle exige que « le tribunal visé par l'article 6 de la Convention de sauvegarde des droits de l'homme et des libertés fondamentales dispose d'une « *plénitude de juridiction* », considère que cette condition est satisfaite « *si l'organe en question est doté de compétence d'une 'étendue suffisante' ou exerce un 'contrôle juridictionnel suffisant' pour traiter l'affaire en cause » et que « le rôle de l'article 6 n'est pas de garantir l'accès à un tribunal qui pourrait substituer son propre avis à celui des autorités administratives* ».

Cette décision a reçu un accueil généralement favorable et a été considérée comme « *sage* », « *cohérente* »[92] et justifiée par « la spécialisation, la qualification et la technicité du droit des offres publiques »[93]. Il reste que la solution – plein contentieux sans réformation – ne manque pas d'intriguer par son atypisme au regard des catégories juridiques habituelles selon lesquelles le recours de plein contentieux confère au juge le pouvoir de réformer, cette dernière prérogative permettant précisément de le distinguer du recours pour excès de pouvoir ; aussi a-t-on pu regretter qu'elle « *laisse néanmoins ouverte la question de savoir si la Cour d'appel de Paris statue dans le cadre d'un recours pour excès de pouvoir ou dans le cadre plus complet d'un recours de plein contentieux* »[94]. Mais il est sans doute vain, compte tenu de la nature particulière de ce recours, de chercher à le ranger dans l'une ou l'autre de ces dernières catégories. La solution retenue par la Cour relève en réalité d'autres critères, qui sont à trouver dans la distinction entre la régulation *ex ante* – c'est le cas du rôle joué par l'AMF en matière d'offres publiques – et la régulation *ex post*. Cette distinction n'est pas seulement théorique, mais aussi – et peut-être surtout – pratique et opérationnelle : en régulation *ex post*, l'autorité se saisit de situations passées à l'égard desquelles elle exerce le pouvoir de sanctionner, réparer ou trancher des différends, alors qu'il lui incombera, en régulation *ex ante*, d'appréhender « *une situation avant qu'elle ne se constitue* » et de « *dicte[r] des comportements pour construire des marchés et des secteurs* »[95]. Cette dichotomie retentit directement sur la définition des pouvoirs du juge : plénitude de pouvoirs en régulation *ex post*, allant pour le juge jusqu'à réformer la décision du régulateur et lui substituer la sienne propre ; pouvoirs plus limités en régulation *ex ante*, renvoyant au régulateur, en cas d'annulation, le soin de reprendre éventuellement l'acte annulé en l'expurgeant des vices qui en ont entraîné la censure. Ainsi s'explique que la Cour d'appel puisse annuler et réformer les sanctions prononcées par l'AMF au titre de ses pouvoirs de régulation *ex post*, mais annuler seulement les décisions prises en matière de conformité des projets d'offre publique ou de dérogation à l'obligation de déposer une offre, lesquelles relèvent d'une régulation *ex ante*.

1.2.3. En conclusion : vers un assouplissement des conditions du recours devant la Cour d'appel de Paris ?

La jurisprudence récente semble élargir les conditions du recours contre les décisions prises par l'AMF en matière d'offre publique, en ce qui concerne le délai dans lequel ce recours doit être formé dont on sait qu'il est particulièrement bref puisqu'il est fixé à dix jours par l'article R. 621-44 du code monétaire et financier. En effet, la Cour d'appel a admis qu'une décision de conformité pouvait donner lieu, lorsque ce délai est dépassé, à un recours contre le refus de l'AMF d'en prononcer le « *retrait* », comme le permet le droit administratif à l'égard de tout acte administratif « *obtenu par fraude* » ainsi que le prévoit le code des relations entre le public et l'administration dans son article L. 241-2.

C'est dans le cadre du contentieux des offres concurrentes d'Eurosic et Gecina sur Foncière de Paris (FdP) que la Cour d'appel a, par arrêt

92 - Antoine Gaudemet, *BJB*, sept.-oct. 2017, p. 339.

93 - Sami Kouhaiz, *RDBF* 2018, n° 1.

94 - V. M. Galland, *Recours contre les décisions de l'AMF : 20 ans de dualisme juridictionnel*, *Bull. Joly Bourse*, mai-juin 2023, p. 39, spéc. § 0344.

95 - M.-A. Frison-Roche, *Les 100 mots de la régulation*, Que-sais-je ?, 2011, p. 70.

du 12 janvier 2017[96], consacré cette innovation procédurale. Passé le délai de recours contre la décision de conformité du projet d'offre, les requérants avaient demandé à l'AMF de retirer cette décision en alléguant qu'elle avait été obtenue par une fraude consistant dans la dissimulation d'une action de concert entre Eurosic et des actionnaires de Foncière de Paris. Ils formèrent ensuite un recours contre le refus de l'AMF de retirer cette décision, alors que celle-ci avait été prise près de quatre mois avant. Ayant jugé que le refus de retirer la conformité faisait nécessairement grief et que le recours dont elle était saisie avait été formé dans les dix jours de la décision qu'il attaquait, la Cour d'appel a déclaré le recours recevable. Elle l'a, en revanche, jugé mal fondé en ce que la fraude alléguée n'était pas démontrée ; mais allant au-delà de ce constat, elle a ajouté que si tel avait été le cas, l'AMF aurait pu retirer sa décision obtenue par fraude mais n'y aurait pas été tenue, conformément au principe selon lequel « *l'administration, comptable de l'intérêt général, conserve alors le pouvoir discrétionnaire de retirer ou non une telle décision, à l'issue d'une mise en balance des avantages et des inconvénients d'une telle mesure* », de sorte que l'AMF pourrait « *légitimement juger impossible de retirer une telle décision, bien qu'elle ait été obtenue par fraude, alors que l'offre déclarée conforme a abouti, compte tenu des répercussions d'un retrait non seulement pour les personnes qui font l'objet de la décision, mais pour toutes celles qui sont actives sur les marchés* ».

Cette décision a été généralement bien accueillie en ce qu'elle a admis que le refus de retrait d'une décision de conformité pouvait être attaqué aux conditions du droit commun ; tout au plus a-t-on pu faire preuve d'une certaine réserve et y voir la consécration d'une « *voie de recours parallèle déstabilisant le cadre procédural boursier et les impératifs propres à la matière* », offrant à l'actionnaire « une deuxième chance de contester – hors délai – ladite déclaration en sollicitant son retrait de la part de l'AMF au motif d'une prétendue fraude », avec le risque de « *voir resurgir le spectre d'opérations boursières au long cours* » dans l'hypothèse où l'AMF décalerait la clôture à une date postérieure à l'arrêt statuant sur le recours contre le refus de retrait[97].

En revanche, l'affirmation par la Cour d'appel qu'en cas de démonstration d'une fraude, l'AMF pourrait retirer sa décision de conformité sans y être tenue a été l'objet de vives critiques. Si on a pu y voir une « approche pragmatique »[98], d'autres en revanche ont dénoncé « une solution contestable », traduisant de la part de la Cour d'appel « *une conception particulièrement restrictive [de son] contrôle* »[99] et laissant entre les mains de l'AMF un « *pouvoir exorbitant* »[100]. Sans prendre parti dans ce débat, on se bornera à souligner que la Cour d'appel s'est en réalité conformée au droit commun de l'article L. 241-2 précité du code des relations entre le public et l'administration, lequel permet à l'administration auteur d'un acte obtenu par fraude de le retirer, mais ne l'y oblige pas[101].

2. Les recours de droit commun

Pour éminent qu'il soit, le recours devant la Cour d'appel de Paris ne résume pas à lui seul l'intervention du juge dans l'application du droit des offres publiques. Limitée, dans les conditions qu'on a rappelées plus haut, au contrôle des décisions du régulateur, la compétence spéciale de la juridiction parisienne laisse intacte celle dont disposent les autres juridictions sur la base des critères de droit commun, et donne lieu, par là-même, à une dispersion contentieuse souvent

96 - CA Paris, 12 janv. 2017, n° 16/17607 ; v. Y Piette, *Recours contre les décisions de conformité de l'AMF*, *RDBF*, mai 2017, comm. 135 ; N. Cuntz, *L'affaire Foncière de Paris et ses enseignements sur le retrait des décisions de l'AMF devenues définitives*, *Bull. Joly Bourse*, mai-juin 2017, p. 221 ; C. Perchet et J.-C. Devouge, *Oui mais... non : la Cour d'appel de Paris applique avec beaucoup de réserve la théorie du retrait des actes administratifs en matière d'offres publiques*, *RDBF*, n° 4, juill. 2017, Etude 16.

97 - Y. Piette, *op. cit.*

98 - Y. Piette, *op. cit.*

99 - C. Perchet et J.-C. Devouge, *op. cit.*

100 - N. Rontchevsky, *RTD com.* 2017. 662.

101 - Art. L. 241-2 : « *Par dérogation aux dispositions du présent titre, un acte administratif unilatéral obtenu par fraude peut être à tout moment abrogé ou retiré* »

soulignée[102].

C'est ainsi que le droit des offres publiques réserve traditionnellement une place au juge pénal, depuis l'introduction en 1970 dans notre arsenal répressif du délit d'initié : les tribunaux correctionnels sanctionnent l'utilisation – et depuis 1991 la communication – de l'information privilégiée que constitue la connaissance d'un projet d'offre publique, et on rappellera à ce titre les condamnations pénales, anciennes, prononcées à l'occasion de l'OPA de Péchiney sur Triangle en 1988[103], de l'OPA de Rallye sur La Ruche Méridionale la même année[104], de l'OPE de Sita sur Suez en 1999[105], de l'OPE de Direct Anlage Bank AG sur Self Trade en 2000[106], de l'OPA de Lagardère sur Hachette Filipachi Médias en 2000 et de l'OPE du Crédit Lyonnais sur l'Union des Assurances Fédérales en 2000[107]. Cette répression pénale coexiste, depuis 1989 et désormais dans le cadre de l'« *aiguillage* » mis en place en 2016[108], avec la répression administrative aux mains de la Commission des sanctions de l'AMF dont le contentieux relèvera, au final, non plus de la chambre criminelle de la Cour de cassation mais de la chambre commerciale et de façon plus inattendue, du Conseil d'Etat lorsque les utilisateurs de l'information privilégiée sont régulés par l'AMF[109]. Mais au-delà même du domaine des abus de marché, la répression est mise au service de la protection de l'effectivité et de l'intégrité du droit des offres publiques, ainsi lorsque la Commission des sanctions de l'AMF a considéré comme une offre publique « *déguisée* », et sanctionné, l'offre aux actionnaires d'une société de conclure des traités d'apport en nature de leurs titres à une autre société[110], la Cour de cassation ayant jugé que « *toute offre faite volontairement et publiquement aux détenteurs d'instruments financiers (…) pour acquérir tout ou partie de ces instruments financiers, constitue, dès lors qu'elle suit ou a pour objectif l'acquisition du contrôle de la société visée, une offre publique volontaire soumise aux dispositions d'ordre public du règlement général de l'AMF relatives aux offres publiques* »[111].

Pour éminent qu'il soit, le recours devant la Cour d'appel de Paris ne résume pas à lui seul l'intervention du juge dans l'application du droit des offres publiques. La compétence spéciale de la juridiction parisienne donne lieu, par là-même, à une dispersion contentieuse souvent soulignée.

Témoigne également de cette dispersion, mais dans une bien moindre mesure et de façon incidente à une instance principale, le rôle que peut jouer, dans le champ contentieux des offres publiques, le juge communautaire. Celui-ci, en effet, est depuis 1989[112] susceptible d'intervenir lorsque le projet d'offre s'analyse en une concentration de dimension communautaire[113]. L'opération donne alors lieu à un contrôle de la Commission dont les décisions peuvent être attaquées devant le

102 - V. D. Schmidt, *L'office du juge en droit des OPA et des abus de marché, Bull. Joly Bourse*, mars-avr. 2017, p. 117, qui suggère de remédier aux inconvénients en résultant par des propositions d'unification : le tribunal des marchés financiers ayant compétence principale pour la sanction et la réparation des abus de marché, mais qui pourrait aussi recevoir compétence « *pour traiter la partie du contentieux des OPA qui échappe à la Cour d'appel de Paris* » (V. aussi : D. Schmidt et A.-V. Le Fur, *Il faut un tribunal des marchés financiers*, D. 2014. 551, des mêmes auteurs, *Pour un tribunal des marchés financiers, Bull. Joly Bourse*, janv. 2015.

103 - Crim., 3 nov. 1992, Bull. n° 352 et 26 oct. 1995, Bull. n° 324, Rev. soc., 1996, p. 326, note B. Bouloc, *Bull. Joly Bourse* mars 1996, p. 120, note N. Rontchevsky.

104 - Crim., 28 juin 1995, Bull. n° 233 (casse sans renvoi l'arrêt ayant confirmé le jugement de condamnation), *JCP E* 1996, n° 1, p. 1, note A. Viandier, *Bull. Joly Bourse*, juill. 1995, p. 285, note P. Le Cannu.

105 - T. corr. Paris, 16 nov. 2004, *Bull. Joly Bourse*, janv. 2005, p. 27, note C. Ducouloux-Favard.

106 - T. corr. Paris, 26 mars 2006, *Droit soc.*, mai 2006, comm. R. Salomon.

107 - Crim., 31 oct. 2007, E. Dezeuze, *RTDF* 2007, n° 4, p. 139, R. Salomon, *Droit soc.*, janv. 2008, comm. 19.

108 - L. n° 2016-819, 21 juin 2016 réformant le système de répression des abus de marché.

109 - V. par ex. C.E. 6 avr. 2016, n° 374224 : saisi de manquements commis lors de l'OPA de SNCF Participations sur Geodis, le Conseil d'Etat aggrave la sancion pécuniaire prononcée par la Commission des sanctions de l'AMF

110 - AMF, Comm. sanctions, 31 déc. 2019 et CA Paris, 22 avr. 2021, n° 20/03918, *Rev. sociétés* 2021. 614, note A.-C. Muller et p. 450, note A. Viandier, *Bull. Joly Bourse*, sept. 2021, p. 34, note N. Rontchevsky.

111 - Com. 8 nov. 2023, n° 21-18.318, *Dr. soc.*, févr. 2004, n° 2, comm. 22.

112 - Règl. (CEE) n° 4064/89 du Conseil, 21 déc. 1989 relatif au contrôle des concentration entre entreprises, remplacé en 2004 par le règlement du Conseil (CE) n° 139/2004 du 20 janv. 2004 relatif au contrôle des concentrations entre entreprises.

113 - V. notamment la section du présent ouvrage consacrée à l'articulation du droit de la concurrence avec le droit des offres (Chap. 6).

Tribunal de l'Union européenne, précédemment Tribunal de première instance, ou la Cour de justice de l'Union européenne. A ce titre, le Tribunal, statuant sous le contrôle de la Cour, a pu annuler des décisions de la Commission déclarant incompatibles avec le marché commun et le fonctionnement de l'EEE des projets de concentration résultant d'offres publiques instruites par le régulateur français, ainsi s'agissant du projet d'OPE de Schneider sur Legrand[114] ou du projet d'OPA de Tetra Laval sur Sidel[115]. L'adoption de la directive OPA de 2004[116] a accru encore le domaine d'intervention du juge communautaire en lui permettant d'exercer, à l'égard des dispositions de ce texte, sa compétence préjudicielle de droit commun pour en apprécier la validité et l'interprétation. A la vérité, la Cour de justice n'est intervenue sur ce terrain que tardivement, en 2020, afin de préciser, sur la saisine d'une juridiction de Lettonie, les règles de détermination du prix dans le cadre d'une OPA obligatoire[117]. D'autres occasions d'interpréter les dispositions de la directive lui firent ensuite données, ainsi en jugeant que l'autorité compétente pour constater et sanctionner le défaut de dépôt d'une offre publique était celle désignée par l'article 4 de la directive[118] ou que celle-ci était soumise à la Charte des droits fondamentaux de l'Union européenne, avec laquelle était incompatible la procédure prévue par le droit autrichien pour sanctionner la violation des dispositions nationales de transposition[119].

On ne saurait, enfin, manquer d'évoquer également le *juge constitutionnel*, dès lors qu'il est à même d'user de sa compétence, *via* une question prioritaire de constitutionnalité, à l'égard des textes législatifs régissant les offres publiques. Force est de constater cependant que cette compétence reste à ce jour largement virtuelle puisque si le droit des offres publiques et particulièrement le rôle de l'AMF dans sa mise en œuvre, ont été l'objet de « *plusieurs assauts* »[120], la Cour d'appel de Paris n'a pas considéré que les QPC soulevées devant elle – qui mettaient en cause la constitutionnalité de la compétence de l'AMF pour déroger à l'obligation de déposer une OPA[121] ou du retrait obligatoire[122] – présentaient les conditions requises pour être transmises au Conseil constitutionnel.

Ceci rappelé, les recours de droit commun en matière d'offres publiques, portés devant leur juge naturel – le juge commercial dans la plupart des cas – sont mis en œuvre sur le terrain du droit des sociétés, à l'aune duquel s'apprécie la mise en œuvre de défenses anti-OPA. Mais son intervention est en effet marquée par la montée en puissance du droit social dans le champ du droit des offres publiques ; ce fondement, pour être essentiel, ne saurait toutefois être considéré comme exclusif, ainsi qu'en témoigne la montée en puissance du droit social dans le champ du droit des offres publiques.

En effet, depuis la mise en place du premier cadre législatif des offres publiques par la loi du 2 août 1989, les instances représentatives du personnel – comité d'entreprise puis comité social et économique, comité de groupe – ont vu, au fil du temps, leurs prérogatives renforcées. D'abord du côté de la cible, la loi de 1989 prévoyant que le chef d'entreprise doit, dès qu'il a connaissance d'un projet d'OPA ou

114 - TPICE, 22 oct. 2002, T-310/01, *Schneider Electric c/ Commission.*

115 - TPICE, 25 oct. 2002, T-5/02 et T-80/02, *Tetra Laval BV c/ Commission.*

116 - Dir. 2004/25/CE, 21 avr. 2004 du Parlement et du Conseil concernant les offres publiques d'acquisition.

117 - CJUE, 10 déc. 2020, C-735/19, *EurominHoldings (Cyprus) Limited.*

118 - CJUE, 9 sept. 2021, C-605/18, *Adler Real Estate e.a.JurisData* n° 2021-016420 ; v. S. Torck, *Désignation de l'autorité compétente pour sanctionner le défaut de dépôt d'une offre publique : la CJUE consacre la distinction entre concert de contrôle et concert de gestion, Bull. Joly Bourse*, janv.-févr. 2022, p. 48.

119 - CJUE, 9 sept. 2021, C-546/18, *Adler Real Estate e.a., JurisData* n° 2021-016419 ; v. M. Thuillier, H. Calvet, D. Martin, *Application de la directive OPA : tension entre les objectifs d'effectivité du droit de l'Union et de respect des droits et principes fondamentaux garantis par la Charte, Bull. Joly Bourse*, janv.-févr. 2022, p. 41.

120 - M. Roussille, *Levée de boucliers contre les QPC mettant en cause le pouvoir réglementaire de l'AMF*, note ss. CE, 22 juin 2011, n° 348066, *Adam* et CA Paris, 17 févr. 2011, RG n° 11/01064, *Adam c/ Hermes International, Bull. Joly Bourse*, sept. 2011, p. 506.

121 - CA Paris, 17 févr. 2011, préc.

122 - CA Paris, 2 nov. 2010, n° 10/18707, *Zuryk c/ APRR* ; M. Roussille, *Conformité du retrait obligatoire au droit de propriété des minoritaires : la Cour d'appel de Paris fait barrage à la première QPC sur le sujet, Bull. Joly Bourse*, mars 2011, p. 177

d'OPE, en informer le comité d'entreprise ou le comité de groupe qui peuvent alors inviter l'initiateur à exposer ce projet devant eux[123]. La loi sur les nouvelles régulations économiques[124] vint en 2001 structurer ces prérogatives, en fixant le nombre et la périodicité des réunions du comité d'entreprise, le contenu minimal de l'information à lui apporter et en instituant, en cas de refus de l'initiateur de se présenter, une sanction consistant dans la privation des droits de vote qui auraient été exercés dans la cible. Enfin, la loi de 2006 transposant la directive OPA de 2004[125] étendit au comité d'entreprise de l'initiateur les obligations d'informations jusqu'alors reconnues au comité d'entreprise de la cible.

En dépit de ces avancées, les prérogatives des instances représentatives du personnel ne leur étaient reconnues que sur le terrain de l'information et ne consistaient que dans le droit d'être informées des projets d'offre publique. Il semblait en effet admis qu'une procédure consultative ne pouvait se concilier avec les exigences de la mécanique des offres publiques. La loi du 29 mars 2014, dite *loi Florange*[126], écarta ces réticences et fit entrer l'OPA dans le champ de la consultation obligatoire des Instances représentatives, comme si le législateur avait voulu signifier que « *la mécanique de l'OPA ne justifie plus d'évincer les représentants du personnel du droit d'être consultés. Le droit du travail l'emporte sur le droit boursier* »[127]. Désormais, le dépôt d'une offre publique déclenchera une information ou une information-consultation des comités sociaux et économique, celui de la cible en particulier étant invité à rendre un avis dans le mois suivant le dépôt de l'offre, le conseil d'administration de la cible ne pouvant se prononcer avant[128]. Le législateur a tenu à prendre en compte les contraintes du droit boursier en encadrant la consultation du CSE par un délai préfix raccourci par rapport au droit commun – un mois au lieu de deux mois – pour parer un risque de dérapage du calendrier dans le cas où l'information communiquée s'avèrerait insuffisante. Conscient de ce risque, le législateur a prévu un dispositif *ad hoc* d'intervention du juge des référés, invité à statuer en dernier ressort et dans le délai de huit jours[129].

Malgré ces précautions législatives cependant, certains observateurs n'en ont pas moins exprimé des craintes sur les conséquences possibles du passage d'une procédure d'information à une procédure de consultation, en soulignant qu'il « *offr[ait] aux représentants des leviers de blocage dont ils ne disposaient pas jusqu'alors et dont certains pourraient tenter de se saisir pour essayer d'obtenir davantage* »[130].

L'avenir dira si ces craintes sont fondées en ce qui concerne les dispositions spéciales – dont on vient de rappeler les évolutions – que le code du travail consacre aux offres publiques. Mais d'ores et déjà, on soulignera que les OPA peuvent également relever des dispositions générales du même code relatives aux attributions des instances représentatives du personnel. En témoigne l'OPA de Veolia sur Suez, dans le cadre de laquelle ont été engagés de multiples recours dont l'intensité a fait dire à l'AMF que les « *batailles boursières de cette*

123 - L. 2 août 1989, art. 40 et 41.

124 - L. n° 2001-420, 15 mai 2001 relative aux nouvelles régulations économiques.

125 - L. n° 2006-387, 31 mars 2006 relative aux offres publiques d'acquisition.

126 - L. n° 2014-384, 29 mars 2014 visant à reconquérir l'économie réelle, dite loi Florange ; v. notamment A. Teissier, *L'entrée des OPA dans le champ de la consultation du comité d'entreprise*, JCP S 2015, n° 20, 1170 ; O. de Vilmorin, F. Aubonnet et A. Berdou, *Le rôle du comité d'entreprise de la société cible d'une offre publique*, in *Le nouveau droit des OPA après la loi Florange*, dossier sous la dir. de F. Barrière, *Bull. Joly Bourse*, oct. 2014, J. Brosset et N. Cuntz, *Aspects boursiers de la loi Florange : le législateur forge un nouvel arsenal défensif face aux opérations hostiles*, *RDBF* n° 2, mars-avr. 2014, p. 17.

127 - A. Teissier, *op. cit.*

128 - Désormais, après codification et restructuration par l'ordonnance n° 2017-1718 du 20 déc. 2017 (Ord. visant à compléter et mettre en cohérence les dispositions prises en application de la L. n° 2017-1340 du 15 sept. 2017 d'habilitation à prendre par ordonnance les mesures pour le renforcement du dialogue social), le code du travail comporte, au sein du chapitre consacré aux attributions du comité social et économique, un sous-paragraphe 5 intitulé « *Offres publiques d'acquisition* » et composé des art. L. 2312-42 à L. 2312-52.

129 - La jurisprudence ne se limite pas aux dispositions du code du travail spécifiques aux OPA : s'agissant de l'OPA de Thales sur Gemalto, la Cour de cassation a jugé que les dispositions générales du code relatives aux informations et consultations récurrentes du comité société et économique imposaient de consulter le comité d'une filiale en cas d'offre publique sur la mère (Soc. 19 déc. 2018, n° 18-14.250, *Bull. Joly Travail*, févr. 2019, obs. G. Auzero).

130 - A. Tessier, *préc.*

magnitude sont rares en France »[131].

Les protagonistes – initiateur et cible – se sont d'abord judiciairement affrontés sur le terrain du droit boursier.

La cible d'abord qui, dès le communiqué du 30 août 2020 de Veolia annonçant avoir offert à Engie le rachat de sa participation dans Suez[132] et précisant qu'en cas d'acceptation elle lancera une OPA sur le capital restant, demanda au régulateur de constater l'ouverture d'une période de préoffre et donc de déclencher les contraintes en résultant pour l'initiateur et contrarier ainsi son offre d'acquisition : tout l'enjeu de la demande de Suez résidait dans l'article 231-38 II du règlement général de l'AMF selon lequel « *durant la période de préoffre, l'initiateur et les personnes agissant de concert avec lui ne peuvent acquérir aucun titre de la société visée* », sauf si l'acquisition résulte d'un accord de volonté antérieur à l'ouverture de la préoffre. A la suite du refus du régulateur, Suez saisit la Cour d'appel de Paris qui, à son tour, jugea que ni le communiqué du 30 août ni la communication ultérieure ne révélaient au public les « *caractéristiques* » d'un projet d'offre publique au sens de l'article 223-34 du règlement général de l'AMF[133]. Suez agit ensuite sur le terrain de la violation de l'engagement d'amicalité, autrement dit l'engagement « *unilatéral, irrévocable et inconditionnel* » de ne pas lancer d'offre hostile, et obtint dans un premier temps qu'une ordonnance rendue sur sa requête ordonne à Veolia de ne pas déposer d'offre auprès de l'AMF « *et ce jusqu'à l'issue du débat* » contradictoire au fond sur la portée de cet engagement dans le cadre de la procédure à bref délai qu'il lui est enjoint d'engager[134] ; mais cette ordonnance fut quelques jours après rétractée en référé pour incompétence territoriale[135]. Enfin, et « *avant tout procès* » comme le permet l'article 145 du code de procédure civile, trois ordonnances ont, sur le fondement de ce texte, été rendues à la requête de Suez, l'autorisant à recueillir aux sièges de Veolia, Engie et Meridiam « *les éléments permettant de préciser les conditions, modalités et calendrier des actions intervenues en amont des annonces publiques de Veolia* »[136].

L'initiateur, ensuite, a engagé des actions visant, en particulier, à empêcher que l'activité Eau de Suez devienne incessible au moyen de la fondation néerlandaise mise en place et obtint gain de cause dans un premier temps, le juge saisi par requête faisant « *défense à Suez de prendre toute décision de nature à (...) entraîner l'irrévocabilité du dispositif au centre duquel se trouve une fondation aux Pays-Bas, mis en place le 23 sept. 2020 (...) jusqu'à l'issue de toute réunion d'une prochaine assemblée générale (...)* »[137], mais sa décision ayant été ensuite rétractée[138].

Peut-être de façon inattendue, c'est sur le terrain du droit du travail qu'ont été obtenus les résultats les plus parlants, au point qu'on a pu en conclure que *« le travail tient le sociétaire en l'état »*.

Mais – peut-être de façon inattendue – c'est sur le terrain du droit du travail[139] qu'ont été obtenus les résultats les plus parlants, au point qu'on a pu en conclure que « *le travail tient le sociétaire en l'état* »[140]. En effet, les instances

131- AMF, *Précisions sur le rôle de l'Autorité des marchés financiers dans le cadre de l'offre publique initiée par Veolia sur Suez*, Communiqué 18 mai 2022.

132 - L'offre portait en réalité sur le rachat d'une partie de cette participation (29,9 %).

133 - CA Paris, 11 févr. 2021, RG n° 20/13807, *Dr. sociétés* 2021, n° 4, comm. 50, note J. Granotier.

134 - T. com. Nanterre, Ord. req., 8 févr. 2021, n° 2021O00163.

135 - T. com. Nanterre, Ord. réf., 23 févr. 2021 n° 2021R00167.

136 - Le Monde, 26 nov. 2020, *La bataille judiciaire s'intensifie entre Veolia et Suez*. La ressource processuelle que constitue l'art. 145 avait été signalée dans le passé comme pouvant « faciliter la découverte d'éventuels accords occultes conclus entre la cible et un chevalier blanc, ou d'autres mesures susceptibles d'avoir une incidence sur le cours de l'offre telles que, notamment, une action de concert entre la cible et des tiers en vue de faire échouer l'offre » (E. Cafritz et O. Genicot, *Les recours des initiateurs d'offres publiques confrontés aux moyens de défense anti-OPA, Bull. Joly Bourse*, mars-avr. 2008, p. 180).

137 - T. com. Nanterre (Ord. req.), 19 nov. 2020.

138 - T. com. Nanterre (Ord.), 4 mars 2021, n° 2021R00025.

139 - V. notamment la section du présent ouvrage consacrée à l'articulation du droit du travail avec le droit des offres (Chap. 6).

140 - J. Icard, *Bull. Joly travail*, déc. 2020, p. 30, comm. de CA Paris, 19 nov. 2020.

représentatives du personnel de Suez ont, dès le communiqué du 30 août 2020, répliqué aux projets annoncés par Veolia en ouvrant plusieurs « fronts judiciaires »[141] et invoqué avec succès les dispositions générales du code du travail leur reconnaissant des prérogatives d'information et de consultation. C'est ainsi que par ordonnance du 9 octobre suivant[142], confirmée dans toutes ses dispositions par arrêt du 19 novembre 2020[143], le juge des référés, saisi sur le fondement de l'article 809 du code de procédure civile, fit droit aux demandes des comités sociaux et économiques du groupe Suez, en jugeant que « *par son ampleur et ses conséquences annoncées* », le projet de Veolia intéressait « *la marche générale des entreprises du groupe [Suez]* » et constituait « *de surcroît une orientation stratégique dont les conséquences juridiques, économiques et sociales sont déterminantes* », et qu'il devait dès lors « *faire l'objet d'une information-consultation préalable des instances représentatives du personnel* » conformément aux articles L. 2312-8[144] et L. 2312-17[145] du code du travail. Tel n'ayant pas été le cas, il en était résulté un « *trouble manifestement illicite qu'il convient de faire cesser* », en conséquence de quoi le juge ordonna la « *suspension* », d'une part, « *de l'opération résultant de l'offre d'acquisition par Veolia des actions de Suez détenues par Engie et l'OPA de Veolia sur Suez* » et, d'autre part, « *des effets de la cession des actions détenues par le groupe Engie* » dans les sociétés du groupe Suez « *tant que les comités sociaux et économiques concernés n'auront pas été informés et consultés sur les décisions déjà prises et annoncées publiquement par voie de presse le 30 août 2020 par Veolia et Engie* ». Enfin, pour permettre de procéder à cette information et consultation, le juge ordonna à Veolia et Engie de transmettre à Suez les informations nécessaires à la consultation de ses instances représentatives des salariés et à cette dernière société, sur la base des éléments ainsi transmis, d'informer et consulter ses comités sociaux et économiques[146].

Les demandes des comités sociaux et économiques de Suez, finalement satisfaites par le juge, soulevaient plusieurs questions. Il s'agissait d'abord de savoir si l'opération en cause entrait dans les prévisions de l'article L. 2312-8 définissant le champ de l'information et de la consultation préalables du comité. Sur ce point, Veolia soutenait que n'avaient été rendus publics que d'« *éventuels projets* » et qu'il existait des dispositions particulières en matière d'OPA qui trouveraient à s'appliquer lorsque l'offre serait lancée. Cette argumentation ne fut retenue ni par le juge des référés ni par la Cour d'appel qui considérèrent que, « *un projet ou des orientations, même formulées en termes généraux, d[evant] (...) être soumis à consultation lorsque leur objet est assez déterminé pour que leur adoption ait une incidence sur l'organisation économique et juridique de l'entreprise, les conditions d'emploi et la structure des effectifs, peu important qu'ils ne soient pas accompagnés de mesures précises et concrètes d'application* », la cession à Veolia des actions Suez détenues par Engie constituait « *la première étape d'un projet abouti* » et « *s'inscri[vai]t donc expressément dans le cadre d'un projet industriel plus global de la société Veolia* » relevant des prérogatives d'information et consultation des comités sociaux et économiques.

Le juge des référés comme la Cour d'appel ont, par ailleurs, écarté l'argument tiré de l'existence de dispositions spécifiques en matière d'OPA, en considérant, à l'inverse, que cette circonstance ne faisait pas obstacle à l'application des dispositions générales du code du travail relatives aux prérogatives des comités sociaux et économiques. Il restait alors à régler une dernière difficulté tenant au fait que l'employeur tenu d'informer et consulter son comité, soit Suez, ne détenait pas l'information nécessaire à cette fin. Le juge en a pris acte en relevant que « *les sociétés du groupe Suez se sont trouvées placées dans l'incapacité de remplir leurs obligations légales, les sociétés*

141 - D. Martin, *L'incessibilité ou la cession d'actifs d'une société cible d'une offre publique est-elle possible et dans quelles conditions ?, RDBF* sept.-oct. 2021, 21.

142 - TJ Paris (Ord. réf.), 9 oct. 2020, n° RG 20/56077, *JurisData* n° 2020-015657 ; *JCP* S 2020, n° 46, 3078, obs. F. Duquesne.

143 - N° RG 20/06549 : *JurisData* n° 2020-019114 ; *JCP* S 2020, n° 51-52, 3120, obs. F. Duquesne ; *Bull. Joly Travail* 2020, n° 12, p. 20, obs. J. Icard (Veolia et Engie se sont désistées en février 2021 du pourvoi en cassation qu'elles avaient formé contre cet arrêt).

144 - « (...) *Le comité est informé et consulté sur les questions intéressant l'organisation, la gestion et la marche générale de l'entreprise* (...) ».

145 - « (...) *le comité social et économique est consulté sur* (...) *les orientations stratégiques de l'entreprise* (...) ».

146 - On notera la différence d'approche avec la solution retenue par la Cour d'appel de Paris relativement à la période de préoffre.

Veolia et Engie ne leur ayant pas transmis les éléments d'information nécessaires » ; aussi a-t-il ordonné à Veolia et Engie de transmettre à Suez « *les informations nécessaires pour l'information et la consultation des instances représentatives des salariés sur les opérations annoncées publiquement par voie de presse le 30 août 2020* ». De son côté, la Cour d'appel a jugé que l'information et la consultation du comité constituaient un « *principe général fondamental auquel ne fait pas obstacle la circonstance que l'employeur, débiteur de l'information et de la consultation, n'est pas l'auteur du projet* ».

On ne saurait clore ce tour d'horizon sans évoquer le droit des sociétés, lequel est de la compétence naturelle du juge de droit commun. Celui-ci, à ce titre, connaît des contentieux liés aux offres publiques[147], portant par exemple sur le contrôle d'une société cotée, sur un franchissement de seuils ou sur une action de concert et, au-delà de ces contentieux périphériques. Par ailleurs, il intervient directement dans le déroulement des offres publiques lorsqu'il est sollicité pour statuer sur la régularité des mécanismes du droit des sociétés mis au service d'une défense anti-OPA et il dispose alors des moyens d'en prévenir et sanctionner les irrégularités ou abus. Cette compétence est d'application traditionnelle, sous la forme, par exemple, de suspension des droits de vote, de nullité de la cession d'autocontrôle ou de séquestre des actions[148]. Mais la récente actualité législative invite à se demander si l'évolution du droit des sociétés n'ouvre pas des perspectives nouvelles. On pense bien sûr à la loi Florange déjà citée[149], laquelle, abandonnant le principe de neutralité des dirigeants que la loi de 2006 transposant la directive OPA de 2004 avait inscrit dans le code de commerce, prévoit désormais que le conseil d'administration peut « *prendre toute décision dont la mise en œuvre est susceptible de faire échouer l'offre, sous réserve des pouvoirs expressément attribués aux assemblées générales dans la limite de l'intérêt social de la société* ». On sait que ce dispositif donne lieu à des différences d'approche, l'AMF considérant, en particulier, qu'il transfère de l'assemblée générale aux dirigeants la compétence pour adopter toute mesure défensive susceptible de faire échouer l'offre, mais « *n'a pas remis en cause, cependant, la nécessaire conciliation entre le droit pour une société cible de se défendre et le respect des principes directeurs des offres publiques* »[150]. On ne poussera pas plus l'analyse de cette question, dans l'attente que le juge ait tranché ce débat.

De la même façon, le juge aura à prendre parti sur la loi du 22 mars 2019, dite *loi Pacte*[151]. En effet, ce texte contient des dispositions qui relèvent du droit des offres publiques, en ce qui concerne les conditions du retrait obligatoire et de l'offre publique de retrait. Mais il pourrait affecter plus largement encore cette matière : il ouvre en effet des perspectives nouvelles de défenses anti-OPA en ce qu'il modifie la définition de l'intérêt social et introduit le nouveau concept de *raison d'être*[152].

C'est ainsi, selon les nouveaux articles 1833 du code civil, L. 225-35 et L. 225-64 du code de commerce qui en sont issus, que la société est gérée dans son intérêt, mais « *en prenant en considération les enjeux sociaux et environnementaux de son activité* » et que le conseil d'administration comme le directoire doivent « *[prendre] en considération les enjeux sociaux et environnementaux de son activité* ». On a observé que ces dispositions – adossées à celles de la loi Florange qui, en période d'offre, permettent au conseil d'administration et au directoire de « *prendre toute décision dont la mise en œuvre est susceptible de faire échouer l'offre, sous réserve des pouvoirs expressément*

147 - V. D. Schmidt, *L'office du juge en droit des OPA et des abus de marché*, préc.

148 - V. COB, Rapp. annuel pour 1992, p. 145.

149 - D. Martin et M. Thuillier, *Principe du libre jeu des offres et des surenchères et loi Florange : retour vers le futur ? Revue Droit et Affaires* ; v. aussi N. Mennesson, *Défenses anti-OPA : état des lieux après l'opération Veolia/Suez*, *Bull. Joly Bourse*, mai-juin 2022, p. 52.

150 - AMF, *Précisions sur le rôle de l'Autorité des marchés financiers dans le cadre de l'offre publique initiée par Veolia sur Suez*, 18 mai 2022.

151 - L. n° 2019-486, 22 mars 2019 relative à la croissance et à la transformation des entreprises.

152 - V. D. Martin, B. Kanovitch, F. Haas, *La loi Pacte et les offres publiques*, *RTDF* 2019, n° 1, p. 82 ; T. de Ravel d'Esclapon, N. Rontchevsky, M. Storck, *Loi Pacte : innovations et modifications en matière de droit financier*, *RTD com.* 2019. 713, spéc. p. 736 ; A. Gaudemet, *La loi Pacte et le droit des offres publiques*, *Bull. Joly Bourse*, juill.-août 2019, p 40.

attribués aux assemblées générales dans la limite de l'intérêt social de la société »[153] – augmentaient la marge de manœuvre des dirigeants de la cible pour adopter des mesures de défense « à chaud », légitimées par la démonstration que l'offre contrarie l'intérêt social car ne permettant pas la prise en compte des enjeux sociaux et environnementaux.

La société, par ailleurs, peut désormais introduire dans ses statuts, outre son objet, « *une raison d'être, constituée des principes dont la société se dote et pour le respect desquels elle entend affecter des moyens dans la réalisation de son activité* » et le conseil d'administration et le directoire de la société anonyme doivent alors la « *prendre en considération* »[154]. On considère comme « *probable* » que l'introduction dans les statuts d'une telle raison d'être « *puisse enrichir la panoplie des mesures de défense susceptibles d'être adoptées par une société cotée à froid, en prévision d'une offre publique hostile* », puisqu'elle pourra ensuite être opposée « *à l'initiateur d'une offre publique, en arguant d'une incompatibilité 'existentielle' entre cet initiateur et la raison d'être adoptée* »[155]. Sans être par elle-même une défense anti-OPA, la raison d'être pourra donc en être un fondement, en procurant à la cible et à ses dirigeants une justification motivée à leur opposition à l'offre[156].

Sans doute faut-il voir dans ces innovations législatives des ferments d'évolution, voire de réorientation du droit des offres publiques. Les épisodes jurisprudentiels qu'on a rappelés en ont d'ores et déjà apporté une illustration ; d'autres suivront qui ne manqueront pas de faire naître des incertitudes et soulever des interrogations qu'il appartiendra au juge de trancher.

153 - C. com., art. L. 223-32, I.

154 - C. civ., art. 1835 ; C. com., art. L. 225-35 et L. 225-64.

155 - A. Gaudemet, *op. cit.*

156 - V. F. Alogna, *La raison d'être, nouveau moyen de défense anti-OPA ?*, *RDBF* n° 5, sept.-oct. 2021, 22.

Les enseignements tirés de 10 ans de jurisprudence

par **Catherine Maison-Blanche**,
Senior Consultant, A&O Shearman
et **Sophie Robert**,
Avocat à la Cour, Darrois Villey Maillot Brochier A.A.R.P.I.

Les arrêts de la Cour d'appel de Paris et de la Cour de cassation dans le cadre de recours en annulation des décisions de l'Autorité des marchés financiers, prises en application des dispositions de son règlement général relatives aux offres publiques d'acquisition, sont ci-dessous compilés sur plus d'une décennie. Après un résumé des faits, cette contribution s'efforce de dégager les enseignements principaux qui peuvent en être tirés.

Arrêt : date et numéro	Décision(s) déférées/ attaquées et Parties au recours	Enseignements
I – CA Paris, 5, 7, 27 juin 2013, n° 2012/08248 et 2012/08324, *SMA VIE BTP et ADAM c/ ICADE et SILIC*	**Décisions déférées** • Décis. AMF, 24 avr. 2012, n° 212C0533 (décision de conformité) • Décis. AMF, 26 avr. 2012, n° 212C0547 (avis de calendrier) **Demanderesses au recours** • La Société Mutuelle d'Assurance sur la VIE du Bâtiment et des Travaux Publics (SMA VIE BTP) • Association de défense des actionnaires minoritaires (ADAM) **Défenderesses** • La Société Immobilière de Location pour l'Industrie et le Commerce (SILIC)	**Rappel des faits** En exécution d'un protocole d'accord conclu le 13 décembre 2011 entre la Caisse des Dépôts et Consignations (la CDC) et Icade, d'une part, et la société Groupama, d'autre part : • le 30 décembre 2011, la CDC a apporté à une filiale, dénommée HoldCo SIIC, 55,8 % du capital et des droits de vote d'Icade ; • concomitamment, Groupama a apporté à la société HoldCo SIIC, l'intégralité de sa participation dans la société SILIC, soit 6,5 % du capital de SILIC. Ces apports ont été réalisés sur la base d'un rapport d'échange de cinq actions ICADE pour quatre actions SILIC. Dans un second temps, Groupama a apporté à Holdco SIIC le solde de sa participation dans SILIC, soit 37,45 % selon la même parité d'échange. À l'issue de ces opérations, la société Holdco SIIC contrôlée par la CDC (à hauteur de 75,05 %, le solde étant détenu par Groupama), détenait de concert avec la CDC, son contrôlant et ICADE, son contrôlé, 43,94 % du capital et des droits de vote de la société SILIC, HoldCo SIIC franchissant à titre individuel le seuil de l'offre publique obligatoire. Icade, pour le compte des membres du concert,

Arrêt : date et numéro	Décision(s) déférées/ attaquées et Parties au recours	Enseignements
	• La société Icade (ICADE) **En présence de l'Autorité des marchés financiers (AMF)**	déposait une offre publique obligatoire sous forme d'offre publique d'échange (OPE) (titres Icade à émettre) sur les actions SILIC et une offre publique d'achat (OPA) sur les ORNANES émises par SILIC. **Enseignements de l'arrêt** 1. – Selon les demandeurs, la société Holdco SIIC, débitrice de l'obligation d'offre, n'étant pas une société cotée, ne pouvait proposer une OPE qu'en respectant l'article 231-8, alinéa 2 du règlement général de l'AMF, selon lequel « *lorsque les titres remis en échange ne sont pas des titres liquides admis aux négociations sur un marché réglementé d'un État membre de l'Union européenne ou partie à l'accord sur l'Espace économique européen, l'offre doit comporter une option en numéraire* ». Icade aurait donc été tenue par ricochet, de suivre le raisonnement des demandeurs, les actions de Holdco SIIC n'étant pas cotées, de proposer une offre avec option en numéraire, ce que la cour dément, confirmant la décision de l'AMF et l'analyse sur l'indivisibilité de la créance. Le juge estime ce moyen infondé : la solidarité entre concertistes implique que dans le cadre du franchissement du seuil de l'offre publique obligatoire par l'un des concertistes, n'importe quel membre du concert est habilité à déposer l'offre publique obligatoire. Le « concert » (pas de personnalité morale) ne pouvant déposer l'offre publique, l'obligation incombe indifféremment à tous ses membres, chacun d'entre eux pouvant s'en acquitter, dans le cadre d'une responsabilité solidaire. La solidarité, utilisée dans sa fonction de garantie, ne contraint toutefois pas le débiteur solidaire-garant, substitué au débiteur principal dans l'exécution de l'obligation, à respecter la structure de l'obligation du véritable débiteur, en ce compris la manière dont il aurait dû l'exécuter. En effet, chaque concertiste est ici débiteur principal d'une obligation de faire, par nature indivisible, à savoir le dépôt d'une offre. 2. – Les requérants prétendaient également que le caractère obligatoire de l'offre contraignait par principe à proposer une option en numéraire. Le juge rejette ce moyen : l'obligation peut être acquittée uniquement par une OPE sous réserve que les titres remis en échange présentent la caractéristique de titres liquides admis aux négociations sur un marché réglementé, sauf

Arrêt : date et numéro	Décision(s) déférées/ attaquées et Parties au recours	Enseignements
		si les débiteurs de l'obligation ont procédé dans les douze mois qui précèdent à des acquisitions en numéraire, ou ont l'intention de faire suivre l'offre d'un retrait obligatoire, ce qui n'était pas le cas en l'espèce. Dans ces derniers cas, l'exigence est de proposer une contrepartie en numéraire au moins à titre d'option (ce qui n'exclut d'ailleurs pas une OPE, à titre alternatif)[1]. C'est à bon droit que l'AMF a déclaré conforme le projet d'offre publique au regard d'une parité proposée au titre de l'offre d'échange de cinq actions ICADE (coupon attaché) pour quatre actions SILIC (coupon attaché), c'est-à-dire égale, par transparence, à la parité retenue pour les opérations d'apports génératrices de l'obligation de déposer une offre publique aux termes de l'article 234-2 du règlement général de l'AMF. 3. – Les demandeurs soutenaient que la transaction assortie d'éléments connexes entre l'initiateur, agissant seul ou de concert, et le vendeur des titres acquis par l'initiateur recélait un transfert de valeur et que, ne pas en tenir compte au titre d'un complément de prix, portait atteinte au principe d'égalité de traitement des actionnaires Le juge évince ce moyen : la souscription des actions de préférence par la CDC au sein de Groupama n'a pas dissimulé un transfert de valeur susceptible de porter atteinte au principe d'égalité de traitement des actionnaires minoritaires de SILIC. La valeur des titres SILIC est bien de 103,68 euros (le badwill immobilisé permettait

1 - « *Considérant que c'est également en vain que l'ADAM affirme par surcroît que, dans leur rédaction résultant de la loi n° 2010-1249 du 22 octobre 2010, les dispositions de l'article L. 433-3 I du code de commerce interdisent à l'initiateur le dépôt d'une offre publique d'échange et lui imposent désormais le dépôt d'une offre d'achat ;*
Considérant qu'il est vrai que les dispositions de L. 433-3 I du code monétaire et financier telles que modifiées par la loi n° 3010-1246 du 22 octobre 2010 prévoient, désormais, que « le prix proposé doit être au moins égal » au prix le plus élevé payé par l'initiateur au cours de la période de référence, alors que L. 433-3 I du code monétaire et financier indiquait, jusqu'alors, que le prix de l'offre devait être « au moins équivalent au prix le plus élevé » payé par l'initiateur au cours de la période de référence.
Considérant, cependant, que la requérante ne se prévaut d'aucune référence aux travaux parlementaires lui permettant d'affirmer utilement qu'à l'occasion de cette modification, le législateur aurait manifesté la volonté d'interdire désormais la réalisation, jusqu'alors possible, d'une offre publique sous forme d'offre publique d'échange ; qu'à l'opposé, il résulte des travaux parlementaires que la modification introduite n'emporte aucun changement sur le fond, dès lors qu'elle tendait seulement à l'adoption d'une expression répondant de manière plus précise aux exigences de la directive 2004/25/CE du Conseil du 21 avril 2004 concernant les offres publiques d'acquisition qui prévoyait qu'était considéré « comme le prix équitable le prix le plus élevé payé pour les mêmes titres par l'offrant (...) de six mois au minimum à douze mois au maximum précédant l'offre » ; qu'il suffit ainsi de se référer au rapport du sénateur Marini (dont un extrait est ensuite cité dans l'arrêt).
« *Votre rapporteur s'est également interrogé sur la pertinence de la nouvelle définition du prix équitable, en tant que « prix égal » plutôt « qu'équivalent » au prix le plus élevé payé par l'auteur de l'offre. La notion d'équivalence a l'intérêt de faire clairement référence aux offres mixtes ou en titres. Ces offres ne sont pas pour autant compromises par le recours au « prix égal » dans la mesure où la valeur des titres proposée dans l'offre peut être aisément confrontée au cours le plus élevé observé durant la période de douze mois. La lettre de la directive OPA est également mieux respectée ».* (Sénat, Rapp. n° 703 enregistré à la Présidence du Sénat, 14 sept. 2010, p. 309, Pièce 12) ».

Arrêt : date et numéro	Décision(s) déférées/ attaquées et Parties au recours	Enseignements
		de faire apparaître une contrevaleur de 79 euros certes mais il s'agissait d'une simple valeur comptable). Dans ces conditions, l'AMF a, sans commettre l'erreur d'appréciation qui lui est imputée, exactement constaté que les transactions critiquées n'étaient pas de nature à mettre en cause la conformité du projet d'offre. En effet, le traitement comptable et fiscal d'une opération ne peut, *a priori*, être assimilé à un complément de prix. 4. – L'offre publique obligatoire a été, à juste titre, faite conformément aux dispositions de l'article 234-6 du règlement général de l'AMF, après mise en œuvre d'une analyse multicritère <u>en raison de l'existence d'une transaction assortie d'éléments connexes</u>. L'article 234-6 du règlement général de l'AMF n'énumère pas, contrairement à ce que prétend la requérante, trois critères autonomes de fixation du prix, indépendants les uns des autres, mais renvoie purement et simplement à l'approche multicritère. En l'absence de prix équitable de référence, il appartenait à l'initiateur de déterminer le prix des actions SILIC dans le cadre d'une offre publique obligatoire « *en fonction des critères d'évaluation usuels* ».

Arrêt : date et numéro	Décision(s) déférées/ attaquées et Parties au recours	Enseignements
I *bis* - Com. 25 nov. 2014, n° 13-21.715, *SMA VIE BTP, SILIC et al.*	**Décision attaquée par SMA VIE BTP** • CA Paris, 27 juin 2013, n° 2012/08248 et 2012/08324	**Confirmation de la décision de la Cour d'appel de Paris** Cette confirmation est le résultat des attendus ci-dessous : « *(...) attendu, en premier lieu, que l'arrêt retient à bon droit que l'article 234-6, dernier alinéa, du règlement général de l'AMF n'énumère pas trois critères autonomes de fixation du prix, indépendants les uns des autres, qui seraient constitués des critères d'évaluation objectifs usuellement retenus, des caractéristiques de la société visée et du marché des titres, mais renvoie à l'approche multicritères ;* *Attendu, en deuxième lieu, que loin de violer les textes visés (...), la Cour d'appel en a fait l'exacte application en retenant que l'obligation dont les sociétés Holdco et Icade, qui agissaient de concert, étaient solidairement tenues à la suite du franchissement par la société Holdco du seuil de 30 % du capital et des droits de vote de la société SILIC, consistait dans le dépôt d'une offre publique mais que cette obligation ne s'étendait pas aux modalités de l'offre ;* *Attendu, encore, qu'après avoir relevé que la société SMA VIE BTP soutenait à tort que l'AMF avait commis une erreur sur la qualification exacte du fait générateur de l'obligation d'offre publique et n'avait, par suite, pas fait une correcte application des critères de détermination du prix de l'offre au regard de la réglementation boursière applicable, (la Cour d'appel) retient que le prix de l'offre a été déterminé conformément aux énonciations de l'article 234-6 du règlement général de l'AMF, après mise en œuvre d'une analyse multicritères, en raison de l'existence d'une transaction assortie d'éléments connexes et qu'il a ainsi été répondu aux conclusions prétendument délaissées ;* *D'où il suit que le moyen n'est pas fondé* *Rejette le pourvoi* ».

Arrêt : date et numéro	Décision(s) déférées/ attaquées et Parties au recours	Enseignements
II – Com 21 janv. 2014, n° 12-29.475, *Sté APRR*	**Décision attaquée** CA Paris, 29 nov. 2012, n° 2010/18633 Le département de Saône-et-Loire, actionnaire de la société Autoroutes Paris-Rhin-Rhône (APRR), a formé un recours contre la décision de conformité l'AMF sur le projet d'offre publique de retrait (OPR) suivi d'un retrait obligatoire initiée par Eiffarie, visant les APRR (Décis. AMF n° 210C0881, 8 sept. 2010). La collectivité requérante demandait l'annulation de cette décision, invoquant une insaisissabilité des propriétés publiques empêchant selon elle l'expropriation entraînée par le retrait obligatoire. La Cour d'appel a estimé possible la mise en œuvre de cette procédure, sans méconnaissance du principe d'insaisissabilité des propriétés publiques.	**Confirmation de la décision de la Cour d'appel de Paris** **Enseignements de l'arrêt** 1. – La qualité de personne morale de droit public d'un actionnaire ne rejaillit pas, par principe, sur la qualité de sa participation dans une société cotée qui relève de son domaine privé et ne lui permet donc pas de faire échec aux procédures d'offre de retrait et de retrait obligatoire visant cette participation. 2. – L'AMF n'est investie par aucun texte du pouvoir de se prononcer sur la régularité des délibérations à l'issue desquelles le conseil d'administration de la société visée par une offre publique donne un avis motivé (ici selon les demandeurs, atteinte au droit d'information des administrateurs). « *Attendu, selon l'arrêt attaqué (Paris, 29 novembre 2012), que par décision du 8 septembre 2010, l'Autorité des marchés financiers (l'AMF) a déclaré conforme le projet d'offre publique de retrait suivi d'un retrait obligatoire visant les actions de la société anonyme Autoroutes Paris-Rhin-Rhône (la société APRR) déposé le 30 juillet 2010 pour le compte de la société Eiffarie ; que le département de Saône-et-Loire (le Département), actionnaire de la société APRR, a formé un recours contre cette décision ;* *Sur le premier moyen :* *Attendu que le Département fait grief à l'arrêt de rejeter son recours (...)* *Mais attendu que le principe d'insaisissabilité des biens des personnes publiques, s'il s'oppose à la mise en œuvre, à leur encontre, des voies d'exécution du droit commun, ne fait pas obstacle à la cession, fût-elle forcée, des biens dépendant de leur domaine privé ; qu'ayant relevé que le Département ne contestait pas, au vu du jugement rendu par la juridiction administrative, saisie d'une question préjudicielle, que les actions de la société APRR dont il était titulaire appartenaient à son domaine privé, et dès lors que la procédure d'offre publique de retrait suivie d'un retrait obligatoire ne constitue pas l'exercice d'une voie d'exécution, la Cour d'appel en a justement déduit, abstraction faite des motifs surabondants critiqués par le moyen, que cette collectivité se prévalait en vain du principe ci-dessus mentionné ; que le moyen n'est pas fondé ;* *Sur le troisième moyen :* *Attendu que le Département fait le même grief à l'arrêt (...)* *Mais attendu que le Département ayant reproché à l'AMF d'avoir méconnu le principe de légalité en déclarant*

Arrêt : date et numéro	Décision(s) déférées/ attaquées et Parties au recours	Enseignements
		conforme le projet d'offre publique de retrait bien que l'avis du conseil d'administration de la société APRR fût, selon lui, dépourvu de valeur en raison des irrégularités ayant affecté le fonctionnement de cet organe social du fait de l'inobservation du droit à l'information de ses membres, la Cour d'appel a exactement retenu que ***l'AMF n'était investie par aucun texte du pouvoir de se prononcer sur la régularité des délibérations à l'issue desquelles le conseil d'administration avait donné un avis motivé ; que le moyen n'est pas fondé ;*** *Et sur le quatrième moyen :* *Attendu que le Département fait encore le même grief à l'arrêt (...)* *Mais attendu que c'est dans l'exercice de son pouvoir souverain d'appréciation que la Cour d'appel, qui a procédé à la recherche prétendument omise, a constaté que rien ne permettait de remettre en cause* ***le caractère juste et équitable de l'indemnisation proposée aux actionnaires minoritaires après mise en œuvre de la méthode "multicritères" prévue par l'article L. 433-4, II, du code monétaire et financier ; que le moyen n'est pas fondé*** *; (...) ».*

<table>
<tr><th>Arrêt : date et numéro</th><th>Décision(s) déférées/ attaquées et Parties au recours</th><th>Enseignements</th></tr>
<tr><td>III – CA Paris, 10 avr. 2014, n° 14/05670, SMA BTP et CA Paris, 11 juin 2014, n° 14/09716, Tour Eiffel</td><td>Décisions Déférées
• Décis. AMF, 4 mars 2014, n° 214C0339 (décision de conformité de l'OPA de la société SMA BTP sur les titres de la société de la Tour Eiffel)
• Décis. AMF, 30 avr. 2014, n° 214C0664 (décision de conformité de la surenchère de la société SMA BTP sur son offre initiale)
Requérants
• Maison d'Investissement MI 29 SA
• Eurobail SA
• Foncière Wilson
• M. Chuc W.
Défendeurs
• La société de la Tour Eiffel
• Société Mutuelle d'Assurance du Bâtiment et des Travaux Publics (SMA BTP)
En présence de l'AMF</td><td>Demandes de sursis à exécution de décisions de conformité de l'AMF
CA Paris, 10 avril 2014, n° 14/05670, ord. Prem. Prés.
Les requérants forment un recours en annulation de la décision déférée pour avoir admis la conformité de l'OPA visant les titres de la société de la Tour Eiffel, motif pris de son irrecevabilité pour dépassement de son objet social par la SMA BTP et de manquement aux principes de transparence et de loyauté à raison, tant de l'insuffisance et de l'incertitude du prix, que de l'incertitude relative à l'évolution du capital social, à ses dirigeants et son statut de SIIC.
Leur recours est accompagné d'une demande de sursis à exécution, aux motifs que le déroulement du calendrier de l'OPA aurait pour conséquence de rendre irréversible le transfert des titres objet de l'offre, portant ainsi gravement atteinte au droit de propriété et aux prérogatives des actionnaires et priverait ce recours de toute efficacité pratique.
Le premier président rappelle que la juridiction du premier président n'est pas compétente pour connaître de l'annulation d'une décision de conformité.
Le premier président rejette ensuite la demande de sursis à exécution, considérant que, s'agissant des conséquences manifestement excessives :
• l'argument sur l'atteinte au droit de propriété est tranché en droit par les dispositions de l'article L. 621-30 du code monétaire et financier qui énonce que les recours contre les décisions individuelles de l'AMF n'ont en principe pas d'effet suspensif. Ce principe a pour corollaire celui de l'exécution provisoire des offres publiques contestées sauf à ce qu'il soit démontré par le demandeur l'existence de « conséquences manifestement excessives » résultant de l'exécution provisoire de ces offres ;
• les requérants n'apportent pas la preuve que les conséquences de l'exécution provisoire seraient pour eux irréversibles ou irréparables ;
• l'atteinte supposée au droit de propriété et aux prérogatives des actionnaires à supposer avérée ne saurait constituer une conséquence manifestement excessive, les requérants ne pouvant plaider au nom du marché, ni des actionnaires, au motif que nul ne plaide par procureur ;
• les restitutions d'actions et de prix qu'entrainerait l'annulation sollicitée sont possibles et facilitées par la centralisation des ordres, résultant en particulier de l'existence d'un seuil de renonciation et de</td></tr>
</table>

Arrêt : date et numéro	Décision(s) déférées/ attaquées et Parties au recours	Enseignements
		l'enregistrement des offres d'apport qui en résulte, lequel permet de garder une trace nominative des actionnaires ayant apporté à l'offre ; • le risque financier n'existe dès lors, en l'espèce que pour la SMA BTP. **CA Paris, 11 juin 2014, n° 14/09716, ord. Prem. Prés.** Les requérants ont formé un recours en annulation ou réformation de la décision contestée, accompagné d'une demande de sursis à exécution de la décision de l'AMF déclarant conforme la surenchère sur l'offre initiale visant les titres de la société de la Tour Eiffel. Sur la recevabilité de la demande, le premier président considère que la circonstance que l'offre initiale et la surenchère fassent partie de la même opération financière et la circonstance qu'il y ait identité des auteurs de l'offre initiale et de la surenchère sont sans incidence sur le fait que chacune des décisions attaquées produit des effets distincts et doit dès lors pouvoir faire l'objet d'un recours devant le juge judiciaire. La demande doit donc être déclarée recevable. Sur les conséquences manifestement excessives, le premier président décide que : • d'une part, le dénouement de l'offre « *en sens inverse* » est parfaitement possible, grâce à la traçabilité informatique des opérations qui garantit techniquement et juridiquement la réversibilité. En outre, la probabilité « *manifeste* » que les actions ne seront pas restituées en cas de non-remboursement du prix n'est pas établie par les requérants sur qui pèse la charge de la preuve du caractère irréversible et irréparable des effets de l'exécution immédiate de la décision de l'AMF ; • d'autre part, les titres de la société Tour Eiffel sont admis aux négociations sur un marché réglementé, et de ce fait librement négociables, de sorte que l'entrée d'un nouvel actionnaire au capital est un aléa inhérent à ce type de société. En tout état de cause et peu important la part de détention que la SMA BTP pourrait conserver postérieurement à une éventuelle annulation, avoir cette dernière comme co-actionnaire ne saurait causer aux requérants un préjudice personnel irréparable et irréversible. Dès lors que les requérants n'établissent pas la preuve des conséquences manifestement excessives que l'exécution de la décision de l'AMF aurait pour eux et ne peuvent alors soutenir être privés d'un recours effectif si cette exécution est poursuivie, ceux-ci sont déboutés de leur demande.

Arrêt : date et numéro	Décision(s) déférées/ attaquées et Parties au recours	Enseignements
IV – CA Paris, 29 avr. 2014, n° 13/15177, *CIAM et ADAM c/ Club Méditerranée*	**Décisions déférées** • Décis. AMF, 16 juill. 2013, n° 213C0944 (décision de conformité) • Décis. AMF, 16 juill. 2013, n° 213C0950 (avis de calendrier) • Visa AMF, 16 juill. 2013, n° 13-363 (visa sur le projet de note en réponse) **Demanderesses au recours** • Charity & Investment Merger Arbitrage Fund (CIAM) • ADAM **Défenderesses** • Gaillon Invest • La société Club Méditerranée (Club Med) • La société AXA Investment Managers Private Equity (devenue Ardian) (AXA PE) **En présence de l'AMF**	**Rappel des faits** Le 30 mai 2013, AXA PE (Ardian) et Fosun, avec le soutien du *management* de Club Med ont lancé via Gaillon Invest (une société *ad hoc* constituée à cet effet et détenue au dépôt de l'offre, à parts égales par AXA PE et Fosun – l'initiateur) une offre publique volontaire amicale (initiale) sur Club Med. L'offre de Gaillon Invest est initiée en application d'un accord d'investissement conclu le 29 mai 2013 entre Gaillon Invest, Holding Gaillon, Ardian, Fosun, le président de Club Med et son directeur général délégué, constitutif d'une action de concert. Ce protocole prévoyait que, dans l'hypothèse d'une détention par Gaillon Invest de 100 % du capital de Club Med, le capital de Gaillon serait détenu à hauteur environ de 47,6 % par Fosun, 47 6 % par Ardian et de 4,7 % par les 400 *managers* de Club Med. L'initiateur, Gaillon Invest, proposait initialement un prix de 17 euros, valorisant le groupe à 540,6 millions d'euros soit à peine plus que ses fonds propres. Un seuil de renonciation fixé à 50,1 % était stipulé. Le 30 mai 2013, le cours s'établissait à 17,58 euros soit au-dessus du prix de l'offre. Le 29 mai 2013, la société Accuracy fut désignée expert indépendant par le conseil d'administration de Club Med. Ce dernier déclara le prix offert de 17 euros équitable. Face aux nombreuses critiques dont il faisait l'objet, le prix de l'offre fut relevé à 17,5 euros par action le 25 juin 2013. L'AMF déclara l'offre conforme le 16 juillet 2013, en précisant avoir pris connaissance des critiques des actionnaires minoritaires contestant le caractère indépendant de l'expert, le prix et l'équité de l'offre. Le 24 et le 26 juillet 2013, CIAM, un fonds ayant acquis une participation de l'ordre de 0,9 % depuis l'annonce de l'offre, ainsi que l'ADAM, déposèrent chacune un recours en annulation devant la Cour d'appel Paris assorti d'une demande de sursis à exécution contre la décision de conformité rendue par l'AMF. Le 6 août 2013, l'AMF annonça prolonger l'OPA dont la clôture était initialement prévue pour le 30 août « *jusque nouvel avis (...) dans l'attente de l'ordonnance de la Cour d'appel de Paris* ». Le 23 août 2013, le premier président de la Cour d'appel de Paris donna acte à l'AMF de sa décision de prorogation. Les recours furent finalement rejetés par un arrêt de la Cour d'appel de Paris du 29 avril 2014. Durant l'examen par la Cour d'appel du recours déposé, s'enclencha une bataille boursière entre Global Resorts, compétiteur inamical (le Fonds Andrea Bonomi agissant de concert avec le Fonds Strategic Holdings) et Gaillon Invest bientôt rejoint par Fidelidade (Gaillon Invest II), en

Arrêt : date et numéro	Décision(s) déférées/ attaquées et Parties au recours	Enseignements
		vue de la prise de contrôle de Club Med. Cette compétition donna lieu à des enchères successives (par dépôt d'une offre concurrente ou intervention sur le marché à un prix plus haut que le prix de la dernière proposition à date) pour aboutir au terme d'un calendrier accéléré décidé par l'AMF, à une offre ultime déposée le 19 décembre 2014 par Gaillon Invest II, au prix de 24,60 euros par action et cette fois-ci non concurrencée. Cette offre ultime, bien que n'ayant pas donné lieu à un avis positif des instances représentatives du personnel de Club Med, fut approuvée par le conseil d'administration de cette dernière, soutenue par l'AMF et créditée d'une suite positive. L'ADAM et CIAM ont invoqué au soutien de leurs recours plusieurs moyens dont les principaux reposent sur (1) l'indépendance de l'expert nommé par le conseil d'administration de Club Med pour rendre une attestation d'équité, (2) la pertinence des méthodes d'évaluation sélectionnées par ledit expert, (3) l'analyse des accords de réinvestissement des dirigeants et *managers* au regard de l'égalité de traitement des actionnaires et (4) le respect du principe du libre jeu des offres et de leurs surenchères et de loyauté dans la compétition. **Enseignements de l'arrêt** 1. – L'expert a l'obligation de se conformer à l'article 261-4 II, 2e alinéa du règlement général de l'AMF, aux termes duquel s'il existe une situation créant un risque de conflit d'intérêts mais dont l'expert estime qu'elle n'est pas susceptible d'affecter son indépendance et l'objectivité de son jugement, il suffit qu'il le mentionne et le justifie dans sa déclaration. C'est à bon droit que l'AMF ne met pas en doute l'indépendance d'experts qui portent à la connaissance du public des situations potentielles de conflit d'intérêts et les réfutent en apportant notamment des précisions sur le montant très limité des honoraires perçus en pourcentage du chiffre d'affaires auprès d'une ou plusieurs des personnes concernées par l'offre (l'initiateur et la société visée) et leurs conseils. 2. – L'expert dispose d'une faculté d'appréciation pour déterminer les méthodes d'évaluation qui lui semblent pertinentes afin de rendre une attestation d'équité sur les conditions financières de l'offre pourvu qu'il explique de manière précise et justifie la mise à l'écart de certaines méthodes ou à l'opposé, les raisons qui l'ont finalement conduit à retenir d'autres méthodes, en justifiant alors les critères d'évaluation qui s'imposaient. Dès lors, en considération de justifications pertinentes

Arrêt : date et numéro	Décision(s) déférées/ attaquées et Parties au recours	Enseignements
		de la part de l'expert sur les critères retenus, les critiques concernant le choix d'une méthode plutôt qu'une autre, ne constituent pas un moyen d'annulation de la décision de conformité de l'AMF. 3. – Sur le fondement du principe de l'égalité de traitement des actionnaires, l'AMF se doit de contrôler le respect d'une obligation de prix identique en vérifiant notamment que certains actionnaires dirigeants ne bénéficient pas d'avantages futurs susceptibles d'être qualifiés de compléments de prix. La proposition d'investissement direct ou indirect dans le véhicule de reprise, initiateur de l'offre publique, faite aux *managers* de la société visée (et critiquée par l'ADAM), ne porte pas atteinte au principe d'égalité de traitement des actionnaires, dès lors que cette proposition s'adresse aux dirigeants et cadres de la société uniquement en raison de leurs fonctions de direction exercées au sein de la société et que la faculté d'investissement les associant à la performance à venir avec, de ce fait, un risque opérationnel, ne leur est pas attribuée en raison de leur qualité d'actionnaire. Le réinvestissement des dirigeants actionnaires au niveau du véhicule initiateur de l'offre publique, tel que prévu par des accords conclus dans le cadre d'une offre publique, notamment l'accord d'investissement, ne comporte pas de clauses assimilables à des compléments de prix ou susceptibles de remettre en cause la pertinence des conditions financières de l'offre et l'égalité de traitement des actionnaires minoritaires dès lors que : • les apports en nature à ce véhicule effectués par les membres du concert, solidaires du dépôt de l'offre sont réalisés sur la base d'une valeur de l'action correspondant au prix offert, l'investissement du *management* en numéraire étant valorisé dans les mêmes conditions que les apports en nature, à savoir sur la base du prix d'offre ; • qu'aucune clause des accords susmentionnés ne prévoit des conditions de sortie à prix fixe ou à des multiples qui, appliqués à la situation contemporaine de l'offre, feraient ressortir une valorisation par transparence des actions de la société visée supérieure au prix de l'offre ; • de ce fait, les dirigeants actionnaires supportent dans le cadre de ce réinvestissement, un risque opérationnel, sans garantie de sortie à un prix minimum. Sur la base de ces constatations, l'AMF a relevé à bon droit que ces accords intégraient le risque opérationnel lié au développement de la société dans laquelle l'investissement était effectué, analyse qui est confortée

Arrêt : date et numéro	Décision(s) déférées/ attaquées et Parties au recours	Enseignements
		par les caractéristiques attachées aux actions de préférence attribuées aux dirigeants qui matérialisent un aléa certain sur la totalité de l'investissement, ce qui exclut toute assimilation à un complément de prix. Il est enfin inexact de considérer que les attributaires d'options auraient le choix entre une OPA et une opération d'échange, contrairement aux autres actionnaires, dès lors que la souscription à des actions du véhicule de reprise s'effectuera contre le paiement d'un prix de souscription en numéraire et non, à l'évidence, par voie d'échange d'actions. 4. – Aucun texte n'interdit à des dirigeants d'une société de prendre part à un concert avec l'initiateur de l'offre publique visant les titres de la société qu'ils dirigent, dans la limite des devoirs attachés à leur qualité de mandataires sociaux. Dès lors, du fait de la solidarité qui les unit, les concertistes doivent, dans leur ensemble, être considérés comme un seul et même actionnaire soutenant le même projet et, de la sorte, il ne peut leur être sérieusement reproché de s'être engagés à ne pas apporter leurs titres à une offre concurrente. Les principes de libre jeu des offres et de leurs surenchères et de loyauté qui tendent à interdire les comportements cherchant à donner un avantage déloyal dans une éventuelle compétition, n'interdisent pas à des personnes agissant de concert de défendre un projet d'offre face à une offre concurrente.

Arrêt : date et numéro	Décision(s) déférées/ attaquées et Parties au recours	Enseignements
V – CA Paris, 4 déc. 2014, n° 14/03530, *Membres Famille F (Bastide) c/ Financière Bastide et AMF*	**Décision déférée** • Décis. AMF, 6 févr. 2014, n° 214C0208 (dérogation à l'offre publique obligatoire accordée à la Financière F en application des dispositions de l'article 234-9, 6° et 7° du Règl. gén. AMF) **Demandeurs au recours** • M. P.B. • Mme M, Claire B épouse M • L'ADAM **Défendeurs au recours** • La société Financière Bastide S.A.S (FB) • M. G.B. • M. V.B. **En présence de l'AMF**	**Rappel des faits** En 1995, M. G.B et son épouse ainsi que leurs trois enfants, ont fait apport de leurs participations individuelles au capital de Bastide Le Confort Médical (BLCM) (participation majoritaire) au sein d'une société *holding* familiale commune (SIB), dont ils se partageaient 100 % des titres. BLCM a été introduite en bourse en 1997. M. et Mme G.B. ont effectué ensuite des donations d'actions SIB au profit de leurs trois enfants, dans des conditions qui les ont conduits à détenir chacun environ 17 % du capital de SIB. Les associés de SIB agissent de concert (concert familial). En 2013, MM. G.B. le père, et V.B (l'un des trois enfants) ont constitué la société FB dont 51 % du capital était détenu par G.B, le solde étant détenu par V.B, afin de la faire bénéficier de l'apport de la totalité de leurs actions SIB, sous conditions suspensives de l'obtention par FB d'une décision de dérogation à l'obligation de déposer un projet d'offre publique visant les actions BLCM, purgée de tout recours et de l'approbation de l'apport par l'assemblée générale des associés de FB. En effet, à l'issue de cette opération d'apport, FB devait détenir 52,85 % du capital et des droits de vote de SIB et, consécutivement, franchir indirectement en hausse les seuils de 30 % du capital et des droits de vote de BLCM. A l'appui de sa demande de dérogation présentée à l'AMF, FB. faisait notamment valoir, d'une part, l'existence d'un sous-concert (constitué de MM. GB et VB) au sein du concert familial plus large détenant 100 % de SIB, ce sous-concert disposant historiquement indirectement, par l'intermédiaire de SIB, de la majorité des droits de vote de BLCM et, d'autre part, le fait que l'opération projetée n'aurait pas pour conséquence un changement de contrôle de BLCM, dès lors qu'elle ne fera qu'entériner une situation de fait au terme de laquelle MM. G.B et V.B. exerçant auparavant un contrôle de droit sur SIB, l'exerçaient indirectement sur BLCM. Le 4 février 2014, l'AMF a examiné la demande de dérogation de FB à l'obligation de déposer un projet d'offre publique visant les actions de BLCM et par application des dispositions de l'article 234-9, 6° du règlement général de l'AMF (détention au préalable de la majorité des droits de vote), lui a octroyé une telle dérogation. Les demandeurs à l'appel invoquent au soutien de leurs recours le fait que FB ne saurait revendiquer une détention préalable de la majorité des droits de vote, cette majorité étant détenue par la société SIB dont précisément FB a

Arrêt : date et numéro	Décision(s) déférées/ attaquées et Parties au recours	Enseignements
		pris le contrôle. **Enseignements de l'arrêt** 1. – C'est à bon droit que l'AMF a accordé la dérogation requise constatant : • que G.B en sa qualité de représentant légal de SIB, exerçait les droits de vote attachés aux actions BLCM détenues par SIB (la majorité des droits de vote de la société cotée), dans le sens des décisions prises au sein de SIB et que MM. G.B. et V.B. étaient en mesure de faire prévaloir leurs positions au sein de SIB, ceci depuis 2007 ; • que ceux-ci déterminent conjointement, en fait, la politique menée par SIB notamment vis-à-vis de sa filiale cotée BLCM ; • que ces éléments suffisent à établir, au sein du concert familial, une prédominance de MM. G.B et V.B. qui se matérialise, non seulement, par le montant de leur participation conjointe en capital et en droits de vote dans SIB, mais encore par des éléments liés à l'exercice par eux du contrôle de SIB, même si celui-ci n'a jamais été formellement acté. 2. – La simple constitution d'une nouvelle société contrôlée par deux des associés concertistes (MM. G.B et VB) – cette société franchissant de ce fait le seuil de l'offre publique obligatoire dans BLCM – n'entraîne pas pour autant un changement des actionnaires de contrôle de BLCM, société cotée, si ces deux associés (sous-concert) réunissant 100 % de la société constituée, étaient réputés contrôler SIB et, par voie de conséquence indirectement BLCM, préalablement à l'opération envisagée, et la contrôleront toujours *in fine*, avec ajout de FB dans la chaîne de détention. Si dans un concert familial contrôlant une société *holding* détenant plus de 30 % du capital et des droits de vote d'une société cotée, il est prouvé qu'au sein de ce concert, le contrôle de la *holding* était de fait exercé conjointement par deux membres de ce concert, la constitution d'une nouvelle *holding* FB réunissant leur participation, et franchissant indirectement le seuil de 30 % dans la société cotée, ne modifie pas le contrôle de BLCM. La dérogation à l'offre publique a par conséquent été accordée à bon droit à FB, nouvelle *holding* interposée.

Arrêt : date et numéro	Décision(s) déférées/ attaquées et Parties au recours	Enseignements
V *bis* – Com. 22 nov. 2016, n° 15-11.063, *ADI c/ AMF*	**Décision attaquée** CA Paris, 4 déc. 2014, n° 14/03530 (de rejet du recours déposé par l'ADAM et une partie de la famille B (v. ci-dessus))	**Décision de la Cour d'appel de Paris n° 14/03530, cassée et annulée** **Enseignements de l'arrêt** 1. – Le contrôle exercé conjointement par plusieurs membres d'un groupe familial agissant de concert d'une société *holding* est exclusif d'un contrôle exercé par certains d'entre eux, quand bien même ceux-ci détiendraient la majorité du capital et des droits de vote de cette société. En l'absence d'une formalisation écrite ou d'une déclaration, ce contrôle à deux n'avait jamais été formellement acté. 2. – L'existence d'un accord de concert entre l'ensemble des membres d'une famille pour contrôler une société fait nécessairement obstacle à ce que certains d'entre eux soient considérés comme liés par un accord en vue de contrôler la même société. Lorsque le contrôle conjoint résulte du consensus décisionnel entre plusieurs membres du concert, la division ultérieure des membres du concert au sein d'entités différentes n'emporte pas maintien de ce contrôle conjoint.

Arrêt : date et numéro	Décision(s) déférées/ attaquées et Parties au recours	Enseignements
VI – CA Paris, 8 sept. 2015, n° 15/07257, *CIAM c/ Euro Disney*	**Décision déférée** Décis. AMF, 31 mars 2015, n° 215C0380 (décision de conformité) **Demanderesse au recours** La société CIAM **Défenderesses au recours** • La société EURO DISNEY INVESTMENTS S. A.S. (EDI) • La société EDL CORPORATION S. A.S. (EDLC) • La société EDL HOLDING COMPANY LLC, société de Droit de l'état du Delaware (EDL Holding) • La société EURO DISNEY SCA (Euro Disney) **En présence de l'AMF**	**Rappel des faits** • La société cotée Euro Disney a pour principal actif une participation de 82 % dans le capital de la société Euro Disney Associés SCA (EDA SCA), laquelle exploite le parc d'attractions Disneyland Paris. Cette dernière est gérée par la société Euro Disney SAS (ED SAS), filiale à 100 % de la société américaine The Walt Disney Company (TWDC). • Euro Disney a fait l'objet d'un plan de recapitalisation et de réduction d'endettement annoncé en octobre 2014, dans le cadre duquel la société américaine EDL Holding et les sociétés EDI SAS et EDLC SAS, toutes trois indirectement détenues à 100 % par la société TWDC, ont souscrit à des augmentations de capital. • À l'issue de ces opérations, les sociétés EDL Holding, EDI SAS et EDLC SAS détenaient ensemble et de concert 72,34 % du capital et des droits de vote d'Euro Disney et se sont donc trouvées dans l'obligation de déposer une OPA, par application des dispositions des articles 234-2 et 234-5 du règlement général de l'AMF. • Par courrier du 6 mars 2015, le conseil de la société de droit luxembourgeois CIAM, actionnaire d'Euro Disney, a fait connaître à l'AMF que le projet d'offre ne lui paraissait pas conforme aux dispositions législatives et réglementaires applicables. • CIAM faisait valoir que les contrats conclus au sein du groupe TWDC portaient préjudice à la société Euro Disney et à ses actionnaires, que l'information délivrée sur l'offre était incomplète et trompeuse et que la valorisation sur la base de laquelle avait été calculé le prix offert ne prenait pas en compte la valeur réelle de certains actifs fonciers. • Le 31 mars 2015, l'AMF a déclaré le projet d'offre publique d'achat simplifiée (OPAS) conforme aux dispositions législatives et réglementaires applicables. • CIAM, demandeur à l'appel, reprend à titre de moyens, les éléments de contestation soutenus auprès de l'AMF. **Enseignements de l'arrêt** 1. – Sur le moyen alléguant que des contrats internes prévoient des prélèvements abusifs au profit de la maison mère TWDC (contrat de licence, de gérance, de développement), l'offre parachevant « *une situation manifeste d'abus de pouvoir par la société TWDC, et ne pouvait dès lors être déclarée conforme aux dispositions législatives et réglementaires applicables et qu'elle est contraire aux principes de loyauté et d'égalité de traitement des actionnaires* », la cour juge que l'AMF ne

Arrêt : date et numéro	Décision(s) déférées/ attaquées et Parties au recours	Enseignements
		saurait, dans le cadre de l'examen de conformité, se prononcer, en lieu et place des juridictions compétentes, sur la validité des contrats entre la société mère et la société cible. Elle ne pouvait dès lors tirer de conséquences juridiques des allégations de CIAM selon lesquelles la nullité de la société Euro Disney serait encourue du fait de la prétendue violation de l'intérêt commun de ses actionnaires. 2. – Sur le moyen que la forme sociale de la société Euro Disney, société en commandite par actions (son gérant ne pouvant être révoqué que par les associés commandités contrôlés par TWDC) et les contrats internes au groupe (clause du contrat de licence conclu avec TWDC stipulant que cette dernière peut mettre fin à ce contrat en cas de remplacement du gérant notamment) rend impossible une offre concurrente et qu'il y a ainsi atteinte au libre jeu des offres et de leurs surenchères, la cour juge que : • en premier lieu, les sociétés en commandite par actions ayant, comme les sociétés anonymes, la capacité d'être cotées en bourse, on ne saurait considérer que cette structure juridique est contraire aux principes de loyauté, d'égalité et de libre jeu des offres et de leurs surenchères, sauf à postuler qu'elles ne peuvent faire l'objet du fait de leur forme sociale d'une OPA ; • en second lieu, comme précédemment retenu, les contrats mis en cause par CIAM ne relevant pas de l'examen de conformité du projet d'offre visant les actions de la société Euro Disney, c'est à juste titre que l'AMF, qui n'a par ailleurs relevé aucune atteinte au principe du libre jeu des offres et de leurs surenchères, a considéré dans sa décision qu'il ne lui appartenait pas de se prononcer sur ces contrats. En effet, si le principe du libre jeu des offres et de leurs surenchères s'oppose à la conclusion de contrats, dans le cadre et pour les besoins d'une offre publique, sous la condition suspensive de la réussite de celle-ci, tel n'est pas le cas en l'espèce. En effet, comme l'a relevé l'AMF dans sa décision, les contrats dont la société CIAM dénonce le caractère abusif à ses yeux, sont antérieurs à l'offre puisqu'ils sont conclus depuis que la société Euro Disney a été introduite en bourse en 1989 ; • en troisième lieu, la conclusion de certains contrats dans le cadre de l'offre publique peut en effet porter atteinte à la libre compétition. Tel n'est pas le cas des contrats dont CIAM dénonce le caractère abusif à ses yeux, qui sont antérieurs à l'offre et conclus depuis l'introduction de la société Euro Disney en bourse en 1989. Ils ne sont pas liés à l'offre par aucun lien de connexité.

Arrêt : date et numéro	Décision(s) déférées/ attaquées et Parties au recours	Enseignements
		3. – Sur le prix, CIAM soutient que ce prix n'est pas équitable car il n'a, selon elle, été calculé que par application de méthodes fondées sur l'analyse du cours de bourse de la société cible et sur l'actualisation de ses flux de trésorerie futurs. Elle précise que le cours de bourse et les flux de trésorerie de la société Euro Disney souffrent des « *prélèvements arbitraires et abusifs* » de la société TWDC et elle en conclut que, pour être équitable, le prix offert aurait dû être calculé sur la base de l'actif net réévalué (ANR) de la société Euro Disney. La cour relève que l'article 234-6 du règlement général de l'AMF applicable en l'espèce, énonce que « *Lorsqu'un projet d'offre est déposé en application des articles 234-2 et 234-5, le prix proposé doit être au moins égal au prix le plus élevé payé par l'initiateur, agissant seul ou de concert au sens de l'article L. 233-10 du code de commerce, sur une période de douze mois précédant le fait générateur de l'obligation de déposer le projet d'offre* ». Or il est établi que le prix le plus élevé au sens de ces dispositions est le prix de 1,25 euro par action auquel les sociétés EDI et EDLC, membres du concert formé avec la société EDL Holding, ont souscrit à l'augmentation du capital de la société Euro Disney réalisée le 20 février 2015. Par ailleurs, l'expertise indépendante à laquelle il a été procédé conformément aux articles 261-1 et suivants du règlement général de l'AMF a reposé sur la mise en œuvre d'une évaluation multicritères, appliquant les méthodes de valorisation qui ont paru à l'expert les plus appropriées et dont il a justifié de la pertinence, en l'occurrence les méthodes fondées sur l'analyse du cours de bourse, l'actualisation des flux de trésorerie prévisionnels (DCF) et les multiples boursiers, tout en tenant compte de l'incidence de la valeur des actifs immobiliers de la société EDA SCA. Au terme de son analyse conforme aux lignes directrices de l'AMF, l'expert en a conclu que le prix offert était équitable pour les actionnaires d'Euro Disney. C'est en conséquence, et compte tenu de ces éléments, par une juste appréciation du prix offert, que l'AMF a déclaré conforme le projet qui lui était soumis.

Arrêt : date et numéro	Décision(s) déférées/ attaquées et Parties au recours	Enseignements
VI *bis* – Com., 15 juill. 2017, n° 15-25.121, ***Euro Disney SCA***	**Décision attaquée** CA Paris, 8 sept. 2015, n° 15/07257	**Confirmation de la décision de la Cour d'appel de Paris** 1. – CIAM fait grief à l'arrêt de la Cour d'appel attaqué de ne pas avoir offert aux parties un procès équitable au sens de l'article 6 de la Convention Européenne des Droits de l'Homme (CEDH) dans la mesure où la Cour d'appel ne dispose pas d'un pouvoir de réformation et de substitution. <u>Pleine juridiction et étendue du pouvoir du juge en cas de recours contre les décisions de l'AMF en matière d'OPA</u> : selon le pourvoi, la mise en œuvre d'un simple contrôle formel - sans que le juge se soit investi d'un pouvoir de réformation judiciaire - n'aurait pas, par voie de conséquence, satisfait aux exigences attachées à un recours effectif de pleine juridiction. La Cour de cassation écarte le moyen en retenant que la Cour d'appel avait bien été saisie d'un recours de plein contentieux (de pleine juridiction) présentant toutes les garanties du procès équitable dans la mesure où elle avait pu, quoi que ne disposant que d'un pouvoir d'annulation et non de réformation de la décision négative de l'AMF, examiner tous les moyens soulevés par les parties en fait comme en droit et apprécier toutes les pièces produites devant elle. A noter que la portée générale ou au contraire purement contextuelle de cet attendu demeure débattue en doctrine. 2. – CIAM soutenait dans son pourvoi comme elle l'avait fait devant la Cour d'appel qu'Euro Disney avait conclu des contrats avec diverses sociétés du groupe dont l'exécution avait eu pour effet de minorer artificiellement les résultats d'Euro Disney, de sorte que le prix de l'offre était également artificiellement minoré en contravention des principes de loyauté, de transparence, d'intégrité et de libre jeu des offres et des surenchères. <u>Etendue de l'examen de l'AMF en matière de conformité</u> : le moyen est écarté par la Cour de cassation, selon une jurisprudence constante au motif qu'il n'entre pas dans la mission de l'AMF, ni ne relève de la Cour d'appel statuant sur les recours formés contre les décisions de l'AMF, de se prononcer sur la validité des contrats, les sanctions de droit privé n'entrant dans les mesures que l'AMF est habilitée à prendre. 3. – La Cour de cassation ne reprend pas en revanche les constations du juge d'appel selon lesquelles les contrats ayant été conclus bien avant le dépôt du projet d'offre, ils n'entretenaient aucun lien de connexité avec l'offre publique.

Arrêt : date et numéro	Décision(s) déférées/ attaquées et Parties au recours	Enseignements
VII – CA Paris, 10 sept. 2015, nº 15/07617, *Prologue O2i c/ AMF*	**Décision déférée** Décis. AMF, 2 avr. 2015, nº 215C0390 (décision de non-conformité) **Demanderesse** La société Prologue (Prologue) **Défenderesse** La société O2i (O2i) **En présence de l'AMF**	**Rappel des faits** Le 2 octobre 2014, la société Prologue annonce étudier un rapprochement avec O2i, société cotée sur le marché Alternext (dénommé aujourd'hui Euronext Growth), sous la forme d'une OPE. Peu de temps après, des traités d'apport sont conclus entre Prologue et des actionnaires de O2i, conditionnés notamment à l'absence de dépôt d'une offre concurrente. Le 9 décembre 2014, Prologue dépose officiellement le projet d'offre. Le 2 avril 2015, l'AMF déclare l'offre (non sollicitée) non conforme en se fondant notamment sur les conclusions de l'expert indépendant, lequel estimait que la parité d'échange n'était pas équitable. En l'espèce, l'intervention d'un expert indépendant résultait de l'application de l'article 261-1 5° du règlement général de l'AMF prévoyant sa désignation par le conseil d'administration de la société visée « *lorsque l'offre porte sur des instruments financiers de catégories différentes et est libellée à des conditions de prix susceptibles de porter atteinte à l'égalité entre les actionnaires ou les porteurs de instruments financiers qui font l'objet de l'offre* ». En effet l'offre portait sur différents instruments financiers (actions, obligations convertibles et bons de souscription et/ou d'acquisition d'actions remboursables). Le même jour, le conseil d'administration de Prologue constate la réalisation immédiate des apports en nature, O2i, devenant ainsi actionnaire de la cible à hauteur de 9,6 %. La condition suspensive était effectivement levée puisque faute d'offre publique déclarée conforme par l'AMF, il ne pouvait y avoir d'offre concurrente. Un recours en nullité est déposé par la société Prologue contre la décision de non-conformité de l'AMF. **Enseignements de l'arrêt** 1. – La société Prologue soutient que l'obligation de désignation d'un expert indépendant prévue dans les cas d'offres publiques visées par l'article 261-1 du règlement général de l'AMF ne s'applique pas aux OPE du fait d'une référence dans la disposition réglementaire en cause, à un « prix ». La cour a retenu qu'en réalité en dépit de cette référence maladroite, la lettre de l'article 261-1 du du règlement général de l'AMF contredisait l'interprétation du requérant. En effet, l'article 261-1, I est relatif à toute société « *visée par une offre publique d'acquisition* » autrement dit, selon la Cour d'appel de Paris, les « *offres de toute nature et de toutes modalités, que la contrepartie offerte consiste dans le versement d'un prix ou dans la remise de titres selon une parité déterminée, et son champ d'application n'est, en conséquence, nullement limité aux seules offres publiques d'achat* ».

Arrêt : date et numéro	Décision(s) déférées/ attaquées et Parties au recours	Enseignements
		2. – L'extension de la mission de l'expert indépendant à la demande du conseil d'administration pour se prononcer sur la conformité de l'offre à l'intérêt social et sur le caractère équitable de l'offre pour les actionnaires de O2i (en ne se limitant donc pas strictement à la vérification de l'égalité entre actionnaires et porteurs des titres donnant accès au capital), n'entame pas la conformité du rapport de l'expert aux dispositions du règlement général de l'AMF dans la mesure où ce rapport présentait bien les caractères requis de l'attestation d'équité prévue par cette réglementation. Pour mémoire, l'article 261-1, I du règlement général contraint toute société visée par une OPA à désigner un expert indépendant lorsque l'opération est notamment susceptible de générer des conflits d'intérêts au sein de son conseil d'administration, de nature ainsi à nuire à l'objectivité de la note en réponse à l'offre que cet organe doit établir. Il en est de même lorsque l'opération est susceptible de mettre en cause l'égalité des actionnaires ou des porteurs des instruments financiers faisant l'objet de l'offre (Règl. gén. AMF, art. 261-1 I 5°). Le juge constate que l'AMF a bien examiné les conditions financières de l'offre publique « *au regard notamment du rapport de l'expert indépendant et de l'avis motivé du conseil d'administration de la société cible* » comme le prévoit l'article 231-21, 5° du règlement général de l'AMF. Le contrôle de l'AMF sur ces conditions a trouvé ainsi sa source dans la mission conférée à l'expert indépendant par la réglementation de procéder à un examen d'équité, en raison du risque d'atteinte à l'égalité entre les porteurs de titres. Il en résulte que les motifs sur lesquels l'AMF a fondé sa décision ne sont entachés d'aucune irrégularité. 3. – L'invitation publique émanant de l'initiateur des actionnaires de la société visée à lui apporter leurs titres sur une base individuelle, est une sollicitation susceptible de caractériser un contournement de la décision de non-conformité. Pouvant être qualifiée d'« *offre au public* » une telle opération nécessite en toute hypothèse que la société établisse préalablement un document destiné à l'information du public (prospectus) et approuvé par l'AMF. Contrairement à ce qu'allègue la société visée, le courrier de l'AMF rappelant ces principes n'est nullement, par sa teneur, constitutif d'un excès de pouvoir, mais relève de l'exercice par l'AMF des responsabilités et des missions que la loi lui confie, afin, selon les termes de l'article L. 621-1 du code monétaire et financier, de veiller à la protection de l'épargne investie dans les instruments financiers, à l'information des investisseurs et au bon fonctionnement des marchés d'instruments financiers.

Arrêt : date et numéro	Décision(s) déférées/ attaquées et Parties au recours	Enseignements
		4. – Si les projets d'offre publique sont instruits par les services compétents avant qu'ils soient présentés au collège, celui-ci est seul investi du pouvoir de contrôle et de décision que la loi confie à l'AMF en cette matière. En conséquence, et sauf à dénier au collège cette responsabilité, on ne saurait considérer que les services n'ayant plus demandé à l'initiateur d'explications, l'on pouvait en déduire que l'information délivrée par celui-ci, sous sa seule responsabilité, ait nécessairement satisfaisait aux exigences légales et réglementaires de complétude et de cohérence. Ainsi l'absence de demandes d'explications ou de remarques complémentaires par les services sur les projets de note d'information dans la phase d'instruction ne peut garantir la décision du collège de l'AMF sur la conformité de l'offre ou l'obtention du visa (accordé à condition que celui-ci considère la documentation fournie comme délivrant une information complète et cohérente), ledit collège ayant une compétence exclusive de contrôle. Il ne peut être reproché par conséquent au collège d'avoir considéré que l'objectif de rapprochement industriel avec la société O2i affiché par la société Prologue n'était étayé d'aucune analyse factuelle des complémentarités possibles, et de relever un défaut de cohérence de la note d'information de la société Prologue sur ses objectifs et intentions.

Arrêt : date et numéro	Décision(s) déférées/ attaquées et Parties au recours	Enseignements
VII *bis* – Com, 3 mai 2018, n° 15-26.273, *Prologue O2i*	**Décision attaquée** CA Paris, 10 sept. 2015, n° 15/07617	**Confirmation de la décision de la Cour d'appel de Paris** Le moyen de pourvoi est centré sur l'interprétation du règlement général de l'AMF en ce qui concerne l'intervention requise d'un expert indépendant dans le cadre d'une OPE et sur le périmètre de la mission de l'expert. Le Cour de cassation confirme la lecture faite par la Cour d'appel et l'AMF selon laquelle les dispositions du règlement général de l'AMF relatives à l'expertise indépendante sont applicables à toutes les offres publiques d'acquisition, qu'elles soient des offres d'achat ou d'échange. Il en résulte que le collège de l'AMF doit bien se prononcer sur la conformité des offres en examinant les conditions financières de l'offre, au vu du rapport d'expertise incluant en l'espèce un *addendum* sur le caractère équitable de cette même offre pour les titulaires d'obligations convertibles et les porteurs de bons de souscription et/ou d'acquisition d'actions remboursables de la société visée.

Arrêt : date et numéro	Décision(s) déférées/ attaquées et Parties au recours	Enseignements
VIII – CA Paris, 31 mars 2016, n° 15/22055, *Club d'investissement Vintage c/ Etablissements Maurel et Prom SA et M.P.I SA*	**Décision déférée** Décis. AMF, 13 nov. 2015, n° 215C1692 (décision de non-lieu à OPR) **Demandeurs** • Consorts QZ • Consorts NYOP • Club d'Investissement Vintage • La société Ledbury Capital Partners LLP **Défenderesses** • La société Pacifico SA (Pacifico) • La société Etablissements Maurel & Prom SA (Maurel et Prom) • La société M.P.I SA (MPI) **Intervenants volontaires** • La société Allan Gray Africa Equity Fund Limited • La société Allan Gray Africa Ex-Sa Equity Fund Limited **En présence de l'AMF**	**Rappel des faits** L'AMF a été informée d'un projet de fusion par absorption de la société MPI par la société Maurel et Prom, l'une et l'autre sociétés cotées, en application de l'article 236-6 du règlement général de l'AMF. La parité de fusion envisagée était d'une action Maurel et Prom pour 1,75 action MPI, après distribution exceptionnelle d'un dividende de 0,45 euro par action MPI. La société Pacifico, contrôlant de fait les deux sociétés, a demandé à l'AMF de constater que la réalisation du projet de fusion-absorption ne donnera pas lieu à la mise en œuvre préalable d'une OPR visant ces deux sociétés au sens de l'article 236-6 précité. Par une décision du 13 novembre 2015, le collège de l'AMF a considéré que la fusion projetée entre les sociétés Maurel et Prom et MPI n'impliquerait pas de modification des droits et intérêts des actionnaires concernés de nature à justifier la mise en œuvre préalable d'une OPR. **Les enseignements de l'arrêt sont de nature procédurale (respect des délais et des formes pour les déclarations de recours)** 1. – <u>Intérêt à agir</u> : contrairement à ce que soutiennent les consorts QZ et NYOP et le Club d'Investissement Vintage, la société Maurel et Prom qui est la société absorbante et donc la bénéficiaire de l'opération de fusion-absorption, dispose de ce fait d'un intérêt à la confirmation de la décision de l'AMF (intérêt à agir) afin que l'opération qui a été réalisée à la suite de cette décision ne soit pas remise en cause. 2. – <u>Déclaration de recours irrecevable</u> : le recours est irrecevable car la déclaration ne précise pas l'objet du recours, lequel ne correspond pas seulement à la décision en elle-même, mais aussi et surtout à la finalité de l'action introduite devant la Cour d'appel de Paris. En l'occurrence, il convenait d'indiquer que l'objet du recours était l'annulation de la décision de l'AMF de non-lieu à l'obligation de déposer un projet d'OPR. Le fait que la déclaration de recours faisait état d'une parité d'échange inéquitable a contribué à rendre peu clair la finalité des demandeurs et donc l'objet précis de leur recours. Selon une jurisprudence constante en ce qui concerne l'examen des demandes d'OPR à raison de projet de fusion, l'AMF examine les modifications des droits et l'atteinte éventuelle aux intérêts des actionnaires de la société absorbée devenant actionnaire de la société absorbante, mais estime que l'appréciation de la parité offerte est en dehors de sa compétence, étant sous le

Arrêt : date et numéro	Décision(s) déférées/ attaquées et Parties au recours	Enseignements
		contrôle des commissaires aux apports et à la fusion. On pourra se reporter à cet égard aux conclusions du rapport J.F. Lepetit de 1996 sur les fusions et les garanties de cours. 3 – Délai pour régulariser la déclaration de recours : quand bien même la déclaration de recours aurait-elle pu être régularisée dans le cadre de l'exposé des moyens, il convient de relever que celui-ci ayant été déposé le 4 décembre 2015, les requérants se trouvaient alors forclos pour cette régularisation puisque le délai de dix jours calendaires pour former le recours était expiré. Peu importe alors que l'exposé des moyens, qui ne figurait pas dans la déclaration de recours ait été déposé au greffe dans les 15 jours du dépôt de la déclaration, selon les dispositions du code monétaire et financier applicables.

Arrêt : date et numéro	Décision(s) déférées/ attaquées et Parties au recours	Enseignements
VIII *bis* – Com. 20 déc. 2017, n° 16-18.341, non publié	**Décision attaquée** CA Paris, 31 mars 2016, n° 15/22055	**Confirmation de la décision de la Cour d'appel de Paris** Rejet de tous les moyens

Arrêt : date et numéro	Décision(s) déférées/ attaquées et Parties au recours	Enseignements
IX – CA Paris, 4 mai 2016, n° 16/07146, *Gameloft SE c/ Vivendi SE*	**Décision déférée** Décis. AMF, 18 mars 2016, n° 216C0692 (décision de conformité) **Requérante** La société Gameloft SE (Gameloft) **Défenderesse** La société Vivendi SE (Vivendi) Demande de sursis à exécution de la décision de conformité **En présence de l'AMF**	Gameloft a saisi en référé le premier président de la Cour d'appel de Paris d'une requête aux fins de sursis à exécution de la décision déférée jusqu'au prononcé de l'arrêt à intervenir sur le fond, en ce que l'exécution de cette décision serait susceptible d'entraîner des conséquences manifestement excessives au sens de l'article L. 623-30 du code monétaire et financier. Après avoir rappelé le caractère irrévocable d'une offre publique, le premier président rejette la demande de sursis à exécution eu égard en particulier aux engagements pris par Vivendi sous le contrôle de l'AMF. Ces engagements étaient les suivants : • *« à compter du règlement-livraison de l'offre et jusqu'à l'arrêt de la Cour d'appel sur la décision de conformité, VIVENDI immobilisera les titres GAMELOFT SE acquis dans l'offre et le cas échéant, l'offre réouverte sur un compte indisponible distinct de celui sur lequel sont inscrites les actions GAMELOFT SE actuellement détenues par VIVENDI »* ; • *« dans cet intervalle, les titres ainsi immobilisés ne seront disponibles qu'aux fins de leur restitution aux anciens actionnaires apporteurs (la requérant), ou de leur placement sur le marché »* ; • *« si la Cour prononçait l'annulation de la décision de conformité, VIVENDI s'engage sous la tutelle de l'AMF : 1) à restituer les titres GAMELOFT SE acquis dans l'offre et, le cas échéant, dans l'offre réouverte, à ceux des anciens actionnaires apporteurs qui en feraient la demande, en contrepartie du remboursement du prix reçu par eux ; 2) s'agissant des titres GAMELOFT SE dont la restitution ne serait pas réclamée, à procéder à leur placement sur le marché »* ; • *« la société VIVENDI s'engage à ne pas procéder au retrait obligatoire de GAMELOFT SE à l'issue de l'offre dans l'hypothèse où les conditions d'un tel retrait obligatoire seraient réunies, jusqu'à l'arrêt de la Cour d'appel sur la décision de conformité »*.

Arrêt : date et numéro	Décision(s) déférées/ attaquées et Parties au recours	Enseignements
X – CA Paris, 13 sept. 2016, n° 16/17611, *ADAM c/ Eurosic*	**Décisions déférées** • Décis. AMF, 26 avr. 2016, n° 216C0979 (conformité de l'offre publique déposée par Eurosic visant les titres Foncière de Paris) • Avis n° 216C1771, 29 juill. 2016 fixant la date d'ouverture de l'offre concurrente par Gecina et arrêtant le calendrier des offres en présence visant les titres Foncière de Paris SIIC • Publication n° 2016C1861, 11 août 2016 par laquelle l'AMF informe le marché de sa réponse aux arguments de l'ADAM **Requérante** ADAM Demande de sursis à exécution de la décision de conformité **Défenderesses** • La société EUROSIC, S.A. (Eurosic) • La société FONCIERE DE PARIS SIIC (Foncière de Paris) • La société COVEA • La société ASSURANCES DU CREDIT MUTUEL VIE, S.A. • La société ASSURANCES DU CREDIT MUTUEL • La société TRICOGNE SC • L'AMF	La requérante a formé un recours en annulation ou réformation contre les décisions déférées, accompagné d'une requête aux fins de sursis à exécution jusqu'au prononcé de l'arrêt à intervenir sur le fond. Pour déclarer la demande irrecevable, la cour considère que : • la décision de conformité est devenue définitive à l'expiration du délai de dix jours calendaires visé à l'article R. 621-44 du code monétaire et financier, échu le 9 mai 2016, et ce en l'absence de recours formé contre cette décision ; • l'avis du 29 juillet 2016 fixant la date d'ouverture de l'offre concurrente de la société Gecina et fixant le calendrier des offres visant les titres Foncière de Paris ne fait pas grief et est donc insusceptible de recours ; • la publication de l'AMF du 11 août 2016 est une information du marché relative à la réponse donnée par l'AMF aux arguments de l'ADAM. Elle ne peut donc pas faire l'objet d'un sursis à exécution, n'étant pas génératrice d'une obligation de faire et en tout état de cause, elle n'a pas la nature de décision à portée individuelle susceptible de faire grief ; • l'argumentation de l'ADAM selon laquelle ces trois publications forment un tout indissociable est inopérante. La seule décision qui aurait pu faire l'objet d'un recours est la décision de conformité rendue par l'AMF en ce qui concerne l'offre publique initiée par la société Eurosic publiée le 27 avril 2016 et il est vain de la relier à d'autres informations, en l'espèce un avis et une réponse rendue publique pour pouvoir échapper à la forclusion tirée de l'expiration du délai prévu par l'article R. 621-44 du code monétaire et financier précité ; • aucune fraude n'est démontrée par la requérante.

Arrêt : date et numéro	Décision(s) déférées/ attaquées et Parties au recours	Enseignements
XI – CA Paris, 12 janv. 2017, n° 16/17607, *ADAM Gecina c/ Eurosic SIIC de Paris et AMF*	**Décision déférée** Décis. AMF, 26 avr. 2016, n° 216C0979 (conformité de l'offre publique de la société Eurosic visant les actions Foncière de Paris) **Requérantes** • ADAM • La société GECINA, S.A. (Gecina) **Autres parties** • Eurosic • Foncière de Paris • La société COVEA • La société ASSURANCES DU CREDIT MUTUEL VIE, S.A. • La société ASSURANCES DU CREDIT MUTUEL • La société TRICOGNE SC **En présence de l'AMF**	**Rappel des faits** Les requérants demandèrent à l'AMF de reconsidérer la nature des engagements pris par les deux premiers actionnaires de la société visée, de présentation de leurs titres à l'offre d'Eurosic visant les titres de Foncière de Paris, pourtant moins-disante quant à sa branche numéraire. L'AMF était interrogée notamment sur la question de savoir si, comme le suspectait Gecina (initiateur d'une offre concurrente à celle d'Eurosic), ces engagements n'avaient pas eu, dès l'origine, pour objet ou pour effet d'assurer le succès de l'offre d'Eurosic, en toutes circonstances ou si, comme le soutenait l'ADAM, ils ne caractérisaient pas une action de concert non déclarée, ainsi que le comportement des intéressés, dès après le dépôt de l'offre concurrente de Gecina, pouvait le laisser penser, une telle dissimulation constituant une fraude. Répondant aux contestataires, l'AMF refusa de voir dans le comportement des actionnaires de Foncière de Paris autre chose que l'expression d'un libre choix en faveur de l'offre d'Eurosic et rejeta les demandes de retrait de sa décision de conformité réclamées par les requérants. Ceux-ci déférèrent la décision de rejet qui leur était ainsi opposée par l'AMF à la censure de la Cour d'appel. **Enseignements de l'arrêt** 1. – Une décision de conformité d'une offre, acte administratif, peut être retirée à tout moment lorsqu'elle est entachée de fraude. 2. – Mais « *Permettre à toute personne d'obliger, sans limitation de temps, l'AMF à retirer sa décision en matière d'offres publiques si la preuve est établie qu'elle a été obtenue par fraude, irait à l'encontre de l'objectif poursuivi [...] qui est de garantir le plus rapidement possible aux marchés le caractère définitif d'une telle décision* ». Le juge conclut à la reconnaissance d'une complète latitude de l'AMF d'exercer, ou non, sa compétence de retrait : « *si, postérieurement à l'expiration du délai de dix jours, une partie demande à l'AMF le retrait d'une telle décision au motif qu'elle a été obtenue par fraude, l'AMF est libre de la retirer, sous réserve que la fraude soit démontrée, mais n'a pas l'obligation de le faire, quand bien même la fraude serait établie* ». 3. – C'est donc au régulateur et à lui seul qu'il incombe d'arbitrer entre l'impératif de célérité qui doit présider au déroulement des offres publiques et la nécessité de retirer de l'ordonnancement juridique un acte obtenu par fraude, eu égard aux conséquences pour le marché d'un tel retrait.

Arrêt : date et numéro	Décision(s) déférées/ attaquées et Parties au recours	Enseignements
XII – CA Paris, 8 févr. 2017, n° 16/26035, *Orfim et Financière de l'Echiquier c/ Hodiall et Radiall*	**Décision déférée** Décis. AMF, 22 déc. 2016, n° 216C2906 (décision de conformité) **Requérants** • La société Orfim S.A.S (Orfim) • La société Financière de l'Echiquier S.A (Financière de l'Echiquier) **Défenderesses** • La société Hodiall (Hodiall) • La société Radiall (Radiall) **En présence de l'AMF**	Le 30 décembre 2016, les requérants ont formé un recours en annulation accompagné d'une demande de sursis à exécution de la décision déférée, aux motifs que : • en l'absence de sursis à exécution de la décision de conformité, l'action Radiall serait, selon le calendrier publié par l'AMF, radiée de la cote à la date de clôture ; • dans l'hypothèse où la Cour d'appel ferait droit aux demandes des requérants, il conviendrait que les actions apportées à l'offre soient restituées à leurs anciens propriétaires, que la société engage des frais et moyens à cet effet et que l'action Radiall soit réintroduite en bourse. Par avis du 4 janvier 2017, l'AMF a informé le marché de la prorogation de la durée de l'offre dans l'attente de l'ordonnance du premier président de la Cour d'appel statuant sur la demande de sursis. Sur la demande de sursis à exécution, s'agissant d'une OPAS réalisée via l'acquisition directe d'actions sur le marché ayant débuté à une date bien antérieure à celle à laquelle la demande de sursis est examinée, la cour considère que la décision de conformité a déjà été exécutée. La cour donne acte à l'AMF de son engagement de rouvrir l'offre pendant une durée d'au moins dix jours de négociation dans l'hypothèse où elle confirmerait le bien-fondé de la décision de conformité, étant précisé que la radiation n'interviendrait qu'à l'issue du nouveau calendrier de l'offre fixé après le prononcé de l'arrêt au fond.

Arrêt : date et numéro	Décision(s) déférées/ attaquées et Parties au recours	Enseignements
XIII – CA Paris, 14 mars 2017, n° 16/20478, *Altice NV c/ AMF*	**Décision déférée** Décis. AMF, 5 oct. 2016, n° 216C2262 (décision de non-conformité) **Demanderesse au recours** **La société Altice NV (Altice)** **Intervenante volontaire** **La société SFR Group (SFR)** **En présence de l'AMF**	**Rappel des faits** Le 5 septembre 2016, Altice a annoncé son intention de simplifier sa structure capitalistique et de renforcer sa flexibilité organisationnelle par le biais d'une offre publique d'échange simplifiée (OPES) sur les actions SFR en circulation (pourcentage de 22,25 % du capital de SFR non détenu par Altice). Aux termes de l'OPES, Altice a proposé d'échanger 8 actions de catégorie A d'Altice nouvellement émises contre 5 actions ordinaires de SFR existantes, les actions de catégorie A d'Altice devant être cotées sur Euronext Amsterdam. Un projet de note d'information de l'initiateur et un projet de note en réponse de la société visée ont été établis conformément aux dispositions des articles 231-16 III et 231-17 du règlement général de l'AMF et rendus publics. Le 5 octobre 2016, l'AMF a rendu une décision de non-conformité de l'OPES. L'AMF a en effet jugé l'information délivrée par Altice dans le cadre de l'OPES incomplète et imprécise sur l'impact potentiellement significatif de la convention de rémunération envisagée par Altice (*management fees*) pour mise à disposition de son « Modèle Altice » au profit de SFR (prélèvement d'une partie du chiffre d'affaires de SFR susceptible d'affecter le résultat de SFR pour l'avenir et à mettre en relation avec les bénéfices retirés de ce modèle), s'agissant de la détermination des fourchettes de parité. L'AMF a en effet considéré dans son dispositif de motivation que l'expert n'a pas pu intégrer l'effet attendu de ce contrat de rémunération (utilisant pour juger la parité offerte la méthode d'actualisation des flux futurs – DCF, et par conséquent les prévisions de résultats de la cible), dans sa conclusion sur l'équité de la parité proposée dans le cadre du projet d'offre d'échange, faute d'information précise sur le mode de calcul des éventuels *management fees* envisagés. Altice déposa un recours en annulation de cette décision. Les moyens invoqués sont tous rejetés. **Enseignements de l'arrêt** 1. – C'est à bon droit que l'AMF a recherché par une appréciation *in concreto* si les actionnaires avaient ou non disposé de l'ensemble des informations relatives au projet en cause dont certes les éléments précis n'étaient pas encore déterminés, mais dont la connaissance leur était néanmoins particulièrement nécessaire pour prendre une décision d'investissement éclairée (appréciation de

Arrêt : date et numéro	Décision(s) déférées/ attaquées et Parties au recours	Enseignements
		la parité proposée). Au surplus les incertitudes sur le Modèle Altice qui ont subsisté à l'issue de l'instruction du dossier portaient non seulement sur le montant de la rémunération mais sur son existence même. Altice a en effet fait état d'une procédure annuelle de « bénéfice test » permettant d'apprécier de façon empirique les avantages du Modèle Altice, cette procédure pouvant conduire à faire disparaître cette rémunération. L'impact tel que présenté avait donc un caractère particulièrement incertain dans son montant mais aussi dans son existence. Sur la dénaturation par l'AMF du rapport de l'expert, l'AMF ayant considéré que l'expert n'avait pu intégrer dans ses travaux l'effet de ce contrat de rémunération pour sa conclusion alors même que dans un *addendum*, l'expert avait développé une hypothèse de rémunération comprise entre 1 % et 4 % correspondant aux anticipations des analystes (l'initiateur envisageant quant à lui un montant compris entre 2 % et 3 %), la cour donne raison à l'AMF dans la mesure où il ne s'agissait que d'hypothèses privilégiées par l'expert et que celui-ci concluait « *à ce stade les caractéristiques précises de ce contrat et la date d'entrée en vigueur demeurant inconnues, nous réitérons que le mécanisme n'a pu être intégré explicitement dans nos travaux et à fortiori dans notre appréciation du caractère équitable des conditions de l'offre* ». 2. – C'est à bon droit que l'AMF refuse la conformité, et non uniquement le visa sur la note d'information, dès lors que le projet d'offre ne satisfaisait pas aux exigences de l'article 231-21 du règlement général de l'AMF prévoyant que l'information figurant dans le projet de note d'information n'était pas complète, cohérente et compréhensible au sens de l'article L. 621-8-1 du code monétaire et financier.

Arrêt : date et numéro	Décision(s) déférées/ attaquées et Parties au recours	Enseignements
XIV - CA Paris, 18 mai 2017, n° 2016/26029, *Orfim c/ Hodiall*	**Décision déférée** Décis. AMF, 22 déc. 2016, n° 216C2906 (décision de conformité) **Demanderesses au recours** • Orfim • La société Financière de l'Eechiquier S.A (Financière de l'Echiquier) **Défenderesses au recours** • Hodiall • Radiall **En présence de l'AMF**	**Rappel des faits** Depuis 2010, et à la suite d'une offre publique de rachat reluant, le majoritaire (famille Gattaz) dans le capital, Radiall a requis une radiation de son titre pour mettre un terme aux contraintes liées à la cotation. Cette demande réitérée par deux fois a été refusée par Euronext Paris sur avis négatif de l'AMF, au vu du pourcentage de capital demeurant hors les mains des majoritaires et estimant que cette radiation lèserait les intérêts des investisseurs. Ce refus a été contesté par Radiall devant les tribunaux lesquels ont confirmé la validité de la décision d'Euronext Paris, ceci après épuisement de toutes les voies de recours. Le 10 décembre 2016, la famille Gattaz a fait usage d'une nouvelle réglementation permettant de revendiquer une radiation à l'issue d'une OPAS pourvu que l'initiateur détienne au dépôt 90 % des droits de vote et que soit constatée une faible liquidité sur les 12 mois précédant l'offre. Il était précisé qu'à l'issue de l'offre publique, les actions de la société Radiall seraient radiées du marché réglementé Euronext Paris en application des nouvelles règles de marché d'Euronext et que l'initiateur n'avait pas l'intention de demander la mise en œuvre d'un retrait obligatoire à l'issue de l'offre. Le cabinet Ledouble était mandaté par le conseil d'administration de la société Radiall comme expert indépendant pour rendre une attestation d'équité sur les conditions financière de l'OPAS. L'AMF a rendu le 22 décembre 2016 une décision de conformité de l'OPAS. Cette décision a été attaquée par recours devant la Cour d'appel de Paris déposé par Orfim et la Financière de l'Echiquier. **Enseignements de l'arrêt** 1. – Dans le cas où postérieurement au dépôt d'une OPAS par un majoritaire, un minoritaire saisit l'AMF d'une demande parallèle de mise en œuvre d'une OPR par ledit majoritaire sur le fondement d'un assèchement de la liquidité, en application de l'article 236-1 du règlement général de l'AMF, cette dernière n'a pas l'obligation de traiter de façon conjointe la conformité du dépôt de l'offre publique et la requête du minoritaire, ce qui ne lui était d'ailleurs pas demandé. L'arrêt relève, reprenant les conclusions de l'AMF que si la société Orfim (le minoritaire) requérant pouvait juridiquement se prévaloir des dispositions de l'article 236-1 précité, elle ne pouvait tenir pour acquis que l'AMF

Arrêt : date et numéro	Décision(s) déférées/ attaquées et Parties au recours	Enseignements
		imposerait la mise en œuvre d'un retrait obligatoire par le majoritaire. L'AMF estimait en effet dans ses conclusions que la requérante ne saurait se prévaloir de prétendus silences et rejets de sa part alors que, par la décision attaquée, les actionnaires de la société Radiall se voient précisément offrir une liquidité sur leurs actions Radiall au même titre que celle dont ils auraient pu bénéficier dans le cas de la mise en œuvre d'une éventuelle OPR (sur demande du minoritaire requérant). La cour a par ailleurs considéré que c'est à juste titre que : 2. – L'AMF a procédé au contrôle du caractère équitable du prix de l'action Radiall au regard du prix plancher prévu par la réglementation (prix moyen pondéré des cours pendant les 60 jours de négociation précédant l'annonce de l'offre prévalant dans le cadre d'une OPAS), de l'information produite par la banque présentatrice, des travaux et de l'attestation d'équité de l'expert indépendant. L'analyse de la Financière de l'Echiquier, selon laquelle une OPAS suivie d'un retrait de la cote a pour effet de placer les actionnaires minoritaires dans une situation identique à celle d'une OPR suivie d'un retrait obligatoire et doit conduire à une « indemnisation » plutôt qu'à une « offre de prix équitable », n'est pas fondée, car les conséquences pour les détenteurs minoritaires de titres ne sont pas identiques dans ces deux cas de figure. En effet, et à titre principal, dans le cas d'une OPAS suivie d'une radiation de la cote de la société, les actionnaires minoritaires ne sont pas privés de la propriété de leurs titres. La cour a estimé également que : 3. – L'expert avait relevé à juste titre que le prix de l'offre, dans le contexte de l'espèce d'une OPAS dans la perspective d'une radiation, n'avait pas à correspondre à une indemnisation, puisqu'ainsi qu'il a été précisé précédemment, les détenteurs des titres n'avaient aucune obligation de les céder. En tout état de cause, l'expert a apporté dans son rapport toutes les explications utiles sur les méthodes sélectionnées et les méthodes écartées pour rendre son attestation d'équité sur le prix de l'offre. 4. – En l'espèce, il n'appartenait pas à l'AMF de faire droit à la demande de radiation présentée par la société Radiall, puisque cette décision relève de la compétence de l'entreprise de marché, la société Euronext Paris. L'AMF ne pouvait pas non plus, comme suggéré par Radiall et Hodiall, abroger ou retirer un avis rendu antérieurement, tel celui qu'elle avait rendu le 14 septembre 2010, concernant une demande présentée en outre dans le cadre d'une réglementation alors différente.

Arrêt : date et numéro	Décision(s) déférées/ attaquées et Parties au recours	Enseignements
		5. – En ce qui concerne la violation alléguée de L. 225-216 du code de commerce (assistance financière), quand bien même l'offre d'achat simplifiée a été suivie d'un rachat par Radiall des actions acquises par le majoritaire dans le cadre de cette offre, la société Radiall n'a pas fait l'avance des fonds pour l'acquisition de ses propres actions, puisque ceux-ci ont été fournis par le concert majoritaire. Elle n'a pas non plus accordé de prêt à l'initiateur, ni ne lui a consenti une sûreté dès lors que le rachat des actions sera effectué alors même que les vendeurs auront été payés par l'initiateur. Le projet ainsi envisagé par Radiall ne constitue pas un procédé de contournement des dispositions de l'article L. 225-216 du code de commerce.

Arrêt : date et numéro	Décision(s) déférées/ attaquées et Parties au recours	Enseignements
XV – CA Paris, 3 janv. 2019, n° 18/27940, *Consellior c/ Baccarat, Fortune Legend*	**Décision déférée** Décis. AMF, 11 déc. 2018, n° 218C1962 (décision de conformité) **Requérante** Consellior SAS (Consellior) **Défendeurs** • Baccarat SA (Baccarat) • Fortune Legend Limited (Fortune Legend) **En présence de l'AMF**	**Rappel des faits** Par une décision du 11 décembre 2018, l'AMF a déclaré conforme le projet d'OPAS initiée par Fortune Legend sur les actions Baccarat. L'OPAS a été ouverte du 13 décembre 2018 au 4 janvier 2019 inclus. Le 14 décembre 2018, la société Consellior a formé un recours en annulation contre la décision de conformité accompagné d'une requête aux fins de sursis à exécution de cette décision. Par un avis du 19 décembre 2018, l'AMF a informé le marché de la prorogation de la durée de l'offre dans l'attente de l'ordonnance du premier président de la Cour d'appel de Paris. Sur l'irrecevabilité de la requête, la cour relève que l'offre litigieuse étant une OPAS, celle-ci est déjà en partie exécutée sur le marché. La demande de sursis à exécution conserve toutefois un intérêt pour la période d'offre restant à courir. Sur l'existence de conséquences manifestement excessives, la cour relève que : • l'AMF a pris en compte dans sa décision de conformité les observations formulées par les actionnaires minoritaires, et notamment le délai allégué d'anormalement long entre l'annonce de l'offre et son dépôt, de même que l'information alléguée comme insuffisante, mais a tout de même déclaré l'offre conforme ; • les « vecteurs d'incertitude » allégués par le défendeur (manque d'information sur les montages financiers, opacité sur les ayants droits économiques et fiscaux, absence de garantie financière) ne permettent pas de caractériser les conséquences manifestement excessives justifiant un sursis à exécution ; • le risque d'absence de liquidité invoqué par la requérante est selon la cour purement hypothétique et ce d'autant plus que l'offre n'est pas accompagnée d'un projet de retrait de cote et que la requérante est libre d'apporter ou non ses titres à l'offre. Pour ces raisons, la cour rejette la demande de sursis à exécution. Elle ne donne pas non plus acte à l'AMF de sa proposition de clôturer à titre provisoire l'offre dans l'attente du prononcé de l'arrêt au fond et de son engagement de la rouvrir pendant au moins dix jours de bourse si le recours était rejeté, car une telle décision aurait pour effet d'emporter un sursis à exécution.

Arrêt : date et numéro	Décision(s) déférées/ attaquées et Parties au recours	Enseignements
XVI – CA Paris, 13 mars 2020, n° 19/1834, *ADAM c/ Altran Technologies SA et AMF*	**Décision déférée** Décis. AMF, 14 oct. 2019, n° 219C1942 (décision de conformité) **Requérante** ADAM **Défenderesses** • La société Altran Technologies SA (Altran) • La société Capgemini (Capgemini) **En présence de l'AMF**	**Rappel des faits** Le 24 juin 2019, les sociétés Capgemini et Altran, ont publié un communiqué commun sur leur site internet, annonçant « *la création d'un leader mondial de la transformation digitale des entreprises industrielles et de technologie* » via la signature d'un accord de négociations exclusives en vue de l'acquisition des actions Altran par Capgemini dans le cadre de la mise en œuvre d'une OPA au prix de 14 euros par action. Ce même jour Capgemini a conclu des contrats d'acquisition des actions Altran détenues par Apax et 2 fondateurs représentant 11,43 % du capital en cumulé dont l'exécution est intervenue quelques jours plus tard. Le 12 juillet 2019, après avis des instances représentatives du personnel d'Altran et Capgemini, ces dernières ont signé un accord de rapprochement approuvé à l'unanimité par le conseil d'administration d'Altran se prononçant corrélativement sur l'intérêt de l'offre, et désignant l'expert indépendant Finexsi, aux fins de disposer du rapport de ce dernier avant de rendre un avis motivé. Finexsi a rendu son rapport le 22 septembre 2019, complété par un rapport du 10 octobre (pour y intégrer l'analyse du consultant mandaté par l'ADAM, contestant le prix et y répondre), aux termes duquel il a maintenu son avis initial en confirmant le caractère équitable du prix offert. Le 22 septembre 2019, le conseil d'administration d'Altran a rendu un avis favorable sur le projet, qu'il a maintenu lors d'une réunion du 10 octobre 2019 au vu du rapport complémentaire de l'expert. Le 23 septembre 2019, le projet d'OPA a été déposé puis déclaré conforme par l'AMF le 14 octobre 2019. L'ADAM requiert l'annulation de la décision de conformité de l'AMF invoquant différents moyens. Parmi ses moyens, l'ADAM soutenait notamment que l'avis motivé du conseil d'administration d'Altran devant être rendu sur l'intérêt de l'offre publique de Capgemini était contraint par la menace d'une importante indemnité de rupture stipulée dans l'accord de rapprochement conclu (indemnité devant être versée si le conseil d'administration modifiait sa position quant à l'approbation du projet d'offre) et qu'il ne pouvait plus se déjuger. Elle en déduisait qu'une telle situation était contraire au libre jeu des offres et de leurs surenchères, et qu'il appartenait à l'AMF de demander que les dispositions conférant un avantage à l'initiateur de l'offre soient écartées. **Enseignements de l'arrêt** <u>La cour a rejeté la plupart des moyens invoqués par l'ADAM</u>

Arrêt : date et numéro	Décision(s) déférées/ attaquées et Parties au recours	Enseignements
		pour obtenir l'annulation de la décision de conformité de l'AMF, en considérant les éléments ci-dessous reproduits. 1. – L'article L. 621-3 du code monétaire et financier permet au collège de l'AMF, en cas d'urgence constatée par son président, de statuer par voie de consultation écrite. C'est à bon droit que cette consultation a été organisée du fait de la réception tardive de documents ne permettant pas au collège lors de sa réunion physique de prendre une décision définitive. Aucun texte ne prévoit que le constat d'urgence doit, à peine de nullité, faire l'objet d'une décision motivée préalable à la mise en œuvre de cette procédure. 2. – En l'absence de démonstration de lien entre Finexsi et les sociétés du groupe Apax de nature à affecter l'indépendance de cet expert, l'argument tenant à la participation de M. [...] et des représentants des sociétés du groupe Apax au conseil d'administration ayant procédé à sa désignation, est dès lors inopérant. 3. – Le cabinet Finexsi ayant été recommandé en qualité d'expert indépendant au conseil d'administration de la société Altran par le comité *ad hoc* constitué au sein du conseil d'administration d'Altran, la circonstance qu'il a commencé ses travaux, à la demande de ce comité, après que ce dernier l'ait recommandé, et ce, sans attendre sa désignation officielle par le conseil d'administration, ne lui a pas fait perdre son indépendance à l'égard de la société Altran, contrairement à ce que soutient l'ADAM. 4. – La régularité de la consultation des instances représentatives du personnel ne fait pas partie des critères à prendre en compte pour la conformité de l'OPA énumérés dans la réglementation de l'AMF. Il en résulte que l'appréciation de la régularité de cette consultation échappe au contrôle exercé par l'AMF. A titre surabondant, les dispositions du code du travail ouvrent la faculté à la société cible d'organiser la consultation de ses instances représentatives du personnel dès l'annonce de l'offre, à la demande de la société initiatrice de l'offre. Cette faculté de consultation anticipée ayant été exercée en l'espèce, le moyen pris d'une consultation irrégulière pour avoir été mise en œuvre avant le dépôt de l'offre est sans portée. 5. – L'article L. 621-8-1 du code monétaire et financier précise que pour délivrer ce visa, l'AMF vérifie si le document est complet et compréhensible, et si les informations qu'il contient sont cohérentes. Il résulte de ces dispositions que l'obligation d'informer les actionnaires sur les orientations en matière d'emploi s'apprécie à la mesure des éléments et données dont dispose l'initiateur de l'offre. Il importe seulement que les incertitudes qui subsistent à la date du visa aient fait l'objet d'une information expresse des actionnaires, la note d'information répondant à cette

Arrêt : date et numéro	Décision(s) déférées/ attaquées et Parties au recours	Enseignements
		exigence (s'agissant du processus d'intégration débutant après réalisation de l'opération, il y est indiqué : « *A ce jour, aucune décision n'a été prise et aucune étude de faisabilité n'a été engagée* »). 6. – Aux termes de l'article 231-39, I du règlement général de l'AMF, toute intervention par l'initiateur réalisée au-dessus du prix de l'offre entraîne de manière automatique le relèvement de ce prix à 102 % au moins du prix stipulé et, au-delà, au niveau du prix payé, quelles que soient les quantités de titres achetées, et quel que soit le prix auquel elles l'ont été, sans que l'initiateur ait la faculté de modifier les autres conditions de son offre. Passée la date limite posée par la réglementation pour le dépôt d'une surenchère (cinq jours avant la clôture de l'offre) et jusqu'à la publication du résultat de l'offre, l'initiateur et les personnes agissant de concert avec lui ne peuvent acheter des titres de la société visée à un prix supérieur à celui de l'offre. L'article 232-9 du règlement général de l'AMF prévoit que l'obligation, mise à la charge de l'initiateur de l'offre qui surenchérit, d'établir une note d'information complémentaire soumise à l'appréciation de l'AMF dans les conditions de l'article 231-20 du règlement général de l'AMF, n'est pas applicable en cas de relèvement automatique de l'offre. La société Capgemini n'a fait qu'exercer, dans le délai fixé par l'article 232-6 précité, la faculté qui lui était offerte par cette disposition. Il ne s'agit pas d'un détournement de la procédure de surenchère exigeant effectivement une note d'information complémentaire. 7. – L'AMF n'a pas compétence pour se prononcer sur la régularité d'un accord de rapprochement signé par l'initiateur de l'offre et la société cible, au regard des règles applicables aux conventions réglementées ou pour s'interroger sur un éventuel abus de pouvoir de la part des dirigeants signataires de cet accord. Il lui incombe en revanche de vérifier que les principales stipulations de cet accord de rapprochement ont été rendues publiques lors du dépôt de l'offre au moyen des notes d'information et en réponse, et de s'assurer ainsi que cette information a été portée, en temps utile, à la connaissance du marché et des actionnaires. **Il lui incombe également de vérifier que le montant de l'indemnité de rupture des engagements réciproques pris par les parties dans le cadre de ce contrat n'est pas de nature à entraver le libre jeu des offres et de leurs surenchères. Pour ce faire, elle a constaté que ce montant n'excédait pas 2 % de la valeur des fonds propres de la société Altran, et ce, conformément à**

Arrêt : date et numéro	Décision(s) déférées/ attaquées et Parties au recours	Enseignements
		sa pratique consistant à déterminer ce plafond par référence au seuil de 2 % d'accroissement de la valeur pour qu'une offre en surenchère ou concurrente en numéraire puisse être déclarée conforme en application de l'article 232-7 du règlement général de l'AMF. A noter que les défendeurs - ce qui n'a pas été contesté par le juge - ont mis en exergue le fait que la stipulation d'une indemnité de rupture est courante dans une opération de rapprochement amicale et conforme à l'intérêt des deux parties, en ce qu'elle leur permet de s'assurer du sérieux des intentions de l'autre pour éviter d'engager des frais inutiles et d'exposer leur réputation. Eu égard à son montant proportionné à l'opération qui valorise la société Altran à 5 milliards d'euros, l'indemnité convenue entre les sociétés Capgemini et Altran (75 millions d'euros) n'empêchait pas le conseil d'administration de la société Altran de revenir sur sa décision initiale. 8. – S'agissant du conflit d'intérêts allégué concernant des administrateurs liés à la société Apax et des fondateurs, il est relevé que l'expert indépendant a analysé les accords auxquels ils sont « parties » et constaté que leurs intérêts sont parfaitement alignés avec ceux des actionnaires de la société Altran, et qu'aucun de ces accords n'est susceptible de remettre en cause le caractère équitable de l'offre.

Arrêt : date et numéro	Décision(s) déférées/ attaquées et Parties au recours	Enseignements
XVII – CA Paris, 26 nov. 2020, n° 20/050137, *Famille Bourrelier c/ IDI SCA et JG Capital*	**Décision déférée** Décis. AMF, 19 mars 2020, n° 220C1034 (décision de recevabilité de la demande d'OPR requise par des minoritaires) **Demandeurs** • La société M14 S.C. • Famille Bourrelier • La société Bourrelier Group SA (Bourrelier Group) **Défenderesses** • La société IDI SCA (IDI) • La société JG Capital Management (JG Capital) • La société Lazard Frères Gestion S.A.S (Lazard Frères Gestion) **En présence de l'AMF**	**Rappel des faits** Les actions de la société Bourrelier Group, anciennement dénommée Bricorama, sont admises aux négociations sur Euronext Growth. La société Bourrelier Group est historiquement contrôlée par le concert familial Bourrelier lequel détenait 87,29 % du capital et 90,19 % des droits de vote de la société au 30 mai 2019. Trois actionnaires minoritaires, Lazard Frères Gestion, JG Capital et IDI, se partageaient environ 9,5 % du capital, le solde étant détenu par des petits porteurs. Après une mise au porteur effectuée en octobre 2019, le concert familial Bourrelier, décidant de changer de mode de détention (ce qui a pour effet la perte du droit de vote double attaché aux actions détenues antérieurement au nominatif) a mécaniquement réduit sa participation, s'élevant toujours à 87,29 % du capital mais à seulement 84,12 % des droits de vote au jour où l'AMF a statué. Par lettres datées des 24 mai et 6 juin 2019, JG Capital et IDI, suivis par Lazard Frères Gestion, ont chacun demandé à l'AMF de requérir du concert familial Bourrelier le dépôt d'un projet d'OPR sur le fondement de l'article 236-1 du règlement général de l'AMF pris en application de l'article L. 433-4, I, 1° du code monétaire et financier, au motif que la répartition du capital, conjuguée à l'absence de liquidité du titre, les empêchaient de céder leur participation dans des conditions normales de délai et de cours. Dans sa séance du 17 mars 2020, l'AMF a déclaré recevable la demande de Lazard Frères Gestion (sans examen dès lors des deux autres requêtes) et a considéré que le concert familial Bourrelier était tenu de déposer un projet d'OPR visant les actions Bourrelier Group dans les 3 mois, libellé à des conditions telles qu'il puisse être déclaré conforme Le concert familial Bourrelier a formé un recours en annulation contre la décision de l'AMF. Au soutien de son recours, le requérant considère en premier lieu que la condition préalable relative à la détention de l'actionnaire majoritaire visée à l'article 236-1 du règlement général de l'AMF faisait défaut, tant à la date de saisine de l'AMF – l'abaissement seuil de l'OPR possiblement demandée par les minoritaires de 95 % à 90 % du capital ou des droits de vote n'était pas selon lui applicable à cette date – qu'à celle où son collège a statué. Il estime ensuite que l'appréciation de la demande d'OPR par l'AMF est erronée aux motifs que la liquidité du titre n'est pas un élément à prendre en compte et que le comportement des demandeurs est contraire à l'esprit de l'article 236-1 du règlement général de l'AMF.

Arrêt : date et numéro	Décision(s) déférées/ attaquées et Parties au recours	Enseignements
		Le requérant fait également grief à l'AMF de s'être fondée sur la seule situation de Lazard Frères Gestion et d'avoir choisi d'ignorer certains faits pour apprécier le comportement collectif des trois minoritaires demandeurs à l'OPR. La Cour d'appel de Paris rejette le recours et confirme la décision de l'AMF s'agissant des éléments repris ci-après. **Enseignements de l'arrêt** 1. – La loi Pacte n° 2019-468 du 22 mai 2019 ayant abaissé le seuil de l'OPR ne précisait pas une date d'entrée en vigueur et était dès lors applicable dès le lendemain de sa publication au Journal officiel du 23 mai 2019 (selon le principe fixé par le code civil), sans qu'il soit en outre nécessaire d'attendre la publication de l'arrêté ministériel modifiant le règlement général de l'AMF, cet arrêté ne faisant que refléter la disposition législative et la loi ne renvoyant pas audit règlement la fixation de mesures d'exécution particulières. *Pour mémoire, on rappellera qu'avant la loi Pacte, le seuil permettant une demande de retrait de la part des minoritaires était renvoyé par le législateur à ce règlement général. La loi fixe désormais directement ce seuil.* 2. – La condition de détention du majoritaire prévue par l'article 236-1 du règlement général de l'AMF doit être appréciée au jour de la saisine de l'AMF, peu important l'évolution ultérieure du niveau de sa participation du majoritaire. Cet article n'impose pas que les conditions de détention demeurent. Une telle précision relative aux conditions d'examen des demandes d'OPR confirmée ici par la Cour d'appel, est conforme à une série de précédentes décisions de l'autorité boursière. 3. – La Cour d'appel rappelle également et classiquement, réitérant ainsi une jurisprudence constante, que comme le prévoit d'ailleurs la disposition réglementaire pertinente, la demande d'OPR n'est pas de droit et a pour finalité de permettre à l'actionnaire minoritaire dont le titre a perdu sa liquidité sur un marché rendu étroit par le poids relatif des majoritaires, et ne pouvant plus céder leurs titres dans des conditions normales de délai et de cours, de sortir du capital dans le cadre d'une OPR sous le contrôle de l'AMF (CA Paris, 1re ch. Sect. H, 7 avr. 1998, n° 97/24825, *SA Parfival c/ SA Cauval Industries* ; Com., 6 mai 1996, n° 94-13.708, *Sté des Caves et producteurs* réunis de Roquefort). En l'espèce, la cour s'approprie les constats de l'AMF (situation d'illiquidité ancienne, temps très long pour le minoritaire nécessaire à la monétisation de son investissement au regard des volumes quotidiens échangés).

Arrêt : date et numéro	Décision(s) déférées/ attaquées et Parties au recours	Enseignements
		4. – Selon un certain nombre de décisions antérieures, l'AMF a pu apprécier à plusieurs reprises la bonne foi des requérants en rejetant des demandes émanant de minoritaires se prévalant de situation d'illiquidité. En l'espèce, l'AMF, confirmée par la Cour d'appel, relève que Lazard Frères Gestion est actionnaire depuis octobre 2000 et n'est pas intervenue de manière significative sur le titre depuis 2005, sans qu'il puisse lui être reproché de ne pas avoir répondu à l'offre publique de 2007 compte tenu de son antériorité de près de 13 années. Elle rejette également l'argument selon lequel la demande d'OPR est abusive, car les demandeurs n'ont en réalité aucune intention d'apporter leurs titres à l'offre. À ce sujet, la doctrine a souligné que la recevabilité d'une demande d'OPR n'emporte aucune obligation à l'égard des minoritaires demandeurs d'apporter leurs titres à l'offre, ni d'ailleurs à une offre relativement récente et préalable à la demande, quand bien même la situation d'illiquidité était déjà avérée, si les conditions financières ne sont pas jugées satisfaisantes par les destinataires de la proposition. 5. – La Cour d'appel refuse enfin de considérer que l'autorité boursière se devait d'étudier chacune des demandes et décide qu'il suffit qu'une demande d'OPR formulée par un actionnaire minoritaire soit recevable pour qu'elle profite aux autres demandeurs, à moins qu'il ne soit établi que ces actionnaires aient adopté de concert un comportement contraire à l'esprit de l'article 236-1 du règlement général de l'AMF. La question du concert alléguée n'est pas débattue faute de preuves suffisantes versées par les demandeurs.

Arrêt : date et numéro	Décision(s) déférées/ attaquées et Parties au recours	Enseignements
XVIII – CA Paris, 22 avr. 2021, n° 21/03915, *AMF c/ Le Quotidien de Paris et Prologue*	**Décision déférée** Décis. Commission des sanctions, 31 déc. 2019, n° 2020-01 **Requérant** Le Président de l'AMF **Requérant et défendeur au recours** La société Le Quotidien De Paris Éditions S.A **Requérant incident et défendeur au recours** La société Prologue SA (Prologue) **Défendeur au recours** M. Y **En présence de l'AMF**	**Rappel des faits** L'AMF a été confrontée à la rébellion d'un initiateur dont elle avait déclaré non conforme le projet d'OPE visant les titres de la société O2i, se fondant sur le constat que l'expert indépendant, désigné dans le cadre de l'appréciation de la conformité du projet d'offre, avait conclu que ses conditions financières, en particulier la parité d'échange proposée, n'étaient pas équitables pour les porteurs de titres de la société O2i (V. VII et VII *bis* ci-dessus). En effet après enquête des services de l'AMF, le collège de l'AMF considéra que l'invitation des dirigeants de Prologue via le site internet de la société adressée aux actionnaires et porteurs d'obligations convertibles à signer des traités individuels d'apport en nature selon la même parité que l'OPE déclarée non conforme justifiait la saisine de la Commission des sanctions notamment sur le comportement de Prologue. Le collège de l'AMF articula plusieurs griefs notamment liés à l'atteinte aux règles de fonctionnement et aux principes généraux des offres publiques (contournement des règles) et à l'admission des titres créés en rémunération des apports sans établissement d'un prospectus visé par l'autorité de marché. Le 31 décembre 2019, la Commission des sanctions retint le dernier grief. Elle écarta les deux autres au motif que, par le communiqué du 2 avril, Prologue n'avait ni ouvert l'offre déclarée non conforme, ni proposé une nouvelle offre, mais avait seulement poursuivi son projet de rapprochement selon une modalité alternative, qui s'inscrivait dans la ligne des engagements d'apport antérieurs au projet d'offre initial. Elle prononça une sanction financière de 150 000 € à l'encontre de la société Prologue pour n'avoir pas établi et soumis à l'autorité de marché un projet de prospectus. Le Président de l'AMF a alors formé un recours principal à l'encontre de cette décision et la société Prologue a formé de son côté un recours incident. Ces recours ont été joints par la cour. Aux termes de l'arrêt rapporté, la cour déclare irrecevable le recours incident de la société Prologue. Statuant sur le recours principal du Président de l'AMF, elle maintient la décision attaquée s'agissant du manquement retenu (absence de prospectus) mais réforme en revanche la décision de la Commission des sanctions pour retenir deux manquements supplémentaires à l'encontre de la société Prologue : l'atteinte au fonctionnement des offres publiques et l'atteinte aux principes directeurs les gouvernant. En conséquence, la cour réforme également la décision

Arrêt : date et numéro	Décision(s) déférées/ attaquées et Parties au recours	Enseignements
		de sanction pour porter à 750 000 € la sanction pécuniaire infligée à la société Prologue. **Enseignements de l'arrêt : la cour a tranché des questions de fond relatives au droit des OPA** 1. – Les principes directeurs des offres publiques participent de l'ordre public économique. Ces principes sont transgressés lorsque l'auteur d'un projet d'OPE, déclarée non conforme par l'AMF, propose aux actionnaires de la société visée l'échange de leurs titres répondant à la même finalité et selon la même parité que celles prévues dans le projet d'offre déclaré non conforme. La Cour d'appel rappelle la définition de l'OPE, définit comme l'« *opération par laquelle une personne morale ou physique propose publiquement aux actionnaires d'une société cotée d'acquérir leurs titres moyennant d'autres titres émis ou à émettre* ». Elle considère qu'il ne saurait être admis qu'à la suite de la décision de non-conformité, devenue définitive, portant sur le projet d'OPE, la société Prologue ait pu poursuivre, sous couvert d'une qualification de traités d'apport, un échange de titres répondant à la même finalité et s'appuyant sur la même parité d'échange, en s'affranchissant des règles auxquelles l'OPE était soumise. L'arrêt rappelle le caractère d'ordre public de la réglementation des offres publiques en précisant qu'elle tend à la direction de l'économie. Cette réglementation n'a pas pour seule finalité la protection des intérêts particuliers des investisseurs mais aussi la sauvegarde du financement de l'économie par le marché financier, qui participe de l'intérêt général. 2. – La cour a également considéré que la faculté, exprimée dans le communiqué du 10 avril 2015, d'écarter certains apports, était contraire au principe d'égalité de traitement et que l'absence de précision de délai dans les propositions émises viole également les principes d'intégrité du marché et de loyauté dans les transactions « *en liant les cours [des] deux sociétés sur une période d'environ six mois, sans offrir aux actionnaires aucune transparence ni prévisibilité* ». S'agissant de la sanction, la cour souligne la gravité des griefs qui portent atteinte à des règles relevant d'un ordre public de direction (v. 1 ci-dessus). Elle retient la circonstance aggravante constituée par l'annonce de la proposition d'échange le jour même où l'AMF avait déclaré le projet initial non conforme, ce « *qui traduit un contournement manifeste de la réglementation sur les offres publiques et tend, sciemment à mettre en échec le contrôle opéré par cette autorité* ». La société est sanctionnée à hauteur de 750 000 euros.

Arrêt : date et numéro	Décision(s) déférées/ attaquées et Parties au recours	Enseignements
XVIII *bis* – Com. 8 nov. 2023, n° 21-19.318	**Décision attaquée** CA Paris, 22 avr. 2021, n° 21/03915	**La Cour de cassation casse et annule l'arrêt de la Cour d'appel, mais seulement en ce qu'il déclare irrecevable le recours formé par la société Prologue contre la décision de la Commission des sanctions.** La Cour de cassation confirme la Cour d'appel ayant jugé que l'offre de Prologue avait nécessairement pour objectif d'acquérir le contrôle de la société O2i et qu'il s'agissait ainsi d'une OPE volontaire soumise aux dispositions d'ordre public du règlement général de l'AMF. **La cour réaffirme que les principes directeurs des offres publiques relèvent de l'ordre public économique de direction et ne peuvent faire l'objet d'un contournement.** La Cour de cassation censure en revanche la Cour d'appel s'agissant de la recevabilité du recours de Prologue. Pour rappel, si le Président de l'AMF comme la personne sanctionnée disposent d'un recours principal, le recours incident n'est expressément prévu qu'au bénéfice du premier. Le délai de recours de la personne sanctionnée est donc en tout état de cause de 2 mois à compter de la notification de la décision (C. mon. fin., art. R. 621-44, al. 1er) et non de 2 mois à compter de la notification du recours principal du Président de l'AMF, alors que ce dernier bénéficie, au titre de son recours incident, d'un nouveau délai de 2 mois à compter, le cas échéant, de la notification du recours de la personne sanctionnée (C. mon. fin., art. R. 621-45, I, al. 4 et R. 621-46, VI). En l'espèce, la société Prologue a intenté un recours principal contre un grief non contesté par le Président de l'AMF, mais ce recours a été jugé irrecevable car introduit hors délai. La Cour de cassation a décidé que lorsque le Président de l'AMF introduit son recours quelques jours seulement avant l'expiration du délai légal de 2 mois, cela place la personne sanctionnée dans une situation de net désavantage si elle souhaite former un recours sur une partie non contestée de la décision. Ainsi, la Cour d'appel n'a pas donné de base légale à sa décision, car elle n'a pas recherché si la personne sanctionnée disposait *in concreto* d'un délai raisonnable afin de pouvoir exercer de manière concrète et efficiente son propre recours. En l'occurrence, la société Prologue disposait de 4 jours, à compter de la notification du recours du Président de l'AMF, week-end inclus, afin de contester le bien-fondé du grief retenu à son encontre par la Commission des sanctions.

Arrêt : date et numéro	Décision(s) déférées/ attaquées et Parties au recours	Enseignements
XIX – CA Paris, 24 mars 2022, n° 21/21745, *Minoritaires c/ SK Capital, Seqens et PCAS*	**Décision déférée** Décis. AMF, 7 déc. 2021, n° 221C3420, publiée le 10 déc. 2021 (dérogation à l'offre publique obligatoire accordée à SK Capital en application des dispositions de l'article 234-9, 8° du Règl. gén. AMF) **Demandeurs** • Minoritaires, personnes physique anonymisées • Ictus GmbH **Défenderesses** • PCAS • Sirona Bidco SAS (Sirona Bidco) • Seqens Group Holding (Seqens) • SK Capital Partners LP (SK Capital) **En présence de l'AMF**	**Rappel des faits** La société SK Capital, qui est une société d'investissement dans les secteurs des matériaux spéciaux, des produits chimiques et pharmaceutiques, projetait d'acquérir, par l'intermédiaire de la société Sirona Bidco, l'intégralité du capital de la société Seqens Group Holding, laquelle contrôle plusieurs sociétés parmi lesquelles figure la société cotée PCAS. Cette opération d'acquisition entraînant le franchissement indirect du seuil de 30 % du capital et des droits de vote de la société PCAS par la société SK Capital, cette dernière a déposé une demande de dérogation à l'obligation de déposer un projet d'offre publique, au motif que la société PCAS n'était pas un actif essentiel du groupe Seqens, sur le fondement de l'article 234-9, 8° du règlement général de l'AMF. Par une décision du 7 décembre 2021 (publiée le 10 décembre 2021), l'AMF a accordé la dérogation sollicitée en « *considérant que sur la base des agrégats pertinents de cette société par rapport à ceux du groupe Seqens, seule une part contributive s'établit au-delà du seuil de 40 %, dans les circonstances rappelées ci-avant, lequel seuil peut être considéré comme décisif lorsqu'il est atteint sur plusieurs critères pertinents, et considérant que l'analyse qualitative des raisons qui ont amené au changement de contrôle indirect de PCAS ne faisaient pas ressortir le caractère d'actif essentiel de cette dernière* ». Quelques jours plus tard, la société SK Capital a procédé à l'acquisition projetée, franchissant ainsi indirectement le seuil de 30 % du capital et des droits de vote de la société PCAS sans être tenue de déposer un projet d'offre publique portant sur les titres de cette société. S'estimant lésés par cette décision de l'AMF, des actionnaires minoritaires de la société PCAS ont formé un recours en annulation. **Enseignements de l'arrêt** 1. – Comme déjà tranché à plusieurs reprises par elle, la cour a confirmé qu'il suffit, pour justifier de la qualité à agir, de produire l'attestation de détention d'actions dans la société cotée, délivrée par les établissements gestionnaires de compte des demandeurs au recours, datée de la date de publication de la décision attaquée. Il n'est pas nécessaire que cette attestation soit produite dès la déclaration de recours. Un tableau de synthèse de la participation des demandeurs suffit. L'attestation peut être produite dans le mémoire en réplique. 2. – L'article 234-9 8° du règlement général de l'AMF ne définit pas la notion d'actif essentiel, ni ne précise les éléments permettant d'en dessiner les contours, laissant ainsi une grande marge d'appréciation à l'autorité de

Arrêt : date et numéro	Décision(s) déférées/ attaquées et Parties au recours	Enseignements
		régulation afin de déterminer, au cas par cas, les critères pertinents permettant d'apprécier les parts contributives d'une filiale aux éléments d'actifs du grou pe auquel elle appartient. Selon la cour, l'AMF a exactement précisé que son appréciation s'établit sur la base de critères quantitatifs au travers de l'étude des parts contributives d'agrégats pertinents corroborée ou non, le cas échéant, par des critères qualitatifs, au vu de la stratégie mise en œuvre notamment par l'acquéreur vis-à-vis de la société dont le contrôle est acquis. 3. – Les pourcentages de contribution de PCAS aux agrégats pertinents du groupe (ratios) sont les mêmes quel que soit ce niveau de participation de la *holding* dont le contrôle est pris. Contrairement ce que soutiennent les demandeurs au recours, la cour juge que l'AMF n'avait pas à prendre en considération le fait que ce niveau était proche du seuil de déclenchement de l'obligation de dépôt d'une OPR, cette circonstance étant sans pertinence pour apprécier la place de la société PCAS au sein du groupe Seqens en termes de patrimoine et d'activité, et déterminer si cette dernière constituait un actif essentiel au sens de la réglementation précitée. 4. – Les ratios, dont le montant n'est pas contesté, ont été calculés à partir des données comptables et financières toutes issues des états financiers consolidés des sociétés PCAS et Seqens, établis pour les exercices 2019 et 2020, et qui ont été certifiés sans réserve par des commissaires aux comptes. C'est donc en vain, selon la cour, que les minoritaires, sans apporter de preuves, invoquent des transferts d'actifs de PCAS vers Seqens par le biais de flux commerciaux entre les deux entités et de la facturation, par la société Seqens, de « *management fees* » d'un montant exorbitant et inégalitaire à l'origine, d'une dégradation artificielle des résultats de PCAS. La circonstance, à la supposer établie, que la dégradation financière de PCAS, soit le résultat d'une politique délibérée de Seqens de pratiquer des flux financiers, ou autres transferts d'actifs, anormaux et/ou occultes, est étrangère à l'appréciation par l'AMF de la notion d'actif essentiel au sens de l'article 234-9, 8° règlement général de l'AMF. **Il n'appartient ni à l'AMF, ni remarque la cour, à elle-même statuant sur les recours formés contre ses décisions, de se prononcer sur la violation éventuelle d'obligations en termes de gestion (faute ou abus) dont les sanctions de droit privé ne relèvent pas des mesures que l'autorité de régulation est habilitée à prendre.** 5. – S'agissant de l'analyse quantitative, reprenant l'analyse de l'AMF et n'y notant aucun caractère manifeste d'erreur d'appréciation, la cour relève que si le ratio des

Arrêt : date et numéro	Décision(s) déférées/ attaquées et Parties au recours	Enseignements
		dépenses d'investissement excède 40 % (pourcentage considéré dans la décision comme décisif lorsqu'il est atteint ou dépassé sur plusieurs critères pertinents, pour la qualification d'actif essentiel au regard de données quantitatives) pour s'établir entre 42 % et 43 %, ce niveau de contribution ne saurait à lui seul, eu égard à la faiblesse des autres ratios, faire de la société PCAS un actif essentiel de la société Seqens, et ce d'autant qu'il s'explique, pour une large part, par le sous-investissement de la période antérieure. Le seuil d'effectif n'est pas non plus pertinent sauf à démontrer une homogénéité des besoins en effectifs entre les unités de production du groupe Seqens, ce que les demandeurs au recours ne font pas. 6. – S'agissant enfin de l'analyse qualitative et du caractère stratégique que représente PCAS pour le groupe Seqens, l'absence de référence à la société PCAS comme élément stratégique du groupe est également compatible avec les déclarations d'intentions du groupe Seqens lors de sa prise de contrôle de PCAS en 2017 (cette déclaration faisait en effet ressortir qu'il s'agissait de l'acquisition d'une entité dont l'activité est complémentaire à celles d'autres divisions du groupe, sans objectif via PCAS de développer un nouveau segment ou d'effet de levier sur une branche déjà exploitée antérieurement par Seqens). Enfin s'agissant de l'intérêt stratégique pour SK Capital, la cour fait sienne les observations de l'AMF selon lesquelles une société comme PCAS dont l'activité est la fabrication de principes actifs dans les médicaments, est un actif à faible profitabilité et consommateur de flux de trésorerie, de sorte qu'il ne représente qu'un intérêt relatif pour un fonds d'investissement tel que la société SK Capital (visant l'ensemble des actifs de Seqens lors de la prise de contrôle et non particulièrement Seqens).

Arrêt : date et numéro	Décision(s) déférées/ attaquées et Parties au recours	Enseignements
XX – CA Paris, 12 mai 2022, n° 21/22517, *BBDE SAS c/ Bel SA*	**Décision déférée** Décis. AMF, 22 déc. 2021, n° 221C3580 (décision de conformité d'une offre publique) **Requérante** BBDE S.A.S **Défenderesses au recours** • BEL S.A (Bel) • UNIBEL S.A (Unibel) **En présence de l'AMF**	**Rappel des faits** Le 18 mars 2021, la société Lactalis, qui détenait indirectement 23,16 % du capital de la société Bel, a consenti à la société Sicopa, filiale détenue à 100 % par la société Bel, une promesse unilatérale d'achat du périmètre Leerdammer en échange des titres Bel détenus par la société Lactalis, via sa filiale Sofil. Un expert indépendant a été mandaté pour rendre un rapport sur le rapport d'échange et sur le prix des offres publiques envisagées. A la suite de la réalisation de l'échange, le concert composé du groupe familial [W]-[T], des sociétés Unibel et Sicopa (auto-contrôle) détiendra 95,46 % du capital et 82,22 % des droits de vote de la société Bel. Le 19 mars 2021, ce projet a été rendu public par le biais d'un communiqué de presse annonçant l'entrée en négociation exclusive des groupes Bel et Lactalis en vue de la cession du périmètre Leerdammer. Le même jour, la société Bel a annoncé son intention de déposer une offre publique de rachat à un prix de 440 euros l'action, et la société Unibel a annoncé son intention de déposer une OPR, suivie d'un retrait obligatoire, sur le solde des actions Bel au même prix de 440 euros par action. L'AMF en a informé le marché par un communiqué publié sur son site le 19 mars 2021, marquant ainsi le début de la période de préoffre. La société Sicopa a levé l'option et, le 13 juillet 2021, a signé le contrat d'échange avec la société Lactalis. Après la réalisation des différentes conditions suspensives (dont l'autorisation de la Commission européenne au titre du contrôle des concentrations, intervenue en août 2021), l'opération d'échange a été exécutée le 30 septembre 2021. Le même jour, le 30 septembre 2021, la société Bel a annoncé au marché qu'elle renonçait à déposer un projet d'offre publique de rachat et, de son côté, la société Unibel a annoncé sa décision d'augmenter le prix de l'OPR et de retrait obligatoire à 550 euros par action. Par une décision du 22 décembre 2021, l'AMF a déclaré conforme le projet d'OPR suivie éventuellement d'un retrait obligatoire visant les titres Bel (sur la base notamment du rapport de l'expert indépendant) et le retrait obligatoire a été mis en œuvre le 25 janvier 2022, au prix net de tout frais de 550 euros par action. **Enseignements de l'arrêt** 1. – Violation alléguée des règles applicables en période de préoffre (période allant de l'annonce des caractéristiques de l'offre à venir jusqu'au dépôt ou éventuellement

Arrêt : date et numéro	Décision(s) déférées/attaquées et Parties au recours	Enseignements
		abandon de l'offre annoncée). *Pour mémoire, en application de l'article 231-38 du règlement général de l'AMF, l'initiateur et les personnes agissant de concert avec lui ont interdiction d'acquérir les titres de la cible visées pendant la période de préoffre sauf si l'acquisition résulte du dénouement d'un accord de volonté antérieur à la préoffre.* Le principe même de l'échange du périmètre Leerdammer avec les titres Bel avait été accepté et approuvé tant par le conseil d'administration du groupe Bel que par celui du groupe Lactalis le 18 mars 2021. Il n'est pas contesté que les conditions suspensives stipulées dans cette promesse, tenant notamment à l'obtention de l'avis favorable des instances représentatives du personnel, ne dépendaient pas de la volonté des dirigeants des sociétés Bel et Lactalis. Dans un tel contexte, la cour relève que la levée de l'option par la société Sicopa en période de préoffre, qui n'est que le dénouement de la promesse unilatérale d'échange qu'elle avait acceptée dès le 18 mars 2021 (constituant donc bien un accord de volonté), ne contrevenait pas au principe d'interdiction posée par l'article du règlement général de l'AMF précité. 2. – Violation alléguée des principes directeurs des offres publiques L'AMF, lorsqu'elle est saisie d'un projet d'offre publique, doit se prononcer sur la conformité de celui-ci aux dispositions législatives et réglementaires prévues aux articles L. 433-1 du code monétaire et financier et au titre III de son règlement général. Il ne lui appartient pas, dans le cadre de cet examen de conformité, de se prononcer, aux lieu et place des juridictions compétentes, sur un prétendu contournement par la société cible des dispositions du droit des sociétés applicables en matière de rachat d'actions à l'occasion d'une opération antérieure à l'offre publique, ces deux opérations fussent-elles liées. Il n'appartient donc pas davantage à la cour, statuant sur le recours formé contre une décision de conformité d'un projet d'OPR, de procéder à un tel examen de sorte qu'en l'espèce, la cour indique qu'elle n'a pas à rechercher si l'échange d'actifs conclu entre les sociétés Lactalis et Bel, via leurs filiales respectives, constitue un contournement des règles applicables en matière de rachat d'actions. Est donc inopérant le grief pris d'une violation des principes directeurs d'une offre publique, que sont l'égalité de traitement et d'information des actionnaires, et qui résulterait d'une violation des dispositions du droit des sociétés régissant le rachat d'actions.

Arrêt : date et numéro	Décision(s) déférées/ attaquées et Parties au recours	Enseignements
		3. – Non-conformité alléguée de l'évaluation réalisée par l'expert indépendant Ce moyen est articulé en deux branches : la première porte sur les modalités de désignation de l'expert qui priveraient ce dernier de son indépendance, la seconde sur la méconnaissance par l'expert des règles applicables en matière d'évaluation multicritères. <u>Désignation de l'expert indépendant</u> : l'article 261-1 du règlement général de l'AMF impose à la société visée par une offre publique de procéder à la désignation d'un expert indépendant lorsque l'opération est susceptible de générer des conflits d'intérêts au sein de son conseil d'administration, notamment lorsque la société visée est déjà contrôlée par l'initiateur de l'offre avant le lancement de l'opération. Cette même disposition précise que l'expert indépendant est désigné, dans les conditions fixées par une instruction de l'AMF, par l'organe social compétent de la société visée sur proposition d'un comité *ad hoc* composé d'au moins trois membres de cet organe et comportant une majorité de membres indépendants. Ce comité assure le suivi des travaux de l'expert et prépare un projet d'avis motivé. Cette disposition, qui vise à résoudre le conflit d'intérêts, n'exige pas que les membres du conseil d'administration en situation de conflits d'intérêts s'abstiennent de participer à la désignation de cet expert, mais impose uniquement que cette désignation intervienne sur proposition d'un comité *ad hoc* composé majoritairement d'administrateurs qui ne sont pas en situation de conflit d'intérêts. <u>Règles d'évaluation multicritères</u> : Le rôle de l'expert indépendant ne se confond pas avec celui de l'auditeur de la société concernée et il ne lui appartient donc pas de valider la fiabilité des données comptables et financières communiquées par la société visée, ce que l'expert indépendant a rappelé dans son attestation d'équité par une formule d'usage. La cour confirme qu'il suffit que le plan d'affaires communiqué à l'expert indépendant le soit sous le contrôle du comité *ad hoc* composé d'une majorité d'administrateurs indépendants. En revanche il revient à l'expert d'en apprécier la cohérence et la vraisemblance et sur cette base d'en réaliser une analyse critique, ce qui a été justement fait en l'occurrence. L'approche multicritères n'implique pas de recourir à une méthode d'évaluation en particulier mais, ainsi que le précise l'instruction DOC nº 2006-15 de l'AMF, de mettre en œuvre la ou les méthodes d'évaluation les mieux adaptées à la société concernée, à charge pour l'expert indépendant d'expliquer clairement la démarche

Arrêt : date et numéro	Décision(s) déférées/ attaquées et Parties au recours	Enseignements
		qui l'a conduit à privilégier une méthode par rapport à une autre et de justifier sa décision d'exclure toute méthode ou référence de valorisation. 4. – Absence alléguée de la réunion des conditions permettant légalement la mise en œuvre d'un retrait obligatoire Selon les requérants, les dispositions des articles L. 433-4, II, 1 du code monétaire et financier et 237-1 du règlement général de l'AMF qui exigent, pour la mise en œuvre du retrait obligatoire, que les titres des actionnaires minoritaires ne représentent pas plus de 10 % du capital et des droits de vote de la société, doivent être interprétées en ce qu'elles exigent, côté actionnaires majoritaires, que ces derniers détiennent cumulativement au moins 90 % du capital et des droits de vote. Elle fait valoir qu'une telle interprétation est conforme à la directive 2004/25/CE du Parlement Européen et du Conseil du 21 avril 2004 concernant les offres publiques d'acquisition (Dir. OPA), et en particulier à son considérant n° 25 et à son article 15. Elle souligne qu'en l'espèce, à l'issue de la période d'offre, l'initiateur et les personnes agissant de concert avec lui détiennent 83,33 % des droits de vote, soit moins de 90 % des droits de vote de Bel. La Cour d'appel fait sien l'argument avancé par l'AMF selon lequel le corollaire d'une détention par les actionnaires minoritaires qui ne représente pas plus de 10 % du capital et des droits de vote de la société concernée comme condition de mise en œuvre d'un retrait obligatoire, n'est pas systématiquement une détention par le ou les actionnaires majoritaires de plus 90 % du capital et des droits de vote, puisque doivent être prises en compte dans le calcul du seuil, en application de l'article 223-11 du règlement général de l'AMF, les actions auto-détenues et/ou d'autocontrôle, indépendamment de la privation des droits de vote qui y sont attachés, et qu'à l'évidence, les actions d'auto-détention, ou d'autocontrôle ne sont pas des actions détenues par des actionnaires minoritaires. La transposition par la France de cette directive quant aux modalités de calcul du seuil du retrait obligatoire n'a pas fait l'objet d'observation de la part de la Commission dans son rapport, publié en 2012, sur la transposition par la France de la directive OPA. Enfin, la cour approuve l'AMF d'avoir considéré que la conformité d'un projet d'OPR déposé par des actionnaires majoritaires doit s'apprécier au regard des règles et principes applicables aux offres publiques et, en particulier, s'agissant des conditions de seuil, au regard du seuil de l'OPR (90 % des droits de vote ou du capital) et non au regard du seuil du retrait obligatoire (90 % du capital et des droits de vote), lequel s'apprécie à la date

Arrêt : date et numéro	Décision(s) déférées/ attaquées et Parties au recours	Enseignements
		clôture de l'offre publique conformément aux termes des articles L. 433-4, II, 1 du code monétaire et financier et 237-2 du règlement général de l'AMF.

Arrêt : date et numéro	Décision(s) déférées/ attaquées et Parties au recours	Enseignements
XX *bis* – Com. 15 mars 2023, n° 22-18.869	**Décision attaquée** CA Paris, 12 mai 2022, n° 21-22517, *BBDE, c/ Bel, Unibel et AMF*	**Confirmation de la décision de la Cour d'appel de Paris** **Rejet de tous les moyens**

Arrêt : date et numéro	Décision(s) déférées/ attaquées et Parties au recours	Enseignements
XXI – CA Paris, 25 janv. 2023, nº 22/19752, *EDF c/ Etat français*	**Décision déférée** Décis. AMF, 22 nov. 2022, nº 222C2537 (décision de conformité) **Requérants** • Conseil de surveillance du FCPE Actions EDF (FCPE Actions EDF) • Association Energie en actions (Energie en actions) • ADAM **Défendeurs au recours** • Etat français • EDF • Société Générale • Goldman Sachs Bank Europe **En présence de l'AMF**	**Rappel des faits** Le 22 novembre 2022, l'AMF a déclaré conforme le projet d'OPAS visant les titres EDF déposé par Goldman Sach Bank Europe et Société Générale, agissant pour le compte de l'Etat français. Le 24 novembre 2022, l'offre a été ouverte conformément à l'avis de calendrier du 23 novembre 2022 par lequel l'AMF a informé que l'offre serait ouverte jusqu'au 22 décembre 2022. Le 2 décembre 2022, les requérants ont formé un recours en annulation de la décision de conformité. Le même jour, ils ont demandé le sursis à exécution de la décision de conformité, au motif qu'elle serait susceptible d'entraîner des conséquences manifestement excessives au sens de l'article L. 621-30 du code monétaire et financier. Le 21 décembre 2022, l'Etat français, agissant par l'intermédiaire de l'Agence des participations de l'Etat (APE), a déposé des conclusions en défense demandant le rejet de la demande de sursis à exécution eu égard aux engagements pris par l'Etat français dans ses conclusions. Les engagements de l'Etat français étaient les suivants : 1. – Dans l'attente de l'arrêt de la Cour d'appel sur le recours au fond introduit à l'encontre de la décision de conformité (le 2 mai 2023 au plus tard), l'Etat français s'engage : • à demander à l'AMF de pouvoir procéder à la clôture provisoire de l'OPAS à une date qui serait fixée par l'AMF et qui interviendrait après l'ordonnance du premier président de la Cour d'appel rejetant la demande de sursis à exécution ; • à ne pas mettre en œuvre de retrait obligatoire avant la décision de la Cour d'appel sur le recours au fond. 2. – En cas d'arrêt de la Cour d'appel annulant ou réformant la décision de conformité, l'Etat français s'engage : • à restituer les titres acquis dans l'OPAS (tant dans le cadre de l'offre semi-centralisée que par achats sur le marché) aux anciens actionnaires et/ou porteurs d'OCEANEs qui en feraient la demande ; • dans l'hypothèse où l'Etat français déciderait de déposer un projet modifié d'OPAS (suivie d'un retrait obligatoire) à un prix plus favorable en conséquence et dans la suite de l'arrêt de la Cour d'appel, à verser un complément de prix aux actionnaires (ayant apporté leurs titres dans le cadre de l'offre semi-centralisée ou vendu sur le marché dans le cadre de l'OPAS) qui

Arrêt : date et numéro	Décision(s) déférées/ attaquées et Parties au recours	Enseignements
		n'auraient pas demandé la restitution de leurs titres mais qui feraient la demande de versement du complément de prix. 3. – En cas d'arrêt de la Cour d'appel confirmant la décision de conformité, l'Etat français s'engage : • à demander à l'AMF de réouvrir l'offre pour une période de 10 jours de négociations après la décision de la Cour d'appel sur le recours au fond ; • puis de procéder au retrait obligatoire si le seuil a été atteint. Les requérants considèrent que ces engagements satisfont l'objectif de leur recours qui était de décaler le retrait obligatoire à une date postérieure à l'arrêt sur le fond de la Cour d'appel relatif au recours sur la décision de conformité. En conséquence, ils se sont désistés de leur recours devenu sans objet. **Enseignements de l'arrêt** Lorsque la demande de sursis à exécution concerne une offre publique, la souscription d'engagements par l'initiateur rend inopérante l'étude des « *conséquences manifestement excessives* » de l'exécution de la décision de conformité et semble ainsi être la meilleure garantie du bon fonctionnement du marché.

Arrêt : date et numéro	Décision(s) déférées/ attaquées et Parties au recours	Enseignements
XXII – CA Paris, 2 mai 2023, n° 22/19729, *EDF c/ Etat français*	**Décision déférée** Décis. AMF, 22 nov. 2022, n° 222C2537 (décision de conformité) **Requérants** • Conseil de surveillance du FCPE Actions EDF (FCPE Actions EDF) • Association Energie en actions (Energie en actions) • ADAM **Défendeurs au recours** • Etat français • EDF • Société Générale • Goldman Sachs Bank Europe **En présence de l'AMF**	**Rappel des faits** Lors d'un discours de politique générale devant l'Assemblée nationale le 6 juillet 2022, la première ministre a annoncé l'intention de l'Etat français d'acquérir 100 % du capital d'EDF dont le cours s'établissait à 7,84€. Par un communiqué du 19 juillet 2022, l'Etat français, qui détenait de concert avec l'EPIC Bpifrance 83,69 % du capital et 89,24 % des droits de vote et 40 % des OCEANEs à échéance 2024, a annoncé son intention de déposer un projet d'OPAS au prix de 12 euros par action et 15,52 euros par OCEANE, suivie d'un retrait obligatoire si les conditions à l'issue de l'offre en étaient remplies. Le communiqué précisait que le dépôt de l'OPAS était conditionné à la promulgation de la loi de finances rectificative pour 2022 portant au compte d'affectation spéciale pour les « Participations financières de l'Etat » les crédits budgétaires nécessaires au financement de l'offre, laquelle a été promulguée le 17 août 2022. Le projet de note d'information a été déposé à l'AMF le 4 octobre 2022, et le projet de note en réponse l'a été le 27 octobre 2022. Le projet de note en réponse mentionnait le recours formé le 9 août 2022 par EDF devant le Conseil d'Etat en annulation du décret et des arrêtés de mars 2022. Ce projet contenait le rapport de l'expert indépendant et l'avis motivé du conseil d'administration du 27 octobre 2022 lequel était favorable à l'offre. Cette délibération avait fait l'objet d'une action en annulation par le FCPE Actions EDF et Energie en actions devant le tribunal de commerce de Paris, lequel l'a rejeté par un jugement du 16 décembre 2022. Par une délibération du 20 novembre 2022, le conseil d'administration d'EDF a décidé, après avoir examiné l'*addendum* du 18 novembre 2022 au rapport de l'expert indépendant, et pris connaissance de l'avis du comité *ad hoc* sur cet *addendum*, que son avis motivé n'était pas remis en cause. Cette délibération avait été précédée d'un avis du comité des nominations, des rémunérations et de la gouvernance d'EDF qui examinait les critiques de certains minoritaires selon lesquelles M. [X], en sa qualité de président directeur général, et M. [Y], en sa qualité de successeur annoncé, étaient dans une situation de conflit d'intérêts leur interdisant de participer au vote dans le cadre de l'émission de l'avis motivé du conseil d'administration sur cette OPAS. Cet avis avait considéré que ces critiques étaient infondées. Par une décision du 22 novembre 2022, publiée sur son site internet le lendemain, l'AMF a déclaré conforme le projet d'OPAS.

Arrêt : date et numéro	Décision(s) déférées/ attaquées et Parties au recours	Enseignements
		Le FCPE Actions EDF, Energie en actions et l'ADAM ont formé un recours contre cette décision de conformité en vue, à titre principal, de l'annuler ou la réformer, et à titre subsidiaire, de l'annuler ou la réformer en ce qu'elle permet à l'Etat français de mettre en œuvre la procédure de retrait obligatoire en cas de réunion des conditions. **Enseignements de l'arrêt** 1. – La cour a considéré que l'exigence de motivation de la décision de conformité par l'AMF n'emporte pas l'obligation de répondre à toutes les observations ou critiques formulées par des actionnaires au cours de la procédure d'examen de l'offre. Elle est satisfaite dès lors que la décision de conformité énonce les éléments déterminants ayant conduit à considérer que la note d'information et la note en réponse comportaient les éléments requis par la réglementation. L'AMF pouvait déduire le caractère équitable de l'offre en se fondant sur les travaux d'analyse menés par l'expert indépendant et l'initiateur dès lors qu'ils reposent sur une évaluation multicritères fondée sur des méthodes et critères cohérents et adaptés à la situation d'EDF. Les demandeurs invoquent également une insuffisance de motivation sur l'indépendance de l'expert. L'AMF, confirmée par la Cour d'appel de Paris, décide que l'indépendance de l'expert ne saurait être remise en cause par la seule circonstance que l'expert ait effectué dans les 18 mois une expertise pour un initiateur dont l'offre a été présentée par la même banque présentatrice (Société Générale). L'article 1, 3° de l'instruction de l'AMF n° 2006-08 concerne le cas où l'expert aurait conseillé les personnes concernées par l'offre, c'est-à-dire l'initiateur ou la cible, et non une banque présentatrice. **2. – Sur les intentions et motifs de l'initiateur** La cour a confirmé que l'obligation de l'initiateur d'informer le marché et les actionnaires sur sa politique industrielle et financière s'apprécie à la mesure des éléments et des données dont il dispose au moment du dépôt de son projet d'offre. Ainsi, la note d'information qui indique qu'aucune décision n'a été prise à ce stade s'agissant de la réforme du modèle d'affaire ou de l'organisation du groupe, tout en précisant que le projet Hercule n'est pas d'actualité et que sont à l'étude plusieurs chantiers de long-terme, n'est ni incohérente, ni évasive. **3. – L'action indemnitaire d'EDF contre l'Etat français** Dans son examen des conditions financières de l'offre, l'AMF doit vérifier que, pour attester du caractère équitable de l'offre, l'expert indépendant a tenu compte des recours contentieux dont le dénouement était susceptible

Arrêt : date et numéro	Décision(s) déférées/ attaquées et Parties au recours	Enseignements
		d'avoir un impact sur la valorisation de la société cible. En l'occurrence, elle a relevé dans la décision attaquée que l'expert indépendant a pris en compte, pour attester du caractère équitable du prix de l'offre, l'indemnité réclamée par EDF contre l'Etat français pour la totalité de la somme réclamée, neutralisant ainsi l'issue aléatoire de ce contentieux. Dès lors, la circonstance que le prix de l'offre, tel qu'annoncé le 19 juillet 2022, n'ait pas changé en dépit de l'annonce par EDF de l'engagement d'un recours indemnitaire le 9 août 2022 est indifférente. La cour relève par conséquent qu'elle ne saurait caractériser une incohérence ni *a fortiori* une violation du principe de loyauté. Pour exercer son contrôle de conformité, l'AMF doit examiner notamment l'information financière figurant dans la note d'information afin de vérifier son caractère complet et cohérent. Après avoir relevé les passages de la note d'information et de la note en réponse traitant du recours indemnitaire, la Cour d'appel décide que ces documents comportaient les éléments nécessaires et pertinents de nature à assurer une information complète du marché sur l'existence d'un recours contentieux et leur impact sur le prix de l'offre, et partant, permettaient aux actionnaires minoritaires d'apprécier les mérites de l'offre en toute transparence. La violation des principes d'intégrité et de transparence n'est dès lors pas caractérisée. **4. – Les hypothèses régulatoires retenues par l'expert indépendant** Après une analyse détaillée de la note d'information et la note en réponse, la Cour d'appel confirme l'analyse de l'AMF, laquelle a retenu que les hypothèses régulatoires retenues par l'expert indépendant ne sont ni illégales, ni incohérentes, et que la méconnaissance des principes d'intégrité et de transparence du marché n'est pas fondée. De même, la cour considère que la note d'information présente les éléments d'appréciation du prix de l'offre en exposant les méthodes d'évaluation retenues et les caractéristiques d'EDF. Après une analyse détaillée de la note d'information et de la communication financière de l'émetteur, elle considère que la méconnaissance des principes de transparence et d'intégrité du marché n'est pas fondée, de même que l'absence de conformité du rapport de l'expert indépendant. **5. – L'absence de contrôle de l'AMF sur la régularité des délibérations du conseil d'administration de la société cible** La Cour d'appel rappelle que ni l'expert indépendant, ni

Arrêt : date et numéro	Décision(s) déférées/ attaquées et Parties au recours	Enseignements
XXIII – CA Paris, 9 nov 2023, RG n° 23/09249, *Orpéa*	**Décision déférée** Décis. AMF, 26 mai 2023, n° 223C0792 (décision de dérogation à l'offre publique obligatoire sur le fondement de l'article 234-9, 2° du Règl. gén. AMF) **Requérants** • MAT Immo Beaune, Nexstone Capital (Concert'O) • Monsieur J • Support Club **Défendeurs au recours** • Orpéa • Caisse des Dépôts et Consignations, CNP Assurances, la MAIF, la MACSF Epargne Retraite (le Groupement) • SCP BTSG • SELARL BASSE **Parties intervenantes volontaires** • SELARL AJRS • SELARL FHBX **En présence de l'AMF**	l'AMF dans le cadre de son contrôle de conformité d'une OPA, n'ont le pouvoir d'apprécier la régularité d'une délibération du conseil d'administration au regard d'une situation de conflit d'intérêts en son sein, ou le respect des règles de droit des sociétés en matière de conflit d'intérêts ou celles édictées par le code Afep-Medef ou encore par le règlement intérieur de la société (rappr. T. com. Paris, 16 déc. 2022, n° 2022/057083). Elle considère que la note d'information assure une information complète du marché sur les conditions dans lesquelles le conseil d'administration d'EDF a adopté son avis motivé sur les mérites de l'offre.

Arrêt : date et numéro	Décision(s) déférées/ attaquées et Parties au recours	Enseignements
		Rappel des faits En raison d'importantes difficultés financières, Orpéa a sollicité et obtenu l'ouverture d'une procédure de conciliation le 20 avril 2022. Le protocole de conciliation homologué le 10 juin 2022 par le tribunal de commerce de Nanterre n'a pas été mené à son terme, le tribunal ayant ouvert une seconde procédure de conciliation le 25 octobre 2022. Dans ce contexte, les membres du Groupement se sont manifestés en vue de la négociation d'un nouvel accord. Le 1er février 2023, Orpéa a ainsi annoncé la conclusion d'un accord de principe portant sur un plan de restructuration en plusieurs étapes dont l'application – suspendue à l'obtention d'une dérogation de l'AMF – entraînerait notamment une dilution massive de son actionnariat. Le 24 mars 2023, le tribunal de commerce de Nanterre a ordonné l'ouverture d'une procédure de sauvegarde accélérée au profit d'Orpéa. Dans ce cadre les parties affectées ont été informées de la procédure et de leur affectation ; les actionnaires d'Orpéa ayant été rassemblés au sein de la dernière classe (classe 9). Par une décision du 25 mai 2023 (publiée le lendemain), l'AMF a accordé la dérogation demandée par le Groupement ; décision faisant l'objet du recours. Le 28 juin 2023, les 9 classes de parties affectées se sont prononcées sur le projet de plan. La classe 9 n'ayant pas approuvé ledit projet, la majorité requise des deux tiers des voix n'a donc pas été atteinte. Usant de la faculté que lui ouvre désormais l'article L. 626-32 du code de commerce, le tribunal de commerce de Nanterre a, par jugement du 24 juillet 2023, ordonné une « *application forcée interclasse* », le projet de plan ayant été adopté par 6 des 10 classes constituées, dont au moins une était composée « *des créanciers titulaires de sûretés réelles ou ayant un rang supérieur à celui de la classe des créanciers chirographaires* ». Au résultat, la restructuration financière « forcée » nécessitait notamment la réalisation de trois opérations successives d'augmentation du capital de la société Orpéa, emportant une dilution massive de l'actionnariat. La première augmentation de capital visait l'apurement d'environ 3,8 milliards d'euros des dettes non sécurisées de la société par leur conversion en capital. La deuxième augmentation de capital avait pour objet de permettre l'apport de capitaux. Les membres du Groupement étaient amenés à franchir le seuil de 30 % du capital et des droits de vote d'Orpéa, se plaçant ainsi

Arrêt : date et numéro	Décision(s) déférées/ attaquées et Parties au recours	Enseignements
		dans l'obligation de déposer un projet d'offre publique, en application de l'article 234-2 du règlement général de l'AMF. Si la détention du Groupement venait à être comprise entre 30 % et moins de 50 % du capital et des droits de vote d'Orpéa, le Groupement pourrait, en souscrivant à la troisième augmentation de capital, accroître sa détention de plus de 1 % en moins de 12 mois consécutifs, ce qui l'obligerait, à nouveau, à déposer un projet d'offre publique conformément aux dispositions de l'article 234-5 du règlement général de l'AMF. Dans ce contexte, les membres du Groupement agissant de concert avaient sollicité, sur le fondement de l'article 234-9, 2° du règlement général de l'AMF, des dérogations à l'obligation de déposer un projet d'offre publique sur les titres Orpéa. L'article 234-9, 2° du règlement général de l'AMF autorise l'AMF à accorder une dérogation en cas de « *souscription à l'augmentation de capital d'une société en situation avérée de difficulté financière, soumise à l'approbation de l'assemblée générale de ses actionnaires* ». Par décision du 26 mai 2023, l'AMF accorda au Groupement le bénéfice les dérogations sollicitées aux motifs (i) qu'Orpéa était « *en situation avérée de difficulté financière* » et que (ii) le jugement ordonnant l'application forcée interclasse valait « *approbation* » du plan par « *l'assemblée générale de ses actionnaires* » au sens de l'article 234-9, 2°, du règlement général de l'AMF. Le 9 novembre 2023, la Cour d'appel de Paris rejette le recours de certains actionnaires d'Orpéa qui exposaient que l'assemblée générale mentionnée à l'article 234-9, 2° du règlement général de l'AMF devait s'entendre de l'assemblée générale extraordinaire de l'article L. 225-96 du code de commerce, et non de l'assemblée des membres formant une classe de partie affectée. Les requérants prétendaient aussi que les augmentations de capital prévues à l'article 234-9, 2° du règlement général de l'AMF ne pouvaient provenir d'un jugement ordonnant l'application forcée interclasse. **Enseignements de l'arrêt** **1. – Assimilation du vote par la « classe de partie affectée » à celui de l'assemblée générale** La cour interprète de manière large l'expression « assemblée générale » prévue à l'article 234-9, 2° du règlement général de l'AMF, qui désignerait une catégorie générique d'assemblée dans laquelle il est possible d'insérer la réunion de la classe des détenteurs de capital appelée à voter sur le projet de plan de sauvegarde.

Arrêt : date et numéro	Décision(s) déférées/ attaquées et Parties au recours	Enseignements
		Elle considère en particulier que « *la locution "assemblée générale" est susceptible, en considération de l'évolution du système juridique dans son ensemble, de faire l'objet d'une interprétation autonome, et de désigner une catégorie générique, détachée des dispositions contingentes relatives aux assemblées d'actionnaires mentionnées au Livre II du code de commerce* ». La cour précise en outre qu'« *en cas de difficulté d'application ou d'interprétation d'une norme relevant du droit boursier en rapport avec la mise en œuvre des dispositions régissant la procédure de sauvegarde accélérée, il convient, afin de préserver l'effet utile de la directive, d'interpréter la première à la lumière des secondes* ». La cour assimile la classe des détenteurs de capital à l'assemblée générale extraordinaire, lorsqu'il s'agit de voter sur le plan de sauvegarde dans le cadre d'une procédure de sauvegarde accélérée. **2. – Approbation et non consultation sur l'augmentation de capital prévue à l'article 234-9, 2° du règlement général de l'AMF** L'arrêt relève que l'article 234-9, 2° du règlement général de l'AMF demande une approbation effective de l'augmentation de capital prévue par le texte. Cela signifie que l'augmentation de capital de l'article 234-9, 2° du règlement général de l'AMF est soumise à l'approbation et non à une simple consultation de l'assemblée générale. **3. – L'approbation en cas d'application forcée interclasse** L'application forcée interclasse de l'article L. 626-32 du code de commerce impliquait en l'espèce la réalisation d'uné augmentation de capital sans l'approbation des actionnaires de la société visée par la procédure de sauvegarde accélérée. La cour considère qu'en cas d'application forcée interclasse, l'approbation des actionnaires est réputée acquise et que le tribunal se voit attribuer, par la loi, les prérogatives de l'assemblée générale extraordinaire aux fins de décider les augmentations de capital et les modifications statutaires prévues par le plan. La cour constate aussi que la décision du tribunal est opposable à tous comme le précise le dernier alinéa de l'article L. 626-31 du code de commerce. Cela signifie que les classes n'ayant pas approuvé le projet sont, tenues de s'y soumettre, comme si elles l'avaient approuvé. Le plan doit être exécuté par tous malgré les désaccords possibles.

par **Nicolas Mennesson**,
Avocat associé, Darrois Villey Maillot Brochier AARPI
et **Wenceslas Le Chevalier**,
Avocat, Darrois Villey Maillot Brochier AARPI[1]

Le droit répressif des offres

Si la régulation d'opérations financières peut sembler peu compatible avec une action répressive, celle-ci structure pourtant le droit des offres publiques. Qu'elle intervienne sur le terrain de la transparence ou sur celui du déroulement de l'offre, l'AMF fait ainsi un usage effectif de son pouvoir répressif.

Le droit des offres publiques paraît à première vue devoir laisser peu de place à l'action répressive. Conformément à l'exigence de célérité qui caractérise la matière, le régulateur boursier a été doté de pouvoirs étendus qui lui permettent d'exercer *en temps réel* un contrôle étroit sur les opérations. La procédure d'offre est organisée dans le moindre détail et chacune de ses étapes se fait sous la supervision du régulateur qui – au-delà de la décision de conformité et du visa apposé sur la documentation d'offre – dispose d'un levier considérable pour imposer aux parties prenantes une stricte application de la réglementation.

A supposer que cette surveillance rapprochée n'y suffise pas, le régulateur boursier est doté d'un pouvoir d'injonction très étendu, qui lui permet – soit directement soit indirectement *via* une action judiciaire, auquel cas l'injonction peut être assortie d'une astreinte – de faire cesser *a priori* une pratique illicite plutôt que de la sanctionner *a posteriori*. Et l'on constate, alors que les travaux parlementaires de la loi du 2 août 1989 avaient présenté les mesures d'injonction et de sanction comme « *s'enchainant logiquement* »[2], que le prononcé d'une injonction ne débouche pas toujours sur une sanction. Saisi par l'AMF, le président du tribunal de grande instance de Paris a ainsi notamment enjoint le dépôt d'un projet d'offre publique à un actionnaire ayant franchi le seuil de l'offre obligatoire[3] ou encore ordonné la mise sous séquestre des actions acquises par l'initiateur d'une offre qui refusait de régler un complément de prix[4] ; à notre connaissance, aucune de ces deux mesures n'a donné lieu au prononcé d'une sanction.

L'exercice par l'AMF de son pouvoir répressif structure pourtant tout le droit des offres.

En premier lieu, parce que la possibilité en est omniprésente. C'est le corollaire de la prodigalité avec laquelle le législateur a défini le pouvoir de sanction du régulateur boursier : son champ d'application, identique à celui de son pouvoir d'injonction, couvre l'ensemble des manquements de nature à porter atteinte à « *la protection des investisseurs* » ou « *au bon fonctionnement des marchés* ». Ces deux cas de figure correspondant objectifs poursuivis par la réglementation des offres, celle-ci est riche en dispositions dont la violation expose le contrevenant à un risque de sanction.

---

1 - Les auteurs remercient Mehdi Tiguidda, diplômé du Magistère de droit des activités économiques de l'Université Paris 1 Panthéon-Sorbonne, pour sa précieuse contribution dans la rédaction de cet article.

2 - Rapp. n° 563 de M. Christian Pierret 1989 relatif à la L. n° 89-531 du 4 août 1989 fait au nom de la commission des finances de l'Assemblée nationale déposé le 12 avr., p. 49.

3 - CA Paris, 19 oct. 2005, n° 05/54287, *affaire Billon* ; obs. Daigre J.-J., *BJB*, mars 2006, *op. cit.*

4 - Communiqué de l'AMF du 3 juill. 2019.

En second lieu, parce que le régulateur fait un usage effectif de son pouvoir de sanction en matière d'offres publiques. Les trente-cinq années qui se sont écoulées depuis qu'il en a été doté lui ont donné l'occasion d'éclairer par ses décisions plusieurs aspects essentiels des offres publiques. L'objet de la présente étude est de passer en revue des sanctions infligées à ceux qui – initiateur, cible, actionnaire – jouent un rôle actif dans l'opération, par opposition aux personnes sanctionnées pour un manquement d'initié commis à l'occasion d'une offre publique sans y avoir pris part. Ces sanctions se rattachent soit à l'exigence de transparence soit au déroulement de l'offre publique.

1. Les sanctions liées aux obligations de transparence

Le régulateur a notamment sanctionné le défaut de transparence sur l'existence d'un projet d'offre publique, sur les intentions déclarées en lien avec l'offre publique ou sur des actions de concert ayant des implications sur l'offre publique.

1.1. Information sur l'existence d'un projet d'offre publique

Tout projet d'offre publique, qui revêt par nature les caractères d'une information privilégiée[5], fait naître des obligations d'information du marché. A la charge de l'initiateur tout d'abord : l'article 223-6 du règlement général de l'AMF, sans utiliser la notion d'information privilégiée, fixe une règle analogue à celle de l'article 17 du règlement MAR[6] ; ce dernier s'appliquera également à l'initiateur s'il est lui-même coté. Quant à la société visée par l'offre, elle est par hypothèse soumise à cette disposition. Cette obligation de principe est assortie d'exceptions, dont la jurisprudence démontre qu'elles sont parfois d'un maniement délicat.

La commission des sanctions de l'AMF a ainsi condamné Iliad, alors cotée sur Euronext Paris, pour avoir communiqué tardivement l'information privilégiée relative à son projet d'acquisition de la société américaine T-Mobile[7]. Iliad avait en effet été contactée par des tiers qui avaient connaissance du projet d'offre, y compris par un journaliste du Wall Street Journal annonçant la publication d'un article. La commission a considéré que la confidentialité de l'opération avait cessé d'être assurée « *au plus tard* » à la réception du courriel du journaliste. Certains auteurs ont critiqué la solution[8]. L'on pourrait notamment arguer qu'il arrive fréquemment qu'un journaliste prêche le faux pour savoir le vrai et que cela ne peut suffire à obliger l'émetteur à communiquer.

> **L'exercice par l'AMF de son pouvoir répressif structure pourtant tout le droit des offres. C'est le corollaire de la prodigalité avec laquelle le législateur a défini le pouvoir de sanction du régulateur boursier : son champ d'application, identique à celui de son pouvoir d'injonction, couvre l'ensemble des manquements de nature à porter atteinte à « *la protection des investisseurs* » ou « *au bon fonctionnement des marchés* ».**

Sur le fondement de l'article 223-6 de son règlement général, l'AMF a également sanctionné la dissimulation d'une opération financière qui était conçue comme un préalable à une offre publique[9]. Wendel avait conclu des *total return swaps* (TRS) pour un total de 7,3 milliards d'euros lui conférant une exposition économique portant sur près de 20 % du capital de Saint-Gobain. La commission a considéré que Wendel avait structuré l'opération pour

---

5 - CA Paris, 5 janv. 2010, n° 09/06017 ; AMF, SAN-2018-17, 14 déc. 2018 ; plus récemment : AMF, SAN-2024-04, 15 mai 2024.

6 - Règl. (UE) n° 596/2014, 16 avr. 2014 sur les abus de marché.

7 - AMF, SAN-2019-05, 25 avr. 2019 ; CA Paris, 4 juin 2020, n° 19/11454 ; Com., 24 nov. 2021, n° 20-18.482. L'acquisition (finalement abandonnée) n'aurait pas pris la forme d'une offre publique au sens du droit français, inapplicable à T-Mobile ; mais la solution est transposable.

8 - P. Barban, Melting Pot *relatif à l'information privilégiée et à la coopération internationale, Banque et droit 2019, n° 186, p. 38 ; D. Schmidt, Information privilégiée sur une prise de contrôle : retour sur le projet Tolbiac, BJB 2022, n° 1, p. 9 ; M. Billam, N. Mennesson, Sociétés cotées : toute information est-elle privilégiée ?, Les Echos*, 30 oct. 2019.

9 - AMF, SAN-2011-02, 13 déc. 2010, *BJB* 2011, n° 4, p. 257 note T. Bonneau ; CA Paris, 31 mai 2012, n° 2011/05307, *JCP E* 2012, p. 1487, note P. Pailler ; *BJB* oct. 2012, § 189, p. 404, note J.-J. Daigre.

échapper à l'obligation de déclarer les franchissements de seuils (les TRS n'étant alors pas déclarables à ce titre), de telle sorte qu'elle ne pouvait se prévaloir de l'exception de confidentialité prévue par l'article 223-6 de son règlement général[10].

1.2. Déclaration d'intention sur une offre en cours

Le non-respect des exigences de transparence renforcées qui s'appliquent dès l'annonce d'une offre publique peut aboutir à d'importantes sanctions[11]. Alors qu'une préoffre avait été ouverte après l'annonce de l'acquisition du contrôle de Norbert Dentressangle par XPO[12], Elliott avait acquis des actions Norbert Dentressangle et déclaré avoir acquis des *contracts for difference* (CFD) à règlement en espèces[13], puis annoncé l'acquisition des actions sous-jacentes et sa décision ne pas les apporter à l'offre. La commission avait considéré d'une part que les CFD étaient en réalité des *equity swaps*, en ce qu'ils permettaient l'acquisition du sous-jacent, et que la déclaration relative aux CFD n'avait pas permis au marché d'appréhender correctement les intentions d'Elliott. De surcroît, elle a relevé qu'Elliott avait tardé à déclarer son intention de ne pas apporter ses titres Norbert Dentressangle à l'offre[14].

Dans la même veine, la commission des sanctions de l'AMF a sanctionné la société Consellior pour n'avoir pas déclaré en temps utile son changement d'intention[15]. Alors qu'une offre avait été initiée sur la société Baccarat, Consellior (actionnaire minoritaire avec environ 6 % du capital) avait d'abord déclaré poursuivre ses achats et n'avoir pas encore pris de décision sur l'apport de ses titres à l'offre, puis cédé ses titres sans avoir annoncé son changement d'intention. La commission a retenu un manquement aux obligations déclaratives de l'article 231-47 du règlement général de l'AMF en soulignant qu'« *Afin de répondre pleinement à l'objectif de transparence, la déclaration de changement d'intention prévue à l'article 231-47 du règlement général de l'AMF doit intervenir sans délai, c'est-à-dire avant même la mise en œuvre de la décision d'apporter ou de ne pas apporter les titres concernés à l'offre* ».

1.3. Révélation et implications de l'existence d'un concert

La dissimulation d'un concert par l'initiateur est sévèrement sanctionnée, d'autant qu'elle peut affecter le régime applicable à l'offre publique. Tel fut le cas dans l'affaire *Sacyr/Eiffage*, où l'AMF a considéré que Sacyr avait franchi de concert avec d'autres actionnaires le seuil de l'offre publique obligatoire. L'AMF a tout d'abord déclaré non conforme le projet d'offre publique volontaire sur les titres Eiffage déposé par Sacyr et lui a enjoint de déposer une offre

Même lorsqu'il est sans incidence sur le régime applicable à l'offre, l'éventuel concert entre l'initiateur et d'autres actionnaires doit être révélé dans toute son ampleur.

publique obligatoire soumise à une exigence de prix minimum. Sa décision a été annulée par la Cour d'appel de Paris faute de respect des droits de la défense et Sacyr a par la suite cédé sa participation[16]. Mais elle a été condamnée par la commission des sanctions de l'AMF pour non-déclaration de franchissements de seuils.

10 - Bien que la constitution des contreparties n'entrât pas dans le champ de la règlementation relative aux franchissements de seuils, elle entrait, selon l'AMF dans le champ de l'art. 223-6 du Règl. gén. de l'AMF. Dans le même ordre d'idée, la commission des sanctions de l'AMF avait condamné LVMH à une sanction de huit millions d'euros pour ne pas avoir informé le marché de sa préparation de montée au capital d'Hermès en souscrivant des *equity linked swaps* avec un dénouement futur en titres SAN-2013-05.

11 - AMF, SAN-2020-04, 17 avr. 2020.

12 - AMF, I&D 215C0544, 29 avr. 2015.

13 - Selon l'AMF, un CFD à dénouement en numéraire est un contrat conclu entre deux parties par lequel celles-ci s'échangent un flux monétaire correspondant à la différence de prix d'un actif sous-jacent entre la date à laquelle le contrat est conclu et la date à laquelle le contrat prend fin.

14 - Décision confirmée par la Cour d'appel de Paris dans un arrêt du 24 mars 2022 (RG 20/08390) quand bien même le montant de la sanction infligée a été minoré par le juge d'appel. Arrêt lui-même validé par la Cour de cassation : Com. 4 avr. 2024, n° 22-19.127.

15 - AMF, SAN-2021-11, 17 juin 2021, *BJB* 2021, n° 5, p. 32, note D. Schmidt.

16 - A l'occasion de cette affaire, un auteur a relevé que l'arrêt de la Cour d'appel de Paris avait peut-être été plus subtile qu'il n'y paraissait. Il a en effet été relevé que la Cour d'appel de Paris ne s'était peut-être pas prononcée sur l'existence d'un concert mais plutôt d'une pratique ponctuellement concertée, CA Paris, 2 avr. 2008, n° 2007/11675, note H. Le Nabasque, *Sacyr-Eiffage : un arrêt très subtil*, *BJB* 2008, n° 5, p. 411.

Son dirigeant fut également condamné de ce chef par le juge pénal[17].

Même lorsqu'il est sans incidence sur le régime applicable à l'offre, l'éventuel concert entre l'initiateur et d'autres actionnaires doit être révélé dans toute son ampleur. Ainsi, l'offre publique sur la société Arkopharma avait été précédée de la conclusion par l'initiateur d'un pacte concertant et les documents d'offre indiquaient un flottant de près de 40 % du capital et 30 % des droits de vote[18]. La commission des sanctions de l'AMF a considéré que 11 % du capital seulement restait entre les mains du public, de telle sorte que les minoritaires n'avaient pas été mis en mesure d'apprécier correctement la probabilité d'un éventuel retrait obligatoire (le seuil de retrait obligatoire était, à l'époque, de 95 %)[19] : sur la base des informations mises à leur disposition, l'atteinte de ce seuil semblait ambitieux et l'apport de leurs titres à l'offre paraissait le seul moyen d'obtenir, avec certitude, le prix proposé par l'initiateur, le versement de ce prix dans le cadre de la procédure d'expulsion étant dès lors hypothétique.

L'information inexacte sur le niveau de détention de l'initiateur et des personnes agissant de concert avec lui avait donc une conséquence sur la décision prise par les actionnaires d'apporter ou non leurs titres à l'offre, décision qu'ils n'ont pu prendre de manière éclairée. L'offre fut un succès mais la commission sanctionna l'initiateur pour avoir, entre autres, minoré l'étendue du concert dans les documents d'offre[20].

Plus récemment, l'AMF a caractérisé une action de concert visant à faire échec à un retrait obligatoire[21]. Une offre publique ayant été initiée sur la société April, un actionnaire avait acquis avec des affiliés jusqu'à 10,18 % du capital du capital, avant de céder cette participation cinq mois plus tard à un prix supérieur à celui de l'OPA. Les membres du concert furent sanctionnés en raison d'un manquement aux obligations déclaratives posées par le règlement général de l'AMF. La commission des sanctions de l'AMF a retenu a retenu qu'il n'était pas établi que des actionnaires auraient subi de préjudice du fait des manquements déclaratifs retenus. Elle a cependant considéré que la connaissance par le concert de son niveau de participation et de son intention de faire échec au retrait obligatoire, quand bien même elle serait motivée par la défense des actionnaires minoritaires, revêtait nécessairement un intérêt pour le marché. L'idée sous-jacente est que s'ils avaient déclaré leur concert et son objet, les autres actionnaires auraient pu décider de ne pas apporter leurs titres à l'offre dans l'espoir de bénéficier d'une prime ultérieure[22].

2. Les sanctions ayant trait au déroulement de l'offre

2.1. Ce que peut faire un initiateur sur le titre de la cible

Le régulateur s'est, de longue date, prononcé sur la licéité, au regard de la prohibition des opérations d'initié, du ramassage en bourse préalable à l'annonce d'une offre publique[23].

La société Zodiac avait pris une participation de 30 % dans la société Sicma et conclu un pacte avec son actionnaire majoritaire le 28 octobre 1990. Zodiac obtint ensuite une dérogation au dépôt d'une offre publique obligatoire à la suite du franchissement du seuil du tiers du capital et des droits de vote le 14 août 1992. Une offre publique d'achat simplifiée par garantie de cours fut finalement déposée par Zodiac après qu'elle avait pris le contrôle, le 18 mars 1993, de l'actionnaire majoritaire de Sicma. En parallèle, Zodiac avait procédé à des acquisitions sur le marché d'actions Sicma. La Commission des opérations de bourse avait sanctionné

---

17 - AMF, SAN-2010-10, 25 févr. 2010 ; TGI Paris, 18 juin 2015, n° 07115096011 ; CA Paris, 29 juin 2018, n° 16/03354.

18 - Note d'information établie par la société Imarko, p. 6.

19 - AMF, SAN-2010-07, 17 déc. 2009.

20 - Un auteur a toutefois très pertinemment relevé qu'après une étude plus rigoureuse, les contours de ce concert étaient questionnables, v. D. Bompoint, *L'initiateur initié, l'émetteur diffuseur et le concert non vérifié*, *BJB* 2010, n° 3, p. 223.

21 - AMF, SAN-2022-09, 11 juill. 2022, *BJB* 2022, n° 5, p. 39, note D. Schmidt ; *Droit des sociétés* n° 10, oct. 2022, comm. 109, note O. de Baillencourt.

22 - C'est du moins un point sur lequel insistait le collège de l'AMF dans la notification des griefs.

23 - CA Paris, 1re ch., 15 nov. 1994, n° 1994-024959 ; *Bull. Joly Bourse* 1995, p. 9, note H. de Vauplane. V. également la section du présent ouvrage consacrée à la notion de ramassage (Chap. 1).

Zodiac, considérant qu'à compter de la date de l'accord de principe avec l'actionnaire majoritaire de Sicma (soit le 9 mars 1993), son projet d'offre publique sur Sicma revêtait les caractères d'une information privilégiée qu'elle devait s'abstenir d'exploiter.

Saisie d'un recours, la Cour d'appel de Paris a considéré que le ramassage peut être licite s'il vise à accroître la participation de l'initiateur pour conforter sa position face à une éventuelle offre concurrente. Elle a toutefois jugé que cela n'était pas le cas en l'espèce, ces achats n'ayant été effectués que pour réaliser une économie en achetant à un cours inférieur à celui de l'offre à venir. Un commentateur synthétisait la décision en observant que les acquisitions antérieures à une opération de marché sont illicites dès lors que la réussite de l'opération est assurée et deviennent licites si son échec est possible[24].

Les dispositions du règlement MAR invitent à s'interroger sur la postérité de la jurisprudence *Zodiac*. Son article 9.4 pourrait s'interpréter comme permettant à l'initiateur d'acquérir des titres de la cible si son seul objectif est d'accroître les chances de succès de son opération.[25] Mais il est plus probablement destiné à consacrer la position adoptée par la COB en 2003 (reprise partiellement par l'AMF en 2016) sur les *data rooms*[26]. En effet, le texte autorise un acquéreur à préparer son offre grâce à de l'information non publique remise par la cible si l'opération n'est réalisée qu'après divulgation de ces informations par la cible[27]. Quant à l'article 9.5 qui aborde la situation de l'initié sur soi-même, il doit être lu à la lumière du considérant 31 qui exige que ces opérations se fassent dans le respect de l'intégrité du marché et de la protection des investisseurs[28].

Dans le même esprit, la commission des sanctions de l'AMF a sanctionné deux fonds Elliott[29], dont l'un avait procédé à des acquisitions sur le marché pendant que l'autre négociait avec Eiffarie la cession de sa participation dans APRR devant permettre à Eiffarie de mettre en œuvre un retrait obligatoire. Ces négociations, eu égard à leurs chances sérieuses d'aboutir – caractérisées par la fixation des conditions de financement du projet et du nombre d'actions à céder – constituaient selon la commission des sanctions une information privilégiée qui avait été transmise par l'un des fonds et utilisée par l'autre.

Un commentateur synthétisait la décision de la Cour d'appel de Paris dans l'affaire *Zodiac* en observant que les acquisitions antérieures à une opération de marché sont illicites dès lors que la réussite est assurée et deviennent licites si l'échec est possible.

2.2. Le cas de contournement du droit des offres

Dans une autre affaire, la commission des sanctions de l'AMF a sanctionné des personnes contournant, au grand jour, la règlementation des offres publiques[30].

Les faits d'espèce étaient les suivants. Prologue avait déposé une offre publique d'échange sur les titres de la société O2i, alors cotée sur Alternext[31]. Plusieurs raisons, tenant notamment à une parité d'échange jugée inéquitable par l'expert indépendant, avaient conduit l'AMF à déclarer le projet d'offre non conforme[32]. Prologue avait alors annoncé former un

24 - A. Viandier, *OPA, OPE et autres offres publiques*, 5e éd., Francis Lefebvre, 2014, p. 865.

25 - Lecture *a contrario* du second alinéa de l'art. 9.4 du Règl. MAR qui, en excluant le « ramassage en bourse » tel que défini par ledit règlement, inclut les acquisitions qui seront suivies par le dépôt d'une offre publique obligatoire.

26 - COB, Recomm. nº 2003-01 ; AMF, DOC-2016-08, Position-recommandation Guide de l'information permanente et de la gestion de l'information privilégiée.

27 - Le texte vise l'information « obtenue dans le cadre de la préparation d'une opération », ce qui suggère une transmission par la cible.

28 - Règl. MAR, consid. 31. - V. également sur ces aspects la section du présent ouvrage consacrée au ramassage (Chap. 1).

29 - AMF, SAN-2014-03 ; CA Paris, 14 janv. 2016, nº 2014/13986.

30 - AMF SAN-2020-01, 31 déc. 2019, *BJB* mars 2020, nº 2, p. 19, note N. Rontchevsky.

31 - AMF SAN-2020-01, 31 déc. 2019, *préc.*

32 - Décis. nº 215C0390 de l'AMF, 2 avr. 2015.

recours contre cette décision, tout en rappelant aux porteurs de titres de la société O2i qu'ils pouvaient conclure avec elle des traités d'apport en nature de ces titres. Un autre communiqué, publié quelques mois plus tard, rappelait aux porteurs de titres cette possibilité en ajoutant que Prologue se réservait la faculté de ne pas conclure certains d'entre eux, notamment en raison de leur « petite taille ». Les griefs à l'encontre de la société Prologue retenaient le fait pour cette dernière (i) « *d'avoir porté atteinte aux règles de fonctionnement des offres publiques en mettant en œuvre une offre publique dans des conditions de transaction identiques à celles contenues dans le projet d'offre soumis au visa de l'AMF, alors que l'offre ne pouvait être ouverte à défaut d'avoir obtenu une déclaration de conformité* » et (ii) d'avoir porté atteinte aux principes d'intégrité du marché, de loyauté des transactions et d'égalité de traitement[33]. Il était également reproché à Prologue d'avoir procédé à l'admission sur Euronext de ses titres, sans avoir préalablement établi un projet de prospectus et l'avoir soumis au visa de l'AMF en temps utile.

La commission des sanctions de l'AMF avait accueilli ce dernier grief mais rejeté les deux premiers, au motif qu'il n'y avait pas eu d'offre publique et que de nombreux actionnaires avaient apporté leurs titres sans repentir. La Cour d'appel de Paris a toutefois infirmé la décision sur ce point en relevant que Prologue s'était affranchi de la procédure d'offre publique en n'obtenant pas de déclaration de conformité et en n'assortissant son offre d'aucun délai[34]. Elle a également relevé la méconnaissance du principe d'égalité de traitement des titulaires de titres, Prologue pouvant refuser les apports des petits porteurs. La Cour d'appel[35], puis la Cour de cassation[36], ont jugé à cette occasion que la règlementation des offres publiques relève d'un ordre public économique de direction.

De protection, l'ordre public aura vocation à protéger les intérêts particuliers, en l'occurrence des investisseurs ; de direction, l'ordre public revêt une finalité d'intérêt général. Cette distinction aura une incidence sur la nullité attachée à la violation de l'ordre public : relative dans le premier cas, absolue dans le second.

La précision est importante. Elle répond à la question de l'étendue et de la portée de la protection assurée par la règlementation boursière. De protection, l'ordre public aura vocation à protéger les intérêts particuliers, en l'occurrence des investisseurs ; de direction, l'ordre public revêt une finalité d'intérêt général. Cette distinction aura une incidence sur la nullité attachée à la violation de l'ordre public : relative dans le premier cas, absolue dans le second[37]. Cependant, le caractère d'ordre public des principes directeurs ne leur confère pas une valeur législative : il exclut seulement qu'il puisse y être dérogé par des conventions particulières[38]. Rappelons par ailleurs que l'AMF n'est pas en mesure, eu égard aux textes fondant sa compétence, de prononcer la nullité d'un acte juridique[39].

33 - La commission des sanctions de l'AMF avait déjà décidé, dans l'affaire *Partouche*, qu'un manquement au principe de libre jeu des offres publiques était susceptible d'être sanctionné administrativement (Décis. n° 2006-24 de l'AMF, 15 sept. 2006).

34 - CA Paris, 22 avr. 2021, n° 20/039157.

35 - CA Paris, 22 avr. 2021, n° 20/039157, §§ 185 et 206.

36 - Com., 8 nov. 2023, n° 21-18318, § 12.

37 - J. Ghestin, *La formation du contrat,* LGDJ 2013, n°s 2162 s.

38 - Mennesson N., *Défenses anti-OPA* : *état des lieux après l'opération Veolia/Suez, BJB* mai 2022, n° *BJB*200s3.

39 - C'est en effet au juge civil que reviendra le pouvoir d'appréciation sur la validité d'un acte. Ce dernier a ainsi pu annuler des actes juridiques en période d'offre publique : une cession de titres (dans le cadre de l'offre de Schneider sur Télémécanique en 1988) CA Paris, 13 juill. 1988, Télémécanique : *BJB* 1988, p. 683 et *BJB* 1988, p. 715, note Sexer Y. ; *D.* 1989, p. 160, note Le Cannu P. ; *JCP E* 1988, II 15337, note Forschbach T. ; *Gaz. Pal.* Rec. 1989, I, p. 56, obs. Douvreleur O. et Marchi J.-P. ; *RD bancaire et bourse* 1988, p. 173, obs. Viandier A ; ou encore une cession d'autocontrôle (dans le cadre de l'offre de Nestlé sur Perrier, en 1992) T. com. Paris, 16 mars 1992 : *Bull. Joly*, 1992, 526, § 172, note M. Jeantin ; *B & D*, n° 23, mai-juin 1992, p. 101, obs. Peltier. – A. Pietrancosta : Encycl. Dalloz, Sociétés, Relais d'automne, 30 mai-30 août 1992, Offres publiques, n° 41 s. – COB, Rapp. annuel pour 1992. 52, p. 150.

2.3. Un mode de répression alternatif : le recours au communiqué

Le point commun de toutes les affaires précitées est que la sanction est prononcée par le régulateur « à froid » c'est-à-dire longtemps après les faits et à l'issue d'une procédure contradictoire ; elle émane en outre, depuis que l'AMF a été constituée en 2003, d'une commission des sanctions indépendante.

A quelques reprises, l'AMF a eu recours à un procédé alternatif consistant à publier avant ou pendant l'offre un communiqué pointant une atteinte à la réglementation des offres publiques[40]. Le procédé relève de la répression : au sens premier du terme « réprimer » signifie arrêter, contenir, empêcher. Or ces communiqués ont été remarqués – et parfois salués – pour leur effet immédiat sur le comportement des parties concernées. Sans surprise, tant il paraît évident que la commission des sanctions si elle était saisie pourrait hésiter à désavouer la position rendue publique par le collège de l'AMF – d'autant qu'elle aura effectivement eu une incidence sur le déroulement de l'offre.

Indépendamment des questions de fond que soulèvent ces communiqués, le procédé pose à l'évidence une difficulté de principe : en publiant sa position « à chaud », le collège ne permet pas aux parties de bénéficier des garanties du procès équitable[41] ou de la présomption d'innocence[42]. Aucun de ces communiqués n'a d'ailleurs fait l'objet d'un recours ayant donné lieu à une décision, de telle sorte que les parties visées n'ont pas même bénéficié du contrôle que la Cour d'appel aurait opéré sur la position prise par le collège.

Le procédé pourrait en outre être contesté sur le fondement de l'article L. 621-14, I du code monétaire et financier. Ce dernier, en prévoyant que le collège de l'AMF peut rendre

Le procédé relève de la répression : au sens premier du terme « réprimer » signifie arrêter, contenir, empêcher. Or ces communiqués ont été remarqués – et parfois salués – pour leur effet immédiat sur le comportement des parties concernées.

publique une déclaration précisant l'identité de la personne physique ou morale en cause, de même que la nature du manquement « *dans les cas de manquements mentionnés au II de l'article L. 621-15* », semble n'autoriser une telle publication qu'après que la commission des sanctions a statué sur le manquement. Les travaux parlementaires de la loi n° 2016-1691 du 9 décembre 2016 qui a étendu la portée de ce texte sont en ce sens puisque la modification était présentée comme visant à « *prévoir que la possibilité, pour l'AMF, de rendre publique une déclaration précisant l'identité des personnes se rendant coupables de manquement s'applique à l'ensemble des manquements sanctionnés*[43] *par la commission des sanctions, et non aux seules obligations d'information des émetteurs comme actuellement* ».[44]

A supposer que l'AMF continue de recourir à ce procédé, il faut espérer que l'occasion se présentera pour la Cour d'appel de statuer sur sa légalité et, le cas échéant.

40 - V. notamment : Communiqué de la COB, 30 oct. 1987 dans l'offre publique visant la société des Presses de la Cité ; communiqué de la COB, 4 mai 1999 dans le cadre de la bataille boursière BNP/Société Générale/Paribas ; communiqué de l'AMF, 23 avr. 2004 lors de l'offre de Sanofi sur Aventis ; communiqué de l'AMF, 2 avr. 2021 lors de l'offre de Veolia sur Suez.

41 - H. Synvet, *L'AMF, le juge et le communiqué*, *BJB* 2021, n° 3, p. 1.

42 - Cette question s'était déjà posée au sujet de la séparation des pouvoirs d'investigation, d'instruction et de jugement de la COB dans une affaire : Cass. ass. plén., 5 févr. 1999, n° 97-16440, Bull. ass. plén. n° 1.

43 - Mis en évidence par nos soins.

44 - Avis de la commission des finances du Sénat n° 710 (p. 56).

6

L'ARTICULATION AVEC LES AUTRES BRANCHES DU DROIT

OPA – PRATIQUES PROFESSIONNELLES ET INTERDISCIPLINARITÉ

Respiration ou soulagement, cet ultime chapitre quitte un peu le droit boursier au sens strict pour aborder les autres branches du droit ou de la réglementation en ce qu'elles intéressent le déroulement des offres publiques.

L'initiateur d'une offre devra souvent composer avec d'autres réglementations. Au pire, elles obligent l'initiateur à composer avec des injonctions contradictoires et au mieux, elles se superposent au droit des offres et le complexifient. Qu'il s'agisse de la réglementation des investissements étrangers en France, du droit social, de la règlementation bancaire ou assurantielle, le praticien doit s'efforcer de trouver des solutions opérantes, parfois dans le silence des textes.

Les contributions du présent chapitre s'intéressent donc à la pratique concrète des avocats, des directions juridiques et des conseils en affaires publiques, et aux solutions que doivent trouver ces professionnels pour réconcilier des attentes parfois opposées.

De telles contraintes n'ont pas empêché une pratique sectorielle des offres publiques de se développer, comme l'illustre l'article consacré aux offres publiques sur les établissements bancaires ou assurantiels.

Il peut enfin arriver que les circonstances justifient que le droit des offres publiques soit remplacé comme outil de prise de contrôle des sociétés cotées. C'est le cas s'agissant des sociétés en difficulté qui ont récemment donné lieu à plusieurs spectaculaires prises de contrôle en dehors de toute offre publique.

par **Nicolas Bouvier**,
Partner, Brunswick
et **Claire Thomas-Daoulas**,
Partner, Brunswick

Offres publiques, affaires publiques

L'initiateur d'une offre publique à fort à faire : au droit des offres s'ajoutent le droit administratif, le droit de la concurrence ainsi qu'une contrainte aussi politique que réglementaire. En effet, dès lors que la cible évolue dans un secteur dit « sensible », il faudra composer avec la procédure de contrôle des investissements étrangers en France et plus largement avec la sphère politique et médiatique.

1. La nécessité d'une stratégie de communication et d'affaires publiques solide dans le cadre des investissements étrangers en France

Dans une perspective de communication, il est nécessaire de prendre en compte l'ensemble des parties prenantes susceptibles de se prononcer au sujet d'une transaction afin d'éviter que celle-ci ne se heurte à un enjeu de perception ou de compréhension. Nous avons ainsi pu constater qu'une bonne gestion de la nécessaire prévenance des décideurs clefs, avec les accès aux bons niveaux, combinée à la prise en compte dans les plans de contact des parties prenantes incontournables, permet de soutenir efficacement les initiateurs étrangers dans ce type de processus.

En effet, la France dispose depuis longtemps d'un processus de contrôle des investissements étrangers encadré par une réglementation spécifique. Ce cadre réglementaire a été considérablement renforcé au cours des dernières années, à la fois en termes de secteurs industriels visés et en matière de seuils pouvant déclencher un contrôle. En effet, le gouvernement français, avant même l'arrivée au pouvoir d'Emmanuel Macron en 2017, avait cherché à renforcer le régime de contrôle des investissements étrangers à la suite de transactions controversées perçues par de nombreuses parties prenantes comme ayant entrainé une perte de savoir-faire et d'emplois qualifiés en France, à l'instar de la vente de la division énergie d'Alstom à GE en 2014. A l'époque, Arnaud Montebourg, alors ministre de l'Economie, avait ajouté les secteurs de l'énergie, de la santé, du transport et de l'eau à la liste des secteurs stratégiques couverts par le processus, qui comprenait alors uniquement la défense et l'énergie.

Sous la présidence d'Emmanuel Macron, le gouvernement français a cherché à augmenter l'attractivité de la France à l'international – pari réussi lorsqu'on constate que la France est, en 2024, pour la cinquième année consécutive la première destination pour l'investissement étranger en Europe – tout en ayant un souci de renforcer la souveraineté française, notamment sur les plans économique, sécuritaire et industriel.

Dans ce contexte, le renforcement du régime français de contrôle des investissements s'est poursuivi de manière progressive au cours des dernières années, notamment à la suite de la pandémie de Covid-19. De nouveaux secteurs ont été ajoutés à la liste, par exemple l'alimentation, les médias, la R&D stratégique, la biotechnologie ou encore plus récemment les matières premières critiques. Par ailleurs, le franchissement du seuil de 10 % des droits de vote par un investisseur non-européen dans une société cotée entraîne désormais un contrôle, alors que ce seuil était auparavant fixé à 25 %.

Le processus de contrôle en lui-même, qui est coordonné par la Direction Générale du Trésor, a été revu et simplifié, et des lignes directrices ont été publiées en 2022 afin d'en faciliter la compréhension. Mais surtout, la décision d'autoriser ou non un investissement relève *in fine* du niveau politique, du seul ministre de l'Economie, quelle qu'ait été l'instruction faite par le Trésor.

Ce renforcement et cette centralisation des pouvoirs entre les mains du ministre peut avoir des conséquences majeures. L'exemple le plus marquant demeure celui de Couche-Tard/ Carrefour en 2021, alors que le projet d'offre de la société canadienne sur l'enseigne emblématique de la grande distribution française s'est effondré en raison d'un simple tweet du ministre de l'Economie et des Finances Bruno Le Maire, avant même qu'un simple dossier n'ait été soumis à l'administration. Ainsi, les décideurs publics disposent en France d'une marge d'interprétation assez large sur ce qui constitue un secteur couvert ou non – et n'hésitent pas à exprimer publiquement leur opposition à une transaction potentielle, la menace brandie d'un refus suffisant à décourager les investisseurs potentiels. Cela s'inscrit dans un contexte où les parties prenantes sont nombreuses et de plus en plus vocales. La possible vente de Biogaran à un groupe indien en constitue un exemple récent, alors que de nombreux acteurs, notamment les salariés mais aussi le ministre de l'Industrie, ont exprimé des craintes face à cette possibilité.

2. Où intervient précisément la communication dans un contexte d'investissement étranger ?

Un groupe étranger souhaitant annoncer publiquement son intention de procéder à une offre publique d'achat visant une entreprise française se doit donc d'effectuer un travail en amont de l'annonce d'une transaction afin d'identifier d'abord les potentiels facteurs de sensibilité liés à la transaction (sur le plan politique et réputationnel) et ensuite l'ensemble des parties prenantes à l'opération : membres du gouvernement, hauts fonctionnaires en charge du dossier à Bercy et au sein d'autres ministères, parlementaires et élus locaux, journalistes, clients, consommateurs, fournisseurs, compétiteurs, salariés, actionnaires, etc.

Dans la mesure où cette analyse suppose l'obtention d'informations sur la nature exacte des activités de la société et sur l'existence ou non de clients faisant partie d'un secteur sensible, la coopération de la cible est souvent requise. A l'inverse, en cas d'offre non sollicitée, l'initiateur prendra le risque de découvrir, une fois son intention rendue publique, la nécessité d'obtenir une autorisation au titre des investissements étrangers.

Les décideurs publics disposent en France d'une marge d'interprétation assez large sur ce qui constitue un secteur couvert ou non – et n'hésitent pas à exprimer publiquement leur opposition à une transaction potentielle, la menace brandie d'un refus suffisant à décourager les investisseurs potentiels.

Une fois ces éléments identifiés, l'acheteur doit développer un plan de communication à mettre en œuvre lors de l'annonce publique de l'offre. Ce plan aura plusieurs objectifs et s'adressera nécessairement à des acteurs différents. Globalement, il est crucial d'assurer aux parties prenantes les plus importantes une bonne compréhension de l'opération envisagée et de ce qu'elle leur apporte, de manière à assurer des soutiens (ou à défaut une neutralité) parmi les acteurs pouvant exercer une influence sur le processus, soit directement ou indirectement.

Comme l'a démontré le cas Couche-Tard/ Carrefour, il convient d'éviter toute démarche qui serait vécue par l'Etat comme une surprise, particulièrement lorsque le contexte politique ou les priorités stratégiques du gouvernement rendent la transaction potentielle encore plus sensible. Cela est d'autant plus vrai lorsque l'Etat est actionnaire de la cible, par exemple à travers Bpifrance, ou en est le client (secteur de la défense – on peut penser à l'échec du rachat des filiales françaises de Segault/Velan par l'Américain Flowserve), ou encore si l'activité de la cible concerne un secteur identifié comme une priorité stratégique par le gouvernement. De même, la volonté des décideurs publics de favoriser le maintien ou le développement en France de certaines filières jugées politiquement sensibles ou importantes pourrait influer sur le processus, de manière négative mais aussi possiblement positive, notamment dans le cas d'un repreneur étranger venant au secours d'une entreprise française en perdition.

Le contexte politique demeure clef et certaines opérations pourraient être vues d'un œil différent par l'Etat à l'approche d'une échéance électorale, par exemple. En effet, même si les représentants de l'administration ou le personnel politique peuvent se montrer en faveur d'une transaction ou, *a minima*, en comprendre les raisons lors d'un échange en personne, il existe des situations où les politiques n'auront d'autre choix que de clamer publiquement leurs vives préoccupations, voire s'y opposer, afin de répondre aux préoccupations des élus et de la population, que celles-ci soient fondées ou non.

Le profil de l'acheteur étranger peut également être utilisé contre lui. En effet, un acteur franco-français pourrait jouer la carte du patriotisme économique afin de nuire aux chances de succès d'une offre d'achat déposée par un acteur étranger – soit en tant que cible, afin d'augmenter les chances d'obtenir une offre plus intéressante, soit en tant que concurrent, afin de discréditer l'offre de l'acteur étranger aux yeux de l'Etat ou d'autres parties prenantes, et incidemment de favoriser la sienne.

En établissant un canal de communication avec l'Etat, au niveau administratif mais également politique, il est possible pour un acheteur étranger de déminer certains enjeux potentiels et d'anticiper les enjeux qui pourraient surgir en cours de route. Ce dialogue pourra également permettre d'identifier plus facilement des solutions pour répondre aux problèmes « politiques », qui parfois nécessitent des contreparties qui vont au-delà des considérations juridiques ou financières. Cela peut intervenir notamment à travers des échanges directs avec les pouvoirs publics (Bercy, Matignon, Elysée), en complément des discussions entre les conseils juridiques et le bureau en charge du contrôle des investissements étrangers au Trésor.

Toutefois, considérant l'ensemble des parties prenantes concernées, il serait risqué pour un acheteur étranger de ne s'en tenir qu'à un dialogue avec l'Etat. Une stratégie plus large doit également être développée et déployée dès l'annonce de l'offre, afin de rassurer et convaincre le public. Cela est d'autant plus important si l'actionnariat de la cible comporte de nombreux actionnaires individuels en France, qui pourraient être influencés par le débat médiatique. Comme avec les politiques, il est important d'établir un dialogue avec les journalistes et commentateurs susceptibles de s'intéresser à l'opération.

Ainsi, l'acheteur étranger se retrouve à devoir maintenir un équilibre constant, tout au long de la transaction, entre les diverses parties prenantes aux intérêts parfois divergents. Il doit faire usage de différents canaux de communications pour toucher différents interlocuteurs, tout en maintenant évidemment un discours clair et cohérent. La stratégie de communication mise en place doit aussi être constamment réévaluée en fonction de l'évolution de la transaction, de manière à réagir rapidement à tout écueil pouvant nuire à son succès. Par exemple, dans un contexte où certains députés et sénateurs se mettraient à critiquer l'opération, l'acheteur pourrait convenir d'une réponse à plusieurs niveaux en offrant aux élus de les rencontrer individuellement afin de répondre à leurs critiques, en publiant une lettre ouverte dans un quotidien influent afin de réfuter ces critiques et rassurer, et en organisant des séances de *briefing* pour les journalistes couvrant l'opération.

3. Comment gérer des processus parallèles de contrôle des investissements étrangers et *anti-trust* dans différentes zones géographiques ?

Au cours des dernières années, les autorités de la concurrence en Europe et aux Etats-Unis ont considérablement renforcé leurs contrôles sur les opérations d'envergure, notamment lorsque celles-ci étaient menées par les géants américains de la tech (NVIDIA/Arm, Broadcom/VMware, Microsoft/Activision) ou concernaient des secteurs de pointe (Illumina/Grail). Plus récemment, la mise en place de contrôles des subventions étrangères à l'échelle européenne a entraîné l'obligation de notifier certaines grandes opérations impliquant des entreprises actives dans l'Union européenne et ayant reçu des « contributions financières » de gouvernements de pays tiers, rajoutant ainsi un niveau de complexité en matière de conformité.

En parallèle, de nombreux pays ont renforcé leurs processus de contrôle des investissements étrangers ou en ont mis en place lorsque ceux-ci n'existaient pas. Cela a également eu pour conséquence d'allonger la durée des transactions, de les rendre plus complexes et moins prévisibles – augmentant ainsi les risques pour l'acheteur.

De plus en plus, les transactions d'envergure se retrouvent notifiées dans plusieurs juridictions différentes, autant auprès des autorités de la concurrence que des autorités en charge du contrôle des investissements. Outre l'important travail de coordination que cela entraîne pour les équipes juridiques, il est primordial que la communication soit similairement alignée de manière à éviter les discours discordants, d'autant plus que la coopération sur les sujets d'investissements étrangers s'accroit entre les Etats européens.

L'un des principaux enseignements que nous tirons de notre expérience est que l'acheteur étranger doit bien veiller à ce qui est dit publiquement dans les médias d'un pays donné – mais aussi en privé aux décideurs publics de ce pays – ne puisse lui être opposé dans un autre pays où la transaction est également notifiée. Bien sûr, la communication de l'acheteur sera adaptée aux subtilités et considérations locales, et d'éventuels engagements répondront à des enjeux propres au pays à qui ils sont destinés. Ils doivent toutefois veiller à s'inscrire dans un tout cohérent, suivre une même ligne directrice au niveau global et présenter une seule logique stratégique d'investissement et de développement.

L'acheteur étranger doit bien veiller à ce qui est dit publiquement dans les médias d'un pays donné – mais aussi en privé aux décideurs publics de ce pays – ne puisse lui être opposé dans un autre pays où la transaction est également notifiée.

par **Pierre Casanova**,
Avocat à la Cour, Darrois Villey Maillot Brochier A.A.R.P.I.
et **Sophie Robert**,
Avocat à la Cour, Darrois Villey Maillot Brochier A.A.R.P.I.

Les offres publiques sur les institutions financières

La consolidation bancaire, encouragée au niveau français[1] comme européen, se constate à l'échelon national de certains Etats-Membres, comme avec l'offre publique d'achat hostile initiée par BBVA (deuxième banque d'Espagne)[2] sur les titres de Banco Sabadell (quatrième banque d'Espagne). Ces opérations, à l'instar de celles portant sur des compagnies d'assurance, supposent toutefois de composer avec la réglementation spécifique qui les régit ainsi que le droit des offres publiques.

Parce qu'elles aboutissent à renforcer la concentration des ressources financières, les consolidations accroissent le risque que les difficultés rencontrées par une institution affectent le système financier général. Les entités issues de consolidation ont en effet vocation à atteindre une importance systémique[3] et à présenter un risque, lui aussi, systémique.

Les établissements financiers, en particulier lorsqu'ils sont d'importance systémique, font donc l'objet d'une réglementation prudentielle, visant à éviter l'adoption de stratégies jugées excessivement risquées. Malgré cet encadrement, les actionnaires de contrôle de ces institutions (lorsqu'ils existent) conservent – notamment par leur capacité à désigner les dirigeants – une influence dans la détermination de la stratégie de ces institutions.

L'identité de l'actionnaire de contrôle d'une institution financière est donc de nature à affecter le fonctionnement du système financier, justifiant le contrôle qu'exercent les autorités de supervision sur tout changement de contrôle de ces entités, changement de contrôle qui est justement l'origine ou le but de la plupart des offres publiques.

Les Etats-Unis ont ainsi institué un régime de contrôle à travers notamment le *Change in Bank Control Act* de 1978, soumettant l'acquéreur d'une participation significative en droits de vote au sein d'une institution bancaire couverte par la garantie des dépôts américaine à l'obligation d'obtenir une décision de non-opposition de la *Federal Deposit Insurance Corporation*[4].

L'état actuel de la réglementation européenne en la matière procède de deux directives,

1 - R. Gueugneau, T. Madelin, A. Drif, *Emmanuel Macron pousse à la consolidation du secteur bancaire européen, Les Echos*, 14 mai 2024.

2 - M. Angrand, *La banque espagnole BBVA lance une OPA hostile sur sa concurrente Sabadell, Le Monde*, 9 mai 2024.

3 - Le risque systémique se définit comme « un risque de perturbation du système financier susceptible d'avoir de graves répercussions pour le système financier et l'économie réelle » : C. mon. fin., art. L. 511-41-1, A, IX (lequel provient de l'art. 3,1. 10) de la Dir. 2013/36/UE). Il est une menace pour la stabilité financière, définie comme « la situation dans laquelle les différentes composantes du système financier – marchés de capitaux, infrastructures de paiement, de règlement-livraison de titres négociables, de compensation, institutions financières – fonctionnent sans heurt et sans discontinuité tout en marquant, chacune, une bonne résistance à des chocs potentiels », J.-C. Trichet, *Revue de la stabilité financière de la Banque de France*, n° 1, 2002, p. 5.

4- 12 CFR Part 225 Subpart E.

« CRD IV »[5] et « Solvabilité II »[6], respectivement consacrées aux établissements de crédit[7] et aux entreprises d'assurance et de réassurance[8].

En France, la réglementation des opérations de prise de contrôle des institutions financières doit souvent s'articuler avec la réglementation propre aux offres publiques, dont les objectifs diffèrent. La difficulté à réaliser une telle articulation a notamment pu être soulignée à la fin des années 90, tout d'abord dans le secteur des assurances à l'occasion de la bataille boursière sur les AGF en 1997, puis dans le secteur bancaire dans le cadre de la double offre de la BNP sur Paribas et Société Générale en 1999, ces deux opérations ayant été soumises à l'examen du Comité des Etablissements de Crédit et des Entreprises d'Investissement (CECEI) et des autorités boursières compétentes, à savoir la Commission des opérations de bourse (COB) et le Conseil des marchés financiers (CMF), devenus depuis l'Autorité des marchés financiers (AMF).

A cette occasion, un auteur respecté soulignait l'existence d'un conflit de normes devant se résoudre par la « *domination* » du « *droit de la protection et de la sécurité* », qui l'emporterait alors sur le droit boursier, vu comme un « *droit de l'égalité et de la neutralité* »[9]. Ce constat mérite d'être revisité un quart de siècle plus tard pour, au moins, quatre raisons.

En premier lieu, les offres visant des institutions financières représentent en valeur absolue une part déterminante des offres publiques. A ce titre, les offres publiques visant les titres de Natixis, de CNP Assurances et de Rothschild & Co ont respectivement été les opérations les plus importantes en 2021, en 2022 et en 2023[10].

En deuxième lieu, la réglementation prudentielle a évolué. Elle s'est tout d'abord renforcée sur le plan microprudentiel, à travers la succession des accords de Bâle II (2004 : révision du ratio de solvabilité, introduction des *stress tests* et de l'approche des « 3 piliers »), Bâle III, dans son premier volet (2010 : nouvelle révision du ratio de solvabilité, introduction de coussins de fonds propres, d'un ratio de levier et de ratios de liquidité) puis dans son second volet (2017 : révision du mode de calcul du ratio de solvabilité) applicables notamment aux établissements de crédit. Elle a, surtout, changé de nature par l'ajout d'un volet macroprudentiel, en réaction à la crise financière de 2008. L'évolution de la réglementation s'est accompagnée d'un renforcement des pouvoirs de la Banque Centrale Européenne (BCE) à l'égard des établissements de crédit et les évolutions les plus récentes incitent l'observateur à estimer un reflux de cette tendance comme peu probable, en tout cas à court terme.

Un auteur respecté soulignait l'existence d'un conflit de normes devant se résoudre par la « domination » du « droit de la protection et de la sécurité », qui l'emporterait alors sur le droit boursier, vu comme un « droit de l'égalité et de la neutralité ». Ce constat mérite d'être revisité un quart de siècle plus tard pour, au moins, quatre raisons.

En troisième lieu, le droit des offres publiques a lui-même évolué en vingt-cinq ans, du fait notamment de l'adoption de la loi Florange du 29 mars 2014 ou de la réforme du 10 février 2020 de l'expertise indépendante et du retrait obligatoire, notamment en matière de fixation

5 - Dir. 2013/36/UE du Parlement européen et du Conseil, 26 juin 2013 concernant l'accès à l'activité des établissements de crédit et la surveillance prudentielle des établissements de crédit et des entreprises d'investissement. La récente Dir. (UE) 2024/1619 « CRD VI » ne modifie pas les règles applicables sur ce point.

6 - Dir. 2009/138/CE du Parlement européen et du Conseil, 25 nov. 2009 sur l'accès aux activités de l'assurance et de la réassurance et leur exercice (Solvabilité II) (refonte).

7 - Transposée en droit français : C. mon. fin., art. L. 511-12-1 et R. 511-3-1 s. et Arr. du 4 déc. 2017 relatif à l'agrément, aux modifications de situation et au retrait de l'agrément des établissements de crédit, s'agissant des prises de participation qualifiée donnant lieu à décision de l'ACPR ou de la BCE.

8 - Transposée en droit français : C. assur., art. L. 322-4 et R. 322-11-1 s., s'agissant des prises de participation donnant lieu à décision de l'ACPR.

9 - J.-J. Daigre, *De quelques enseignements généraux titrés de l'affaire BNP – Société générale – Paribas, 2000, JCP* n° 4, § 8.

10 - EY, Observatoire des offres publiques 2022, 2023 et 2024.

du prix d'une offre de fermeture[11] et de dialogue entre les actionnaires minoritaires et l'expert indépendant.

Enfin, vingt-cinq ans de pratique ont mis en lumière les modalités concrètes de l'application concurrente de ces deux réglementations.

Les offres publiques visant des entités financières présentent donc des spécificités inhérentes à l'activité de la cible, tant s'agissant de la procédure (1) que de la construction du prix de l'offre (2).

1. Les aspects procéduraux inhérents à la nature de la société visée

L'importance que représentent les établissements de crédit et les entreprises d'assurance pour le système financier implique que les opérations conférant une influence significative, voire le contrôle, sur de telles institutions, soient soumises au contrôle du superviseur des secteurs bancaires et d'assurance dans le cadre d'une procédure d'agrément que l'initiateur doit prendre en compte dans la structuration de son offre (1.1). Le rôle de l'AMF dans la fixation du calendrier de l'offre s'en trouve également affecté (1.2).

1.1. Le contrôle de l'opération par l'ACPR ou la BCE

L'acquéreur d'une « participation qualifiée » dans une institution financière fait l'objet d'un examen de l'autorité de supervision dans le cadre de la procédure d'agrément instituée à cet effet. Cet examen est susceptible de restreindre le champ des candidats susceptibles d'acquérir une telle participation. En pratique, il aboutit souvent à ce que les candidats à l'acquisition « purgent » l'agrément en acquérant un bloc de titres majoritaire avant de déposer l'offre.

La procédure d'agrément. Les régimes d'agrément applicables aux établissements de crédit et aux entreprises d'assurance et de réassurance sont identiques dans leur champ d'application. Ils concernent les opérations relatives à une « *participation qualifiée* »[12], laquelle est définie comme une participation d'au moins 10 % du capital ou des droits de vote de la société, ou permettant d'exercer une influence notable sur la gestion de celle-ci. Plus précisément, le régime appréhende l'acquisition comme la cession d'une telle participation, ainsi que le franchissement en hausse ou en baisse des seuils de 10 %, 20 %, 33,33 % ou 50 %[13]. Ces seuils témoignent d'une volonté d'harmonisation du législateur en ce qu'ils sont calculés par référence aux dispositions, de droit boursier, relatives aux déclarations de franchissements de seuils[14], qui sont également celles applicables aux seuils de l'offre obligatoire ou de l'offre simplifiée[15]. Différence notable, le seuil de 33,33 % n'est plus aligné avec le seuil applicable en matière d'offre obligatoire depuis l'abaissement de ce dernier à 30 %[16]. Les directives CRD IV[17] et Solvabilité II[18] offrent d'ailleurs aux Etats membres la possibilité d'opter pour le seuil de 30 %.

Lorsqu'il est amené à acquérir une participation qualifiée ou le contrôle d'une cible, l'acquéreur doit se soumettre à une procédure impliquant l'Autorité de contrôle prudentiel et de résolution (ACPR) et, pour les établissements de crédit, la BCE[19]. Au terme d'une période d'évaluation qui peut aller jusqu'à 60 jours ouvrés à compter

11 - Offre initiée par un actionnaire détenant, seul ou de concert, plus de 50 % du capital et des droits de vote de la société.

12 - La notion de « participation qualifiée » est issue du Règl. (UE) n° 575/2013 du Parlement européen et du Conseil, 26 juin 2013 concernant les exigences prudentielles applicables aux établissements de crédit et aux entreprises d'investissement (Règl. CRR, art. 4(1)(36) et Dir. Solvabilité II (art. 13.21).). Le droit français des assurances préfère à la notion de « participation qualifiée » la notion de simple « participation » (C. assur., art. R. 322-11-1).

13 - Arr. 4 déc. 2017, art. 7 (établissements de crédit) ; C. assur., art. R. 322-11-1, I, 1° (entreprises d'assurance et de réassurance).

14 - Arr. 4 déc. 2017, art. 3 (établissements de crédit) et C. assur., art. R. 322-11-1, I (entreprises d'assurance et de réassurance), renvoyant, pour le calcul des droits de vote, aux dispositions de l'article L. 233-4, des I et IV de l'art. L. 233-7 et de l'art. L. 233-9 C. com.

15 - C. mon. fin., art. L. 433-3 ; Règl. gén. AMF, art. 234-1 (en application d'une volonté d'harmonisation de l'AMF : v. notamment AMF, *Rapport du groupe de travail de l'AMF sur les déclarations de franchissement de seuil de participation et les déclarations d'intention*, 2008, p. 100).

16 - C. mon. fin., art. L. 433-3, I; le seuil de l'offre obligatoire ayant été abaissé par la L. n° 2010-1249 22 oct. 2010 de régulation bancaire et financière.

17 - Dir. CRD IV, art. 22(1).

18 - Dir. Solvabilité II, art. 57(2).

19 - L'ACPR doit en effet transmettre à la BCE un projet de décision visant à s'opposer ou non à l'acquisition au moins dix jours ouvrables avant

de l'accusé-réception du dossier complet (ce délai pouvant être interrompu par les autorités compétentes lorsque des informations complémentaires sont requises, cette suspension ne pouvant en principe excéder 20 jours ouvrés)[20] permettant à l'autorité de supervision d'apprécier le profil du candidat acquéreur[21], l'opération est réputée approuvée à défaut d'opposition formulée par l'autorité de supervision, étant précisé que lorsque le candidat acquéreur est lui-même une institution financière, les autorités compétentes doivent coopérer[22]. Les praticiens estiment le délai total pour obtenir les autorisations requises entre quatre et six mois dépendant des cas, ce délai pouvant toutefois être allongé dans certaines circonstances.

S'agissant du traitement réservé au cédant, les régimes applicables aux établissements de crédit et aux établissements d'assurance et de réassurance exigent que celui-ci. Le régime applicable aux banques diffère de celui des établissements d'assurance quant au traitement applicable au cédant. Le régime bancaire exige que le cédant notifie à l'ACPR le projet de cession de sa participation qualifiée, ou de franchissement d'un seuil à la baisse, préalablement à sa réalisation afin que l'autorité vérifie que cette opération ne remet pas en cause l'agrément délivré [23]. Le régime assurantiel prévoit plus particulièrement que l'ACPR dispose d'un délai de 60 jours ouvrables à compter de l'accusé-réception de la notification pour, faire savoir au cédant et à l'entreprise visée que l'opération remet en cause les conditions auxquelles est subordonné l'agrément de cette dernière[24]. Ainsi, la cession préalable à La Banque Postale du bloc détenu au sein de CNP Assurances par BPCE, en préparation de l'offre publique simplifiée sur CNP Assurances était subordonnée à l'obtention d'une décision de non-opposition de l'ACPR au profit de BPCE[25].

Le changement dans le contrôle de la société mère entraînera l'obligation pour le cessionnaire de se soumettre à la procédure susmentionnée au niveau de chacune des filiales réglementées du groupe. Cela peut ralentir significativement l'opération, en particulier lorsque plusieurs filiales sont situées à l'étranger.

Enfin, lorsque l'opération vise une société à la tête d'un groupe bancaire ou d'assurance, le changement dans le contrôle de la société mère entraînera l'obligation pour le cessionnaire de se soumettre à la procédure susmentionnée au niveau de chacune des filiales réglementées du groupe[26]. Cela peut ralentir significativement l'opération, en particulier lorsque plusieurs filiales sont situées à l'étranger, ce qui impliquera de se soumettre au contrôle de chaque autorité de supervision compétente.

L'acquisition indirecte d'une participation qualifiée peut s'apprécier selon deux critères distincts. Selon le premier, dit critère du « *contrôle* », toute personne acquérant le contrôle du détenteur d'une participation qualifiée doit être considérée comme l'acquéreur indirect de cette participation qualifiée. Selon le second, dit critère de « *multiplication* », il convient de multiplier les pourcentages des participations successives, et ce n'est que lorsque le résultat de cette multiplication est supérieur ou égal

l'expiration de la période d'évaluation (le candidat acquéreur et l'établissement de crédit en sont alors informés dans les deux jours ouvrés au terme de l'évaluation et sans dépasser la période d'évaluation), l'acquisition étant réputée approuvée à défaut d'opposition de la BCE à l'expiration de cette période : Règl. CRR, art. 15 ; Arr. du 4 déc. 2017, art. 13.

20 - Arr. du 4 déc. 2017, art. 11 et 12 (établissement de crédit) et C. assur., art. R. 322-11-2 (entreprises d'assurance et de réassurance).

21 - Sur les critères d'évaluation mis en œuvre, v. 1.2. ; et plus généralement : C. mon. fin., art. R. 511-3-2 (établissement de crédit) et C. assur., art. R. 322-11-2 (entreprises d'assurance ou de réassurance).

22 - C. mon. fin., art. R.511-3-1 (acquisition d'un établissement de crédit) ; C. assur., art. R.322-11-2, IV (acquisition d'une entreprise d'assurance ou de réassurance).

23 - Arr. du 4 déc. 2017, art. 8 et C. mon. fin., art. L. 511-12-1 (établissements de crédit) ; C. assur., art. R. 322-11-1, I et art. R. 322-11-3 (entreprises d'assurance et de réassurance).

24 - C. assur., art. R. 322-11-3. Une telle disposition n'est pas expressément prévue pour les établissements de crédit.

25 - AMF, I&D 222C0930, 26 avr. 2022, CNP Assurances (note d'information visée sous le n° 22-122, p. 9).

26 - En effet, les textes encadrant également l'acquisition indirecte d'une participation qualifiée.

à 10 % que la personne « *à la tête* » de la chaîne de participations sera réputée détenir indirectement une participation qualifiée[27].

Une orientation commune des autorités européennes de surveillance[28] recommande d'appliquer par priorité le critère du « *contrôle* ». Dans l'hypothèse où le critère du contrôle ne permettrait pas de qualifier l'acquisition indirecte d'une participation qualifiée ou un franchissement de seuil indirect, il convient alors d'appliquer le critère de « *multiplication* ». Par cette méthode, les autorités de supervision étendent le champ d'application de la procédure d'agrément, ce qui devra inciter le candidat acquéreur à acquérir une bonne connaissance des participations détenues par la société dans laquelle il souhaite acquérir une participation significative. Ce travail peut s'avérer complexe lors d'une opération boursière en raison des enjeux de confidentialité qui peuvent limiter l'accès aux informations et les travaux nécessaires pour procéder aux vérifications.

Le champ limité des initiateurs potentiels. L'obligation de notification préalable de l'opération à l'ACPR ou à la BCE vise à permettre au régulateur d'exercer son contrôle sur l'acquéreur potentiel. Ce contrôle a pour objet d'assurer que l'institution financière visée « *dispose d'une gestion saine et prudente* » en « *tenant compte de l'influence probable du candidat acquéreur* » *et en prenant en considération « le caractère approprié du candidat acquéreur et la solidité financière de l'acquisition envisagée* »[29].

Cette consigne générale est précisée par la mise en œuvre de cinq critères[30] dont « *la solidité financière du candidat acquéreur, compte tenu notamment du type d'activités exercées et envisagées au sein de l'établissement de crédit ou de la société de financement visé par l'acquisition envisagée* » et « *la capacité de [l'institution financière] à satisfaire et à continuer de satisfaire [à ses obligations prudentielles], concernant en particulier le point de savoir si le groupe auquel elle appartiendra possède une structure qui permet d'exercer une surveillance effective*[31] ». Lorsque plusieurs candidats acquéreurs se présentent, il est alors procédé à leur examen conjoint, dans des conditions assurant une égalité de traitement entre les candidats[32].

Le nécessaire respect de ces exigences est susceptible de réduire le nombre d'acteurs en mesure de déposer une offre publique sur une institution financière, favorisant les opérations entre acteurs régulés. Cette homogénéisation du profil des initiateurs n'est pas une spécificité française, et l'on en constate également les effets à l'étranger : aux Etats-Unis les opérations de consolidation entre institutions financières sont près de huit fois plus importantes en nombre que les opérations portant sur des institutions financières impliquant un acquéreur non régulé[33].

1.2. L'impact de la procédure d'autorisation sur le calendrier de l'offre

Les délais inhérents à l'obtention des autorisations réglementaires incitent l'initiateur d'une offre publique sur une institution financière à annoncer son projet d'offre pour pouvoir débuter les démarches auprès des autorités compétentes et de la société cible

27 - BCE, *Guide sur les procédures relatives aux participations qualifiées*, 2023, § 4.2.3, pp. 11 s. ; (établissements de crédit) ; C. assur., art. R. 322-11-1 (entreprises d'assurance et de réassurance).

28 - Orientations communes relatives à l'évaluation prudentielle des acquisitions et des augmentations de participations qualifiées dans des entités du secteur financier, 2016, section 6, pp. 10 s.

29 - C. mon. fin., art. R. 511-3-2 (acquisition d'un établissement de crédit) ; C. assur., art. R. 322-11-2, III (acquisition d'une entreprise d'assurance ou de réassurance).

30 - *Ibid.*

31 - Le régime bancaire exige l'exercice d'une « surveillance effective » là où le régime assurantiel fait référence à l'exercice d'un « contrôle effectif ».

32 - Arr. du 4 déc. 2017, art. 15 (établissements de crédit) ; C. assur., art. R.322-11-2, I (entreprises d'assurance et de réassurance).

33 - SDC Platinum Financial Securities Data : aux Etats-Unis en 2023, les transactions entre institutions financières étaient près de huit fois plus nombreuses que celles initiées par un acquéreur non régulé (8,13 % du nombre total de transactions en M&A contre 1,08 %), et représentaient un montant vingt-cinq fois plus important (10,36 % du marché total du M&A, vs. 0,40 %). Ces ordres de grandeur ont certes pu être influencés par la vague de consolidation bancaire intervenue à la suite de la faillite de plusieurs banques régionales au début du printemps 2023. Il demeure que l'écart s'est maintenu en 2024, où au 20 juin 2024, les transactions entre institutions financières étaient huit fois plus nombreuses que les transactions avec des acquéreurs non régulés (8,92 % du nombre total de transactions contre 1,05 %), et représentaient un montant près de dix fois plus conséquent (8,78 % du marché du M&A contre 0,91 %).

(afin de collecter les informations nécessaires à la préparation des dossiers de demande d'agrément) en vue d'obtenir les autorisations requises.

Le principe d'irrévocabilité des offres[34], dicté par la nécessité de préserver l'intégrité du marché et de respecter la loyauté dans les transactions, ainsi que celle de garantir à la société cible et à ses actionnaires la certitude nécessaire à leur évaluation de l'offre[35], connaît un nombre d'exceptions limité[36].

La contrainte liée à l'obtention d'une autorisation réglementaire n'est pas inconnue du droit des offres publiques, puisque celui-ci admet que l'initiateur stipule dans son projet d'offre une condition suspensive d'obtention d'une décision favorable des autorités de concurrence compétentes[37]. Pour autant, il s'agit de la seule procédure à bénéficier de cet aménagement, qui n'existe pas en particulier pour la procédure d'agrément de l'ACPR ou de la BCE exposée ci-avant ni par exemple pour une autorisation au titre du contrôle des investissements étrangers[38]. En droit de la concurrence, l'initiateur d'une offre peut également déposer son offre de façon inconditionnelle en s'engageant à ne pas exercer les droits de vote jusqu'à l'obtention de la décision de la Commission européenne[39]. Cette faculté n'existe pas pour les autres autorisations réglementaires.

Cette différence de traitement peut s'expliquer par la possibilité pour l'initiateur de mettre en œuvre des remèdes (cession d'activités notamment) afin de répondre aux griefs qui seraient soulevés par une autorité de concurrence.

Le calendrier de l'offre doit être ajusté quand il porte sur une institution financière : la date d'ouverture de l'offre ne peut être fixée au lendemain de la diffusion de la note en réponse, elle sera reportée à la date de réception par l'AMF de la décision d'autorisation de l'ACPR ou de la BCE.

En conséquence, le calendrier de l'offre doit être ajusté quand il porte sur une institution financière : la date d'ouverture de l'offre ne peut être fixée au lendemain de la diffusion de la note en réponse, elle sera reportée à la date de réception par l'AMF de la décision d'autorisation de l'ACPR ou de la BCE[40]. L'AMF favorise une visibilité suffisante et tend à privilégier, en l'état de sa pratique au moment où ces lignes sont écrites, l'obtention des autorisations avant l'ouverture de l'offre publique[41]. Sauf exception, l'on constate que les autorisations réglementaires requises sont le plus souvent recherchées sinon obtenues avant le dépôt de l'offre[42].

En matière de communication financière, l'on observe que les initiateurs d'une offre sur une institution financière se contentent parfois dans leur communiqué d'annonce d'une formule générale selon laquelle l'offre ou l'acquisition de bloc le cas échéant est soumise à l'obtention

34 - Règl. gén. AMF, art. 231-13, I, al. 2.

35 - P.-Y Chabert, A. Couret, *Les offres de prises de contrôle*, *in* G. Canivet, D. Martin, N. Molfessis, *Les offres publiques d'achat*, 2009, LexisNexis, § 576, p. 282.

36 - Peuvent être stipulées à titre de condition suspensive : la suite positive d'une autre offre (Règl. gén. AMF, art. 231-10), l'absence de contrôle approfondi par les autorités de concurrence compétentes (Règl. gén. AMF, art. 231-11), l'approbation par l'assemblée générale de l'initiateur de l'émission des titres destinés à rémunérer les actionnaires de la cible (Règl. gén. AMF, art. 231-12), l'atteinte d'un seuil minimum de renonciation (Règl. gén. AMF, art. 231-9, II).

37 - Règl. gén. AMF, art. 231-11. V. notamment la section du présent ouvrage consacrée au droit de la concurrence (Chap. 6).

38 - Il est également impossible de stipuler une condition suspensive d'obtention d'une décision favorable du ministre de l'Économie dans le cadre du dispositif de contrôle des investissements étrangers prévu à l'article L. 151-3 C. mon. fin.

39 - Règl. CE n° 139/2004 du Conseil du 20 janv. 2004, art. 7(1) et C. com., art. L. 430-4 ; v. à ce sujet la section du présent ouvrage relative aux enjeux de droit de la concurrence dans le contexte des offres publiques.

40 - Règl. gén. AMF, art. 231-32. En pratique, la clôture de l'offre intervient quelques jours après l'obtention de l'autorisation.

41 - *Ibidem.*

42 - La pratique, qui a pu être acceptée par le régulateur par le passé, tendant à déposer une offre mentionnant tout d'abord les autorisations requises qui auront déjà été identifiées à la date du dépôt et une condition générique d'obtention des autres autorisations réglementaires tend à ne plus se rencontrer que dans des circonstances exceptionnelles. Entre 2014 et 2023, sur 6 offres publiques visant des banques et 5 offres publiques visant des compagnies d'assurance, une offre était soumise à une autorisation réglementaire devant encore être obtenue au moment du dépôt de l'offre (AMF, I&D 221C0328, 10 févr. 2021, *Natixis*).

d'autorisations réglementaires en France et/ou à l'étranger selon le cas[43]. Si l'acquisition du bloc est elle-même soumise à l'obtention d'autorisations réglementaires, l'initiateur met à jour le marché lorsque les autorisations requises ont été obtenues et qu'il est ainsi en mesure d'acquérir le bloc en question[44]. S'agissant du degré de précision des communiqués, l'on observe des communiqués d'annonce ou de mise à jour du marché peu détaillés sur les autorisations à obtenir et qui se réfèrent de manière générale aux « autorisations réglementaires ». En revanche, le projet de note d'information de l'initiateur contient une liste précise des autorisations obtenues ou à obtenir[45].

En tout état de cause, l'on soulignera la possibilité pour toute personne qui envisage de déposer un projet d'offre publique à l'AMF sur les titres d'un établissement de crédit, d'une société de financement ou d'une société d'assurance ou de réassurance, d'en informer préalablement le président de l'ACPR, huit jours ouvrables avant le dépôt de ce projet d'offre ou son annonce publique si celle-ci est antérieure[46]. Cette prise de contact permettra d'apporter davantage de visibilité sur le calendrier de l'opération compte tenu des autorisations à obtenir.

Au-delà des adaptations apportées à la procédure d'offre lorsque celle-ci porte sur une institution financière, la nature même de telles cibles produit également ses effets en matière de prix d'offre, lequel doit être adapté aux spécificités des institutions financières.

2. L'impact des spécificités réglementaires de l'institution financière sur la construction du prix de l'offre

Les institutions financières sont soumises à des règles prudentielles régulant leurs fonds propres (2.1) ainsi qu'à une série de normes encadrant leur gestion (2.2), qui expliquent le recours à des techniques de valorisation particulières afin de prendre en compte ces spécificités.

La structure financière des établissements de crédit ou des entreprises d'assurance a des conséquences sur les méthodes utilisées pour les valoriser dans le contexte de l'offre. Des méthodes spécifiques – ou des adaptations de méthodes traditionnelles – seront nécessaires.

2.1. L'impact des exigences de fonds propres sur la valorisation d'une institution financière

La structure financière des établissements de crédit ou des entreprises d'assurance a des conséquences sur les méthodes utilisées pour les valoriser dans le contexte de l'offre. Des méthodes spécifiques – ou des adaptations de méthodes traditionnelles – seront nécessaires et leur appréciation par l'expert indépendant tiendra également compte de la nature de la cible.

En premier lieu, les méthodes de valorisation intrinsèque ou par les comparables trouvent une application particulière pour les institutions financières.

S'agissant de l'approche de valorisation intrinsèque, la méthode privilégiée en présence d'une société non-financière est celle du *discounted cash flows* (DCF), qui consiste à additionner la valeur actuelle des flux de

43 - Pour des exemples, v. le communiqué de presse du 29 déc. 2018 sur l'annonce de l'acquisition de bloc détenu par Evolvem au capital d'April par CVC, la présentation-investisseurs de BPCE du 9 févr. 2021 au moment de l'annonce de l'offre publique sur Natixis, le communiqué de presse conjoint de BPCE et La Banque Postale du 28 oct. 2021 relatif au transfert du bloc détenu par BPCE à La Banque Postale préalablement au dépôt de l'offre publique sur CNP Assurances, le communiqué de presse du 6 févr. 2023 de Concordia annonçant son intention de déposer une offre publique sur les actions de Rothschild & Co.

44 - V. par exemple le communiqué publié par April le 13 juin 2019 sur le transfert de la participation d'Evolvem à CVC Fund VII à la suite de l'obtention des autorisations réglementaires nécessaires.

45 - V. par ex. : AMF, I&D 223C1121, 18 mai 2023, *Rothschild & Co* (note d'information visée sous le n° 23-316, p. 16) ; AMF, I&D 222C0930, 26 avr. 2022, *CNP Assurances* (note d'information visée sous le n° 22-122, p. 22) ; AMF, I&D 221C0328, 10 févr. 2021, *Natixis* (note d'information visée sous le n° 21-07, p. 15).

46 - C. mon. fin., art. R. 511-3-5 (établissements de crédit) ; C. assur., art. R. 322-11-5 (entreprises d'assurance et de réassurance).

trésorerie futurs de cette société[47]. Cette méthode, en ce qu'elle opère une dissociation entre les revenus d'activité et la structure financière, n'est pas considérée comme la plus adaptée aux institutions financières, au sein desquelles activité opérationnelle et structure financière sont indissociables[48], même si des débats assidus sont notables. En conséquence, certains experts indépendants ont préféré recourir à la méthode du *dividend discount model* (DDM) qui consiste à valoriser directement les capitaux propres de l'institution en additionnant la valeur actuelle de ses dividendes futurs[49].

S'agissant des approches de valorisation relative, l'association professionnelle des experts indépendants (APEI) identifie certains multiples appropriés pour le secteur bancaire[50], dont les multiples de résultat net (PER)[51], *price-to-book* (P/B)[52] et *price to tangible book value* (P/TB)[53] normalisés qui tiennent compte des exigences réglementaires susmentionnées. L'APEI considère ainsi que les agrégats de capitalisation boursière, de fonds propres et de fonds propres tangibles (à l'exclusion du résultat net) doivent être « normalisés », c'est-à-dire retraités de l'excédent de fonds propres (ou du déficit de fonds propres). L'APEI relève que si cette normalisation permet de tenir compte des exigences réglementaires et des investisseurs en termes de fonds propres, elle nécessite toutefois un certain nombre de calculs et de retraitements à effectuer à la fois sur les sociétés de l'échantillon de comparables et sur la société à évaluer.

En second lieu, les règles applicables à l'appréciation du prix proposé par l'initiateur doivent également recevoir une application particulière. Ainsi par exemple, l'actif net comptable (ANC) est en principe l'une des références pour apprécier le prix d'une offre publique. Pour une offre de fermeture, l'AMF a même introduit lors de la réforme du 10 février 2020 sur l'expertise indépendante, le principe selon lequel l'initiateur doit justifier des raisons pour lesquelles le prix ou la parité proposés font ressortir une valeur inférieure :

« - *à l'actif net comptable ;*

- à la moyenne des cours de bourse pondérée par les volumes de transactions, pendant les 60 jours, 120 jours et 180 jours de négociation précédant l'annonce ou le fait générateur de l'offre. Pour les besoins de ce calcul, les cours et volumes utilisés sont ceux constatés sur le marché sur lequel les actions de la société visée bénéficient de la liquidité la plus importante ;

- au prix extériorisé par toute opération significative intervenue sur le capital de la société visée lors des 18 mois précédant l'annonce ou le fait générateur de l'offre.

L'initiateur doit également justifier des raisons pour lesquelles ces références ne sont pas retenues »[54].

Lors de la réforme du 10 février 2020, les membres du groupe de travail ont reconnu que l'application systématique de ces références comme prix plancher n'était ni pertinente ni adaptée à tous les secteurs d'activité.

Lors de la réforme du 10 février 2020, les membres du groupe de travail ont reconnu que l'application systématique de ces références comme prix plancher n'était ni pertinente ni adaptée à tous les secteurs d'activité[55].

47 - V. notamment la section du présent ouvrage consacré à l'appréhension du plan d'affaires par l'expert indépendant (Chap. 4).

48 - T. Koller, M. Goedhart et D. Wessels, *Valuation : Measuring and Managing the Value of Companies,* 2020, 7e éd., Chap. 38, pp. 733 s.

49 - AMF, I&D 223C1121, 18 mai 2023, *Rothschild & Co* (Rapp. de l'expert indépendant p. 82) ; AMF, I&D 222C0930, 26 avr. 2022, *CNP Assurances* (rapp. de l'expert indépendant p. 60) ; AMF, I&D 221C0803, 15 avr. 2021, *Natixis* (Rapp. de l'expert indépendant p. 64).

50 - Recueil des publications de l'APEI relatives à l'expertise indépendante, mai 2023, p. 98.

51 - Le multiple de résultat net (*Price to Earnings Ratio* ou PER) correspond au rapp. entre le cours de l'action et le bénéfice net par action.

52 - Le multiple de *Price to Book Value* (P/B ratio) correspond au rapp. entre la capitalisation boursière d'une société et la valeur comptable des fonds propres.

53 - Le multiple de *Price to Tangible Book Value* (P/TB ratio) correspond au rapp. entre la capitalisation boursière d'une société et de son actif net comptable retraité des éléments incorporels.

54 - Instr. AMF, DOC-2006-07, sur les offres publiques d'acquisition.

55 - Rapp. du groupe de travail de l'AMF sur les conditions de mise en œuvre du retrait obligatoire et de l'expertise indépendante dans le cadre

En particulier, le groupe de travail a relevé que le critère de l'ANC était beaucoup moins pertinent pour les sociétés relevant du secteur bancaire, qu'il pourrait l'être pour des *holdings* de participation. C'est la raison pour laquelle le groupe de travail a souhaité permettre aux initiateurs de laisser la possibilité de s'écarter des trois références précitées en s'en justifiant (*comply or explain*).

La décote du cours de bourse et du prix de l'offre par rapport à l'ANC observée pour les institutions financières peut s'expliquer par les règles issues de Bâle III et Solvabilité II qui obligent les institutions concernées à disposer de capitaux propres prudentiels significatifs pour faire face aux risques auxquels elles sont exposées, ayant pour conséquence mécanique d'en affecter la rentabilité. Les experts indépendants intervenus sur des offres publiques récentes sur des institutions financières ont en effet constaté que les exigences réglementaires imposaient aux établissements concernés de bloquer une fraction de l'ANC qui ne pouvait être distribuée aux actionnaires[56]. L'AMF avait elle-même reconnu que cette référence à l'ANC devait être relativisée en raison des contraintes réglementaires ayant un impact sur la rentabilité des capitaux propres[57].

En troisième lieu, si l'initiateur dispose d'une certaine marge de manœuvre dans la valorisation de l'institution financière cible, qui peut dans certaines circonstances être inférieure à son ANC, il n'est pas délié de toute contrainte, et cela en particulier eu égard à la nécessité pratique d'acquérir un bloc majoritaire préalablement au dépôt de son offre[58].

Tout d'abord, lorsque l'initiateur n'est pas déjà un actionnaire significatif de l'institution au moment du dépôt de l'offre, la contrainte peut résulter de l'attente du marché. En effet, bien qu'il n'existe en principe aucune contrainte sur le prix proposé par l'initiateur d'une offre publique volontaire selon la procédure normale[59], l'acquisition d'un bloc préalable à l'offre servira de « marqueur » pour le prix proposé dans le cadre de l'offre puisque le prix proposé aura été négocié entre des personnes indépendantes et à une date rapprochée de l'offre[60]. Ainsi que cela se constate quel que soit le type d'offre, toutes les offres lancées depuis l'an 2000 sur des institutions financières à la suite de l'acquisition d'un bloc[61] sont à notre connaissance intervenues à un prix supérieur ou égal à celui payé par l'initiateur pour le bloc.

Comme rappelé plus haut, la contrainte est plus formelle lorsque l'initiateur dépose une offre publique d'achat simplifiée, puisqu'il devra expliquer tout écart avec le prix extériorisé par une opération significative intervenue sur le capital de la société visée lors des 18 mois précédant l'annonce ou le fait générateur de l'offre[62]. Ainsi, l'acquisition du bloc qui interviendrait durant cette période constituera une référence pour la fixation du prix de l'offre. Cette contrainte sera totale lorsque l'initiateur franchit le seuil de 30 % du capital ou des droits de vote de la société cible, puisqu'il devra, sauf exceptions[63], proposer un prix au moins égal au prix le plus élevé qu'il aura payé sur la période de douze mois précédant le fait générateur de l'obligation de dépôt du projet d'offre publique[64].

L'initiateur d'une offre sur une institution financière peut donc écarter les références

---

des offres publiques, sept. 2019, p. 20.

56 - AMF, I&D 223C1121, 18 mai 2023, *Rothschild & Co* ; AMF, I&D 222C0930, 26 avr. 2022, *CNP Assurances* ; AMF, I&D 221C0803, 15 avr. 2021, *Natixis*.

57 - AMF, I&D 221C0803, 15 avr. 2021, Natixis : « *que s'agissant de la référence à l'actif net comptable celle-ci doit être relativisée en raison des contraintes réglementaires et du fait que la rentabilité des capitaux propres est inférieure au rendement attendu par les investisseurs, ce qui explique les décotes observées historiquement de la valeur des fonds propres par rapport aux actifs nets des banques françaises et européennes ; et qu'en tout état de cause, la prise en compte de ces deux références (valeur d'utilité et actif net comptable) au même rang que les critères mis en œuvre tant par la banque présentatrice que par l'expert indépendant, ne remet pas en cause le prix proposé par action* ».

58 - V. *supra* 1. 1.

59 - A. Viandier, *OPA, OPE et autres offres publiques*, 5e éd. Francis Lefebvre, 2014, § 940, p. 188.

60 - N. Bombrun, G. Bastien-Thiry, J. Deege, S. Robert, *Les opérations public to private en France, RTDF* 2020, n° 2.

61 - AMF, I&D 222C0930, 26 avr. 2022, CNP Assurances ; AMF, I&D 220C1644, 26 mai 2020 et AMF, I&D 219C1123, 9 juill. 2019, *April* ; AMF, I&D 218C0086, 11 janv. 2018, *Euler Hermès Group* (reclassement interne et acquisitions) ; AMF, I&D 215C0378, 31 mars 2015, *Banque de La Réunion* ; AMF, I&D 211C0064, 18 janv. 2011 et I&D 212C0804, 20 juin 2012, *CFCAL-Banque* ; AMF, I&D 207C0677, 17 avr. 2007, *Foncia* ; COB, I&D 201C1431, 6 déc. 2001, *Immobanque* ; COB, I&D 200C1605, 27 oct. 2000, *Via Banque*.

62 - Règl. gén. AMF, art. 233-3.

63 - Les exceptions au prix plancher de l'offre publique obligatoire sont rares ; v. à ce sujet la section du présent ouvrage sur les offres publiques obligatoires.

64 - C. mon. fin., art. L. 433-3, I, al. 3 ; Règl. gén. AMF, art. 234-6.

de prix minimum issues de la réforme de l'expertise indépendante mais il restera tenu, comme l'initiateur visant une société cible de droit commun, aux attentes du marché et aux règles de prix minimum impératives.

2.2. L'impact des décisions de gestion de l'institution financière

Certaines décisions de gestion prises par les institutions financières peuvent avoir une influence sur leur valorisation d'une institution financière donnée.

Tout d'abord, le plan d'affaires, qui occupe une place centrale dans la construction du prix d'offre, revêt une importance particulière pour les institutions financières. Si ce plan d'affaires n'existe pas toujours avec le même degré de détail pour les sociétés de droit commun[65], il est partie intégrante des institutions financières.

Pour l'examen des demandes d'agrément dans les domaines bancaire, financier et de paiement, l'ACPR s'assure que le demandeur dispose des ressources financières suffisantes pour générer une activité pérenne dans le respect des exigences liées à son agrément. Afin de souligner la pérennité de l'activité et la capacité de la société à absorber les éventuelles pertes initiales, le plan d'affaires devra être composé d'un compte de résultat, d'un bilan et d'un tableau de flux de trésorerie portant sur les trois premiers exercices et devra inclure au moins deux scénarios ; l'un cible, l'autre dégradé[66]. Ces exigences relatives au plan d'affaires sont les mêmes à l'égard d'un candidat acquéreur lorsque l'acquisition envisagée entraînerait une prise de contrôle de la cible ou une participation qualifiée[67].

Pour les demandes d'agrément des entreprises d'assurance, des exigences comparables sont prévues puisque l'ACPR requiert que lui soit délivré un programme d'activités sur plusieurs années et comportant un scénario central et un scénario adverse[68]. Lorsqu'une prise de contrôle ou l'acquisition d'une participation qualifiée est envisagée, l'acquéreur potentiel doit également intégrer à son dossier un programme d'activité sur trois ans[69].

Ces exigences réglementaires ont des conséquences sur l'évaluation de la société dans le contexte de l'offre. Il est en effet requis de mettre à la disposition de l'expert l'ensemble des plans d'affaires disponibles (s'il en existe plusieurs) et donc des deux scénarios (central et dégradé) établis pour se conformer aux exigences réglementaires. Les estimations attachées au plan d'affaires « central », qui sont régulièrement mises à jour, peuvent parfois être revues et refléter un environnement de marché plus difficile, sans pour autant nécessiter le passage à un plan d'affaires « ajusté » sur la période considérée[70]. En pratique, l'évaluation de la société dans le cadre de l'offre repose, le plus souvent, sur le scénario « central ». L'expert indépendant peut néanmoins obtenir accès à des analyses de sensibilité du scénario central afin d'apprécier les conséquences qu'auraient des changements macro-économiques sur la valorisation de la société[71].

Au-delà du scénario central et du scénario dégradé, les régulateurs demandent aussi aux institutions financières de leur fournir un *stress test*. Apparus avec les accords de Bâle II pour les établissements de crédit, les *stress tests* constituent des exercices prospectifs visant à évaluer l'impact de scénarios de

65 - V. notamment la section du présent ouvrage consacrée à l'appréhension du plan d'affaires par l'expert indépendant (Chap. 4)

66 - Points d'attention de l'ACPR dans l'instruction des dossiers d'agrément dans les domaines bancaire, financier et des paiements, mis à jour le 8 février 2024 ; Points d'attention de l'ACPR au cours de l'instruction des dossiers d'agrément des organismes d'assurance, mis à jour le 7 nov. 2023.

67 - BCE, *Guide sur les procédures relatives aux participations qualifiées*, 2023, § 5.2.4, pp. 24-25 ; ACPR, Instr. n° 2021-I-18 relative aux demandes de prise de contrôle ou de participation qualifiée des établissements de crédit, 6 déc. 2021, Annexe.

68 - Points d'attention de l'ACPR au cours de l'instruction des dossiers d'agrément des organismes d'assurance, mis à jour le 7 nov. 2023.

69 - ACPR, Instr. n° 2015-I-34 du 17 déc. 2015 relative aux informations à transmettre à l'Autorité de contrôle prudentiel et de résolution dans le cadre de l'acquisition ou l'extension de participation dans une entreprise d'assurance, de réassurance ou dans une société de groupe d'assurance modifiée par l'instruction n° 2018-I-08, 11 juill. 2018 et l'Instr. n° 2019-I-12, 18 avr. 2019, Annexe.

70 - Communiqué de presse de Rothschild & Co du 19 juin 2023 ; AMF, I&D 223C1121, 18 mai 2023, *Rothschild & Co* (note d'information visée sous le n° 23-316, p. 45) ; AMF, I&D 218C0086, 11 janv. 2018, Euler Hermès (note d'information visée sous le n° 18-010, p. 26).

71 - AMF, I&D 222C0930, 26 avr. 2022, CNP Assurances (note d'information en réponse visée sous le n° 22-123, p. 20 et rapp. de l'expert indépendant, pp. 67-71).

crise macroéconomique et financière sur ces établissements[72]. La réglementation Solvabilité II prévoit également des *stress tests* pour les acteurs de l'assurance[73]. Ce *stress test*, qui envisage par nature une situation « extrême », sera pris en compte à sa juste mesure par l'expert indépendant[74], puisqu'il ne reflète pas les ambitions de développement de l'institution concernée mais n'existe que d'un point de vue réglementaire afin de se prémunir d'une crise financière. Le taux de rendement des fonds propres d'une institution financière peut être inférieur au taux de rendement de sociétés de droit commun : à raison de la gestion qu'elles en font bien sûr, mais aussi des évolutions – effectives ou prévisibles – de la réglementation en matière prudentielle.

Pour apprécier la rentabilité des fonds propres d'un établissement financier, il convient donc d'examiner la situation au moment de l'offre mais également, de *lege ferranda*, de tenir compte des conséquences qu'auront les dispositions prudentielles connues mais non encore en vigueur. A ce jour, par exemple, les plans d'affaires des établissements de crédit n'intègrent pas nécessairement l'intégralité des contraintes prudentielles liées à Bâle III, qui pourraient aboutir à un rehaussement du niveau de fonds propres d'une institution donnée, et donc à une diminution de la rentabilité de ces derniers comme évoqué ci-avant. Dans son analyse, l'expert indépendant peut appréhender ces évolutions[75].

---

72 - C. mon. fin., art. L. 511-41-1-B et L. 511-41-1-C.

73 - ACPR, *Stress tests européens*, mis à jour le 22 mars 2019 ; Dir. Solvabilité II, art. 34.4 ; C. assur., art. L. 310-12-4.

74 - AMF, I&D 223C1121, 18 mai 2023, *Rothschild & Co*, (note d'information visée sous le n° 23-316, p. 31) ; AMF, I&D 222C0930, 26 avr. 2022, *CNP Assurances* (note d'information en réponse visée sous le n° 22-123, p. 20 et rapp. de l'expert indépendant, pp. 67-71).

75 - AMF, I&D 223C1121, 18 mai 2023, *Rothschild & Co* (rapp. de l'expert indépendant, p. 87).

par **Pascale Lagesse**,
Avocate associée, Cabinet Bredin Prat

L'information/consultation du CSE : impact sur le calendrier

Dans le monde complexe des offres publiques d'achat, où les enjeux financiers se mêlent étroitement aux considérations sociales, l'inadaptation du droit commun de la consultation des instances de représentation élue du personnel a entraîné la création d'un régime « sur mesure ».

En France, avant la transposition en 2006 de la « *directive européenne OPA* »[1], l'information et la consultation du comité d'entreprise dans le cadre des OPA se limitait très souvent à une simple formalité dans la mesure où seules servaient de référence les règles de droit commun prévues par le code du travail, laconiques en matière d'OPA.

De nombreux changements sont intervenus depuis 2006, souvent sous l'impulsion de directives européennes, renforcés en 2014 par la « loi Florange », puis parachevés en 2017 avec les ordonnances Macron.

Cette évolution a soulevé plusieurs difficultés quant à la manière dont les entreprises doivent anticiper les aspects sociaux de leurs opérations, dans le processus décisionnel entourant l'OPA.

La procédure d'information et de consultation du CSE est devenue une étape obligatoire mais à géométrie variable selon l'entreprise au sein de laquelle elle est conduite.

En témoigne l'affaire *Veolia-Suez*[2], une des plus marquantes en la matière ces dernières années, illustrant parfaitement les enjeux complexes et les défis auxquels sont confrontées les entreprises et l'importance stratégique des procédures de consultation des représentants du personnel dans un tel cadre. Les décisions prises dans le cadre de cette affaire ont d'ailleurs contribué à façonner le paysage juridique entourant les OPA et le droit social en France.

Les avocats jouent donc un rôle clé dans l'articulation des normes issues du code du travail, du code monétaire et financier et du code de commerce. Trois codes qui traduisent des intérêts divergents à concilier.

Répondre aux défis et aux opportunités que présente ce nouveau paysage, par la mise en place de stratégies favorisant le bon déroulement de l'OPA d'un point de vue social, gage d'une réussite économique et financière de l'opération : tels sont les défis, et non des moindres, auxquels sont confrontés les avocats en la matière.

Le présent chapitre a pour objet de présenter sous forme de réponses à des questions pratiques, les principaux enjeux entourant les OPA en droit social.

1 - Dir. 2004/25/CE, 21 avr. 2004.

2 - Saga judiciaire entre deux géants concurrents du secteur de l'eau et des déchets, Suez et Veolia entre 2020 et 2022. Le 30 août 2020, par voie de communiqué de presse, Veolia a annoncé son intention d'acquérir 29,9 % des actions détenues par Engie dans le capital de Suez et de déposer une offre publique d'acquisition volontaire du solde des actions de Suez, dès l'obtention des autorisations réglementaires nécessaires ; elle a par ailleurs indiqué se réserver la possibilité de déposer l'offre publique "à tout moment", avant l'obtention de ces autorisations. Après avoir effectivement racheté 29,9 % des parts d'Engie dans Suez, Veolia a, près d'un an après formulé une OPA afin d'acquérir le capital de Suez. A la suite des nombreuses interventions des tribunaux et autorités de régulation, Veolia a acquis plus de 80 % du capital de Suez. Les contentieux entourant les procédures de consultation des CSE ont été nombreux et ont participé à retarder substantiellement le processus d'acquisition.

1. Règles générales :

En cas d'OPA, faut-il informer ou consulter les représentants du personnel de l'initiateur et/ou de la cible au préalable de l'annonce ou du dépôt de son offre ?

Réponse : En principe, non.

Il s'agit d'une **exception** notable aux règles de droit commun suivant lesquelles le CSE doit être consulté **avant** la prise de toute décision relative à l'organisation, la gestion et la marche générale de l'entreprise[3].

L'application des règles de droit commun imposerait en effet d'initier et d'achever les procédures d'information-consultation des représentants du personnel avant le dépôt de l'offre auprès de l'AMF.

Or, lorsque l'on connaît les délais applicables à ces procédures[4] ainsi que les difficultés, en pratique à garantir la confidentialité des informations délivrées[5], les règles de droit commun prévues par le code du travail paraissent parfois difficilement conciliables avec les exigences du droit boursier, lesquelles exigent que les informations susceptibles d'avoir une incidence significative sur le cours d'un instrument financier ou sur la situation et les droits des porteurs soient rendues publiques dès que possible[6].

C'est la raison pour laquelle désormais en cas d'offre publique d'acquisition, le code du travail prévoit une **dérogation expresse** aux règles de droit commun et pose le principe d'une **intervention *a posteriori* – c'est-à-dire après le dépôt de l'offre** – des représentants du personnel.

Ce principe d'absence d'information ou de consultation préalablement à l'annonce et au dépôt de l'offre connaît toutefois une exception dans l'hypothèse, relativement rare en pratique, où l'offre s'inscrit dans le cadre d'un projet plus global comportant d'autres étapes préalablement au dépôt de l'offre.

La médiatique affaire *Veolia/Suez* est riche d'enseignements à ce sujet. Elle a été l'objet de nombreux débats tant judiciaires que politiques de 2020 à 2022, et a donné lieu à des décisions de justice intéressantes[7].

Historiquement, les tentatives de rapprochement entre Veolia et Suez ne sont pas nouvelles et datent de 2006 et 2012.

Que faut-il donc retenir de cette saga judiciaire entre ces deux rivaux historiques ?

Pour mémoire, la société Veolia a déclaré le 30 aout 2020 se porter acquéreur des 29,9 % des actions de Suez détenues par Engie en vue « de créer un grand champion mondial Français de la transformation écologique »[8].

En cas d'acceptation de l'offre par Engie, Veolia avait d'ores et déjà annoncé vouloir **déposer une OPA volontaire sur le solde de Suez** dans la suite de l'acquisition des 29,9 % des actions de Suez[9].

Ces déclarations ont eu d'importantes répercussions au sein des entreprises concernées.

En l'espèce, les salariés du groupe Suez ont appris l'existence du projet par voie de presse ce qui a engendré un climat d'hostilité envers l'opération.

---

3 - C. trav., art. L. 2312-14 : « *Les décisions de l'employeur sont précédées de la consultation du comité social et économique, sauf, en application de l'article L. 2312-49, avant le lancement d'une offre publique d'acquisition.* »

4 - Sauf accord d'entreprise prévoyant des délais différents, la procédure de consultation est réputée achevée à l'expiration d'un délai d'un mois, porté à deux mois en cas de désignation d'un expert par le CSE ou à trois mois lorsque la consultation intervient à la fois au niveau de l'entreprise et au niveau d'un ou plusieurs établissements et qu'un expert a été désigné (C. trav., art. R. 2312-6).

5 - C. trav., art. L. 2315-3 : « *les membres de la délégation du personnel du comité social et économique et les représentants syndicaux sont tenus à une obligation de discrétion à l'égard des informations revêtant un caractère confidentiel et présentées comme telles par l'employeur.* » En dépit de cette obligation légale, force est de constater que cette obligation est parfois difficile à faire respecter et qu'en pratique, les fuites, tant au sein de l'entreprise qu'à l'extérieur, sont relativement fréquentes lors des procédures d'information-consultation.

6 - Règl. gén. AMF, art. 223-6.

7 - TJ Paris, Ord. ref., 9 oct. 2020, n° 20/56077 ; CA Paris, pôle 6, ch. 2, 19 nov. 2020, n° 20/06549 ; CA Paris, pôle 6, ch. 2, 8 déc. 2020, n° 20/07745 ; TJ Nanterre, 3 févr. 2021, n° 20/09953 ; CA Versailles, 6e ch., 15 avr. 2021, n° 21/00378, 21/00381, 21/00382 et 21/00402 ; Soc., 12 mai 2021, n° 20-22.230.

8 - TJ Paris, Ord. ref., 9 oct. 2020, n° 20/56077.

9 - Communiqué de presse de Veolia, 30 août 2020.

Suez a immédiatement réagi en qualifiant l'opération d'OPA d'hostile.

La société a annoncé qu'elle réunirait son conseil d'administration pour étudier l'opération et ses impacts, en tenant compte de l'intérêt de la société, de ses actionnaires, de ses employés et de toutes les parties prenantes.

A plusieurs reprises, Suez a réitéré son opposition à l'opération qui était jugée « *incompatible avec l'intérêt de Suez et de l'ensemble des parties prenantes, en particulier ses actionnaires, ses salariés et ses clients* »[10].

D'ailleurs, le Président de Suez, Philippe Varin, estimait que « *Pour nos 90.000 collaborateurs, dont 30.000 en France, c'est la menace de pertes d'emplois* »[11].

Au lendemain de cette interview, le Ministre de l'Economie et des Finances, Bruno Lemaire, déclarait que « *le rôle de l'Etat [était] de veiller à ce qu'il n'y ait pas de guerre inutile dans le capitalisme français mais la capacité à dégager de la valeur et des emplois pour nous tous* ».

S'agissant du CSE de l'UES de Suez il a tout d'abord déclenché une procédure d'alerte économique, une procédure d'information-consultation a été entamée sur le projet de rapprochement avec Veolia, et il a, dans ce cadre, désigné un cabinet d'experts pour l'accompagner en sollicitant une expertise sur les risques psychosociaux. Enfin, il a engagé plusieurs actions en justice contre Suez, Engie, et Veolia afin de suspendre toute opération de rapprochement.

Par ordonnance de référé du 9 octobre 2020, le Tribunal judiciaire estimait que Suez s'était trouvé dans l'impossibilité de respecter les obligations légales d'information-consultation de ses instances représentatives du personnel dès lors, qu'outre les délais restreints qui lui étaient imposés pour une opération d'une telle envergure, ni Veolia ni Engie n'avaient fourni à Suez les informations nécessaires pour permettre aux instances représentatives du personnel de rendre un avis éclairé.

En conséquence, l'absence d'information-consultation des CSE de Suez sur le projet de Veolia de rachat des parts détenues par Engie constituait un trouble manifestement illicite.

L'opération de l'offre d'acquisition par Veolia des actions de Suez détenues par Engie et l'OPA de Veolia sur Suez ont donc été suspendues dans l'attente de l'information et de la consultation des CSE concernés sur les décisions déjà prises et annoncées publiquement par voie de presse par Veolia et Engie.

Le 19 novembre 2020, la Cour d'appel de Paris a confirmé l'ordonnance de référé.

Elle a jugé que l'information-consultation du CSE était préalable et obligatoire, même si l'employeur n'était pas l'auteur du projet, à condition que le projet soit suffisamment avancé pour affecter la marche générale ou l'orientation stratégique de l'entreprise.

La Cour a souligné que l'acquisition par Veolia de 29,9 % des actions de Suez et l'intention d'OPA affectaient les orientations stratégiques et la politique sociale de Suez, justifiant la consultation du CSE.

Saisi d'une assignation au fond par Veolia, le Tribunal judiciaire de Nanterre a rendu une décision opposée à celle du tribunal judiciaire et de la Cour d'appel de Paris.

Le Tribunal judiciaire de Nanterre a jugé qu'« *au moment où ce tribunal statue, il n'est donc pas démontré que Veolia dispose du pouvoir de décision au sens des articles L. 2312-14 et 2312-15 de code du travail précités. En effet, la seule acquisition des actions auprès d'Engie et la proposition d'OPA transmise au conseil d'administration de Suez ne donnent pas ce pouvoir de décision à Veolia au sein de l'entreprise Suez. Par conséquent, les conditions prévues à l'article L. 2312-8 du code du travail relatives à l'information consultation obligatoire ne sont pas réunies actuellement, peu important l'existence d'un projet global*

10 - Communiqué de presse de Suez, 9 sept. 2020.

11 - Interview accordée au Journal Du Dimanche.

et déterminé dès lors qu'il n'est pas relié à la manifestation de volonté d'un organe dirigeant qui oblige l'entreprise[12]. »

Le 15 avril 2021, la Cour d'appel de Versailles était amenée à se prononcer définitivement au sujet de l'affaire *Suez/Veolia*[13].

La question était notamment de savoir si le régime spécifique d'information puis de consultation des CSE tel que décliné aux articles L. 2312-42 et suivants du code du travail constituait un obstacle à l'application de celui visé aux articles L. 2312-8 et suivants du même code.

La Cour a jugé que l'information-consultation du CSE de Suez était nécessaire au stade du projet de Veolia, matérialisé par l'acquisition de 29,9 % des actions de Suez détenues par Engie et la proposition d'offre publique d'achat.

Elle a précisé que, même si l'auteur de l'offre n'est pas tenu de consulter le CSE de sa propre structure avant le lancement de l'OPA conformément à l'article L. 2312-49 du code du travail, rien n'interdisait à la société cible de le faire si les conditions de l'article L. 2312-8 du même code étaient remplies.

En conséquence, la Cour en a déduit que « *les dispositions des articles L. 2312-42 et suivants du code du travail n'interdisent pas, par principe, de voir effectuer une information-consultation du CSE par l'employeur de la société cible en amont du dépôt de l'OPA* ».

Au cas d'espèce, les dispositions de l'article L. 2312-8 étaient remplies et avaient lieu à être appliquées.

La Cour a conclu que l'obligation d'information-consultation du CSE dépendait de l'existence d'un projet suffisamment avancé pour influencer l'organisation, la gestion et la marche générale de l'entreprise, ce qui était le cas en l'espèce. Le projet plus global était indissociable de l'OPA visant à acquérir toutes les actions de Suez, justifiant ainsi la consultation en amont.

Le 10 janvier 2022, l'OPA de Veolia sur Suez était définitivement actée à la suite de l'autorisation de l'AMF.

L'affaire *Veolia/Suez* souligne l'importance sous-estimée jusqu'alors des procédures d'information et de consultation des instances représentatives du personnel lors des OPA.

L'affaire souligne l'importance sous-estimée jusqu'alors des procédures d'information et de consultation des instances représentatives du personnel lors des OPA.

2. Quelles sont les obligations de l'initiateur de l'offre ?

Quelles sont les obligations applicables à l'égard des représentants du personnel au sein de la société initiatrice ?

Réponse : Si la société initiatrice emploie au moins 50 salariés[14] en France et qu'elle est dotée d'un CSE, elle doit le réunir **dans les deux jours ouvrables suivant la publication de l'offre** – ou éventuellement son annonce (en cas d'option pour la procédure accélérée décrite ci-dessous) – afin d'informer les représentants du personnel de l'offre.

Lors de cette réunion, l'initiateur doit transmettre au CSE des informations « écrites et précises » sur le contenu de son offre, ainsi que sur les conséquences en matière d'emploi qu'elle est susceptible d'entraîner.

Il s'agit d'une simple information, ce qui signifie que le CSE n'a pas à rendre d'avis sur l'opération.

Cette obligation peut ainsi être purgée par la tenue d'une seule réunion extraordinaire du CSE dans les deux jours ouvrables suivant la publication (ou l'annonce) de l'offre.

12 - TJ Nanterre, 3 févr. 2021, n° 20/09953.

13 - CA Versailles, 6e ch., 15 avr. 2021, n° 21/00378

14 - Les effectifs sont calculés en équivalent temps plein, conformément aux art. L. 1111-2 et L. 1111-3 C. trav. Le seuil de 50 salariés doit avoir été atteint pendant douze mois consécutifs.

En pratique, l'initiateur ne manquera pas de tenir son CSE régulièrement informé du déroulement de la procédure, ce qui peut être réalisé au cours des réunions ordinaires de l'instance.

S'il convient de souligner que le défaut de communication au CSE des informations qui lui sont destinées expose le chef d'entreprise à des sanctions civiles et pénales[15], la validité de l'offre présentée ne sera pas pour autant remise en question.

En effet, l'éventuelle *« faute commise au regard des dispositions du code du travail ne contamine pas l'opération telle que réglementée par le code de commerce »*.[16]

Cela est vrai concernant l'initiateur de l'offre, dès lors que l'article L. 2312-48 du code du travail ne prévoit aucune sanction particulière en cas de manquement de l'initiateur à l'égard de son CSE. Il semble donc y avoir une déconnexion partielle entre le régime issu des dispositions du code du travail et celui issu des dispositions du code de commerce s'agissant de l'initiateur à l'égard de son CSE.[17]

Pour autant, ce principe est à relativiser concernant l'initiateur à l'égard du CSE de la cible, dès lors que dans cette hypothèse, l'initiateur peut être temporairement privé de ses droits de vote.

Si la société initiatrice est une société européenne, l'article L. 2353-6 du code du travail prévoit qu'une réunion du comité de la société européenne doit être organisée dans les huit jours[18] suivant la publication de l'offre. L'initiateur devra alors lui transmettre les mêmes informations qu'au CSE.

Enfin, si la société initiatrice est une entreprise de dimension communautaire ou l'entreprise dominante d'un groupe d'entreprises de dimension communautaire dotée d'un comité d'entreprise européen, elle doit réunir le comité d'entreprise européen dans le « *délai le plus rapproché* » suivant la publication de l'offre qui puisse permettre la présence effective de ses membres.

Le comité d'entreprise européen doit recevoir les mêmes informations que le CSE.

Il semble y avoir une déconnexion partielle entre le régime issu des dispositions du code du travail et celui issu des dispositions du code de commerce s'agissant de l'initiateur à l'égard de son CSE.

Quelles sont les obligations applicables si la société initiatrice est dépourvue de représentant du personnel ou emploie moins de 50 salariés ?

Réponse : Si la société initiatrice se trouve dépourvue de CSE, elle doit informer directement les salariés.

Le code du travail n'apporte aucune précision sur le contenu de l'information qui doit être délivrée aux salariés. L'article L. 2312-50 du code du travail ne prévoit pas de réunion au profit des salariés à la différence du cas où il existe un CSE, qui doit être réuni et qui se voit transmettre des informations écrites et précises tant sur le contenu de l'offre que sur les conséquences en matière d'emploi qu'elle est susceptible d'entraîner. La procédure d'information à l'égard des salariés semble donc être allégée.

Le code du travail ne précise pas non plus les modalités suivant lesquelles ces informations doivent être délivrées au personnel. A titre de précaution, il est préférable de recourir à un mode d'expédition permettant de justifier de la réception de cette information par les salariés.

---

15 - *V. infra : Quelles sont les sanctions applicables en cas de non-respect de ces obligations ? Le CSE de la société cible a-t-il le pouvoir de bloquer l'offre ?*

16 - B. Teyssié, *CSE – l'OPA dans le droit du CSE, JCP S* 2022, n° 36 : « que : « *Le défaut de réunion du comité social et économique dans les conditions légalement fixées, les défaillances relevées en ce qui concerne la communication d'informations à ses membres exposent le chef d'entreprise à des sanctions civiles au titre des préjudices nés des manquements constatés mais aussi à une peine d'amende en raison de l'entrave mise au fonctionnement régulier du comité (C. trav., art. L. 2317-1, al. 2). (…) La validité de l'offre présentée n'est pas, en revanche, remise en question : la faute commise au regard des dispositions du code du travail ne contamine pas l'opération telle que réglementée par le code de commerce* ».

17 - CA Versailles, 16 févr. 2023, n° 22/04036.

18 - En l'absence de précision contraire, il convient de comprendre qu'il s'agit de jours calendaires.

A notre avis, et bien que cela ne ressorte pas clairement de la rédaction du code du travail, les mêmes règles sont applicables lorsque la société initiatrice est pourvue d'un CSE mais emploie moins de 50 salariés. En effet, les prérogatives du CSE en matière d'OPA sont réservées aux CSE des entreprises de plus de 50 salariés[19].

On notera à cet égard qu'avant la réforme de 2017 ayant fusionné comité d'entreprise et délégués du personnel, les entreprises dotées de délégués de personnel mais pas d'un comité d'entreprise devaient informer directement les salariés.

Quid du cas où l'entreprise cible est dépourvue de représentants du personnel ?

Réponse : Lorsque l'entreprise cible est dépourvue de CSE, l'employeur de la société cible informe directement les salariés de l'OPA dans les trois jours suivant la publication de la note d'information prévue à l'article L. 621-8 du code monétaire et financier. L'initiateur la transmet à l'employeur de la société cible qui la transmet lui-même aux salariés sans délai[20].

Quelles sont les règles applicables si l'initiatrice est une société étrangère ?

Réponse : Plusieurs cas de figure doivent être distingués :

Si la société étrangère emploie en son nom propre des salariés en France, le code du travail s'applique et les mêmes règles que celles exposées ci-dessus sont applicables.

Si la société étrangère n'emploie aucun salarié en France en son nom propre, les règles ci-dessus rappelées sont sans objet.

Toutefois, si la société étrangère contrôle, directement ou indirectement, une ou plusieurs filiales en France il conviendra de procéder à une analyse approfondie des modalités de l'opération.

Le code du travail ne précise pas les modalités suivant lesquelles les informations doivent être délivrées au personnel. A titre de précaution, il est préférable de recourir à un mode d'expédition permettant de justifier de la réception de cette information par les salariés.

Enfin et en toute hypothèse, si la société initiatrice emploie des salariés en dehors de France, il conviendra de vérifier localement que les lois de l'Etat (ou des Etats) où la société emploie des salariés n'imposent pas une quelconque obligation d'information ou de consultation vis-à-vis des salariés ou des représentants du personnel basés dans cet Etat.

Faut-il également informer ou consulter le CSE des filiales de l'entreprise initiatrice, le cas échéant ?

Réponse : S'agissant de l'entreprise initiatrice, le code du travail n'impose qu'une information. En effet, conformément à l'article L. 2312-49 dudit code, l'employeur qui lance une offre publique d'acquisition portant sur le capital d'une entreprise n'est pas tenu de consulter le comité social et économique avant ce lancement. En revanche, il réunit le comité social et économique dans les deux jours ouvrables suivant la publication de l'offre ou de l'annonce de l'offre dans le cas prévu à l'article L. 2312-47 en vue de lui transmettre des informations écrites et précises sur le contenu de l'offre et sur les conséquences en matière d'emploi qu'elle est susceptible d'entraîner.

S'agissant des filiales de la société initiatrice, ni l'information ni la consultation de leurs CSE respectifs ne sont requises par le code du travail.

Néanmoins, dans un arrêt récent portant sur les procédures de consultation au sein de la cible et ses filiales, la Cour de cassation a estimé qu'en l'absence de comité d'entreprise

19 - C. trav., art. L. 2312-1.
20 - C. trav., art. L. 2312-50.

européen, le CSE de la filiale française d'une société mère ayant son siège à l'étranger doit être consulté lorsque cette dernière fait l'objet d'une OPA. Une telle procédure se justifie lorsque l'OPA à l'étranger s'inscrit dans un projet plus vaste et impacte l'organisation, la gestion et la marche générale de l'entreprise française. Tel est notamment le cas en présence **de mesures de nature à affecter le volume ou la structure des effectifs, résultant des modifications de l'organisation économique ou juridique de l'entreprise**[21].

Il ne peut donc être totalement exclu qu'un raisonnement analogue ne soit un jour tenu par le juge s'agissant des CSE de la société initiatrice, voire de ses filiales, toutes les fois où l'OPA s'inscrit dans un projet plus global correspondant à un cas de consultation « de droit commun ». Elle pourrait alors indirectement donner lieu à consultation au sein de la société initiatrice (...ou ses filiales). D'ailleurs, la prise en compte du projet plus global entourant l'OPA ressort en réalité déjà de certaines décisions rendues à l'occasion de la saga judiciaire *Suez vs. Veolia*.

S'agissant des filiales de droit étranger, il conviendra de vérifier, dans chacun des pays concernés, qu'aucune obligation d'information ou de consultation à l'égard des salariés ou des représentants du personnel n'est prévue par la législation locale.

Quelles sont les obligations applicables à l'égard des représentants du personnel de la société cible ? Comment cela s'intègre-t-il dans le calendrier de l'offre publique ?

Réponse : Le CSE de l'entreprise cible, le cas échéant, doit être réuni « immédiatement » suivant le dépôt d'une offre publique d'acquisition[22].

Au cours de cette réunion, les membres du CSE peuvent décider, à la majorité des élus présents :

De procéder à l'audition de l'initiateur, qui devra alors se tenir dans un délai d'une semaine suivant le dépôt du projet d'offre[23].

De désigner un expert-comptable afin de l'assister dans le cadre de cette procédure d'information-consultation[24]. L'expert ainsi désigné doit établir, dans un délai de trois semaines à compter du dépôt du projet d'offre, un rapport évaluant la politique industrielle et financière et les plans stratégiques que l'initiateur envisage d'appliquer à la cible, ainsi que les répercussions de leur mise en œuvre sur l'ensemble des intérêts, l'emploi, les sites d'activité et la localisation des centres de décision de cette dernière[25].

Un jugement du Tribunal Judiciaire d'Angoulême rendu le 7 août 2024 confirme que ces dispositions ne s'appliquent qu'à la société cible de droit français, et non aux sociétés étrangères cibles d'une OPA. Cette solution vaut également pour les CSE des filiales françaises d'une société étrangère cible.

Le CSE doit émettre son avis sur l'offre dans un délai d'un mois à compter du dépôt du projet d'offre. S'il n'émet pas d'avis dans ce délai, il est réputé avoir été consulté[26].

L'avis du CSE ainsi que le rapport de l'expert-comptable sont reproduits dans la note en réponse établie par la société cible ou la note d'information commune établie par l'auteur de l'offre et la cible. Ils seront donc portés à la connaissance du public[27].

A noter que si la cible est l'entreprise dominante d'un groupe et qu'elle est dotée d'un comité de groupe ou d'un comité d'entreprise européen, la consultation devra être réalisée au niveau de cette instance.

---

21 - Soc. 19 déc. 2018, n° 18-14.520, Gemalto. – V. *infra*.

22 - C. trav., art. L. 2312-42, al. 1er.

23 - C. trav., art. L. 2312-42, al. 3 et L. 2312-43, al. 1er.

24 - C. trav., art. L. 2312-42, al. 3 et L. 2312-43, al. 3.

25 - C. trav., art. L. 2312-45.

26 - C. trav., art. L. 2312-46, al. 2.

27 - C. trav., art. L. 2312-46, al. 3.

3. Modalités pratiques de déroulement de la procédure

Est-il possible d'accélérer le calendrier et de débuter la procédure d'information-consultation avant le dépôt de l'offre ?

Réponse : L'initiateur peut demander à débuter la procédure dès l'annonce de l'offre, dès lors qu'il a demandé à l'employeur de la société cible de réunir son CSE dans les deux jours ouvrables suivant l'annonce de l'offre.

Les articles L. 2312-42 à L. 2312-46 du code du travail s'appliquent, mais les délais prévus par lesdits articles courent à compter de l'annonce de l'offre et non à compter de la publication de l'offre[28].

Il est important de relever qu'à la lecture du texte, ce n'est qu'à la demande de l'initiateur de l'offre que le calendrier pourra être accéléré.

La société cible ne semble pas disposer d'une telle possibilité.

La procédure d'information-consultation dans le cadre du calendrier accéléré consacre des garanties procédurales quant à l'avis rendu par le CSE. En effet, « *en cas de modification significative des informations présentées* » au CSE entre l'annonce et le dépôt de l'offre, l'avis rendu par le CSE sur le projet d'offre est caduc. Ainsi, l'avis du CSE perd rétroactivement ses effets.

En conséquence, le CSE sera réuni dans les deux jours suivant le dépôt de l'offre et rendra un nouvel avis dans les conditions prévues aux articles L. 2312-42 et L. 2312-46 du code du travail. L'on comprend qu'en cas de modification significative des informations présentées au CSE, un retour à la procédure classique s'impose[29].

Par ailleurs, l'existence d'un droit spécifique des OPA n'exclut pas l'application des règles de droit commun du code du travail s'agissant de l'information et de la consultation du CSE dès lors que la situation en cause le justifie.

L'existence d'un droit spécifique des OPA n'exclut pas l'application des règles de droit commun du code du travail s'agissant de l'information et de la consultation du CSE dès lors que la situation en cause le justifie.

En témoigne un arrêt récent de la Cour d'appel de Versailles qui a estimé que « *les dispositions des articles L. 2312-42 et suivants du code du travail n'interdisent pas, par principe, de voir effectuer une information-consultation du CSE par l'employeur de la société cible* ***en amont du dépôt de l'OPA*** ».

Reste que l'adage « *specialia generalibus derogant* » a vocation à s'appliquer et peut à ce titre, créer des difficultés de hiérarchisation.

Quelles informations l'initiateur doit-il fournir au CSE de la cible ? Peut-il refuser de fournir certaines informations ?

Réponse : L'auteur de l'offre est tenu de fournir un certain nombre d'informations au CSE de la cible.

En premier lieu, il doit lui transmettre la note d'information prévue à l'article L. 621-8 du code monétaire et financier, dont le contenu est fixé par l'article R. 231-18 du règlement général de l'AMF, dans les trois jours suivant sa publication. Cette note d'information doit notamment préciser les orientations de l'initiateur en matière d'emploi et les changements prévisibles en matière de volume et de structure des effectifs.

Ensuite, lors de son audition par le CSE de la cible, le cas échéant, l'initiateur doit présenter sa politique industrielle et financière, ses plans stratégiques pour la société concernée et les répercussions de la mise en œuvre de l'offre sur l'ensemble des intérêts, l'emploi, les sites d'activité et la localisation des centres de

28 - C. trav., art. L. 2312-47, al. 1er.

29 - C. trav., art. L. 2312-47, al. 2

décision de cette société[30]. Ces informations figurent en principe d'ores et déjà dans la note d'information.

Enfin, en cas de succès de l'offre, l'initiateur doit régulièrement rendre compte au CSE de la cible de la manière dont il a mis en œuvre ses déclarations d'intention et le cas échéant les engagements qu'il avait pris auprès du CSE en matière d'emploi, de maintien des sites d'activité et de localisation des centres de décision.

Ces points d'information doivent intervenir au cours des sixième, douzième et vingt-quatrième mois suivant la clôture de l'offre[31].

L'initiateur peut-il refuser de se présenter devant le CSE de l'entreprise cible qui en a fait la demande ?

Réponse : Balayer d'un revers de main la demande émanant du CSE de l'entreprise cible et visant à ce que l'initiateur de l'offre se présente devant lui est fortement déconseillé

En effet, le code du travail sanctionne lourdement l'initiateur qui refuserait de se rendre à la réunion du CSE à laquelle il a été convié[32], en lui interdisant purement et simplement d'exercer les droits de vote attachés aux titres de la société cible qu'il détient ou viendrait à détenir.

Cette sanction s'applique pareillement aux sociétés qui contrôleraient l'initiateur et aux filiales de celui-ci[33].

La sanction continue à s'appliquer jusqu'à ce que l'auteur de l'offre ait été entendu par le CSE de l'entreprise cible[34].

Elle peut également être levée si le CSE n'a pas convoqué l'initiateur à une nouvelle réunion dans les quinze jours suivant la réunion initiale[35].

Qui peut représenter l'initiateur devant le CSE de l'entreprise cible ?

Réponse : Toute personne physique titulaire d'un mandat social ou d'un contrat de travail avec la société initiatrice peut légalement représenter celle-ci lors de la réunion du CSE[36], sous réserve, dans ce dernier cas, d'y être habilitée au moyen d'une délégation de pouvoirs.

Ceci amène à préférer éviter une représentation de la société initiatrice par une personne tierce à celle-ci, tel qu'un mandataire social ou salarié d'une autre société du groupe.

> **En pratique, il conviendra de soigneusement réfléchir à la personne la mieux placée pour intervenir devant le CSE, en tenant compte notamment du contexte de l'offre et de la composition du CSE. Les membres du CSE apprécient généralement que le chef d'entreprise ou le directeur général de la société initiatrice fasse le déplacement.**

En pratique, il conviendra de soigneusement réfléchir à la personne la mieux placée pour intervenir devant le CSE, en tenant compte notamment du contexte de l'offre et de la composition du CSE. Les membres du CSE apprécient généralement que le chef d'entreprise ou le directeur général de la société initiatrice fasse le déplacement.

La personne qui représentera l'initiateur devant le CSE de la cible peut se faire assister des personnes de son choix.

---

30 - C. trav., art. L. 2312-43, al. 2.

31 - C. trav., art. L. 2312-51.

32 - Il peut s'agir tant de l'audition de l'initiateur demandée par le CSE que de la réunion visant à examiner le rapp. établi par l'expert-comptable, si le CSE a demandé à l'initiateur d'être présent à cette réunion.

33 - C. trav., art. L. 2312-48, al. 1er. et al. 2.

34 - C. trav., art. L. 2312-48, al. 3.

35 - C. trav., art. L. 2312-48, al. 4.

36 - C. trav., art. L. 2312-48.

Si les dispositions spéciales du code du travail propres aux OPA ne fixent pas de limitation quant au nombre de personnes pouvant assister le représentant de la société initiatrice[37], il est préférable en pratique que la délégation de l'initiateur n'excède pas la délégation du personnel de la cible. Pour mémoire, le droit commun des consultations limite le nombre de collaborateurs pouvant assister le président du CSE à trois personnes[38].

Comment préparer la réunion avec le CSE de l'entreprise cible ?

Réponse : Cette réunion doit être soigneusement préparée en amont. En effet, les propos tenus au cours de cette réunion engagent l'initiateur.

Lorsque le contexte de l'offre le permet, il peut être opportun de se renseigner auprès de l'entreprise cible, le cas échéant par l'intermédiaire de ses conseils, sur le fonctionnement et la composition de son CSE, le climat social qui règne au sein de l'instance et les attentes du CSE dans le cadre de cette procédure. Cela permettra de préparer au mieux la réunion et d'adapter la technicité de son discours en fonction des interlocuteurs.

Idéalement, les membres du CSE soumettront la liste de leurs questions en amont de la réunion, afin que l'initiateur ait le temps d'en prendre connaissance et d'y répondre en séance.

Faut-il également consulter les CSE des filiales de la cible ?

Réponse : La chambre sociale de la Cour de cassation a précisé la marche à suivre dans l'affaire *Gemalto*[39].

En l'espèce, la société Thales avait déposé une OPA auprès de la société Gemalto NV, société *holding* de droit néerlandais.

A l'occasion d'une consultation liée à la mise en œuvre d'un projet de réorganisation accompagné d'un PSE au sein de la société de droit français, Gemalto SA, filiale de la société Gemalto NV, le comité central d'entreprise de la société Gemalto SA demandait des informations sur l'OPA présentée par la société Thales.

Estimant que la société Gemalto SA n'avait pas régulièrement donné suite à cette demande, le comité central d'entreprise saisissait le président du Tribunal de grande instance de Nanterre afin qu'il soit ordonné à la société Gemalto SA de lui fournir une information complète sur cette OPA.

La société Gemalto soutenait que si le droit français avait été applicable, seules les dispositions de l'article L. 2312-42 (anciennement L. 2323-35) du code du travail auraient dû être appliquées, ce qui excluait toute consultation sur le terrain du droit commun des consultations au sein des filiales.

En conséquence, selon la société Gemalto, le comité central d'entreprise de la filiale Gemalto SA ne pouvait être informé sur l'OPA en cours et obtenir le cas échéant des informations que la société ne détenait pas.

La Cour de cassation a jugé en application des directives 94/45/CE du 22 septembre 1994[40] ; 2002/14/CE du 11 mars 2002[41] et 2004/25/CE du 21 avril 2004[42] ainsi que des textes les transposant que « *les représentants du personnel des filiales françaises d'une société étrangère cible d'une OPA doivent être consultés sur l'opération à condition :*

Qu'il n'existe pas de comité d'entreprise européen instauré par un accord précisant les modalités de l'articulation des consultations ;

Et que l'opération ait des conséquences en matière d'emploi et de conditions de travail des salariés des filiales concernées »[43].

---

37 - C. trav., art. L. 2312-43.

38 - C. trav., art. L. 2315-23.

39 - Soc., 19 déc. 2018, n° 18-14.520, *Gemalto*.

40 - Dir. concernant l'institution d'un comité d'entreprise européen dans les entreprises et les groupes d'entreprises de dimension communautaire.

41 - Dir. établissant un cadre général relatif à l'information et la consultation des travailleurs dans la communauté européenne.

42 - Dir. concernant les OPA.

43 - M. Cohen et L. Millet, *Le droit des comités sociaux et économiques et des comités de groupe*, LGDJ 2024.

Au cas d'espèce, la Cour a donc fait droit à la demande des représentants du personnel.

Il n'y a donc pas d'automatisme à la consultation des représentants du personnel d'une filiale de la société cible. Reste à analyser *in concreto* si les conditions pour une consultation sont remplies, sur le fondement du droit commun. En effet, les dispositions spéciales relatives à l'OPA n'ont, quant à elles, vocation à s'appliquer qu'à la seule société dont les titres sont l'objet de l'offre.

Les mêmes obligations sont-elles applicables lorsque l'initiateur contrôle déjà la cible ?

Réponse : Si l'initiateur, agissant seul ou de concert[44], détient déjà plus de la moitié du capital ou des droits de vote de la cible, il n'est pas nécessaire de consulter le CSE de la cible[45].

Dans cette hypothèse en effet, il n'y a pas de changement de contrôle et on peut donc supposer que l'opération n'aura pas ou peu d'impact sur la cible et ses salariés.

Restent néanmoins applicables :

L'obligation de réunir le CSE immédiatement après le dépôt de l'offre.

L'obligation de remettre aux membres du CSE de la cible la note d'information déposée à l'AMF dans les trois jours suivant sa publication. Il s'agit cependant d'une simple information.

Les mêmes obligations sont-elles applicables lorsque l'offre est limitée à 10 % du capital ou des droits de vote ?

Réponse : Oui. Alors même que cette offre relève de la procédure simplifiée à l'égard de l'AMF[46], le code du travail ne prévoit pas de dérogation à la procédure applicable. Il est donc nécessaire de consulter le CSE de la cible dans cette hypothèse.

Faut-il à nouveau réunir le CSE à la suite de la notification de l'opération à l'autorité de la concurrence ?

Réponse : Non. Lorsque le CSE a été réuni conformément aux dispositions relatives aux offres publiques, il n'est pas nécessaire de le réunir à nouveau à la suite de la publication par l'autorité de la concurrence (ou la Commission Européenne) du communiqué relatif à la notification du projet de concentration[47].

D'ailleurs, dans une récente décision intéressant une opération de concentration le Conseil d'Etat a précisé « *qu'aucune disposition du code du travail ou du code de commerce n'impose à l'Autorité de la Concurrence de s'assurer préalablement à l'édiction de sa décision, que les dispositions relatives à l'information et à la consultation du comité social et économique ont été respectées par l'entreprise concernée* ».[48] L'autorisation délivrée par l'Autorité de la concurrence ne saurait être regardée comme ayant nécessairement et par elle-même pour effet de conduire à une méconnaissance des dispositions précitées, sanctionnée par le délit d'entrave.

> **Si la privation des droits de vote en cas de refus de l'initiateur de rencontrer le CSE de la cible ne suspend pas, dans les faits, la procédure, elle est néanmoins redoutable en ce qu'elle empêche l'initiateur de tirer profit de sa prise de contrôle de la cible.**

Quelles sont les sanctions applicables en cas de non-respect de ces obligations ? Le CSE de la société cible a-t-il le pouvoir de bloquer l'offre ?

Réponse : On a déjà évoqué plus haut la sanction applicable en cas de refus de l'initiateur de rencontrer le CSE de la cible, à

44 - Au sens de C. com., art. L. 233-10.

45 - C. trav., art. L. 2312-52.

46 - Règl. gén. AMF, art. 233-1.

47 - C. trav., art. L. 2312-41.

48 - CE, 9 mars 2021, 433214, Publié au *recueil Lebon*.

savoir la privation des droits de vote attachés aux actions détenues par l'initiateur ou les sociétés appartenant au même groupe.

Si cette sanction ne suspend pas, dans les faits, la procédure, elle est néanmoins redoutable en ce qu'elle empêche l'initiateur de tirer profit de sa prise de contrôle de la cible.

Sur le plan civil :

Les membres de la délégation du personnel du CSE peuvent, s'ils estiment ne pas disposer d'éléments suffisants, saisir le président du tribunal judiciaire statuant selon la procédure accélérée au fond afin qu'il ordonne la communication des éléments manquants par la société cible et par l'initiateur de l'offre. Cette saisine n'a pas pour effet de prolonger le délai d'un mois dont dispose le CSE pour rendre son avis. Toutefois, le juge peut décider de la prolongation du délai, dès lors que le CSE rencontre des difficultés particulières d'accès aux informations nécessaires à la formulation de son avis. Une telle prolongation est exclue lorsque ces difficultés résultent d'une volonté manifeste de la société cible de retenir ces informations[49].

Les comités concernés peuvent naturellement solliciter le versement de dommages et intérêts en réparation du préjudice qu'ils ont subi, le cas échéant.

Enfin, sur le plan pénal, le manquement aux obligations d'information et/ou de consultation des représentants du personnel est susceptible de caractériser un délit d'entrave[50], passible de 37.500 € pour la société et de 7.500 € d'amende pour son représentant légal personne physique, ou son délégataire.

---

49 - C. trav., art. L. 2312-46, II.

50 - C. trav., art. L. 2317-1.

Tableau résumant la procédure :

Date	Etape
Immédiatement après le dépôt du projet d'offre	Réunion extraordinaire du CSE de la société cible pour l'informer de l'offre. A cette occasion, le CSE décide s'il souhaite (i) procéder à l'audition de l'auteur de l'offre et (ii) désigner un expert-comptable.
Dans les deux jours ouvrables suivant le dépôt du projet d'offre	Réunion extraordinaire du CSE de la société initiatrice pour l'informer de l'offre déposée.
Dans les 3 jours suivant la publication du projet de note d'information	Remise de la note d'information au CSE de l'entreprise cible (V. art. L. 621-8 C. mon. fin.). Cette note doit contenir les orientations en matière d'emploi de la personne physique ou morale qui effectue l'OPA.
Dans la semaine suivant le dépôt du projet d'offre	Audition de l'initiateur (si demandé par le CSE de la cible).
Dans les 3 semaines suivant le dépôt du projet d'offre	Remise du rapport de l'expert-comptable désigné par le CSE, le cas échéant.
Dans le délai d'un mois à compter du dépôt de l'OPA	Réunion et consultation du CSE de la cible.
Après l'avis du CSE	Avis motivé du conseil d'administration ou du conseil de surveillance sur l'intérêt de l'OPA et les conséquences de celle-ci pour la société visée, ses actionnaires et ses salariés. Dépôt auprès de l'AMF de la note d'information en réponse à l'offre.
Ouverture de l'offre (sous réserve du visa de l'AMF)	
Clôture de l'offre	
Au cours des 6e, 12e et 24e mois suivant la clôture de l'offre	Bilan devant le CSE de la cible de la manière dont l'initiateur a mis en œuvre les déclarations d'intention et, le cas échéant, les engagements qu'il avait pris auprès du CSE dans le cadre des auditions, en matière d'emploi, de maintien des sites d'activité et de localisation des centres de décision exprimés dans la note d'information.

par **Saam Golshani**,
Avocat[1]
Anne-Sophie Noury,
Avocate
Julien Faure,
Avocat
et **Simon Martin-Gousset**,
Avocat

Les offres publiques visant les sociétés en difficulté

Le droit des offres publiques et celui des entreprises en difficulté poursuivent des finalités différentes : protéger les investisseurs pour l'un, assurer la poursuite de l'activité de l'entreprise pour l'autre, ce qui les a longtemps conduits à s'ignorer l'un l'autre, obligeant l'AMF à trouver des adaptations à sa pratique s'agissant d'offres portant sur des sociétés en difficulté. Récemment, la transposition en droit français de la directive « Restructuration » a entraîné une confrontation de ces deux droits en introduisant, dans certaines conditions, la possibilité d'évincer les actionnaires du capital d'une entreprise en difficulté.

Introduction : une indifférence réciproque

L'offre publique est l'offre faite par un initiateur à tous les actionnaires d'une société cotée d'acquérir leurs titres de cette société[2]. L'éventualité que l'initiateur, tenu de financer son offre, soit en proie aux difficultés est improbable. C'est la situation inverse qui se rencontre en pratique : celle dans laquelle la société cible de l'offre de l'initiateur est en difficulté.

Dans un passé récent, des sociétés cotées, telles Solocal, Vallourec, Pierre et Vacances, Orpea ou encore Casino, se sont trouvées en difficulté et ont fait l'objet d'augmentations de capital dans le cadre de leur restructuration[3]. Cette situation pourrait au demeurant se répandre à l'avenir sous l'effet de plusieurs facteurs tenant principalement au sur déploiement de fonds et de financements au bénéfice d'entreprises dont la valorisation n'est pas en phase avec la réalité mais aussi à l'octroi de prêts à des entreprises n'ayant pas des fondamentaux solides. La faveur pour l'introduction en bourse des sociétés de croissance pourrait par ailleurs conduire à ce que soient cotées davantage de sociétés dont le modèle d'affaires n'a pas été éprouvé dans la durée.

Cette situation, lorsqu'elle se produit, rend nécessaire d'articuler le droit des entreprises en difficulté avec celui des offres publiques. Or ces deux droits poursuivent des objectifs différents.

Le droit des entreprises en difficulté institue des procédures, amiables et judiciaires, dont le but est de favoriser le plus possible la poursuite de l'activité de la société en difficulté.

---

1 - Les auteurs remercient le Professeur Antoine Gaudemet pour son concours dans la rédaction de la présente contribution.

2 - Comp. Dir. 2004/25/CE du 21 avr. 2004, art. 2.1 a).

3 - AMF, Décis. n° 220C2751, 29 juill. 2020, *Solocal Group* ; Décis. n° 221C0695, 1er avr. 2021, *Vallourec* ; Décis. n° 222C1253, 25 mai 2022, *Pierre et Vacances* ; Décis. n° 223C0792, 26 mai 2023, *ORPEA* ; Décis. n° 224C0062, 9 janv. 2024, *Casino*.

L'article L. 620-1 du code de commerce, en particulier, énonce au sujet de la procédure de sauvegarde : « *Cette procédure est destinée à faciliter la réorganisation de l'entreprise afin de permettre la poursuite de l'activité économique, le maintien de l'emploi et l'apurement du passif* ». La poursuite de ce but passait jadis presque exclusivement par des sacrifices imposés aux créanciers – remises de dette, délais de paiement ou conversions en capital –, sans qu'il fût possible de contraindre sérieusement les actionnaires de la société[4]. Cette situation a connu, dans les sociétés les plus importantes, des changements majeurs, depuis que la directive « Insolvabilité » du 20 juin 2019[5] a été transposée en droit français par une ordonnance du 15 septembre 2021[6]. Dans la directive, on lit au considérant 57 : « *Bien que les intérêts légitimes des actionnaires ou autres détenteurs de capital doivent être protégés, les États membres devraient veiller à ce qu'ils ne puissent déraisonnablement empêcher l'adoption de plans de restructuration qui permettraient au débiteur de retrouver sa viabilité. Les États membres devraient être en mesure d'utiliser différents moyens pour y parvenir, par exemple en ne donnant pas aux détenteurs de capital le droit de vote sur un plan de restructuration et en ne subordonnant pas l'adoption d'un plan de restructuration à l'accord des détenteurs de capital qui, lors de la détermination de la valeur de l'entreprise, ne recevraient aucun paiement ni autre rémunération si le classement normal des priorités de liquidation était appliqué* »[7]. Pour donner effet à ces dispositions, l'ordonnance du 15 septembre 2021 a introduit, dans le droit français, un mécanisme nouveau « d'application forcée interclasse » qui permet au tribunal, à certaines conditions, d'imposer aux actionnaires un plan de restructuration de la société[8].

Le droit des offres publiques, pour sa part, est principalement tourné vers la protection des actionnaires de la société cible de l'offre. Il l'exprime dans des « *principes directeurs* »[9], au rang desquels figure « *l'égalité de traitement et d'information des détenteurs des titres des personnes concernées par l'offre* »[10]. Il l'assure au moyen en particulier de l'institution de « *l'offre publique obligatoire* » : l'investisseur qui acquiert le contrôle d'une société cotée, et change ce faisant l'équilibre des pouvoirs au sein de la société, est tenu en principe de leur offrir d'acquérir leurs titres de la société moyennant un prix équitable[11].

Bien que les intérêts légitimes des actionnaires ou autres détenteurs de capital doivent être protégés, les États membres devraient veiller à ce qu'ils ne puissent déraisonnablement empêcher l'adoption de plans de restructuration qui permettraient au débiteur de retrouver sa viabilité.

Ainsi conçus, le droit des entreprises en difficulté et celui des offres publiques se tiennent quasiment dans une indifférence réciproque.

Le livre VI du code de commerce, intitulé « *Des difficultés des entreprises* », ne connaît presque aucune règle propre aux sociétés cotées[12].

4 - Hormis dans le cadre d'une procédure de redressement judiciaire sur le fondement de l'article L. 631-19-2 C. com., qui n'a jamais reçu, à notre connaissance, application à ce jour, tant ses conditions d'application étaient restrictives.

5 - Dir. (UE) 2019/1023 du 20 juin 2019 relative aux cadres de restructuration préventive, à la remise de dettes et aux déchéances, et aux mesures à prendre pour augmenter l'efficacité des procédures en matière de restructuration, d'insolvabilité et de remises de dette.

6 - Ord. n° 2021-1193 du 15 sept. 2021 portant modification du livre VI du C. com.

7 - *Adde* : Dir. préc., art. 12 : « *Les Etats membres veillent aussi à ce que les détenteurs de capital ne puissent empêcher ou faire entrave, de façon déraisonnable, à la mise en œuvre d'un plan de restructuration* ».

8 - C. com., art. L. 626-32 applicable en redressement judiciaire sur renvoi de l'art. L. 631-19 C.com.

9 - L'AMF a récemment pu rappeler que « *les principes directeurs des offres publiques ont été consacrés par la jurisprudence, qui leur a donné une autonomie et les a approfondis, généralisés et amplifiés* » (AMF, *Précisions sur le rôle de l'Autorités des Marchés Financiers dans le cadre de l'offre publique initiée par Veolia sur Suez*, 18 mai 2022). Le Professeur Alain Pietrancosta (*Affaire Veolia c/ Suez : de la contestation des principes généraux du droit des OPA comme limites aux moyens défensifs des sociétés cibles, Revue de droit bancaire et financiers*, n° 5, sept.-oct. 2021) estime, quant à lui, que « *généraux et abstraits, ces principes sont aussi positifs sur le plan normatif, c'est-à-dire juridiquement obligatoires.* »

10 - Règl. gén. AMF, art. 231-3. - Comp. Dir. 2004/25/CE, préc, art. 3.

11 - C. mon. fin., art. L. 433-3 et Règl. gén. AMF, art. 234-2. - *Adde* : Dir. 2004/25/CE, préc, art. 5.

12 - N'était l'art. L. 631-19-2 C. com. qui énonce, au sujet de la possibilité pour le tribunal d'ordonner la cession des droits sociaux des actionnaires ayant refusé la modification du capital prévue par le projet de plan de redressement du débiteur : « *Le tribunal ne peut statuer sur la demande*

Tandis que le titre III du livre II du règlement général de l'Autorité des marchés financiers, relatif aux « *Offres publiques d'acquisition* », n'envisage directement les difficultés de la société cotée cible d'une offre qu'en deux occasions :

- une première fois, pour permettre à l'Autorité des marchés financiers (AMF) d'autoriser l'initiateur qui prend le contrôle d'une société cotée en difficulté à ne pas exécuter son obligation de déposer une offre publique[13] ;

- une seconde fois, pour permettre à l'AMF d'autoriser l'initiateur, qui s'acquitte au contraire de son obligation de déposer une offre publique, à modifier le prix offert aux actionnaires de la société cible de l'offre[14].

Aussi, est-ce l'AMF principalement qui est amenée à articuler les deux corps de règles[15], en accordant ou non les autorisations qui lui sont demandées par les investisseurs soumis à l'obligation de déposer une offre publique sur les titres d'une société cotée en difficulté. Dans l'exercice de ce pouvoir de dérogation, l'autorité de marché dispose d'une certaine marge d'appréciation et a souvent consenti les dérogations, lesquelles empêchent une liquidité immédiate des actions détenues par les actionnaires historiques, à la contrepartie de l'octroi d'avantages au bénéfice de ces derniers, sous la forme par exemple d'une attribution gratuite de bons de souscription d'actions ou d'actions (« *instruments de retour à meilleure fortune* »).

Cette pratique a été remise en question par l'entrée en vigueur de l'ordonnance du 15 septembre 2021. Le texte nouveau a introduit, dans le droit français des entreprises en difficulté, l'institution de la consultation en « *classes de parties affectées* »[16]. Lorsque certaines conditions se trouvent satisfaites, le projet de plan de continuation de l'activité du débiteur est soumis à la consultation des « *parties affectées* » par ce projet, réunies dans des « *classes* » qui se prononcent chacune au moyen d'un vote. Ces conditions sont au nombre de trois, alternatives. Soit le débiteur fait l'objet d'une procédure de sauvegarde ou de redressement judiciaire et atteint certains seuils : il réalise 20 millions d'euros de chiffre d'affaires au moins et emploie 250 salariés au moins ; ou il réalise 40 millions d'euros de chiffre d'affaires au moins, quel que soit par ailleurs son effectif salarié[17]. Soit le débiteur fait l'objet d'une procédure de sauvegarde accélérée ouverte à la suite d'une procédure de conciliation[18]. Soit le débiteur bien que ne remplissant pas les seuils requis par la loi sollicite du juge-commissaire l'autorisation d'avoir recours au mécanisme[19].

Dans ce système, les actionnaires doivent être réunis en une ou plusieurs classes de « détenteurs de capital », lorsque le projet de plan de continuation de l'activité du débiteur prévoit de modifier leurs droits. Ils votent sur le projet de plan au sein de ces classes. Si les actionnaires ne l'approuvent pas, le tribunal peut le leur imposer néanmoins dans un jugement d'arrêté du plan.

Les deux premières conditions alternatives seront généralement satisfaites en présence d'une société cotée en difficulté : tantôt, la société atteindra les seuils requis ; tantôt, elle

---

tendant à la cession qu'après avoir consulté l'Autorité des marchés financiers si les titres concernés sont cotés sur un marché réglementé ou sur un système multilatéral de négociation soumis aux dispositions du II de l'article L. 433-3 du code monétaire et financier. Il est fait application, pour les actionnaires, des articles L. 433-1 et suivants du même code ». L'article n'a jamais reçu application cependant.

13 - Règl. gén. AMF, art. 234-9, 2° : « *Les cas dans lesquels l'AMF peut accorder une dérogation sont les suivants : [...] 2° Souscription à l'augmentation de capital d'une société en situation avérée de difficulté financière, soumise à l'approbation de l'assemblée générale de ses actionnaires* ».

14 - Règl. gén. AMF, art. 234-6 : « *L'AMF peut demander ou autoriser la modification du prix proposé lorsqu'un changement manifeste des caractéristiques de la société visée ou du marché de ses titres le justifie. Il en va ainsi notamment dans les cas suivants : [...] 2° Lorsque la société visée est en situation de difficulté financière avérée* ».

15 - Il est, en effet, constant que pour « *l'exercice de ses prérogatives, l'AMF ne saurait s'enfermer dans la contemplation de son propre règlement et ignorer le reste de la réglementation boursière* ». *Il existe ainsi « un principe, naturel, de plénitude et d'unité du système juridique. Un tel principe [lui] interdit d'ignorer les contraintes, interdictions et prescriptions, extérieurs à son propre règlement, mais aussi, a fortiori, celles contenues dans le code de commerce* » (A. Viandier, *OPA OPE et autres offres publiques*, 5e éd., Francis Lefebvre, 2014, p. 47).

16 - C. com, art. L. 626-29 à L. 626-34.

17 - C. com., art. L. 626-29 et R. 626-52.

18 - C. com., art. L. 628-4.

19 - C. com., art. L. 626-29.

fera l'objet d'une procédure de sauvegarde accélérée ouverte à la suite d'une procédure de conciliation. D'ores et déjà, plusieurs sociétés cotées, telles Pierre & Vacances, Orpea et Casino, ont fait l'expérience de la consultation en classes de parties affectées dans le cadre de leur restructuration. La troisième des conditions pourrait concerner un nombre plus restreint d'émetteurs, pour les actionnaires desquels les dispositions des plans avec classes de parties affectées pourraient en outre s'avérer particulièrement favorables.

Dans ce système, les actionnaires doivent être réunis en une ou plusieurs classes de « *détenteurs de capital* », lorsque le projet de plan de continuation de l'activité du débiteur prévoit de modifier leurs droits. Ils votent sur le projet de plan au sein de ces classes[20]. Si les actionnaires ne l'approuvent pas, le tribunal peut le leur imposer néanmoins dans un jugement d'arrêté du plan. En pareil cas, énonce l'article L. 626-32 du code de commerce : « *La décision du tribunal vaut approbation des modifications de la participation au capital ou des droits des détenteurs de capital qui n'ont pas approuvé le projet de plan* ». C'est « *l'application forcée interclasse* » déjà mentionnée. Celle-ci ne peut logiquement être prononcée par le tribunal qu'à certaines conditions, qu'expose le même article L. 626-32.

Sans évoquer la question des seuils en deçà desquels les actionnaires ne pourront se voir imposer le plan[21], deux conditions, en particulier, doivent retenir l'attention du point de vue du droit des offres publiques. D'abord, le tribunal doit vérifier, éventuellement avec le concours d'un expert, que « *l'on peut raisonnablement supposer, après détermination de la valeur du débiteur en tant qu'entreprise en activité, que les détenteurs de capital de la ou des classes dissidentes n'auraient droit à aucun paiement ou à ne conserver aucun intéressement si l'ordre de priorité des créanciers pour la répartition des actifs en liquidation judiciaire ou du prix de cession de l'entreprise [...] était appliqué* »[22]. En d'autres termes, le tribunal ne peut passer outre l'opposition des actionnaires au projet de plan qui leur a été soumis, que dans l'hypothèse où ceux-ci n'auraient droit à aucun paiement ou ne conserveraient aucun intéressement dans un scénario alternatif de continuité d'exploitation. Le tribunal doit ensuite s'assurer du respect de la « *règle de la priorité absolue* », ainsi formulée : « *Les créances des créanciers affectés d'une classe qui a voté contre le plan sont intégralement désintéressées par des moyens identiques ou équivalents lorsqu'une classe de rang inférieur a droit à un paiement ou conserve un intéressement dans le cadre du plan* »[23]. Cette autre condition signifie cette fois que, si une classe de créanciers s'est prononcée contre un projet de plan qui proposait de laisser un intéressement aux actionnaires, le tribunal ne peut imposer ce projet de plan par la voie de l'application forcée interclasse qu'à la condition que cette classe de créanciers soit intégralement désintéressée. En pratique, elle heurte l'habitude de l'AMF qui consistait à autoriser les investisseurs tenus de déposer une offre publique sur les titres d'une société cotée en difficulté à ne pas déposer une telle offre, à la condition d'attribuer aux actionnaires de la société des « instruments de retour à meilleure fortune ».

Sur le terrain du droit boursier en général, la circonstance qu'une société en difficulté soit cotée emporte la nécessité de satisfaire des obligations supplémentaires. Ces obligations sont déjà connues et documentées[24]. Il s'agit en particulier des obligations d'information permanente et périodique (gestion de l'information privilégiée tenant aux difficultés de la société, etc.), ainsi que des obligations relatives à la cotation (suspension, transfert, radiation, etc.). On n'y reviendra pas ici.

Sur le terrain particulier du droit des offres publiques, auquel on se limitera dans le cadre cette étude, la circonstance que le traitement

20 - C. com., art. L. 626-30, I, 2°.

21 - C. com., art. L. 626-32 5° et R. 626-63. Empêchant de faire usage du dispositif de l'application forcée interclasse au sein de société ne dépassant pas alternativement 250 salariés et 20m€ de chiffre d'affaires ou 40m€ de chiffres d'affaires (dans le cadre d'une société contrôlante ces seuils sont appréciés au niveau du périmètre consolidé).

22 - C. com., art. L. 626-32, I, 5°, b).

23 - C. com., art. L. 626-32, I, 3°.

24 - V. par ex. : N. Morelli et O. Puech, *Droit boursier et droit des entreprises en difficulté, in Les offres publiques d'achat*, ss la dir. G. Canivet, D. Martin et N. Molfessis, Litec, 2009, n°s 389 s ; F. Kopf, M. Della Vittoria, *L'information financière des sociétés en difficulté : entre transparence de l'émetteur et protection du débiteur, BJB* juin 2013, n° JBB-2013-01087.

des difficultés d'une société cotée comporte l'éventualité d'un changement de contrôle ou d'une cession de ses principaux actifs donne naissance, en principe, à l'obligation de déposer un projet d'offre publique sur les titres de cette société. Cependant, dans le souci de favoriser le sauvetage de la société en difficulté, l'AMF admet d'écarter, sinon d'aménager, cette obligation. On en rendra compte en examinant successivement l'obligation de déposer un projet d'offre publique sur les titres d'une société cotée en difficulté, puis la procédure d'offre publique sur ces titres.

1. L'obligation de déposer un projet d'offre publique visant les titres d'une société en difficulté

Selon que le traitement des difficultés d'une société cotée comporte un changement de contrôle ou une cession de ses principaux actifs, c'est un projet d'offre publique d'acquisition ou un projet d'offre publique de retrait qui doit en principe être déposé sur ses titres.

1.1. L'obligation de déposer un projet d'offre publique d'acquisition

1.1.1. Fait générateur et dérogation

Il est fréquent que le traitement des difficultés d'une société cotée comporte un changement du contrôle exercé sur celle-ci. Dans le cadre de la restructuration envisagée, un ou plusieurs investisseurs – actionnaires ou tiers – prennent l'engagement de souscrire à une augmentation du capital de la société. Si, à cette occasion, ils franchissent en hausse le seuil de 30 % du capital ou des droits de vote de la société, ils sont tenus en principe de déposer un projet d'offre publique d'acquisition sur les titres existants de celle-ci. L'article 234-2 du règlement général de l'Autorité des marchés financiers énonce à ce propos : « *Lorsqu'une personne physique ou morale, agissant seule ou de concert au sens de l'article L. 233-10 du code de commerce, vient à détenir, directement ou indirectement, plus de 30 % des titres de capital ou des droits de vote d'une société, elle est tenue à son initiative d'en informer immédiatement l'AMF et déposer un projet d'offre publique visant la totalité du capital et des titres donnant accès au capital ou aux droits de vote, et libellés à des conditions telles qu'il puisse être déclaré conforme par l'AMF* ». C'est le principal cas d'offre publique dites « obligatoire ». Sa justification est connue : les actionnaires minoritaires sont placés face à un nouvel actionnaire de contrôle du fait de l'investissement[25]. Les investisseurs sont tenus pour cette raison de leur offrir d'acquérir leurs titres de la société moyennant un prix équitable.

> **Dans le cadre des négociations sur la restructuration à venir, les apporteurs en *new money* cherchent souvent à obtenir une valorisation de la société leur permettant d'atteindre – *via* le montant de leur apport en fonds propres, parfois doublé de la capitalisation de leurs créances – un seuil de détention situé autour du seuil de contrôle « boursier ».**

Le franchissement en hausse du seuil de 30 % du capital ou des droits de vote, retenu par l'article 234-2 du règlement général de l'Autorité des marchés financiers constitue « *une présomption de contrôle de fait, propre au droit boursier* »[26]. Cette approche originale est justifiée par la réalité des sociétés cotées à l'actionnariat dispersé, dans lesquelles une participation en assemblée générale relativement faible permet d'exercer un contrôle de fait[27]. En matière de restructuration, ce seuil épouse une réalité pratique. Dans le cadre des négociations sur la restructuration à venir, les apporteurs en *new money* cherchent souvent à obtenir une valorisation de la société leur permettant d'atteindre – *via* le montant de leur apport en fonds propres, parfois doublé de la capitalisation de leurs créances – un seuil

25 - Cet objectif de protection est clairement affirmé par la Dir. OPA en son article 5, § 1er.

26 - V. Ramoneda, *Actionnaires minoritaires et opérations sur capital dans les sociétés cotées*, Thèse de doctorat de droit privé, Université Paris 1 Panthéon Sorbonne, 2023, § 407.

27 - V. par ex. : les positions parlementaires, au moment des débats sur la loi de régulation bancaire et financière, faisant le « *constat selon lequel la détention de 30 % du capital ou des droits de vote d'une société confère déjà un pouvoir de contrôle de fait à l'actionnaire* » (Jérôme Chartier, Rapp. n° 2550 au nom de la commission des finances de l'Assemblée Nationale, 25 mai 2010).

de détention situé autour du seuil de contrôle « boursier ».

A cet égard, le débat récurrent autour d'un éventuel abaissement du seuil de 30 % semble de prime abord sans influence sur les enjeux de restructuration. Dans ces situations, la demande de dérogation à l'obligation de déposer un projet d'offre publique d'acquisition est d'usage – même lorsque le franchissement du seuil de 30 % est incertain[28] et dépendra du résultat des augmentations de capital à envisager[29] – et l'obtention de la dérogation est même parfois érigée en condition de la réalisation du plan[30].

L'article 234-2 du règlement général de l'Autorité des marchés financiers vise la situation dans laquelle un ou plusieurs investisseurs « *viennent à détenir* » 30 % du capital ou des droits de vote de la société. Les circonstances et modalités du franchissement sont indifférentes[31]. Dans le contexte de difficultés financières, ce franchissement résultera le plus souvent de la souscription à une augmentation de capital par un ou plusieurs investisseurs, actionnaires ou tiers. Ce franchissement peut également résulter, en tout ou en partie, de la « *capitalisation* » de la dette financière de l'émetteur en difficulté. En effet, il est presque systématique, dans les restructurations financières d'ampleur, qu'une partie de l'apurement du passif de la société cotée soit réalisée par voie de « *conversion* » en capital[32].

Parmi les cas de dérogation limitativement énumérés par le règlement général de l'Autorité des marchés financiers, il est notamment prévu que l'autorité de marché puisse accorder une dérogation à l'obligation de déposer un projet d'offre publique au bénéfice des investisseurs qui prennent l'engagement de souscrire à l'augmentation du capital d'une société cotée en difficulté. L'article 234-9, 2° du règlement général de l'Autorité des marchés financiers, pris en application de l'article L. 433-3, I du code monétaire et financier, prévoit : « *Les cas dans lesquels l'AMF peut accorder une dérogation sont les suivants : [...] 2° Souscription à l'augmentation de capital d'une société en situation avérée de difficulté financière, soumise à l'approbation de l'assemblée générale de ses actionnaires* ».

La justification de ce cas de dérogation est de permettre à une société cotée connaissant des difficultés financières d'améliorer sa situation financière globale par la mise en œuvre de différentes mesures de restructuration, sans que les investisseurs qui en assurent la pérennité en la faisant bénéficier de financements nouveaux ne soient contraints de déposer une offre publique d'acquisition des titres existants de la société. En d'autres termes, il s'agit d'assurer que les financements nouveaux apportés par des actionnaires ou des tiers pour les besoins de la restructuration de la société soient entièrement dédiés au renforcement de son bilan, et non à l'octroi d'une liquidité à ses actionnaires.

Il s'agit d'assurer que les financements nouveaux apportés par des actionnaires ou des tiers pour les besoins de la restructuration de la société soient entièrement dédiés au renforcement de son bilan, et non à l'octroi d'une liquidité à ses actionnaires.

L'octroi d'une dérogation n'est pas automatique. L'autorité de marché dispose d'un pouvoir d'appréciation[33], afin de déterminer s'il est ou non opportun d'accorder une dérogation à l'obligation de déposer un projet d'offre

28 - V. *infra*, l'article 234-10 du Règl. gén. AMF qui autorise une ou plusieurs personnes à solliciter une dérogation par anticipation, en amont par exemple de l'exécution des opérations de restructuration pouvant donner lieu à la naissance de l'obligation de déposer un projet d'offre publique.

29 - V. par ex. : la demande de dérogation sollicitée par Apollo dans le cadre de la restructuration de Vallourec (Décis. n° 221C0695, 1er avr. 2021).

30 - V. par ex. : aff. *ORPEA* (T. com. Nanterre, 24 juill. 2023, 2023L01543 ; CA Paris, Pôle 5 – Ch. 7, 9 nov. 2023, n° RG 23/09284 et 23/09286, *ORPEA*) : « *la condition suspensive relative à l'octroi de la dérogation AMF sera considérée comme accomplie à l'égard du Groupement si la Cour d'appel de Paris confirme la décision de l'AMF [...] au plus tard le 13 novembre 2023 [...]. Le plan de sauvegarde accéléré prévoit que l'éventuelle annulation de la dérogation AMF par la Cour d'appel entrainerait la résolution du plan* ».

31 - A. Viandier, *OPA OPE et autres offres publiques*, Francis Lefebvre, 2014, 5e éd, § 1575.

32 - V., pour des exemples récents : AMF, Décis. n° 223C0193, 23 janv. 2023, Montagne et Neige Développement ; AMF, Décis. n° 223C0792, 26 mai 2023, *ORPEA* ; AMF, Décis. n° 224C0062, 10 janv. 2024, *Casino*.

33 - CA Paris, 17 févr. 2011, n° 11/01064, Hermès : « *l'AMF n'en reste pas moins strictement tenue par les dispositions qu'elle met en œuvre de l'article*

publique, notamment en tenant compte des circonstances dans lesquelles doit intervenir le franchissement de seuil envisagé.

Deux conditions cumulatives sont posées par l'article 234-9, 2° du règlement général de l'Autorité des marchés financiers, afin que la souscription à une augmentation de capital, soumise en principe à l'obligation de déposer un projet d'offre publique, puisse bénéficier d'une dérogation. La première condition a trait à l'existence d'une « *situation avérée de difficulté financière* » de la société. Forte d'un texte dépourvu de référence aux notions du livre VI du code de commerce (telles la « *cessation des paiements* » ou la « *situation irrémédiablement compromise* »), l'AMF dispose d'une certaine liberté d'appréciation. Elle a pu retenir l'existence d'une situation avérée de difficulté financière, en se fondant notamment sur les constatations suivantes : existence, enchaînement ou caractère imminent de procédures de traitement des difficultés du livre VI du code de commerce[34] ; résultat d'exploitation négatif sur plusieurs exercices consécutifs[35] ; résultat net négatif sur plusieurs exercices consécutifs[36] ; baisse de la trésorerie[37] ; observations des commissaires aux comptes relatives à la continuité d'exploitation[38] ; procédure d'alerte du commissaire aux comptes[39] ; montant élevé de l'endettement financier rapporté aux capitaux propres[40] et à la trésorerie[41] ; montant élevé de la dette financière arrivant bientôt à échéance[42].

La seconde condition est relative à la nature de l'opération. Elle exige la souscription à une augmentation de capital « *soumise à l'approbation de l'assemblée générale [des] actionnaires* » de la société. Cette autre condition n'avait pas suscité de débats, jusqu'à la transposition de la directive « *Insolvabilité* » par l'ordonnance du 15 septembre 2021. En effet, à de rares exceptions légales près, les actionnaires d'une société en difficulté disposaient jusqu'alors d'un droit de *veto* sur les restructurations impliquant une modification du capital : celle-ci était en effet soumise à l'approbation préalable en assemblée générale extraordinaire[43].

Longtemps, le droit des entreprises en difficulté – soucieux des principes fondamentaux du droit des sociétés – a laissé aux actionnaires des sociétés en difficulté un pouvoir de blocage sur l'adoption des plans de restructuration.

L'article 234-10 du règlement général de l'Autorité des marchés financiers ajoute : « *Dans le cas d'opérations soumises à l'approbation des actionnaires de la société visée, l'AMF peut statuer sur une demande de dérogation avant la tenue de cette assemblée sous réserve de disposer d'informations précises sur l'opération projetée* ». Cette disposition permet en pratique d'obtenir une décision de l'AMF avant le vote de l'assemblée générale des actionnaires. Elle permet ainsi d'écarter tout doute quant à la mise en œuvre de l'opération de restructuration

234-9 de son règlement général, qui limite à sept [aujourd'hui onze] cas clairement explicités les dérogations litigieuses. L'AMF ne dispose donc pas d'un quelconque pouvoir discrétionnaire. Elle ne vient ici que préciser les situations dans lesquelles la règle édictée par le législateur à l'article L. 433-3 I alinéa 3 du code monétaire et financier a vocation à s'appliquer ».

34 - AMF, Décis. n° 222C1253, 25 mai 2022, *Pierre et Vacances* ; AMF, Décis. n° 223C0792, 26 mai 2023, *ORPEA* ; AMF, Décis. n° 223C0054, 11 janv. 2023, *Metabolic Explorer* ; AMF, Décis. n° 224C0227, 8 fév. 2024, *Clariane SE* ; AMF, Décis. n° 224C0892, 13 juin 2024, *Solocal Group*.

35 - AMF, Décis. n° 219C0881, 29 mai 2019, *Alpha Mos* ; AMF, Décis. n° 219C0492, 20 mars 2019, *Genomic Vision* ; AMF, Décis. n° 216C0689, 17 mars 2016, *Freelance.com* ; AMF, Décis. n° 216C0550, 24 fév. 2016, *Geci International*.

36 - AMF, Décis. n° 219C0881, 29 mai 2019, *Alpha Mos* ; AMF, Décis. n° 219C0492, 20 mars 2019, *Genomic Vision* ; AMF, Décis. n° 216C0689, 17 mars 2016, *Freelance.com*.

37 - AMF, Décis. n° 219C0492, 20 mars 2019, *Genomic Vision*.

38 - AMF, Décis. n° 216C0689, 17 mars 2016, *Freelance.com* ; Décis. n° 214C2046, 30 sept. 2014, *Theolia*.

39 - AMF, Décis. n° 224C0227, 8 fév. 2024, *Clariane SE*.

40 - AMF, Décis. n° 214C1051, 10 juin 2014, *Sequana*.

41 - AMF, Décis. n° 214C2046, 30 sept. 2014 *Theolia*.

42 - AMF, Décis. n° 214C2046, 30 sept. 2014 *Theolia*.

43 - Quelques mois avant l'entrée en vigueur de la transposition, la société Vallourec – dont les titres sont admis à la négociation sur Euronext Paris – avait pu annoncer (communiqué de presse en date du 3 févr. 2021) que la mise en œuvre de l'accord portant sur sa restructuration financière (comprenant notamment la « *conversion* » *en capital d'une partie de son endettement bancaire et obligataire, à hauteur d'1,3 milliard d'euros) restait* « *soumise à l'approbation des résolutions nécessaires par l'assemblée générale extraordinaire des actionnaires de la Société* ».

préalablement à la soumission du plan de restructuration à l'appréciation du tribunal.

Longtemps, le droit des entreprises en difficulté – soucieux des principes fondamentaux du droit des sociétés – a laissé aux actionnaires des sociétés en difficulté un pouvoir de blocage sur l'adoption des plans de restructuration, en imposant l'approbation de l'assemblée générale extraordinaire des actionnaires sur les opérations capitalistiques prévues par les projets de plan. Même avec la faculté offerte aux créanciers de présenter un plan de redressement concurrent de celui du débiteur, les actionnaires pouvaient encore en pratique tenir en échec la prise de contrôle de la société par ses créanciers ou plus généralement l'adoption d'un plan de restructuration, dès lors que toute modification du capital ne pouvait être décidée que par l'assemblée générale des actionnaires. Jusqu'alors, les augmentations de capital dites d'« *apurement du passif* », outil incontournable des restructurations financières des sociétés cotées, ne pouvaient en effet être mises en œuvre qu'avec l'accord de l'assemblée générale des actionnaires des sociétés cotées en difficulté[44].

Ce droit de *veto* des actionnaires des sociétés en difficulté a contraint les praticiens à concevoir des mécanismes d'intéressement au bénéfice des actionnaires, afin de s'assurer de leur vote favorable pour mettre en œuvre les restructurations envisagées. Adoptant une approche *a priori* cohérente avec l'état du droit antérieur, l'AMF avait ainsi développé, dans le cadre de sa pratique liée à l'octroi de la dérogation à l'obligation de déposer une offre publique, la mise en place de « *gardes fous* » destinés à protéger les actionnaires existants d'une « éviction » excessive. L'autorité exigeait la mise en œuvre, dans le cadre des opérations de restructuration, d'augmentations de capital avec maintien du droit préférentiel de souscription[45] ou l'octroi d'« *instruments de retour à meilleure fortune* », sous la forme par exemple d'actions gratuites[46] ou de bons de souscription d'actions[47].

1.1.2. Le changement de paradigme introduit par la transposition de la directive Restructuration

Cadre juridique

Un changement de paradigme fondamental s'est produit à l'occasion de la transposition de la directive « *Insolvabilité* » par l'Ordonnance n° 2021-1193 du 15 septembre 2021. Loin de l'approche française traditionnelle de l'actionnaire considéré comme le « *propriétaire* » de la société, le nouveau droit issu de cette réforme introduit le mécanisme de « *l'application forcée interclasse* » en vertu duquel le Tribunal de la procédure peut, à

Le nouveau droit issu de cette réforme introduit le mécanisme de « *l'application forcée interclasse* » en vertu duquel le Tribunal de la procédure peut, à la demande ou avec l'accord de l'émetteur en sauvegarde et sous réserve notamment du respect de certaines conditions, décider d'arrêter le plan de restructuration et ce, malgré la désapprobation de la, ou des, classe(s) des actionnaires réunis en classe(s) de « *détenteurs de capital* »..

la demande ou avec l'accord de l'émetteur en sauvegarde et sous réserve notamment du respect de certaines conditions relatives à la dimension de l'entreprise, à l'évaluation financière des actifs de l'émetteur, aux modalités des financements nouveaux prévus par le plan et à certains mécanismes de protection

44 - Quelques mois avant l'entrée en vigueur de la transposition, la société Vallourec – dont les titres sont admis à la négociation sur Euronext Paris – avait pu annoncer (communiqué de presse, 3 févr. 2021) que la mise en œuvre de l'accord portant sur sa restructuration financière (comprenant notamment la « conversion » en capital d'une partie de son endettement bancaire et obligataire, à hauteur d'1,3 milliard d'euros) restait « *soumise à l'approbation des résolutions nécessaires par l'assemblée générale extraordinaire des actionnaires de la Société* ».

45 - Par ex. : AMF, Décis. n° 221C0695, 1er avr. 2021, *Vallourec*, prévoyant une première augmentation de capital (300 millions d'euros) avec maintien du DPS au prix unitaire de 5,66 euros, contre un prix unitaire de 8,09 euros pour l'augmentation de capital réservée aux créanciers dont les créances ont été « capitalisées ».

46 - AMF, Décis. n° 220C2751, 29 juill. 2020, *Solocal Group*.

47 - Par ex. : AMF, Décis. n° 220C2116, 24 juin 2020, *Orapi*.

des actionnaires, décider d'arrêter le plan de restructuration et ce, malgré la désapprobation de la, ou des, classe(s) des actionnaires réunis en classe(s) de « *détenteurs de capital* », lesquels sont amenés à statuer sur le projet de plan dans l'hypothèse où « *leur participation au capital du débiteur, les statuts ou leurs droits sont modifiés par le projet de plan* »[48]. Dès l'apparition des premiers contentieux, les juridictions ont pris soin de souligner ce nouvel état du droit : la réforme du livre VI du code de commerce par l'ordonnance du 15 septembre 2021 a entendu faire « *prévaloir [...] l'intérêt de la société et des créanciers que sa situation affecte, sur celui des actionnaires* »[49].

Il s'agit là d'une « *une véritable révolution culturelle mettant fin à des années de jurisprudence empêchant tout écrasement des règles du droit des sociétés par le droit des entreprises en difficulté* »[50]. Dans les situations de conflit entre actionnaires et créanciers, particulièrement sensibles pour les entreprises viables mais en situation d'insolvabilité – c'est-à-dire dont la valeur des actifs devient inférieure à celle des dettes et dont le bilan doit en conséquence être restructuré – il existe désormais des outils légaux souples afin d'assurer que créanciers et actionnaires supportent ensemble les pertes. En substance, les premiers commentateurs du nouveau régime, unanimes sur ce point[51], estiment qu'« *il s'agit ici [...] [de] faire passer la protection des associés au second plan en leur imposant un devoir de restructurer l'entreprise. [...] [L]es associés sont vus comme des menaces pour l'adoption du plan et doivent être placés sous surveillance* »[52].

La création d'une réunion spécifique des actionnaires (plutôt que d'une assemblée générale extraordinaire au sens du livre II du code de commerce) résulte d'un choix délibéré du législateur français, en application de l'article 2 de la directive « *Insolvabilité* » lui ayant ouvert la possibilité de traiter les actionnaires comme des « *parties affectées* » lorsque leurs intérêts sont directement affectés par le projet de plan[53].

Fort de l'option offerte par la directive « *Insolvabilité* », le législateur français en a consacré un principe d'exclusion de la compétence de l'assemblée générale des actionnaires au sens du livre II du code de commerce. Ce principe est exprimé à l'article L. 626-30-2 du même code, lequel crée une réunion spécifique des actionnaires, sous la forme d'une ou plusieurs classes de parties affectées, pour les besoins de l'approbation du projet de plan : « *Sous réserve des dispositions des deux alinéas précédents, la ou les classes de détenteurs de capital statuent conformément, selon le cas, aux dispositions applicables aux assemblées générales extraordinaires, aux assemblées des associés ainsi qu'aux assemblées spéciales mentionnées aux articles L. 225-99 et L. 228-35-6 ou aux assemblées générales des masses visées à l'article L. 228-103. Les dispositions des premier et deuxième alinéas de l'article L. 626-3 et du deuxième alinéa de l'article L. 626-18 sont inapplicables.* »

Le premier alinéa de l'article L. 626-3 du code de commerce est celui qui prévoit la réunion d'une assemblée générale des actionnaires au sens du livre II du code de commerce, en cas de modification du capital ou des statuts dans les procédures de sauvegarde sans classes de parties affectées : « *Lorsque le projet de plan prévoit une modification du capital ou des statuts, l'assemblée générale extraordinaire ou l'assemblée des associés [...] sont convoquées*

---

48 - C. com., art. L. 626-30, applicable en redressement judiciaire sur renvoi de l'art. L. 631-19 C. com.

49 - CA Paris, Pôle 5 – Ch. 7, 9 nov. 2023, n° RG 23/09284 et 23/09286, *ORPEA*.

50 - P. Roussel Galle, C. Fort, *L'élaboration et l'arrêté du plan de continuation avec ou sans classes*, *Revue des procédures collectives*, 2021-6, doss. 9, n° 30, nov. 2021.
Le terme de « révolution » semble ici parfaitement mesuré lorsque l'on se souvient les qualificatifs parlementaires pour qualifier l'introduction en droit positif des cessions et dilutions forcées en redressement judiciaire, *e.g.* M. Ferrand, rapporteur général à l'Assemblée nationale, soulignait le « *caractère novateur, rénovateur et révolutionnaire de la disposition* » (Rapp. fait au nom de la commission spéciale, tome I, vol. 2, p. 582).

51 - V. par ex. : « *le droit des entreprises en difficulté bouleverse l'approche du droit des sociétés s'agissant de l'actionnaire d'une société en difficulté. Le rôle de l'actionnaire dans la procédure collective est désormais précisément déterminé et le législateur formule solennellement un devoir de restructurer* » (R. Dumont, *Les devoirs de l'actionnaire*, Thèse de doctorat de droit privé, Université Paris 1 Panthéon Sorbonne, nov. 2021).

52 - J.-J. Ansault, *Revue des Procédures Collectives*, n° 1, janv. févr. 2023, doss. 3.

53 - Dir. (UE) 2019/1023 préc., art. 2 § 1er, 3) : « *si le droit national le prévoit, les détenteurs de capital dont les [...] intérêts [...] sont directement affectés par un plan de restructuration* » sont des parties affectées. Les détenteurs de capital sont définis par l'article 2, § 1, 3), de la Dir. (UE) 2019/1023 comme « *toute personne détenant une participation au capital d'un débiteur ou de son entreprise, y compris un actionnaire, dans la mesure où cette personne n'est pas un créancier* ».

dans des conditions définies par décret en Conseil d'Etat [...]. »

Ainsi, si l'article L. 626-30-2 du code de commerce dispose que « *la ou les classes de détenteurs de capital statuent conformément [...] aux dispositions applicables aux assemblées générales extraordinaires* », c'est parce que les classes d'actionnaires sont distinctes des assemblées générales du livre II du code de commerce : le régime des classes d'actionnaires emprunte en grande partie à celui des assemblées générales au sens du livre II, sans être une assemblée générale d'actionnaires en tant que telle, et ce afin que le projet de plan puisse être *in fine* adopté par le Tribunal nonobstant le vote négatif de la classe des actionnaires.

Contrairement à ce que pourrait laisser penser le renvoi « *fonctionnel* »[54] au régime des assemblées générales extraordinaires d'actionnaires, la compétence de la classe des détenteurs de capital est principalement limitée à la question de savoir si celle-ci accepte ou non le projet de plan[55].

Conformément au monopole du débiteur dans la préparation et la soumission du plan de sauvegarde[56], les actionnaires ne peuvent, en procédure de sauvegarde ou en procédure de sauvegarde accélérée, proposer un projet de plan alternatif[57]. Cette compétence de la classe des détenteurs de capital justifie aussi que les actionnaires ne puissent, en sauvegarde ou en sauvegarde accélérée, demander l'inscription de points ou de propositions de résolutions à l'ordre du jour de la classe. Telle est la solution retenue dans la procédure de sauvegarde accélérée ouverte au bénéfice d'ORPEA, dans laquelle certains actionnaires minoritaires avaient sollicité l'inscription à l'ordre du jour de la classe des détenteurs de capital des propositions de résolutions tendant à la révocation de membres du conseil d'administration de la société, avec l'objectif

Conformément au monopole du débiteur dans la préparation et la soumission du plan de sauvegarde, les actionnaires ne peuvent, en procédure de sauvegarde ou en procédure de sauvegarde accélérée, proposer un projet de plan alternatif.

de faire échec au plan de restructuration du débiteur[58]. Cette compétence spéciale de la classe des détenteurs de capital justifie encore qu'il ne puisse être inscrit à son ordre du jour des questions relevant de la compétence exclusive de l'assemblée générale ordinaire des actionnaires (approbation des comptes et des conventions réglementées, *say on pay*, etc.). Le législateur, en prévoyant un renvoi « fonctionnel » aux règles de fonctionnement de l'assemblée générale extraordinaire[59] n'a

54 - Sur cet aspect (et à l'inverse de sa conclusion concernant la possibilité d'assimilation à une assemblée générale), il faut approuver l'analyse faite par Romain Dumont (op. cit., § 256). Ce renvoi opéré par l'article L. 626-30-1, al. 6 C. com. – qui dispose que vise pour l'essentiel à organiser les modalités pratiques de délibérations – dispose en effet que « *la ou les classes de détenteurs de capital statuent conformément [...] aux dispositions applicables aux assemblées générales extraordinaires [...]* ». A cet égard, on peut relever quelques différences notables avec le régime des AGE, e.g. (i) les délais de convocation sont réduits par rapport à ceux qui prévalent en droit des sociétés, avec un avis de réunion inséré 21 jours avant le vote et un avis de convocation inséré au moins 10 jours avant le vote (C. com., art. R. 626-62, II, applicable en redressement judiciaire sur renvoi de l'art. R. 631-37 C. com.), aucun *quorum* n'est requis, l'art. L. 626-30-2, al. 5 C. com. (applicable en redressement judiciaire sur renvoi de l'art. L. 631-19 C. com) dispose en effet que « *la décision est prise par chaque classe à la majorité des deux tiers des voix détenues par les membres ayant exprimé un vote* », sans exiger d'autre condition).

55 - Au sens de l'art. L. 626-30-2, al. 1er C. com., applicable en redressement judiciaire sur renvoi de l'art. L. 631-19 C. com., sa compétence est limitée à l'examen « *des propositions en vue d'élaborer le projet de plan* », que le débiteur, avec le concours du ou des administrateurs, lui aura présentées. L'al. 2 du même article précise que « *le projet de plan est transmis aux classes pour être soumis à leur vote* », et son al. 4 ajoute que les classes de parties affectées « *se prononcent sur ce projet* ». De même, au sens de l'art. L. 626-30, I C. Com., les détenteurs de capital de ne « *se prononcent sur le projet de plan* » que si « *leur participation au capital du débiteur, les statuts ou leurs droits sont modifiés par le projet de plan* ».

56 - Il est directement fait référence à ce monopole dans le Rapp. au Président de la République relatif à l'Ord. n° 2021-1193 du 15 sept. 2021 : « *En sauvegarde, il n'est pas prévu que les classes puissent présenter un plan concurrent à celui du débiteur, auquel il n'adhèrerait pas, contrairement à ce qui est prévu en redressement judiciaire (article 45) ou à ce qui l'était pour les comités de créanciers* » ; V. également : F-X, Lucas, *Bull. Joly Entreprises en difficulté*, Janv.-Févr. 2022, BJE200k9.

57 - A l'inverse de la procédure de redressement judiciaire, dans laquelle tout partie affectée peut proposer un projet de plan de restructuration, sous réserve que ses droits soient affectés par le projet de plan initialement soumis par le débiteur.

58 - T. com. (Ord.) Nanterre, 26 juin 2023, n° 2023M03152 : « *les détenteurs de capital appelés à voter en classes de parties affectées ne peuvent proposer l'inscription à l'ordre du jour de cette assemblée que des points ou des projets de résolution en lien avec l'adoption ou le rejet du plan de sauvegarde accélérée et relevant de la compétence spéciale de la classe des détenteurs de capital. Toute autre résolution relevant de la compétence d'un autre organe (et notamment de l'assemblée générale ordinaire) ne peut être inscrite à l'ordre du jour.* »

59 - C. com., art. L. 626-30-1, al. 6 qui vise pour l'essentiel à organiser les modalités pratiques de délibérations : « *la ou les classes de détenteurs de*

probablement pas mesuré la portée de cette réitération, ni la faculté offerte indirectement aux actionnaires de soumettre des plans alternatifs alors que les autres parties affectées n'ont pas un tel droit.

Modalités de mise en œuvre et état des droits des actionnaires

Dans un premier cas de figure, si le projet de plan est adopté par toutes les classes de parties affectées à la majorité des deux tiers des voix détenues par les membres ayant exprimé un vote au sein de chaque classe[60], en ce compris la classe des détenteurs de capital, le tribunal est en mesure d'arrêter le projet de plan, sous réserve que les autres conditions d'adoption du plan soient réunies[61].

Dans un deuxième cas de figure, si la classe des détenteurs de capital n'approuve pas le projet de plan, le tribunal peut néanmoins arrêter celui-ci par la voie de l'« *application forcée interclasse* », dans les conditions définies à l'article L. 626-32 du code de commerce[62]. Dans cette dernière hypothèse, le même article énonce : « *La décision du tribunal vaut approbation des modifications de la participation au capital ou des droits des détenteurs de capital ou des statuts prévues par le plan* ». Ainsi, même en cas de rejet du projet de plan par la classe des actionnaires et de mise en œuvre de la voie de l'application forcée interclasse, le jugement du Tribunal, à supposer qu'il arrête le plan en passant outre l'avis de la classe des actionnaires, « *vaut vote et approbation* » par substitution de cette assemblée. Il s'agit là de la consécration, en droit français, de la technique du « *jugement valant vote* »[63]. Comme le résume un auteur : « *on ne saurait mieux faire pour s'opposer à l'obstruction des actionnaires : empêchant l'adoption du plan par l'exercice de leur droit de vote, le tribunal décide à leur place* »[64].

Radical dans son principe, le mécanisme de l'application forcée interclasse est logiquement limité par ses conditions de mise en œuvre, qui expliquent son nombre réduit d'applications depuis l'entrée en vigueur de l'ordonnance du 15 septembre 2021.

Radical dans son principe, le mécanisme de l'application forcée interclasse est logiquement limité par ses conditions de mise en œuvre, qui expliquent son nombre réduit d'applications depuis l'entrée en vigueur de l'ordonnance du 15 septembre 2021[65]. Dans l'éventualité de l'adoption du plan par la voie de l'application forcée interclasse, le plan doit en effet remplir un certain nombre de conditions[66], auxquelles s'ajoutent quatre conditions supplémentaires lorsqu'il s'agit d'imposer le plan à la classe des détenteurs de capital qui n'a pas approuvé le projet de plan.

La première condition est relative aux dimensions de la société débitrice[67]. Elle interdit *de facto* une application forcée interclasse aux détenteurs de capital lorsque les classes ont été constituées sur option parce que le débiteur n'atteignait pas les seuils de l'article R. 626-52 du code de commerce. Cette condition est le choix du législateur de réserver l'application forcée interclasse à des sociétés importantes, la thèse étant que pour ces sociétés de taille réduite, l'actionnariat est souvent familial et

capital statuent conformément [...] aux dispositions applicables aux assemblées générales extraordinaires [...] » et article L. 626-62 C. com. qui réduit le délai d'inscription de points à l'ordre du jour.

60 - C. com., art. L. 626-30-2, al. 5, sur renvoi de L. 626-31, al. 1er, C. com., applicable en redressement judiciaire sur renvoi de l'art. L. 631-19 C. com.

61 - C. com., art. L. 626-31 C. com., applicable en redressement judiciaire sur renvoi de l'art. L. 631-19 C. com.

62 - Applicable en redressement judiciaire sur renvoi de l'art. L. 631-19 C. com.

63 - V. en ce sens : F.-X. Lucas, *Le plan de restructuration, instrument de réfaction du contrat de société, BJS* sept. 2022, n° BJS201g9.

64 - T. Duchesne, *La responsabilité pour faute de l'actionnaire*, Thèse de doctorat de droit privé, Université Paris 2 Panthéon Assas, 2022, § 509 s.

65 - A la date des présentes, nous n'avons connaissance que de deux cas d'applications, dans les restructurations des sociétés ORPEA (T. com. Nanterre, 23 juill. 2024, 2023L01543 ; CA, Pôle 5 – Ch. 7, 9 nov. 2023, n° RG 23/09284 et 23/09286) et ARC HOLDINGS (T. com. Lille, 1er aout 2022, n° RG 2022012570). La restructuration en cours de la société européenne Atos sera, à cet égard, à surveiller : le tribunal de commerce a pris soin de rappeler dans son jugement d'ouverture qu'à défaut de soutien des actionnaires « le projet de plan de sauvegarde accéléré pourrait en toute hypothèse être adopté par le tribunal malgré l'absence de vote favorable » de ceux-ci (T. com. Nanterre, 23 juill. 2024, n° 2024G00027).

66 - C. com., art. L. 626-32, applicable en redressement judiciaire sur renvoi de l'art. L. 631-19 C. com.

67 - C. com., art. R. 626-63, sur renvoi de l'article L. 526-32, I 5° a) C. com., applicable en redressement judiciaire sur renvoi de l'art. R. 631-37 C. com.

il n'y a pas lieu de prévoir un mécanisme de forçage de la prise des décisions en assemblée exposant les actionnaires à une éviction. Cette condition permet aussi pour l'heure, pour l'essentiel, de tenir les secteurs *Tech* et *Venture* à l'écart d'une restructuration par voie d'application forcée interclasse. Dans ces secteurs où les valorisations du capital sont particulièrement élevées, sous l'impulsion de fonds d'investissement et de *family offices*, alors même que les sociétés témoignent encore d'indicateurs sociaux et financiers modestes, on peut regretter que les créanciers soient encore en pratique confrontés au *veto* des actionnaires en cas de restructuration.

La deuxième condition est relative à la perte totale de la valeur des titres de capital détenus par les détenteurs de capital. Comme évoqué déjà en introduction, ceux-ci doivent être « *en dehors de la monnaie* », au sens où « *on peut raisonnablement supposer, après détermination de la valeur du débiteur en tant qu'entreprise en activité, que les détenteurs de capital de la ou des classes dissidentes n'auraient droit à aucun paiement ou à ne conserver aucun intéressement si l'ordre de priorité des créanciers pour la répartition des actifs en liquidation judiciaire ou du prix de cession de l'entreprise en application de l'article L. 642-1 était appliqué* ». Cette condition n'est pas contestable et constitue même le cœur de la réforme du droit des entreprises en difficulté. Les sacrifices imposés aux parties affectées par le plan ne se justifient que parce qu'il peut être établi que, dans un scénario de continuité d'exploitation, celles-ci recevraient moins que ce que le plan de restructuration leur offre. S'agissant des détenteurs de capital, cette condition est essentielle parce que, si la valorisation de la société réalisée dans le cadre de la procédure montre que ceux-ci ne pourraient pas être remboursés de leurs apports dans un scénario en continuité d'exploitation, ceci justifie leur éviction totale du fait de leur obligation de contribution aux pertes – laquelle obligation est alors mise en œuvre de manière anticipée.

La troisième condition est celle de la « *dernière chance* ». Si le projet de plan prévoit une augmentation de capital souscrite par apport en numéraire[68], les actions émises doivent être « *offertes par préférence aux actionnaires, proportionnellement à la partie du capital représentée par leurs actions* »[69]. Des débats ont eu lieu, dans le cadre de la procédure de sauvegarde accélérée ouverte au bénéfice de la société Orpea, quant à la portée de cette condition. Certains créanciers avaient manifesté le souhait de pouvoir bénéficier de cette préférence, dont ils estimaient qu'elle devait nécessairement prendre la forme d'un droit préférentiel de souscription offert à tous les actionnaires, à l'occasion des deux augmentations de capital succédant à la première augmentation de capital permettant la conversion en capital et les rendant actionnaires. Ils y auraient trouvé une manière d'obtenir une relution au capital de la société, à un prix de souscription plus attractif que celui de la première augmentation de capital mettant en œuvre la conversion en capital de leurs créances. La société s'y opposait, en considérant que la « *préférence* » imposée par la loi, terme générique, impliquait que le législateur ait voulu laisser l'option à la société : soit d'ouvrir les augmentations de capital à tous ses actionnaires, y compris à ceux qui

Les sacrifices imposés aux parties affectées par le plan ne se justifient que parce qu'il peut être établi que, dans un scénario de continuité d'exploitation, celles-ci recevraient moins que ce que le plan de restructuration leur offre.

68 - Selon le cas, par apport de fonds propres ou par compensation de créances certaines, liquides et exigibles sur la société.

69 - La proposition de loi de ratification de l'Ord. n° 2021-1193 du 15 sept. 2021, déposée le 16 nov. 2021, prévoit de supprimer cette condition, jugée trop favorable aux actionnaires minoritaires ; son art. 1er, II, 2° qui dispose que : « *L'article L. 626-32 est ainsi modifié : a) Le I est ainsi modifié : – les c et d du 5° sont abrogés* ». Selon les auteurs de cette proposition de loi de ratification, « *Les deux dernières conditions (que les actions émises à l'occasion d'une augmentation de capital souscrite par apport en numéraire soient offertes par préférence aux actionnaires, et que le plan ne prévoie pas la cession de tout ou partie des droits de la ou des classes de détenteurs de capital dissidentes) sont en revanche excessives et vont au-delà de ce que requiert la protection du droit de propriété des actionnaires. En effet, la valeur économique de l'entreprise concernée étant par hypothèse inférieure au montant total de ses dettes, la préférence accordée par la loi aux actionnaires revient à spolier les créanciers, dont les droits, pourtant, ne méritent pas moins d'être protégés. L'article 1er de la proposition de loi supprime donc ces deux dernières conditions* ».

le deviendraient à l'occasion de la première augmentation de capital par capitalisation de leurs créances, *via* un maintien du droit préférentiel de souscription ; soit de les réserver aux seuls actionnaires historiques, *via* l'octroi d'un délai de priorité de souscription institué par l'article L. 22-10-51 du code de commerce, plus à même que le droit préférentiel de souscription d'organiser une structuration complexe et successive d'opérations sur le capital social, tout en tenant compte des contraintes propres à la réalité de la restructuration.

La « *préférence* » instituée par l'article L. 626-32, I du code de commerce au profit des actionnaires est, en effet, un dispositif qui ne peut raisonnablement avoir d'autre justification que d'assurer la protection du droit de propriété des actionnaires existant au jour du jugement d'ouverture de la procédure et évincés du fait du plan de restructuration. Il bénéficie aux propriétaires initiaux de la société en difficulté, qui se voient ainsi accorder une dernière chance de lutter contre l'effet d'éviction que le plan comporte, en « rachetant » tout ou partie des créances dont la conversion en capital est imposée aux créanciers convertis, et/ou en ayant la possibilité de participer de manière prioritaire aux augmentations de capital permettant l'entrée de nouveaux investisseurs en fonds propres, souvent faites à des prix de souscription préférentiels, à l'effet de maintenir leur participation initiale. Cette analyse est confortée par le rappel de ce qu'est une « *partie affectée* », qualité qui est établie en considération des sacrifices imposés par le projet de plan aux droits des créanciers et des détenteurs de capital. Ce sont les atteintes aux droits de certains créanciers et, le cas échéant, des détenteurs de capital qui permettent d'en faire des « *parties affectées* » et de les réunir en classe, de telle sorte que les protections dont bénéficient les classes de parties affectées sont accordées en considération des créances et droits antérieurs au jugement d'ouverture de la procédure.

L'analyse qui paraît la plus conforme à la raison d'être de l'article L. 626-32 du code de commerce et à ce qu'est une partie affectée est donc celle qui réserve le bénéfice de cette « *préférence* » aux seuls détenteurs de capital qui l'étaient avant la mise en œuvre de la restructuration et dont la classe n'a pas approuvé le projet de plan[70]. C'est en effet ce qu'a retenu le tribunal de commerce de Nanterre, dans sa décision arrêtant le plan de sauvegarde accélérée de la société Orpea, en énonçant : « *La seconde augmentation de capital qui vise à permettre l'investissement par le Groupement prévoit le maintien d'un délai de priorité de souscription au bénéfice des actionnaires existants préalablement à la première augmentation de capital conformément à l'article L. 22-10-51 du code de commerce. Cette seconde augmentation de capital prévoit donc bien les actions émises sont offertes par préférence aux membres de la classe des actionnaires, proportionnellement à la partie du capital représentée par leurs actions. Les créanciers non sécurisés qui seront devenus actionnaires à la suite de la première augmentation de capital susvisée ne bénéficient pas de cette préférence, n'étant pas visés par le texte qui vise à protéger les détenteurs de capital ayant voté contre le projet de plan en cette qualité, c'est-à-dire les actionnaires historiques* »[71].

L'analyse qui paraît la plus conforme à la raison d'être de l'article L. 626-32 du code de commerce et à ce qu'est une partie affectée est donc celle qui réserve le bénéfice de cette « *préférence* » aux seuls détenteurs de capital qui l'étaient avant la mise en œuvre de la restructuration et dont la classe n'a pas approuvé le projet de plan.

Rien n'empêche pour autant la société débitrice de prévoir dans son plan, si elle le souhaite, la possibilité pour les créanciers devenus actionnaires, par l'effet d'une première

70 - C. Com., art. L. 626-32, I, 5° : C'est seulement « *lorsqu'une ou plusieurs classes de détenteurs de capital ont été constituées et n'ont pas approuvé le plan* » que la préférence a vocation à s'appliquer.

71 - T. com. (Ord. Prés.) Nanterre, 24 juill. 2023, n° 2023L01572.

augmentation de capital d'apurement du passif, de participer à toutes les augmentations de capital et de bénéficier également de cette préférence.

La quatrième condition exige que le plan ne prévoie pas la cession de tout ou partie des droits de la ou des classes de détenteurs de capital dissidentes[72]. Des fins praticiens ont été tentés de déduire de cette condition, lue à la lumière de la « *règle de la priorité absolue* », qu'une application forcée interclasse ordonnée par le tribunal ne pourrait en tout état de cause pas donner lieu à une offre publique obligatoire, même si celle-ci s'impose aux nouveaux investisseurs alors que la priorité absolue ne s'impose au fond qu'au débiteur. Il faut plutôt y voir l'interdiction de cessions forcées contenues dans le plan de restructuration à l'encontre des actionnaires. Rien ne semble en effet interdire à un actionnaire sur le point d'être évincé de céder volontairement ses droits, voire de les apporter à une offre publique d'acquisition présentée par un tiers dans l'éventualité où la dérogation de l'AMF n'aurait pas été obtenue.

Comme évoqué déjà, l'article 12 de la directive « *Insolvabilité* » prévoit que « *les États membres veillent aussi à ce que les détenteurs de capital ne puissent empêcher ou faire entrave, de façon déraisonnable, à la mise en œuvre d'un plan de restructuration* ». L'affirmation constitue un bouleversement majeur des interactions entre le droit des sociétés et le droit des entreprises en difficulté. Dans le contexte d'une restructuration, à plus forte raison lorsque les actionnaires sont « *en dehors la monnaie* », l'exercice des droits politiques des actionnaires devient *prima facie* suspect et menace de dégénérer, à tout instant, en abus.

L'intuition est confirmée par les premières décisions de justice intervenues dans le cadre de la procédure de sauvegarde accélérée ouverte au bénéfice de la société Orpea. Les juridictions saisies ont ainsi écarté les demandes d'actionnaires minoritaires tendant à obtenir la désignation d'un mandataire à l'effet de convoquer une assemblée générale anticipée[73] et débouté certains actionnaires minoritaires qui demandaient la rétractation de l'ordonnance de prorogation du délai de réunion de l'assemblée générale annuelle. Dans cette dernière décision, le Tribunal de commerce de Nanterre concluait que, par l'exercice de leurs droits d'actionnaires, « *[...] les demanderesses cherchent à "faire entrave, de façon déraisonnable" à la mise en œuvre du projet de plan de sauvegarde [...]* »[74].

De manière encore plus spectaculaire, la Cour d'appel de Paris a eu l'occasion d'affirmer que : « *288. [La] finalité de la directive et des dispositions qui la transposent ne peut qu'être rapprochée du second alinéa de l'article 1833 du code civil, qui dispose que « [l] a société est gérée dans son intérêt social, en prenant en considération les enjeux sociaux et environnementaux de son activité ». [...] 290. Dès lors, en cas de difficulté d'application ou d'interprétation d'une norme relevant du droit boursier en rapport avec la mise en œuvre des dispositions régissant la procédure de sauvegarde accélérée, il convient, afin de préserver l'effet utile de la directive, d'interpréter la première à la lumière des secondes* »[75].

L'affirmation d'une forme de devoir de soutien politique des actionnaires à la restructuration de la société est lourde de conséquences. L'inversion du rapport de force existant sous l'empire du droit ancien est, dans ces hypothèses, totale. Lorsque la valeur du capital est anéantie par celle de la dette, l'ancien décideur qu'était autrefois l'actionnaire est aujourd'hui cantonné dans un rôle de spectateur, sauf à être parmi les acteurs actifs de la restructuration en promettant un nouvel apport en fonds propres à la société.

Articulation de la réforme avec la pratique traditionnelle de l'AMF et l'état du droit en matière de dérogation

La procédure de sauvegarde accélérée ouverte au bénéfice de la société ORPEA a donné lieu à des débats importants devant le Collège de

72 - La proposition de loi de ratification de l'Ord. du 15 sept. 2021 prévoit également la suppression de cette condition.

73 - T. com. (Ord. Prés.) Nanterre, 31 mai 2023, n° 2023R00532.

74 - T. com. Nanterre, 23 juin 2023, n° 2023R00598.

75 - CA Paris, Pôle 5 – Ch. 7, 9 nov. 2023, n° RG 23/09284 et 23/09286, *ORPEA*.

l'AMF puis la Cour d'appel de Paris[76] en matière d'articulation du droit nouveau des entreprises en difficulté avec les règles propres aux offres publiques.

Dans le cadre du plan de restructuration qui était envisagé à ce moment, les membres du « *Groupement* » emmené par la Caisse des Dépôts et Consignations auraient été conduits à franchir en hausse, à la suite de l'apport en numéraire de sommes importantes, le seuil de 30 % du capital social et des droits de vote de la société émettrice. Ils sollicitaient à ce titre l'octroi d'une dérogation à l'obligation de déposer un projet d'offre publique d'acquisition sur les titres de la société, sur le fondement de l'article 234-9, 2° du règlement général de l'Autorité des marchés financiers.

Dans une décision du 26 mai 2023, le collège de l'AMF a accordé au concert des investisseurs une dérogation à l'obligation de déposer une offre publique d'acquisition aux motifs, d'une part, que la société Orpea était effectivement en situation de difficulté financière avérée et, d'autre part, que :

- dans un scénario consensuel, « *si les actionnaires réunis en classe de parties affectées approuvent le projet de plan de sauvegarde, ils approuveront de facto les augmentations de capital prévues dans le cadre dudit plan* » ; et
- en cas de rejet par la classe des actionnaires du projet de plan de sauvegarde, « *[...] celui-ci pourra alors être arrêté par le tribunal de commerce, conformément aux dispositions [légales] selon lesquelles « la décision du tribunal vaut approbation des modifications de la participation au capital ou des droits des détenteurs de capital ou des statuts prévues par le plan » [...] » et « qu'ainsi l'approbation des actionnaires sera réputée acquise et que le tribunal se voit attribuer, par la loi, les prérogatives de l'assemblée générale extraordinaire des actionnaires [...]* ».

Cette décision de dérogation – la première[77] rendue sur la question depuis l'entrée en vigueur de l'ordonnance du 15 septembre 2021 – est essentielle en ce qu'elle marque une évolution de la pratique traditionnelle de l'AMF, afin de tenir compte, entre autres, (i) de l'état nouveau du droit positif et (ii) de l'introduction en droit français de la « règle de la priorité absolue » qui interdit en pratique l'octroi aux actionnaires de la société d'instruments de retour à meilleure fortune dans le cas où la valeur résiduelle des actions est nulle. La décision prend, ainsi, acte que depuis l'entrée en vigueur de l'ordonnance de transposition de la directive « *Insolvabilité* », l'approbation d'un projet de plan de sauvegarde – avec les modifications du capital social qui peuvent en résulter – relève en effet de la compétence exclusive des classes de parties affectées au sein desquelles les actionnaires sont consultés. Dans ce cadre, la compétence de l'assemblée générale est formellement écartée et un vote négatif des actionnaires en classe de détenteurs de capital peut être contourné par le tribunal saisi de la procédure de sauvegarde si ce dernier décide, en dépit de ce refus, d'approuver le plan de sauvegarde et les opérations dilutives qu'il contient par voie d'application forcée interclasse.

Cette décision de dérogation – la première rendue sur la question depuis l'entrée en vigueur de l'ordonnance du 15 septembre 2021 – est essentielle en ce qu'elle marque une évolution de la pratique traditionnelle de l'AMF, afin de tenir compte, entre autres, (i) de l'état nouveau du droit positif et (ii) de l'introduction en droit français de la « règle de la priorité absolue » qui interdit en pratique l'octroi aux actionnaires de la société d'instruments de retour à meilleure fortune dans le cas où la valeur résiduelle des actions est nulle.

La décision du collège de l'AMF a par la suite

76 - A la date des présentes, un pourvoi est pendant devant la Cour de cassation dans cette affaire.

77 - La problématique n'avait pas immédiatement vu le jour à la suite de la transposition puisque lors de sa restructuration, la société Pierre & Vacances, avait décidé de procéder, en plus de la réunion d'une classe des détenteurs de capital votant sur le plan, à la convocation d'une assemblée générale des actionnaires votant sur des résolutions similaires (AMF, Décis. n° 222C1253, 25 mai 2022, *Pierre et Vacances*).

été confirmée par la Cour d'appel de Paris dans un arrêt du 9 novembre 2023[78]. La Cour y a pleinement approuvé l'autorité de marché, rappelant que « *la locution « assemblée générale » au sens de l'article 234-9 du [règlement général de l'Autorité des marchés financiers] est susceptible, en considération de l'évolution du système juridique dans son ensemble, de faire l'objet d'une interprétation autonome, et de désigner une catégorie générique, détachée des dispositions contingentes relatives aux assemblées d'actionnaires mentionnées au Livre II du code de commerce* ». La Cour a ensuite pu constater que :

« *la classe des détenteurs de capital constituée des actionnaires est assimilable à l'AGE lorsqu'il s'agit de voter sur le plan de sauvegarde dans le cadre de la procédure de sauvegarde accélérée* » ; et

« *la décision du tribunal de commerce se substitue – en cas d'application forcée interclasse – au vote négatif de la classe des détenteurs de capital composée des actionnaires, laquelle constitue l'assemblée que vise l'article 234-9, 2°, du [règlement général de l'Autorité des marchés financiers] en cas de recours à la procédure de sauvegarde accélérée* ».

Cette décision doit être approuvée dès lors, qu'en sus des aspects déjà évoqués, le rejet d'une demande de dérogation formée sur le fondement de l'article 234-9, 2° du règlement général de l'AMF, au motif de l'absence d'approbation par une assemblée générale extraordinaire des actionnaires, par ailleurs non compétente, reviendrait en fait à restaurer, dans les seules sociétés cotées, le droit de *veto* qu'avaient autrefois les actionnaires sur le projet de plan. Ceci serait exactement contraire au régime nouveau du droit des entreprises en difficulté, qui prévoit expressément désormais que le tribunal puisse, à certaines conditions, passer outre le refus d'approbation de la classe des détenteurs de capital.

Même si une interprétation de l'article 234-9, 2° du règlement général de l'Autorité des marchés financiers conforme au livre VI du code de commerce a été retenue par la Cour d'appel de Paris, il n'en reste pas moins que le dispositif de l'article a été adopté antérieurement à l'entrée en vigueur de l'ordonnance du 15 septembre 2021. Une évolution du règlement général de l'Autorité des marchés financiers apparaît donc souhaitable, afin de tenir compte de l'objectif du législateur de ne pas permettre aux actionnaires dont les droits n'ont plus de valeur économique de faire obstacle au sauvetage d'une entreprise par un vote défavorable à la mise en œuvre du projet de plan de restructuration[79].

Une évolution du règlement général de l'Autorité des marchés financiers apparaît donc souhaitable, afin de tenir compte de l'objectif du législateur de ne pas permettre aux actionnaires dont les droits n'ont plus de valeur économique de faire obstacle au sauvetage d'une entreprise par un vote défavorable à la mise en œuvre du projet de plan de restructuration.

1.2. L'obligation de déposer un projet d'offre publique de retrait

Le traitement des difficultés d'une société comporte parfois une cession ou une affectation en fiducie[80] de certains de ses actifs. Lorsque la société est cotée et contrôlée, les actionnaires « contrôlaires » peuvent être tenus d'en

78 - CA, Pôle 5 – Ch. 7, 9 nov. 2023, n° RG 23/09284 et 23/09286, *ORPEA*.

79 - V. notamment sur ces aspects la section du présent ouvrage consacrée au régime dérogatoire à l'obligation de déposer une offre publique (Chap. 3).

80 - AMF, Décis. n° 236-6, 9 sept. 2021, Pierre et Vacances. Dans son étude, l'AMF tenait particulièrement compte « *[...] (i) du refinancement nécessaire de la société eu égard sa situation financière très obérée, (ii) de la recherche d'un adossement dans le cadre du renforcement de ses fonds propres notamment pour pouvoir faire face à ses échéances [...]* ». L'autorité a ainsi pu considérer qu'au « *regard des difficultés financières invoquées, la constitution de la fiducie-sûreté susceptible de porter sur le principal des actifs de la société PIERRE ET VACANCES ne porte pas atteinte aux droits et intérêts des actionnaires et n'est, par conséquent, pas de nature à justifier la mise en œuvre préalable d'une offre publique de retrait sur le fondement de l'article 236-6 du règlement général* ».

informer l'AMF et de déposer un projet d'offre publique de retrait sur les titres de la société. Précisément, l'article 236-6 du règlement général de l'Autorité des marchés financiers énonce que la « *ou les personnes physiques ou morales qui contrôlent une société au sens de l'article L. 233-3 du code de commerce informent l'Autorité des marchés financiers : [...] 2° Lorsqu'elles décident le principe [...] de la cession ou de l'apport à une autre société de la totalité ou du principal des actifs [...]. L'Autorité des marchés financiers apprécie les conséquences de l'opération prévue au regard des droits et intérêts des détenteurs de titres de capital ou des détenteurs de droits de vote de la société et décide s'il y a lieu à mise en œuvre d'une offre publique de retrait* ». La solution est logique. Lorsqu'une société cotée est contrôlée, la décision de céder le principal de ses actifs est imposée à ses dirigeants par son ou ses actionnaires de contrôle, que l'on peut légitimement soupçonner de vouloir favoriser leur intérêt par rapport à celui des actionnaires minoritaires. Au contraire, lorsqu'une société n'est pas contrôlée, la décision de céder le principal de ses actifs est adoptée par ses dirigeants parce qu'ils la jugent conforme à l'intérêt de la société, dont ils sont les garants, et non pas seulement à celui de ses principaux actionnaires.

La difficulté se concentre traditionnellement sur la notion de principal des actifs qui commande l'application de l'article 236-6 du règlement général de l'Autorité des marchés financiers[81]. Cette notion, sujette à interprétation, a été précisée de longue date par un arrêt de la Cour d'appel de Paris qui a retenu qu'elle « *suppose, non seulement l'importance, mais aussi la prédominance de l'actif dont la cession est envisagée* »[82]. Le motif est généralement approuvé à deux titres. D'abord, il signifie que l'actif dont la cession est envisagée doit être le plus important – littéralement « *prédominant* » – parmi les actifs de la société, sans nécessairement devoir représenter plus de 50 % de l'actif total de la société. En d'autres termes, un actif peut représenter le « *principal* » des actifs, au sens de l'article 236-6 du règlement général de l'Autorité des marchés financiers, en représentant moins de 50 % de l'actif total de la société, si les autres actifs de celle-ci sont de moindre importance et donc accessoires. A cet égard, l'appréciation du caractère principal d'un actif pourrait être, à l'avenir, nourrie par des notions voisines et nouvelles du droit des sociétés. Un actif indispensable à la préservation ou à la poursuite de la raison d'être statutaire[83] d'une société cotée ne constitue-t-il pas le « *principal des actifs* » ? De la même façon, dès lors que la société doit désormais être gérée « *en prenant en considération les enjeux sociaux et environnementaux de son activité* », un actif clé dans l'impact environnemental d'une société cotée pourrait, malgré son importance économique non pleinement déterminante, devenir « principal ». Les évolutions récentes du droit des sociétés pourraient ainsi, dans les années à venir, par exemple à l'initiative d'actionnaires activistes[84], être utilisées par un régulateur peu frileux à l'idée d'interpréter ou d'user des règles du droit des sociétés[85] pour les besoins de son action.

Ensuite, le caractère « *prédominant* » de l'actif dont la cession est envisagée est apprécié par l'AMF et la Cour d'appel de Paris, semble-t-il, moins en fonction de la valeur d'actif des immobilisations concernées que de leur contribution au résultat de la société, principalement au résultat d'exploitation. La méthode apparaît la plus adaptée, s'agissant de préserver les intérêts d'actionnaires de sociétés de capitaux qui ont généralement réalisé un placement financier en investissant dans la société. En outre, ainsi que l'écrit le Professeur Viandier, « *cela revient à apprécier l'intérêt des actionnaires à travers le prisme des intérêts financiers, qui est finalement le*

81 - V. notamment : A. Gaudemet, *La cession du principal actif d'une société cotée, in Mélanges offerts en l'honneur du Professeur Michel Germain*, sept. 2014, pp. 343 s.

82 - CA Paris, 3 avr. 2001, *JCP* 2002. II. 10593, note A. Couret ; *Dr. sociétés* juin 2001, comm. 103, note H. Hovasse ; *JCP E* 2001, p. 804, note A. Viandier.

83 - C. civ., art. 1835 : « *Les statuts peuvent préciser une raison d'être, constituée des principes dont la société se dote et pour le respect desquels elle entend affecter des moyens dans la réalisation de son activité.* »

84 - Sur le sujet, v. notamment : S. Martin-Gousset, *La raison d'être des sociétés cotées : une aubaine pour les actionnaires activistes ?*, *BJS* oct. 2020, n° 121g9, p. 49.

85 - Pour une critique de cette tendance, v. récemment : H. Synvet, *L'AMF, le juge et le communiqué*, *BJB* mai 2021, n° 200a3, p. 1.

plus objectif »[86].

La notion de principal des actifs, au sens de l'article 236-6 du règlement général de l'Autorité des marchés financiers, est distincte de celle d'« *actifs significatifs* », retenue par l'AMF pour les besoins de sa position-recommandation sur « *les cessions et les acquisitions d'actifs significatifs* »[87]. Dans cette dernière position, l'autorité de marché recommande que toute société cotée – contrôlée ou non – « *prévoie une consultation de l'assemblée générale des actionnaires préalablement à la cession, en une ou plusieurs opérations, d'actifs représentant au moins la moitié de ses actifs totaux en moyenne sur les deux derniers exercices* ». À vrai dire, la distinction entre principal des actifs et actif significatif porte peu en pratique. Les actionnaires de contrôle d'une société cotée, qui envisagent d'imposer à celle-ci la cession d'une partie significative de ses actifs, en informent généralement l'AMF par précaution, notamment dans un contexte de restructuration.

Lorsque cette cession participe d'une restructuration de la société cédante, l'autorité de marché accepte généralement de déclarer que les actionnaires de contrôle de celle-ci ne sont pas tenus de déposer un projet d'offre publique de retrait visant les titres de la société. Dans une décision *Spir Communication*, par exemple, les actionnaires contrôlaires de la société faisaient valoir que les cessions d'actifs envisagées dans le cadre d'un plan de restructuration appelé à être homologué par le tribunal de commerce « *[étaient] nécessaires pour conserver la pérennité de la société Spir Communication et [devaient] permettre de désendetter le groupe et d'assainir son bilan* ». L'AMF a estimé « *qu'à supposer que les cessions envisagées puissent être qualifiées comme étant la cession du principal des actifs de la société Spir Communication, celles-ci, permettant le désendettement de la société Spir Communication, et la poursuite de l'activité sur un périmètre resserré, n'affecteraient pas les droits et intérêts des actionnaires de Spir Communication de nature à justifier la mise en œuvre préalable d'une offre publique de retrait en application de l'article 236-6 du règlement général* »[88]. De même, dans une décision CNIM, les actionnaires de contrôle de la société envisageaient l'affectation en fiducie d'actifs significatifs dans le cadre d'un processus de restructuration financière conduit sous l'égide du Comité interministériel de restructuration industrielle (CIRI) et d'un conciliateur désigné par le Tribunal de commerce.

Lorsque cette cession participe d'une restructuration de la société cédante, l'autorité de marché accepte généralement de déclarer que les actionnaires de contrôle de celle-ci ne sont pas tenus de déposer un projet d'offre publique de retrait visant les titres de la société.

L'autorité de marché a considéré que, « *compte tenu du contexte auquel est confronté la société CNIM, l'opération projetée en ce qu'elle prévoit le transfert d'actifs significatifs, qui pourraient être qualifiés comme constituant le principal de ses actifs, au profit de fiducies, ainsi que la gestion des actifs et la réalisation du programme d'adossement et de cessions dans le but de permettre à la société CNIM de faire face à ses échéance et ainsi surmonter ses difficultés financières avérées, ne porte pas atteinte aux droits et intérêts des actionnaires et n'est, par conséquent, pas de nature à justifier la mise en œuvre préalable d'une offre publique de retrait sur le fondement de l'article 236-6 du règlement général* »[89]. Dans l'une et l'autre décisions, l'AMF a ainsi conclu que les actionnaires de contrôle de la société n'étaient pas tenus de déposer un projet d'offre publique de retrait sur les titres de celle-ci, dès lors que la cession d'actifs qu'ils envisageaient d'imposer à la société contrôlée était nécessaire à sa restructuration et à la poursuite de son

86 - A. Viandier, note préc.

87 - AMF, Doc. n° 2015-05, 15 juin 2015.

88 - AMF, Décis. n° 216C2801, 14 déc. 2016, *Spir Communication*.

89 - AMF, Décis. n° 220C1528, 14 mai 2020, *CNIM* ; *adde* : S. Robert, *Non-lieu à OPR sur la société CNIM : curieuse articulation entre les notions d'actif principal et d'actifs significatifs, Bull. Joly Bourse*, nov. 2020, pp. 40 s.

activité. L'article 236-6 du règlement général de l'Autorité des marchés financiers prévoit pourtant que l'autorité de marché apprécie les conséquences de la cession envisagée « *au regard des droits et des intérêts des détenteurs de titres de capital ou des détenteurs de droits de vote de la société* ». Et le respect des droits et intérêts des actionnaires ne saurait, sans autre motif, être déduit de la conformité de la cession d'actifs envisagée à l'intérêt de la société en difficulté. Comme l'explique Monsieur Nadjar : « *L'interprétation de l'article 236-6 du règlement général par l'autorité s'avère particulièrement bienveillante vis-à-vis des actionnaires qui procèdent à la restructuration des sociétés qu'ils contrôlent. L'autorité se refuse à imposer le dépôt d'offres qui viendraient renchérir le coût du sauvetage de l'entreprise, et ce quitte à opérer quelques écarts avec la lettre des textes* »[90].

Dans l'une et l'autre décisions, l'AMF a ainsi conclu que les actionnaires de contrôle de la société n'étaient pas tenus de déposer un projet d'offre publique de retrait sur les titres de celle-ci, dès lors que la cession d'actifs qu'ils envisageaient d'imposer à la société contrôlée était nécessaire à sa restructuration et à la poursuite de son activité.

2. La procédure d'offre publique sur les titres d'une société en difficulté

Lorsqu'un projet d'offre publique est déposé sur les titres d'une société cotée en difficulté, l'AMF admet des exceptions à la procédure normale d'offre, afin de tenir compte de l'état de difficultés de la société cible de l'offre[91]. Ces exceptions concernent principalement la contrepartie offerte par l'initiateur (2.1), ainsi que le caractère irrévocable de son offre (2.2).

2.1. La contrepartie offerte par l'initiateur

Les exceptions tenant à la contrepartie offerte par l'initiateur portent à la fois sur le montant (2.1.1) et le caractère déterminable de celle-ci (2.1.2).

2.1.1. Le montant de la contrepartie offerte par l'initiateur

Aux termes de l'article 234-6 du règlement général de l'Autorité des marchés financiers, le prix proposé par l'initiateur d'une offre publique obligatoire « *doit être au moins équivalent au prix le plus élevé payé par l'initiateur, agissant seul ou de concert, au sens de l'article L. 233-10 du code de commerce, sur une période de douze mois précédant le dépôt du projet d'offre* ». C'est la règle du « *prix plancher* » de l'offre publique obligatoire. Le même article admet toutefois que l'AMF écarte cette règle « *lorsqu'un changement manifeste des caractéristiques de la société visée [...] le justifie* », spécialement « *lorsque la société visée est en situation de difficulté financière avérée* »[92]. Il ouvre ainsi à l'initiateur d'une offre publique obligatoire sur les titres d'une société cotée en difficulté la possibilité de réduire le coût de son offre et favorise, ce faisant, la sauvegarde de la société cible de l'offre. Dans une décision *Groupe Monceau Fleurs*, par exemple, l'autorité de marché a autorisé l'initiateur d'une offre publique obligatoire à proposer un prix de 0,63 par action aux actionnaires de la société cible de l'offre, alors que celui-ci avait souscrit auparavant des actions de la société au prix de 2 euros par action[93]. Dans une autre décision récente *Technicolor Creative Studios*, elle a admis qu'un tel initiateur propose un prix de 1,63 euros aux actionnaires de la société cible de l'offre, alors que celui-ci avait acquis des actions de la société au prix de 194,88 euros par action, sur la base des constatations suivantes : « - *la société Technicolor Creative Studios est entrée en procédure de conciliation le 20 janvier 2023 aboutissant à un protocole de conciliation homologué par jugement du*

90 - H. Nadjar, *Les principes du droit des offres publiques d'acquisition*, thèse Université Paris-Panthéon-Assas, n° 728.

91 - Sur ces exceptions, v. en particulier : H. Nadjar, *op. cit.*, n°s 731 s.

92 - Règl. gén. AMF, art. 234-6, 2°.

93 - AMF, Décis. n° 213C0892, 10 juill. 2013, *Groupe Monceau Fleurs*. – *Adde* dans le même sens : AMF, Décis. n° 213C1914, 10 déc. 2013, *Lafuma SA*.

tribunal de commerce de Paris le 29 mars 2023 et prévoyant un apport en numéraire de 170 millions d'euros et le réaménagement de la dette existante ; depuis son introduction en bourse, le 27 septembre 2022, le cours de l'action Technicolor Creative Studios a perdu 99 % de sa valeur, principalement après la publication le 15 novembre 2022 de son avertissement sur l'atterrissage attendu pour 2022 et sur les estimations préliminaires pour 2023 ; le rapport financier semestriel 2023 publié le 2 octobre 2023 par la société Technicolor Creative Studios précise que "la direction a identifié une incertitude sur la capacité du groupe à poursuivre ses activités au-delà de l'exercice en cours" ; ce que précisent les commissaires aux comptes dans leur rapport d'audit des comptes semestriels 2023 s'agissant de "l'incertitude relative à la continuité d'exploitation décrite dans la "1.1.2 Grève des scénaristes et des acteurs, retrait de cotation et continuité d'exploitation" de l'annexe aux comptes consolidés semestriels condensés" »[94]. Cet écart de prix (divisé par presque 100) vertigineux admis par le régulateur, dans le contexte d'une procédure amiable (la conciliation), offre des perspectives théoriques étonnantes. Dans cette situation, ce n'est pas le droit des entreprises en difficulté qui permet l'éviction des actionnaires mais, de façon presque contradictoire, le droit boursier. Par la stricte application des dispositions existantes de son règlement général, l'AMF autorise un « prix d'expropriation », organisée par le retrait obligatoire, réduit au quasi-néant. Selon cette logique et dans une hypothèse où la mise en œuvre d'une application forcée interclasse serait impossible, les règles du droit boursier pourraient permettre d'organiser l'éviction des actionnaires.

La même idée justifie encore que l'AMF s'écarte parfois de l'une de ses propres pratiques. Lorsque l'acquéreur d'un bloc de contrôle se trouve être défaillant dans l'exécution de son obligation de déposer un projet d'offre publique, l'autorité de marché admet qu'il puisse céder son bloc, à la condition cependant que le cessionnaire de celui-ci dépose un projet d'offre publique libellé à un prix au moins égal à celui qui aurait dû être offert par le cédant[95]. Dans une décision *Billon*, l'AMF s'est pourtant écartée de cette condition. Elle a accepté de déclarer conforme le projet d'offre publique du cessionnaire du bloc libellé au prix de 0,13 euro par action, alors que le cédant aurait dû offrir 1,70 euro au moins par action[96]. Sa décision se justifiait semble-t-il par les difficultés de la société cible de l'offre. L'autorité de marché constatait, en particulier, « *que la société Billon, son unique filiale Billon frères et les filiales de cette dernière, ont été placées en redressement judiciaire* ».

Il ouvre ainsi à l'initiateur d'une offre publique obligatoire sur les titres d'une société cotée en difficulté la possibilité de réduire le coût de son offre et favorise, ce faisant, la sauvegarde de la société cible de l'offre.

2.1.2. Le caractère déterminable de la contrepartie offerte par l'initiateur

La contrepartie offerte par l'initiateur d'une offre publique doit en principe être déterminée, ou à tout le moins déterminable, à la date à laquelle celui-ci dépose son projet d'offre auprès de l'AMF. L'article 231-13, II du règlement général de l'Autorité des marchés financiers prévoit en ce sens que l'initiateur précise, dans son projet d'offre, « *le prix ou la parité d'échange auxquels [il] offre d'acquérir les titres, les éléments qu'il a retenus pour les fixer et les conditions de paiement ou d'échange prévus* ». Il est arrivé cependant que l'autorité de marché déclare conforme un projet d'offre dans lequel la contrepartie offerte par l'initiateur n'était pas entièrement déterminable. Au terme de la procédure de sauvegarde des sociétés du groupe Eurotunnel, le plan arrêté prévoyait une offre d'échange initiée par la société GET SA sur les titres des sociétés Eurotunnel SA et Eurotunnel PLC. Le projet d'offre déposé par la société GET SA proposait aux actionnaires des sociétés Eurotunnel SA et Eurotunnel PLC de leur

94 - AMF, Décis. n° 223C2035, 12 déc. 2023, *Technicolor Creative Studios*.

95 - AMF, Décis. n° 209C1507, 15 déc. 2009, *Proxitec*.

96 -AMF, Décis. n° 207C0440, 7 mars 2007, *Billon*.

remettre, en contrepartie de leurs actions, des actions et des bons de souscription d'actions GET SA à émettre. L'AMF faisait le constat que les caractéristiques de ces bons ne pouvaient pas être déterminées à la date du projet d'offre, dans ces termes : « *Les caractéristiques financières des bons de souscription d'actions proposés telles qu'arrêtées dans le cadre du projet d'offre publique ne peuvent être déterminées à ce stade, celles-ci dépendant de paramètres qui ne peuvent être appréciés à ce jour* »[97]. Elle déclarait néanmoins conforme le projet d'offre publique déposé. Ainsi que l'expose Monsieur Nadjar : « *Cette entorse à la réglementation se justifie de nouveau par la volonté de ne pas entraver le refinancement des sociétés en difficulté. En effet, si l'AMF n'était pas passée outre l'impossibilité de déterminer les caractéristiques de ces bons, elle n'aurait pas eu d'autre choix que de prononcer l'irrecevabilité de l'offre, ce qui aurait fait échec au plan de sauvegarde du groupe Eurotunnel* »[98].

2.2. Le caractère irrévocable de l'offre de l'initiateur

Après qu'il a été déposé auprès de l'AMF, le projet d'offre publique d'un initiateur engage en principe irrévocablement son auteur[99]. Ce principe n'est cependant pas absolu. Le règlement général de l'Autorité des marchés financiers connaît des circonstances dans lesquelles l'initiateur d'un projet d'offre peut être autorisé à le révoquer. L'état de difficulté de la société cible de l'offre ne fait certes pas partie de ces circonstances. Mais il est pris en considération par l'autorité de marché, dans la manière dont celle-ci donne application aux dispositions de son règlement général relatives à la faculté de l'initiateur de renoncer à son offre (2.2.1), de stipuler une condition à son offre (2.2.2) ou de stipuler un seuil de renonciation à son offre (2.2.3).

2.2.1. Extension de la faculté de renoncer à l'offre

L'article 232-11 du règlement général de l'Autorité des marchés financiers énonce : « *L'initiateur peut également renoncer à son offre [...] si la société visée, en raison des mesures qu'elle a prises, voit sa consistance modifiée pendant l'offre* » ; « *il ne peut user de cette faculté qu'avec l'autorisation préalable de l'AMF* ». Ainsi rédigé, cet article succède à l'article 5-2-9 du règlement général du Conseil des marchés financiers (CMF), qui disposait pour sa part : « *L'initiateur peut également renoncer à son offre si, pendant la période d'offre, la société visée adopte des mesures d'application certaine modifiant sa consistance* » ; « *il ne peut user de cette faculté sans l'autorisation préalable du Conseil* ». Sur le fondement de ce dernier article, le CMF autorisait l'initiateur d'une offre publique à renoncer à celle-ci, après que la société cible de l'offre se fut déclarée en cessation des paiements et ait fait l'objet de l'ouverture d'une procédure de redressement judiciaire[100]. Il prenait acte, pour ce faire, « *de la situation créée par la déclaration de cessation des paiements par CGBI qui affecte la consistance de la société en raison du dispositif spécifique qui en découle* ». Sans doute, cette situation ne résultait-elle pas à proprement parler d'une « *mesure adoptée* » par la société cible de l'offre, ainsi que l'exigeait l'article du règlement général du CMF, mais bien plutôt de l'obligation pesant sur celle-ci de demander l'ouverture d'une procédure de redressement judiciaire en raison de son état de cessation des paiements[101]. Il reste que cette situation modifiait assurément la « *consistance* » de la société cible de l'offre. Ceci justifiait pour le CMF de donner application à l'article 5-2-9 de son règlement général afin d'autoriser l'initiateur à renoncer à son offre. La solution, a-t-on exactement observé, « *aboutit à mettre fin à la procédure d'offre et est moins motivée par le sauvetage de l'entreprise en difficulté que par la sauvegarde des intérêts de l'initiateur* »[102].

---

97 - AMF, Décis. n° 207C0622, 4 avr. 2007, *Eurotunnel*.

98 - H. Nadjar, *op. cit.*, n° 734.

99 - Règl. gén. AMF, art. 231-12, 231-13 et 232-4 ; *adde* : Dir. 2004/25/CE préc., art. 3, 1° e).

100 - CMF, Décis. n° 203C0826, 2 juin 2003, *CGBI*.

101 - C. com., art. L. 631-4 actuellement.

102 - H. Nadjar, *op. cit.*, n° 504.

2.2.2. Extension de la faculté de stipuler un seuil de renonciation à l'offre

L'initiateur d'une offre publique volontaire dispose en principe de la faculté de stipuler un seuil de renonciation à son offre. L'article 231-9 du règlement général de l'Autorité des marchés financiers énonce à ce propos : « *L'initiateur peut stipuler dans son offre une condition d'obtention, à l'issue de celle-ci, d'un certain nombre de titres, exprimé en pourcentage du capital ou des droits de vote, en deçà duquel l'offre n'aura pas de suite positive* ». Sans se fonder sur un texte en particulier, l'AMF considère habituellement que le seuil de renonciation ainsi stipulé ne saurait excéder les deux tiers du capital ou des droits de vote de la société cible de l'offre publique[103]. Il arrive cependant que l'autorité de marché s'écarte de cette habitude, spécialement lorsque la société cible de l'offre est en difficulté. Dans une décision *Sofco*, le projet d'offre volontaire de l'initiateur s'inscrivait dans le cadre des procédures de restructuration de la société Sofco et de ses filiales. Pour mener à bien ces procédures, l'initiateur voulait être assuré de pouvoir procéder à une offre de retrait suivie d'un retrait obligatoire, à la suite de son offre volontaire[104]. À cet effet, il se réservait, dans son projet d'offre publique, « *la faculté de ne pas donner une suite positive à son offre si les actions et les obligations convertibles présentées à l'offre ne lui permettent pas de détenir au moins [...] 95 % du total des droits de vote existants et des droits de vote à provenir de la conversion des obligations* » – seuil alors nécessaire pour pouvoir déposer une offre de retrait. Le CMF déclarait cependant son projet d'offre publique recevable. Après avoir « *pris acte que le projet d'offre s'inscrit dans le cadre d'un plan de sauvetage du groupe Sofco ayant notamment pour volet l'annulation de l'endettement obligataire de Sofco* », il constatait que les conditions de son règlement général étaient réunies, « *y compris celle relative au seuil exprimé en nombre de titres de la faculté de renonciation de l'initiateur, condition en l'espèce nécessaire à la réalisation du plan de restructuration* ». Le CMF autorisait en conséquence l'initiateur à porter exceptionnellement le seuil de renonciation à son offre publique jusqu'au seuil nécessaire au dépôt d'une offre de retrait, afin de favoriser la restructuration de la société cible de l'offre et de ses filiales.

2.2.3. Extension de la faculté de stipuler une condition à l'offre

Le caractère irrévocable de principe de l'offre publique de l'initiateur a pour autre conséquence que ce dernier ne peut pas subordonner son offre à la réalisation d'une condition suspensive, en dehors des cas prévus par le règlement général de l'Autorité des marchés financiers. Un tel cas est prévu à l'article 231-12 de ce règlement, lorsque le projet de l'initiateur porte sur une offre publique d'échange : « *Si le projet d'offre prévoit la remise de titres à émettre, [...] l'AMF peut autoriser [l'initiateur] à assortir l'ouverture de son offre d'une condition d'autorisation préalable de l'opération par l'assemblée générale de ses actionnaires sous réserve que cette assemblée ait déjà été convoquée lorsque le projet d'offre est déposé* ». Dans la décision *Eurotunnel* déjà signalée, le projet d'offre publique de la société GET SA stipulait cette condition. Il prévoyait également une autre condition, ainsi rédigée : « *L'émission des actions ordinaires de GET SA et des bons de souscription d'actions devant être remis aux titulaires d'unités ayant apporté celles-ci à l'offre publique est subordonnée à la réception par le conseil d'administration de GET SA d'une copie du rapport des commissaires à l'exécution du plan au président du tribunal de commerce de Paris confirmant qu'ils ont reçu l'assurance que l'ensemble des éléments de la réorganisation d'Eurotunnel permettant la réalisation effective des opérations devant*

Le caractère irrévocable de principe de l'offre publique de l'initiateur a pour autre conséquence que ce dernier ne peut pas subordonner son offre à la réalisation d'une condition suspensive.

103 - AMF, *Consultation publique de l'AMF sur son projet de règlement général concernant les OPA*, 13 mai 2014, p. 1.

104 - CMF, Décis. n° 198C0160, 12 févr. 1998, *Sofco*.

intervenir à la date de règlement-livraison, conformément aux dispositions du plan de sauvegarde, a été mis en place de façon effective ». Par ces termes, la société GET SA demandait à ériger en condition suspensive de son offre publique la mise en œuvre effective du plan de sauvegarde des sociétés du groupe Eurotunnel, attestée par les commissaires à l'exécution du plan, à la date du règlement-livraison de l'offre à venir. Cette condition était inconnue du règlement général de l'Autorité des marchés financiers. L'AMF déclarait néanmoins conforme le projet d'offre publique de la société GET SA. Elle reconnaissait ainsi que ce projet participait du plan de sauvegarde des sociétés du groupe Eurotunnel et ne trouvait d'intérêt pour la société GET SA que si les autres opérations prévues par ce plan étaient également mises en œuvre de manière effective, à la date du règlement-livraison de son offre. Ainsi que l'écrit Madame de Nayer : « *Du fait que l'ensemble des opérations devait se dénouer le même jour, il fallait pouvoir annuler l'offre jusqu'à constatation que les autres éléments du plan avaient eux aussi été réalisés, c'est-à-dire jusqu'au règlement livraison de l'offre. La réglementation française ne permet pas de subordonner le succès de l'offre à une condition de cette nature* »[105]. L'AMF a néanmoins adopté une lecture *contra legem* afin de ne pas entraver la restructuration des sociétés du groupe Eurotunnel.

---

105 - M.-Ch. de Nayer, *L'offre publique d'échange sur Eurotunnel : une offre singulière, RDBF* n° 4, juill. 2007, prat. 4.

par **Guillaume Aubron**,
Avocat associé, Darrois Villey Maillot Brochier
Constance Bocket,
Avocate associée, Darrois Villey Maillot Brochier
et **Amel Krideche**,
Avocate, Darrois Villey Maillot Brochier

Les enjeux de droit de la concurrence dans le contexte des offres publiques[1]

Le droit des offres publiques et le contrôle des concentrations peuvent apparaître incompatibles : quand l'offre publique est par principe irrévocable, le contrôle des concentrations créé de facto *une conditionnalité à tout projet de rapprochement. Une harmonisation des deux règlementations a néanmoins pu se faire, de sorte que l'incompatibilité supposée semble désormais relever de cas topiques.*

Les offres publiques d'achat ou d'échange (OPA ; OPE) sont fréquemment soumises au contrôle des concentrations entre entreprises. La règlementation boursière française a dû intégrer les contraintes imposées par le droit de la concurrence. Si le contrôle des concentrations permet de réaliser une offre publique avant l'obtention de l'autorisation des autorités de concurrence, jusqu'en 2002, il n'était en revanche pas permis, en droit français, d'assortir les offres publiques de conditions suspensives liées à l'obtention de telles autorisations. Le principe d'irrévocabilité de l'offre, qui implique qu'une fois déposée, l'offre ne peut être retirée, n'admettait aucune exception. L'initiateur d'une offre courait donc le risque d'acquérir des titres qu'il pouvait se voir contraint de revendre en cas d'interdiction de l'opération.

Les offres publiques de Schneider sur Legrand[2] et de Tetra Laval sur Sidel[3], interdites par la Commission européenne (la Commission) en 2002, après leur réalisation, sont venues confirmer la réalité de ce risque. Si Tetra Laval a pu finalement obtenir l'autorisation d'acquérir Sidel, Schneider s'est vu contrainte de revendre Legrand[4].

A la suite de ces deux affaires, le Conseil des marchés financiers (désormais Autorité des marchés financiers (AMF)) a initié une évolution importante de la réglementation française des offres publiques, en insérant une nouvelle disposition dans son règlement général (désormais règlement général de l'AMF), permettant le dépôt d'une offre publique sous la condition suspensive de l'autorisation des autorités compétentes au titre du contrôle des concentrations[5].

Depuis lors, le droit boursier français permet de tenir compte des contraintes du contrôle des concentrations. Dès la préparation de son offre, l'initiateur doit cependant analyser l'opération qu'il projette afin de déterminer si elle est soumise aux obligations du contrôle des concentrations et de mesurer les risques associés. Il doit également décider s'il entend assortir son offre d'une condition suspensive

1 - Les auteurs remercient Camille Chekir pour sa contribution et Didier Théophile pour sa précieuse relecture.

2 - Commission, 10 oct. 2001, COMP/M.2283, *Schneider/Legrand.*

3 - Commission, 30 oct. 2001, COMP/M.2416, *Tetra Laval/Sidel.*

4 - Les deux affaires visées sont plus amplement développées en section II ci-après.

5 - Règl. gén. AMF, art. 231-11.

et, à défaut, anticiper les éventuelles conséquences de la décision des autorités de concurrence.

La présente étude expose les principaux enjeux en matière de contrôle des concentrations soulevés en cas d'opération boursière, à la lumière du droit français et de l'Union européenne. Il n'a pas vocation à couvrir l'ensemble des aspects du contrôle des concentrations.

1. La soumission de l'offre publique au contrôle des concentrations

1.1. La notion de concentration

Aux termes du règlement CE n° 139/2004 du Conseil du 20 janvier 2004 relatif au contrôle des concentrations entre entreprises (règlement Concentrations) et du code de commerce, une concentration est réputée réalisée lorsqu'un changement durable de contrôle résulte, notamment, de l'acquisition par une ou plusieurs entreprises du contrôle direct ou indirect de l'ensemble ou de parties d'une ou plusieurs autres entreprises, que ce soit par achat de titres ou d'actifs, par contrat ou par tout autre moyen[6].

En la matière, la notion de contrôle est définie comme la possibilité d'exercer, en droit ou en fait, une influence déterminante sur l'activité d'une entreprise[7].

Le contrôle est établi en droit lorsque l'influence déterminante peut être exercée par des droits de propriété ou de jouissance sur tout ou partie des biens d'une entreprise. En règle générale, la détention de la majorité du capital ou des droits de vote confère cette influence déterminante.

Néanmoins, un actionnaire qui ne dispose pas de la majorité absolue des droits de vote peut, sous certaines conditions, détenir un contrôle exclusif de fait. C'est par exemple le cas lorsqu'il a la quasi-certitude de détenir la majorité des voix aux assemblées générales, compte tenu notamment du niveau de sa participation et de la présence effective des actionnaires à l'assemblée générale au cours des années antérieures.

Une offre publique, en ce qu'elle conduit à l'acquisition de la majorité du capital ou des droits de vote d'une entreprise cible[8], constitue donc une concentration au sens du droit de la concurrence.

En outre, avant l'annonce d'une offre publique, des mouvements de capital peuvent traduire son lancement imminent. En effet, la préparation d'une offre publique peut entraîner une étape préalable de « ramassage » durant laquelle l'initiateur acquiert sur le marché ou hors bourse des titres afin d'en avoir moins à obtenir une fois l'offre déclenchée[9] et de minimiser le risque d'échec de l'offre[10]. Il est important de déterminer dès ce stade préalable si les prises de participations minoritaires, antérieures à l'offre publique, constituent déjà la « concentration » ou participent de celle-ci.

L'acquisition d'une participation minoritaire préalable au dépôt d'une offre publique peut, en elle-même, constituer une concentration si elle confère à l'acquéreur le contrôle de fait de la cible dès avant le dépôt de son offre publique.

D'abord, l'acquisition d'une participation minoritaire préalable au dépôt d'une offre publique peut, en elle-même, constituer une concentration si elle confère à l'acquéreur le

6 - Règl. Concentrations, art. 3 et C. com. art. L. 430-1.

7 - Communication consolidée sur la compétence de la Commission en vertu du Règl. (CE) n° 139/2004 du Conseil relatif au contrôle des concentrations entre entreprises, pt 16.

8 - G. Canivet, D. Martin, N. Molfessis, *Les offres publiques d'achat*, *LexisNexis*, 2009, pt 562 : En principe, l'acquisition de l'intégralité du contrôle est un objectif nécessaire dès le début de l'opération.

9 - *Ibid.*, pt 437. V. également la section du présent ouvrage consacrée au ramassage (Chap. 1)

10 - Aux termes de l'art. L. 433-1-2 C. mon. fin., une offre publique volontaire ou obligatoire est caduque de plein droit si, à l'issue de l'offre, son auteur ne détient pas un nombre d'actions représentant une fraction du capital ou des droits de vote supérieurs à la moitié.

contrôle de fait de la cible dès avant le dépôt de son offre publique.

Ainsi, dans l'affaire *Marine Harvest/Morpol*, la Commission a considéré que le contrôle avait été acquis dans le cadre de l'acquisition d'une participation minoritaire de 48,5 % du capital de Morpol par Marine Harvest, le 18 décembre 2012, et que l'OPA ayant suivi n'avait pas été nécessaire pour parvenir au changement du contrôle de l'entreprise cible, celui-ci étant déjà intervenu[11]. Dès lors, l'opération aurait dû être notifiée et autorisée par la Commission avant la réalisation de cette première étape consistant en l'acquisition d'une participation minoritaire certes, mais contrôlante.

Ensuite, l'acquisition d'une participation minoritaire non contrôlante peut, si elle doit être suivie d'une offre publique, être analysée comme la première étape d'une concentration unique conduisant au changement de contrôle.

Selon le Tribunal de l'Union européenne, en présence de plusieurs transactions juridiquement distinctes, la Commission doit identifier « *si les entreprises concernées auraient été disposées à conclure chaque transaction prise isolément ou si, au contraire, chaque transaction ne constitue qu'un élément d'une opération plus complexe, sans laquelle elle n'aurait pas été conclue par les parties* »[12].

Pour que des opérations successives soient considérées comme interdépendantes, aucune d'entre elles ne doit pouvoir avoir lieu sans les autres. L'interdépendance entre ces opérations est notamment démontrée en droit si les opérations sont liées par une conditionnalité réciproque.

L'interdépendance entre plusieurs opérations peut également être établie en fait, par exemple lorsqu'il apparait que chacune des opérations dépend de la réalisation des autres sur le plan économique. Elle peut également résulter de déclarations faites par les parties elles-mêmes ou de la conclusion simultanée des accords en cause[13].

En application de ces principes, les autorités de concurrence ont constaté l'interdépendance en droit de l'acquisition d'une participation minoritaire non contrôlante et du dépôt d'une offre publique, lorsque celui-ci est obligatoire (i.e., lorsque le seuil de détention de 30 % du capital ou des droits de vote est franchi[14]). Les deux opérations sont alors considérées comme indissociables par l'Autorité de la concurrence qui précise que « *Le fait générateur du contrôle de la concentration est alors constitué par les deux événements pris ensemble, qui se succèdent d'ailleurs à courte échéance, à savoir la conclusion de l'accord hors marché et le dépôt de l'OPA* »[15].

L'interdépendance entre plusieurs opérations peut être établie en fait, par exemple lorsqu'il apparait que chacune des opérations dépend de la réalisation des autres sur le plan économique. Elle peut également résulter de déclarations faites par les parties elles-mêmes ou de la conclusion simultanée des accords en cause.

Lorsque le seuil de détention de 30 % du capital ou des droits de vote n'est pas franchi, une prise de participation minoritaire non-contrôlante suivie d'une offre publique peut également constituer une concentration unique, si les deux étapes de l'opération sont interdépendantes en fait et permettent à l'acquéreur de prendre le contrôle de la cible.

Dans l'affaire *Veolia/Suez*, la prise de contrôle de Suez par Veolia s'est effectuée en deux étapes annoncées au mois d'août 2020 par

11 - Commission, 23 juill. 2014, COMP/M.7184, *Marine Harvest/Morpol* ; confirmée par TUE, 26 oct. 2017, *Marine Harvest c/ Commission*, T-704/14 et par CJUE, 4 mars 2020, *Mowi c/ Commission*, C 10/18 P.

12 - TUE, 23 févr. 2006, *Cementbouw Handel & Industrie c/ Commission*, T 282/02, pt 106.

13 - Communication consolidée sur la compétence de la Commission en vertu du Règl. (CE) n° 139/2004 du Conseil relatif au contrôle des opérations de concentration entre entreprises, pt 43.

14 - Règl. gén. AMF, art. 234-2 et C.mon. fin., art. L. 433-3, I.

15 - Aut. conc., Lignes directrices relatives au contrôle des concentrations, 2020, pt 160.

Veolia[16] : (i) dans un premier temps, l'acquisition d'une participation minoritaire non-contrôlante de 29,9 % dans Suez auprès d'Engie, réalisée le 6 octobre 2020 puis (ii) dans un second temps, une offre publique d'achat – réalisée en janvier 2022 – portant sur le solde des actions de Suez. La Commission a considéré que ces deux étapes avaient été « *conçues et planifiées simultanément par Veolia pour atteindre le même objectif économique, à savoir l'acquisition du contrôle de Suez* »[17]. L'AMF avait également estimé que Veolia avait exprimé « *l'intention de déposer un projet d'offre publique dans l'hypothèse où la proposition qu'elle a adressée à la société Engie d'acquérir 29,9 % du capital de Suez serait acceptée* »[18]. La Commission a alors conclu que les deux étapes de l'opération étaient interdépendantes et constituaient une concentration unique[19].

Dans ces deux scénarios (interdépendance en droit ou en fait), les règles du contrôle des concentrations s'appliquent à l'acquisition de la participation minoritaire préalable au dépôt de l'offre publique au même titre qu'à l'offre publique qui lui succède.

Il en résulte, selon l'Autorité de la concurrence, que « [d]e telles opérations de transfert de titres en deux étapes indissociables peuvent être notifiées au stade de la conclusion de l'accord hors marché, si le projet de concentration est suffisamment abouti, ou à l'issue du lancement de l'OPA, lorsque la concentration est engagée de façon irrévocable »[20].

L'interdépendance des opérations produit également des conséquences sur l'application de l'obligation de suspension de la concentration, discutées en section 1.3 ci-après.

1.2. Le franchissement des seuils de notification

En présence d'une opération de concentration, l'acquéreur doit déterminer si celle-ci est soumise au contrôle des concentrations dans une ou plusieurs juridictions.

Les seuils du contrôle des concentrations sont définis au niveau national (par ex., en France[21]) ou, dans certains cas, au niveau supranational (par ex., au sein de l'Union européenne[22]).

Lorsque les seuils de contrôle sont franchis, l'offre (et, selon le cas, la prise de participation minoritaire préalable) doit être notifiée auprès d'une ou plusieurs autorités de concurrence.

1.3. La procédure de contrôle des concentrations

Comme exposé précédemment, l'initiateur d'une offre publique peut notifier son opération dès l'acquisition d'une participation minoritaire si celle-ci et l'offre doivent être considérées comme indissociables, lors de l'annonce de son intention de déposer une offre ou lors de la publication de l'offre[23].

1.3.1. L'effet suspensif du contrôle des concentrations

Principe. Dans la plupart des juridictions (y compris l'Union européenne et la France), le contrôle des concentrations est suspensif, ce qui signifie qu'une concentration qui

16 - Communiqué de Veolia, 30 août 2020 : « Veolia propose d'acquérir 29,9 % de Suez auprès d'Engie, en vue de créer le grand champion mondial français de la transformation écologique ».

17 - Commission, 17 déc. 2020, COMP/M.9969, *Veolia/Suez*, pt 11.

18 - Communiqué de l'AMF, 24 sept. 2020 : « Veolia/Suez : l'AMF considère qu'il n'y a pas lieu de constater l'ouverture d'une préoffre sur les titres de la société Suez ».

19 - Commission, 17 déc. 2020, COMP/M.9969, *Veolia/Suez*, pt 13.

20 - Aut. conc., Lignes directrices relatives au contrôle des concentrations, 2020, pt 160.

21 - C. com., art. L. 430-2.

22 - Règl. Concentrations, art. 1.

23 - Règl. Concentrations, art. 4(1) : « Les concentrations de dimension communautaire visées par le présent règlement doivent être notifiées à la Commission avant leur réalisation et *après la conclusion de l'accord, la publication de l'offre publique d'achat ou d'échange ou l'acquisition d'une participation de contrôle. La notification peut également être faite lorsque les entreprises concernées démontrent de bonne foi à la Commission leur intention de conclure un accord ou, dans le cas d'une offre publique d'achat ou d'échange, lorsqu'elles ont annoncé publiquement leur intention de faire une telle offre, à condition que l'accord ou l'offre envisagés aboutisse à une concentration de dimension communautaire* ». *C. com., art. L. 430-3 : « L'opération de concentration doit être notifiée à l'Autorité de la concurrence avant sa réalisation. La notification peut intervenir dès lors que la ou les parties concernées sont en mesure de présenter un projet suffisamment abouti pour permettre l'instruction du dossier et notamment lorsqu'elles ont conclu un accord de principe, signé une lettre d'intention ou dès l'annonce d'une offre publique ».*

excède les seuils de contrôle doit être notifiée avant sa réalisation auprès des autorités compétentes[24] et que sa réalisation doit être suspendue pendant la procédure de contrôle des concentrations, jusqu'à l'obtention des autorisations requises[25].

Cette obligation vise à garantir l'exercice effectif par les autorités de concurrence de leur pouvoir de contrôle, en évitant qu'une atteinte à la concurrence puisse intervenir avant qu'elles ne se soient prononcées.

La réalisation anticipée de la concentration en violation de l'obligation de notification et de suspension est donc interdite. Cette infraction est désignée sous le terme de *gun-jumping*, par référence à un faux départ lors d'une course à pied. En cas de réalisation anticipée, les sanctions pécuniaires peuvent s'avérer lourdes. En droit français, la sanction peut atteindre 5 % du chiffre d'affaires réalisé en France par les personnes auxquelles incombait la charge de notifier l'opération. Au sein de l'Union européenne, elle peut atteindre 10 % du chiffre d'affaires global des parties à la concentration[26].

Les autorités de concurrence, en particulier l'Autorité de la concurrence et la Commission, considèrent généralement qu'une opération a été réalisée de manière anticipée en cas de transfert juridique de la propriété des actifs et/ou des droits (par ex., les actions de la cible), mais également en cas d'exercice par l'acquéreur d'une influence déterminante sur la cible avant l'obtention de la décision d'autorisation. Cette influence peut découler d'éléments de droit ou de fait et peut se matérialiser par diverses formes et notamment :

- l'influence de l'acquéreur dans l'adoption des décisions stratégiques de la cible (notamment relatives au plan d'affaires, au budget, à la nomination du personnel d'encadrement ou aux investissements) ;

- la réalisation anticipée des effets attendus de l'opération (l'intégration d'un point de vue commercial et opérationnel de la cible vis-à-vis des clients actuels ou potentiels, des fournisseurs ou tous autres tiers) ;

- les échanges d'informations sensibles allant au-delà de ce qui est nécessaire pour la planification de l'opération (notamment lorsqu'ils ont pour objet la surveillance des activités de la cible par l'acquéreur).

Les autorités de concurrence, en particulier l'Autorité de la concurrence et la Commission, considèrent généralement qu'une opération a été réalisée en cas d'exercice par l'acquéreur d'une influence déterminante sur la cible avant l'obtention de la décision d'autorisation.

Aménagements en cas d'offre publique. Dans certaines juridictions, les règles applicables au contrôle des concentrations aménagent l'effet suspensif pour tenir compte de situations particulières, applicables notamment aux offres publiques.

Ainsi, l'article 7, paragraphe 2, du règlement Concentrations, prévoit qu'une offre publique – ou une série de transactions sur titres réalisées auprès de plusieurs vendeurs, y compris sur ceux qui sont convertibles en d'autres titres admis à être négociés sur un marché tel qu'une bourse de valeurs – peut être réalisée dès lors que (i) la concentration est notifiée sans délai à la Commission et (ii) l'acquéreur n'exerce pas les droits de vote attachés aux participations concernées ou ne les exerce qu'en vue de sauvegarder la pleine valeur de son investissement et sur la base d'une dérogation octroyée par la Commission.

L'initiateur d'une offre publique peut ainsi, dans les conditions visées au paragraphe précédent, acquérir les titres avant l'obtention de l'autorisation de la Commission. Dans ce scénario, l'acquisition des titres est dissociée de l'exercice des prérogatives de contrôle. L'initiateur doit s'abstenir, non seulement

24 - Règl. Concentrations, art. 4(1) et C. com., art. L. 430-3.

25 - Règl. Concentrations, art. 7(1) et C. com., art. L. 430-4.

26 - Règl. Concentrations, art. 14 et C. com., art. L. 430-8.

d'exercer les droits de vote, mais aussi d'interférer dans la gestion de l'entreprise cible jusqu'au terme de la procédure de contrôle des concentrations.

Une disposition similaire existe en droit français à l'article R. 430-5 du code de commerce, pour les OPA, les OPE et l'acquisition d'un contrôle par simple achat de titres sur un marché règlementé sans lancement d'OPA[27]. Comme en droit de l'Union européenne, cette disposition permet à l'initiateur d'acquérir les titres avant l'obtention de l'autorisation de l'Autorité de la concurrence, à condition de ne pas faire usage des droits de vote associés au transfert des titres et de n'exercer aucune forme de contrôle sur la cible.

Ces aménagements introduisent une exception seulement partielle à l'effet suspensif, puisque si le transfert de propriété des titres peut intervenir, l'interdiction d'exercer une influence déterminante sur la cible de façon anticipée n'est pas levée. Ils reviennent à considérer que le contrôle est exercé non pas au moment du transfert des titres, mais lorsque les droits attachés aux titres sont eux-mêmes exercés[28].

Dans l'hypothèse, visée précédemment, où une offre publique est interdépendante d'une opération préalable (telle que l'acquisition d'une participation minoritaire), le régime prévu par l'article 7, paragraphe 2, du règlement Concentrations, s'applique à l'ensemble des opérations constitutives de la concentration unique[29]. Ainsi, l'acquéreur peut acquérir des titres, au stade de la prise de participation minoritaire puis de l'offre, avant l'obtention des autorisations requises, en s'abstenant d'exercer les droits de vote qui leur sont attachés[30].

A titre d'exemple, dans l'affaire *Vivendi/Lagardère*, Vivendi avait acquis un bloc d'actions Lagardère SA auprès d'Amber Capital, portant sa participation dans Lagardère SA à plus de 30 % en décembre 2022, puis avait déposé une offre publique obligatoire en février 2022. Dans un communiqué de décembre 2021, Vivendi exposait que l'acquisition des actions d'Amber Capital pouvait intervenir « *dès à présent* », dès lors que Vivendi n'exercerait pas les droits de vote attachés à l'ensemble des actions acquises auprès d'Amber Capital et dans le cadre de l'OPA jusqu'à l'autorisation de la prise de contrôle de Lagardère SA par les autorités de concurrence.

L'initiateur doit s'abstenir, non seulement d'exercer les droits de vote, mais aussi d'interférer dans la gestion de l'entreprise cible jusqu'au terme de la procédure de contrôle des concentrations.

Dans l'affaire *Veolia/Suez* précitée, Suez avait demandé à la Commission de constater qu'en acquérant une participation minoritaire et non-contrôlante, Veolia avait enfreint l'article 7, paragraphe 1, précité, cette première opération constituant la première étape d'une concentration et ne bénéficiant pas du régime prévu à l'article 7, paragraphe 2. Toutefois, la Commission a considéré que l'opération d'ensemble constituait une concentration unique et que chaque étape de celle-ci, y compris la première, bénéficiait de l'exception à l'effet suspensif[31]. Veolia a ainsi pu acquérir une participation minoritaire et non-contrôlante de 29,9 % au sein du capital de Suez le 6 octobre 2020 et a ensuite notifié son projet d'opération auprès de la Commission un an plus tard, le 22 octobre 2021, en n'exerçant pas ses droits de vote dans Suez jusqu'à l'obtention de son autorisation.

L'aménagement de l'effet suspensif prévu à l'article 7, paragraphe 2, du règlement Concentrations ne s'applique toutefois pas systématiquement aux acquisitions de participation minoritaires suivies du dépôt d'offres publiques.

Dans l'affaire *Marine Harvest/Morpol* précitée, la

27 - Aut. Conc., *préc.*, pt 158.

28 - *Ibid.*, pt 157.

29 - CJUE, 4 mars 2020, *Mowi c/ Commission*, C 10/18 P, pts 51 s.

30 - Aut. Conc., préc., pt 160.

31 - Commission, 17 déc. 2020, COMP/M.9969, *Veolia/Suez*, pt 35.

Commission a ainsi estimé que le contrôle avait été acquis dès l'acquisition de la participation minoritaire de 48,5 % du capital de Morpol et non lors de l'offre publique subséquente. Dès lors, l'acquisition de la participation minoritaire aurait dû être suspendue jusqu'à l'obtention des autorisations requises au titre du contrôle des concentrations. L'offre publique subséquente, qui n'avait pas d'incidence sur la nature du contrôle, ne pouvait justifier la mise en jeu du régime prévu à l'article 7, paragraphe 2, du règlement Concentrations.

Marine Harvest a donc été sanctionnée par la Commission en 2014 de deux amendes d'un montant de 10 millions d'euros chacune, l'une pour le défaut de notification (la notification formelle de l'opération n'étant intervenue que huit mois après sa mise en œuvre), l'autre pour la réalisation de la concentration avant le feu vert de la Commission[32].

Dérogations à l'effet suspensif. Au cours de la période de suspension de l'exercice des droits de vote, l'initiateur de l'offre peut demander une dérogation à la Commission en vue d'exercer ses droits de vote à l'égard de l'adoption d'une ou plusieurs décisions spécifiques, dans le but de protéger la valeur de son investissement[33].

L'article 7, paragraphe 3, du règlement Concentrations dispose que la Commission peut sur demande motivée, octroyer une dérogation aux obligations prévues aux paragraphes 1 ou 2 de l'article 7. La Commission doit alors « prendre en compte notamment les effets que la suspension peut produire sur une ou plusieurs entreprises concernées par la concentration ou sur une tierce partie, et la menace que la concentration peut présenter pour la concurrence ». Cette dérogation peut être assortie de conditions et de charges permettant d'assurer les conditions d'une concurrence effective. Elle peut être demandée et accordée à tout moment, que ce soit avant la notification ou après la transaction.

A titre d'illustration, dans la décision de conformité du projet d'offre publique visant les actions de Suez, l'AMF avait pris acte de ce que « [d]ans *l'attente de l'autorisation de la Commission européenne, Veolia n'exerce pas les droits de vote attachés à sa participation sauf pour les décisions destinées à protéger la valeur patrimoniale de cette participation avec l'autorisation de la Commission* »[34]. L'AMF omettait néanmoins de préciser que l'exercice par Veolia de ses droits de vote dans un tel objectif n'aurait été permis que sur la base d'une dérogation préalablement obtenue de la Commission.

Au cours de la période de suspension de l'exercice des droits de vote, l'initiateur de l'offre peut demander une dérogation à la Commission en vue d'exercer ses droits de vote à l'égard de l'adoption d'une ou plusieurs décisions spécifiques, dans le but de protéger la valeur de son investissement.

Il existe peu de précédents publiés dans lesquels la Commission aurait accordé une telle dérogation à une entreprise ayant préalablement acquis des titres en bénéficiant de l'exception offerte par l'article 7, paragraphe 2, du règlement Concentrations. Nous citerons à ce titre l'affaire *STX/Aker Yards*. Dans le cadre de celle-ci, l'effet suspensif empêchait STX d'exercer les droits de vote attachés à une participation de 40 % qu'elle avait acquise au capital d'Aker Yards. En parallèle, un autre investisseur avait acquis 10 % des actions de la cible, ce qui le mettait en mesure de prendre le contrôle de la cible en raison notamment de l'importance des droits de vote gelés de STX et de la passivité des autres actionnaires. Par conséquent, afin de se protéger contre une réduction de la valeur de son investissement qui aurait pu résulter des décisions pouvant être imposées à la cible par cet investisseur, STX a sollicité, sur la base d'une demande motivée, une dérogation afin de pouvoir exercer ses droits de vote au sein des organes décisionnels d'Aker Yards. La Commission a donné une suite

32 - Commission, 23 juill. 2014, COMP/M.7184, *Marine Harvest/Morpol*.

33 - N. Rontchevsky, A. Gaudemet et F. Bucher, *OPA-OPE, Présentation générale, Étude Joly bourse* 2022, 22 juill. 2022.

34 - AMF, 20 juill. 2021, Décis. de conformité n° 221C1825 du projet d'offre publique d'achat visant les actions de Suez.

favorable à cette demande sous réserve que STX limite l'exercice de ses droits de vote à la préservation de la composition du conseil d'administration de la cible[35]. Ainsi, STX a notamment obtenu le droit de voter contre toute personne proposée comme membre du conseil d'administration lors de l'assemblée générale extraordinaire et contre la révocation ou en faveur de l'élection ou de la réélection de tout membre du conseil d'administration.

1.3.2. L'examen de l'opération par les autorités

Une fois le dossier de notification déposé, les autorités de concurrence examinent le projet de concentration en vue d'identifier d'éventuels risques d'atteinte à la concurrence.

Dans le cadre de cet examen, les autorités analysent le risque que la concentration notifiée confère à l'entité issue de l'opération la capacité d'augmenter les prix, de réduire la qualité de ses produits ou services pour limiter ses coûts, ou encore de verrouiller le marché en restreignant l'accès des fournisseurs ou clients aux débouchés ou aux intrants nécessaires à leur activité.

Il est donc requis, avant la notification de l'opération, d'analyser les activités des parties à l'opération, leurs parts de marché et d'examiner la structure et le fonctionnement de chaque marché concerné afin d'anticiper à la fois le niveau de complexité de l'opération (et donc le calendrier de la procédure) et la réponse éventuelle des autorités de concurrence (et notamment le risque pour l'acquéreur de prendre des engagements ou de voir l'opération interdite).

Dans de nombreuses juridictions, dont l'Union européenne et la France, le calendrier de la procédure est organisé autour de deux phases formelles :

- dans l'Union européenne[36] et en France[37], la phase d'examen préalable, dite « phase 1 », d'une durée de 25 jours ouvrés à compter de la réception de la notification complète (soit environ 6 semaines), a pour objet de lever tout doute sérieux d'atteinte significative à la concurrence (y compris, le cas échéant, en proposant dès cette étape de la procédure des engagements permettant de lever ces doutes) ;
- la phase d'examen approfondi, dite « phase 2 », d'une durée théorique de 90 jours ouvrés dans l'Union européenne[38] et de 65 jours ouvrés en France[39], a pour objet, dans les cas complexes[40], d'approfondir l'examen en vue de déterminer si l'opération est de nature à porter atteinte à la concurrence et le cas échéant, d'identifier les engagements permettant de répondre à ces préoccupations[41]. A l'issue de la phase 2, les autorités de concurrence peuvent également interdire l'opération et enjoindre aux parties de prendre toute mesure propre à restaurer une concurrence suffisante[42].

Les délais d'examen courent à compter de la réception de la notification complète et peuvent être étendus, notamment lorsque les parties proposent des engagements, ou suspendus, à l'initiative des parties ou de l'autorité compétente, lorsque cela s'avère nécessaire pour réunir les informations factuelles nécessaires à l'instruction du dossier. En pratique, les délais sont très fréquemment suspendus, en particulier en phase 2 devant la Commission.

Par ailleurs, une phase informelle préalable, dite de « pré-notification », en théorie facultative mais en pratique quasi-systématique dans de nombreuses juridictions, existe afin de présenter le projet à l'autorité compétente, de lever des éventuelles incertitudes quant à

35 - Commission, 19 mars 2008, COMP/M.4956, *STX/Aker Yards*, pt 30.

36 - Règl. Concentrations, art. 10(1).

37 - C. com., art. L. 430-5, I.

38 - Règl. Concentrations, art. 10(3).

39 - C. com., art. L. 430-7, I.

40 - A noter qu'entre le 21 sept. 1990 et le 30 avr. 2024, la Commission a ouvert 303 procédures de phase 2 sur un total de 9 211 opérations notifiées (soit en moyenne 9 ouvertures de phase 2 chaque année).

41 - En France, l'Autorité de la concurrence détient également le pouvoir de prononcer des injonctions. Par ailleurs, la phase 2 peut être suivie d'une « phase 3 » correspondant à l'évocation du dossier par le ministre de l'économie, qui peut alors statuer pour des motifs d'intérêt général autres que le maintien de la concurrence et, le cas échéant, compensant l'atteinte portée à cette dernière par l'opération. Ces pouvoirs sont rarement utilisés en pratique.

42 - Règl. Concentrations, art. 6 et C. com., art. L. 430-7, III.

la contrôlabilité de l'opération et de discuter des éventuelles problématiques que celle-ci pourrait soulever[43]. Cette phase informelle permet notamment de s'assurer du caractère complet du dossier avant le dépôt formel de la notification mais elle rallonge substantiellement la durée totale de la procédure.

En pratique, la durée moyenne d'une procédure de contrôle des concentrations, entre l'annonce de l'opération et la décision de la Commission, augmente avec la complexité de l'opération. Cette durée moyenne est de 77 jours pour une opération bénéficiant de la procédure simplifiée[44], de 143 jours pour une procédure de phase 1 (hors procédure simplifiée) et de 425 jours pour une opération soumise à une phase 2[45]. Certaines opérations soulevant des problématiques de concurrence complexes présentent des durées de procédure particulièrement longues. A titre d'illustration, il a fallu environ 21 mois à Vivendi pour obtenir une décision de phase 2 l'autorisant à prendre le contrôle exclusif de Lagardère[46] et plus de 15 mois à Veolia pour obtenir une décision de phase 1 l'autorisant à prendre le contrôle exclusif de Suez[47].

2. La gestion du risque concurrence dans les offres publiques

Selon notamment son analyse des enjeux que soulève l'offre envisagée au regard du droit de la concurrence, l'initiateur peut choisir de repousser le lancement formel de son offre à l'issue de l'obtention des autorisations requises au titre du contrôle des concentrations. Même si elle est susceptible d'allonger la durée de l'opération, cette option – qui permet avant le lancement de l'offre de s'assurer que les autorisations seront bien obtenues – est souvent privilégiée lorsque l'offre publique est amicale[48].

Si, à l'inverse, l'initiateur souhaite lancer son offre publique sans attendre les autorisations requises, il peut décider de l'assortir d'une condition suspensive ou de déposer une offre irrévocable en assumant le risque concurrence.

En pratique, la durée moyenne d'une procédure de contrôle des concentrations, entre l'annonce de l'opération et la décision de la Commission, augmente avec la complexité de l'opération. Cette durée moyenne est de 77 jours pour une opération bénéficiant de la procédure simplifiée, de 143 jours pour une procédure de phase 1 (hors procédure simplifiée) et de 425 jours pour une opération soumise à une phase 2.

2.1. La possibilité de prévoir une condition suspensive dans l'offre

Jusqu'en 2002, le déclenchement d'une enquête approfondie au titre du contrôle des concentrations (soit une phase 2), de même que l'interdiction pure et simple de l'opération, n'entraînaient aucune conséquence sur l'offre. Ainsi, l'initiateur d'une offre n'avait d'autre issue, en cas d'interdiction de l'opération par les autorités de concurrence, que de remettre les actions de la cible sur le marché ou les céder à un tiers[49].

A la suite des affaires *Tetra/Sidel* et *Schneider/*

43 - Aut. Conc., *préc.*, pt 191 ; DG Competition, Best practices on the conduct of EC merger control proceedings, 2004, pt 5.

44 - Les opérations répondant aux critères définis dans la communication de la Commission relative à un traitement simplifié de certaines opérations de concentration – qui sont considérées comme étant insusceptibles de poser des problèmes de concurrence – peuvent être éligibles à la procédure simplifiée. Cela permet d'utiliser un dossier de notification allégé et de bénéficier de délais de procédure raccourcis.

45 - *PaRR*, 5 oct. 2021, « *EC decides on complex mergers 425 days from deal announcement* » : Cette analyse a été faite sur 294 opérations notifiées à la Commission depuis 2015, lorsque la cible était une société cotée en bourse avec une valeur implicite de 200 millions d'euros ou plus.

46 - Commission, 9 juin 2023, COMP/M.10433, *Vivendi/Lagardère* : l'opération a été annoncée par Vivendi le 15 sept. 2021 et notifiée le 24 oct. 2022.

47 - Commission, 14 déc. 2021, COMP/M.9969, *Veolia/Suez* : l'opération a été annoncée par Veolia le 30 août 2020 et notifiée le 22 oct. 2021.

48 - Par ex., dans le cas de l'opération *Holcim/Lafarge*, l'autorisation de la Commission a été obtenue le 15 déc. 2014 (Commission, 15 déc. 2014, COMP/M.7252, *Holcim/Lafarge*), soit avant le lancement de l'offre publique d'échange, dont le projet a été déposé auprès de l'AMF le 11 mai 2015. La Note d'information établie par la société Holcim indique ainsi que « *Toutes les autorisations en matière de concurrence requises préalablement à la réalisation de l'opération ont ainsi été obtenues* » (p. 8).

49 - A. Viandier, *OPA, OPE et autres offres publiques*, 5e éd., Francis Lefebvre, 2014, p. 20.

Legrand (V. ci-après), le Conseil des marchés financier a réformé son règlement général pour prévoir, à l'article 231-11, alinéa 1er, la faculté de soumettre l'offre à une condition suspensive de l'obtention des autorisations requises au titre du contrôle des concentrations en phase 1.

Cet article dispose que « *[s]i le projet d'offre doit faire l'objet, au titre du contrôle des concentrations, d'une notification à la Commission européenne, au ministre chargé de l'économie, à l'autorité compétente à cet égard d'un autre État partie à l'accord sur l'Espace économique européen ou membre des États-Unis, l'initiateur de cette offre peut y stipuler une condition suspensive d'obtention de la décision prévue à l'article 6-1 a ou b du règlement (CE) n° 139/2004, de l'autorisation prévue à l'article L. 430-5 du code de commerce ou de toute autorisation de même nature délivrée par l'État étranger* ».

Autrement dit, l'initiateur de l'offre publique peut conditionner son offre soit à l'obtention de la décision d'autorisation en phase 1, soit à la décision d'absence d'application du contrôle des concentrations d'une autorité de la concurrence (situation moins fréquente dans le cadre de laquelle une lettre de confort est demandée).

Cela implique en pratique de remettre à l'AMF une « *copie des saisines des autorités concernées ou de tout document attestant des démarches effectuées auprès de ces autorités* » et de la tenir informée de l'avancement de la procédure[50].

Dès réception de l'autorisation des autorités de concurrence, de la confirmation de l'absence d'autorisation ou de la renonciation de l'initiateur à cette condition suspensive, l'AMF fixe la date de clôture et le calendrier de l'offre[51]. En effet, aux termes de l'article 232-2 du règlement général de l'AMF, « *[p]ar exception, lorsque l'initiateur d'une offre se prévaut des dispositions de l'article 231-11, la date de clôture de l'offre et son calendrier sont arrêtés après réception par l'AMF des éléments justificatifs de l'autorisation des autorités chargées du contrôle de la concentration dans les conditions mentionnées au premier alinéa de l'article 231-11* ».

La mise en place de la condition suspensive est facultative et non obligatoire. Par exemple, l'offre de Sacyr sur Eiffage ne comportait pas de telle condition et se contentait d'indiquer que « *l'initiateur précise que le rapprochement entre lui-même et Eiffage sous-tendu par la présente offre publique est soumis aux règles du contrôle des concentrations dans l'Union européenne mais qu'il n'entend pas se prévaloir des conditions suspensives mentionnées à l'article 231-11 du règlement général* »[52].

Par ailleurs, la condition suspensive vise les hypothèses de contrôle des concentrations devant la Commission, dans un Etat membre de l'Union européenne ou aux Etats-Unis. L'article 231-11, alinéa 4 du règlement général de l'AMF prévoit qu'il est également possible d'assortir l'offre d'une condition suspensive d'obtention des autorisations requises auprès d'autres autorités de concurrence, lorsque le calendrier de la procédure applicable devant celles-ci le permet : « *Les dispositions des alinéas précédents s'appliquent également à un projet d'offre devant faire l'objet d'une notification au titre du contrôle des concentrations auprès d'une autorité compétente étrangère autre que celles précédemment citées, si la procédure suivie aux fins d'obtention de ladite autorisation est encadrée par des délais compatibles avec une durée de dix semaines à compter de l'ouverture de l'offre publique, sauf accord de l'AMF pour proroger le calendrier de l'offre. L'AMF statue alors au regard des principes définis à l'article 231-3, après avoir recueilli l'avis de l'organe compétent de la société visée* ».

En cas d'ouverture d'une procédure de phase 2 par les autorités de concurrence, l'article 231-11 du règlement général de l'AMF dispose que l'offre est caduque. Aux termes de cet article, « *[l]'offre est caduque dès lors que l'opération projetée fait l'objet de l'engagement de la procédure prévue à l'article 6-1 c du règlement (CE) n° 139/2004, de la procédure prévue à l'article L. 430-5 (III), troisième tiret, du code*

50 - Règl. gén. AMF, art. 231-11.

51 - Note d'information établie par KKR dans le cadre de l'offre publique d'achat visant Albioma, 13 mai 2022.

52 - AMF, Décis. de conformité n° 207C1202 du projet d'OPA visant les actions d'Eiffage, 26 juin 2007.

de commerce ou de l'engagement d'une procédure de même nature par l'autorité compétente de l'État étranger. L'initiateur fait connaître s'il poursuit l'examen de l'opération projetée avec les autorités ainsi saisies ».

Toutefois, la caducité de l'offre n'interdit pas à l'initiateur de poursuivre l'examen de l'opération projetée avec les autorités saisies et, si l'autorisation est obtenue à l'issue de cette seconde phase, de concrétiser ce rapprochement par une nouvelle offre publique.

En outre, si l'offre est réputée caduque, les éventuels engagements de cession hors marché restent fermes quoi qu'il arrive et ne deviennent pas caducs avec le passage en phase 2, sauf à ce que les parties le prévoient contractuellement[53].

Ces dispositions permettent donc à l'initiateur d'anticiper les risques liés aux décisions des autorités de concurrence et règlent, au moins en partie, les conséquences susceptibles de résulter du conflit existant entre le principe d'irrévocabilité de l'offre en droit boursier et le pouvoir des autorités de concurrence d'interdire l'opération.

2.2. Le dépôt d'une offre irrévocable

L'initiateur peut choisir de déposer une offre irrévocable, notamment lorsqu'il estime que les autorités de concurrence pourraient engager un examen approfondi et qu'il ne souhaite pas que son offre devienne caduque dans cette hypothèse.

S'il peut acquérir les titres grâce au bénéfice de l'exception à l'effet suspensif, l'initiateur doit néanmoins assumer le risque que les autorités de concurrence compétentes lui imposent des engagements non anticipés, voire interdisent l'opération, et ce alors qu'il ne peut exercer les droits de vote ni influencer la gestion de la cible jusqu'à l'obtention de la décision des autorités. La Commission a ainsi explicitement souligné dans sa décision *Tetra Laval/Sidel* que Tetra Laval « *connaissait les règles françaises et les règles communautaires et était donc consciente du risque qu'une décision d'interdiction puisse l'exposer à une perte financière* » (traduction libre)[54].

La caducité de l'offre n'interdit pas à l'initiateur de poursuivre l'examen de l'opération projetée avec les autorités saisies et, si l'autorisation est obtenue à l'issue de cette seconde phase, de concrétiser ce rapprochement par une nouvelle offre publique.

2.2.1. Le risque d'engagements

Lorsque l'initiateur doit proposer des engagements pour obtenir l'autorisation de l'opération, un accompagnement spécifique est nécessaire dès lors que, selon leur nature, les engagements peuvent avoir des répercussions sur l'offre publique.

En effet, l'initiateur peut être amené à proposer des engagements de cession d'actifs, tels que des filiales ou des participations minoritaires. Ces engagements peuvent porter sur ses propres actifs ou sur ceux de l'entreprise cible. Dans les deux cas, l'initiateur de l'offre ne pourra en aucun cas réviser le prix de son offre pour tenir compte des conditions de cession des actifs concernés.

Dans un cadre amical, les parties seront généralement amenées à échanger sur les actifs dont la cession serait adaptée pour résoudre les préoccupations de concurrence des autorités. En cas d'engagements portant sur des actifs de la cible, la coopération active de celle-ci est requise pour communiquer à l'autorité compétente les informations nécessaires à la soumission de la proposition d'engagements.

En cas d'offre hostile, l'initiateur prendra le plus souvent la décision seul, avec les informations limitées dont il dispose. En pratique, l'asymétrie

53 - D. Théophile, *Contrôle des concentrations et offres publiques : Quelques aspects procéduraux, Bourses, OPA et concurrence*, févr. 2007, Concurrences n° 1-2007, Art. n° 13173, p. 14.

54 - Commission, 30 janv. 2002, COMP/M.2416, *Tetra Laval/Sidel*, pt 56.

d'informations entre l'acquéreur et la cible peut rendre complexe la formulation d'engagements portant sur des actifs de la cible.

Dans un tel scénario, la communication de la Commission sur les remèdes invite ainsi l'acquéreur à privilégier les engagements de cession portant sur ses propres actifs : « *Dans le cas d'une OPA hostile, un engagement prévoyant la cession d'activités de la société cible peut, lorsque les parties notifiantes disposent d'informations limitées sur l'activité à céder, accroître le risque que cette activité ne débouche pas, à l'issue de la cession, sur un concurrent viable à même d'exercer durablement une concurrence sur le marché. Dans ce type de scénario, il peut donc s'avérer plus approprié pour les parties de proposer de céder des activités appartenant à l'acquéreur* »[55].

Par ailleurs, la cible d'une offre non sollicitée peut utiliser les engagements comme un moyen de défense contre l'offre publique elle-même. Tel était le cas dans l'affaire *Veolia/Suez*. Dans un communiqué d'août 2020 annonçant le lancement de son OPA, Veolia avait précisé avoir identifié les sujets de concurrence que son projet soulevait et anticipé les remèdes qui pourraient être proposés aux autorités compétentes[56]. Il s'agissait de céder les activités de la cible, plutôt que ses propres activités, sur les marchés des services de gestion de l'eau municipale en France. Un mois plus tard, Suez décidait de transférer à une fondation de droit néerlandais (« *stichting* ») des actions de sa filiale concernée par cette activité et d'en modifier les statuts afin de requérir le vote unanime des associés pour toute décision qui entrainerait la cession de l'activité considérée. En mettant à mal les engagements prévus par Veolia, Suez aurait pu rendre les négociations avec la Commission complexes, voire empêcher Veolia d'obtenir l'autorisation recherchée, sauf à céder ses propres actifs[57].

2.2.2. La perspective plus rare de devoir réagir à une interdiction de l'opération

L'initiateur d'une offre publique prend le risque, s'il lance son offre de manière irrévocable ou renonce ultérieurement à la condition suspensive, de voir son opération être interdite alors même qu'il a déjà acquis les titres de la cible.

En cas d'offre hostile, l'initiateur prendra le plus souvent la décision de prendre des engagements seul, avec les informations limitées dont il dispose. En pratique, l'asymétrie d'informations entre l'acquéreur et la cible peut rendre complexe la formulation d'engagements portant sur des actifs de la cible.

Lorsque la Commission constate qu'une concentration soulève des problèmes de concurrence, elle peut adopter une décision d'incompatibilité au titre de l'article 8, paragraphe 3, du règlement Concentrations. En outre, lorsqu'une opération a déjà été réalisée et a été déclarée incompatible avec le marché commun, la Commission peut, par une décision de dissolution adoptée au titre de l'article 8, paragraphe 4, du règlement Concentrations, ordonner de dissoudre la concentration, notamment par la cession des actifs, afin de rétablir la situation antérieure à la réalisation de la concentration. Cette décision fixe le périmètre et les modalités du démantèlement.

Pour illustrer ce risque de dissolution, il faut revenir sur les affaires *Schneider/Legrand*, et *Tetra Laval/Sidel* (intervenues avant l'adoption de la Dir. 2024/25/CE dite « OPA »). Dans ces deux affaires, les offres publiques avaient été menées à leur terme avant d'être interdites par la Commission.

Dans l'affaire *Schneider/Legrand*, Schneider

55 - Communication de la Commission concernant les mesures correctives recevables conformément au Règl. (CE) n° 139/2004 du Conseil et au Règl. (CE) n° 802/2004 de la Commission (2008/C 267/01), pt 34.

56 - Communiqué de Veolia, 30 août 2020 : « Veolia propose d'acquérir 29,9 % de Suez auprès d'Engie, en vue de créer le grand champion mondial français de la transformation écologique ».

57 - Veolia et Suez ayant ultérieurement trouvé un accord, ce mécanisme a été désactivé.

avait annoncé une OPE sur Legrand en janvier 2001. A la clôture de l'OPE, Schneider détenait 98 % des actions Legrand. Le 10 octobre 2001, après une enquête approfondie, la Commission interdisait cette opération[58] puis, en janvier 2002, adoptait une décision de dissolution ordonnant à Schneider de se séparer de Legrand[59]. Le Tribunal de l'Union a finalement annulé ces deux décisions de la Commission dans des arrêts rendus le 22 octobre 2002[60]. À la suite de ces arrêts, la Commission a ouvert une nouvelle procédure dans le cadre de laquelle elle a de nouveau notifié à Schneider que l'opération était susceptible de porter atteinte à la concurrence sur les marchés concernés. A la suite de cette nouvelle communication de griefs, Schneider s'est résolu à abandonner l'opération et à revendre Legrand à Wendel-KKR le 10 décembre 2002.

Dans l'affaire *Tetra Laval/Sidel*, Tetra Laval avait lancé une OPA sur Sidel en mars 2001. Par une décision du 30 octobre 2001, date à laquelle Tetra Laval avait acquis 95 % des actions de Sidel, la Commission interdisait l'opération[61]. Par la suite, la Commission adoptait une décision de dissolution ordonnant à Tetra Laval de céder l'ensemble de sa participation dans Sidel, et de veiller à ce que les conditions d'une concurrence effective soient rétablies[62]. Après les arrêts du Tribunal ayant annulé ces décisions de la Commission[63], celle-ci a réexaminé l'opération qui a finalement été autorisée sous réserve d'engagements pris par Tetra Laval[64].

Dans une troisième affaire, *Ryanair/Aer Lingus*, la Commission a adopté une décision d'interdiction à l'égard d'un projet d'offre publique d'achat qui n'était pas arrivé à son terme. Dans cette affaire, Ryanair avait annoncé une offre publique afin de prendre le contrôle d'Aer Lingus. Ryanair avait déjà acquis sur le marché, avant de lancer l'offre publique, une participation de 19 % dans le capital d'Aer Lingus et, peu de temps après le lancement de l'offre, une participation supplémentaire de 6 %[65]. Ryanair détenait ainsi en novembre 2006, 25,17 % du capital d'Aer Lingus.

La Commission, a examiné les opérations sur titre intervenues avant et pendant l'offre publique ainsi que l'offre publique proprement dite comme une concentration unique[66], qu'elle a décidé d'interdire en juin 2007, après l'ouverture d'une enquête approfondie[67]. En vertu de la règlementation irlandaise, l'ouverture de l'enquête approfondie avait entrainé la caducité de l'offre de Ryanair. Aer Lingus a formé un recours contre la décision de la Commission, considérant que la Commission ne devait pas se limiter à interdire l'offre publique de Ryanair, mais aurait dû l'obliger à se défaire de sa participation minoritaire dans son capital comme le prévoit l'article 8, paragraphe 4, du règlement Concentrations en cas de réalisation d'une concentration en dépit de l'interdiction de la Commission. Toutefois, prenant acte de la caducité de l'offre, le Tribunal a relevé que la participation minoritaire n'était pas contrôlante et a conclu qu'il ne pouvait donc être soutenu qu'une concentration avait déjà été réalisée, ce qui faisait obstacle au pouvoir de la Commission d'adopter une décision de dissolution.

Selon le Tribunal de l'Union, le pouvoir de la Commission d'ordonner la cession de la totalité des actions acquises par une entreprise dans une autre n'existe que pour « rétablir la situation antérieure à la réalisation de la

---

58 - Communiqué de la Commission, 10 oct. 2001 : « La Commission interdit la prise de contrôle de Legrand par Schneider Electric » ; Commission, 10 oct. 2001, COMP/M.2283, *Schneider Electric/Legrand.*

59 - Commission, 30 janv. 2002, COMP/M. 2283, *Schneider Electric/Legrand.*

60 - TPICE, 22 oct. 2002, *Schneider Electric c/ Commission*, T-310/01 (annulation de la décision d'interdiction de la Commission) et T-77/02 (annulation de la décision de la Commission ordonnant à Schneider de se séparer de Legrand).

61 - Communiqué de la Commission, 30 oct. 2001 : « La Commission interdit l'acquisition de Sidel par le groupe Tetra Laval ».

62 - Commission, 30 janv. 2002, COMP/M.2416, *Tetra Laval/Sidel*, pt 97 : *"it is concluded that it is necessary to order Tetra to separate itself from Sidel by divesting its shareholding in Sidel and to take additional appropriate measures in order to restore conditions of effective competition pursuant to Article 8(4) of the Merger Regulation".*

63 - TPICE, 25 oct. 2002, *Tetra Laval c/ Commission*, T-5/02 (annulation de la décision d'interdiction de la Commission) et T-80/02 (annulation de la décision de la Commission ordonnant à Tetra Laval de se séparer de Sidel).

64 - Communiqué de la Commission, 14 janv. 2003 : « La Commission autorise l'acquisition de Sidel par le groupe Tetra Laval ».

65 - Commission, 27 juin 2007, COMP/M.4439, *Ryanair/Aer Lingus*, pts 11 et 12.

66 - *Ibid.*, pt 12

67 - *Ibid.* V. également : Communiqué de la Commission, « Fusions : la Commission interdit à Ryanair de prendre le contrôle d'Aer Lingus », 27 juin 2007.

concentration »[68]. Ainsi, « *sans acquisition du contrôle, la Commission ne dispose pas du pouvoir de dissoudre ladite concentration* »[69]. Ryanair pouvait donc conserver sa participation minoritaire non-contrôlante[70]. A supposer qu'elle soit toujours d'actualité, cette solution semble introduire une lacune dans le régime institué par le règlement Concentrations en ce que le pouvoir de dissolution octroyé à la Commission par l'article 8, paragraphe 4, du règlement Concentrations ne tient pas compte de l'appréciation de l'interdépendance d'opérations successives. Il peut néanmoins être relevé que l'autorité de concurrence britannique a finalement fait droit à la demande d'Aer Lingus et ordonné la cession de la participation acquise par Ryanair parallèlement à son offre[71].

Ces cas topiques illustrent les difficultés pouvant surgir dans les offres publiques du fait du contrôle des concentrations auquel elles sont soumises.

Le droit de la concurrence produit donc des conséquences sur le déroulement d'une offre publique dont il convient de tenir compte dès le stade préliminaire de l'opération.

Par ailleurs, outre le contrôle des concentrations, d'autres autorisations réglementaires[72] peuvent être requises et notamment une autorisation au titre du nouveau règlement relatif aux subventions étrangères[73]. Si celui-ci organise la même exception à l'effet suspensif que le règlement Concentrations, permettant à l'initiateur d'une offre publique d'acquérir les titres de la cible sans attendre l'autorisation de la Commission, il reste à voir comment le droit boursier intégrera cette nouvelle obligation réglementaire ainsi que l'effet de celle-ci sur le calendrier des offres publiques.

Outre le contrôle des concentrations, d'autres autorisations réglementaires peuvent être requises et notamment une autorisation au titre du nouveau règlement relatif aux subventions étrangères. Si celui-ci organise la même exception à l'effet suspensif que le règlement Concentrations, permettant à l'initiateur d'une offre publique d'acquérir les titres de la cible sans attendre l'autorisation de la Commission, il reste à voir comment le droit boursier intégrera cette nouvelle obligation réglementaire ainsi que l'effet de celle-ci sur le calendrier des offres publiques.

---

68 - TUE, 6 juill. 2010, *Aer Lingus Group c/ Commission*, T-411/07, pt 66.

69 - *Ibid.*

70 - *Ibid.*, pts 87 s.

71 - *Competition Commission*, 28 August 2013, *Ryanair/Aer Lingus*. A la suite de la décision du TUE, l'Office of Fair Trading a invoqué sa compétence sur la base du principe de « *relevant merger situation* » prévu par le *Competition Act* et a donc fait application du régime britannique de contrôle des concentrations. Elle a jugé préoccupante la participation de Ryanair et a transmis l'affaire à la *Competition Commission* pour un examen approfondi. A l'issue de son analyse, la *Competition Commission* a conclu qu'une cession partielle de la participation de Ryanair dans Aer Lingus, ramenée à un niveau où le risque de blocage de résolution ou de restriction de la politique commerciale d'Aer Lingus par Ryanair serait éliminé, était nécessaire. Ce niveau a été fixé à 5 %, accompagné d'une interdiction de représentation au conseil d'administration.

72 - V. notamment la section du présent ouvrage consacrée aux activités réglementées (Chap. 6).

73 - Règl. (UE) n° 2022/2560 du Parlement européen et du Conseil, 14 déc. 2022 relatif aux subventions étrangères faussant le marché intérieur, art. 21.

par **Tiphaine de Gaudusson**,
Directrice juridique en charge du secrétariat général, La Banque Postale
et **Juliette Neiman**,
Responsable pôle fusions acquisitions et droit économique, La Banque Postale

Autorisations liées à des activités réglementées en ne pouvant se fonder que sur des informations éparses

L'articulation entre la nécessité d'obtenir une autorisation administrative pour prendre le contrôle d'une entité dont l'activité est réglementée et le caractère irrévocable d'une OPA est, par nature, difficile. Si la coopération active de la cible permet généralement de dépasser cette difficulté, elle peut rester insurmontable dans un contexte inamical.

Le lancement d'une offre publique d'acquisition (OPA) sur une cible dont les titres financiers sont cotés en France peut être soumise à différentes obligations réglementaires (autorisations préalables, notifications *ex ante* et *ex post*) dès lors que l'activité de l'initiateur, de la cible, ou celle de ses filiales est réglementée.

L'objet de cet article est un partage d'expérience, en tant que banque française, des problématiques rencontrées sur ce type d'opérations dans le domaine bancaire ; si notre expérience porte essentiellement sur l'activité bancaire et financière, la méthodologie et les principes nous semblent pouvoir être déclinés, dans les grandes lignes, à des opérations concernant des entreprises intervenant dans tout type d'activité réglementée.

La préparation d'une OPA requiert des travaux préparatoires d'analyse réglementaire qui peuvent être réalisés au moyen d'informations publiques et d'anticiper l'articulation de ces travaux avec le calendrier de l'offre et les contraintes liées à l'information privilégiée.

1. Analyse préliminaire des obligations réglementaires requises dans le cadre de l'OPA sur la base d'informations publiques

En amont de l'OPA, il est indispensable de collecter les données économiques essentielles intéressant la société cible afin de dresser un premier état des autorisations réglementaires préalables qui seront requises dans le cadre de l'OPA et d'anticiper la préparation des dossiers de changement de contrôle ou de franchissement de seuils qui seront déposés dans dans ce même cadre.

1.1. Collecte des données publiques nécessaires à l'analyse des obligations réglementaires applicables

L'analyse réglementaire préliminaire des procédures applicables dans le cadre de l'OPA suppose *a minima* d'établir :

- Une cartographie précise de la cible et des

filiales qu'elle détient, en France ou à l'étranger : une première analyse peut être réalisée à partir des informations contenues dans le document d'enregistrement universel, qui comporte généralement un organigramme du groupe, à partir du site internet de la cible, ou encore *via* les bases de données accessibles au public, par exemple Infogreffe, ou leur équivalent à l'étranger. L'objectif de ces recherches est de pouvoir déterminer la présence géographique précise de la cible et la nature des activités réalisées dans chacun des pays.

- Une cartographie des agréments (ou autorisations et déclarations réglementaires) de chaque entité du groupe, en fonction de la liste des activités par pays qui aura été dressée. Cette étape peut être réalisée *via* la consultation de bases de données publiques[1]. Dans l'hypothèse où des filiales étrangères ont été identifiées, il conviendrait de mandater des conseils locaux pour réaliser le même travail au moyen des bases de données locales.

- Une analyse de l'actionnariat direct et indirect de la cible et des seuils de détention dans chacune des filiales du groupe : ces informations peuvent notamment être recueillies *via* le document d'enregistrement universel de la cible, ou ses comptes annuels.

1.2. Analyse des obligations réglementaires requises

En fonction de la cartographie établie ci-dessus, il convient de procéder à une analyse des autorisations ou formalités (notifications, déclarations, etc.) réglementaires requises.

Cette analyse dépend évidemment de la situation de l'initiateur (juridiction, nature de l'initiateur, agrément ou autorisation réglementaire existante, niveau de détention initial dans la cible, caractéristiques précises de la transaction envisagée, degré de participation envisagé de l'initiateur dans la gestion de l'entreprise cible) et de celle de la cible, et devra faire l'objet d'un examen par les conseils français et locaux. En effet, les procédures réglementaires auxquelles l'OPA est soumise peuvent varier en fonction de l'interprétation des textes applicables par les superviseurs locaux.

Une cartographie précise de la cible et des filiales qu'elle détient, en France ou à l'étranger est nécessaire à l'analyse des obligations réglementaires requises dans le cadre de l'OPA.

A titre d'exemple, dans le contexte d'une prise de participation par ou dans un établissement de crédit français ou européen, deux types de procédures peuvent être envisagées :

- **Prise de participation par un établissement de crédit français dans une entité du secteur financier hors UE** : la règlementation française[2] prévoit des dispositions spécifiques régissant les opérations de prise de participation directe ou indirecte par un établissement de crédit agréé en France dans des filiales à caractère financier, des filiales d'assurance ou de réassurance ou dans des entités comparables ayant leur siège social en dehors de l'Espace économique européen[3]. Lorsque l'opération a pour effet de conférer, immédiatement ou à terme, à l'établissement de crédit un contrôle sur la cible, l'opération peut être soumise à notification préalable ou à autorisation préalable de l'ACPR, selon que la taille du bilan de la cible dépasse respectivement 15 % ou 25 % des fonds propres de l'initiateur calculés sur base individuelle, consolidée ou sous-consolidée[4].

1 - Par ex. en France : le registre des agents financiers (REGAFI/ACPR), le registre européen des institutions financières et établissements de paiement et de crédit (EUCLID), le registre unique des intermédiaires en assurance, banque et finance (ORIAS) ou encore le registre des organismes d'assurance (REFASSU).

2 - Arr., 4 août 2016 pris pour l'application de l'art. L. 511-2 C. mon. fin. relatif aux prises de participation des établissements de crédit dans des filiales à caractère financier ou des filiales d'assurance ou de réassurance ou dans des entités comparables ayant leur siège social en dehors de l'Espace économique européen.

3 - Les sociétés concernées sont celles qui, si leur siège social était établi en France, seraient tenues d'obtenir un agrément d'établissement de crédit, de société de financement, d'entreprise d'investissement, d'entreprise d'assurance ou de société de réassurance pour effectuer les opérations qu'elles sont habilitées à réaliser.

4 - Le silence gardé par l'ACPR pendant deux mois à compter de la réception d'une notification complète vaut acceptation (la décision implicite d'acceptation faisant l'objet, à la demande de l'établissement assujetti, d'une attestation délivrée par l'ACPR).

• **Prise de participation dans des entités du secteur financier établis dans l'UE** : les États membres exigent de toute personne qui a pris la décision d'acquérir ou d'augmenter, directement ou indirectement, sa participation qualifiée dans des établissements de crédit, entreprises d'investissement[5] ou entreprises d'assurance[6] établis dans l'UE, qu'elle notifie les autorités compétentes par écrit préalablement à l'opération. Les autorités de surveillance européennes[7] ont élaboré des orientations communes visant à clarifier les règles de procédure et les critères d'évaluation que les autorités compétentes doivent appliquer dans le cadre de leur contrôle[8]. Nous vous invitons à vous reporter à ces orientations qui établissent deux critères pour définir si une prise de participation qualifiée est acquise indirectement et comment calculer cette prise de participation (le critère de « contrôle » et le critère de « multiplication »). En matière bancaire notamment, cette analyse permet d'établir la liste des autorisations à obtenir, tant à la charge de l'initiateur, que de la cible ou de ses filiales.

1.3. Préparation des dossiers de changement de contrôle sur la base d'informations publiques

De manière générale, les dossiers réglementaires sont relativement normés et répondent à un formalisme précis. Ainsi, un certain nombre d'éléments qui doivent figurer dans les dossiers de prise de participation peuvent être anticipés en amont de la transaction, ce qui permet de faciliter le respect du calendrier envisagé de l'offre, notamment :

• compléter les sections relatives à l'initiateur dans les formulaires (par ex., informations sur l'opération envisagée, réputation, situation financière, capacité à satisfaire aux obligations prudentielles, etc.) ;

• compléter les sections relatives à la cible, sur la base des informations publiques ;

• anticiper les éventuels changements de dirigeants effectifs de l'établissement cible et/ou modification de la composition des organes sociaux ;

• préparer les demandes de documents originaux et éventuelles apostilles qui pourraient être requis par les autorités de supervision étrangère ;

• identifier quelle partie (initiateur/cible) et quelle entité (filiale ou tête de groupe) a la charge de déposer les dossiers de changement de contrôle, et de certifier l'exactitude des informations transmises dans chacune des juridictions concernées ;

• analyser quelles sont les bonnes pratiques vis-à-vis des superviseurs au niveau local, par exemple : le dépôt d'une version non officielle du formulaire, ou l'organisation d'une visite de courtoisie auprès des autorités.

Il est indispensable d'étudier l'articulation entre le calendrier réglementaire, celui de l'OPA et celui des autres autorisations/formalités préalables requises, et les conséquences sur la préparation des dossiers de demande d'autorisation préalable.

2. Articulation des travaux préparatoires avec le calendrier de l'OPA et les contraintes liées à l'information privilégiée

Dans le secteur bancaire, hormis les informations d'ordre général sur l'initiateur et sur la cible qui doivent figurer dans les dossiers de prise de participation et peuvent être préparées en amont de l'offre, le superviseur s'attend à recevoir des renseignements précis et pratiques concernant notamment l'impact de l'offre sur la structure organisationnelle

5 - Dir. 2013/36/UE du Parlement européen et du Conseil, 26 juin 2013, art. 22.

6 - Dir. 2009/138/CE du Parlement européen et du Conseil, 25 nov. 2009, art. 57.

7 - C'est-à-dire l'Autorité bancaire européenne (EBA), l'Autorité européenne des assurances et des pensions professionnelles (EIOPA), et l'Autorité européenne des marchés financiers (ESMA).

8 - JC/GL/2016/01, disponible ici : https ://www.eba.europa.eu/regulation-and-policy/other-topics/joint-guidelines-for-the-prudential-assessment-of-acquisitions-of-qualifying-holdings.

et l'activité de la cible. Ces renseignements nécessitent d'obtenir un certain nombre d'informations sur l'organisation de la cible et des différentes entités du groupe et peuvent nécessiter des discussions entre l'initiateur et la cible. A cet égard, il est indispensable d'étudier l'articulation entre le calendrier réglementaire, celui de l'OPA et celui des autres autorisations/formalités préalables requises, et les conséquences sur la préparation des dossiers de demande d'autorisation préalable.

2.1. Articulation du calendrier réglementaire avec celui de l'OPA et des autres autorisations préalables requises

Toute entité qui envisage de déposer un projet d'OPA à l'AMF en vue d'acquérir des titres d'un établissement de crédit agréé en France, d'une société de financement ou d'une entreprise d'assurance, peut en informer préalablement le président de l'ACPR, huit jours ouvrés avant le dépôt de ce projet d'offre ou son annonce publique si elle est antérieure[9].

Dans l'Union européenne, les autorités réglementaires compétentes disposent d'un délai maximal de soixante jours ouvrés, à compter de la réception d'un dossier complet pour procéder à l'évaluation de prises de participation dans des établissements de crédit, sociétés de financement et des entreprises d'investissement[10]. Ce délai ne débute que lors du dépôt d'un dossier complet et peut en outre être interrompu par les autorités compétentes lorsque des informations complémentaires sont requises.

Afin de s'assurer que ce calendrier réglementaire puisse s'intégrer dans celui de l'OPA, l'AMF peut autoriser la société initiatrice à assortir l'ouverture de son offre d'une condition d'obtention d'autorisations réglementaires[11]. Le cas échéant, le dépôt du projet d'offre doit être accompagné « *des déclarations préalables réalisées auprès des instances habilitées à autoriser l'opération envisagée* », ce qui vise notamment les autorisations requises dans les secteurs régulés. L'offre ne peut être ouverte qu'après réception par l'AMF des autorisations préalables requises[12].

Au-delà des autorisations ou formalités réglementaires sectorielles, l'OPA peut être conditionnée à d'autres typologies de formalités de portée plus générale, notamment en matière d'investissements étrangers ou de contrôle des concentrations :

- **Le contrôle des investissements étrangers en France** : les articles L. 151-3 et suivants et R. 151-1 et suivants du code monétaire et financier soumettent les investissements réalisés par des investisseurs étrangers en France dans certains secteurs considérés comme sensibles à autorisation préalable du ministère de l'Economie. La réforme de 2023 a notamment pérennisé le contrôle du franchissement du seuil de 10 % des droits de vote dans les sociétés cotées sur un marché réglementé par des investisseurs non-européens (cette mesure, initialement provisoire, avait été instituée par le décret du 22 juillet 2020). Outre la France, un grand nombre de juridictions prévoient désormais dans leur arsenal législatif des dispositions similaires en vue de contrôler les prises de participation par des investisseurs étrangers.

- **Le contrôle des concentrations**[13] : l'Autorité de la concurrence compétente étant généralement saisie par l'initiateur de l'OPA dès l'annonce publique du projet d'offre[14], le calendrier des autorisations et formalités en matière de droit de la concurrence peut se heurter à celui de la procédure d'OPA dès lors que l'Autorité décide de procéder à une procédure d'examen

9 - C. mon. fin., art. R.511-3-5 et C. assur., art. R. 322-11-5.

10 - Dir. 2013/36/UE du Parlement européen et du Conseil du 26 juin 2013, art. 22. En France : Arr., 4 déc. 2017 concernant les établissements de crédit, les sociétés de financement et les entreprises d'investissement, art. 10. C. assur., art. R. 322-11-1 et 2, concernant les entreprises d'assurance. Le délai réglementaire est de 2 mois pour les établissements de paiement et de monnaie électronique (Arr., 2 mai 2013, art. 14 et Arr., 29 oct. 2009, art. 14).

11 - Règl. gén. AMF, art. 231-12.

12 - Règl. gén. AMF, art. 231-32. L'initiateur pourra faire savoir – au moment de l'annonce de l'offre – que des autorisations sont requises puis déposer formellement l'offre une fois celles-ci obtenues (comme ce fut le cas dans le cadre de l'offre publique de La Banque Postale sur CNP Assurances).

13 - V. chap. 6.5.1 du présent ouvrage sur les autorisations au titre du contrôle des concentrations

14 - C. com., art. L. 430-3 : « *L'opération de concentration doit être notifiée à l'Autorité de la concurrence avant sa réalisation. La notification peut intervenir dès lors que la ou les parties concernées sont en mesure de présenter un projet suffisamment abouti pour permettre l'instruction du dossier et notamment lorsqu'elles ont conclu un accord de principe, signé une lettre d'intention ou dès l'annonce d'une offre publique* ».

approfondie ou requiert que des actions soient prises pour rétablir la concurrence. Pour pallier cette difficulté, l'article 231-11 du règlement général de l'AMF prévoit spécifiquement que, si le projet d'offre doit faire l'objet d'une notification à la Commission européenne, à l'Autorité de la concurrence, à l'autorité compétente d'un autre État partie à l'accord sur l'Espace économique européen ou membre des États-Unis, l'initiateur peut y stipuler une condition suspensive d'obtention de la décision favorable de l'autorité compétente.

• **La procédure d'information-consultation du comité social et économique (CSE)**[15] : enfin, notons par ailleurs que, en droit français, la procédure d'information-consultation du CSE de l'initiateur et de la cible, doit naturellement être respectée. Le CSE de la cible émet son avis dans un délai d'un mois à compter du dépôt du projet d'offre. En l'absence d'avis dans ces délais, il est réputé avoir été consulté[16].

2.2. Préparation des dossiers de demande d'autorisation préalable et information privilégiée

Comme évoqué en préambule, certains renseignements qui doivent figurer dans les dossiers de demande d'agrément supposent la collaboration de la cible. En matière bancaire, cela fait référence, par exemple, au plan d'affaires de la cible, aux ratios prudentiels de celle-ci après opération, à la présentation de la stratégie du groupe *post* offre, à l'impact de l'offre sur la structure organisationnelle générale (impact sur les systèmes et l'organisation informatique, sur les politiques d'externalisation et de sous-traitance), le plan général d'action visant à permettre l'adaptation des systèmes de contrôle des opérations et des procédures internes, etc.

Lorsque l'offre est amicale, la cible est en mesure de coopérer et donc de transmettre des informations nécessaires à la préparation des formulaires de demande d'autorisation, avant le dépôt du projet d'offre ou de son annonce publique, si elle est antérieure. Dans ce cas, les échanges entre l'initiateur et la cible sont encadrés par la conclusion d'un accord de confidentialité destiné à prévenir tout risque de divulgation et d'exploitation d'information privilégiée. La transmission d'informations par la cible peut se faire selon la procédure de « *data room* ». Lorsque la cible est cotée, les informations transmises en *data room* en vue de répondre aux demandes du superviseur sont susceptibles de constituer des informations privilégiées ; dans ce cadre, l'AMF recommande que les *data room* ne soient mises en place que dans le cadre d'opérations significatives et ne donnent accès à des informations privilégiées que dans la mesure où cela est strictement nécessaire à l'information des participants pour les besoins de l'opération concernée. Par ailleurs, leur accès doit être réservé aux signataires d'une lettre d'intention « *témoignant de leur intention de réaliser une opération financière et du sérieux de leur projet, en particulier de leur capacité à financer celui-ci* »[17]. Les informations de nature privilégiée

La finalisation des dossiers de demande d'autorisation peut se dérouler dans un contexte plus difficile, soit parce que l'offre est inamicale, soit en raison du manque de collaboration de la cible, par l'envoi tardif ou partiel de documents.

ne peuvent être mises en *data room* qu'à condition d'être également communiquées au marché concomitamment à l'annonce de l'opération afin de rétablir l'égalité d'information des acteurs[18]. Enfin, la cible peut se prévaloir de l'exception prévue à l'article L. 511-33 du code monétaire et financier pour communiquer à l'initiateur des informations sur ses activités et ses clients couvertes par le secret professionnel, dès lors que ces informations sont nécessaires à la mise en œuvre de l'OPA[19].

---

15 - V. notamment la section du présent ouvrage consacrée au rôle du CSE en période d'offre (Chap. 6).

16 - C. trav., art. L. 2312-46.

17 - AMF, Guide de l'information permanente et de la gestion de l'information privilégiée, DOC-2016-08, section 3.2.1.

18 - AMF, Guide préc., section 3.2.2.

19 - Nous estimons, dans le prolongement du rapp. sur le secret bancaire du Haut Comité Juridique de la Place Financière de Paris du 6 juill.

La finalisation des dossiers de demande d'autorisation peut toutefois se dérouler dans un contexte plus compliqué, soit parce que l'offre est inamicale, soit en raison du manque de collaboration de la cible, par l'envoi tardif ou partiel de documents. Cette situation peut soulever des difficultés pour respecter le calendrier contraint d'une OPA, voire faire achopper l'opération dès lors que les superviseurs ne disposent pas des informations requises pour approuver l'offre. Ce risque peut être atténué en conditionnant le dépôt de l'offre à l'obtention d'autorisations préalables.

2020, que cette faculté vaudrait également en cas de signature d'un accord préalable à l'offre entre l'initiateur et la cible (*tender offer agreement*).

INDEX ALPHABETIQUE

A

Accords connexes, pp. 68 s., 215, 345 s., 353.

ACPR, pp. 468 s., 531 s.

Acquisition de bloc, pp. 40, 69 s., 84, 94 s., 143, 228 s., 275, 324, 352 s., 468 s., 521.

Acquisition indirecte, pp. 469 s.

Actif essentiel, pp. 226 s., 253 s., 366, 433 s.

Actif net comptable, pp. 141 s., 162, 266, 275, 349 s., 473 s.

Activiste, pp. 47, 95 s. 115, 128 s., 237, 361, 508.

***Addendum* au rapport d'expertise**, pp. 363, 364, 409, 418, 444.

Agrément, pp. 137, 246, 467 s., 531 s.

Analyse du registre, pp. 156 s.

Analystes, pp. 38, 85, 125 s., 142 s., 338, 418.

Annonce de l'offre, pp. 105, 116, 123, 152, 158, 266, 354, 420, 422, 472, 483 s., 533.

Application forcée interclasse, pp. 27, 302 s., 448, 449, 450, 493 s.Apport (dont Apport partiel d'actif), pp. 46 s., 72 s., 86 s., 96 s., 101 s., 126 s., 151, 157 s., 167 s., 184, 187, 235 s., 281 s., 348 s., 368 s., 386 s., 454 s., 496 s.

Approbation des actionnaires, pp. 281 s., 304 s., 450, 498 s.

Arbitragiste, pp. 156 s., 184.

Assemblée générale, pp. 27, 58, 80, 115, 132, 146, 166 s., 182 s., 195 s., 231 s., 272, 280 s., 323 s., 358, 382 s., 399 449 s., 471, 494 s., 517 s.

Assistance financière, pp. 110, 421.

Assurance, pp. 107, 131, 179, 256, 366 s., 386 s., 414, 447, 466 s., 513, 531 s.

Attestation d'équité, pp. 46, 69 s., 104, 186, 213 s. 265 s., 319, 329, 348 s., 396 s.

Attestation de l'établissement présentateur, p. 145.

Augmentation de capital, pp. 27, 76, 107 s., 222, 235 s., 266, 272 s., 281 s., 327 s., 340, 349, 448 s., 494 s.

Autorité compétente, pp. 52 s., 172, 196 s., 232, 246 s., 279, 380, 525 s. 534.Autorisation réglementaire, pp. 471, 531.

Autres Informations, pp. 53, 188, 322, 414.

Avis motivé, pp. 50, 94, 106, 143, 187 s., 213 s., 315 s., 334 s., 342 s., 348 s., 373, 391 s., 490.

B

BCE, pp. 467 s.

Bear hug, p. 97

Bloc d'actions, pp. 70, 246, 266, 271 s., 521.

Bons d'offre (ou bon de défense), p. 323.

Break-up fee, pp. 108 s.

C

Calcul des seuils (dont calcul du numérateur et calcul du dénominateur), pp. 56 s., 172, 200, 229 s., 245 s.

Calendrier de l'offre, pp. 221, 271, 416, 468 s., 484, 525, 530.

Capitalisation de la dette, p. 497.

Cession d'actifs, pp. 222, 254, 351, 358, 383, 509 s., 526.

Cession de bloc, pp. 69 s., 100.

Changement de contrôle, pp. 194, 231 s., 283, 290, 300 s., 329, 399, 433, 466, 488, 496, 518, 530 s.

Chevalier blanc, pp. 114 s., 201, 324 s., 382.

Classes de parties affectées, pp. 302 s., 448, 494 s.

Clause MAC, p. 109.

Clause statutaire, p. 235.

Collège, pp. 39, 55, 65, 76, 148, 209, 287, 330, 363, 371 s., 408 s., 424 s., 455 s.

Comité *ad hoc*, pp. 75, 88 s., 222, 106, 315 s., 334, 342 s., 362 s., 424, 438 s.

Commission des sanctions, pp. 26, 36 s., 50 s., 169 s., 189, 200, 208 s., 376 s., 430 s., 453 s.

Communication du dossier, pp. 371 s.

Communiqué de presse, pp. 79, 98 s., 127, 186, 317, 436, 472 s., 478 s., 498 s.

Complément de prix, pp. 46, 71 s., 209, 354, 388 s., 442 s., 452.

Comply or explain, pp. 143, 275, 474.

Concert, pp. 26, 36, 48 s., 85 s., 124 s., 140, 151, 164 s., 189, 197 s., 226 s., 278 s., 366 s., 386 s., 453 s., 468, 488, 496 s.

Concert de contrôle, pp. 200 s., 246, 380.

Concert de gestion, pp. 175, 200, 246, 380.

Conciliation, pp. 273, 281, 304, 384, 448, 494 s., 510 s.

Condition, pp. 20, 46 s., 68 s., 86 s., 93 s., 101 s., 124 s., 148 s., 158 s., 162 s., 186 s., 214 s., 226 s., 246 s., 272 s., 278 s., 312 s., 332 s., 348 s., 366 s., 386 s., 456 s., 492 s., 507 s., 516 s.

Conditions financières, pp. 46 s., 162, 186, 215 s., 226 s., 264 s., 274, 287, 300, 318, 332 s., 348 s., 366, 396 s.,

429 et s., 445.

Conditions suspensives, pp. 71, 89, 94 s., 146 s., 399, 436 s., 516, 525.

Confidentialité, pp. 50 s., 94, 103, 127, 141, 163, 314, 336, 345 s., 453 s., 470, 479, 534.

Conflit d'intérêts, pp. 90, 144, 187, 216, 313, 315 s., 342, 344, 396, 426, 438, 444, 447.

Consensus (des analystes), pp. 142, 246, 338, 339, 401.

Consortium, pp. 27, 72 s., 131, 205, 315, 324, 325, 326, 330, 375.

Contradictoire, pp. 216, 224, 286, 362, 364, 382, 458.

Contrôle conjoint, pp. 167, 177, 248, 249, 252 s., 376, 401.

Contrôle des investissements étrangers, pp. 93, 95, 96, 99, 462 s., 471, 533.

Contrôle du prix, pp. 208 s.

Contrôle majoritaire préalable, p. 279.

Conventions réglementées, pp. 104, 216, 425, 501.

Cours moyen pondéré (ou VWAP), p. 266, 267, 274.

Couverture, pp. 56 s., 107, 143, 190, 242.

Créanciers, pp. 302 s., 316, 328, 448, 493 s., 499 s.

Croissance externe, pp. 81, 89, 281 s.

CSE, pp. 478 s.

D

Data room, pp. 53, 55, 94, 98, 314, 456, 534.

Date de clôture, pp. 212 s., 269, 369, 416, 525.

Devoir de diligence, pp. 106, 342 s.

Décision de conformité, pp. 53 s., 71 s., 188, 210 s., 263 s., 327, 367 s., 386 s., 452, 522.

Décision de non-conformité, pp. 146, 188, 208 et s., 406 s.

Déclaration d'intention, p. 55 s., 150 s., 166, 189, 201, 454.

Déclaration d'intervention, p. 344.

Déclarations d'acquisition, pp. 150 s., 166, 188 s.

Déclarations préalables, pp. 186, 533.

Décote, pp. 126, 143, 352, 474.

Défense anti-offres, pp. 37, 196 s., 323 s., 367 s.

Délit d'initié, p. 379.

Déontologie, pp. 42, 342 s.

Dérivés, pp. 21, 50 s., 157, 190, 229 s.

Dérogation, pp. 27 s., 60, 151, 168 s., 193 s., 208 s., 226 s., 278 s., 349, 372 s., 399 s., 455, 479 s., 494 s., 520 s.

Dérogation obligation offre publique, pp. 174 s., 203 s., 210, 230, 255 s., 278 s., 372 s., 399 s., 488, 497,522.

Dérogation au prix le plus haut payé, pp. 267 s.

Détourage, pp. 74, 75.

Difficultés financières, pp. 146, 235, 280, 448, 497 s.

Dirigeants effectifs, pp. 80, 253, 532.

Dispositif anti-rumeurs, pp. 96, 148 s., 165, 222, 314.

Document « autres informations », pp. 188, 322, 414.

Donation, pp. 288, 399.

Droit applicable, pp. 20, 52, 69 s., 104, 141 s., 185, 196, 252.

Droits de vote, pp. 21, 46 s., 84 s., 96, 126 s., 148 s., 165 s., 188 s., 197 s., 226 s., 279 s., 321 s., 348 s., 362 s., 386 s., 455 s., 466 s., 482 s., 496 s.,517 s., 533.

Droits de vote double, pp. 21, 130, 203 s., 231 s., 240, 280, 289, 290.

Droits politiques, p. 505.

E

Egalité de traitement, pp. 89 s., 150, 205, 214, 228, 264, 312, 330, 350, 356, 363, 388, 396, 397, 402, 431, 437, 457, 470.

Engagement de vote, pp. 278 s.

Engagement d'apport, pp. 73, 74, 168, 178.

Engagement irrévocable, pp. 73, 244, 272.

Entreprises en difficulté, pp. 492 s.

Équilibre au sein d'un concert, p. 283.

Établissement de crédit, pp. 137, 469, 470, 472, 531, 533.

Etablissement présentateur, pp. 136 s., 165, 357.

Euronext Growth, pp. 50, 57, 90, 92, 130, 136, 154, 167, 230, 234 s., 246, 284, 406, 427.

Évaluation multicritères, pp. 141, 143, 228, 258, 332, 349, 353, 404, 438, 445.

Excès de vitesse d'acquisition (ou vitesse d'acquisition), pp. 167, 203, 204, 236, 269, 289.

Expert du CSE, pp. 478 s.

Expert indépendant, pp. 75, 78, 88, 143, 144, 187, 222, 262, 265, 315, 318, 319, 321, 342, 344, 355, 395, 406, 407, 409, 419, 436, 438.

F

Famille (actionnariat familial), pp. 73, 180.

Faute de gestion, pp. 328, 329.

Fondation néerlandaise (*stichting*), pp. 75, 205,

324, 375, 382.

Fonds d'investissement, pp. 80, 81, 84, 133, 179, 189, 254, 257, 435, 503.

Fonds indiciel, pp. 158, 159.

Franchissement de seuil, pp. 55 s., 170, 171, 203, 204, 221, 237, 244, 247, 249, 254, 279, 282, 286, 298, 309, 384, 468, 470, 498, 530.

Franchissement passif, pp. 197, 245.

Franchissement temporaire, p.

Fraude, pp. 74, 171, 220, 377, 378, 414, 415.

Fuites, pp. 51, 66, 71, 114 s.

Fusion, pp. 164 s., 278 s.

G

Garantie de cours, pp. 228, 352, 354, 355, 455.

Garantie (établissement présentateur), p. 145 s.

Garantie de passif, pp. 107, 267.

I

Information privilégiée, pp. 47 s., 66, 314, 456, 495, 530, 532, 534.

Information-consultation, pp. 103, 187, 381, 479 s., 534.

Initié de soi-même, pp. 47 s.

Injonction, pp. 208 s., 452 s.

Instances représentatives du personnel, pp. 104, 381, 383, 396, 423, 424, 437, 480, 481.

Intéressement des cadres, p. 76.

Intérêt social, pp. 106, 110, 112, 153, 204, 205, 303, 312, 315, 316, 323, 325, 327 s., 358, 384, 407, 505.

Interloper, pp. 148 s., 164 s., 452 s.

Investisseurs institutionnels, pp. 95, 156 s., 182 s.

Investors' day, p. 182.

Irrévocabilité, pp. 516 s.

L

Lettre d'offre (ou d'intention - LOI), pp. 97, 99, 534.

Lettre de dépôt, pp. 138, 186, 215.

Libre jeu des offres et surenchères, p. 105.

M

Mandat d'établissement présentateur, pp. 136 s.

Mesures anti-OPA (de défense, susceptibles faire échouer l'offre), pp. 197, 206, 207, 323.

Méthode DCF, pp. 332 s.

Méthodes de valorisation, pp. 404, 472.

Motivation (exigence de), pp. 217 s., 283 s.

N

Non-conformité, pp. 146, 188, 209, 213, 214, 406, 417, 431, 438.

Note d'information (contenu), pp. 186 s.

Note en réponse, pp. 53, 59, 88, 105, 139, 144, 165, 182 s., 187 s., 215, 217, 315, 317, 320 s., 334, 344, 346, 354, 358, 363, 362, 395, 407, 417, 444 s., 471, 484.

O

Offre concurrente, pp. 46, 48, 49, 65, 71, 73, 74, 98, 108 s., 178 s., 242, 284, 326, 396, 398, 403, 406, 415, 456.

Offre de fermeture, pp. 215, 276, 354, 468, 473.

Offre hostile (ou offre inamicale, ou offre non sollicitée), pp. 60, 90, 98, 99, 169, 185, 186, 202, 312, 319, 328, 355, 357, 463, 527.

OPE (offre publique d'échange), pp. 357, 388, 417, 456.

OPO (offre publique obligatoire), pp. 94, 140, 178, 180, 219, 233 s., 237 s., 252, 255, 258, 262 s., 289, 293, 294, 301, 348, 386 s., 399 s., 433, 447, 454 s., 474, 493, 505, 510, 521.

OPRA (offre publique de rachat d'actions), pp. 139, 169, 176, 419, 436.

Offre publique de retrait, pp. 129, 130, 164, 169, 218, 220, 226, 265, 296, 351, 354, 369, 372, 373, 384, 391, 392, 496, 507s.

Ordre public, pp. 229, 367, 431, 457.

Orientations en matière d'emploi, pp. 424, 490.

P

Pacte d'actionnaires, pp. 77, 179, 289, 291 s., 297, 372.

Plafonnement des droits de vote, p. 237.

Plan d'affaires, pp. 99, 142, 253, 317, 332 s., 346, 355, 358, 438, 473, 475, 534.

Prédominance au sein d'un concert, pp. 158, 253, 282, 283, 289, 291, 293, 400, 508.

Préoffre, p. 148 s.

Préparation (opération financière), pp. 59 s., 66, 92 s.

Présomption d'innocence, p. 458.

Prestataires de services d'investissement, pp. 137, 150, 186.

Principal actif, pp. 296, 402, 508, 509.

Principe de neutralité (ou Neutralité), pp. 20, 21, 98, 115, 148, 197, 198, 202, 204, 207, 286, 313, 316, 322 s., 384, 483, 487.

Principes directeurs, pp. 27, 75, 100, 108, 205, 207, 208, 223, 327, 329, 330, 366, 375, 384, 430 s., 437, 457, 493.

Prise de contrôle indirecte (ou par l'intermédiaire d'une holding), pp. 252 et s., 289 et s., 483 et s.

Prise de contrôle rampante, pp. 152, 272.

Prise ferme, pp. 137, 186.

Prix de l'offre, pp. 49, 60, 63, 71, 89, 96, 131, 139 s. 147, 159, 167, 183, 214, 217, 258, 263, 264, 267, 270, 272, 276, 316, 323, 326, 337, 338, 349, 352, 354, 355, 366, 368, 388, 390, 395, 397, 405, 425, 446, 468, 472, 474.

Prix équitable, pp. 196, 198, 231, 263, 264, 274, 275, 348 s., 388, 389, 420, 496.

Prix minimum, pp. 78, 266, 275, 397, 454, 475.

Prix plancher, pp. 54, 63, 143, 149, 265, 266, 420, 473, 474, 510.

Procédure normale, pp. 165 s., 262, 356, 510.

Procédure simplifiée, pp. 68, 165, 166, 350, 488, 524.

Procès équitable, pp. 211, 372, 405.

Projet d'opération, pp. 50, 521.

Proxy solicitor, pp. 138, 184.

Proxy advisors, pp. 24, 131.

Public to private, pp. 84, 85, 93, 104, 141, 152, 474.

Dispositif anti-rumeurs (*put up or shut up*), pp. 60 s., 68, 96, 128, 152, 189.

Q

Question prioritaire de constitutionnalité, p.

R

Rachat d'actions, pp. 280, 307, 437.

Raison d'être, pp. 384 s., 508.

Ramassage, pp. 46 s., 69, 96, 169, 175, 204, 228, 264, 269, 272, 326, 348, 455, 456, 517.

Recapitalisation, pp. 280, 286, 305, 402.

Reclassement, pp. 168, 180, 242, 245, 246, 288, 296 s.

Recours effectif (ou devant la Cour d'appel), pp. 376, 377, 394, 405.

Redressement judiciaire, pp. 492, 494, 500 s., 511, 512.

Réduction de capital, pp. 243, 280, 286, 307, 319, 327.

Relèvement du prix de l'offre, pp. 63, 71, 131, 139 et s., 166, 274, 323 et s., 330, 354 et s., 425.Réseaux sociaux, pp. 100, 132, 183, 185.

Responsabilité des administrateurs, pp. 328, 343.

Restrictions d'intervention, p. 149.

Retrait obligatoire, pp. 74 s., 84 s., 93 s., 164 s., 196, 220, 265 s., 351 s., 371 s., 391, 419, 436 s., 442, 455 s., 511 s.

Rôle de la banque présentatrice, pp. 53, 84, 136 et s., 338.

Rôle du conseil, p. 81, 90, 94 s., 100 s., 143, 153, 206, 312 s., 332 s., 342 s., 355 s., 375, 384.

S

Sanctuarisation des actifs, p. 324.

Sauvegarde (accélérée), pp. 281, 302 s., 448 s., 494.

Secret bancaire, p. 534.

Secrétaire du conseil, pp. 343, 345, 346.

Secrétaire général, pp. 219, 233.

Seuil de caducité, pp. 68, 69, 89, 96, 148, 158 s., 162, 166, 187, 204, 214, 245, 260, 264, 268 s.

Seuil de renonciation, pp. 96, 187, 214, 268, 269, 370, 393, 395, 512, 513.

Société en commandite par actions, pp. 72, 297 s., 403.

Sociétés étrangères, pp. 260, 484.

Sollicitation active, p. 182.

Sondage de marché, p. 94.

Surenchère, pp. 73, 74, 96, 98, 100, 111, 129, 139, 221, 242, 270, 326, 356, 370, 393 s., 425.

Sursis à exécution, pp. 211, 212, 367, 369 s., 393 s., 413 s., 422, 442 s.

Suspension de cours, p. 149.

Suspension des droits de vote, pp. 384.

Swap, pp. 59, 75.

Synergies, pp. 117, 118, 258, 313, 338, 350 s.

T

Tender offer agreements, pp. 100, 101.

Titre au porteur identifiable, p. 157.

Transmission à titre gratuit, pp. 287, 288.

V

Variation de cours ou de volume, pp. 64, 313.

Visa de l'AMF, pp. 361, 457, 490.

Vote à distance, p. 238.

W

Wall crossing, pp. 70, 94.

INDEX DES TEXTES CITES

Règlement général de l'AMF

Art. 221-3, pp. 190, 315, 321.

Art. 223-1, p. 315.

Art. 223-6, pp. 50, 51, 59, 60, 63, 66, 102, 148, 151, 152, 453, 454, 478.

Art. 223-11, pp. 245, 439.

Art. 223-32, pp. 64, 66, 165, 189, 221, 314, 385.

Art. 223-33, pp. 152, 182.

Art. 223-34, pp. 55, 149, 151, 152, 220, 382.

Art. 223-35, p. 165.

Art. 231-1, pp. 165, 214, 234.

Art. 231-2, pp. 149, 150, 164, 173, 189.

Art. 231-3, pp. 27, 61, 204, 271, 312, 327, 329, 356, 493, 525.

Art. 231-4, pp. 164, 242.

Art. 231-5, pp. 102, 165, 190, 320.

Art. 231-7, pp. 69, 89, 190, 312, 313, 324, 328, 329.

Art. 231-8, pp. 62, 165, 268, 387.

Art. 231-9, pp. 146, 166, 214, 215, 269, 471, 513.

Art. 231-10, pp. 106, 146, 214, 471.

Art. 231-11, pp. 106, 146, 471, 516, 524, 525, 534.

Art. 231-12, pp. 106, 146, 471, 512, 513, 533.

Art. 231-13, pp. 137, 138, 141, 165, 186, 213, 230, 261, 471, 511, 512.

Art. 231-14, pp. 186, 202.

Art. 231-15, p. 221.

Art. 231-16, pp. 105, 139, 182, 186, 321, 417.

Art. 231-17, pp. 105, 186, 315, 315, 317, 318, 362, 417.

Art. 231-18, pp. 62, 139, 141, 165, 182, 471.

Art. 231-19, pp. 94, 182, 182, 187, 190, 213, 315, 316, 318, 320, 345, 346, 348.

Art. 231-20, pp. 139, 215, 321, 425.

Art. 231-21, pp. 141, 165, 215, 268, 357, 407, 417.

Art. 231-22, p. 215.

Art. 231-23, pp. 186, 213, 217.

Art. 231-26, pp. 187, 213, 321, 322.

Art. 231-28, pp. 139, 140, 321, 322.

Art. 231-29, p. 221.

Art. 231-30, p. 221.

Art. 231-32, pp. 221, 471, 533.

Art. 231-34, p. 221.

Art. 231-35, p. 221.

Art. 231-36, pp. 150, 222, 315.

Art. 231-37, pp. 182, 315.

Art. 231-38, pp. 154, 165, 166, 382, 437.

Art. 231-39, pp. 63, 140, 166, 425.

Art. 231-40, p. 166.

Art. 231-41, p. 166.

Art. 231-43, p. 150.

Art. 231-46, pp. 59, 189, 200, 222.

Art. 231-47, pp. 59, 150, 166, 188, 189, 190, 200, 222, 454.

Art. 231-48, p. 221.

Art. 231-51, pp. 151, 126.

Art. 231-52, p. 150.

Art. 231-54, p. 166.

Art. 232-2, p. 525.

Art. 232-4, pp. 221, 512.

Art. 232-7, pp. 111, 214, 426.

Art. 232-8, p. 221.

Art. 232-11, pp. 222, 512.

Art. 232-12, p. 221.

Art. 232-13, p. 221.

Art. 232-17, p. 326.

Art. 232-18, p. 140.

Art. 233-1, pp. 149, 166, 276, 488.

Art. 233-2, p. 139.

Art. 233-3, pp. 63, 149, 266, 474.

Art. 233-33, pp. 149, 177, 348, 349.

Art. 234-1, pp. 166, 230, 240, 468, 497.

Art. 234-2, pp. 167, 173, 233, 268, 284, 298, 388, 402, 404, 449, 493, 496, 497, 518.

Art. 234-4, pp. 216, 221, 230, 243, 286.

Art. 234-5, pp. 168, 239, 284, 402, 404, 449.

Art. 234-6, pp. 62, 140, 230, 264 à 267, 273 à 275, 348 à 350, 389, 390, 404, 474, 494, 510.

Art. 234-7, pp. 168, 178, 216, 230, 236, 239, 244, 253, 278, 282 s., 294, 309.

Art. 234-8, pp. 216, 286.

Art. 234-9, pp. 27, 168, 174, 179, 180, 216, 252, 255, 261, 269, 278 s., 294 s., 303 s., 399, 433, 434, 447 s., 494, 497, 498, 506, 507.

Art. 234-10, pp. 216, 286, 287, 498.

Art. 235-2, pp. 230, 284.

Art. 235-3, pp. 216, 235, 284, 285.

Art. 236-1, pp. 166, 218, 219, 226, 419, 427, 428, 429.

Art. 236-2, pp. 166, 213.

Art. 236-3, p. 166.

Art. 236-4, p. 166.

Art. 236-5, p. 226.

Art. 236-6, pp. 167, 226, 410, 507 s.

Art. 237-1, pp. 166, 213, 265, 350, 439.

Art. 261-1, pp. 68, 69, 75, 88, 139, 143, 187, 188, 215, 265, 317 s., 320, 321, 334, 348, 404 s.,

Art. 261-1-1, pp. 222, 319.

Art. 261-4, pp. 88, 144, 396.

Art. 262-1, p. 348.

Instructions et Positions recommandations de l'AMF (ou de la COB)

COB, Recomm. n° 2003-01, relative aux *data rooms*, p. 456.

Recomm. AMF, DOC-2006-15, Expertise dans le cadre d'opérations financières, pp. 69, 78, 88, 141, 143, 217, 265, 275, 317, 333.

Instr. AMF, DOC-2006-07, Offres publiques d'acquisition, pp. 141, 187, 188, 275, 316, 322, 334, 339, 349, 352, 473.

Instr. AMF, DOC-2006-08, Expertise indépendance, pp. 318, 319, 339, 346, 351.

Position-Recomm. AMF, DOC-2016-08, Guide de l'information permanente et de la gestion de l'information privilégiée, pp. 53, 314, 456, 534.

Position-Recomm. AMF, DOC-2015-05, Les cessions et les acquisitions d'actifs significatifs, pp. 75, 509.

Directives et règlements européens

Dir. 88/627, 12 déc. 1988, Informations à publier lors de l'acquisition et de la cession d'une participation importante dans une société cotée en bourse, pp. 55, 195, 243.

Dir. 94/45/CE, 22 sept. 1994, Institution d'un comité d'entreprise européen, p. 487.

Dir. 2002/14/CE, 11 mars 2002, Information et la consultation des travailleurs, p. 487.

Règl. (CE) 139/2004, 20 janv. 2004, Contrôle des concentrations entre entreprises (Règl. Concentrations), pp. 271, 325, 379, 471, 517, 518, 525, 527.

Dir. 2004/25/CE, 21 avr. 2004, Offres publiques d'acquisition, (Dir. OPA), pp. 61, 69, 147, 167, 169, 194, 195, 198, 204, 205, 226, 230, 247, 313, 348, 380, 388, 439, 478, 487, 492, 493, 512.

Dir. 2004/109/CE, 15 déc. 2024, Harmonisation des obligations de transparence concernant l'information sur les émetteurs dont les valeurs mobilières sont admises à la négociation sur un marché réglementé (Dir. Transparence), pp. 56, 169, 172, 200, 249, 340.

Dir. 2013/36/UE, 26 juin 2013, Accès à l'activité des établissements de crédit et la surveillance prudentielle des établissements de crédit et des entreprises d'investissement, pp. 466, 467, 532, 533.

Dir. 2009/138/CE, 25 nov. 2009, Accès aux activités de l'assurance et de la réassurance et leur exercice (Dir. Solvabilité II), pp. 467, 532.

Règl. (UE) n° 575/2013, 26 juin 2013, Exigences prudentielles applicables aux établissements de crédit et aux entreprises d'investissement (Règl. CRR), p. 468.

Règl. (UE) n° 596/2014, 16 avr. 2014, Abus de marché (Règl. Abus de Marché), pp. 41, 47, 94, 102, 314, 453.

Dir. (UE) 2017/828, 17 mai 2017, Promotion de l'engagement à long terme des actionnaires, pp. 156, 238.

Dir. (UE) 2019/1023, du 20 juin 2019, Cadres de restructuration préventive, remise de dettes et déchéances, et mesures à prendre pour augmenter l'efficacité des procédures en matière de restructuration, d'insolvabilité et de remise de dettes (Dir. Restructuration et Insolvabilité), pp. 27, 302, 303, 493, 500.

Dir. (UE) 2022/2464, 14 déc. 2022, Publication d'informations en matière de durabilité par les entreprises (Dir. CSRD), p. 340.

Règl. (UE) 2022/2560, 14 déc. 2022, Subventions étrangères faussant le marché intérieur, pp. 95,

96, 529.

Lois, décrets et ordonnances

L. n° 88-70, 22 janv. 1988, Bourses de valeurs, pp. 369, 375.

L. n° 89-531, 2 août 1989, Sécurité et transparence du marché financier, pp. 40, 55, 226, 228, 243, 452.

L. n° 2003-706, 1er août 2003, Sécurité financière, pp. 40, 344.

L. n° 2006-387, 31 mars 2006, Offres publiques d'acquisition, pp. 63, 171, 194, 201, 263, 313, 322, 348, 381.

L. n° 2010-1249, 22 oct. 2010, Régulation bancaire et financière, pp. 171, 388, 468.

L. n° 2012-387, 22 mars 2012, Simplification du droit et à l'allégement des démarches administratives (L. « Warsmann »), p. 241.

L. n° 2014-384, 29 mars 2014, Reconquérir l'économie réel, (L. « Florange »), pp. 148, 194, 203, 240, 288, 313, 323, 381.

L. n° 2016-1691, 9 déc. 2016, Transparence, à la lutte contre la corruption et à la modernisation de la vie économique (L. « Modernisation de la vie économique »), p. 458.

Arr. du 4 déc. 2017, Agrément, modifications de situation et retrait de l'agrément des établissements de crédit, pp. 467, 469, 470.

L. n° 2019-486, 22 mai 2019, Croissance et la transformation des entreprises (L. «PACTE »), pp. 148, 384.

Ord. n° 2021-1193, 15 sept. 2021, Modification du livre VI du code de commerce, pp. 148, 384.

Décr. n° 2023-552, 30 juin 2023, Code de déontologie des avocats, pp. 344, 345.

Code de commerce

Art. L. 22-10-46-1, p. 231.

Art. L. 22-10-48, p. 167.

Art. L. 225-10, p. 286.

Art. L. 225-35, pp. 316, 384, 385.

Art. L. 225-37, p. 188.

Art. L. 225-38, p. 104.

Art. L. 225-42, p. 104.

Art. L. 225-64, pp. 384, 385.

Art. L. 225-86, p. 104.

Art. L. 225-123, pp. 231, 240.

Art. L. 225-127, p. 107.

Art. L. 225-138, p. 286.

Art. L. 225-216, pp. 107, 110, 421.

Art. L. 225-251, p. 328.

Art. L. 233-3, pp. 88, 167, 177, 197, 236, 241, 242, 245, 252, 279, 317, 508.

Art. L. 233-4, p. 468.

Art. L. 233-7, pp. 56 s., 167, 241, 245, 251, 260, 468.

Art. L. 233-8, p. 245.

Art. L. 233-9, pp. 57, 58, 72, 229, 241, 243, 260, 468.

Art. L. 233-10, pp. 55, 62, 72, 164 s., 189, 199, 200, 238, 244 s., 264, 266, 300, 321, 404, 488, 496, 510.

Art. L. 233-10-1, pp. 55, 169 s., 202, 249, 250.

Art. L. 233-11, pp. 177, 247.

Art. L. 233-32, pp. 27, 98, 201, 202, 204, 205, 207, 323, 327, 328.

Art. L. 233-33, pp. 202, 204, 323.

Art. L. 233-34 s., p. 203.

Art. L. 430-3, pp. 519, 520, 533.

Art. L. 430-4, pp. 471, 520.

Art. L. 430-8, p. 520.

Art. L. 620-1, p. 493.

Art. L. 626-29 s., p. 494.

Art. L. 626-32, pp. 303, 448, 450, 493, 495, 502, 503, 504.

Art. L. 628-4, p. 494.

Art. R. 430-5, p. 521.

Art. R. 626-52, pp. 494, 502.

Art. R. 626-62, p. 501.

Art. R. 626-63, pp. 495, 502.

Code civil

Art. 1984, pp. 136, 140.

Art. 1833, pp. 303, 316, 384, 505.

Code des relations entre le public et l'administration

Art. L. 241-2, pp. 220, 377, 378.

Code du travail

Art. L. 1111-2, p. 481.

Art. L. 1111-3, p. 481.

Art. L. 2312-8, pp. 480, 481.

Art. L. 2312-14, pp. 479, 480.

Art. L. 2312-41, p. 488.

Art. L. 2312-42, pp. 320, 321, 381, 481, 484, 485, 487.

Art. L. 2312-43, pp. 484, 486, 487.

Art. L. 2312-45, pp. 187, 320, 484.

Art. L. 2312-46, pp. 321, 484, 485, 489, 534.

Art. L. 2312-47, pp. 483, 485.

Art. L. 2312-48, pp. 482, 486.

Art. L. 2312-50, pp. 482, 483.

Art. L. 2312-51, pp. 320, 321, 486.

Art. L. 2312-52, pp. 381, 488.

Art. L. 2315-3, p. 479.

Art. L. 2315-23, p. 487.

Art. L. 2317-1, pp. 482, 489.

Art. L. 2353-6, p. 482.

Art. R. 2312-6, p. 479.

Code des assurances

Art. L. 310-12-4, p. 476.

Art. L. 322-4, p. 467.

Art. R. 322-11-1 s., p. 533.

Code monétaire et financier

Art. L. 151-3 s., pp. 471, 533.

Art. L. 321-1, p. 137.

Art. L. 211-1, p. 241.

Art. L. 433-1, pp. 63, 69, 164, 165, 186, 196, 201, 208, 214, 221, 233, 235, 268, 313, 437, 494.

Art. L. 433-1-2, pp. 85, 89, 96, 167, 204, 269, 270, 517.

Art. L. 433-3, pp. 167, 168, 171, 201, 203, 216, 229, 230, 233, 238, 241, 251 s., 278, 288, 388, 468, 474, 493, 494, 497, 498, 518.

Art. L. 433-4, pp. 84, 229, 261, 262, 351, 392, 427, 439, 440.

Art. L. 511-2, p. 531.

Art. L. 511-12-1, pp. 467, 469.

Art. L. 511-33, p. 534.

Art. L. 511-41-1, pp. 466, 476.

Art. L. 531-1, pp. 137, 150.

Art. L. 532-9, p. 137.

Art. L. 533-1, p. 139.

Art. L. 533-11, p. 139.

Art. L. 621-1, pp. 208, 407.

Art. L. 621-3, pp. 210, 424.

Art. L. 621-6, p. 208.

Art. L. 621-7, p. 208.

Art. L. 621-8, p. 188.

Art. L. 621-8-1, pp. 215, 357, 418, 424, 483, 485, 490.

Art. L. 621-13, p. 209.

Art. L. 621-13-6, p. 222.

Art. L. 621-13-9, p. 222.

Art. L. 621-14, pp. 209, 219, 233, 375, 458.

Art. L. 621-14, p. 375.

Art. L. 621-15, pp. 233, 458.

Art. L. 621-30, pp. 210, 212, 223, 368, 369, 370, 393, 442.

Art. R. 151-1 s., p. 533.

Art. R. 511-3-1 s., pp. 467, 469.

Art. R. 511-3-5, pp. 472, 533.

Art. R. 621-1, p. 210.

Art. R. 621-44 s., p. 210.

Art. D. 321-1, p. 137.

Art. D. 423-1, p. 260.

INDEX DES OFFRES CITEES[1]

Les offres sont classées par leur date dans l'ordre chronologique.

1964

Franco Wyoming Oil Company, p. 148.

1968

BSN/Saint-Gobain, p. 195.

1975

Petrofina/Ripolin, p. 73.

1980

SFPIC/Ruche Picarde, p. 319.

1988

Emess ou Thorn/Holophane, pp. 212, 369, 373.
Péchiney/Triangle, p. 379.
Schneider/Télémécanique, p. 457.

1991

Pinault SA/Au Printemps, p. 212.

1992

Nestlé/Perrier, p. 457.

1993

Gehe/OCP, pp. 111, 366, 373, 374.
Zodiac/Sicma, p. 48, 455.

1995

Société Générale/Société générale Alsacienne de banque (Sogenal), p. 351.

1996

CDC/CFF, p. 212.

1997

Allianz/AGF Generali/AMB, p. 74.
Société Générale/Genefim, p. 352.

1 - Sauf exception, le nom de l'initiateur figure en première position et le nom de la cible en seconde position. La date indiquée est la date jugée la plus pertinente (entre l'annonce et la clôture). Quand plusieurs offres ont été déposées par un initiateur unique, la date retenue est, sauf exception, celle de la première offre.

1998

Rallye/La Ruche Méridionale, p. 379.

1999

BNP/Paribas, pp. 458, 467.
Sita/Suez, p. 379.
Vodafone/Mannesmann, p. 195.
Gucci, p. 199.

2000

Crédit Lyonnais/L'Union des Assurances Fédérales, p. 379.
Direct Anlage Bank AG/Self Trade, p. 379.
Lagardére/Hachette Filipachi Médias, p. 379.
ESFIL-Espirito Santo Financière/Via Banque, p. 474.
PA/Michel Thierry, p. 75.

2001

Schneider/Legrand, pp. 76, 212, 213, 224, 371 s., 380, 516, 527.
Tetra Laval/Sidel, pp. 380, 516, 524 s.
PHRV/Immobanque, p. 474.

2002

Origny-Naples/Beghin Say, p. 74.

2003

Alcan/Pechiney, pp. 21, 101.

2004

Sanofi/Aventis, pp. 100, 202, 330, 374, 375, 458.

2006

Carrefour/Hyparlo, pp. 254, 376.
Axalto Holding N.V/Gemplus International, p. 234.
Mediannuaire/PagesJaunes Group, pp. 352, 355.
Mittal Steel/Arcelor, pp. 114 s., 126.
Ryanair/Aer Lingus, pp. 528 s.
SAIP/Buffalo Grill, p. 76.

2007

Banque Fédérale des Banques Populaires/Foncia, p. 474.
Imarko/Arkopharma, pp. 48, 455.
Sacyr/Eiffage et APRR, pp. 21, 58, 167, 171, 174, 213, 215, 248, 260 s., 454, 525.
SAP/Business Objects, p. 101.
Sasa Holding et Management/Sasa Industrie, p. 354.

2008
IBM/Ilog, p. 102.
Sierra Wireless/Wavecom, p. 102.
Teknecomp/Sediver, p. 256.
West Corporation/Genesys, p. 101.

2009
Gecina/Gecimed, p. 272.

2010
Eiffarie/Autoroutes Paris Rhin Rhône, pp. 369, 391, 456.
Safran/Zodiac Aerospace, p. 65.
As Online Beteiligungs Gmbh/Seloger.com, pp. 102, 324, 355.
Grontmij Buitenland Holding BV/Ginger, pp. 102, 354.
Honeywell/Sperian, p. 102.
Jacquet Metals/IMS, pp. 100, 324.

2011
Hermès, pp. 56 s., 180, 297 s., 372, 380, 454, 497.
Crédit Mutuel Arkéa/CFCAL, p. 474.
Jacquet/Brossard, p. 75.
PHRV/Foncière Paris France, p. 356.
Solvay/Rhodia, p. 102.
Tridimension Holding/Metrologic Group, pp. 265, 352, 355.

2012
Icade/SILIC, pp. 216, 224, 267 s., 275, 309, 368, 386 s.
Lagardère/Leguide.com, pp. 100, 324.
Seagate/Lacie, p. 354.
Toyota/CFAO, pp. 61, 178, 270.

2013
Calida Holding/Lafuma, pp. 272 s.
MEIF 4 AX Holdings SAS/Theolia, p. 498.
PROS Holding/Caméléon Software, p. 74.

2014
Fosun/Club Méditerranée, pp. 76, 100, 139, 189, 222, 367, 395.
SMA BTP/Société de la Tour Eiffel, pp. 212, 213, 370, 393 s.
Bolloré SA (et autres)/Havas, p. 126.
CSLI/Systran, pp. 79, 209.
Italcementi/Ciments Français, p. 354.
Jaccar Holdings/Bourbon, pp. 73, 270.

Sopra Group/Steria, pp. 168, 178.

2015

TWDC/Euro Disney, pp. 212 s., 222, 297, 373, 376, 402 s.
BPCE IOM/Banque de La Réunion, p. 474.
Holcim/Lafarge, pp. 102, 262, 524.
Prologue/O2i, pp. 204, 357, 367, 406 s., 430, 456 s.
XPO/Norbert Dentressangle, pp. 102, 133, 189, 209, 454.

2016

Eurosic ou Gecina/Foncière de Paris, pp. 74, 171, 210, 213, 220, 377, 378, 414 s.
Altice/SFR Group, pp. 76, 376, 417 s.
Epcos/Tronic's Mycrosystems, p. 179.
Foliateam/Acropolis Telecom, p. 75.
Hodiall/Radiall, pp. 212, 213, 416 s.
Holding Nina/Euromedis Groupe, p. 240.
Nokia/Alcatel Lucent, pp. 102, 213.
Pertamina/Maurel & Prom, pp. 102, 213, 410.
Vivendi/Gameloff, pp. 100, 212, 213, 315, 319, 324, 326 s., 371, 413.
Zimmer Holdings France/Medtech, p. 102.

2017

EDF EN et EDF EN Belgium/Futuren, p. 102.
Fosun/Paref, p. 270.
Safran/Zodiac Aerospace, p. 102.
Semyrhamis/Christian Dior, p. 75.
SiegCo/Valtech, p. 234.
Tolomei Participations/Le Tanneur, p. 73.
Vivendi/Havas, pp. 352, 353.

2018

Allianz/Euler Hermès, pp. 474, 475.
BOE Smart Retail/SES-Imagotag, p. 72.
Covéa/Scor, pp. 92, 98, 132, 328.
Givaudan/Naturex, p. 102.
Thalès/Gemalto, pp. 314, 326, 381, 484, 487.
VLC Holding/A2micile, p. 72.

2019

Capgemini/Altran Technologies, pp. 61, 79, 88, 102, 104 s., 111 s., 139, 212 s., 224, 370 s., 423 s.
CVC/April, pp. 84, 93 s., 177, 200, 209, 455, 472, 474.
Easyvista Holding/Easyvista, p. 77.
Horizon/Parrot, pp. 243, 266.

SKN Holding/Latécoère, p. 76.
Tikehau Capital/Selectirente, p. 73.

2020

Alantra Capital Markets/Société Anonyme de Brasseries du Cameroun, p. 234.
Alphatec Holding/Eos Imaging, p. 102.
Ateme/Anevia, p. 94.
Bidco Breteuil/Mediawan, pp. 85, 209.
Castillon/Devoteam, pp. 72, 76, 85, 87, 168, 179.
Covidien Group/Medicrea, p. 102.
Evergreen SAS/Evergreen SA, p. 71.

2021

Veolia/Suez, (mentions significatives) pp. 205, 219 s., 324 s., 381 s., 478 s., 518 s. .
Ardian/Artefact, p. 93.
BPCE/Natixis, pp. 137, 143, 146, 297, 352, 471 s.
Couche-Tard/Carrefour, pp. 95, 116, 131, 463.
Famille Deconinck et Wende/Tarkett, pp. 72 s., 84, 133.
Fortune Legend Limited/Baccarat, pp. 137, 213, 371, 422.
Green Mobility Holding/Europcar Mobility Group, pp. 72, 77.
Immobiliaria Colonial/SFL, pp. 75, 168.
M14/Bourrelier Group, pp. 218, 427.
Pixel Holding/Tessi, p. 79.
Taiwan Cement Europe Holdings B.V./NHOA, p. 70.
Treehouse Ltd/Filae, pp. 355, 357 s.
Unibel/Bel, pp. 220, 354, 436, 441.

2022

Vinci Concessions et Eiffage/Société Marseillaise du Tunnel Prado Carénage, pp. 71, 79, 363.
Bridgepoint/Cast, pp. 93, 102.
Fonds Edmond de Rothschild/Oncodesign, pp. 78, 94.
CGI France/Umanis, pp. 293 s.
Despature/Somfy, p. 146.
Etat français/EDF, pp. 146, 211 s., 224, 318, 364, 374, 442 s.
Holding Tivoly/Tivoly, p. 78.
IRD Associés/Groupe IRD, p. 146.
KKR/Albioma, pp. 85, 87, 93, 102, 139, 525.
La Banque Postale/CNP Assurances, pp. 131, 467 s., 472 s., 533.
New Gen Holding/Generix Group, p. 71.
New Go/Groupe Open, p. 79.
Novagerm/Eurogerm, p. 77.
Vivendi/Lagardère, pp. 270 s., 521 s.

2023

Baring et Sculptor/Technicolor Creative Solutions, pp. 72, 78, 244, 273, 510 s.
Novo Nordisk/Biocorp, p. 94.
Rothschild & Co Concordia/Rothschild, pp. 72, 75, 78, 126, 343, 472.
SoftBank Group/Baylo, p. 102.
Spring Holding/Manutan International, p. 266.

2024

Groupe SPIE Batignolles/Compagnie Industrielle et Financière d'Entreprises, p. 71.
Miramar Holding/Micropole, pp. 87, 89 s.
SII Goes On/S.I.I., p. 78.

Sommaire détaillé

Cercle Lefebvre Dalloz 7

Principales abréviations utilisées 18

Préface - Une exception française ? 20

Quelles sont cependant les particularités françaises ?

Quelle compétitivité du droit français en matière financière ?

Préambule 24

Avant-propos 26

Schéma synoptique des professionnels impliqués dans une offre 30

INTRODUCTION 32

Dialogue sur la formation initiale 34

L'inflation législative et réglementaire : l'inexorable montée des eaux 40

CHAPITRE 1 - PRÉPARER L'OPÉRATION 44

Stratégies de ramassage préalables à une offre publique : risques et contraintes 46

1. Ramassage et infraction d'initié

1.1. Lorsque le ramassage peut constituer une infraction d'initié

1.1.1. La notion d'initié de soi-même

1.1.2. Règlement Abus de Marché : le comportement légitime et l'information d'initié appliqués aux projets d'offres publiques

1.2. Conséquences pratiques

2. Ramassage et contrainte de transparence

2.1. Le cadre juridique

2.2. Les déclarations de seuils

2.2.1. Les seuils légaux

2.2.2. Les seuils statutaires

2.3. Déclaration d'intention

2.4. L'information sur la préparation d'une opération financière

2.5. Le cliquet du seuil d'offre publique obligatoire (société de droit français dont les actions sont admises sur un marché réglementé)

2.6. Conséquences pratiques

3. Les risques résultant du ramassage

3.1. Déclenchement des règles contraignantes sur les conditions financières de l'offre

3.1.1. Les principes

3.1.2. Les règles contraignantes quant aux conditions financières

3.2. Rumeurs et déclaration d'intention en cas d'actes préparatoires au dépôt d'une offre publique (*put up or shut up*)

3.2.1. Fondement du dispositif de déclaration d'intention en cas d'actes préparatoires au dépôt d'une offre publique (put up or shut up)

3.2.2. Détail du dispositif

3.2.3. Un usage peu fréquent mais susceptible de faire échouer un projet d'offre

3.2.4. Conséquences pratiques

Ce que l'offre doit aux contrats 68

1. Avant l'offre publique

1.1. Acheter, déjà

1.2. Faire front commun

2. Pendant l'offre

2.1. Sécuriser les apports

2.2. Restructurer la cible

3. Après l'offre

3.1. Les accords avec des actionnaires

3.1.1. Le cas des salariés

3.1.2. Les pactes d'actionnaires

3.2. Les accords avec d'ex-actionnaires

Offres publiques et *management packages* 80

1. Véhicule d'investissement

2. Instruments financiers utilisés

3. Négociation du *management package*

4. Mise en place et vie du *management package*

Réflexions sur le réinvestissement et les *management packages* dans les offres publiques 84

1. Rappel des instruments utilisés

1.1. L'investissement *pari passu*

1.2. Le *management package* proprement dit, bénéficiant à l'équipe managériale
1.3. Les rémunérations et avantages
2. La grande diversité des situations
3. Les gardiens du temple : l'AMF et l'expert indépendant
4. L'exigence du respect de l'égalité de traitement et d'information des actionnaires
5. La primauté du devoir fiduciaire lors des négociations
6. La gestion du *management package* si la société reste cotée

Approche non sollicitée : enjeux et modalités 92
1. Principales parties prenantes et enjeux clés
1.1. L'initiateur de l'offre : stratégique ou financier
1.2. La cible de l'offre
1.3. Les pouvoirs publics
2. Préparation et modalités d'approche
2.1. La préparation
2.2. L'approche
3. Réaction initiale et stratégies de négociation de la cible
Conclusion

Les accords préalables avec les organes d'administration et de direction de la cible 100
1. Historique et principes généraux
1.1. A la recherche des origines
1.2. Liberté surveillée dans la formation des accords
1.2.1. Négociation et conclusion
1.2.2. Aspects de droit social
1.2.3. Convention réglementée
2. Contenu de l'accord
2.1. Les stipulations communes
2.2. Objet de l'accord
2.3. Conditions au dépôt ou à l'offre
2.4. Déclarations et garanties
2.5. Autres engagements
2.6. Protection de la transaction
2.6.1. Exclusivité, non concurrence et absence de recherches d'autres offres
2.6.2. Break-up fees

La communication sur les offres publiques et les enjeux spécifiques en amont de l'annonce de l'opération 114

1. Objectifs et moyens de la communication sur les offres publiques
2. Les précautions à prendre en amont de l'annonce de l'opération
    2.1. La gestion des fuites
    2.2. Les enjeux de la communication en amont de l'annonce
3. L'exemple de l'OPA de Mittal Steel sur Arcelor
    3.1. Retour sur un cas topique de la communication en période d'offre
    3.2. Entretien avec Anne Méaux, Présidente et fondatrice d'Image 7

CHAPITRE 2 - LE LANCEMENT DE L'OFFRE ET LES FACTEURS DE SON SUCCÈS.. 122

L'annonce faite au marché 124

1. Le déclenchement
2. Guerre de tranchées ou sables mouvants
    2.1 La parole du dirigeant lui-même
    2.2 Les experts sectoriels/juridiques
3. En finir

L'établissement présentateur d'une offre publique 136

1. L'identité de l'établissement présentateur
2. La relation contractuelle unissant l'établissement présentateur à l'initiateur
3. Assistance dans les travaux d'évaluation de la cible et la détermination du prix de l'offre
4. Les garanties de l'établissement présentateur quant à la teneur et l'exécution de l'offre

La période de préoffre 148

1. Une période de préoffre à la frontière de la période d'offre
    1.1. L'institution d'une période de préoffre
    1.2. Les obligations en période de préoffre
2. Une période de préoffre à refondre dans la période d'offre
    2.1. Clarifier le concept de préoffre
    2.2. Simplifier le régime de préoffre
    Conclusion

L'impact de la directive européenne des droits des actionnaires lors d'une offre publique d'achat 156

1. La directive européenne concernant les droits des actionnaires : les nouveautés

2. Comment appliquer les renseignements de cette analyse du registre lors d'une offre ?

3. La directive permet une analyse fiable et dynamique de la base actionnariale en période d'offre

Conclusion

Focus : identification des actionnaires et obligations de transparence 162

1. Le régime légal : avant et après la transposition de la directive SRD 2

2. Portée de la réforme : ce qui a changé avec la transposition de la directive SRD 2 et son règlement d'exécution

L'action de concert 164

1. Les enjeux de la caractérisation d'une action de concert

1. 1 Les enjeux procéduraux

1.2. Les enjeux stratégiques

2. Les approches de la notion d'action de concert

2.1 Les sources du droit

2.2 Le droit positif

2.2.1 La notion d'action de concert

2.2.2 Illustrations

Communication directe avec les actionnaires 182

1. Approcher les actionnaires pour les inciter à apporter à l'offre : que peut-on dire dans le respect des règles du droit boursier et financier (démarchage – égalité d'information) ?

2. Quel interlocuteur : agence de conseil en relations investisseurs (*proxy solicitor*), courtier, équipe relations investisseurs des entreprises...

3. Les canaux de communication

La communication financière au lancement de l'offre

Focus : la communication réglementée sur et autour de l'offre 186

La communication pendant l'offre relative aux opérations sur titres

CHAPITRE 3 - L'ENVIRONNEMENT RÉGLEMENTAIRE 192

La directive OPA et son articulation avec le droit français 194

1. Genèse de la directive OPA du 21 avril 2004
2. Présentation de la directive OPA : une application à géométrie variable
3. Jurisprudence de la CJUE relative à la directive OPA
4. Transposition initiale de la directive OPA par la loi française du 31 mars 2006
5. Évolution substantielle du droit français réalisée par la loi Florange du 29 avril 2014
6. Appréciation de la conformité du droit français à la directive OPA

La pratique décisionnelle de l'AMF en matière d'offres publiques 208

1. Le contentieux bien connu de la conformité et de la dérogation
   - 1.1. Un contentieux doublement contraint dont les perspectives sont limitées
     - *1.1.1. Un recours doublement contraint*
   - 1.2. Un contrôle juridictionnel qui a permis de limiter les pouvoirs de l'AMF
     - *1.2.2. Ce que l'AMF doit justifier, ce qu'elle peut écarter*
2. Le contentieux à l'ombre du contentieux de la conformité et de la dérogation
   - 2.1. Le contentieux inédit ou isolé
     - *2.1.1. Les décisions sur la nécessité de déposer une offre publique*
     - *2.1.2. Les décisions sur l'ouverture de la période de préoffre : le dossier Suez/Veolia (CA Paris, 11 févr. 2021, n° 20/138077)*
     - *2.1.3. Les décisions postérieures à la décision de conformité*
   - 2.2. Le contentieux inexistant ou incertain
     - *2.2.1. La multiplicité des possibles moyens d'actions de l'AMF, dont elle ne fait pas toujours usage*
     - *2.2.2. Les communiqués de l'AMF*

Les offres publiques obligatoires 226

1. L'Obligation
   - 1.1. Sources et champ de l'obligation
     - *1.1.1. Les sources*
     - *1.1.2. Quelles sociétés ?*
   - 1.2. Le fait générateur
     - *1.2.1. Franchissements directs de certains seuils*
     - *1.2.2. Franchissements indirects des seuils déclenchants l'obligation de déposer une offre publique*
2. Le Régime de l'offre obligatoire
   - 2.1. Régime commun à l'offre volontaire et l'offre obligatoire

2.2. Les règles particulières à l'offre publique obligatoire en matière de proposition financière

2.2.1. Règles particulières en matière de proposition financière

2.2.2. Détermination du prix en l'absence de référence à tout prix d'acquisition lors des douze mois précédant le fait générateur

2.3. Règles particulières en matière de seuils de renonciation

2.3.1. Maintien du seuil de caducité obligatoire mais interdiction de formuler un seuil plus élevé

2.3.2. Privation des droits de vote attaché aux actions excédant le seuil d'offre publique obligatoire en cas de mise en jeu de la caducité

2.3.3. Les conditions liées au contrôle des concentrations

Annexe

Le régime dérogatoire à l'obligation de déposer une offre publique 278

1. Les fondements du régime dérogatoire

1.1. Principes gouvernant l'article 234-9 du règlement général de l'AMF

1.1.1. L'existence d'un contrôle majoritaire préalable

1.1.2. La passivité

1.1.3. La recapitalisation de sociétés en difficulté

1.1.4. Les opérations de restructuration du capital en vue de rapprochement d'entreprises ou de stratégies de croissance externe dans le cadre de fusion ou d'apport d'actifs

1.2. Mise en concert : les exemptions de l'article 234-7 du règlement général de l'AMF

1.2.1. Détention préalable majoritaire en droits de vote

1.2.2. Détention préalable entre 30 % et la moitié du capital ou des droits de vote

2. Les aspects procéduraux

2.1. La liste limitative des cas de dérogations contenue dans le règlement général

2.2. La dérogation n'est pas de droit

2.3. Requête sur base d'un projet

2.4. Formalisme

3. Classification en quatre familles – Illustration

3.1. Transmission à titre gratuit

3.2. Existence d'un contrôle préalable

3.2.1. Contrôle préalable

3.2.2. Reclassement

3.2.3. Le cas Hermès International

3.3. Augmentation de capital en numéraire

3.3.1. Les difficultés soulevées par ce texte

3.3.2. La réponse de la Cour d'appel de Paris

3.3.3. Eléments illustratifs additionnels

3.4. Opérations sur le capital

3.4.1. Champ d'application

3.4.2. Mécanismes de neutralisation

3.4.3. Opérations cumulées à la conclusion d'un accord de mise en concert

CHAPITRE 4 - LA CIBLE ENTRE EN SCÈNE...310

Le rôle des organes de gouvernance de la cible 312

1. L'appréciation du projet d'offre par les organes de gouvernance de la société visée par l'offre

1.1. La communication par les organes de gouvernance de la société cible dans le contexte d'une offre publique

1.1.1. La gestion de l'information en amont de l'offre

1.1.2. La faculté de communiquer sur l'offre

1.2. L'avis motivé du conseil

1.2.1. L'élaboration de l'avis motivé

1.2.2. La gestion des conflits d'intérêts

1.2.3. La portée de l'avis motivé

1.3. Les obligations documentaires à la charge de la société cible

1.3.1. La publication d'une note en réponse

1.3.2. Le document « autres informations »

2. Les mesures pouvant être mises en œuvre par les organes de gouvernance de la cible

2.1. Le positionnement du conseil par rapport à l'offre

2.1.1. Le principe de neutralité des organes de gouvernance de la société cible sous l'empire du droit antérieur

2.1.2. L'abandon du principe de neutralité des organes de gouvernance

2.2. Les mesures de défense pouvant être mises en œuvre

2.2.1. Suez/Veolia

2.2.2. Gemalto/Atos

2.2.3. Gameloft/Vivendi

2.3. Les limites

2.3.2. Le nécessaire respect de l'intérêt social

2.3.3. Le nécessaire respect des principes directeurs du droit boursier

L'appréhension du plan d'affaires par l'expert indépendant 332

1. Rappel des textes applicables à l'examen du plan d'affaires

1.1. Le caractère quasi incontournable de la méthode DCF

1.2. Les implications pour l'expert indépendant

2. Établissement et validation du plan d'affaires

2.1. De la nécessité d'un plan d'affaires

2.2. Qui est responsable de l'établissement puis de l'approbation du plan d'affaires ?
2.3. Durée de la période explicite de prévisions
2.4. Recours aux plans d'affaires « alternatifs »
3. Diligences de l'expert indépendant sur le plan d'affaires
3.1. Rôle de l'expert indépendant sur le plan d'affaires
3.2. Lignes directrices de l'APEI
4. Conclusion

Rôle spécifique de l'avocat du comité *ad hoc* : enjeux déontologiques et pratiques 342
1. Désignation
1.1. Opportunité
1.2. Modalités
2. Mission
2.1. Objet
2.2. Conduite

La possibilité pour l'expert de constater l'inéquité de l'offre 348
1. Sur le prix équitable
1.1. La notion d'équité dans les textes réglementaires
1.2. La mission de l'expert indépendant et la recommandation AMF n° 2006-15
1.3. La prise en compte du contexte de l'offre
1.3.2 Les cas de retrait obligatoire
1.3.3 Les processus d'enchères préalables
1.3.4 Les synergies
1.3.5 Les accords connexes
2. Cas dans lesquels une inéquité (ou une restriction à l'équité) a été prononcée
2.1. Offres amicales
2.1.1. Il doit être rappelé que l'expert intervient généralement en amont du dépôt de l'offre
2.1.2. En pratique, on observe que les conclusions des experts indépendants sont très différentes selon le contexte, et notamment dans les cas de retraits obligatoires :
2.2. Contexte d'opérations inamicales
2.2.1. Offre sur les actions Seloger.com (octobre 2010)
2.2.2. Offre publique d'achat déposée par PHRV sur les titres de la société Foncière Paris France (FPF) (novembre 2011)
2.2.3. Offre publique d'échange sur les titres O2i initiée par Prologue (février 2015)
2.2.4. Offres publiques d'achat sur Filae (avril 2021 puis septembre 2021)

CHAPITRE 5 - LE CONTENTIEUX DES OFFRES 360

Expertise indépendante et relation avec les actionnaires minoritaires en cas de contestation 362

Le juge et le droit des offres publiques 366

1. Le recours devant la Cour d'appel de Paris

1.1. La procédure

1.1.1. Les délais de jugement

1.1.2. La réduction des délais de jugement

1.1.3. Le sursis à exécution

1.1.4. Le dossier

1.2. L'office du juge

1.2.1. Une constante : le périmètre de conformité

1.2.2. Une question tranchée : les pouvoirs de la Cour d'appel de Paris

1.2.3. En conclusion : vers un assouplissement des conditions du recours devant la Cour d'appel de Paris ?

2. Les recours de droit commun

Les enseignements tirés de 10 ans de jurisprudence 386

Le droit répressif des offres 452

1. Les sanctions liées aux obligations de transparence

1.1. Information sur l'existence d'un projet d'offre publique

1.2. Déclaration d'intention sur une offre en cours

1.3. Révélation et implications de l'existence d'un concert

2. Les sanctions ayant trait au déroulement de l'offre

2.1. Ce que peut faire un initiateur sur le titre de la cible

2.2. Le cas de contournement du droit des offres

2.3. Un mode de répression alternatif : le recours au communiqué

CHAPITRE 6 - L'ARTICULATION AVEC LES AUTRES BRANCHES DU DROIT 460

Offres publiques, affaires publiques 462

1. La nécessité d'une stratégie de communication et d'affaires publiques solide dans le cadre des investissements étrangers en France

2. Où intervient précisément la communication dans un contexte d'investissement étranger ?

3. Comment gérer des processus parallèles de contrôle des investissements étrangers et *anti-trust* dans différentes zones géographiques ?

Les offres publiques sur les institutions financières 466

1. Les aspects procéduraux inhérents à la nature de la société visée

1.1. Le contrôle de l'opération par l'ACPR ou la BCE

1.2. L'impact de la procédure d'autorisation sur le calendrier de l'offre

2. L'impact des spécificités réglementaires de l'institution financière sur la construction du prix de l'offre

2.1. L'impact des exigences de fonds propres sur la valorisation d'une institution financière

2.2. L'impact des décisions de gestion de l'institution financière

L'information/consultation du CSE : impact sur le calendrier.............................. 478

1. Règles générales :

2. Quelles sont les obligations de l'initiateur de l'offre ?

3. Modalités pratiques de déroulement de la procédure

Les offres publiques visant les sociétés en difficulté 492

Introduction : une indifférence réciproque

1. L'obligation de déposer un projet d'offre publique visant les titres d'une société en difficulté

1.1. L'obligation de déposer un projet d'offre publique d'acquisition

1.1.1. Fait générateur et dérogation

1.1.2. Le changement de paradigme introduit par la transposition de la directive Restructuration

1.2. L'obligation de déposer un projet d'offre publique de retrait

2. La procédure d'offre publique sur les titres d'une société en difficulté

2.1. La contrepartie offerte par l'initiateur

2.1.1. Le montant de la contrepartie offerte par l'initiateur

2.1.2. Le caractère déterminable de la contrepartie offerte par l'initiateur

2.2. Le caractère irrévocable de l'offre de l'initiateur

2.2.1. Extension de la faculté de renoncer à l'offre

2.2.2. Extension de la faculté de stipuler un seuil de renonciation à l'offre

2.2.3. Extension de la faculté de stipuler une condition à l'offre

Les enjeux de droit de la concurrence dans le contexte des offres publiques[1] ... 516

1. La soumission de l'offre publique au contrôle des concentrations
   1.1. La notion de concentration
   1.2. Le franchissement des seuils de notification
   1.3. La procédure de contrôle des concentrations
      1.3.1. L'effet suspensif du contrôle des concentrations
      1.3.2. L'examen de l'opération par les autorités
2. La gestion du risque concurrence dans les offres publiques
   2.1. La possibilité de prévoir une condition suspensive dans l'offre
   2.2. Le dépôt d'une offre irrévocable
      2.2.1. Le risque d'engagements
      2.2.2. La perspective plus rare de devoir réagir à une interdiction de l'opération

Autorisations liées à des activités réglementées en ne pouvant se fonder que sur des informations éparses.......... 530

1. Analyse préliminaire des obligations réglementaires requises dans le cadre de l'OPA sur la base d'informations publiques
   1.1. Collecte des données publiques nécessaires à l'analyse des obligations réglementaires applicables
   1.2. Analyse des obligations réglementaires requises
   1.3. Préparation des dossiers de changement de contrôle sur la base d'informations publiques
2. Articulation des travaux préparatoires avec le calendrier de l'OPA et les contraintes liées à l'information privilégiée
   2.1. Articulation du calendrier réglementaire avec celui de l'OPA et des autres autorisations préalables requises
   2.2. Préparation des dossiers de demande d'autorisation préalable et information privilégiée

INDEX ALPHABETIQUE 536

INDEX DES TEXTES CITES 540

INDEX DES OFFRES CITEES 544

723317 (I) – CSB-Pr 90 g – (CDR)
Achevé d'imprimer en octobre 2024
N° 2993000Z - Dépôt légal : octobre 2024
Imprimé en France par Dupliprint
733 rue Saint-Léonard, 53100 MAYENNE